DIE REGISTER INNOCENZ' III.

2. Jahrgang
(1199/1200)

PUBLIKATIONEN

DES ÖSTERREICHISCHEN KULTURINSTITUTS IN ROM

Herausgegeben
in Verbindung mit der Österreichischen Akademie der Wissenschaften
von
Heinrich Schmidinger und Adam Wandruszka

II. Abteilung
QUELLEN
I. Reihe

DIE REGISTER INNOCENZ' III.

2. Band

2. Pontifikatsjahr: Texte

VERLAG DER ÖSTERREICHISCHEN AKADEMIE

DER WISSENSCHAFTEN

ROM—WIEN 1979

DIE REGISTER INNOCENZ' III.

2. Pontifikatsjahr, 1199/1200

Texte

Bearbeitet von

OTHMAR HAGENEDER, WERNER MALECZEK
und ALFRED A. STRNAD

VERLAG DER ÖSTERREICHISCHEN AKADEMIE
DER WISSENSCHAFTEN
ROM—WIEN 1979

Vorgelegt von w. M. Adam Wandruszka in der
Sitzung am 7. Jänner 1976

Gedruckt mit Unterstützung
durch das Bundesministerium für Auswärtige Angelegenheiten
und durch den Fonds zur Förderung der wissenschaftlichen Forschung.

MEMORIAE

LUDOVICI DE PASTOR

QUI

RERUM SUMMORUM PONTIFICUM

SCRIPTOR PRAESTANTISSIMUS CELEBRATUR

QUINQUAGESIMO AB EIUS OBITU ANNO EXPLETO

INHALTSVERZEICHNIS

VORWORT

Eineinhalb Jahrzehnte nach dem Erscheinen des ersten Bandes der neuen Edition der Register Innocenz' III. und zehn Jahre nach der Veröffentlichung der dazugehörigen Indices liegt nun der lang erwartete zweite Band dieser Quellenpublikation des Österreichischen Kulturinstituts in Rom vor. Die Schwierigkeit der mühevollen Arbeit, der sich keiner der an verschiedenen Orten wirkenden Bearbeiter neben seinem Beruf zur Gänze widmen konnte, und die Zeit, die für den komplizierten Druck einer solchen Edition erforderlich ist, bedingten schon für die Fertigstellung des ersten Bandes eine Dauer von zwölf Jahren seit Beginn des Unternehmens. Diesmal ist die Verzögerung auch noch durch personelle Veränderungen im Mitarbeiterstab verursacht.

Am 10. März 1968 starb in jugendlichem Alter Dr. ANTON HAIDACHER, einer der Hauptbearbeiter des ersten Bandes (siehe den Nachruf in: Römische Historische Mitteilungen 11, 1969, S. 14—22 mit Publikationsverzeichnis). Am 5. September 1974 folgte ihm Univ.-Prof. Dr. h. c. mult. Dr. LEO SANTIFALLER, der im Jahre 1952 das Unternehmen in die Wege geleitet und bis zu seinem Tode mit nie erlahmender Umsicht und Tatkraft als ihm besonders am Herzen liegendes Arbeitsgebiet gefördert hatte (siehe den Nachruf ebd. 16, 1974, S. 17—21, sowie dessen Würdigung zum 80. Geburtstag mit Verzeichnis seiner Publikationen ebd. 12, 1970, S. 15—42). Beider Namen sind mit dieser Edition untrennbar verbunden, und beide verpflichten uns nicht nur zu einem ehrenden Gedenken, sondern auch zu stetem Dank.

Von den übrigen Mitarbeitern übernahmen Prof. Dr. OTHMAR HAGENEDER und Prof. Dr. ALFRED A. STRNAD im Herbst des Jahres 1976 Ordinariate an der Universität Innsbruck, und Doz. Dr. WERNER MALECZEK bereitete seine nun 1978 erfolgte Habilitation an der gleichen Universität vor. Neu traten in den Mitarbeiterstab ein: der Unterzeichnete, der an der ursprünglichen Planung beteiligt war und nunmehr seit 1968 das Österreichische Kulturinstitut in Rom leitet, und Dr. KARL RUDOLF, der zuerst als Stipendiat mitarbeitete und 1976 die Nachfolge von Univ.-Prof. Dr. ALFRED A. STRNAD am Institut übernahm.

Da im Vorwort und in der Einleitung zum ersten Band und in der Vorbemerkung zur Indices-Ausgabe sowie in den jährlichen Berichten der Römischen Historischen Mitteilungen (Heft 8/9 bis 20, 1966—1978) das für die Edition Wichtige gesagt ist, kann es hier mit dem Dank der Herausgeber sein Bewenden haben. Dieser gilt in erster Linie den bereits genannten

Hauptmitarbeitern und Verlagsdirektor Dr. GERHARD TRENKLER (Graz), der auch für diesen Band die wörtlich oder im Anklang zitierten Bibelstellen identifizierte, ferner den an den Vorarbeiten für die ganze Edition Beteiligten: Dr. HERTA EBERSTALLER-HAGENEDER, Dr. FRITZ EHEIM, Univ.-Doz. Dr. HELMUTH FEIGL, Dr. FRIEDERIKE GRILL-HILLBRAND, Dr. GERLINDE MÖSER-MERSKY, Dr. HERBERT PAULHART, Dr. KURT PEBALL, Dr. ERNST POPP und Dr. CHRISTIANE THOMAS. Als Stipendiaten des Österreichischen Kulturinstitutes in Rom waren zeitweise Dr. HANS ZOTTER (Graz), Dr. JOHANN GARTMAYER (Wien) und Dr. FRITZ KOLLER (Salzburg) als Mitarbeiter tätig.

Besonders gedankt sei auch Prof. CHRISTOPHER R. CHENEY (Universität Cambridge), Prof. RUDOLF HIESTAND (Universität Düsseldorf) und Prof. NORBERT KAMP (Universität Braunschweig) für freundliche Hilfe; Prof. P. FRIEDRICH KEMPF S.J. (Pontificia Università Gregoriana, Rom) für seinen immer wieder gewährten Rat und für die Überlassung von Filmen aus dem Kronarchiv von Aragón (Barcelona) und aus dem Archivo Histórico Nacional (Madrid), die ihm P. BERNARDINO LLORCA S.J. und P. PEDRO LETURIA S.J. besorgten; sie wurden für die Herstellung der Empfängerüberlieferung der Briefe II 28 und II 51 (53) verwendet. Univ.-Ass. Dr. ROBERT BÜCHNER und Fräulein cand. phil. EVA HERBERGER sei für ihre Mithilfe beim Kollationieren der Druckfahnen mit dem Manuskript und den Photokopien der Registerhandschrift gedankt; besonders Dr. BÜCHNER für die sorgsame Lektüre des Umbruchs, durch die er eine Reihe von Fehlern korrigieren konnte. Wie schon beim vorausgehenden Band gebührt auch bei diesem der Leitung, den Beamten und Angestellten des Archivio Segreto Vaticano, der Biblioteca Apostolica Vaticana und des Deutschen Historischen Instituts in Rom für ihr stets freundliches Entgegenkommen und ihre unermüdliche Hilfsbereitschaft tiefer Dank.

Zu nicht geringem Dank fühlen sich die Herausgeber und Bearbeiter auch den Rezensenten des ersten Bandes und der Indices gegenüber verpflichtet. Ihre kritischen Bemerkungen und Ratschläge kamen der Arbeit an dem vorliegenden Band zugute und deren Anerkennung hat die Bearbeiter sehr ermuntert.

Schließlich gebührt noch verbindlicher Dank dem Bundesministerium für Auswärtige Angelegenheiten, dem Bundesministerium für Wissenschaft und Forschung, der Österreichischen Akademie der Wissenschaften und dem österreichischen „Fonds zur Förderung der wissenschaftlichen Forschung" für die Bereitstellung der finanziellen Mittel. Das Kuratorium der Österreichischen Akademie der Wissenschaften für das Österreichische Kulturinstitut in Rom hat darüber hinaus nicht nur noch einen Geldbetrag zur Verfügung gestellt, mit dem eine Kollationierungshilfe bezahlt werden konnte, sondern hat das Unternehmen auch dadurch gefördert, daß es bei den Stipendienvorschlägen immer darauf Rücksicht nahm. In den Dank seien auch eingeschlossen Frau W. Hofrat Dr. LUDMILLA KRESTAN und Frau Dr. EVA-MARIA CZERNY von der Verwaltungsstelle der Phil.-Hist. Klasse der Österreichischen Akademie der Wissenschaften, der Verlag der Akademie und die Druckerei R. Spies & Co. für die sorgfältige Betreuung des Druckes.

Neben dem Dank an alle, die geistig und materiell zu diesem Werk beigetragen haben, hoffen wir beim Erscheinen dieses Bandes, daß er wie sein Vorgänger gute Aufnahme und aufbauende Kritik finde und in kürzeren Abständen als bisher von den weiteren gefolgt werde. Der Wert der Veröffentlichung, die der von Theodor v. Sickel und Ludwig v. Pastor begründeten wissenschaftlichen Tradition des Instituts folgt, steht nach dem allgemeinen Urteil der Historiker außer Frage. Der Band sei dem Andenken des Geschichtsschreibers der Päpste, Ludwig v. Pastor, anläßlich des fünfzigsten Jahrestages seines Todes am 30. September 1928 gewidmet.

Rom, im Dezember 1978

Heinrich Schmidinger
Direktor
des Österreichischen Kulturinstituts
in Rom

EINLEITUNG

I. Die Handschrift

Die Handschrift, das Reg. Vat. 4, welche auch die Briefe des zweiten Pontifikatsjahres Papst Innocenz' III. enthält, wurde bereits in der Einleitung zum ersten Band der Edition beschrieben[1]). Was den hier edierten Jahrgang speziell betrifft, ist dort ausgespart und soll nun nachgetragen werden.

Dabei handelt es sich in erster Linie um die Ordnung der Lagen XX—XXIX:

Lage XX—XXVIII: Quaternionen (fol. 147—154, 155—162, 163 bis 170, 171—178, 179—186, 187—194, 195—202, 203—210, 211—218).

Lage XXIX (fol. 219, 220): ein Binio, dessen beide letzten Blätter weggeschnitten wurden.

Den Abschluß bildet ein unbeschriebenes Doppelblatt (fol. 221, 222), von dem die letzte Hälfte, also das Folium 222, auf den Rückdeckel der Handschrift geklebt ist.

Auch in diesem Teil des Kodex sind die Lagen durch Reklamanten verbunden, die eine Hand des 14. Jahrhunderts anbrachte[2]). Sie lauten auf den Folien

154[v]:	*non videt*	fol. 194[v]:	*[mi]nistrare*
162[v]:	*accessisses*	202[v]:	*[acce]dentes*
170[v]:	*ut nullum*	210[v]:	*de beneficiis*
178[v]:	*parte*	218[v]:	*Ego comes*
186[v]:	*et fautoribus*		

Für die Zeilenanzahl (51) und den Schriftspiegel gilt das im ersten Band Gesagte[3]).

Die römische Foliierung aus der Zeit Papst Urbans V. läuft auf den fol. 147—219 (modern) von *CXLV* bis *CCXVII* weiter; fol. 219 ist außerdem mit der entsprechenden arabischen Nummer *217*, die wohl aus dem 15. Jahrhundert stammt, gekennzeichnet[4]).

Gleich wie im ersten Jahrgang wurden auch die Briefe des zweiten Pontifikatsjahres mehrfach mit Nummern versehen. Die erste Brief-

---

[1]) XIV ff.
[2]) Vgl. Bd. I XV.
[3]) Ebd. XVI.
[4]) Vgl. dazu ebd. XVI f.

zählung (I) stammt noch aus dem 13. Jahrhundert und findet sich, genauso wie im Jahrgang I[5]), bei jedem halben Hundert: Br. II 50 (52): *L*, 95 (103): *C*, 144 (153): *CL*, 182 (191): *CC*, 233 (242): *CCL*.

Eine weitere römische Numerierung durchzieht den ganzen Jahrgang. Sie wurde von verschiedenen Händen ausgeführt.

Wohl dieselbe Hand (II), die schon im ersten Pontifikatsjahr tätig war[6]), versah nun die Br. II 1—157 (166) mit den Zahlzeichen *I—CLVII*.

Von dort an versuchte ein anderer Numerator (III) jeden zehnten Brief zu markieren: II 160 (169): *CLX*, 169 (178): *CLXX*[7]), 180 (189): *CLXXX*[8]), 190 (199): *CXC*, 200 (209): *CC*, 210 (219): *CCX*, 220 (229): *CCXX*, 230 (239): *CCXXX*, 244 (254): *CCXL*, 254 (265): *CCL*, 264 (276): *CCLX*.

Doch wollte man auf eine durchgehende Zählung nicht verzichten. Daher setzte eine andere Hand (IV) zu den Br. II 158 (167) bis 179 (188) die Zahlzeichen *CLVIII—CLXXXVI*, beziehungsweise verbesserte beim Br. II 169 (178) das von der Hand III geschriebene *CLXX* auf *CLXVIII*[9]).

Dann hörte auch sie auf, wurde jedoch von einem neuen Numerator (V) abgelöst. Von ihm stammt beim Br. II 180 (189) die Korrektur von *CLXXX* auf *CLXXXVII*[10]). Sodann führte er die Zählung zwei Seiten lang bis zum Br. II 185 (194) weiter, indem er die Zeichen *CLXXXVIII* bis *CXCII* anbrachte. Hierauf stellte er die durchlaufende Numerierung ein und versah bloß noch die Br. II 251 (261), 265 (277) und 266 (278) mit den Zahlzeichen *CCXLVII*, *CCLXI* und *CCLXII*.

Nun versuchte sich eine weitere Zählhand (VI) an der römischen Numerierung. Sie schrieb zu den Br. II 188 (197), 217 (226), 250 (260) und 257 (268): *CLXXXVIII*[11]), *CCXVIII*, *CCXLVI* und *CCLIII*.

Schließlich stehen noch neben den Br. II 203 (212) und 270 (282) die Zeichen *CCIII* und *CCLXVI*. Beide stammen wohl von einer einzigen Hand (VII).

Betrachtet man nun die römische Numerierung von dem Punkte an, wo die Zählhand V ihre Arbeit einstellte (Br. II 185 [194]), so ergibt sich folgendes Bild:

---

[5]) Ebd. XVIII.

[6]) Ebd. XVII mit Anm. 29.

[7]) Der Numerator hat sich geirrt, da er anfänglich die einzelnen Kapitel der im Br. II 169 (178) inserierten Synodaldekrete für Briefe hielt, zu welcher Annahme ihn die farbigen Initialen, mit denen sie beginnen, verführten. Daher sah er das erste dieser Kapitel als den Br. *CLXX* an. Die gleich zu erwähnende Hand, welche in dieser Registerpartie die römische Zählung vervollständigte (IV), hat das zweite *X* in ein *V* korrigiert und *III* hinzugefügt, so daß die Zahl nun *CLXVIII* lautet. Die folgenden, durch Initialen gekennzeichneten Synodaldekrete wurden allerdings von Hand III nicht mehr gezählt.

[8]) Die römische Numeratorenhand V ergänzte später auf *CLXXXVII*.

[9]) Vgl. oben Anm. 7.

[10]) Vgl. oben Anm. 8.

[11]) *L* ist aus *C* korrigiert.

II 185 (194):	*CXCII*	Hand V
188 (197):	*CLXXXVIII*	Hand VI
190 (199):	*CXC*	Hand III
200 (209):	*CC*	Hand III
203 (212):	*CCIII*	Hand VII
210 (219):	*CCX*	Hand III
217 (226):	*CCXVIII*	Hand VI
220 (229):	*CCXX*	Hand III
230 (239):	*CCXXX*	Hand III
244 (254):	*CCXL*	Hand III
250 (260):	*CCXLVI*	Hand VI
251 (261):	*CCXLVII*	Hand V
254 (265):	*CCL*	Hand III
257 (268):	*CCLIII*	Hand VI
264 (276):	*CCLX*	Hand III
265 (277):	*CCLXI*	Hand V
266 (278):	*CCLXII*	Hand V
270 (282):	*CCLXVI*	Hand VII

Das Gerüst der Zählung bildeten also die von der Hand III bei jedem zehnten Brief angebrachten Zahlzeichen. Von ihnen gingen die anderen Numeratoren aus. Über den jeweiligen speziellen Zweck, den sie mit der ziemlich sporadischen Setzung der einzelnen Zahlen verfolgten, läßt sich kaum etwas sagen[12]).

Auf keinen Fall konnte jedoch die römische Zählung befriedigen, erfaßte sie doch längst nicht alle Briefe. Daher ist anzunehmen, daß die beiden arabischen Numerierungen erst nach ihr angebracht worden sind. Sie stammen von denselben Händen wie im ersten Jahrgang[13]). Jene, die wohl in das 15. Jahrhundert gehört, numerierte die Br. II 1, 2, 15—66 (69) sowie 86 (93)—276 (302) mit den Ziffern *1, 2, 15—69, 89—279*. Die zweite arabische Briefzählung, die bald nach 1682 anzusetzen ist[14]), beginnt bei einem A-pari-Brief zum Br. II 81 (84)[15]) mit der Nummer *85* und reicht bis zum Br. II 276 (302). Baluze und Migne folgten in ihren Editionen bis zum Br. II 66 (69) der älteren arabischen Numerierung und dann für die Br. II 67 (70)—80 (83) den römischen Zahlzeichen der Zählhand II[16]). Von da an gilt die eben erwähnte und erst aus der Edition des Baluze in das Reg. Vat. 4 übertragene zweite arabische Nummern-folge[17]).

---

[12]) Hand VI numerierte einmal den ersten Brief einer Lage: II 257 (268) auf fol. 211ʳ, während Hand V ein Blatt vorher gleichfalls den obersten Br. II 251 (261) mit einer Zahl versah.

[13]) Bd. I XVII, XVIII. [14]) Ebd. XVII Anm. 26.

[15]) Vgl. dort Anm. g. [16]) S. oben XII.

[17]) Ähnlich wie im ersten Jahrgang (vgl. Bd. I XVII Anm. 26) hat auch im zweiten Pontifikatsjahr Baluze die Briefreihung manipuliert, indem er die Br. II 74 (77)—77 (80) unter den Nummern 284—287 ein zweites Mal zwischen die Br. II 271 (283) und 272 (288) setzte. Doch druckt sie Baluze dort nicht ab, sondern verweist nur kurz auf

In unserer Edition wurde, wie im ersten Band, eine n e u e, der Gliede-
rung des Registers entsprechende Z ä h l u n g eingeführt. Diejenige von
Baluze und Migne steht daneben in Klammer. Dieser entspricht in der
Handschrift vor allem die eben besprochene neuzeitliche arabische Zählung[18]).

Die A d r e s s e n der Briefe sind ebenso gestaltet wie im ersten Jahr-
gang[19]). Meistens stehen sie in einem freigelassenen Raum der ersten
Zeile des jeweiligen Briefes oder auf dem leer gebliebenen Rest der letzten
Zeile des vorhergehenden Schreibens. Sie sind gekürzt und enthalten
bloß eine knappe Angabe der Adressaten. Bei Königen und dem Kaiser
von Byzanz wird *illustri* hinzugefügt[20]); Fürsten und Grafen, aber auch
Markward von Annweiler als Reichstruchseß, heißen jeweils *nobilis vir*[21]).
Desgleichen finden sich die in den päpstlichen Briefen für Heiden und
Exkommunizierte üblichen Formeln im Register[22]); ebenso wie das *in*

> den schon in der richtigen Reihenfolge edierten Text (Ed. Tomus primus 531). Ihm
> folgte Migne (PL 214 852). In der Registerhandschrift fügte der Numerator bei den
> Br. II 74 (77)—77 (80) zu den Zahlzeichen LXVII—LXXX jeweils *et 284* bzw. *285, 286*
> (korr. aus *289*), *287* hinzu und machte damit auf ihr doppeltes Vorkommen in der
> Edition aufmerksam.
>
> [18]) Die Zahlzeichen und Ziffern wurden oft durchgestrichen. So die römische Zählung der
> Hand II vollständig auf den fol. 149^v—150^v (bei den Br. II 20—28: Nr. *XXI—XXIX*),
> fol. 152^r—153^r (Br. II 31—37: *XXXII—XXXVIII*), fol. 155^v—158^r (Br. II 40 [41,
> 42] a pari — 56 [59]: *XLII—LX*), fol. 159^r—160^r (Br. II 59 [62]—66 [69]: *LXIII* bis
> *LXIX*), fol. 167^r (Br. II 82 [89] — 84 [91]: *LXXXV—LXXXVII*), fol. 168^r (Br. II 88
> [95]: *LXXXX*), fol. 169^r (Br. II 91 [99]: *XCIII*), fol. 170^r (Br. II 93 [101] und 94
> [102]: *XCV* und *XCVI*), fol. 173^r (Br. II 101 [109]—103 [111] a pari: *CIII—CVI*),
> fol. 175^r (Br. II 111 [120], 112 [121]: *CXIIII* und *CXV*), fol. 176^r (Br. II 124 [133]:
> *CXXIIII*) und fol. 180^r (Br. II 134 [143]: *CXXXIIII*).
> Gleichfalls getilgt wurde das römische Zahlzeichen der Zählhand VI auf fol. 201^r beim
> Br. II 217 (226): *CCXVIII*, ebenso wie auf fol. 197^r die *CCIII* der Hand VII neben
> dem Br. II 203 (212).
> Die wahrscheinlich aus dem 15. Jh. stammenden arabischen Briefnummern sind durch-
> gestrichen auf fol. 167^v bei den Br. II 86 (93): *89*, 87 (94): *90*, ferner auf den fol. 168^v
> bis 175^v bei den Br. II 89 (96, 97)—122 (131): *93—125* [Ausnahme fol. 175^r Br. II 112
> (121): *117*], auf fol. 177^v beim Br. II 125 (134): *128* und auf fol. 179^v beim Br. II 133
> (142): *136*. Vom fol. 180^v an sind dann die entsprechenden Nummern auf jeder Verso-
> seite durch Schrägstriche getilgt worden, ferner auf fol. 197^r die *207* beim Br. II 203
> (212) und auf fol. 219^r die Nummern *277* und *278* neben den Br. II 274 und 275.
>
> [19]) Vgl. Bd. I XVIII f.
>
> [20]) So in den Br. II 9, 24, 28, 41 (42), 55 (57), 56 (59), 89 (96), 202 (211), 211 (220), 241
> (251), 243 (253), 245 (255) und 249 (259); es fehlt im Brief Br. II 81 (84) an den
> König von Frankreich.
>
> [21]) Vgl. die Br. II 159 (168), 173 (182), 178 (187) und 255 (266).
>
> [22]) Br. II 9 an den Emir von Marokko: ... *ad Ueritatis noticiam pervenire ac in ea salubriter
> permanere*, Br. II 27 an den Podestà und das Volk von Treviso: *sine salutatione*. Vgl.
> dazu Peter H e r d e, Audientia litterarum contradictarum. Untersuchungen über die
> päpstlichen Justizbriefe und die päpstliche Delegationsgerichtsbarkeit vom 13. bis
> zum Beginn des 16. Jahrhunderts, 1 (Bibliothek des deutschen historischen Instituts
> in Rom 31, 1970) 19 Anm. 35, 197, 2 (Ebd. 32, 1970) 17 Z. 14, 39 Z. 4—6. Eine Beson-
> derheit stellt die Salutatio des Br. II 217 (226) an die Sarazenen Siziliens dar: *in
> devotione nostra et fidelitate regia permanere*.

perpetuum der Privilegien[23]). Dieselbe, der Urkunde Dauer verleihende Formel, leitet auch Sentenzen ein, die Fragen der partikularen Kirchenverfassung entscheiden[24]). Briefe an denselben Empfänger, die in der Handschrift aufeinanderfolgen, werden meistens mit *Ei(s)dem* gekennzeichnet[25]). Bei den Einlaufstücken fehlt entweder jede Rubrik (Br. II 33) oder sie gibt den Papst als Adressaten an: Br. II 199 (208), 210 (219) und 242 (252). Auch der volle Titel des Ausstellers kann gesetzt werden (Br. II 201 [210]). Daneben wurde vereinzelt in einer kurzen Bemerkung der Absender angeführt oder die Eigenart des Briefes charakterisiert[26]). Ohne jede Rubrik mit Adressaten oder Aussteller blieb auch der Br. II 175 (184), ein Schreiben König Friedrichs von Sizilien an Montefiascone, das aus territorialpolitischen Gründen registriert worden ist[27]).

Die Adressenrubriken stammen von jenen Händen, die auch den Text des Registerbandes geschrieben haben: C, D 1 und B. Die ersten beiden wechseln auf den Folien 147ʳ—164ʳ (Br. II 1—79 [82]) verhältnismäßig oft; vom fol. 166ᵛ (Br. II 80 [83]) an ist die Hand B allein tätig[28]).

Die Initialen sind in derselben Weise ausgemalt wie im größten Teil des ersten Jahrgangs. Die Arbeit vollführte zur Gänze jener Miniator, der schon dort die meisten Briefe auf dieselbe Art verziert hatte[29]). Er brachte nun die farbigen Initialen bei allen Briefanfängen, den Hinweisen auf die ausgefertigten A-pari-Briefe und einzelnen, in die Augen springenden Unterabteilungen der Schreiben — so den verschiedenen Kapiteln der im Br. II 169 (178) inserierten Synodalstatuten von Antivari — an. Sie fehlen allerdings, zum Teil aus Platzmangel, bei den Br. II 45 (47) a-pari, 50 (52), 89 (96, 97) a-pari, 99 (107) und 240 (250). Die Farbe der Initialen wechselt grundsätzlich zwischen Blau und Rot; allerdings mit folgenden Ausnahmen: blaue Initialen folgen in den Br. II 40 (41)/40 (41) a-pari, 51 (53)/52 (54), 99 (107)/100 (108), 122 (131)/123 (132) und 130 (139)/131 (140) aufeinander; für die roten Anfangsbuchstaben gilt dasselbe hinsichtlich der Briefe II 62 (65)/63 (66), 73 (76)/74 (77), 91 (99)/92 (100)/93 (101), 95(103)/96 (104), 170 (179)/171 (180), 224 (233)/225 (234), 256 (267)/256 (267) a-pari und 274/275. Davon stehen die Initialen der Br. II 92 (100) (rot) und II 99 (107) (blau) jeweils auf einem ausradierten andersfarbigen Buchstaben. Vorgezeichnet, doch nicht ausgemalt wurde

---

[23]) Vgl. die Br. II 31, 32, 66 (69), 71 (74), 90 (98), 92 (100), 94 (102), 100 (108), 130 (139), 144 (153) und 262 (274). Es fehlt beim Br. II 51 (53).

[24]) Zum Beispiel Br. II 79 (82).

[25]) Br. II 70 (73), 85 (92) (hier bezieht sich der Verweis allerdings auf den vorletzten Brief), 106 (115), 110 (119), 111 (120), 112 (121), 118 (127) und 156 (165). Es fehlt vor den Br. II 119 (128) und 120 (129).

[26]) Br. II 167 (176), 168 (177), 169 (178): *Littere . . .* (es folgt der Absender) und II 208 (217): *Littere fideliter interpretate de Armenico in Latinum, quas catholicus Armeniorum domino pape Innocentio destinavit.*

[27]) Othmar H a g e n e d e r, Zur Datierung des Briefes Innocenz' III. für Montefiascone von 1198 (I 361). RHM 3 (1960) 130 ff.

[28]) Vgl. die Tafel unten auf S. XXXI.

[29]) Bd. I XIX. Es handelt sich um die dort mit I bezeichnete Hand.

sie beim Br. II 89 (96, 97) a-pari. Die einzelnen Buchstaben hat man jeweils am Rande der Blätter für den Miniator vermerkt.

Dasselbe geschah, soweit das heute noch in der Handschrift erkennbar ist, zumindest teilweise mit den Adressen der Briefe. Ihre Vornotierung kann noch bei den Br. II 179 (188), 184 (193), 192 (201), 240 (250) und 261 (273) am Rande festgestellt werden und stammt von derselben Hand B, die sowohl den Text der entsprechenden Briefe schrieb als auch später die Adressen in roter Tinte darübersetzte. Da sie im zweiten Pontifikatsjahr ihre Tätigkeit erst mit dem Br. II 177 (186) aufnahm, liegt die Vermutung nahe, daß in diesem Bande eine solche Art der Vormerkung für sie typisch war[30]).

So wie im ersten Jahrgang brachte der Miniator der Briefinitialen auch eine Reihe von Randzeichnungen an. Sehr oft erscheinen speiende Hundeköpfe, seltener solche von Menschen; und zwar als Verlängerung der Initialen[31]). In den meisten Fällen zieren sie den unteren Blattrand, vor allem der Versoseiten. Ganz besonders — mit Ranken, Vögeln und Köpfen — wurde die Zeichnung am Beginn des Jahrganges beim Br. II 1 ausgestaltet. Hervorzuheben sind auch die Verzierungen bei den Br. II 24 (Harpyie), 167 (176: zwei ineinander verbissene Drachen) und 273 (289: Drache), deren symbolischer Zusammenhang mit dem Inhalt der einzelnen Schreiben noch zu untersuchen wäre[32]).

Den Titel des Jahrgangs II schrieb die rubrizierende Hand C[33]) über die Adresse des ersten Briefes: *Regestorum domini Innocentii beatissimi pape tercii liber primus explicit, incipit secundus.*

Als Registratoren der Briefe des zweiten Pontifikatsjahres treten die schon bekannten Hände D 1, C und B in Erscheinung, wobei die Hauptarbeit der ersten und letzten zufiel. Hand F trug dann am Schluß, schon nach Ausmalung der Initialen, den Br. II 276 (302) nach[34]). Während der ersten Hälfte des Jahrgangs schrieb die Hand D 1 das Register, zeigte aber so deutliche Ermüdungserscheinungen, daß die Hand C immer wieder eingriff und Briefteile, oft nur wenige Zeilen, schrieb, aber auch ganze Briefe registrierte[35]). Manchmal dürfte ihre Tätigkeit jedoch auch

---

[30]) Vorher ist anscheinend nur beim Br. II 118 (127) das *Eisdem* der Adresse am Ende der Zeile, in die sie gesetzt wurde, vorgemerkt worden.

[31]) Bei den Br. II 1, 2, 5, 19, 23, 25, 28, 36, 39, 51 (53), 90 (98), 92 (100), 103 (111, 112) a pari, 106 (115), 110 (119), 122 (131), 125 (134), 133 (142), 137 (146), 147 (156), 151 (160), 157 (166), 166 (175), drei Kapiteln des Br. II 169 (178), bei den Br. II 170 (179), 173 (182), 176 (185), 182 (191), 185 (194), 189 (198), 195 (204), 203 (212), 204 (213), 206 (215), 212 (221), 222 (231), 225 (234), 230 (239) a pari, 232 (241), 234 (243), 235 (244), 247 (257), 251 (261), 257 (268, 269) und 267 (279).

[32]) Dazu kämen noch die Hakenkreuze im Gespei der einzelnen Köpfe: Br. II 1, 5, 90 (98), 203 (212), 232 (241), 257 (268, 269) und 267 (279). In die O-Initiale des Br. II 207 (216) wurde ein Gesicht gezeichnet.

[33]) Vgl. die Tabelle auf S. XXXI.

[34]) Siehe die Tabelle auf S. XXX sowie Kempf, Register, 26 f. mit Anm. 10, und Hageneder, Merkmale, 306.

[35]) Die Ermüdung zeigt sich besonders deutlich auf den fol. 172ᵛ im Br. II 99 (107) sowie

mit dem Gang der Registerführung zusammengehangen haben: sie kopierte nämlich teilweise oder zur Gänze solche Stücke, die sich nach Inhalt und Empfängern von den sie umgebenden Briefgruppen unterschieden und vielleicht eilig expediert werden mußten[36]).

Andere Hände haben bisweilen den Registertext korrigiert. Eine war schon im ersten Jahrgang tätig, ist auch im Thronstreitregister zu finden und wurde von W. M. Peitz sogar dem Papst zugeschrieben. Im zweiten Pontifikatsjahr scheint sie mit einiger Sicherheit zweimal auf: im Br. II 81 (84) stellte sie an einem Satzschluß einen Cursus velox her[37]), und am Beginn des Br. II 199 (208) wurde von ihr der Titel des Patriarchen von Konstantinopel korrigiert, da er, wie sie selbst in einer Randnotiz anmerkte, (wohl dem Papst) zu anspruchsvoll erschien[38]). Eine ähnliche Hand, die aber mit der genannten kaum identisch ist, verbesserte ein Wort im Br. II 78 (81)[39]). Wieder anderen Schreibern sind kleine Korrekturen in den Br. II 80 (83), 112 (121), 129 (138) und 141 (150) zuzuschreiben[40]).

Daneben finden sich in den Texten häufig weitere Korrekturen, Rasuren und Nachträge. So ließ man bisweilen Lücken, um sie später auszufüllen[41]). Dreimal war das in der Datumszeile der Fall, wobei entweder für die Zahl oder den Monatstag, auf den sie sich beziehen sollte (Kal.), ein Platz ausgespart wurde[42]). In allen angeführten Fällen unterblieben die Nachträge. Anscheinend waren sie — so legt es zumindest die Empfängerüberlieferung des Br. II 79 (82) nahe[43]) — nicht mehr nötig. Oft hat man solche Verbesserungen oder Nachträge mit einem Verweisungszeichen an den Rand geschrieben[44]). Doch genügte es auch, sie dort bloß vorzumerken und nach erfolgter Korrektur wieder auszuradieren[45]). Andere Zeichen — zwei kurze Striche, zwei Punkte, ein Kreuz

---

176^v und 177^r im Br. II 124 (133). Jedesmal half die Hand C aus; vgl. bei diesen Br. die Anm. b-b bzw. h-h und r-r. Vgl. auch Kempf, Register, 27 Anm. 10.

[36]) So die Br. II 99 (107) und 108 (117): Othmar Hageneder, Über „Expeditionsbündel" im Registrum Vaticanum 4. RHM 12 (1970) 114, 116, 119 f.

[37]) Anm. c: *et [turbaretur:* getilgt] *metropolis Turonica* ⟨*turbaretur:* ergänzt⟩ Die Empfängerüberlieferung eines A-pari-Briefes ist noch in der unkorrigierten Form stilisiert.

[38]) Vgl. ebd. Anm. b-b und Othmar Hageneder, Zur Rechtsstellung der Abtei Vézelay um 1200. RHM 8/9 (1966) 90.

[39]) Vgl. Anm. f.

[40]) Vgl. bei den entsprechenden Briefen die Anm. h; a; c-c, d, e; d. Das *licet* im Br. II 141 (150) dürfte von jener Hand stammen, die im Br. I 353 *populus christianus* auf Rasur nachtrug (vgl. Bd. I 526 Z. 19 f.).

[41]) Zum Beispiel im Br. II 7 Anm. d, 15 Anm. a, 112 (121) Anm. a, 187 (196) Anm. h, 261 (273) Anm. f, 266 (278) Anm. h.

[42]) Br. II 79 (82) Anm. ff', 193 (202) Anm. b, 246 (256) Anm. b. Vgl. Kempf, Originalregister, 115 mit Anm. 79.

[43]) Auch dort fehlt nämlich die entsprechende Zahl (vgl. S. 170 Z. 30).

[44]) Br. II 1 Anm. i-i, 60 (63) Anm. f, h-h, 72 (75) Anm. e und 132 (141) Anm. u. Eine am Rande vermerkte kanonistische Emendation vgl. im Br. II 37 Anm. t.

[45]) So wohl bei den Br. II 51 (53) Anm. e-e, 163 (172) Anm. d-d und 172 (181) Anm. b. Neben den Br. II 51 (53) und 172 (181) unterblieb allerdings die Tilgung. Auch das

oder einen Halbkreis — setzte man über die betreffenden Worte und bisweilen auch an den Rand, um auf eine vorzunehmende Korrektur hinzuweisen[46]). Zum Großteil wurden sie später gleichfalls durch Rasuren
getilgt[47]).

Häufig finden sich Nachträge des Datums, und zwar entweder
zur Gänze oder auch bloß teilweise[48]). Dasselbe gilt hinsichtlich der
Angaben über ausgefertigte A-pari-Briefe und deren Adressaten[49]),
für welche man bisweilen einige Zeilen am Briefschluß freiließ[50]).

Alle diese Erscheinungen sind jenen des ersten Pontifikatsjahres ähnlich[51]).

Geringer ist dagegen die Zahl der Randzeichen und Randnoten.
So fehlen die Kreuze mit und ohne Schnörkel, welche im ersten Pontifikatsjahr auf kanonistisch bedeutsame Briefe aufmerksam machten und
diese bisweilen sogar durch die Notierung charakteristischer Worte kenn-
zeichneten. Sie hatten höchstwahrscheinlich den Zweck, die Kompilatoren
von Dekretalensammlungen auf die für sie in Frage kommenden epistolae
decretales hinzuweisen[52]). An ihrer statt findet sich im zweiten Jahrgang
ein anderes Kreuz oder kreuzähnliches Zeichen, das am Rand der
Briefe steht, manchmal ein wenig schief liegt und anscheinend bestimmte
Textabschnitte kennzeichnen sollte. Deutlich ist es bei den Br. II 72 (75),
76 (79), 78 (81), 84 (91) (zweimal), 147 (156), 227 (236), 230 (239) und 266

---

kleine Kreuz am Rande des Br. II 60 (63) dürfte ein solcher Korrekturhinweis sein
(vgl. ebd. Anm. k).

[46]) Besonders bei den Br. II 36 Anm. b—b, 79 (82) Anm. q, y, ii, kk, uu und y′, 266
(278) Anm. f, k-n, 273 (289) Anm. g. Vgl. auch Br. II 30 Anm. g, h, p. Demselben
Zweck dienten vielleicht die beim Br. II 79 (82) Anm. s, bb, gg, r′—r′ und z′ und 97 (105)
Anm. d—d angeführten Zeichen.

[47]) Br. II 79 (82) Anm. q, gg und uu. Um derartige Rasuren dürfte es sich auch in folgenden Fällen handeln: Br. II 39 Anm. e; 79 (82) Anm. ii, tt; 130 (139) Anm. bb; 187
(196) Anm. g; 195 (204) Anm. e, m; 196 (205) Anm. a; 198 (207) Anm. b; 200 (209) Anm. z,
aa, ee, ff, gg-gg, ii, kk; 202 (211) Anm. d-d, e, i, k, n, o, q, t, w, x; 203 (212) Anm. e;
209 (218) Anm. d, f, h, i; 210 (219) Anm. f; 215 (224) Anm. c; 216 (225) Anm. c; 217
(226) Anm. c, d; 226 (235) Anm. d; 227 (236) Anm. e; 233 (242) Anm. e, k; 251 (261)
Anm. i; 257 (268, 269) Anm. d, f; 258 (270) Anm. x; 269 (281) Anm. d und 273 (289)
Anm. e, g.

[48]) So in den Br. II 81 (85) Anm. m, 100 (108) Anm. d, 200 (209) Anm. tt, 207 (216)
Anm. f und 269 (281) Anm. m. Die Empfängerüberlieferung des Br. II 81 (84) weist
ein späteres Datum auf als der Registereintrag; vgl. S. 174 Z. 34. Ein Nachtrag des
Datums ist möglich bei den Br. II 81 (86) Anm. q, 142 (151) Anm. d, 185 (194) Anm. c,
209 (218) Anm. m und 266 (278) Anm. o. Vgl. auch Kempf, Register, 41, und Originalregister, 116 Anm. 84. Auf Rasur steht auch ein Teil des Datums im Br. II 197 (206),
vgl. Anm. g.

[49]) Br. II 26 Anm. f, 114 (123) Anm. e-e (vgl. auch unten S. XXX die Tabelle über die
Schreiberhände), 186 (195) Anm. h-h, 188 (197) Anm. r-r, 230 (239) Anm. t-t und
260 (272) Anm. c-c. Ein Nachtrag ist möglich nach den Br. II 193 (202) Anm. c,
244 (254) Anm. h-h und 259 (271) Anm. m.

[50]) Vgl. Br. II 193 (202) Anm. c, 194 (203) Anm. f und 258 (270) Anm. z. Vgl. Kempf,
Register, 39.

[51]) Vgl. Bd. I XXI f.   [52]) Vgl. Ebd. XXII ff.

(278) (zweimal) zu erkennen[53]). Auch hier sind Beziehungen zu den Dekretalensammlungen vorhanden:

Br. II 72 (75) Anm. bb: In der Höhe des Kreuzes hört der von Alanus und der Compilatio III. übernommene Briefteil auf.

Br. II 76 (79) Anm. g: Mit *Te igitur* setzen die Add. ad Dunelmen. IV. und Alanus ein, ferner beginnen die Compilatio III. und der Liber Extra ihren Text von neuem.

Br. II 78 (81) Anm. n: Mit *His igitur* fangen Alanus und Bernardus Compostellanus an, während die Compilatio III. und der Liber Extra in der nächsten Zeile der Registerhandschrift mit *cum constiterit nobis* einsetzen. Das Kreuz konnte also für alle diese Sammlungen Gültigkeit besitzen.

Br. II 84 (91) Anm. i: In der Höhe des ersten Kreuzes beginnt mit *Nos ergo rationibus* die Compilatio III., wogegen Rainer von Pomposa, Gilbertus Anh., Alanus K. und der Liber Extra im Reg. Vat. 4 zwei Zeilen später bei *quia constitit nobis* ihren Anfang nehmen. Ein Zweck des zweiten Kreuzes ist nicht zu erkennen, da alle Dekretalensammlungen schon vorher mit *sententialiter imponendum* (S. 180 Z. 18) schließen[54]).

Br. II 147 (156) Anm. e: Das Kreuz kennzeichnet die Stelle, an der Alanus seinen Text beendet.

Br. II 227 (236) Anm. c: Mit der bezeichneten Stelle *inducere videretur* schließt Bernardus Compostellanus. Der von Rainer und Alanus dem Brief entnommene Text hört dagegen einige Zeilen vorher mit *delinquentis* auf (S. 435 Z. 26).

Br. II 230 (239) Anm. g: Das Kreuz ist nur angedeutet; es gibt das Ende der Dekretale bei Bernardus an.

Br. II 266 (278) Anm. e und g: Beim ersten Kreuz setzt mit *Hoc autem* die Add. ad Dunelmen. IV. ein; sie hört, ebenso wie Bernardus, die Compilatio III. und der Liber Extra, beim zweiten Kreuz mit *transire* auf.

Ein Zusammenhang zwischen den Kreuzen und den Dekretalensammlungen ist also offenkundig. Alanus (1206), Bernardus Compostellanus (1208), die Compilatio III. (1209) und die Add. ad Dunelmen. IV. (1205 bis 1215) berücksichtigen sie manchmal. Alanus scheint sich jedenfalls bei den Br. II 72 (75), 76 (79), 78 (81) und 147 (156) nach ihnen gerichtet zu haben; Bernardus, als er die Br. II 227 (236)[55]) und 230 (239) exzer-

---

[53]) Aus viel späterer Zeit dürften folgende Kreuze stammen: am Beginn der Br. II 141 (150): Anm. c, 145 (154): Anm. a, beim A-pari-Brief des Br. II 153 (162): Anm. b, ferner am Beginn der Br. II 155 (164): Anm. a, 157 (166): Anm. a, 159 (168): Anm. a, 165 (174): Anm. a, 180 (189): Anm. b (es könnte auch zu den oben im Text besprochenen Kreuzen gehören), und 187 (196): Anm. c.

[54]) Vgl. Heckel, Gilbertus – Alanus, 218 zu Nr. 4.

[55]) Alanus folgt bei der textlichen Gestaltung dieses Briefes der Collectio decretalium des Rainer von Pomposa (vgl. Heckel, Gilbertus – Alanus, 290 Nr. 3). Sollten 1201, als Rainer das Register für seine Sammlung durchsah (Ebd. 163), die Kreuze noch nicht vorhanden gewesen sein?

pierte. Daher ist anzunehmen, daß die Kreuze um 1205 oder ein wenig später im Register angebracht worden sind.

Gleich wie im ersten Jahrgang hat man oft ein Kreuz, das in der Höhe des Briefanfangs am Rande steht, ausradiert[56]).

Das im ersten Pontifikatsjahr häufig vorhandene, aus einem kurzen waagrechten oder schrägen Strich und zwei Punkten bestehende, gleichfalls kanonistischen Zwecken dienende Merkzeichen[57]) erscheint im zweiten Jahrgang seltener. Immer steht es am äußersten Rande; fast stets am Briefanfang und nur dreimal in Beziehung zu einem bestimmten Textabschnitt innerhalb des Schreibens. Man trifft es bei den Br. II 29 w(aagrecht), 30 (zweimal), 60 (63) w, 91 (99) w, 96 (104) w, 104 (113), 187 (196) und 233 (242). Allein neben den Br. II 30, 187 (196) und 233 (242) weist es auf eine bestimmte Stelle des Textes hin, sonst kennzeichnet es — wie schon erwähnt — den Kopf des Schreibens. Beim Br. II 187 (196) (vgl. Anm. d) wurde der Beginn des päpstlichen Zwischenurteils und der darauf folgenden Delegation des Falles auf solche Weise angemerkt, doch scheint der Brief in keiner der bisher bekannten Dekretalensammlungen auf.

Dagegen weist das Zeichen im Br. II 30 bei seinem zweiten Auftreten (Anm. y) auf eine Stelle *(Sane quamvis dilecti)* hin, mit der Bernardus Compostellanus die Dekretale beginnen läßt und an welcher der Text der Compilatio III. und des Liber Extra wieder einsetzen.

Im Br. II 233 (242) schließen Rainer von Pomposa, die Compilatio IV. und X. III, 30, 25 eine Zeile oberhalb dieses Randzeichens mit *restringenda*. Mit dem auf dieses Wort folgenden Satz *(Quoniam igitur)* beginnen dagegen Bern. 3, 24, 2, die Compilatio III. und X. III, 30, 26 ihren Text von neuem.

Jene Briefe, die den Strich und die beiden Punkte an ihrem Anfang zeigen, finden sich erstmals entweder bei Rainer von Pomposa (II 60 [63]) und Alanus (II 96 [104]) oder in der Compilatio Romana des Bernardus (II 29). Drei Briefe, nämlich II 91 (99), 104 (113) und 187 (196), konnten dagegen bisher in keiner Sammlung nachgewiesen werden. Bernardus kannte also höchstwahrscheinlich das Zeichen, als er die Register für

---

Die hier gemachten Feststellungen über den Zusammenhang zwischen den Kreuzen und den noch zu besprechenden anderen kanonistischen Randzeichen einerseits sowie einzelnen Textabschnitten, welche die Kompilatoren den Registern entnahmen, andererseits, leiden an der Tatsache, daß nicht alle wissenschaftlichen Analysen der Dekretalensammlungen das jeweilige Ausmaß der in ihnen aufgenommenen Texte angeben. So ist es z. B. nicht möglich, bei Alan. K., der Rotomagensis III. und in allen Fällen der Compilatio Romana des Bernardus Compostellanus zu sagen, welche Teile der Registerbriefe sie enthalten.

[56]) So bei den Br. II 29, 33, 34, 39, 40 (41), 51 (53), 138 (147), 202 (211), 203 (212), 209 (218), 211 (220), 212 (221), 217 (226), 242 (252), 249 (259), 255 (266), 257 (268. 269), 268 (280), 274, 275 und 276 (302). Es blieb stehen beim Br. II 263 (275).

[57]) Bd. I XXVII f.

seine 1208 publizierte Sammlung durchsah[58]). Sie dürften demnach in den vorhergehenden Jahren angebracht worden sein[59]).

Beim Br. II 30 erscheint außerdem zweimal ein anderes Randzeichen, das gleichfalls mit dem Sammeln der Dekretalen zusammenhängt: zwei waagrecht nebeneinandergesetzte Punkte und dazwischen ein senkrecht nach unten führender, in der Art eines Kommas ein wenig gebogener Strich[60]). Bei seinem zweiten Auftreten markiert es ungefähr jenen Punkt, an dem mit *Quia vero* Alanus in seiner Kompilation den Text der Dekretale einsetzen läßt[61]).

Weiters stehen verschiedene Buchstaben und Monogramme mit der Sammlung von Rechtstexten in Beziehung. So die Randnotiz No(ta) bzw. Not(a) am Rande des Br. II 58 (61) und gegen Ende des Br. II 72 (75); ferner eine andere, aus N und o oder a gebildete Sigle, die dasselbe bedeutet und sich am Beginn der Br. II 226 (235), 227 (236) und 263 (275)[62]) findet. Dazu kommt noch ein Monogramm NOTAE oder OTAE neben den Br. II 223 (232), 224 (233) und 251 (261), das am ehesten gleichfalls mit Nota aufzulösen ist, wenn es sich nicht um ein Namensmonogramm handelt[63]).

Alle angeführten Texte, mit Ausnahme der Br. II 226 (235) und 263 (275)[64]), wurden in Dekretalensammlungen aufgenommen. Der Br. II 58 (61) ist bereits 1199 in der Collectio Lucensis und nach 1201 in der Collectio Halensis, der Collectio Valentiniensis I und auch noch bei Rainer von Pomposa enthalten. In dessen 1201 angelegter Collectio decretalium stehen außerdem die Br. II 223 (232), 224 (233), 227 (236) und 251 (261). Am Schluß des Br. II 72 (75) wird durch das No(ta) ein Textabschnitt gekennzeichnet, den Alanus, Bernardus (?) und die Compilatio III. der Dekretale entnommen haben. Ein Zusammenhang dieses Vermerks bzw. Monogramms mit den unter Innocenz III. angelegten Dekretalensammlungen ist also ziemlich evident. Eine frühe, schon vor 1201 anzusetzende Anbringung in der Handschrift dürfte wahrscheinlich sein.

Neben dem Br. II 220 (229) steht CONS(ultatio), und bei den Br. II 46 (48) sowie 163 (172) ist ein E oder ein durchstrichenes C angebracht. Zu den entsprechenden Zeichen des ersten Jahrganges besteht

---

[58]) Zur Registerdurchsicht vgl. Heckel, Gilbertus — Alanus, 171 f.

[59]) Für das erste Pontifikatsjahr wurde 1206 als Terminus ante wahrscheinlich gemacht (Bd. I XXVIII).

[60]) Siehe Br. II 30 Anm. b und w sowie für das erste Pontifikatsjahr Bd. I XXIX Anm. 112.

[61]) Heckel, Gilbertus – Alanus, 231 Nr. 3. Vgl. auch Br. I 290 Anm. m.

[62]) Hier zur Hälfte bei der Beschneidung der Handschrift weggeschnitten. Kempf, Register, 89 Anm. 5, hält die Notazeichen neben den Br. II 226 (235) und 263 (275) für später angebracht als die anderen. Wenn das stimmt, wäre wohl dasselbe für die Sigle am Beginn des Br. II 227 (236) anzunehmen.

[63]) Kempf, Register, 24, 89 mit Anm. 4. Er weist dieses Monogramm der Hand B zu. Ein ähnliches Zeichen steht neben dem Br. I 128 (vgl. dort Anm. b).

[64]) Vgl. zu ihnen oben die Anm. 62.

eine Ähnlichkeit, und vielleicht bedeutet es auch dasselbe[65]). Auf jeden Fall sind alle drei auf diese Weise gekennzeichneten Briefe in Dekretalensammlungen aufgenommen worden: II 46 (48) und II 220 (229) erstmals durch Rainer von Pomposa[66]) und II 163 (172) von Alanus. Alle drei enthält wiederum die Compilatio Romana des Bernardus Compostellanus.

Neben diesen Randzeichen, die mit der gerade unter dem Pontifikat Innocenz' III. sehr wichtigen Sammlung von Dekretalen zusammenhängen, gibt es noch eine Reihe anderer ähnlicher Zeichen und Notizen, die entweder dem Kanzleibetrieb entstammen oder — sei es für spätere Sammler, sei es von diesen selbst angebracht — auf Rechte und Einkünfte der römischen Kirche aufmerksam machen. Es sind dieselben wie im ersten Pontifikatsjahr[67]):

Am Rande der Privilegien Br. II 3, 90 (98) und 92 (100) ist ungefähr am Ende des Textes neben der großen Datierung ein leicht schräger oder waagrechter dicker Strich zu sehen. Die ersten beiden Male hat er sich auf dem gegenüberliegenden Blatt abgedruckt, woraus zu schließen ist, daß er erst nach der Registrierung der entsprechenden Urkunden von einer, den Band eilig durchblätternden Hand angebracht wurde. Derselbe dicke Strich befand sich am Beginn des Br. II 144 (153), wo er allerdings später ausradiert worden ist. Bei diesem Schreiben handelt es sich um ein Urteil und eine Besitzbestätigung zugunsten der Titelkirche S. Crisogono, die die Form eines Privilegs besitzen. Wie schon Friedrich Kempf festgestellt hat[68]), kennzeichnet der Strich das erste Privileg des zweiten Jahrgangs und sodann die beiden anderen Urkunden dieser Art, in denen sich der Vizekanzler Notar Rainald als Elekt von Acerenza bezeichnet (Br. II 90 [98]) bzw. dessen Erzbischof nennt (Br. II 92 [100])[69]). Daher dürfte es sich, auch wegen der auffälligen Form des Striches, um ein Merkzeichen der Kanzlei handeln[70]).

Ferner wurde bei folgenden Briefen jeweils am Beginn ein Minuskel f an den Blattrand geschrieben: II 1[71]), 9, 24, 72 (75), 91 (99), 113 (122), 132 (141)[72]), 200 (209), 209 (218), 211 (220), 226 (235), 241 (251) und 244 (254). Sie stellen durchwegs *litterae de curia* dar, die entweder an Legaten, Könige, Bischöfe und die Häupter der Ostkirchen gesandt wurden oder

---

[65]) Vgl. Bd. I XXVIII Anm. 107 und Kempf, Register, 95 Anm. 17. Vielleicht handelt es sich jedoch um einen senkrecht und waagrecht durchstrichenen Kreis, dessen rechter Rand durch die Beschneidung der Handschrift verlorenging.

[66]) Sie sind auch bei Alanus und Bernardus Compostellanus zu finden.

[67]) Bd. I XXIX ff.

[68]) Register 19. Er denkt an einen übergeordneten Kanzleibeamten als Verfertiger des Zeichens.

[69]) Siehe S. 192 Z. 6 und S. 197 Z. 17. Vgl. dazu Rudolf v. Heckel, Studien über die Kanzleiordnung Innocenz' III. Historisches Jahrbuch 37 (1937) 284.

[70]) Vgl. die ausführliche Begründung bei Kempf, Register, 19 f.

[71]) Allerdings fraglich, vgl. dort Anm. a.

[72]) Fraglich, vgl. dort Anm. a.

die Bekämpfung der Häretiker betreffen. Alle dürften im Interesse der Kurie registriert worden sein[73]).

Auf Rechte der römischen Kirche weist der Randvermerk pro iure Romane ecclesie hin, der die Br. II 33, 147 (156), 149 (158), 246 (256), 252 (262), 262 (274), 274 und 275 kennzeichnet. Diese enthalten vor allem Angelegenheiten des Kirchenstaates, wie eine Zinszahlung, die Ernennung eines Rektors, die Verleihung einer Burg oder dem Papst geschworene Eide. Dazu kommen ein Prozeß wegen der Verschleuderung von Kirchengut in Perugia sowie Briefe, die Kirchen und Klöster in den päpstlichen Schutz nehmen. Eine weitere derartige Urkunde, Br. II 93 (101), die für den gewährten Schutz eine jährliche Wachsabgabe festsetzt, zeigt den entsprechenden Randvermerk Census.

Diese Angaben dürften mit dem unter Papst Clemens IV. angelegten Zins- und Rechtsregister der Kurie zusammenhängen[74]).

Finanzielle Bedeutung haben auch zwei kurze, kräftige und schräge Striche neben den Br. II 257 (268, 269), 258 (270) und 260 (272)[75]), die jene Textstellen kennzeichnen, in denen von einer Vermögensabgabe der Ordens- und Weltgeistlichkeit die Rede ist, welche der Papst für den Kreuzzug forderte. Sie stammen sehr wahrscheinlich von derselben Hand wie die Merkstriche, die viele Briefe am Rande begleiten. Beim Br. II 258 (270) findet sich das Zeichen am gegenüberliegenden Blatt als Abdruck wieder, was auf eine spätere und eilige Anbringung schließen läßt.

Gleichfalls am Rande der Br. II 257 (268, 269), 258 (270), und 259 (271) weist, ähnlich wie im ersten Jahrgang der Register[76]) ein Kruckenkreuz auf den Kreuzzug hin, von dem sie handeln.

Ein waagrechter Strich und drei Punkte bezeichnen jene Stelle des Br. II 39, in der vom Kriege zwischen Parma und Piacenza um Borgo S. Donnino die Rede ist[77]). Dasselbe Zeichen kommt verhältnismäßig oft und bei inhaltlich sehr verschiedenen Briefen des ersten Pontifikatsjahres vor. Es ist wohl einem späteren Benützer der Register zuzuschreiben[78]).

Auch für den zweiten Registerjahrgang wurde durch Randvermerke eine Konkordanz mit dem Liber Extra hergestellt, indem man jene Dekretalen auswies, die in ihm Aufnahme gefunden hatten. Die Arbeit

---

[73]) Vgl. Kempf, Register, 20 f.

[74]) Vgl. Anton Haidacher, Beiträge zur Kenntnis der verlorenen Registerbände Innocenz' III. RHM 4 (1961) 39 f.: die dort angeführten Nummern XCVII, CXXVI, CXXV, CCCXIII, CCCCXLIII und XV entsprechen den Br. I 99, 128, 150, 316, 448 und 218. Sie besitzen alle den *pro iure-* oder *Census*-Vermerk oder beide; vgl. Bd. I XXX f. Der Zusammenhang zwischen beiden wäre einer Untersuchung wert.

[75]) Vgl. jeweils die Anm. o, l, b.

[76]) Bd. I XXIII unter 4.

[77]) Vgl. dort Anm. c.

[78]) Bd. I XXX. Zu ergänzen ist, daß es beim Br. I 568 (574) (vgl. dort Anm. d) jene Stelle zu kennzeichnen scheint, an der die bei Rainer von Pomposa 20,2 überlieferte Dekretale beginnt.

vollbrachte eine Hand des 13. Jahrhunderts; einige Male kann sie auch dem 14. Jahrhundert angehören, und nur selten stammt sie aus späterer Zeit[79]).

Ziemlich oft sind innerhalb der Briefe einzelne Worte durch Transpositionszeichen umgestellt worden; so in den Br. II 5, 30 (zweimal), 37 (zweimal), 43 (45), 44 (46), 51 (53), 57 (60), 63 (66), 72 (75), 79 (82) (fünfmal)[80]), 80 (83), 81 (84—88), 84 (91), 94 (102) (zweimal), 114 (123), 130 (139), 132 (141) (zweimal), 144 (153) (zweimal), 150 (159) (zweimal), 163 (172), 164 (173), 185 (194), 186 (195), 188 (197), 191 (200), 196 (205), 197 (206), 200 (209), 202 (211) (zweimal), 203 (212) (zweimal), 215 (224), 219 (228), 236 (245), 249 (259), 250 (260), 251 (261), 258 (270) (dreimal), 262 (274), 265 (277) (zweimal), 266 (278) und 274. In manchen Fällen sollte die Umstellung in den Satzschlüssen einen Cursus zustande bringen oder einen solchen verändern. So ergab sich durch sie ein Cursus velox in den Br. II 37 Anm. l, 57 (60) Anm. m, 63 (66) Anm. b, 84 (91) Anm. d, 144 (153) Anm. f, 219 (228) Anm. b, 249 (259) Anm. f und 251 (261) Anm. l, ein Cursus tardus in den Br. II 30 Anm. c, 72 (75) Anm. u, 79 (82) Anm. q, 130 (139) Anm. g, und schließlich ein Cursus planus in den Br. II 30 Anm. i, 114 (123) Anm. c und 164 (173) Anm. f sowie ein Cursus trispondaicus in den Br. II 81 (84) Anm. g und 92 (100) Anm. d'[81]).

Sachliche Gründe haben bei den Br. II 144 (153) Anm. h, 236 (245) Anm. g und 274 Anm. c die Transposition verursacht; eine Verbesserung des Textes ergibt sich aus ihr im Br. II 132 (141) Anm. k. Oft sind die Umstellungen bereits in der Empfängerüberlieferung berücksichtigt worden.[82]).

---

[79]) Vielleicht aus dem 13. oder 14. Jh.: Br. II 220 (229) Anm. a und 230 (239) Anm. a; aus dem 14. Jh.: Br. II 72 (75) Anm. c; aus dem 15. Jh.: Br. II 174 (183) Anm. a und 176 (185) Anm. a; aus dem 16. Jh.: Br. II 63 (66) Anm. a, e und 84 (91) Anm. a.

[80]) Das Transpositionszeichen ist hier anders als in den übrigen Briefen. Während es in diesen meistens aus zwei kurzen schrägen Doppelstrichen besteht, wurde es im Br. II 79 (82) Anm. s' und u' aus einem solchen Doppelstrich und einem Kreuz gebildet. Bei den Anmerkungen mm, c' und q' fehlt allerdings der Doppelstrich, doch ergibt sich aus der Empfängerüberlieferung, daß auch das Kreuz allein als Transpositionszeichen gedacht war. In der Anm. mm ist es überdies später ausradiert worden. Außerdem besteht das Zeichen im Br. II 30 Anm. c allein aus einer Schleife über den letzten beiden Buchstaben des ersten Wortes.

[81]) Vor der Transposition hatte an der betreffenden Stelle in den Br. II 30 Anm. c, 72 (75), 81 (84) und 92 (100) ein Cursus velox bestanden, in den Br. II 57 (60) und 130 (139) war es ein Cursus planus und in den Br. II 30 Anm. i, 63 (66), 144 (153) und 249 (259) ein Cursus trispondaicus gewesen.

[82]) So in den Br. II 51 (53) Anm. o, 79 (82) Anm. mm, c', q', s' und u', 80 (83) Anm. e, 81 (84) Anm. g (die Empfängerüberlieferung stammt von einem A-pari-Brief) und 258 (270) Anm. d, u, w. Besonderheiten enthalten die Br. II 51 (53) Anm. o: die Empfängerüberlieferung berücksichtigt nur die im Registertext erfolgte Tilgung und übergeht die dortige Umstellung; 187 (196) S. 356 Z. 29 f.: die Empfängerüberlieferung liegt in zwei Originalen vor; im ersten ist ein Satzschluß durch Zeichen aus einem Cursus trispondaicus in einen Cursus velox umgestellt, während das zweite Original und der Registertext diese Transposition bereits berücksichtigen; 258 (270) Anm. q-q: im Original der Empfängerüberlieferung eines A-pari-Briefes wird in einem Satzschluß

Von späteren Notizen ist nur der Vermerk *Io(hannes) de Porta coplevit* (!) auf fol. 147ʳ bemerkenswert; er bezieht sich auf die Kopierung des Bandes in der Zeit Papst Urbans V.[83]).

Die Vorlagen der registrierten Texte dürften hauptsächlich Konzepte gewesen sein. Lücken im Text, vor allem in der Datierung[84]), weisen ebenso darauf hin wie deren Fehlen oder ihr Ersatz durch ein *Datum ut supra*[85]). Auch einige Fehler und Korrekturen legen die Annahme nahe, daß man für mehrere Briefe ein gemeinsames Konzept angefertigt hat[86]). Dazu weist der Vergleich mit der Empfängerüberlieferung den Registertext bisweilen als eine frühere Textstufe aus, die wohl aus einem Konzept stammen könnte[87]). An Originale als Vorlagen der Registrierung kann man schließlich bei den Br. II 94 (102) Anm. k, 95 (103) Anm. m, 100 (108) Anm. a, b, e, 124 (133) Anm. k, 130 (139) Anm. c, ee, 144 (153) Anm. c, g und 262 (274) Anm. c denken, da in ihnen die Papstnamen, wie in den Originalurkunden, in verlängerter Schrift ausgeführt sind[88]).

II. Die Edition

Über die älteren Ausgaben ist dasselbe zu sagen wie im 1. Band der Edition[89]). Was die sogenannte Originalität der Kanzleiregister betrifft, so ergaben sich bei der Arbeit am zweiten Pontifikatsjahr keine Argumente, die daran zweifeln lassen[90]). Im Gegenteil, es konnte der Nachweis geführt werden, daß man bisweilen die Registrierung großer Briefbündel, die ein Prokurator für seine Auftraggeber erwirkt hatte und deren Eintrag selbstverständlich längere Zeit beanspruchte, unterbrach, um eilig zu expedierende Schreiben in die Handschrift einzutragen. Deutliche Neuansätze und ein oftmaliger Handwechsel sind der offenkundige Ausdruck einer solchen Kanzleigewohnheit[91]).

Auch in diesem Bande wurde die Empfängerüberlieferung zum Textvergleich herangezogen und in ihren Varianten ausgewiesen. Das

---

durch Zeichen ein Cursus tardus hergestellt, was eine andere, historiographische Empfängerüberlieferung berücksichtigt. Dagegen weist das Register noch die alte, nicht umgestellte Form auf, wobei der Text allerdings zum Teil auf Rasur steht. Br. II 259 (271) S. 501 Z. 31 f.: Im Original der Empfängerüberlieferung eines A-pari-Briefes wird ein Satzschluß durch Zeichen aus einem Cursus tardus in einen Cursus velox verändert, was der Registertext berücksichtigt.

[83]) Siehe S. 1 Anm. a.

[84]) Vgl. oben XVII mit den Anm. 42 und 43.

[85]) Vgl. Kempf, Register, 79 ff.

[86]) So bei den Br. II 124 (133) Anm. p: *ei* statt *tibi* dürfte in den A-pari-Brief gehören, 200 (209) Anm. rr und 202 (211) Anm. cc, dd: gemeinsames Konzept.

[87]) Vgl. dazu die Br. II 79 (82) Anm. ll und S. 161 Z. 1 und 258 (270) S. 495 Z. 5 f., 40 f.

[88]) Vgl. Bd. I XXXII mit Anm. 131.

[89]) Ebd. XXXIII.

[90]) Vgl. Ebd. XXXIII f.

[91]) Hageneder, „Expeditionsbündel"; prinzipiell schon bei Kempf, Register, 86 Anm. 36. Zum Handwechsel vgl. die Tabelle unten S. XXX.

dabei befolgte Prinzip war im allgemeinen dasselbe wie im ersten Jahrgang. Alle Originale sind nach Photokopien kollationiert worden; waren jene nicht mehr vorhanden, diente — soweit es ihn gab — ein Druck demselben Zweck. Die kopiale Empfängerüberlieferung haben wir im allgemeinen soweit herangezogen, als sie in modernen Editionen vorliegt; ebenso wie die in historiographische Werke inserierten Texte von Registerbriefen, die wohl auf das Original zurückgehen [92]). Auf diese Art konnten die Br. II 28, 110 (119) und 123 (132) mit dem Photo des Originals verglichen werden, der Br. II 187 (196) sogar mit jenen von zwei Originalausfertigungen [93]). Die Originale der Br. II 52 (54) und 53 (55) gingen im letzten Kriege verloren; hier wurde mit einem Druck kollationiert. Schließlich ist die Empfängerüberlieferung von A-pari-Briefen der Br. II 258 (270) und 259 (271) — es handelt sich um Kreuzzugsaufrufe, die in die gesamte Christenheit gingen — aus Originalen, die nach Ragusa gesandt wurden, angegeben. Aus den Editionen von Kopialbüchern stammen die Varianten bei den Br. II 3, 76 (79) und 105 (114). Drucke von A-pari-Briefen der Br. II 259 (271) und 260 (272), gleichfalls Kreuzzugsangelegenheiten, dienten desgleichen der Angabe des an die Empfänger gegangenen Textes. Ihn überliefern ferner bei den Br. II 68 (71) und 172 (181) die Epistolae Cantuarienses sowie von A-pari-Briefen des Br. II 258 (270) verschiedene englische Historiographen [94]).

Eine Besonderheit stellt die Empfängerüberlieferung des Br. II 79 (82) dar, in dem der Papst den langjährigen, zwischen dem Erzbistum Tours und dem Bistum Dol um die Metropolitanwürde geführten Prozeß entschied. Sie ist bei E. Martène, Veterum scriptorum et monumentorum ... collectio nova 1 (1700) 152 ff. und danach in dem Werk von E. Martène - U. Durand, Thesaurus novus anecdotorum, 3 (1717) 942 ff. gedruckt. Man vermutete, dieser Ausgabe habe das Original zugrunde gelegen [95]). Um Sicherheit zu gewinnen, wurden ausnahmsweise noch weitere kopiale Empfängerüberlieferungen herangezogen, die zum Teil bedeutend älter sind als die angeführten Drucke. Darunter befindet sich eine 1613 hergestellte Abschrift des damals noch greifbaren Originals [96]), sowie eine Kopie des 13. Jahrhunderts. Aus dem Vergleich der Texte ist zu schließen, daß Martène nicht das Original vorgelegen hat. Ähnliches ist vom Br. II 80 (83) zu sagen, der dieselbe Angelegenheit betrifft und dessen Empfängerüberlieferung ebenfalls aus dem erwähnten Druck und

---

[92]) Vgl. dazu Bd. I XXXIV ff.

[93]) Das zweite Original weist gegenüber dem ersten zwei stilistische Korrekturen auf. Vgl. oben Anm. 82 und S. 356 Z. 29 f., S. 358 Z. 34 f.

[94]) Zu den Epistolae Cantuarienses vgl. Bd. I XXXVI; die Kopien der A-pari-Briefe des Br. II 258 (270) stammen zumindest noch aus dem 13. Jh.

[95]) Vgl. Louis de Grandmaison, Cartulaire de l'archevêché de Tours 1 (Mémoires de la Société archéologique de Touraine 37/38, 1892) 138 Anm.

[96]) Vgl. Paris, Bibliothèque Nationale, MS. nouv. acq. lat. 1268 fol. 28ᵛ—29ʳ: Collation faicte de la presendte coppie a son original par ... Die Auffindung und Verifizierung dieser Kopien ist zum großen Teil Werner Maleczek, Innsbruck, zu verdanken.

der zitierten Pariser Handschrift angegeben wurde. Der erstere allein diente schließlich beim Br. II 81 (84—88) zum Vergleich des Textes[97]).

Gerade bei der letztgenannten Briefgruppe sind die Varianten der kopialen Überlieferung nur sparsam ausgewiesen; d. h. sie wurden nur dann berücksichtigt, wenn es sich nicht um eindeutige Kopierfehler oder bloß orthographische Differenzen handelt. Dasselbe Prinzip gilt, wie schon in der Edition des ersten Jahrgangs, für die gesamte Empfänger-überlieferung, soweit sie nicht aus Originalen stammt[98]). Einer Anregung C. R. Cheneys folgend[99]), sind beim Privileg Br. II 51 (53), dessen — allerdings kopiale — Empfängerüberlieferung bisher ungedruckt ist, die dort angeführten Kardinalsunterschriften gleichfalls ausgewiesen worden.

Wie im ersten Band, wurden auch hier die beim jetzigen Stand der Forschung bekannten Dekretalensammlungen, in welche Papst-briefe des zweiten Jahrgangs aufgenommen worden sind, angegeben. Eine gegenüber dem Bd. 1 erweiterte Tabelle der dabei verwendeten Editionen und Analysen findet sich auf der S. XXIX.

Die technische Einrichtung der Edition blieb im großen und gan-zen gleich[100]). Neu ist die Normalisierung von I- und J-, wofür nur noch I- gesetzt wird. Was die Interpunktion betrifft, schien es nur zum Teil ratsam, dem überlegenswerten Vorschlag Leonard E. Boyles zu folgen und sie auf Grund des Cursus, der die Satzschlüsse gestaltet, einzurichten[101]). Das Verständnis des Textes, das durch die Satzzeichen erleichtert werden soll, ging hier vor. Daher wurden auch in diesem Band ziemlich durchgehend jene Regeln befolgt, wie sie in deutschsprachigen Editionen hochmittelalterlicher Papsturkunden üblich sind und deren sich z. B. Walther Holtzmann, Rudolf von Heckel und Peter Herde bedienten[102]). Doch ist die Interpunktion flexibel gestaltet, und wenn es sich vermeiden ließ, eine rhythmische Klausel im Satzschluß durch ein Komma zu zerstören, so geschah es.

Eine Konkordanz der Briefnumerierung zu jener Mignes bietet die Tabelle auf der S. XXXI f.

Die Zeichen, welche für editorische Einzelheiten Verwendung fanden, sind dieselben wie im 1. Band:

---

[97]) Es handelt sich um den Brief 85 der Edition Mignes: an die Gräfin der Bretagne und ihren Sohn.

[98]) Vgl. Bd. I XXXVII.

[99]) Vgl. English Historical Review 82 (1967) 110.

[100]) Vgl. Bd. I XXXVII ff.

[101]) Speculum 42 (1967) 158 ff.

[102]) Über die bei den Monumenta Germaniae Historica über die Interpunktion der Texte geführte Diskussion vgl. Horst Fuhrmann, Über Ziel und Aussehen von Text-editionen. Mittelalterliche Textüberlieferungen und ihre kritische Aufarbeitung. Bei-träge der Monumenta Germaniae Historica zum 31. Deutschen Historikertag Mann-heim 1976, 20 mit Anm. 17. Daraus ergibt sich, daß z. B. Adolf Hofmeister die Beibehaltung der romanischen Interpunktion für eine Marotte hielt und Oswald Holder-Egger sie gar unsinnig nannte: NA 32 (1906) 788, 801.

( )   Auflösung von Eigennamen; von anderen Worten nur
                dann, wenn sie nicht eindeutig ist.
[ ]   Emendationen des Herausgebers
⟨ ⟩   Nachtrag in der Handschrift
| Neuansatz
(|)   Nicht sicherer Neuansatz
|| Händewechsel
⌐⌐   Nachtrag von Briefen

Im Gegensatz zum ersten Jahrgang des Pontifikats wurden die Orts-
namen der Privilegien nicht aufgelöst. Das soll, um die entsprechenden
Fußnoten zu entlasten, im Index geschehen. Doch hielt es der Redaktor
des Sachkommentars (Personen, Orte und Sachen) für angebracht, in
den betreffenden Anmerkungen gegenüber dem ersten Jahrgang ausführliche Datenangaben und Hinweise auf die wichtigste Literatur, auch zu
Einzelpersönlichkeiten, anzuführen.

Die Abschriften der Texte sowie die Angaben über die gedruckte
Empfängerüberlieferung, die aus dem Register in die verschiedenen
Sammlungen übernommenen Dekretalen und die Bibelzitate beruhen
auch in diesem Band im wesentlichen auf der Arbeit jener Personen, die
damit schon für den ersten Jahrgang der Edition beschäftigt waren:
Helmuth Feigl, Kurt Peball, Erich Popp, Gerlinde Möser-Mersky, Fritz
Eheim (Dekretalen), Gerhard Trenkler (Bibelzitate), Friederike Grill-
Hillbrand, Christiane Thomas und Herta Eberstaller-Hageneder[103]).

Den Sachkommentar erarbeitete für Deutschland, England und die
iberische Halbinsel Alfred A. Strnad, der übrige und größere Teil ist
Werner Maleczek zu verdanken. Eine wertvolle Materialaufbereitung,
besonders für den zwischen den Erzbistümern Compostela und Braga
geführten Prozeß, bot Christiane Thomas in ihrer ungedruckten Prüfungs-
arbeit am Institut für Österreichische Geschichtsforschung: Zitate aus
dem römischen und dem Kirchenrecht in den Briefen Papst Innocenz' III.
für das zweite Pontifikatsjahr. Endgültig redigierten den Sachkommentar
Alfred A. Strnad und Werner Maleczek.

Zu Lasten Othmar Hageneders gingen auch diesmal vor allem das
Kopfregest und die Textgestaltung, die Datierung der undatierten Briefe,
der paläographisch-diplomatische Apparat und die Kollationierung des
Registertextes mit der Empfängerüberlieferung. Ferner fiel ihm die
Identifizierung der Entlehnungen aus dem Decretum Gratiani, die in den
Briefen zu erkennen sind, zu. Auch die Einleitung samt den dazugehörigen
Tabellen und Listen verfaßte er.

Die Endredaktion des Bandes war schließlich die Aufgabe Alfred
A. Strnads. Alle Mitarbeiter sind für ihren Teil voll verantwortlich.

Linz, im Frühjahr 1976

Othmar Hageneder

---

[103]) Vgl. Bd. I XL.

Dekretalensammlungen mit Briefen Innocenz' III.

Sammlung	Abkürzung	Entstehungs-zeit	Analyse oder Edition, nach der zitiert wurde
Compilatio secunda	Comp. II	1210—12?	⎫
Compilatio tertia	Comp. III	1209/10	E. FRIEDBERG, Quinque compilationes antiquae. Leipzig (1882).
Compilatio quarta	Comp. IV	1216	⎭
Alanus	Alan.	1206	R. v. HECKEL, Die Dekretalensammlung des Gilbertus und Alanus nach den Weingartener Handschriften. ZRG 60 KA 29 (1940) 116 ff. bes. 226 ff.
Alanus Kuttner	Alan. K.	1206	ST. KUTTNER, The Collection of Alanus: A Concordance of its two Recensions. Rivista di storia del diritto italiano 26 (1953—55) 39 ff.
Bernardus Compostellanus antiquus	Bern.	1208	H. SINGER, Die Dekretalensammlung des Bernardus Compostellanus antiquus. SBWA, phil. hist. Klasse 171/2 (1914).
Additiones ad Dunelmensem IV	Add. ad Dunelm. IV	1205—15	C. R. CHENEY, An Annotator of Durham Cathedral Ms. C. III 3, and unpublished Decretals of Innocent III. Studia Gratiana 11 (1967) 39 ff.
Collectio Fuldensis	Coll. Fuld.	ca. 1216	R. v. HECKEL, a. a. O. 335 ff.
Gilbert	Gilb.	1202/03	Ebendort, bes. 180 ff.
Collectio Halensis	Coll. Hal.	nach 1201	F. HEYER in ZRG 35 KA 4 (1914) 590 ff.
Collectio Lucensis	Coll. Luc.	1199	J. D. MANSI, Stephani Baluzii Miscellanea novo ordine digesta et...aucta. III Lucca (1762) 367 ff.
Rainer von Pomposa	Rain.	1201	MIGNE, PL 216 1173 ff.
Collectio Rotomagensis III	Coll. Rotomag.	nach 1209	C. R. CHENEY, Decretals of Innocent III in Paris B. N. Ms. Lat. 3922 A. Traditio 11 (1955) 149 ff.
Collectio Valentiennensis I, II	Coll. Valent. I, II	I: 1201–05? II: 1205–10	G. FRANSEN, Les Collections de Valenciennes. ZRG 87 KA 56 (1970) 388 ff.
Liber Extra	X	1234	E. FRIEDBERG, Corpus Juris Canonici. II Leipzig (1879).

Die Schreiber des zweiten Pontifikatsjahres

Briefnummer	Blatt	Daten der Briefe	Hand	Anmerkungen
1—49 (51)	147ʳ—156ᵛ	1199 II 24 — V 1	D 1	Hand C schreibt Teile der Br. II 41 (42) (vgl. Anm. b-b) und II 48 (50) (vgl. Anm. e-e).
50 (52)—51 (53)	156ᵛ—157ʳ	1199 IV 28, V 4	C	Im Br. II 51 (53) schreibt Hand D 1 auf fol. 156ᵛ die letzten beiden und auf fol. 157ʳ die ersten sieben Zeilen (vgl. Anm. d-d) sowie den Schluß des Briefes auf fol. 157ᵛ (vgl. Anm. u).
52 (54)—74 (77)	157ᵛ—162ᵛ	1199 IV 28 — V 25	D 1	Hand C schreibt den größten Teil des Br. II 71 (74) (vgl. Anm. b-b) und den teilweise nachgetragenen Schluß des Br. II 72 (75) (vgl. Anm. v-v).
75 (78)	162ᵛ	1199 V 29	C	
76 (79)—107 (116)	162ᵛ—174ᵛ	1199 V 29—VII 11	D 1	Hand C schreibt Teile der Br. II 78 (81) (vgl. Anm. d-d), 79 (82) (vgl. Anm. v-v) und 92 (100) (vgl. Anm. b-b), den Br. II 93 (101) (vgl. Anm. c-c), einen Teil des Br. II 94 (101) (vgl. Anm. c-c) und den Beginn des Br. II 99 (107) (vgl. Anm. b-b).
108 (117)	174ᵛ	1199 VII 11	C	
109 (118)—128 (137)	174ᵛ—178ʳ	1199 VI 15—VII 14	D 1	Hand C trägt beim Br. II 114 (123) die Adressaten der A-pari-Briefe nach (vgl. Anm. e-e) und schreibt Teile des Br. II 124 (133) (vgl. Anm. h-h, r-r) sowie die ersten Worte des Br. II 127 (136) (vgl. Anm. a-a).
129 (138)	178ʳ	1199 VII 13	C	
130 (139)—133 (142)	178ᵛ—180ʳ	1199 VII 12—17	D 1	Hand C schreibt einen Teil des Br. II 130 (139) (vgl. Anm. d-d) und den Beginn sowie drei Zeilen innerhalb des Br. II 132 (141) (vgl. Anm. b-b, q-q).
134 (143), 135 (144)	180ʳ	1199 VII 9	C	
136 (145)—145 (154)	180ʳ—182ʳ	1199 VII 10—23	D 1	Hand C schreibt das erste Drittel des Br. II 139 (148) (vgl. Anm. b-b), die beiden letzten Drittel des Br. II 144 (153) (vgl. Anm. e-e) und den Schluß des Br. II 145 (154) (vgl. Anm. d).
146 (155)	182ʳ	1199 VII 27	C	Hand C registriert den Brief gemeinsam mit dem Ende des vorhergehenden und dem Anfang des nächsten Schreibens; vgl. die vorhergehende und folgende Anm.
147 (156), 148 (157)	182ᵛ	(1199 ca. VII 27—31)	D 1	Hand C schreibt noch die erste Hälfte des Br. II 147 (156) bis zum Ende des fol. 182ʳ (vgl. dort Anm. c) und die beiden letzten Zeilen des Br. II 148 (157) (vgl. Anm. a).
148 (157)—176 (185)	182ᵛ—187ᵛ	1199 VII 29—IX 21	C	Der Handwechsel erfolgt innerhalb des Br. II 148 (157); vgl. die obige Anm.
177 (186)—275	188ʳ—219ʳ	1199 IX 23—1200 II 16	B	
276 (302)	219ʳ	1199 IX 15	F	Der Brief wurde nach der Ausmalung der Initialen nachgetragen (vgl. Anm. a).

Rubrikatoren der Adressen des zweiten Pontifikatsjahres[1])

Briefnummer	Blatt	Hand	Anmerkungen
1—2	147^r	C	
3—9	147^v—148^r	D 1	
10—28	148^v—150^r	C	
29	150^v	B	
30—33	151^r—152^r	C	Br. II 34 ist ein Einlaufstück und daher
35—38	152^v—154^r	D 1	ohne Adresse.
39, 40	154^v—155^r	C	Beim Br. II 39 ist die Zuweisung unsicher.
41 (42)—79 (82)	155^v—164^r	D 1	
80 (83)—273 (289)	166^v—218^r	B	

Konkordanz der Briefnumerierung mit der von Migne

Brief-Nr.	Nr. bei Migne	Brief-Nr.	Nr. bei Migne	Brief-Nr.	Nr. bei Migne
1—39	1—39	76	79, 286	113	122
40	40, 41	77	80, 287	114	123
41	42	78	81	115	124
42	43, 44	79	82	116	125
43	45	80	83	117	126
44	46	81	84—88	118	127
45	47	82	89	119	128
46	48	83	90	120	129
47	49	84	91	121	130
48	50	85	92	122	131
49	51	86	93	123	132
50	52	87	94	124	133
51	53	88	95	125	134
52	54	89	96, 97	126	135
53	55	90	98	127	136
54	56	91	99	128	137
55	57, 58	92	100	129	138
56	59	93	101	130	139
57	60	94	102	131	140
58	61	95	103	132	141
59	62	96	104	133	142
60	63	97	105	134	143
61	64	98	106	135	144
62	65	99	107	136	145
63	66	100	108	137	146
64	67	101	109	138	147
65	68	102	110	139	148
66	69	103	111, 112	140	149
67	70	104	113	141	150
68	71	105	114	142	151
69	72	106	115	143	152
70	73	107	116	144	153
71	74	108	117	145	154
72	75	109	118	146	155
73	76	110	119	147	156
74	77, 284	111	120	148	157
75	78, 285	112	121	149	158

[1]) Danach ist Hageneder, Merkmale, 301 zu korrigieren.

Brief-Nr.	Nr. bei Migne	Brief-Nr.	Nr. bei Migne	Brief-Nr.	Nr. bei Migne
150	159	193	202	236	245
151	160	194	203	237	246, 247
152	161	195	204	238	248
153	162	196	205	239	249
154	163	197	206	240	250
155	164	198	207	241	251
156	165	199	208	242	252
157	166	200	209	243	253
158	167	201	210	244	254
159	168	202	211	245	255
160	169	203	212	246	256
161	170	204	213	247	257
162	171	205	214	248	258
163	172	206	215	249	259
164	173	207	216	250	260
165	174	208	217	251	261
166	175	209	218	252	262
167	176	210	219	253	263, 264
168	177	211	220	254	265
169	178	212	221	255	266
170	179	213	222	256	267
171	180	214	223	257	268, 269
172	181	215	224	258	270
173	182	216	225	259	271
174	183	217	226	260	272
175	184	218	227	261	273
176	185	219	228	262	274
177	186	220	229	263	275
178	187	221	230	264	276
179	188	222	231	265	277
180	189	223	232	266	278
181	190	224	233	267	279
182	191	225	234	268	280
183	192	226	235	269	281
184	193	227	236	270	282
185	194	228	237	271	283
186	195	229	238	272	288
187	196	230	239	273	289
188	197	231	240	274	—
189	198	232	241	275	—
190	199	233	242	276	302
191	200	234	243		
192	201	235	244		

Im Text gekürzte Brief- und Privilegienformeln in der Reihenfolge ihres Auftretens innerhalb der Urkunden

Vorbemerkung

Die meisten Formeln wurden in ihrem vollen Wortlaut bereits im Bd. 1 XLIV ff. angeführt. Hier folgen nur solche, die entweder zur Gänze im zweiten Jahrgang neu vorkommen oder für welche dieser neue Varianten bietet. Außer der im Bd. 1 XLIV angegebenen Literatur sind noch verwendet worden: P. HERDE, Audientia litterarum contradictarum. Untersuchungen über die päpstlichen Justizbriefe und die päpstliche Delegationsgerichtsbarkeit vom 13. bis zum Beginn des 16. Jahrhunderts, 2 (Bibliothek des deutschen historischen Instituts in Rom 32, 1970), D. MANSILLA, La documentación pontificia hasta Inocencio III (965 bis 1216) (Monumenta Hispaniae Vaticana, Seccion: Registros, Vol. 1) 1955, H. FINKE, Die Papsturkunden Westfalens bis zum Jahre 1378, 1 (Westfälisches Urkundenbuch V 1, 1888) und der Index Initiorum bei JL. Alles, was im ersten Jahrgang an der zitierten Stelle gesagt wurde, gilt auch hier. Falls dort die Formel bereits angeführt ist und hier nur eine Variante folgt, steht die Nummer, unter der sie im ersten Band aufscheint, in Klammer.

Formeln

A. Briefe

Kontextordien:

1. Ea, que iudicio vel concordia terminantur, firma debent et illibata persistere et, ne in recidive contentionis scrupulum relabantur, apostolico convenit presidio communiri. Eapropter vestris postulationibus grato concurrentes assensu . . . *wie Bd. 1 XLIV Nr. 3.*

2. Ex pastoralis officii debito provocamur religiosam vitam eligentibus clementer adesse et, ut in eis religio valeat augmentari, patrocinium apostolicum impertiri.

3. Incumbit nobis ex debito pastoralis officii, ut iusta petentibus audientiam cum efficientia prebeamus, maxime ubi eorum vota et pietas adiuvat et explorati iuris veritas non relinquit. Eapropter, dilecti in Domino filii, vestris iustis postulationibus (*oder* precibus) clementer annuimus . . .

4. (3.) Sacrosancta Romana ecclesia, dilecte in Domino fili, . . .

Kontext:

5. Eapropter, dilecti in Domino filii . . . (*wie Bd. 1 XLIV Nr. 3*) . . . que idem hospitale (*oder* eadem domus *oder* eadem ecclesia) impresen-

ciarum iuste et canonice (*oder* rationabiliter) possidet aut in futurum
iustis modis poterit adipisci, sub beati Petri et nostra protectione suscipimus.

6. Sicut ea (*oder* eam *oder* ipsum) iuste et canonice (*oder* pacifice *oder*
quiete) possides (*oder* possidetis), auctoritate tibi (*oder* vobis) apostolica
confirmamus et presentis scripti patrocinio communimus.

7. Sub beati Petri et nostra protectione suscipimus et presentis scripti
pagina communimus.

8. Donec passo iniuriam tibi (*oder* vobis) satisfecerint competenter
et . . . *wie Bd. 1 XLV Nr. 5.*

Kontextschlußformeln:

9. Cogen(te)s partes per censuram ecclesiasticam, quod statueritis
(*oder* decreveritis), inviolabiliter (*oder* firmiter) observari.

10. (12.) Testes autem . . . *(wie Bd. 1 XLV Nr. 12)* . . . appellatione
remota (*oder* postposita) cogantur.

11. (13.) Quodsi ambo hiis exequendis interesse nequirent, predictus
episcopus nichilominus quod mandavimus adimpleret.

12. (16.) Nullis litteris veritati et iusticie preiudicium facientibus, si
que apparuerint a sede apostolica impetrate.

13. (16.) Nullis litteris obstantibus ipsarum mentione non habita (*oder*
late sententie et confirmationis nostre tenore tacito) a sede apostolica
impetratis.

14. Nulli ergo hominum . . . *(wie Bd. 1 XLV f. Nr. 17)* . . . absolutionis (*oder* cassationis . . . pronunciationis . . .) infringere vel ei ausu
temerario contraire.

B. Privilegien

15. Ex iniuncto nobis apostolatus officio fratres et coepiscopos nostros
(tam vicinos quam longe positos) debemus sincero cordis (*oder statt*
sincero cordis] caritatis) affectu diligere (*oder statt* fratres — diligere] fratribus
et coepiscopis nostris tam vicinis quam longe positis paterna nos convenit
provisione consulere) et ecclesiis, in quibus (Domino) militant (*oder*
militare noscuntur), suam (dignitatem et) iustitiam (*oder* iura) conservare.
(Aequum tamen [*oder* est enim] et rationabile (est), ut qui [*oder* quam]
beato Petro eiusque vicariis devotiores esse noscuntur et sancte Romane
ecclesie patrocinio cupiunt confoveri, eiusdem pie matris uberibus fovean-
tur [*oder* nutriantur] et in suis iustis postulationibus audiantur). Eapropter . . . *wie in Bd. 1 XLVI Nr. 24, 25, 27.*

16. In eminenti apostolice sedis specula licet immeriti disponente
Domino constituti fratres nostros episcopos, tam propinquos quam longe
positos, fraterna debemus caritate diligere et ecclesiis sibi a Deo commissis
pastorali sollicitudine providere. Quocirca, venerabilis in Christo frater

episcope, tuis iustis postulationibus grato concurrentes assensu (*oder* clementer annuimus) et ecclesiam . . . cui auctore Domino preesse dignosceris, sub beati Petri et nostra protectione suscipimus et presentis scripti privilegio communimus.

17. Pie postulatio voluntatis effectu debet prosequente compleri, ut et devotionis sinceritas laudabiliter enitescat et utilitas postulata vires indubitanter assumat . . . *wie Nr. 19 (24)*.

18. Quotiens a nobis petitur, quod religioni et honestati convenire dinoscitur, animo nos decet libenti concedere et petentium desideriis congruum suffragium impertiri . . . *wie Bd. 1 XLVI Nr. 24 und 25*.

19. (24.) Eapropter, dilecti in Domino filii, vestris iustis postulationibus clementer annuimus et prefatum monasterium (*oder* prefatam ecclesiam) . . . , in quo (*oder* in qua) divino mancipati estis obsequio, sub beati Petri et nostra protectione suscipimus et presentis scripti privilegio communimus . . . *wie Bd. 1 XLVI Nr. 25 und 27*.

20. (27.) Preterea quascumque possessiones . . . *wie Bd. 1 XLVI Nr. 27* . . . firma vobis vestrisque successoribus et illibata manere censemus. In quibus hec propriis duximus vocabulis exprimenda.

21. (30.) Sane laborum vestrorum, quos propriis manibus aut (*oder* vel) sumptibus colitis (tam de terris cultis vel incultis) sive de vestrorum animalium nutrimentis nullus a vobis decimas (vel primitias exigere vel) extorquere presumat.

22. (31.) Liceat quoque vobis clericos vel laicos liberos et absolutos e seculo fugientes ad conversionem recipere et fratres ac conversos cum generalibus litteris abbatum eorum recipere et eos sine contradictione aliqua retinere.

23. Ad hec inhibemus, ne cui episcopo vel plus a vobis pro vestris decimis petere et recipere liceat, quam fuerit a predecessoribus eorum usque ad hec tempora requisitum.

24. Ad hec (etiam presenti decreto) statuimus (*oder* inhibemus), ne quis in vos vel monasterium vestrum excommunicacionis, suspensionis vel interdicti sentenciam absque manifesta et racionabili causa promulgare presumat.

25. In parrochialibus autem ecclesiis, quas habetis, liceat vobis sacerdotes eligere et diocesano episcopo presentare; quibus, si idonei fuerint, episcopus animarum curam committat, ut ei de spiritualibus, vobis autem de temporalibus debeant respondere.

26. (41.) Crisma vero, oleum sanctum, consecrationes altarium seu basilicarum vestrarum, ordinationes clericorum, qui ad sacros ordines fuerint promovendi, et cetera ecclesiastica sacramenta a diocesano suscipiatis episcopo, siquidem catholicus fuerit et gratiam atque communionem apostolice sedis habuerit et ea gratis vobis et absque pravitate aliqua voluerit exhibere.

27. (43.) Alioquin liceat vobis quemcumque malueritis catholicum adire antistitem (*oder* a quocumque malueritis catholico episcopo susci-

pere), qui (nimirum) nostra fultus auctoritate quod postulatur indulgeat (*oder* impendat).

28. Ad hec novas et indebitas exactiones ab archiepiscopis, episcopis, archidiaconis seu decanis aliisque omnibus ecclesiasticis secularibusve personis omnino fieri prohibemus.

29. Prohibemus insuper (*oder* Inhibemus adhuc), ne interdictos vel excommunicatos vestros (*oder* tuos) ad officium vel communiones ecclesiasticas (*oder* communionem ecclesiasticam) (sine conscientia et consensu tuo) quisquam admittat (aut contra sententiam tuam canonice promulgatam aliquis venire presumat), nisi forte periculum mortis immineat et de satisfaciendo quam primo poterint dederint cautionem (*oder statt* et de — cautionem] ut, dum presentiam tuam habere nequiverint, per alium secundum formam ecclesie satisfactione premissa oporteat ligatum absolvi).

30. Inhibemus adhuc, ne interdictos . . . *wie Nr. 29.*

31. (51.) Paci quoque et tranquillitati vestre paterna inposterum sollicitudine providere volentes, auctoritate apostolica prohibemus, ut infra clausuras locorum vestrorum nullus violentiam vel rapinam seu furtum committere, ignem apponere, hominem temere capere vel interficere aliqua temeritate presumat.

32. (52.) (Ad hec) libertates omnes et immunitates a regibus et principibus aliisve ecclesiasticis secularibusve personis domui racionabiliter vestre concessas et hactenus observatas ratas habemus et eas futuris temporibus illibatas manere sancimus.

Abkürzungsverzeichnis

AASS	Acta Sanctorum
ADB	Allgemeine Deutsche Biographie
AHP	Archivum Historiae Pontificiae
B.F.W.Reg.	BÖHMER-FICKER-WINKELMANN, Regesta Imperii V
COD	Conciliorum Oecumenicorum Decreta
DA	Deutsches Archiv
DBI	Dizionario Biografico degli Italiani
Dict.BF	Dictionnaire de Biographie Française
Dict.HGE	Dictionnaire d'Histoire et de Géographie Ecclésiastique
Doc.Med.Port.	Documentos Medievais Portugueses, s. PINTO DE AZEVEDO
EHR	English Historical Review
GP	Germania Pontificia
IP	Italia Pontificia
JE	Jaffé-Ewald, Regesta Pontificum Romanorum
JL	Jaffé-Loewenfeld, Regesta Pontificum Romanorum
LThK	Lexikon für Theologie und Kirche
MG, MGH	Monumenta Germaniae Historica, mit den Abteilungen Auctores Antiquissimi (AA), Epistolae (Epp.), Epistolae selectae (Epp. sel.), Scriptores (SS), Scriptores rerum Germanicarum in usum scholarum (SS rer. Germ.)
MIÖG	Mitteilungen des Instituts für österreichische Geschichtsforschung
NA	Neues Archiv
NDB	Neue Deutsche Biographie
PL	Patrologia Latina, ed. J. P. MIGNE
Potth.Reg.	Potthast, Regesta Pontificum Romanorum
PU	Papsturkunde(n)
QFIAB	Quellen und Forschungen aus italienischen Archiven und Bibliotheken
Reg.Greg.I.	Register Papst Gregors I., s. EWALD-HARTMANN
Reg.Greg.VII	Register Papst Gregors VII., s. CASPAR
RHM	Römische Historische Mitteilungen
RNI	Regestum Innocentii III papae super negotio Romani imperii, ed. F. KEMPF
SBWA	Sitzungsberichte der K. Akademie der Wissenschaften in Wien
UB	Urkundenbuch
VSWG	Vierteljahrschrift für Sozial- und Wirtschaftsgeschichte
ZRGkan.Abt.	Zeitschrift der Savigny-Stiftung für Rechtsgeschichte, kanonistische Abteilung

Arr.	Arrondissement	Diöz.	Diözese
B.	Bischof	Distr.	Distrikt
Bez.	Bezirk	EB.	Erzbischof
Br.	Brief	Gfscht.	Grafschaft
Cant.	Canton	Kr.	Kreis
Comm.	Commune	Prov.	Provinz, provincia
Dép.	Département	Suffr.	Suffragan

Verzeichnis der gekürzt zitierten Literatur

Acta et diplomata res Albaniae mediae aetatis illustrantia, ed. L. DE THALLÓCZY, C. JIREČEK, E. DE SUFFLAY. I Vindobonae 1913.

ALMEIDA F. DE, História da igreja em Portugal. Coïmbra 1910—1923.

AMANTE B.-BIANCHI R., Memorie storiche e statutarie del ducato, della contea e dell'episcopato di Fondi in Campania. Rom 1903.

ANTONIN DE L'ASSOMPTION, Les origines de l'Ordre de la Très Sainte Trinité d'après les documents. Rom 1925.

APPELT H., Schlesisches Urkundenbuch. I Graz-Köln 1963.

ARMELLINI M., Le Chiese di Roma dal secolo IV al XIX. I—II Rom 1942.

ASSEMANUS J. S., Kalendaria ecclesiae universae, in quibus tum ex vetustis marmoribus, tum ex codicibus, tabulis, parietinis, pictis, scriptis sculptisve sanctorum nomina, imagines et festi per annum dies ecclesiarum orientis et occidentis, praemissis uniuscuique ecclesiae originibus, recensentur, describuntur notiisque illustrantur. V Romae 1755.

BAAKEN G., Die Regesten des Kaiserreichs unter Heinrich VI., 1165 (1190)—1197. (= Regesta Imperii 4.) Köln-Wien 1972.

BABUDRI F., Nuovo sillabo cronologico dei vescovi di Trieste. Archeografo Triestino 37 (1921) 183 ff.

BACKMUND N., Monasticon Praemonstratense. I—III Straubing 1949—1956.

BAETHGEN F., Die Regentschaft Papst Innocenz' III. im Königreich Sizilien. (= Heidelberger Abhandlungen zur mittleren und neueren Geschichte 44.) Heidelberg 1914.

BALLADORE PALLIERI G.-VISMARA G., Acta pontificia iuris gentium usque ad annum MCCCIV. Mailand 1946.

BALUZE E., Epistolarum Innocentii III Romani pontificis libri undecim. I—II Parisiis 1682.

BARROW G. W. S., The Acts of William I, King of Scots 1165—1214. (= Regesta Regum Scottorum 2.) Edinburgh 1971.

BARTOLONI F., Codice diplomatico del Senato Romano dal MCXLIV al MCCCXLVIII. (= Fonti per la Storia d'Italia 87.) Rom 1948.

BEAUNIER, s. BESSE.

BELLINI A., L'Abbazia della Chiesa di S. Donato in Sesto Calende. Archivio Storico Lombardo 52 (1925) 79 ff.

BENDEL F. J., Reihenfolge der Bischöfe und Weihbischöfe von Würzburg. Würzburg 1933. (Sonderabdruck aus dem Schematismus der Diözese Würzburg 1933.)

BERGER E., Les registres d'Innocent IV. I—IV Paris 1884—1921.

BERGER R., Archidiacres, officiaux, dignitaires du chapitre d'Arras (1093—1300). Essai de chronologie. Bulletin de la Commission départementale des Monuments historiques du Pas-de-Calais 8 (1896) 230 ff.

BERLIÈRE U., Monasticon Belge. I—II Maredsous 1890—1956.

BERNOULLI J., Acta pontificum Helvetica. Quellen schweizerischer Geschichte aus dem päpstlichen Archiv in Rom. Basel 1891.

BERTRAM A., Geschichte des Bisthums Hildesheim. I Hildesheim 1899—1925.

BESSE J. M., Recueil historique des archevêchés, évêchés, abbayes et prieurés de France, par Dom. Beaunier. Nouvelle édition revue et complétée par les Bénédictins de Ligugé. Paris 1905 ff.

BLAAUW W. H., Durefors Abbey, its fortunes and misfortunes. Sussex Archeological Collections 8 (1856) 41 ff.

BLISS W. H., Calendar of Entries in the Papal Registers relating to Great Britain and Ireland. Papal Letters. I London 1893.

BLOCH H.-WENTZKE P., Regesten der Bischöfe von Straßburg. I/2 Innsbruck 1908.

BOCK F., Studien zu den Originalregistern Innocenz III. (Reg. Vat. 4—7A). Archivalische Zeitschrift 50/51 (1955) 329 ff.

BÖHMER J. F., Regesta Imperii V. bearb. v. J. FICKER und E. WINKELMANN. I—IV Innsbruck 1881—1901. (Abk.: B.F.W.Reg.)

Böhmer J. F.-Will C., Regesta Archiepiscoporum Maguntinensium. I—II Innsbruck 1877—1886.

Bonnenfant G., Histoire générale du diocèse d'Évreux. I Paris 1933.

Borch L. v., Geschichte des kaiserlichen Kanzler Konrad, Legat in Italien und Sicilien, Bischof von Hildesheim und von Wirzburg. 2. Aufl. Innsbruck 1882.

Borst A., Die Katharer. (= Schriften der MGH 12.) Stuttgart 1953.

Bosl K., Die Reichsministerialität der Salier und Staufer. Ein Beitrag zur Geschichte des hochmittelalterlichen deutschen Volkes, Staates und Reiches. (= Schriften der MGH 10.) I—II Stuttgart 1950.

Bourrienne V., Antiquus Cartularius Ecclesiae Baiocensis. I Rouen 1902.

Brackmann A., Germania Pontificia. I—III Berlin 1911—1935.

Brand C. M., Byzantium confronts the West. Cambridge 1968.

Bréquigny M. de, Table chronologique des diplômes, chartes, titres et actes imprimés concernant l'histoire de France. IV, V. Paris 1836, 1846.

Brixius J. M., Die Mitglieder des Kardinalskollegiums von 1130—1181. Berlin 1912.

Browe P., Die Judenmission im Mittelalter und die Päpste. (= Miscellanea Historiae Pontificiae 6.) Rom 1942.

Bullarum, diplomatum et privilegiorum sanctorum Romanorum pontificum Taurinensis editio. A cura di A. Tomassetti. I—XXIV Augustae Taurinorum 1857—1872.

Bulst-Thiele M. L., Sacrae Domus Militiae Templi Hierosolymitani Magistri. Untersuchungen zur Geschichte des Templerordens 1118/19—1314. (= Abh. d. Akad. d. Wiss. in Göttingen, phil.-hist. Kl. III/86.) Göttingen 1974.

Cahen C., La Syrie du nord à l'époque des croisades et la principauté franque d'Antioche. Paris 1940.

Canivez J. M., Statuta Capitulorum Generalium Ordinis Cisterciensis 1116—1786. I—VIII Löwen 1933—1941.

Cappelletti G., Le Chiese d'Italia. I—XXI Venedig 1844—1870.

Cartellieri A., Philipp II. August, König von Frankreich. I—IV Leipzig 1899—1922.

Caspar E., Das Register Gregors VII. MG Epp. sel. 2. I—II Berlin 1920—1923.

Castro M. de-Martínez Sueiro M., Colección de documentos de archivo de la Catedral de Orense. O. O., o. J.

Chapeauville J., Gesta pontificum Tungrensium, Traiectensium et Leodiensium. Leodii 1612—1616.

Cheney C. R., Hubert Walter. London 1967.

Cheney C. R.-Cheney M., The Letters of Pope Innocent III (1198—1216) concerning England and Wales. A Calendar. Oxford 1967.

Cheney C. R.-Semple J. H., Selected Letters of Pope Innocent III concerning England. London 1953.

Chevalier U., Codex diplomaticus ordinis Sancti Rufi Valentiae. (= Collection des cartulaires dauphinois IX/1.) Valence 1891.

Chevalier U., Regeste dauphinois ou répertoire chronologique et analytique de documents imprimés et manuscrits relatifs à l'histoire du Dauphiné des origines chrétiennes à l'année 1349. I—VII Valence 1913—1926.

Cholinus M., Domini Innocentii pontificis maximi eius nominis III viri eruditissimi simulque gravissimi opera, quae quidem obtineri potuerunt, omnia, veterum exemplarium subsidio et ope locupletoria emendatoriaque nunc reddita atque duobus tomis distincta. Coloniae 1575.

Cipolla C.-Buzzi G., Codice diplomatico del monastero di S. Colombano di Bobbio. (= Fonti per la Storia d'Italia 52—54.) I—III Rom 1918.

Cleve, s. van Cleve.

Cocquelines C., Bullarum privilegiorum ac diplomatum Romanorum pontificum amplissima collectio ... Tom. III a Lucio III ad Clementem IV, scilicet ab anno 1181 ad 1268. Romae 1740. *(Abk.: Mainardi-Cocquelines, Magnum Bullarium Romanum.)*

Codex Justinianus. Ed. P. Krueger. (= Corpus Iuris Civilis 2.) Berlin 1895.

Conciliorum Oecumenicorum Decreta. Ed. J. ALBERIGO - P. P. JOANNOU (u. a.). Freiburg-
    Barcelona . . . 1962.
COTTINEAU H., Répertoire topo-bibliographique des abbayes et prieurés. I—II Mâcon
    1935.
DAVIDSOHN R., Forschungen zur Geschichte von Florenz. I—IV Berlin 1896—1908.
DAVIDSOHN R., Geschichte von Florenz. I—IV Berlin 1896—1927.
DAVIDSOHN R., Philipp II. August von Frankreich und Ingeborg. Stuttgart 1888.
DE LEO A., Codice diplomatico Brindisino, vol. I (492—1299), a cura di G. M. MONTI.
    (= R. Deputazione di Storia Patria per le Puglie, Sezione di Brindisi 1.) Trani 1940.
DE RUBEIS J. F. B. M., Monumenta ecclesiae Aquileiensis. Argentinae 1740.
DELABORDE H. F., Recueil des actes de Philippe Auguste, roi de France, ed. H. F. Dela-
    borde, E. Berger (u. a.). (= Chartes et diplômes relatifs à l'histoire de France.) I—III
    Paris 1916—1966.
DELAVILLE LE ROULX J., Cartulaire général de l'Ordre des Hospitaliers de Saint-Jean de
    Jérusalem, 1100—1310. I—IV Paris 1894—1906.
DENIFLE H., Die päpstlichen Registerbände des 13. Jahrhunderts und das Inventar der-
    selben vom Jahre 1339. Archiv für Litteratur- und Kirchengeschichte des Mittelalters
    2 (1886) 1 ff.
DENIFLE H., Specimina palaeographica Regestorum Romanorum pontificum ab Innocen-
    tio III ad Urbanum V. Romae 1888.
DENZINGER H. J. D. - SCHÖNMETZER A., Enchiridion symbolorum definitionum et declara-
    tionum de rebus fidei et morum. 32. Aufl. Freiburg 1963.
Dictionnaire de Biographie Française. I—XIII Paris 1933—1975. (Abk.: Dict. BF.)
Dictionnaire d'Histoire et de Géographie Ecclésiastique. I—XVIII Paris 1912—1976.
    (Abk.: Dict. HGE.)
Dictionnaire topographique de la France comprenant les noms des lieux anciens et moder-
    nes, publié par ordre du Ministre de l'Instruction publique. Paris 1861 ff. (Abk.: Dict.
    Top.)
Digesta. Ed. TH. MOMMSEN. (= Corpus Iuris Civilis 1.) Berlin 1893.
DOBENECKER O., Regesta diplomatica necnon epistolaria historiae Thuringiae. II Jena
    1900.
Documentos medievais portugueses, s. PINTO DE AZEVEDO.
DÖLGER F., Regesten der Kaiserurkunden des oströmischen Reiches. I/2 München-Berlin
    1925.
DU CANGE C. D., Les familles d'outre-mer, publ. par M. E. G. REY. (= Collection de
    documents inédits sur l'histoire de France.) Paris 1869.
DUCHESNE L., Fastes épiscopaux de l'ancienne Gaule. I—III Paris 1893—1915.
DUGDALE W., Monasticon Anglicanum. I—VIII London 1817—1830.
DUNKEN G., Die politische Wirksamkeit der päpstlichen Legaten in der Zeit des Kampfes
    zwischen Kaisertum und Papsttum in Oberitalien unter Friedrich I. (= Historische
    Studien 209.) Berlin 1931.
DURTELLE DE SAINT-SAUVEUR E. M. T., Histoire de Bretagne. I Rennes 1935.
EASSON D. E., Medieval Religious Houses: Scotland. London-New York-Toronto 1957.
ELZE R., Die päpstliche Kapelle im 12. und 13. Jahrhundert. ZRG 67 kan. Abt. 36 (1950)
    145 ff.
ERDMANN C., Die Entstehung des Kreuzzugsgedankens. Stuttgart 1935.
ERDMANN C., Papsttum und Portugal im ersten Jahrhundert der portugiesischen Ge-
    schichte. (= Abh. d. preuss. Akad. d. Wiss., phil.-hist. Kl. 1928/5.) Berlin 1928.
ERDMANN C., Papsturkunden in Portugal. (= Abh. d. Gesellsch. d. Wiss. zu Göttingen,
    phil.-hist. Kl., N. F. 20/3.) Berlin 1927.
EUBEL C., Hierarchia Catholica Medii Aevi. Ed. altera. I Monasterii 1913.
EWALD P. - HARTMANN L. M., Gregorii I Papae Registrum Epistolarum lib. I—VII.
    MG Epp. 1. I—II Berlin 1887—1891.
FABRE P. - DUCHESNE L., Le Liber Censuum de l'Eglise Romaine. I—III Paris 1910—1952.
FARLATI D., Illyrici Sacri tom. I—VIII. Venetiis 1751—1819.

FEINE H. E., Kirchliche Rechtsgeschichte. Die katholische Kirche. 4. Aufl. Köln-Graz 1964.

FÉJER G., Codex diplomaticus Hungariae ecclesiasticus et civilis. I—XLIII Budae 1829—1866.

FERMENDŽIN E., Acta Bosnae. (= Monumenta spectantia historiam Slavorum meridionalium 23.) Zagreb 1892.

FERREIRA J. A., Fastos epicopaes da igreja primacial de Braga (Sec. III—Sec. XX). Braga 1928—1934.

FESSLER I. A., Geschichte von Ungarn. I Leipzig 1867.

FICKER J., Forschungen zur Reichs- und Rechtsgeschichte Italiens. II, III Innsbruck 1869, 1870.

FINKE H., Die Papsturkunden Westfalens bis zum Jahre 1378. (= Westfälisches Urkundenbuch 5.) Münster 1888.

FISQUET H., La France pontificale. Paris s. d.

FLÓREZ E. etc., España Sagrada. I—LII Madrid 1754—1918.

FRIEDBERG AE., Corpus Iuris Canonici. I—II Leipzig 1879.

FRIEDLÄNDER I., Die päpstlichen Legaten in Deutschland und Italien am Ende des 12. Jahrhunderts (1181—1198). (= Historische Studien 177.) Berlin 1928.

FRIEDRICH G., Codex diplomaticus et epistolaris regni Bohemiae. II Prag 1912.

FUMI L., Codice diplomatico della città d'Orvieto. (= Documenti di storia italiana 8.) Florenz 1884.

Gallia christiana, in provincias ecclesiasticas distributa ... I—XVI Paris 1715—1865.

Gallia christiana novissima. Histoire des archevêchés, évêchés et abbayes de France ... par J. H. ALBANÈS et U. CHEVALIER. I—VII Montbéliard-Valence 1899—1920.

GAMS P. B., Die Kirchengeschichte von Spanien. I—III Regensburg 1862—1879.

GANZER K., Die Entwicklung des auswärtigen Kardinalats im Hohen Mittelalter. Ein Beitrag zur Geschichte des Kardinalkollegiums vom 11. bis 13. Jahrhundert. (= Bibliothek des Deutschen Historischen Instituts in Rom 26.) Tübingen 1963.

GARCÍA VILLADA Z., Historia eclesiástica de España. II/1 Madrid 1929—1933.

GASSENDI P., Notitia ecclesiae Diniensis. Paris 1654.

Germania Pontificia, s. BRACKMANN.

GIESEBRECHT W.-SIMSON B. VON, Geschichte der deutschen Kaiserzeit. IV Leipzig 1865.

GIRGENSOHN D., Documenti beneventani inediti del secolo XII. Samnium 40 (1967) 262ff.

GIULINI G., Memorie spettanti alla storia, al governo ed alla descrizione della città e della campagna di Milano. 1. Aufl. I—IX Mailand 1760. 2. Aufl. I—VII Mailand 1854—1857.

GNOLI U., Topografia e toponomastica di Roma medioevale e moderna. Rom 1939.

GOERZ A., Mittelrheinische Regesten oder chronologische Zusammenstellung des Quellen-Materials für die Geschichte der Territorien beider Regierungsbezirke Coblenz und Trier in kurzen Auszügen. II Coblenz 1879.

GONNET G., Enchiridion Fontium Valdensium. I Torre Pellice 1958.

GONZÁLEZ J., Alfonso IX. I—II Madrid 1944.

GONZÁLEZ J., El Reino de Castilla en la época de Alfonso VIII. I—III Madrid 1960.

GRAYZEL S., The Church and the Jews in the XIIIth Century. A Study of their Relations during the Years 1198—1254. Philadelphia 1933.

GRUMEL V., La Chronologie. (= Bibliothèque byzantine. Traité d'études byzantines 1.) Paris 1958.

GRUMEL V., Les regestes des actes du patriarcat byzantin. Les regestes des patriarches (381—1206). I—III Paris 1932—1947.

GRUNDMANN H., Bibliographie zur Ketzergeschichte des Mittelalters (1900—1966). (= Sussidi eruditi 20.) Rom 1967.

GRUNDMANN H., Zur Biographie Joachims von Fiore und Rainers von Ponza. DA 16 (1960) 437 ff.

GRUNDMANN H., Religiöse Bewegungen im Mittelalter. 2. Aufl. Darmstadt 1961.

GUIRAUD J., Histoire de l'Inquisition au moyen âge. I—II Paris 1935—1938.

HÄMMERLE A., Die Canoniker des hohen Domstiftes zu Augsburg bis zur Saecularisation. O. O. 1935.

HAGEDORN G., Papst Innocenz III. und Byzanz am Vorabend des Vierten Kreuzzuges (1198—1203). Ostkirchliche Studien 23 (1974) 3 ff., 105 ff.

HAGEMANN W., Jesi im Zeitalter Friedrichs II. QFIAB 36 (1956/57) 138 ff.

HAGENEDER O., Die äußeren Merkmale der Originalregister Innocenz' III. MIÖG 65 (1957) 296 ff.

HAGENEDER O., Über das Privilegium fori bei Innocenz III. Studia Gratiana 11 (= Collectanea Stephan Kuttner 1) (1967) 449 ff.

HALUŠČINSKYJ T., Acta Innocentii papae III (1198—1216). (= Pontificia Commissio ad redigendum codicem iuris canonici orientalis. Fontes, ser. III, vol. II.) Città del Vaticano 1944.

Handbuch der Geschichte der böhmischen Länder. Hg. v. K. BOSL. I Stuttgart 1967.

HECKEL R. VON, Die Dekretalensammlung des Gilbertus und Alanus nach den Weingartener Handschriften. ZRG 60 kan. Abt. 29 (1940) 116 ff.

HEFELE K. J. VON - LECLERCQ H., Histoire des Conciles d'après les documents originaux. I—IX Paris 1907 ff.

HENGGELER R., Professbücher der Benediktinerabteien St. Martin in Disentis, St. Vinzenz in Beinwil . . . (= Monasticon Benedictinum Helvetiae 4.) Zug 1956.

HIDBER B., Schweizerisches Urkundenregister. I, II Bern 1863—1867.

HINSCHIUS P., System des katholischen Kirchenrechts mit besonderer Rücksicht auf Deutschland. I—VI Berlin 1869—1897.

HOLTZMANN W., Papsturkunden in England I—III. (= Abh. d. Ges. d. Wiss. zu Göttingen, phil.-hist. Kl. N. F. 25, III/14, 15, 33.) Berlin 1930—1936. Göttingen 1952.

HOLTZMANN W., Kanonistische Ergänzungen zur Italia Pontificia. QFIAB 37 (1957) 55 ff.

HÓMAN B., Geschichte des ungarischen Mittelalters. I—II Berlin 1940—1943.

HOMMEY L. P., Histoire générale ecclésiastique et civile du diocèse de Séez. I—V Alençon 1898—1900.

HÜLS R., Kardinäle, Klerus und Kirchen Roms 1049—1130. (= Bibliothek des Deutschen Historischen Instituts in Rom 48.) Tübingen 1977.

HUELSEN C., Le Chiese di Roma nel Medio Evo. Catalogo ed appunti. Florenz 1927.

HUILLARD-BRÉHOLLES A., Historia diplomatica Friderici secundi. I—VI und Einleitungsband. Paris 1852—1861.

Institutiones, ed. P. KRUEGER. (= Corpus Iuris Civilis 1.) Berlin 1928.

ISENBURG W. K., Stammtafeln zur Geschichte der europäischen Staaten. I—II Berlin 1936.

Italia Pontificia. Bearb. v. P. F. KEHR, W. HOLTZMANN und D. GIRGENSOHN. I—X Berlin 1906—1976.

JAKSCH A. VON, Monumenta Historica Ducatus Carinthiae. I—IV Klagenfurt 1896—1915.

JAMISON E., I Conti di Molise e di Marsia nei secoli XII e XIII. Convegno storico abruzzese-molisano. Atti e Memorie. I Casalbordino 1933, 73 ff.

JANICKE K., Urkundenbuch des Hochstiftes Hildesheim und seiner Bischöfe. (= Publicationen aus den K. preuss. Staatsarchiven 65.) I Leipzig 1896.

JANSSEN W., Die päpstlichen Legaten in Frankreich vom Schisma Anaklets II. bis zum Tode Coelestins III. (1130—1198). (= Kölner Historische Abhandlungen 6.) Köln-Graz 1961.

JIREČEK C., Geschichte der Serben. I Gotha 1911.

JOERRES P., Urkundenbuch des Stiftes St. Gereon zu Köln. Bonn 1893.

JORDAN H., Topographie der Stadt Rom im Altertum. I—II Berlin 1871—1907.

KAMP N., Kirche und Monarchie im staufischen Sizilien. I: Prosopographische Grundlegung. Bistümer und Bischöfe des Königreiches 1194—1266. (= Münstersche Mittelalter-Schriften 10/1—3.) I—III München 1973—1975.

KANDLER P., Codice diplomatico Istriano. I Trieste 1864.

KANTOROWICZ E., Kaiser Friedrich der Zweite. 4. Aufl. I—II Berlin 1964.

KARTUSCH E., Das Kardinalskollegium in der Zeit von 1181—1227. Ein Beitrag zur Geschichte des Kardinalates im Mittelalter. Diss. Wien 1948.

KATONA S., Historia critica regum Hungariae stirpis Arpadianae. Pestini 1779—1782.

KEHR P. F., Papsturkunden in Friaul. Nachr. v. d. Ges. d. Wiss. zu Göttingen, phil.-hist. Kl. 1899, 264 ff.

KEHR P. F., Papsturkunden in Spanien. Vorarbeiten zur Hispania pontificia. I: Katalanien. II: Navarra und Aragon. (= Abh. d. Ges. d. Wiss. zu Göttingen, phil.-hist. Kl. N.F. 18/2, 22/1.) Berlin 1926, 1928.

KEHR P. F., Papsturkunden in Umbrien. Nachr. v. d. Ges. d. Wiss. zu Göttingen, phil.-hist. Kl. 1898, 391 ff.

KEMPF F., Regestum Innocentii III papae super negotio Romani imperii. (= Miscellanea Historiae Pontificiae 12.) Rom 1947.

KEMPF F., Zu den Originalregistern Innocenz' III. Eine kritische Auseinandersetzung mit Friedrich Bock. QFIAB 36 (1956) 86 ff.

KEMPF F., Die Register Innocenz' III. Eine paläographisch-diplomatische Untersuchung. (= Miscellanea Historiae Pontificiae 9.) Rom 1945.

KEMPF F., Papsttum und Kaisertum bei Innocenz III. (= Miscellanea Historiae Pontificiae 19.) Rom 1954.

KIENAST W., Die deutschen Fürsten im Dienste der Westmächte bis zum Tode Philipps d. Schönen von Frankreich. I Utrecht 1924.

KLIMKE C., Quellen zur Geschichte des 4. Kreuzzuges. Breslau 1875.

KLINKENBORG M., Papsturkunden im Principato, in der Basilicata und in Calabrien. Nachr. v. d. Ges. d. Wiss. zu Göttingen, phil.-hist. Kl. 1898, 335 ff.

KNAUZ F., Monumenta ecclesiae Strigoniensis. I Gran 1874.

KNIPPING R., Die Regesten der Erzbischöfe von Köln im Mittelalter. II (= Publikationen der Gesellschaft für Rheinische Geschichtskunde 21/2.) Bonn 1901.

KNOWLES D.-BROOKE C. N. L.-LONDON V., The Heads of Religious Houses. England and Wales 940—1216. Cambridge 1972.

KNOWLES D.-HADCOCK R. N. B., Medieval Religious Houses in England and Wales. London-New York-Toronto 1953.

KRARUP A., Bullarium Danicum. Pavelige aktstykker vedrørende Danmark 1198—1316. Kopenhagen 1932.

KRICK L. H., Das ehemalige Domstift Passau und die ehemaligen Kollegiatstifte des Bistums Passau. Passau 1922.

KUKULJEVIĆ SAKCINSKI J., Codex diplomaticus regni Croatiae, Dalmatiae et Slavoniae. II (= Monumenta historica Slavorum meridionalium 3.) Zagreb 1875.

LADEWIG P.-MÜLLER T., Regesta episcoporum Constantiensium. Regesten zur Geschichte der Bischöfe von Constanz von Bubulcus bis Thomas Berlower 517—1496. I Innsbruck 1895.

LECANU B., Histoire du diocèse de Coutances et d'Avranches. I Coutances 1877.

LÉONARD E. G., Introduction au cartulaire manuscrit du Temple (1150—1317) constitué par le marquis d'Albon et conservé à la Bibliothèque Nationale. Paris 1930.

Liber Censuum, s. FABRE-DUCHESNE.

LOHRMANN D., Papsturkunden in Frankreich. N.F. VII (Nördliche Ile-de-France und Vermandois). (= Abh. d. Akad. d. Wiss. in Göttingen, phil.-hist. Kl. III/95.) Göttingen 1976.

LOPERRAEZ CORVALAN J., Descripcion historica del obispado de Osma. I—III Madrid 1788.

LÓPEZ FERREIRO A., Historia de la santa a. m. Iglesia de Santiago de Compostela. V Santiago 1903.

LUCHAIRE A., Innocent III. Rome et l'Italie. 3. Aufl. Paris 1907.

MACCARRONE M., Chiesa e Stato nella dottrina di papa Innocenzo III. (= Lateranum N.S. an. VI, 3—4.) Rom 1940.

MACCARRONE M., La ricerca dell'unione con la chiesa greca sotto Innocenzo III. Unitas 19 (1964) 251 ff.

MAINARDI-COCQUELINES, s. COCQUELINES.

MAISONNEUVE H., Études sur les origines de l'Inquisition. 2. Aufl. Paris 1960.

MALECZYŃSKI K., Codex diplomaticus nec non epistolaris Silesiae. I Breslau 1956.

MANRIQUE A., Cisterciensium seu verius ecclesiasticorum annalium a condito Cistercio tom. I—III. Lugduni 1642—1649.

MANSI G. D., Sacrorum conciliorum nova et amplissima collectio . . . I—XXXI Florentiae-Venetiis 1759—1798.

MANSILLA D., Inocencio III y los reinos hispanos. Anthologica Annua 2 (1954) 9 ff.

MANSILLA D., Disputas diocesanas entre Toledo, Braga y Compostela en los siglos XII–XV. Anthologica Annua 3 (1955) 114 ff.

MANSILLA D., La Documentación pontificia hasta Inocencio III. (= Monumenta Hispaniae Vaticana. Sección Registros 1.) Rom 1955.

MARCHESAN A., Treviso medievale. Istituzioni, usi, costumi anedotti, curiosità. I—II Treviso 1923.

MARTÈNE E., Histoire de l'abbaye de Marmoutier, publ. par C. CHEVALIER. (= Mémoires de la Société archéologique de Touraine 24, 25.) I—II Tours 1874—1875.

MARTÈNE E.-DURAND U., Thesaurus novus anecdotorum. III Paris 1717.

MARTIN J. B., Conciles et bullaire du diocèse de Lyon des origines à la réunion du Lyonnais à la France en 1312. Lyon 1905.

MASTROCOLA M., Note storiche circa la diocesi di Civita Castellana, Orte e Gallese. Civita Castellana 1964.

Mecklemburgisches Urkundenbuch. Hg. v. Verein für Mecklemburgische Geschichte und Altertumskunde. I Schwerin 1863.

MINASI G., Innocenzo III e l'abbazia di Bagnara Calabra. Rivista storica Calabrese 5 (1897) 257 ff.

MINASI G., L'abazia normanna di Bagnara Calabra alla fine dell'undecimo secolo. Neapel 1905.

MITTARELLI G. B., Annales Camaldulenses ordinis S. Benedicti. I—IX Venedig 1755—1773.

MOORE J. C., Count Baldwin IX of Flanders, Philip Augustus and the papal power. Speculum 37 (1962) 79 ff.

MORICE H., Mémoires pour servir de preuves à l'histoire ecclésiastique et civile de Bretagne. I Paris 1742.

MÜLVERSTEDT A. VON, Regesta archiepiscoporum Magdeburgensis. Sammlung von Auszügen aus Urkunden und Annalisten zur Geschichte des Erzstifts und Herzogthums Magdeburg. II Magdeburg 1881.

MÜNSTER T., Konrad von Querfurt, kaiserlicher Hofkanzler, Bischof von Hildesheim und Würzburg. Diss. Leipzig-Wernigerode 1890.

NORDEN W., Papsttum und Byzanz. Die Trennung der beiden Mächte und das Problem ihrer Wiedervereinigung bis zum Untergange des byzantinischen Reiches (1453). Berlin 1903.

Novellae, ed. R. SCHOELL-W. KROLL. (= Corpus Iuris Civilis 3.) Berlin 1959.

OLIVEIRA M. DE, História eclesiástica de Portugal. 4. Aufl. Lissabon 1968.

OSTROGORSKY G., Geschichte des byzantinischen Staates. (= Byzantinisches Handbuch im Rahmen des Handbuchs der Altertumswissenschaft 1/2.) 3. Aufl. München 1963.

OVERMANN A., Urkundenbuch der Erfurter Stifter und Klöster. I (= Geschichtsquellen der Provinz Sachsen und des Freistaates Anhalt. N. R. 5.) Magdeburg 1926.

PAPADAKIS A.-TALBOT A. M., John X Camaterus confronts Innocent III: An unpublished Correspondence. Byzantinoslavica 33 (1972) 26 ff.

PASCHINI P., I patriarchi d'Aquileia nel secolo XII. Cividale 1914.

PASCHINI P., Storia del Friuli. 2. Aufl. I—II Udine 1953—1954.

PEITZ W. M., Das Originalregister Gregors VII. im Vatikanischen Archiv (Reg. Vat. 2) nebst Beiträgen zur Kenntnis der Originalregister Innocenz III. und Honorius III. (Reg. Vat. 4—11). (= Sitzungsber. d. K. Akad. d. Wiss. in Wien, phil.-hist. Kl. 165/5.) Wien 1911.

PÉTERFFY K., Sacra Concilia Ecclesiae romano-catholicae in regno Hungariae celebrata . . . I Vienna 1742.

PFAFF V., Der Liber Censuum von 1192 (Die im Jahre 1192/93 der Kurie Zinspflichtigen). VSWG 44 (1957) 78 ff. (Nr. 1—194), 105 ff. (Nr. 195—361), 220 ff. (Nr. 362—537), 325 ff. (Nr. 538—682).

PFAFF V., Die Kardinäle unter Papst Coelestin III. ZRG 72 kan. Abt. 41 (1955) 58 ff.

PFAFF V., Die Kardinäle unter Papst Coelestin III. 2: Beurkundungslisten, Nachträge und Berichtigungen. ZRG 83 kan. Abt. 52 (1966) 332 ff.

PINTO DE AZEVEDO R., Documentos medievais portugueses. Documentos regios I/1, 2. I—II Lissabon 1958—1962.

PITZ E., Papstreskript und Kaiserreskript im Mittelalter. (= Bibliothek des Deutschen Historischen Instituts in Rom 36.) Tübingen 1971.

POTTHAST A., Regesta Pontificum Romanorum. 2. Aufl. I—II Berlin 1874—1875.

POWICKE F. M.-FRYDE F. B., Handbook of British Chronology. 2. Aufl. London 1961.

PRAY G., Annales regum Hungariae ab anno Chr. 997 ad annum 1564 deducti. I Vindobonae 1764.

PREVENIER W., De Oorkonden der Graven van Vlaanderen (1191—aanvang 1206). (= Publications de la Commission Royale d'Histoire. Recueil des actes des princes belges 5.) II Bruxelles 1964.

RAMACKERS J., Papsturkunden in Frankreich. N. F. II (Normandie), III (Artois), IV (Picardie), V (Touraine, Anjou, Maine und Bretagne), VI (Orléanais). (= Abh. d. Ges. d. Wiss. zu Göttingen, phil.-hist. Kl. III/21, 23, 27, 35, 41.) Göttingen 1937—1958.

Rationes decimarum Italiae nei secoli XIII e XIV. [= Studi e Testi 58 (Tuscia), 60 (Aemilia), 69 (Aprutium, Molisium), 84 (Apulia-Lucania-Calabria), 96 (Venetiae-Histria-Dalmatia), 97 (Campania), 98 (Tuscia II), 112 (Sicilia), 113 (Sardinia), 128 (Latium), 148 (Marchiae), 161 (Umbria).] Città del Vaticano 1932—1952.

Regesta diplomatica historiae Danicae. (= Index chronologicus . . . Ser. II/1, 1.) Kopenhagen 1889.

Regesta Firmana (907—1386). Bearb. v. M. TABARRINI, in: Cronache della città di Fermo con molti documenti intercalati. (= Documenti di storia italiana 4.) Florenz 1870, 261 ff.

Das Register Gregors VII., ed. E. CASPAR. MG Epp. sel. 2. I—II Berlin 1920—1923.

RIVERA RECIO J. F., La iglesia di Toledo en el siglo XII (1086—1208). I Rom 1966.

RÖHRICHT R., Geschichte des Königreiches Jerusalem (1100—1291). Innsbruck 1898.

RÖHRICHT R., Syria Sacra. Zeitschrift d. deutschen Palästina Vereines 10 (1887) 1 ff.

RÖHRICHT R., Regesta Regni Hierosolymitani. Innsbruck 1893.

Roger von Hoveden, Chronica, ed. W. STUBBS. (= Rerum Britannicarum Medii Aevi Scriptores 51/4.) IV London 1871.

Roger von Wendover, Liber qui dicitur Flores Historiarum . . . Ed. H. HEWLETT. (= Rerum Britannicarum Medii Aevi Scriptores 84/1.) I London 1886.

RONCHETTI G., Memorie istoriche della città e chiesa di Bergamo. Bergamo 1805—1839.

ROSCHER H., Papst Innocenz III. und die Kreuzzüge. (= Forschungen zur Kirchen- und Dogmengeschichte 21.) Göttingen 1969.

RUNCIMAN S., Geschichte der Kreuzzüge. I—III München 1956—1960.

SAEBEKOW G., Die päpstlichen Legationen nach Spanien und Portugal bis zum Ausgang des 12. Jahrhunderts. Diss. Berlin 1931.

SAVIO F., Gli antichi vescovi d'Italia dalle origini al 1300, descritti per regioni. Piemonte. Turin 1898. Lombardia 1: Milano. Florenz 1913.

SCHALLER H. M., Die staufische Hofkapelle im Königreich Sizilien. DA 11 (1955) 462 ff.

SCHATZ K., Papsttum und partikularkirchliche Gewalt bei Innocenz III. (1198—1216). AHP 8 (1970) 67 ff.

SCHIAPPARELLI L.-BALDASSERONI F., Regesto di Camaldoli. (= Regesta Chartarum Italiae 2, 5, 13, 14.) I—IV Rom 1907—1922.

SCHIEFFER T., Die päpstlichen Legaten in Frankreich vom Vertrag von Meersen (870) bis zum Schisma von 1130. (= Historische Studien 263.) Berlin 1935.

SCHMITZ F., Urkundenbuch der Abtei Heisterbach. (= Urkundenbücher der geistlichen Stiftungen des Niederrheins 2.) Bonn 1908.

SCHREIBER G., Kurie und Kloster im 12. Jahrhundert. (= Kirchenrechtliche Abhandlungen 67, 68.) I—II Stuttgart 1910.

SCHWARTZ G., Die Besetzung der Bistümer Reichsitaliens unter den sächsischen und salischen Kaisern. Leipzig-Berlin 1913.

SELGE K. V., Die ersten Waldenser. Mit Edition des Liber antiheresis des Durandus von Osca. (= Arbeiten zur Kirchengeschichte 37.) I—II Berlin 1967.

SHEEHY M. P., Pontificia Hibernica. Medieval papal chancery documents concerning Ireland 640—1261. I—II Dublin 1962—1965.

SIGNORELLI G., Viterbo nella storia della Chiesa. I Viterbo 1907.

SIRLETO G., Innocentii tertii pontificis maximi decretalium atque aliarum epistolarum tomus primus. Romae 1543.

SMIČIKLAS T., Codex diplomaticus regni Croatiae, Dalmatiae et Slavoniae. II Zagreb 1904.

SPINELLI A. G., Ricerche spettanti a Sesto Calende. Mailand 1880.

Storia di Milano. IV: Dalle lotte contro il Barbarossa al primo signore (1152—1310). Mailand 1954.

Storia di Roma. XXII: Topografia e urbanistica di Roma. Bologna 1958.

STORM G., Regesta Norvegica. Kronologisk Fortegnelse over Dokumenter vedkommende Norge, Nordmaend og den norske Kirkeprovins. I Christiania 1898.

STREHLKE E., Tabulae Ordinis Theutonici. Berlin 1869.

STUBBS W., Epistolae Cantuarienses. (= Rerum Britannicarum Medii Aevi Scriptores 38/2.) London 1865.

SUHM P. F., Historie af Danmark fra aar 1182 til 1202. VIII Kopenhagen 1806.

TACCONE-GALUCCI D., Regesti dei Romani Pontefici per le chiese della Calabria con annotazioni storiche. Rom 1902.

TAFEL G. L. F.-THOMAS G. M., Urkunden zur älteren Handels- und Staats-Geschichte der Republik Venedig. I. (= Fontes Rerum Austriacarum II/12.) Wien 1856.

TANGL M., Die päpstlichen Kanzleiordnungen von 1200—1500. Innsbruck 1894.

TEJADA Y RAMIRO J., Colección de cánones y des todos los concilios de la iglesia de España y de America. II Madrid 1861.

TENBROCK R. H., Eherecht und Ehepolitik bei Innocenz III. Münster 1933.

TEULET A., Layettes du Trésor des Chartes. I Paris 1863.

TEUTSCH F., Geschichte der evangelischen Kirche in Siebenbürgen. I—II Hermannstadt 1921—1922.

TEUTSCH F.-FIRNHABER F., Urkundenbuch zur Geschichte Siebenbürgens. (= Fontes Rerum Austriacarum II/15, 1.) Wien 1857.

THEINER A., Vetera Monumenta Slavorum meridionalium historiam illustrantia. I Rom 1863.

THOUZELLIER C., Catharisme et valdéisme en Languedoc à la fin du XIIᵉ et au début du XIIIᵉ siècle. Politique pontificale. Controverses. (= Publications de la Faculté des Lettres et Sciences humaines de l'Université de Paris. Recherches 27.) Paris 1965.

THOUZELLIER C., Hérésie et Hérétiques. Vaudois, Cathares, Patarins, Albigeois. (= Storia e letteratura 27.) Rom 1969.

TILLMANN H., Papst Innocenz III. (= Bonner Historische Forschungen 3.) Bonn 1954.

TOECHE T., Kaiser Heinrich VI. (= Jahrbücher der deutschen Geschichte.) Leipzig 1867.

TOMASSETTI G., La campagna romana antica, medioevale e moderna. I—IV Rom 1910—1926.

UGHELLI F., Italia sacra sive de episcopis Italiae et insularum adjacentium rebusque ab iis praeclare gestis, deducta serie ad nostram usque aetatem . . . I—X Venetiis 1717—1722.

VAN CLEVE T. C., Markward of Annweiler and the Sicilian Regency. Princeton 1937.

VARIN P., Archives administratives de la ville de Reims. Collection des pièces inédites pouvant servir à l'histoire des institutions dans l'intérieur de la cité. (= Collection de documents inédits sur l'histoire de France.) Paris 1839.

VÁZQUEZ MARTÍNEZ M., Documentos pontificios de Galicia (1088—1341). La Coruña 1941.

VENDOLA D., Documenti tratti dai registri Vaticani da Innocenzo III a Nicola IV. (= Deputazione di storia patria per le Puglie. Documenti vaticani relativi alla Puglia 1.) Trani 1940.

Venet. = Divi Innocentii pontificis maximi eius nominis III viri eruditissimi simul atque gravissimi opera, quae quidem obtineri potuerunt omnia, veterum exemplariorum subsidio et ope locupletoria nunc reddita atque duobus tomis distincta. Venetiis 1578.

VERLINDEN C., Les empereurs belges de Constantinople. Bruxelles 1945.

VIANELLI G., Nuova serie de'vescovi di Malamocco e di Chioggia. Venedig 1790.

VIVES J., Concilios visigóticos e hispanoromanos (= España Cristiana. Textos 1.) Barcelona-Madrid 1963.

WALEY D., The Papal State in the Thirteenth Century. London 1961.

WAUTERS A., Table chronologique des chartes et diplômes imprimés concernant l'histoire de la Belgique. III Bruxelles 1871.

WENDEHORST A., Das Bistum Würzburg. (= Germania Sacra N. F. 1/4.) Berlin 1962.

WENTZ G.-SCHWINEKÖPER B., Das Erzbistum Magdeburg. (= Germania Sacra. Die Bistümer der Kirchenprovinz Magdeburg.) I—II Berlin-New York 1972.

WENZEL G., Árpádkori új okmánytár (Codex diplomaticus Arpadianus continuatus). I—XII Budapest 1860—1874.

Westfälisches Urkundenbuch. Hg. v. Verein f. Geschichte und Alterthumskunde Westfalens. I—VIII Münster 1847—1910.

WIEDERHOLD W., Papsturkunden in Frankreich VII (Gascogne, Guienne und Languedoc). (= Nachr. v. d. Ges. d. Wiss. zu Göttingen, phil.-hist. Kl. 1913, 1. Beih.) Berlin 1913.

WIESFLECKER H., Die Regesten der Grafen von Tirol und Görz, Herzöge von Kärnten. (= Publikationen des Instituts für Österreichische Geschichtsforschung. 4. Reihe, 1. Abt.) Innsbruck 1949.

WINKELMANN E., Philipp von Schwaben und Otto IV. von Braunschweig. (= Jahrbücher der deutschen Geschichte.) I—II Leipzig 1873—1878.

WINTER F., Die Cistercienser des nordöstlichen Deutschland. I—III Gotha 1868—1871.

WOLFF R. L., Baldwin of Flanders and Hainaut, First Latin Emperor of Constantinople. His Life, Death and Resurrection 1172—1225. Speculum 27 (1952) 281 ff.

ZENKER B., Die Mitglieder des Kardinalkollegiums von 1130 bis 1159. Diss. Würzburg 1964.

ZIMMERMANN H., Die päpstliche Legation in der ersten Hälfte des 13. Jahrhunderts, vom Regierungsantritt Innocenz' III. bis zum Tode Gregors IX. (1198—1241). (= Görres-Gesellschaft. Sekt. f. Rechts- und Sozialwissenschaft 17.) Paderborn 1913.

ZIMMERMANN H., Papstregesten 911—1024. (= Regesta Imperii II, 5.) Wien-Köln-Graz 1969.

ZIMMERMANN F.-WERNER C., Urkundenbuch zur Geschichte der Deutschen in Siebenbürgen. I Hermannstadt 1892.

Regestorum domini Innocentii beatissimi pape tercii liber primus explicit, incipit secundus[a]

1.

*Innocenz III. teilt dem Klerus, den Konsuln und dem Volk von Viterbo die
Strafen mit, denen jene unterliegen, die Häretiker begünstigen.*

Lateran, 1199 März 25.

Reg. Vat. 4, fol. 147ʳ ⟨Nr. I⟩.
   Sirleto, fol. 278ʳ = Cholinus, II 364 = Venet., II 364 = Baluze, I 335 Nr. 1 = Migne,
PL 214, 537 Nr. 1.—Comp. III. 5, 4, 1; Alan. 5, 6 un.; Alan. K. 5, 6 un.; Bern. 5, 5, 1; Coll.
Fuld. 5, 6, 3; Gilb. 5, 4 un; Coll. Luc. 102; Rain. 13, 3; X.V, 7, 10.—Denifle, Specimina palaeographica, Tafel 1. — Potth. Reg. 643. — Vgl. J. Havet, L'hérésie et le bras séculier au moyen-
âge jusqu'au XIIIᵉ siècle. Bibliothèque de l'École des Chartes 41 (Paris 1880) 586 f.; Maisonneuve, Études sur les origines de l'inquisition, 156—158; Waley, Papal State, 52; O. Hageneder, Studien zur Dekretale ,Vergentis' (X. V, 7, 10). Zeitschrift der Savigny-Stiftung für
Rechtsgeschichte 80, Kan. Abt. 49 (1963) 138—173; W. Ullmann, The significance of Innocent III's decretal ,Vergentis'. In: Études d'histoire du droit canonique dédiées à Gabriel Le
Bras 1 (Paris 1965) 729—741; Thouzellier, Catharisme et valdéisme, 143 f.

Clero[1], consulibus et populo Viterbiensibus[a].

Vergentis[b] in senium seculi corruptelam non solum sapiunt elementa
corrupta, sed et dignissima creaturarum ad imaginem et similitudinem
condita Conditoris, prelata privilegio dignitatis volucribus celi et bestiis
universe terre testatur; nec tantum eo quasi deficiente iam deficit, sed et   vgl. Gn 1, 26
inficit et inficitur scabra rubigine vetustatis. Peccat enim ad extremum
homo miserrimus; et qui non potuit in sui et mundi creatione in paradiso   vgl. Gn 3, 1–24
persistere, circa sui et orbis dissolutionem degenerat et precii sue redemptionis circa fines seculorum oblitus, dum vanis ac variis questionum se   vgl. 1 Kor 6, 20; 7, 23
nexibus ingerit, se ipsum laqueis sue fraudis innectit et incidit in foveam,   vgl. Tit 3, 9
quam paravit. Ecce etenim[c] inimico homine messi Dominice supersemi-   vgl. Ps 7, 16; Prd 10, 8
nante semen[c] iniquum, segetes in zizania pullulant vel potius polluuntur,   vgl. Mt 13, 24-30
triticum arescit et evanescit in paleas, in flore tinea et vulpes in fructu
demoliri vineam Domini moliuntur. Nova siquidem sub novo testamento   vgl. Hl 2, 15
Achor progenies ex[d] spoliis Iericho lingulam auream palliolumque furatur   vgl. Jos 7, 16–26
et Abiron, Dathan et Chore soboles detestanda novis turibulis fermenta-
tum thimiama novis volunt altaribus adolere; dum nox nocti scientiam   vgl. Nm 16, 1–40
indicat, dum cecus prebet ceco ducatum, dum hereses pullulant, et quem   vgl. Ps 18, 3
divine reddit hereditatis expertem, sue constituit hereticus heresis et   vgl. Mt 15, 14

---

1. [a] *Am Rande von einer Hand des 13. Jh.:* hoc (capitulum) est Extra de hereticis *(X. V,
7, 10). Schräg darüber:* f *(?). Darunter ein Zeichen in roter Tinte: vielleicht ein Kreuz, dessen
eine Hälfte später weggeschnitten wurde.*   [b] *Es beginnt Hand D 1. Die reichverzierte
Initiale läuft in eine Randleiste aus, deren Ende ein ornamentspeiender Drache bildet.*
[c–c] -enim . . . semen *auf Rasur nachgetragen.*   [d] e- *zur Gänze und* -x *zum Teil auf Rasur.*

1. [1] Klerus, Konsuln und Volk von Viterbo. Vgl. N. KAMP, *Istituzioni comunali in Viterbo nel Medioevo I. Consoli, Podestà, Balivi e Capitani nei secoli XII e XIII.* Biblioteca di
studi viterbesi I (Viterbo 1963) 74.

vgl. Is 1, 22
vgl. Jr 51, 7;
vgl. Dt 32, 33

vgl. 2 Tim 3, 5

vgl. Ri 15, 4

vgl. Ps 61, 10

vgl. 2 Tim 2, 17 f.
vgl. 2 Tim 3, 5
vgl. 2 Kor 11, 3;
Kol 2, 4–19
vgl. Gn 3, 1–6;
Jo 8, 44

vgl. Mt 20, 1–16

vgl. Jo 21, 15–17
vgl. Hl 2, 15
vgl. Jo 10, 11–13

vgl. Is 56, 10
vgl. Mt 21, 33–41;
Mk 12, 1–12
vgl. 2 Chr 19, 4;
Sir 36, 19

vgl. 2 Tim 3, 5

vgl. Mt 18, 15–17

dampnationis [e] heredem. Hii sunt caupones, qui aquam vino comiscent et virus draconis in aureo calice Babilonis propinant, habentes secundum apostolum speciem pietatis, virtutem autem eius penitus abnegantes [f]. Licet autem contra vulpes huiusmodi parvulas, species quidem habentes diversas, sed caudas ad invicem colligatas, quia de vanitate conveniunt in 5 idipsum, diversa predecessorum nostrorum temporibus emanaverint instituta [2], nondum tamen usque adeo pestis potuit mortificari mortifera, quin, sicut cancer, amplius serperet in occulto et iam in aperto sue virus iniquitatis effundat, dum palliata specie religionis et multos decipit simplices et quosdam seducit astutos: factus magister erroris, qui non fuerat 10 discipulus veritatis.

Ne autem nos, qui — licet circa horam undecimam — inter operarios [g] immo verius super operarios vinee Domini Sabaoth sumus a Patrefamilias evangelico deputati et quibus ex officio pastorali sunt oves Christi commisse, nec capere vulpes demolientes vineam Domini nec arcere lupos ab 15 ovibus videamur et ob hoc merito vocari possimus canes muti non valentes latrare ac perdamur cum malis agricolis et mercennario comparemur, contra defensores, receptatores, fautores et credentes hereticorum aliquid severius duximus statuendum, ut qui per se ad viam rectitudinis revocari non possunt, in suis saltem defensoribus, receptatoribus et fautoribus ac 20 etiam credentibus confundantur, et cum se viderint ab omnibus evitari, reconciliari desiderent omnium unitati. De communi ergo fratrum nostrorum consilio, assensu quoque archiepiscoporum et episcoporum apud sedem apostolicam existentium districtius inhibemus, ne quis hereticos receptare quomodolibet vel defendere aut ipsis favere vel credere quoquo- 25 modo presumat; presenti decreto firmiter statuentes, ut si quis aliquid horum facere forte presumpserit, nisi primo secundove commonitus a sua super hoc curaverit presumptione cessare, ipso iure sit factus infamis nec ad publica officia vel consilia civitatum nec ad eligendos aliquos ad huiusmodi nec ad testimonium admittatur. Sit etiam intestabilis nec ad 30 hereditatis successionem accedat. Nullus preterea ipsi cogatur super quocumque negocio respondere. Quodsi forsan iudex extiterit, eius sententia nullam obtineat firmitatem nec cause alique ad eius audientiam perferantur. Si fuerit advocatus, eius patrocinium nullatenus admittatur. Si tabellio, instrumenta confecta per ipsum nullius penitus sint momenti, 35 sed cum auctore dampnato dampnentur. In similibus etiam idem precipimus observari. Si vero clericus fuerit, ab omni officio et beneficio deponatur, ut in quo maior [h] est culpa, gravior exerceatur vindicta [h]. Si quis autem tales, postquam ab ecclesia fuerint denotati, contempserit evitare, anathematis se noverit sententiam incurrisse.   40

---

[e] d- *und zum Teil das erste* -a- *auf Rasur.*   [f] *Bis hieher am Rande eine senkrechte, schmale Rasur.*   [g] *Darnach ungefähr zwei Buchstaben, davon der erste mit Unterlänge, ausradiert.*   [h-h] *Auf Rasur, wahrscheinlich nachgetragen.*

[2] *Conc. Lateran. III.* c. 27 (COD 200 f.); *Conc. Veron.* (1184) = X. V, 7, 9 (FRIEDBERG, *CorpIC*, II 780—782).   45

   In terris vero temporali nostre iurisditioni subiectis bona eorum
statuimus publicari; et in aliis idem fieri precipimus per potestates et
principes seculares, quos[1] ad id exequendum, si forte negligentes existerent, per censuram ecclesiasticam am(monitione)[k] pre(missa)[k]
5 compelli volumus et mandamus[1]. Nec ad eos bona ipsorum ulterius revertantur, nisi eis ad cor redeuntibus et abnegantibus hereticorum consortium
aliquis voluerit misereri: ut temporalis saltem pena corripiat, quem
spiritualis non corrigit disciplina. Cum enim secundum legitimas sanctiones[3] reis lese maiestatis punitis capite bona confiscentur ipsorum,
10 eorum filiis vita solummodo ex misericordia conservata: quanto magis,
qui aberrantes in fide Deum Dei filium Iesum Christum offendunt, a
capite nostro, quod est Christus, ecclesiastica debent districtione precidi et
bonis temporalibus spoliari, cum longe sit gravius eternam quam temporalem ledere maiestatem[4]? Nec huius severitatis censuram orthodoxorum
15 etiam exheredatio filiorum quasi cuiusdam miserationis pretextu debet
ullatenus impedire, cum in multis casibus etiam secundum divinum
iudicium filii pro patribus temporaliter puniantur et iuxta canonicas
sanctiones[5] quandoque feratur ultio non solum in auctores scelerum sed
et in[1] progeniem dampnatorum.
20   Decernimus ergo[1] et cetera nostre inhibitionis et constitutionis[m] et
cetera.
   Datum Laterani, VIII Kal. Aprilis, pontificatus nostri anno secundo.

Marginal references:
vgl. Is 46, 8
vgl. Is 14, 20

vgl. 1 Tim 1, 6
vgl. Eph 4, 15;
5, 23; Kol 1, 18;
2, 10

vgl. Ex 34, 7;
Jr 31, 21; Ez 18, 2

2.

Rechtsbelehrung für den Bischof (Wilhelm) von Melfi: Eine Ehe, die er
25 *auf Rat des Kardinaldiakons P(etrus) von S. Maria in Vialata, den dieser*
als päpstlicher Legat erteilte, wegen der Unmündigkeit der Braut getrennt
hat, kann jetzt, nachdem diese mündig geworden ist, die Ehe schließen will
und kein Partner ein anderes Gelöbnis abgelegt hat, von neuem eingegangen
werden.
30   *Lateran, 1199 März 14.*

   Reg. Vat. 4, fol. 147ʳ ⟨Nr. II⟩.
   Sirleto, fol. 279ʳ = Cholinus, II 365 = Venet., II 365 = Baluze, I 336 Nr. 2 = Migne,
PL 214, 539 Nr. 2. — Coll. Fuld. 4, 1, 8; Gilb. 4, 1, 8; Rain. 40, 11. — Denifle, Specimina
palaeographica, Tafel 1. — Potth. Reg. 624. — Vgl. Migne, PL 216, 1267 Nr. 119.

35   [1-1] *Mit einem Kreuz als Verweisungszeichen von Hand C am Rande nachgetragen und bei*
der Ausmalung der Initialen mit blauer und roter Tinte umrahmt (vgl. Kempf, Register, 29
Anm. 18).   [k-k] *Migne:* appellatione postposita.   [1-1] *Auf Rasur, wahrscheinlich*
nachgetragen.   [m] consti — *auf Rasur.*

   [3] Die Gleichsetzung von Häresie und Majestätsverbrechen stammt aus dem *Codex*
40 *Iustinianus* 1, 5, 4 und 9, 8, 5 (= Krueger 51, 373 f.). Die letztgenannte Konstitution
wurde in das *Decretum Gratiani* übernommen: C. VI, q. 1, c. 22 (= Friedberg, *CorpIC*,
I 560).
   [4] Vgl. *Novelle* 77, 1 (= Schoell-Kroll 382 Z. 16—19) und *Decretum Gratiani* C. XVII,
q. 4, c. 12 (= Friedberg, *CorpIC*, I 818).
45   [5] *Decretum Gratiani* C. XV, q. 8, c. 3 (= Friedberg, *CorpIC*, I 760).

. . Melfiensi episcopo[1].

Aliquo [a] dubitationis scrupulo emergente, ea que incerta videntur sancti
Patres ad sedis apostolice decreverunt oraculum (|) perferenda[2]. Quorum
siquidem vestigia laudabiliter imitatus a nobis inquirere studuisti, utrum
inter duos parrochianos tuos matrimonium, quod puella probante infra 5
nubiles annos seductam [b] a viro fuisse, de consilio dilecti filii nostri
P(etri), sancte Marie in Vialata diaconi cardinalis, tunc apostolice sedis
legati[3], per divortii sententiam diremisti, possis reintegrare licenter, cum
eadem puella iam nubilem etatem attingens consensum adhibeat et nullus ex eis ad alia vota se duxerit transferendum [c]. 10

Ad quod tibi taliter respondemus, quod nisi aliam causam rationabilem
intervenire cognoveris, securus ad copulam ipsius matrimonii tibi patet
absque aliqua hesitatione processus.

Datum Laterani, II Idus Martii.

3. 15

*Innocenz III. nimmt das Benediktinerkloster St. Mary of Lindores in den
apostolischen Schutz, bestätigt die Benediktinerregel und den gesamten Besitz, verleiht die Zehentfreiheit von allen Neubrüchen, die es selbst bebaut;
das Recht, Mönche aufzunehmen und diesen zu verbieten, nach der Profeß
das Kloster ohne Erlaubnis des Abtes zu verlassen; eine beschränkte Frei- 20
heit vom allgemeinen Interdikt; das Sepulturrecht und die freie Abtwahl.
Ohne die Zustimmung des Klosters und des Diözesanbischofs darf innerhalb
der Klosterpfarre keine Kapelle und kein Oratorium errichtet werden, außer
mit päpstlicher Erlaubnis.*

Lateran, 1199 März 20. 25

Reg. Vat. 4, fol. 147ᵛ ⟨Nr. III⟩.
*Empfängerüberlieferung: Abschrift aus der Mitte des 13. Jh.: Chartular der Abtei Lindores
1195—1479, fol. 67—69. Dr.: J. Dowden, Chartulary of the Abbey of Lindores, 1195—1479.
Publications of the Scottish History Society, 42 (Edinburgh 1903) 107 Nr. XCIV.*

---

2. [a]) *Die Initiale läuft in einen kleinen, speienden Kopf aus.*　　　　[b]) *Migne:* se ductam. 30
[c]) trasferendum.

2. [1]) Wilhelm, B. von Melfi (exemt, Prov. Potenza), zwischen 29. Juni 1193 und Dezember 1199 nachweisbar; vor Mai 1202 gestorben. Vgl. KAMP, *Kirche und Monarchie*, II 487 f.
[2]) *Decretum Gratiani* D. XVII, 4. 5 § 2 und C. XVI, q. 1, c. 52 § 2 (= FRIEDBERG,
CorpIC, I 51 f., 777). 35
[3]) Petrus Capuanus, Kardinaldiakon von S. Maria in Vialata 1193—1200, Kardinalpresbyter von S. Marcello 1200—1214. Er wurde sowohl von Coelestin III. als auch von
Innocenz III. zu wichtigen kirchenpolitischen Sendungen herangezogen. Die hier erwähnte
Legation in das Königreich Sizilien fiel in die Jahre 1195 oder 1196. Vgl. KARTUSCH,
330—338 Nr. 84; D. GIRGENSOHN, *Documenti beneventani inediti del secolo XII.* Samnium 40
40 (1967) 278 f. bzw. 315 ff.; KAMP, *Kirche und Monarchie*, I 395 ff.

Sirleto, fol. 279ʳ = Cholinus, II 365 = Venet., II 365 = Baluze, I 337 Nr. 3 = Migne,
PL 214, 540 Nr. 3. — Potth. Reg. 636; Bliss, Calendar, I 5; Cheney, Calendar, 17 Nr. 89. —
Dieses Stück ist größtenteils eine Wiederholung des Privilegs Coelestins III. vom 8. März 1195
(gedruckt bei Dowden, Chartulary, 102 Nr. XCIII).

5   ***Guidoni, abbati monasterii sancte Marie de Lundors**[1]**, eiusque fratribus tam**   * fol. 147ᵛ
     presentibus quam futuris regularem vitam professis in perpetuum[a]**.**

     Religiosam vitam eligentibus et cetera usque ordo monasticus, qui
secundum Deum et beati Benedicti regulam in eodem monasterio et cetera
usque vocabulis: locum ipsum, in quo prefatum monasterium a dilecto
10 filio nobili viro Dauid comite[2], fratre karissimi in Christo filii nostri
W(illelmi) illustris Scotie regis[3], constructum est[4], cum omnibus pertinentiis suis, per suas rectas divisas, et liberam curiam in terra vestra et

---

3.   [a] -m *hat die Form eines Großbuchstabens.*

3.   *Empfängerüberlieferung (kollationiert nach Dowden, Chartulary of Lindores, 107 ff.*
15 *Nr. XCIV):*

     5: Guidoni — in perpetuum] Innocencius episcopus, servus servorum Dei, dilectis filiis
Guidoni abbati monasterii sancte Marie de Lundors eiusque fratribus tam presentibus
quam futuris regularem vitam professis in perpetuum.   7: et cetera usque] apostolicum
convenit adesse presidium, ne forte cuiuslibet temeritatis incursus aut eos a proposito
20 revocet aut robur, quod absit, sacre religionis infringat. Eapropter, dilecti in Domino filii,
vestris postulacionibus clementer annuimus et prefatum monasterium sancte Marie de
Lundors, in quo divino estis obsequio mancipati, sub beati Petri et nostra proteccione
suscipimus et presentis scripti privilegio communimus; in primis siquidem statuentes, ut
8: et cetera usque] institutus esse dinoscitur, perpetuis ibidem temporibus inviolabiliter
25 observetur. Preterea quascunque possessiones, quecunque bona idem monasterium in
presenciarum iuste et canonice possidet aut in futurum concessione pontificum, largicione
regum vel principum, oblacione fidelium seu aliis iustis modis prestante Domino poterit
adipisci, firma vobis vestrisque successoribus et illibata permaneant. In quibus hec propriis duximus exprimenda

30 **3.**   [1] Guido, Abt des Benediktinerklosters St. Mary of Lindores (Diöz. St. Andrews,
Gfscht. Fife, Schottland) von ca. 1191 (1195) —1219. Vgl. Dowden, *Chartulary*, 302 f.
     [2] David von Schottland, Earl von Huntingdon 1185—1215/16 und 1218—17. Juni
1219 (gest.). Er und sein Bruder, König Wilhelm I., waren Söhne des 1152 verstorbenen
Heinrich von Schottland, Earl von Northumberland und Huntingdon, eines jüngeren
35 Sohnes König Davids I. von Schottland. Vgl. Powicke-Fryde, *Handbook*, 432 f. bzw.
Dowden, *Chartulary*, XVII—XXVII.
     [3] Wilhelm I., zubenannt „the Lion" (1143—1214), zweiter Sohn Heinrichs von
Schottland und der Ada, einer Tochter Wilhelms II., Earl von Warenne und von Surrey,
war vom 9. Dezember 1165—4. Dezember 1214 König von Schottland (vgl. Powicke-Fryde,
40 *Handbook*, 55). Er bestätigte den Besitz und die Privilegien des von seinem Bruder gegründeten Klosters 1190/1191. Vgl. Barrow, *Acts of William I*, 357—359, 361 Nr. 363 und
366.
     [4] Kloster Lindores wurde 1191 von David von Schottland, Earl von Huntingdon,
nach der Rückkehr aus dem Heiligen Lande gegründet und mit Benediktinermönchen aus
45 Kelso (Diöz. St. Andrews, Gfscht. Roxburgh) und Tiron (Diöz. Chartres, Dép. Eure-et-
Loir), besiedelt. Vgl. Dowden, *Chartulary*, XVII—XXIV; Dugdale, *Monasticon Anglicanum*, VI/2 1150 und Easson, *Religious Houses: Scotland*, 60.

firmam pacem infra divisas ipsius[b] ville de Lundors, sicut carta dicti
comitis protestatur; ecclesiam quoque eiusdem ville de Lundors cum
omnibus pertinentiis suis, scilicet capellas de Dundemor[c] et terram ad
predictam ecclesiam pertinentem per suas rectas divisas; et alias terras in
eadem villa, sicut in carta eiusdem comitis continetur; insulam, que 5
vocatur Redinche, et piscarias in Tey iuxta prenominatam insulam;
molendinum de Lundors cum omni secta sua et multura; ecclesiam quoque
de Dunde[d] cum omnibus pertinentiis suis et terram ad eandem ecclesiam
pertinentem et unum toftum in burgo de Dunde[d] liberum et quietum ab
omni servitio et exactione; et unam karucatam terre in villa de Neutile et 10
in villa de Pert; terram, que vocatur insula ultra Mineht[e] Fintreth, per
suas rectas divisas, cum omnibus pertinentiis suis; ecclesiam eiusdem ville
cum pertinentiis suis; in Garuiah, Lethgauel et Malind cum omnibus
pertinentiis suis per suas rectas divisas; ecclesiam de Rothketh[f] cum
capellis suis, scilicet Inverurin[g] et Munkegin[h] et aliis pertinentiis suis; 15
ecclesiam de Durnah; ecclesiam de Prame, ecclesiam de Rathmuriel,
ecclesiam de Inchemabanin, ecclesiam de Culsamuel; in episcopatu
Lincolniensi ecclesiam de Cuningron', ecclesiam de Wissinden'; in episcopatu de Stratheren ecclesiam de Mothel, ecclesiam de Kelalcmund[i] cum
capellis predictarum ecclesiarum et terris et decimis ac omnibus earum 20
pertinentiis ad proprios usus monachorum concessis et unum plenarium
toftum in burgo de Inuerurin, liberum et quietum ab omni servitio et
exactione; decimas omnes, quas habetis in terra predicti comitis et extra;
ex donatione quoque regis Scotie unum plenarium toftum in burgo de
Berwic et aliud plenarium toftum in burgo de Striuelin, plenarium toftum in 25
burgo de Karel, plenarium toftum in burgo de Pert, plenarium toftum in burgo de Forfar, plenarium toftum in burgo de Munros et unum plenarium toftum in burgo de Aberden et terram unam in villa de Pert in libero burgagio.

Sane novalium vestrorum et cetera. Prohibemus insuper, ut nulli et
cetera. Cum autem generale interdictum et cetera. Crisma vero et cetera. 30

---

[b] ipius.   [c] *Migne:* Bundamor.   [d] *Migne:* Dundee.   [e] *Migne:* Mineth.
[f] *Migne:* Rotcheth.   [g] in verurin.   [h] *Migne:* Munchegin.   [i] *Migne:* Chelalcmund.

6: Tey] They   10: Neutile] Newtile   11: Pert] Perth   11: Mineth] Moneth
13: cum pertinentiis] cum omnibus pertinenciis   13: Garuiah] Garuiach   13: Lethgauel] Ledgauel   15: Inverurin] Inuerurin   16: Durnah] Durnach   18: Cuning- 35
ron'] Cunigtone *(vgl. Cheney, Calendar, Nr. 89).*   25: Berwic] Berewic   26: Pert]
Perth   27: Forfar] Forfare   29: et cetera] que propriis manibus et sumptibus colitis,
sive de nutrimentis animalium vestrorum nullus a vobis decimas exigere vel extorquere
presumat. Liceat quoque vobis clericos vel laicos liberos et absolutos e seculo fugientes
ad conversionem recipere et eos absque contradiccione aliqua retinere   30: et cetera] 40
fratrum vestrorum post factam in eodem loco professionem fas sit absque abbatis sui
licencia de eodem loco, nisi arcioris religionis obtentu, discedere. Discedentem vero absque
communi litterarum caucione nullus audeat retinere   30: et cetera] terre fuerit, liceat
vobis clausis ianuis, exclusis excommunicatis et interdictis, non pulsatis campanis, suppressa
voce divina officia celebrare   30: et cetera] oleum sanctum, consecraciones altarium seu 45
basilicarum, ordinaciones monachorum seu clericorum vestrorum, qui ad sacros ordines
fuerint promovendi, a diocesano episcopo vobis sine pravitate aliqua precipimus exhiberi

Sepulturam preterea et cetera. Prohibemus insuper, ut infra fines et cetera. Ad hec etiam inhibemus, ne quis in vos et cetera. Obeunte vero te, et cetera. Decernimus ergo et cetera; salva sedis apostolice auctoritate et diocesani episcopi[5] canonica iusticia. Si qua igitur et cetera.

5   Datum[k] Laterani per manum Rainaldi domini pape notarii cancellarii vicem agentis[6], XIII Kal. Aprilis, indictione prima, incarnationis Dominice anno M⁰ C⁰ XC⁰ VIII⁰, pontificatus vero domni Innocentii pape III anno secundo.

4.

10   *Innocenz III. dankt den Konsuln und dem Volk von Jesi für ihre Rückkehr in den Kirchenstaat und trägt ihnen auf, zur Wiedergewinnung der Marken beizutragen.*

Lateran, 1199 März 17.

     Reg. Vat. 4, fol. 147ᵛ ⟨Nr. IIII⟩.
15   *Sirleto, fol. 280ʳ = Cholinus, II 366 = Venet., II 366 = Baluze, I 337 Nr. 4 = Migne, PL 214, 541 Nr. 4; P. Compagnoni, La reggia Picena overo de' presidi della Marca. Macerata 1661, 80; T. Baldassini, Notizie historiche della reggia città di Jesi. Jesi 1703, 29. — Potth. Reg. 628; B.F.W. Reg. 5670. — Vgl. Winkelmann, Philipp, 111; Zimmermann, Päpstliche Legation, 22; A. Gianandrea, Il ristretto delle istorie di Jesi di Pietro Grizio.*

20   ᵏ⁾ *Am Rande ein schräger Strich (vgl. Einleitung XXII).*

       1: et cetera] ipsius loci liberam esse decernimus, ut eorum devocioni et extreme voluntati, qui se illic sepeliri deliberaverint, nisi forte excommunicati vel interdicti sint, nullus obsistat, salva tamen [iusticia] illarum ecclesiarum, a quibus mortuorum corpora assumuntur   2: et cetera] parochie vestre nullus sine assensu diocesani episcopi et vestro capellam seu
25 oratorium de novo construere audeat, salvis privilegiis Romanorum pontificum   2: et cetera] vel monasterium vestrum excommunicacionis, suspensionis vel interdicti sentenciam absque manifesta et racionabili causa promulgare presumat   3: et cetera] nunc eiusdem loci abbate vel tuorum quolibet successorum, nullus ibi qualibet surrepcionis astucia seu violencia preponatur, nisi quem fratres communi consensu vel fratrum maior pars
30 consilii sanioris secundum Dei timorem et beati Benedicti regulam providerint eligendum   3: et cetera] ut nullis omnino hominum liceat prefatum monasterium temere perturbare aut eius possessiones auferre vel ablatas retinere, minuere seu quibuscunque vexacionibus fatigare, set omnia integra conserventur eorum, pro quorum gubernacione ac sustentacione concessa sunt, usibus omnimodis profutura   4: et cetera] in futurum ecclesiastica
35 secularisve persona hanc nostre constitucionis paginam sciens contra eam temere venire temptaverit secundo terciove commonita, nisi reatum suum congrua satisfaccione correxerit, potestatis honorisque sui dignitate careat reamque se divino iudicio existere de perpetrata iniquitate cognoscat et a sacratissimo corpore ac sanguine Dei et domini redemptoris nostri Ihesu Christi aliena fiat atque in extremo examine districte ulcioni subiaceat. Cunctis autem
40 eidem loco sua iura servantibus sit pax domini nostri Ihesu Christi, quatinus et hic fructum bone accionis percipiant et apud districtum iudicem premia eterne pacis inveniant. Amen.
     5: Rainaldi] Raynaldi

     ⁵⁾ Der Bischof von St. Andrews.
     ⁶⁾ Raynald, päpstlicher Notar und Vizekanzler bis Ende September 1200, seit 19. Juni
45 1199 EB. von Acerenza (Prov. Potenza), gest. vor 10. Dezember 1201. Vgl. R. von Heckel, *Studien über die Kanzleiordnung Innocenz' III.* Hist. Jb. 57 (1937) 284 bzw. Kamp, *Kirche und Monarchie,* II 774.

*Jesi 1880, 75; G. Ermini, Aspetti giuridici della sovranità pontificia nell' Umbria nel secolo
XIII. Bollettino della R. Deputazione di storia patria per l'Umbria 34 (1937) 19; W. Hagemann, Jesi im Zeitalter Friedrichs II. QFIAB 36 (1956) 146 f.; Waley, Papal State,
42 Anm. 3 und 43 Anm. 4.*

Consulibus et populo Esinis[1].   5

Cum[a] apostolice sedis iurisdicio spiritualis[b] nullis terminis coarcetur,
imo super gentes et regna sortita sit potestatem, in multis etiam per Dei
gratiam eius extenditur iurisditio temporalis, que, licet aliquando visa
fuerit propter quorundam violentiam coartari, nunc tamen — eo faciente
nobiscum signum in bonum, qui imperat ventis et mari et facit tran- 10
quillum, qui deponit potentes et exaltat humiles — violentia per[c] ipsum[c]
humiliata redit in potentatum antiquum et de die in diem amplius dila-
tatur[2], non homine pugnante pro nobis, sed Deo potius respiciente humilitatem nostram et violentiam ab ecclesia repellente.

Ecce etenim per Dei gratiam ad fidelitatem ecclesie cum Perusina[3], 15
Tudertina[4], Castellana[5] et aliis adiacentibus civitatibus, munitionibus et
castellis ducatus rediit Spoletanus[6] et magna pars Tuscie, que in nostris
privilegiis continetur[7]. Ecce etenim universa fere Marchia[8] preter

vgl. Jr 1, 10
vgl. Ps 85, 17
vgl. Mt 8, 26;
Mk 4, 40; Lk 8, 24
vgl. Lk 1, 52
vgl. Dt 1, 30;
3, 22; Jos 10, 14;
2 Chr 32, 8; u. ö.
vgl. Dt 26, 7;
Lk 1, 48 u. ö.

---

4. **a)** *Längs des ganzen Briefes am Rande ein senkrechter, z. T. gewellter Strich.*   **b)** spi-
ritalis.   **c–c)** *Migne emendiert aus* perversorum *in* per se ipsum.   20

4. **1)** Konsuln und Volk von Jesi (Prov. Ancona).
  2) Der Passus bezieht sich auf die staufische Herrschaft im Kirchenstaat und die nach
Kaiser Heinrichs VI. Tod seit Ende 1197 einsetzenden Rekuperationen.
  3) Perugia hatte sich im Herbst 1197 dem Legaten Coelestins III., dem Kardinaldiakon
von S. Maria in Portico, Gregor de S. Apostolo, unterworfen. Vgl. P. KEHR, *Papsturkunden* 25
in der Romagna und den Marken. Nachrichten der kgl. Gesellschaft der Wissenschaften zu
Göttingen. Phil.-hist. Klasse 1898, 43 f. Nr. 21. Innocenz III. hatte daraufhin am 2. Oktober 1198 die Stadt unter päpstlichen Schutz genommen. Vgl. Br. I 375 und S. ANGELINI,
La diplomazia comunale a Perugia nei secoli XIII e XIV. Firenze 1965, 9 ff. Vgl. ferner
L. BONAZZI, *Storia di Perugia.* Città di Castello 1959, I 199 f.   30
  4) Auch Todi (Prov. Perugia) war im Herbst 1197 unter die päpstliche Herrschaft zu-
rückgekehrt. Vgl. Br. I 356 und G. CECI, *Todi nel Medio Evo.* Todi 1897, I 82 f. — Zwischen 10. und 25. November 1198 nahm Innocenz III. auch diese Stadt unter päpstlichen
Schutz (Br. I 426).
  5) Nach dem Zeugnis der *Gesta Innocentii* c. 9 (MIGNE, PL 214, XXIV f.) unterwarf 35
sich Città di Castello (Prov. Perugia) im April 1198 dem Papste. Vgl. WALEY, *Papal State,*
33 und 36 f. bzw. Br. I 356 und I 369 und II 75 (78).
  6) Das Herzogtum Spoleto kam im Frühjahr 1198 wieder unter päpstliche Herrschaft.
Vgl. *Gesta Innocentii,* c. 9 (MIGNE, PL 214, XXIV f.); WALEY, *Papal State,* 33 und 36 f.
Vgl. ferner G. ERMINI, *I rettori provinciali dello Stato della Chiesa.* Rivista di Storia del 40
Diritto italiano 4 (1931) 30 f.
  7) Beansprucht hat man wohl ganz Tuszien laut der im Liber Censuum niedergelegten
Privilegien (*Liber Censuum,* I 363 ff.; vgl. dazu Br. I 15 mit Anm. 8), doch gelang die Re-
kuperation bloß im südlichen Teil. Hier war die deutsche Herrschaft schon im Oktober
1197 durch einen Aufstand erschüttert worden. Für die Folgezeit ist die Unterwerfung von 45
mehreren Orten und Adelsfamilien bezeugt. Vgl. *Gesta Innocentii* c. 11, 12, 14 bis 16 (MIGNE,
PL 214, XXVI—XXIX) bzw. WALEY, *Papal State,* 31 und 34 ff. sowie Br. I 361.
  8) Auch in den Marken wurde die päpstliche Herrschaft 1198 weitgehend aufgerichtet.
Vgl. WALEY, *Papal State,* 33 f. und 37 f.; HAGEMANN, *Jesi im Zeitalter Friedrichs II.,* 145 ff.

Camerinensem[9] et Esculanam[10] civitates, quas tamen speramus in
proximo redituras[d], faciente Domino ac vestro studio procurante devote
rediit ad fidelitatem ecclesie ac fideliter per Dei gratiam in ipsius devotione persistit, que vere per se dicere potest: Iugum meum suave est et
5 onus meum leve. Iugum[e] sane quod iuvat, et onus, quod non honerat sed
honorat; iugum etiam, quod inexperti fortiter diligunt et experti forcius
concupiscunt; onus, quod nescit sarcinam gravitatis, sed exonerat potius
oneratos.

Nos itaque studium et sollicitudinem vestram sollicitius attendentes,
10 universitati vestre copiosas gratiarum exsolvimus actiones, quod quam
citius se optulit oportunitas, ad fidelitatem sedis apostolice, matris vestre,
humiliter rediistis et ad[f] alios ad dominium ecclesie revocandos dilectis
filiis nostris C(inthio)[11] tituli sancti Laurentii in Lucina, et I(ohanni)[12]
tituli sancte Prisce presbyteris cardinalibus, tunc apostolice sedis legatis,
15 quos[g] ad partes vestras circa novitatis nostre primordia destinavimus,
astitistis viriliter et potenter nec personis nec rebus parcentes: sicut
evidentius operis evidentia manifestat et nuper dictus sancte Prisce presbyter cardinalis ad presentiam nostram revertens[13] nobis et fratribus
nostris viva voce plenius intimavit. Ut igitur laudabile fidelitatis vestre
20 principium finis laudabilior subsequatur, rogamus discretionem vestram,
monemus et exhortamur in Domino ac per apostolica scripta vobis mandamus, quatinus in incepta fortitudine persistentes ad[h] revocandas

Margin notes:
vgl. Apg 18, 21; Mk 16, 20

Mt 11, 30

vgl. 1 Thess 4, 1; 2 Kor 5, 20

---

d) *Zwischen* -e- *und* -d- *eine kleine Rasur. Wahrscheinlich wurde ein zweites* -d- *ausradiert.*   e) -g- *aus einem anderen Buchstaben verbessert und* -um *auf Rasur.*   f) *Fehlt*
25 *bei* Migne.   g) -s *auf Rasur.*   h) Migne: ac.

9) Die *Gesta Innocentii* c. 9, MIGNE, PL 214, XXIV zählen Camerino (Prov. Macerata)
zwar zu den Städten, die sich dem Papst unterwarfen, aber Br. III 271 (53), MIGNE,
PL 214, 940 zeigt, daß sich die Stadt auch 1201 noch widersetzte.

10) Auch die *Gesta Innocentii* c. 9, MIGNE, PL 214, XXIV zählen Ascoli Piceno zu den
30 widerspenstigen Städten. Vgl. WALEY, *Papal State*, 40.

11) Cinthius, Kardinalpresbyter von S. Lorenzo in Lucina 1191—1217, (Kardinal-)
Bischof von Porto und S. Rufina 1217—1218. Vgl. KARTUSCH 112—117 Nr. 20 bzw. PFAFF,
Kardinäle unter Coelestin III., 89 f. Nr. 24 (mit teilweise irrigen Angaben; dazu H. TILL-
MANN, in: Römische Quartalschrift für christliche Altertumskunde und Kirchenge-
35 schichte 61 [1966] 233).

12) Johannes von St. Paul, Benediktinermönch in St. Paul vor den Mauern in Rom, Kardinalpresbyter von S. Prisca 1193 —Ende 1204, (Kardinal-)Bischof der Sabina Anfang 1205 bis
1214/1215. Daneben Kardinal-Pönitentiar und mehrfach päpstlicher Legat. Vgl. KARTUSCH
254—260 Nr. 57; PFAFF, *Kardinäle unter Coelestin III.*, 86 f. Nr. 11. Über den in Salerno
40 studierten und als Verfasser medizinischer Traktate bekanntgewordenen Kirchenfürsten,
der wohl fälschlich der Familie Colonna zugeschrieben wird, vgl. K. WENCK, *Die römischen
Päpste zwischen Alexander III. und Innocenz III. und der Designationsversuch Weihnachten
1197.* In: Papsttum und Kaisertum. Forschungen zur politischen Geschichte und Geistes-
kultur des Mittelalters Paul Kehr zum 65. Geburtstag dargebracht. München 1926, 456 bis
45 474; W. R. THOMSON, *The Earliest Cardinal-Protectors of the Franciscan Order: A Study in
Administrative History, 1210—1261.* Studies in Medieval and Renaissance History 9 (1972)
27—37.

13) Er unterfertigt in päpstlichen Privilegien wieder ab dem 17. März 1199 (Potth.
Reg. 632).

civitates predictas ad nostri fidelitatem dominii detis operam efficacem,
vgl. Apg 14, 3 ut cum tota Marchia dante Domino fuerit in fidelitate sedis apostolice
solidata, ipsius promissionis presidio et nostra protectione letetur. Nos
enim ad honorem totius Marchie ac civitatis vestre profectum dante
vgl. Apg 14, 3 Domino efficaciter intendemus.   5

Datum Laterani, XVI Kal. Aprilis, pontificatus nostri anno II°.

5.

*Innocenz III. trägt dem Bischof (Roger) von St. Andrews auf, gegen eigen-
mächtige Inkorporationen, durch die sich Klöster oder Stifte ihre Patronatskirchen einverleibten, vorzugehen, außer die betreffenden Kirchen sind von* 10
*seiner Jurisdiktion exempt. Ferner erlaubt der Papst dem Bischof, Seelsorger
zu bestellen, falls die dafür zuständigen Patrone die im 3. Laterankonzil
vorgesehene Präsentationsfrist versäumen.*

Lateran, 1199 Februar 24.

Reg. Vat. 4, fol 147ᵛ—148ʳ ⟨Nr. V⟩.   15
*Sirleto, fol. 280ᵛ = Cholinus, II 367 = Venet., II 367 = Baluze, I 338 Nr. 5 = Migne,
PL 214, 542 Nr. 5. — Comp. II. 1, 6, 2; Coll. Fuld. 1, 9, 3; Gilb. 1, 7, 3; Rain. 8, 2; X. I, 10, 2.
— Potth. Reg. 609; Bliss, Calendar, 5. — Vgl. G.W.S. Barrow, The Cathedral Chapter of
St. Andrews and the Culdees in the Twelfth and Thirteenth Centuries. The Journal of Ecclesia-
stical History 3 (1952) 31—33.* 20

Episcopo sancti Andree[1].

Sicut[a] nobis tua fraternitas intimavit, monachi quidam et canonici regulares[2] ecclesias, que ad eorum presentationem pertinent, in tuo episcopatu habentes propriis usibus deputare nituntur nec ibi volunt ad eas,
cum vacaverint, personas idoneas presentare, quinpotius occasione 25
* fol. 148ʳ concessionis quorundam episcoporum vicarios in eis pro sua instituunt *et
destituunt voluntate; admissos ita pensionibus onerantes, quod nec ecclesiis competenter possunt pre paupertate nimia deservire nec episcopo in
episcopalibus respondere nec hospitalitatem, sicut convenit, transeunti-
bus impertiri.   30

Nolentes autem, ut status ecclesiarum debitus et antiquus per alicuius
insolentiam subvertatur, fraternitati tue per apostolica scripta mandamus,

---

5. ᵃ) *Die Initiale läuft in einen kleinen, speienden Kopf aus. Am Rande von einer Hand des
13. Jh.:* hoc c(apitulum) est Extra de supplenda negligentia prelatorum *(X. I, 10, 2).*

5. ¹) Roger, B. von St. Andrews (exemt, Schottland) vom 13. April 1189 (konsekriert: 35
vor 15. Februar 1198) bis zu seinem Tod am 7. Juli 1202. Vgl. Powicke-Fryde, *Handbook,*
300.

²) Das aus Augustiner-Chorherren gebildete Domkapitel von St. Andrews, dem Papst
Eugen III. am 30. August 1147 das Recht zur Wahl des Diözesanbischofs übertragen hatte.
Vgl. Barrow, *Chapter,* 33 f.   40

quatinus, nisi a iurisditione tua exempte sint ecclesie supradicte, premissos excessus studeas rationabiliter emendare; et nisi prefate persone infra tempus in Lateranensi concilio constitutum[3] ad vacantes ecclesias[b] tibi personas idoneas presentarint, extunc tibi liceat appellatione remota in
5 eisdem ordinare rectores, qui eis | et preesse noverint et prodesse; ita quod ex hoc nullum patronis in posterum preiudicium generetur.

Datum Laterani, VI Kal. Martii, pontificatus nostri anno secundo.

6.

Innocenz III. erlaubt dem Bischof R(oger) von St. Andrews, die gleich-
10 *namige Pfarre zu teilen, da sich deren Bevölkerung stark vermehrt hat.*

Lateran, (1199) März 4.

Reg. Vat. 4, fol. 148ʳ ⟨Nr. VI⟩.
Sirleto, fol. 280ᵛ = Cholinus, II 367 = Venet., II 367 = Baluze, I 338 Nr. 6 = Migne,
PL 214, 542 Nr. 6. — Potth. Reg. 617; Bliss, Calendar, 5.

15   **R(ogero), episcopo sancti Andree[1].**

Sicut nobis tua fraternitas intimavit, cum in parrochia[2] sancti Andree[a] pauci homines antiquitus fuerint et rari habitatores, unicam tantum matricem et parrochialem ecclesiam devotio sibi fidelium fabricavit. Nunc autem divina gratia faciente usque adeo multitudo excrevit in
20 eadem parrochia populorum, quod ad animarum evitanda pericula, que ibidem proponuntur sepius imminere, alia sit ecclesia neccessario construenda.

Cum itaque dampnis rerum temporalium sint animarum pericula preferenda, fraternitati tue, de qua indubitatam fiduciam optinemus,
25 committimus, qualiter sit super hiis que premisimus procedendum: ut si utilitati fidelium noveris expedire, Deum habens pre oculis sine con-   vgl. Ps 53, 5 tradictione cuiuslibet novam valeas ecclesiam fabricare; provisurus attentius, ut concessa tibi non abutaris licentia, ne forte privilegium merearis amittere, si permissa tibi abusus fueris potestate[3].
30 Datum Laterani, IIII Non. Martii.

---

b) *Durch Zeichen umgestellt aus* ad ecclesias vacantes.
6.   a) -d- *korr. aus* -g-.

3) *Conc. Lateran. III.* c. 8 (COD 191) = X. III, 8, 2 (Friedberg, *CorpIC*, II 488).
6.   1) S. Br. II 5 Anm. 1.
35   2) Pfarre zum hl. Andreas in St. Andrews (Schottland).
3) Vgl. *Decretum Gratiani* D. LXXIV 7 und C. XI, q. 3, c. 63 (= Friedberg, *CorpIC*, I 263, 660).

7.

*Innocenz III. teilt dem Bischof Matthäus von Ceneda mit, daß er die Gesetze der Kommunen von Treviso und Conegliano, die erlauben, im Falle
der Not kirchliche Lehen durch städtische Beamte und ohne kirchliche Zustimmung zu verkaufen, aufgehoben habe.* 5

Lateran, (1199) März 23.

> *Reg. Vat. 4, fol. 148ʳ ⟨Nr. VII⟩.*
> *Sirleto, fol. 281ʳ = Cholinus, II 368 = Venet., II 368 = Baluze, I 339 Nr. 7 = Migne,
> PL 214, 543 Nr. 7. — Comp. III. 1, 1, 2; Alan. 1, 1, 2; Alan. K. 1, 1, 2; Bern. 1, 3, 2; Coll.
> Fuld. 1, 1, 1; X. I. 2, 7. — Potth. Reg. 641.* 10

Matheo[1], Cenetensi episcopo[a].

Que in ecclesiarum et ecclesiasticorum virorum preiudicium attempttantur, firmitatem sortiri non decet, sed ad ecclesiarum indempnitatem
debent potius infirmari.

Sane pervenit ad audientiam nostram, quod (|) Teruisini[2] et Cone- 15
glanenses[3] constituendi sibi—et utinam sibi tantum—iurisditionem temere
usurpantes, impietatem palliant sub nomine pietatis et, dum quibusdam
ex alieno gratiam exhibere nituntur, ecclesiis sunt et viris ecclesiasticis
honerosi. Constituerunt siquidem, sicut accepimus, quod si quis se ad
inopiam vergere probabiliter allegarit, alienandi feudum, quod ab ecclesia 20
vel aliis tenet, officiales[b] ad hec a Teruisinis civibus et Coneglanensibus
deputati[c] liberam habeant facultatem, nec emptor priori teneatur domino
respondere, nisi tantummodo in sexta parte precii, quam ipsi, si recipere
voluerit, exhibebit. Ex quo ecclesiastica non modicum iura leduntur.

Volentes igitur ecclesiarum indempnitati consulere et huiusmodi gra- 25
vaminibus previdere, constitutionem huiusmodi et venditiones feudorum
ecclesiasticorum factas sine legittimo ecclesiasticarum personarum
assensu[d] occasione constitutionis, immo verius destitutionis vel destructionis istius, presentium auctoritate cassamus et vires decernimus non
habere. 30

Nulli ergo et cetera hanc paginam nostre cassationis et cetera.

Datum Laterani, X Kal. Aprilis.

(Marginal note left: vgl. Röm 1, 18; 2 Tim 3, 5)

---

7. ᵃ) *Am Rande von einer Hand des 13. Jh.:* hoc c(apitulum) est Extra de constit(utionibus) *(X. I, 2, 7).*　　ᵇ) *Migne:* per officiales.　　ᶜ) *Migne:* deputatos.　　ᵈ) *Darnach
eine Lücke von ca. 10 mm und sodann abermals* assensu. 35

7. ¹) Matthäus von Sicara (aus Siena), B. von Ceneda (Suffr. von Aquileia, Prov. Treviso), zwischen 10. März 1178 und 1216 bezeugt. Vgl. V. Botteon, *Un documento prezioso riguardo alle origini del Vescovado di Ceneda e la serie dei vescovi cenedesi corretta e documentata.* Conegliano 1907, 155 Nr. 16; L. Jadin, *Ceneda* in: Dict. HGE 12 (Paris 1953) 139;
A. Maschiello, *La Diocesi di Vittorio Veneto.* Vittorio Veneto 1956, 15. 40
　　²) Bewohner von Treviso.
　　³) Bewohner von Conegliano (Prov. Treviso). Die Spannungen zwischen dem Bischof
von Ceneda und der Kommune von Treviso führten alsbald zu Gewalttätigkeiten. Vgl. Br.
II 8 und 27.

8.

Innocenz III. trägt dem Patriarchen (Peregrin) von Aquileia und dem Bischof (Huguccio) von Ferrara auf, dem Bischof (Matthäus) von Ceneda kraft päpstlicher Vollmacht zu erlauben, seinen Sitz an einen geschützteren
5 *Ort zu verlegen.*

Lateran, 1199 März 25.

Reg. Vat. 4, fol. 148ʳ ⟨Nr. VIII⟩.
Sirleto, fol. 281ʳ = Cholinus, II 368 = Venet., II 368 = Baluze, I 339 Nr. 8 = Migne,
PL 214, 543 Nr. 8. — Potth. Reg. 644. — Vgl. Paschini, Patriarchi, 143 f.

10 **Aquilegensi patriarche¹⁾ et . . episcopo Ferrariensi²⁾.**

| Utilitas et necessitas dispensationem inducunt et repentini casus etsi non nova non tamen usitata remedia nos excogitare compellunt. Sane cum apostolica sedes super universis ecclesiis non humani sed divini muneris largitate magisterium susceperit et primatum et nobis licet immeritis ad 15 ipsius regimen evocatis super cunctis fidelibus sollicitudo sit credita pastoralis, sic ad eorum statum nos decet aciem apostolice provisionis extendere, ut et obviemus violentie iniquorum et eorum necessitatibus consulamus.

vgl. Mt 16, 18 f.;
Jo 21, 15–17
vgl. 2 Kor 3, 5
vgl. 2 Kor 11, 28

Accepimus siquidem, venerabili fratre nostro . . Cenetensi episcopo³⁾ 20 intimante, quod ecclesia Cenetensis et villa in planitie sunt fundate, quas propter loci debilitatem et raritatem inhabitantium ab iniquorum incursibus tueri non potest; immo usque adeo incursui exposite sunt hostili, ut nuper ᵃ⁾ villa eadem a Teruisinis destructa fuerit et ecclesia cathedralis cum aliis duabus combuste, altaria diruta et deiecta; nec licuit relinqui 25 reliquias in solo, altaribus desolatis, nec meruerunt esse Teruisinorum reliquie reliquie martyrum et sanctorum⁴⁾. Ut igitur uno et eodem remedio et malignis malignantibus tollamus materiam et eidem ecclesie in neccessitatibus consulamus, cum idem episcopus ecclesiam ipsam vel ad castrum Ceneclanum⁵⁾, quod populosum ᵇ⁾ dicitur et munitum, vel ad aliam partem 30 eiusdem ville tutiorem ᶜ⁾ de licentia nostra transferre disponat: fraternitati

---

8. ᵃ⁾ -per *auf Rasur.* ᵇ⁾ ppulosum. ᶜ⁾ tuitiorem.

8. ¹⁾ Peregrin (II.), Patriarch von Aquileia (Prov. Udine) 1194—15. Mai 1204, vorher seit 1173 Propst von Cividale, seit 1184 Archidiakon und Vizedominus von Aquileia. Vgl. PASCHINI, *Patriarchi*, 136—165 bzw. *Storia del Friuli*, I 267—273.
35 ²⁾ Huguccio von Pisa, B. von Ferrara (exemt) 1. Mai 1190—30. April 1210. Grammatiker, Theologe und einer der größten Kanonisten des Mittelalters. Über ihn ausführlich: C. LEONARDI, *La vita e l'opera di Uguccione da Pisa Decretista.* Studia Gratiana 4 (1956) 39—120.
³⁾ S. Br. II 7 Anm. 1.
40 ⁴⁾ Die Trevisaner hatten, verbündet mit den Veronesern und Vicentinern, 1198 Ceneda angegriffen, eingenommen, die Kirchen angezündet und die bischöflichen Güter vollständig zerstört, so daß B. Matthäus genötigt war, beim Patriarchen von Aquileia Schutz zu suchen. Vgl. Br. II 27 S. 41 Z. 4—10 und PASCHINI, *Storia del Friuli*, I 268 f.
⁵⁾ Conegliano (Prov. Treviso).

vestre per apostolica scripta mandamus, quatinus accedentes ad locum, in
castro predicto vel in eadem villa Cenete in loco magis munito, prout
utilitati eiusdem ecclesie magis videritis expedire, auctoritate nostra
suffulti, cum id vobis ex vestra non liceat, transferendi sedem et fundandi
eandem ecclesiam episcopo memorato sublato appellationis obstaculo 5
concedatis liberam facultatem.

Datum Laterani, VIII Kal. Aprilis, pontificatus nostri anno secundo.

9.

*Innocenz III. teilt dem Emir von Marokko Mūhammad al-Nāṣir mit, daß
der Trinitarierorden heidnische Gefangene, die er im Abendland aufgekauft 10
hat, gegen gefangene Christen austauschen wolle.*

Lateran, 1199 März 8.

Reg. Vat. 4, fol. 148ʳ—148ᵛ ⟨Nr. VIIII⟩.
*Sirleto, fol. 281ᵛ = Cholinus, II 368 = Venet., II 368 = Baluze, I 340 Nr. 9 = Migne,
PL 214, 544 Nr. 9; B. Baro, Annales ordinis SS.ᵐᵃᵉ Trinitatis Redemptionis Captivorum.* 15
*Romae 1684, I 25; L. de Mas-Latrie, Traités de paix et de commerce et documents divers
concernant les relations des chrétiens avec les Arabes de l'Afrique septentrionale au moyen
âge. Paris 1866, doc. 8 Nr. VIII (mit falschem Jahresdatum: 1198); Antonin de L'Assomp-
tion, Ordre de la Trinité, 89 Nr. 5; Balladore Pallieri — Vismara, Acta pontificia, 451
Nr. 67; Mansilla, Documentación, 198 Nr. 182; C. Mazzarisi, L'Ordine Trinitario nella* 20
*Chiesa e nella Storia. Napoli 1964, 231 Nr. 3. — Potth. Reg. 619; B.F.W. Reg. 5669;
Bréquigny, Table chronologique, IV 271. — Vgl. Antonin de L'Assomption, Ordre de la
Trinité, 39; P. Deslandres, L'Ordre des Trinitaires pour le rachat des captifs. Toulouse-
Paris 1903, I 16.*

Illustri Miramolino ᵃ⁾**, regi Marrochetano** ¹⁾**, et subditis eius ad Ueritatis** 25
noticiam pervenire ac in ea salubriter permanere.

| Interᵇ⁾ opera misericordie, que Iesus Christus, Dominus noster, fideli-
bus suis in Euangelio commendavit, non minimum locum optinet redemp-
vgl. Mt 25, 36;
Lk 4, 19 tio captivorum; unde personis illis, que circa talia occuppantur, favorem
debemus apostolicum impertiri.   30

Sane viri quidam, de quorum existunt numero presentium portitoresᶜ⁾,
nuper divinitus inflammati, regulam et ordinem invenerunt, per cuius
instituta terciam partem proventuum omnium, quos vel nunc habent vel
in futurum poterunt optinere, in redemptionem debent expendere capti-

---

9. ᵃ⁾ Miramomolino.   ᵇ⁾ *Am Rande: f. Auf fol. 148ʳ längs des Briefes am Rande ein* 35
senkrechter, z. T. gewellter Strich.   ᶜ⁾ *porcitores.*

9. ¹⁾ Abū 'Abd Allāh Mūhammad al-Nāṣir, Emir al-Mu'minīn (aus dessen Verbalhornung
Miramolinus wurde), 4. Herrscher des Almohadenreiches in Nordafrika und Spanien
25. Januar 1199—25. Dezember 1213. Sein Vater Abū Yūsuf Ya'ḳūb al-Manṣūr besiegte am
19. Juli 1195 König Alfons VIII. von Kastilien bei Alarcos (Prov. Ciudad Real) und baute 40
in der Folgezeit seine Herrschaft auf der Pyrenäen-Halbinsel aus, wobei zahlreiche Christen
in seine Gefangenschaft gerieten. Vgl. E. Lévi-Provençal, in: Encyclopédie de l'Islam, 3
(Leiden-Paris 1936) 927.

vorum; et ut melius valeant suum propositum adimplere, cum sepe facilius per commutationem quam per redemptionem de captivitatis ergastulo valeant liberari, ut paganos captivos a christianis redimant est concessum, quos pro liberandis christianis debeant commutare[2]. Ceterum
5 quoniam opera, que premisimus, et christianis expediunt et paganis, huiusmodi vobis duximus per apostolicas litteras intimandi. Inspiret *autem vobis ille, qui via, veritas est et vita, ut agnita veritate, que Christus est, ad eam venire quamtotius festinetis.

vgl. Ex 6, 6

* fol. 148ᵛ

vgl. Jo 14, 6
vgl. 1 Tim 2, 4;
Tit 1, 1

Datum Laterani, VIII Idus Martii, pontificatus nostri anno secundo.

10 # 10.

Innocenz III. bestätigt ein Statut des Domkapitels von Saintes, das die Zahl der Kanoniker mit vierzig festsetzt.

Lateran, *1199 März 27.*

Reg. Vat. 4, fol. 148ᵛ ⟨Nr. X⟩.
15 *Sirleto, fol. 282ʳ = Cholinus, II 369 = Venet., II 369 = Baluze, I 340 Nr. 10 = Migne, PL 214, 545 Nr. 10. — Potth. Reg. 649; Bréquigny, Table chronologique, IV 271.*

Capitulo Xanctonensi [a][1].

(|) Constitutionibus, que in ecclesiis facte canonicis non obviant institutis, cum ab apostolica sede sue robur confirmationis expectant, favorem
20 apostolicum libentius impertimur, ut ea, que pro ipsarum utilitatibus ordinantur, inconvulsa maneant firmitate, et que stabilita ratio comitatur, aliquorum temeritas non infirmet.

Eapropter, dilecti in Domino filii, vestris iustis postulationibus grato concurrentes assensu institutionem, quam de quadragenario canonicorum
25 numero cum assensu venerabilis fratris nostri . . episcopi vestri[2]—consentiente et assistente bone memorie W(illelmo), archiepiscopo Burdegalensi[3], et pie recordationis Henrico, quondam Albanensi episcopo, tunc

---

10. [a] *Migne:* Xantonen.

[2] Innocenz III. hatte am 17. Dezember 1198 die Regel des von den Hll. Johannes von
30 Matha (1160—1213) und Felix von Valois (1127—1212) mit dem ersten Kloster in Cerfroid (Diöz. Meaux, Dép. Aisne) gegründeten Trinitarier-Ordens zur Befreiung christlicher Gefangener, Seelsorge und Krankenbetreuung bestätigt (Br. I 481, bes. S. 703 Z. 34 — S. 704 Z. 6). Vgl. P. DESLANDRES, *L'Ordre des Trinitaires pour le rachat des captifs.* Toulouse-Paris 1903, I 9 ff. und Antonin de L'ASSOMPTION, *Ordre de la Trinité,* bes. 37—39.
35 **10.** [1] Domkapitel von Saintes (Suffr. von Bordeaux, Dép. Charente-Maritime).
[2] Ademar Carbonel, B. von Saintes 1167—1188. Zuvor Kanonikus daselbst. Vgl. TH. GRASILIER, *Cartulaire de l'abbaye royale de Notre-Dame de Saintes.* Cartulaires inédits de la Saintonge II (Niort 1871) 184 (Reg.).
[3] Wilhelm (I.) Le Templier, EB. von Bordeaux 1173—15. September 1187. Vgl.
40 Y. RENOUARD, *Bordeaux sous les rois d'Angleterre,* in: Histoire de Bordeaux. Bordeaux 1965, III 135 und 565.

apostolice sedis legato[4], approbante idipsum—in ecclesia vestra fecistis, sicut rationabiliter facta est, auctoritate apostolica confirmamus et presentis scripti pagina communimus: auctoritate apostolica districtius inhibentes, ne aliquis ad receptionem alicuius ultra numerum constitutum qualibet vos temeritate, salvo in omnibus apostolice sedis mandato, com- 5 pellat; nisi forte ecclesie facultates in tantum excreverint, quod earum proventus pluribus sufficere dinoscantur.

Decernimus ergo et cetera nostre confir|mationis et cetera.

Datum Laterani, VI Kal. Aprilis, pontificatus nostri anno secundo.

11.   10

Innocenz III. trägt dem Bischof (Mauritius) von Poitiers auf, den Augustiner Chorherrn A(rnold) Jordain, der ohne Erlaubnis seines Abtes in das Benediktinerkloster Saint-Pierre de Maillezais übergetreten war, zur Rückkehr in sein Stift zu zwingen.

Lateran, 1199 März 20. 15

Reg. Vat. 4 fol. 148ᵛ ⟨Nr. XI⟩.
Sirleto, fol. 282ʳ = Cholinus, II 369 = Venet., II 369 = Baluze, I 340 Nr. 11 = Migne, PL 214, 545 Nr. 11; Chevalier, Codex diplomaticus sancti Rufi Valentiae, 88 Nr. LXXVIII. — Potth. Reg. 634; Bréquigny, Table chronologique, IV 271; Chevalier, Regeste Dauphinois, I 912 Nr. 5476. 20

. . Pictauensi episcopo[1].

|Proposita nobis dilectorum filiorum . . abbatis[2] et conventus sancti Rufi querimonia demonstravit, quod A(rnaldus) Iordani, eorum canonicus[3], habitu regularium canonicorum reiecto (|) sine abbatis sui licentia in monasterio Malliacensi[a][4] suscepit ordinem et regulam[b] monachorum. 25

---

11. [a] *Migne:* Malleacen.   [b] *Auf Rasur nachgetragen.*

[4] Heinrich von Marcy, geb. um 1140, 1155/56 Eintritt in den Zisterzienserorden in Clairvaux, 1160 Abt von Hautecombe, 1176 von Clairvaux, 1179—1189 (Kardinal-)Bischof von Albano und von 1179/80 bis September 1182 Legat in Frankreich (vgl. JANSSEN, *Päpstliche Legaten*, 110—119 Nr. 13). Er starb am 1. Januar 1189 in Jerusalem. Über ihn 30 vgl. Y. M. J. CONGAR, *Henry de Marcy, abbé de Clairvaux, cardinal-évêque d'Albano et légat pontifical.* Studia Anselmiana 43 (Roma 1958).
11. [1] Mauritius (I.) de Blason, B. von Poitiers (Suffr. von Bordeaux, Dép. Vienne) 21. Dezember 1196—6. März 1214. Er war zuvor (seit 1187) B. von Nantes (vgl. Br. I 490). Über ihn vgl. É. VAN CAUWENBERGH, *Maurice de Blason*, in: Dict. HGE 9 (Paris 1937) 35 160 (Lit.).
[2] Falco oder Fulco (I.), Abt des Augustiner-Chorherrenstiftes Saint-Ruf in Valence (Diöz. Valence, Dép. Drôme) von ca. Mai 1197 bis 1205/06. Vgl. CHEVALIER, *Codex diplomaticus sancti Rufi Valentiae*, 71, 83 ff. und 100 ff.
[3] Arnold Jordain, vielleicht identisch mit dem späteren Abt von Saint-Ruf (1206/07 40 — 5. Februar 1211). Vgl. CHEVALIER, *Codex diplomaticus sancti Rufi Valentiae*, 109, 118.
[4] Benediktinerabtei Saint-Pierre de Maillezais (Diöz. Poitiers, Dép. Vendée, Arr. Fontenay-le-Comte), wurde 1317 in ein Suffraganbistum von Bordeaux umgewandelt, doch blieb das Mönchskapitel bis 1666 bestehen. Vgl. J. L. LACURIE, *Histoire de l'abbaye de Maillezais depuis sa fondation jusqu'à nos jours.* Fontenay-le-Comte 1852. 45

Cum igitur iuxta canonicas sanctiones religiosi canonici non credantur a consortio sanctorum monachorum seiuncti[5], fraternitati tue per apostolica scripta mandamus, quatinus, si tibi constiterit de premissis, iamdictum canonicum ad ecclesiam redire priorem monitione premissa per
5 censuram ecclesiasticam appellatione remota compellas, ubi et memorialem cucullam eum deferri facias et ultimum in choro manere, ut exemplo eius alii similia non attemptent.

Datum Laterani, XIII Kal. Aprilis, pontificatus nostri anno secundo.

12.

10 *Innocenz III. verbietet, den Kamaldulenserorden wegen Zehenten und Besitzungen, die dieser bereits vierzig Jahre hindurch innehat, zu behelligen.*

Lateran, 1199 März 10.

Reg. Vat. 4, fol. 148ᵛ Nr. ⟨XII⟩.
Sirleto, fol. 282ᵛ = Cholinus, II 370 = Venet., II 370 = Baluze, I 340 Nr. 12 = Migne,
15 *PL 214, 546 Nr. 12. — Potth. Reg. 621. — Vgl. Mittarelli, Annales Camaldulenses, IV 172 Nr. XXXIV.*

Martino priori[1] et fratribus Camaldulensibus.

Postulastis nuper a nobis[a], ut heremo Camaldulensi et ecclesiis aliis ad ipsam spectantibus super decimis et possessionibus, quas per annos XL
20 pacifice possederunt, paterna vellemus in posterum sollicitudine[b] providere, quatinus nullius temeritas posset possessionem eorum que premisimus impedire.

Nos igitur volentes iustis petitionibus vestris favorem apostolicum impertiri, districtius auctoritate presentium inhibemus, ne vos vel
25 ecclesias vestras super illis, que bona fide per annos XL continue possedistis, aliquis presumat decetero molestare[2].

Nulli ergo et cetera nostre prohibitionis et cetera.

Datum Laterani, VI Idus Marcii, pontificatus nostri anno IIᵒ.

---

12. [a]) *Migne:* bonis.   [b]) sollicitudinem.

30   [5]) *Decretum Gratiani* C. XX, q. 3, c. 4 § 1 und D. V. de cons., 34 (= FRIEDBERG, *CorpIC*, I 850, 1421 f.).

12. [1]) Martin (II.), Prior von Camaldoli (Diöz. und Prov. Arezzo) 1189 —November 1205. Er wurde von Innocenz III. auch öfters für diplomatische Missionen herangezogen, so nach Mailand und zu König Philipp von Schwaben. Vgl. MITTARELLI, *Annales Camaldulenses,*
35 IV 200 f.; WINKELMANN, *Philipp von Schwaben,* I 296—299, 301, 344 f., 387—389, 409.

    [2]) Zur Ersitzung von Eigentum durch einen vierzigjährigen Besitz und die daraus folgende praescriptio vgl. *Decretum Gratiani* C. XVI, q. 3, dict. post c. 15 VIII pars § 6 und c. 16 (= FRIEDBERG, *CorpIC*, I 795).

2*

13.

*Innocenz III. erlaubt dem Bischof (Aegidius) von Modena, gegen Kleriker
seiner Diözese, denen Wucher, Unzucht und Ehebruch vorgeworfen werden,
unter weitgehendem Ausschluß des Rechtsmittels der Appellation ein Straf-
verfahren durchzuführen.*   5

Lateran, (1199) März 9.

Reg. Vat. 4, fol. 148ᵛ ⟨Nr. XIII⟩.
Sirleto, fol. 282ᵛ = Cholinus, II 370 = Venet., II 370 = Baluze, I 341 Nr. 13 = Migne,
PL 214, 546 Nr. 13. — Potth. Reg. 620.

. . Mutinensi episcopo[1].

| Benignitate iuris plurimi hodie abutentes in sui erroris deffensionem 10
assumunt, quod in gravaminum fuerat relevationem inventum, et ut
suorum superiorum correctionem eludant, sine causa frequenter ad
apostolicam sedem appellant.

Sane ad audientiam apostolatus nostri pervenit, quod quidam clerici
Mutinensis diocesis turpia usurarum lucra captantes, fornicationibus et 15
adulteriis et[a] aliis criminibus dediti clericalem honestatem inhoneste
vivendo diffamant; in quos si quando canonice animadvertere forte
volueris, ad audientiam apostolice sedis appellant.

Quia vero appellationis remedium est inventum non in diffugium
malignantium, sed in remedium oppressorum, fraternitati tue auctoritate 20
presentium indulgemus, ut ad talium correctionem canonicam—si eorum
crimina fuerint manifesta: omni appellatione remota; si vero non manifesta fuerint: appellatione frustratoria non obstante—procedas.

Nulli ergo et cetera.

Datum Laterani, VII Idus Martii.   25

14.

*Innocenz III. befiehlt dem Bischof (Konrad) von Straßburg (sowie allen
anderen Erzbischöfen und Bischöfen Deutschlands), das kirchliche Begräb-
nis von Personen, die wegen Brandstiftung exkommuniziert sind, unter
Anwendung von Exkommunikation und Interdikt zu verhindern. Sind 30
solche Personen schon beigesetzt, sollen ihre Leichen wieder aus dem Fried-
hof entfernt werden. Ferner dürfen die Bischöfe jenen Brandstiftern, welche*

---

13. [a] *Über der Zeile nachgetragen.*

13. [1] Aegidius (II.) aus der bolognesischen Familie Garzoni, B. von Modena (Suffr. von 35
Ravenna) 1195—1207, EB. von Ravenna 16. April 1207—September/Oktober 1208.
E. P. Vicini, *Regesto della chiesa cattedrale di Modena.* Regesta Chartarum Italiae 21. Roma
1936, 207 ff. Nr. 855 ff.; V. Federici-G. Buzzi, *Regesto della chiesa di Ravenna* I. Regesta
Chartarum Italiae 7. Roma 1911, 101 f. Nr. 148 f.

die Absolution beim Hl. Stuhl nicht persönlich empfangen können, diese selbst erteilen.

Lateran, 1199 März 17.

   Reg. Vat. 4, fol. 148ᵛ ⟨Nr. XIIII⟩.
5   *Sirleto, fol. 282ᵛ = Cholinus, II 370 = Venet., II 370 = Baluze, I 341 Nr. 14 = Migne, PL 214, 546 Nr. 14; Ph. A. Grandidier, Œuvres historiques inédites. Colmar 1865, III 226 Nr. 97. — Potth. Reg. 627; Bréquigny, Table chronologique, IV 271; Bloch — Wentzcke, Regesten, I/2 372 Nr. 703.*

. . **Argentinensi episcopo**[1].

10   Ad audientiam nostram noveris pervenisse, quod in tua diocesi contra sanctiones canonicas[2] et consuetudinem hactenus approbatam excommunicati propter crimen incendii per violentiam laicalem traduntur ecclesiastice sepulture.

Quia vero id redundat in ecclesiarum omnium et iuris ecclesiastici
15 lesionem, fraternitati tue per apostolica scripta mandamus et districte precipimus, quatinus ex parte nostra districte inhibeas, ne qui excommunicatos huiusmodi in cimiterio audeant ecclesiastico tumulare. Quodsi secus, quod non credimus, fuerit forte presumptum, tam presumptores quam defensores eorum in tua diocesi constitutos monitione premissa
20 usque ad satisfactionem condignam excommunicationis sententia sublato appellationis obstaculo innodare procures. Quodsi nec sic a sua voluerint presumptione cessare, terras eorum subicias sententie interdicti. Tumulatos[a] vero, qui ob dictam causam excommunicati non percepto absolutionis beneficio decesserunt, a cimiterio facias christiano expelli. Illis au-
25 tem, qui resipuerint[b] et condignam voluerint agere penitentiam, si propter inevitabiles casus ad sedem apostolicam accedere non valuerint, recepto publice iuramento, quod super hoc nostro debeant parere mandato, beneficium absolutionis impendas; taliter super predictis mandatum apostolicum impleturus, quod aliorum culpa in penam tuam non debeat
30 retorqueri.

Datum Laterani, XVI Kal. Aprilis, pontificatus nostri anno secundo.

In[c] eundem fere[d] modum archiepiscopis et episcopis per Teutoniam constitutis.

15.

35 *Innocenz III. bestätigt ein Urteil, durch das der Kardinaldiakon G(erhard) von S. Nicola in Carcere Tulliano als päpstlicher delegierter Richter dem Priorat S. Pietro bei Spoleto die Taufkirche S. Brizio und einige Kapellen,*

---

14. [a] Tumuleratos.   [b] -sip- *z. T. auf Rasur, und aus einem anderen Buchstaben korr.*
[c] *Am Rande:* ⟨XV⟩.   [d] *Fehlt bei Migne.*

40 **14.** [1] Konrad (II.) von Hunenburg (Burg bei Neuweiler, Dép. Bas-Rhin, Arr. Saverne), B. von Straßburg von März/April 1190 bis 29. Oktober (?) 1202. BLOCH-WENTZCKE, *Regesten*, I/2 361—383.
   [2] *Conc. Lateran. II*, c. 18 (COD 177) = *Decretum Gratiani* C. XXIII, q. 8 c. 32 (FRIEDBERG, *CorpIC*, I 964 f.).

*um die es mit dem dortigen Bischof B(enedikt) prozessierte, zugesprochen
hat; doch reserviert er dem Bischof die ihm von der Taufkirche jährlich zustehende Zahlung.*

                                                    Lateran, 1199 März 17.

  Reg. Vat. 4, fol. 148ᵛ ⟨Nr. XVI, 15⟩.   5
  *Sirleto, fol. 283ʳ = Cholinus, II 371 = Venet., II 371 = Baluze, I 341 Nr. 15 = Migne,
PL 214, 547 Nr 15; Cappelletti, Chiese d'Italia, IV 359. — Potth. Reg. 629. — Vgl. IP
IV, 10.*

. . Priori[1] et clericis sancti Petri extra Portam Spolet(i).

Cum inter venerabilem fratrem nostrum B(enedictum), Spoletanum   10
episcopum[2], ex una parte et vos ex altera super plebe sancti Brictii[3]
cum capellis suis et ecclesia sancti Gregorii in Xenodochio[4], que pro parte
media utrimque mutuo petebatur, et capellis sancti Pauli de Azano[5] et
sancti Angeli de Naci[6] controversia verteretur, eam dilecto filio nostro
G(erardo), sancti Nicholai in Carcere Tulliano diacono cardinali[7], com- 15
misimus terminandam. Ipse vero auditis rationibus partium et plenius
intellectis, habito consilio quorundam de fratribus nostris et aliorum
prudentum virorum, pro vobis sententiam de nostro mandato apud sedem
apostolicam promulgavit, quemadmodum in suis litteris plenius continetur.

Nos ergo sententiam ipsam, sicut rationabiliter lata est, ratam haben- 20
tes, eam auctoritate apostolica confirmamus et cetera; salvo quatuor solidorum illius monete, que tunc in civitate Spoletana currebat[a], [solven-
dorum] per annos[b] singulos episcopo memorato, quod bone memorie
M(atheus), predecessor eius[8], in predicta plebe sibi noscitur reservasse,
sicut in autentico facte vobis donationis ab ipso reperitur expressum.   25

Nulli ergo et cetera.

Datum Laterani, XVI Kal. Aprilis, pontificatus nostri anno secundo.

---

15. [a] *Darnach eine Lücke von 12 mm (vgl. Kempf, Register, 40 Anm. 16, 79, 82 Anm. 33).
Die Emendation erfolgte nach Denifle, Registerbände, 62.*   [b]) anno.

15. [1]) Berizo, Prior des Augustiner-Chorherrenstiftes S. Pietro (de Longotorto) bei Spo- 30
leto (Diöz. Spoleto, Prov. Perugia), der zum 28. Dezember 1202 als solcher bezeugt ist. Vgl.
L. FAUSTI, *Le pergamene dell' Archivio del Duomo di Spoleto*. Archivio per la storia ecclesiastica dell' Umbria 4 (1917/19) 348 Nr. 399.

[2]) Benedikt (I.), B. von Spoleto (exemt, Prov. Perugia) vom 9. November 1196 bis zum
27. März 1226 nachweisbar. Vgl. FAUSTI, *Le pergamene*, 347 Nr. 387 bzw. 351 Nr. 424.   35

[3]) San Brizio (Prov. Perugia, nördlich von Spoleto).

[4]) San Gregorio in Xenodochio, heute nicht mehr bestehende Kirche beim Ponte sul
Tessino in Spoleto. Mit ihr verbunden war ein Spital, das 1178 vom Bischof der Stadt an
Prior und Kanoniker von S. Gregorio Maggiore geschenkt wurde und 1291 dem Ospedale
della Stella eingegliedert wurde. Vgl. L. FAUSTI, *Degli antichi ospedali di Spoleto*. Atti della 40
Accademia Spoletina, 443/445 (Spoleto 1922) 67 f. Nr. 1.

[5]) San Paolo in Azzano di Spoleto (heute zu Spoleto gehörig, Prov. Perugia).

[6]) Vielleicht S. Angelo di Monteluco, oberhalb von Spoleto.

[7]) Gerhard, Kardinaldiakon von S. Nicola in Carcere Tulliano seit Dezember 1198,
Kardinalpresbyter von S. Marcello von Frühjahr bis Sommer 1199. Vgl. KARTUSCH, 145 f. 45
Nr. 27. Er war Zisterzienser und zuvor Abt von Pontigny (vgl. Br. II 145 [154] Anm. 9).

[8]) Matthäus (I.), B. von Spoleto 1190—vor 9. November 1196. Vgl. UGHELLI, *Italia
Sacra*, I 1262 Nr. 36.

16.

*Innocenz III. trägt dem Abt R(aynald) von S. Giuliano bei Spoleto und
dem Prior von S. Gregorio Minore in Spoleto auf, in Vollstreckung eines
Urteils, das der Kardinaldiakon G(erhard) von S. Nicola in Carcere Tulliano*
5 *zwischen dem Bischof B(enedikt) von Spoleto und dem Priorat S. Pietro
bei Spoleto gefällt hat, den Prior (Berizo) von S. Pietro in den Besitz der
ihm zugesprochenen Kirchen einzuführen.*

Lateran, 1199 März 21.

Reg. Vat. 4, fol. 148ᵛ—149ʳ ⟨Nr. XVII, 16⟩.
10 *Sirleto, fol. 283ᵛ = Cholinus, II 371 = Venet., II 371 = Baluze, I 341 Nr. 16 = Migne,
PL 214, 547 Nr. 16. — Potth. Reg. 640.*

R(ainaldo), abbati sancti Iuliani[1], et I. priori sancti
Gregorii[2], Spoletan(is).

*Cum inter venerabilem fratrem nostrum[3] et cetera ut supra fere in   * fol. 149ʳ
15 eundem modum usque continetur ᵃ⁾. Ut autem nichil more vel diffi(cul-
tatis) rectis dispositionibus afferatur, per apostolica vobis scripta mandamus, quatinus iamdictum priorem[4] in corporalem predictarum ecclesiarum possessionem, que sibi adiudicate sunt per sententiam cardinalis[5],
et rerum ad eas spectantium appellatione remota mittere procuretis:
20 contradictores, si qui apparuerint, censura ecclesiastica cohercentes.

Quodsi ambo et cetera, alter et cetera.

Datum Laterani, XII Kal. Aprilis, pontificatus nostri anno IIᵒ.

17.

Innocenz III. nimmt das Bistum Killala in den apostolischen Schutz, be-
25 *stätigt seinen ganzen Besitz sowie alle Freiheiten und Rechte, und verbietet, Exkommunizierte und Interdizierte ohne die Zustimmung des Bischofs
Donatus, außer in Lebensgefahr, zu absolvieren.*

Lateran, 1199 März 30.

Reg. Vat. 4, fol. 149ʳ ⟨Nr. XVIII, 17⟩.
30 *Sirleto, fol. 283ᵛ = Cholinus, II 371 = Venet., II 371 = Baluze, I 342 Nr. 17 = Migne,
PL 214, 548 Nr. 17; Sheehy, Pontificia Hibernica, I 102 Nr. 38. — Potth. Reg. 650; Bliss,
Calendar, 5.*

---

16. ᵃ⁾ S. Br. II 15, S. 22 Z. 19.

16. [1] Raynald, Abt der Benediktinerabtei S. Giuliano de Monte Luco bei Spoleto (Diöz.
35 Spoleto, Prov. Perugia), der schon am 27. März 1196 bezeugt ist. Vgl. IP IV 12 Nr. 5.

[2] Prior des von S. Giuliano abhängigen Benediktinerklosters von S. Gregorio Minore
(später de Palatio genannt) in Spoleto. Vgl. COTTINEAU, II 3079.

[3] Bischof Benedikt von Spoleto (vgl. Br. II 15 Anm. 2).

[4] S. Br. II 15 Anm. 1.
40 [5] S. Br. II 15 Anm. 7.

Donato, Aladensi episcopo[1], eiusque successoribus canonice substituendis in perpetuum.

In eminenti apostolice sedis specula licet immeriti disponente Domino constituti et cetera usque vocabulis: locum ipsum, in quo prefata Aladensis ecclesia sita est, cum omnibus pertinentiis suis[2]; insulam Gedig, Corrbali, 5 Cellarloch, Senhcui cum insula Dori, Glenngallrigi, Glennech, Cellardub, Achad gunnig, Drognechan, Carn amalgaid, Raith coeman, Cassel bernach cum suis pertinentiis, Dumaaiss, Inbertrach[a], Cillialid, Muni ruadoig, Rathneogid et Raithcerna, que omnia ad mensam episcopalem pertinent; Drumart, Scrinadanmani cum pertinentiis suis, Cellbroccada, Cellcor- 10 chach[b], Lafsariani[c] cum[d] pertinentiis suis, Cellmagsalgain[e], Cellglassi[f], Cellanli et Cellnagaruan[g] cum pertinentiis suis, Roseric cum pertinentiis suis, Cellmor[h] cum pertinentiis suis, Collinusuanig cum pertinentiis suis[h], Arrdomainn[i] cum pertinentiis suis[k], Arrdachad usuanig[l] cum pertinentiis suis, Innislaig, Dorimennainni[m] cum suis pertinentiis, 15 Olenaclassi, Oruidlachacon[n] cum pertinentiis suis, Etdargauillachon[o] cum pertinentiis suis, Maggamnach cum pertinentiis suis, Drumnanagel cum suis pertinentiis, Cellerannan cum pertinentiis suis, Celldaruiled[p] cum pertinentiis suis, Crosrechig cum pertinentiis suis, Innisgluaribran- dani[q] cum pertinentiis suis, Cathir cum suis pertinentiis, Cellchoman cum 20 pertinentiis suis, Dunfini cum pertinentiis suis, Cellbrigdi cum pertinen- tiis suis, Lecu cum pertinentiis suis, Olechutrialacha (|) cum pertinentiis suis, Baliscriniutrialacha, Baliscrini Magneglan, Cellcummin cum perti- nentiis suis, Cellgoban cum suis pertinentiis, Cellalad cum pertinentiis suis, Celluanostir[r] cum pertinentiis suis[r], Cellcormich cum pertinentiis 25 suis, Cellro cum pertinentiis suis, Crospatrai[s] cum pertinentiis suis et Domnachmor[t]. Prohibemus insuper, ne interdictos et cetera. Libertates preterea et cetera. Decernimus ergo, et cetera; salva in omnibus (|) apostolice sedis auctoritate et Tuamensis archiepiscopi[3] debita reverentia. Si qua igitur et cetera. 30

---

17. [a]) *Migne:* Imbertrach.   [b]) *Migne:* Cellcorechach.   [c]) *Migne:* Lassariani. [d]) *Bei Migne darnach:* Usvavio cum.   [e]) *Migne:* Cellmagsalgam.   [f]) *Migne:* Cesl- glassi.   [g]) *Migne:* Cellnagarvan.   [h–h]) *Fehlt bei Migne.*   [i]) *Auf Rasur, wahr- scheinlich nachgetragen.*   [k]) *Darnach abermals:* Arrdomainn cum pertinentiis suis. [l]) *Migne:* Usvanig.   [m]) *Migne:* Dorimenniainni.   [n]) *Migne:* Orvidlachacon. 35 [o]) *Migne und Sheehy:* et Dargavillachon (*Sheehy:* Dargauillachon). *Da jedoch Sheehy mit* « Addergoole » *identifiziert, dürfte die obige Lesung, wie sie auch die HS. bietet, vorzuziehen sein.*   [p]) *Migne:* Celldariuled.   [q]) *Migne:* Innisgluaribrandam.   [r–r]) *Fehlt bei Migne.*   [s]) *Migne:* Grospatrai.   [t]) *Migne:* Domnachinor.

17. [1]) Donatus Ó Béacdha, B. von Killala (Ui Fiachra Muaidhe, Suffr. von Tuam, Gfscht. 40 Mayo, Irland), ca. 1199 und 1206 bezeugt. Vgl. POWICKE-FRYDE, *Handbook,* 349.

[2]) Für die Identifizierung der hier angeführten Örtlichkeiten vgl. SHEEHY, *Pontificia Hibernica,* I 102—105 Nr. 38.

[3]) Cadhla (Catholicus) Ó Dubhthaigh, EB. von Tuam (Gfscht. Galway, Irland), zwischen 1167 und 1201 bezeugt. Vgl. POWICKE-FRYDE, *Handbook,* 342.   45

Datum Laterani per manum Rainaldi, domini pape notarii, cancellarii vicem agentis[4], III Kal. Aprilis, indictione secunda, incarnationis Dominice anno M C XC VIIII[u)5], pontificatus vero domni Innocentii pape III anno secundo.

5   **18.**

Innocenz III. kassiert die Wahl des Klerikers W(ilhelm) Tollemer zum Bischof von Avranches und trägt dem Domdekan (Guido?) sowie dem Domkapitel eine Neuwahl auf.

Lateran, 1199 März 17.

10   *Reg. Vat. 4, fol. 149ʳ ⟨Nr. XIX, 18⟩.*
     Sirleto, fol. 284ʳ = Cholinus, II 372 = Venet., II 372 = Baluze, I 342 Nr. 18 = Migne, PL 214, 549 Nr. 18. — Coll. Fuld. 1, 5, 11; Gilb. 1, 6, 1. — Potth. Reg. 630; Bréquigny, Table chronologique, IV 271. — Vgl. Br. I 442 und 530 (532).

. . **Decano**[1] **et capitulo Abrincensibus.**

15   (|) Inter corporalia et spiritualia et cetera ut supra libro primo in litteris decano[2] et capitulo Andegauensibus directis fere in eundem modum usque: Et quamvis[a] factum istud ratione causarum et etiam personarum tam celebre fuerit[b] et sollempne, ut cum in partibus illis ab omnibus fere sciretur, a vobis non potuerit vel debuerit ignorari—presertim cum et per
20 assertionem dilecti filii magistri N(icolai) de Aquila, in ecclesia vestra scolarum magisterium obtinentis[3], certificati fueritis de premissis et per confessionem nunciorum vestrorum in auditorio nostro factam nobis constiterit, quod suspensio prefati electi[4] octo diebus electionem preces-

---

     [u)] MCXCVIII.
25 **18.** [a)] *Br. I 530 (532), S. 768 Z. 7.*   [b)] *Von* quamvis *bis hierher auf Rasur. Wahrscheinlich folgte der Registrator seiner Vorlage irrtümlich über den Text, den er ihr entnehmen sollte, hinaus (vgl. die vorhergehende Anm.) und war so gezwungen, den angefangenen Satz zum größten Teil wieder zu tilgen.*

     [4)] S. Br. II 3 Anm. 6.
30   [5)] Das Inkarnationsjahr 1199 begann bereits mit dem 25. März (vgl. auch Br. II 3, S. 9 Z 7), doch wird es in den Privilegien Innocenz' III. oft falsch angegeben. Vgl. dazu P. Rabikauskas, *„Annus incarnationis"* e *„Annus pontificatus" nei privilegi di Innocenzo III.* Archivio della Società Romana di storia patria 91 (1968) 45—55, bes. 51, 55.
     18. [1)] Vielleicht Guido, der 1203 als Dekan des Kapitels von Avranches (Suffr. von Rouen,
35 Dép. Manche) bezeugt ist. Vgl. *Gallia Christiana,* XI 506 und Br. I 442 Anm. 1.
     [2)] Wilhelm des Halleaux, der 1183 und 1199 als Domdekan von Angers (Suffr. von Tours, Dép. Maine-et-Loire) bezeugt ist. Vgl. Ch. Urseau, *Liste des évêques d'Angers et des dignitaires de l'église cathédrale de Saint-Maurice.* Bulletin historique et philologique du Comité des travaux historiques et scientifiques 1909, 194.
40   [3)] Magister Nikolaus de Aquila, der 1211 und 1219 als Domdekan von Avranches nachweisbar ist. Vgl. A. Desroches, *Annales religieuses de l'Avranchin.* Caen 1847, 53; *Gallia Christiana,* XI 505 und Lecanu, *Histoire du diocèse de Coutances et d'Avranches,* I 277.
     [4)] Der zum Bischof von Avranches gewählte und als solcher konfirmierte Wilhelm von Chemillé war zwischen dem 27. April 1198 und dem 21. Januar 1199 im päpstlichen Auftrag
45 vom Bischofsamt suspendiert worden, da er sich eigenmächtig auf den Bischofsstuhl von

serit[c] memoratam —,vos tamen nichilominus ad ecclesiam tunc temporis non vacantem W(illelmum) Tollemen.[d][5] post appellationem etiam ab eodem magistro ad sedem apostolicam interpositam eligere presumpsistis, contra quem multa fuerunt in auditorio nostro proposita, que ad reprobandam ipsius electionem citra premissa impedimenta sufficere 5 videbantur: vel quod primo electo nondum rite translato se in locum ipsius tamquam viventis intrudi non debuit consentire, quod cum non fecerit, secundum canones[6] ab ecclesiastica debuit communione depelli; cum et contra eum esset specialiter appellatum, qui propter ignorantiam litterarum[7] et quia de gremio non erat ecclesie[8], nisi eius clericis antea 10 reprobatis, non poterat postulari, presertim cum inter vos plerique idonei haberentur. In subscriptionibus etiam litterarum vestrarum quedam repugnantia videbantur[e]: aliis asserentibus singulos subscripsisse, aliis quod prefatus magister scolarum causas frivolas assignando pro sua recesserit voluntate; et cum XX sint ecclesie vestre canonici, absente 15 parte tercia et nichil de ipsa electione sciente, XIX canonicorum subscriptiones ibidem invente fuerunt. Unus etiam de presentibus, nepos scilicet venerabilis fratris nostri . . Andegauensis episcopi, minor XIIII annis, nec locum in capitulo nec stallum habebat in choro, alius[9] etiam se tunc fuisse absentem et quod contradixerit facto vestro et appellaverit 20 ante factam electionem, in auditorio nostro est publice protestatus, unde crimen falsi committentes poterant formidare. Cumque huiusmodi et similia obicerentur prefato W(illelmo), tamquam reus delatus[f] ante sententiam honores non poterat postulare: cum et secundum canones valde grave sit et indecens, ut vir, de quo talia referuntur, cum ante dis- 25 cuti et disquiri debeat, honoretur. Ad hec accedit, quod idem W(illelmus)

---

[c] -erit *auf Rasur, vielleicht nachgetragen.*   [d] *Migne:* Tollen.   [e] videbatur.
[f] *Migne:* delatos.

Angers hatte transferieren lassen. Vgl. Br. I 117 (S. 176 Z. 5—24) und I 530 (532) S. 768 Z. 3—7.   30

[5] Wilhelm (III.) Tollemer (Tolmer, Tollermen, Tolomei), Kleriker des Seneschalls der Normandie, Radulf Fitz-Ralph, wurde am 21. September 1198 zum B. von Avranches gewählt (S. Br. I 442) und blieb dies bis zu seinem Tod am 31. August 1210. Vgl. LECANU, *Histoire du diocèse de Coutances et d'Avranches,* I 277. Zur Namensform: Cartulaire du chapître d'Avranches, Ms. 206 der Bibliothèque Municipale von Avranches, fol. 5ʳ (gütige 35 Mitteilung der Bibliotheksdirektion vom 10. April 1969) und *Cartulaire de l'abbaye de la Couture,* in: A. DESROCHES, Annales religieuses de l'Avranchin. Caen 1847, 53. Die in Br. I 442 (S. 665) gewählte Form „Toloom" findet sich z. B. bei J. MARTIN, *Avranches,* in: Dict. HGE 5 (Paris 1931) 1248.
[6] *Decretum Gratiani* C. VII, q. 1, c. 39, 40 (= FRIEDBERG, *CorpIC,* I 581 f.).   40
[7] Nach den Zeugenaussagen, darunter auch des Magisters Nikolaus de Aquila, war Tollemer nicht nur nicht im Besitz der erforderlichen Weihen, sondern auch „illiteratus". Vgl. Br. I 442 (S. 665, Z. 22—28).
[8] Tollemer stammte aus der Diözese Bayeux. Vgl. LECANU, *Histoire du diocèse de Coutances et d'Avranches,* I 277. Die kanonistische Grundlage der Anschuldigung ist das 45 *Decretum Gratiani* D. LXI, 13 und 16 § 1 (= FRIEDBERG, *CorpIC,* I 231 f.).
[9] Damit ist Magister Nikolaus de Aquila gemeint, der die ganze Angelegenheit aufwarf. Vgl. Br. I 442.

astrictus curie nexibus perhibetur et cum filios habeat undecumque fraudulenter proponitur in diaconum ordinatus.

Hiis igitur et similibus contra factum vestrum in nostro et fratrum nostrorum (|) auditorio allegatis, cum nobis de veritate negocii constitisset, attendentes quod non statim, qui accusatur, reus est, sed qui convincitur criminosus, quamvis multa contra prefatum W(illelmum) fuissent proposita, quia tamen nulla probata fuerunt, communicato fratrum consilio non ob impedimentum persone, sed propter electionis vicium, quod a vobis factum fuerat circa premissam electionem, duximus irritandum, universitati vestre per apostolica scripta mandantes, quatinus convenientes in unum et Spiritus sancti gratia, sicut moris est, invocata in patrem et episcopum animarum vestrarum talem personam canonice ac concorditer eligatis, que tam preesse noverit quam prodesse, per cuius circumspectionem g) providam et providentiam circumspectam Abrincensis ecclesia, preveniente divina gratia et sequente, in spiritualibus et temporalibus valeat salubriter gubernari 10).

Datum Laterani, XVI Kal. Aprilis, pontificatus nostri anno secundo.

vgl. Ps 47, 5;
101, 23; 1 Kor 11,
20

vgl. 1 Petr 2, 25

19.

Innocenz III. erteilt dem Zisterzienserkloster S. Maria di Casanova das Privilegium commune seines Ordens; mit Ausnahme der §§ 19 und 20 über die Unanfechtbarkeit des Privilegs und die beschränkte Freiheit von einem allgemeinen Interdikt[1].

Lateran, 1199 März 17.

Reg. Vat. 4, fol. 149ʳ—149ᵛ ⟨Nr. XX, 19⟩.
Sirleto, fol. 284ᵛ = Cholinus, II 373 = Venet., II 373 = Baluze, I 343 Nr. 19 = Migne, PL 214, 550 Nr. 19. — Potth. Reg. 631; A. Monaci, Notizie e documenti per l'abbazia di Casanova nell' Abruzzo. Il Muratori 2 (Roma 1893) 276 f. Nr. 1.

.. Abbati sancte Marie de Casanoua[2], eiusque fratribus tam presentibus quam futuris regularem vitam professis in perpetuum.

(|) Religiosam a) vitam eligentibus et cetera usque ut ordo monasticus, qui secundum Deum et beati Benedicti regulam atque institutionem Cisterciensium fratrum b) in eodem monasterio et cetera usque vocabulis:

---

g) circumspectonem.
19. a) *Die Initiale läuft in einen kleinen, speienden Hundekopf aus.*   b) -m *auf Rasur.*

10) Das Kapitel von Avranches wählte jedoch wieder Tollemer, der bis an sein Lebensende (31. August 1210) als B. von Avranches bezeugt ist. Vgl. Lecanu, *Histoire du diocèse de Coutances et d'Avranches*, I 277.

19. 1) Vgl. Tangl, *Kanzleiordnungen*, 231 f.

2) Namentlich nicht bekannter Abt des Zisterzienserklosters S. Maria di Casanova (Diöz. Penne, Prov. Pescara), das 1197 von dem Grafen Berard von Loreto und Conversano gegründet wurde und dessen erste Mönche aus SS. Vincenzo ed Anastasio ad Aquas Salvias (Tre Fontane) bei Rom gekommen waren, ohne daß der Abt unmittelbar aus dem römischen

locum ipsum, in quo prefatum monasterium situm est, cum omnibus
pertinentiis suis; ex dono nobilis viri Berardi, comitis Laureti[3], terras
• fol. 149ᵛ cultas et incultas, vineas et silvas, que hiis finibus concluduntur: vi*delicet
a pede fluminis, qui dicitur Scaone, usque ad rivum Camardelle, et ascendunt per ipsum rivum Camerdelle usque ad viam publicam, que vadit 5
super sanctum Stephanum, et transit per ipsam viam et revertitur in
predicto flumine Scaonis; culturam comitis Laureti, que iacet in valle
sancti Stephani super viam et subter viam, cum pertinentiis suis; vineam
de castro Celere cum pertinentiis suis et locum, qui dicitur Campus Sacer,
cum suis pertinentiis[4].   10

Sane laborum et cetera. Liceat quoque vobis et cetera. Prohibemus
insuper, et cetera. Illud districtius inhibentes, ne terras et cetera. Ad hec
etiam prohibemus, ne aliquis monachus et cetera. Licitum preterea sit
vobis in causis propriis et cetera. Insuper auctoritate apostolica inhibemus,
ne ullus episcopus et[c] cetera. Si vero episcopus[c], in cuius parrochia et 15
cetera. Illud adicientes[d] et cetera. Pro consecrationibus vero et cetera.
Quodsi sedes et cetera. Quia vero interdum et cetera. Porro si episcopi et
cetera. Paci quoque et cetera. Preterea omnes libertates et cetera. Decernimus ergo, et cetera; salva sedis apostolice auctoritate. Si qua igitur et
cetera.   20

Datum Laterani per manum Rainaldi, domini pape notarii, cancellarii
vicem agentis[5], XVI Kal. Aprilis, indictione secunda, incarnationis
Dominice anno Mᵒ Cᵒ XCᵒ VIIIᵒ, pontificatus vero domni Innocentii pape
III anno secundo.

20.   25

*Innocenz III. erlaubt dem Erzbischof Ludolf von Magdeburg, alle Prä-
laturen, Dignitäten und Pfründen seiner Kirchenprovinz an geeignete
Personen zu vergeben, falls dies die dazu Berechtigten innerhalb der vom
3. Laterankonzil vorgeschriebenen Frist unterlassen. Ferner gestattet er ihm,*

ᶜ⁻ᶜ) *Fehlt bei Migne.*   ᵈ) *Migne:* attendentes.   30

Mutterkloster hervorging. Vielleicht ist dieser Abt identisch mit dem Zisterzienser, der zum
29. Oktober 1200 als B. von Penne (exemt, Prov. Pescara) belegt ist und bis 28. Mai 1209
als solcher nachzuweisen ist. Vgl. KAMP, *Kirche und Monarchie,* I 41 mit Anm. 43 und 45.

[3] Berard, Graf von Loreto und Conversano 1197—1207, Großjustitiar von Apulien
und Terra di Lavoro. Er gründete gemeinsam mit seiner Gemahlin Maria im Juli 1197 das 35
Zisterzienserkloster S. Maria di Casanova. Vgl. W. HOLTZMANN, *Aus der Geschichte von Nardò
in der normannischen und staufischen Zeit.* Nachrichten d. Akad. d. Wiss. in Göttingen,
phil.-hist. Kl. 1961, 60 ff., bzw. KAMP, *Kirche und Monarchie,* I 39.

[4] In der Stiftungsurkunde fehlt die Angabe über den Weinberg „de castro Celere" und
über den „Campus Sacer". Vgl. A. MONACI, *Notizie e documenti per l'abbazia di Casanova* 40
nell'Abruzzo. Il Muratori 3 (1894) 27 doc. a.

[5] S. Br. II 3 Anm. 6.

*seine nicht exemten Prälaten unter Anwendung geistlicher Strafen zum Ge-
horsam zu zwingen.*

Lateran, 1199 April 7.

Reg. Vat. 4, fol. 149ᵛ ⟨Nr. XXI, 20⟩.
5   *Sirleto, fol. 285ʳ = Cholinus, II 373 = Venet., II 373 = Baluze, I 343 Nr. 20 = Migne,
PL 214, 551 Nr. 20. — Potth. Reg. 658; B.F.W. Reg. 5673; Mülverstedt, Regesta, II 53 f.
Nr. 117.*

Lugdolfo, Magdeburgensi archiepiscopo[1].

(|) Superna[a] providentia, que populum humanum per diversa recto-
10 rum officia statuit in rectitudine gubernandum, | pontificalem ad hoc tibi
contulit dignitatem, ut per congruam executionem officii tibi crediti sis
aliis virtutis specular et exemplum[b]; et licet omnium tibi subditorum
cura generalis incumbat, tamen circa ecclesias et ecclesiasticas constitutiones tibi sollicitudo imminet specialis, ut per tuam diligentiam ecclesie   vgl. 2 Kor 11, 28
15 ipse, prout convenit, ordinentur et rite singulis ordinatis in eis divini
cultus obsequia celebrentur.

Nos igitur in hiis, in quibus cum Deo possumus, tibi favorem apostolicum impertiri volentes, ut officium tibi commissum valeas liberius
exercere, tibi auctoritate presentium liberam concedimus facultatem, ut
20 prelationes, dignitates, prebendas et cetera beneficia ecclesiarum illarum,
que sunt tibi metropolitico iure subiecte, appellatione cessante valeas
idoneis conferre personis, si iuxta constitutionem Lateranensis concilii[2] illi,
ad quos pertinent, ad commonitionem tuam ea neglexerint ordinare. Tibi
preterea pagina presenti concedimus, ut prelatos tue iurisditioni subiec-
25 tos per censuram ecclesiasticam auctoritate nostra previa ratione compellas ad consueta et debita tibi obsequia exhibenda.

Nulli ergo et cetera.

Datum Laterani, VII Idus Aprilis, pontificatus nostri anno IIᵒ.

21.

30 *Innocenz III. kondoliert dem Domdekan (Heinrich) von Magdeburg wegen
dessen Blendung, nimmt ihn und seinen Besitz in den apostolischen Schutz,
bestätigt ihn in seinem Amt und trägt ihm auf, zu seiner Hilfe einen Vikar
einzusetzen.*

Lateran, 1199 März 27.

35   *Reg. Vat. 4, fol. 149ᵛ ⟨Nr. XXII, 21⟩.*
     *Sirleto, fol. 285ʳ = Cholinus, II 373 = Venet., II 373 = Baluze, I 344 Nr. 21 = Migne,
PL 214, 551 Nr. 21. — Potth. Reg. 648; Mülverstedt, Regesta, II 53 Nr. 116.*

---

20. [a] *Am Rande ein kleiner Kreis mit einem schrägen Durchstrich (vgl. Kempf, Register,
18 Anm. 15).*   [b] *Migne: speculum et exemplar.*

40 **20.** [1] Ludolf (aus Kroppenstedt, Bez. Magdeburg, Ldkr. Oschersleben) EB. von Magdeburg 1192—16. August 1205. Vgl. Wentz-Schwineköper, *Erzbistum Magdeburg,* 340 ff.
   [2] *Conc. Lateran. III.* c. 8 (COD 191) = X. III, 8, 2 (Friedberg, *CorpIC,* II 488).

. . Decano maioris ecclesie Magdeburgensis[1].

Sacrosancta Romana ecclesia et cetera usque fili, super inopinato casu tue cecitatis[2] tibi plurimum condolentes et gerentes erga te pie compassionis[a] affectum, personam tuam cum omnibus, que impresentiarum rationabiliter possides, sub beati Petri et nostra protectione suscipimus. Specialiter autem[b] decanatum ipsum Magdeburgensis ecclesie, sicut ipsum iuste ac pacifice possides, devotioni tue auctoritate apostolica confirmamus et presentis scripti pa(trocinio) communimus; mandantes ut, quod per te non poteris adimplere, per idoneum vicarium exequaris.

Nulli ergo et cetera.   10

Datum Laterani, VI Kal. Aprilis, pontificatus nostri anno II°.

22.

Innocenz III. bestätigt das Urteil, welches Erzbischof Rain(ald) von Lyon als päpstlicher delegierter Richter im Prozeß, den das Augustiner-Chor-herrenstift Saint-Ruf (in Valence) und der Johanniterorden um das Priorat 15 *Saint-Jacques in Valence führten, zugunsten des ersteren gefällt hat.*

(Lateran), 1199 März 15.

Reg. Vat. 4, fol. 149ᵛ ⟨Nr. XXIII, 22⟩.

Sirleto, fol. 285ᵛ = Cholinus, II 374 = Venet., II 374 = Baluze, I 344 Nr. 22 = Migne, PL 214, 552 Nr. 22. — Chevalier, Codex diplomaticus sancti Rufi, 87 Nr. LXXVII; Dela- 20 ville Le Roulx, Cartulaire, I 670 Nr. 1077. — Potth. Reg. 626; Bréquigny, Table chronologique, IV 271; Chevalier, Regeste Dauphinois, I 911 Nr. 5475; J.-B. Martin, Conciles et Bullaire du diocèse de Lyon des origines à la réunion du Lyonnais à la France en 1312. Lyon 1905, 187 Nr. 700. — Vgl. auch Br. II 11.

Abbati[1] et conventui sancti Rufi.   25

Sententia, que ex delegatione sedis apostolice ratione previa promulgatur, firma debet et illibata consistere, et ne inposterum aliquorum temeritate valeat perturbari, apostolico est munimine roboranda.

Eapropter, dilecti in Domino filii, vestris postulationibus grato concurrentes assensu, sententiam, quam venerabilis frater noster Rain(aldus), 30

---

21. [a] *Auf Rasur nachgetragen.*   [b] Specialiter autem *gleichfalls auf Rasur nachgetragen.*
21. [1] Heinrich von Glinde, als Domdekan von Magdeburg von September 1194—August 1205 nachzuweisen, vorher Propst von St. Sebastian in Magdeburg 1187—1194. Vgl. WENTZ-SCHWINEKÖPER, *Erzbistum Magdeburg*, 341 f.

[2] Heinrich wurde am 15. August 1198 durch Gerhard von Querfurt, den Bruder des 35 Würzburger Bischofs und Kanzlers Philipps von Schwaben, Konrad von Querfurt, überfallen und geblendet, weil er sich beim König um das Kanzleramt bemüht habe. Vgl. WENTZ-SCHWINEKÖPER, *Erzbistum Magdeburg*, 342; E. KITTEL - H. BEUMANN - C. ERDMANN, *Das Briefsiegel Heinrichs von Glinde (1180—1194)*. DA 3 (1939) 422 f.
22. [1] S. Br. II 11 Anm. 2.   40

Lugdunensis archiepiscopus[2], in causa, que inter vos ex una parte et
Hospitalarios[3] ex altera super ecclesia sancti Iacobi de Valentia[4] vertebatur, ex delegatione sedis apostolice noscitur promulgasse, sicut iuste
lata est nec legitima appellatione suspensa et in ipsius archiepiscopi
5 autentico plenius continetur, ad exemplar bone memorie C(elestini) pape,
predecessoris nostri[5], auctoritate apostolica confirmamus et presentis
scripti pa(trocinio) communimus.

Nulli ergo et cetera.

Datum Idibus Martii, pontificatus nostri anno secundo.

10 ## 23.

Innocenz III. lobt seinen Legaten P(etrus), Kardinaldiakon von S. Maria
in Vialata, weil er zwischen den Königen Ph(ilipp II. August) von Frank-
reich und R(ichard I. Löwenherz) von England einen fünfjährigen Waffen-
stillstand vermittelt hat. Ferner erlaubt er ihm, zu dessen Bewahrung beliebige
15 *geistliche Strafen zu verhängen und französische sowie englische Adelige,*
die Papst C(oelestin III.) auf Grund falscher Angaben von ihrem Kreuz-
zugsgelübde dispensiert hat, zu dessen Erfüllung zu zwingen.

Lateran, (1199) April 1.

Reg. Vat. 4, fol. 149ᵛ ⟨Nr. XXIIII, 23⟩.
20 *Sirleto, fol. 285ᵛ = Cholinus, II 374 = Venet., II 374 = Baluze, I 344 Nr. 23 = Migne,*
PL 214, 552 Nr. 23. — Potth. Reg. 653; Bréquigny, Table chronologique, IV 272; Balladore
Pallieri — Vismara, Acta pontificia, 394 Reg. 91; Cheney, Calendar, 18 Nr. 97.

P(etro), sancte Marie in Vialata diacono cardinali,
apostolice sedis legato[1].

25 (|) Sollicitudinem[a] tuam dignis in Domino laudibus comendamus[b],
quam nec difficultas itineris nec infirmitas corporis nec debilitas egritudi-

---

23. [a] *Die Initiale läuft in einen kleinen, speienden Kopf aus. Längs des Briefes am Rande*
ein senkrechter, z. T. gewellter Strich. [b] comedamus.

[2] Rainald (II.) de Forez, EB. von Lyon (Dép. Rhône) 1193—22. Oktober 1226. Er war
30 ein Sohn des Grafen Guido II. von Forez und Lyon und seit 1182 Kanonikus von Lyon sowie Abt des Kollegiatstiftes Saint-Just in Lyon, ehe er als Nachfolger des resignierten
Johannes (II.) de Bellesme, der Mönch in Clairvaux wurde, den südfranzösischen Metro-
politanstuhl bestieg. Vgl. *Gallia Christiana*, IV 133—138 Nr. LXXVIII; J. A. KLEINCLAUSZ,
Histoire de Lyon. Lyon 1939, I 121, pl. XI; G. GUIGUE - J. LAURENT, *Obituaires de la provin-*
35 *ce de Lyon.* Recueil des historiens de la France. Obituaires, V/1 (Paris 1951) 679 (Reg.) bzw.
VI/2 (Paris 1965) 823 f. (Reg.).
[3] Johanniterorden. In Valence (Dép. Drôme) gab es eine Johanniter-Kommende, die
in dem Stadtteil „Le Polygone" lag *(Dict. Top. Drôme,* 404).
[4] Augustinerpriorat St-Jacques in Valence (Diöz. Valence, Dép. Drôme). Dieses wurde
40 1373 mit Saint-Ruf uniert. Vgl. *Dict. Top. Drôme,* 341 bzw. BESSE, *Abbayes et prieurés de*
France, 9 (Paris 1932) 122.
[5] Coelestin III., 1191—1198.
23. [1] S. Br. II 2 Anm. 3. — Petrus Capuanus befand sich vom Sommer 1198 bis Ende 1199
als päpstlicher Legat in Frankreich. Vgl. ZIMMERMANN, *Päpstliche Legation,* 23 f. Nr. 5.

vgl. Lk 8, 11

vgl. Ps 17, 2. 31;
2 Sam 22, 31 u. ö.

vgl. Ex 7, 13;
8, 19 u. ö.

nis revocare[c] potuit aut etiam retardare, quominus festinares ad mandatum apostolicum adimplendum et semen verbi Dominici ac verbum pacis karissimorum in Christo filiorum nostrorum Ph(ilippi) Francorum[2] et R(icardi) Anglorum[3] regum illustrium auribus tam sapienter quam salubriter instillares. Dedit autem Dominus, qui est in se sperantium fortitudo, affectibus tuis in te nostris effectum et eorundem corda regum, indurata prius, ad vocem predicationis tue misericorditer emollivit: ut etsi nondum plenam pacem statuere potueris inter ipsos, treugas saltim quinquennes receperint[4] et a multis de vere pacis concordia per tuum studium ineunda speretur[d].

Ut autem ad servandas treugas iam initas et statuendam plenam pacem melius valeas cohercere rebelles, (|) discretioni tue auctoritate presentium facultatem liberam indulgemus, quicquid vel in reges ipsos vel in terras eorum aut alios et terras ipsorum, ecclesias et ecclesiarum prelatos propter hec vel aliqua, que istorum aliqua vel utrumque contingant, statuendum videris, sublato cuiuslibet contradictionis et appellationis obstaculo libere statuendi et transgressores ac contumaces feriendi districtione, qua cognoveris expedire. Quia vero quosdam nobiles de utroque regno, qui signum Dominice crucis assumpserant, a bone memorie C(elestino)[5] papa, predecessore nostro, per falsitatis expressionem vel suppressionem veritatis absolutionis indulgentiam accepimus impetrasse, cogendi tales ad implendum votum peregrinationis emissum — non obstante indulgentia per surreptionem obtenta: cum mendax precator carere debeat impetratis[6] — liberam tibi concedimus auctoritate apostolica non obstante contradictione vel appellatione cuiuslibet facultatem.

Decernimus ergo et cetera.

Datum Laterani, Kal. Aprilis.

---

[c]) -vocare *auf Rasur*.   [d]) spereretur.

[2]) Philipp II. August, Sohn Ludwigs VII. von Frankreich und der Adele von Blois-Champagne, bereits am 1. November 1179 als „designatus" der Krone assoziiert und am 29. Mai 1180 gekrönt, folgte am 18. September 1180 seinem Vater als König von Frankreich nach. Er starb am 14. Juli 1223.

[3]) Richard I. Löwenherz, Sohn Heinrichs II. von England und der Eleonore von Aquitanien, seit dem Juli 1189 König von England, gekrönt am 3. September 1189, gestorben am 6. April 1199.

[4]) Das genaue Tagesdatum des Mitte Januar 1199 zwischen beiden Königen geschlossenen Waffenstillstandes steht nicht fest. Über die Verhandlungen zwischen den Königen und dem Legaten bzw. dem EB. von Reims, Kardinal Wilhelm, vgl. A. CARTELLIERI, *Philipp II. August*, III. Leipzig 1910, 196 ff. und F. M. POWICKE, *The Loss of Normandy, 1189—1204. Studies in the history of the Angevin Empire*. Manchester ²1961, 122 ff. Zum Ganzen: J. BOUSSARD, *Le comté d'Anjou sous Henri Plantagenêt et ses fils, 1151—1204*. Bibliothèque de l'École des Hautes Études 271, Paris 1938. — S. auch Br. I 345, 346 und 355.

[5]) S. Br. II 22 Anm. 5. Ein diesbezügliches Schriftstück ist nicht bekannt.

[6]) Vgl. *Decretum Gratiani*, C. XXV, q. 2, dict. post c. 16 (= FRIEDBERG, *CorpIC*, I 1015).

24.

Innocenz III. bestätigt den Waffenstillstand, den die Könige Ph(ilipp II. August) von Frankreich und R(ichard I. Löwenherz) von England miteinander geschlossen haben, ermahnt König Ph(ilipp) (sowie alle Erz-
5 *bischöfe, Bischöfe und sonstigen Prälaten Frankreichs und Englands), diesen einzuhalten, und warnt sie vor allen, die ihn stören wollen. Dazu teilt er die seinem Legaten P(etrus), Kardinaldiakon von S. Maria in Vialata, in Br. II 23 gegebene Straferlaubnis mit und befiehlt den Bischöfen, alle von diesem getroffenen Maßnahmen zu befolgen.*
10 *Lateran, 1199 März 26.*

Reg. Vat. 4, fol. 149ᵛ—150ʳ ⟨Nr. XXV, 24⟩.
Sirleto, fol. 286ʳ = Cholinus, II 375 = Venet., II 375 = Baluze, I 345 Nr. 24 = Migne, PL 214, 553 Nr. 24. — Potth. Reg. 645; Bréquigny, Table chronologique, IV 271; Balladore Pallieri — Vismara, Acta pontificia, 464 Reg. 143 und 475 Reg. 15; Cheney, Calendar, 17
15 *Nr. 94—96.*

Ph(ilippo), illustri regi Francorum[1].

Qui[a] operatus est Petro in apostolatu, nobis per ipsum operari et co-operari dignatus est, dum ad adventum dilecti filii nostri P(etri), sancte Marie in Vialata diaconi cardinalis, apostolice sedis legati[2], terra cordis
20 tui venientem super se imbrem devote suscepit et sulcata vomere predicationis ipsius semen verbi Dominici et recepit hilariter et in fructum uberius pullulavit. Ne autem fructus ipse, qui adhuc quasi viret in flore, inimico homine superseminante zizania, quod absit, valeat suffocari, ne semen supra petram cecidisse credatur, si antequam ad plenam veniat maturi-
25 tatem arescat, cum secundum apostolum non auditores legis sed factores iusti * sint apud Deum, et alibi auditor verbi et non factor viro consideranti vultum nativitatis sue in speculo comparetur, nec sufficiat incipere bonum, nisi et perseveretur in ipso, quoniam non qui inceperit, sed qui perseveraverit usque in finem, hic salvus erit: oportet magnificen-
30 tiam regiam cavere precipue consilia detractorum, qui pacis consilium odientes scandala suscitant et nutriunt suscitata, qui letantur, cum male[b] fecerint, et in rebus pessimis gloriantur.

Cum igitur, sicut ex litteris eiusdem legati et tuis[3] accepimus, inter te ac karissimum in Christo filium nostrum R(icardum), Anglorum regem

vgl. Gal 2, 8

vgl. Hebr 6, 7
vgl. Mt 13, 1–8.
18–23; Lk 8, 5–15

vgl. Mt 13, 24–30

vgl. Mt 13, 5. 20 f;
Lk 8, 6. 13
vgl. Röm 2, 13
* fol. 150ʳ
vgl. Jak 1, 23

vgl. Mt 10, 22;
24, 13

vgl. Spr 2, 14

---

35 **24.** ᵃ) *Die Initiale läuft in eine Randzeichnung aus: Drache mit Menschenkopf. Am Rande:* f. *Ferner längs des Briefes am Rande ein senkrechter, z. T. gewellter Strich.* ᵇ) *-a- vielleicht aus einem anderen Buchstaben korr.*

24. ¹) S. Br. II 23 Anm. 2.
²) S. Br. II 2 Anm. 3. Zur Legation des Kardinals in Frankreich vgl. die Br. I 345—348
40 bzw. ZIMMERMANN, *Päpstliche Legation*, 23 f. Nr. 5.
³) Der Brief des RNI Nr. 13, den König Philipp II. August zu Ende Januar oder Anfang Februar 1199 in der Angelegenheit des deutschen Thronstreites dem Papste schrieb (KEMPF, *RNI*, 32 Z. 24—28).

illustrem[4], treuge firmate sint pariter et recepte quinquennes[5], nos treugas ipsas iuxta mandati nostri tenorem[6] initas et firmatas ratas habemus et precipimus inviolabiliter observari: serenitatem tuam rogantes, monentes et exhortantes in Domino et in remissionem tibi peccaminum iniungentes, quatinus et treugas observes predictas et ad tractatum pacis 5 eidem legato nostro auditum prebeas facilem et benignum, ut sicut inclite recordationis L(udovicus), pater tuus[7], pacem colere videaris et Romanam ecclesiam honorare.

Noveris autem nos eidem cardinali auctoritatem plenariam indulsisse, ut quicquid super treugis iam initis et concordia ineunda seu aliis, que 10 contingunt utrumque vel alterum predictorum, vel in coactione contumatium vel pena transgressorum et aliis quibuslibet ad hoc pertinentibus viderit statuendum, statuat appellatione remota et faciat inviolabiliter observari[8]. Universis etiam archiepiscopis et episcopis constitutis tam in regno Francorum[c] quam Anglorum districte precipiendo mandamus, ut 15 omnia, que predictus cardinalis propter predicta statuerit, humiliter recipiant et appellatione postposita studeant observare. Alioquin sententiam, quam in eos tulerit, ratam habebimus et faciemus dante Domino inviolabiliter observari.

Datum Laterani, VII Kal. Aprilis, pontificatus nostri anno II°.   20

In[d] eundem fere modum scriptum est districte precipiendo universis archiepiscopis, episcopis et aliis ecclesiarum prelatis tam in regno Francie quam in regno Anglie constitutis.

In margin left:
vgl. 1 Thess 4, 1;
2 Kor 5, 20
vgl. Lk 1, 77;
Apg 2, 38

vgl. Apg 14, 3

25.

Innocenz III. bestätigt den von seinem Legaten, dem Kardinaldiakon P(etrus) 25 *von S. Maria in Vialata, zwischen den Königen Ph(ilipp II. August) von Frankreich und R(ichard I. Löwenherz) von England vermittelten fünfjährigen Waffenstillstand.*

Lateran, (1199) April 3.

Reg. Vat. 4, fol. 150 r ⟨Nr. XXVI, 25⟩.   30
Sirleto, fol. 286 v = Cholinus, II 375 = Venet., II 375 = Baluze, I 345 Nr. 25 = Migne, PL 214, 554 Nr. 25. — Potth. Reg. 651; Bréquigny, Table chronologique, IV 272; Cheney, Calendar, 18 Nr. 98; Balladore Pallieri — Vismara, Acta pontificia, 476 Reg. 16.

---

[c]) *Migne:* Francie.   [d]) *Darüber steht irrtümlich die Adresse des folgenden Br. II 25.*

[4]) S. Br. II 23 Anm. 3.   35
[5]) S. Br. II 23 Anm. 4.
[6]) S. Br. I 345, 346 und 355.
[7]) Ludwig VII., Sohn Ludwigs VI. und der Adelheid von Savoyen, König von Frankreich vom 25. Oktober 1131 (designiert) bzw. 1. August 1137 bis 18. September 1180.
[8]) Damit ist der Br. II 23 vom 1. April 1199 gemeint.   40

P(etro) [a)] **, sancte Marie in Vialata diacono cardinali, apostolice sedis legato** [1)] **.**

Que [b)] auctoritate nostra per legatos sedis apostolice provide statuuntur, firma volumus et illibata servari, ne vel revocentur in dubium vel temeri-
5 tate cuiuslibet irritentur.

Eapropter, dilecte in Domino fili, sinceritatem devotionis et fidei, quam in exequendo credite tibi legationis officio adhibere dinosceris, attendentes ac de tua discretione confisi, quinquennes treugas [2)] inter karissimos in Christo filios nostros Ph(ilippum) Francorum [3)] et R(icardum) Anglorum [4)]
10 reges illustres iuxta mandati nostri tenorem [5)] initas et firmatas auctoritate apostolica confirmamus et cetera.

Decernimus ergo et cetera.

Datum Laterani, III Non. [c)] Aprilis.

26.

15 *Innocenz III. (widerruft ein zugunsten des päpstlichen Subdiakons B. an den Bischof [Heinrich] und das Domkapitel von Treviso ergangenes Provisionsmandat, da sie nachweisen konnten, die zu vergebende Dompropstei schon vor langer Zeit mit nachträglicher päpstlicher Bestätigung abgeschafft zu haben, und) befiehlt dem Bischof (Heinrich) von Mantua, diese*
20 *Entscheidung dem Bischof und dem Domkapitel von Treviso zu verkünden sowie alles rückgängig zu machen, was er als Exekutor des Provisionsmandats zu dessen Durchführung bereits unternommen hat.*

Lateran, (1199) April 3.

Reg. Vat. 4 fol. 150ʳ ⟨Nr. XXVII, 26⟩.
25 *Sirleto, fol. 286ᵛ = Cholinus, II 376 = Venet., II 376 = Baluze, I 346 Nr. 26 = Migne, PL 214, 554 Nr. 26; Cappelletti, Chiese d'Italia, X 631 (Teildruck). — Potth. Reg. 654; Savio, Vescovi d'Italia, II/2 284. — Vgl. Marchesan, Treviso medievale, II 366 und Br. I 337.*

Mantuano episcopo [1)] .

Meminimus nos olim venerabili fratri nostro episcopo [2)] et dilectis filiis
30 capitulo Taruisinis nostris dedisse litteris in mandatis, ut preposituram

---

25. [a)] *Die Adresse steht irrtümlich vor dem A-pari Schreiben des Br. II 24 (vgl. dort Anm. d). Auf den für sie vorgesehenen Platz begann der Rubrikator die Adresse des folgenden Br. II 26 zu schreiben, hat jedoch das bereits ausgeführte .. Mantuano wiederum durchgestrichen.*
[b)] *Die Initiale läuft in einen kleinen, speienden Kopf aus.*   [c)] *Migne: Kal.*

35 **25.** [1)] S. Br. II 2 Anm. 3 bzw. II 24 Anm. 2.
     [2)] S. Br. II 23 Anm. 4.   [3)] S. Br. II 23 Anm. 2.
     [4)] S. Br. II 23 Anm. 3.   [5)] Vgl. Br. I 345, 346 und 355.
26. [1)] Heinrich (II.) aus dem Veroneser Geschlechte der Carceri, als B. von Mantua (Suffr. von Mailand) vom 13. Oktober 1193 bis 4. November 1227 bezeugt. Ein Nachfolger er-
40 scheint erst zum 8. Januar 1229. Vgl. Savio, *Vescovi d'Italia*, II/2 283—293 Nr. 20.
     [2)] Heinrich (I.) de Ratione, B. von Treviso (Suffr. von Aquileia), 5. August 1197—vor 7. November 1199. Vgl. Marchesan, *Treviso medievale*, II 326 und A. Sartoretto, *Crono-*

ecclesie Taruisine[3], que ultra duodecim annos vacaverat, cuius etiam donatio ad nos auctoritate Lateranensis concilii fuerat devoluta[4], dilecto filio B., subdiacono nostro[5], sine aliqua dificultate conferrent. Tibi etiam, si bene recolimus, apostolica fuit auctoritate mandatum, ut predictis episcopo et capitulo in exsecutione mandati nostri cessantibus, — non obstante 5 sacramento, quod dicebantur de non eligendo preposito prestitisse, cum id exsequi eorum non esset iuramento contrarium et iuramentum ipsum videretur minus fuisse discretum—sublato appellationis obstaculo de predicta prepositura[a] eundem B. non differres aliquatenus investire et in possessionem inducere corporalem. 10

Sane predicti episcopus et capitulum dilectos filios Walpertum, subdiaconum nostrum[6], et Tolbertum[7], canonicos Taruisinos, ad nostram postmodum presentiam destinantes nobis exponi fecerunt, quod littere ille ad falsam fuerant suggestionem obtente: super hoc enim mentio facta non fuerat, quod — cum per quosdam prepositos, qui curam bonorum 15 canonice Taruisine gerebant, eadem usque adeo districta fuisset, quod vix poterant ex eis predicti canonici[b] congrue sustentari — ad tantum incomodum removendum idem canonici cum bone memorie C(onrado), eorum episcopo[8], et quibusdam aliis predecessoribus communiter statuerunt, ut unum de canonicis ipsis assumerent annuatim, qui vice prepositi ad ipsorum comodum bona eiusdem canonice dispensaret, et 20
vgl. 2 Tim 2, 4 viginti fratres in eadem ecclesia semper esse deberent Domino militantes. Quam constitutionem felicis recordationis Alex(ander)[9], Luc(ius)[10],

---

26. [a] *Auf Rasur nachgetragen.*   [b] canoni.

tassi dei Vescovi di Treviso. Treviso 1969, 54. — Der Brief Innocenz' III. vom 5. August 25
1198 aus Rieti ist Br. I 337.

[3] Der Propst war kein Dignitär des Kapitels, sondern hatte das Kapitelsvermögen zu verwalten. Deshalb wurde er auch massarius genannt. Vgl. MARCHESAN, *Treviso medievale,* II 364.

[4] *Conc. Lateran. III.* c. 8 (COD 191) = X. III, 8, 2 (FRIEDBERG, *CorpIC,* II 488). Vgl. 30
HEFELE-LECLERCQ, *Histoire des Conciles,* V/2 1094.

[5] Vielleicht identisch mit jenem Subdiakon und Kapellan Innocenz' III. namens B., der 1202 als Kanoniker von Tortosa bezeugt ist (Br. V 73; MIGNE, PL 214, 1052 A), oder mit dem Subdiakon und Notar Brito, der vor 1210 Rektor einer Kirche in England war (Br. XIII 208; MIGNE, PL 216, 375 A; CHENEY, *Calendar,* 146 Nr. 888, vgl. ebendort 57 35
Nr. 349 vom August 1201). Vgl. ELZE, *Päpstliche Kapelle,* 187.

[6] Walbert, päpstlicher Subdiakon und Kanoniker von Treviso. Er verwaltete als massarius das Kapitelsvermögen und starb am 18. März 1236 als Domdekan von Treviso. 1208 wird er als magister scholarum genannt. Vgl. MARCHESAN, *Treviso medievale,* II 27, 208, 218. 40

[7] Tolbert, Kanoniker von Treviso.

[8] Konrad (II.), B. von Treviso (Suffr. von Aquileia, Venetien) vor 19. März 1180—19. Januar 1197. Vgl. A. A. MICHIELI, *Storia di Treviso.* Treviso ²1958, 227 und SARTORETTO, *Cronotassi,* 49—53.

[9] Alexander III. (1159—1181). Urkunde vom 19. Juli 1181 bei JL 14414 und IP VII/1 45
108 Nr. 9.

[10] Lucius III. (1181—1185). Urkunde vom 25. August 1184 bei JL 15088 und IP VII/1
109 Nr. 11.

Vrbanus[11] et Clemens[12], predecessores nostri, auctoritate apostolica confirmarunt, sicut ex privilegiis eorundem nobis innotuit manifeste.

Cum igitur nostre voluntatis vel propositi non existat, ut antecessorum nostrorum privilegia vel indulta suggestione cuiuslibet violentur, preser-
5 tim cum mendax precator carere debeat impetratis[13], nosque ipsi sub-diacono, qui — sicut credimus et speramus — statutum[c] illud penitus igno-rabat, alias congrue fecerimus provideri, fraternitati tue per apostolica scripta precipiendo[d] mandamus, quatinus predictos episcopum et[e] capi-tulum, quos ab impetitione[e] predicti subdiaconi duximus penitus absol-
10 vendos, nostra fretus auctoritate denuncies penitus absolutos, in irritum appellatione cessante reducens, quicquid occasione litterarum illarum per te contra ipsos factum est vel statutum.

Datum Laterani, III Non. Aprilis.

Scriptum est episcopo et canonicis Taruisinis in modum indulgentie[f].

15 # 27.

*Innocenz III. befiehlt dem Podestà (Wilhelm) und dem Volk von Treviso, für die von ihnen dem Patriarchen (Peregrin) von Aquileia sowie den Bischöfen (Drudo) von Feltre und Belluno und (Matthäus) von Ceneda zuge-fügten zahlreichen Schäden vor dem Patriarchen (Johannes) von Grado und
20 dem Bischof von Chioggia Genugtuung zu leisten. Im Weigerungsfalle droht er ihnen die Aufhebung des Bistums Treviso sowie eine Verkehrs- und Han-delssperre an. Ferner befiehlt er die Aufrechterhaltung und feierliche Ver-kündigung des Interdiktes und der Exkommunikation, die über das Gebiet von Treviso und über alle jene, die vornehmlich für die Ermordung des
25 Bischofs (Gerhard) von Belluno verantwortlich sind, verhängt wurden.*

Lateran, 1199 März 26.

Reg. Vat. 4, fol. 150ʳ—150ᵛ ⟨Nr. XXVIII, 27⟩.
Sirleto, fol. 287ʳ = Cholinus, II 376 = Venet., II 376 = Baluze, I 346 Nr. 27 = Migne, PL 214, 555 Nr. 27; Cappelletti, Chiese d'Italia, X 129—132. — Potth. Reg. 647. — Vgl.
30 *auch Paschini, Patriarchi, 119 mit Anm. 2 (falsche Datierung: 27. März).*

---

c) *Migne:* statum.   d) *Fehlt bei Migne.*   e—e) et ... im- *vielleicht in eine freige-lassene Lücke nachgetragen.*   f) *Der Vermerk über den A-pari-Brief ist nachgetragen, und zwar noch bevor der Rubrikator die Adresse des Br. II 27 schrieb, da sie dem Nachtrag ausweicht (vgl. Kempf, Register, 39).*

35   11) Urban III. (1185—1187). Urkunde vom 25. August 1187 bei JL 15996 und IP VII/1 109 Nr. 12.
    12) Klemens III. (1187—1191). Privileg nicht erhalten. Vgl. IP VII/1 110 Nr. * 18.
    13) Vgl. *Decretum Gratiani* C. XXV, q. 2, dict. post c. 16 (= FRIEDBERG, *CorpIC,* I 1015).

Potestati[1] et populo Taruisinis sine salutatione.

Non merita vestra, que demeruerunt penitus gratiam sedis apostolice, nos inducunt, sed movet et monet potius debitum officii pastoralis, ut contumatiam vestram sollicitare litteris procuremus, si forsan adiciatis resurgere nec sicut hactenus semper in deterius corruatis, vel si in incepta 5 malicia duxeritis persistendum, ammonitionem ultio debita subsequatur et ferro curentur vulnera, que fomentorum non sentiunt medicinam. Expectavimus etenim hactenus, si forsan patientia nostra vos ad peniten- tiam revocaret, ut accusante conscientia per vos ipsos diiudicaretis ac condempnaretis actus vestros et tandem resipiscentes a malo Deum vobis 10 per condigne satisfactionis opera placaretis et Romanam ecclesiam, quam lesistis. Verum patientia nostra vobis hactenus, sicut apparet ex opere, visa est tribuisse materiam malignandi; ita quod indurato corde nec accusantium vos interius cogitationum aculeos sentiatis nec fomentum ecclesiastice discipline, que ad correctionem vestram civitatem Tarui- 15 sinam supposuit sententie interdicti, sic ut de vobis iam dicere valeamus: Curavimus Babilonem et non est sanata; peccator enim, dum venerit in profundum viciorum, contempnit.

Olim siquidem[a], sicut accepimus, civitatem Feltrensem ad Feltrensem pertinentem ecclesiam penitus destruxistis, combussistis ecclesias[2] et tam 20 bone memorie . . episcopum[3] quam homines civitatis eiusdem stare man- dato vestro iuramenti vinculo astrinxistis; et cum Feltrensem, Belunen- sem[4] ac Cenetensem[5] dioceses fere penitus * vastassetis et curiam sancti Pauli de Medates ad Aquilegensem ecclesiam[b] pertinentem destruxissetis omnino[6], castro de Caneua[7] XV diebus obsesso ac pluribus nobilibus in- 25

Marginal notes (left column):
- vgl. Ps 40, 9
- vgl. Spr 24, 16
- vgl. Job 42, 10; Klgl 2, 14; Lk 5, 32
- vgl. 2 Tim 2, 26
- vgl. Ex 7, 13; 8, 19 u. ö.
- vgl. Röm 2, 15
- Jr 51, 9
- vgl. Spr 18, 3
- * fol. 150ᵛ

---

27. a) *Auf Rasur, wahrscheinlich nachgetragen.*   b) *Fehlt bei Migne.*

27. [1] Wilhelm da Pusterla (aus Mailand), Podestà von Treviso 1194/95, 1199/1200 und 1218/19. Vgl. G. G. LIBERALI, *Gli Statuti del Comune di Treviso* (= Monumenti storici, N. S. IV, Venezia 1950) I XV, XXXII f.

[2] Trevisos Krieg gegen Feltre (Prov. Belluno) steht in Zusammenhang mit seinen 30 Ausdehnungsbestrebungen, denen sich 1184 bereits Ceneda und Conegliano hatten unter- werfen müssen. Vgl. darüber: A. LIZIER, *Note intorno alla storia del comune di Treviso dalle origini al principio del XIII secolo.* Modena 1901, 63 f. bzw. A. A. MICHIELI, *Storia di Treviso.* Treviso ²1958, 45 und PASCHINI, *Storia del Friuli*, I 263 f., 269.

[3] Drudo (I.) da Camino, B. von Feltre (Suffr. von Aquileia, Prov. Belluno) 1169—1199. 35 Vgl. G. BIASUZ, *Feltre*, in: Dict. HGE 16 (Paris 1967) 953. Zu seiner Herkunft vgl. G. B. PICOTTI, *I Caminesi e la loro Signoria in Treviso dal 1283 al 1312.* Livorno 1905, 26 f. Anm. 4.

[4] Die Diözese Belluno (Suffr. von Aquileia) wurde nach Gerhards de'Taccoli Ermor- dung (vgl. unten Anm. 13) mit Feltre zusammengelegt und Drudo da Camino an die Spitze 40 des unierten Bistums gestellt. Vgl. F. BONNARD, *Bellune*, in: Dict. HGE 7 (Paris 1934) 941 bzw. MIARI (wie unten Anm. 13) 23.

[5] Diözese Ceneda (Suffr. von Aquileia, Prov. Treviso).

[6] San Paolo de Medate (Prov. Treviso) bildete auch im Krieg zwischen Treviso und dem Patriarchen von Aquileia 1219/21 einen Streitpunkt. Vgl. P. PASCHINI, *Bertoldo di Merania*, 45 *patriarca d'Aquileia (1218—1251).* Memorie storiche Forogiuliesi 15 (1919) 9—30 bzw. H. SCHMIDINGER, *Patriarch und Landesherr. Die weltliche Herrschaft der Patriarchen von*

terfectis ibidem et devastatis omnibus circumquaque: bone memorie
G(otefridus), Aquilegensis patriarcha, consules et consiliarios vestros excommunicationis et civitatem vestram interdicti sententia innodavit[8].
Sed bone memorie Vrb(anus) papa, predecessor noster, gratiam impendere
5 volens ingratis et secundum apostolum vincere in bono malum, simplici   vgl. Röm 12, 21
solummodo super prestanda satisfactione promissione accepta, per eun-
dem patriarcham latam in vos optinuit sententiam relaxari[9]. Vos autem
ex hoc deteriores effecti et in ecclesiam amplius[b] insurgentes, episcopatum
Belunensem et Cenetensem manu intrastis armata et multipliciter afflixi-
10 stis. Licet autem in compositione inter F(ridericum), quondam imperatorem, et Lombardos habita predictas dioceses ad vos[c] nullatenus pertinere
fuerit[d] diffinitum[10] et vos iuri — si quod in eis habueratis, quod tamen
nullum erat — abrenunciaveritis per publicum instrumentum, ac postmodum idem imperator per privilegia sua episcopatus predictos a iuris-
15 ditione ac potestate vestra decreverit absolutos[11]: vos hec omnia contempnentes castra et possessiones ad Belunensem ecclesiam legittime venditionis titulo devolutas ab hiis, ad quos non pertinebant, illicite compara-
stis, possessione ipsorum per violentiam occupata et appellatione contempta, que ad apostolicam sedem et imperium fuerat interiecta; et
20 hostiliter Feltrensem ac Belunensem episcopatum intrantes, omnia circumquaque vastastis, ducentos de melioribus locorum illorum captos du-
centes usque ad civitatem vestram, quos diu detinuistis carceri manci-
patos. Quamvis etiam postmodum super possessionibus ipsis pro Belunensi ecclesia tercio lata fuerit sententia per iudices delegatos et per sedem
25 apostolicam confirmata et vos postmodum per Veronensium et[e] Man-

---

   [c] nos. *Vgl. dazu Anm. 10.*   [d] fuerat.   [e] e- *korr. aus einem tironischen* et.

Aquileja bis zum Ende der Staufer. Publikationen des Österreichischen Kulturinstituts in
Rom. I/1 1954, Graz-Köln 121—123.

   [7]) Kastell Caneva (östlich von Vittorio Veneto, Prov. Udine) lag an der Grenze zwi-
30 schen Patriarchat und Trevisaner Gebiet. Vgl. L. Rupolo, *Il castello di Caneva.* Udine 1915
bzw. Paschini, *Storia del Friuli,* I 264.

   [8]) Gottfried (I.), Patriarch von Aquileia (Prov. Udine) 1182—9. Oktober 1194, hatte
von Urban III. am 23. November 1186 die Vollmacht erhalten, die den Besitz des Patriar-
chates ungerechtfertigterweise besteuernden Bürger von Treviso und Conegliano zu ex-
35 kommunizieren. Vgl. IP VII/1 41 Nr. 106; JL 15698 bzw. Paschini, *Patriarchi,* 109—136,
bes. 119—121.

   [9]) Die Urkunde, durch die Urban III. (1185—1187) die Exkommunikation wieder aufzuheben veranlaßte, hat sich nicht erhalten; sie muß zwischen 23. November 1186 und
20. Oktober 1187 ausgestellt worden sein. Vgl. IP VII/1 114 Nr. *3 (nicht korrekt) und
40 Paschini,*Patriarchi,* 119.

   [10]) Das wird wohl aus der Tatsache gefolgert, daß in den Friedensverträgen von Piacenza und Konstanz, die 1183 Kaiser Friedrich I. mit dem lombardischen Städtebund ab-
schloß, Treviso einerseits sowie die Bistümer Feltre, Belluno und Ceneda andererseits als
deutlich voneinander getrennte Verhandlungspartner erscheinen (MG Const., I 403 Z. 29
45 und 404 Z. 34—36; 416 Z. 15 und 19 f.; vgl. Ficker, *Forschungen,* II 195 f.).

   [11]) Kaiser Friedrich I. nahm am 12. November 1184 in Monselice das Bistum Ceneda
vor Übergriffen, besonders von seiten Trevisos, in seinen und des Reiches Schutz (St.
4396).

tuanorum arbitrium, ad quod servandum vos iuramentis, pignoribus et obsidibus obligastis, ad restitutionem possessionum ipsarum faciendam ecclesie Belunensi fueritis condempnati, predictis episcopatibus a violentia vestra penitus absolutis ac vobis promittentibus hec omnia inviolabiliter observare[12]: in preconcepta tamen malicia persistentes in simulata pace 5 bone memorie .. Belunensi episcopo paravistis[f] insidias et eum captum et vinctum quasi latronem per nemora die noctuque trahentes, tandem acclamante populo «Moriatur!» ipsum nequiter occidistis[13]; et quasi non id vobis sufficeret, castrum Opitergii[14] et terciam partem Belunensis ecclesie possessionum per violentiam occupastis. Propter quod bone 10 memorie C(elestinus) papa, predecessor noster, civitatem vestram supposuit sententie interdicti et principales huius iniquitatis auctores excommunicatos mandavit publice nunciari, evitari precipiens vos et civitatem vestram in commerciis a vicinis[15].

vgl. Mt 27, 23
par.; Apg 25, 24

Tandem vero circa nostre promotionis inicia, cum quidam vestrum ad 15 sedem apostolicam accessissent, ut gratiam vobis licet immeritis faceremus, venerabilibus fratribus nostris A(delardo), sancte Romane ecclesie cardinali, Veronensi[16] et H(ugutioni) Ferrariensi[17] episcopis dedimus in mandatis, ut — a vobis sufficienti cautione recepta, quod tam super nece episcopi memorati quam super occupatione et detentione possessionum 20 mandatis apostolicis pareretis — latam in vos relaxarent sententiam interdicti et cognoscentes de causa partes cum suarum testimonio litterarum ad nostram presentiam destinarent[18]. Verum nec predicti nuncii litteras sedis apostolice receperunt nec vos ad eorundem iudicum presentiam

---

[f]) paravstis.   25

[12]) Am 19. Oktober 1193 fällte Heinrich, Elekt von Mantua, gemeinsam mit Mantuaner und Veroneser Richtern in Mantua einen Spruch, der Ersatzansprüche beider Seiten abwies, den Podestà von Treviso jedoch verpflichtete, keine Jurisdiktion über das Territorium des Patriarchen auszuüben. Ferner sollten Conegliano und Ceneda weder Treviso noch Padua unterworfen sein. Treviso hatte aber keinerlei Ersatz für den in Belluno, Ceneda und 30 Feltre angerichteten Schaden zu leisten. Vgl. die Sentenz bei MINOTTO, Acta et diplomata e R. tabulario ... summatim regesta. Venetiis 1871, I 17 bzw. DE RUBEIS, Monumenta, 638 und zur Sache: PASCHINI, Patriarchi, 120 bzw. Storia del Friuli, I 264.

[13]) Gerhard (I.) de' Taccoli, B. von Belluno seit 1185, wurde am 20. April 1197 von Valpert da Cavaso tätlich angegriffen und erlag kurz darauf seinen schweren Verletzungen. 35 Vgl. F. MIARI, Cronache bellunesi inedite. Belluno 1865, 22; A. VECELLIO, Il sepolcro del vescovo Gerardo de Taccoli. Il Tomitano v. 1. Mai 1888, Nr. 9 sowie Br. I 167 Anm. 5.

[14]) Die von Belluno abhängige Festung Oderzo (Prov. Treviso, Venetien). Vgl. PASCHINI, Patriarchi, 121 Anm. 4.

[15]) Die Urkunde Coelestins III. (nach 20. April 1197) hat sich nicht erhalten. Vgl. IP 40 VII/1 114 f. Nr. *6 (zu 1196/97 datiert).

[16]) Adelard Cattaneus, B. von Verona (Suffr. von Aquileia, Venetien) Anfang November 1188 bis 1214 (?), war seit 1185 auch Kardinalpresbyter von S. Marcello. Über ihn vgl. KARTUSCH, 63—67 Nr. 1; PFAFF, Kardinäle unter Coelestin III., 87 Nr. 13 und GANZER, Auswärtiges Kardinalat, 137—140 Nr. 59 (Lit.).   45

[17]) S. Br. II 8 Anm. 2.

[18]) Der Auftrag Innocenz' III., die Stadt Treviso vom Interdikt zu befreien, hat sich nicht erhalten.

accessistis, sed inimicos sedis apostolice vos dicentes constitutionem
dilecti filii nostri G(regorii), sancte Marie in Porticu diaconi cardinalis, tunc
apostolice sedis legati, contra hereticos promulgatam[19] nec voluistis recipere nec servare. Nuper etiam cum Vicentinis et Veronensibus coniuran-
5 tes[20] et cum multo exercitu irruentes in diocesim Cennetensem, licet servare firmam treugam eidem episcopo iurassetis, villam ipsam Cenetensem et
tam matricem quam alias ecclesias combussistis; prophanis manibus
diruentes altaria et sanctorum reliquias asportantes et devastantes
possessiones ad eundem episcopum et suos spectantes in villis aliis con-
10 stitutas[21].

Cum itaque contumatiam vestram dissimulare decetero non possimus,
universitati vestre per apostolica scripta mandamus et sub obtestatione
divini iudicii districte precipimus, quatinus super predictis omnibus Deo
et ecclesie Romane, quam principaliter offendistis, satisfacere procure-
15 tis; ablata omnia restituentes ecclesiis antedictis et de molestiis, dampnis
et iniuriis irrogatis venerabilibus fratribus nostris P(eregrino), patriarche
Aquilegensi[22], .. Feltrensi, .. Belunensi[23] et M(atheo) Cenetensi[24] episcopis et aliis temporali eorum iurisditioni suppositis, quos lesistis, condignam coram venerabili fratre nostro patriarcha Gradensi[25] et .. episcopo
20 Glugiensi[26], quibus super hoc nostras[g] litteras destinamus, satisfactionem sine dilatione ac contradictione qualibet exhibentes, ita ut predicti
patriarcha et episcopi pro vobis apud nos intercedere teneantur. Alioquin,
quoniam in ecclesiam Dei coniurasse videmini et episcopos de civitate in   vgl. Mt 23, 34
civitatem fugare, ut in eo, in quo delinquitis, sentiatis rigorem ecclesiastice   vgl. Weish 11, 17

---

25   [g] -a- korr. aus -o-.

[19] Gregor de S. Apostolo, Kardinaldiakon von S. Maria in Portico 1188—1202 oder
später. Von Innocenz III. wurde er als Legat zunächst in die Lombardei gesandt, wo er die
Konstitution gegen die Ketzer im Frühjahr 1198 promulgierte, dann aber nach Sizilien
entsendet, wo er als Statthalter des Papstes wirkte. Vgl. Br. I 121 und I 298 bzw. TILLMANN
30 295 f. Über den Kirchenfürsten vgl. KARTUSCH, 159—163 Nr. 31 bzw. PFAFF, Kardinäle
unter Coelestin III., Nachträge, 369.

[20] Bündnisvertrag zwischen Brescia, Mantua, Novara, Mailand, Treviso, Verona und
Vicenza vom 27. April 1198 (Verona) und ein ähnlicher Vertrag zwischen Verona und Treviso vom 10. Oktober 1198 (Verona) bei C. CIPOLLA, Nota di storia veronese. Nuovo Archivio
35 Veneto 15 (1898) 31—36 Nr. V und 43—49 Nr. VIII. Zur Sache vgl. noch Verona e il suo
territorio. Verona 1964, II 273.

[21] S. Br. II 8 Anm. 4 bzw. PASCHINI, Patriarchi, 143 f.

[22] S. Br. II 8 Anm. 1.

[23] S. oben Anm. 3 und 4.

40   [24] S. Br. II 7 Anm. 1.

[25] Johannes (IV.) Signole, Patriarch von Grado (Prov. Gorizia) ca. 20. Mai 1190 bis
1200/01, doch lebten die Patriarchen seit 1156 beständig am Rialto in Venedig. Vgl. V.
PIVA, Il patriarcato di Venezia e le sue origini. Venezia 1938, I 111 f. Nr. 30.

[26] Vielleicht Ruald(us) Bianco, der 1182 bzw. 1192 als B. von Chioggia (Suffr. von
45 Grado, Prov. Venedig) bezeugt ist, oder der 1203 in dieser Würde aufscheinende Dominik
(IV.). Vgl. G. VIANELLI, Nuova serie de'vescovi di Malamocco e di Chioggia. Venezia 1790,
I 109—120 Nr. VII und VIII bzw. M.-H. LAURENT, Chioggia, in: Dict. HGE 12 (Paris
1953) 743.

discipline, civitatem vestram pontificali privabimus dignitate et vos mandabimus tam a rectoribus quam universis civitatibus Lombardie[27] in
commerciis, colloquiis et aliis evitari ac mercatores vestros, ubicumque
inventi fuerint, capi per principes seculares et publicatis bonis eorum
personas etiam sub arta custodia detineri. Alias etiam in vos manus 5
nostras tam spiritualiter quam temporaliter aggravare curabimus: ita
quod, quantus sit vester excessus, in pena cognoscatur evidentius quam in
culpa. Interim autem eisdem Gradensi patriarche et episcopo Glugiensi
districte precipimus, ut latas in terram vestram interdicti et personas
principalium auctorum et fautorum necis episcopi memorati excommuni- 10
cationis sententias[h] innovent et curent sollempniter publicare.

Ad vos ergo cum propheta clamamus: «Redite, prevaricatores, ad cor»,
et ante occulos vestros districtum Dei iudicium statuatis, ut fugere valeatis ab ira ventura, que iam contra vos incepisse videtur, qui peccatorum
tenebris interius excecati ad exteriores inferni tenebras properatis, nec 15
Deum timentes nec reverentes ecclesiam, immo ut obstinati de misericordia desperantes. Agite igitur penitentiam, dum[1] locus est penitendi, ne
tandem frustra peniteat noluisse vos penitere.

Datum Laterani, VII Kal. Aprilis, pontificatus nostri anno secundo.

vgl. Ri 1, 35;
1 Sam 5, 6; Job
23, 2

Is 46, 8
vgl. Mt 3, 7–12
par.
vgl. 1 Jo 2, 11;
Sir 11, 16
vgl. Mt 8, 12;
22, 13; 25, 30
vgl. Lk 18, 1–8
vgl. Job 21, 2;
Mt 3, 2 u. ö.
vgl. Job 24, 23;
Weish 12, 10. 19

28.   20

Innocenz III. interpretiert dem König (Peter II.) von Aragón einen Eid,
mit dem sich dieser am Beginn seiner Regierung verpflichtet hatte, die von
seinem Vater verschlechterte Münze beizubehalten: falls ihm der verminderte
Geldeswert bekannt war, ist der Eid ungültig, wenn nicht, so solle er die
Münze durch eine neue und bessere ersetzen. Im ersteren Falle möge er sein 25
Vergehen dem Bischof (Raimund) von Saragossa beichten und dafür Ge-
nugtuung leisten.

Lateran, (1199) April 5.

Reg. Vat. 4, fol. 150ᵛ—151ʳ ⟨Nr. XXIX, 28.⟩
   Empfängerüberlieferung: Orig. Barcelona, Kronarchiv von Aragón, Bulas, Inocencio III, 30
Leg. III Nr. 4.
   Sirleto, fol. 288ᵛ = Cholinus, II 378 = Venet., II 378 = Baluze, I 348 Nr. 28 = Migne,
PL 214, 558 Nr. 28; Mansilla, Documentación, 199 Nr. 183. — Comp. III. 2, 15, 4; Alan.
K. 2, 15, 6; Bern. 2, 14, 5; Coll. Fuld. 2, 21, 8; Gilb. Anh. 8; Rain. 19, 3; X. II, 24, 18. —
Potth. Reg. 656. — Vgl. Kempf, Register, 72 f.; Thomas N. Bisson, „Quanto personam tuam" 35
(X 2. 24. 18): its Original Significance. Proceedings of the Fourth International Congress
of Medieval Canon Law. Monumenta Iuris Canonici, Series C: Subsidia, Vol. 5. Città del
Vaticano 1976, 229—249.

   ʰ) -s *am Schluß auf Rasur. Wahrscheinlich wurde* -m *ausradiert.*   ¹) *Migne:* cum.

   ²⁷) Städte der Lombardei. Über die Fruchtlosigkeit derartiger päpstlicher Bemühun- 40
gen vgl. PASCHINI, *Patriarchi*, 144 ff. bzw. ders., *Storia del Friuli*, II 64 f.

Illustri regi Aragonum[1].

Quanto[a] personam tuam inter alios principes christianos sinceriori caritate diligimus, tanto serenitati regie diligentiori sollicitudine volumus precavere, ne quid ei quod absit immineat, quod vel in periculum anime
5 aut in detrimentum terre valeat redundare. Ex tenore siquidem littera- rum tuarum et plurium prelatorum necnon et aliorum multorum in tuo regno[2] consistentium nobis innotuit, quod cum adversus inimicos chri- stianitatis, qui pre magnitudine sue potentie terram Hispanie tunc tem- poris * occupabant, in auxilium karissimi in Christo filii nostri . . Castelle
10 regis illustris[3] cum armatorum multitudine festinares, quidam consiliarii tui quinimmo potius deceptores tuum animum induxerunt, ut iurares irrequisito assensu populi usque ad certum tempus patris tui[4] conservare monetam, que tamen circa mortem ipsius fuerat legittimo pondere defrau- data[5]. Quoniam autem eadem moneta est adeo diminuta et minoris va-
15 loris effecta, quod grave propter hoc in populo scandalum generatur, tu quod egeras indiscrete, discrete cupiens revocare ac necessitati populi satisfacere, ab observatione iuramenti predicti, ex quo tibi et regno tuo metuis grave periculum imminere, postulasti suppliciter a nobis absolvi.

Super quo diligens indagator veritate comperta potuisset facile intueri,
20 quod non tam erat absolutio necessaria quam interpretatio requirenda, quoniam cum iuramentum fecisti, monetam aut falsam aut legittimam esse credebas: si falsam, quod de regia serenitate non credimus, iuramentum fuisset illicitum et nullatenus observandum, et pro eo tibi esset penitentia iniungenda, cum iuramentum, ut esset iniquitatis vinculum, non fuerit

vgl. Mt 16, 26; Mk 8, 36

* fol. 151ʳ

---

25 **28.**   a) *Die Initiale läuft in einen kleinen, speienden Kopf aus. Am Rande von einer Hand des 13. Jh.:* hoc c(apitulum) est Extra de iureiur(ando) *(X. II, 24, 18).*

28. *Empfängerüberlieferung (kollationiert nach einer Photographie des Kronarchivs von Aragón):*

     1: Illustri-Aragonum] Innocentius episcopus, servus servorum Dei, karissimo in Christo filio . . illustri regi Aragon(um) salutem et apostolicam benedictionem.   5: in] *fehlt*
30 13: legittimo] legitimo   21: legittimam] legitimam

28. ¹) Peter II., Sohn Alfons' II. und der Sancha von Kastilien, 25. April 1196 König von Aragón (als Peter I. von Katalonien). Gestorben 13. September 1213 in der Schlacht von Muret. Vgl. J. MIRET Y SANS, *Itinerario del Rey Pedro I de Cataluña, II en Aragón.* Boletín de la Real Academia de Buenas Letras de Barcelona 3 (1905/06) 79—97, 151—160, 238 bis
35 249, 265—284, 365—387, 435—450, 497—519 und 4 (1907/08) 15—36, 91—114; F. SOLDE- VILA, *Història de Catalunya,* I. Barcelona 1962, 217—242.

     ²) Königreich Aragón.

     ³) Alfons VIII., Sohn Sanchos III. und der Blanka von Navarra, 31. August 1158 König von Kastilien. Gestorben 5. August 1214 in Avila.
40   ⁴) Alfons II., Sohn des Grafen Raimund Berengar IV. von Barcelona und der Petro- nilla von Aragón, 8. August 1162 König von Aragón (als Alfons I. von Katalonien). Gestor- ben 25. April 1196. Vgl. SOLDEVILA, *Història de Catalunya,* I 198—216.

     ⁵) Eine solche Münzabwertung, welche ein Drittel des früheren Wertes eines Denars aus- machte — statt deren drei wurden nachher vier gerechnet —, erfolgte um 1190 und erhielt
45 1191 die Zustimmung Papst Coelestins III. (vgl. KEHR, *Papsturkunden in Spanien,* I 539 Nr. 238).

institutum[6]; si vero ipsam legitimam esse credebas, iuramentum licitum fuit et usquequaque servandum.

Et ut irreprehensibiliter observetur, consulimus et mandamus, ut reprobata moneta, que a legitimo pondere fuerat diminuta, alia sub nomine patris tui moneta cudatur, quam ad legitimum pondus reducas secundum 5 eum statum, quem tempore patris tui habuit meliorem; ita quod et antiqua moneta, que ab illo statu falsata non fuerat, cum ea pariter expendatur: per quod et dispendium vitari poterit et iuramentum servari.

Verumptamen si forte monetam ipsam in prestatione iuramenti credebas a legitimo pondere diminutam et tua super hoc conscientia te remor- 10 det, venerabili fratri nostro . . episcopo Cesaraugustano[7], cui super hoc scribimus, tuum humiliter confitere reatum et satisfactionem, quam indixerit tibi pro illicito iuramento, devote suscipias et studeas adimplere.

Datum Laterani, Nonis Aprilis.

Scriptum est super hoc . . Cesaraugustano episcopo. 15

29.

Innocenz III. befiehlt dem Bischof (Roger) von St. Andrews, die Überbringer päpstlicher Justizbriefe, welche der Fälschung verdächtig sind, gefangenzunehmen, die Schreiben aber an die Kurie zu senden und von dort eine Entscheidung über weitere Maßnahmen abzuwarten. 20

Lateran, (1199) März 11.

Reg. Vat. 4, fol. 151ʳ ⟨Nr. XXX, 29⟩.

Sirleto, fol. 289ʳ = Cholinus, II 374 = Venet., II 374 = Baluze, I 349 Nr. 29 = Migne, PL 214, 559 Nr. 29; P. M. Baumgarten, Aus Kanzlei und Kammer. Leipzig 1907, 220. — Bern. 5, 13, 8. — Potth. Reg. 623; Bliss, Calendar, 5. 25

. . Episcopo[1] sancti Andree[a].

(|) Sicut nobis tua fraternitas indicavit, peregrini quidam ab Urbis partibus redeuntes sub apostolica bulla litteras sepe reportant[b] ad iudices delegatos, pro quorum inperitia in regno Scotorum[2] multa nonnumquam proveniunt detrimenta; presertim cum littere taliter impetrate manife- 30 stam falsitatis suspitionem pretendant et illa sepe contineant, que nulli consuevit sedes apostolica indulgere.

Nos ergo nolentes, ut maleficia remaneant impunita, fraternitati tue per apostolica scripta precipiendo mandamus, quatinus, si ad manus tuas

---

29. ᵃ) *Am Rande ein Kreuz ausradiert. Daneben ein kurzer waagrechter und leicht gebogener* 35 *Strich sowie zwei Punkte (vgl. Einleitung XX f.).* ᵇ) *-t am Schluß nachgetragen und dafür* -rint *getilgt.*

7: pariter] minime *auf Rasur. Der erste Buchstabe des getilgten Wortes besaß eine Unterlänge (vgl. Kempf, Register, 72 f., Bisson, a. a. O., 239).* 14: Aprilis] Aprilis, pontificatus nostri anno secundo. 40

⁶) Vgl. *Decretum Gratiani* C. XXII, q. 4, c. 22 § 1 (= FRIEDBERG, *CorpIC*, I 881).

⁷) Raimund Castellazol, B. von Saragossa 1184 bis nach 13. April 1213 (vgl. MANSILLA, *Documentación*, 542 Nr. 502). Das Schreiben des Papstes ist gedruckt bei BISSON *a.a.O.* 239f.

29. ¹) S. Br. II 5 Anm. 1. ²) Königreich Schottland.

huiusmodi scripta quandoque pervenerint, auctores eorum prudenter investigare labores et inventos tamdiu facias in custodia detineri, nisi propter fideiussoriam vel aliam securitatem idoneam ipsos fidei proprie duxeris committendos, donec et litteras ipsas nobis transmittas et quid de
5 ipsarum auctoribus et illis, qui eis scienter usi fuerint, efficere debeas, per responsum nostrum valeas edoceri; provisurus attentius, ne huius occasione mandati preter culpam suam[c] aliqui graventur iniuste.

Datum Laterani, V Idus Martii.

10 **30.**

Innocenz III. überträgt den Äbten (Berthold) von St. Peter (im Schwarzwald) und (Rudolf) von Muri sowie dem Propst (Burkhart) von Schönen-werd die endgültige Entscheidung des zwischen den beiden Äbten R(udolf) dem
15 *Älteren und R(udolf) dem Jüngeren um die Abtei Allerheiligen in Schaffhausen geführten Prozesses.*

Lateran, (1199) April 7.

Reg. Vat. 4, fol. 151ʳ—152ʳ ⟨Nr. XXXI, 30⟩.

Sirleto, fol. 289ᵛ = Cholinus, II 379 = Venet., II 379 = Baluze, I 349 Nr. 30 = Migne,
20 *PL 214, 560 Nr. 30; Bernoulli, Acta pontificum Helvetica, I 9 Nr. 10. — Comp. III. 1, 6, 1;*
Alan. 1, 6, 3; Alan. K. 1, 6, 3; Bern. 1, 8, 1; Coll. Fuld. 1, 6, 13; 1, 6, 24; Coll. Rotomag. 24;
X. I, 6, 16. — Potth. Reg. 657; Hidber, Schweizerisches Urkundenregister, II 456 Nr. 2745.
— Vgl. Ladewig-Müller, Regesta episcoporum Constantiensium, I 128 Nr. 1140, 1144—1146;
129 Nr. 1150 bzw. Henggeler, Profeßbücher, 351 f.

25 . . de Cella sancti Petri[1] et . . Murensi[a)2] abbatibus et . .
preposito Werdensi[b)3].

| Cum inter dilectum filium R(udolfum) seniorem et R(udolfum) iuniorem super abbatia Scaffusensi[4] questio verteretur, eis in nostra presen-

---

30   [c] -a- *auf Rasur.*

30. [a] Mitrensi.   [b] *Migne:* Uverdensi. *Am Rande von einer Hand des 13. Jhs.:* hoc c(apitulum) est Extra de elect(ione) *(X. I, 6, 16). Darunter ein kurzer, schräger und ein wenig gebogener Strich sowie zwei Punkte. Daneben zwei andere Punkte und darunter eine Art Komma (vgl. Einleitung XX f.).*

35 **30.** [1] Berthold (I.), Abt der Benediktinerabtei St. Peter im Schwarzwald (Diöz. Konstanz, Landkreis Freiburg i. Br., Baden-Württemberg) 1191—30. Dezember 1220. Vgl. J. MAYER, *Geschichte der Benedictinerabtei St. Peter auf dem Schwarzwald.* Freiburg i. Br. 1893, 27—31; *Monumenta historico-chronologica monastica collecta a P. Gallo Mezler,* hrsg. von J. G. MAYER, *Die Äbte des Klosters St. Peter.* Freiburger Diöcesan-Archiv 13 (1880) 288 f.

40   [2] Rudolf (I.), Abt der Benediktinerabtei Muri (Diöz. Basel, Kanton Aargau) 1198—1205 (?). Vgl. M. KIEM, *Geschichte der Benediktiner Abtei Muri-Gries.* Stans 1888, I 88—90; D. BUCHER, *Muri-Gries 1027—1927.* Bolzano 1927, 19 und 321.

[3] Wohl Burkhart (I.) von Se(e)ngen, der am 4. September 1207 und am 15. Juli 1220 als Propst des weltlichen Chorherren-Stiftes Schönenwerd (Diöz. Konstanz, Bez. Olten, Kanton
45 Solothurn) bezeugt ist. Vgl. E. F. VON MÜLINEN, *Helvetia Sacra.* Bern 1858, I 56 bzw. *Genealogisches Handbuch zur Schweizer Geschichte.* Zürich 1908/16, III 346 und Taf. XXXII.

     [4] Benediktinerabtei Allerheiligen in Schaffhausen (Diöz. Konstanz, **Kanton Schaff-**hausen). Über den Abt Rudolf s. unten Anm. 7.

tia constitutis dilectos filios nostros G(ratianum), sanctorum Cosme et Damiani[5], et G(regorium), sancte Marie in Aquiro[6] diaconos cardinales dedimus auditores.

In quorum presentia pro R(udolfo) seniore fuerunt proposita, que secuntur: quod cum H(ugo), quondam abbas ipsius cenobii[7], onus regiminis 5 invito capitulo suo resignasset spontanee[c] et ab obedientia sua monachos absolvisset, ipsi predictum R(udolfum)[d] seniorem, etiam dicto H(ugone) consentiente sibique obediente cum aliis, in abbatem unanimiter elegerunt. Postea vero electus diocesano episcopo[8] presentatus, munus ab eo benedictionis accepit, ecclesiam ipsam per biennium et amplius sicut abbas 10 proprius aministrans. Verum quoniam moniales sancte Agnetis eiusdem ville[9], que peccandi materiam iunioribus monachis ministrabant, artiori custodie mancipavit, exinde occasione inventa iuvenes monachi contra ipsum alios concitarunt, tamquam predicti H(ugonis) resignatio minus canonica extitisset. Quod audiens episcopus antedictus ad locum accessit, 15 causam dissensionis requirens et predictum H(ugonem) paterne redarguens tamquam odii fomitem in ecclesia seminasset, accepit[e] ab eo, quod per ipsum talia non fiebant. Et cum quidam de monachis ipso episcopo presente se dicerent ab obedientia prefati H(ugonis) nullatenus absolutos,

vgl. Gn 37, 8

---

[c] *Durch Zeichen umgestellt aus* spontanee resignasset.   [d] R- *korr. aus* h-.   [e] abcepit. 20

[5] Gratian, Kardinaldiakon von SS. Cosma e Damiano 1178—1205/1206. Vgl. Kartusch, 151—154 Nr. 29; Pfaff, *Kardinäle unter Coelestin III.*, 90 f. Nr. 27.

[6] Gregor de Crescentio, Kardinaldiakon von S. Maria in Aquiro 1188—1200; von August 1198 bis Februar 1199 Rektor von Spoleto, dann Legat in Ungarn; 1200 Kardinalpresbyter von S. Vitale, urkundet als solcher vom 3. Februar 1201 bis zum 9. August 1207; 25 danach wieder Legat in Ungarn. Gestorben 1208/09. Vgl. Kartusch, 163—167 Nr. 32; Pfaff, *Kardinäle unter Coelestin III.*, 91 f. Nr. 34.

[7] Hugo (I.), Abt des Benediktinerklosters Allerheiligen in Schaffhausen 1187—1193/95. Er hatte resigniert, bemühte sich aber wieder um die äbtliche Würde, welche seit 1193 Rudolf innehatte (bis 1209). Hugo starb 1199. Vgl. R. Frauenfelder, *Die Aebte-* 30 *und Konventsiegel des Klosters Allerheiligen.* Schaffhausener Beiträge zur vaterländischen Geschichte 26. Schaffhausen 1941, 258 ff. bzw. Henggeler, *Profeßbücher*, 351. Erst 1220 wird Burkhard als Abt genannt.

[8] Diethelm (I.) von Krenkingen, B. von Konstanz (Suffr. von Mainz, Baden-Württemberg) November 1189—12. April 1206. Er war seit 1169 Abt des Benediktinerklosters 35 Reichenau, das er neben seiner Bischofswürde in Administration verwaltete, und seit 1197 Verwalter des Herzogtums Schwaben. Als Anhänger Philipps von Schwaben fiel er mit diesem 1201 in den Kirchenbann, von dem er erst 1204 losgesprochen wurde. Ein großer Freund des Zisterzienserordens, starb er in dessen Abtei Salem, nachdem er kurz zuvor — am 4. Februar (oder bald danach) — die bischöfliche Würde resigniert hatte. Vgl. Lade- 40 wig - Müller, *Regesta episcoporum Constantiensium*, I 124—136 Nr. 1112—1213 bzw. P. Kläui, *Diethelm von Krenkingen*, in: Neue Deutsche Biographie 3 (Berlin 1957) 674.

[9] Benediktinerinnen der zwischen 1070 und 1080 gegründeten Propstei St. Agnes in Schaffhausen (Diöz. Konstanz, Kanton Schaffhausen). Diese Gründung der Gräfin Ida von Kirchberg stand unter der Leitung der Abtei Allerheiligen, die einen ihrer Konventualen als 45 Propst daselbst einsetzte. Vgl. R. Frauenfelder, *Die Stadt Schaffhausen.* Basel 1951, 157 bzw. R. von Reichlin-Meldegg - F. J. Bendel, *Verzeichnis der deutschen Benediktinerinnenklöster.* Studien und Mitteilungen zur Geschichte des Benediktiner-Ordens und seiner Zweige 35 (N. F. 4, 1914) 36.

idem H(ugo), quod eos absolverat, est professus. Et ut omnem a se suspitionis materiam amoveret, cum iureiurando vehementer asseruit coram
episcopo antedicto, quod neque illam nec aliam habere vellet ulterius
abbatiam. Monachi vero post recessum episcopi ad artes solitas nichilo-
5 minus recurrentes, coram dicto episcopo et capitulo Constantiensibus adversus eundem R(udolfum) controversiam agitarunt, tamquam minus canonice dictus H(ugo) dimiserit abbatiam. Cumque dictus R(udolfus) paratus
esset de iusticia sua in continenti probare, monachi defectum cause sue
videntes in nullo gravati sedem apostolicam appellarunt; et per litteras
10 infra terminum appellationis per surreptionem optentas[f] contra ipsum
R(udolfum), per nuncios appellantem, iniqua sententia promulgata eius
fuit adversarius restitutus. Ipse vero R(udolfus) appellationem interpositam per nuncium prosequens et termino constituto commissionis litteras
ad certos iudices impetravit, ut quod occasione prioris commissionis
15 contra eum iudicatum fuerat, ad statum debitum revocato, et ei restituerent abbatiam et a monachis sibi facerent debitam reverentiam exhiberi.
Sed monachis obstinatis et sibi obedire nolentibus ambe partes ad sedem
apostolicam accesserunt; quibus a bone memorie Ce(lestino) papa, predecessore nostro[10], nos ipsi, dum in minori eramus officio constituti, et
20 dilectus filius noster I(ohannes), tituli sancti Stephani[g] [in Celiomonte]
presbyter cardinalis[11], dati fuimus auditores. Et cum utrimque coram
nobis esset diutius allegatum et eidem predecessori nostro per nos esset
processus negocii declaratus, ipse predictum R(udolfum), sententiam cum
instancia postulantem, ad componendum coegit invitum; et sic abbatie
25 renuncians de manu eius [recepit] custodiam[h] et etiam prioratum, ab eo
dum viveret sine questione qualibet possidendos. Huic autem ordinationi
licet consentiret invitus[i], domum tamen reversus, adversariis compositionem ipsam in nullo volentibus observare, non potuit que sibi concessa
fuerant optinere; quin potius in eum, quod deterius * est, manus iniece-   * fol. 151ᵛ
30 runt postea monachi[k] violentas. Sed adiutus ab illius loci hominibus
et monachorum manus evadens, ad appellationis subsidium convolavit.
    Interim vero dilectus filius noster P(etrus), sancte Marie in Vialata
diaconus cardinalis, apostolice sedis legatus, ad partes illas accedens[12],

---

        [f]) optentos; *doch -o- vielleicht korr. in -a-.*   [g]) *Über dem -i zwei senkrecht überein-*
35 *andergestellte Punkte. Wahrscheinlich sollte auf das Fehlen der folgenden Worte aufmerksam*
gemacht werden.   [h]) *Über dem c- zwei waagrecht angeordnete Punkte. Wahrscheinlich sollte*
auf das Fehlen eines Wortes aufmerksam gemacht werden.   [i]) *Durch Zeichen umgestellt aus*
invitus consentiret.   [k]) *Fehlt bei Migne.*

        [10]) Papst Coelestin III. (1191—1198). Vgl. Brackmann, *Germania Pontificia*, II/2
40 19 ff. Nr. 26—31.
        [11]) Johannes von Salerno, Kardinalpresbyter von S. Stefano in Celiomonte 1191—1208.
Er war ursprünglich Mönch in Montecassino gewesen und wurde öfters als päpstlicher
Legat nach Deutschland und England entsandt. Vgl. Zimmermann, *Päpstliche Legation*,
26 f. Nr. 9; Kartusch, 260—265 Nr. 58; Pfaff, *Kardinäle unter Coelestin III.*, 90 Nr. 25.
45   [12]) S. Br. II 2 Anm. 3. Bezüglich dessen Legation nach Böhmen und Polen (Anfang
1197—Anfang 1198) vgl. Friedländer, *Legaten*, 102 f. und Kartusch, 330.

pro iamdictis et aliis multis excessibus et suspendit monachos et monasterium interdixit. Ipsi vero contempta sententia cardinalis divina promp-
tius quam antea celebrarunt; et in hac suspensione predictus adversarius
eius de medio est sublatus[13]. Quo comperto ad ecclesiam venit; et cum
vellet predicte compositioni parere, parte altera hoc nolente, ne ad elec- 5
tionem abbatis procederent, quousque questio inter eos finiretur, obicem
provocationis obiecit. Sed monachi per omnia contumaces et dictum
R(udolfum) iuniorem pariter eligentes, ipsum benedicendum diocesano
episcopo presentarunt; qui post appellationem interpositam benedixit
eum et in ecclesia interdicta. Unde idem R(udolfus) iterato ad sedem apo- 10
stolicam accedens a nobis litteras impetravit, ut quod post appellationem
legittime interpositam perperam fuerat a monachis attemptatum, ad
statum debitum revocato, si constaret a suspensis et interdictis electionem factam fuisse, denunciarent eam penitus non tenere; super restitutione vero ipsius R(udolfi) senioris et aliis, que utrimque ducerent[1] pro- 15
ponenda, statuerent appellatione remota, quod ordo posceret rationis.
Ceterum iudices delegati litteris hiis receptis partes ad suam presentiam
citaverunt; et cum monachi per suggestionem falsi probare vellent litteras
impetratas, iudicibus nolentibus ipsarum probationem recipere [m], sedem
apostolicam appellarunt. Delegati vero, quia remota erat in litteris appel- 20
latio, in causa nichilominus procedentes, cum per depositiones testium eis
de veritate negocii constitisset, pro sepedicto R(udolfo) seniore restitutionis[n] sententiam protulerunt, adiudicantes ei ecclesiam memoratam.
Petebat itaque, quod factum erat ex delegatione apostolice sedis, per nos
optinere debitam firmitatem; ut repressa contumacia monachorum paci- 25
fica ipsius abbatie possessione gauderet.

Ceterum contra eundem R(udolfum) seniorem fuit ex parte altera taliter allegatum: quod cum dictus H(ugo), quondam abbas, minus legittime
resignasset et monachi de electione tractarent, senior R(udolfus) fraude
adhibita procuravit, quod cum vespere cantarentur et die sequenti[o] esset 30
electio celebranda, homines burgi ad ecclesiam accedentes ipsum R(udolfum) fere omnibus monachis reclamantibus ibidem per violentiam intru-
serunt. Monachi vero postea cognoscentes renuntiationem prefati
H(ugonis) minime tenuisse pariterque pensantes, quod sub eius conversatione laudabili monasterium proficere posset, ipsum tamquam abbatem 35
proprium requirebant. Unde factum est, quod post multas altercationes
et commissiones factas tandem de[p] utriusque partis assensu commissio
est optenta, quod si de informi resignatione H(ugonis) et inutili substi-
tutione R(udolfi) senioris constaret iudicibus delegatis, R(udolfo) remoto
sepedicto H(ugoni) restituerent abbatiam. Et ita fuit effectui mancipatum. 40
Post hec ipso R(udolfo) nichilominus murmurante, ambo pariter ad pre-

---

[1]) -c- durch Rasur korr. aus -x-.   [m]) Vielleicht auf Rasur.   [n]) Fehlt bei Migne.
[o]) Auf Rasur.   [p]) Davor über der Zeile zwei senkrecht übereinandergestellte Punkte.

[13]) Der resignierte Abt Hugo von Allerheiligen verstarb 1199 (vgl. oben Anm. 7).

decessoris nostri presentiam accesserunt, qui — sicut iam premisimus — nos
et prefatum presbyterum cardinalem eis tribuit auditores. Et tandem causa
diutius actitata per eundem predecessorem nostrum de utriusque partis
assensu fuit compositio taliter celebrata, quod H(ugo) abbatiam, R(udol-
5 fus) vero prioratum et custodiam optineret, propter quod ipsi H(ugoni)
obedientiam repromisit. Sic ergo eis reversis ad propria prefatam q) compositionem idem R(udolfus) coram diocesano episcopo approbavit. Sed ab
ipso abbate postea requisitus tercio, si custodiam et prioratum vellet habere, post trinam citationem veniens dixit, quod non per eum sed per Ro-
10 manum pontificem volebat habere premissa; unde nullam obedientiam ei
voluit r) exhibere. Recedens igitur absque abbatis licentia, cum extra
monasterium moram faceret longiorem, ab ipso H(ugone) de fratrum consilio fuit excommunicationis vinculo innodatus; et cum per longum tempus ad monasterium non rediret, abbas dicta officia consulentibus fratri-
15 bus aliis assignavit, qui, quamdiu abbas vixit, ea pacifice tenuerunt.

Abbate s) vero defuncto fratres convenerunt in unum, nonnullis abbatibus et aliis viris religiosis presentibus, qui ad defuncti convenerant sepulturam, et R(udolfum) iuniorem, seniore absente, in abbatem unanimiter
elegerunt; quem presentatum sibi diocesanus episcopus confirmavit et
20 etiam t) benedixit. Consequenter vero senior R(udolfus) ad presentiam
nostram accedens, litteras ad remotos per dietas IIII iudices et suspectos
monachis per mendacium impetravit. Ad quos pars monachorum ante
aliquam citationem accedens, copia commissionis optenta, litteras per falsi suggestionem proposuit impetratas pro eo, quod dicebatur in eis compo-
25 sitionem sibi non fuisse servatam, monasterium interdictum et se appellasse, priusquam R(udolfus) iunior electus fuerit in abbatem: que falsa
penitus asserebat. Tacuit etiam se excommunicatum ab hoc abbate defuncto et alia quedam, quibus expressis litteras ipsas nullatenus impetrasset. Cumque omnia, que premisimus, sufficienter probare vellent et
30 iudices eorum probationes recipere, tamquam demandatum eis non fuerit,
recusarent, ipsi monachi ante ingressum iudicii appellarunt, sicut ex
depositionibus testium est probatum. Delegati vero nichilominus procedentes et recipientes testes partis adverse, seniorem R(udolfum) restituendum u) sententialiter decreverunt: quorum factum tamquam iniquum
35 irritari a nobis monachi suppliciter postulabant.

Cum autem, que premissa sunt, et alia quedam prefati cardinales nobis
et fratribus nostris prudenter et fideliter retulissent, nos attendentes, quod
ex consensu compositionis recepte, quam predecessor noster etiam confirmaverat, ius, si quod sibi competierat, R(udolfus) senior amisisset ac
40 per hoc, ne monachi ad electionem procederent, appellare de iure minime
potuisset v), cum, nisi quorum interest, audiri non soleant appellantes:

---

q) pfatam. r) noluit. s) *Am Rande ein kurzer, schräger Strich.* t) *Fehlt bei*
Migne. u) -dum *auf Rasur.* Migne: instituendum. v) *Über dem* -et *noch eine* -er-
Kürzung. Migne: potuisse.

de ^{w)} consilio fratrum nostrorum appellationem illam dicimus legittimam
non fuisse, unde per eam electio non potuit impediri. Quia vero constitit
nobis monachos ipsos ante litis exordium rationabiliter appellasse pro eo,
quod super falsi suggestione probationem nolebant admittere delegati, et
per consequentiam eo ipso, quod bene appellatum fuerat, iurisditionem 5
iudicum expirasse: quicquid ab eis est perperam attemptatum vel de reci-
piendis ^{x)} ante litem contestatam testibus vel de sententia proferenda denunciamus sententialiter non * tenere. Sane ^{y)} quamvis dilecti filii prepositus ^{z)14)} et capitulum Constancienses de interdicto premisso ad cardinalem, qui posuerat illud, suis litteris inseruerint, quia ^{aa)} tamen per id, 10
quod R(udolfo) iuniori diocesanus episcopus munus benedictionis impendit, ei videtur quod premisimus obviare, unde vel scriptura facto vel
factum scripture preiudicat, nec probatum fuit licet obiectum, quod ab
interdictis electio fuerit celebrata: ipsam non potuimus irritare, presertim
cum contra personam electi nichil fuerit intentatum.   15

    Ideoque causam ipsam sub ea forma vobis duximus de consensu par-
tium committendam, ut si constiterit, quod electio fuerit facta a suspensis, ea omnino cassata, ipsi monasterio post satisfactionem condignam ^{bb)},
suspensionis et interdicti sententia relaxata, de persona idonea consulatur.
Alioquin, ne utilitas monasterii retardetur, premissam electionem per vos 20
appellatione remota volumus confirmari, et R(udolfum) iuniorem abbatie
pacifica possessione gaudere; alium vero custodiam et prioratum, que sibi
fuerant a supramemorato predecessore nostro concessa, non obstante donatione ab H(ugone), quondam abbate, facta de ipsis, volumus et mandamus sine contradictione qualibet obtinere.   25

    Testes autem et cetera. Nullis litteris preter assensum partium [etc.].
Quodsi omnes et cetera.

    Datum Laterani, VII Idus Aprilis.

fol. 152^r (marginal note, left margin, line 8)

31.

Innocenz III. nimmt das Kloster Durford in den apostolischen Schutz, be- 30
stätigt die Prämonstratenserregel und den gesamten Besitz; die Zehentfrei-
heit von allen Neubrüchen, die es selbst bebaut; das Recht, Mönche aufzu-
nehmen und diesen zu verbieten, nach Leistung der Profeß das Kloster ohne
Erlaubnis des Abtes wieder zu verlassen; das Patronat über seine Pfarr-

---

    ^{w)} *Am Rande zwei Punkte und darunter eine Art Komma (vgl. Einleitung XXI).*   ^{x)} reci- 35
pendis.   ^{y)} *Am Rande ein kurzer, schräger und ein wenig gebogener Strich sowie zwei*
Punkte (vgl. Einleitung XX f).   ^{z)} *Bei Migne davor:* P.   ^{aa)} *Migne:* qui.   ^{bb)} *Migne:*
indignam.

    ¹⁴⁾ Wohl Konrad von Tegerfeld, der zum 11. Juni 1199 als Dompropst von Konstanz
bezeugt ist (vgl. LADEWIG - MÜLLER, *Regesta episcoporum Constantiensium,* I 130 Nr. 1160). 40
Zuvor Domdekan daselbst (ca. 1188—1196), bestieg er zwischen dem 31. Januar und dem
6. März 1209 den bischöflichen Stuhl von Konstanz, empfing März/April 1210 die bischöfliche Konsekration und starb am 19. Februar 1233. Vgl. ebd., I 139—167 Nr. 1228—1443.

kirchen; das Recht, sich in Zivil- und Kriminalfällen des Zeugnisses der Ordensbrüder zu bedienen; eine beschränkte Freiheit vom allgemeinen Interdikt und das Sepulturrecht. Ferner schützt er das Kloster vor ungerechten Kirchenstrafen und bestimmt, daß ohne die Zustimmung desselben und des
5 *Diözesanbischofs innerhalb der Klosterpfarre keine Kapelle und kein Oratorium errichtet werden dürfe, außer mit päpstlicher Erlaubnis.*

Lateran, 1199 April 8.

Reg. Vat. 4, fol. 152ʳ ⟨Nr. XXXII, 31⟩.
Sirleto, fol. 291ᵛ = Cholinus, II 382 = Venet., II 382 = Baluze, I 352 Nr. 31 = Migne,
10 *PL 214, 564 Nr. 31. — Potth. Reg. 659; Bliss, Calendar, 5; Cheney, Calendar, 18 Nr. 101. —*
Vgl. W. H. Blaauw, Dureford Abbey, its fortunes and misfortunes, with some particulars of the Premonstratensian Order in England. Sussex Archaeological Collections 8 (1856) 41—96. Bezüglich der Auflösung einiger Orts- und Personennamen vgl. Dugdale, Monasticon Anglicanum, VI/2 936—939.

15　　**W(illelmo), abbati de Derefordia[1], eiusque fratribus tam presentibus quam futuris regularem vitam professis in perpetuum.**

(|) Religiosam vitam eligentibus et cetera usque ordo canonicus, qui secundum Deum et beati Aug(ustini) regulam atque Premonstratensium[a] fratrum institutionem in eodem monasterio et cetera usque vocabulis:
20 Locum ipsum, in quo prefatum monasterium situm est, cum omnibus pertinentiis suis, sicut terminorum designat appositio, et molendinum, quod Henricus clericus tenuit, cum pertinentiis suis, et decimam padnagii[b] de Herting'[2] in denariis et in portis, et totam decimam casei sui preter unam pesam, que ad ecclesiam eiusdem loci dicitur pertinere, et
25 terram de Vura; ex dono Henrici Hosati secundi[3] augmentum terre et nemoris, scilicet a via Londoniensi, que tendit de Derefordia versus Sing' usque ad divisam Hamtesir' et Susexie, et cappellam de Standena cum pertinentiis suis, et XXXVI acras terre in Wlgaston'[c], et molendinum de Hagedebed' cum pertinentiis suis, et decimam domus sue, scilicet de pane
30 et carne et pisce, et terram, quam Robertus de Sanda tenuit, cum pertinentiis suis; ex dono Clementie, uxoris sue, assensu domini sui XX solidos censuales in civitate Wintonie et terram de Abbedeston'[d]; ex dono

---

31. [a] Premostrarensium. 　　[b] *Migne:* pedagii. 　　[c] *Migne:* Vulgaston. 　　[d] *Migne:* Albedeston.

35 **31.** [1] Wilhelm (I.), Abt des Prämonstratenserklosters Durford bei Petersfield (Diöz. Chichester, Gfscht. Sussex) 1198—1215. Vgl. Backmund, *Monasticon Praemonstratense*, II 52 f.

[2] Harting (Diöz. Chichester, Gfscht. Sussex) mit dem Sitz der Gründerfamilie von Durford. Das Kloster wurde 1161 von Heinrich (I.) Hose (Husey), Herrn von Harting, ge-
40 gründet und mit Mönchen aus Welbeck (Diöz. York, Gfscht. Nottingham) besiedelt. Vgl. Knowles - Hadcock, *Religious Houses: England and Wales*, 165.

[3] Heinrich (II.) Hose (Husey), Herr von Harting, ein Sohn des Klostergründers. Vgl. die genealogischen Angaben bei Blaauw, *Dureford*, 46—48.

4*

Iocelini[e] fratris . . quondam regine[4] unam virgatam[f] terre in Ecchiete; ex dono W. de Braosa unum tunellum vini rubei ad missas celebrandas in villa de Sorahan et unam salinam[g]; ex dono H. comitisse Gloecestrie[5] terras, quas T. de Witru et Matheus et Robertus tenuerunt, et sedecim acras in Essartis de Nutstede; ex dono Hugonis Hosati duas virgatas 5 terre in Derinthon'[h] cum pertinentiis suis; ex dono Galfridi Hosati medietatem terre, quam emit de Gualtero de Selca, in Edboldinton'; ex dono W. de Sunewerda unam virgatam terre apud Holt; ex dono R. de Mesnil et Iordani de Walicheruilla[i] terram, quam Reginaldus filius Vlfi tenuit in Subreton'; ex dono R. capellani de Saldeford' unum masagium in Gelde- 10 ford'; ex dono Hugonis de Bernier' unum masagium apud Deuisas; ex dono W. de Elestede terram de Wihus; ex dono Alani de Sancto Georgio quinque solidatas redditus in manerio de Tradinthon'[k]; ex dono Walteri Hosati terram de Startorp'[l].

Sane novalium et cetera. Liceat quoque vobis et cetera. Prohibemus 15 insuper, ut nulli fratrum et cetera. Ad hec presenti decreto statuimus, ne quis vos et cetera. Prohibemus insuper, ut infra fines et cetera. In parrochialibus autem et cetera. Crisma vero et cetera. Licitum et cetera. Cum autem generale interdictum et cetera. Sepulturam preterea et cetera. Paci quoque et cetera. Libertates [m] et cetera. Decernimus ergo et cetera; 20 salva sedis apostolice auctoritate et diocesani episcopi canonica iusticia. Si qua igitur et cetera.

Datum Laterani per manum Rainaldi[n], domini pape notarii, cancellarii vicem agentis[6], VI Idus Aprilis, indictione secunda, incarnationis Dominice anno M°C°XC°IX°, pontificatus vero domni Innocentii pape 25 III anno secundo.

32.

Innocenz III. nimmt das Bistum Cork in den apostolischen Schutz, bestätigt dessen ganzen Besitz sowie alle Freiheiten und Rechte und verbietet, daß irgend jemand ohne Zustimmung des Bischofs (Murchadh Ó hAodha) 30 *Exkommunizierte und Interdizierte, außer in Lebensgefahr, absolviere.*

Lateran, 1199 April 12.

Reg. Vat. 4, fol. 152r—152v ⟨Nr. XXXIII, 32⟩.
Sirleto, fol. 292r = Cholinus, II 383 = Venet., II 383 = Baluze, I 352 Nr. 32 = Migne,

---

e) *Migne:* Joceleni.　　f) -i- *korr. aus einem anderen Buchstaben und* -r- *über der Zeile* 35 *nachgetragen.*　　g) *Migne:* salmam.　　h) *Migne:* Berithon.,　　i) *Migne:* Walchervilla. k) *Migne:* Tradinchon.　　l) *Migne:* Scartorp.　　m) *Migne:* Libertatis.　　n) Rainadi.

4) Jocelinus Castellanus, Graf von Louvain, Sohn Herzog Gottfrieds I. von Brabant, war ein Bruder der Königin Adela (Adeliza), der zweiten Gemahlin Heinrichs I. von England. Er heiratete 1175 Agnes, Tochter des Wilhelm von Percy, und begründete damit das 40 zweite Haus von Percy. Vgl. M. T. MARTIN, *The Percy Chartulary. The Publications of the Sussex Society*, 117 (Durham-London 1909/11) V.

5) Eine Gräfin von Gloucester dieses Namens konnte nicht nachgewiesen werden.

6) S. Br. II 3 Anm. 6.

PL 214, 565 Nr. 32; Sheehy, Pontificia Hibernica, I 105 Nr. 39. — Potth. Reg. 663; Bliss, Calendar, 5. — Vgl. Kempf, Originalregister, 97 Anm. 36.

. . Corcaiensi episcopo[1] eiusque successoribus canonice substituendis in perpetuum.

5 | **Ex** iniuncto nobis apostolatus officio et cetera usque vocabulis[2]: Locum ipsum, in quo prefata ecclesia sita est, cum omnibus pertinentiis suis et libertatibus intra et extra civitatem; ecclesiam sancte Marie in Monte et ecclesiam beati Michaelis et cimiterium, in quo posite sunt, et atria circumquaque posita; ecclesiam sancti Nessani; ecclesiam sancte
10 Brigide; ecclesiam sancti Sepulchri; ecclesiam sancti Ioh(ann)is in civitate; ecclesiam sancte Trinitatis; et ecclesiam sancti Petri in civitate cum molendino Corchaie[a], quod est inter insulam et rupem, cum piscatura Vadubgaill[b] et piscaturam Macmoelpoil et ceteras piscaturas iuratas ecclesie tue cathedrali sancti Barri[3]; Achadnanhos, Dunculinn, Clochan,
15 Nahulain, Duoles uchonduban, Balinagerranach, Ardachad, Baliugiphan, Baliudonchada[c], Lesnaedenan, Balufobedi, Cellmagunchrinn[d], Duobetheig, Lesadhdi beccam, Cell udri, Cellcroman, Cellcul, Ardmor[e], Durusguill, Cellescop Mellan, Cellescoplappan, Cellcunran, Cullecha, Dubtulach et alias terras sancti Barri in Vcurp[f], et totum Vmacciair[g] in terris,
20 ecclesiis, aquis et possessionibus; terram sancti Barri in Ciarrigi, in Ispich[h] cum pertinentiis suis; Rosbech, Cellnaclerech, Cellimeclan, Aesgabri, Huc urb machino[i], Cellinellaig, Cullen cum pertinentiis suis, Nochoengbail, Cennsali cum pertinentiis suis, Techsachsan cum pertinentiis suis, Iniseoganan[k], Cell Moesenoch, Cellbrogan, Cellmatnain,
25 Midisel, Achadmeleitig, Cellsinchill cum pertinentiis suis, Techmolaggi cum pertinentiis suis, Domnachmor[l], Cellsaeleach, Diseitcrum[m] cum pertinentiis suis, Inisduni cum suis pertinentiis, Magalaid, Glennberchin, Cellarchadangli[n], Achaddun cum pertinentiis suis, Cellmugana, Cluamechi, Cellcillin, Cellcohi cum suis pertinentiis, Scol cum suis
30 pertinentiis, Cellronan[o], Cellmolaggi, Cellmua, Durrus cum pertinentiis * suis, Insscuingi cum suis pertinentiis, Cellmochomoc, Cellechdach, Cellmana, Cellchat thigern, Cellmacceogain[p], Dramdallach, Fanlobais, Magatia, Dissaertsaergussa[q], Cennech, Cluanached, Dunusci,

                                                                * fol. 152ᵛ

---

32. [a] *Migne:* Corcaiae.   [b] *Migne:* Vadugaill.   [c] *Migne:* Baliudunchada.
35 [d] *Migne:* Cellmagimchrinn.   [e] *Migne:* Ardinor.   [f] *Migne:* Uturp.   [g] *Migne:* Vmacciar.   [h] *Sheehy:* Inispich.   [i] *Migne:* Hucubmachino.   [k] *Migne:* In Iseoganan.   [l] *Migne:* Domnachior.   [m] *Migne:* Ciseicerum.   [n] -r- *über der Zeile nachgetragen.*   [o] *Migne:* Celloran.   [p] *Migne:* Cellmacceogam.   [q] *Migne:* Dissaert, Saergussa.

40 **32.** [1] Murchadh Ó hAodha, B. von Cork (Suffr. von Cashel, Gfscht. Cork, Irland) ca. 1192—1206. Vgl. Powicke - Fryde, *Handbook*, 326.
    [2] Zur Identifizierung der hier aufscheinenden Örtlichkeiten vgl. Sheehy, *Pontificia Hibernica*, I 105—109 Nr. 39.
    [3] Kathedrale St. Finbarr.

Cennmugi, Magalaid, Dissertmort cum pertinentiis suis, Dissert anaeda[r] cum pertinentiis suis, Rathen cum pertinentiis suis, Claennabur cum pertinentiis suis, cum Cennmugi et aliis pertinentiis suis, Athbruanni, Ardmaccfaelan, Tulachratha, Celllia, Cluanpruches, Corcachbec[s] et Archadfadda.   5

Prohibemus insuper, ne interdictos et cetera. Preterea libertates et cetera. Decernimus ergo et cetera; salva in omnibus apostolice sedis auctoritate et Casselensis archiepiscopi[4] debita reverentia. Si qua igitur et cetera.

Datum Laterani per manum Rainaldi, domini pape notarii[5], cancel- 10 larii vicem agentis[t], II Idus Aprilis, indictione secunda, incarnationis Dominice anno M°C°XC°IX°, pontificatus vero domni Innocentii pape III anno secundo.

33.

Bischof R(ainer) und der Podestà Bonconte von Città di Castello übersenden 15
Innocenz III. eine Zinszahlung und ersuchen ihn um Hilfe gegen Angriffe
der Stadt Arezzo.

(1199, April ca. 1—10)[1].

Reg. Vat. 4, fol. 152[v] ⟨Nr. XXXIIII, 33[a]⟩.
Sirleto, fol. 292[v] = Cholinus, II 383 = Venet., II 383 = Baluze, I 353 Nr. 33 = Migne, 20
PL 214, 566 Nr. 33; G. Magherini Graziani, Storia di Città di Castello. Città di Castello 1910,
II 79 Anm. 1; U. Pasqui, Documenti per la storia della città di Arezzo nel medio evo. Firenze
1920, II 55 Nr. 431.

| **Pio**[b] patri et domino In(nocentio), divina gratia sancte Romane ecclesie summo pontifici, R(ainerius), Castellane ecclesie humilis servus[2], et 25 Bonuscomes[c], civitatis Castellane potestas[3], cum eiusdem terre maioribus et minoribus debiti obsequii devotissimum famulatum.

---

[r] *Das zweite -a- korr. aus einem anderen Buchstaben. Migne:* Disertanaeda.   [s] *Migne:*
Corcachbet.   [t] agetis.
33. [a] *Auf Rasur: ein Kreuz wurde ausradiert.*   [b] *Am Rande von einer Hand des 13. Jh.:* 30
pro iure Romane ecclesie.   [c] bonus comes; *so auch bei Migne.*

[4] Muirgheas (Muirghes, Matthäus) Ó hÉanna, EB. von Cashel (Gfscht. Tipperary, Irland) ca. 1186—1206. Er war vorher Zisterziensermönch. Vgl. POWICKE - FRYDE, *Handbook*, 322 bzw. F. O'BRIAIN, *Cashel*, in: Dict. HGE 11 (Paris 1949) 1281.

[5] S. Br. II 3 Anm. 6.   35

33. [1] Zur Datierung: Der Brief wurde nach dem 12. April (Br. II 32) und wahrscheinlich gemeinsam mit dem Br. II 34 vom 8. April registriert, was die Neuansätze vor den Br. II 33 und II 35 nahelegen. Daher ist anzunehmen, daß man ihn im ersten Drittel des Monats April abfaßte.

[2] Rainer (II.), B. von Città di Castello (exemt, Prov. Perugia) 11. Dezember 1178 40 (electus) — 7. Juni 1204. Vgl. G. MUZI, *Memorie ecclesiastiche di Città di Castello*. Città di Castello 1842, II 89—98 Nr. XXXII; R. VAN DOREN, *Città di Castello*, in: Dict. HGE 12 (Paris 1953) 1001.

[3] B(u)onconte, Podestà von Città di Castello 1198/1199. Vgl. G. MUZI, *Memorie civili di Città di Castello*. Città di Castello 1844, I 29 f.; MAGHERINI GRAZIANI, *Storia di Città di* 45
Castello, II 79 Anm. 1.

Cum pristina memoria terra nostra, immo vestra, ad patrimonium sancte Romane ecclesie communi ac privato iure spectare noscatur et nuper sanctitatis vestre sollicita cura antiqua statuta inde sint innovata, dignum duximus ad presens debitum canonem, scilicet per unamquamque domum
5 denarium[d]), colligere et in signum nostre fidei per presentium latorem, nobilem virum, ad pedes vestre sanctitatis dirigere[4]). Cuius facti humilis devotio nos corroborat et in quibus indigemus a sanctitate vestra protectionem querere confortat. Aretini cives, nobis aliis proximiores, Castellani episcopatus fines invadere conantur[5])et cum marchionibus[6])confederati, qui
10 contra preceptum vestrum[e]) de destructione Montis Sancte Marie[7]) acriter doluerunt, aliud[f]) castrum Castellane ecclesie expugnare et memoratum montem post Pascha[8]) reficere ordinaverunt.

Subveniat ergo famulis suis vestre sanctitatis benignitas et iamdictos Aretinos ab huiusmodi vexationibus imperiose compescat et adiacentes
15 vicinos, scilicet Perusinos[9]) et Massanos[10]), ut nobis subveniant, vestre paternitatis providentia si placet inducat.

34.

Innocenz III. befiehlt dem Erzbischof (Wilhelm) von Embrun, die Exkommunikation des Bischofs (Petrus) von Vence öffentlich zu verkünden,
20 *weil dieser die über ihn verhängte Suspension mißachte.*

Lateran, (1199) April 8.

Reg. Vat. 4, fol. 152ᵛ ⟨Nr. XXXV, 34⟩.
Sirleto, fol. 293ʳ = Cholinus, II 384 = Venet., II 384 = Baluze, I 353 Nr. 34 = Migne, PL 214, 566 Nr. 34. — Potth. Reg. 660; Bréquigny, Table chronologique, IV 271; Chevalier,
25 *Regeste Dauphinois, I 914 Nr. 5491.*

---

d) -quamque domum denarium *auf Rasur.*   e) -m *korr. aus* -o.   f) *Am Rande vier bzw. fünf quadratförmig angeordnete Punkte.*

4) Città di Castello war der römischen Kirche zinspflichtig mit einem Luccheser Denar pro Herdfeuer. Vgl. *Liber Censuum*, I 52 und 53 b Anm. 1.
30 5) Zwischen Arezzo, Città di Castello, Perugia, Gubbio, Urbino und anderen umbrischen Kommunen bestand ein Spannungsverhältnis, das aus dem Wunsche nach Vorherrschaft im umbrischen Raume resultierte.
6) Uguccio und Guido, Markgrafen von Monte Santa Maria (heute Santa Maria Tiberina, Prov. Perugia), sind um die Jahrhundertwende urkundlich bezeugt. Vgl. E. REPETTI,
35 *Dizionario geografico fisico storico della Toscana.* Firenze 1839, III 425.
7) Monte Santa Maria (Prov. Perugia). Die Zerstörung der Burg war von Innocenz III. befohlen worden, weil die Markgrafen 1192 den von seiner französischen Legation heimkehrenden Oktavian, (Kardinal-)Bischof von Ostia, gefangengenommen und dort in Haft gehalten hatten. Vgl. TOECHE, *Heinrich VI.,* 318 bzw. JANSSEN, *Päpstliche Legaten,* 139—
40 142 Nr. 1. — Das wohl gleichzeitige Verbot an die Kommune von Arezzo, den Wiederaufbau dieser Burg vorzunehmen, vgl. in Br. II 166 (175).
8) D. i. der 18. April 1199.   9) Die Einwohner von Perugia.
10) Die Bewohner von Massa Trabaria (Marken), ein Gebiet, wo Romagna, Toskana, Umbrien und die Mark Ancona aneinandergrenzen. Über die Beziehungen zwischen Città
45 di Castello und Massa Trabaria vgl. T. CODIGNOLA, *Ricerche storico-giuridiche sulla Massa Trabaria nel XIII secolo.* Archivio storico italiano 98 (1940) 20—36.

. . Ebredunensi archiepiscopo[1].

Sicut[a] nobis tua fraternitas suis litteris intimavit, cum bone memorie C(elestinus)[2] papa, predecessor noster, tibi et venerabilibus fratribus nostris . . Dignensi[3] et . . Senecensi[4] episcopis dedisset firmiter in mandatis, ut pro enormibus, que sibi de . . Ventiensi episcopo[5] fuerant nun- 5 ciata, ipsum, si rei veritas taliter se haberet, ab officio beneficioque suspensum ad sedem apostolicam mitteretis, vos diligenter que vobis iniuncta[b] fuerant exequentes, cum illis et deterioribus prefatum episcopum inveneritis maculatum, precepistis eidem, ut suspensus apostolico se conspectui presentaret; qui neque ad ecclesiam Romanam accessit neque 10 propter suspensionem episcopatum desiit ordinare.

Nolentes autem ut, que de mandato maxime apostolice sedis a venerabilibus fratribus nostris rationabiliter disponuntur, alicuius debeant temeritate convelli, fraternitati tue per apostolica scripta districte precipiendo mandamus, quatinus prefatum episcopum, qui suspensionis 15 sententiam in se latam observare contempsit, excommunicatum publice nuncies et facias ab omnibus arctius evitari, donec ad presentiam nostram cum tuarum testimonio litterarum accedat[c], redditurus si poterit de suis

vgl. Apg 18, 21 actionibus rationem, cui volente Domino in nostra et fratrum nostrorum presentia sua iusticia respondebit.   20

Datum Laterani, VI Idus Aprilis.

---

34. [a] *Am Rande ein Kreuz ausradiert.*   [b] iniucta.   [c] *Auf Rasur.*

34. [1] Wilhelm (IV.) de Bénévent, EB. von Embrun (Dép. Hautes-Alpes, Arr. Gap) 1189—17. April 1208. Vgl. P. GUILLAUME, *Inventaire sommaire des Archives départementales antérieures à 1870. Hautes-Alpes II, série G.* Gap 1891, IV (Daten: 1189 bis 1202) bzw. H. 25 FISQUET, *La France pontificale . . . Métropole d'Aix, Arles, Embrun.* Paris ²1868, II 858 und L. GAILLARD, *Embrun*, in: Dict. HGE 15 (Paris 1963) 380.

[2] Dieser Brief Coelestins III. (1191—1198) konnte nicht aufgefunden werden.

[3] Entweder Bertrand (I.) de Turrias, der 1196 als B. von Digne (Suffr. von Embrun, Dép. Basses-Alpes) aufscheint (freundliche Mitteilung von Mr. Raymond Collier, Archives 30 du département des Basses-Alpes vom 19. März 1969), oder Ismido, der 1206 genannt ist. Vgl. P. GASSENDI, *Notitia ecclesiae Diniensis . . .* Parisiis 1654, 139; FISQUET, *La France pontificale . . . Prémière partie: Digne et Riez.* Paris 1870, 47; J. J. M. FÉRAUD, *Souvenirs religieux des églises de la Haute-Provence.* Digne 1879, 181 und GAILLARD, *Digne*, in: Dict. HGE 14 (Paris 1960) 461.   35

[4] Maurellius (I.), B. von Senez (Suffr. von Embrun, Dép. Basses-Alpes, Arr. Castellane) 1189—1213 (oder bereits vor 1213 verstorben). Er war zuvor Propst daselbst. Vgl. *Gallia Christiana*, III 1254.

[5] Petrus (II.) Grimaldi, B. von Vence (Suffr. von Embrun, Dép. Alpes-Maritimes, Arr. Grasse), zwischen dem 12.August 1193 und 1202 nachweisbar.Vgl. *GalliaChristiana*, III 1219 40 bzw. P. R. CLAPUSOT, *Essai de monographie chronologique des évêques d'Antibes, Grasse, Nice, Cimiez, Vence, Glandèves.* Nice 1966.

35.

Innocenz III. trägt den Bischöfen (Rostagnus) von Avignon und (Bertrand) von Saint-Paul-Trois-Châteaux auf, das Urteil zu vollstrecken, welches er zwischen dem Domkapitel von Sisteron und dem Templerorden über
5 *das Recht des letzteren, ein Oratorium zu bauen, gefällt hat.*

Lateran, (1199) April 7.

Reg. Vat. 4, fol. 152v ⟨Nr. XXXVI, 35⟩.
Sirleto, fol. 293r = Cholinus, II 384 = Venet., II 384 = Baluze, I 354 Nr. 35 = Migne,
PL 214, 567 Nr. 35; Gallia Christiana Novissima, IV 57 Nr. 97. — Potth. Reg. 661; Bré-
10 *quigny, Table chronologique, IV 272; Chevalier, Regeste Dauphinois, I 914 Nr. 5490; Gallia*
Christiana Novissima, VII 93 Nr. 321.

. . **Auinionensi**[1] **et** . . **Triscastrino**[2] **episcopis.**

| Causam, que inter dilectos filios fratres militie Templi[3] ex una parte
et . . prepositum[4] et canonicos Sistaricenses ex alia super constructione
15 oratorii vertebatur, super qua post commissiones plurimas ab apostolica
sede obtentas a venerabilibus fratribus nostris . . Diensi[5] et . . Dignensi[6] episcopis et dilecto filio . . abbate de Boscaldun[a][7] fuerat sententia promulgata, utraque parte in nostra presentia constituta, dilectis
filiis G(uidoni), sancte Marie Transtiberim presbytero[8], et H(ugolino),
20 sancti Eustachii diacono[9], cardinalibus, commisimus audiendam. Qui

---

35. [a] *Migne:* Boscaldum.

35. [1] Rostagnus (IV.) Autorgat, B. von Avignon (Suffr. von Arles, Dép. Vaucluse) 1198—
30. Juni 1209. Vgl. *Gallia Christiana Novissima*, VII (Avignon) 90—110.

[2] Bertrand (II.) de Pierrelatte, B. von Saint-Paul-Trois-Châteaux (Suffr. von Arles,
25 Dép. Drôme, Arr. Nyons) 1180—1206. Er war zuvor Archidiakon von Saint-Paul (1175)
und Propst von Vaison (1179). Vgl. *Gallia Christiana Novissima*, IV (Saint-Paul-Trois-
Châteaux) 56—64.

[3] Die Templer besaßen in Sisteron (Diöz. Sisteron, Dép. Basses-Alpes, Arr. Forcalquier) einen festen Ansitz. Vgl. E. G. Léonard, *Introduction au cartulaire manuscrit du*
30 *Temple (1150—1317), constitué par le Marquis d'Albon . . . suivie d'un tableau des maisons*
françaises du Temple et de leurs précepteurs. Paris 1930, 42.

[4] Wilhelm (III.) Brunelli, Propst des Domkapitels von Sisteron (Suffr. von Aix-en-
Provence, Dép. Basses-Alpes, Arr. Forcalquier), zwischen 1180 und 1205 bezeugt. Vgl.
Gallia Christiana Novissima, I (Aix, Apt etc.)781 f. Nr. 6.

35 [5] Jarenton (I.) de Quint, B. von Die (Suffr. von Vienne, Dép. Drôme) 1191—20. Dezember 1198. Er war zuvor Domdekan von Die. Als sein Nachfolger erscheint Humbert (I.)
von Juni 1199 bis 1207. Vgl. über beide J. Chevalier, *Essai historique sur l'église et la ville*
de Die. Montélimar 1888, I 245—263.

[6] S. Br. II 34 Anm. 3.

40 [7] Gaudemar (I.), Abt der Benediktinerabtei Notre-Dame de Boscodon (Diöz. Embrun,
Dép. Hautes-Alpes, Arr. und Cant. Embrun) ca. 1197—1199. Vgl. P. Calendini, *Boscodon*,
in: Dict. HGE 9 (Paris 1937) 1310.

[8] Guido de Papa, Kardinalpresbyter von S. Maria in Trastevere von 1190—1206,
(Kardinal-)Bischof von Palestrina von 1206 bis 1221. Vgl. Kartusch, 177—182 Nr. 37;
45 Pfaff, *Kardinäle unter Coelestin III.*, 86 Nr. 8.

[9] Hugo(linus), Kardinaldiakon von S. Eustachio 1198—1206, (Kardinal-)Bischof von
Ostia und Velletri 1206—19. März 1227, als er als Gregor IX. Papst wurde. Gestorben am

auditis utriusque partis rationibus, nobis et fratribus nostris fideliter que audierant retulerunt, in scriptis allegationes partium presentantes.

Nos autem auditis omnibus et diligenter inspectis, cum fratribus nostris deliberato consilio, quia durum admodum videbatur, quod privilegia felicis recordationis Romanorum pontificum, predecessorum 5 nostrorum, et nostra concessa Templariis debita firmitate carerent, volentes, quod et privilegia tam predecessorum nostrorum quam nostra[b] illibata serventur et sententia predictorum iudicum, que per bone memorie C(elestinum) papam[10], predecessorem nostrum, noscitur confirmata, in sua remaneat firmitate, taliter duximus super ipso negotio 10 statuendum, ut prepositus et capitulum Sistaricenses, si voluerint, a Templariis sufficientem infra duos menses recipiant cautionem, quod de oratorio illo dampnum aut preiudicium matrici ecclesie nullatenus generetur; et sic, secundum quod in eorum habetur privilegiis[11], liberam[c] habeant facultatem prefatum oratorium consummandi. Quodsi forte pre- 15 dicti prepositus et canonici cautionem ipsam non duxerint admittendam, ut sic late sententie pareatur, quod privilegiis indultis minime[d] derogetur, Templariis ipsis auctoritate dedimus apostolica potestatem ultra locum illum, in quo construere inceperunt — sicut per sententiam est inhibitum, ne ulterius in ipso procedant — ubicumque maluerint, dumtaxat in suo 20 solo, non obstantibus contradictione vel appellatione cuiuslibet iuxta privilegiorum suorum tenorem[11] oratorium fabricandi.

Inde est, quod fraternitati vestre per apostolica scripta mandamus, quatinus prefatos prepositum et canonicos, ut sibi et Sistaricensi ecclesie a Templariis precaveant, ut prediximus, et constructionem oratorii iam 25 incepti non impediant, moneatis attentius et inducere procuretis. Quodsi facere forte noluerint, ne Templarios super constructione oratorii ultra locum illum, ut superius est distinctum, contra concessam[e] eis libertatem a nobis impedire presumant, ipsos per censuram ecclesiasticam sublato appellationis obstaculo compellatis.   30

Datum Laterani, VII[f] Idus Aprilis.

---

[b]) -a korr. aus -o.   [c]) Fehlt bei Migne.   [d]) minine   [e]) Auf Rasur.   [f]) Migne: VI.

22. August 1241. Er stammte aus Anagni (Prov. Frosinone) und wurde durch G. Marchetti Longhi, *Ricerche sulla famiglia di Papa Gregorio IX*. Archivio della R. Deputazione Romana di Storia patria 67 (1944) 275—307 als Ugolino de Mattia für die weitverzweigte Sippe der 35 Papareschi in Anspruch genommen.

      [10]) S. Br. II 22 Anm. 5, doch konnte ein diesbezügliches Schreiben nicht aufgefunden werden.

      [11]) Dazu vgl. Schreiber, *Kurie und Kloster*, I 97 und II 21 f. bzw. das Privileg Alexanders III. „Omne datum optimum" (JL 10807 a und Tangl, *Kanzleiordnungen*, 245 40 Nr. 19).

36.

Innocenz III. trägt dem Erzbischof (Elias) von Bordeaux, dem Bischof (Bertrand) von Agen und dem Abt (Petrus) von Sauve-Majeure auf, das Domkapitel von Bazas, welches die Zahl seiner Mitglieder aus eigensüchtigen
5 *Gründen mit achtzehn festgesetzt hat, entsprechend den Einkünften desselben zu vergrößern.*

Lateran, (1199) April 12.

Reg. Vat. 4, fol. 152ᵛ—153ʳ ⟨Nr. XXXVII, 36⟩.
Sirleto, fol. 293ᵛ = Cholinus, II 385 = Venet., II 385 = Baluze, I 354 Nr. 36 = Migne,
10 *PL 214, 568 Nr. 36. — Potth. Reg. 664; Bréquigny, Table chronologique, IV 272. — Vgl.*
Gallia Christiana, II 1199.

.. **Burdegalensi archiepiscopo**[1], .. **Agenensi episcopo**[2] **et** ..
abbati Silue Maioris[3]**.**

Ex[a] parte venerabilis fratris nostri Vasatensis episcopi[4] fuit in au-
15 dientia nostra propositum, quod cum in novitate promotionis sue de ordinatione Vasatensis ecclesie tractatus inter ipsum et canonicos haberetur, per
mendacium confinxerunt, quod in ipsa ecclesia * non fuerant ab antiquo   * fol. 153ʳ
nisi decem et octo prebende, nullam ei super hoc scripturam autenticam
exhibentes; et falsis persuasionibus eius animum induxerunt, ut super
20 statuendo numero XVIII canonicorum, qui tamen essent in ecclesia resi-
dentes et ibidem assidue deservirent, suum preberet assensum. Et licet
proventus ipsius ecclesie XXIIII canonicis congrue sufficere valeant, non
etiam sunt XII canonici, qui ecclesie servitium suum impendant; et
idem lucrum suum potius quam[b] ecclesie comodum attendentes[b], ut
25 proventus ecclesie in suos usus convertant, in substituendis canonicis nec
volunt nec student esse concordes.

Quoniam igitur, quod per fraudem vel mendacium obtinetur[c], effectum
habere non debet, discretioni vestre per apostolica scripta mandamus,
quatinus, si premissis veritas suffragatur, non obstante constitutione

___

30 **36.** a) *Die Initiale läuft in einen kleinen, speienden Hundekopf aus.*   b–b) *Auf Rasur.*
Danach zwei übereinandergestellte Punkte, die wahrscheinlich auf die vorzunehmende Korrek-
tur aufmerksam machen sollten.   c) *Auf Rasur.*

36. ¹) Elias (I.) de Malemort, EB. von Bordeaux (Dép. Gironde) 1188—19. März 1207.
Vgl. Y. Renouard, *Bordeaux sous les rois d'Angleterre*, in: Histoire de Bordeaux. Bordeaux
35 1965, III 564.
    ²) Bertrand (I.) de Béceyras, B. von Agen (Suffr. von Bordeaux, Dép. Lot-et-Garonne)
1182 (nach 5. Januar) — 4. August 1209. Vgl. P. Combes, *Les évêques d'Agen.* Agen 1885,
138 Nr. 32.
    ³) Petrus (III.) de Lambesc (Laubesc), Abt der Benediktinerabtei Sauve-Majeure
40 (auch La Grande-Sauve genannt, Diöz. und Arr. Bordeaux, Dép. Gironde, Cant. Créon,
Comm. La Sauve) 1194 — nach 4. Mai 1201. Vgl. *Gallia Christiana*, II 870 Nr. X bzw.
J.-P.-A. Cirot de la Ville, *Histoire de l'abbaye et de congrégation de Notre-Dame de la
Grande-Sauve, ordre de Saint-Benoît, en Guienne.* Bordeaux 1844.
    ⁴) Gaillard (I.) de La Mothe, B. von Bazas (Suffr. von Auch, Dép. Gironde, Arr. Lan-
45 gon) Juni 1186 — 1213/14. Vgl. J.-R. Biron, *Bazas*, in: Dict. HGE 7 (Paris 1934) 70.

predicta super numero XVIII canonicorum facta per fraudem in ecclesie
detrimentum, secundum quod ecclesie poterunt sufficere facultates, sub
convenienti numero canonicos eligi absque appellationis obstaculo et in-
stitui faciatis, qui continuam ibidem residentiam facientes devotum in ea
Domino exhibeant famulatum; districtius compescentes, si qui vobis 5
super hiis temere presumpserint refragari.

Nullis litteris et cetera. Quodsi omnes et cetera.

Datum Laterani, II Idus Aprilis.

37.

Innocenz III. spricht in einem Prozeß zwischen dem Erzbistum Mailand 10
und dem Kloster San Donato di Scozòla in Sesto Calende die strittigen
Rechte dem Erzbistum, dem Kloster aber einen Mansen in Baveno zu.

Lateran, (1199) April 16.

Reg. Vat. 4, fol. 153ʳ—154ʳ ⟨Nr. XXXVIII, 37⟩.
Sirleto, fol. 294ʳ = Cholinus, II 385 = Venet., II 385 = Baluze, I 355 Nr. 37 = Migne, PL 15
214, 568 Nr. 37. — Comp. III. 2, 13, 1; Bern. 2, 12, 1; X. II, 22, 6. — Potth. Reg. 666;
Savio, Vescovi d'Italia, Lombardia, I 554 f. — Vgl. Giulini, Memorie, VII 162 f.; nuova
edizione, IV 117; A. Bellini, L'Abbazia e la Chiesa di San Donato in Sesto Calende. Archi-
vio Storico Lombardo 52 (1925) 79—129; Spinelli, Ricerche, 33 f. und Br. I 37.—Zur Urkun-
denkritik: H. Förster, Beispiele mittelalterlicher Urkundenkritik. Archivalische Zeitschrift 20
50/51 (1955) 304 f. bzw. Br. I 349.

Ph(ilippo), Mediolanensi archiepiscopo [a)1)].

| Inter dilectos filios Gerardum, abbatem sancti Donati de Scozula[2)],
ex una parte nomine monasterii et W(illelmum) Balbum, Mediolanensem
canonicum, procuratorem tuum[3)], nomine Mediolanensis archiepiscopatus 25
ex altera super subiectis articulis diu fuit in nostro auditorio litigatum.

Petebat siquidem dictus abbas nomine monasterii sancti Donati de
Sexto a prefato procuratore tuo nomine Mediolanensis ecclesie restitui

---

37. a) *Am Rande von einer Hand des 13. Jh.:* hoc c(apitulum) est Extra de fide instrumentorum *(X. II, 22, 6).* 30

37. 1) Philipp (I.) da Lampugnano, EB. von Mailand 14. Juli 1196 — 21. November 1206
(resigniert). Gestorben im April 1207. Er war zuvor Archipresbyter am Mailänder Dom und
spielte als Erzbischof eine wichtige Rolle bei den Friedensschlüssen oberitalienischer
Kommunen. Vgl. SAVIO, *Vescovi d'Italia, Lombardia,* I 550—559 Nr. LXXXVIII und E.
CAZZANI, *Vescovi e Arcivescovi di Milano.* Milano 1955, 159—162. 35

2) Gerhard, Abt der Benediktinerabtei San Donato di Scozòla in Sesto Calende (Diöz.
Mailand, Prov. Varese), zu 1198 bezeugt. Vgl. BELLINI, *L'Abbazia e la Chiesa di S. Donato,*
79—129, bes. 95. — Die Abtei unterstand der Jurisdiktion der Bischöfe von Pavia.

3) Wilhelm Balbo, Kanoniker von Mailand und mehrfach erzbischöflicher Prokurator,
seit 1201 Archipresbyter von Mailand und als solcher bis 1206 (1212?) nachweisbar. Vgl. 40
SAVIO, *Vescovi d'Italia, Lombardia,* I 567 bzw. GIULINI, *Memorie,* VII 189, 205 ff., 212 und
281; nuova edizione, IV 116, 138, 150, 155, 209.

monasterio memorato portum Scozule sive Sesti[4] cum honore, districtu
et iurisditione prefati loci et castellantie: dicens ad monasterium hec omnia
pertinere[b]; hoc ipsum dicens de hominibus[c], qui habitant in curte
Baueni[5] et tenent res monasterii memorati, scilicet in Gralia[6], Carpuneno[7],

5   Vesterpeno[8], Cadenpleno[d][9], Baueno[10] et Insula superiori[11], Bolgerate[12]
ac Lisia[13]; petens etiam, ut Mediolanensis archiepiscopus cessaret ab inquietatione hominum, qui habitant in loco Baueni super manso de curte,
de quibus monasterium[e] optinuerat in iudicio possessorio per sententiam
episcopi Veronensis[14]; item ut cessaret ab inquietatione vicariorum, id est

10 communium et terrarum, in territorio Sesti sive Scuzule et in eius castel-
lantia positarum, ab inquietatione quoque albergarie predicti loci Scozule
sive Sesti et illius etiam castellantie; rursus ut non inquietaret monasterium antedictum in possessionem[f] vel quasipossessionem[f] piscarie totius
aque Ticini[15] usque ad Rauiam Castelleti[16] vel Pigaroli[17]. Et hec omnia

15 petebat cum omnibus fructibus inde perceptis, salvo in omnibus iure
addendi vel minuendi; satagens multipliciter comprobare omnia, que
premissa sunt, ad suum monasterium pertinere: primo per privilegium
Liutardi[g] comitis, quondam episcopi Ticinensis, qui monasterium ipsum
fundaverat[18] et ei que premissa sunt donaverat universa; secundo per

---

20   [b] *Darnach eine kleine Rasur.*   [c] de ho- *auf Rasur.*   [d] *Migne:* Cadempleno.
[e] monastium.   [f-f] *Migne:* possessione vel quasipossessione. *Zum Gebrauch des Akkusativs
in solchen Verbindungen vgl. jedoch Leumann - Hofmann - Szantyr, Lateinische Grammatik 2
(Lateinische Syntax und Stilistik: Handbuch der Altertumswissenschaft 2. Abt., 2. Teil,
2. Bd.) München (1965) 276 f. Die sonst in den Briefen des Papstes ungewöhnliche Kon-*
25 *struktion dürfte aus dem Klagelibell des Klosters stammen.*   [g] *Migne:* Luitardi. *Dasselbe
gilt auch für alle späteren Anführungen dieses Namens.*

[4] Der Name rührt davon, weil der Markt immer sechs Tage vor den Kalenden abge-
halten werden durfte. Über Sesto Calende am Ticino, unweit des Lago Maggiore, vgl.
SPINELLI, *Ricerche,* 22.
30 [5] Baveno (Prov. Novara) am Westufer des Lago Maggiore.
[6] Graglia Piana (Prov. Novara) unweit von Lesa am Westufer des Lago Maggiore.
[7] Carpugnino (Prov. Novara).
[8] Nicht zu identifizieren.
[9] Vielleicht Cadepiano (südlich von Lugano, Kanton Tessin).
35 [10] Vgl. oben Anm. 5.
[11] Isola superiore oder Isola dei Pescatori im Lago Maggiore (Prov. Novara).
[12] Belgirate (Prov. Novara) am Westufer des Lago Maggiore.
[13] Lesa (Prov. Novara) am Westufer des Lago Maggiore.
[14] S. Br. II 27 Anm. 16. — Das Urteil erging am 13. Juli 1193 (gedruckt bei SPINELLI,
40 *Ricerche,* 211—213).
[15] Ticino, der Abfluß des Lago Maggiore.
[16] Castelletto sopra Ticino (Prov. Novara), unweit von Sesto Calende am Ticino.
[17] Nicht zu identifizieren.
[18] Liuthard (de' Conti), B. von Pavia (Suffr. von Mailand) 841—864. Vgl. E. HOFF,
45 *Pavia und seine Bischöfe im Mittelalter.* Pavia 1943, I 99—102, 340. — Das Gründungsjahr
der Abtei von S. Donato läßt sich nicht genau bestimmen. BELLINI, *L'Abbazia e la Chiesa di S.
Donato,* 82 f. denkt an die Zeitspanne von 841 bis 864. Es wurde mit Mönchen aus St. Gallen
besiedelt.

instrumentum sententie Asperti, quondam Mediolanensis archiepiscopi[19],
quam ex delegatione Lodoici imperatoris[20] tulit super hiis pro monasterio[h] sepedicto[l] contra Nottingum[21], prefati Liutardi nepotem[k], qui
super eis monasterium molestabat[l]; tercio per privilegia[k] Romanorum
imperatorum et presertim Henrici[22], qui premissa omnia monasterio con- 5
firmabant vel etiam [m] conferebant; quarto per instrumenta[n] locationum,
quas fecerant diversis personis abbates monasterii memorati. Testes
quoque produxerat, per quos nitebatur probare, quod monasterium a
sexaginta annis infra et a quinquaginta annis et supra tenuerat et possederat omnia supradicta, et quod fama publica erat ea omnia prefato 10
monasterio a iamdicto Liutardo fuisse donata.

Sed contra privilegium donationis a prefato procuratore tuo multa
fuerunt obiecta: primo, quia ibi maxime apparebat consumptum, ubi
potuisset falsitas facilius deprehendi, videlicet in annotatione indictionis;
secundo[o] quia, cum carta vetustissima videretur, recentior apparebat scrip- 15
tura, tamquam non illo tempore facta fuisset; tercio, quia falsum sigillum viciose videbatur appositum, eo quod a media parte sigilli apparebat
quedam ymago non cum mitra in capite sed cum pilleo, nec induta pontificalibus sed regalibus, tenens in manu non baculum pastoralem sed quasi
sceptrum regale, cuius facies non apparebat integra sed dimidia: tamquam 20
in alia medietate respiceret aliam, que tamen tota vacua remanebat; sed quedam ymago videbatur ex ea fuisse deleta, quia cera[p] in ea parte nec in
colore nec in planicie relique parti similis apparebat. Unde non episcopi
sed imperatoris videbatur fuisse[q] sigillum, quod in una medietate cesaris
ymaginem exprimebat et in altera medietate presumebatur vel filii vel 25
coniugis ymaginem habuisse. Nam et in ipso sigillo nulle alie littere apparebant, nisi que nomen proprium cum hac adiectione «Dei gratia» desig-
nabant. Sed cum proprium nomen[r] ipsius episcopi fuerit Liutardus, in
nomine proprio, quod exprimebat sigillum, delete fuerant due littere:
secunda que fuerat inter L et T, et sexta que fuerat inter R et V; ita quod, 30
si[s] secunda fuisset O et sexta fuisset I, procul dubio non Liutardus sed
Lotarius legeretur[23]. Quod etiam inde conici[t] poterat, quia secundum

---

[h]) *Durch Zeichen umgestellt aus* pro monasterio sepedicto super hiis.   [l]) se- *korr.*
aus a-.   [k-k]) nepotem ... pri- *auf Rasur.*   [l]) *Durch Zeichen umgestellt aus* molestabat
monasterium.   [m]) *Migne druckt statt* vel etiam: et.   [n]) -a *auf Rasur.*   [o]) -o *auf
Rasur.*   [p]) *Migne:* certa.   [q]) *Auf Rasur.*   [r]) -um nomen *auf Rasur.*   [s]) *Auf Rasur.*
[t]) *Später durchgestrichen und am Rande mit Verweisungszeichen* cognosci *nachgetragen. Die
Korrektur erfolgte wohl nach der Lesart einer Reihe von Handschriften der Compilatio III und*

[19]) Anspert di Biassono, EB. von Mailand 26. Juni 868 — 7. Dezember 881. Vgl. M. G.
BERTOLINI, *Ansperto,* in: DBI 3 (Roma 1961) 422—425 (Lit.).   40
[20]) Kaiser Ludwig II. (850—875), regierte seit 840 über Italien und war seit 855 alleini-
ger Kaiser, doch blieb sein Herrschaftsgebiet stets auf die Apenninenhalbinsel beschränkt.
[21]) Notting, ein Neffe Bischof Liut(h)ards von Pavia.
[22]) Nicht zu identifizieren.
[23]) Möglicherweise wurde ein Siegel Lothars III. (1125—1137) für die Fälschung ver- 45
wendet. Vgl. O. POSSE, *Die Siegel der deutschen Kaiser und Könige.* Dresden 1909, I Tafel 20
bzw. F. von REINÖHL, *Die Siegel Lothars III.* NA 45 (1924) 270—284.

dispositionem aliarum litterarum inter L et T non erat spacium, nisi quod potuisset unam litteram continere, cum secundum integritatem huius nominis Liutardus inter L et T due littere sint u) diverse. Preterea inter R et V tam modicum erat spacium, ut in eo non hec littera D, que maius occupat spacium,
5 sed hec littera I, que minimum occupat, videretur formata fuisse. Rursus cum cera sigilli ab interiori parte vetustissima esset, cera, que posita erat ab exteriori parte quasi ad conservationem sigilli, recens erat et mollis. Quod cum diligenter investigatum fuisset, certo certius est compertum, quod sub vetusto sigillo carta fuerat perforata et per glutinum nove cere,
10 que posita fuerat exterius quasi ad conservationem sigilli, viciose fuit ipsi carte coniunctum.

Eadem falsitatis specie, per viciosam videlicet appositionem v) sigilli, cetera fere privilegia Romanorum imperatorum preter privilegium Henrici vel falsa reperta sunt vel falsata. Sed et ipsum Henrici privilegium ad
15 fidem astruendam * non videbatur sufficere, quia nec erat publica manu   * fol. 153ᵛ
confectum nec sigillum habebat autenticum²³ᵃ⁾; eo quod erat ex media fere parte consumptum nec plus de nomine proprio, nisi ultima medietas videlicet «ichus», nec de ceteris litteris, nisi hec adiectio «Dei gratia» comparebat: ita quod ex litteris ipsis non magis poterat comprobari fuisse
20 sigillum Henrici quam Lodoici.

Instrumentum quoque sententie multis modis inveniebatur suspectum: tum quia quedam in ipso apparebant liture, tum quia subscriptio notarii videbatur alterius manus fuisse quam conscriptio instrumenti, cum tamen notarius in subscriptione profiteretur se instrumentum manu propria con-
25 scripsisse. Littera quoque recentior videbatur quam carta et aqua videbatur [encaustum]ʷ⁾ infectum, ut antiquius appareret. In omnibus etiam imperialibus privilegiis, que posteriora fuerant, nulla prorsus est habita mentio de illa sententia, quamvis in eorum aliquibus mentio facta fuerit Liutardi, qui dicebatur donationem fecisse. Porro si legittimum esset et verum instru-
30 mentum sententie, per illam tamen sententiam nullum Mediolanensi archiepiscopatui preiudicium poterat generari,|cum ipsa sententia lata fuerit inter alios et res inter alios acta alii non preiudicet²⁴⁾; nec attestationes, que continebantur in instrumento sententie, per quas legittima donatio Liutardi videbatur esse probata, poterant eidem archiepiscopatui nocu-

---

35 *des Liber Extra, die bereits in* cognosci *emendierten. Dagegen lautet das Wort in der Compilatio Romana des Bernardus antiquus von 1208, der den Text wohl direkt aus dem Register nahm oder ihn zumindest dort überprüfte (vgl. dazu Heckel in ZRG 60 KA 29 (1940) 171 f.), noch* conici *oder* connici *(Paris, Bibliothèque Nationale, Cod. Latin. 18223, fol. 64ᵛᵇ; London, British Museum, MS. Harleian. 3834, fol. 256ʳ; Modena, Biblioteca Estense, MS. Latin.*
40 *968 — α R. 4. 16 fol. 168ᵛᵇ).* ᵘ⁾ *-i- auf Rasur, wahrscheinlich korr. aus -u-.* ᵛ⁾ *appoitionem.* ʷ⁾ *Die Emendation erfolgt auf Grund des Textes des Liber Extra (Friedberg, CorpIC, II 348).*

²³ᵃ⁾ Vgl. die Dekretale Papst Alexanders III. JL 13162 = Comp. I. 2, 15, 2 = X. II, 22, 2 (FRIEDBERG, *CorpIC*, II 343).
45 ²⁴⁾ Vgl. *Digesten* 41, 1, 63; 44, 2, 1 (= MOMMSEN, 669, 707).

mentum aliquod irrogare, cum inter alias personas et in alio iudicio recepte fuissent.

Ceterum memoratum Henrici privilegium, quod non solum confirmationis sed etiam donationis videbatur fuisse, unde rerum dominium donatarum intelligi forte poterat monasterio acquisitum et traditum — quam- 5 vis ex forma petitionis, que in ipso privilegio declaratur, et quibusdam aliis verbis, que ponuntur in ipso, confirmatorium tantum videretur fuisse —, ut tamen intelligatur eo modo, quo magis posset valere, distinguendum utique[x] videbatur, ut idem Henricus alia donaverit et alia confirmaverit, cum eadem legittime nequivissent et confirmari pariter et 10 donari: confirmari tamquam prius habita et possessa, donari tamquam tunc tradita et concessa. Donavit inquam illa, que ipse intra trium miliarium spacium monasterio concedebat; confirmavit autem, que prius ipsi monasterio concessa fuerant et donata, inter que illa continebantur, que deducta sunt in iudicium: ac per hoc illa non poterant intelligi per privilegium illud[y] 15 donata sed confirmata, cum iuxta legitimas sanctiones, quod meum est, ex alia causa meum fieri non possit, nisi desierit esse meum[25]; presertim cum pars monasterii nisa fuerit comprobare tum per privilegium concessionis, tum per instrumentum sentencie, quod illa legitime fuerant a Liutardo donata, et illi donationi per totum iudicium est innisa. Unde post 20 donationem huiusmodi eadem eidem non poterant redonari. Cum ergo confirmatorium tantum extiterit, saltem quoad illa que deducta sunt in iudicium, si principale non tenuit nec accessorium, quod ex eo vel ob id dinoscitur esse sequutum[26], pari modo cetera privilegia Romanorum imperatorum, etiam | si vera fuissent et sine suspitione reperta[z], ad proba- 25 tionem tamen invalida probarentur.

Per instrumenta vero locationis nec est utcumque probata proprietas nec etiam plene possessio: cum iuxta legitimas sanctiones ad probationem rei proprie sive deffensionem non sufficiat facta locatio[27]. Licet autem hiis et aliis modis sepedictus procurator tuus intentionem abbatis 30 videretur elidere cautumque sit in iure civili, quod actore non probante is, qui convenitur, etsi nichil prestiterit, obtinebit[28], ad ostendendam tamen evidentius iusticiam tue partis per testes nitebatur[aa] probare, quod Mediolanensis archiepiscopus omnia, que premissa sunt, a sexaginta annis infra possederat inconcusse. 35

Verum contra prescriptiones huiusmodi dictus abbas interruptionem medii temporis civilem pariter et naturalem obiecit[29]. Olim enim Go-

---

[x] *Migne:* utrique.   [y] -vilegium illud *auf Rasur nachgetragen.*   [z] *Fehlt bei Migne.*
[aa] *Migne:* videbatur.

[25] *Digesten* 44, 2, 14 § 2 (ebd., 709), *Institutionen* 4, 6, 14 (= Krueger, 48). 40
[26] Vgl. *Digesten* 33, 8, 2; 50, 17, 129; 50, 17, 178 (= Mommsen, 473, 871, 873) und *Codex Iustinianus* 1, 14, 5 § 1 (= Krueger, 68).
[27] *Codex Iustinianus* 4, 65, 23 (= Krueger, 190).
[28] Ebd., 4, 19, 23 (ebd. 157). Vgl. *Decretum Gratiani* C. VI, q. 4, c. 7 und C. VI, q. 5, dict. ante c. 1 (= Friedberg, *CorpIC*, I 565). 45
[29] Vielleicht ebd. 7, 40, 2 (ebd. 313).

zoino bb), quondam comite[30], a Frederico imperatore[31] super hiis iudice delegato, cum post citationes legitimas . . Mediolanensis archiepiscopus[32] se contumaciter absentasset, pro monasterio fuit lata sententia et ipsius nomine corporalis possessio assignata, quam per sex annos et amplius
5 habitam in bello Mediolanensi[33] asserebat ammissam: per quod allegabat prescriptionem civiliter et naturaliter interruptam.

Porro ad exceptionem premissam sepedictus procurator tuus taliter replicabat, quod bone memorie Io(hannes) Anagninus, sancte Marie in Porticu diaconus cardinalis, postea sancti Marchi presbyter et tandem
10 episcopus Prenestinus, tunc apostolice sedis legatus[34], attendens, quam barbarica feritate et insatiabili odio ecclesiam et civitatem Mediolanenses Fredericus imperator funditus vellet evertere atque in suppremam redigere servitutem, quicquid ipse vel aliquis iudex seu ministerialis eius in ecclesias, clericos vel cives Mediolanenses statuerat tempore illo, in irritum
15 revocavit[35]. Cuius factum felicis recordationis Alex(ander) papa, predecessor noster, approbans confirmavit[36]; unde, quod a prefato comite factum fuerat in odium Mediolanensium, quos dictus imperator acrius infestabat, Mediolanensi ecclesie premissa ratione non poterat preiudicium generare.
20 Porro rationem huiusmodi pars adversa frivolam reputabat, cum facte cause nulla iuris constitutione fieri possint infecte.

Cum autem super hiis, que premisimus, in nostra et fratrum nostrorum presentia fuisset diutius litigatum, quia legittime probatum non fuerat ea,

---

bb) *Migne:* Gozovio.

25 [30]) Goswin, Graf von Heinsberg, ein Bruder Philipps von Heinsberg, EB. von Köln und Reichskanzlers, wurde 1158 mit der Grafschaft Seprio (Prov. Como) und Martesana investiert und verwaltete diese bis 1164. Vgl. FICKER, *Forschungen,* II 186.

[31]) Friedrich I., Barbarossa, seit 5. März 1152 deutscher König, 18. Juni 1155 römischer Kaiser, gestorben 10. Juni 1190.

30 [32]) Ubert (I.) da Pirovano, EB. von Mailand 18. Januar 1146—27. März 1166. Vgl. SAVIO, *Vescovi d'Italia, Lombardia,* I 501—522 Nr. LXXXII bzw. CAZZANI, *Vescovi e Arcivescovi di Milano,* 146.

[33]) Friedrich Barbarossas Krieg gegen Mailand 1154—1166.

[34]) Johannes Anagninus, Kardinaldiakon von S. Maria in Portico 1158—1168, Kar-
35 dinalpresbyter von S. Marco 1168—1190, (Kardinal-)Bischof von Palestrina 1190—1196. Er war mehrfach päpstlicher Legat, u. a. in Deutschland und England. Vgl. KARTUSCH, 239—245 Nr. 53; PFAFF, *Kardinäle unter Coelestin III.,* 85 Nr. 4; TILLMANN, *Innocenz III.,* 4 Anm. 20.

[35]) Als Legat Alexanders III. in Oberitalien exkommunizierte der Kardinal am 28.
40 März 1160 (Mailand) die italienischen Schismatiker und erklärte alle Akte Friedrich Barbarossas für null und nichtig. Vgl. dazu *Gesta Federici I. imperatoris in Lombardia.* MG SS rer. Germ. in usum scholarum, 40; IP VI/1 9 Nr. *37 und 61 Nr. *174; G. DUNKEN, *Die politische Wirksamkeit der päpstlichen Legaten in der Zeit des Kampfes zwischen Kaisertum und Papsttum in Oberitalien unter Friedrich I.* Historische Studien 209 (Berlin 1931) 60
45 bzw. W. OHNSORGE, *Die Legaten Alexanders III. im ersten Jahrzehnt seines Pontifikats, 1159—1169.* Ebd., 175 (Berlin 1928) 12—14.

[36]) Die Urkunde Alexanders III. (1159—1181) hat sich nicht erhalten. Vgl. IP VI/1 62 Nr. *175 (zu 1160 datiert).

que petebantur, ad monasterium pertinere, de communi fratrum nostrorum consilio ab impetitione ipsius prefatum procuratorem tuum nomine tuo et Mediolanensis ecclesie sententialiter duximus absolvendum: quoniam, cum obscura sunt iura partium, consuevit contra eum, qui petitor est, iudicari[37]. Super manso vero de curte Baueni, quod ab antedicto 5 episcopo Veronensi fuit ipsi monasterio per diffinitionis calculum in possessorio iudicio attributum[38], nos quoque eidem cenobio procuratorem ipsum nomine tuo et Mediolanensis ecclesie in petitorio iudicio auctoritate iudiciaria condempnamus, cum liquido sit probatum, quod dictum monasterium mansum ipsum longissimo tempore quiete possedit; in ea 10 * fol. 154r parte perpetuum * sibi silentium imponentes. Ceterum auctoritate apostolica districtius inhibemus, ne tu vel tuorum quilibet successorum ad res et possessiones et iura predicti monasterii manus extendat, preter id, quod de portu, honore, districtu et iurisditione a nobis est sententialiter diffinitum. 15

Nulli ergo et cetera absolutionis, inhibitionis et diffinitionis et cetera. Datum Laterani, XVI Kal. Maii.

In eundem fere modum scriptum est G(erardo), abbati de Scozula.

38.

Innocenz III. entscheidet in einem Prozeß zwischen dem Konvent von 20 *Conches-en-Ouche und seinem früheren Abt S(imon), daß dieser keinen Anspruch auf die Abtwürde habe.*

Lateran, (1199) April 13.

Reg. Vat. 4, fol. 154r—154v ⟨Nr. XXXIX, 38⟩.

Sirleto, fol. 296r = Cholinus, II 388 = Venet., II 388 = Baluze, I 357 Nr. 38 = Migne, 25 *PL 214, 573 Nr. 38. — Comp. III. 1, 18, 2; Bern. 1, 21, 2; Coll. Fuld. 1, 20, 15; X. I, 29, 23. — Potth. Reg. 665; Bréquigny, Table chronologique, IV 272. — Vgl. zum Ganzen Br. I 301.*

Conventui de Conchis [a)1)].

| Cum super abbatia monasterii vestri inter vos et S(imonem), quondam 30 abbatem[2], olim fuisset questio diutius agitata, partibus tandem ad nostram presentiam accedentibus dilectum filium nostrum H(ugolinum), sancti Eustachii diaconum cardinalem[3], dedimus auditorem.

---

38. a) *Am Rande von einer Hand des 13. Jh.:* hoc c(apitulum) est Extra de of(ficio) iudicis delegati *(X. I, 29, 23).* 35

[37] Vgl. *Digesten* 42, 1, 38 (= MOMMSEN, 668) und oben Anm. 28.

[38] Vgl. oben Anm. 14. Der entsprechende Passus des Urteils vom 13. Juli 1193 bei SPINELLI, *Ricerche*, 213 Z. 34—40.

38. 1) Benediktinerabtei St-Pierre in Conches-en-Ouche (Diöz. und Arr. Évreux, Dép. Eure) 40

2) Simon (I.), Abt der Benediktinerabtei St-Pierre in Conches-en-Ouche 1187—1199. Ihm wurde ein allzu freier Lebenswandel zur Last gelegt. Vgl. M. PREVOST, *Conches-en-Ouche,* in: Dict. HGE 13 (Paris 1956) 419.   3) S. Br. II 35 Anm. 9.

In cuius presentia pro ipso S(imone) fuit taliter allegatum: quod cum dilectus filius noster I(ordanus), tituli sancte Pudentiane presbyter cardinalis[4], tunc apostolice sedis legatus, intrasset Normanniam[5] et super statu ipsius abbatie cum abbate ac fratribus inquisitionem habuerit dili-
5 gentem, nichil reprehensione dignum invenit ibidem, sicut ex litteris bone memorie C(elestini) pape, predecessoris nostri[6], evidenter apparet, quibus ipsius cardinalis confessio est inserta. Eo vero postmodum ab ipso monasterio recedente, littere ipsius ad dilectos filios . . Toarcensem[b][7] abbatem et . . priorem sancte Barbare[8] fraudulenter obtente fuerunt super
10 inquisitione abbatis et totius monasterii facienda, nulla data inquisitoribus potestate in abbatem aliquid statuendi, quemadmodum ex testimonio eiusdem cardinalis colligitur evidenter. Predictis ergo inquisitoribus accedentibus ad monasterium memoratum et volentibus fines mandati excedere in facienda inquisitione iuris ordine non servato, idem abbas,
15 antequam inquisitio sortiretur effectum, sedem apostolicam appellavit. Et quamvis iter arripuisset ad Romanam ecclesiam veniendi, dicti tamen inquisitores nec appellationi rationabiliter interposite neque ipsius absentie vel excusationibus aliquibus deferentes, destitutionis in eum sententiam contra iuris ordinem promulgarunt; licet non pronunciandi pote-
20 stas eis esset concessa, sicut ex multorum prelatorum litteris liquido declaratur.

Memorato igitur abbate ad dicti predecessoris nostri presentiam accedente, postquam de inordinata[c] destitutione sua eum reddidit certiorem, omnibus irritatis, que contra iuris ordinem a dictis inquisitoribus fuerant
25 ordinata, eundem abbatem sententia sua restituit, executione sola vene-

---

b) *Migne:* Troarnensem.   c) -o- korr. aus -t-.

4) Jordanus von Ceccano, Zisterzienser und (seit 1186) Abt von Fossanova (Prov. Latina), 1188 Kardinaldiakon, noch im selben Jahr zum Kardinalpresbyter von S. Pudenziana promoviert und als Legat nach Deutschland entsandt. Er starb am 23. März 1206.
30 Vgl. KARTUSCH, 265—269 Nr. 59; PFAFF, *Kardinäle unter Coelestin III.*, 88 Nr. 18 und D. WILLI, *Päpste, Kardinäle und Bischöfe aus dem Cistercienser-Orden.* Bregenz 1912, 21 Nr. 29.

5) Er läßt sich zusammen mit dem (Kardinal-)Bischof Oktavian von Ostia in der Zeit zwischen Januar 1192 und März 1193 als päpstlicher Legat in Frankreich und der Norman-
35 die nachweisen, wo er u. a. auch Streitigkeiten zwischen den Klöstern Troarn und Fécamp (Normandie) schlichtete. Vgl. RAMACKERS, *Papsturkunden in Frankreich,* N. F. 2, 403 Nr. 316 und zur ganzen Gesandtschaft JANSSEN, *Päpstliche Legaten,* 139—142 Nr. 1.

6) Der Brief Coelestins III. ist nicht erhalten.

7) Durand (II.) de Cambremer (oder de Cuverville), Abt der Benediktinerabtei
40 St-Martin-de-Troarn (Diöz. Bayeux, Dép. Calvados, Arr. und Cant. Caen) 1179—1203. Vgl. R. N. SAUVAGE, *L'abbaye de Saint-Martin de Troarn.* Mémoires de la Société des Antiquaires de Normandie 34 (1911) 292 Nr. VIII.

8) Walter, der 1200 als Prior des Augustiner-Chorherrenpriorates von Sainte-Barbe-en-Auge (Diöz. Lisieux, Dép. Calvados, Arr. Lisieux, Cant. Mézidon), eines der reichsten Prio-
45 rate des Landes, aufscheint. Vgl. A. L. LÉCHAUDÉ D'ANISY, *Extrait des chartes et autres actes normands ou anglo- normands qui se trouvent dans les Archives du Calvados.* Caen 1834, I 107 Nr. 115; vgl. auch 98 Nr. 34 bzw. *Gallia Christiana,* XI 859.

rabili fratri nostro . . episcopo[9] et dilectis filiis L(uce)[10] et H(uberto?)[11] archidiaconis Ebroicensibus demandata. Die vero a solo episcopo partibus assignata et ad terminum utraque partium veniente, cum expectaret abbas restitutionem fieri sibi secundum apostolici mandati tenorem, eam non potuit obtinere; quinpotius precibus, minis et terroribus eum episcopus 5 inducere laboravit, ut in ipsum non super[d] restitutione facienda quod erat principale negocium (|) compromitteret, sed super executione tantummodo[e] differenda. Et quoniam pars adversa cum armis illuc accesserat et multitudine armatorum, factum est, quod in dictum episcopum sicut premissum est compromisit, fide in manu ipsius prestita et restitu- 10 tionis litteris depositis apud eum non tradendis parti adverse, sed diligenter servandis et restituendis sibi tempore oportuno. Ipse vero episcopus contra id, quod promiserat, venire non metuens, adversariis abbatis litteras restituit memoratas. Sicque compromisso ex parte ipsius episcopi et adversariorum pariter violato, monachi bone memorie Mel(ioris), 15 tituli sanctorum Ioh(ann)is et Pauli presbyteri cardinalis, tunc apostolice sedis legati[12], presentiam adeuntes ad I(ohannem), quondam Rothomagensem decanum[13], super gravamine compromissi commissionis litteras impetrarunt. Ad cuius primam citationem monachus a dicto abbate transmissus captus fuit ab adversariis et vinculis ferreis mancipatus. Ad 20 secundam vero citationem idem abbas accedens, per impressionem coactus fuit compromittere in decanum non super abbatia, de qua sub eo nulla questio vertebatur, sed pro quibusdam bladi redditibus minuendis.

Parte autem altera super compromisso servando fidem, sicut convenerat, non servante, dictum S(imonem) iterum oportuit ad sedem apostoli- 25 cam laborare, ubi a nobis tam super principali quam incidenti etiam

---

[d] non super *auf Rasur.*   [e] tatummodo.

[9] Guarinus (I.) de Cierrey, B. von Évreux (Suffr. von Rouen, Dép. Eure) 1192/93 (electus) — 14./15. August 1201. Er wurde von König Richard I. Löwenherz von England öfters als Gesandter verwendet. Vgl. T. DE MOREMBERT, *Garin de Cierrey,* in: Dict. BF 8 30 (Paris 1959) 1308 f.

[10] Lukas ist als Archidiakon von Évreux nach 1187 bezeugt. Vgl. G. BOURBON, *Inventaire sommaire des Archives départementales de l'Eure. Archives ecclésiastiques, série G.* Évreux 1886, 65 Nr. 129. Er war 1202/03 Domdekan und 1203—1220 Bischof von Évreux. Vgl. G. BONNENFANT, *Histoire générale du diocèse d'Évreux.* Paris 1933, I 50.   35

[11] Vielleicht Hubert, der 1183 und nach 1187 als Archidiakon von Évreux bezeugt ist. Vgl. BOURBON, *Inventaire sommaire,* 63—65.

[12] Melior, Kardinalpresbyter von SS. Giovanni e Paolo 1185—1197. Er war 1193/95 und 1197 als päpstlicherLegat in Frankreich, wo er auch verstorben sein dürfte.Vgl. dazu JANSSEN, *Päpstliche Legaten,* 142—146 Nr. 2, bes. 144 und 149—151 Nr. 7. Über ihn vgl. KARTUSCH, 40 280—284 Nr. 66; PFAFF, *Kardinäle unter Coelestin III.,* 90 Nr. 26, doch dagegen *Histoire littéraire de la France.* Paris 1820, XV 314—319.

[13] Johannes (II.) de Coutances, Domdekan von Rouen (Dép. Seine-Inférieure), der zwischen 1189 und 1196 nachweisbar ist. Vgl. dazu *Gallia Christiana,* XI 116 Nr. XIV. Er war ein Neffe des EB. Walter de Coutances und wurde als Günstling des englischen Hofes 45 am 15. Januar 1196 B. von Worcester (konsekriert: 20. Oktober), als welcher er am 24. September 1198 verstarb (POWICKE - FRYDE, *Handbook,* 260).

questione ad venerabilem fratrem nostrum . . Lexouiensem episcopum[14)]
et dilectum filium . . abbatem Uallis Richerii[15)] litteras impetravit, ut
super hiis, que nobis fuerant intimata, studerent elicere veritatem et
statuerent, quod secundum Deum viderent rationabiliter statuendum,
5 iuris ordine per omnia observato: ita quod alter sine altero adesse nolente
vel etiam non valente mandatum apostolicum adimpleret; mentione
facta in litteris ipsis de fide violenter, sicut idem S(imon) asserebat, extorta
et non super monasterio abiurando, sed restitutione, ut dictum est, tantummodo differenda; ne hiis omissis tacita veritate commissio videretur
10 obtenta. Partibus vero coram delegatis iudicibus constitutis pars illius,
quem dixit intrusum[16)], prefatum episcopum duabus de causis sibi dixit
esse suspectum: tum quia super ecclesia quadam[r)] causam habebat cum
monasterio memorato, tum etiam, quia ipsum a Romana curia redeuntem
ad pacis osculum non admisit. Unde neque coram illis neque coram illorum
15 altero iuri stare voluit, quamvis nichil diceret in abbatem, sed appellans
frustratorie[r')] se contumaciter absentavit. Verum dicti executores appellationi, que nulla fuerat, minime deferentes, habito multorum prudentum
virorum consilio sententiam a dicto predecessore nostro prolatam executioni mandarunt, restituentes predicto S(imoni) abbatiam et prefato in-
20 truso perpetuum silentium imponentes. Cumque ad eorum ex parte apostolica iussionem diocesanus episcopus[9)] sepius requisitus ipsum S(imonem)
in corporalem possessionem inducere recusaret, id exequendum quibusdam diaconibus mandaverunt, qui nedum, quod admissi fuerunt, verum
per monachos et fautores eorum afflicti verberibus carcerali sunt custodie
25 mancipati. Quapropter in intrusum, monachos et fautores eorum a delegatis fuit secundum apostolici mandati tenorem excommunicationis sententia promulgata. Sed ob hoc intrusus et monachi non dimiserunt divina
officia celebrare; qui etiam ipso intruso defuncto alium excommunicatum
eligere presumpserunt, sicut ex delegatorum litteris perpenditur evidenter.
30   Cumque nec sic possent ad frugem melioris vite reduci, sepedictus
S(imon) iter arripuit ad sedem apostolicam veniendi. Sed prevenientes
eum nuncii monachorum, de benedictionis munere illi quem * elegerant   * fol. 154ᵛ
impendendo fraudulenter litteras impetrarunt, quas ad partes suas miserunt festinantius quam deberent. Petebat itaque dictus S(imon) mona-
35 chos ipsos—qui cuidam predecessorum suorum amputare lingam et oculos
eruere presumpserunt, in alium sedentem ad mensam cum gladiis et fusti-

---

r) *Migne:* quandam.   r') frustatorie.

14) Wilhelm (I.) de Rupière, B. von Lisieux (Suffr. von Rouen, Dép. Calvados) 1192/93
—19. Oktober 1201. Vgl. H. de FORMEVILLE, *Histoire de l'ancien évêché-comté de Lisieux.*
40 Lisieux 1873, I 81—87.
15) Ernald (I.), Abt der Zisterzienserabtei von Le Val-Richer (Diöz. Bayeux, Dép. Calvados) von ca. 1190 bis vor 1203. Vgl. *Gallia Christiana*, XI 447.
16) In der Prozeßposition des Konvents wird er — allerdings auf Rasur nachgetragen —
R. abbas genannt (S. 71 Z. 11 mit Anm. n). Es ist dies wahrscheinlich Abt Robert (I.), der von
45 ca. 1164—1190 dem Kloster vorgestanden hatte (*Gallia Christiana*, XI 446 f.).

bus impetum facientes, alium solum in ecclesia dimittentes missam celebrare paratum g)—animadversione condigna puniri et possessionem abbatie
plenarie sibi restitui, sicut a dicto predecessore nostro statutum fuerat et
a delegatis postea iudicibus ordinatum; intruso, qui post latam in eum
excommunicationis sententiam assumptus fuerat, per silentium per- 5
petuum condempnato.

Ceterum pro vobis ita fuit propositum ex adverso: quod cum prefatus
I(ordanus) cardinalis in partibus illis legationis officio fungeretur et causam ipsam super dilapidatione ipsius S(imonis) et incontinentia pariter
prefatis . . abbati Toarnensi h) et . . priori sancte Barbare commiserit ter- 10
minandam, ipsi cognita veritate et ordine iuris per omnia observato in
eum depositionis sententiam protulerunt, que a dicto predecessore nostro
fuit postea confirmata.

Ipse autem¹⁾ S(imon) eidem predecessori nostro, quod abbatia ipsa
iniuste spoliatus fuerit, intimavit; prefato cardinale etiam asserente non 15
fuisse intentionis sue, quod ad depositionem abbatis procederent iudices
delegati, quamvis et hoc esset eis commissum, sicut in eorundem litteris
reperitur. Unde sepedictus predecessor noster eum non restituit altera
parte absente, sed restituendum mandavit episcopo et archidiaconis memoratis, quia tacitum eiʲ⁾ fuerat, quod prefatus cardinalis dictis abbati et 20
priori deponendi etiam concesserit facultatem. Convenientibus igitur
partibus ad diem et locum sibi a delegatis sedis apostolice assignatum,
dictus S(imon) in manu episcopi, quod eius super causa ipsa staret arbitrio,
fide data firmavit; qui partes ipsas, ut ad ea que pacis sunt intenderent,
monuit diligenter: inter quas talis compositio intercessit, ut dictus S(imon) 25
in perpetuum cederet abbatie; quam cessionem ratam delegati iudices
habuerunt. Et idem S(imon), sicut in delegatorum litteris continetur k), iuramento firmavit se illam firmiter servaturum. Et cum super restitutione
sua dupplices litteras eiusdem prorsus continentie impetrasset, facta compositione, quam sepedictus predecessor noster postea confirmavit, alteras 30
resignavit, alteras retinuit fraudulenter. Processu vero temporis compositione ab eo aliquamdiu observata per iamdictum M(eliorem) cardinalem
I(ohanni), quondam Rothomagensi decano, eandem fecit causam com-
mitti; fuitque in eius presentia et venerabilis fratris nostri . . Rothomagensis archiepiscopi¹⁷⁾ prima compositio innovata¹⁾, ubi prefatus S(imon) 35
abbatiam¹⁾ denuo abiuravit, et quod compositionem ipsam deinceps observaret, corporaliter prestitit iuramentum: sicut in ipsius Rothomagensis
archiepiscopi litteris continetur et multis posset testibus approbari.

---

g) celebrare paratum *auf Rasur nachgetragen.*   h) *Migne:* Troarnensi.   ¹) -t- *auf*
Rasur.   ʲ) eis.   k) cotinetur.   ¹⁻¹) *Auf Rasur, wahrscheinlich nachgetragen.*   40

¹⁷) Walter (I.) de Coutances, EB. von Rouen (Dép. Seine-Inférieure) 17. November 1184
—17. Dezember 1207. Er war zuvor B. von Lincoln vom 8. Mai 1183 (konsekriert: 3. Juli)
bis 17. November 1184 und stand in guten Beziehungen zum englischen Hofe. Über seinen
Neffen vgl. oben Anm. 13. Vgl. *Gallia Christiana*, XI 51—59 Nr. LI und POWICKE - FRYDE,
Handbook, 235.   45

Fuerunt autem ista coram Rothomagensem facta ea precipue ratione, quoniam prioratus[18], quem ipse S(imon) debuit obtinere, in Rothomagensi erat diocesi constitutus. Quem cum per biennium detinens inhoneste vivendo fere omnia consumpsisset, ad alia bona monasterii se violenter extendit.

Et tandem ad presentiam nostram accedens et quedam de premissis exprimens, alia vero[m] reticens, ad prefatos Lexouiensem episcopum et abbatem Uallis Richerii nostras litteras reportavit, ut diligenter inquirerent de omnibus veritatem et statuerent, quod iusticia postularet. Ipsi vero partibus ad se citatis, quamvis episcopus pro memoratis causis et quoniam R(oberto?) abbati respondit[n], quod si posset sibi noceret, esset alteri parti suspectus et ab ea fuerit recusatus, velletque coram coniudice, qui suspectus non erat, vel coram arbitris electis a partibus id probare, dicto abbate Uallis Richerii admittere hoc nolente, ante ingressum cause fuit ab illis duobus postmodum appellatum. Ipsi nichilominus eundem S(imonem) restituendum sententialiter decreverunt, adversario eius super abbatia perpetuum silentium imponentes.

Cum igitur, que premissa sunt, et alia quedam predictus cardinalis nobis et fratribus nostris prudenter et fideliter retulisset — quia constitit nobis per litteras iudicum predictorum episcopi et archidiaconorum Ebroicensium, quibus super restitutione ipsius S(imonis) a dicto predecessore nostro fuerat causa commissa, de utriusque partis assensu compositionem sub eo tenore factam fuisse, quod prioratus sancti Stephani[18] cum omnibus pertinentiis suis et alia quedam sibi concessa fuerunt dum viveret possidenda, et ipse a lite spontanea voluntate recessit et instrumenta sua fracto sigillo, quo usus fuerat, in manibus eorundem iudicum resignavit; et quod abbatiam abiuraverit memoratam ex litteris iamdicti Rothomagensis archiepiscopi perpendimus evidenter — nolentes per nos, qui punimus periuria, viam periurii aperiri, cum et ipse recipiendo compositionem huiusmodi renunciaverit abbatie, communicato fratrum nostrorum consilio ab impetitione ipsius S(imonis) vos et monasterium vestrum absolvimus, perpetuum ei super questione ipsa silentium imponentes; non obstante, quod factum est ab ultimis delegatis: cum ex hiis appareat evidenter ipsos, ut de aliis taceamus, si eis de premissis constiterit[o], minus legittime processisse, restituentes illum, qui non habebat ius aliquod repetendi; et quamvis solus abbas, antequam appellaretur ab eo, iuxta formam litterarum nostrarum procedere potuisset, quia tamen ex eo, quod cum ipso episcopo interlocutus est appellationem non tenuisse de iure, sine ipso, dum posset et vellet negocio interesse, per consequentiam confessus est se non posse mandatum apostolicum adimplere, nec sue intentionis extitit, ut sine coniudice suo aliquid diffiniret, et cum eo, qui iam

---

m) alia vero *auf Rasur.*   n) R(oberto?) abbati respon- *auf Rasur nachgetragen.*
o) constitit.

18) Sehr wahrscheinlich handelt es sich dabei um das Priorat Saint-Etienne in Hacqueville (Diöz. Rouen, Dép. Eure, Arr. und Cant. Etrépagny). Vgl. *Dict. Topogr. Eure*, 193.

iudex esse desierat, aliquid super premisso negocio rite disponere non valebat, voluntate ac potestate sibi mutuo adversantibus, cum noluerit quod potuit, et quod voluit adimplere nequiverit: quod a duobus factum fuit, effectum de iure non potuit obtinere.

Nulli ergo et cetera.   5

Datum Laterani, Idibus Aprilis.

39.

Innocenz III. befiehlt dem Abt (Petrus) von Lucedio, gemeinsam mit dem Erzbischof (Philipp) von Mailand sowie den Bischöfen (Albert) von Vercelli, (Lanfrank) von Bergamo, (Arderich) von Lodi, (Johannes) von 10 *Brescia, (Sicard) von Cremona, (Petrus) von Reggio nell'Emilia, (Ardicius) von Piacenza und (Obizzo) von Parma im Kriege, der zwischen Parma und Piacenza wegen Borgo S. Donnino geführt wird, entweder einen Frieden zu vermitteln oder die Parteien unter Exkommunikationsdrohung zur Annahme eines päpstlichen Urteils zu zwingen, und dieses auch, falls jene sich* 15 *dazu bereit fänden, zu fällen.*

Lateran, (1199) April 27.

Reg. Vat. 4, fol. 154v—155r ⟨Nr. XL, 39⟩.
Sirleto, fol. 298v = Cholinus, II 391 = Venet., II 391 = Baluze, I 360 Nr. 39 = Migne, PL 214, 580 Nr. 29. — Potth. Reg. 676; Savio, Vescovi d'Italia. Lombardia, II/1 85 f. — Vgl. 20 *Ficker, Forschungen, II 286 f. bzw. Ronchetti, Memorie istoriche, III 216 sowie Storia di Milano, IV 137 f.*

. . Locediensi abbati[1].

vgl. Röm 13, 10 | Cum[a] plenitudo legis secundum apostolum sit dilectio, profecto dissensio divine legis hominem constituit transgressorem, que sepius ex odii 25 radice procedit et eliminatis virtutibus copiam generat viciorum: dum unus, ut in alterum suas iniurias vindicet, dum ut de inimico triumphet, nec divinam offensam nec homicidii crimen nec reatum periurii expavescit. Hec enim naturalis legis iura confundens, quod sibi non vult, alii per
vgl. Mt 7, 12; Lk 6, 31 violentiam nititur irrogare, hec dum persequitur proximum, nec Deum 30 nec proximum diligere comprobatur. Qui enim non diligit fratrem quem
1 Jo 4, 20 *fol. 155r videt, Deum quem * non videt, quomodo potest diligere? Huius autem
vgl. Tit 1, 2 incomoditates plenius Ueritas, que mentiri non novit, attendens in Euan-

---

39. [a] *Die Initiale läuft in einen kleinen, speienden Hundekopf aus. Daneben ein Kreuz ausradiert. Längs des Briefes am Rande ein senkrechter, z. T. gewellter Strich.* 35

39. [1] Petrus (II.), Abt des Zisterzienserklosters Lucedio (Diöz. und Prov. Vercelli) 1184—1206, dann B. von Ivrea (Suffr. von Mailand) 1206—1209 und Patriarch von Antiochien 5. März 1209 bis 1. September 1217. Während der Jahre 1205/06 stand er der Zisterze von Ferté-sur-Grosne (Diöz. Chalon-sur-Saône) vor. Über ihn vgl. IP VI/2 33 Nr. 9; Savio, *Vescovi d'Italia, Piemonte,* 210—214 Nr. XXVI; Cahen, *Syrie du Nord,* 616, 630; C. 40 Sincero, *Trino, i suoi tipografi e l'abbazia di Lucedio. Memorie storiche con documenti inediti.* Torino 1897, 241 f.

gelio protestatur: «Omne» inquiens «regnum in se ipsum divisum desola-
bitur et domus supra domum cadet». Ceterum quamvis in libro Scripture   Lk 11, 27
satis dissensionis incommoda prenotentur, manifestius tamen diligenter
inspicientibus in libro experientie cotidiane patebunt.

5   Nam, ut non longe petantur exempla, quot ex dissensione, que[b] inter
Placentinos et Parmenses super Burgo sancti Dominii[2] vertitur[c], mala
contigerint, quot[d] sint pericula, nisi Deus aliter providerit, proventura,   vgl. Gn 22, 8
tua discretio non ignorat. Ecce enim invicem sanguinem suum sitiunt et
esuriunt mutuo stragem suam; nec sufficit utrisque per se contra alteros
10 dimicare, sed universam Lombardiam commoverunt ad arma et alteri
cum universis fautoribus suis alteris et omnibus eorum complicibus gene-
rale prelium indixerunt[3]. Quia vero nos licet insufficientibus meritis vicem   vgl. 2 Kor 3, 5;
eius tenemus in terris, qui nascens ex Virgine per celicos cives pacem bone   12, 9
voluntatis hominibus nunciavit et resurgens et ascensurus in celum pacem   vgl. Lk 2, 14
15 legavit discipulis, ut et ipsi eius imitantes exemplum pacem aliis predicarent,   vgl. Lk 24, 36;
ne si ventum fuerit ad conflictum, multis hincinde morientibus fiat hec   Jo 14, 27; 20,
dissensio immortalis, ne etiam preter stragem corporum incurrant insuper   19. 26
periculum animarum, discretioni tue per apostolica scripta mandamus et   vgl. Mt 10, 12;
in virtute obedientie sub quantacumque possumus districtione precipimus,   Lk 10, 5
20 quatinus cum venerabilibus fratribus nostris .. Mediolanensi[4] archi-   vgl. Mt 10, 28;
episcopo et .. Vercellensi[5], .. Pergamensi[6], .. Laudensi[7], .. Brixiensi[8],   Lk 12, 5

---

[b]) *Danach eine kleine Rasur durch einen kurzen, waagrechten Strich ausgefüllt.*
[c]) *Am Rande ein waagrechter Strich und drei Punkte sowie ein kurzer, senkrechter Strich.*
[d]) *-u- auf Rasur.*

25   [2]) Borgo S. Donnino (heute Fidenza, Prov. Parma) war seit über einem Jahrhundert
zwischen den Kommunen von Piacenza und Parma Streitobjekt und wechselte daher oft-
mals die Herrschaft. Vgl. F. BERNINI, *Storia di Parma*. Parma 1954, 46 f.; ders., *Il Duomo di
Borgo di S. Donnino*. Archivio storico per le provincie Parmensi, ser. IV/2 (1949/50) 111.
     [3]) In der Auseinandersetzung, die ihren blutigen Höhepunkt in der Schlacht vor Borgo
30 S. Donnino am 19. Mai 1199 fand, wurde Piacenza von Mailand, Brescia, Como, Novara,
Vercelli, Asti und Alessandria unterstützt, während die siegreichen Parmesen auf die Hilfe
von Cremona, Reggio nell'Emilia und Modena bauen konnten. Vgl. *Chronicon Parmense*.
Rerum Italicarum Scriptores, IX/9 7; *Annales Placentini Guelfi*. MG SS XVIII, 419 f. bzw.
Storia di Milano, IV 136—138.
35   [4]) S. Br. II 37 Anm. 1.
     [5]) Albert, B. von Vercelli (Suffr. von Mailand) 1185—1205, Patriarch von Jerusalem
17. Februar 1205 — 14. September 1214 (ermordet). Er war Regularkanoniker von S. Croce
in Mortara, dortselbst 1180 Prior und wurde 1184 zum B. von Bobbio erwählt, aber nicht
konsekriert, sondern nach Vercelli transferiert. Vgl. L. GULLI, *Alberto da Vercelli*, in: Diz.
40 Biogr. Italiani 1 (Roma 1960) 750 f.
     [6]) Lanfrank, B. von Bergamo (Suffr. von Mailand) 1187—vor August 1211. Er ge-
hörte der Veroneser Familie Cipolla an und war zuvor Kanoniker von S. Vincenzo. Vgl.
SAVIO, *Vescovi d'Italia, Lombardia*, II/1 80—87 Nr. XXXIII.
     [7]) Arderich (II.), B. von Lodi (Suffr. von Mailand, Prov. Mailand) ca. Oktober 1189—
45 nach 24. Mai 1216. Er entstammte der Familie Ladini und war zuvor Domherr und (seit
1186) Dompropst daselbst. Vgl. SAVIO, *Vescovi d'Italia, Lombardia*, II/2 224—229 Nr.
XXXI bzw. L. SAMARATI, *I Vescovi di Lodi*. Milano 1965, 91—94.
     [8]) Johannes (III.) di Palazzo, B. von Brescia (Suffr. vom Mailand, Prov. Brescia)
1195—3. August 1212. Vgl. SAVIO, *Vescovi d'Italia, Lombardia*, II/1 239—241 Nr. LX.

. . Cremonensi[9], . . Reginensi[10], . . Placentino[11] et . . Parmensi[12] episcopis, quibus super hoc etiam scribimus, per te et alios, quos ad hunc necessarios cognoveris esse tractatum, ad eorum concordiam et pacem intendas,
et ut iminentia mala vitentur, indefesso studio et sollicitudine diligenti

vgl. Jo 4, 36;
Hebr 2, 2

procures; ita quod apud Deum eterne retributionis mercedem et apud nos   5

vgl. Hebr 13, 16

dignas gratiarum actiones valeas promereri.

vgl. Jo 19, 11

    Si vero desuper datum non fuerit, ut per ammonitionem et exhortatio-
nem ipsorum et tuam impleri valeat quod mandamus, tu per excommunicationem potestatum, consulum et consiliariorum et principalium fautorum tam Placentinorum quam Parmensium ipsos Placentinos et Parmen-   10
ses ad subeundum iudicium nostrum sufficientissima in manibus tuis hincinde prestita cautione, vel Parmenses, ut Burgum ipsum nomine nostro
in manibus tuis tenendum assignent restituendum per nos eis, quibus de
iure fuerit assignandum, omni occasione, excusatione, dilatione, appellatione et recusatione cessantibus, nostra fretus auctoritate compellas et eis   15
insuper commineris, quod, nisi mandatis paruerint apostolice sedis, manus

vgl. 1 Sam 5, 6

nostras super eis curabimus aggravare. Quodsi competentiorem modum,
dum tractaveris super hiis cum partibus, poteris invenire, secundum eum

vgl. Ps 7, 10;
Apok 2, 23

procedere non omittas. Novit enim Dominus, qui renum et cordium est scrutator, quod super hoc ex puritate procedimus, non ut alterutri partium   20
cum alterius dispendio placeamus, sed ut officii nostri debitum exequentes
sopiamus dissensionem ipsam concordia vel iudicio terminemus[e], cum in
simili casu reges et principes, sicut te latere non credimus, ecclesiastica
districtione duxerimus compellendos[13]. Cum enim inter alias[f] orbis provincias presertim simus de Lombardie statu solliciti, communi Lombar-   25
dorum utilitati consulere cupimus et gravaminibus precavere, ne, si — quod
absit — inter se processerint ad conflictum, preter alia pericula strages
exinde non modica subsequatur.

    Sufficienti vero cautione ab utraque parte, quod iudicio vel mandato
nostro pareat, et a Parmensibus possessione receptis, si per publicam   30

---

   [e]) *Das zweite -m- auf Rasur. Auch am Rande eine kleine Rasur.*   [f]) *Auf Rasur.*

   [9]) Sicard (I.) Casalasco, B. von Cremona (Suffr. von Mailand, Prov. Cremona) ca.
August 1185—8. Juni 1215. Berühmt als Kanonist, Theologe, Liturgiker und Verfasser
einer Weltchronik. Vgl. Savio, *Vescovi d'Italia, Lombardia*, II/2 94—121 Nr. XXIV bzw.
E. Brocchieri, *Sicardo di Cremona e la sua opera letteraria*. Cremona 1958.   35
   [10]) Petrus (I.) Albriconi, B. von Reggio nell'Emilia (Suffr. von Ravenna) August/Sep-
tember 1187—November 1210. Vgl. G. Saccani, *I vescovi di Reggio-Emilia. Cronotassi.*
Reggio-Emilia 1902, 73 f. Nr. LIII.
   [11]) Ardicius, B. von Piacenza (exemt) 1192—5. Juni 1199. Vgl. *Annales Placentini
Guelfi.* MG SS XVIII, 418—420; G. Bertuzzi, *I piacentini vescovi.* Piacenza 1938, 10 f.   40
   [12]) Obizzo (I.) Fieschi di Lavagna, B. von Parma (Suffr. von Ravenna) 23. Dezember
1194 (electus)—22. Mai 1224. Vgl. G. M. Allodi, *Serie cronologica dei vescovi di Parma.*
Parma 1856, I 315—369 Nr. 34 bzw. A. Schiavi, *La diocesi di Parma.* Parma 1925, I 91
Nr. 26.
   [13]) So hatte er bereits den Königen Englands, Frankreichs, der spanischen Reiche und   45
Portugals verschiedene geistliche Strafen angedroht, falls sie sich weigern sollten, den
jeweils aufgetragenen Frieden zu schließen (Br. I 92, 230, 355).

famam vel $^{g)}$ alias legitime $^{g)}$ tibi constiterit Parmenses ipsos possessionem temeritate propria Placentinis per violentiam abstulisse, possessionem ipsam restituas Placentinis, cum id ordo iuris exposcat; ita tamen, quod prius tibi sufficienter caveant, ut, si quid postmodum propositum fuerit,
5 mandato nostro sint et iudicio parituri.

Datum Laterani, V Kal. Maii.

40 (41).

Innocenz III. trägt dem Erzbischof W(ilhelm) von Reims auf, den Grafen
10 *B(alduin IX.) von Flandern von der Exkommunikation und dessen Land vom Interdikt zu lösen, welche wegen Mißachtung eines dem König (Philipp II. August) von Frankreich gegebenen und vom Papste bestätigten Treueversprechens verhängt wurden, wenn es zutreffe, daß der König den Grafen später von der Einhaltung dieses Versprechens absolviert, dies aber dem*
15 *Papste bei der Bestätigung verschwiegen habe. (Falls sich der Erzbischof weigere, dies zu tun, sollen die Bischöfe [Theobald] von Amiens und [Stephan] von Tournai sowie Abt [Simon] von Anchin diese Absolution vornehmen.)*

Lateran, (1199) April 26.

20 *Reg. Vat. 4, fol. 155 ^{r}—155 ^{v} ⟨Nr. XLI, 40⟩.*
Sirleto, fol. 299 ^{r}—300 ^{r} = Cholinus, II 392—393 = Venet., II 392—393 = Baluze, I 361—362 Nr. 40—41 = Migne, PL 214, 582—583 Nr. 40—41. — Potth. Reg. 673; Bréquigny, Table chronologique, IV 261; Balladore Pallieri — Vismara, Acta pontificia, 121 Reg. 29; 476 Reg. 18; Wauters, Table chronologique, III 110. — Übersetzung ins Englische
25 *bei Moore, Baldwin IX of Flanders, 82 f.*

W(illelmo), Remensi archiepiscopo, sancte Sabine cardinali $^{a) 1)}$.

(|) Cum ex iniuncto $^{b)}$ nobis apostolatus officio simus secundum apostolum sapientibus $^{c)}$ et insipientibus debitores et omni petenti iusticiam facere teneamur, mirum esse non debet aliquibus vel molestum, si ad ea   vgl. Rom 1, 14
30 corrigenda, que noscuntur contra iusticiam attemptata, manum apostolice correctionis apponimus et ad iuris tramitem studemus sicut convenit revocare.

$^{g-g)}$ *Auf Rasur nachgetragen.*
40. $^{a)}$ *Am Rande ein Kreuz ausradiert.* $^{b)}$ exiuncto $^{c)}$ *Migne:* capientibus.

35 **40.** $^{1)}$ Wilhelm (I.) von Champagne, EB. von Reims (Dép. Marne) 1176—7. (9.) September 1202, seit März 1179 auch Kardinalpresbyter von S. Sabina. Als Sohn des Grafen Theobald (IV.) von Champagne-Blois war er mit dem französischen Königshaus verwandt, wurde 1165 B. von Chartres, 1168 EB. von Sens und apostolischer Legat, wobei er die Administration von Chartres beibehielt. Über ihn vgl. GANZER, *Auswärtiges Kardinalat*, 125—
40 129 Nr. 51.

Sane ad audientiam nostram dilecto filio nobili viro B(aldoino), Flandrensi comite[2], significante pervenit, quod cum olim apud Uernonem[3] cum karissimo in Christo filio nostro . . illustri rege Francie[4] quasdam conventiones inisset, quas se promisit iuramento interposito servaturum, quia tamen homines suos inducere non potuit ad observationem ipsarum, 5 ab ipso rege postulavit absolvi, qui eum apud Compendium coram multis viris prudentibus et discretis ab ipsis denunciavit conventionibus absolutum[5]. Cumque[d] postmodum idem rex instrumentum super conventionibus ipsis confectum, quod penes se post factam absolutionem retinuit, fecisset felicis recordationis C(elestino), predecessori nostro, cum litteris 10 testimonialibus presentari, absolutionis predicte non habita mentione ipse predecessor noster conventiones illas auctoritate apostolica confirmavit et precepit inviolabiliter observari[6]. Postmodum vero cum per insinuationem prefati comitis et virorum religiosorum testimonium, qui absolutioni facte interfuisse dicuntur, eidem predecessori nostro de absolutione illa 15 plenius constitisset, ipse prefatum comitem tam a conventionibus ipsis, sicut eas ipsi memoratus rex asseritur remisisse, quam a iuramento super earum observatione prestito, confirmatione sedis apostolice seu litteris aliis nequaquam obstantibus, reddidit penitus absolutum: sicut in rescripto eiusdem absolutionis sigillis dilectorum filiorum nostrorum . . 20 electi[7], . . prepositi[8], . . decani[9] et capituli Cameracensium et . . de Cam-

---

[d]) *Der erste Schaft des -m- ist ein wenig erhöht.*

[2]) Balduin IX., Graf von Flandern (seit 16. November 1194) als Balduin VI., seit 17. Dezember 1195 Graf von Hennegau-Namur und seit 9. Mai 1204 lateinischer Kaiser von Byzanz. Am 16. Mai 1204 gekrönt, wurde er schon am 9. Mai 1205 bei Adrianopel 25 vernichtend geschlagen und starb wahrscheinlich in der Gefangenschaft bald darauf (1206). Er war ein Sohn Balduins V. von Hennegau und der Margareta von Elsaß. Vgl. WOLFF, *Baldwin of Flanders*, 281—322.

[3]) Der Vertrag zu Vernon (Dép. Eure, Arr. Évreux) zwischen Philipp II. August von Frankreich und Balduin IX. von Flandern wurde zwischen April und Dezember (vermut- 30 lich im September) 1195 abgeschlossen. Vgl. W. PREVENIER, *De Oorkonden der Graven van Vlaanderen*. Bruxelles 1964, II 120—122 und MOORE, *Baldwin IX of Flanders*, 83 f.

[4]) S. Br. II 23 Anm. 2.

[5]) Dies entspricht nicht den Tatsachen. Im Juni 1196 wurde der Graf nicht seines Eides entbunden, sondern leistete im Gegenteil in Compiègne (Dép. Oise) das ligische Ho- 35 magium (Br. I 130). Vgl. TEULET, *Layettes*, I 189 Nr. 450 bzw. KIENAST, *Deutsche Fürsten*, I 146 Anm. 1.

[6]) Die Bestätigung durch Coelestin III. ist bereits in Br. I 130 (S. 195 Z. 11) erwähnt.

[7]) Entweder Hugo (I.) d'Oisy, Elekt von Cambrai (Suffr. von Reims, Dép. Nord) 1197—1199, dessen Wahl Innocenz III. wieder kassierte (19. Juni 1199; vgl. Br. II 88 [95] 40 S. 186), oder dessen Vorgänger Nikolaus (II.) de Roeux, der 1197 für kurze Zeit als Elekt genannt ist. Vgl. A. LE GLAY, *Cameracum Christianum ou Histoire ecclésiastique du diocèse de Cambrai*. Lille 1849, 39 Nr. XLV f. bzw. M. CHARTIER, *Cambrai*, in: Dict. HGE 11 (Paris 1949) 561.

[8]) Wahrscheinlich Johannes (II.), der 1196—1198 als Dompropst von Cambrai bezeugt 45 ist; erst 1211 ist ein Nachfolger, Michael d'Ablain, genannt. Vgl. LE GLAY, *Cameracum Christianum*, 90 Nr. XX.

[9]) Adam, Domdekan von Cambrai, ca. 1192—1219 bezeugt. Vgl. LE GLAY, *a. a. O.*, 96 Nr. XVII bzw. DERS., *Recherches sur l'église de Cambrai*. Lille 1825, 116.

beron(e)[e)10], .. sancti Dionisii[11], .. sancti Gilleni[12], .. de Crispinio[f)13], ..
de sancto Amando[14], .. de sancto Iohanne de Vallencenis[15], .. de Has-
nonio[g)16], .. de Aquicincto[17], .. de Marchenis[18], .. sancti Auberti[19] et ..
sancti Sepulcri in Cameraco[20] abbatum signato perspeximus contineri[21].
5 Nos etiam, si bene recolimus, rescriptum conventionum ipsarum nobis ex
parte regia presentatum inspeximus diligenter et eas, sicut predecessor
noster confirmaverat, auctoritate duximus apostolica confirmandas[h],
tibi per scripta nostra mandantes, ut ipsum comitem ad ob * servationem   * fol. 155ᵛ
earum per excommunicationem persone et interdictum terre[1] compellere

10   e) *Migne:* Gamberon.   f) *Migne:* Crispino.   g) *Migne:* Asnonio.   h) -da- *auf*
Rasur.   1) *Danach ein viel späteres Absatzzeichen.*

    10) Balduin (I.), Abt des Zisterzienserklosters Cambron (Diöz. Cambrai, Arr. Mons,
Cant. Lens, Comm. Cambron-Casteau, Belgien) 1195—3. Dezember 1221. Vgl. BERLIÈRE,
Monasticon belge, I 346 bzw. J.-M. CANIVEZ, *Cambron,* in: Dict. HGE 11 (Paris 1949) 586.
15   11) Bartholomäus (I.), Abt der Benediktinerabtei Saint-Denis-en-Broqueroie (Diöz.
Cambrai, Arr. Mons, Cant. Roeulx, Belgien) 1193—1207 (resigniert und stirbt am 22. Februar
1209). Vgl. BERLIÈRE, *Monasticon belge,* I 233.
    12) Hugo (I.), Abt der Benediktinerabtei Saint-Ghislain (Diöz. Cambrai, Arr. Mons,
Cant. Boussu, Belgien) 1195—1199 (resigniert). Er ging mit dem Kreuzfahrerheer nach
20 Byzanz, wurde Kaplan des lateinischen Kaisers Balduin I. und kehrte 1215 nach Frankreich zurück, wo er als Mönch in Clairvaux sein Leben beschloß. Vgl. BERLIÈRE, *Monasticon belge,* I 256 f.
    13) Gosselin, Abt der Benediktinerabtei Crespin-en-Hainaut (Diöz. Cambrai, Dép. Nord,
Arr. Valenciennes, Cant. Condé-sur-l'Escaut) 1194—7. November 1201 (resigniert). Vgl.
25 E. TRELCAT, *Histoire de l'abbaye de Crespin.* Paris 1923, I 78 f.
    14) Walter (III.), Abt der Benediktinerabtei Saint-Amand-les-Eaux (auch Pévêle bzw.
Elnon genannt), (Diöz. Tournai, Dép. Nord, Arr. Valenciennes) 1193—1204. Vgl. PH.
GRIERSON, *Les Annales de Saint-Pierre de Gand et de Saint-Amand.* Bruxelles 1937, 172—
174 und *Catalogus abbatum S. Amandi Elnonensis uberior.* MG SS XIII 388; vgl. auch 386.
30   15) Petrus (I.), Abt des Regularkanonikerstiftes Saint-Jean-Baptiste in Valenciennes
(Kongregation von Arrouaise) (Diöz. Cambrai, Dép. Nord) 1197—1200/01. Vgl. *Gallia
Christiana,* III 158.
    16) Maynier, Abt der Benediktinerabtei Saint-Pierre in Hasnon (Diöz. Arras, Dép. Nord,
Arr. Valenciennes, Cant. Saint-Amand-les-Eaux) 1196—1206. Vgl. J. DEWEZ, *Histoire de*
35 *l'abbaye de Saint-Pierre d'Hasnon.* Lille 1890, 142—144.
    17) Simon (I.), Abt der Benediktinerabtei Anchin (Diöz. Arras, Dép. Nord, Arr. Douai,
Cant. Marchiennes, Comm. Pecquencourt) 1174—28. April 1201. Vgl. *Sigeberti Gem-
blacensis chronica. Continuatio Aquicinctina.* MG SS XVI 504 f.
    18) Entweder Stephan, Abt der Benediktinerabtei Saint-Pierre in Marchiennes (Diöz.
40 Arras, Dép. Nord, Arr. Douai), der 1196—1199 (resigniert) regierte, oder dessen Nachfolger
Simon, der 1199—1201 (resigniert) aufscheint. Vgl. *Gallia Christiana,* III 397 bzw. *Annales
Marchianenses.* MG SS XVI 615.
    19) Heribert, Abt des Augustiner-Chorherrenstiftes Saint-Aubert in Cambrai (Diöz.
Cambrai, Dép. Nord) 1190—vor 1204. Vgl. *Gallia Christiana,* III 155 bzw. LE GLAY,
45 *Cameracum Christianum,* 261.
    20) Hugo, Abt der Benediktinerabtei Saint-Sépulcre in Cambrai (Diöz. Cambrai, Dép.
Nord) 1198—1221. Es könnte aber auch dessen Vorgänger Gottfried (1195—1197) in Frage
kommen. Vgl. *Gallia Christiana,* III 120 bzw. LE GLAY, *Cameracum Christianum,* 172 Nr.
VIII f.
50   21) Die Absolution Coelestins III. ist wohl eine Fälschung des Grafen Balduin, wenn
auch das in Rom vorgelegte Schriftstück echt war. Vgl. MOORE, *Baldwin IX of Flanders,*
85 f.

non tardares[22]. Cumque tu postmodum iuxta mandatum nostrum velles
ipsum comitem excommunicare et terram ipsius interdicto supponere[23],
ipse per nuncios suos[k] asserens litteras illas per suppressionem veritatis
optentas, quia in eis absolutionis facte mentio non fiebat, ab interlocutione
tua nostram audientiam appellavit.   5

Cum ergo rescriptum per suppressionem veri..tis vel expressionem
falsitatis optentum vigorem habere non debeat firmitatis, fraternitati tue
per apostolica scripta mandamus, quatinus, si premissis veritas suffragatur,
infra XX dies post susceptionem presentium ipsum comitem ab excommunicatione ac terram eius ab interdicto sublato appellationis obstaculo 10
absolvere non postponas; karissimo in Christo filio nostro Ph(ilippo),
illustri regi Francorum, ex parte nostra significans, ne id molestum acci-
piat, cum ex iniuncto nobis servitutis officio sine personarum acceptione
nulli debeamus iusticie debitum denegare[24].

Alioquin noveris nos venerabilibus fratribus nostris . . Ambianensi[1][25] 15
et . . Tornacensi[26] episcopis et dilecto filio . . Aquicinctino abbati[17] litteris nostris districtius iniunxisse, ut cum eis legitime constiterit de
premissis, ipsum comitem ab excommunicatione et terram eius ab interdicto, nullius contradictione vel appellatione obstantibus, denuncient
penitus absolutos.   20

Datum Laterani, VI Kal. Maii.

Scriptum[m] est super hoc . . Ambianensi et . . Tornacensi episcopis et
. . Aquicinctensi abbati fere in eundem modum ut supra usque absolutos[n].
Nullis litteris [et cetera], harum mentione non habita et cetera. Quodsi
ambo et cetera, tu, frater Ambianensis, cum eorum altero et cetera.   25

---

k) *Migne:* tuos.   l) *Das zweite -a- korr. aus -o-.*   m) *Am Rande:* ⟨*Nr.* XLII, 41⟩.
n) *Oben Z. 20.*

22) S. Br. I 130, A-pari-Brief (S. 197, Z. 12—16).
23) Gegen Ende des Jahres 1198 veranlaßte König Philipp II. August den EB. von
Reims, über Flandern das Interdikt zu verhängen. Vgl. J. KERVYN DE LETTENHOVE, 30
Histoire de Flandre. Bruxelles 1847, II 120—124. Bereits 1197 hatte dieses allerdings auch
der päpstliche Legat, Kardinal Melior von SS. Giovanni e Paolo, über die Länder des
Grafen verhängt. Vgl. JANSSEN, *Päpstliche Legaten,* 151.
24) Zweifellos war der Papst bestrebt, zwischen dem französischen König und dem
Grafen von Flandern neutral zu erscheinen: gerade im April 1199 hatte eine welfische Ge- 35
sandtschaft u. a. auch ein Schreiben Balduins nach Rom gebracht, in dem dieser um die
Bestätigung der Erhebung Ottos IV. zum deutschen König bat, während sich zur gleichen
Zeit Philipp II. August zugunsten Philipps von Schwaben einsetzte. Vgl. KEMPF, *RNI,*
Nr. 7, 13; *Papsttum und Kaisertum,* 28 ff.
25) Theobald (III.) d'Heilly, B. von Amiens (Suffr. von Reims, Dép. Somme) 1169— 40
30. April 1204. Vgl. *Gallia Christiana,* X 1177—1180 und M. GODET, *Amiens,* in: Dict. HGE
2 (Paris 1914) 1270.
26) Stephan, B. von Tournai (Suffr. von Reims, Belgien) 1192—11. September 1203.
Er war zuerst Abt des Regularkanonikerstiftes Saint-Euverte in Orléans, dann von Sainte-
Geneviève in Paris (1176). Als Theologe und Kanonist besaß er großes Ansehen. Vgl. 45
PH. DELHAYE, *Étienne de Tournai,* in: Dict. HGE 15 (Paris 1963) 1274—1278.

41 (42).

Innocenz III. teilt dem König Ph(ilipp II. August) von Frankreich den Inhalt des Br. II 40 (41) mit und ermahnt ihn, die darin enthaltene päpstliche Entscheidung anzuerkennen.

5 *(Lateran, 1199 April ca. 26).*

Reg. Vat. 4, fol. 155^v ⟨Nr. XLIII, 42⟩.
Sirleto, fol. 300^r = Cholinus, II 393 = Venet., II 393 = Baluze, I 362 Nr. 42 = Migne, PL 214, 584 Nr. 42. — Potth. Reg. 672; Bréquigny, Table chronologique, IV 261; Wauters, Table chronologique, III 110; Balladore Pallieri — Vismara, Acta pontificia, 476 Reg. 17. —
10 *Vgl. Moore, Baldwin IX of Flanders, 79—89.*

Ph(ilippo), illustri regi Francorum[1].

Cum ex iniuncto nobis et cetera fere in eundem modum ut supra usque absolutos[a]. Rogamus igitur magnificentiam regiam et exhortamur in Domino, quatinus te non moveant aliquatenus vel perturbent, que secun- 15 dum Deum et iusticiam super ipso duximus negotio statuenda: quia licet te tamquam karissimum nostrum et specialem ecclesie filium et christianissimum ‖ [b] principem amplexemur arctius in visceribus caritatis et tuis, quantum cum Domino possumus, velimus intendere profectibus et augmentis, in nostri tamen executione officii apparere nolumus concedente 20 Domino negligentes, cum illius vicem in terris gerere dinoscamur, qui iudicat populos in equitate et cuique vult suam iusticiam conservari.
Datum ut supra. ‖ [b]

vgl. 2 Kor 5, 20; 1 Thess 4, 1

vgl. Ps 66, 5; 95, 10; 97, 8 vgl. Sir 1, 33

42 (43, 44).

Innocenz III. (trägt dem Grafen [Peter] von Nevers auf, ein dem Grafen 25 *[Balduin VIII.] von Flandern 1193 unter Eid gegebenes Versprechen, daß er seine Tochter [Mathilde] mit Philipp, dem Sohn des Grafen [und jetzigen Markgrafen von Namur], vermählen wolle, zu erfüllen, und) beauftragt die Erzbischöfe W(ilhelm) von Reims und (Michael) von Sens sowie die Bischöfe (Hugo) von Auxerre und (Walter) von Nevers, den Grafen von Nevers* 30 *im Weigerungsfall unter Anwendung von Exkommunikation und Interdikt zur Einhaltung des Versprechens zu zwingen. (Den König Philipp [II. August] von Frankreich ermahnt er, diese Exekution nicht zu behindern.)*

Lateran, (1199) April 27.

Reg. Vat. 4, fol. 155^v ⟨Nr. XLIIII, 43⟩.
35 *Sirleto, fol. 300^r = Cholinus, II 393 = Venet., II 393 = Baluze, I 362—363 Nr. 43—44 = Migne, PL 214, 584—585 Nr. 43—44. — Potth. Reg. 674; Bréquigny, Table chronologique, IV 261; Wauters, Table chronologique, III 111; Balladore Pallieri — Vismara, Acta pontificia, 121 Reg. 30. — Vgl. Tenbrock, Eherecht und Ehepolitik, 90 f.; Moore, Baldwin IX of Flanders, 87—89.*

---

40 **41.** [a] *Br. II 40, S. 78 Z. 20.*   [b–b] *Von Hand C.*

41. [1] *S. Br. II 23 Anm. 2.*

W(illelmo) Remensi, sancte Sabine cardinali[1], et . . Senonensi[2] archiepiscopis, . . Autisiodorensi[a][3] et . . Niuernensi[4] episcopis.

|Significante nobis dilecto filio nobili viro B(aldoino), Flandrensi comite[5], ad nostram noveritis audientiam pervenisse, quod cum inter . . patrem ipsius comitis[6] et dilectum filium nobilem virum . . comitem Niuernen- 5 sem[7] super matrimoniis contrahendis taliter fuerit interposito iuramento statutum, quod ipse pater comitis filiam suam I(olandam) nomine eidem comiti Niuernensi (|) traderet in uxorem[8] et ipse filiam suam[9], cum ad annos nubiles perveniret, Philipo, prefati comitis Flandrie fratri[10] — vel

---

42. [a]) *Migne:* Antisiodorensi.   10

42. [1]) S. Br. II 40 (41) Anm. 1.

  [2]) Michael (I.) de Corbeil, EB. von Sens (Dép. Yonne), 24. April 1194 (konsekriert)— 28. November 1199. Ein Bruder Peters (S. Br. II 49 [51] Anm. 3) und zunächst Domherr und Archidiakon von Cambrai, Dekan von Laon, Meaux und Paris, wurde er zuerst zum Patriarchen von Jerusalem erwählt, doch nahm er die kurz danach erfolgte Wahl zum EB. 15 von Sens an. Vgl. H. BOUVIER, *Histoire de l'église et de l'ancien archidiocèse de Sens.* Sens 1906, I 144 f. bzw. T. DE MOREMBERG, *Corbeil,* in: Dict. BF 9 (Paris 1961) 593.

  [3]) Hugo (IV.) de Noyers, B. von Auxerre (Suffr. von Sens, Dép. Yonne) 1183—6. Dezember 1206. Vgl. J. LEBEUF, *Mémoires concernant l'histoire civile et ecclésiastique d'Auxerre et de son ancien diocèse.* Auxerre-Paris² 1855, I 347—364 bzw. E. CHARTRAIRE, *Auxerre,* in: 20 Dict. HGE 5 (Paris 1931) 945.

  [4]) Walter (I.), B. von Nevers (Suffr. von Sens, Dép. Nièvre) 1196—30. Dezember 1202. Er war zuvor Archidiakon von Troyes. Vgl. *Gallia Christiana,* XII 641 Nr. LII bzw. A. LONGNON, *Obituaires de la province de Sens.* Recueil des historiens de la France, Obituaires III (Paris 1909) 464.   [5]) S. Br. II 40 Anm. 2.   25

  [6]) Balduin VIII., Graf von Flandern 1191—16. November 1194, als Balduin V. Graf von Hennegau (1171—1195) und seit 1188 (doch erst 1190 damit belehnt) Markgraf von Namur. Gestorben im Februar 1195. Vgl. W. PREVENIER, *De Oorkonden der Graven van Vlaanderen.* Bruxelles 1964, II, LVIII-LXI.

  [7]) Peter II. de Courtenay, seit 1184 Graf von Nevers, Auxerre und Tonnerre durch 30 Vermählung mit Agnes, Tochter des letzten Grafen Guy de Nevers; diese starb bereits am 6. Februar 1192 unter Hinterlassung einer Tochter (vgl. Anm. 9). Peter wurde 1217 lateinischer Kaiser von Byzanz, doch konnte er seine Herrschaft nicht antreten, da er bereits am Wege nach dorthin in die Gefangenschaft des Despoten von Epiros geriet und verstarb (1219). Vgl. C. VERLINDEN, *Les empereurs belges de Constantinople.* Bruxelles 1945, 140—147; 35 R. L. WOLFF, *The Latin Empire of Constantinople, 1204—1261,* in: K. M. SETTON, *A History of the Crusades.* Philadelphia 1962, II 212 f.

  [8]) Jolanda, geb. 1176/81, Tochter Balduins VIII. von Flandern, hatte 1193 in zweiter Ehe den Grafen Peter II. de Courtenay geheiratet und war seit 1217 lateinische Kaiserin von Byzanz und Regentin des Kaiserreiches (bis 1219). Vgl. VERLINDEN, *Les empereurs* 40 *belges,* 140—147; WOLFF, *The Latin Empire,* II 212—214.

  [9]) Mathilde (geb. 1185?), Tochter Peters II. de Courtenay und der Agnes de Nevers, zählte damals also etwa vierzehn Jahre. Vgl. R. de LESPINASSE, *Le Nivernais et les comtes de Nevers.* Paris 1914, II 5, 398 und 404 bzw. MOORE, *Baldwin IX of Flanders,* 87. Über ihre Mutter, Agnes de Nevers, vgl. A. DESFORGES, *Agnès de Nevers,* in: Dict. BF 1 (Paris 1933) 45 738.

  [10]) Philipp I., „Le Noble", erhielt beim Tode seines Vaters, Balduin VIII. von Flandern, 1195 die Markgrafschaft Namur unter der Voraussetzung, diese von seinem Bruder, Balduin IX., zu Lehen zu nehmen. Vgl. M. WALRAET, *Actes de Philippe Ier, dit Le Noble, comte et marquis de Namur (1196—1212)* (Commission royale d'histoire) Bruxelles 1949, 50 bes. 11 f.

Henrico, fratri eius[11], si forte premoreretur Philipus — matrimonialiter copularet, et ad complementum ipsius contractus karissimus in Christo filius noster . . illustris rex Francie ex condictu unanimi deberet utrumque compellere[12], necnon vos illum per excommunicationem persone et inter-
5 dictum terre cogeretis, qui a pacto matrimonii resiliret, sicut in litteris eiusdem regis et vestris, fratres episcopi, dicitur manifestius contineri: idem Niuernensis comes, quod tam sollempniter factum est, adimplere negligit et recusat[13], licet ei sit ab altera parte super contractu matrimonii plenarie satisfactum.
10 Cum igitur tamquam vir nobilis et discretus illesam debeat famam sui nominis conservare, ut non possit super eo, quod licite iurasse dicitur, merito reprehendi, ipsum comitem attente monentes per litteras nostras mandavimus, ut iuxta quod iuramento fuit interposito compromissum, complere matrimonium, quantum[b] in ipso fuerit, non postponat: ut videa-
15 tur iuramenta tam a se quam hominibus suis exhibita sicut convenit observare et ad id exequendum, quod per se potest laudabilius adimplere, per alium non cogatur. Ideoque fraternitati vestre per apostolica scripta mandamus, quatinus, sepedicto comite ab executione mandati nostri cessante, ipsum ad observationem iuramenti, sicut de iure tenetur, per
20 censuram ecclesiasticam appellatione remota cogatis.
Datum Laterani, V Kal. Maii.
Scriptum est super hoc comiti Niuernensi.
Super[c] eodem scriptum est Philipo, illustri regi Francorum, fere in eundem modum ut supra usque appellatione remota compellant[d]. Quia
25 vero magnificentia regia fideles suos ad ea debet exequenda inducere, in quibus non offendatur Deus et fama boni nominis non ledatur, rogamus magnificentiam tuam et exhortamur in Domino, quatinus non impedias, quominus prefatus comes adimpleat, quod iuravit; quia, cum eius licitum sit iuramentum, ad observationem[e] ipsius non debet retrahi sed compelli.
30 Datum ut supra.

vgl. 2 Kg 17, 9
vgl. 2 Kor 5, 20;
1 Thess 4, 1

---

b) quanto.   c) Am Rande: ⟨Nr. XLV, 44⟩.   d) Bezieht sich auf den nicht-
registrierten Text des Schreibens an den Grafen von Nevers.   e) Migne: ab observatione.

11) Heinrich, gleichfalls ein Sohn Balduins VIII. von Flandern, wurde im August 1206
zweiter lateinischer Kaiser von Byzanz. Er war der einzige bedeutende Herrscher, den das
35 lateinische Kaisertum aufwies. Er starb am 11. Juni 1216. Vgl. E. GERLAND, Geschichte des
lateinischen Kaiserreiches von Konstantinopel. Homburg v. d. Höhe 1905, 51 ff.
12) Der Heiratsvertrag zwischen Balduin VIII. und Peter de Courtenay, der inhaltlich
mit dem von Innocenz III. Gesagten übereinstimmt, wurde im Mai 1193 abgeschlossen (gedruckt bei Gislebert von Mons, Chronicon. MG SS XXI 583 Anm. 41 bzw. DELABORDE, Re-
40 cueil des actes de Philippe Auguste, I 548 Nr. 453) und später von König Philipp II. August
von Frankreich bestätigt.
13) Nach der Niederlage Peters II. de Courtenay in der Schlacht bei Donzy (3. August
1199) heiratete die dem Markgrafen Philipp von Namur versprochene Mathilde den Sieger,
Hervé IV. de Donzy, der am 22. Januar 1223 verstarb. Aus dieser Verbindung stammte
45 eine Tochter Agnes, die Erbin von Auxerre und Tonnerre wurde. Dazu vgl. LESPINASSE, Le
Nivernais (wie Anm. 9) bzw. MOORE, Baldwin IX of Flanders, 87 f.

43 (45).

Innocenz III. nimmt den Grafen Balduin (IX.) von Flandern und dessen Gemahlin Maria sowie ihren Besitz in den apostolischen Schutz und sichert sie gegen eine etwaige widerrechtliche Verhängung von Exkommunikation und Interdikt. 5

Lateran, (1199) April 28.

Reg. Vat. 4, fol. 155ᵛ—156ʳ ⟨Nr. XLVI, 45⟩.
Sirleto, fol. 300ᵛ = Cholinus, II 394 = Venet., II 394 = Baluze, I 363 Nr. 45 = Migne, PL 214, 585 Nr. 45. — Potth. Reg. 680; Bréquigny, Table chronologique, IV 261; Wauters, Table chronologique, III 111; Klimke, Quellen, 81. 10

Baldoino, comiti Flandrie¹⁾, et Marie, uxori eius²⁾.

Apostolica sedes, que disponente Domino cunctorum fidelium mater est generalis, licet omnes paterno teneatur ᵃ⁾ affectu diligere, in eos tamen uberius gratiam sue dilectionis effundit, quos ad exhibenda sibi grata devotionis obsequia invenit promptiores. Attendentes igitur dilectionis fervo- 15 rem, quam predecessores vestri ad Romanam ecclesiam habuisse noscuntur, et devotionem nichilominus, quam vos ad personam nostram habere proponitis, firmo gerimus in proposito voluntatis personas vestras oculo benigniori respicere et sincerioris dilectionis et gratie brachiis amplexari ac in hiis, que a nobis secundum Deum duxeritis requirenda, gratanter 20 vobis assensum apostolicum impertiri.

Eapropter volentes vos tamquam speciales ecclesie filios protegere pariter et tueri, personas vestras cum omnibus bonis, que impresentiarum rationabiliter possidetis aut in futurum et cetera usque suscipimus, auctoritate presentium districtius inhibentes, ne aliquis sine manifesta et 25 rationabili causa in ᵇ⁾ personas vestras excommunicationis aut in terras vestras interdicti presumat sententias promulgare. Ad hec adicientes statuimus, ut si vos in aliquo presenseritis aggravari, libere vobis liceat sedem apostolicam appellare. Si quis vero post appellationem ad nos legittime * interpositam in vos vel terras vestras excommunicationis aut 30 interdicti sententias promulgaverit, ipsas decernimus non tenere³⁾.

Nulli ergo et cetera protectionis, inhibitionis et institutionis et cetera. Datum Laterani, IIII ᶜ⁾ Kal. Maii.

---

43. ᵃ⁾ *Durch Zeichen umgestellt aus* teneatur paterno.   ᵇ⁾ i- *und der erste Schaft des* -n- *wahrscheinlich korr. aus* a.   ᶜ⁾ *Migne:* VI. 35

43. ¹⁾ S. Br. II 40 (41) Anm. 2.
    ²⁾ Maria, Tochter des Grafen Heinrich I. von Champagne aus dem Hause Blois und der Maria, einer Tochter König Ludwigs VII. von Frankreich, war seit dem Januar 1186 mit Balduin IX., Graf von Flandern, dem späteren Kaiser von Konstantinopel, vermählt. Sie starb am 9. August 1204. Vgl. Wolff, *Baldwin of Flanders and Hainaut*, 288 f. 40
    ³⁾ Das richtet sich wohl gegen etwaige Sentenzen, die der EB. von Reims und die B. von Arras, Cambrai, Tournai und Thérouanne auf Betreiben des französischen Königs über den Grafen und dessen Land verhängen konnten (vgl. Br. I 190 S. 197 Z. 12—16).

44 (46).

Innocenz III. bestätigt ein Urteil, das der Kardinalpresbyter Hug(o) von
S. Martino als päpstlicher Auditor im Prozeß zwischen dem Kleriker Theo-
bald und dem Presbyter I. von Landrecies um eine Domkapitelspfründe zu
5 *Cambrai zugunsten des ersteren gefällt hat.*

Lateran, (1199) April 24.

Reg. Vat. 4, fol. 156ʳ ⟨Nr. XLVII, 46⟩.
  Sirleto, fol. 301ʳ = Cholinus, II 394 = Venet., II 394 = Baluze, I 363 Nr. 46 = Migne,
PL 214, 586 Nr. 46. — Potth. Reg. 668; Bréquigny, Table chronologique, IV 260; Wauters,
10 Table chronologique, III 110.

Theobaldo presbytero, canonico Cameracensi[1].

Ne fiant controversie litigantium immortales, si sopite iudicio questio-
nes in antique contentionis scrupulum reducantur, sententias per fratres
nostros ex delegatione nostra canonice promulgatas apostolice confirma-
15 tionis presidio consuevimus roborare; ne, si pateret partibus a lata
sententia resiliendi facultas, non litigantes litigia sed litigia potius fugerent
litigantes, dum non nisi eis expirantibus expirarent.

Sane cum inter te et dilectum filium I., presbyterum de Landreceis[2],
super prebenda Cameracensis ecclesie, de qua te felicis recordationis
20 Cel(estinus) papa, predecessor noster — post preces et mandatum dilectis
filiis capitulo Cameracensi[3] porrecta et executorem tibi ab ipso concessum[4], cassata collatione ipsius prebende dicto presbytero facta per
capitulum Cameracense: sicut ex litteris eius accepimus[5] — curaverat
investire, et super qua idem presbyter, eam sibi asserens canonice
25 fuisse collatam, ad venerabilem fratrem nostrum . . episcopum[6] et dilectos filios . . decanum[7] et . . cantorem[8] Attrebatenses commissionis litteras impetrarat, qui eum, postquam iter agressus fueras ad sedem apostolicam veniendi, causa rei servande in possessionem miserunt, questio verteretur: nos tibi et dilecto filio G., procuratori presbyteri memorati, con-
30 stitutis in presentia nostra dilectum filium Hug(onem), tituli sancti Mar-

---

44. [1] Theobald, Kanoniker von Cambrai (Suffr. von Reims, Dép. Nord). S. Br. I 127.
  [2] Landrecies (Dép. Nord, Arr. Cambrai, Cant. Carnières).
  [3] Domkapitel von Cambrai.
  [4] Zum Exekutor wurde der Domdekan von Reims bestellt. Wahrscheinlich ist Radulf
35 gemeint, der 1176—1194/96 dieses Amt innehatte. Sein Nachfolger, der berühmte Theologe
Petrus Cantor, dürfte dieses Amt nie angetreten haben, da er schon im Jahre seiner Wahl
(1197) verstarb. Vgl. J. W. BALDWIN, *Masters, Princes and Merchants. The social views of*
Peter the Chanter and his Circle. Princeton 1970, I 10 f.
  [5] Die Urkunde Coelestins III. konnte nicht aufgefunden werden.
40   [6] Petrus (I.), B. von Arras (Suffr. von Reims, Dép. Pas-de-Calais) 1184—1203. Er war
Zisterziensermönch und zuvor Abt von Pontigny und von Cîteaux (1181). Vgl. R. RODIÈRE,
Arras, in: Dict. HGE 4 (Paris 1930) 704 bzw. J.-M. CANIVEZ, *Cîteaux*, ebd., 12 (Paris 1953)
866.
  [7] Johannes (II.), Domdekan von Arras 1197—August 1213. Vgl. BERGER, *Chapitre*
45 *d'Arras*, 517.
  [8] Balduin, Domkantor von Arras 1182—2. September 1202/03. Vgl. ebd., 519.

6*

tini presbyterum cardinalem[9], concessimus auditorem. Coram quo cum super causa ipsa fuisset diutius disceptatum, ipse tenore litterarum inspecto, quas ipse predecessor[a] noster pro te Cameracensi capitulo et bone memorie . . decano Remensi[10] transmiserat et earum etiam, quas nos circa nostre promotionis inicia venerabili fratri nostro . . Cathalau- 5 nensi episcopo[11] miseramus[12]; intellecto etiam ex litteris eiusdem episcopi, qualiter de mandato nostro in tantum processerat, quod a capitulo fueras receptus in fratrem et in corporalem ipsius prebende possessionem inductus; inspectis insuper litteris, quas dictus presbyter ad memoratos . . episcopum, . . decanum et . . cantorem Attrebatenses a sede aposto- 10 lica impetrarat; et totius cause meritis, rationibus et allegationibus intellectis, auctoritate nostra de consilio venerabilis fratris nostri . . Albanensis episcopi[13] et dilectorum filiorum G(uidonis), tituli sancte Marie Transtyberim[14], et S(offredi), tituli sancte Praxedis[15] presbyterorum cardinalium, formavit sententiam et nobis prius retulit quam proferret, ac 15 postmodum formatam et expositam nobis sententiam de mandato nostro promulgans: super eadem prebenda silentium imposuit presbytero memorato et procuratori eiusdem et eam tibi per sententiam diffinitivam adiudicare curavit.

Nos igitur sententiam ipsam, sicut per eundem cardinalem de mandato 20 nostro lata est, auctoritate apostolica confirmamus et presentis scripti pagina communimus.

Nulli ergo et cetera.

Datum Laterani, VIII Kal. Maii.

---

44. [a] *Durch Zeichen umgestellt aus* predecessor ipse.   25

[9] Hugo, Kardinalpresbyter von S. Martino 1191—9. März 1206. Vgl. KARTUSCH, 200—202 Nr. 43.

[10] Vgl. oben Anm. 4.

[11] Rotrogus (I.) du Perche, B. von Châlons-sur-Marne (Suffr. von Reims, Dép. Marne) 1190/91—10. Dezember 1201. Er war ein Sohn des Grafen Rotrou du Perche und der Mathilde 30 de Champagne, wurde zuerst Thesaurar von Tours, dann Archidiakon von Reims, ehe er B. von Châlons-sur-Marne wurde. Vgl. M.-J. GUT, *Liste critique des évêques de Châlons-sur-Marne aux XIe et XIIe siècles*. Bulletin philologique et historique du Comité des travaux historiques et scientifiques 1958, 126 f.

[12] Br. I 127 A-pari.   35

[13] Johannes, (Kardinal-)Bischof von Albano April 1199—1210 oder später. Er war aus der Lombardei gebürtig, besaß juristische Bildung und wurde 1188 B. von Tuscania, welcher Sitz 1192 nach Viterbo verlegt wurde. Vor dem 31. Mai 1189 zum Kardinalpresbyter von S. Clemente kreiert, wurde er öfters als Vermittler in Streitfällen herangezogen. Vgl. KARTUSCH, 229—231 Nr. 48; G. SIGNORELLI, *Viterbo nella storia della chiesa*. Viterbo 40 1907/08, I 138—148; GANZER, *Auswärtiges Kardinalat*, 145 f. Nr. 61 (Lit.).

[14] S. Br. II 35 Anm. 8.

[15] Soffred, Kardinalpresbyter von S. Prassede 1193—nach 1208. Er war zuvor Kardinaldiakon von S. Maria in Via lata (1182) und hatte sich mehrmals als Legat und in vielerlei Diensten an der Kurie bewährt. Vgl. KARTUSCH, 393—399 Nr. 101 bzw. PFAFF, *Kardi-* 45 *näle unter Coelestin III.*, 88 f. Nr. 21.

45 (47).

Innocenz III. befiehlt dem Dompropst (Johannes), dem Domdekan (Adam)
und dem ganzen Domkapitel von Cambrai, das im Prozeß um eine Dom-
kapitelspfründe zugunsten des Klerikers Theobald gefällte päpstliche Ur-
5 teil zu befolgen, (und trägt dem Bischof [Rotrogus] von Châlons-sur-
Marne auf, sie im Weigerungsfalle unter Anwendung geistlicher Strafen
dazu zu zwingen.)

(Lateran, 1199 ca. April 24).

Reg. Vat. 4, fol. 156ʳ ⟨Nr. XLVIII, 47⟩.
10 Sirleto, fol. 301ᵛ = Cholinus, II 395 = Venet., II 395 = Baluze, I 364 Nr. 47 = Migne,
PL 214, 587 Nr. 47. — Potth. Reg. 669; Bréquigny, Table chronologique, IV 261; Wauters,
Table chronologique, III 110.

. . Preposito[1]**, . . decano**[2] **et capitulo Cameracensibus.**

Cum inter dilectos filios Theobaldum[3], concanonicum vestrum[a], et I.,
15 presbyterum de[b] Landreceis[4], et cetera fere in eundem modum ut supra
usque curavit[c]; quam nos postmodum, sicut per eundem cardinalem[5] de
mandato nostro lata fuerat, auctoritate curavimus apostolica confirmare.

Quocirca discretioni vestre per apostolica scripta districte precipiendo
mandamus, quatinus sententiam ipsam studeatis inviolabiliter observare.
20 Alioquin noveritis nos venerabili fratri nostro . . Cathalaunensi episcopo[6]
districtius iniunxisse, ut eam faciat per censuram ecclesiasticam appellatione remota inviolabiliter observari, contradictores tam vos quam
alios eadem districtione compescens.

Nullis litteris obstantibus late sententie et confirmationis nostre tenore
25 tacito et cetera.

Datum ut supra.

Scriptum[d] est super hoc . . Cathalaunensi episcopo.

46 (48).

Rechtsauskunft für den Domdekan (Adam), den Kanzler V(vilhelm) und
30 den Kanoniker C., alle von Laon: Sie sollen als päpstliche delegierte Richter
in einem Prozeß, der zwischen dem Subdiakon Heinrich und dem Presbyter
Huard von Saint-Clément wegen eines jährlichen Getreidebezuges geführt

---

45. [a]) -canonicum vestrum *auf Rasur nachgetragen.*   [b]) *Fehlt bei Migne.*   [c]) *Br. II*
44 (46), S. 84 Z. 19.   [d]) *Die Initiale ist an den Rand gezeichnet. Der dafür in der Zeile*
35 *ausgesparte Platz blieb frei.*

45. [1]) S. Br. II 40 (41) Anm. 8.
     [2]) S. Br. II 40 (41) Anm. 9.
     [3]) S. Br. II 44 (46) Anm. 1.
     [4]) S. Br. II 44 (46) Anm. 2.
40   [5]) S. Br. II 44 (46) Anm. 9.
     [6]) S. Br. II 44 (46) Anm. 11.

wird, ein früher im Auftrage des Bischofs (Roger) von Laon zugunsten
Huards gefälltes Urteil anerkennen, obwohl dessen Begründung nicht
mehr feststellbar ist.

Lateran, (1199) März 31.

Reg. Vat. 4, fol. 156ʳ ⟨Nr. XLIX, 48⟩.   5
Sirleto, fol. 301ᵛ = Cholinus, II 395 = Venet., II 395 = Baluze, I 364 Nr. 48 = Migne,
PL 214, 587 Nr. 48. — Comp. III. 2, 18, 6; Alan. K. 2, 12, 5; Bern. 2, 17, 7; Coll. Fuld. 2,
23, 5; Gilb. Anh. 9; Rain. 30, 1; X. II, 27, 16. — Potth. Reg. 652; Bréquigny, Table chrono-
logique, IV 272.

. . Decano[1], V(villelmo) cancellario[2] et C. canonico,   10
Laudunensibus[a].

(|) Sicut nobis vestris litteris intimastis, cum causa, que inter Henricum
subdiaconum et Huardum presbyterum sancti Clementis[3] super quinque
frumenti modiis vertebatur, qui dicebantur ipsi Henrico per annos singulos exsolvendi, ex delegatione nostra vobis commissa fuisset et partibus in   15
vestra presentia constitutis idem Henricus restitutionem[b] sibi fieri[b]
postularet, adversarius se ad hoc non teneri respondit, cum alia vice super
hoc coram iudice conventus fuerit et sententialiter absolutus, quod ostendere voluit duorum testimonio sacerdotum. Ex quorum depositionibus
vobis constitit, quod magister A.[4] ex parte venerabilis fratris nostri . . epis-   20
copi Laudunensis[5] Huardum presbyterum per iudicium absolvit ab impetitione subdiaconi memorati. Verum quia testimonium ipsorum quasi
nude prolatum fuerat, cum de allegationibus, testibus et ratione[c], que
iudicem movere solet[d] ad sententiam proferendam, nichil se scire di-
xissent, variatum fuit inter[e] iuris peritos, a quibus consilium postulastis: 25

---

46. [a]) *Am Rande von einer Hand des 13. Jh.:* hoc c(apitulum) est Extra de sen[tentia et re
iudicata] *(X. II, 27, 16). Darüber ein senkrecht und waagrecht durchgestrichener Kreis, der
vielleicht ein* E *darstellen soll (vgl. Kempf, Register, 95 Anm. 17). Am ehesten wäre aber an
ein* C *zu denken, was auf den Inhalt des Briefes, eine Consultatio hinweisen würde (vgl. Einleitung XXI f.)* [b-b]) *Nachgetragen, wahrscheinlich auf Rasur.* [c]) *Migne:* rationibus.   30
[d]) *Migne:* solent. [e]) *Auf Rasur nachgetragen.*

46. [1]) Adam (I.) de Courlandon, Domdekan von Laon (Suffr. von Reims, Dép. Aisne)
1194—1223 (resigniert). Gestorben nach November 1232 (Laon). Bekannt als Liturgiker,
Exeget und Moraltheologe. Vgl. G. MOLLAT, *Adam de Courlandon*, in: Dict. HGE 1 (Paris
1912) 472 f. und B. DECKER, *Adam von Courlandon*, in: LThK² 1 (Freiburg 1957) 131 (Lit.).   35
[2]) Wilhelm, als Kanzler des Kapitels von Laon zwischen 1177 und 1190 bezeugt. Vgl.
A. d'HERBOMEZ, *Chartes de l'abbaye de St-Martin de Tournai*. Bruxelles 1898, I 124, 133, 138
bzw. A. MATTON, *Inventaire sommaire des Archives départementales: Aisne*. Laon 1885,
III 34.
[3]) Saint-Clément (Dép. Aisne, Arr. Vervins, Cant. Aubenton). Vgl. *Dict. Top. Aisne,*   40
244.
[4]) Nicht zu identifizieren.
[5]) Roger (I.) de Rozoy, B. von Laon (Suffr. von Reims, Dép. Aisne) 1174 (konsekriert:
9. August 1175)—20. (21.) Juni 1201. Er war ein Sohn des Clarembald de Rozoy und der
Eleonore de Namur und zuerst Dekan des Domkapitels von Châlons-sur-Marne. Vgl.   45
Gallia Christiana, IX 534—536 Nr. XLVIII.

aliis asserentibus tale testimonium non valere, aliis sentientibus quod valeret. Unde in hac ambiguitate, quid tenendum sit, sedem duxistis apostolicam consulendam.

Cum autem in plerisque locis, in quibus copia prudentum habetur, id
5 moris existat, quod cause, que iudicem moverant, non exprimantur in sententiis proferendis, vobis taliter respondemus, quod cum ex depositionibus testium predictorum constiterit vobis sententiam a iudice suo fuisse prolatam, propter auctoritatem iudiciariam presumi debet omnia legittime processisse[1].
10 Datum Laterani, II Kal. Aprilis.

47 (49).

Innocenz III. untersagt allen Metropoliten, Bischöfen und Klerikern, in der Diözese Castello ohne Zustimmung des dortigen Bischofs Mar(kus) bischöfliche und pfarrliche Rechte auszuüben; außer im Notfall, auf Grund
15 *approbierter Gewohnheiten und mit päpstlicher Erlaubnis. Ferner gewährt er dem genannten Bischof das Recht, in gewissen Gebieten der Romagna den schon von seinen Vorgängern rechtmäßig eingehobenen Zehent weiterhin einzunehmen.*

Lateran, (1199) April 26.

20 *Reg. Vat. 4, fol. 156ʳ—156ᵛ ⟨Nr. L, 49⟩.*
Sirleto, fol. 302ʳ = Cholinus, II 396 = Venet., II 396 = Baluze, I 365 Nr. 49 = Migne, PL 214, 588 Nr. 49. — Potth. Reg. 671.

Mar(co), episcopo Castellano[1].

Fratrum et coepiscoporum nostrorum postulationibus, que rationi con-
25 sonant et non deviant ab honesto, tanto gratius et libentius assensum apostolicum impertimur, quanto eos ad postulandum, quod petitur, non ob proprium comodum, sed ecclesie sibi commisse utilitatem induci credimus et moveri.

Eapropter, venerabilis in Christo frater, tuis precibus annuentes
30 auctoritate presentium districtius inhibemus, ne cui presbytero vel alii in quocumque officio constituto fas sit in tua diocesi[2] preter tuum assensum, quem tamen nolumus maliciose cuiquam denegari, officia celebrare divina, ad penitentiam recipere confitentes vel quecumque sacramenta

---

[1] procecisse.

35 **47.** [1] Markus (I.) Nicolai, B. von Castello (Suffr. von Grado auf der Rialto-Insel, Venedig) November 1181—1225. Vgl. V. Piva, *Il patriarcato di Venezia e le sue origini.* Venezia 1960, II 222—226 Nr. 28.

[2] Die Diözese umfaßte neben der Kathedrale S. Pietro bloß die Pfarre S. Marco und die Klöster S. Ilario, S. Giorgio Maggiore, S. Nicolò in Lido, S. Croce in luprio, S. Zaccaria,
40 S. Lorenzo, S. Erasmo (auf der Insel Malamocco) und S. Servolo (Servulo). Vgl. IP VII/2 130 f. Nr. 5 (Privileg Lucius' II. vom 21. März 1144) bzw. 131 Nr. 7, 136 f. Nr. 34 und 35 (Bestätigungen von Hadrian IV., Klemens III. und Coelestin III.).

ecclesiastica exercere, nisi necessitatis articulus id exposcat. Nulli etiam
metropolitano[3] vel episcopo liceat in ecclesiis lege tibi diocesana subiectis auctoritate propria clericos instituere vel institutos etiam te inscio
promovere vel parrochianos [in] tuum preiudicium tradere sepulture;
salvis in omnibus supradictis consuetudinibus approbatis et tam indul- 5
gentiis quam privilegiis pontificum Romanorum. Ad hec, ut decimas, quas
* fol. 156ᵛ prede*cessores[a] tui hactenus in Romanie[4] partibus iuste ac pacifice
perceperunt[b], exigere ac percipere libere possis, auctoritate tibi apostolica indulgemus.

Nulli[c] ergo et cetera inhibitionis et concessionis et cetera.   10
Datum Laterani, VI Kal. Maii.

48 (50).

Rechtsauskunft für den Bischof (Huguccio) von Ferrara: Falls ein Ehe-
partner Häretiker oder Heide wird, ist es dem anderen Teil nicht erlaubt,
eine neue Ehe einzugehen.   15

Lateran, (1199) Mai 1.

Reg. Vat. 4, fol. 156ᵛ ⟨Nr. LI, 50⟩.
Sirleto, fol. 302ᵛ = Cholinus, II 396 = Venet., II 396 = Baluze, I 365 Nr. 50 = Migne,
PL 214, 588 Nr. 50. — Comp. III. 4, 14, 1; Bern. 4, 14, 1; Gilb. 3, 20, 3; Coll. Hal. 59; Coll.
Luc. 100; Rain. 40, 13; Coll. Valent. I 3; X. IV, 19, 7. — Potth. Reg. 684.   20

Ferrariensi episcopo[1].

Quanto[a] te magis novimus in canonico iure peritum, tanto fraterni-
vgl. Röm 16, 1 f.   tatem tuam amplius in Domino commendamus, quod in dubiis questio-
vgl. Weish 15, 1;   num articulis ad apostolicam sedem recurris, que disponente Domino
Apg 18, 21
vgl. Gn 3, 20   cunctorum fidelium mater est et magistra; ut opinio, quam in eis quondam 25
habueras, dum alios canonici iuris periciam edoceres, vel corrigatur per
sedem apostolicam vel probetur. Sane tua nobis fraternitas suis litteris
intimavit, quod altero coniugum ad heresim transeunte[2], qui relinquitur
ad secunda vota transire[b] desiderat et filios procreare: quod utrum possit
fieri de iure, per easdem nos duxisti litteras consulendos.   30
Nos igitur consultationi tue de communi fratrum nostrorum consilio

---

47. [a] -ss- *korr. aus anderen Buchstaben.*   [b] percep- *auf Rasur.*   [c] *Migne:* Nullus.
48. [a] *Am Rande von einer Hand des 13. Jh.:* hoc c(apitulum) est Extra de divortiis *(X. IV,*
19, 7).   [b] trasire.

[3] Der Patriarch von Grado (mit dem Sitz in Venedig).   35
[4] Die Romagna.
48. [1] S. Br. II 8 Anm. 2.
[2] In der Stadt Ferrara lassen sich vom Ende des 12. Jahrhunderts bis um die Mitte
des 13. Jahrhunderts Ketzer nachweisen. Vgl. A. Borst, *Die Katharer* (= Schriften der MGH,
12). Stuttgart 1953, 104 Anm. 22 und 124 Anm. 17.   40

respondentes distinguimus[3] — licet quidam predecessorum nostrorum sensisse aliter videantur[4] —, an ex duobus infidelibus alter ad fidem catholicam convertatur vel duobus fidelibus alter labatur in heresim vel decidat in gentilitatis errorem. Si enim alter infidelium coniugum ad fidem catholi-
5 cam convertatur, altero vel nullo modo vel saltem non absque blasphemia divini nominis vel ut eum pertrahat ad mortale peccatum ei cohabitare volente, qui relinquitur ad secunda, si voluerit, vota transibit; et in hoc casu intelligimus, quod dicit apostolus: «Si infidelis discedit, discedat; frater enim vel soror non est servituti subiectus in huiusmodi», et canonem   vgl. 1 Kor 7, 15
10 etiam in quo dicitur, quod contumelia Creatoris solvit ius matrimonii circa eum, qui relinquitur[5]. Si vero[c] alter fidelium coniugum vel labatur in heresim vel transeat ad gentilitatis errorem, non credimus, quod in hoc casu is, qui relinquitur, vivente altero possit ad secundas nuptias convolare, licet in hoc casu maior appareat contumelia Creatoris. Nam etsi matri-
15 monium verum quidem inter[d] infideles existat, non tamen est ratum; inter fideles autem verum quidem et ratum existit: quia sacramentum fidei, quod semel admissum numquam ammittitur, ratum efficit coniugii sacramentum, || [e] ut ipsum in coniugibus illo durante perduret. Nec obstat, quod a quibusdam forsan obicitur, quod fidelis[f] relictus non debeat
20 suo iure sine culpa privari, cum in multis casibus hoc contingat, ut si alter coniugum[g] incidatur. Per hanc autem responsionem quorundam malicie obviatur, qui in odium coniugum vel quando sibi invicem displicerent, si eas possent in tali casu dimittere, simularent heresim, ut ab ipsa coniugibus nubentibus resilirent.
25 Per hanc ipsam responsionem illa solvitur questio, qua queritur, utrum ad eum, qui vel ab heresi vel ab infidelitate revertitur, is, qui permansit in fide, redire cogatur.

Datum Laterani, Kal. Maii. || [e]

---

[c] v- *auf Rasur.*   [d] -ter i- *auf Rasur.*   [e-e] *Von Hand C.*   [f] infidelis. *Eben-*
30 *so in der Collectio Lucensis c. 100 (Ed. Mansi 387), bei Rainer von Pomposa 40, 13 (Migne,*
PL 216 1268 B), Gilbert 3, 20, 3 (Landesbibliothek Fulda, HS. 2° D 5, fol. 113vb; Brüssel,
Bibliothèque Royale Ms. 1407—09, fol. 128ra) und Bernardus Compostellanus 4, 14, 1 (Paris,
Bibliothèque Nationale, Cod. Latin. 18 223, fol. 131vb; London, British Museum, MS. Harleian.
3834, fol. 326^v; Modena, Biblioteca Estense, MS. Lat. 968 — α R. 4. 16., fol. 214vb). Erst
35 *die Compilatio III. 4, 14, 1 (Univ. Bibliothek Graz HS. 106, fol. 220ra, HS. 374 fol. 258ra)*
und X. IV, 19, 7 emendieren in fidelis.   [g] coniug- *auf Rasur.*

[3] Der Papst folgt hier dem *Decretum Gratiani* C. XXVIII, q. 1, dict. post c. 17 und q.
2, dict. post c. 2 (= FRIEDBERG, *CorpIC,* I 1089 f.).
[4] Damit sind gemeint: Papst Urban III.: JL 15737 = *Comp. I.* 4, 20, 5 = X. IV, 19, 6
40 (zur kanonistischen Überlieferung vgl. auch HOLTZMANN, *Kanonistische Ergänzungen,* Nr.
24) und Coelestin III.: JL 17649 = *Collectio Lucensis* c. 74 = *Gilbert* 3, 20, 2 = *Comp. II.*
3, 20, 2 = X. III, 33, 1 (= FRIEDBERG, *CorpIC,* II 722, 587 f.). Beide Päpste vertraten die
Ansicht, daß beim Übertritt eines katholischen Ehepartners zur Häresie oder zum Heidentum die Ehe durch das Urteil der Kirche getrennt werden könne. Die *Glossa ordinaria* zu
45 X. IV, 19, 6 und X. IV, 19, 7 ad v. „predecessor" stellt fest, daß diese Ansichten durch die
vorliegende Dekretale Innocenz' III. korrigiert wurden.
[5] *Decretum Gratiani* C. XXVIII, q. 2, c. 2 (= FRIEDBERG, *CorpIC,* I 1090).

49 (51).

Innocenz III. befiehlt dem Bischof (Hugo), (dem Domdekan [Fulko] und dem Domkapitel), alle von Orléans, neuerlich, dem Subdiakon D. von Corbeil eine Kapitelspfründe zu verleihen oder zu reservieren.

Lateran, (1199) April 28. 5

Reg. Vat. 4, fol. 156^v ⟨Nr. LII, 51⟩.
Sirleto, fol. 303^r = Cholinus, II 397 = Venet., II 397 = Baluze, I 365 Nr. 51 = Migne,
PL 214, 589 Nr. 51. — Potth. Reg. 677; Bréquigny, Table chronologique, IV 227 (zu 1198)
und 261 (zu 1199). — Vgl. Gallia Christiana, VIII 1458 bzw. XII 57; Potth. Reg. 988.

. . **Aurelianensi episcopo**[1]. 10

Pro dilecto filio D. de Corbolio[a][2] paupere subdiacono, nullum adhuc ecclesiasticum beneficium assecuto, ad preces dilecti filii magistri P(etri) de Corbolio[3], quem sincera diligimus in Domino caritate, fraternitati tue scripsisse recolimus, ut prebendam ecclesie tue pro reverentia beati Petri et nostra sibi liberaliter assignares. Tu vero, unde valde miramur, non 15 curasti precum nostrarum primicias et mandatum apostolicum adimplere; quinpotius, antequam idem subdiaconus a te posset optinere responsum, multis fuit expensis et laboribus fatigatus. Post hec vero nuncii tui ad sedem apostolicam accedentes, ut te ab impetitione prefati clerici absolvere curaremus, instantius postularunt: quod non potuerunt aliquatenus opti- 20 nere.

Nolentes autem, quod pro Deo de provisione prefati subdiaconi laudabiliter incepimus, relinquere imperfectum, fraternitati tue per iterata scripta mandamus atque precipimus, quatinus, si qua prebenda nunc vacat in ecclesia tua, eam sibi non differas assignare; stallum eidem in choro et 25 locum in capitulo conferendo. Alioquin, quam primo vacare contigerit, nostre donationi precipimus reservari persone idonee conferendam; de qua, si quid a te fuerit ordinatum, decernimus non tenere.

Dilectis quoque filiis . . decano[4] et capitulo Aurelianensibus dedimus in mandatis, ne aliquem ad institutionem tuam recipiant in canonicum et 30 in fratrem ad prebendam primitus vacaturam.

Datum Laterani, IIII Kal. Maii.

Scriptum[b] est super hoc . . decano et capitulo Aurelianensibus.

---

49. [a] *Der Schaft des -r- ist ein wenig überhöht. Vielleicht wollte der Registrator ursprünglich ein -b- schreiben.*　　[b] *Sriptum.* 35

49. [1] Hugo (I.) de Garlande, B. von Orléans (Suffr. von Sens, Dép. Loiret) August 1198—4. Mai 1206. Er war zuvor Dekan von Orléans. Vgl. *Gallia Christiana*, VIII 1457 f. Nr. LXII.
　　[2] Vielleicht ein Verwandter des Peter de Corbeil (nächste Anmerkung).
　　[3] Peter (I.) de Corbeil, Magister der Theologie und Kanoniker des Pariser Domkapitels, 1199 B. von Cambrai, Dezember 1200 EB. von Sens, gestorben am 3. Juni 1222. 40 Innocenz III. war an der Pariser Universität sein Schüler gewesen. Vgl. *Histoire littéraire de la France*, XVII (Paris 1832) 223—228; TILLMANN, *Innocenz III.*, 5—7, 34 f., 111, 244, 264 f., 293.
　　[4] Fulko (I.), Domdekan von Orléans 1198—1204. Vgl. *Gallia Christiana*, VIII 1505 Nr. XIX. 45

50 (52).

Innocenz III. unterstellt das exemte Kamaldulenserkloster S. Benedetto bei Gualdo Tadino zur Reform dem Bischof Hug(o) von Nocera Umbra.

Lateran, (1199) Mai 4.

5 *Reg. Vat. 4, fol. 156ᵛ ⟨Nr. LIIIᵃ⁾, 52⟩.*

Sirleto, fol. 303ʳ = Cholinus, II 397 = Venet., II 397 = Baluze, I 366 Nr. 52 = Migne, PL 214, 590 Nr. 52; Cappelletti, Chiese d'Italia, V 16; R. Guerrieri, Storia civile ed ecclesiastica del comune di Gualdo Tadino. Gubbio 1933, 315. — Potth. Reg. 687. — Vgl. IP IV 54 bzw. Br. I 66.

10 ### Hug(oni), Nucerino episcopo¹⁾.

‖ ᵇ⁾ Sic ᶜ⁾ nos de singularum ecclesiarum statu decet esse sollicitos, ut et   vgl. 2 Kor 11, 28
utilitatibus consulamus ipsarum et gravaminibus obviemus, ne creditam
nobis sollicitudinem postponere presumamur.

Attendentes igitur, qualiter monasterium de Waldo²⁾, quod ad Romanam
15 ecclesiam nullo pertinet mediante³⁾, in spiritualibus dissolutum sit et in
temporalibus diminutum, qualiter etiam a vicinis undique molestetur⁴⁾, ipsum tibi personaliter de consilio fratrum nostrorum committimus, quantum Dominus tibi permiserit, restaurandum in temporalibus et in spiri-   vgl. 1 Kor 16, 7
tualibus reformandum: facultatem tibi corrigendi, que in eo corrigenda fue-
20 rint, et statuendi, que statuenda cognoveris, auctoritate presentium libe-   vgl. Tit 1, 5
ram indulgentes; ita tamen, quod ex hoc libertas ipsius monasterii non
ledatur.

Nulli ergo et cetera nostre concessionis et cetera.
Datum Laterani, IIII Non. Maii.

25 51 (53).

Innocenz III. nimmt den Ritterorden von Calatrava in den päpstlichen Schutz, bestätigt die Ordensregel und den Besitz, gewährt Zehentfreiheit von den selbst bebauten Gründen; das Recht, Mönche aufzunehmen und ihnen zu

---

50. ᵃ⁾ *Am Rande von einer Hand des 13. Jh.: .L.*   ᵇ⁾ *Hand C beginnt.*   ᶜ⁾ *Die Ini-*
30 *tiale fehlt. Ihren Platz nimmt jene des A-pari-Briefes von II 49 (51) ein: Sc[r]iptum est . . .*

50. ¹⁾ Hugo (I.) dei Trinci, B. von Nocera Umbra (exemt, Prov. Perugia, Umbrien) 1190—
1218. Über den aus einem mächtigen Adelsgeschlechte Folignos stammenden Kirchenfürsten vgl. L. Jacobilli, *Di Nocera nell'Umbria e sua diocesi e cronologia de' vescovi di essa
città.* Foligno 1653, 77—79 bzw. D. Dorio, *Istoria della famiglia Trinci.* Foligno 1638, 133
35 und Annuario ecclesiastico della diocesi di Nocera Umbra e Gualdo Tadino. Sassoferrato
1946, 9 Nr. 25.

²⁾ S. Benedetto bei Gualdo Tadino (Diöz. Nocera Umbra, Prov. Perugia, Umbrien),
ursprünglich Benediktinerabtei, seit 1188 Kamaldulenserkloster. Vgl. P. Berardi, *L'abbazia di S. Benedetto di Gualdo Tadino. Memorie storiche.* Foligno 1906 und IP IV 54 f.
40 ³⁾ Vgl. *Liber Censuum,* I 83 a (,,Monasterium Waldi . . .") und Pfaff, *Liber Censuum,*
Nr. 161.

⁴⁾ Dazu vgl. den Brief Innocenz' III. an Abt und Konvent von S. Benedetto, worin er
die Verlegung des Klosters an einen geschützteren Ort gestattet (Br. I 66, datiert zu Ende
März/Anfang April 1198).

*verbieten, nach der Profeß das Kloster ohne Erlaubnis des Abtes zu verlassen;
und eine beschränkte Freiheit vom allgemeinen Interdikt. Ferner trifft er
Bestimmungen über die Person des Priors, den Schutz der Ordensbrüder vor
tätlichen Angriffen, künftige Änderungen in den Ordensgewohnheiten und
die Errichtung von Kapellen sowie Oratorien sowohl in ihren Häusern als* 5
*auch in den von den Sarazenen eroberten Gebieten. Schließlich verbietet der
Papst jede ungerechte Besteuerung und die Absolution von Kirchenstrafen,
die der Orden verhänge. Diesem selbst wird überdies die Exemtion verliehen.*

Lateran, 1199 April 28.

Reg. Vat. 4, fol. 156ᵛ —157ᵛ ⟨Nr. LIIII, 53⟩.   10
 *Empfängerüberlieferung: Ungefähr gleichzeitige Kopien: Madrid, Archivo Histórico Nacio-
nal,Ordenes militares: Santiago,Archivo de Melés,Carpeta 102 Nr.1; Leg.1955(Toledo 199: 8E).
 Sirleto, fol. 303ᵛ = Cholinus, II 397 = Venet., II 397 = Baluze, I 366 Nr. 53 = Migne,
PL 214, 590 Nr. 53; Mansilla, Documentación, 200 Nr. 186. — Potth. Reg. 681; Vázquez
Martínez, 11 Nr. 15. —Vgl. C. da Silva Tarouca, As Origens da Ordem dos Cavaleiros de Évora* 15
*(Avis). A Cidade de Évora 13/14 (1947), 25—39; A. L. Javierre Mur, La Ordem de
Calatrava en Portugal. Boletín de la Real Academia de la Historia 130 (Madrid 1952),
323—376, bes. 324 f.*

**. . Magistro¹⁾ et fratribus ordinis de Calatraua tam presentibus quam futuris
secundum ordinem Cisterciensium fratrum viventibus ᵃ⁾.**   20

Quotiensᵇ⁾ a nobis petitur et cetera usque annuimus, et felicis recordationis Alex(andri)²⁾ et Greg(orii)³⁾ predecessorum nostrorum, Romanorum
pontificum, vestigiis inherentes, prefatum locum de Calatraua et locum de

---

51. ᵃ⁾ *Auf fol. 156ᵛ und 157ʳ längs des Briefes am Rande ein senkrechter, z. T. gewellter Strich.*
 ᵇ⁾ *Die Initiale läuft in einen speienden Hundekopf aus. Am Rande ein Kreuz ausradiert.* 25

51. *Empfängerüberlieferung (kollationiert nach Photographien des Archivo Histórico Nacional,
Madrid. Die Varianten beziehen sich auf die erste Kopie; nur dort, wo diese beschädigt und
die Photographie daher nicht lesbar ist, wurde mit der zweiten Kopie verglichen. Ihr Text
steht in eckiger Klammer).*

 19: . . Magistro — viventibus] [Innocencius episcopus, servus servorum Dei, dilectis 30
filiis Martino *(der Name ist über der Zeile nachgetragen)* magistro et fr]atribus ordinis de
Calatraua tam presentibus quam futuris secundum ordinem Cisterciensium fratrum
viventibus in perpetuum. 21: et cetera usque] quod religioni et honestati convenire
dinoscitur, animo nos decet libenti concedere et petentium [desideriis congruum suffragium
impertiri. Eapropter, dilecti in domino filii, vestris] iustis postulationibus clementer. 35

51. ¹⁾ Martin Martínez, Großmeister des Ritterordens von Calatrava 1198—1207. — Der
Orden wurde 1158 von Abt Raimund von Fitero O. Cist. gegründet und erhielt vom König
Sancho III. von Kastilien die den Mauren abgenommene Feste Calatrava in der Mancha
(Prov. Ciudad Real, Kastilien) zum Sitz. Seit 25. September 1164 nach der Zisterzienser-
regel lebend, erhielt der Orden am 4. November 1187 durch Gregor VIII. die Bestätigung 40
einer neuen Regel, wonach die Benediktinerregel und die Konstitutionen der Zisterzienser
galten. Vgl. F. GUTTON, *La Chevalerie militaire en Espagne. L'Ordre de Calatrava.* Paris
1955 (= Commission d'Histoire de l'Ordre de Cîteaux, IV); M. de OLIVEIRA, *Origens da
Ordem de Cister em Portugal.* Revista Portuguesa de História 5 (1951) 317—353 und DERS.,
A Milícia de Évora e a Ordem de Calatrava. Lusitania Sacra 1 (1956) 54—57. 45
 ²⁾ Alexander III. vom 25. September 1164. Vgl. JL 11064.
 ³⁾ Gregor VIII. vom 4. November 1187. Vgl. JL 16035.

Saluaterra[4], in quo ad serviendum Deo divino estis obsequio mancipati, vgl. Nm 4, 27
sub beati Petri et nostra protectione suscipimus et presentis scripti pagina
communimus: Inprimis siquidem statuentes, ut institutio[c], quam abbas
et fratres Cistercienses vobis in eodem loco morantibus non ut familiari-
5 bus sed ut veris fratribus || [d] fecisse dicuntur, perpetuis temporibus ibi-
dem inviolabiliter observetur: videlicet ut militaribus armis accincti contra Sarracenos pro tuitione Christiani populi fideliter dimicetis. Preterea
ea, que de victu et vestitu vestro prefati * abbas et fratres Cistercienses et * fol. 157ʳ
universum capitulum eiusdem ordinis a vobis regulariter observanda
10 sanxerunt, vobis nichilominus confirmamus: videlicet[e] ut lineis in femorali-
bus tantum vobis[e] liceat uti; vestes quoque moderatas, honestas et
commodas secundum consilium Morimundensis[5] abbatis et magistri
vestri cum scapulari pro habitu religionis habebitis; vestiti et cincti dor- vgl. Lk 12, 35
mietis et in oratorio, refectorio, dormitorio et in coquina silentium iuge
15 tenebitis; cavebitis autem, ne in qualicumque veste aut superfluitatis
argui aut curiositatis notari possitis; tribus vero in ebdomada diebus —
id est feria IIIᵃ, quinta et die Dominica — cum precipuis sollempnitati-
bus vobis carnibus vesci licebit: uno tantum ferculo et unius generis, quantum ad carnes pertinet, contenti eritis et ad mensam silentium ubique
20 tenebitis; || [d] ab exaltatione quoque sancte crucis usque ad Pascha tribus
diebus — scilicet secunda feria, quarta et sexta preter Natale Domini, Epi-
phaniam, Ypapanti et festivitates Omnium Sanctorum et Apostolorum—
omnes, qui presentes domi fuerint, in septimana qualibet ieiunabunt; qui
autem in castris militie fuerint, pro magistri arbitrio ieiunia observabunt.
25   Preterea quascumque possessiones et cetera usque vocabulis exprimenda[6]: Calatraua cum pertinentiis suis et quintis et omnibus pertinentiis suis; castellum de Caracui cum omnibus pertinentiis suis; castellum
Dolarcus cum pertinentiis suis; castellum de Beneuento cum omnibus
pertinentiis suis; castellum de Suffera cum pertinentiis suis; castellum de
30 Malagon cum portaticis et aliis pertinentiis suis; castellum de Guadal-

---

c) *Davor eine kleine Rasur.*   ᵈ⁻ᵈ) *Von Hand D 1.*   ᵉ⁻ᵉ) *-licet . . . vobis auf Rasur*
nachgetragen. Die Korrektur wurde am Rande vorgemerkt, jedoch später zum größten Teil
weggeschnitten. Noch lesbar: in f . . . libus.

2: pagina] privilegio.   17: IIIᵃ] tercia.   21: Natale] Natalem.   25: et
35 cetera usque] quecumque bona eadem domus in presentiarum iuste ac canonice possidet aut
in futurum concessione pontificum, largitione regum vel principum, oblatione fidelium seu
aliis iustis modis prestante Domino poterit adipisci, firma vobis vestrisque successoribus et
illibata manere censemus. In quibus hec propriis duximus.   28: Dolarcus] [Dalarcus].

⁴) Salvatierra (de Calatrava), Kastell in der Sierra Morena (Prov. Ciudad Real, Kasti-
40 lien), war nach dem Verlust von Calatrava la vieija (Prov. Ciudad Real) an die Mauren 1196
durch zwölf Jahre Mutterhaus des Ordens.
⁵) Nachdem der Orden zunächst der Kartause Scala Dei (= Escala de Dios, Prov.
Tarragona, Katalonien) zugeteilt war, unterstand er in der Folge der Zisterzienserabtei Morimond (Dép. Haute-Marne, Arr. Langres).
45   ⁶) Für weitere Details vgl. GUTTON (wie Anm. 1), 48 mit Besitzbeschreibung und Karte,
die aber nicht alle im Text erwähnten Orte ausweist.

ferza[f] cum pertinentiis suis; domum de Nonbroca [g] cum pertinentiis suis; domos de Toleta cum tendis, molendinis, vineis, terris et ortis; ecclesiam sancti Romani ultra Tagum cum pertinentiis suis; domos de Talauerra [h] cum vineis, olivetis, ortis, molendinis, canalibus et puteis et cum aldeis et aliis pertinentiis suis; domos de Salamancella cum pertinentiis suis; domos 5 de Macheda cum vineis, ortis, terris et aliis pertinentiis suis; Mendeno cum suis pertinentiis; Sotello cum suis pertinentiis; castellum de Afsecha[i] cum suis pertinentiis; Casasola cum suis pertinentiis; Alfondega cum suis pertinentiis; Figarola cum suis pertinentiis; castellum de Cyrol(is) cum suis pertinentiis; castellum[j] de Sorita cum portaticis, quintis, aldeis et aliis 10 pertinentiis suis; castellum de Almogera cum portaticis, quintis, aldeis et aliis pertinentiis suis; Balaga cum pertinentiis suis; Almonacir cum suis pertinentiis; Pangia [k] cum suis pertinentiis; Onnon cum suis pertinentiis; casas de Collado, de Verniges et Oua cum pertinentiis suis; medietatem de Moracella cum pertinentiis suis; castellum de Cogolludo cum aldeis et per- 15 tinentiis suis; hereditatem de Mollin(a) cum domibus suis et cum aldea de Merla et pertinentiis suis; ecclesiam sancti Saluatoris de Soria; ecclesiam sancte Marie de Vilares Pardos cum omnibus domibus, aldeis, vineis et earum pertinentiis; castellum de Alcobella cum suis pertinentiis; Berezosa cum Baldalbin, ecclesiis et pertinentiis suis; castellum Rubeum cum 20 omnibus pertinentiis suis; villam de Valuert cum pertinentiis suis; Burgell(us) in Nauarra cum ecclesia et aliis pertinentiis suis; Formella cum pertinentiis suis; hospitale de Bellota cum ecclesia et pertinentiis suis; domum de Formosella cum hereditatibus et pertinentiis suis; Quintanella in[l] Borona cum suis pertinentiis; hereditatem de Aluellos cum domibus 25 et suis pertinentiis; villas de Perros et Canones in Campo de Monnio cum suis pertinentiis; Terradellos ibidem cum pertinentiis suis; Fontodra iuxta Amaia cum pertinentiis suis; Palatia in ripa de Pisorga cum pertinentiis suis; medietatem de Auarcha cum ecclesia ipsius loci et pertinentiis suis; Famuscu in rivo de Asageua cum pertinentiis suis; Vallorabona in epis- 30 copatu Palentino cum pertinentiis suis; sanctam Mariam domno Echa super rivum de Pisorga et villam Ramira in Alcordoutella [m] et hereditates in termino de Courel cum pertinentiis suis; Padellam cum ecclesia sancte Marie et pertinentiis suis; Rauanal cum ecclesia iuxta castrum Uert et Val in ripa de Stola et Nauam [n] cum pertinentiis suis; Caso in 35 Asturiis[o] cum ecclesia et pertinentiis suis; Vilester iuxta Bamba, Pallos

---

[f] *Migne:* Gualdaferza.   [g] *Migne:* Nombroca.   [h] *Migne:* Talaveira.   [i] *Migne:* Assecha.   [j] *Davor ein Absatzzeichen und am Rande ein Kreuz. Beide stammen vielleicht von derselben Hand wie der randliche Merkstrich (Anm. a).*   [k] *Migne:* Pengia.   [l] *Migne:* de.   [m] *Migne:* Alcordutella.   [n] *Migne:* navam.   [o] *Vor* in Asturiis *ein durch-* 40 *gestrichenes* cum pertinentiis suis *Doch erfolgte noch vor der Tilgung durch Verweisungszeichen eine Umstellung in:* in Asturiis cum pertinentiis suis.

3: Talauerra] Talauera.   7: pertinentiis; Sotello] pertinentiis suis; Sotello. 7: Afsecha] Assecha.   9: Cyrol(is)] [Cyrlas].   28: Palatia] Polatia.   31: Palentino] Palantino.   33: Courel] Corel.   45

in ripa de Doira et ecclesiam sancte Marie de Zamora cum pertinentiis
suis; Pinos in Gallicia et Congeli in Gallicia iuxta Allariz, domum de
Allariz, domos de Tronchoso p) et Minium cum vineis, terris et pertinentiis suis; domum de Beneuento super Oruegun cum pertinentiis suis; Van-
5 nexandines in terra de Astorga cum domibus et pertinentiis suis;
ecclesiam de Maiorica cum domibus et pertinentiis suis; Elpererii
inter civitatem Rodrogo et Tronchoso cum omnibus possessionibus et pertinentiis suis; domos de Segobia cum tendis, vineis et aliis pertinentiis suis;
Friger(um) q) cum omnibus pertinentiis suis; in Portugal in civitate, que
10 dicitur Estora, duos Alcazarel, vetus et novum, cum omni hereditate regia
et aliis pertinentiis suis; castellum de Guluce cum pertinentiis suis; domos
de Sanctaren cum hereditate regia de Ortalagon(a) r) et pertinentiis suis;
castellum de Alcanethet, Alpedriz, Benamesi, Iurumenia, Albofeira, Malfora et casas de Vlixbona cum vineis et aliis pertinentiis suis; Cazaraboton,
15 Sanctum Uincentium, Boluaidi, Oriz. In Aragon(a) castellum de Alcaniz
cum villa sua, aldeis et aliis pertinentiis suis; medietatem de Maella cum
olivetis et pertinentiis suis et Pomer cum pertinentiis suis; Saluamterram,
castellum de Domnis Ronda, sanctum Siluestrum, medietatem de Veilo-
zeil, Contai et Enforlopes, castrum lege Ferraira s), Cameles et Ort(o) cum
20 pertinentiis suis; Quintanella de Redofresnos, Sanctum Felicem et Los-
barros cum pertinentiis suis et sanctum Nicholaum de Lamina et Se-
quella t) cum pertinentiis suis.

Sane laborum et cetera. Liceat quoque vobis clericos et cetera. Prohibemus insuper, ut nulli et cetera. Cum autem generale et cetera. Liceat
25 etiam vobis in locis vestris sine manifesto dispendio vicinarum ecclesiarum oratoria construere, in quibus fratres et familie vestre divinum audire officium et christianam habere valeant sepulturam. Clerici quoque
ordinis vestri clericum priorem habeant, cui professionem faciant, reverentiam ac subiectionem impendant. Nichilominus vero presenti decreto
30 sancimus, ut, si quis in aliquem fratrum vestrorum temerarias manus
iniecerit, nisi rationabilis causa obsistat, excommunicationis sententia sit
astrictus et illud pro tutela vestra tam in sententia quam pena servetur,

---

p) *Migne:* Troncoso.   q) *Migne:* Erigerum.   r) *Migne:* Ortalogon.   s) *Migne:*
lege Eerraira.   t) *Migne:* Sequela.

35   4: domum] domus.   13: Malfora] Malfara.   23: et cetera] vestrorum, quos
propriis manibus aut sumptibus colitis, sive de nutrimentis animalium vestrorum nullus a
vobis decimas vel primitias extorquere presumat.   23: et cetera] vel laicos liberos et
absolutos a seculo fugientes ad conversionem recipere et fratres ac conversos cum generalibus litteris abbatum eorum recipere et eos sine contradictione aliqua retinere.   23: Pro-
40 hibemus] Proibemus.   24: et cetera] fratrum vestrorum post factam in loco vestro
professionem fas sit absque magistri sui licentia, nisi ad Cisterciensem ordinem duxerint
transeundum, de eodem loco discedere. Discedentem vero absque communium litterarum
cautione nullus audeat retinere.   24: et cetera] interdictum terre fuerit, liceat vobis
clausis ianuis, exclusis excommunicatis et interdictis, non pulsatis campanis, suppressa
45 voce divina officia celebrare.

quod sub Innocentio papa de clericorum tuitione noscitur institutum[7].
Regulares et antiquas consuetudines ordinis vestri a predecessoribus
vestris et a vobis hactenus observatas aliqua levitate mutari seu etiam

*fol. 157ᵛ   possessiones domorum vestrarum alienari, nisi de * ‖ ᵘ⁾ magistri provi-
dentia fiat cum consensu capituli vel maioris et sanioris partis, auctori- 5
tate apostolica prohibemus fieri. Prohibemus insuper, ut infra fines par-
rochiarum vestrarum, quasᵛ⁾ a Sarracenisᵛ⁾ acquisistis vel in posterum
acquiretis, capellas vel oratoria seu ecclesias nullus audeat sine assensu
vestro construere; si vos pro necessitate populi duxeritis construendas, in
quibus, cum constructe fuerint, liceat vobis clericos eligere et episcopo 10
presentare; quibus, si idonei fuerint, episcopus curam animarum committat, ut ei de spiritualibus, vobis autem de temporalibus debeant respondere. Preterea novas et indebitas exactiones ab archiepiscopis, episcopis, archidiaconis seu decanis aliisve ecclesiasticis secularibusve personis vobis omnino fieri prohibemus. Crisma vero et cetera. Inhibemus 15
adhuc, ne interdictos et cetera. Paci quoque et cetera. Ad hec libertates et
cetera. Decernimus ergo et cetera; salva in omnibus apostolice sedis auctoritate. Si qua igitur et cetera.

Datum Laterani per manum Rainaldi, domini pape notarii, cancellarii

---

ᵘ⁾ *Hand C hört auf, Hand D 1 beginnt.*   ᵛ⁻ᵛ⁾ *Auf Rasur.*   20

15: et cetera] oleum sanctum, consecrationes altarium seu basilicarum vestrarum,
ordinationes clericorum, qui ad sacros ordines fuerint promovendi, et cetera ecclesiastica
sacramenta a diocesano suscipiatis episcopo, siquidem catholicus fuerit et gratiam atque
communionem apostolice sedis habuerit et ea gratis vobis et absque pravitate aliqua
voluerit exhibere. Alioquin liceat vobis quemcumque malueritis catholicum adire anti- 25
stitem, qui nimirum nostra fultus auctoritate quod postulatur indulgeat.   16: et
cetera] vel excommunicatos vestros ad officium vel communiones ecclesiasticas
quisquam admittat, nisi forte periculum mortis immineat et de satisfaciendo quam
primo poterint dederint cautionem.   16: et cetera] et tranquillitati vestre paterna in
posterum sollicitudine providere volentes, auctoritate apostolica prohibemus, ut infra 30
clausuras locorum vestrorum nullus violentiam vel rapinam seu furtum committere, ignem
apponere, hominem temere capere vel interficere aliqua [temeritate presumat].   16: et
cetera] [omnes] et immunitates a regibus et principibus aliisve ecclesiasticis secularibusve
personis domui racionabiliter vestre concessas et hactenus observatas ratas habemus et eas
futuris temporibus illibatas manere sancimus.   17: et cetera] ut nulli [omnino hominum 35
liceat prefatum locum temere perturbare aut eius possessiones] auferre vel ablatas retinere,
minuere seu quibuslibet vexationibus fatigare, sed omnia integra conserventur eorum,
pro quorum gubernatione ac sustentatione concessa sunt, usibus omnimodis profutura.
18: et cetera] [in futurum ecclesiastica secularisve persona hanc nostre constitutionis]

vgl. Mt 18, 15–17   paginam sciens contra eam temere venire temptaverit, secundo terciove commonita, 40
nisi reatum suum congrua satisfactione correxerit, potestatis honorisque sui careat
dignitate reamque se divino iudicio [existere de perpetrata iniquitate cognoscat et a
sacratissimo corpore ac sanguine Dei et Domini] redemptoris nostri Iesu Christi aliena
fiat atque in extremo examine divine subiaceat ultioni. Cunctis autem eidem loco sua
iura servantibus sit pax domini nostri Iesu Christi, quatinus et hic fructum bone actionis 45
[percipiant et apud districtum iudicem premia eterne pacis inveniant. Ame]n Amen Amen.
19: Rainaldi] Reginaldi

⁷⁾ *Conc.Lateran. II.* c. 15 (COD 176) = *Decretum Gratiani* C. XVII, q. 4, c. 29 (= Friedberg, *CorpIC*, I 822 f.).

vicem agentis[8], IIII Kal. Maii, indictione II[a], incarnationis vero Dominice anno M C XC VIIII, pontificatus vero domni Innocentii pape III anno secundo.

52 (54).

5 *Innocenz III. befiehlt dem Domkapitel von Hildesheim, den dortigen Bischofsstuhl, der durch den eigenmächtigen Übergang des Bischofs (Konrad) nach Würzburg vakant geworden war, durch eine Neuwahl zu besetzen.*

Lateran, (1199) Mai 6.

Reg. Vat. 4, fol. 157[v] ⟨ Nr. LV, 54⟩.
10 *Empfängerüberlieferung: Druck des 1943 im Niedersächsischen Staatsarchiv in Hannover verbrannten Orig. (Domstift Hildesheim Nr. 67) bei Janicke, Urkundenbuch Hildesheim, I 519 Nr. 543.*
Sirleto, fol. 305[r] = Cholinus, II 399 = Venet., II 399 = Baluze, I 368 Nr. 54 = Migne, PL 214, 593 Nr. 54. — Potth. Reg. 691; B.F.W. Reg. 5677; Borch, Regesten, 29; Westfäli-
15 *sches Urkundenbuch, V/1 76 Nr. 169. — Vgl. Wendehorst, Bistum Würzburg, 188, und Br. I 335, 568 (574); Br. II 192 (201), 195 (204), 207 (216) und 266 (278).*

Capitulo Hildesemensi[1].

| Cum in negociis ecclesiasticis studiosa sit discretio adhibenda, ex institutione sanctorum Patrum summa providentia prelationis ecclesiastice
20 dispositioni debetur; et si quid in illa contra ea, que sunt certis decretorum expressa capitulis, alicuius fuerit auctoritate presumptum, Romane ecclesie, que inter alias sortita est a Domino principatum, sollicitius immi-

1: II[a]] secunda   1: vero] *fehlt*   2: M C XC VIIII] M°.C°.XC°.VIIII°
Folgende Kardinäle unterschrieben:
25 [Pand(ulfus) basilice XII apostolorum presbyter cardinalis]
Pet[rus tituli sancte Cecilie presbyter cardinalis]
Iordanus sancte Pudentiane [tituli Pastoris] presbyter cardinalis
Guido sancte Marie Transtyberim tituli Calixti presbyter cardinalis
Hug(o) presbyter cardinalis sancti Martini tituli Equitii
30 Cinthius tituli sancti Laurentii in Lucina presbyter cardinalis
Iohannes tituli sancte Prisce presbyter cardinalis
Octavianus Hostiensis et Velletrensis episcopus
Petrus Portuensis et sancte Rufine episcopus
Iohannes Albanensis episcopus
35 Gratianus sanctorum Cosme et Damiani diaconus cardinalis
Gregorius sancte Marie in Aquiro diaconus cardinalis
Gregorius sancti Georgii ad Velum aureum diaconus cardinalis
Gregorius sancti Angeli *(irrtümlich wiederholt)* diaconus cardinalis
Nicholaus sancte Marie i[n Cosmidyn] diaconus cardinalis
40 Centius sancte Lucie in Orthea diaconus cardinalis

52. *Empfängerüberlieferung (kollationiert nach Janicke, UB Hildesheim, I 519 Nr. 543):*
17: Capitulo Hildesemensi] Innocentius episcopus, servus servorum Dei, dilectis filiis capitulo Hildesemensi salutem et apostolicam benedictionem.   18: negociis] negotiis.

[8]) S. Br. II 3 Anm. 6.
45 **52.** [1]) Domkapitel von Hildesheim (Niedersachsen).

vgl. 2 Kor 3, 5

net corrigendum. Et ne apostolice sedis auctoritas super hiis, que contra
dignitatem eius attemptata noscuntur, honoris sui dispendium patiatur,
nos, qui licet immeriti eius sumus regimini deputati, debemus omnimodis
precavere.

Sane cum vobis quondam nostris dedissemus litteris in mandatis, ut 5
quia . . Hildesemensis olim episcopus[2]) relicta Hildesemensi ecclesia, cui
fuerat spirituali coniugio copulatus, ad Herbipolensem[3]) sine auctoritate
Romani pontificis propria temeritate transivit, ipsum redire volentem recipere nullatenus deberetis[4]): idem tale mandatum contra se sentiens
emanasse, suas ad vos litteras destinavit, ut nullatenus procederetis ad 10
electionem aliquam faciendam; alioquin omnes ecclesie redditus in tantum distraheret, quod successor ipsius nec episcopalem habere poterit
sustentationem nec episcopus nominari. Asseruit etiam, quod cum eius
nuncius a sede apostolica rediisset et de litteris nostris non fecisset ei aliquam mentionem, arguebat illas litteras falsitatis. Et quia nuncii eius, qui 15
apud sedem apostolicam commorantur, nichil de his intellexerant, pro
constanti habebat, quod ille littere non ex equo libramine, sed ex aliquorum suorum emulorum invidia fuerant impetrate.

Nos igitur eius volentes contumatiam reprimere, sicut decet, ne aliis
forte huiusmodi presumptio vergeret in exemplum, discretioni vestre per 20
apostolica scripta mandamus et districte precipimus, quatinus, ne[a]) ipsa
ecclesia diutius maneat viduata pastore, ad electionem canonice de persona idonea faciendam sublato cuiuslibet contradictionis et appellationis
obstaculo procedatis.

vgl. Mt 9, 36;
Mk 6, 34

Nos enim dilectis filiis . . Corbeiensi[5]) et . . de[b]) Hersuede[c][6]) abbati- 25

---

52. [a]) *Migne :* in.   [b]) *Der gemmipunctus ist irrig nach* de *gesetzt. Die Emendation erfolgte nach
der Empfängerüberlieferung und der Adresse des Br. II 53 (55), S. 100 Z. 1.*   [c]) *Auf Rasur.*

6: . . Hildesemensis] Hildesemensis.   14: nuncius] nuntius.   14: non fecisset ei]
ei non fecisset.   15: nuncii] nuntii.   16: his] hiis.   19: contumatiam] contumaciam.

[2]) Konrad (I.) von Querfurt, Sohn des Burggrafen Burchard II. von Magdeburg, hatte 30
in Paris studiert und Kanonikate in Hildesheim und Magdeburg erlangt. Seit Oktober 1194
war er B. von Hildesheim (Suffr. von Mainz, Niedersachsen), kaiserlicher Kanzler sowie
seit 1197 Führer des Kreuzheeres. Die Konsekration fällt in die Zeitspanne zwischen dem
1. November 1196 und dem 20. März 1197. Um die Jahreswende 1197/98 erfolgte, vielleicht noch auf Betreiben Kaiser Heinrichs VI., seine Wahl zum Bischof von Würzburg, die 35
er, ohne einen päpstlichen Dispens erhalten zu haben, annahm. Da er der päpstlichen Aufforderung, auf beide Bistümer zu verzichten, nicht nachkam, wurde er gebannt und erst
nach der gelegentlich einer Romfahrt erklärten Resignation (zwischen 15. März und 9. April
1200) als B. von Würzburg eingesetzt (vor 3. Juni 1201). Er wurde am Abend des 3. (oder
4.) Dezember 1202 in Würzburg ermordet. Vgl. WENDEHORST, *Bistum Würzburg*, 183—200. 40
[3]) Bistum Würzburg (Suffr. von Mainz).
[4]) Vgl. *Decretum Gratiani* C. VII, q. 1, c. 31 (= FRIEDBERG, *CorpIC*, I 578) und den
A-pari-Brief zum Br. I 335 vom 22. August 1198 (S. 497 Z. 10—15, 33 f. und 498 Z. 3 bzw.
JANICKE, *Urkundenbuch Hildesheim*, I 512 Nr. 536 = Empfängerüberlieferung zum Br. I 335).
[5]) Widekind, Abt der reichsunmittelbaren Benediktinerabtei Corvey bei Höxter an der 45
Weser (Diöz. Paderborn, Nordrhein-Westfalen) 1189—1205. Vgl. M. MEYER, *Zur älteren
Geschichte Corveys und Höxters* (= Beiträge zur Geschichtsforschung, I). Paderborn 1893, 45.
[6]) Nikolaus (I.), Abt des Zisterzienserklosters Hardehausen (Diöz. Paderborn, Kreis

bus et . . decano Paderbornensi[7] dedimus in mandatis, ut postquam ad electionem iuxta mandatum apostolicum processeritis, vel si iam forsitan processistis, ipsi tam formam electionis quam personam electi diligenter examinent; et si eam canonice et de persona idonea invenerint celebratam,
5 ipsam sublato appellationis obstaculo auctoritate nostra non differant confirmare; laicis sub pena excommunicationis firmiter inhibentes, ne amplius quam consensum debitum in electione presumant aliquatenus usurpare. Eisdem etiam firmiter auctoritate nostra precipimus, ut predictum . . quondam episcopum per districtionem ecclesiasticam
10 compellant, quod bona Hildesemensis ecclesie, que per ipsum sunt impedita, non differat expedire, et tam vos quam ecclesiam vestram ab ipsius et fautorum suorum gravamine tueantur.

Provideatis autem, ut taliter, que mandamus, curetis effectui mancipare, quod non videamini mandati apostolici contemptores et de inobe-
15 dientia, per quam fuit primus casus hominis procuratus, argui non possitis.   vgl. Gn 3, 1–24

Datum Laterani, II Non. Maii.

53 (55).

Innocenz III. trägt den Äbten (Widekind) von Corvey und (Nikolaus) von
20 *Hardehausen sowie dem Domdekan (Volbert) von Paderborn auf, die dem Domkapitel von Hildesheim anbefohlene Neuwahl eines Bischofs zu bestätigen, nachdem sie ihre Form und die Person des Elekten geprüft haben. Die Mitwirkung der Laien an der Wahl sollen sie auf die übliche Zustimmung beschränken. Ferner befiehlt er, den früheren Bischof (Konrad) unter An-*
25 *wendung geistlicher Strafen an der Veräußerung des in seiner Hand befindlichen Bistumsgutes zu hindern sowie Domkapitel und Bistum vor ihm zu schützen.*

(Lateran, 1199 Mai 4)[1]

Reg. Vat. 4, fol. 157^v ⟨Nr. LVI, 55⟩.
30 *Empfängerüberlieferung: Druck des 1943 im Niedersächsischen Staatsarchiv in Hannover verbrannten Orig. (Domstift Hildesheim Nr. 68) bei Janicke, Urkundenbuch Hildesheim, I 521 Nr. 544.*

Sirleto, fol. 305^v = Cholinus, II 400 = Venet., II 400 = Baluze, I 369 Nr. 55 = Migne, PL 214, 594 Nr. 55. — Potth. Reg. 692 (datiert zu 6. Mai 1199); Westfälisches Urkunden-
35 *buch, V/1 76 Nr. 170 (zu 4. Mai 1199).*

4: canonice et] canonice ac.   7: electione] electionem.   9: . . quondam] quondam.   10: quod] ut.   17: II Non. Maii] III Nonas Maii, pontificatus nostri anno secundo.

Warburg, heute Ortsteil der Gemeinde Scherfede, Nordrhein-Westfalen) ca. 1186 (1172?)
40 —1204 (eventuell 1213). — Freundliche Auskunft des Staatsarchivs Münster vom 22. Dezember 1971.

[7] Volbert, Domdekan von Paderborn, zwischen 1183 und 1200 bezeugt. Vgl. M. HANNEKEN, *Die ständische Zusammensetzung des Paderborner Domkapitels im Mittelalter.* Westfälische Zeitschrift 90 (1934) 92.

45 **53.** [1] Das Datum stammt aus der Empfängerüberlieferung.

7*

. . Corbeiensi[2] et . . de Hersuede[3] abbatibus et . . decano Paderbornensi.[4]

(|) Cum in negociis et cetera fere in eundem modum ut supra usque gravamine tueri curetis[a].

Nullis litteris veritati et iusticie et cetera. Quodsi omnes et cetera, duo 5 vestrum et cetera.

Datum ut supra.

54 (56).

Innocenz III. trägt dem Bischof Cy(prian) von Lebus auf, dem Johanniterfrater B. nach nochmaliger Überprüfung des Sachverhaltes zu erlauben, in 10 den einst von ihm verlassenen Orden der Augustiner Chorherren zurückzukehren.

Lateran, (1199) Mai 8.

Reg. Vat. 4, fol. 157ᵛ ⟨Nr. LVII, 56⟩.

Sirleto, fol. 305ᵛ = Cholinus, II 400 = Venet., II 400 = Baluze, I 369 Nr. 56 = Migne, 15 PL 214, 595 Nr. 56; Maleczyński, Codex diplomaticus, I 192 Nr. 79; Appelt, Schlesisches Urkundenbuch, I 44 Nr. 67. — Coll. Fuld. 3, 21, 6; Gilb. 3, 18, 6; Rain. 38 un. — Potth. Reg.

53. ᵃ) Br. II 52 (54) S. 99 Z. 12.

53. *Empfängerüberlieferung (kollationiert nach Janicke, UB Hildesheim, 521 Nr. 544):*

1: . . Corbeiensi — Paderbornensi] Innocentius episcopus, servus servorum Dei, dilectis 20 filiis . . Corbeiensi, . . de Hersvede [husen] abbatibus et . . decano Paderbornensi salutem et apostolicam benedictionem.   3: negociis] negotiis

Es folgen die Varianten zum Text des Br. II 52 (54); die Zeilenangaben beziehen sich auf ihn:

5: vobis] dilectis filiis capitulo Hildesemensi.   9: nullatenus deberetis] non debe- 25 rent.   10: vos] ipsos.   10: procederetis] procederent.   14: nuncius] nuntius. 14: non fecisset ei] ei non fecisset.   15: nuncii] nuntii.   16: his] hiis.   19: contumatiam] contumaciam.   20: discretioni vestre] dictis canonicis.   21: apostolica — quatinus] scripta nostra districte precipiendo mandavimus, ut.   24: obstaculo procedatis] impedimento procedant.   25: Nos — mandatis, ut] Quocirca discretioni vestre 30 per apostolica scripta mandamus, quatinus.   1: postquam ad electionem] postquam ipsi canonici ad electionem.   2: processeritis [processerint.   3: processistis] processerunt.   3: ipsi] vos.   4: examinent] examinetis.   4: canonice et] canonice ac. 4: invenerint] inveneritis.   5: non differant confirmare] confirmare minime differatis. 8: Eisdem — nostra] Ad hec vobis firmiter presentium auctoritate.   10: compellant] 35 compellatis.   11: vos] dictos canonicos.   11: vestram] Hidesemensem.   12: tueantur] tueri curetis.

Die folgenden Varianten beziehen sich wieder auf den Text des vorliegenden Briefes:
5: iusticie et cetera] iustitie preiudicium facientibus, si que apparuerint a sede apostolica impetrate.   5: omnes et cetera] omnes hiis exequendis nequiveritis interesse.   6: et 40 cetera] ea nichilominus exequantur.   7: Datum ut supra] Dat. Laterani IIII. Nonas Maii pontificatus nostri anno secundo.

²) S. Br. II 52 (54) Anm. 5.
³) S. Br. II 52 (54) Anm. 6.
⁴) S. Br. II 52 (54) Anm. 7.

695; F. Funcke, Das Bistum Lebus bis zum Anfange der Hohenzollernherrschaft in der Mark Brandenburg. Jahrbuch für Brandenburgische Kirchengeschichte 11/12 (1914) 53. — Vgl. S. W. Wohlbrück, Geschichte des ehemaligen Bistums Lebus und des Landes dieses Namens. Berlin 1829, I 55.

5   **Ci(priano), Lubussensi episcopo[1].**

Referente[a] dilecto filio fratre B.[2] hospitalario nostro est apostolatui reseratum, quod cum a tempore iuventutis sue secundum institutiones canonicorum regularium Arrowasiensis ecclesie[3] beati Augustini regulam professus fuisset et in ea ultra decennium permanens sacros ordines usque 10 ad sacerdotium suscepisset, iuventute postmodum impellente, curiositate potius quam religionis amore devictus, terram Ier(oso)limitanam[4] et alias[b] videre desiderans[b], ab abbate suo non tam voluntariam sub eadem conditione licentiam obtinuit quam extortam, ut si bone memorie Alex(andrum) papam, predecessorem nostrum[5], inveniret in via, causam 15 itineris sibi exponeret et iuxta mandatum eius vel procederet vel rediret. Verum ipse neglecta conditione procedens, suscepit habitum Hospitalis[6], in cuius servitio usque ad hec tempora fideliter laboravit. Sed cum ordo premissus districtioris sit observantie quam secundus — prudenter attendens, quod de laxiore ascendendum[c] sit ad ordinem arctiorem, non autem 20 de arctiore ad laxiorem sit ratione aliqua descendendum — ad se Domino inspirante reversus ad bonum redire desiderat, quod dimisit.   vgl. Sir 4, 12; 2 Petr 1, 21

    Cum itaque non mediocriter erret, qui minus bonum maiori bono preponit, fraternitati tue per apostolica scripta mandamus, quatinus inquisita super premissis diligentius veritate, si rem inveneris ita esse, prefato 25 fratri B. licentiam auctoritate apostolica prebeas ad primum ordinem redeundi.

    Datum Laterani, VIII Idus Maii.

---

54. a) *Am Rande ein kurzer, waagrechter Strich und ein* x.   b–b) *Vielleicht auf Rasur.* c) ascedendum.

30 **54.** [1] Cyprian (I.), B. von Lebus (Suffr. von Gnesen, Kreis Seelow, Bez. Frankfurt/Oder) 1198 (1196?)—März 1201, dann B. von Breslau März 1201—25. Oktober 1207. Er war erster Abt der Prämonstratenserabtei zu St. Vinzenz vor Breslau (1180—1201). Vgl. Backmund, *Monasticon Praemonstratense*, I 336 und F. X. Seppelt, *Geschichte des Bistums Breslau*, in: Real-Handbuch des Bistums Breslau. Breslau 1929, I 19 f., 127.
35   [2] Angehöriger des Johanniterordens.
    [3] Nach der Augustiner-Chorherrenabtei Saint-Nicolas in Arrouaise (Diöz. und Arr. Arras, Dép. Pas-de-Calais, Cant. Bapaume, Comm. Transloy) benannte Kongregation, die von 1121—1470 bestand und zirka 26 Stifte, darunter auch die Niederlassungen zu Breslau und Sagan umfaßte. Vgl. L. Millis, *L'ordre des chanoines réguliers d'Arrouaise.* Brügge 40 1969, 2 Bde.
    [4] Palästina.
    [5] Papst Alexander III. 1159—1181.
    [6] Johanniterorden.

55 (57, 58).

*Innocenz III. fordert den König R(ichard I. Löwenherz) von England auf,
mit dem Erzbischof G(ottfried) von York Frieden zu schließen (und trägt
dem Erzbischof [Walter] von Rouen sowie dem Abt [Adam] von Perseigne
auf, einen solchen zu vermitteln). Sollte das mißlingen, so möge der König* 5
*dem Erzbischof die entzogenen Temporalien des Erzbistums zurückstellen.
(Dazu soll ihn der Kardinaldiakon P[etrus] von S. Maria in Vialata als
päpstlicher Legat ermahnen, sobald ihm die beiden ernannten Vermittler das
Scheitern ihrer Aufgabe berichtet haben.)*

Lateran, (1199) April 28. 10

Reg. Vat. 4, fol. 157v—158r ⟨Nr. LVIII, 57⟩.
    Sirleto, fol. 306r—v = Cholinus, II 401 f. = Venet., II 401 f. = Baluze, I 369 f. Nr. 57—58
= Migne, PL 214, 595—597 Nr. 57—58; Cheney — Semple, Selected Letters, 10 Nr. 4 (mit
englischer Übersetzung). — Potth. Reg. 682; Bliss, Calendar, 6; Cheney, Calendar, 19 Nr.
107 f. 15

R(icardo), Anglie regi illustri[1].

* fol. 158r
vgl. Gn 3, 20

vgl. Sir 36, 19

vgl. Jo 21, 15—17

vgl. Mt 16, 19

vgl. Jak 2, 1;
1 Petr 1, 17 u. ö.
vgl. Dt 2, 27;
17, 11 u. ö.

vgl. 2 Kor 11, 29

* Apostolica[a] sedes universorum Christi fidelium mater et magistra
non ab homine sed Deo potius constituta, tunc vere matris affectum et
magisterii redolet disciplinam, cum ad benignitatem gratie diligit filios et
discipulos ad iusticie dirigit equitatem. Non enim potest vel dissimulare 20
matrem vel magisterium qualibet occasione negligere, que a Domino in
signum dilectionis oves Dominicas pascendas in beato Petro recepit et
ligandi et solvendi ab eodem et in eodem obtinuit potestatem. Ad id autem iuxta pastoralis officii debitum exequendum circa nostre promotionis
inicia regia serenitas per litteras, quas penes nos in tue serenitatis testi- 25
monium reservamus, efficaciter nos induxit[2], dum ut benigne tractare-
mus subditos et in causis sine personarum acceptione procedere curaremus,
nec declinantes ad dexteram nec ad sinistram, per easdem litteras et
consuluit salubriter et humiliter postulavit; addens, quod sic possemus
cervices sublimium et superborum colla calcare. 30

Ex pastoralis igitur officii sollicitudine provocati et regalis consilii continentiam recolentes, venerabili fratri nostro G(otefrido), Eboracensi
archiepiscopo[3], ad sedem apostolicam recurrenti nec voluimus nec debui-

---

55. [a]) *Dem Briefe folgt am Rande ein senkrechter, z. T. gewellter Strich.*

55. [1]) S. Br. II 23 Anm. 3. Der König war aber bereits drei Wochen tot. Er fiel am 6. April 35
1199 vor Châlus (Dép. Haute-Vienne, Arr. Limoges).
    [2]) Dieser Brief ist nicht überliefert, doch bezieht sich der Papst auch in anderen
Schreiben darauf (vgl. Br. I 230, S. 325 Z. 15—25 und I 435, S. 658 Z. 1—6). Vgl. *The
Historical Works of Gervase of Canterbury*, ed. W. STUBBS. Rerum Britannicarum Medii Aevi
Scriptores, 73 (London 1879) I 571 bzw. *Epistolae Cantuarienses*, ed. W. STUBBS. Ebd., 40
38/2 (London 1865) 403.
    [3]) Gottfried (I.) Plantagenet, EB. von York 10. August 1189 (konsekriert: 18. August
1191) — 18. Dezember 1212. Er war zuvor B. von Lincoln (April 1173 — 6. Januar 1182). Vgl.
POWICKE - FRYDE, *Handbook*, 235 und 264.

mus audientiam vel iusticiam denegare. Conquerebatur enim se per magnificentiam tuam temporalibus $^{b)}$ archiepiscopatus sui redditibus destitutum et quod longo fuerat afflictus exilio $^{4)}$ et in iniuriam totius cleri mendicare coactus supplex et humilis proponebat. Volentes itaque ipsum tamquam
5 fratrem nostrum et ecclesie filium diligere ad gratiam et te tamquam catholicum principem et apostolice sedis filium specialem ad iusticiam $^{c)}$ dirigere conservandam, imo directum potius exhortari — cum in contemptum eius, cuius minister existit, et apostolice sedis iniuriam, que ipsum   vgl. Lk 10, 6
in partem sollicitudinis evocavit, et tuam etiam, ut prosequamur
10 verum, verecundiam cuius est frater redundet ministrum Dei sollicitudinis   vgl. 2 Kor 11, 28
nostre consortem et regali stirpe progenitum $^{5)}$ mendicare —: serenitatem regiam omni affectione, qua possumus, rogandam duximus et monendam, quatinus tam nos quam te ipsum ab huius honere difficultatis absolvas et
a labiis liberes detractorum, qui non solum, que perperam attemptantur,   vgl. Ps 119, 2 u. ö.
15 ad detractionem assumunt, sed etiam secundum prophetam exacuerunt ut gladium linguas $^{d)}$ suas, tetenderunt arcum rem amaram, ut sagittent
innoxios in occultis. Attendas igitur, quanta nos infamia, quanta te   vgl. Ps 63, 4 f.
detractio sequeretur, si vel iusta petitio exulis non introiret in aures nostras, vel te fratris exilium non moveret; et eundem archiepiscopum ob re-
20 verentiam apostolice sedis, que te tamquam filium diligit specialem et in hoc et maioribus de celsitudinis tue sinceritate confidit, in plenitudinem   vgl. Röm 15, 16;
gratie regalis admittas et diligas sicut fratrem et velut Christi ministrum   2 Kor 11, 23 u. ö.
honores, ut in uno et eodem negotio Deum tibi reddas propicium, consulas apostolice sedis honori, tue saluti provideas et fratri subvenias exulanti.
25 Memor esto salubris consilii, quod nobis per tuas litteras ut diximus prebuisti; et dum secundum illud nos agere recognoscis, quod agimus, approbes et regaliter exequaris: ne, qui nos iuste in omnibus procedere suggessisti, secundum iusticiam agentibus te opponas, sed taliter ad exhortationem nostram cures cum eodem archiepiscopo convenire, quod iura eius

---

30      $^{b)}$) -li- *korr. aus* -bus-. $^{c)}$) -a- *korr. aus einem anderen Buchstaben.* $^{d)}$) -u- *korr.*
aus -a-.

     $^{4)}$) Schon 1195 war der Erzbischof auf Drängen seines Kapitels von Coelestin III. suspendiert worden und begab sich deshalb nach Rom, wo er nach Prüfung des Falles wieder in sein Amt eingesetzt wurde, doch weigerte sich der König, diesem Spruch zuzustimmen,
35 weshalb Gottfried bis 1198 im Exil leben mußte. Bei damals abgehaltenen Versöhnungsverhandlungen versprach der König, Gottfried gegen Zahlung von mehr als 1500 englischer Pfund wieder in sein Amt einsetzen zu wollen, doch gerieten beide Teile darüber neuerdings in Streit, so daß sich der Erzbischof wieder nach Rom begab und nun Innocenz III. für ihn intervenierte. Darüber ausführlich: K. NORGATE, *Geoffrey*, in: Dictionary
40 of National Biography 7 (London 1908) 1018—1024. Vgl. noch CHENEY - SEMPLE, *Selected Letters*, 11 Anm. 5.

     $^{5)}$) Als unehelicher Sohn König Heinrichs II. von England war Gottfried Halbbruder König Richards I. Löwenherz. Seine Mutter wird Ykenai genannt. Vgl. *Walter Map, De Nugis Curialium*, dist. Vc. 6, ed. M. R. JAMES, Anecdota Oxoniensia. Mediaeval and Modern
45 Series, XIV (Oxford 1914) 238; vgl. K. NORGATE, *Geoffrey*, in: Dictionary of National Biography 7 (London 1908) 1018.

auferre vel minuere minime videaris et ipse contra suam et ecclesie non veniat honestatem.

Ad id autem laudabilius et celerius exequendum venerabilem fratrem nostrum . . Rothomagensem archiepiscopum[6] et dilectum filium . . abbatem de Persagnia[7], de quorum discretione plene confidimus, duximus 5 deputandos, qui honestum modum pacis inveniant et eundem archiepiscopum regie benevolentie reconciliare studeant et in tue serenitatis devotione ac obsequio solidare.

Quodsi forte, quod absit, per eos tractatus pacis iuxta votum nostrum et desiderium non poterit consummari, eundem archiepiscopum ad tem- 10 poralia restituere non omittas nec impedias, quominus in spiritualibus credite sibi dispensationis officium exequatur: sciturus nos dilecto filio P(etro), sancte M(arie) in Vialata diacono cardinali, apostolice sedis legato[8], dedisse firmiter in mandatis, ut apud te monitis et exhortationibus diligenter insistat, quod eidem archiepiscopo possessiones subtractas sine 15 dilatione et difficultate restituas universas et de proventibus inde perceptis et dampnis illatis satisfacias competenter; ita quod si ipse aliquid serenitati regie tenetur exsolvere, tibi cum integritate persolvat, nisi forsan, quod tibi debebatur, de ipsius proventibus a te vel aliis tuo nomine sit perceptum.   20

Datum Laterani, IIII Kal. Maii.

Scriptum[e] est super hoc . . Rothomagensi archiepiscopo et . . abbati de Persagnia fere in eundem modum ut supra usque in finem et hoc plus: Volumus autem nichilominus et mandamus[f], ut litteras nostras, quas eidem regi pro dicto archiepiscopo destinamus, ipsi presentetis et respon- 25 sum eius curetis dicto cardinali per vos vel per litteras vestras plenius intimare.

Quodsi ambo et cetera, alter et cetera.

Datum ut supra.

56 (59). 30

Innocenz III. ermahnt König R(ichard I. Löwenherz) von England von neuem, mit dem Erzbischof G(ottfried) von York Frieden zu schließen oder diesem seine Temporalien zurückzugeben. Für den Weigerungsfall droht er

---

e) Sriptum. *Am Rande:* ⟨*Nr.* LIX, 58⟩.   f) madamus.

6) S. Br. II 38 Anm. 17. Walter de Coutances war einer der engsten Ratgeber König 35 Richards I. und hatte drei Tage, bevor dieser Brief geschrieben wurde, Johann Ohneland in der Kathedrale von Rouen mit dem Herzogtum der Normandie investiert. Vgl. CHENEY - SEMPLE, *Selected Letters*, 12 Anm. 8.

7) Adam (I.), Abt der Zisterzienserabtei Perseigne (Diöz. Le Mans, Dép. Sarthe, Arr. Mamers, Cant. La Fresnaye, Comm. Neufchâtel-en-Saônnois) 1188—1221. Vgl. J. BOUVET, 40 *Adam de Perseigne, Lettres.* Sources chrétiennes 66. Série des Textes Monastiques d'Occident 4. Paris 1960, 14—29.

8) S. Br. II 2 Anm. 3. Zur Legation des Kardinals (August 1198 bis 1200) vgl. ZIMMERMANN, *Päpstliche Legation*, 23 f. Nr. 5 bzw. CARTELLIERI, *Philipp II. August*, III 196, demzufolge er seit Dezember 1198 in Frankreich weilte.   45

die Verhängung des Interdikts an, vorerst über die Kirchenprovinz York, dann über ganz England, (und beauftragt damit den päpstlichen Legaten, den Kardinaldiakon P[etrus] von S. Maria in Vialata).

(Lateran, 1199 April ca. 28).

5 *Reg. Vat. 4, fol. 158ʳ—158ᵛ ⟨Nr. LX, 59⟩.*
Sirleto, fol. 307ʳ = Cholinus, II 402 = Venet., II 402 = Baluze, I 370 Nr. 59 = Migne,
PL 214,597 Nr. 59; Cheney—Semple, Selected Letters, 13 Nr. 4 (mit englischer Übersetzung).
— Potth. Reg. 683; Bliss, Calendar, 6; Cheney, Calendar, 20 Nr. 109.

R(icardo), Anglie regi illustri[1].

10 Apostolica sedes et cetera usque in finem[a] et hoc plus: Alioquin cum serenitatem tuam super hoc semel et iterum et rogaverimus efficaciter et monuerimus diligenter — etsi molestius nobis quam tibi futurum existat, si te occasione qualibet molestemus, quia tamen a predicto tue serenitatis consilio declinare nec volumus nec debemus, ne culpa tua nobis et in pre-15 senti ad detractionem et in futuro imputetur ad penam —, eidem cardinali[2] dedimus in mandatis, ut magnificentiam tuam ad hoc per interdictum totius Eboracensis provincie[3] appellatione remota compellat. Et si nec sic infra tempus, quod idem legatus tibi statuerit, effeceris quod mandamus, extunc totam Angliam[4] sublato appellationis obstaculo subiciat sententie 20 interdicti. Eligas igitur sicut vir providus et discretus in nobis potius matris affectum quam magistri experiri rigorem, qui sine multa molestatione nostra te molestare non possumus et in hiis etiam salutem tuam sollicite procuramus; nec nobis causam * vel occasionem aliquatenus[b] tribuas, per   * fol. 158ᵛ quam fervorem illum tepescere facias, quo non mediocriter sumus ad 25 tuum promovendum honorem accensi[5].

Datum ut supra.

Scriptum est super hoc P(etro), sancte Marie in Vialata diacono cardinali, apostolice sedis legato.

57 (60).

30 *Innocenz III. befiehlt seinem Legaten P(etrus), Kardinaldiakon von S. Maria in Vialata, jene Kleriker, die während der Suspension des Erzbischofs G(ottfried) von York von diesem zu vergebende Pfründen und Dignitäten aus anderer Hand erhielten, zur Resignation zu ermahnen und sie im Weigerungs-*

---

56. [a] *Br. II 55 (57, 58), S. 104 Z. 20.*   [b] aliqutenus.

35 **56.** [1] S. Br. II 23 Anm. 3 und Br. II 55 (57, 58) Anm. 1.
[2] S. Br. II 2 Anm. 3.
[3] Kirchenprovinz York.
[4] Königreich England.
[5] Dieses Schreiben sollte wohl der Kardinallegat dem König übergeben, nachdem der 40 Br. II 55 (57, 58) und die dort angekündigten diplomatischen Schritte wirkungslos geblieben waren. Vgl. CHENEY, *Calendar*, 20 Nr. 109.

falle durch Exkommunikation und Entziehung ihrer anderen Pfründen dazu zu zwingen. Ferner soll er alle Äbte der Diözese York bestrafen, die nach der Appellation des Erzbischofs an den Hl. Stuhl ihre Konfirmation und Benediktion von einem anderen Bischof entgegennahmen.

(Lateran, 1199 April ca. 28). 5

Reg. Vat. 4, fol. 158ᵛ ⟨Nr. LXI, 60⟩.
Sirleto, fol. 307ʳ = Cholinus, II 402 = Venet., II 402 = Baluze, I 371 Nr. 60 = Migne, PL 214, 598 Nr. 60. — Comp. III. 3, 8, 2; Bern. 3, 10, 3; Coll. Fuld. 1, 9, 1; Gilb. 1, 7, 1; Rain. 8, 1; X. III, 8, 5. — Potth. Reg. 678; Bliss, Calendar, 6; Cheney, Calendar, 20 Nr. 111.

P(etro), sancte Marie in Vialata diacono cardinali, apostolice sedis legato[1].

10

Quia[a] diversitatem corporum diversitas sepe sequitur animorum, ne plenitudo ecclesiastice iurisditionis in plures dispensata vilesceret, sed in uno potius collata vigeret, apostolice sedi Dominus[b] in beato Petro universarum ecclesiarum et cunctorum Christi fidelium magisterium contulit 15 et primatum; que retenta sibi plenitudine potestatis ad implendum laudabilius officium pastorale, quod omnibus eam constituit debitricem, multos in partem sollicitudinis evocavit; sic suum dispensans onus et honorem in alios, ut nichil suo iuri subtraheret nec iurisditionem suam in aliquo minoraret. Cum autem ex suscepte auctoritatis officio singulis 20 tamquam singulorum mater iusta petentibus iusticiam nec possit nec debeat denegare[c], cum iusticia et iudicium sit preparatio sedis eius, nos, qui ad eius regimen sumus licet insufficientes assumpti, fratribus et coepiscopis nostris ad nos clamantibus[d] non possumus in iusticia non adesse, aut quod[e] iuste postulaverint non audire; ne si forsan 25 circa exhibendam eis iusticiam fuerimus inventi remissi, ipsi quoque negligentes inveniantur in reddendis iuribus subditorum[f] et commissam sibi nostre sollicitudinis partem minus laudabiliter exequantur, si — quod absit — nos viderint vel declinare a iure vel non audire iusticiam postulantes.

30

Hac autem ratione diligenter inducti venientem ad apostolicam sedem venerabilem fratrem nostrum G(otefridum), Eboracensem archiepiscopum[2], benigne recepimus et multiplices eius curavimus querelas audire. Conquerebatur autem inter cetera, quod cum ad eum in Eboracensi ecclesia et in aliis ecclesiis suis collatio pertineat prebendarum, tempore suspensio- 35 nis ipsius[3] et postmodum etiam quidam[g] se preter eius auctoritatem in

Marginal notes (left):
vgl. Mt 16, 19; Jo 21, 15–17
vgl. Röm 1, 14
vgl. 2 Kor 11, 28
vgl. Ps 88, 15
vgl. 2 Kor 3, 5; 12, 9

---

57. [a] *Die Initiale fehlt, da ihr Platz von jener des vorhergehenden A-pari-Briefes eingenommen wird. Am Rande von einer Hand des 13. Jh.:* hoc c(apitulum) est Extra de concessione prebende et ecclesie non vacantis *(X. III, 8, 5).*   [b] *Korr. aus* dominic(us).   [c] *de-* negar- *auf Rasur.*   [d] clamatibus.   [e] *Tintenwechsel.*   [f] subdi- *auf Rasur. Das* 40 *ganze Wort ist anscheinend in eine freigelassene Lücke nachgetragen.*   [g] etiam quid- *auf Rasur.*

57. [1] S. Br. II 2 Anm. 3 und II 55 (57, 58) Anm. 8.   [2] S. Br. II 55 (57, 58) Anm. 3. [3] Die Suspension erfolgte 1195. S. Br. II 55 (57, 58) Anm. 4.

ipsas h) intruserant et in hoc et aliis iuri eius non modicum derogarant. Quidam etiam in quasdam abbatias diocesis Eboracensis post interpositam ad nos appellationem irrepserant, qui ab eo nec confirmationis munus nec benedictionis gratiam postularunt4).

5 Volentes igitur eidem archiepiscopo per tue sollicitudinis industriam provideri, de fratrum nostrorum consilio discretioni tue per apostolica scripta1) precipiendo mandamus, quatinus eos, qui prebendas vel dignitates Eboracensis ecclesie vel aliarum ecclesiarum ad donationem eius spectantes preter auctoritatem acceperunt ipsius, ad eas resignandas moneas 10 diligentius et inducas, cum eas non possint salva conscientia detinere. Quodsi monitis tuis acquiescere forte noluerint, eos ad id per excommunicationis sententiam et subtractionem aliorum beneficiorum suorum — non obstante confirmatione a sede apostolica obtenta sub forma communi, que confirmat beneficia et prebendas, sicut iuste ac pacifice possidentur — 15 appellatione remota compellas; nisi forsan aliqui prebendas ipsas vel ex speciali mandato apostolice sedis vel auctoritate Lateranensis concilii ab Eboracensi capitulo sunt adepti; sic tamen, ut tempus suspensionis in sex mensibus nullatenus computetur: cum illa Lateranensis concilii constitutio contra negligentes tantum et desides fuerit promulgata5) et tunc, si 20 voluerit k), non tamen valuerit1) archiepiscopus ipse in conferendis prebendis uti propria potestate m), a qua etsi fuerit sua culpa suspensus, non tamen ad ipsum capitulum ex illa culpa prebendarum erat donatio devoluta, sed ad illum tempore suspensionis ipsius prebendarum donatio pertinebat, qui preter n) eius negligentiam et desidiam poterat prebendas do-25 nare. Tempus etiam, quo ad apostolicam sedem accessit, apud illam permansit vel recessit ab ipsa, infra sex menses nullatenus conputetur o). Semestre quoque tempus non a tempore vacationis prebendarum, sed noticie potius ipsius archiepiscopi et commonitionis ad personam eius a capitulo facte — cum in privilegio, quod a predecessore nostro6) idem 30 capitulum dicitur impetrasse, fiat mentio de commonitione canonica premittenda — volumus computari. Illud autem omnino frivolum reputamus, si qui forte se dicant ex donatione regia quasdam ex illis obtinuisse prebendis, quasi regalis sublimitasp) tempore suspensionis archiepiscopi prebendas ipsas sua potuerit auctoritate conferre.

35 Abbates autem predictos, si post appellationem ad nos legitime interpositam confirmationis et benedictionis beneficium susceperunt, canonice

---

h) -as *vielleicht auf Rasur nachgetragen.* 1) *Migne fügt hinzu:* districte. k) *Korr. aus* valuerit. 1) *Korr. aus* voluerit. m) *Durch Zeichen umgestellt aus* uti propria potestate in conferendis prebendis. n) *Migne:* propter o) coputetur. p) sullimitas.

40 4) Am 11. Oktober 1198 hatte Philipp von Poitiers, B. von Durham (exemt), Adam zum Abt der Zisterzienserabtei Sawley (Gfscht. York NR) geweiht. Vgl. *Roger von Hoveden, Chronik*, ed. W. Stubbs. Rerum Britannicarum Medii Aevi Scriptores, 51/4 (London 1871) 77.
5) *Conc. Lateran. III.* c. 8 (COD 191) = X. III, 8, 2 (= Friedberg, *CorpIC*, II 488).
45 6) Coelestin III. vom 16. Juni 1194 (Migne, PL 206, 1042 Nr. 163). Vgl. JL 17127 bzw. Holtzmann, *Papsturkunden in England*, II 464 f. Nr. 271 (vom 14. Juni 1194).

punias, ne alii exemplo eorum contra prelatos suos supercilium elationis assumant.

Datum ut supra.

58 (61).

Innocenz III. bestimmt in einer Rechtsauskunft für einen Abt von St. An- 5
dreas, daß ein wegen eines tätlichen Angriffes auf einen Presbyter Exkom-
munizierter — der sich eidlich verpflichtete, beim Hl. Stuhl persönlich um
seine Absolution nachzukommen, jedoch am Wege dahin ermordet wurde —
auch nachträglich noch absolviert werden könne, um christlich begraben
zu werden. 10

Lateran (1199) Mai 6.

Reg. Vat. 4, fol. 158ᵛ—159ʳ ⟨Nr. LXII, 61⟩.
        Sirleto, fol. 308ʳ = Cholinus, II 403 = Venet., II 403 = Baluze, I 372 Nr. 61 = Migne,
PL 214, 599 Nr. 61. — Comp. III. 5, 21, 2; Bern. 5, 22, 5; Coll. Fuld. 5, 21, 15; Gilb. 5, 14,
15; Coll. Hal. 60; Coll. Luc. 106; Rain. 31, 10; Coll. Valent. I 2; X. V, 39, 28. — Potth.Reg. 15
690; Bliss, Calendar, 6.

.. Abbati sancti Andree[1].

| A [a] nobis est sepe quesitum, utrum si aliquis excommunicatus [b], in quo
indicia fuerint penitentie manifesta, nec per eum steterit, quominus re-
conciliaretur ecclesiastice unitati, non suscepto beneficio absolutionis 20
decesserit, pro absoluto ab ecclesia sit habendus, et utrum pro tali reci-
pienda sit helemosina et a fidelibus sit orandum.

Ut autem, quod intendimus, per subpositionem exempli apertius ex-
primamus: quidam presbyter et canonicus regularis, sicut per tuas nobis
litteras intimasti, cum publica laboraret infamia, quod ad quandam 25
coniugatam accederet, maritus eiusdem mulieris et consanguinei eius in
eum manus iniecerunt temere violentas, propter quod per [c] episcopum de-
nunciati sunt excommunicationis sententie subiacere. Verum ipsi postmodum ad eundem episcopum accedentes, prestito in manibus eius quod
parerent iudicio ecclesie corporaliter iuramento, in mandatis receperunt ab 30
ipso, quod propter hoc apostolico se conspectui presentarent. Cumque
unus illorum se ad iter accingeret veniendi, a quibusdam [d] suis emulis est
peremptus et extra [e] cimiterium ecclesie tumulatus. Et licet contra inter-
fectores amici et consanguinei interfecti graviter sint [f] commoti, eis tamen
omnem rancorem remitterent et offensam, dummodo interfecti cadaver 35
traderetur ecclesiastice sepulture. Videretur igitur forsan in hoc casu quibusdam, quod — cum sacramentum non necessitatis articulus sed con-

---

58. [a] *Am Rande von einer Hand des 13. Jh.:* hoc c(apitulum) est Extra de sententia excommunicationis *(X. V, 39, 28). Darunter:* Not(a) *(vgl. Einleitung XXI).*   [b] e- *korr.*
aus l-.   [c] *Darnach* denunciat *durchgestrichen.*   [d] -dam *über der Zeile nachgetragen.* 40
[e] *Korr. aus* esset.   [f] *Korr. aus* sunt.

58. [1] Nicht zu identifizieren.

temptus religionis excludat et iudicium ecclesie divinum debeat iudicium imitari, cum etiam in interfecto predicto manifesta penitentie signa precesserint et propter hoc absolutus apud Deum esse creda*tur — absolutus etiam ab ecclesia sit habendus. Sed econtrario cum ex sola culpa ligetur *5* quis quoad Deum apud triumphantem ecclesiam, ex sola vero sententia ligetur quoad hominem apud ecclesiam militantem: quando vinculum culpe remittitur, absolvitur apud Deum, sed apud homines non absolvitur, nisi quando vinculum sententie relaxatur. Alioquin ecclesie absolutio nullatenus necessaria videretur, si in sola cordis contritione preter sacer-*10* dotale officium rigor relaxaretur ecclesiastice discipline.

    Nos igitur consultationi tue de communi fratrum consilio breviter respondemus, quod iudicium Dei veritati, que nec fallit nec fallitur, semper innititur; iudicium autem ecclesie nonnumquam opinionem prosequitur g), quam et fallere sepe contingit et falli; propter quod contingit interdum, *15* ut qui ligatus est apud Deum, apud ecclesiam h) sit solutus, et qui liber est apud Deum, ecclesiastica sit sententia innodatus. Vinculum ergo, quo peccator ligatus est apud Deum, in culpe remissione dissolvitur. Illud autem, quo ligatus est apud ecclesiam, cum sententia remittitur, relaxatur: quod in suscitatione Lazari sermo evangelicus manifestat, quem prius *20* Dominus suscitavit et apostolis precepit postmodum i) solvere suscitatum. Unde quantumcumque predictus .. se iuramento prestito, quod ecclesie mandato pareret, humiliare curaverit, quantecumque in eo penitentie signa precesserint, quia tamen morte preventus absolutionis non potuit beneficium obtinere, quamvis apud Deum absolutus fuisse credatur, non-*25* dum tamen habendus est apud ecclesiam absolutus. Potest k) tamen et debet ei ecclesie beneficio l) subveniri; scilicet l) ut, cum de ipsius viventis penitentia per evidentia signa constiterit, defuncto etiam absolutionis beneficium impendatur. Nec obstat, quod ecclesie legitur attributa potestas ligandi et solvendi homines super terram, tamquam non possit solvere *30* et ligare sub terra sepultos 2), et quod legitur, ne communicetur mortuo, cui non est communicatum m) et vivo 3); cum etsi communicatum non fuerit, communicandum n) tamen illi fuisset, quem non contemptus religionis sed necessitatis articulus impedivit, et in certis casibus a canonibus denotatis ligasse o) legatur ecclesia mortuos et solvisse 4). *35*   Ut autem in uno pariter eodemque negocio et servemus rigorem et mansuetudinem ostendamus, statuimus, ut illius mortui absolutio a sede apostolica requiratur, qui cum viveret ab apostolica sede fuerat absolvendus. Aliorum autem absolutionem ex premissa causa ceteris indulgemus, a quibus cum viverent fuerant absolvendi. Absolutionis autem forma

    * fol. 159ʳ

    vgl. Tit 1, 2

    vgl. Mt 16, 19; 18, 18

    vgl. Jo 11, 41–44

    vgl. Mt 16, 19; 18, 18

---

40   g) *Korr. aus* persequitur.   h) *Davor eine kleine Rasur.*   i) p- *z. T. auf Rasur.*
  k) P- *korr. aus* p-.   l–l) *Auf Rasur, wahrscheinlich nachgetragen.*   m) *Davor und über*
co- *je eine kleine Rasur.*   n) *Korr. aus* communicatum.   o) *Das erste -s- korr. aus -t-.*

    2) *Decretum Gratiani*, dict. ante C. XXIV, q. 2 (= Friedberg, *CorpIC*, I 984).
    3) *Ebd.*, C. XI, q. 3, c. 37 und C. XXIV, q. 2, c. 1 (= Friedberg, *a. a. O.*, I 654, 984).
45   4) *Ebd.*, C. XXIV, q. 2, c. 6 (= Friedberg, *a. a. O.*, I 986).

servetur, ut fiat cum Penitentiali Psalmo, et tam oratione Dominica quam alia consueta. Heredes tamen ipsius ad satisfaciendum pro ipso, si commonitione premissa noluerint, per districtionem ecclesiasticam compellantur.

Datum Laterani, II Non. Maii.

59 (62). 5

Innocenz III. befiehlt dem L(ando) von Monte Longo, seinem Verwandten, einen innerhalb des Kirchenstaates gefundenen und später zerstreuten Schatz unter der Anwendung seiner weltlichen Banngewalt wieder zu sammeln und ihm zur Verfügung zu stellen.

Lateran, (1199) Mai 11. 10

Reg. Vat. 4. fol 159ʳ ⟨Nr. LXIII, 62⟩.
Sirleto, fol. 309ʳ = Cholinus, II 405 = Venet., II 405 = Baluze, I 373 Nr. 62 = Migne, PL 214, 601 Nr. 62; G. Marchetti-Longhi, La famiglia di Gregorio di Monte Longo patriarca d'Aquileia. Memorie storiche Forogiuliesi 20 (1924) 107 Nr. II (zum 9. Mai datiert!). — Potth. Reg. 696. 15

Nobili viro L(andoni) de Monte Longo, consobrino nostro[1].

| Cum gratiam nostram, quam tibi potes cognoscere multipliciter fructuosam, universis [a] debeas hominibus anteferre et neminem quantum personam nostram diligere et vereri, de discretione tua cogimur admirari, quod — sicut dilectus filius G., aurifex Alatrinus[2], in nostra presentia 20 constitutus asseruit — tu ab eo XI libras argenti puri, quas filii sui in dotem receperant a quodam homine Montis sancti Ioh(ann)is[3], qui thesaurum invenisse proponitur, abstulisti et permisisti eum ab aliis taliter molestari, quod coactus est quatuor marchas et unam unciam nuncio dilecti filii nobilis viri Ioh(ann)is de Cettan(o)[4] persolvere ac totidem marchas 25 Pelagio Alatrino[5], Matheo Adenulfi[6] et Philipo[7] unam libram et X uncias, X etiam et IX uncias consuli Alatrino[8]; cum ignorare non debeas, quod sic inventus thesaurus dispositioni nostre debuit reservari[9].

---

59. [a] *Korr. aus* universos.

59. [1] Lando de Monte Longo, Sohn Alberichs, ,,consobrinus" Papst Innocenz' III., wurde 30 von diesem zum Rektor der Campagna und Marittima bestellt. Er starb zwischen 1213/1215. Vgl. G. MARCHETTI-LONGHI, *La famiglia di Gregorio di Monte Longo patriarca d'Aquileia.* Memorie storiche Forogiuliesi 19 (1923) 105—130 und 20 (1924) 91—121.
   [2] Goldschmied in Alatri (Prov. Frosinone).
   [3] Monte S. Giovanni (Prov. Frosinone). 35
   [4] Vielleicht aus Ceccano (Prov. Frosinone) stammend.
   [5] Pelagius aus Alatri (Prov. Frosinone).
   [6] Nicht näher identifizierbar, doch wird 1203 ein Dominus Adinulphus, wohl ein Verwandter, als Kanoniker von Anagni genannt. Vgl. MARCHETTI-LONGHI, *La famiglia.* Memorie storiche Forogiuliesi 20 (1924) 109. 40
   [7] Philippus, wahrscheinlich aus Alatri stammend.
   [8] Konsul von Alatri.
   [9] Interessanterweise beansprucht der Papst hier das Schatzregal nicht nach römischrechtlichen Grundsätzen (etwa *Institutionen* 2, 1, 39 [= KRUEGER 12] oder *Codex Theodo-*

Inde est, quod discretioni tue sub obtentu gratie nostre precipiendo mandamus, quatinus omni mora et excusatione postpositis argentum predictum, qualitercumque expensum sit, studeas rehabere ipsumque reserves fideliter, donec nostre recipias beneplacitum voluntatis. Illos autem, qui
5 argentum ipsum habuisse noscuntur, nisi tibi celerius curaverint resignare, auctoritate nostra diffides[b] et eorum presumptionem cum fidelibus studeas, sicut convenit, castigare: quia sic nostra iurisdicio deperiret, si in patrimonio ecclesie, quod nostrum est, alii presumptione qualibet occuparent. Illos etiam, qui thesaurum invenisse noscuntur, ad assi-
10 gnandum illum dispositioni nostre quanta potes districtione compellas, eis ex parte nostra promittens, quod, si paruerint humiliter et devote, congrue sibi [curemus] providere.
Datum Laterani, V Idus Maii.

60 (63).

15 *Innocenz III. trägt dem Erzbischof (Michael) von Sens auf, gemeinsam mit den Bischöfen (Walter) von Nevers und (Odo) von Paris vom Domdekan (Bernhard) von Nevers den ihm vom Papst auferlegten Reinigungseid, mit dem er sich vom Verdachte der Häresie befreien soll, entgegenzunehmen und nach dessen Leistung die vom Erzbischof von Sens verhängte Suspension vom*
20 *Benefizium aufzuheben, die vom Amte jedoch vorläufig zu belassen. Falls der Domdekan den von 14 Eideshelfern zu unterstützenden Eid nicht leisten könne, ist er abzusetzen und in ein Kloster einzuweisen.*

Lateran, (1199) Mai 7.

25 *Reg. Vat. 4, fol. 159ʳ—159ᵛ ⟨Nr. LXIIII, 63⟩.*
Sirleto, fol. 309ʳ = Cholinus, II 405 = Venet., II 405 = Baluze, I 373 Nr. 63 = Migne, PL 214, 602 Nr. 63. — Comp. III. 5, 17, 1; Alan. Anh. 31; Alan. K. 5, 18, 3; Bern. 5, 18, 1; Coll. Fuld. 5, 19, 2; Rain. 20, 5; X. V, 34, 10. — Potth. Reg. 693; Bréquigny, Table chronologique, IV 261. — Vgl. Robert von Auxerre, Chronicon. MG SS XXVI, 258 Z. 22—24;
Hefele-Leclercq, Histoire des conciles, V/2 1219 f.; E. Chénon, L'hérésie à La Charité-sur-Loire
30 *et les débuts de l'Inquisition monastique dans la France du nord au XIIIᵉ siècle. Nouvelle Revue historique de droit français et étranger 41 (1917) 301—304; A. Wilmart, Une lettre sur les Cathares du Nivernais. Revue Bénédictine 47 (1935) 72—74; A. Borst, Die Katharer. Schriften der Monumenta Germaniae historica 12 (Stuttgart 1953) 103 Anm. 19; Maisonneuve, Études sur les origines de l'inquisition, 158 f.; Thouzellier, Catharisme et valdéisme, 147 f.*
35 *Anm. 67.*

---

b) *Migne:* confidens.

sianus 10, 18, 2 [= KRUEGER 556]), sondern nach germanischem Recht, das dem König oder dem Territorialherren den ganzen Schatz zuspricht. Vgl. E. ECKSTEIN, *Das Schatz-und Fundregal und seine Entwicklung in den deutschen Rechten des Mittelalters.* MIÖG 31
40 (1910) 193—244.

. . Senonensi archiepiscopo [a][1].

Inter[b] sollicitudines nostras illa debet esse precipua, ut capiamus vulpeculas, que moliuntur vineam Domini demoliri, species quidem habentes
diversas sed cau(das) adinvicem colligatas, quia de vanitate conveniunt in
idipsum. Hii sunt namque caupones, qui aquam vino commiscent, qui 5
virus draconis in aureo calice Babilonis propinant, qui iuxta verbum propheticum arcum rem amaram intendunt, ut sagittent innoxios in occultis
quorum error serpit ut cancer: ita quod, nisi botrus in flore ledatur, fructum
non solum amarum sed etiam pestiferum germinabit. Hos[c] apostolus
egregius predicator in epistola sua prophetico sermone describit et docet 10
omnimodis evitandos. Contra quos sacerdotes tubis argenteis clangere
debent, ut conclamante populo archa federis precedente muri corruant
Iericho, que iam fuerat perpetuo anathemate condempnata; ita quod, si
quis ex ea vel regulam auream furari presumpserit, cum Achor, filio
Charmi, lapidibus obruatur. Tu ergo sicut vir[d] providus et discretus veri 15
pastoris adimples officium et super grege tibi commisso pure ac plene
sollicitudinem pastoralem exerces, dum et legem Christi zelaris et hereticorum impugnans errorem in fautores ipsorum exeris gladium canonice
ultionis. Vigilans enim vigilas super grege tuo, ne relicto veri pastoris ovili,
quod est unum, oves aberrent post vestigia gregum, qui[e] non sunt ex eo[f], 20
temere abeuntes; vel ne rursus[g] lupus eas rapiat et dispergat, quas Ueritas in eodem ovili sub uno pastore fidei catholice counivit. Inter precipuos
quidem vinee Domini Sabaoth agricolas deputatus, vulpeculas quas de-
scripsimus non pateris eius speciem demoliri sed eas vel capere potius sata-
gis vel fugare. 25

Sane sicut ex litteris tue fraternitatis accepimus, cum ad preces venerabilis fratris nostri . . Altisiodorensis episcopi[2] ad villam que Caritas dicitur[3] accessisses, presentibus eodem et venerabilibus fratribus nostris . .
Niuernensi[4] et . . Meldensi[5] episcopis, in unum fecisti eiusdem ville populum congregari; ubi de hereti * cis et eorum dogmatibus inquisitione ha- 30
bita diligenti inter alios, quos super heretica pravitate reperisti publice
infamatos, decanum Niuernensem[6] communi didicisti opinione gravari et

vgl. Hl 2, 15

vgl. 2 Tim 3, 5
vgl. Ri 15, 4
vgl. Is, 1, 22
vgl. Ps 61, 10
vgl. Dt 32, 33
vgl. Jr 51, 7
vgl. Ps 63, 4 f.
vgl. 2 Tim 2, 17
vgl. Job 15, 33

vgl. 2 Tim 2, 16 f.;
3, 5; Tit 3, 9 f.

vgl. Jos 6, 1–21

vgl. Jos 7, 16–26

vgl. 1 Makk 2, 26

vgl. 2 Tim 2, 5

vgl. Jo 10, 1–16

vgl. Mt 20, 1–16;
21, 33 f.

vgl. Hl 2, 15

* fol. 159ᵛ

---

60. [a] *Am Rande von einer Hand des 13. Jh.:* hoc c(apitulum) est Extra de purga(tione)
canonica *(X. V, 34, 10). Darunter ein kurzer, waagrechter Strich und zwei Punkte (vgl. Einleitung XX f.). Daneben die Zeichnung einer verweisenden Hand.* [b] *Am Rande, wahr-* 35
scheinlich von anderer Hand: Eg. [c] Hoc. [d] v- *korr. aus* p-. [e] *Korr. aus* que.
[1] ex eo *am Rande nachgetragen; wahrscheinlich von der in Anm. b) angegebenen Hand.*
[g] *Fehlt bei Migne.*

60. [1] S. Br. II 42 (43, 44) Anm. 2.
     [2] S. Br. II 42 (43, 44) Anm. 3. 40
     [3] La Charité-sur-Loire (Diöz. Auxerre, Dép. Nièvre, Arr. Cosne-sur-Loire).
     [4] S. Br. II 42 (43, 44) Anm. 4.
     [5] Ansellus de Garlande, B. von Meaux (Suffr. von Sens, Dép. Seine-et-Marne) vor Juli
     1197—8. Juni 1207. Vgl. M. Lecomte, *Anseau de Garlande,* in: Dict. HGE 3 (Paris 1924)
     444—446 und M. Prevost, *Anseau,* in: Dict. BF 2 (Paris 1936) 1404 (beide mit Lit.). 45
     [6] Bernhard, Domdekan von Nevers (Dép. Nièvre), zwischen 1196 und 1201 bezeugt.

in eo et per eum non modicum fuisse scandalum catholicorum animis
declaratum. Unde propter vehementem infamiam et grave scandalum
ipsum ab officio et beneficio suspendisti, apud Altisiodorum[7] diem ei
certum assignans, quo tuo se conspectui presentaret ab obiecto crimine
5 defensurum. Cumque statuto termino ad tuam presentiam accessisset,
presentibus dictis Altisiodorensi ac Niuernensi episcopis ac pluribus in
utroque iure peritis, cum certus accusator contra[h] eum minime[h] compareret, tu ex officio tuo testes tam pro ipso quam contra ipsum recipi ac
diligenter examinari fecisti et attestationes etiam publicari. Cumque post-
10 modum Senoni[1][8] ad concessum ei diem tuo se conspectui presentasset,
cum facultatem ei liberam indulsisses in testes et eorum dicta dicendi ac
proponendi suas in medium rationes, quibusdam propositis[k] probationi-
bus et allegationibus tandem renuncians sententiam postulavit. Tu vero
cum venerabilibus fratribus nostris . . Trecensi[9] ac dictis Altisiodorensi et
15 Niuernensi episcopis secedens in unum, inspectis attestationibus diligenter
et adhibito plurium consilio sapientum, quia crimen contra eum liquido
probatum non erat, ipsum non duxisti de heresi condempnandum. Verum
quoniam ex dictis testium multa erat presumptio contra eum, utpote cum
esset manifeste probatum eum familiaritatem[l] hereticorum non solum
20 habuisse sed etiam captasse scienter, cum publica etiam laboraret infamia
et tantum suscitatum esset scandalum contra ipsum, quod non posset
canonica purgatione deleri: nec ipsum absolvere nec purgationem, quam
obtulerat ab inicio et tunc etiam offerebat, recipere voluisti, sed ipsum
cum litteris tuis ad sedem duxisti apostolicam destinandum, intelligens
25 quod ex concessa nobis plenitudine potestatis citra penam canonicam
dispensare possimus et ultra eam rigorem severitatis augere. Ceterum ei
postmodum in nostra presentia constituto[m] communem audientiam in
consistorio nostro concessimus, ubi se multipliciter nisus est excusare: illud
presertim allegans, quod cum non apparente accusatore legittimo pur-
30 gationem offerret, testes contra eum non fuerant aliquatenus admittendi.

---

h–h) *Am Rande mit Verweisungszeichen nachgetragen.*   [1] *Migne:* se non.   k) -s
*am Schluß vielleicht auf Rasur nachgetragen. Darüber ein schräger Strich und am Rande ein
kleines Kreuz (vgl. Einleitung XVII f. Anm. 45).*   [l] *Vielleicht auf Rasur nachgetragen.*
m) *-to vielleicht auf Rasur nachgetragen.*

35 Vgl. *Gallia Christiana,* XII 663 Nr. XII; R. de LESPINASSE, *Cartulaire de Saint-Cyr de
Nevers.* Publications de la Société nivernaise des lettres, sciences et arts, annexe au XXVe
volume du Bulletin. Nevers-Paris 1916, 177; M. de FLAMARE, *Les anciennes chartes de la
collégiale de Tannay.* Bulletin historique et philologique du comité des travaux historiques et
scientifiques 1891, 103 bzw. A. J. CROSNIER, *Les congrégations religieuses dans le diocèse de
40 Nevers.* Nevers 1877, 49—51 und 163. Er dürfte sehr wahrscheinlich mit dem 1190 bezeugten Kantor desselben Namens identisch sein (LESPINASSE, *a. a. O.,* 169).
     [7] Auxerre (Dép. Yonne).
     [8] Sens (Dép. Yonne).
     [9] Guarnerius de Traînel, B. von Troyes (Suffr. von Sens, Dép. Aube) 1193—14. April
45 1205 (Konstantinopel). Stammte aus vornehmer Adelsfamilie der Champagne und war
Almosenier beim Kreuzfahrerheer, das 1204 Byzanz einnahm. Vgl. J. ROSEROT DE MELIN,
Le Diocèse de Troyes des origines à nos jours. Troyes 1957, 80—82 und 424 f. Nr. 58.

Nos igitur litterarum scientiam et honestatem morum in te pariter attendentes, licet ecclesiastica constitutio tales ab officio tantum usque ad purgationem canonicam doceat suspendendos, quod tamen etiam eum a beneficio propter inmanitatem criminis ut credimus suspendisti, nolumus improbare; nec illud etiam propter causam improbamus eandem, quod 5 licet nullus contra eum accusator legitimus compareret, ad detegendam tamen huius mortifere pestis immo pestifere mortis radicem ex officio tuo fama publica deferente voluisti plenius inquirere veritatem. Attendentes autem vulgatam infamiam, grave scandalum et vehementem suspitionem ex testium dictis abortam[n], que contra eundem decanum facere videban- 10 tur, cum propter eorum quodlibet ei esset purgatio iniungenda, et servantes et mollientes rigorem, de consilio fratrum nostrorum, archiepiscoporum etiam et episcoporum apud sedem apostolicam existentium purgationem quartedecime manus sui ordinis ei duximus indicendam.

Ipsum igitur ad te cum litteris apostolicis remittentes, ut ibi purgetur, 15 ubi noscitur infamatus, fraternitati tue per apostolica scripta mandamus, quatinus ascitis tecum dicto Niuernensi et venerabili fratre nostro .. Parisiensi[10] episcopis indictam ei a nobis purgationem accipias; ita tamen, ut qui ad eius purgationem processerint comprobandam, sint fide catholici, vita probati, qui conversationem et vitam ipsius non tam moderno tempore 20 noverint quam transacto. Purgatione vero recepta beneficium ei restituere non postponas, ne cogatur in cleri opprobrium mendicare. In penam autem familiaritatis illius, quam cum hereticis scienter habuisse dinoscitur, eum ab officio volumus manere suspensum, donec scandalum sopiatur, ita tamen, ut publice familiaritatem hereticorum abiuret. Precipias 25 insuper ipsi districte, ut in predicta et aliis villis circumpositis profiteatur et predicet fidem catholicam ac confundat[o] et detestetur hereticam pravitatem; sic deinceps vitam suam bonis adornans operibus, ut infamia convertatur in famam et omne scandalum et suspitio de catholicorum mentibus deleatur. Quodsi forsan in purgatione defecerit, eum ecclesiastice 30 districtionis mucrone percellas et ab officio beneficioque depositum ad agendam penitentiam in arctum monasterium retrudere non omittas[11].

Datum Laterani, Non. Maii.

---

[n] *Migne:* obortam.   [o] ac confundat *in eine freigelassene Lücke nachgetragen.*

[10] Odo (I.) de Sully, B. von Paris (Suffr. von Sens) 1196—13. Juli 1208. Sohn des 35 Archambaud de Sully und der Mathilde de Beaugency, Neffe des Grafen Theobald von Champagne und Verwandter des französischen und englischen Königshauses. Zuerst Kantor in Bourges, folgte er seinem Oheim, dem als Theologen bekannten Maurice de Sully, 1196 in der bischöflichen Würde von Paris nach. Vgl. T. DE MOREMBERG, *Eudes de Sully,* in: Dict. HGE 15 (Paris 1963) 1330 f.   40

[11] Tatsächlich wurde Bernhard im August 1200 wiederum zur Ausübung seines priesterlichen Amtes zugelassen (Potth. Reg. 1124; THEINER, *Vetera Monumenta Slavorum Meridionalium,* I 51 Nr. 149). 1201 ist er sogar wieder als Domdekan bezeugt (FLAMARE [wie Anm. 6] 103).

61 (64).

Innocenz III. bestätigt ein Statut des Bischofs (Martin) von Osma, mit dem dieser in seinem Domkapitel die Regel der Augustiner-Chorherren eingeführt hat.

5 *Lateran, (1199) Mai 11.*

Reg. Vat. 4, fol. 159ᵛ ⟨Nr. LXV, 64⟩.
Sirleto, fol. 310ᵛ = Cholinus, II 407 = Venet., II 407 = Baluze, I 375 Nr. 64 = Migne, PL 214, 604 Nr. 64; Mansilla, Documentación, 205 Nr. 188; V. J. Koudelka - R. J. Loenertz, Monumenta diplomatica Sancti Dominici. Monumenta ordinis fratrum praedicatorum
10 *historica XXV. Romae 1966, 3 Nr. 1. — Potth. Reg. 697.*

. . Oxomensi episcopo[1].

Ordinem religionis plantare ac fovere plantatum ex officii nostri debito provocamur, et sic religiosis locis apostolicum nos convenit prebere patrocinium et favorem, quod sub regimine ac gubernatione nostra assiduis
15 proficere valeant incrementis.

Intelleximus equidem per scriptum autenticum sigillo tuo et venerabilis fratris nostri . . Toletani archiepiscopi[2] communitum, quod tu de communi consensu totius capituli Oxomensis[3] auctoritate prefati archiepiscopi, consensu etiam et consilio karissimi in Christo filii nostri A(lfonsi),
20 regis illustris Castelle[4], deliberatione provida statuisti, ut secundum preceptum felicis recordationis Alex(andri) et Lucii[5], Romanorum pontificum, in Oxomensi ecclesia sint decetero canonici regulares nec aliquis in porcionarium vel secularem canonicum recipiatur deinceps in eadem. Quedam etiam alia capitula statuisti, que in eodem scripto perspeximus
25 contineri.

Volentes igitur, quod a te videtur pia deliberatione statutum[a], debita firmitate gaudere[a], constitutiones ipsas — quas possemus restitutiones potius nominare, cum a longis retro temporibus hoc ipsum de Oxomensi ecclesia fuerit, sicut asseris, a Romanis pontificibus ordinatum —, sicut
30 ipse a te rationabiliter facte sunt et a tuo recepte capitulo, auctoritate apostolica confirmamus et presentis scripti pa(trocinio) communimus.

Nulli ergo et cetera.

Datum Laterani, V Idus Maii.

---

61. ᵃ⁻ᵃ) -tum . . . gauderet *(sic!)* auf Rasur.

35 **61.** [1] Martin (I.) Bazán, B. von Osma (Suffr. von Toledo, Prov. Soria), vom 10. März 1188 bis 10. Juni 1201 urkundlich nachweisbar. Vgl. GONZÁLEZ, *Alfonso VIII*, II 850 Nr. 493, III 248 Nr. 705 und 931 (Reg.).

[2] Martin (I.) López de Pisuerga, EB. von Toledo vom 1. April 1192 (päpstliche Bestätigung: 4. Juli) bis 28. August 1208. Er war zuvor Archidiakon von Palencia und wurde in
40 Rom von Coelestin III. konsekriert. Vgl. GONZÁLEZ, *Alfonso VIII*, I 382, 411 f. und 417 bzw. III, 931 (Reg.) sowie RIVERA RECIO, *La Iglesia de Toledo*, 202 f.

[3] Domkapitel von Osma. [4] S. Br. II 28 Anm. 3.

[5] Bei LOPERRAEZ CORVALAN, *Descripcion histórica*, I 167 findet sich ein Schreiben Lucius' III. (1181—1185) vom 4. Februar 1182 erwähnt, das in einem Inventar des Kathe-
45 dralkapitelarchivs von Osma genannt ist.

8*

62 (65).

Rechtsauskunft für den Bischof (Martin) von Osma: Zur Bestrafung von Klerikern, die Konkubinen besitzen, genügt die durch Zeugen bewiesene Offenkundigkeit des Vergehens. Besteht diese nicht, kann nur nach Verweigerung oder Mißlingen eines auferlegten Rechtfertigungseides gegen die 5 *Konkubinarier vorgegangen werden.*

Lateran, (1199) Mai 11.

Reg. Vat. 4, fol. 159ᵛ—160ʳ ⟨Nr. 65⟩.
  Sirleto, fol. 310ᵛ = Cholinus, II 407 = Venet., II 407 = Baluze, I 375 Nr. 65 = Migne,
PL 214, 605 Nr. 65; Mansilla, Documentación, 206 Nr. 189. —Comp. III. 3, 2, 1; Bern. 3, 3, 10
1; Coll. Fuld. 3, 2, 2; Gilb. 3, 1, 2; Rain. 20, 4; Coll. Valent. II 6; X. III, 2, 8. — Potth. Reg.
698. — Vgl. González, Alfonso VIII, I 475.

. . Oxomensi episcopo[1].

| **Tua**[a] nos duxit fraternitas consulendos, si de clericis publice concubinas habentibus, qui, quando conveniuntur a te, se esse concubinarios 15 diffitentur nec apparet contra eos legitimus accusator, credendum sit
* fol. 160ʳ testimonio bono*rum virorum, inter quos vivere dinoscuntur.

Nos igitur consultationi tue taliter respondemus, quod si crimen eorum ita publicum est, ut merito debeat appellari notorium, in eo casu nec accusator nec testis est necessarius, cum huiusmodi crimen nulla possit tergiversa- 20 tione celari. Si vero publicum est non ex evidentia sed ex fama, in eo casu ad condempnationem eorum sola testimonia non sufficiunt, cum non sit testimoniis sed testibus iudicandum. Sed si de clericis illis talis habeatur suspitio, ut ex ea scandalum in populo generetur, licet contra ipsos non apparuerit accusator, tu tamen eis canonicam potes purgationem indicere; 25 quam si prestare noluerint vel defecerint in prestanda, eos canonica poteris animadversione punire.

Datum Laterani, V Idus Maii.

63 (66).

Rechtsauskunft für den Bischof (Jaroslaw) von Breslau: Laien, die Kleri- 30 *ker gefangenhalten, sind exkommuniziert, auch wenn sie diese nicht tätlich angegriffen haben. Wer einem Exkommunizierten bei seinem Verbrechen beisteht, kann in der Regel nur von jenem Priester, der die Exkommunikation verhängte, oder von dessen Vorgesetzten absolviert werden, sobald er einen Sicherheitseid geleistet hat. Ist jemand wegen seines täglichen Umgangs mit* 35 *Exkommunizierten der Exkommunikation verfallen, darf ihn jedoch sein Bischof oder Pfarrer lossprechen. Schließlich sind Kleriker, die als Laien*

---

62. a) *Am Rande von einer Hand des 13. Jh.:* hoc c(apitulum) est Extra de cohabitatione
clerici et muli(eris) *(X. III, 2, 8).*

62. ¹) S. Br. II 61 (64) Anm. 1.

verheiratet waren, nach dem Tod ihrer Frauen die Weihen empfingen und dann nochmals eine Ehe eingingen, der Bigamie schuldig — auch wenn ihre zweite Ehe kanonisch ungültig war — und können daher vom defectus sacramenti (zum Empfang höherer Weihen) nicht dispensiert werden.

5 *Lateran, (1199) Mai 16.*

Reg. Vat. 4, fol. 160ʳ ⟨Nr. LXVI, 66⟩.
Sirleto, fol. 311ʳ = Cholinus, II 407 = Venet., II 407 = Baluze, I 375 Nr. 66 = Migne, PL 214, 605 Nr. 66; Maleczyński, Codex diplomaticus, I 194 Nr. 80; Appelt, Schlesisches Urkundenbuch, I 44 Nr. 68. — Comp. III. 1, 14, 1; Comp. III. 5, 21, 3; Bern. 1, 17, 1; Bern.
10 *5, 22, 6; Coll. Fuld. 1, 17, 2; Coll. Fuld. 5, 21, 16; Gilb. 1, 12, 2; Gilb. 5, 14, 16; Coll. Hal. 83; Rain. 31, 7; Coll. Valent. II 17; X. I, 21, 4; X. V, 39, 29. — Potth. Reg. 700.*

. . Vratizlauiensi episcopo[1].

(|) Nuper[a] a nobis tua fraternitas requisivit, quid sit de illis laicis sentiendum, qui clericos violenter sine lesione tamen in custodia detinent
15 publica vel privata, vel etiam detrudunt in vincula: utrum in canonem sententie late incidant, ut ipso facto sint excommunicationis vinculo[b] innodati, sicut illi, qui manus in clericos iniciunt temere violentas; et utrum, qui nominatim excommunicatis scienter communicant, absolvi ab excommunicatione possint per confessionem a simplici sacerdote, vel epis-
20 copi seu archipresbyteri sit ab eis absolutio expetenda; et si post actam penitentiam cum illis valeas dispensare, qui etsi bigami de iure non sint, de facto saltem bigami nominantur, eo quod in sacris ordinibus constituti more nuptiali secundas in contubernium sibi mulierculas adiunxerunt.

Nos igitur inquisitioni tue taliter duximus ex ordine respondendum,
25 quod in primo consultationis articulo non credimus laicos penam excommunicationis evadere, quamvis eorum factum corporalis lesio non fuerit subsecuta, citra quam violentia sepius circa clericos nequiter perpetratur.

In secunda vero questione credimus distinguendum, an is, qui nomi-
30 natim excommunicato scienter communicat, in crimine communicet criminoso: ei consilium impendendo, auxilium vel favorem, aut alias in oratione vel osculo vel orando secum aut etiam comedendo. In primo quidem articulo, cum talis et communicet crimini et participet criminoso ac per hoc ratione dampnati[c] criminis videatur in eum delinquere qui damp-

35 **63.** a) *Am Rande von einer Hand des 13. Jh.:* hoc c(apitulum) est Extra de sententia excommunicationis *(X. V, 39, 29). Darunter von einer Hand des 16. Jh.:* hec est etiam pars de bigamis *(X. I, 21, 4). Daneben:* x.   b) *Durch Zeichen umgestellt aus* vinculo excommunicationis.   c) dapnati.

63. [1] Jaroslaw (I.), Herzog von Schlesien-Oppeln, B. von Breslau (Suffr. von Gnesen)
40 1. Juni 1198—22. Februar 1201. Er war ein Sohn Herzog Boleslaws I. Wysoki und der Adelheid und erhielt bei dessen Ableben das schlesische Teilherzogtum Oppeln (vgl. L. Schulte, *Der Todestag Herzog Boleslaws I. und seiner Gemahlin Adelheid.* Zeitschrift des Vereins für Geschichte und Altertumskunde Schlesiens 39 [1905] 293—299). F. X. Seppelt, *Geschichte des Bistums Breslau,* in: Real- Handbuch des Bistums Breslau.
45 Breslau 1929, I 11 f.

navit, ab eo vel eius superiore merito delicti tunc erit absolutio requirenda,
cum iuxta canonicas sanctiones[2] facientes et consentientes par pena con-
stringat. In secundo vero casu a suo episcopo vel proprio sacerdote poterit
absolutionis beneficium obtinere. Quamvis enim et tunc non iudicis sed
iuris sententia excommunicato communicans sit ligatus, quia tamen condi- 5
tor canonum solutionem eius sibi specialiter non retinuit, eo ipso concessisse videtur facultatem aliis relaxandi. Is autem, qui iuxta primum
modum excommunicato communicat, cum iuramento debet absolvi. Qui
vero iuxta secundum modum illi participat, reconciliari poterit sine iura-
toria cautione. Verum si difficile sit ex aliqua iusta causa, quod ad ipsum 10
excommunicatorem absolvendus accedat, concedimus indulgendo, ut
prestita iuxta formam ecclesie cautione, quod excommunicatoris mandato
parebit, a suo absolvatur episcopo vel proprio sacerdote.

Tercius[d] et ultimus inquisitionis articulus videbatur habere non modicum questionis: quoniam cum in matrimoniis contrahendis non iuris affec- 15
tus sed animi destinatio attendatur, unde illum comitatur infamia, qui duas
simul habet uxores[3], quod partim ad factum convenit retorqueri — sicut
et quod in canone legitur de presbytero, qui non legalibus nuptiis detine-
tur[4] —, eadem censura tales videntur inter bigamos reputandi; licet
obviet ex adverso, quod opinioni sit veritas preferenda et quod iuxta pre- 20
missa, qui nullam uxorem habuit, foret bigamus reputandus; quod contingeret, si quis de facto contraheret cum diversis, quibus de iure non posset
matrimonialiter copulari. Nos[e] autem in hac questione taliter respondemus,
quod cum huiusmodi clericis, qui, quantum in ipsis fuit, secundas sibi
mulieres matrimonialiter coniunxerunt, tamquam cum bigamis non liceat 25
dispensari, licet in veritate bigami non existant: non propter sacramenti
defectum, sed propter affectum intentionis cum opere subsecuto.

Datum Laterani, XVII Kal. Iunii.

64 (67).

Innocenz III. nimmt den Domdekan Hisp(anus) von Toledo samt seinem 30
Besitz, besonders aber seiner Dignität, in den päpstlichen Schutz und be-
stimmt, daß er bei jeder Bedrückung an den Hl. Stuhl appellieren dürfe.

Lateran, (1199) Mai 17.

Reg. Vat. 4, fol 160ʳ ⟨Nr. LXVII, 67⟩.
Sirleto, fol. 311ᵛ = Cholinus, II 408 = Venet., II 408 = Baluze, I 376 Nr. 67 = Migne, 35
PL 214, 606 Nr. 67; Mansilla, Documentación, 206 Nr. 190. — Potth. Reg. 701.

---

d) *Davor ein späteres Absatzzeichen.*   e) *Davor ein späteres Absatzzeichen. Am Rande,*
wohl mit der gleichen Tinte und von derselben Hand des 16. Jh. wie oben in Anm. a: de bigamis.

2) *Decretum Gratiani* C. II, q. 1, c. 10 (= FRIEDBERG, *CorpIC*, I 443).
3) Vgl. *Codex Iustinianus* 9, 9, 18 (= KRUEGER, 375).   40
4) *Decretum Gratiani* D. XXVIII, 16 (= FRIEDBERG, *CorpIC*, I 105 f.).

Hisp(ano), decano Toletano[1].

Sacrosancta Romana ecclesia et cetera usque suscipimus. Specialiter autem decanatum Toletane ecclesie, sicut illum iuste possides et quiete, devotioni tue auctoritate apostolica confirmamus et presentis scripti
5 pa(trocinio) communimus; statuentes, ut si te in aliquo gravari presenseris, libere tibi liceat sedem apostolicam appellare.
     Decernimus ergo et cetera.
     Datum Laterani, XVI Kal. Iunii.

65 (68).

10 *Innocenz III. bestätigt dem Archidiakon Hisp(anus) von Cuéllar sein im Bistum Segovia gelegenes Archidiakonat, das ihm der Kardinaldiakon G(regor) von S. Angelo als päpstlicher Legat übertragen hat.*

Lateran, (1199) Mai 17.

     Reg. Vat. 4, fol. 160ʳ ⟨Nr. LXVIII, 68⟩.
15   *Sirleto, fol. 311ᵛ = Cholinus, II 408 = Venet., II 408 = Baluze, I 376 Nr. 68 = Migne, PL 214, 607 Nr. 68; Mansilla, Documentación, 207 Nr. 191. — Potth. Reg. 702.*

Hisp(ano), archidiacono de Colera[1].

(|) Cum a nobis petitur et cetera usque assensu, archidiaconatum de Colera, quem in Segobiensi ecclesia[2] dilectus filius G(regorius), sancti
20 Angeli diaconus cardinalis, tum in partibus Hispanie legationis fungeretur officio[3], cum omni iure ac pertinentiis suis tue tibi contulit intuitu probitatis, sicut illum iuste possides et quiete et in eiusdem cardinalis autentico continetur, devotione tue auctoritate apostolica confirmamus et presentis scripti pagina communimus.
25   Nulli ergo et cetera.
     Datum Laterani, XVI Kal. Iunii.

---

64. [1] Hispanus, Domdekan von Toledo, ist in den Jahren 1199, 1209 und 1210 als solcher urkundlich nachweisbar. Vgl. MANSILLA, *Documentación*, 438 f. Nr. 420 f.
65. [1] Hispanus, Archidiakon von Cuéllar (Prov. und Diöz. Segovia).
30   [2] Bistum Segovia (Suffr. von Toledo).
     [3] Es handelt sich hier um die zweite spanische Legation des Kardinaldiakons Gregor von Sant'Angelo, die in die Zeit zwischen März 1196 und Juli 1197 fällt. Vgl. P. ZERBI, *Papato, Impero e ‚Respublica Christiana' dal 1187 al 1198* (= Pubblicazioni dell' Università Cattolica del S. Cuore, N. S. 55). Milano 1955, 157; GONZÁLEZ, *Alfonso VIII*, I 383 f. —
35 Über den Kardinal, der ein Neffe Coelestins III. war und von Klemens III. 1190 zum Kardinaldiakon erhoben worden war, als welcher er bis zum 22. Mai 1202 bezeugt ist, vgl. KARTUSCH, 154—158 Nr. 30; PFAFF, *Kardinäle unter Coelestin III.*, 93 Nr. 39.

66 (69).

Innocenz III. verleiht dem Kloster San Miguel in Villamayor de Treviño das Privilegium speciale des Prämonstratenserordens, mit Ausnahme der §§ 14, 16 und 17[1].

Lateran, 1199 Mai 20. 5

Reg. Vat. 4, fol. 160r—160v ⟨Nr. LXIX, 69⟩.

Sirleto, fol. 312r = Cholinus, II 408 = Venet., II 408 = Baluze, I 376 Nr. 69 = Migne, PL 214, 607 Nr. 69; Mansilla, Documentación, 207 Nr. 192. — Potth. Reg. 709.

Ioh(hann)i, abbati sancti Michaelis Uille Maioris[2], eiusque fratribus tam presentibus quam futuris regularem vitam professis in perpetuum[a].   10

| Religiosam vitam eligentibus et cetera usque ut ordo canonicus, qui secundum Deum et beati Aug(ustini) regulam atque institutionem Premonstratensium fratrum in eodem loco et cetera usque vocabulis: Locum ipsum, in quo dicta ecclesia sita est, cum omnibus pertinentiis suis: videlicet Rodam[3] cum omnibus pertinentiis suis; ecclesiam sancti 15 Ioh(ann)is[4] cum omnibus pertinentiis suis; ecclesiam sancti Cipriani de[b] Patella[5] cum omnibus pertinentiis[b] suis et ius, quod habetis in Mafallos[6]; ius, quod habetis in ecclesia Alba[7]; ecclesiam sancti Pauli[8] cum perti-
* fol. 160v nentiis suis et ecclesiam sancti Clementis cum villa, * que dicitur de Fabar[9], et ecclesiam sancti Stephani de Ques[10]; ecclesiam sancte Marie 20 de Spinosa[11] cum pertinentiis suis; ius, quod habetis in villa, que dicitur Sorita[12], et ius, quod habetis in flumine, quod dicitur[c] Pizorga[13].

Sane laborum vestrorum et cetera. Liceat quoque vobis et cetera. Prohibemus insuper, ut nulli fratrum et cetera. Ad hec etiam inhibemus, ne cui episcopo et cetera. Cum autem generale interdictum et cetera. 25 Crisma vero [etc.]. Prohibemus insuper, ut infra fines et cetera. Ad hec novas et cetera. Sepulturam quoque et cetera. Obeunte vero et cetera. Decernimus ergo et cetera; salva sedis apostolice auctoritate et diocesani episcopi canonica iusticia. Si qua igitur et cetera.

---

66. [a] *-m hat die Form eines Großbuchstabens.*   [b-b] *Auf Rasur.*   [c] *Migne fügt hin-* 30 *zu:* de.

66. [1] Tangl, *Kanzleiordnungen,* 233 f.

[2] Johannes Basco, zweiter Abt des Prämonstratenserstiftes San Miguel in Villamayor de Treviño (bei Castrogériz, Prov. und Diöz. Burgos) von 1181—1201. Vgl. Backmund, *Monasticon Praemonstratense,* III 312.   35

[3] Roda am Fluß Odra (Prov. Burgos).

[4] San Juan de Roda (Prov. Burgos).

[5] San Cebrián de Padilla de Abajo (Prov. Burgos).

[6] Nicht identifizierbar.

[7] Alba de Cerrato (Prov. Burgos).   40

[8] San Pablo in Alba de Cerrato oder San Pablo de Sordillos (beide Prov. Burgos).

[9] Abar (Pañizares, Prov. Burgos).

[10] San Esteban de Quez oder San Esteban de Valderrible (beide Prov. Burgos).

[11] Santa María in Espinosa de Riofrancos (Prov. Burgos).

[12] Zorita (Melgar de Fernamental, Prov. Burgos).   45

[13] Pisuerga, Nebenfluß des Duero (Prov. Palencia und Valladolid).

Datum Laterani per manum Rainaldi, domini pape notarii, cancellarii vicem agentis[14)], XIII Kal. Iunii, indictione secunda, incarnationis Dominice anno M C XC VIIII, pontificatus vero domni Innocentii pape III anno secundo.

5

67 (70).

Innocenz III. trägt dem Bischof (Jakob) von Ávila auf, jene Sarazenen seiner Diözese, die von christlichen Grundherren Äcker, Mühlen und Gärten zur Bewirtschaftung empfangen haben und von diesen nicht denselben Zehent leisten wollen wie ihre christlichen Besitzvorgänger, von jedem Verkehr und
10 *Handel mit den Christen auszusperren. Die Einhaltung dieses Gebotes durch die Christen möge er mit geistlichen Strafen erzwingen.*

Lateran, (1199) Mai 21.

Reg. Vat. 4, fol. 160ᵛ ⟨Nr. LXX⟩.
Sirleto, fol. 312ʳ = Cholinus, II 409 = Venet., II 409 = Baluze, I 377 Nr. 70 = Migne,
15 *PL 214, 607 Nr. 70; Mansilla, Documentación, 208 Nr. 193. — Alan. 3, 15, 2; Alan. Anh.*
91; Alan. K. 3, 15, 2; Coll. Fuld. 3, 20, 11; Rain. 11, 4. — Potth. Reg. 710.

. . Episcopo Abulensi[1)].

| Ex[a)] parte dilectorum filiorum capituli Abulensis[2)] fuit in audientia nostra querimonia recitata, quod cum homines tue diocesis in castris et in
20 ipsa civitate[b)] morantes de tribus partibus frugum totius agriculture sue, molendinorum etiam et ortorum, et ruricole de quarta parte parrochialibus ecclesiis, a quibus ecclesiastica percipiunt sacramenta, decimas solvere teneantur, licet ministri ecclesiarum ipsarum fere nullos habeant redditus preter decimas, unde valeant sustentari, domini predictorum ortorum
25 et molendinorum ipsa tradunt Sarracenis in grave detrimentum ecclesiarum et preiudicium excolenda, qui nolunt ecclesiis, sicut olim christiani solebant — freti potentia et favore illorum, a quibus illis excolenda traduntur — decimas exhibere.

Volentes igitur ipsis ecclesiis et earum ministris super hoc prout conve-
30 nit providere, fraternitati tue per apostolica scripta mandamus, quatinus, nisi Sarraceni illi ad commonitionem tuam cum ea integritate, qua christiani solebant, predictas decimas ecclesiis voluerint exhibere, eis facias communionem a christianis super mercimoniis rerum venalium et aliis penitus denegari; christianos illos, qui talibus contra formam aposto-
35 lici mandati communicare presumpserint, a sua presumptione[c)] per censuram ecclesiasticam appellatione remota compescens.

Datum Laterani, XII Kal. Iunii.

---

67. [a)] *Längs des Briefes am Rande ein senkrechter, z. T. gewellter Strich.*　　[b)] in ipsa civit-
auf Rasur nachgetragen.　　[c)] presuptione.

40　　[14)] S. Br. II 3 Anm. 6.
67. [1)] Jakob (I.), B. von Ávila (Suffr. von Santiago de Compostela), zwischen 8. Mai 1195 und 18. August 1203 bezeugt. Vgl. GONZÁLEZ, *Alfonso VIII*, III 151 Nr. 649 und **318** Nr. 752.　　　　　　　　　　　　　　[2)] Domkapitel von Ávila.

68 (71).

Innocenz III. überträgt den Bischöfen (Hugo) von Lincoln und (Eustach)
von Ely sowie dem Abt (Samson) der Benediktinerabtei Bury St.
Edmunds die Beendigung eines Prozesses, der zwischen dem Erzbischof (Hubert) von
Canterbury und seinem Kathedralkloster wegen der vom Erzbischof zu Ehren 5
der Hll. Stephan und Thomas geplanten Errichtung eines Kanonikerstiftes
geführt wird: sie sollen einen Vergleich zustande bringen, bei dessen Mißlingen
aber mit Zustimmung der Parteien ein Urteil fällen oder im Falle ihrer
Weigerung das Untersuchungsergebnis an den Hl. Stuhl berichten sowie den
Parteien einen Termin zur Entgegennahme des Urteils bei diesem festsetzen. 10
Ferner trägt er ihnen eine Inquisition über den Zustand der Kirche von
Canterbury auf.

Lateran, (1199) Mai 19.

Reg. Vat. 4, fol. 160ᵛ ⟨Nr. LXXI⟩.
Empfängerüberlieferung: Abschrift 1201—1205: London, Lambeth Library, Ms. 415, fol. 15
129ʳ; Epistolae Cantuarienses (ed. W. Stubbs in Rerum Britannicarum Medii aevi Scrip-
tores, 38/2, London [1865] 490 Nr. 525).
Sirleto, fol. 312ᵛ = Cholinus, II 409 = Venet., II 409 = Baluze, I 377 Nr. 71 = Migne,
PL 214, 608 Nr. 71. — Potth. Reg. 704; Bliss, Calendar, 6; Cheney, Calendar, 21 Nr. 115 A.
— Vgl. Cheney, Hubert Walter, 147. 20

. . Lincolniensi[1] et . . Eliensi[2] episcopis et . . abbati sancti Edmundi[3].

(|) Inter venerabilem fratrem nostrum . . archiepiscopum[4] et prede-
cessores eius ex una parte ac dilectos filios priores[5] et monachos[a] Cantuarienses ex altera super quibusdam capellis, quas ipsi archiepiscopi 25
laborarunt in preiudicium partis alterius, sicut monachi proponebant, iam-

---

68. [a]) -c- *korr. aus einem anderen Buchstaben.*

68. *Empfängerüberlieferung (kollationiert nach Rerum Britannicarum medii aevi Scrip-*
tores 38/2, 490 ff. Nr. 525):

23: . . archiepiscopum] archiepiscopum.　　26: laborarunt] erigere laborarunt. 30

68. [1]) Hugo (I.) aus Avallon (Burgund), B. von Lincoln (Suffr. von Canterbury, Gfscht.
Lincoln) Mai 1186 (konsekriert: 21. September)—16. November 1200. Zuerst Regularkanoniker in Villard-Benoît (Diöz. und Arr. Grenoble, Dép. Isère), dann Kartäuser in der
Grande-Chartreuse (ebd.). Von König Heinrich II. von England für die geplante Kartäuser-
gründung zu Witham (Diöz. Bath, Gfscht. Somerset) gewonnen, blieb er auch unter dessen 35
Nachfolger, Richard I., einflußreicher Ratgeber bei Hof. Vgl. A. SCHMITT, *Hugo von Aval-*
lon, in: LThK² 5 (Freiburg 1960) 515 und POWICKE-FRYDE, *Handbook,* 235.
　　[2]) Eustach (I.), B. von Ely (Suffr. von Canterbury, Gfscht. Isle of Ely) 10. August 1197
(konsekriert: 8. März 1198)—3. Februar 1215. Vgl. POWICKE-FRYDE, *Handbook,* 223.
　　[3]) Samson (I.) de Tottington, Abt der Benediktinerabtei Bury St. Edmunds (Diöz. 40
Norwich, Gfscht. Suffolk) 28. Februar 1182—30. Dezember 1211. Vgl. KNOWLES-BROOKE-
LONDON, *Heads of Religious Houses,* 32 f.
　　[4]) Hubert (I.) Walter, EB. von Canterbury (Gfscht. Kent) Mai/Dezember 1193—
13. Juli 1205. Zuvor B. von Salisbury (Suffr. von Canterbury) 15. September 1189 (konsekriert: 22. Oktober)—nach 29. Mai 1193. 45
　　[5]) Prioren von Christchurch (Kathedralpriorat von Canterbury).

dudum grandis et gravis questio pullulavit; pro qua predecessores nostros
et nos ipsos sepius oportuit apostolicas litteras destinare[6]. Verum cum in
ipso negocio auctoritate litterarum nostrarum usque adeo sit processum,
ut capella de Lamehe[7] diruta sit penitus et consumpta[8], prefatus archi-
5 episcopus predecessorum suorum volens laudabile propositum adimplere,
cappellam ad honorem gloriosorum martyrum Stephani et Thome[9], in qua
canonicos prebendarios institueret, de novo fundare volebat de nostra
licentia speciali, quod sibi per nuncios et procuratores suos de communi
iure competere asserebat; contradictione partis alterius non obstante,
10 cuius indempnitati per idoneam et sufficientem cautionem poterat provideri. Sed neque per demolitionem capelle prefate de Lamehe suum dicebat desiderium retardandum; cuius opus ea potissimum ratione fuerat
condempnatum, quod post denunciationem novi operis[10], inhibitionem
predecessorum nostrorum[11] et appellationem ad sedem apostolicam inter-
15 positam[12] fuerat attemptatum. Ceterum pro monachis fuit propositum
ex adverso, quod cum mandatum nostrum ad ipsum archiepiscopum et
vos directum circa exeniorum ecclesiarum et aliorum restitutionem[13]
adhuc non fuerit adimpletum, nec sopitum scandalum ex ea causa subortum, nec constaret adhuc de preiudicio in posterum auferendo[b];
20 eadem contradictionis causa durante non erat prefati archiepiscopi
petitio admittenda.

Cum autem hec et similia fuissent utrimque in nostro auditorio allegata, nos volentes utrique partium pastorali sollicitudine providere, de
communi fratrum nostrorum consilio causam eandem sub ea forma vobis
25 duximus committendam, ut ante omnia inter ipsos amicabiliter componere laboretis. Quodsi forte desuper datum non fuerit, vos — facta prius   vgl. Jo 19, 11
restitutione plenaria monachis memoratis eorum, que ob hanc causam fuere

---

[b] auferedo.

3: sit processum] processum sit.   4: Lamehe] Lamhee.   10: per — sufficientem]
30 per sufficientem et idoneam.   11: Lamehe] Lamhee.   13: condempnatum] attemptatum.   13: denunciationem] nunciationem.

[6] Vgl. darüber die Briefe der Päpste Alexander III. (JL 11384, 11868), Lucius III.
(JL 15387), Urban III. (JL 15674, 15971, 16005 f.), Gregor VIII. (JL 16015—16017),
Klemens III. (JL 16142, 16360), Coelestin III. (JL 16713, 16718, 16878, 17564) und Inno-
35 cenz III. (Br. I 111, 357 und 432).

[7] Lambeth (Gfscht. Surrey, ht. ein Teil von London, am Südufer der Themse gegenüber von Westminster gelegen), war seit 1197 im Besitze des EB. von Canterbury.

[8] Die Zerstörung erfolgte nach dem 27. Januar 1199 (CHENEY, Hubert Walter, 146). Sie
war päpstlicherseits bereits am 23. November 1198 befohlen worden (vgl. Br. I 432).

40 [9] Projektierte Kapelle zu Ehren der Hll. Stephan und Thomas Becket von Canterbury zu Hackington (Diöz. Canterbury, Gfscht. Kent). Vgl. STUBBS, Epistolae Cantuarienses, 361 f.

[10] Zu diesem vom römischen Rechte vorgesehenen Bauverbot vgl. Digesten 39, 1
(= MOMMSEN, 591 ff.) und Br. I 432, S. 652 Z. 14—17.

45 [11] Br. I 111, S. 167 f. und Br. I 432, S. 649 ff., 652.

[12] Br. I 111, S. 168 Z. 2, Br. I 432, S. 652 Z. 29 sowie Br. I 357, S. 536 Z. 10 f.

[13] Vgl. Br. I 432, S. 652 Z. 27—30.

subtracta — inquiratis super hiis, que premisimus, remoto appellationis obstaculo plenius veritatem; et si de partium voluntate processerit, ad diffinitivam sententiam procedatis; facientes quod decreveritis per censuram ecclesiasticam a partibus inviolabiliter[c] observari. Alioquin gesta omnia in scriptis fideliter redigentes, ad nos ea sub vestrarum litterarum 5 testimonio transmittatis, diem assignantes partibus competentem, quo recepture sententiam nostro se conspectui representent; ad quem si qua earum venire contempserit, nos nichilominus in causa ipsa quantum de iure poterimus procedemus.

Ad hec volumus et mandamus, ut ad locum ipsum pariter accedentes 10 super statu Cantuariensis ecclesie tam interiori quam exteriori inquiratis appellatione remota plenius veritatem, et quicquid super hiis inveneritis, nobis fideliter intimetis, ut per relationem vestram certiores effecti quod statuendum fuerit statuamus.

Nullis litteris obstantibus, preter assensum partium et cetera. Quodsi 15 omnes et cetera, duo et cetera.

Datum Laterani, XIIII[d] Kal. Iunii.

69 (72).

Innocenz III. bestätigt dem Benediktinerkloster in Chertsey den Besitz von Zehenten in Egham, Thorpe und Chobham.   20

Lateran, (1199) Mai 25.

Reg. Vat. 4, fol. 160ᵛ ⟨Nr. LXXII⟩.
    Sirleto, fol. 313ʳ = Cholinus, II 410 = Venet., II 410 = Baluze, I 378 Nr. 72 = Migne, PL 214, 609 Nr. 72. — Potth. Reg. 713; Bliss, Calendar, 6; Cheney, Calendar, 21 Nr. 118. — Vgl. Holtzmann, Papsturkunden in England, I 408 Nr. 138 (Bestätigung dieser Zehenten 25 durch Alexander III., 27. Februar 1176).

M(artino) abbati et conventui de Certeseia[1].

Cum[a] a nobis petitur et cetera usque assensu, decimas de Certesies[2], de Eggeh(am)[3], de Torp(er)[4] et de Chabeham[b][5] ad opera vestri monasterii

---

        [c]) invilabiliter.   [d]) *Migne:* XIII.   30
69. [a]) C- *korr. aus* E-.   [b]) *Migne:* Chabehan.

    4: inviolabiliter] irrevocabiliter.   12: hiis] eis.   15: et cetera] a sede apostolica impetratis.   16: et cetera] his exsequendis nequiveritis interesse.   16: et cetera] vestrum ea nihilominus exsequantur.   17: Iunii] Iunii, pontificatus nostri anno secundo.   35

69. [1]) Martin (I.), Abt des Benediktinerklosters St. Peter in Chertsey (Diöz. Winchester, Gfscht. Surrey) 1197—1206. Vgl. Knowles-Brooke-London, *Heads of Religious Houses*, 39. Er kam im Frühjahr 1199 persönlich in einer politischen Mission nach Rom. Vgl. Kempf, *Papsttum und Kaisertum*, 29 Anm. 7. — Vgl. auch Br. II 121 (130) Anm. 2.
    [2]) Chertsey (Diöz. Winchester, Gfscht. Surrey).   40
    [3]) Egham (Diöz. Winchester, Gfscht. Surrey).
    [4]) Thorpe (Diöz. Winchester, Gfscht. Surrey).
    [5]) Chobham (Diöz. Winchester, Gfscht. Surrey).

deputatas, sicut eas iuste ac sine controversia possidetis, auctoritate vobis apostolica confirmamus et presentis scripti pagina communimus.

Decernimus ergo et cetera.

Datum Laterani, VIII Kal. Iunii.

70 (73).

Innocenz III. nimmt das Benediktinerkloster in Chertsey und seinen Besitz in den päpstlichen Schutz, wahrt es vor ungerechtfertigter Verhängung der Exkommunikation und des Interdikts und befreit es weitgehend von Zehentleistungen.

(Lateran, 1199 Mai ca. 20—25)[1].

Reg. Vat. 4, fol. 160ᵛ—161ʳ ⟨Nr. LXXIII⟩.

Sirleto, fol. 313ʳ = Cholinus, II 410 = Venet., II 410 = Baluze, I 378 Nr. 73 = Migne, PL 214, 609 Nr. 73. — Potth. Reg. 714; Bliss, Calendar, 6; Cheney, Calendar, 21 Nr. 116.

Eisdem[2].

Ex pastoralis officii debito provocamur religiosam vitam eligentibus apostolicum et cetera. Eapropter, dilecti in Domino filii, et cetera usque suscipimus[a]. Ad hec, ut devotius piis operibus insistatis, auctoritate vobis presentium indulgemus, ut non liceat * alicui in vos vel monasterium   * fol. 161ʳ vestrum sine manifesta et rationabili causa excommunicationis aut interdicti sententiam promulgare. De novalibus vero, que propriis manibus aut sumptibus colitis, aut de vestrorum animalium nutrimentis sive de ortis et virgultis aut piscationibus vestris nullus a vobis decimas exigere vel extorquere presumat, sed eas helemosine aut pauperibus monasterii vestri — iuxta quod tu, fili abbas, postulasti a nobis — precepimus assignari.

Decernimus ergo et cetera.

Datum ut supra.

71 (74).

Innocenz III. bestätigt dem Kloster St. Peter in Valle auf der Insel Rab die Benediktinerregel und den gesamten Besitz; verleiht ihm die Zehentfreiheit von allen Neubrüchen, die es selbst bebaut; das Recht, Mönche aufzunehmen und ihnen zu verbieten, nach der Profeß das Kloster ohne Erlaubnis des Abtes wieder zu verlassen; eine beschränkte Freiheit vom allgemeinen Interdikt und das Sepulturrecht sowie die freie Abtwahl.

Lateran, 1199 Mai 25.

Reg. Vat. 4, fol. 161ʳ ⟨Nr. LXXIIII⟩.

Sirleto, fol. 313ᵛ = Cholinus, II 411 = Venet., II 411 = Baluze, I 378 Nr. 74 = Migne, PL 214, 610 Nr. 74; Kukuljević Sakcinski, Codex diplomaticus Croatiae, II 207 Nr. 274; Smičiklas, Codex diplomaticus Croatiae, II 320 Nr. 300; Wenzel, Codex diplomaticus, XI 69 Nr. 44. — Potth. Reg. 715.

70. [a] *Der Schaft des -c- ist nach unten ein wenig verlängert.*

70. [1] Zur Datierung: Eine kopiale Empfängerüberlieferung datiert diesen Brief zum 20. Mai (Cheney, *Calendar*, 21 Nr. 116). Das „Datum ut supra" weist dagegen auf den Br. II 69 (72) vom 25. Mai.   [2] S. Br. II 69 (72) Anm. 1.

Vgoni, abbati monasterii sancti Petri de Insula Arbensi[1], eiusque fratribus tam presentibus quam futuris monasticam[a] vitam professis in perpetuum.

(|) **P**ie postulatio voluntatis et cetera usque ordo monasticus, qui secundum Deum et beati Benedicti regulam et cetera usque vocabulis: || [b] Locum ipsum, in quo prefata ecclesia sita est, cum omnibus perti- 5 nentiis et appenditiis suis et terminis, qui sic distinguntur: primitus a capite macerie a monte usque ad rivum, descendendo per rivum usque ad mare[c], et per mare ad molendina, et ascendendo per montis verticem et eundo per illum usque in priora confinia; ecclesiam sancti Cipriani cum pertinentiis et appenditiis suis et terminis, qui sic distinguntur: a Ualle 10 Obscura usque in vallem de Frasinu, alie tres partes mare circumdant, una cum mammena omnibusque scopulis ad istud promontorium subiacentia, et valles, que sunt apud sanctum Ciprianum, et alie, que sunt apud sanctum Petrum, inter quas saline vestre et piscarie consistunt.

Sane novalium et cetera. Liceat quoque et cetera. Prohibemus insuper 15 et cetera. Cum autem generale et cetera. Sepulturam quoque et cetera, salva tamen et cetera. Obeunte vero et cetera. Libertates et cetera. Decernimus et cetera; salva apostolice sedis auctoritate et diocesani episcopi canonica iusticia. Si qua igitur et cetera.

Datum Laterani per manum Rainaldi, domini pape notarii, cancellarii 20 vicem agentis[2], VIII Kal. Iunii, indictione II, incarnationis Dominice anno M° C° XC°VIIII°, pontificatus vero domni Innocentii pape III anno secundo. || [b]

72 (75).

Innocenz III. hebt das Interdikt, das wegen der kanonisch ungültigen Ehe, 25 *die König (Alfons IX.) von León mit (Berengaria), Tochter König (Alfons' VIII.) von Kastilien, eingegangen ist, über das Königreich León verhängt wurde, auf Bitten beider Könige teilweise wieder auf, indem er die Abhaltung von Gottesdiensten erlaubt, kirchliche Begräbnisse von Laien aber weiterhin verbietet. Ferner erneuert er die Exkommunikation des Königs von* 30 *León und dehnt diese auf dessen Frau, Räte und Helfer aus. Sodann trägt er dem König von Kastilien und dessen Gemahlin (Eleonore) unter Androhung der Exkommunikation auf, sich in dieser Angelegenheit eidlich zum Gehor- sam gegenüber den päpstlichen Mandaten zu verpflichten. Die Mitgift (von 30 Burgen) soll zurückgegeben werden, und jedes etwaige Kind aus dieser* 35 *verbotenen Ehe wird für illegitim erklärt. Schließlich befiehlt der Papst dem Erzbischof (Petrus) von Santiago de Compostela sowie allen Bischöfen des*

---

71. [a] -o- korr. aus -a-. [b-b] Von Hand C. [c] Der dritte Schaft des m- und -are auf Rasur.

71. [1] Hugo, Abt des Benediktinerklosters St. Peter in Valle auf der Insel Rab (Arbe, Diöz. 40 Rab, Jugoslawien). Das Kloster, welches später dem Kapitel von S. Marco in Venedig uniert wurde, besteht heute nicht mehr. Der Ort heißt jetzt Supetarska draga. Vgl. IP VII/2 139 bzw. I. Ostojić, *Benediktinci u Hrvatskoy*, 1 (Split 1963) 114 f., 121, 139, 160, 179, 203, 216, 242, 256, 319, 389. [2] S. Br. II 3 Anm. 6.

Königreiches León, diese Aufträge unter Anwendung geistlicher Strafen aus-
zuführen.

(Lateran, 1199 ca. 10—31)[1].

    Reg. Vat. 4, fol. 161ʳ—162ʳ ⟨Nr. LXXV⟩.
5   *Sirleto, fol. 313ᵛ = Cholinus, II 411 = Venet., II 411 = Baluze, I 378 Nr. 75 = Migne,*
PL 214, 610 Nr. 75; Mansilla, Documentación, 209 Nr. 196. — Comp. III. 4, 15, 1; Alan.
4, 16 un.; Alan. K. 4, 16 un.; Bern. 4, 15, 1; X. IV, 20, 5. — Potth. Reg. 716; Vázquez Mar-
tínez, 11 Nr. 16. — Vgl. Tenbrock, Eherecht und Ehepolitik bei Innocenz III., 92—96; Man-
silla, Inocencio III y los reinos hispanos, 19—34, bes. 21 ff.; Thouzellier, Catharisme et
10 *valdéisme, 142 Anm. 47.*

. . **Compostellano**[a][b][2] **archiepiscopo et universis episcopis in regno Legio-**
nensi[3] constitutis[c]**.**

Etsi necesse sit, ut scandala veniant, ve tamen est homini[d] illi, per   vgl. Mt 18, 7;
quem scandalum venit. Quot enim turbationes et scandala diebus nostris   Lk 17, 1
15 orbi supervenerint universo, hodie plus[e] experimur in facto quam scrip-

72. [a] *-la- auf Rasur.*   [b] arc- *auf Rasur.*   [c] *Am Rande von einer Hand des 14. Jh.*
(vgl. Br. I 3, Anm. l): hoc est c(apitulum) «Etsi necesse» de donationibus inter virum et
uxorem (X. IV, 20, 5). Daneben: f. Auf fol. 161ʳ längs des Briefes am Rande ein senkrechter,
z. T. gewellter Strich.   [d] est homini *auf Rasur.*   [e] *Am Rande mit Verweisungs-*
20 *zeichen, vielleicht von Hand C, nachgetragen. Dafür ist im Text* potius *durchgestrichen.*

72. [1] Zur Datierung: Das „Datum . . . ut supra" bezieht sich, schon wegen der wohl in
zwei Phasen erfolgten Konzipierung und Registrierung dieses Briefes (vgl. Anm. v–v und
x–x), wohl kaum auf das vorhergehende Privileg II 71 (74) für das Kloster St. Peter auf der
Insel Rab in Dalmatien. Doch wurden in den beiden letzten Dritteln des Monats Mai einige
25 Briefe ausgestellt, deren Impetranten im Umkreis jener spanischen Prälaten zu suchen
sind, die damals wegen der Aufhebung des Interdikts in Rom weilten: des EB. von Toledo,
des B. von Palencia, seines Suffragans, und des B. von Zamora, eines Suffragans des EB.
von Santiago de Compostela (vgl. S. 130 Z. 22—24). Dabei handelt es sich um die Br. II 61, 62
(64, 65) für den B. von Osma, einen Suffragan des EB. von Toledo, die das Datum des 11. Mai
30 tragen; die am 17. Mai an den Domdekan von Toledo und einen Archidiakon des Bistums
Segovia, eines weiteren Suffragans von Toledo, gerichteten Br. II 64, 65 (67, 68); ein
Schreiben an den Kantor von Segovia vom 20. Mai (*Schedario Baumgarten. Descrizione*
diplomatica di bolle e brevi originali da Innocenzo III a Pio IX. Riproduzione anastatica con
introduzione e indici a cura di G. Battelli, Città del Vaticano 1965, I 12 Nr. 43) und schließ-
35 lich um einen Brief an den B. von Ávila, einen Suffragan von Santiago de Compostela (Br.
II 67 [70]) sowie ein Delegationsreskript an den Archidiakon und einen Prior von San Isidoro in León (Mansilla, *Documentación*, 208 Nr. 194), die beide am 21. Mai datiert wurden.
Alle diese genannten Schreiben können mit dem vorliegenden Brief, der gleichfalls an die
Bischöfe des Königreichs León gerichtet ist, ein Empfängerbündel gebildet haben. Vielleicht
40 bezieht sich das „Datum . . . ut supra" auf einen von ihnen. Auf jeden Fall dürfte die Ausfertigung dieses Briefes gleichfalls in die Zeit zwischen dem 10. und 31. Mai zu setzen sein.
    [2] Petrus (III.) Suárez de Deza, EB. von Santiago de Compostela (Prov. La Coruña)
1173—26. März 1206. Als Kanonikus von Santiago hatte er in Paris den Magistergrad er-
worben und nach seiner Heimkehr das Amt eines erzbischöflichen Kanzlers übernommen.
45 1167 wurde er B. von Salamanca (seit 1120 Suffr. von Santiago de Compostela) und vor dem
12. April 1173 zum EB. von Santiago de Compostela erwählt. Vgl. López Ferreiro,
Historia, IV 311—350 und V 7—44 sowie González, *Alfonso IX*, I 425 bzw. II 860 (Reg.).
    [3] Die Bischöfe von Lugo (Galicien), Mondoñedo (Prov. Lugo und La Coruña), Orense
(Galicien), Oviedo (Asturien) und Tuy (Prov. Pontevecra). Vgl. A. Palomeque Torres,
50 *Episcopologio de la sedes del reino de León*. León 1966.

vgl. Röm 5, 20
vgl. Weish 3, 6;
Spr 27, 21
tum reperiamus[f] in libro. Necesse est autem, ut veniant scandala, non
solum scilicet inevitabile sed et utile: quoniam in quo deficit malus,
proficit bonus, et aurum in fornace probatur.

Inter cetera vero, in quibus scandalizatur hodie populus christianus,
precipuum [g] est persecutio paganorum, que tam in Oriente quam in 5
vgl. Mt 24, 12 Occidente peccatis exigentibus invaluit [h] ultra modum; contra quam
utrobique simile quodammodo putaverunt remedium invenire[i]; sed quia
vgl. Ps 53, 5 Deum ante suum non proposuere conspectum, quod inventum est in
remedium, in periculum est conversum. Sane in Oriente una duobus fuit
incestuose coniuncta, in Occidente vero unus sibi duas presumpsit iun- 10
gere [k] per incestum. Et incestui quidem in Oriente comisso non solum
consensus sed et auctoritas clericorum ibi consistentium intercessit; sed
in detestabili copula in Occidente[l] contracta, licet non absque quorundam
ecclesiasticorum virorum assensu fuerit forsitan attemptata, auctoritas
tamen ecclesiastica nullatenus intervenit. Volens autem Deus maius pecca- 15
tum vindicare celerius et a similibus alios deterrere, tam C(onradum),
quondam marchionem[4], qui . . regine Ier(oso)limitane[5] prius adheserat
per incestum[6], gladio[7], quam Henr(icum), quondam Campanie comi-

---

[f]) scriptum reperiamus *auf Rasur*.   [g]) *Nach dem zweiten* p- *eine schmale Rasur*.   [h]) in-
auf Rasur.   [i]) *Am Rande von einer Hand des 15. Jh.:* putaverunt enim per huiusmodi 20
matrimonia facilius inffidelibus posse resisti.*Mit derselben Tinte, wie diese Glosse, wurde wahrscheinlich auch der randliche Merkstrich ausgeführt (vgl. Anm. c). Vom Briefanfang bis hieher
am Rande auch eine schmale, senkrechte Rasur.*   [k]) -gere per- *auf Rasur*.   [l]) *Auf Rasur*.

[4]) Konrad, Markgraf von Montferrat, 1183 Markgraf von Tyrus, heiratete im November
1190 Isabella, Tochter König Amalrichs I., wodurch er in den Besitz des Königreiches 25
Jerusalem kam. Er wurde am 28. April 1192 ermordet. Vgl. TH. ILGEN, *Markgraf Conrad von
Montferrat.* Marburg 1880; L. USSEGLIO, *I marchesi di Monferrato in Italia ed in Oriente durante
i secoli XII e XIII.* Biblioteca della società storica subalpina 101, N. S. 7. Casale Monferrato 1926.

[5]) Isabella, Tochter König Amalrichs I. von Jerusalem und der Maria Komnene, 30
heiratete 1183 in erster Ehe Humfred IV., Herrn von Toron, nach Trennung von diesem am
24. November 1190 Konrad von Montferrat, nach dessen Ermordung Heinrich von Champagne (5. Mai 1192) und zuletzt Amalrich II. von Lusignan, König von Zypern (Januar
1198). Dieser starb am 1. April 1205, worauf Isabellas Spuren verschwinden, so daß man
ihren bald danach erfolgten Tod angenommen hat. Vgl. RÖHRICHT, *Königreich Jerusalem*, 35
696 und RUNCIMAN, *Geschichte der Kreuzzüge*, II 392, 402, 411, 426—429, 432—434 und
III 29—31, 65—68, 97 f., 107 f. u. ö.

[6]) Der Vorwurf des Inzests beruht auf der Schwägerschaft ersten Grades, denn Sibylle,
die Halbschwester Isabellas, war mit Wilhelm von Montferrat, genannt Langschwert,
Graf von Askalon und Jaffa, dem Bruder Konrads, verheiratet (MIGNE, PL 214, CIII Anm. 40
1; RUNCIMAN, *Geschichte der Kreuzzüge*, II 398). Auch mußte vor der Heirat mit Konrad
von Montferrat Isabellas erste Ehe mit Humfred von Toron annulliert werden, worauf man
schon damals die Ehe zwischen Konrad und Isabella verschiedentlich als Ehebruch bezeichnete. Die Bemerkung des Papstes, daß dies mit der „auctoritas clericorum" geschehen sei (Z. 12), bezieht sich wohl auf die führende Rolle, die der B. von Beauvais, 45
Philipp von Dreux, dabei spielte. Vgl. RÖHRICHT, *Königreich Jerusalem*, 617 Anm. 4 und
RUNCIMAN, *Geschichte der Kreuzzüge*, III 30 f.

[7]) Konrad von Montferrat wurde am 28. April 1192 in Tyrus, wohl von Assassinen, die
von Scheich Sinan, dem „Alten Mann aus den Bergen", ausgeschickt worden waren,

tem[8], qui ei et in culpa quodammodo[9] et in pena successit, precipicio[10], utrumque vero morte imprevisa, peremit. Nondum autem in huius iniquitatis auctores in Occidente suam exercuit ultionem; sed quanto longanimius sustinet, tanto forsan severius vindicabit. Licet autem apostolica
5 sedes, quod super hoc fuerat in Oriente commissum, propter maliciam temporis et persecutionem urgentem dissimulare sit visa, ad vindicandum tamen, quod in Occidente fuerat attemptatum, rigore canonice districtionis est usa.

Nam cum ad bone memorie C(elestini) pape, predecessoris nostri[11],
10 audientiam pervenisset, quod . . rex Legionis [m][12] filiam karissimi in Christo filii nostri . . Portugalie regis illustris incestuose sibi presumpserat copulare[13], tam regem ipsum Portugalie quam incestuose coniunctos[14] excommunicationis sententia innodavit et Legionense ac Portugalie regna sententie supposuit interdicti: unde, quod illegitime factum fuerat, est
15 penitus revocatum[15]. Verum dictus rex Legionensis ad deteriora manum extendens sicut is, de quo dicit Scriptura: «Ve homini illi, qui post se trahit peccatum quasi longam vestem [n]» et «Impius, cum venerit in profundum viciorum, contempnit», filiam karissimi in Christo filii

vgl. Mt 18, 7;
26, 24; Mk 14, 21
vgl. Ps 108, 19;
Is 5, 18

vgl. Spr 18, 3

---

m) *Am Rande von einer Hand des 15. Jh. (vgl. Anm. i und o):* iste fuit Alffonsus rex
20 Legionis.   n) restem.

ermordet, als er von einem Besuch beim Bischof von Beauvais in seinen Palast zurückkehren wollte. Vgl. RUNCIMAN, *Geschichte der Kreuzzüge*, III 65 f.

8) Heinrich (II.) von Champagne, Sohn Heinrichs I. und der Maria, Tochter König Ludwigs VII. von Frankreich, Pfalzgraf von Troyes, heiratete am 5. Mai 1192 Isabella von
25 Jerusalem, ohne jedoch den Königstitel anzunehmen, da er niemals gekrönt wurde. Vgl. RÖHRICHT, *Königreich Jerusalem*, 671 f.; RUNCIMAN, *Geschichte der Kreuzzüge*, III 67 f., 74 f., 85—97.

9) Seine Ehe mit Isabella bezeichnete Innocenz III. später als „minus legitime", da sie noch zu Lebzeiten Humfreds von Toron, ihres ersten Gemahls, geschlossen worden war
30 (Br. XVI 149, 151; MIGNE, PL 216, 940 D, 942 B; vgl. auch TENBROCK, *Eherecht*, 97 f. und oben Anm. 5 und 6).

10) Er war am 10. September 1197 bei einer Truppenbesichtigung aus dem Fenster seines Palastes in Akkon gestürzt und auf der Stelle tot.

11) S. Br. II 22 Anm. 5.

35   12) Alfons IX., Sohn König Ferdinands II. von León und der Urraca, Tochter Alfons' I. von Portugal, seit 21. Januar 1188 König von León und seit 6. Juni 1217 auch von Kastilien. Er starb am 24. September 1230. Vgl. I. GONZÁLEZ, *Alfonso IX*, 2 Bde. Madrid 1944.

13) Alfons IX. war in erster Ehe mit Theresia, Tochter König Sanchos I. von Portugal und der Dulce von Aragón, vermählt (seit 15. Februar 1191). Wegen Verwandtschaft im
40 zweiten Grade wurde diese Ehe aber 1194 getrennt, und Theresia trat in Lorvão (Diöz. Coimbra) in den Zisterzienserorden ein. Sie starb am 17. Juni 1250. Vgl. GONZÁLEZ, *Alfonso IX*, I 61—63, 309—311 und R. JIMÉNEZ PEDRAJAS, *Teresa di Portogallo*, in: Bibliotheca Sanctorum, 12 (1969) 428 f.

14) Der Vater Theresias, Sancho I. von Portugal, und die Mutter Alfons' IX., Urraca,
45 waren Geschwister und Kinder König Alfons' I. von Portugal; daher waren die beiden Ehepartner im zweiten Grade verwandt.

15) Im Jahre 1194 auf Grund der vom päpstlichen Legaten, dem Kardinaldiakon Gregor von S. Angelo, verhängten Kirchenstrafen. Vgl. GONZÁLEZ, *Alfonso IX*, I 66.

nostri . . regis illustris Castelle, neptem videlicet propriam[16], impuden-
ter sibi contra interdictum ecclesie copulare presumpsit[o]. Quod cum ad
nostram noticiam pervenisset, dilectum filium fratrem Rainerium[17],
virum scientia et religione pariter reverendum, Deo et hominibus obtentu
scientie et honestatis acceptum, in Hispaniam duximus destinandum, ut
iuxta verbum propheticum dissolveret colligationes impietatis, solveret
fasciculos deprimentes; qui per Dei graciam ab omni munere manus
excussit ita, ut quod legitur, de ipso possit vere referri: «Non fuit, qui
ditaverit Abraam.» Ipse igitur, cum in Hispaniam pervenisset, dictum
regem Legionensem semel et iterum ex parte nostra commonuit diligenter,
ut a tam detestabili et nefanda copula resiliret, universis colligationibus
dissolutis, que fuerant pro ipsa copula consummanda contracte. Sed cum
apud eum nichil prorsus monitis profecisset, certum ei diem assignavit et
locum; et cum ipsum etiam ultra terminum expectasset, in eum se contumaciter absentantem iuxta formam mandati nostri excommunicationis
sententiam promulgavit et regnum Legionense interdicto genera*li con-
clusit. In memoratum vero regem Castelle[18] vel terram suam in nullo
processit, cum idem rex se mandatis eius exponeret et quod reciperet
filiam suam, si sibi redderetur, proponeret assertive: quod utrum ex
animo fecerit, ille plenius novit, qui scrutator est cordium et cognitor
secretorum.

 Nuper autem venerabiles fratres nostri . . Toletanus archiepiscopus[19]
et . . episcopus Palentinus[20] ex parte ipsius regis Castelle et ex parte regis
Legionensis venerabilis frater noster . . Zamorensis episcopus[21] ad sedem

Marginal notes (left):
vgl. Tob 14, 17
vgl. Is 58, 6
vgl. Is 33, 15
vgl. Gn 14, 23
vgl. Is 58, 6
* fol. 161ᵛ
vgl. Weish 1, 6; Dn 13, 42

Line numbers (right): 5, 10, 15, 20

---

[o] *Am Rande von einer Hand des 15. Jh. (vgl. Anm. i und m):* Alffonsus Legionis rex
Berengariam Alffonsi regis Castelle filiam uxorem duxit, quae atinebat ei 2° et 3° gradibus
consanguinitatis.

[16] Berengaria, Tochter König Alfons' VIII. von Kastilien und der Eleonore von England. Ihre am 17. Oktober 1197 mit Alfons IX. geschlossene Ehe wurde 1209 wegen naher
Verwandtschaft getrennt. Der Vater der Berengaria, Alfons VIII., war ein Vetter Alfons' IX.
Vgl. dazu Br. I 92 bes. Anm. 4 und GONZÁLEZ, *Alfonso IX*, I 311 f. Aus dieser Ehe stammten
jedoch fünf Kinder.

[17] Rainer von Ponza. Er war wahrscheinlich vor 1198 in Fossanova in den Zisterzienserorden getreten, 1198 bis ca. 1199 päpstlicher Legat in Spanien und Südfrankreich und danach bis zu seinem Tode (1207/09) Eremit auf der Mittelmeerinsel Ponza (Prov. Latina),
doch blieb er zeitlebens als Vertrauter des Papstes, dessen Beichtvater er vorübergehend
war, diplomatisch tätig. Vgl. H. GRUNDMANN, *Zur Biographie Joachims von Fiore und
Rainers von Ponza.* DA 16 (1960) 440—464. — Der Auftrag an ihn ist im Br. I 92 enthalten.

[18] S. Br. II 28 Anm. 3.   [19] S. Br. II 61 (64) Anm. 2.

[20] Arderich, Kanonikus von Burgos und seit 1175 Archidiakon daselbst, wurde im
Januar 1178 B. von Sigüenza (Suffr. von Toledo, Prov. Guadalajara) und im Januar 1184
B. von Palencia (Suffr. von Toledo). Er starb am 4. August 1207 oder 1208. Vgl. T. MIN-
GUELLA Y ARNEDO, *Historia de la diócesis de Sigüenza y de sus obispos.* I, Madrid 1910,
128—139; A. LAMBERT, *Ardericus*, in: Dict. HGE 3 (Paris 1924) 1605—1607 sowie GON-
ZÁLEZ, *Alfonso VIII*, III 910 (Reg.).

[21] Martin (I.) Arias, B. von Zamora (Suffr. von Santiago de Compostela) vom 4. (bzw.
18.) Oktober 1193 (konsekriert 6. Dezember) bis 28. Mai 1217. Nach seiner Resignation zog
er sich nach Santiago zurück, wo er 1223 verstarb. Vgl. GONZÁLEZ, *Alfonso IX*, I 427 bzw.

apostolicam accedentes postulabant, ut cum eodem rege Legionensi et
filia dicti regis Castelle deberemus super tam incestuosa copula dispensare; propter quod, nisi specialis illa gratia, quam ad devotionem dicti
regis Castelle habemus, motum nostri animi temperasset, in ipsos ita
5 curassemus severitatem ecclesiasticam exercere, quod nulli de cetero
temporibus nostris ad nos repudiatas totiens et dampnatas petitiones
afferrent p); cum ipsi etiam noverint, quod id ab eodem predecessore
nostro sepius postulatum fuerit et ab eo inhibitum, non indultum. Tandem vero intelligentes archiepiscopus et episcopi memorati, quod non
10 solum indulgentiam super hoc a nobis sed vix etiam possent audientiam
impetrare, interdictum in terram dicti regis Legionensis prolatum tandem
a nobis postulavere remitti, asserentes quod ex eo triplex toti regno periculum ab hereticis, Sarracenis et christianis etiam imminebat. Ab hereticis: quia cum per interdictum ipsum clausa essent in partibus illis ora
15 pastorum, non poterant fideles per eos contra hereticos instrui et ad resistendum eis aliquatenus informari, unde tum p') ex hoc, tum quia rex Legionensis ab ecclesia se asserens aggravatum eis minime resistebat,
invalescebant contra fideles heretici et in regno ipso hereses varie pullu-
labant; a Sarracenis: quoniam cum per exhortationes et remissiones
20 ecclesie Hispaniarum populus consuevisset ad expugnationem paganorum
induci, cessante predicatorum officio populi etiam devotio tepescebat;
quia cum se cum principe suo quoad interdictum eidem videret pene
subiectum, a culpa, cui vel tacendo consenserat q), forte se non credebat
immunem, propter quod minus circa debellationem Sarracenorum ferve-
25 bat, ne decederet in peccato; a catholicis: quia cum clerici laicis spiritualia ministrare non possent, laici clericis temporalia subtrahebant,
oblationes, primitias et decimas detinentes; unde cum clerici ex hiis pro
maiori parte in partibus illis consueverint sustentari, eis subtractis non
solum mendicare, sed fodere et servire r) Iudeis in ecclesie et totius Christia- vgl. Lk 16, 3
30 nitatis opprobrium cogebantur.

Videbatur autem difficile petitioni eorum annuere ac sententiam ex
animo, ordine et causa latam canonice sine satisfactione congrua relaxare. Ex s) animo siquidem: quia, sicut Deus perhibet testimonium con- vgl. Apg 15, 8;
scientie nostre, ad hoc non nisi iusticie et honestatis obtentu processimus, Röm 9, 1;
35 cum ex contrario potius contra nos oriri presumptio potuisset, si tam de- 2 Kor 1, 12
testabile facinus duxissemus in patientia tolerandum; ex ordine: quia
dictus frater R(ainerius) post commonitiones et dilationes legitimas tandem districtione percussit ecclesiastica contumacem; ex causa, exemplo
divino videlicet et humano: divino, quia cum Dauid in populi numeratione

40 p) *Am Rande von einer Hand des 15. Jh.* ergo: non licet prelatis suplicatio, quod in
casibus huiusmodi dispenssetur. *Daneben eine Klammer.* p') *Korr. aus* cum. q) *Korr.
aus* concesserat. r) et servire *auf Rasur nachgetragen.* s–s) *Diese Abhandlung ist am
Rande durch zwei kurze, schräge Striche gekennzeichnet.*

C. Fernandez Duro, *Memorias Históricas de la Ciudad de Zamora, su provincia y obispado.*
45 Madrid 1883, IV 232 Nr. 12.

9*

peccasset, Dominus in populum vasa sui furoris effudit, unde idem Dauid dixisse legitur peccatum suum Domino confitendo: « Ego sum, qui peccavi, ego, qui inique egi. Isti, qui oves sunt, quid fecerunt ? Auferatur, obsecro, facies tua, Domine, a populo tuo »; humano: cum iamdictus predecessor noster, ut non longe petantur exempla, in predictos Portugalie et Legionis 5 reges et regna ipsorum predictas sententias curaverit promulgare. Esset[t] insuper res mali exempli: quia, si forsan in alia regna similem nos contingeret promulgare sententiam[u], similis a nobis gratia peteretur; quam si forsitan negaremus, apud nos esse videretur acceptio personarum[s]. Ex hoc etiam de nobis posset apud aliquos oriri suspitio, presumentibus forte 10 quibusdam, quod ad id moveremur ex causa latenti.

Licet igitur ex causis premissis non videretur dicta petitio admittenda, quia tamen, ubi multitudo est in causa, detrahendum est aliquid severitati, ut maioribus malis sanandis caritas sincera subveniat, in eo ad petitionem predictorum archiepiscopi et episcoporum gratiam de communi 15 fratrum nostrorum consilio duximus faciendam, ex quo videbantur impedimenta expressa superius provenire. Relaxavimus ergo non totum sed in una parte solummodo interdictum, nec perpetuo sed ad tempus: quamdiu scilicet nobis placuerit et viderimus expedire; ut probemus interim spiritus, si ex Deo sint et an, sicut idem archiepiscopus et episcopi asseverant, 20 sperata inde utilitas sequeretur; sic videlicet, ut in regno ipso divina celebrentur officia, sed decedentium corpora sepulture ecclesiastice non tradantur; in quo tamen clericis gratiam facimus specialem, in eo videlicet, ut in cimiterio ecclesiastico cessante sollempnitate solita tumulentur. Quod licet aliquibus posset absonum forte videri, ut officio restituto sepul- 25 tura ecclesiastica denegetur, quia iuxta canonicas sanctiones, cui communicavimus vivo, communicare deberemus et mortuo[22], recte tamen intelligentibus nichil ex hoc incongruitatis occurrit, cum iuxta Lateranensis instituta concilii decedentes ex torneamentis, etsi per penitentiam reconcilientur ecclesie, christiana tamen sepultura priventur[23]. 30

|| [v] Ut [w] autem non remittere penam, sed commutare potius videamur, dictum regem Legionensem et memoratam filiam regis Castelle ac omnes principales eorum consiliarios et fautores excommunicationis curavimus sententia innodare, mandantes ut, ad quamcumque civitatem, oppidum vel

[t]) *Auf Rasur nachgetragen.*   [u]) *Durch Zeichen umgestellt aus* sentativm pro- 35 mulgare.   [v-v]) *Von Hand C. Der Handwechsel mag mit einem Wechsel der Registervorlage zusammenhängen. Hand D 1 dürfte aus einem Konzept — die zahlreichen Korrekturen im Registertext sprechen jedenfalls für ein solches — das Ergebnis der Beratungen des Konsistoriums niedergeschrieben haben (s. oben diese S. Z. 15 f.:* de communi fratrum nostrorum consilio), *in dem die Petition der Könige von Kastilien und León behandelt worden war.* 40 *Hand C trug dann, wohl aus einem anderen Konzept, die weiteren Entscheidungen und Aufträge des Papstes hinsichtlich der Eheangelegenheit ein. Anscheinend war dieses Konzept noch nicht fertig, als der Br. II 73 (76) registriert wurde, so daß man im Register einen Platz frei ließ, der sich aber als zu klein erwies (vgl. Anm. x–x).*   [w]) *Auf Rasur.*

[22]) Vgl. Br. II 58 (61) Anm. 3.   45
[23]) *Conc. Lateran. III.* c. 20 (COD 197).

vgl. 2 Sam 24, 17;
1 Chr 21, 1–17

vgl. Jak 2, 1 u. ö.

vgl. 1 Jo 4, 1

villam devenerint, nullus ibidem eis presentibus divina presumat officia
celebrare. Dicto autem regi Castelle et karissime in Christo filie nostre . .
regine, uxori eius[24], dabimus in mandatis, ut quod stent mandatis nostris,
iuratoriam exhibeant cautionem; et vel exprimant in iuramento[x], quod
5 ad dissolvendam tam illegitimam copulam dent operam efficacem, vel id
nos eis faciemus prestito iuramento mandari; nec credimus, quod super
hoc se aliquatenus nobis exhibeant contumaces, cum quod starent mandatis ecclesie, in manibus predicti fratris R(ainerii), sicut ex litteris eiusdem regis apparet, firmiter promisissent et impendissent causam suffi-
10 cientem ad copulam huiusmodi consumandam. Quodsi forsan, quod non
credimus, mandatis nostris noluerint obedire, ipsos et principales eorum
consiliarios et fautores excommunicari mandabimus[y], et quocumque
devenerint, divina prohibebimus officia celebrari, ut sic saltem ad mandatum ecclesie revertantur, iuxta quod legitur in Psalmista: «Imple facies
15 eorum ignominia et querent nomen tuum, Domine». Quia vero castra   Ps 82, 17
quedam, que idem rex Legionensis dicte filie regis Castelle in dotem
tradidisse proponitur, ita ut, si eam aliqua occasione relinqueret, ipsa
cederent in ius eius[25],* impedimentum prestare videntur huiusmodi   * fol. 162ʳ
copule dissolvende, — cum castra ipsa non tam ob turpem quam ob nullam
20 potius causam sint data: utpote[z] cum inter eos matrimonium non existat
et ideo nec dos nec donatio propter dotem, ne ad commodum ei cedat,
quod debet in penam eius potius retorqueri — castra ipsa restitui volumus
et ad id puellam ipsam per excommunicationis sententiam coartari;
auctoritate apostolica decernentes, ut si ex tam incestuosa et dampnata
25 copula proles est vel fuerit quecumque suscepta, spuria et illegitima
penitus habeatur, que secundum statuta legitima in bonis paternis nulla
prorsus ratione succedit[26]. Quodsi nec sic predicti rex Legionensis et
filia[aa] regis Castelle a se invicem iuxta mandatum apostolicum discedere
maturarint, in eos districtionem curabimus gravissimam exercere, quam
30 ad cautelam presentibus non duximus litteris explicandam.

[x-x] *Dieser Teil des Briefes wurde am unteren Rand des fol. 161ᵛ und in eine, anscheinend
freigelassene, Lücke auf fol. 162ʳ sehr gedrängt und mit vielen Kürzungen nachgetragen (über
den vermutlichen Grund vgl. oben Anm. v–v). Das geschah noch vor der Ausmalung der Initialen,
da die letzten Worte des Schreibens mit roten und blauen Strichen umrahmt sind (vgl. auch Kempf,*
35 *Register, 27 Anm. 10, 30 Anm. 18, 37; Derselbe, Originalregister, 113 Anm. 76; Peitz,
Originalregister, 165).*   [y] -b- *korr. aus* -v-.   [z] *Am Rande:* No(ta) *(vgl. Einleitung XXI).*
[aa] -a *korr. aus* -i.

[24] Eleonora, Tochter König Heinrichs II. von England und der Eleonora von Aquitanien, war seit 1170 mit König Alfons VIII. von Kastilien vermählt. Sie starb am 31.
40 Oktober 1214. Vgl. González, *Alfonso VIII*, I 185—193 und 215—217.

[25] Die entsprechende Urkunde ist allerdings — wohl als Bestätigung der ursprünglichen Schenkung oder als deren Ratifikation — erst unter dem Datum des 8. Dezember 1199
erhalten. Sie führt auch die dreißig übergebenen Schlösser an. Vgl. A. Rodríguez, *El real
monasterio de las Huelgas de Burgos y el hospital del rey.* Burgos 1908, II 237 Nr. 27 und
45 González, *Alfonso IX*, II 194 Nr. 135; I 93 Anm. 4.

[26] *Decretum Gratiani* C. XXXV, q. 7 c. un. (= Friedberg, *CorpIC*, I 1281).

Ideoque[bb] fraternitati vestre per apostolica scripta mandamus et districte precipimus, quatinus factam vobis ab apostolica sede gratiam gratius prosequentes, sic utamini permissione nostra in celebrandis officiis, ut decedentium corpora, nisi clerici fuerint, tumulare nullatenus presumatis. Si quos autem post latam in regnum ipsum sententiam interdicti 5 ante susceptionem presentium divina inveneritis officia celebrasse, singuli vestrum in sua diocesi talium presumptionem auctoritate freti apostolica sublato appellationis obstaculo canonica districtione percellant. Si vero aliquis vestrum, fratres episcopi, in hoc deliquerit[cc] — excepto Salamantino[27], cuius correctionem sedi apostolice reservamus — tu, 10 frater archiepiscope, animadversione ipsum canonica non differas castigare. Volumus autem nichilominus et districte vobis precipiendo mandamus, quatinus ad quamcumque civitatem, villam, oppidum vel ecclesiam dictus rex Legionensis et supradicta filia regis Castelle vel principales fautores et consiliarii eorum forte devenerint, divina ibidem officia, quamdiu 15 ipsi presentes fuerint, nullatenus celebrentur. Si quis autem contra hoc venire presumpserit, divina eis officia celebrando[dd] in civitatibus, villis, castellis, oppidis aut ecclesiis vel ubicumque ipsi presentes extiterint, vos temeritatem ipsorum appellatione postposita non differatis canonica districtione ferire. 20

Datum Laterani, ut supra[x]. || [v]

73 (76).

Innocenz III. nimmt das Domkapitel von Sées in den apostolischen Schutz, bestätigt ihm die Augustinerregel und den gesamten Besitz, alle Rechte und Freiheiten sowie im besonderen das Patronatsrecht über genannte Pfarrkir- 25 *chen.*

Lateran, 1199 Mai 25.

Reg. Vat. 4, fol. 162ʳ—162ᵛ ⟨Nr. LXXVI⟩.

Sirleto, fol. 316ʳ = Cholinus, II 414 = Venet., II 414 = Baluze, I 381 Nr. 76 = Migne, PL 214, 615 Nr. 76; L. P. Hommey, Histoire générale ecclésiastique et civile du diocèse de 30 *Séez. Alençon 1899, III 68—72. — Potth. Reg. 717; Bréquigny, Table chronologique, IV 262; Bliss, Calendar, 6; Cheney, Calendar, 22 Nr. 119 A. — Vgl. Gallia Christiana, XI 708.*

[bb] *Am Rande ein Kreuz (vgl. Einleitung XIX).* [cc] deliquit. [dd] *Darnach durchgestrichen:* vel aliis.

[27] Gundisalvus (III.) Fernández, B. von Salamanca (Suffr. von Santiago de Compostela), vom 30. April 1195 bis 8. März 1226 bezeugt. Vgl. J. González, *La Clerecia de Salamanca durante la Edad Media.* Hispania 3 (1943) 414 Anm. 14; ders., *Alfonso IX,* I 427. B. Gundisalvus war schon unter Coelestin III. 1196 oder 1197 vom päpstlichen Legaten, dem Kardinaldiakon Gregor von S. Angelo, exkommuniziert worden (vgl. Br. I 92 S. 134 Z. 14 f.). 40

W(illelmo), priori ecclesie Sagiensis[1] eiusque fratribus tam presentibus quam futuris regularem vitam professis in perpetuum[a].

Quotiens a nobis petitur et cetera usque ordo canonicus, qui secundum Deum et beati Aug(ustini) regulam et cetera usque vocabulis[2]: Locum
5 ipsum, in quo prefata ecclesia sita est, cum omnibus pertinentiis suis; omnes oblationes, que ad manus sacerdotum in Sagiensi ecclesia offerun- tur, et medietatem Pentecost(alium) et medietatem omnium legatorum et confratrie et medietatem omnium asportationum, que ad ecclesiam ipsam proveniunt vel provenire debent, hiis exceptis: auro, serico et
10 candelis, que in die Purificationis beate Marie et in die Cinerum et in die Cene Domini offeruntur, que integre ad episcopum loci pertinere noscun- tur; Bodeuillam cum pertinentiis suis; ecclesiam[b] de Challoei[c] cum iure episcopali, excepto divortio matrimonii[b]; ecclesiam de Soroudon; eccle- siam de manso Widonis; ecclesiam de Alneto; ecclesiam de Alodio cum
15 omnibus decimis; ecclesiam de Corteuesque; ecclesiam de Mesnilberart[d] cum heremitagio; ecclesiam de Bona Fide et illud, quod habetis in ecclesia sancti Aniani super Spartum, et illud, quod habetis in ecclesia sancte Scolastice, videlicet de feudo de Esseio, et illud, quod habetis in ecclesia de Tal(er)iis, videlicet de feudo Wil(lel)mi[e] de Plessei; ecclesiam de Colum-
20 beriis; ecclesiam de Froc; ecclesiam de Landa de Goul; ecclesiam de Francheuillis; heremitagium de Blanchalanda; ecclesiam de Flureio; apud Cornelium XII acras terre cum duabus garbis decime; in civitate Sa- giensi altare in crucifixo[f], medietatem nundinarum sancte Crucis in Maio; in pretorio episcopi Sagiensis LX solidos Cennomanenses[3]; in parro-
25 chia sancti Petri de Castallo duas garbas de feodo episcopi; ab episcopo Sagiensi XII procurationes singulis annis reddendas; in molendino de Puchou in anniversario Frog(erii) episcopi[4] XX solidos Cennomanenses;

73. a) -m *hat die Form eines Großbuchstabens.*   b-b) *Bei Migne nach* ecclesiam de Alneto *(Z. 14).*   c) *Migne:* Challoci.   d) *Migne:* Mesnilberat.   e) *Migne:* Guillielmi.
30 f) *Migne:* Crucifixo. *Es handelt sich jedoch um die Oblationen des Kreuzaltars der Kathe- dralkirche (Hommey, a. a. O., 69).*

73. 1) Wilhelm (I.), Prior des Domkapitels von Saint-Gervais-et-Protais in Sées (Suffr. von Rouen, Dép. Orne, Arr. Alençon) zu 1194 und 1199 bezeugt. Vgl. *Gallia Christiana,* XI 708 Nr. V. Das Domkapitel lebte seit 1129 nach der Augustinerregel und gehörte zur
35 Kongregation von Saint-Victor in Paris; 1547 wurde es säkularisiert. Vgl. BEAUNIER-BESSE, *Abbayes et prieurés,* VII 212 f.
2) Bezüglich der im folgenden genannten Örtlichkeiten vgl. die ausführliche Interpre- tation dieses Stückes bei HOMMEY, *Histoire générale,* III 68—72; ferner A. LONGNON, *Pouillés de la province de Rouen* (= Recueil des historiens de la France. Pouillés II). Paris
40 1903, XLII—L und 201—244 bzw. hinsichtlich der englischen Besitzungen CHENEY, *Calendar,* 22 Nr. 119 A.
3) Denarii und Solidi der Grafschaft Le Mans (Dép. Sarthe). Vgl. E. MARTINORI, *La moneta.* Roma 1915, 66.
4) Froger (auch Roger), Almosenier König Heinrichs II. von England, wurde auf dessen
45 Betreiben 1157 B. von Sées (Suffr. von Rouen), das zum Herzogtum Normandie gehörte, über welches der Fürst gebot. Er starb am 12. September 1184. Über ihn vgl. HOMMEY, *Histoire générale,* III 2—43; F. BARLOW, *The Letters of Arnulf of Lisieux* (= Royal Historical Society LXI). London 1939, XXXIV—XXXV.

in pago Oximensi ecclesiam de Pinu, ecclesiam de Auesnes, ecclesiam de
Harenis[g], ecclesiam de Verceuillis, ecclesiam de Neers, ecclesiam de
Estreis, ecclesiam de Condeio super Leison, ecclesiam de Tostis, ecclesiam
de Voire; in ecclesia de Nealpha unum presbyteratum et duas garbas
decime de feodo W. Bordon apud Estias; in pago Humensi ecclesiam de   5
Castel(li)s[h], ecclesiam sancti Geruasii de Messeio, ecclesiam de Crosme-
nil, ecclesiam de Mesnilian et heremitagium cum omnibus apendiciis suis,
ecclesiam de Batille, ecclesiam de Mesheudin, ecclesiam sancti Martini
Laguillon[i], ecclesiam de Landa de Loge, ecclesiam de sancto Saluatore,
heremitagium de Monte Tohard, ecclesiam sancte Margarite cum capella 10
sancti Iacobi de Quarrog(erio) cum omnibus pertinentiis suis; in pago
Belisino[k] ecclesiam sancti Iuliani de Merula, ecclesiam de Baruillis,
ecclesiam sancti Ioh(ann)is de Foresta, ecclesiam sancti Quintini parvi,
in pago Corbonensi ecclesiam sancti Quintini de Bauo[l]; de Sagiensi,
Hulmensi et Oxemensi[m] archidiaconibus[5] terciam partem de circatis et 15
sinodis; de Corbonensi[n] archidiacon(o) terciam partem de sinodis; de
Belismensi archidiac(ono) terciam partem de sinodis; in episcopatu Cenno-
mannensi[6] ecclesiam de Banuo; in parrochia de Danpere[o] et de campo
Segrei duas partes totius decime de feudo W. de Aunei; capellam, que
est in grangia vestra de Bodeuilla, et mestivas[p] de archidiaconatu 20
Belismensi; in molendino Baruille decimam et partem W. Carrel militis
cum piscatoria, et quicquid Gaufridus[q] Lemorel in decimis parrochie de
Baruilla[r] et sancti Iuliani habebat, et duas garbas totius decime sancti
Iuliani cum capella cimiterii; redditus archidiaconatuum vacantium, si-
cuti habetis vel habere debetis archidiaconis viventibus, et totam decimam 25
de Flureio; heremitagium de Martellaio et mansuram, que est de feudo
W. de Chantapia, et duas garbas de feudo W. de Plesseio, in parrochia
sancti Germani ueteris duas partes decime de feudo Guidonis de Campo
Milonis, in parrochia de Mesnillerros duas garbas decime de feudo Teo-
boudorum, in parrochia de Gaspreia duas garbas decime de feudo Hugo- 30
nis de Franchauilla, et capellam que est in Messeio; in molendino de
Peruers[s] illam partem, que est de feudo Gaufridi de Fontibus; astreas
canonicorum quondam secularium cum omnibus pertinentiis, consuetudinibus et libertatibus suis, et terram Bogarel; in Argentonio sex libras
Cennomannenses et X solidos et VI denarios; in Falesia LXV solidos 35
Cennomanenses; in Oximis CV solidos Cennomannenses et quinque dena-

---

g) *Migne:* Arenis.   h) *Migne:* Castelleis.   i) *Migne:* Languilon.   k) *Migne:*
Belismon.   l) *Migne:* Bago.   m) *Migne:* Oxomen.   n) *Migne:* Corben.   o) *Migne:*
Dampere.   p) *Migne:* mestruas. *Sowohl Du Cange, Glossarium mediae et infimae Latinitatis*
5 (1885) 344 als auch F. Blatt, Novum Glossarium mediae Latinitatis ab anno DCCC usque 40
ad annum MCC (1961) 383 machten aus mestrua *eine* menstrua *und interpretierten sie als*
eine (monatliche) Abgabe, was jetzt hinfällig ist.   q) -f- korr. aus -d-.   r) *Migne:*
Bavilla.   s) *Oder:* Peiuers.

5) In der Diözese Sées gab es fünf Archidiakonate: Sées, Le Houlme, Exmes, Bellême,
Corbon. Vgl. LONGNON (wie Anm. 2) 223 ff.   45

6) Diöz. Le Mans (Suffr. von Tours, Dép. Sarthe).

rios[t] de teloneo regis; in Anglia X libratas * terre in manerio regis,   * fol. 162[v]
videlicet de Bentona, scilicet Britalmeton', que est membrum ipsius
manerii, cum omnibus consuetudinibus, libertatibus et quietudinibus; in
foresta de Escoues pasnagium[u] quitum et XXII fagos absque aliqua
5 traditione annuatim quando volueritis accipiendas[v].

In parrochialibus autem ecclesiis vestris liceat vobis proprios sacerdotes eligere et cetera. Libertates preterea et cetera. Decernimus ergo et
cetera; salva sedis apostolice auctoritate et diocesani episcopi canonica
iusticia. Si qua igitur et cetera.

10   Datum Laterani per manum Rainaldi, domini pape notarii, cancellarii
vicem agentis[7], VIII Kal. Iunii, indictione secunda, incarnationis Dominice anno M C XC VIIII, pontificatus vero domni Innocentii pape III
anno secundo.

74 (77).

15 *Rechtsauskunft für den Erzbischof (Bartholomäus) von Tours: Falls er*
ernstlich verhindert ist, einen seiner Suffraganbischöfe zu konsekrieren,
kann er seine Weihegewalt einem anderen Bischof übertragen, von dem dann
der Suffragan die Weihe empfangen muß.

Lateran, (1199) Mai 17.

20   *Reg. Vat. 4, fol. 162[v] ⟨Nr. LXXVII et 284[a]⟩.*
    Sirleto, fol. 317[r] = Cholinus, II 415 = Venet., II 415 = Baluze, I 383 Nr. 77 = Migne,
PL 214, 617 Nr. 77. — Comp. III. 1, 20, 4; Alan. Anh. 60; Bern. 1, 23, 4; Coll. Fuld. 1, 24 un;
Gilb. 1, 19 un; Rain. 6 un; X. I, 31, 10. — Potth. Reg. 703; Bréquigny, Table chronologique,
IV 262.

25   **. . Turonensi archiepiscopo[1].**

Quod[b] sedem a(postolicam)[c] consulis super hiis, que dubia tibi existunt,
gratum gerimus et acceptum, et tua exinde fraternitas videtur merito
commendanda, cum lex divine constitutionis eandem sedem totius po-

---

    [t] *Fehlt bei Migne.*   [u] *Migne:* pascuagium.   [v] *Das zweite -a- auf Rasur. Migne:*
30 accipiendos.
    74. [a] *Darüber mit Bleistift:* Vedi c. CCXV. *Dieselbe Hand zeichnete einen Pfeil, der auf die*
am Rande vermerkte Zahl 284 verweist. Dabei handelt es sich um die Nummer, mit welcher der
Brief in der 1682 erschienenen Edition von Baluze ein zweites Mal aufscheint (vgl. Reg. Inn.
I, S. XVII Anm. 26, II S. XIII f. Anm. 17.). Der Bleistiftvermerk wurde also erst nach ihr
35 *angebracht.*   [b] *Am Rande von einer Hand des 13. Jh.:* hoc c(apitulum) est Extra de
officio ordinarii *(X. I, 31, 10). Darunter eine kleine Rasur.*   [c] *Auf Rasur.*

    [7] S. Br. II 3 Anm. 6.
    74. [1] Bartholomäus (II.) de Vendôme, EB. von Tours (Dép. Indre-et-Loire) 1174—15.
Oktober 1206. Er stammte aus vornehmer Adelsfamilie, war ein Sohn des Grafen Johann I.
40 de Vendôme und der Richilde de Lavardin und wurde um 1150 geboren. In jungen Jahren
bereits Kanonikus und Dekan des Kathedralkapitels von Tours, gelangte er durch Wahl
zur erzbischöflichen Würde. Vgl. M. Prevost, *Barthélemy de Vendôme,* in: Dict. BF 5
(Paris 1951) 684 f.

suerit orbis terrarum magistram: ut quicquid dubitatur ab aliquo, ab ea tandem eiusdem ratio requiratur.

Nos siquidem decrevisti provide consulendos: utrum, si forte aliqua infirmitate vel alia causa iusta detentus aliquem suffraganeorum tuorum[2] consecrare non posses, alicui[d] coepiscoporum tuorum vices tuas licitum 5 committere tibi esset; et utrum electus, qui pro consecratione instaret, ab eo, cui vices tuas taliter commisisses, deberet licite consecrari.

In quo tale damus tue consultationi responsum, quod in tali articulo constituto et tuas vices, ut dictum est, committere tibi licet et consecrandus[e] debet munus consecrationis ab eo recipere, cui eas duxeris comitten- 10 das, dummodo catholicus habeatur et impedimentum ex subtractione gratie sedis apostolice non obsistat.

Datum Laterani, XVI Kal. Iunii. || [f]

75 (78).

Innocenz III. trägt dem Bischof (Romanus) von Civita Castellana auf, das 15 *nach der Wahl des B. de Fordevolie zum Rektoren der Stadt, die ohne Wissen des Papstes erfolgt war, über sie verhängte Interdikt aufzuheben, da sowohl der Gewählte als auch die Vertreter des Volkes auf ihre Wahl verzichtet haben.*

Lateran, (1199) Mai 29.

Reg. Vat. 4, fol. 162[v] ⟨Nr. LXXVIII et 285⟩.   20
Sirleto, fol. 317[r] = Cholinus, II 416 = Venet., II 416 = Baluze, I 383 Nr. 78 = Migne, PL 214, 617 Nr. 78; Cappelletti, Chiese d'Italia, VI 19; Mastrocola, Note storiche, II 138 Nr. 27 (datiert irrig zu 1210/11). — Potth. Reg. 718. — Vgl. Waley, Papal State, 37, 42 Anm. 3 und 70.

---

[d] *Migne:* aliqui.   [e] -ndu- *auf Rasur.*   [f] *Hand D1 hört auf.*   25

[2] Als Suffragane unterstanden im Mittelalter dem EB. von Tours die Bischöfe von Angers (Dép. Maine-et-Loire), Dol (Dép. Ille-et-Vilaine, Arr. Saint-Malo), Le Mans (Dép. Sarthe), Nantes (Dép. Loire-Inférieure), Quimper (früher Cornouaille, Dép. Finistère), Rennes (Dép. Ille-et-Vilaine), Saint-Brieuc (Dép. Côtes-du-Nord), Saint-Pol-de-Léon (Dép. Finistère, Arr. Morlaix), Saint-Malo (Dép. Ille-et-Vilaine), Tréguier (Dép. Côtes-du-Nord) 30 und Vannes (Dép. Morbihan). Vgl. BEAUNIER-BESSE, *Abbayes et prieurés de l'ancienne France*, VIII (Paris 1920). Um welchen Suffragan es sich hier handelt, kann nicht eindeutig gesagt werden, doch sind Vakanzen in den Bistümern Rennes (B. Heribert starb im Dezember 1198, Petrus de Dinan wurde 1199 gewählt) und Nantes (B. Mauritius de Blason starb im Dezember 1198, Gottfried wurde vor April 1199 erwählt) nachzuweisen. 35 Lückenhaft überliefert ist nur die Bischofsreihe von Saint-Pol-de-Léon. Die Metropolitanzugehörigkeit von Dol und (dessen Suffragan) Tréguier war lange Zeit umstritten (S. Br. II 79 [82], 80 [83] und 81 [84—88]), doch unterstanden seit 1199 beide dem EB. von Tours als Suffraganbischöfe.

Episcopo Ciuitatis Castellane[1].

|| [a) Accedentes nuper ad presentiam nostram dilecti filii P. Quintauall(is) de Conuersano[2) et M. Aldebrer[b)3) ex parte populi Ciuitatis Castellane, electioni facte de nobili viro B. de Fordeuolie[4), quem sine conscientia
5 nostra elegerant in rectorem, publice renunciare, sicut in mandatis receperant, curaverunt; et idem B. nostro super hoc iurans stare mandato ei nichilominus renunciare curavit. Unde suppliciter postularunt, ut cessante causa, pro qua subiecta erat civitas interdicto, et effectus de medio tolleretur[5), divinis officiis eidem populo restitutis.
10   Nos ergo predictorum civium iustis postulationibus annuentes, fraternitati tue per apostolica scripta mandamus, quatinus et interdictum denuncies relaxatum et in civitate ipsa fretus auctoritate nostra divina libere facias officia celebrari.

Datum Laterani, IIII Kal. Iunii. || [c)

15   **76 (79).**

Innocenz III. stellt durch ein Urteil fest, daß die Benediktinerabtei S. Pietro in Gubbio in einem Privileg Papst Lucius' III., das jedoch vom dortigen Bischofe Markus angefochten und dem Kloster entwendet wurde, als exemt bezeichnet worden ist.

20   *Lateran, (1199) Mai 31.*

Reg. Vat. 4, fol. 162ᵛ—163ʳ ⟨Nr. LXXIX et 286[a)⟩.
Empfängerüberlieferung: Kopie in Gubbio, Archivio Armanni, I B. 14, 52 f. Dr.: P. Cenci, Codice diplomatico di Gubbio dal 900 al 1200. Archivio per la storia ecclesiastica dell' Umbria 2 (1915) 493 f. Nr. CCCCLX.
25   *Sirleto, fol. 317ᵛ = Cholinus, II 416 = Venet., II 416 = Baluze, I 383 Nr. 79 = Migne, PL 214, 618 Nr. 79. — Comp. III. 5, 16, 2; Alan. 2, 12, 2; Alan. K. 2, 12, 1; Bern. 5, 17, 2; Add. ad Dunelm. IV. 38; Coll. Fuld. 2, 19, 5; X. V, 33, 12. — Potth. Reg. 720. — Vgl. U. Pesci, I vescovi di Gubbio. Perugia 1919, 59 bzw. IP IV 87.*

---

75. [a) *Hand C fängt an.*   [b) *Migne:* Aldebr.   [c) *Hand C hört auf.*
30 76. [a) *Korr. aus 289.*

75. [1) Romanus, B. von Civita Castellana (exemt, Prov. Viterbo) vor 20. Januar 1195—1211 (suspendiert) bzw. 1217 (gestorben). Vgl. Mastrocola, *Note storiche,* II 33—35.
   [2) Conversano (Prov. Viterbo).
   [3) Nicht identifizierbar.
35   [4) Aus einer auch sonst in Civita Castellana bezeugten Familie. Am 26. Februar 1195 urkundet eine Romana, Gemahlin des Gentilis Fortiuolie, in einer Erbschaftsangelegenheit. Vgl. IP II 187 Nr. 8.
   [5) Vgl. *Decretum Gratiani* C. I, q. 7, c. 7 (= Friedberg, *CorpIC,* I 430).

Rainerio abbati[1] et conventui sancti Petri Egubini.

|| [b] Cum [c] olim essemus apud Perusium constituti[2], tu, fili abbas, ad nostram presentiam accessisti, privilegium bone memorie Lucii pape, predecessoris nostri[3], nobis humiliter representans et postulans[d] illud suppliciter innovari, quod propter contradictionem venerabilis fratris 5 nostri Marci, Egubini episcopi[4], qui tunc temporis supervenit, asserentis hoc in suum preiudicium redundare, non fuit effectui mancipatum. Cumque alter vestrum de altero in nostro auditorio quereretur, venerabili fratri nostro . . Asisinati episcopo[5] causam sub ea forma commisimus audiendam, ut vos et iamdictum episcopum curaret ad concordiam revo- 10 care; alioquin audiret utrimque proposita et omnia in scriptis redigens nobis processum negocii fideliter reseraret. Qui cum indulta vobis a sede apostolica privilegia inspexisset[e], intellecto quod monasterium vestrum ad Romanam ecclesiam specialiter pertineret[6], in causa non duxit ulterius sicut accepimus procedendum. Consequenter vero ad venerabilem fratrem 15 nostrum . . Callensem episcopum[7] et dilectum filium Ar(mannum), abba- tem sancte Marie Vallispontis[8], ad postulationem prefati episcopi Egu- bini littere nostre fuerunt super mutuis questionibus destinate. Sed quia pendente iudicio Ioh(anne)s monachus[9] privilegia, cartas alias et thesau- rum monasterii vestri rapuit, te, abbas, ad nostram oportuit presentiam 20 iterum laborare; ubi litteras impetrasti[f], quod per excommunicationis

---

[b] *Hand D 1 fängt an.*   [c] *Am Rande von einer Hand des 13. Jh.:* hoc c(apitulum) est Extra de privilegiis *(X. V, 33, 12).*   [d] postulas.   [e] -spexisset *auf Rasur, wahrscheinlich nachgetragen.*   [f] impetrastri.

76. *Empfängerüberlieferung (kollationiert nach Cenci, Codice diplomatico di Gubbio, 493 Nr.* 25 *460):*

1: Rainerio — Egubini] Innocentius episcopus, servus servorum Dei, dilectis filiis Rainerio abbati et conventui sancti Petri Eugubini salutem.   6: Egubini] Eugubini. 7: fuit] fuerit.   7—9: Cumque — fratri nostro . .] etc.   9: sub ea forma] *fehlt.* 10—12: ut — reseraret] *fehlt.*   12—13: cum — inspexisset] *fehlt.*   15: sicut 30 accepimus] *fehlt.*   15: Consequenter vero] etc.   15—16: venerabilem — nostrum . .] *fehlt.*   16: Callensem episcopum] episcopum Calliensem.   19: monachus] Monacus.

76. [1] Rainer, Abt der Benediktinerabtei S. Pietro in Gubbio (Diöz. Gubbio, Prov. Perugia) vor 1184—nach Juli 1199. Vgl. Cenci, *Codice diplomatico di Gubbio,* 436 Nr. CCCXCII.

[2] Innocenz III. weilte vom 11. bis 26. September 1198 in Perugia.   35

[3] Das Privileg Lucius' III. ist nicht erhalten. Vgl. IP IV 87 Nr. *1.

[4] Markus, B. von Gubbio (exemt, Prov. Perugia) Juni 1195—26. Januar 1200. Zuvor war er Prior von Avellana. Vgl. Pesci, *Vescovi di Gubbio,* 58—60.

[5] Guido, B. von Assisi (exemt, Prov. Perugia) ca. 1182—vor 1204. Vgl. F. Bonnard, *Assise,* in: Dict. HGE 4 (Paris 1930) 1123.   40

[6] Im *Liber Censuum* wird S. Pietro nicht ausgewiesen.

[7] Allodericus, B. von Cagli (exemt, Prov. Pesaro) 1175/76—1211. Vgl. G. Buroni, *La diocesi di Cagli.* Urbania 1943, 73 bzw. A. des Mazis, *Cagli,* in: Dict. HGE 11 (Paris 1949) 166.

[8] Armannus, Abt der Benediktinerabtei Santa Maria di Val di Ponte (auch Monte 45 Abbatum, Montelabate) bei Corbignano (Diöz. und Prov. Perugia) nach 1182—1204 (res.). Vgl. E. Ricci, *Santa Maria di Valdiponte.* Bollettino della R. Deputazione di storia patria per l'Umbria 33 (1935) 269 f.

[9] Weiteres ist über ihn nicht bekannt. Vgl. IP IV 87.

sententiam, qui de amissione privilegii scirent aliquid, cogerentur dicere
veritatem. Sed quoniam neque sic amissa potuisti privilegia reperire, ad
nos denuo es reversus.

(|) Te [g] igitur cum testibus tuis et prefati episcopi Egubini procurato-
5 ribus in nostra presentia constitutis, dilecto filio nostro Pand(ulfo),
basilice XII apostolorum presbytero cardinali[10], dedimus in mandatis,
ut super amissione ac tenore privilegiorum testes [h] reciperet diligenter,
quos duceres producendos. Qui mandati nostri diligens executor presentibus prefatis procuratoribus fideliter redegit in scriptis depositiones decem
10 testium iuratorum; quorum depositionibus publicatis iamdicti procuratores ad producendos testes episcopi, per quos inductos a parte adversa
repellerent, inducias postularunt. Quas prefixo termino peremptorio sub
eo tenore illis duximus concedendas, ut apud apostolicam sedem probarent, que vellent, ubi onus probationis pars altera subiisset. Ceterum
15 quoniam infra datum terminum et receptum in producendis testibus defecerunt, nos tam per depositiones testium quam per assertiones quorundam fratrum nostrorum liquido cognoscentes talem dicti privilegii fuisse
tenorem, quod videlicet ipsum cenobium nullo mediante ad Romanam
ecclesiam pertineret, et quod non liceret alicui episcopo eidem monaste-
20 rio[l] et eius ecclesiis excommunicationem indicere, ut fratres illic Domino
servientes ab omnium potestate liberi ecclesiae Romane libertatis gratia   vgl. Phil 3, 3 u. ö.
potirentur, et quod nulla in eo mentio diocesani episcopi habebatur; illud
etiam nichilominus attendentes, quod, sicut ex dictis quorundam testium
intelleximus evidenter et plerique de nostris fratribus tempore illo pre-
25 sentibus recolebant, cum tu, fili abbas, tempore bone memorie Cel(estini)
pape, predecessoris nostri, ad ipsius presentiam * accessisses, ipse inspec-   * fol. 163ʳ
tis ecclesie tue privilegiis te, licet excommunicatus ab Egubino episcopo
dicereris, tamquam non ligatum admisit ad osculum — quod presumitur
non fecisse, nisi monasterium vestrum cognovisset ad Romanam eccle-
30 siam specialiter pertinere —: de communi fratrum nostrorum consilio
pronunciando decernimus privilegium illud bone memorie Lucii pape,
quod sine omni reprehensione [k] bulle, carte vel littere apparebat, quando

---

g) *Am Rande ein schief liegendes Kreuz (vgl. Einleitung XIX).*   h) *Das zweite -t- korr.*
aus -s-.   l) *moasterio.*   k) *Auf Rasur, wahrscheinlich nachgetragen. Am Rande ein*
35 *Punkt.*

4—5: Te — constitutis] ea.   5: nostro] *fehlt.*   5: Pand(ulfo)] Pandulfo.   7: ac]
et.   11—16: quos — defecerunt] et.   16: assertiones] assertionem.   17: fratrum]
testium.   18: videlicet] ulterius.   20: indicere] inducere.   20—24: ut — evidenter] etc.   30: specialiter] *fehlt.*   30—31: de — pronunciando] etc.   32—1: quod —
40 ostensum] etc.

10) Pandulf, Kardinalpresbyter von SS. XII Apostoli, unterschreibt päpstliche Privilegien zwischen dem 4. Januar 1183 und dem 1. Juli 1201. Danach zog er sich in seine
lucchesische Heimat zurück. Vgl. KARTUSCH, 307—310 Nr. 75 und PFAFF, *Kardinäle unter*
Coelestin III., 87 f. Nr. 17.

fuit nobis ostensum, illius fuisse tenoris, cuius per depositiones testium et assertiones fratrum nostrorum premisimus extitisse.

Decernimus ergo et cetera nostre pronunciationis et cetera.

Datum Laterani, II Kal. Iunii.

77 (80).

Innocenz III. befiehlt dem Abt (Nikolaus) von La Ferté-sur-Grosne sowie den Archidiakonen G(ualterus) und F(alco) von Chalon-sur-Saône, den Prozeß zwischen dem Bistum Autun und dem Benediktinerkloster Baume-les-Messieurs um Ländereien und Kirchen in Vaux-sur-Poligny zu entscheiden.

Lateran, (1199) Mai 29.

Reg. Vat. 4, fol. 163ʳ—163ᵛ ⟨Nr. LXXX et 287⟩.
Sirleto, fol. 318ʳ = Cholinus, II 417 = Venet., II 417 = Baluze, I 385 Nr. 80 = Migne, PL 214, 619 Nr. 80. — Potth. Reg. 719; Bréquigny, Table chronologique, IV 262; Bernoulli, Acta Pontificum Helvetica, I 13 Nr. 11. — Vgl. Br. I 186.

.. Abbati de Firmitate[1], G(ualtero)[2] et F(alconi)[3], archidiaconis Cabilonensibus.

(|) Expositam nobis Eduensis ecclesie[4] accepimus questionem, quod cum causam, que inter eam et Balmense monasterium[5] vertebatur super terris et ecclesiis in valle Polliniaci[6] constitutis, felicis recordationis C(elestinus) papa, predecessor noster[7], venerabili fratri nostro .. Cabilonensi episcopo[8] et dilecto filio B(runoni), quondam abbati de Firmitate[9],

---

3: Decernimus — pronunciationis] *fehlt.*   4: Iunii] Iunii, pontificatus nostri anno secundo.

77. [1] Nikolaus (I.), Abt der Zisterzienserabtei La Ferté-sur-Grosne (Diöz. Chalon-sur-Saône, Dép. Saône-et-Loire, Arr. Chalon, Cant. Sennecey-le-Grand, Comm. Saint-Ambreuil), der zu 1199 und 1201 bezeugt ist. Vgl. M.-A. DIMIER, *Ferté-sur-Grosne*, in: Dict. HGE 16 (Paris 1967) 1307 bzw. *Gallia Christiana*, IV 1023 Nr. IX.

[2] Gualterus de Cercé, Archidiakon von Chalon-sur-Saône (Suffr. von Lyon, Dép. Saône-et-Loire), zwischen 1173 und ca. 1200 bezeugt. Vgl. J. LAURENT - P. GRAS, *Obituaires de la province de Lyon*, II. Recueil des Historiens de la France, Obituaires, VI (Paris 1965) 595 bzw. Br. I 319.

[3] Falco, Archidiakon von Chalon-sur-Saône (Suffr. von Lyon, Dép. Saône-et-Loire), um 1200 bezeugt. Vgl. LAURENT - GRAS, *a. a. O.*, 598 und Br. I 319.

[4] Bistum Autun (Suffr. von Lyon, Dép. Saône-et-Loire).

[5] Benediktinerabtei Baume-les-Messieurs (oder Baume-les-Moines, Diöz. Besançon, Dép. Jura, Arr. Lons-le-Saunier, Cant. Voiteur). Vgl. P. SÉJOURNÉ, *Baume-les-Messieurs*, in: Dict. HGE 6 (Paris 1932) 1464—1468.

[6] Vaux-sur-Poligny (Dép. Jura, Arr. Lons-le-Saunier, Cant. Voiteur). Vgl. J. CALMETTE - É. CLOUZOT, *Pouillés des provinces de Besançon, de Tarentaise et de Vienne*. Recueil des Historiens de la France, Pouillés, VII (Paris 1940) 743 (Reg.).

[7] Eine diesbezügliche Urkunde Coelestins III. ist nicht überliefert.

[8] Robert (I.), B. von Chalon-sur-Saône (Suffr. von Lyon, Dép. Saône-et-Loire) 1185— 12. Januar 1216. Vgl. LAURENT - GRAS (wie Anm. 2), 572 Anm. 10 und P. GRAS, *Chalon-sur-Saône*, in: Dict. HGE 12 (Paris 1953) 299.

[9] Bruno (I.), Abt der Zisterzienserabtei La Ferté-sur-Grosne (Diöz. Chalon-sur-Saône, Dép. Saône-et-Loire, Arr. Chalon, Cant. Sennecey-le-Grand, Comm. Saint-Am-

commisisset fine debito terminandam, monachi Balmenses ab ipsis iudicibus appellarunt. Ille vero, qui abbas eiusdem monasterii dicebatur[10], se simulans ad prosequendam appellationem accedere, semel tantum apostolico se conspectui presentavit et sic illicenciatus recessit, de appellatione
5 interposita nullam faciens mentionem. Cumque post paucos dies Eduensis ecclesie nuncius pro appellatione prosequenda transmissus fuisset apud sedem apostolicam diutius commoratus, idem predecessor noster monachos antedictos peremptorie citavit; per litteras suas eis sub pena excommunicationis iniungens, ut ille, qui se gerebat abbatem, cum aliquibus
10 eiusdem monasterii monachis in festo beati Luce iam secundo preterito[11] ad eius presentiam accederent sufficienter instructi Eduensi ecclesie plenarie respondere et satisfacere sedi apostolice de contemptu. Ipsi vero licet, iuxta quod eis iniunctum fuerat, non venissent, quidam tamen monachorum ad Romanam ecclesiam accesserunt, quos nuncius Eduen-
15 sis ecclesie apud apostolicam sedem invenit; sed de suo negocio diffidentes ante cause cognitionem, ut magis Eduensem aggravarent ecclesiam, recesserunt, ad venerabilem fratrem nostrum . . Bellicensem episcopum[12] et dilectos filios . . abbatem de Balerna[13] et . . priorem Boniloci[14] per suppressionem veritatis, ignorante prefato nuncio Eduensis ecclesie, lit-
20 teras ut dicitur reportantes. Postmodum autem, cum iamdicto nuncio Eduensi se quidam Balmensis monachus obiecisset et ne posset obtinere litteras impediret, eis dilectos filios I(ohannem), tituli sancti Stephani in Celiomonte presbyterum[15], et G(erardum), sancti Adriani diaconum[16], cardinales concessimus auditores. In quorum presentia cum super causa

---

25 breuil) 1186—vor 1198. Vgl. G. Duby, *Recueil des pancartes de l'abbaye de la Ferté-sur-Grosne, 1113—1178.* Paris 1953, 8.

[10] Wohl Pontius (I.), der nach 1190 als Abt der Zisterzienserabtei Baume-les-Messieurs (Diöz. Besançon, Dép. Jura, Arr. Lons-le-Saunier, Cant. Voiteur) bezeugt ist. Vgl. *Gallia Christiana,* XV 177 Nr. XIV.

30 [11] 18. Oktober 1197.

[12] Entweder Odo (II.), der 1190 als B. von Belley (Suffr. von Besançon, Dép. Ain, Dauphiné) bezeugt ist, oder sein Amtsnachfolger, Bernhard (II.) de Thoire, der 1198—4. November 1207 regierte. Vgl. L. Alloing, *Belley,* in: Dict. HGE 7 (Paris 1934) 890 bzw. ders., *Le diocèse de Belley.* Belley 1938, 84 und M. Guigue, *Liste des évêques de Belley,* in:
35 Semaine Catholique du diocèse de Belley, Nr. 51 vom 19. Dezember 1957, 419 mit Anm. 25. Für freundliche Auskünfte sei auch an dieser Stelle dem Hochw. Kanzler des Bistums Belley ergebenst gedankt.

[13] Guido (II.), Abt der Zisterzienserabtei Balerne (Diöz. Besançon, Dép. Jura, Arr. Poligny, Cant. Champagnolle, Comm. Mont-sur-Monnet), der 1196—1198 bezeugt ist, oder
40 sein Amtsnachfolger, Wilhelm (II.), der 1198/99 nachzuweisen ist. Vgl. J.-M. Canivez, *Balerne,* in: Dict. HGE 6 (Paris 1932) 382.

[14] Vielleicht Gerhard (I.), der um 1200 als Prior der Kartause von Bonlieu (Diöz. Mâcon, Dép. Jura, Arr. Saint-Claude, Comm. Saint-Laurent) bezeugt ist. Vgl. P. de Farconnet, *Bonlieu,* in: Dict. HGE 9 (Paris 1937) 1006.

45 [15] S. Br. II 30 Anm. 11.

[16] Gerhard, Kardinaldiakon von Sant'Adriano 1182—1208. Vgl. Kartusch, 138—142 Nr. 25; Pfaff, *Kardinäle unter Coelestin III.,* 91 Nr. 28 bzw. J.-M. Vidal, *Allucingoli,* in: Dict. HGE 2 (Paris 1914) 626 f.

illa fuisset aliquandiu litigatum et eis scripta et allegationes ab utraque partium assignate, monachus ipse illicentiatus recessit et noluit sententiam expectare. Que omnia cum ad nostram audientiam pervenissent[a], nolentes aliquem de fraude sua commodum reportare, venerabili fratri nostro . . episcopo[17] et dilecto filio . . decano[18] Matisconensibus per 5 scripta nostra mandavimus[19], ut convocatis ad presentiam suam partibus, si eis constaret Eduensem ecclesiam predictis terris et ecclesiis a prefatis monachis[b] fuisse[c] preter iuris ordinem spoliatam, ipsi ei auctoritate nostra terras ipsas et ecclesias cum fructibus perceptis ex eis, non obstante contradictione vel appellatione cuiuslibet, resignarent; predictis litteris 10 nequaquam obstantibus, quas etiam morte prefati predecessoris nostri credimus expirasse. Post restitutionem vero integram ablatorum et expensarum, quas canonici Eduensis ecclesie in prosequenda monachorum appellatione, quam ipsi monachi prosequi non curarunt, se rationabiliter fecisse probarent, audirent ipsi iudices, si quid emergeret questionis, et 15 illud fine debito appellatione postposita terminarent. Quodsi ambo hiis exequendis interesse nequirent, predictus episcopus nichilominus quod mandavimus adimpleret.

Cum autem, sicut in litteris eiusdem episcopi perspeximus contineri, utraque partium in eius esset presentia constituta et pars Eduensis 20 ecclesie iuxta mandati nostri tenorem restitutionem ablatorum et expensarum cum instantia postularet, Balmenses monachi se ad ea nolle respondere nec de iure debere asserebant: eo quod ad suggestionem falsi a nobis ipse littere fuerant impetrate. Ceterum econtra Eduenses canonici respondebant, quod illa falsitatis suggestio principale negocium, pro quo 25 iamdicti canonici litteras impetrarunt, non poterat impedire et ideo monachorum Balmensium allegatio in casu ipso non erat aliquatenus admittenda. Et cum predictus episcopus paratus esset in ipso negocio iuste procedere ac canonice et nullum monachis contra iusticiam gravamen inferre, ipsi pro eo, quia decanus Eduensis ecclesie[20] filius erat fratris 30 episcopi memorati, ab examine ipsius nostram audientiam appellarunt; qui facte appellationi, licet in litteris nostris appellatio esset inhibita, detulit et octavas Nativitatis Domini proximo preteritas[d][21] terminum

---

77.   [a] audientiam pervenissent *auf Rasur, wahrscheinlich nachgetragen*.   [b] *Auf Rasur, wahrscheinlich nachgetragen*.   [c] fu- *am Rande nachgetragen*.   [d] preteriteras. 35

[17] Rainald (I.) von Vergy, B. von Mâcon (Suffr. von Lyon, Dép. Saône-et-Loire) 1185—7. September 1198. Vgl. *Gallia Christiana*, IV 1074 f. Nr. XLII.

[18] Aymo de Piseys, Domdekan von Mâcon, als solcher 30. Mai 1198 und Juni 1198 (Br. I 219, S. 313 Anm. 6 und Br. I 306) bezeugt. Er war zuvor Kantor und Archidiakon von Lyon (1186) und wurde 1219 B. von Mâcon. Gestorben: 19. Oktober 1242. Vgl. *Gallia* 40 *Christiana*, IV 1077—1079 Nr. XLIV bzw. MARTIN, *Conciles et bullaire de Lyon*, 177 Nr. 668.

[19] Br. I 186.

[20] Höchstwahrscheinlich Hugo, der zwischen 1201 und 1217 als Domdekan von Autun (Suffr. von Lyon, Dép. Saône-et-Loire) bezeugt ist. Vgl. A. DE CHARMASSE, *Cartulaire de l'église d'Autun*. Paris-Autun 1865, I 108—111, 121 f., 128, 327 (dort Hugo Helye genannt). 45

[21] 1. Januar 1199.

appellationi prosequende prefixit. Ad cuius prosecutionem appellationis licet nuncius Eduensis ecclesie accesserit termino constituto, pro parte tamen alia nullus prorsus comparuit responsalis.

Volentes igitur, quod ipsi cause finis debitus imponatur nec prorogetur
5 ulterius per fraudem vel insolentiam aliquorum, discretioni vestre per apostolica scripta mandamus et districte precipimus, quatinus Eduensem ecclesiam in possessionem terrarum et ecclesiarum in valle Poliniaci positarum, quibus eam vobis constiterit per Balmenses monachos preter iuris ordinem spoliatam, cum fructibus inde perceptis, non obstante contra-
10 dictione vel appellatione cuiuslibet, auctoritate apostolica inducatis; a molestatione ipsius super possessione Balmenses monachos per censuram ecclesiasticam compescentes. Qui si non potuerint tali districtione compesci et possessionem eorum presumpserint impedire, venerabili fratri nostro .. Bisuntino archiepiscopo[22] et suffraganeis eius[23] ex parte nostra
15 firmiter iniungatis, ut sententiam, quam in dictos monachos rationabiliter duxeritis promulgandam, faciant auctoritate nostra suffulti inviolabiliter observari. Volumus autem nichilominus et mandamus, ut expensas, quas Eduensis ecclesia in prosequendis appellationibus a monachis interpositis se rationabiliter fecisse probabit, ipsi ecclesie faciatis a Balmensi monaste-
20 rio cum integritate persolvi, nec eos * super questione proprietatis si liti-　　* fol. 168ᵛ
gare voluerint[e] audiatis, donec iuxta mandati nostri tenorem terras predictas et ecclesias restituerint et expensas. Super quibus omnibus eis penitus appellationis remedium interdicimus nec a vobis appellationem eorum, si obiecerint, audiri volumus vel admitti. Post factam vero resti-
25 tutionem integram ablatorum et expensarum audiatis, si quid emerserit questionis, et illud appellatione remota fine debito terminetis. Taliter autem in nostri procedatis executione mandati, quod solliciter[f] vos[f] debeamus in Domino commendare nec audiamus super hiis ulterius questionem.
30 　　Testes autem et cetera. Nullis litteris et cetera. Quodsi omnes et cetera, duo vestrum et cetera.

　　Datum Laterani, IIII Kal. Iunii.

---

[e] *Migne:* voluerunt.　　　[f-f] *Migne:* sollicitudinem vestram.

[22] Amadeus (I.) de Tramelay, EB. von Besançon (Dép. Doubs) Ende 1193—1210 (re-
35 signiert; gestorben 19./20. Januar 1224 in der Abtei La Charité). Er war zuvor Kanzler des Erzbistums. Vgl. A. DE TRUCHIS DE VARENNES, *Amédée de Tramelay*, in: Dict. BF 2 (Paris 1936) 569—575.

[23] Suffragane des EB. von Besançon waren die Bischöfe von Basel, Belley (Dép. Ain) und Lausanne.

78 (81).

Innocenz III. bestätigt ein von päpstlichen delegierten Richtern gefälltes Urteil, durch das die Ansprüche des Klosters Saint-Ouen in Rouen, aus seinem Konvent den Abt von La-Croix-Saint-Leufroy zu stellen, abgewiesen werden. Ferner erteilt er dem neugewählten Abt dieses Klosters mit Namen Richard 5 *die Weihe.*

Lateran, (1199) Juni 3.

Reg. Vat. 4, fol. 163ᵛ—164ʳ ⟨Nr. LXXXI⟩.
Sirleto, fol. 319ᵛ = Cholinus, II 418 = Venet., II 418 = Baluze, I 385 Nr. 81 = Migne,
PL 214, 621 Nr. 81. — Comp. III. 2, 18, 10; Alan. 2, 15, 9; Alan. K. 2, 17, 9; Bern. 1, 4, 10; 10
X. II, 27, 20. — Potth. Reg. 730; Bréquigny, Table chronologique, IV 263. — Vgl. Gallia
Christiana, XI 146, 365 f., 635; M. Prevost, Croix-Saint-Leufroy, in: Dict. HGE 13 (Paris
1956) 1062.

Conventui monasterii sancti Leufredi de Cruce[1].

Inter[a] monasterium sancti Audoeni Rothomagense[2] et vestrum super 15
modo eligendi abbatem in dicto monasterio vestro[b] iamdudum fuit
questio agitata; pro qua partibus ad sedem apostolicam accedentibus
venerabilem fratrem nostrum Oct(avianum), Hostiensem episcopum[3], et
dilectum filium Greg(orium), sancti Georgi ad Uelum Aureum diaconum
cardinalem[4], dedimus auditores.   20

In quorum presentia propositum fuit pro monasterio vestro, quod cum
abbatia ipsa olim pastore vacaret, vos convenientes in unum Riccardum
monachum[5], virum religiosum, secundum beati Benedicti regulam et
ecclesie libertatem apostolico etiam privilegio roboratam de gremio ipsius
ecclesie in abbatem vobis per electionem canonicam assumpsistis, electum 25
ipsum ad benedictionis munus optinendum diocesano episcopo[6] presen-

vgl. 1 Kor 11, 20;
Ps 47, 5; 101, 23

---

78. [a] *Am Rande von einer Hand des 13. Jh.:* hoc c(apitulum) est Extra de re iudi(cata)
(X. II, 27, 20).   [b] *Über der Zeile nachgetragen.*

78. [1] Benediktinerabtei La-Croix-Saint-Leufroy (Diöz. Évreux, Dép. Eure, Arr. Louviers, Cant. Gaillon).Vgl. M. Prevost, *Croix-Saint-Leufroy*, in: Dict. HGE 13 (Paris 1956) 30
1062 f.

[2] Benediktinerabtei Saint-Ouen in Rouen (Diöz. Rouen, Dép. Seine-Maritime).

[3] Oktavian, (Kardinal-)B. von Ostia und Velletri 31. Mai 1189—5. April 1206 (vgl.
Winkelmann, *Philipp von Schwaben*, I 92 Anm. 3). Er war zuvor Kardinaldiakon von SS.
Sergio e Bacco (1182—1189). Vgl. Kartusch, 293—300 Nr. 72; Pfaff, *Kardinäle unter* 35
Coelestin III., 85 Nr. 3.

[4] Gregor Carello (oder Ceccarello), Kardinaldiakon von S. Giorgio in Velabro
23. Oktober 1190—25. Februar 1211. Vgl. Kartusch, 172—174 Nr. 34 und Pfaff, *Kardinäle unter Coelestin III.*, 92 Nr. 35.

[5] Richard (I.) wurde um 1190 zum Abt der Benediktinerabtei La-Croix-Saint-Leufroy 40
gewählt. Er behielt dieses Amt bis vor 1206, in welchem Jahre bereits Radulf (II.) bezeugt
ist. Vgl. *Gallia Christiana*, XI 635 Nr. XIII f.

[6] Der Bischof von Évreux (Suffr. von Rouen, Dép. Eure). Entweder Guarinus de
Cierrey (1193—1201) oder dessen Vorgänger Johannes (I.), der 1181 als Kaplan König
Heinrichs II. von England das Bistum erhielt und am 1. Juni 1192 in Jaffa starb. Vgl. 45
Bonnenfant, *Évreux*, I 21—23 bzw. Ch. Berthelot du Chesnay, *Évreux*, in: Dict. HGE
16 (Paris 1967) 211.

tantes; qui per dilectum filium Gaufridum, abbatem prefati monasterii
sancti Audoeni[7], prohibitus, quod postulatum fuerat, non concessit. Vos
ergo videntes vestrum propositum retardari, ne aliquid in preiudicium
monasterii vestri fieret, sedem apostolicam appellastis[c]; a qua postmo-
5 dum ad venerabilem fratrem nostrum Henr(icum) episcopum[8] et dilectos
filios Hen(ricum) cantorem[9] et Rad(ulfum) archi‖diaconum[d][10], Baio-
censes, sub eo tenore per nuncios vestros commissionis litteras impetrastis,
ut partibus ad suam presentiam convocatis, inspecto privilegio et rationibus omnibus, quas utrimque ducerent proponendas, causam ipsam
10 appellatione remota concordia vel iudicio terminarent; nullis litteris
obstantibus, ipsarum mentione non habita, a sede apostolica impetratis.
Quodsi omnes interesse non possent, episcopus cum eorum altero ea nichilominus exequeretur.
Cum igitur partes in presentia predictorum episcopi et precentoris
15 Baiocensium constitute, archidiacono collega ipsorum ex certa causa et
necessaria excusato, non possent ad concordiam revocari, parte vestra
volente testes suos omni exceptione maiores producere ad probandam
electionem canonice celebratam iuxta tenorem privilegii bone memorie
Lucii pape, predecessoris nostri[11], super electione facienda induleti: R.
20 monachus, procurator dicti abbatis sancti Audoeni, eis venerabilis fratris
nostri .. Rothomagensis archiepiscopi[12], .. episcopi Ebroicensis[13] et dilecti
filii R(adulfi),Ebroicensis archidiaconi[14], patentes litteras presentavit, ne in
causa procederent inhibentes, pro eo quod super eiusdem cause discussione
mandatum se dicebant apostolicum recepisse. Verum quia tenor mandati
25 litteris illis non erat insertus nec procurator, licet sepius requisitus, originale ostendere voluit vel rescriptum, eorum prohibitione postposita
probationem vestram oblatam sepius super electione canonica decreverunt
pariter admittendam. Sed procurator iamdictus probationi obviare

---

c) *Migne:* appellatis.   d-d) *Von Hand C.*

30   7) Gottfried (I.), Abt von Saint-Ouen in Rouen 1191—1208. Vgl. *Gallia Christiana,*
XI 146 Nr. XIII.
       8) Heinrich (II.), B. von Bayeux (Suffr. von Rouen, Dép. Calvados) 1165—1205. Er
war zuvor Domdekan in Salisbury. Vgl. *Gallia Christiana,* XI 364—366 Nr. XXXIV bzw.
P. CALENDINI, *Bayeux,* in: Dict. HGE 7 (Paris 1934) 30.
35   9) Heinrich, der zwischen 1190 und 1200 als Kantor des Kapitels von Bayeux erwähnt
ist. Vgl. V. BOURRIENNE, *Antiquus Cartularius ecclesiae Baiocensis.* Rouen 1902, I 116, 305
u. ö.
       10) Radulf, der zwischen 1181 und 1216 als Archidiakon des Kapitels von Bayeux be-
legt ist. Vgl. BOURRIENNE, *a. a. O.,* I 111, 171, 262.
40   11) Das Privileg Lucius' III. ist nicht erhalten.
       12) S. Br. II 38 Anm. 17.
       13) S. Br. II 38 Anm. 9.
       14) Radulf de Cierrey, Archidiakon von Évreux ca. 1193 bis vor 1202, später Domdekan
und (seit 1220) B. von Évreux. Er starb am 18. März 1223. Vgl. G. BOURBON, *Inventaire som-*
45 *maire des Archives départementales de l'Eure, série G.* Évreux 1886, 64 Nr. 107 und 67 Nr.
160 bzw. *Gallia Christiana,* XI 621 f. Nr. XVI und 583 f. Nr. XXXVIII bzw. BONNENFANT,
Évreux, I 50 f.

contendens in electione premissa monasterium sancti Audoeni spoliatum
fuisse cuiusdam iuris sui possessione dicebat, quam usque ad creationem
abbatis illius loci novissimi[15] obtinuerat inconcusse, qui de congregatione
sancti Audoeni a monachis de Cruce postulatus fuerat et electus. Eo
igitur id probare volente testes vestros super electione canonica, procura- 5
toris[e] vero super spoliatione opposita receperunt, quorum depositiones cum
post diligentem examinationem disponerent publicare, ad dicti procuratoris instantiam secunde productioni testium, qua se dixit fore contentum,
diem alteram assignarunt. Cumque partes ad diem‖[d] et locum pariter
convenissent[f], requisitus procurator ab ipsis iudicibus de testibus produ- 10
cendis, ipse quasi testium productioni renuncians dilectorum filiorum . . [g]
de Bellebec[16] et . . de Mortuomari[17] abbatum et . . prioris de Bellebec[18]
litteras eis porrexit, ne in causa procederent inhibentes. Dicebant enim
se suscepisse mandatum primo preiudicans, cuius tenorem suis litteris
adiunxerunt. Ceterum cum primi iudices rescripto diligenter inspecto 15
cognoscerent illud per falsi suggestionem et veritate tacita impetratum,
cum in secundo mentio facta non fuerit apostolici privilegii ut in primo,
ex quo electio sortiebatur precipuam firmitatem, et ipsi iudices in secundis
litteris a monachis sancti Audoeni dicerentur certa ratione suspecti, quod
ostendere non potuit procurator, causis quibusdam suspicionis satis fri- 20
volis allegatis ab eis contumaciter nulla expectata interlocutione recessit.
Attendentes igitur iudices recusationem huiusmodi et allegationem dicte
suspitionis[h] seram et supervacuam[i] extitisse, presertim post litem
inchoatam et testes utrimque productos, que forte ante litis ingressum co-
lorem aliquem poterat habuisse; considerantes etiam idem mandatum non 25
plene sed perfunctorie prioris mentionem fecisse: prohibitioni posteriorum
iudicum sicut nec priorum acquiescere noluerunt, magis volentes iussioni-
bus apostolicis obedire quam inferiorum mandatis indebitam reverentiam
exhibere; multis, qui aderant iurisperitis sentientibus cum eisdem, quod
cum sepedictus abbas sancti Audoeni primo ad priores iudices litteras impe- 30
trasset, quarum non habebatur mentio in secundis, carere debebat beneficio utrarumque; vel si deberet mandatum alterum alteri prevalere,

---

e) *Migne:* procuratores.   f) *Auf Rasur von anderer Hand nachgetragen (vgl. Ein-*
leitung XVII).   g) *Innerhalb des gemmipunctus ungefähr zwei Buchstaben, anscheinend*
de, *ausradiert.*   h) *Migne:* suspensionis.   i) *Auf Rasur, vielleicht nachgetragen.* 35

[15]) Walter de S. Paulo, Abt der Benediktinerabtei La-Croix-Saint-Leufroy 1181—ca.
1190, war aus Angst vor König Heinrich II. von England um 1190 ins Exil gegangen. Vgl.
Gallia Christiana, XI 635 Nr. XII.

[16]) Entweder Richard, der 1182 bis 1198 als Abt der Zisterzienserabtei Beaubec (Diöz.
Rouen, Dép. Seine-Inférieure, Arr. Neufchâtel-en-Bray, Cant. Forges) erwähnt wird, oder 40
dessen Nachfolger Robert, der 1198—1207 nachzuweisen ist. Vgl. *Gallia Christiana,* XI
302 Nr. III f. bzw. J.-M. Canivez, *Beaubec,* in: Dict. HGE 7 (Paris 1934) 116.

[17]) Wilhelm (I.) Tholemeus aus England, Abt der Zisterzienserabtei Mortemer (Diöz.
Rouen, Dép. Eure, Arr. Les Andelys, Cant. Lyons-la-Forêt, Comm. Lisors) 1179/80 —
9. Februar 1200. Er war zuvor Abt der Zisterzienserabtei von Valasse (Diöz. Rouen). Vgl. 45
Gallia Christiana, XI 309 f. Nr. V. und 313 f. Nr. II.

[18]) Prior von Beaubec. Der Name steht nicht fest.

primo esset paren*dum potius quam secundo, in quo non habebatur $\bullet$ fol. 164^c
mentio de priore, cum nec primum ab eodem abbate sancti Audoeni ob-
tentum de illo faceret mentionem, quod pars altera impetrarat. Prescriptis
itaque rationibus moti et usi consilio discretorum, publicatis etiam atte-
5 stationibus partium et earum rationibus et allegationibus subtiliter intellectis, predictam electionem auctoritate mandati nostri ratam habuerunt
et firmam; super illa molestatione ipsius electi perpetuum abbati et monachis sancti Audoeni silentium imponentes, quos condempnarunt etiam
in expensis centum librarum Andegauensium, licet pars altera de ducentis
10 vellet sacramento prestito declarare. Pars igitur vestra[k] petebat a nobis
factum delegatorum[l] iudicum confirmari et electo munus benedictionis
impendi.

Ceterum pars altera proposuit ex adverso: sepedictum monasterium
vestrum a primordio constructionis sue in tantum ex consensu diocesani
15 episcopi alteri fuisse subiectum, ut non aliunde assumeretur ibi aliquis in
abbatem, nisi de monasterio sancti Audoeni, dummodo in eo posset aliquis ad hoc idoneus reperiri. Correctio quoque monachorum et abbatis de
Cruce, si negligens esset, fuit sancti Audo(eni) abbatibus[m] reservata; et
ita optinuit a longis temporibus, quorum memoria non habetur. Et hec
20 siquidem institutio et usus ipsius a bone memorie Alex(andro) papa, predecessore nostro[19], proponitur confirmata. Unde cum quondam monachi
sancti Leutfridi abbatem quendam aliunde quam de sancti Audoeni
gremio elegissent, abbas sancti Audoeni hoc comperiens appellavit, et per
sententiam delegatorum apostolice sedis electum renunciare oportuit
25 abbatie; qui cum facta professione abbati sancti Audoeni per dies aliquot
in ipso monasterio resedisset, per abbatis concessionem datus fuit prefatis
monachis in abbatem. Ceterum abbate novissimo[15] adhuc monasterium
detinente, a quo regio metu compulsus secessit ad tempus, et monachis se
in libertatem volentibus vendicare atque ad electionem procedere insue-
30 tam, abbas sancti Audoeni hoc presentiens sedem apostolicam apellavit;
sicut Ric(cardus), tunc electus vester, in iudicio est confessus, adiciens
tamen se primitus appellasse. Verum sepedicti monachi eum eligentes
nichilominus in abbatem, ad iamdictos Henricum, episcopum Baiocen-
sem, et collegas suos rescriptum apostolicum impetrarunt; quorum iudi-
35 cium ut suspectum abbas sancti Audoeni cupiens declinare, ad prefatos
abbatem et priorem litteras revocatorias impetravit; qui post inhibitionem
priorum iudicum, qui eis tenorem mandati apostolici per suas litteras
intimarunt, et postquam procurator abbatis eis autenticum presentavit,
asserentes litteras illas per falsi suggestionem obtentas, quia privilegii
40 partis adverse in eis mentio non fiebat, post appellationem quoque ab
eodem procuratore interpositam in causam nichilominus processerunt:

---

[k] *Auf Rasur.*   [l] -orum *auf Rasur nachgetragen.*   [m] *Auf Rasur, wahrscheinlich*
nachgetragen.

[19] Urkunde Papst Alexanders III. vom 1. Juni 1177 (JL 12859).

quorum factum pro monasterio sancti Audoeni petebant in irritum revocari.

His [n] igitur et similibus, que iamdicti episcopus et cardinalis nobis ac fratribus nostris prudenter ac fideliter retulerunt, plenius intellectis — cum constiterit nobis primam commissionem non fuisse per ultimam revocatam: tum quia cause suspitionis in iure posite frivole videbantur, quas etiam tamquam dilatorias ante litis ingressum opponere debuissent, quibus coram delegatis eisdem subeundo iudicium renunciasse videntur, tum etiam, quoniam de privilegio apostolice sedis et processu negocii usque ad publicationes testium coram primis iudicibus nichil in secundis litteris dicebatur, quodsi fuisset expressum, obtineri [o] minime potuissent; non obstante sententia, que pro monasterio sancti Audoeni dicebatur fuisse prolata, que tamen nobis ostensa non fuit: cum si predictis iudicibus fuerit ostensa, ea posthabita contrarium statuissent; alioquin est, quod eam obicientibus imputetur, cum sub pretextu novorum instrumentorum lites non debeant instaurari[20] —, communicato fratrum consilio factum priorum iudicum ratum et firmum habemus [p] et eorum sententiam approbantes ipsam auctoritate apostolica confirmamus [q] et electo a vobis postmodum nos ipsi munus benedictionis salvo iure diocesani episcopi curavimus exhibere.

Nulli ergo et cetera confirmationis et cetera.

Datum Laterani, III Non. Iunii.

79 (82).

Innocenz III. entscheidet, daß das Bistum Dol keinen Anspruch auf die Metropolitanwürde habe und ein Suffragan des Erzbistums Tours sei.

Lateran, 1199 Juni 1.

Reg. Vat. 4, fol. 164ʳ—166ᵛ ⟨Nr. LXXXII⟩.

Empfängerüberlieferung: (1) *Abschrift des Originals 1613: Paris, Bibliothèque Nationale, Ms. nouv. acq. lat. 1268, fol. 17ʳ—28ᵛ.* (2) *E. Martène, Veterum scriptorum et monumentorum moralium, historicorum, dogmaticorum ad res ecclesiasticas, monasticas et politicas illustrandas collectio nova, 1 Rouen (1700) 152—166; E. Martène - U. Durand, Thesaurus novus anecdotorum, 3 Paris (1727) 942—952.* (3) *Abschrift des 13. Jh.: London, British Museum, MS Lansdowne 349, fol. 34ᵛ—44ʳ.* (4) *Abschrift des 16. Jh.: Rom, Biblioteca Apostolica Vaticana, Reg. lat. 2114, fol. 26ᵛ—34ᵛ.* (5) *Abschrift 1783 aus einem älteren Chartular der Kirche von Tours, dem ,,Liber bonarum gentium'' : Tours, Archives dép. d'Indre-et-Loire, G 1, 121—136.*

Sirleto, fol. 321ʳ = Cholinus, II 421 = Venet. II 421 = Baluze, I 388 Nr. 82 = Migne, PL 214, 625 Nr. 82; Mainardi-Cocquelines, Magnum Bullarium Romanum, III/1 82 Nr. 21; Bullarum Romanorum Pontificum Taurinensis Ed., III 143. — Potth. Reg. 726; Bréquigny, Table chronologique, IV 263.

---

[n] *Am Rande ein schiefliegendes Kreuz (vgl. Einleitung XIX).*   [o] *-i am Schluß auf Rasur. Die Kürzung für -er- korr. aus jener für -ur-.*   [p] *Migne:* habuimus.   [q] *Migne:* confirmavimus.

[20] Vgl. *Codex Iustinianus* 7, 52, 4. 5 (= KRUEGER, 318).

Bartholomeo, Turonensi archiepiscopo[1], eiusque successoribus canonice substituendis in perpetuum[a].

Licet[b] primum et precipuum ecclesie fundamentum sit unigenitus Dei filius Iesus Christus, iuxta quod dicit apostolus: «Quia fundamentum
5 positum est, preter quod aliud poni non potest, quod est Christus Iesus»,   vgl. 1 Kor 3, 11
secundum tamen et secundarium ecclesie fundamentum[c] existit beatissimus apostolus Petrus, ad quem Ueritas ait: «Tu es Petrus et super hanc petram edificabo ecclesiam meam»; qui, sicut a Christo petra dictus est   Mt 16, 18
Petrus, ita etiam[d] a Christo capite vocatus est caput, ipso sibi dicente:
10 «Tu vocaberis Cephas»[2], ut per hoc universi fideles agnoscerent, quod ad   Jo 1, 42
ipsum tamquam ad fundamentum et caput maiores debeant ecclesiarum cause referri[3], quatenus quod ab ipso tamquam a capite principali fuerit auctoritate statutum, in ipso tamquam in fundamento[e] stabili firmitate consistat. Nobis ergo, qui licet indigni locum eius in apostolica sede tene-   vgl. 1 Kor 15, 9
15 mus, incumbit ex debito pastoralis officii de universali ecclesia scandala tollere ac iurgia resecare et tam emergentes de novo questionum articulos quam causas ab antiquo tractatas sed adhuc in antique contentionis scrupulo remanentes iudicialis sententie calculo terminare.

Inter ceteras vero causas veteres ac modernas vetus illa questio, que
20 inter Turonensem et Dolensem ecclesias vertebatur[f][4], ecclesiam non[g]

---

[a] -m *hat die Form eines Großbuchstabens.*   [b] *Auf fol. 164^r längs des Briefes am Rand ein senkrechter, z. T. gewellter Strich.*   [c] ecclesie fundamentum *auf Rasur nachgetragen.*   [d] *Über der Zeile nachgetragen.*   [e] -o *korr. aus* -e.   [f] *Vielleicht auf Rasur.*   [g] *Auf Rasur.*

25 **79.** *Empfängerüberlieferung (kollationiert nach dem Druck bei Martène, Veterum scriptorum et monumentorum . . . collectio nova, I 152 ff., und Photokopien der Bibliothèque Nationale Paris, des British Museum London, der Biblioteca Apostolica Vaticana und der Archives d'Indre-et-Loire, Tours):*
1: Bartholomeo] Innocentius (Innocencius *3; 4*) episcopus, servus servorum Dei,
30 venerabili fratri Bartholomeo *1—5*.   2: canonice] canonicis *3*.   2: in perpetuum] *fehlt 3; 4; 5*.   3: precipuum] principium *3; 4*.   7: apostolus Petrus] Petrus apostolus *1—5*.   14: consistat] consistit *3; 4*.   15: universali] universa *3; 4; 5*. 19: ac] et *1—5*.

79. [1] S. Br. II 74 (77) Anm. 1.
35   [2] Vgl. *Decretum Gratiani* D. XXII, 2 § 5 (= Friedberg, *CorpIC*, I 74). Über die Interpretation der Gleichsetzung Cephas = Haupt bei dem Dekretisten Huguccio von Pisa vgl. B. Tierney, *Foundations of the Conciliar Theory*. Cambridge 1955, 28 Anm. 3 und J. A. Watt, *The Theory of Papal Monarchy in the Thirteenth Century*. London 1965, 81 Anm. 19. Vgl. auch M. Maccarrone, *Chiesa e stato nella dottrina di papa Innocenzo III*. Late-
40 ranum N. S. VI 3—4, Rom 1940, 18 Anm. 43. Über die gedankliche Herkunft dieser Vorstellung s. K. Schatz, *Papsttum und partikularkirchliche Gewalt bei Innocenz III. (1198— 1216)*. Archivum Historiae Pontificiae 8 (1970) 81 und G. Hagedorn, *Papst Innocenz III. und Byzanz am Vorabend des Vierten Kreuzzugs (1198—1203)*. Ostkirchliche Studien 23 (1974) 106 Anm. 67.
45   [3] Vgl. *Decretum Gratiani* D. XVII, 5 § 2 und C. III, q. 6, c. 9 (= Friedberg, *CorpIC*, I 52, 521).
  [4] Seit der Mitte des 9. Jahrhunderts beanspruchte das Bistum Dol (Dép. Ille-et-Vilaine, Arr. Saint-Malo) Metropolitanrechte, mußte sich jedoch nach einem langen Prozeß,

modicum usque ad hec moderna tempora conturbabat[h], ad quam vel
sopiendam concordia vel iudicio terminandam post multas predecessorum
nostrorum citationes nos tandem dilecto filio Ioh(ann)e, Dolensi electo[5],
ad sedem apostolicam accedente termino utrique partium a bone memorie
Cel(estino) papa, predecessore nostro[6], prefixo, cum tu non nisi nuncios   5
minus sufficienter instructos pro sola dilatione petenda[i] misisses, partem
citavimus ecclesie Turonensis, mandantes ut, quicquid de te quocumque
modo contingeret, pars * eadem per se vel procuratores idoneos[k] ad
apostolicam sedem accederet, nostre dispositionis formam vel iuste diffinitionis sententiam receptura; alioquin extunc nos ad horum alterum   10
procedere curaremus[7].

  Dicto igitur electo, Iuliano, Rad(u)lfo[i] et Hugone, canonicis Dolensibus[8], cum litteris de procuratione ipsis super hac causa specialiter ab
ecclesia Dolensi concessis et dilectis filiis Gaufrido cancellario, Senoreto,
Ioh(ann)e, Ernaudo, canonicis Turonensibus, et Gaufrido de Iouiaco[9] cum   15
litteris de ratihabitione datis eis tam a te quam ecclesia Turonensi in
nostra presentia constitutis, frequenter per nos, interdum etiam per fratres nostros, audientiam plenam et benignam indulsimus, et que fuerunt
hincinde proposita[10] intelleximus diligenter.

der durch die vorliegende Urkunde beendet wurde, dem Erzbistum Tours definitiv unterstellen. Diese Entscheidung hinterließ sogar in der zeitgenössischen Chronistik ihre Spuren,
so bei Roger von Wendover (*Flores Historiarum*, ed. HEWLETT, I 291—293), und bei Roger
von Hoveden (*Chronica*, ed. STUBBS, IV 100—103). Vgl. die modernen Darstellungen des
Streits bei F. DUINE, *Le schisme breton.* Annales de Bretagne 30 (1915), 441 ff.; B.-A. POCQUET   30
DU HAUT-JUSSÉ, *Les papes et les ducs de Bretagne.* Paris 1928, 1—43, und zusammengefaßt
von H. WAQUET, *Dol,* in: Dict. HGE 14 (Paris 1960) 567—574 (Lit.).

  [5]) Johannes (V.) de la Mouche (de Musca), zum B. von Dol erwählt 1191 ?, konsekriert
1199, gestorben nach 1207. Vgl. *Gallia Christiana,* XIV 1052 und F. DUINE, *La métropole de
Bretagne.* Annales de Bretagne 33 (1918/19) 160—165.   35

  [6]) Der Brief, mit dem Coelestin III. den streitenden Parteien einen Termin vor dem
päpstlichen Gericht gesetzt hatte, ist nicht erhalten.

  [7]) Vgl. Br. I 168 und 169. Der Termin, den Innocenz III. gesetzt hatte, war der
29. September 1198.

  [8]) Der Kanoniker Julian ist nicht weiter zu belegen, während Radulf vielleicht mit   40
Magister Raoul des Bordels identifiziert werden kann, der dem Kapitel von Dol ein Haus
vermachte, das seinen Namen trug. Hugo hingegen ist bereits 1197 belegt. Vgl. MORICE,
Preuves, I Nr. 729 und DUINE, *Métropole de Bretagne.* Annales de Bretagne 32 (1917/18)
414.

  [9]) Gottfried de Plessis ist als Kanzler des EB. von Tours 1197 bis 1206 belegt. Vgl.   45
briefliche Mitteilung von S. LECOANET (Tours) vom 21. 3. 1969.

  [10]) Was die Vertreter von Dol und Tours vorbrachten, bei MARTÈNE-DURAND, *Thesaurus,* III 922—942.

Fuit autem propositum ex parte Dolensis ecclesie, quod cum eadem ecclesia longissimo tempore fuerit in possessione metropolitice dignitatis, sicut ex gestis quorundam sanctorum et aliis scriptis apparere dicebat, tandem cum temporibus bone memorie Nichol(ai) pape, predecessoris

5 nostri[11], Festiniano tunc in archiepiscopum Dolensem promoto[12], usum pallei a sede apostolica postulasset [m] — licet idem Nic(holaus) quod petebatur ei non duxerit concedendum, quia litteras apostolice sedis, quas predecessores eius predecessoribus ipsius F(estiniani) in pallei collatione transmiserant, ei non fecerat presentari — non tamen quod petebatur

10 negavit expresse, sed partes ad suam presentiam convocavit[13]; mandans Erardo, tunc archiepiscopo Turonensi[14], ut ad ipsum suum legatum transmitteret, cum quo etiam Dolensis ecclesia suos nuncios destinaret, ut utrisque positis coram eo equa lance causa librata, que esset sedes metropolitica plenius appareret. Scripsit etiam idem Nicol(aus), sicut ex auten

15 tico ipsius apparet, Salomoni, tunc regi Britannorum, et uxori eius[15], ut idem Fest(inianus) idoneum mitteret ad Romanam ecclesiam ex proprio clero legatum, qui scripta fidei catholice documenta defferret et eundem F(estinianum) ita credere et servare decetero iuramento firmaret: quod, nisi palleum [n] ei [o] disposuisset per eundem legatum transmittere, non

20 mandasset. Verum eodem Nic(olao) sublato de medio cum nuncii Dolensis ecclesie ad sedem apostolicam accessissent, bone memorie Adrianus papa eidem F(estiniano) palleum cum privilegio destinavit[16], quod pars Dolensis ecclesie per scriptum autenticum non probavit. Preterea quod temporibus Io(hannis) octavi[17] ecclesie Dol(ensi) archiepiscopus presideret, nisa

25　　m) -sset *auf Rasur*.　　　n) -e- *korr. aus* -i-.　　　o—o) *Auf Rasur nachgetragen.*

　　2: metropolitice] metropolic(a)e *1; 4*.　　4: bone] beatae *2*.　　7: ei] *fehlt 2*.
11: Erardo] Eraldo *1—5*.　　12: Dolensis ecclesia suos nuncios] nuncios (nuntios *2; 4*) suos Dolensis ecclesia *1—4;* suos nuncios Dolensis ecclesia *5*.　　14: plenius] plenus *3; 4*.
15: apparet] appareret *3, 4;* apparebat *5*.　　24: ecclesie Dol(ensi)] Dolensis ecclesi(a)e
30　*1, 5;* Dolensi ecclesiae *2;* Dolen(si) ecclesie *3, 4*.

　　[11] Papst Nikolaus I. (858—867).
　　[12] „Erzbischof" Festinianus (auch Fastrarius) von Dol begegnet zwischen 859 und 869.
Vgl. *Gallia Christiana*, XIV 1042 f.
　　[13] Der Brief des Papstes an den „Erzbischof" von Dol vom 17. Mai 866, JE 2806
35 (Martène-Durand, *Thesaurus*, III 864 f.).
　　[14] Der Brief Nikolaus' I. an Herard, EB. von Tours 856—871 (vgl. Duchesne, *Fastes épiscopaux de l'ancienne Gaule*, II 308) ist nicht eigens überliefert. Der Befehl, Gesandte zu schicken, in JE 2806.
　　[15] JE 2789 vom 26. Mai 865 (Martène-Durand, *Thesaurus*, III 862 f.). Salomon, ein
40 Neffe des ersten „Königs" der Bretagne Nominoë, regierte von 857 bis 874 und war mit Gyembret vermählt. Vgl. Durtelle de Saint-Sauveur, *Histoire de Bretagne*, I 74—78.
　　[16] JE +2950. Diese Urkunde Hadrians II. (867—872) war eine Fälschung, um der Kirche von Dol das erzbischöfliche Pallium zu verschaffen.
　　[17] Tatsächlich bezeichnet Papst Johannes VIII. (872—882) den Oberhirten Mahen von
45 Dol (um 872—882) in einem Brief von 874/75 als „archiepiscopus" (JE 3003, bei Martène-Durand, *Thesaurus*, III 867), wenig später nennt er ihn aber nur noch „episcopus" (JE 3144 vom August 878). Die anderen Bischöfe der Bretagne waren die von Alet (später Saint-

est pars eadem comprobare per litteras eius, quas Mayn(o) archiepiscopo destinavit, et ceteris episcopis per Britanniam constitutis. Ceterum cum quidam iuvenis felicis recordationis Greg(orio) VII consecrandus fuisset a Dolensi ecclesia presentatus, ipse iuvene illo propter minorem etatem repulso[18] I(vonem), tunc[p] sancti Melanii abbatem, in Dolensem archi-   5 episcopum consecravit[o], ei et successoribus eius pallei usum indulgens et mandans episcopis Britannie, ut ei tamquam archiepiscopo reverentiam et obedientiam exhiberent[19]. Que, quoniam autenticum non habebat, per Vr(bani) II[20] litteras voluit edocere. Felicis etiam recordationis Vr(banus) II R(ollando), Dolensi archiepiscopo[21], — iuramento ab ipso   10 recepto, quod memoratus G(regorius), predecessor ipsius, predecessori eiusdem R(ollandi)[22] et successoribus eius usum pallei concessisset, sicut in transcripto litterarum ipsius G(regorii), quarum autenticum se habere iuravit, erat expressum[19]— munus pallei ex apostolice sedis liberalitate concessit, licet ipsi mandasset, ut exhibere se nullatenus recusaret ad   15 discutiendam querimoniam, quam Turonensis archiepiscopus de subiectione Dolensis ecclesie et obedientia sibi negata tam apud ipsum quam predecessores eius fecerat sepe proponi[23]. Idem etiam eum in litteris, quas

---

p) *Migne:* tituli.

1: Mayn(o)] Maino *1—5.*   5: Melanii] Malanii *3; 4.*   7: ut] ut et *4.*   11: G(re- 20
gorius)] Gaufridus *1.*   12: eius] suis *1—5.*   13: ipsius] eiusdem *1—5.*   18: eum]
fehlt 5.

Malo), Saint-Brieuc, Saint-Pol-de-Léon, Quimper, Tréguier, Vannes. Vgl. DUINE, *Métropole de Bretagne.* Annales de Bretagne 32, 512.

[18]) Gemeint ist Gilduin, Sohn des Riwallon de Combour, dessen Bestätigung Papst   25
Gregor VII. (1073—1085) durch den Brief vom 27. September 1076 verweigerte. JL 5003,
bei MARTÈNE-DURAND, *Thesaurus,* III 872, bzw. *Reg. Greg.* IV 4, ed. CASPAR, MG Epp. sel.
2/1, 300. Vgl. auch *Gallia Christiana,* XIV 1046 bzw. VIII 1222.

[19]) Even, Abt der Benediktinerabtei Saint-Melaine (Diöz. Rennes, Dép. Ille-et-Vilaine,
Arr. und Cant. Rennes) weilte mit Gilduin an der Kurie, um dessen Promotion zu erwirken.   30
Er wurde aber von Gregor zum Bischof geweiht und mit dem Pallium ausgestattet. Die
Bischöfe der Bretagne wurden ihm als Suffragane unterstellt, unbeschadet der künftigen
Entscheidung im Streit zwischen Tours und Dol um die Metropolitangewalt (JL 5004 vom
27. September 1076, bei MARTÈNE-DURAND, *Thesaurus,* III 873 f., bzw. *Reg. Greg.* IV 5, ed.
CASPAR, MG Epp. sel. 2/1, 301). Even war EB. von Dol vom September 1076 bis September   35
1081. Vgl. DUINE, *Métropole de Bretagne.* Annales de Bretagne 32, 512.

[20]) Papst Urban II. (1088—1099).

[21]) Roland (II.), EB. von Dol ca. 1093—1106. Vgl. DUINE, *Métropole de Bretagne.* Annales de Bretagne 32, 515 f.

[22]) Der Vorgänger Rolands in Dol war wahrscheinlich der bereits 1076 wegen Simonie   40
und skandalösem Lebenswandel abgesetzte Juthael. Daß Gregor ihm und seinen Nachfolgern das Pallium verliehen habe, ist nicht bezeugt, vielmehr ließ Gregor die Entscheidung
der Streitfrage über die Unterstellung Dols unter Tours bis zuletzt offen. Vgl. die Entscheidung der Fastensynode vom 8. März 1080 (JL 5155, bei MARTÈNE-DURAND, *Thesaurus,*
III 877 f., bzw. *Reg. Greg.* VII 15, ed. CASPAR, MG Epp. sel. 2/2, 488). Wenn hier vom Vor- 45
gänger Rolands gesprochen wird, ist Even gemeint, und die zitierte Urkunde Gregors ist die
schon in Anm. 19 erwähnte JL 5004.

[23]) JL 5475 vom Jahre 1093, bei MARTÈNE-DURAND, *Thesaurus,* III 878. Hingegen ist
in dieser Argumentation — verständlicherweise — der Brief Urbans II. vom 5. April 1094

principibus et populo Dolensis ecclesie destinavit pro iusticiis eiusdem
ecclesie[q], duxit archiepiscopum nominandum, sicut per scriptum autenticum pars eadem demonstravit[24]. Pie quoque memorie Paschalis II[25]
Baldrico Dolensi archiepiscopo[26], a Gerardo, tunc Engolismensi[r] episco-
5 po, auctoritate sedis apostolice instituto[27], palleum[s] — plenitudinem scilicet officii pastoralis — indulsit, ut eo secundum consuetudinem predecessorum suorum uteretur[28]. Preterea in synodo a bone memorie Calixto papa
celebrata Remis[29] B(aldricus) Dolensis archiepiscopus cum duobus suffraganeis suis interfuisse legitur[30] et ad ipsam prius tamquam archiepiscopus
10 evocatus. Honorius insuper cum predictum G(erardum), tunc Engolis-
mensem[t] episcopum, tamquam legatum suum et apostolice sedis vicarium
destinaret[31], inter alios legitur B(aldrico) archiepiscopo Dolensi scripsisse,
ut eum reverenter susciperet et ipsi humiliter obediret; qui etiam B(aldricus) quatuor suffraganeos habuisse probatur[32]. Ad hec felicis memorie

15   q) *Danach wird durch Zeichen über und unter der Zeile, die später z. T. wieder ausradiert
wurden, anscheinend auf einen vorzunehmenden Nachtrag hingewiesen (vgl. die Empfängerüberlieferung).*   r) Egolismensi. *Die Emendation erfolgte auch nach der Empfängerüberlieferung.*   s) *Über dem* p- *ein kurzer, waagrechter Strich und darüber ein Punkt.*
t) Engoslismensem.

20   1: iusticiis] iustiis *3, 4.*   2: duxit] eum duxit *1—5.*   4: Gerardo] Geraldo *3;
4; 5.*   6—7: consuetudinem predecessorum suorum] predecessorum suorum consuetudinem *1—5.*   12: alios] alias *1.*

an den EB. von Tours nicht erwähnt, worin dieser zugesteht, daß nach Rolands Tod dessen
Nachfolger nicht mehr das Pallium tragen dürfen (JL 5519, bei MARTÈNE-DURAND, *The-*
25 *saurus*, III 879—881).
    [24]) JL 5476 vom Jahre 1093, bei MARTÈNE-DURAND, *Thesaurus*, III 879.
    [25]) Papst Paschalis II. (1099—1118).
    [26]) Baudry von Bourgueil, EB. von Dol Mai 1107—5. Januar 1130. Er verfaßte neben
formal hochstehenden Gedichten und hagiographischen Werken eine bis zum Jahre 1099
30 reichende Kreuzzugsgeschichte. Vgl. DUINE, *Métropole de Bretagne.* Annales de Bretagne
32, 517 ff. und *Repertorium fontium historiae medii aevi*, II, Romae 1967, 437—439.
    [27]) Gerhard (II.) de Blavia, B. von Angoulême (Suffr. von Bordeaux) 1101—1136, weilte
1107/08 als päpstlicher Legat in der Bretagne und in den Provinzen Bordeaux, Bourges
und Tours. Vgl. SCHIEFFER, *Päpstliche Legaten*, 184—218. Einer unbestätigten Tradition
35 zufolge soll er am 25. Dezember 1107 den Benediktinerabt Baudry von Bourgueil zum EB.
von Dol geweiht haben. Vgl. DUINE, *Métropole de Bretagne.* Annales de Bretagne 32, 517
bzw. SCHIEFFER, *Päpstliche Legaten*, 185.
    [28]) JL 6224 und 6225 vom Jahre 1109, bei MARTÈNE-DURAND, *Thesaurus*, III 882—884.
    [29]) Papst Calixt II. (1119—1124). Die von diesem in Reims abgehaltene Synode fand im
40 Beisein König Ludwigs VI. von Frankreich, von 15 EB. und mehr als 200 B. vom 20. Oktober bis 29. Oktober 1119 statt. Vgl. HEFELE-LECLERCQ, *Histoire des Conciles*, V/1, 576—580.
    [30]) Vgl. MARTÈNE-DURAND, *Thesaurus*, III 884 f. Um welche Suffragane es sich han-
delte, ist nicht mit Sicherheit auszumachen. Die Nachricht, daß Baudry in Reims war, wird
durch Odericus Vitalis bestätigt (*Historia ecclesiastica*, ed. A. PRÉVOST, Paris 1852, IV 374).
45   [31]) Papst Honorius II. (1124—1130) erneuerte bald nach seinem Regierungsantritt —
nicht später jedoch als Ende 1125 — die Legation des B. Gerhard von Angoulême in West-
frankreich (JL 7389 und SCHIEFFER, *Päpstliche Legaten*, 220 Anm. 18, der mit: vor 21.
März 1126 datiert).
    [32]) JL 7389 (vor 21. März 1126, bei MARTÈNE-DURAND, *Thesaurus*, III 885). Bezüglich
50 der vier Suffraganbistümer vgl. DUINE, *Métropole de Bretagne.* Annales de Bretagne 32,

Innocentius papa, predecessor noster[33], G(aufridum) Dolensem archiepiscopum[34], et suffraganeos[u] eius ad concilium, quod Pisis postea cele-
bravit, legitur evocasse[35], ‖ [v] et ad querimoniam eius citasse archiepiscopum Turonensem[36], ut super subiectione, quam a Dolensi petebat,
iusticiam ostenderet ecclesie Turonensis et eidem Dolensi de Alatensi [w]   5
diocesi responderet[37]; in quo etiam pie memorie Cel(estinus) eundem
predecessorem suum Innocen(tium) est secutus[38]. Et licet bone memorie
Lucius papa II, predecessor noster, contra Dolensem ecclesiam pro Turonensi sententiam promulgarit, semper tamen ‖ [v] Dolensis ecclesia in libertatis possessione permansit; cum, sicut in scripto etiam ab adversa parte   10
inducto perspicitur contineri, concessum fuerit, ut G(aufridus), tunc
Dolensis archiepiscopus, quamdiu ecclesie preesset eidem, usum pallei
non amitteret[x] nec alii quam Romano pontifici subiaceret[39]. Idem
etiam G(aufridus), cum ad Capuane sedis metropolim aspiraret, in
via cum Turonensi archiepiscopo[y] dicitur collusisse nec bene defen-   15

---

[u] suffraneos.   [v-v] *Von Hand C.*   [w] *Migne:* Aletensi *(vgl. auch die Empfänger-*
überlieferung).   [x] a- *auf Rasur nachgetragen (vgl. auch die Empfängerüberlieferung).*
[y] -episcopo dicitur *auf Rasur nachgetragen. Darüber ein kurzer, schräger Strich und ein*
Punkt.

1: G(aufridum)] G(aufridum) fratrem *1.*   3: evocasse] revocasse *4; vielleicht korr.*   20
aus revocasse *1.*   5: Alatensi] Aletensi *1—5.*   8—9: contra Dolensem ecclesiam pro
Turonensi] et G. Dolensis ecclesiae *1.*   10: permansit; cum, sicut in] *in 1 ausgelassen.*
11: inducto perspicitur] *in 1 ausgelassen.*   11: fuerit] fuit *2—5.*   13: amitteret]
admitteret *4.*   15: via cum] *in 1 ausgelassen;* iudicio *2.*

517 f. Schon 1120 hatte sich Alet wegen Ordinationsschwierigkeiten von Dol gelöst und   25
Tours als Metropole anerkannt, so daß dem päpstlichen Legaten, B. Gerhard von Angoulême, anläßlich des Provinzialkonzils von 1128 bloß drei Suffragane assistierten, von
denen Saint-Pol-de-Léon nach dem bald darnach erfolgten Ableben B. Galons (9. September 1128 oder 1129) gleichfalls ausschied und die Obödienz Tours' anerkannte.

[33]) Papst Innocenz II. (1130—1143).   30
[34]) Gottfried (I.), genannt Le Roux, EB. von Dol 1130 — vor Ostern 1147, da er zu diesem Zeitpunkt auf das EB. Capua (Campanien) versetzt wurde. Vgl. DUINE, *Métropole de
Bretagne.* Annales de Bretagne 32, 522 ff.
[35]) JL 7660 vom 8. November 1134, bei MARTÈNE-DURAND, *Thesaurus,* III 885 f. Das
Konzil von Pisa fand Ende Mai bis Anfang Juni 1135 statt. Vgl. HEFELE-LECLERCQ, *Hi-* 35
stoire des Conciles, V/1, 706—713. Suffraganbistümer Dols waren zu diesem Zeitpunkt nur
mehr Saint-Brieuc und Tréguier.
[36]) Hugo (II.) de la Ferté, EB. von Tours 1133—1147. Vgl. *Gallia Christiana,* XIV 82—87.
[37]) JL 8263 vom Jahre 1142, bei MARTÈNE-DURAND, *Thesaurus,* III 886 f. Alet (Dép.
Ille-et-Vilaine, Arr. Saint-Malo, Cant. Saint-Servan), ursprünglich ein Suffraganbistum Dols, 40
hatte sich 1120 der Metropole Tours unterworfen, worauf sich EB. Gottfried Le Roux beim
Papst beschwerte. 1144 wurde Alet von Dol gelöst, kurz darnach der Bischofssitz nach
Saint-Malo übertragen. Vgl. DUINE, *Métropole de Bretagne.* Annales de Bretagne 32, 523.
[38]) Brief Papst Coelestins II. (1143—1144) an den EB. von Tours vom 10. Dezember
1143 (JL 8456, bei MARTÈNE-DURAND, *Thesaurus,* III 887).   45
[39]) JL 8609 und 8610 vom 15. Mai 1144, bei MARTÈNE-DURAND, *Thesaurus,* III 887—
890: Papst Lucius II. (1144—1145) ordnete an, daß den Nachfolgern Gottfrieds nicht mehr
das erzbischöfliche Pallium übersandt werden sollte und löste die beiden Suffraganbistümer Saint-Brieuc und Tréguier aus dem Metropolitanverband von Dol, indem er sie Tours
unterwarf.   50

disse causam Dolensis ecclesie, a qua tam corpore quam animo disce-
debat, cum statim post sententiam transierit ad ecclesiam Capuanam[40]. Oliuer(us) quoque, successor ipsius[z] electus[41], eosdem[aa]
suffraganeos, quos G(aufridus) predecessor eius habuerat, habuit et in
5 Dolensi ecclesia ministravit, sicut per plures testes fuerat comprobatum[42].
Adiecit etiam pars Dolensis, quod processu temporis bone memorie Eugenius papa[43], predecessor noster, felicis recordationis B(ernardum), Cla-
reuallensem[bb] abbatem ad sopiendam inter easdem ecclesias controversiam[cc] destinavit, cuius statutum[dd] servare noluit ecclesia Turonensis[44].
10 Ceterum cum H(ugo), postmodum Dolensis electus[45], propter illiteratu-
ram suam apostolico se timeret conspectui presentare[46], cum cantore et
quatuor aliis canonicis Dolensibus Andegauis quasi cum Turonensi
compositurus accessit[47]; et exinde contra prohibitionem cantoris et
alterius canonici senioris[48] cum tribus iunioribus Turonensem adiit civi-

15 [z]) -psi- *korr. aus anderen Buchstaben.*   [aa]) *Auf Rasur.*   [bb]) *Danach über der*
Zeile einige Punkte und eine Klammer, vielleicht als Merkzeichen.   [cc]) -troversi- *auf*
Rasur.   [dd]) cuius statutum serv- *auf Rasur nachgetragen.*

2: cum statim] *in 1 ausgelassen;* siquidem *2.*   6: etiam] quoque *2.*   7: B(ernardum) — ecclesias] *in 1 ausgelassen.*   8: sopiendam] sopiendas *2.*   8—9: controversiam]
20 controversias *2.*   9: destinavit, cuius statutum] *in 1 ausgelassen.*   14: canonici
senioris] senioris canonici *1—5.*   14: iunioribus] iunioris *3; 4.*

[40]) Gottfried Le Roux verhandelte, nachdem er gemerkt hatte, daß die Sache Dols an
der Kurie verloren war, mit dem EB. von Tours, da dieser eine beide Seiten zufrieden-
stellende Lösung herbeizuführen versprach, wobei Abt Gilbert von Fontaines-les-Blanches
25 als Vermittler fungierte. Schließlich verzichtete Gottfried auf seine beiden Suffragane und
ließ sich — gleichsam als Entschädigung dafür — auf das Erzbistum Capua (Campania)
transferieren, wo er bis 1163 nachweisbar ist. Vgl. DUINE, *Métropole de Bretagne.* Annales
de Bretagne 32, 523 f. und L. JADIN, *Capoue,* in: Dict. HGE 11 (Paris 1949) 897.
[41]) Olivier, B. von Dol von Ostern 1147 bis vor Dezember 1153. Vgl. DUINE, *Métropole de*
30 *Bretagne.* Annales de Bretagne 32, 524 f.
[42]) Zur Zeit Lucius' III. bezeugten zwei von Dol aufgebotene Gewährsleute, daß Olivier
zwei Suffragane gehabt hätte. Vgl. MARTÈNE-DURAND, *Thesaurus,* III 920 E, 921 C.
[43]) Papst Eugen III. (1145—1153).
[44]) Der hl. Bernhard, Abt des Zisterzienserklosters Clairvaux (Diöz. Langres) vom
35 25. Juni 1115—20. August 1153, versuchte als vom Papst bestellter Richter eine ver-
vermittelnde Lösung zu erzielen, wonach der jeweilige EB. von Dol künftighin in Tours
konsekriert werden müsse, jedoch zwei Suffragane und das Pallium erhalte. Bernhard
starb vor der feierlichen Ratifikation dieser Lösung und Tours widersetzte sich sofort
diesem Vorschlag. Vgl. DUINE, *Métropole de Bretagne.* Annales de Bretagne 32, 525.
40 [45]) Hugo Le Roux, B. von Dol, gewählt 1153 und am 5. Dezember 1154 vom EB. von
Tours geweiht, resignierte am 1. März 1161 wegen Erblindung. Vgl. DUINE, *Métropole de*
Bretagne. Annales de Bretagne 32, 525.
[46]) Er fühlte sich wegen mangelnder Bildung, welche eine der Bedingungen für die
Bischofswürde war (*Conc. Lateran. III.* c. 3 = COD 188 f. = X. I, 6, 7 = FRIEDBERG,
45 *CorpIC,* II 51), nicht in der Lage, zur Konsekration nach Rom zu kommen.
[47]) Er begab sich deshalb mit dem Kantor von Dol, Robert Le Coq, und den Kanonikern Wilhelm von Dinan, Gottfried, Guido de Melesse und Olivier nach Angers, um mit dem
EB. von Tours, Engelbald von Preuilly (1147—1156, vgl. *Gallia Christiana,* XIV 87—89),
zu verhandeln. Vgl. DUINE, *Métropole de Bretagne.* Annales de Bretagne 32, 410—416.
50 [48]) Wilhelm von Dinan (DUINE, *a. a. O.,* 410).

tatem[49]; et corruptis aliis tribus canonicis per collationem prebendarum et salvo iure Dolensis ecclesie iurare inductis se servaturos, quod oblata eis
* fol. 165ᵛ cartula con*tinebat, a Turonensi archiepiscopo munus consecrationis accepit[50]. Quod autem idem H(ugo) tres iuvenes memoratos corruperit (uni scilicet archidiachonatum[51], alii[ee] prebendam conferens, tercio 5 prebendam susceptam de manu laicali confirmans), quod cantor et socius eius eidem H(ugoni), ne Turonis accederet, curaverint districtius inhibere, quod idem iuvenes salvo Dolensis ecclesie iure iurarint[ff], quod idem H(ugo) adulterinum sigillum habuerit: eadem pars per testes suos sufficienter asseruit fuisse probatum[52]. Adiectum est etiam, quod littere nomine 10 Dolensis capituli super ipsius H(ugonis) presentatione confecte vere non essent: utpote in quibus nomen premittebatur decani, cum decanus nullum haberet in eadem ecclesia personatum, sed cantor primum locum potius obtineret[53]. Idem etiam H(ugo) in professione, quam fecit archiepiscopo Turonensi, se non episcopum sed archiepiscopum nominavit[54]. Ceterum 15 cum idem H(ugo) propter predicta non fuisset a Dolensi receptus[55], ad apostolicam sedem accedens a bone memorie Adriano papa, predecessore nostro, ab obedientia fuit, quam Turonensi archiepiscopo in consecratione sua promiserat, absolutus. Sed hoc non potuit pars eadem per litteras

---

ee) alti. *Migne:* alteri. *Wahrscheinlich wollte auch der Registrator dieses Wort schreiben,* 20 *korr. es jedoch in* alii, *wie es auch in der gesamten Empfängerüberlieferung lautet.* ff) iurarunt *(vgl. auch die Empfängerüberlieferung).*

1: aliis tribus] tribus illis *1—5.* 6: susceptam] *fehlt 2.* 7: curaverint] curaverit *1, 2;* curaverunt *5.* 8: iurarint] iurarunt *1, 3, 4, 5;* iuraverint *2.* 11: super] sub *1.* 16: a Dolensi] ab ecclesia Dolensi *1—5.* 25

[49] Tours (Dép. Indre-et-Loire).

[50] Dies geschah am zweiten Adventsonntag, dem 5. Dezember 1154, durch den EB. Engelbald von Tours, wie einer der von Tours aufgebotenen Zeugen zur Zeit Lucius' III. aussagte. Vgl. Martène-Durand, *Thesaurus,* III 912 BC.

[51] Der Kanoniker, der das Archidiakonat bekam, war höchstwahrscheinlich Olivier. 30 Vgl. Duine, *Métropole de Bretagne.* Annales de Bretagne 32, 411.

[52] Wieder aus den Zeugenaussagen der von Dol aufgebotenen Gewährsleute. Vgl. Martène-Durand, *Thesaurus,* III 918 A, 919 E. Die Existenz des falschen Siegels ebd., 921 A.

[53] Dieselben Argumente stehen auch ausführlicher in den „Litterae supplices et apolo- 35 geticae ecclesiae Dolensis ad Innocentium papam III" (bei Martène-Durand, *Thesaurus,* III 925 f.). Auch von der Kirche von Tours aufgebotene Zeugen versicherten zur Zeit Lucius' III., die Präsentationsurkunde des Kapitels von Dol gesehen oder vorgelesen gehört zu haben, darunter B. Wilhelm von Le Mans, der dann auch mit die Weihe vollzog (Vgl. Martène-Durand, *Thesaurus,* III 916 C—917 A). 40

[54] Einer der von Tours aufgebotenen Zeugen erklärte: „ . . . vidit eum facere professionem, et cum faceret eam et diceret: Ego archiepiscopus, tandem ad instantiam canonicorum dixit: Ego episcopus . . ." Martène-Durand, *Thesaurus,* III 916 E.

[55] Als Hugo nach Dol zurückkehren wollte und man hier sah, daß er nicht das Pallium trug, ließ man ihn nicht ein, so daß er sich nach Mont Saint-Michel zurückzog und zu 45 König Heinrich II. von England, der am 25. Oktober 1154 den Thron bestiegen hatte, Verbindungen anknüpfte, um von ihm eine Intervention beim Papst zu erwirken. Vgl. die Zeugenaussagen der Vertreter von Dol bei Martène-Durand, *Thesaurus,* III 918 BC, und den Bittbrief an Innocenz III., ebd. 927 B.

autenticas demonstrare[56]. Cui — cum Dolensis ecclesia ab eodem Adriano
papa[57] usum pallei tum ex tenore concordie, quam inter se et Turonensem
archiepiscopum factam fuisse confitebatur[58], tum ex antiqua consuetudine postularet, nuncii vero Turonensis ecclesie compositionem quandam
5 factam per abbatem de Fontanis, in qua Dolensem ecclesiam suffraganeis
renunciasse dicebant[59], peterent confirmari, addentes, quod sic fuerat a
prefato Lucio papa, predecessore nostro, de fratrum consilio gg) per sententiam diffinitum, parte Dolensis ecclesie predictam compositionem et
sententiam non tenere dicente, cum is, qui in Dolensi ecclesia tunc presu-
10 matus gerebat officium, dolum adhibuisset et fraudem, utpote qui, cum
iam ad Capuanam metropolim aspiraret, nichil ad comodum Dolensis
ecclesie allegavit, cum et Dolensis ecclesia presens in examinacione negocii
non fuisset — idem etiam Adrianus predictam compositionem omnino
cassavit et eam vires censuit non habere, eidem H(ugoni) pallei usum in-
15 dulgens; ac E(ngelbaldo), tunc archiepiscopo Turonensi[60], precipiens, ut
aut cum eo super suffraganeis hh) conveniret aut usque ad festum sancti
Michaelis proximo tunc venturum[61] plenam ei exhibiturus et recepturus
iusticiam apostolico se conspectui presentaret. Interim autem ipsum vel
clericos eius excommunicationis vel interdicti sententia non presumeret

20   gg) *Über dem Schlußbuchstaben zwei kurze, schräge Striche ausradiert. Auch am Rande*
eine Rasur.   hh) suffraneis.

6: dicebant] dicebatur *1, 5;* dicebantur *3, 4.*   7: prefato] predicto *1—5.*   7: papa]
fehlt 2.   7: consilio] concilio *4.*   9: non] etiam non *1—5.*   12: ei] *fehlt 2; 3; 5.*
14: vires censuit] censuit vires *2, 4.*   16: aut (cum)] *fehlt 2.*

25   [56] Tatsächlich gewährte Papst Hadrian IV. (1154—1159), wohl auf Grund einer Emp-
fehlung seines Landsmannes, König Heinrichs II. von England, Hugo das Pallium und
befahl dem EB. von Tours, entweder mit Dol zu verhandeln oder nach Rom zu kommen
(JL 10063 vom 17. Mai 1155, bei MARTÈNE-DURAND, *Thesaurus*, III 898 f.. Wenig später
erneuerte er seine Aufforderung an den EB. von Tours, vor der Kurie zu erscheinen (JL
30 10102 vom 20. Dezember 1155, bei MARTÈNE-DURAND, *Thesaurus*, III 899). Aber weder in
diesen beiden noch in anderen Urkunden zur gleichen Angelegenheit (JL 10064, 10065 vom
21. Mai 1155 und 10103 vom 20. Dezember 1155, bei MARTÈNE-DURAND, *Thesaurus*, III
900 f.) steht etwas von der Herauslösung aus der Obödienz von Tours. Vielmehr heißt es
ausdrücklich in JL 10063, bei MARTÈNE-DURAND, *Thesaurus*, III 898 D: „Nihil a nobis
35 super eodem negotio est terminatum." Da Hugo seinen Kanonikern keine entsprechenden
Urkunden vorweisen konnte, behauptete er, er habe sie unterwegs verloren (MARTÈNE-
DURAND, *Thesaurus*, III 918 D).
[57] Es folgt die z. T. wörtliche Wiedergabe der Urkunde Hadrians IV. JL 10063.
[58] Eine im Wortlaut nicht mehr erhaltene Vereinbarung zwischen Gottfried Le Roux
40 und Hugo de la Ferté, wonach der EB. von Dol wohl das Pallium und den erzbischöflichen
Titel führen dürfe, die Metropolitangewalt über seine Suffragane jedoch an Tours abgeben
müsse. Nach der päpstlichen Bestätigung JL 8609 vor den 15. Mai 1144 zu datieren.
[59] Gemeint ist damit der Vertrag, welchen 1147 der Abt des Zisterzienserklosters
Fontaines-les-Blanches (Diöz. Tours, Dép. Indre-et-Loire, Arr. Tours) namens Gilbert
45 (nachweisbar 1145—1148) vermittelte (vgl. oben Anm. 40).
[60] Engelbald von Preuilly, EB. von Tours 1147—September 1156. Vgl. *Gallia Chri-*
stiana, XIV 87—89.
[61] 29. September 1155.

aggravare. Iterum etiam idem Adrianus ad festum Omnium Sanctorum citavit partem ecclesie Turonensis[62] et eundem H(ugonem) frequenter in suis litteris archiepiscopum nominavit, quod ex scriptis autenticis pars eadem demonstravit[63]. Insuper bone memorie Alex(ander) papa eundem[ii] Adrianum predecessorem suum postmodum imitatus, dictum H(ugonem) 5 nominavit archiepiscopum[64] et te non semel sed sepius et tandem peremptorio evocavit[65], ut ad apostolicam sedem accederes, Roll(ando), tunc Dolensi electo[66], de suffraganeis responsurus. Asseruit etiam idem Alex(ander) in litteris suis[67], sicut ex earum [kk] inspectione patebat, quod dictus Adrianus, predecessor ipsius, questionem illam, que inter Turo- 10 nensem et Dolensem ecclesias per sententiam terminata fuerat, ceperat retractare. Unde volens plenius super causa ipsa cognoscere veritatem[68], cum utraque parte presente a Roll(ando), tunc Dolensi electo, testes recepisset inductos et depositiones eorum super quibusdam capitulis

---

[ii]) *Davor wird durch Striche ober- und unterhalb der Zeile, die später z. T. wieder aus- 15 radiert wurden, wahrscheinlich auf einen vorzunehmenden Nachtrag hingewiesen. Auch am Rande eine Rasur (vgl. die Empfängerüberlieferung).* [kk]) *ex earum auf Rasur nachgetragen. Darüber eine Art Halbkreis mit einem Punkt als Verweisungszeichen (vgl. die Empfängerüberlieferung).*

1: idem] *getilgt; darnach* eidem *4.*   4: papa] papa predecessor noster *1—5.* 20
6: semel] solum semel *2.*   6—7: peremptorio] postremo *5.*   7: accederes] accedens
1; 3; 4; 5.   9: earum] ipsarum *1, 3, 4, 5;* ipsorum *2.*   10: que inter] que vix inter
3; 4; 5.   13: cum] cuius *3; 4.*

[62]) Am 20. Dezember 1155 befahl Hadrian IV. dem EB. von Tours, mit dem EB. von Dol wegen der umstrittenen Suffraganbistümer zu verhandeln oder bis 1. November 1156 25 vor dem päpstlichen Gericht zu erscheinen. (JL 10102, bei MARTÈNE-DURAND, *Thesaurus,* III 899).

[63]) JL 10063, 10064, 10065, 10102, 10103, 10362, 10367, 10504.

[64]) Papst Alexander III. (1159—1181) nannte Hugo „archiepiscopus" nur in einer einzigen Urkunde: JL 10625 vom 3. März 1160, bei MARTÈNE-DURAND, *Thesaurus,* III 903. 30 Sonst nur, wenn er Vorurkunden Hadrians IV. zitierte.

[65]) Alexander III. hatte EB. Bartholomäus ein erstes Mal 1179 nach Rom zitiert und ihm als Termin den 30. März oder 4. Mai 1180 gesetzt (JL 13503, bei MARTÈNE-DURAND, *Thesaurus,* III 904 f.). Obwohl Bartholomäus nicht erschien, sah der Papst auf Fürsprache des französischen Königs von einer Strafe ab und bestimmte den 11. November 1180 als 35 letzten Termin (JL 13660 vom Mai 1180, bei MARTÈNE-DURAND, *Thesaurus,* III 905 f.).

[66]) Roland (III.), Elekt von Dol 1177. Da sich der EB. von Tours weigerte, ihn zu konsekrieren, ging er an die Kurie, wurde dort päpstlicher Subdiakon und am 15. Februar 1185 von Papst Lucius III. zum Kardinaldiakon von S. Maria in Portico erhoben. Er starb am 12. März 1188. Vgl. DUINE, *Métropole de Bretagne.* Annales de Bretagne 33, 156—159 40 und GANZER, *Auswärtiges Kardinalat,* 137 Nr. 58.

[67]) JL 13660 vom Mai 1180, bei MARTÈNE-DURAND, *Thesaurus,* III 905 f. Vgl. oben Anm. 65.

[68]) Alexander befahl den in Anm. 69—72 Genannten, zu strittigen Punkten Zeugen einzuvernehmen, das Ergebnis dem Papst schriftlich mitzuteilen und die beiden Parteien bis 45 spätestens 1. März 1183 vor das päpstliche Gericht zu laden (JL 14371 vom 25. Februar 1181, bei MARTÈNE-DURAND, *Thesaurus,* III 907—910).

admisisset, G(uidoni) tunc Senonensi[69], H(enrico) Baiocensi[70], . .[11] abbati sancte Genouefe[71] et . . decano Baiocensi[72] tam testes, quos ipse receperat super aliis quibusdam [mm] capitulis audiendos, quam alios ab alterutra partium inducendos, recipiendos et audiendos super possessione subiectionis [nn], in qua te, tu frater archiepiscope, esse dicebas, vel libertatis, in qua se idem tueri nitebatur electus, super capitulis certis comiserit; quem Lucius[73] etiam successor ipsius in hoc imitatus N(icolao)[oo], Cenomanensi decano[74], I(voni) de Ueteri ponte, archidiacono Rothomagensi[75], H(ugoni)[oo] Ianuensi, preposito sancte Marie de Castell(is)[76], per suas litteras idem iniunxit; qui iuxta mandatum apostolicum procedentes receperunt testes super predictis capitulis inductos a partibus et eorum depositiones redigentes in scriptis sub sigillis suis ad sedem apostolicam transmiserunt[77].

Ex hiis ergo concludens Dolensis ecclesia postulabat, ut cum in libertatis semper possessione fuisset, dictum electum Io(hannem) per dilectum filium nostrum Ior(danum), tituli sancte Pudentiane presbyterum

---

[11] *Innerhalb des gemmipunctus* et *nachgetragen (vgl. die Empfängerüberlieferung).*
[mm] *Durch Zeichen umgestellt aus* quibusdam aliis.   [nn] sub- *auf Rasur.*   [oo] *Fehlt bei Migne.*

1: . . abbati] et abbati *1—5.*   2: et . . decano] et decano *1; 3; 4; 5.*   7—9: N(icolao) — preposito] N(icolaus) Coenomanen(sis) decanus, I(vo) de Veteri ponte archidiaconus Rothomagen(sis), H(ugo) Ianuen(sis) prepositus *1.*   8: archidiacono] archidiaconus *4.* 9: Castell(is)] Castellis *1, 2;* Castello *4.*   11: predictis] dictis *3, 5.*   12: depositiones] dispositiones *3.*   16: tituli] titulo *2; 5.*

[69] Guido von Noyers, EB. von Sens 1176—21. Dezember 1193. Vgl. *Gallia Christiana,* XII 53—55.

[70] Heinrich (II.), B. von Bayeux (Suffr. von Rouen, Dép. Calvados) 1165—1205. Vgl. P. CALENDINI, *Bayeux,* in: Dict. HGE 7 (Paris 1934) 30.

[71] Stephan, Abt des Augustiner-Chorherrenstiftes Sainte-Geneviève in Paris 1176— 1191/92, darnach B. von Tournai, wo er am 11. September 1203 starb. Vgl. Br. II 40 (41) Anm. 26.

[72] Wilhelm (III.) von Tournebu, Dekan von Bayeux 1151/52—1184, darnach B. von Coutances (Suffr. von Rouen, Dép. Manche), wo er 1202 starb. Vgl. *Gallia Christiana,* XI 398 bzw. BOURRIENNE, *Antiquus Cartularius Ecclesiae Baiocensis,* I 168 (mit erster Nennung als Dekan zum 3. März 1153).

[73] JL 15234 vom 18. August 1184 (oder 1185), bei MARTÈNE-DURAND, *Thesaurus,* III 910 f.

[74] Nikolaus, Dekan von Le Mans (Suffr. von Tours, Dép. Sarthe) 1180—27. Mai 1214, darnach B. von Le Mans, wo er am 27. Februar 1216 stirbt. Vgl. *Gallia Christiana,* XIV 393 f. und 423—425.

[75] Ivo von Vieux Pont, Archidiakon von Rouen, wird 1175 als Zeuge genannt. Vgl. CH. DE BEAUREPAIRE, *Recueil de chartes concernant l'abbaye de Saint-Victor-en-Caux.* Mélanges de la Société de l'Histoire de Normandie 5 (1898) 400.

[76] Propst der Regularkanonikerpropstei Santa Maria de Castello in Alessandria (Piemont). Vgl. G. CHENNA, *Del vescovato, de'vescovi e delle chiese della città e diocesi d'Alessandria.* Alessandria 1786, II 136—143 bzw. IP VII/2 204 f. JL 15234, bei MARTÈNE-DURAND, *Thesaurus,* III 910 hat „magistro Hug. Ianuensi".

[77] Die Zeugenaussagen, die aufgezeichnet und dem päpstlichen Gericht übermittelt wurden, sind erhalten geblieben: MARTÈNE-DURAND, *Thesaurus,* III 912—917 jene zugunsten von Tours, 917—922 jene zugunsten von Dol.

cardinalem, tunc apostolice sedis legatum[78], auctoritate apostolica confirmatum, consecrare in archiepiscopum et ei usum pallei curaremus de
solita sedis apostolice benignitate conferre[79].

Ceterum[pp] ex parte Turonensis ecclesie fuit ad predicta responsum[80],
quod cum olim tota Britannia fuisset Turonensi ecclesie tamquam metro- 5
poli sue subiecta, Britannis tandem conspirantibus contra regem Francorum et proprium sibi constituentibus regem, occasione beati Sansonis,
quondam Eboracensis archiepiscopi[81] — qui dum in partibus Britannie[qq]
pateretur exilium, in Dolensi ecclesia cum archiepiscopalibus insignibus
ministrarat —, Dolensis ecclesia contra Turonensem supercilium elationis 10
assumpsit; Britannis volentibus sibi novum archiepiscopum, sicut novum
regem creaverant, suscitare. Unde bone memorie Nichol(aus) papa, predecessor noster, Salomoni tunc regi Britannie[rr] scribens, quod omnes
episcopi regni eius suffraganei[ss] essent ecclesie Turonensis per litteras
suas expressit, adiciens tandem, ut si contentiosius agere vellet, ad[tt] 15

---

pp) *Davor ein Paragraphenzeichen von späterer Hand.*   qq) Britrannie.   rr) *Am Rande von einer Hand des 16. Jh.:* Rex Britanie Salomon.   ss) suffranei.   tt) a- *auf Rasur. Auch am Rande eine kleine Rasur.*

2: curaremus] curamus *3; 4.*   5: Turonensi ecclesie] ecclesi(a)e Turonensi *1—5.*
6: conspirantibus] *fehlt 2.*   10: ministrarat] ministrabat *1;* ministraret *3, 4, 5.*   20

[78] Jordanus, Kardinalpresbyter von S. Pudenziana 1188—1206, war zusammen mit Oktavian von Ostia apostolischer Legat in Frankreich in den Jahren 1192/93. Da der Sene-schall der Normandie Oktavian nicht in die Normandie einreisen lassen wollte, führte jener alleine seine Mission im angevinischen Herrschaftsbereich durch. Vgl. JANSSEN, *Päpstliche Legaten,* 139—142. Daß er die Wahl des Johannes de la Mouche bestätigt habe, wird 25 anderweitig nicht überliefert.

[79] Die umfangreiche Petition der Vertreter von Dol mit ihrer ausführlichen histori-schen und juridischen Argumentation vor Innocenz III. ist erhalten geblieben: MARTÈNE-DURAND, *Thesaurus,* III 922—935.

[80] Die Antwort der Vertreter von Tours bei MARTÈNE-DURAND, *Thesaurus,* III 935— 30 942.

[81] Die historische Argumentation dieses Abschnitts geht letztlich auf drei Quellen zu-rück: In der *Vita Samsonis* aus dem 8./9. Jahrhundert (AA SS Iul. VI 568; kritische Edition mit Kommentar von R. FAWTIER, *La Vie de Saint Samson* [Bibliothèque de l'Ecole des Hautes Etudes 197] Paris 1912) steht, daß Samson, der sagenhafte Gründer von Dol, 35 vor seiner Fahrt in die Bretagne schon Bischof in seiner Heimat England gewesen sei. *Gregor von Tours (Historiarum libri decem* IV 4, 20; V 16, 26, 29, 31; X 9) berichtet von den Erhebungen der Bretonen gegen die fränkischen Könige im 6. Jahrhundert, und bei *Geoffroi von Monmouth (Historia regum Britanniae* VIII 12, ed. A. GRISCOM, London 1929, 413) findet man, daß Samson EB. von York gewesen sei. Quellenwert kommt nur Gregor 40 von Tours zu, denn alles, was mit der Gründung von Dol durch Samson im 6. Jahrhundert zusammenhängt, ist wenig gesichert. Dols Ansprüche auf Metropolitanstellung resultieren mit Sicherheit erst aus der Zeit des „Königs" Salomon der Bretagne (857—874) und des B. Festinianus von Dol (über beide vgl. oben Anm. 12 und 15) und sind aus der politischen Situation und einer inneren Reform der bretonischen Kirche zu erklären. Vgl. dazu DUR- 45 TELLE, *Histoire de Bretagne,* I 69 ff., 96 ff.; F. LOT, *Le schisme breton du IXe siècle,* in: Mélanges d'histoire bretonne. Paris 1907, 58—96 bzw. F. LOT - L. HALPHEN, *Le règne de Charles le Chauve.* Paris 1909, I 75 ff., 211 ff.

sedem apostolicam destinaret, ut que esset sedes metropolitica per eius [uu)] iudicium appareret[82)]. In aliis etiam litteris directis eidem[83)] Turonensem ecclesiam metropolim esse Dolensis ecclesie, sicut ex predecessorum suorum munimentis et exemplis priorum patere dicebat, asseruit; et Festi-

5 niano Dolensi antistiti scribens[84)], quod Turonensis ecclesie metropolis eius esset se comperisse, sicut ex litteris eius apparet, descripsit [vv)]; necessarium esse adiciens, ut eam Dolenses episcopi sequerentur [ww)] et ipsam in negociis suis adirent nec exquirere ipsius iudicium detrectarent; sicut per munimenta predecessorum suorum et exempla priorum dicebat osten-

10 di; addito, ut idem Festinianus se metropolitanum * nullatenus appellaret, * fol. 165[v] quousque scripta Romanorum pontificum, que in acceptione pallei eius antecessores acceperant, destinaret: cum in regestis Siricii[xx)85)] et Adriani[86)] nullatenus invenisset, quod Bestoualdo et Iunemeno[87)], predecessoribus eiusdem F(estiniani), sicut scripserat, usum pallei concessissent [yy)].

15 Preterea Ioh(anne)s papa[88)], predecessor noster, episcopis Britannie interdixit, ne iuri ecclesie Turonensis resisterent super omnibus, que Turonensis archiepiscopus[89)] ad suam pertinere metropolim asserebat, donec utraque partium ad apostolicam sedem accederet, ut ibidem causa eadem finiretur; adiciens, quod si aliter agerent [zz)], se scirent excommunicationis

20 sententie subiacere et ab omni ecclesiastico beneficio esse suspensos. Quem pie recordationis Leo papa[90)], successor ipsius, postmodum imitatus, se in

---

[uu)] *Darüber eine schmale, waagrechte Rasur, wahrscheinlich von der Tilgung eines Verweisungszeichens. Auch am Rande eine kleine Rasur (vgl. die Empfängerüberlieferung).* [vv)] *Migne:* rescripsit. [ww)] *Das erste* -e- *korr. aus* -o-. [xx)] Siri; *korr. aus*

25 Siriac. *Die Emendation erfolgte nach der Empfängerüberlieferung. Migne druckt:* Siri. [yy)] concecissent. [zz)] -nt se *auf Rasur nachgetragen.*

1: metropolitica] metropolica *2, 3; korr. aus* metropolitica *4.* 1: eius] ipsius *1—5.* 2: eidem] ecclesiae *1.* 6: eius] *fehlt 2.* 8: detrectarent] detractarent *3; 4; 5.* 14: F(estiniani)] et *1;* Festiniani *2.* 14: concessissent] concessisset *1; 2.*

30 [82)] Papst Nikolaus I. (858—867) mit Brief von ca. 862 (JE 2708, bei MARTÈNE-DURAND, *Thesaurus,* III 859—861).
[83)] JE 2807 vom Jahre 866, bei MARTÈNE-DURAND, *Thesaurus,* III 863 f.
[84)] Es folgt die z. T. wörtliche Wiedergabe von JE 2806 vom 17. Mai 866, bei MARTÈNE-DURAND, *Thesaurus,* III 864 f.

35 [85)] Papst Siricius (384—399). In diesem Zusammenhang sinnlos. Die Empfängerüberlieferung des Schreibens Nikolaus' I. bei MARTÈNE-DURAND, *Thesaurus,* III 865 hat Severinus (638—640), von dem jedoch nichts überliefert ist. Vielleicht ist auch an Stephan III. (768—772), den unmittelbaren Vorgänger des darnach genannten Hadrians I., zu denken.
[86)] Hadrian I. (772—795).

40 [87)] Zwei Erzbischöfe von Dol, die von Festinianus als seine Vorgänger angeführt werden. Wahrscheinlich handelt es sich dabei um Erfindungen, doch wollte DUINE, Annales de Bretagne 32 (1917/18) 509 Restoald um 640 und Jumel als Zeitgenossen Papst Hadrians I. einreihen.
[88)] Papst Johannes XIII. (965—972) mit JL 3756 bzw. ZIMMERMANN, *Papstregesten,*

45 158 Nr. 404 (datiert auf 967—970), bei MARTÈNE-DURAND, *Thesaurus,* III 868 f.
[89)] Harduin, EB. von Tours 959—980. Vgl. *Gallia Christiana,* XIV 52—54.
[90)] Papst Leo IX. (1048—1054) mit JL 4225 (vor dem 1. September 1050), bei MARTÈNE-DURAND, *Thesaurus,* III 869 f.

11*

scriptis veterum reperisse asseruit omnes episcopos Britannie Turonensi archiepiscopo subiacere; adiciens quod, cum ad eum in Remensi concilio super hoc questio delata fuisset[91], statuerat, ut Dolensis pseudoarchiepiscopus[92] cum suis subiectis[a'] Rom(ano) concilio interesset, non solum super hec sed[a'] de symonia etiam[b'] responsurus[93]. Quod quia implere 5 contempsit, eum et omnes episcopos, qui ei adheserant, excommunicationis sententia innodavit; sic scilicet, ut nec peragerent divinum officium nec audirent nec etiam benedicere attemptarent. Tandem vero cum utraque partium super hoc coram felicis recordationis Greg(orio) VII papa[c'], predecessore nostro, diutius litigasset, idem Greg(orius) post longam dis- 10 cussionem in Romana synodo, utraque parte presente et causa non sine multo labore discussa, contra Dolensem ecclesiam sententiam promulgavit[94], ut nisi forte Britanni a subiectione eiusdem ecclesie se possent autentica sedis apostolice auctoritate tueri, Turonensem ecclesiam matrem suam et metropolim recognosceret et eam, quam decet metropolitanum, 15 subiectionem et obedientiam Turonensi archiepiscopo exhiberet, usu pallei tunc Dolensi electo reservato[95]; sic tamen, ut nullus successor eius ad dignitatem huiusmodi aspiraret, sed tam ipsi quam ceteri episcopi Britannie sub Turonensis archiepiscopi magisterio perpetuo permanerent. Ad quod melius cognoscendum idem Greg(orius) legatos[d'] sedis apostolice in pro- 20 vinciam destinavit[96], qui congregato concilio Xanctonis[97] auditis propo-

---

a'—a') -is — sed z. T. auf Rasur und z. T. am Rande nachgetragen.   b') Über der Zeile nachgetragen.   c') Durch Zeichen umgestellt aus papa VII.   d') Migne: legatus.

4: Rom(ano)] Remensi 1; 2.   6: contempsit] concessit 3; 4.   12: sententiam] fehlt 1; 3; 4.   15: recognosceret] recognoscerent 2; 5.   16: exhiberet] exhiberent 25 2; 5.   17: electo] episcopo 1—5.   17: tamen, ut] in 1 ausgelassen.   17: successor] successorum 1—5.   20: idem] in 1 ausgelassen.

[91]) Synode von Reims (3. Oktober bis 6. Oktober 1049). Vgl. Hefele-Leclercq, *Histoire des Conciles*, IV/2 1011 ff., bes. 1020 f. (zur Doler Streitfrage, die am 4. Oktober behandelt wurde). 30

[92]) Damit ist Juthaël gemeint, der von ca. 1039 bis 1076 als B. von Dol aufscheint. Er wurde wegen Simonie abgesetzt. Vgl. Duine, Annales de Bretagne 32 (1917/18) 511. Vgl. oben Anm. 22.

[93]) Die römische Synode fand ab dem 29. April 1050 statt. Vgl. Hefele-Leclercq, *Histoire des Conciles*, IV/2 1040—1051. Von Dol kamen weder der B. noch Abgesandte, 35 während Tours durch Gesandte vertreten war. Deshalb wurde der sogenannte „Erzbischof" exkommuniziert und abgesetzt.

[94]) Papst Gregor VII. (1073—1085) auf der Fastensynode vom 7. März 1080 zu Rom (JL 5155 vom 8. März 1080, bei Martène-Durand, *Thesaurus*, III 877 f. und bei Caspar wie oben Anm. 22). 40

[95]) Vgl. auch oben Anm. 19.

[96]) Als Legaten weilten im Januar 1081 auf dem Konzil von Saintes die Bischöfe Amatus von Oloron (1073—1089, gestorben 1101 als EB. von Bordeaux, vgl. R. Biron, *Amat ou Aimé d'Oloron*, in: Dict. HGE 2 [Paris 1914] 973—977) und Hugo von Die (1074— 1082, gestorben 1106 als EB. von Lyon, vgl. A. Becker, *Hugo [von Romans] B. von Die*, 45 in: LThK 5 [Freiburg ²1960] 512) sowie Tenzo als Begleiter des letzteren. Vgl. dazu Schieffer, *Päpstliche Legaten*, 88 ff. und 124 f.

[97]) Konzil von Saintes, das im Januar 1081 unter Vorsitz des B. Amatus von Oloron zusammengetreten war. Vgl. Hefele-Leclercq, *Histoire des Conciles*, V/1 282.

sitis — cum Dolensis ecclesia nullum ad sue defensionis presidium apostolice sedis privilegium induxisset, sed quasdam litteras potius sub nomine
Adriani pape confectas[98], quas P., clericus Dolensis antistitis, ipso au-
diente ac tacente in regesto Romane ecclesie se mentitus fuerat repperisse et
5 quas idem antistes falsatas esse in versiculo, in quo[e'] de datione pallei
fiebat mentio, recognovit —, quod Greg(orius) sub conditione statuerat,
pure curaverunt et simpliciter diffinire: scilicet ut tam idem Dolensis
quam ceteri episcopi Britannie perpetuam deinceps subiectionem et obedientiam exhiberent archiepiscopo Turonensi; quod predictus Dolensis in
10 manu dicti Greg(orii) pape post datum iudicium promiserat se facturum.
| Quamvis autem predictorum Ioh(ann)is, Leonis, Greg(orii)[39] et legato-
rum eius pars eadem autentica non haberet, ea tamen autentica esse per
bone memorie Vrb(ani) II autenticum demonstravit[100]. Cumque postmodum R(ollandus), Dolensis episcopus, memorati Vrb(ani) pape se
15 conspectui presentasset, iuramento firmavit, quod predictus Gr(e)g(orius)
predecessori eius[f'] salva querimonia Turonensis ecclesie pallei usum concesserat; sic[f'] tamen, ut si etiam Dolensis ecclesia in causa succumberet,
usum pallei nichilominus retineret; quod per quasdam litteras eiusdem
Greg(orii) ostendere nitebatur, propter quod Vrbanus ei pallium indulsit.
20 Ceterum[101] cum R(adulfus), Turonensis archiepiscopus, ad eius presentiam accessisset[102] et quod per eundem[g'] Greg(orium) et[g'] legatos eius[103]
diffinitum fuerat, demonstrasset, idem Urbanus de consensu partium certum terminum[104] partibus assignavit, ad quem si qua partium non veniret, cause sue periculum sustineret. Unde Turonensi ad terminum veniente,
25 Dolensi vero per nuncium suum excusationes solummodo pretendente
minus legittimas, causa cognita de consilio fratrum suorum sanccivit, ut

---

e') in quo *auf Rasur.*   *f'–f') Auf Rasur, wahrscheinlich nachgetragen.*   *g'–g') Auf*
Rasur nachgetragen (vgl. die Empfängerüberlieferung).

4: ac] et *2; 5.*   4: se mentitus fuerat] *in 1 ausgelassen.*   9—10: in — pape]
30 *in 1 ausgelassen.*   10: manu] manus *3; 4; 5.*   16: predecessori] predecessor *1; 2.*
16: eius salva] noster a *1.*   18: eiusdem] *fehlt 2.*   19: pallium] palli (*in 1 korr. aus*
pallei, *davor* pallium *durchgestrichen) 1, 5;* pallei *2, 3, 4;* usum *1—5.*   21: eundem
Greg(orium) et] antedicti Gregorii *2.*   21: eius] *fehlt 2;* ipsius *1; 3; 4.*

[98] Vgl. oben Anm. 16. In Tours wurde diese Urkunde stets als Fälschung angesehen
35 und am Konzil von Saintes von den Legaten als solche deklariert. Vgl. Martène-Durand,
Thesaurus, III 937.

[99] Vgl. oben Anm. 88, 90 und 94.

[100] Es folgt die z. T. wörtliche Wiedergabe des Briefes Papst Urbans II. an die bretonischen Bischöfe vom Jahre 1093 (JL 5475, bei Martène-Durand, *Thesaurus,* III 878).
40 Vgl. oben Anm. 23.

[101] Es folgt die z. T. wörtliche Wiedergabe des Briefes Urbans II. vom 5. April 1094 an
den EB. Radulf von Tours (1087—1118) (JL 5519, bei Martène-Durand, *Thesaurus,* III
879—881).

[102] Radulf war zwischen dem 9. Februar und 11. März 1094 in Benevent bei Urban II.
45 Aus JL 5519 zu erschließen.

[103] Vgl. oben Anm. 94, 96 und 97.

[104] Es war Mittfasten 1094, also der 19. März 1094, gewesen.

tam Dolensis quam ceteri episcopi Britannie Turonensem ecclesiam suam
esse ʰ⁾ metropolim recognoscerent et debitam ei reverentiam exhiberent
nec ullo ulterius tempore post Roll(andi)¹⁰⁵⁾ obitum ad usum pallei
Dolensis episcopus aspiraret, sicut in eius autentico perspeximus contineri.
Idem etiam Vrb(anus) episcopis Britannie suam sententiam denuncians ₅
precepit¹⁰⁶⁾, ut Turonensi sicut archiepiscopo suo in posterum obedirent.
Cum autem postmodum tempore bone memorie Lucii pape II¹⁰⁷⁾ causa
eadem fuisset ad apostolice sedis audientiam procurante Dolensi ecclesia
revocata, ipse utraque parte presente latam ab eodem Vrb(ano) sententiam per sententiam¹'⁾ confirmavit et Turonensem ecclesiam super Do- ₁₀
len(sis) et aliorum episcoporum Britannie obedientia per baculum investivit: precipiens ut tam Dolensis quam ceteri episcopi Britannie Turonensi
ecclesie tamquam proprie metropoli subiacerent et ei debitam obedientiam et reverentiam exhibere curarent; hac tamen moderatione habita, ut
G(aufridus), tunc Dolensis episcopus, retineret usum pallei, quoad viveret, ₁₅
et Romano tantum pontifici subiaceret, sed post ipsum nullus Dolensis
episcopus ad usum pallei aspiraret, sicut in ostenso nobis ipsius autentico
privilegio continetur. Qui etiam Briocen(ses) et Trecor(enses) episcopos ab
obedientia Dolensis absolvit¹⁰⁸⁾ et ut Turonensi archiepiscopo reverentiam
et obedientiam exhiberent iniunxit; adiciens quod, si mandati essent ₂₀
apostolici contemptores, sententiam, quam Turonensis proferret in eos,
ratam haberet et faceret inviolabiliter observari; mandans etiam comiti
et baronibus Britannie¹⁰⁹⁾, ut sentencie nullatenus obviarent, sed eam
paterentur executioni ᵏ'⁾ mandari; alioquin ratam haberet sententiam,
quam Turonensis archiepiscopus in contradictorem quemlibet promul- ₂₅
garet. Hanc autem eiusdem Lucii sententiam Eugenius et Anastasius,
successores ipsius, auctoritate apostolica confirmarunt¹¹⁰⁾, et idem Eugenius ratam habuit excommunicationis sententiam, quam in Dolenses et
Briocenses clericos E(ngelbaldus), tunc Turonensis archiepiscopus, prop-

---

ʰ') suam esse *auf Rasur, wahrscheinlich nachgetragen (vgl. die Empfängerüberlieferung).* ₃₀
¹') per sententiam *fehlt bei Migne.*   ᵏ') *Auf Rasur, wahrscheinlich nachgetragen.*

2: esse] *fehlt 1—5.*   11: per] *fehlt 1.*   14: habita] adhibita *1—5.*   18: privilegio] *fehlt 1—5.*   22: mandans etiam] scribens Gau(frido) *2.*

¹⁰⁵⁾ Vgl. oben Anm. 21.
¹⁰⁶⁾ Urban II. vom 11. April 1094 (JL 5520, bei Martène-Durand, *Thesaurus,* III ₃₅
881 f.).
¹⁰⁷⁾ Es folgt die z. T. wörtliche Wiedergabe der Urkunde Lucius' II. für das Erzbistum
Tours vom 15. Mai 1144 (JL 8609, bei Martène-Durand, *Thesaurus,* III 887—890). Vgl.
oben Anm. 39.
¹⁰⁸⁾ Mit der Urkunde vom 15. Mai 1144 (JL 8610, bei Martène-Durand, *Thesaurus,* ₄₀
III 890) löste Lucius II. die Bistümer Saint-Brieuc und Tréguier aus dem Metropolitanverband von Dol. Vgl. oben Anm. 39.
¹⁰⁹⁾ JL 8613 vom 18. Mai 1144, bei Martène-Durand, *Thesaurus,* III 890 f. Graf bzw.
„Herzog" der Bretagne war damals Conan III. (1119—1148). Vgl. Durtelle, *Histoire de
Bretagne,* I 122—124. Dort auch Näheres über den Wechsel der Titel. ₄₅
¹¹⁰⁾ JL 8991 vom 3. Januar 1147 durch Eugen III. und JL 9841 vom 3. März 1154 durch
Anastasius IV., beide bei Martène-Durand, *Thesaurus,* III 892—896.

ter eorum inobedientiam promulgarat[111]. Tandem vero Dolensis[l'] ecclesia sententie parere * coacta Hugonem tunc electum suum consecrandum   * fol. 166ʳ
per X Dolenses canonicos et clericos cum decreto capituli subscriptiones
canonicorum omnium continente, absolutione recepta ab [m'] archiepisco-
5 po Turonensi[n'], eidem archiepiscopo presentavit et ei professionem
fecit, sicut alii suffraganei[o'] archiepiscopo suo facere consuerunt[112], ac
rediens a clero et populo Dolensibus fuit cum processione receptus[113]. Et licet
idem H(ugo) postmodum, sicut ab adversa parte proponitur, palleum et
absolutionem obedientie, quam in consecratione sua exhibuerat ecclesie
10 Turonensi, tacita de[p'] latis sententiis veritate et falsitate suggesta —
scilicet quod ille, qui tunc in Dolensi ecclesia presulatus gerebat officium,
fraudem adhibuerat nec sufficienter partem ecclesie Dolensis deffende-
rat —, a sede apostolica impetrasset[114], rediens tamen eidem archiepiscopo debitam obedientiam exhibere curavit et se teneri recognovit eidem,
15 ad concilium eius vocatus accessit[115] et tam ei quam I(oscio), eiusdem
archiepiscopi successori[116], obedientiam sicut suo metropolitano reverenter impendit; sicut per testes fuerat legitime comprobatum[117]. Qui cum
tandem, quia transgressus fuerat proprium iuramentum, ab eodem I(oscio)

[l'] *Migne:* Dolensi.   [m'] *Auf Rasur.*   [n'] -nen- *auf Rasur.*   [o'] alii suffraganei
20 *auf Rasur nachgetragen.*   [p'] -cita de *auf Rasur.*

4: absolutione] *in 1 ausgelassen.*   8: idem H(ugo)] *fehlt 2.*   8: proponitur]
opponitur *1—5.*   9: sua exhibuerat] promiserat *1; 2.*   12: ecclesie Dolensis] Dolensis
ecclesiae *1; 2.*   14: se teneri] *in 1 ausgelassen.*

[111] Als die Kirchen von Dol und Saint-Brieuc weiterhin in ihrer Inobödienz gegenüber
25 Tours verharrten, verhängte EB. Engelbald von Tours die Exkommunikation, die Papst
Eugen III. im März 1148 bestätigte. Er ordnete mit der Urkunde vom 16. Juni 1149 (JL
9343) an, daß die Exkommunikation so lange gültig bleiben solle, bis sich die beiden
Diözesen Tours unterworfen hätten.

[112] Hugo Le Roux war nach seiner Wahl zum Oberhirten von Dol 1153 zusammen mit
30 mehreren Kanonikern zum EB. von Tours, Engelbald von Preuilly, gereist. Sie brachten die
Urkunde des Kapitels mit, worin Hugo als Elekt präsentiert wurde. Hugo machte vor
Engelbald seine Professio und wurde von diesem am 5. Dezember 1154 geweiht. In den
Zeugenaussagen aus der Zeit Lucius' III. wurde dies mehrfach beschworen. Vgl. MARTÈNE-
DURAND, *Thesaurus*, III 912—917, und oben Anm. 45—50.

35 [113] Auch dies wurde von Zeugen beschworen, die zugunsten von Tours aussagten (MAR-
TÈNE-DURAND, *Thesaurus*, III 914 C, 916 B, 917 A), wohingegen die Vertreter von Dol dies
heftig bestritten. Vgl. oben S. 158 Z. 15 f. und MARTÈNE-DURAND, *Thesaurus*, III 918 B,
919 A.

[114] Hugo erreichte von Hadrian IV. die Gewährung des Palliums: JL 10063 vom 17. Mai
40 1155, vgl. oben Anm. 56.

[115] Hugo nahm nach der Aussage mehrerer von Tours aufgebotener Zeugen an einer
Provinzialsynode zu Bourgueil (Dép. Indre-et-Loire) im August oder September 1155 teil,
zu welcher ihn Engelbald von Preuilly einberufen hatte, und saß dort unter den anderen
Suffraganen von Tours (vgl. MARTÈNE-DURAND, *Thesaurus*, III 912, 914, 915) und erwies
45 auch sonst dem EB. von Tours seinen Gehorsam (ebd., 913).

[116] Joscius, EB. von Tours 1157—1174. Vgl. *Gallia Christiana*, XIV 89—92.

[117] Auch B. Wilhelm von Le Mans bezeugte, daß Hugo bei einer Provinzialsynode, die
Joscius nach Angers einberufen hatte, unter den Suffraganen des EB. von Tours saß. Vgl.
MARTÈNE-DURAND, *Thesaurus*, III 916.

excommunicationis fuisset[q'] vinculo innodatus, tandem cecitate percussus, penitens et de periurio sponte confessus, absolutionis[r'] ab eo beneficio[r'] impetrato anulum etiam ei resignavit; quod totum per testes fuerat comprobatum[118]. Idem quoque Adrianus in litteris, quas pars adversa super palleo eidem H(ugoni) concesso inducit, inter cetera protestatur, [5] quod — quia super controversia proposita plenam non potuerat cognitionem habere, cum altera pars in negatione consisteret et se non habere mandatum penitus affirmaret — nichil ab eo fuerat super eodem negocio terminatum[119]. Felicis etiam recordationis Alex(ander) papa, predecessor noster, de sententia Lucii[120], confirmatione Eugenii[121] et Anastasii[122], [10] concordia H(ugonis) et palleo ipsi H(ugoni) ab Adriano papa concesso[123] habita mentione, Turonensi ecclesie in Dolensem ius metropoliticum reservavit, mandans Dolensi capitulo, ut si forsan in personam idoneam convenisset, eam Turonensi archiepiscopo confirmandam et consecrandam, si electionem inveniret factam[s'] canonice, presentaret, et consecraturus ei [15] debitam obedientiam et reverentiam secundum ecclesie consuetudinem exhiberet; adiciens quod, si per legatos[124] sedis apostolice eorum esset electio confirmata et electus etiam consecratus, nichilominus ad eundem archiepiscopum vocatus accederet et ei obedientiam exhiberet[125]. Quodsi forsan ab eo vocatus ad presentiam eius infra tres menses accedere non [20] curaret, ex tunc idem Alex(ander) ipsum ab amministratione temporalium et executione officii, quod post electionem susceperat, suspendebat[t'];

[q'] *Durch Zeichen umgestellt aus* fuisset excommunicationis.   [r'-r'] *Darüber zwei kurze, senkrechte Striche.*   [s'] *Durch Zeichen umgestellt aus* factam inveniret. [t'] supendebat. [25]

3: etiam ei] ei etiam *1—5.*   6: potuerat] potuit *1.*   7: habere (cum)] facere *1.* 12: habita—ecclesie] *in 1 ausgelassen.*   12: metropoliticum] metropolicum *3; 4.* 15: consecraturus] consecratus *1—5.*   17: adiciens quod, si] *in 1 ausgelassen.* 17: per] et *1.*   20: ab eo vocatus] *fehlt 2.*   21: Alex(ander)] Dolensis *1.* 22: quod post electionem] *in 1 ausgelassen.* [30]

[118] Der Zeitpunkt der Exkommunikation läßt sich nicht feststellen, Hugo resignierte aber am 1. März 1161. Vgl. oben Anm. 45, *Hugo von Torigny, Chronik,* MG SS VI 511 und die Zeugenaussage des Presbyters Salomon bei MARTÈNE-DURAND, *Thesaurus,* III 915 BC.

[119] Damit wird ein Passus aus der Urkunde Hadrians IV. vom 17. Mai 1155 (JL 10063) für den EB. von Tours fast wörtlich zitiert. Bei MARTÈNE-DURAND, *Thesaurus,* III 898 D. [35] Vgl. oben Anm. 56.

[120] JL 8609, s. oben Anm. 107.   [121] JL 8991, s. oben Anm. 110.

[122] JL 9841, s. oben Anm. 110.   [123] JL 10063, s. oben Anm. 56.

[124] Im Frühjahr 1161 befanden sich Heinrich, Kardinalpresbyter von SS. Nereo ed Achilleo, Wilhelm, Kardinalpresbyter von S. Pietro in Vincoli, und Otto, Kardinaldiakon [40] von S. Nicola in Carcere Tulliano, im Auftrag Alexanders III. in Frankreich. Vgl. JANSSEN, *Legaten,* 61—78.

[125] JL 10671 vom 12. Juli 1161, bei MARTÈNE-DURAND, *Thesaurus,* III 903 f. Die „persona idonea" ist der 1161 an Stelle von Hugo gewählte Roger du Homet, der jedoch schon 1163 in Johannes de la Mouche einen Nachfolger erhielt. Wir wissen nicht, ob Roger [45] abgesetzt wurde, weil er sich Tours nicht unterworfen hätte (was wahrscheinlicher ist), oder ob er gestorben ist. Vgl. dazu DUINE, Annales de Bretagne 32 (1917/18) 528 f.

sicut per eius autentica patuit manifeste[126]. Nec nocuit nec nocere potuit ecclesie Turonensi, quod idem Alex(ander) forte in favorem electi Dolensis [u'] citavit partes[127], testes recepit et aliis recipiendos commisit, cum [v'] non in preiudicium alterutrius partium [v'] id intelligatur egisse; presertim
5 cum tibi etiam ad Turonensem metropolim evocato Dolensis diocesis in pulsatione campanarum et causarum delatione detulerit[128] et abbas sancti Iacuti, qui est de Dolensi diocesi, ad concilium tuum vocatus accesserit et tibi etiam obedientiam curaverit exhibere[129].

Nos ergo [w'] diligenter auditis, que fuerant hinc inde proposita, et
10 rationibus et allegationibus partium cum instrumentis et attestationibus sufficienter inspectis, de fratrum [x'] nostrorum et tam archiepiscoporum quam episcoporum existentium apud apostolicam sedem consilio petitionem Dolensis ecclesie interlocuti sumus non esse aliquatenus admittendam, cum probatum non esset Dolensem ecclesiam in libertatis posses-
15 sione, sed Turonensem potius in subiectionis ipsius possessione manere. Ad abundantiorem autem cautelam ab eodem electo coram fratribus nostris quesivimus, si Dolensis ecclesia iam probasset vel adhuc posset probare dolum, quem prefatus G(aufridus), Dolensis archiepiscopus, dictus est commisisse, per quem pars[y'] Dolensis ecclesie remansisse proposita fuerat
20 indefensa[130]. Qui respondit, quod dolus ille nec probatus fuerat nec[z'] poterat[z'] comprobari; cum sepedictus G(aufridus) et qui cum eo venerant in Apuliam[131] transeuntes numquam postea remearint. Et quamvis causa non super proprietate, super qua sepe fuerat sententialiter diffinitum, sed super possessione tantum subiectionis et libertatis commissa sub certa

---

25   [u'] *Durch Zeichen umgestellt aus* Dolensis electi.   [v'-v'] *Auf Rasur nachgetragen.*
[w'] *Korr. aus* igitur.   [x'] -m *hat die Form eines Großbuchstabens.*   [y'] *Darüber eine Art Halbkreis mit einem Punkt, anscheinend als Zeichen für einen vorzunehmenden Nachtrag (vgl. die Empfängerüberlieferung).*   [z'] *Über dem* -e- *zwei kurze, senkrechte Striche.*

30   2: ecclesie Turonensi] *fehlt 2.*   5: tibi etiam] *in 1 ausgelassen.*   5: Turonensem] *fehlt 1.*   10: cum instrumentis] *in 1 ausgelassen.*   14: ecclesiam] *fehlt 3, 4.*
16: abundantiorem] *in 1 ausgelassen;* habundantiorem *3, 4;* habundanciorem *5.*
17: posset probare] probare posset *2.*   19: pars] pars ipsius *1—5.*   19: fuerat] fuerit *3, 4.*   21: cum sepedictus G(aufridus)] *fehlt 1.*   22: postea] postmodum *1—5.*
35 22: remearint] remearunt *1, 5.*

[126] Es handelt sich wieder um JL 10671, s. vorige Anm.
[127] JL 13503 von 1179, bei Martène-Durand, *Thesaurus*, III 904 f. und JL 13660 vom 13. Mai 1180, ebd. 905 f.
[128] Hugo, der Dekan des Kapitels von Tours, bezeugte, daß Bartholomäus bei einer
40 Reise durch das Bistum Dol die Ehren, die ihm als Metropolitan zustanden, auch erwiesen wurden. Vgl. Martène-Durand, *Thesaurus*, III 911 f.
[129] Heinrich, Abt der Benediktinerabtei Saint-Jacut-de-la-Mer (Diöz. Dol, Dép. Côtes-du-Nord, Arr. Dinan) vor 1163—nach 1188 (vgl. *Gallia Christiana*, XIV 1070 f.) folgte mehrmals dem Ruf des EB. von Tours und leistete ihm die Obödienz. Auch dies nach dem Zeug-
45 nis des Dekans von Tours, s. oben Anm. 128.
[130] Vgl. oben Anm. 40.
[131] Richtig müßte es „Campaniam" heißen, denn Gottfried wurde auf das Erzbistum Capua transferiert.

forma fuisset, ad omnem tamen occasionem tollendam liberam ei[aa'] concessimus facultatem, ut ex hiis, que acta fuerant, adhuc summatim de proprietate proponeret, si quid posset rationabiliter allegare. Audientia ergo sibi propter hoc publica in consistorio bis indulta, quia preter premissa nichil ad comodum partis sue potuit allegari, cum quasi prenosceret 5 quod deberet in causa succumbere, electioni renunciare voluit in manibus nostris et a commissa sibi et sociis suis a Dolensi capitulo super eadem causa procuratione cessare. Nos autem nolentes hominum maliciis indulgere, nec renunciationem recepimus, nec[bb'] passi fuimus, ut a commisso sibi et sociis suis a Dolensi ecclesia super eadem causa procuratoris officio 10 resiliret.

Ipso igitur nichil, quod ad causam suam faceret postmodum proponente, cum ipsum negocium diu quidem cum multa diligentia nos et fratres nostri sufficientissime discusserimus — premissis et aliis multis rationibus per idoneos advocatos ab utraque parte prudenter inductis, quas 15 propter prolixitatem superfluam in hac pagina pretermisimus annotare — de communi fratrum nostrorum consilio auctoritate Dei omnipotentis et beatorum apostolorum Petri et Pauli et nostra, utraque parte presente predictas predecessorum nostrorum sententias confirmantes decernimus, statuimus et sanccimus, ut Dolensis ecclesia perpetuis semper temporibus 20 suffraganea plene subiaceat ecclesie Turonensi et debitam ei[cc'], sue vere metropoli, reverentiam et obedientiam cum aliis suffraganeis ecclesie Turonensis impendat, nec unquam Dolensis episcopus ad pallei usum aspiret. Et ne causa totiens[dd'] diffinita decetero valeat in contentionis scrupulum refricari, si qua post hec * instrumenta vel argumenta pro parte 25 Dolensis ecclesie possent quomodolibet inveniri, nos auctoritate apostolica nichil ea penitus valitura censemus.

*fol. 166ᵛ

Nulli ergo et cetera diffinitionis et constitutionis[ee'] et cetera.

Datum Laterani per manum Rainaldi domini pape notarii, cancellarii vicem agentis[132],   [ff']Kal. Iunii, indictione IIᵃ, incarnationis Dominice 30

ᵃᵃ') eis. *Die Emendation erfolgte auch nach der Empfängerüberlieferung.*   ᵇᵇ') ne. *Die Emendation erfolgte auch nach der Empfängerüberlieferung.*   ᶜᶜ') *Migne fügt hinzu:* tamquam.   ᵈᵈ') -s *auf einer 6 mm langen Rasur in die Länge gezogen.*   ᵉᵉ') *et constitutionis fehlt bei Migne.*   ᶠᶠ') *Für die Zahl ist ein Platz freigelassen (vgl. Kempf, Originalregister, 115 mit Anm. 79).*

2: ut ex hiis, que] *in 1 ausgelassen.*   2: de] super *1—5.*   4: consistorio] consultorio *2.*   5: allegari] allegare *2, 5.*   6: causa] causa sua *2.*   6: voluit in] *in 1 ausgelassen.*   12: causam suam] quaestionem *2.*   12: postmodum] *fehlt 2.* 19: confirmantes] confirmamus *2.*   20: statuimus] *fehlt 1.*   21—22: vere — ecclesie] *fehlt 1.*   21: vere] *fehlt 2.*   22: ecclesie Turonensis] *fehlt 2.*   24—25: contentionis scrupulum] contentionem *1, 2.*   27—28: ea — diffinitionis] *in 1 ausgelassen.* 28: et cetera] (omnino hominum *3, 4, 5*) liceat hanc paginam nostre *2—5.*   28: diffinitionis et constitutionis] (constitutionis *2*) et confirmationis *1, 2.*   28: et cetera] infringere vel ei ausu temerario contraire. Si quis autem hoc attemptare presumpserit, indignationem omnipotentis Dei et beatorum Petri et Pauli apostolorum eius se noverit incursurum *1—4, (5).*   29: Laterani] Lateranis *2.*

¹³²) S. Br. II 3 Anm. 6.

anno M C XC IX, pontificatus vero domni Innocentii pape III anno secundo.

80 (83).

Innocenz III. gibt dem Erzbischof (Bartholomäus) und dem Domkapitel von
5 *Tours das Urteil bekannt, mit dem er den Anspruch des Bistums Dol auf*
die Metropolitanwürde abweist und dessen Stellung als Suffragan von
Tours bestätigt.

Lateran, (1199) Juni 2.

Reg. Vat. 4, fol. 166ᵛ ⟨Nr. LXXXIII⟩.
10 *Empfängerüberlieferung: (1) Abschrift nach dem Original 1613: Paris, Bibliothèque*
Nationale, Ms. nouv. acq. lat. 1268, fol. 39ʳ—40ʳ. (2) Druck bei E. Martène, Veterum scrip-
torum et monumentorum . . . collectio nova, 1 Rouen (1700) 166—168; E. Martène - U. Du-
rand, Thesaurus novus anecdotorum, 3 Paris (1727) 953 f.
Sirleto, fol. 326ʳ = Cholinus, II 427 = Venet., II 427 = Baluze, I 394 Nr. 83=Migne,
15 *PL 214, 634 Nr. 83. — Potth. Reg. 727; Bréquigny, Table chronologique, IV 263.*

Archiepiscopo[1] et capitulo Turonensibus.

Ad[a] convincendam maliciam et improbitatem eorum, qui contra rationes et iura venire non metuunt, sedes apostolica consuevit rigorem et
severitatem aliquotiens temperare: | ut vincens in bono malum omnem   vgl. Röm 12, 21
20 auferat materiam[b] murmurandi.

Hoc enim quidam predecessorum nostrorum in causa, que vertebatur
inter Turonensem et Dolensem ecclesias, fecisse noscuntur, qui contra res
iudicatas et per sententias sedis apostolice sepius diffinitas[c] Dolensi audientiam in iudicio prestiterunt, cum contra res iudicatas nullo iuris remedio
25 valeat attemptari: ita quod et iudicis inferioris sententia, que legitima non
est appellatione suspensa, postquam in rem transierit iudicatam, etiam[d]
contra ius litigatoris prolata, retractari de iure non debet, ut sic finis litibus imponatur. Nos quoque — postquam causam illam, que commissa
fuerat a bone memorie Alex(andro)[2] et Lucio[3], predecessoribus nostris,

---

30 **80.** [a] *Längs des Briefes am Rande ein senkrechter, z. T. gewellter Strich.*   [b] *Das zweite*
-a- korr. aus -n-.   [c] *-t- auf Rasur.*   [d] *Migne:* ut.

1: MCXCIX] M° C° X° C VIII° *3, 4, 5.*   1: domni] domini *1, 3, 4, 5.*   1: III]
tertii *1, 2, 4, 5;* tercii *3.*

80. *Empfängerüberlieferung (kollationiert nach einer Photographie der Kopie, zur Verfügung*
35 *gestellt von der Bibliothèque Nationale, Paris, und dem Druck bei Martène, Veterum scrip-*
torum et monumentorum . . . collectio nova, I 166 ff.)

16: Archiepiscopo—Turonensibus] Innocentius episcopus, servus servorum Dei,
venerabili fratri (. . 2) archiepiscopo et dilectis filiis capitulo Turonensi salutem et
apostolicam benedictionem *1, 2.*   23: Dolensi] Dolensibus *2.*

40 **80.** [1] S. Br. II 74 (77) Anm. 1.
[2] Bezieht sich wohl auf JL 14371 vom 25. Februar 1181, bei Martène-Durand,
Thesaurus, III 907—910.
[3] Bezieht sich wohl auf JL 15234 vom 18. August 1184 (oder 1185), bei Martène-
Durand, *Thesaurus*, III 910 f.

inter ipsas ecclesias super possessione tantum subiectionis et libertatis, rationibus et allegationibus utriusque partis[e] cum instrumentis et attestationibus diligenter auditis et cognitis, pro Turonensi contra Dolensem canonice terminavimus[4] — ad abundantiorem cautelam benignam adhuc ipsis
Dolensibus indulsimus facultatem, ut, quoniam in examinatione illius cau- 5
se multa fuerunt in diversis articulis coram nobis et fratribus nostris
utrimque de proprietate proposita, summatim — non quasi litem contra
priores sententias contestando, sed ut ex hiis, que fuerunt actitata — de
proprietate, si possent, aliquid plenius et efficatius allegarent, per quod
forte posset ostendi, an aliquid fuerit omissum, sicut ipsi frequentius asse- 10
ruerant, propter quod ipsa Dolensis ecclesia in prioribus iudiciis remanserit aliquatenus indefensa[5].

Sed cum preter illa, que prius multipliciter allegaverant, nichil postea
commodius allegarent, nos ex allegationibus ipsis nichil penitus audientes,
quod contra vires priorum sententiarum animum nostrum posset aut debe- 15
ret aliquomodo movere, dictas predecessorum nostrorum sententias confirmavimus: statuentes, ut Dolensis ecclesia tamquam sue vere metropoli
perpetuis semper temporibus suffraganea plene subiaceat ecclesie Turonensi nec umquam Dolensis episcopus ad pallei usum aspiret. Et ad
omnem maliciam convincendam decrevimus, ut, ne[f] lis totiens[g] diffinita 20
posset ulterius refricari, si qua post hec argumenta vel instrumenta pro
parte Dolensis ecclesie contingeret inveniri, tamquam nichil penitus
valitura omni prorsus utilitate carerent. Ut autem de ordine processus
istius nulla possit inposterum dubitatio suboriri, has vobis litteras
ipsum processum compendiosius continentes duximus in testimonium 25
concedendas[h].

Datum Laterani, IIII Non. Iunii.

81 (84-88).

*Innocenz III. teilt dem König (Philipp II. August) von Frankreich, (der
Gräfin [Konstanze] der Bretagne, deren Sohn A[rthur] und den Baronen der* 30
*Bretagne, ferner dem Klerus, Volk und Domkapitel von Dol sowie dem Erz-
bischof [Walter] von Rouen und dessen Suffraganbischöfen) das Urteil mit,*

---

e) *Durch Zeichen umgestellt aus* utriusque partis et allegationibus.   f) ut ne *auf
Rasur.*   g) -s z. T. *auf Rasur.*   h) conceden- *auf Rasur von anderer Hand nachgetragen (vgl. Einleitung XVII).*   35

8: fuerunt] fuerant *1, 2.*   10—11: asseruerant] asseverant *2.*   12: aliquatenus]
aliquoties *2.*   12: indefensa] indefessa *1.*   13: illa] ea *2.*   14: allegarent] alle-
garint *1;* allegarant *2.*   15—16: aut deberet aliquomodo] *fehlt 1.*   20: totiens]
toties *2.*   27: Laterani] Lateranis *1, 2.*   27: Iunii] Iunii, pontificatus nostri anno
secundo *1, 2.*   40

4) Br. II 79 (82).
5) Damit wird auf die Klage der Kirche von Dol angespielt, Hugo Le Roux hätte sich
1147 leichtfertig dem EB. von Tours unterworfen. Vgl. Br. II 79 (82) Anm. 40.

das er im Prozesse zwischen dem Erzbistum Tours und dem Bistum Dol über die von letzterem sich angemaßte Metropolitanwürde gefällt hat, und trägt ihnen dessen Vollstreckung auf.

Lateran, (1199) Mai 31.

5 *Reg. Vat. 4, fol. 166ᵛ—167ʳ ⟨Nr. LXXXIIII⟩.*
Empfängerüberlieferung des A-pari-Briefes an die Gräfin der Bretagne, ihren Sohn und die Barone der Bretagne: Druck bei E. Martène, Veterum scriptorum et monumentorum . . . collectio nova, 1 Rouen (1700) 168 f.; E. Martène - U. Durand, Thesaurus novus anecdotorum, 3 Paris (1727) 954.
10 *Sirleto, fol. 326ᵛ—327ʳ = Cholinus, II 428 = Venet., II 428 = Baluze, I 394—395 Nr. 84 —88 = Migne, PL 214, 635—636 Nr. 84—88. — Potth. Reg. 721—724 und 728; Bréquigny, Table chronologique, IV 262.*

Regi Francorum[1].

Ventilata[a] diutius et quasi frustra sepius sopita contentio, que inter
15 Turonensem et Dolensem ecclesias vertebatur, usque adeo statum gene-ral(em)[b] ecclesie hactenus molestavit, ut non solum Dolensis doleret ecclesia et metropolis Turonica turbaretur[c], sed predecessorum nostro-rum aures utriusque sepius querela pulsaret et ipsi frustra quodammodo visi fuerint laborasse. Nam etsi frequenter ad Romanam curiam[d] questio
20 ipsa[d] perlata fuisset et per multos predecessores nostros non tantum se-mel sopita sed sepe, nichilominus tamen super ea nos oportuit laborare; nec fuit per Dei gratiam labor noster inanis, sed principium nostrum finis est debitus subsecutus[2]. Siquidem cum utraque partium ad cita-tionem nostram apostolico se conspectui presentasset — auditis, que
25 fuerant hincinde proposita, rationibus, allegationibus et attestationibus et instrumentis[e] partium diligenter inspectis — de communi fratrum nostrorum consilio sententiam dictavimus pro ecclesia Turonensi: aucto-ritate apostolica decernentes, ut Dolensis ecclesia suffraganea semper existat ecclesie Turonensis et ei[f], sue vere metropoli, reverentiam, hono-
30 rem et subiectionem semper impendat nec ullo umquam tempore ad usum pallei episcopus Dolensis aspiret.

vgl. 1 Kor 15, 58
vgl. Apok 1, 8

81. [a] *Längs des Hauptbriefes am Rande ein senkrechter, z. T. gewellter Strich.* [b] *Migne: generalis. Die Auflösung der Abkürzung folgt auch der Empfängerüberlieferung.* [c] *Am Rande von anderer Hand nachgetragen. Dafür ist dasselbe Wort im Text vor metropolis durch-*
35 *gestrichen (vgl. die Empfängerüberlieferung des A-pari-Briefes und die Einleitung XVII mit Anm. 37).* [d—d] *Auf Rasur nachgetragen (vgl. die Empfängerüberlieferung des A-pari-Briefes).* [e] *instrumetis.* [f] *Migne fügt hinzu: tanquam.*

81. *Empfängerüberlieferung eines A-pari-Briefes (kollationiert nach Martène, Veterum scrip-torum et monumentorum . . . collectio nova, 1 168).*

40 13: Regi Francorum] *s.unten S.174 Z. 31—33.* 17: metropolis—turbaretur] turbaretur metropolis Turonensis. 18: pulsaret] pulsarit. 19: curiam] ecclesiam. 20: ipsa — et] fuerit ipsa perlata et fuisset. 20—21: tantum semel] semel tantum. 25: fuerant] fuerunt. 25: hincinde] hinc et inde. 25: rationibus] et rationibus. 25: et attestationibus] attestationibus. 28: semper] *fehlt.*

45 **81.** [1] S. Br. II 23 Anm. 2.
[2] Vgl. Br. II 79 (82).

Ideoque serenitatem regiam monemus et exhortamur attentius ac per
apostolica tibi scripta mandamus, quatinus latam a nobis sententiam,
quantum in te fuerit, et tu ipse conserves ulterius et facias ab illis[g] | ob-
servari, eandem ecclesiam Turonensem in suis iusticiis manutenens et
defendens.   5
  Datum Laterani, II Kal. Iunii.
  In[h] eundem modum comitisse[3] et A(rthuro), filio eius[4], et universis
baronibus Britannie usque observari[1]; Turonensem ecclesiam vestram
recognoscentes metropolim et ad eam, in quibus necesse fuerit, devote et
humiliter recurrentes[k][5]. Alioquin sententiam, quam in vos propter hoc 10
canonice tulerit ecclesia Turonensis, ratam habebimus et faciemus auctoritate[1] nostra inviolabiliter[1] observari.
  Datum eadem[m].
  In[n] eundem modum clero et populo Dolensibus[6] usque aspiret[o].
Ideoque universitati vestre per apostolica scripta mandamus et districte 15
precipimus, quatinus late a nobis sentential devote ac sine omni contradictione parentes, Turonensem ecclesiam, metropolim videlicet vestram[7],
curetis humiliter revereri et ad eam, in quibus necesse fuerit et ius metropolitanum postulat, recurratis. Alioquin sententiam, quam in vos propter
hoc canonice tulerit ecclesia Tu(ronensis)[p], ratam habebimus et faciemus 20
auctoritate nostra inviolabiliter observari.
  Datum eadem[q].

---

[g] *Durch Zeichen umgestellt aus* ab illis facias.   [h] *Am Rande: Nr.* ⟨85⟩.   [1] *Oben
Z. 3 und 4.*   [k] *Migne:* currentes.   [1—1] *Auf Rasur nachgetragen (vgl. die Empfängerüberlieferung des A-pari-Briefes).*   [m] *Die Datumszeile ist nachgetragen (vgl. das spätere* 25
Datum der Empfängerüberlieferung des A-pari-Briefes).   [n] *Am Rande: Nr.* ⟨86⟩.
[o] *Oben S. 173 Z. 31.*   [p] ecclesia Tu(ronensis) *fehlt bei Migne.*   [q] *Die Datumszeile
ist vielleicht nachgetragen.*

  1: serenitatem regiam] nobilitatem vestram.   2: tibi] vobis.   3: te] vobis.
3: tu — illis] vos observetis de cetero et faciatis ab illis.   7—8: In eundem — Britannie] 30
Innocentius episcopus, servus servorum Dei, dilectis filiis nobili mulieri . . comitissae
et nobilibus viris A. filio eius et universis baronibus Britanniae salutem et apostolicam
benedictionem.   9: eam] eum.   9: et] ac.   11—12: auctoritate nostra] auctore
Domino.   13: eadem] Lateranis IV. Nonas Iunii, pontificatus nostri anno secundo.

  [3] Konstanze, einzige Tochter des Grafen Conan IV. von der Bretagne. Sie führte nach 35
dem Tod ihres Gemahls Gottfried, Sohn Heinrichs II. von England (1186), die Regentschaft für ihren 1187 geborenen Sohn Arthur bis 1196. Sie starb 1201, nachdem sie 1199
noch Guido von Thouars geheiratet hatte. Vgl. P. DE KERSTIVIEN, *Constance,* in: Dict.
BF 9 (Paris 1961) 492.
  [4] Arthur I., Graf der Bretagne (s. Anm. 3). Nach Richards I. von England Ableben 40
beanspruchte er dessen Erbe und geriet deshalb mit seinem Oheim, König Johann ohne
Land, in Streit, bei dem er vom französischen König unterstützt wurde. Als er in Johanns
Gefangenschaft geriet, wurde er wahrscheinlich von diesem im Frühjahr 1203 ermordet.
Vgl. H. WAQUET, *Arthur I, comte ou duc de Bretagne,* in: Dict. BF 3 (Paris 1939) 1173 f.
(Lit.).   45
  [5] Am 17. Dezember 1201 gaben Robert, Kantor von Paris, und Robert de Aspigneio
im Namen Arthurs ihre Zustimmung zur Entscheidung des Papstes. Vgl. MARTÈNE-DURAND,
Thesaurus, III 955 f.   [6] Klerus und Volk von Dol.   [7] Erzbistum Tours.

In[r] eundem modum capitulo Dolensi[8] usque recurratis[s]. Volumus etiam et sub eadem sententia districte precipimus, quatinus dilectum filium electum vestrum consecrandum[9] venerabili fratri nostro Turonensi archiepiscopo[10] omni appellatione, contradictione et occasione cessanti-
5 bus presentetis, qui ei more suffraganeorum Turonensis ecclesie[11] professionem faciat et obedientiam promittat[12]. Quod nisi infra duos menses, postquam requisiti fueritis, volueritis adimplere, sententiam, quam propter hoc idem archiepiscopus in vos canonice tulerit, ratam habebimus et faciemus auctoritate[t] nostra[t] inviolabiliter observari.
10 In[u] eundem modum archiepiscopo Rothomagensi[13] et suffraganeis eius[14] usque aspiret[v]. Ideoque fraternitati vestre per apostolica scripta mandamus, quatinus * latam a nobis sententiam, quantum in vobis   * fol. 167r fuerit, et vos observetis ulterius et faciatis ab aliis observari, nec alicui de Dolensi diocesi crisma vel alia sacramenta ecclesiastica ministretis,
15 nisi de consensu ecclesie Turonensis. Sententiam insuper, quam venerabilis frater noster archiepiscopus Turonensis in dilectos filios electum et capitulum Dolenses propter contumaciam seu inobedientiam eorum canonice tulerit, usque ad satisfactionem congruam per dioceses vestras ratam faciatis et firmam haberi.
20 Datum ut supra.

82 (89).

Innocenz III. bestätigt dem Prior (Ralph) und dem Konvent des Augustiner-Chorherrenpriorates Nostell vier namentlich genannte Kirchen, die ihnen Erzbischof (Thurstan) von York geschenkt hat.

25   *Lateran, (1199) Juni 4.*

Reg. Vat. 4, fol. 167r ⟨Nr. LXXXV, 89⟩.
Sirleto, fol. 327r = Cholinus, II 429 = Venet., II 429 = Baluze, I 395 Nr. 89 = Migne, PL 214, 637 Nr. 89. — Potth. Reg. 763 (zu 6. Juli 1199); Bliss, Calendar, 6; Cheney, Calendar, 24 Nr. 133.

30   [r] *Am Rande: Nr. ⟨87⟩.*   [s] *Oben S. 174 Z. 19.*   [t—t] *Migne:* auctore Domino.
[u] *Am Rande: Nr. ⟨88⟩.*   [v] *Oben S. 173 Z. 31.*

[8] Domkapitel von Dol.
[9] S. Br. II 79 (82) Anm. 5.
[10] S. Br. II 74 (77) Anm. 1.
35   [11] S. Br. II 74 (77) Anm. 2.
[12] Bei der Konsekration Johanns war Kardinal Adelard, B. von Verona, in Tours anwesend. Vgl. Martène-Durand, *Thesaurus,* III 956. Da er in dieser Urkunde von einer Rückkehr aus Canterbury spricht und ihn die Mönche von Canterbury Ende 1199 auf diesen Umstand hinweisen, erfolgte die Weihe in der zweiten Jahreshälfte 1199. Vgl.
40 *Epistolae Cantuarienses,* ed. Stubbs, II 507 Nr. 543.
[13] S. Br. II 38 Anm. 17.
[14] Suffragane des EB. von Rouen waren damals die Bischöfe von Avranches (Dép. Manche), Bayeux (Dép. Calvados), Coutances (Dép. Manche), Evreux (Dép. Eure), Lisieux (Dép. Calvados) und Sées (Dép. Orne, Arr. Alençon).

Priori[1] et conventui de Nostlat.

Cum a nobis petitur et cetera usque assensu, de Felechurche[a)2], de Fedrestan[b)3], de Batteleya[4] et de Warnefeld[5] ecclesias, quas monasterio vestro bone memorie B.[6] Eboracensis archiepiscopus canonice contulit, sicut eas iuste ac pacifice possidetis et in autentico ipsius archiepiscopi 5 plenius continetur, vobis et per vos monasterio vestro auctoritate apostolica confirmamus et presentis scripti pa(trocinio) communimus.

Decernimus ergo et cetera.

Datum Laterani, II Non. Iunii[c].

83 (90). 10

Innocenz III. bestätigt dem Prior (Ralph) und dem Konvent des Augustiner-Chorherrenpriorates St. Oswald (in Nostell) den Besitz von vier namentlich genannten Kirchen.

Lateran, (1199) Juni 11.

Reg. Vat. 4, fol. 167ʳ ⟨Nr. LXXXVI, 90⟩. 15
Sirleto, fol. 327ʳ = Cholinus, II 429 = Venet., II 429 = Baluze, I 395 Nr. 90 = Migne, PL 214, 637 Nr. 90.— Potth. Reg. 734; Bliss, Calendar, 6; Cheney, Calendar, 24 Nr. 134.

Priori et canonicis de sancto Oswaldo[1].

Iustis petentium et cetera usque assensu, ecclesias de Boolton'[a)2], de Sudkerkebi[b)3], de Rowelle[c)4] et de Felekirche[d)5], sicut eas iuste ac pacifice possidetis, ad exemplar felicis recordationis C. pape[6], predecessoris 20 nostri, vobis et per vos ecclesie vestre auctoritate apostolica confirmamus et presentis scripti pa(trocinio) communimus.

Nulli ergo et cetera.

Datum Laterani, III Idus Iunii. 25

---

82. **a)** *Migne:* Felechiurche.   **b)** *Migne:* Fedrestam.   **c)** *Migne:* Julii.
83. **a)** *Über dem* -n *ein Kürzungszeichen.*   **b)** *Migne:* Sudcherchebi.   **c)** *Migne:* Rouvelle.   **d)** *Migne:* Felechurche.

82. [1] Ralph von Bedford, Prior des Augustiner-Chorherrenpriorates St. Oswald in Nostell (Diöz. und Gfscht. York) 1199—1208. Vgl. KNOWLES-BROOKE-LONDON, *Heads of Religious* 30 *Houses*, 179.
[2] Felkirk (Diöz. York, Gfscht. York W. R.).
[3] Featherstone (Diöz. York, Gfscht. York W. R.).
[4] Batley (Diöz. York, Gfscht. York W. R.).
[5] Warmfield (Diöz. York, Gfscht. York W. R.). 35
[6] B. ist eine Verschreibung. EB. von York war damals Thurstan: 16. August 1114 (konsekriert 1119)—25. Januar 1140 (resigniert; gestorben am 6. Februar 1140). Vgl. POWICKE-FRYDE, *Handbook*, 264.
83. [1] S. Br. II 82 (89) Anm. 1.
[2] Bolton Percy (Diöz. York, Gfscht. York W. R.). 40
[3] South Kirkby (Diöz. York, Gfscht. York W. R.).
[4] Rothwell (Diöz. York, Gfscht. York W. R.).
[5] S. Br. II 82 (89) Anm. 2.
[6] Papst Klemens III. (1187—1191) oder Coelestin III. (1191—1198).

84 (91).

Innocenz III. widerruft alles, was Abt (Hugo) von Florège und Bischof (Didier) von Toulon in Überschreitung eines dem Erzbischof (Imbert) von Arles gegebenen päpstlichen Auftrages zur Umwandlung des Augustiner-
5 *Chorherrenpriorates auf den Îles d'Hyères in ein Zisterzienserkloster unternommen haben, und befiehlt den Bischöfen (Rainer) von Marseille und (Raimund) von Agde, das Priorat entweder durch Augustiner-Chorherren reformieren zu lassen oder, falls dies nicht gelänge, den Zisterziensern zu übergeben.*

10   *Lateran, (1199) Juni 10.*

Reg. Vat. 4, fol. 167ʳ—167ᵛ ⟨Nr. LXXXVII, 91⟩.
Sirleto, fol. 327ᵛ = Cholinus, II 429 = Venet., II 429 = Baluze, I 396 Nr. 91 = Migne, PL 214, 637 Nr. 91. — Comp. III. 1, 23, 3; Alan. K. 1, 23, 3; Bern. 1, 28, 4; Coll. Fuld. 1, 25, 3; Gilb. Anh. 4; Rain. 18, 2; X. I, 40, 6. — Potth. Reg. 733; Bréquigny, Table chronolo-
15 *gique, IV 263; Gallia Christiana novissima, II 96 Nr. 190 und V 68 Nr. 112.*

Massiliensi[1] et Agatensi[2] episcopis[a].

| Cum dilectus filius .. abbas de Floreia[3] nuper ad nostram presentiam accessisset, nobis exposuit diligenter, et hoc ipsum abbatis Insularum[4] et aliorum quorundam littere continebant, quod in Insulis Arearum fratres
20 Cistercienses quondam fuerant commorati; sed eis in captivitatem paganorum deductis[5], quoniam locus mari erat vicinus, illuc se quidam regulares canonici transtulerunt[6], qui licet iam per annos XXX canonicorum regularium habitum portavissent, opera tamen contraria regularibus faciebant; sed ad se Domino inspirante reversi monasticum ordinem ibidem   vgl. Sir 4, 12;
25 plantari volebant secundum Cisterciensia instituta, quod etiam diocesanus   2 Petr 1, 21
episcopus[7] affectabat. Unde nos ad ipsius abbatis instantiam venerabili

---

84. [a] -ensi et Agatensi e- *auf Rasur. Am Rande von einer Hand des 16. Jh.:* hoc est c(apitulum) Extra de his, quae vi metusve causa fiunt *(X. I, 40, 6).*

84. [1] Rainer, B. von Marseille (Suffr. von Aix-en-Provence, Dép. Bouches-du-Rhône)
30 1188—16. März 1214. Vgl. *Gallia Christiana novissima,* II 93—99.
     [2] Raimund (II.) von Montpellier, B. von Agde (Suffr. von Narbonne, Dép. Hérault, Arr. Béziers, Cant. Agde) 1192—1213. Vgl. A. Rastoul, *Agde,* in: Dict. HGE 1 (Paris 1912) 928 bzw. *Gallia Christiana,* VI 679 f. Nr. XXV.
     [3] Hugo (I.), Abt des Zisterzienserklosters Florège, das 1176 nach Le Thoronet (Diöz.
35 Fréjus, Dép. Var, Arr. Draguignan, Cant. Lorgues) verlegt wurde. Er ist zwischen 1197 und 1199 bezeugt. Ein Nachfolger, Franz, wird erst 1201 genannt. Vgl. F. Bérard, *L'abbaye du Thoronet.* Bulletin historique et archéologique du Vaucluse 6 (1884) 158 bzw. *Gallia Christiana,* III 281 Nr. 729.
     [4] Gemeint ist das Regularkanonikerstift auf den Îles d'Hyères (Inselgruppe vor der
40 französischen Mittelmeerküste, Diöz. Toulon, Dép. Var), das schon unter Papst Alexander III. (1159—1181) bezeugt ist. Vgl. Br. I 274.
     [5] Die Zerstörung des Stiftes muß vor 1168 erfolgt sein.
     [6] Vgl. Br. I 274.
     [7] Didier (II.), B. von Toulon (Suffr. von Arles, Dép. Var) 1183—1204. Er war zuvor
45 Propst von Toulon (1170), dann Prior der Kartause La Verne (Diöz. Toulon, Dép. Var, Arr. Toulon, Comm. Collobrières). Vgl. *Gallia Christiana novissima,* V 64—70.

fratri nostro . . Arelatensi archiepiscopo[8] dedimus in mandatis, ut si
diocesani episcopi et eorundem fratrum in idipsum desideria convenirent,
Cistercienses monachos institueret in insula memorata, facturus de canonicis, quod crederet expedire secundum canonicam honestatem.

Hiis igitur litteris impetratis idem abbas de Floregia reversus ad pro- 5
pria, prius quam eas ad dictum archiepiscopum detulisset, cum . . venerabili fratre nostro Tolonensi episcopo[7] ad locum memoratum accessit et
omnium fratrum ibidem manentium in tantum obtinuerunt assensum
pariter et favorem, quod abbas Insularum claves domus et seipsum in
manibus alterius abbatis tradidit; professione facta cum quibusdam ex 10
canonicis de Cisterciensi ordine in posterum observando, quod et quidam
canonicorum in manu eiusdem[b] abbatis de Flor(eia) sacramento[b]
prestito firmaverunt, osculo dato eidem, quod usque in finem in eodem
ordine permanerent; aliis promittentibus per iuratoriam cautionem, quod
per se vel alios contra factum istud decetero non venirent; iurantibus 15
reliquis, quod super provisione sua starent arbitrio episcopi memorati;
et nobilis viri G. de Fossa sacriste, qui aberat, assensu probato per testes,
quod postmodum rediens est confessus. Consequenter vero idem episcopus
et abbas de Floreia dicto archiepiscopo Arelatensi per suas litteras intimarunt, quod diocesanus episcopus et canonici memorati translationem 20
Cisterciensium fratrum illuc fieri unanimiter appetebant. Quod acceptans
archiepiscopus memoratus, factum eorum auctoritate qua fungebatur
apostolica confirmavit, vices suas eis in hac parte committens, ut que bene
inceperant de instituendo ibi ordine Cisterciensi, vice ipsius perducerent
ad effectum. Cuius mandatis parentes humiliter et devote, que ipsis 25
iniuncta fuerant, curaverunt ducere ad effectum; dantes generali Cisterciensi capitulo in mandatis, ut in predicto loco suum ordinem[c] instituere
procurarent. Petebatur itaque pro iamdicto abbate de Floreia translationem factam ratam a nobis haberi et auctoritate sedis apostolice confirmari; transgressores etiam et contradictores omnes, qui contra vota et 30
iuramenta prestita nitebantur quod ab eis factum fuerat impedire, canonica pena percelli.

Ceterum F. sacrista, P. Warardi et P. Guil(lelmo?)[9] coram venerabili
fratre nostro P(etro), Portuensi episcopo[10], quem ipsis et parti alteri
dedimus auditorem, processum negocii aliter proponebant. Cum enim 35
predicto Arelatensi archiepiscopo causa fuerit a nobis sub forma quam

---

b-b) eiusdem—sac- *auf Rasur nachgetragen.*   c) *Auf Rasur nachgetragen.*

8) Imbert d'Aiguières, EB. von Arles (Dép. Bouches-du-Rhône) nach 30. November
1190 — 20. Juli 1202. Aus einer altadeligen Landesfamilie stammend, war er seit 1159 als
Kanonikus, seit 1173 als Sakristan im Kapitel von Arles vertreten. Seine durch die Grafen 40
von Poitou verhinderte Bischofsweihe wurde am 6. November 1191 von Papst Coelestin III.
in Rom vollzogen. Vgl. *Gallia Christiana novissima, Arles,* 264—299, 1242.

9) Nicht näher bestimmbare Kanoniker von Îles d'Hyères.

10) Petrus Gallocia aus Rom, (Kardinal-)B. von Porto und S. Rufina 1190—1211, zuvor Kardinalpresbyter von S. Lorenzo in Damaso. Vgl. KARTUSCH, 344—346 Nr. 86; 45
PFAFF, *Kardinäle unter Coelestin III.,* 85 Nr. 5.

premisimus delegata[11]), prefatus abbas accedens ad locum cum episcopo Tolonensi, priusquam litteras nostras archiepiscopo presentasset, qui iuxta tenorem ipsarum de singulis debebat inquirere diligenter, motu proprio cum socia multitudine insulam occupavit[d]), constanter[e]) 5 affirmans, quod eis volentibus vel nolentibus locus idem pure ac simpliciter a nobis sibi fuerat assignatus. Cumque se in hiis gravari sentirent — abbate[e]) ipsorum eis omne auxilium denegante, qui contra quosdam de canonicis odium dicebatur et ingratitudinem concepisse: unde in ipsorum dispendium super munitione armatos ponere 10 non expavit, amota inde scala, ne facultas esset canonicis ascendendi — sedem apostolicam appellarunt. Sed dicti abbates ab incepta violentia nichilominus desistentes, cum quosdam ex ipsis non possent corrumpere pecunie sponsione, quod super hiis starent mandatis[f]) episcopi Tol(onensis)[f]), per violentiam cogere voluerunt. Cum autem nec quindecim dierum 15 possent inducias obtinere, quas quidam ex ipsis ad deliberandum plenarie postularant, iurare compulsi fuerunt mandato dicti episcopi et G. de Fossa laici, qui eis ardue rupis precipicium fuerat comminatus, se super premissis questionibus parituros. Alii promiserunt in manu abbatis, probatione sibi annua reservata, quod regulam Cisterciensem observarent. Ali-20 qui vero nec iuraverunt nec promissionem aliquam facere voluerunt. Horum ergo tacita veritate nominati episcopus et abbas de Floreia dicto archiepiscopo suggesserunt, quod diocesanus episcopus et omnes loci canonici super institutione Cisterciensium unanimiter concordabant: et ita fuit eius confirmatio impe*trata. Sed cum paucis diebus elapsis pre-   * fol. 167ᵛ 25 fati canonici archiepiscopo cuncta que gesta fuerant intimassent, ipse, quod in preiudicium eorum factum fuerat, ipsis compatiens revocavit, restituens eos[g]) ad omnia, que habuerant tempore illo, quo littere fuerant impetrate, licet postmodum[h]) possessionem eorum pretermisso iuris ordine sequestrarit, contradictores omnes excommunicationis gladio per-30 cellendo. Et cum canonicis ad restitutionem instantibus confessiones et attestationes utriusque partis audisset, ad nos duxit ipsum negocium remittendum.

Partibus itaque apud sedem apostolicam constitutis canonici spoliati sepedictum abbatem de Floregia multipliciter arguebant. Primo: quod 35 litteras a nobis per veritatis suppressionem et expressionem falsitatis studuerat impetrare: suppressum enim fuerat in illis, quod ecclesia de Insulis Arearum ad Romanam ecclesiam solummodo pertineret, sicut ipsius privilegia, quorum ad nos transcripta prefatus archiepiscopus destinavit, indicant evidenter. Falsitatis vero suggestio inde perpenditur, quod om-40 nes canonici translationem ordinis cum diocesano episcopo pariter affec-

---

d) *Durch Zeichen umgestellt aus* occupavit insulam.   e) *Auf Rasur, vielleicht nach-getragen.*   f–f) *Auf Rasur nachgetragen.*   g) restituens eos *auf Rasur nachgetragen.* h) *Davor* postmodum *getilgt.*

45   11) Br. I 274.

12*

tabant: quod aliter esse ipsorum contradictio liquido arguebat. Sed neque
sepedictus Tolonensis episcopus diocesanus erat ipsorum, qui nullo mediante ad Romanam ecclesiam pertinebant: unde ipsius consensus in hac
parte pro nullo erat penitus reputandus. Secundo: quod per vim et dolum
eos seduxit pariter et coegit, ut quidam eorum votum emitterent, alii 5
iuramenta prestarent.

Nos[1] ergo rationibus et allegationibus partium per iamdictum episcopum Portuensem, qui eas in scriptis nobis exhibuit, plenius intellectis,
quia constitit nobis de voto emisso et prestito iuramento a canonicis Insularum, quod regulam Cisterciensem observarent vel quod ordinationem 10
huiusmodi nullatenus impedirent, cum utrumque servatum non vergat in
dispendium salutis eterne[12]; nolentes viam periuriis aperiri — non obstante violentia, que proponebatur illata: cum neque[k] metum mortis[k]
continuerit neque corporis cruciatum, et ideo non debuerat cadere in
constantes[13]; nec obsistente dolo, quo se proponebant fuisse seductos: 15
cum talis dolus non tam ad circumventionem abbatis quam ad fatuitatem
eorum debeat retorqueri — super restitutione petita silentium eis de
consilio fratrum nostrorum duximus sententialiter imponendum. Verum
quoniam sepedicti episcopus et abbas de Floreia fines mandati per sue
temeritatis audaciam excedentes, quod per iamdictum Arelatensem archi- 20
episcopum, cui causa fuerat delegata, fieri debuisset, per se ipsos facere
presumpserunt, et quia littere per suppressionem veritatis et falsitatis
expressionem fuerant impetrate, factum ipsorum tamquam minus legitimum per sententiam duximus irritandum.

vgl. 2 Kor 11, 28

vgl. Ps 53, 5

Et[1] quia secundum apostolum instantia nostra cotidiana est omnium 25
ecclesiarum sollicitudo continua, ne occasione premisse discordie locus
idem remaneat destitutus, et delictum personarum in dampnum ecclesiae
convertatur, fraternitati vestre per apostolica scripta mandamus atque
precipimus, quatinus Deum habentes pre oculis ad ordinationem ipsius
ecclesie vice nostra sollicitius intendatis, in qua per viros eiusdem ordinis, 30
si fieri poterit, regularium canonicorum professionem[1] et ordinem volumus reformari. Alioquin, ne locus idem remaneat deformatus, per fratres
Cisterciensis ordinis eundem reformari volumus et mandamus; correctione
predictorum excessuum nobis in hoc articulo reservata; ita quod, si per
sollicitudinem et providentiam vestram locus idem Cisterciensibus fuerit 35
assignatus, nullum quoad ius proprietatis ecclesie Romane preiudicium
generetur, quod in plerisque monasteriis[m] eiusdem ordinis novimus observari. Taliter autem mandatum apostolicum exequamini, ut fraternitatem
vestram, de qua plene confidimus, debeamus merito commendare. Quodsi

---

[1]) *Am Rande ein schiefliegendes Kreuz (vgl. Einleitung XIX).*   [k-k]) *Auf Rasur nach-* 40
getragen.   [1]) prosessionem.   [m]) moasteriis.

[12]) Vgl. die Dekretale Alexanders III. in der *Comp. I.* 2, 17, 4 = X. II, 24, 8 (FRIED-
BERG, *CorpIC*, II 361).

[13]) Vgl. *Digesten* 4, 2, 6 (= MOMMSEN, 50) und *Codex Justinianus* 2, 19. 4. 7; 2, 4, 13
(= KRUEGER, 108, 95).   45

premissum locum Cisterciensibus duxeritis conferendum, canonicis memoratis in locis idoneis per vos provideri volumus competenter[14].

Nullis litteris et cetera, preter assensum partium et cetera.

Datum Laterani, IIII Idus Iunii.

85 (92).

Innocenz III. bestätigt dem Prior (Ralph) und dem Konvent des Augustiner-Chorherrenpriorates St. Oswald (in Nostell) den Besitz der Kirche zu Coxwold samt zwei Kapellen.

Lateran, (1199) Juni 12.

Reg. Vat. 4, fol. 167ᵛ ⟨Nr. LXXXVIII, 92⟩.
Sirleto, fol. 329ʳ = Cholinus, II 431 = Venet., II 431 = Baluze, I 398 Nr. 92 = Migne,
PL 214, 640 Nr. 92. — Potth. Reg. 735 (falsches Datum); Bliss, Calendar, 7; Cheney, Calendar, 24 Nr. 135.

Eisdem[1].

| Cum a nobis petitur et cetera usque assensu, ecclesiam de Cukewald(e)[a][2] cum capellis de Silton'[3] et de Brudeford(e)[4] et omnibus aliis pertinentiis suis, sicut eam iuste ac sine controversia possidetis, vobis et per vos ecclesie vestre auctoritate apostolica confirmamus[b] et cetera.

Decernimus ergo et cetera.

Datum Laterani, II Idus Iunii.

86 (93).

Innocenz III. bestätigt dem Prior (Bernhard) und den Kanonikern des Augustiner-Chorherrenpriorates Newburgh den Besitz der Kirche zu Hovingham.

(Lateran, 1199 Juni ca. 12).

Reg. Vat. 4, fol. 167ᵛ ⟨Nr. 89, 93⟩.
Sirleto, fol. 329ʳ = Cholinus, II 431 = Venet., II 431 = Baluze, I 398 Nr. 93 = Migne,
PL 214, 640 Nr. 93. — Potth. Reg. 736; Bliss, Calendar, 7; Cheney, Calendar, 24 Nr. 136.

---

85. [a] *Migne:* Cucheuvald.   [b] cofirmamus.

[14] Der Zisterzienserorden wurde aber nicht wieder auf den Îles d'Hyères eingeführt. Andererseits gingen Bestrebungen zu seiner Wiedereinführung von der Abtei Le Thoronet aus, die noch 1234 die Unterstellung der Kanonikerniederlassung verlangte. Vgl. CANIVEZ, *Statuta Capitulorum Generalium Ordinis Cisterciensis*, I 228; II 116 und 131. Noch 1253 finden sich die Regularkanoniker bezeugt (BERGER, *Reg. Innocent IV*, Nr. 6157).

85. [1] S. Br. II 82 (89) Anm. 1.
  [2] Coxwold (Diöz. York, Gfscht. York N. R.).
  [3] (Nether-)Silton (Diöz. York, Gfscht. York N. R.).
  [4] Birdforth (Diöz. York, Gfscht. York N. R.).

M. priori et canonicis de Nouo Burgo[1].

Iustis petentium et cetera usque assensu, ecclesiam de Houingham[2] cum omnibus pertinentiis suis, sicut eam iuste ac sine controversia possidetis, ad exemplar felicis recordationis C. pape[3], predecessoris nostri, vobis et per vos ecclesie vestre auctoritate apostolica confirmamus et 5 cetera.

Decernimus ergo et cetera.

Datum ut supra.

87 (94).

Innocenz III. bestätigt ein von Bischof (Petrus) von Arras im Auftrage 10
Papst Lucius' III. gefälltes und vom Kardinaldiakon Bobo von S. Angelo
im Auftrage Papst Urbans III. bestätigtes Urteil, das dem Templerorden von
den Pfründen des Kollegiatstiftes Saint-Quentin-en-Vermandois jeweils zur
Zeit ihrer Vakanz bestimmte Zahlungen für ein Jahr zugesprochen hatte.

Lateran, (1199) Juni 11. 15

Reg. Vat. 4, fol. 167v—168r ⟨Nr. LXXXIX, 90, 94⟩.
     Sirleto, fol. 329r = Cholinus, II 431 = Venet., II 431 = Baluze, I 398 Nr. 94 = Migne,
PL 214, 641 Nr. 94. — Potth. Reg. 737; Bréquigny, Table chronologique, IV 264.

Magistro[1] et fratribus militie Templi.

| Cum ex conquestione vestra iampridem ad audientiam[a] sedis aposto- 20
lice pervenisset, quod canonici sancti Quintini[2] vobis quasdam subtrahebant de illarum prebendarum oblationibus portiones, quas decedentibus canonicis seu quocumque modo cedentibus percipitis annuales, felicis recordationis Lucius papa, predecessor noster[3], causam ipsam sub hac forma venerabili fratri nostro .. Attrebatensi episcopo[4] delegavit: ut 25 inspectis litteris, quas super illis annualibus habebatis, si qua contra ipsarum continentiam subtracta existerent, ea vobis omni appellatione postposita faceret resignari et iamdictis[b] canonicis inhiberet districtius,

---

87. [a] ad audientiam *vielleicht auf Rasur nachgetragen.*   [b] *Auf Rasur, wahrscheinlich nachgetragen.* 30

86. [1] Bernhard, Prior des Augustiner-Chorherrenpriorates St. Mary zu Newburgh (Diöz. York, Gfscht. York N. R.), der zwischen 1186 und 1199 nachweisbar ist. Die Sigle M ist wahrscheinlich falsch. Vgl. KNOWLES-BROOKE-LONDON, *Heads of Religious Houses*, 117.
     [2] Hovingham (Diöz. York, Gfscht. York N. R.).
     [3] Entweder Clemens III. (1187—1191) oder Coelestin III. (1191—1198). 35
87. [1] Gilbertus Erail, Großmeister des Templerordens 1194 — 21. Dezember 1200. Vgl. M. L. BULST-THIELE, *Sacrae Domus Militie Templi Hierosolymitani Magistri. Untersuchungen zur Geschichte des Templerordens.* Abh. d. Akad. d. Wiss. in Göttingen. Phil.-hist. Kl. III 86. Göttingen 1974, 135—146.
     [2] Kollegiatstift Saint-Quentin-en-Vermandois (Diöz. Noyon, Dép. Aisne). 40
     [3] Ein Regest des Delegationsreskriptes Papst Lucius' III. vom 13. September 1184/ 85 findet sich bei LOHRMANN, *Papsturkunden in Frankreich* N. F. VII, 137 Nr. 7.
     [4] S. Br. II 44 (46) Anm. 6.

ne quid de proventibus, quos percipere in ecclesia ipsa debetis, subtrahere aliquo modo presumerent; quodsi aliquatenus attemptarent,
ipsos districtione canonica coherceret. Episcopus vero, sicut ex autentico
ipsius cognovimus, per autentica vestra cognovit, quod quocumque
5 modo prebende illius ecclesie de persona ad personam transirent,
earum annualia in integrum percipere debeatis et in usus vestros[c]
perpetuo possidere[5]. Canonici vero quasdam obventiones — quas
vocant panem, vinum, capones et quadragesimam — exceperunt
occasione cuiusdam transactionis, quam inter eos et quendam fratrem
10 vestrum intercessisse coram Sansone, bone memorie Remensi archiepiscopo[6], affirmabant. Ad quod probandum * licet testes plurimos induxis- • fol. 168ʳ
sent, utrum tamen frater ille potestatem vel auctoritatem habuerit transigendi vel excipiendi, quod ex parte vestra constantissime negabatur,
probare minime potuerunt. Episcopus autem, licet ex abundanti[d], nichi-
15 lominus tres ex vobis bone opinionis viros tactis sacrosanctis evangeliis
iurare fecit predictum fratrem sic transigendi vel excipiendi potestatem
vel auctoritatem nullatenus habuisse; nec quod litteras de ratihabitione
habuerit, per dictos testes dictum fuerat vel probatum. Unde episcopus
ipse totam integritatem ipsorum annualium vobis auctoritate apostolica
20 iudicavit, vos in adiudicate rei possessionem inducens; a cuius sententia,
licet in commissione appellationis fuisset subterfugium interdictum, canonici tamen nichilominus appellarunt.

Cumque postmodum idem fratres ad sedem apostolicam accessissent,
felicis recordationis Vrb(anus) papa, predecessor noster[7], bone memorie
25 Boboni, sancti Angeli diacono cardinali[8], ipsum commisit negocium audien-
dum ac postmodum fine debito terminandum. Qui intellecta et cognita[e]
veritate, quod in commissionis litteris appellatio interdicta nec suam
canonici fuerant prosecuti, immo ei ex parte ipsorum interposito sacramento fuerat renunciatum, iamdictam sententiam episcopi de mandato
30 et auctoritate apostolica roboravit[9].

---

[c] nostros.   [d] *Der Anfangsbuchstabe aus* h- *korr.*   [e] *Darnach ein überflüssiges* et.

[5] Ein Regest der Urkunde des Bischofs von Arras, November 1185 / Oktober 1186,
findet sich bei LOHRMANN, *Papsturkunden in Frankreich* N. F. VII, 137 Nr. 8.

[6] Samson de Mauvoisin, Neffe des EB. Renaud de Martigny († Januar 1138) und des-
35 sen Nachfolger als EB. von Reims 19. November 1140 — 22. September 1161. Vgl. *Gallia
Christiana*, IX 84—88; A. LUCHAIRE, *Études sur les actes de Louis VII*. Paris 1885, 114 und
M. PACAUT, *Louis VII et les élections épiscopales dans le royaume de France* (= Bibliothèque
de la société d'histoire ecclésiastique de la France). Paris 1957, 93 f. (zum Beginn seiner
Regierungszeit).

40   [7] Papst Urban III. 1185—1187.

[8] Bobo, Kardinaldiakon von S. Angelo in Pescheria August 1182, Kardinalpresbyter
von S. Anastasia 1188, Kardinalbischof von Porto und S. Rufina 1189. Gestorben vor dem
7. Dezember 1190. In den Jahren 1187 und 1188 weilte er als päpstlicher Legat in Frankreich. Vgl. KARTUSCH, 106—108 Nr. 18; JANSSEN, *Päpstliche Legaten*, 128—130 Nr. 2 und
45 G. NICOLAJ, *Bobone*, in: Diz. Biogr. degli Italiani 10 (Roma 1968) 815 f. (Lit.).

[9] Ein Regest der Urkunde des Legaten vom Januar 1187/88 findet sich bei LOHR-
MANN, *Papsturkunden in Frankreich* N. F. VII, 138 Nr. 10.

Ne igitur sedatum litigium ulterius malignitate aliqua suscitetur, nos episcopi memorati sententiam, sicut a predicto cardinali de mandato est apostolico confirmata, ad exemplar memorati Vrb(ani) pape[10], predecessoris nostri, ratam esse decernimus et presentis scripti pa(trocinio) communimus; statuentes, ut nulli omnino hominum et cetera. 5

Datum Laterani, III Idus[t] Iunii.

88 (95).

Innocenz III. trägt dem päpstlichen Legaten P(etrus), Kardinaldiakon von S. Maria in Vialata, auf, die Wahl des Elekten H(ugo) von Cambrai wegen der ihm nachgewiesenen Vergehen und Irregularitäten zu kassieren, dem Ka- 10 *pitel jede Neuwahl zu verbieten und selbst einen Bischof einzusetzen.*

Lateran, (1199) Juni 19.

Reg. Vat. 4, fol. 168ʳ ⟨Nr. LXXXX, 91, 95⟩.
Sirleto, fol. 330ʳ = Cholinus, II 432 = Venet., II 432 = Baluze, I 399 Nr. 95 = Migne,
PL 214, 642 Nr. 95. — Potth. Reg. 746; Bréquigny, Table chronologique, IV 264; Wauters, 15
Table chronologique, III 112.

P(etro), sancte Marie in Vialata diacono cardinali, apostolice sedis legato[1].

(|) Cum[a] enormes excessus relinqui non debeant impuniti, ne forte
trahantur a presumptoribus in exemplum, nos, qui licet indigni specula- 20
toris officium super universam ecclesiam exercemus, summo debemus
studio providere, ne quod contra disciplinam ecclesiasticam enormiter
attemptatur, in confusionem ipsius remaneat segniter incorrectum; quia
quod contra leges presumitur, per leges dissolvi meretur.

Sane cum olim nobis denunciatum fuisset, quod H(ugo), Cameracensis 25
electus[2], electionis sue tempore in minoribus esset ordinibus constitutus[3],
et quod post electionem suam, per venerabilem fratrem nostrum . . Re-
mensem archiepiscopum sancte Sabine cardinalem[4] confirmatam, de
mandato ipsius per venerabilem fratrem nostrum . . Attrebatensem episco-

vgl. 1 Kor 15, 9
vgl. Ez 3, 17;
33, 2. 7

---

[t] *Statt* III Idus *bei* Migne: Idibus. 30
88. [a] *Längs des Briefes am Rande ein senkrechter, z. T. gewellter Strich.*

[10] Ein Regest der Bestätigung Papst Urbans III. vom 27. November 1186 findet sich bei Lohrmann, *Papsturkunden in Frankreich* N. F. VII, 138 Nr. 9.
88. [1] S. Br. II 2 Anm. 3 bzw. II 55 (57, 58) Anm. 8.
[2] S. Br. II 40 (41) Anm. 7. 35
[3] Hugo besaß im Zeitpunkt seiner Erwählung bloß die einfache Tonsur und durfte daher nicht zum Bischof gewählt werden. Vgl. *Decretum Gratiani* D. LX, 4 (= Friedberg, *CorpIC,* I 227).
[4] S. Br. II 40 (41) Anm. 1.
[5] S. Br. II 44 (46) Anm. 6. 40

pum[5] fuerat in acolitum et subdiaconum ordinatus, et[b] quod viduam
duxerat in uxorem, de qua filium susceperat, qui in prepositura sancti
Petri Duacensi ei nullo mediante successit[6], et quod ita incurvus existeret,
quod de iure non posset aliquatenus promoveri: venerabili fratri nostro . .
5 episcopo Parisiensi[7] dedimus in mandatis, ut vocatis ad presentiam
suam, quos nosceret evocandos, et inquisita tam super premissis omnibus
quam publica fama diligentius veritate, quod inveniret per suas nobis
litteras intimaret[b]. Mandavimus etiam ei, ut Cameracensi capitulo[8] ex
parte nostra districtius inhiberet, ne, si etiam dictus electus electioni
10 renunciaret spontaneus, ad nominationem vel electionem procedere
attemptarent: cum in eo essent merito puniendi, in quo videbantur taliter
deliquisse[9]. Dicto etiam Attrebatensi episcopo dedimus in mandatis, ut vgl. Weish 11, 17
huiusmodi veritatem negocii per suas nobis litteras intimaret[10]. Ceterum
memoratus Parisiensis episcopus mandati nostri diligens executor — in-
15 hibitione facta Cameracensi capitulo iuxta formam apostolici mandati, ne
ad electionem procederent, etiamsi idem electus voluntate propria resignaret — ipsius electi confessionem audivit, testium depositiones recepit
et omnia redacta in scriptis sub sigillo suo ad nostram curavit presentiam
destinare, que ad maiorem cautelam sub bulla nostra tibi duximus remit-
20 tenda.

Nos igitur cum fratribus nostris super hoc deliberatione habita diligenti, de ipsorum consilio discretioni tue per apostolica scripta mandamus, quatinus — cum, sicut ex litteris ipsius Parisiensis tibi plene pate-
bit, per ipsius electi confessionem constiterit, quod electionis sue tempore
25 solam clerici tonsuram habuerat; et ex litteris dicti Attrebatensis episcopi
nobis constiterit, quod ipse eum de mandato dicti archiepiscopi post
confirmationem ipsius in acolitum et subdiaconum ordinaverit et, sicut
ex testium depositionibus patuit, non in ieiuniis quatuor temporum, sed
potius eodem die dominico[11]; cum etiam idem electus confessus fuerit,
30 quod de vidua filium suscepisset, qui ei per electionem capituli sancti
Petri Duacensis in preposituram nullo successerat mediante; cum ex

---

b-b) *Am Rande mit gleicher Tinte wie der Merkstrich eine Klammer und zwei schräge Striche.*

6) Hugo war vor seiner Bischofswahl Propst des Kollegiatstiftes Saint-Pierre in Douai
35 (Diöz. Arras, Dép. Nord) gewesen. Die Regierungszeit ist unsicher, vielleicht ca. 1163—1197
anzusetzen. Vgl. J. F. FOPPENS, *Diplomatum Belgicorum nova collectio, sive supplementum
ad opera diplomatica Auberti Miraei.* Bruxellis 1734, III 154 und Br. I 428 Anm. 8.
7) S. Br. II 60 (63) Anm. 10.
8) Domkapitel von Cambrai (Suffr. von Reims, Dép. Nord).
40 9) Br. I 429.
10) Br. I 430.
11) Der Ordinationstermin ist auf die Quatembertage, Karsamstag und den Samstag vor
dem Palmsonntag festgelegt. Unter Alexander III. wurde verfügt, daß auch Subdiakone
nur an diesen Tagen ordiniert werden dürften. Vgl. L. EISENHOFER, *Handbuch der katho-*
45 *lischen Liturgik.* Freiburg i. Br. 1933, II 360 bzw. *Decretum Gratiani* D. LII, 1 (= FRIED-
BERG, *CorpIC*, I 205 f.).

inspectione corporis eius ipsius sit incurvitas manifesta, etsi tanta non sit, quin posset sine reprehensionis vicio promoveri, si alia non obstarent[12]; cum ipse etiam electionis sue tempore fuerit protestatus, quod quia solam tonsuram habebat et erat corpore debilis, eligi non poterat nec debebat — cum conscientia dicti Parisiensis episcopi, cui volumus quia 5 prudenter processit in inquisitione deferri, memoratum electum et capitulum Cameracenses ad locum convoces competentem; et si electus ipse vel venire distulerit vel veniens infra triduum cedere sponte noluerit, electionem ipsius omni prorsus contradictione et appellatione cessantibus denuncies irritam et inanem; inhibens districtius capitulo memorato, ne ad 10 electionem procedere ulla prorsus occasione presumant, cum in eo sint puniendi, in quo peccarunt. Postmodum vero personam aliquam scientia et honestate perspicuam[13], per quam Cameracensis ecclesia in spiritualibus proficere valeat et in temporalibus reformari, ei appellatione remota preficias in pastorem, tam canonicos quam homines Cameracensis ecclesie ad inpendendam ei reverentiam et honorem per censuram ecclesiasticam appellatione remota compellens et compescens districtione simili resistentes.

vgl. Weish 11, 17

Datum Laterani, XIII Kal. Iulii.

89 (96, 97).   20

Innocenz III. trägt König (Emmerich) von Ungarn auf, für die dem Bischof (Boleslaus) von Waitzen zugefügten Beleidigungen und Schäden Genugtuung zu leisten, und droht ihm für den Weigerungsfall geistliche Strafen an. (Ferner befiehlt er dem Erzbischof [Saulus] von Kalocsa, den König zur Erfüllung des päpstlichen Auftrages zu veranlassen oder, falls ihm dies 25 nicht gelinge, gemeinsam mit seinen Suffraganen dem Bischof eine Entschädigung zu verschaffen. Falls dies auch nicht möglich sei, solle er den Fall untersuchen und ihm darüber berichten.)

Lateran, (1199) Juni 21.

Reg. Vat. 4, fol. 168ʳ—168ᵛ ⟨Nr. XCI, 92, 96⟩.   30

Sirleto, fol. 330ᵛ—331ᵛ = Cholinus, II 433 und 434 = Venet., II 433 und 434 = Baluze, I 399—401 Nr. 96 und 97 = Migne, PL 214, 643—645 Nr. 96 und 97; Pray, Annales, I 184 f.; Péterffy, Concilia, I 84—86. — Potth. Reg. 748 und 749. — Vgl. Fessler, Geschichte von Ungarn, I 295.

Illustri regi Vngarie[a)1].   35

|Inter universas universi orbis provincias apostolica sedes regnum Vngarie speciali quadam prero*gativa dilexit ob merita regum ipsius

• fol. 168ᵛ

---

89. a) *Am Rande in Humanistenschrift:* finita bula? *Ferner längs des Briefes am Rande ein senkrechter, z. T. gewellter Strich.*

12) Vgl. *Decretum Gratiani* D. LV (= Friedberg, *CorpIC*, I 215 ff.).   40

13) Nachfolger Hugos wurde Magister Petrus von Corbeil, der gegen Jahresende 1199 zum Bischof geweiht wurde. Über ihn vgl. Br. II 49 (51) Anm. 3.

89. 1) Emmerich, König von Ungarn 1196 — 30. November 1204. Er war ein Sohn König

ac precipue ob ferventis devotionis constantiam et inviolabilis sinceritatis
affectum, quem inclite recordationis B(ela), rex Ungarie pater tuus[2],
circa sacrosanctam Romanam ecclesiam, matrem suam, fere semper exhibuit, ad exaltationem ipsius, augmentum ecclesiarum regni sui et hono-
5 rem omnium clericorum tam humiliter quam potenter intendens. Nos
etiam sperantes, quod in filio paterne vigeat devotionis affectus et tua
regia celsitudo sic eidem patri tuo in proposito sicut in regno, sic in voluntate sicut in dignitate succedat, ad integritatem regni tui et tui honoris
augmentum efficaciter intendimus hactenus[3] et adhuc intendere non
10 cessamus; sperantes, quod et tu eo fortius in nostra et ecclesie Romane
devotione persistas, quo amplius nostram circa te ac regnum tuum expertus fueris gratiam et favorem[b]. Verum quanto sincerius regie serenitatis diligimus incrementum, tanto amplius contristamur, siquando ea de
tuis actibus ad nostram audientiam perferuntur, que circa te provocent
15 divine indignationis offensam et in iniuriam apostolice sedis et tue videantur fame dispendium redundare.

Sane pervenit ad audientiam nostram, quod in prima transacte observantie quadragesimali ebdomada, quarta feria quatuor temporum[4], circa
crepusculum noctis venerabili fratre nostro . . Watiensi episcopo[5] cum
20 canonicis suis completorium decantante, accedens ad ecclesiam Watien-
sem claves sacrarii exhiberi tibi et episcopum de ecclesia egredi precepi-
sti[6]. Cumque ipse positas sibi formidans insidias, cum ipsa hora ei multe
suspitionis certius ingereret argumentum, obtemperare iussioni regie
recusaret, hostium sacrarii mandasti violenter infringi; et cum idem epi-
25 scopus et canonici propter hoc conversi ad Dominum cum lacrimis decanta-
rent: «Aspice, Domine, de sede sancta tua et cogita de nobis», tu quasi
moleste ferens, quod divinum auxilium implorabant, irruens in episco-

vgl. Ps 101, 20;
Bar 2, 16

---

b) *Migne fügt hinzu:* fratrum.

Bélas III. und heiratete 1199 zu Gran Konstanze, eine Tochter König Alfons II. von Ara-
30 gón. — Diese beiden Schreiben stehen im Zusammenhang mit dem seit 1197 währenden
Aufstand des jüngeren Bruders des Königs, Herzog Andreas. Vgl. Fessler, *Geschichte von
Ungarn,* I 294—304 und Hóman, *Geschichte des ungarischen Mittelalters,* II 3—11 und Br.
I 10.

2) Béla III., König von Ungarn 1173 — 23. April 1196. Er war ein Sohn König Gei-
35 sas II. und hatte nach dem Tode seines älteren Bruders Stephan III. die Krone erhalten.
Vgl. Hóman, *a. a. O.,* I 429 —439. Innocenz III. verweist auch später auf Bélas Treue gegenüber dem päpstlichen Stuhl. Vgl. L. Tautu, *Le conflit entre Johanitsa Asen et Eméric
roi de Hongrie (1202—1204).* Mélanges Eugène Tisserant III (= Studi e Testi 233, Città
del Vaticano 1964) 369—375.

40   3) Zu Innocenz' III. Gunstbezeugungen gegenüber Emmerich vgl. die Br. I 5, 7, 9 und
10, 270 und 271 sowie 511.

4) 10. März 1199. Fessler, *Geschichte von Ungarn,* I 294 gibt den 17. März an.

5) Boleslaus, B. von Vác (Waitzen), (Suffr. von Gran, Ungarn) 1188—1213. Vgl. *A
Váczi egyházmegye történeti névtára.* Vác 1917, II 460—464.

45   6) Der Bischof vermittelte die Korrespondenz der herzoglichen Partei und bewahrte
auch das für sie gesammelte Geld auf.

pum ipsum a summo gradu, quod est ante altare, usque in pavimentum violentis manibus attraxisti et pavimento allisum tradidisti non minus violentis tuorum manibus de ecclesia extrahendum. Ipso igitur de ecclesia

vgl. Lk 10, 30   violenter eiecto et relicto quodammodo semivivo, fracto sacrarii hostio et scriniis violatis, thesaurum ecclesie occupasti et patrimonium eiusdem 5 episcopi — quod domui cuidam religiose, quam ipse de novo fundaverat, concesserat intuitu pietatis — fecisti pro motu voluntatis proprie confiscari. Postmodum vero, cum idem episcopus propter hoc in ecclesia sua taliter violata divina prohibuisset officia celebrari, tu decimas sibi denegari fecisti ac vetuisti nunciis eius sub pena privationis oculorum, ne regnum 10 tuum egredi attemptarent; quasi tacite prohibens, ne ad apostolicam sedem accederent super hiis querimoniam delaturi.

Quia igitur saluti tue consulere cupimus et potius anime quam corpori
vgl. 1 Thess 4, 1;   providere, cum nobis non constiterit de predictis, | serenitatem regiam
2 Kor 5, 20   monemus et exhortamur in Domino et in remissionem iniungimus pecca- 15
vgl. Mt 26, 28;
Lk 1, 77; Apg 2,   torum per apostolica scripta mandantes, quatinus taliter, que predicta
38 u. ö.   sunt, corrigas per te ipsum, taliter episcopo satisfacias memorato immo potius sedi apostolice quam lesisti, taliter Watiensis ecclesie dampna restaures, quod nos ad id severitatis ecclesiastice manum apponere non cogamur. Alioquin, quantumcumque personam tuam in Domino 20
vgl. Apg 4, 19   diligamus, quia tamen potius Deo quam homini volumus complacere, dissimulare non poterimus, quin in te et terram tuam exerceamus canonicam ultionem.

Certe priorum exempla te potuerant ab huiusmodi revocare et a tanta presumptione tuam debuerant compescere voluntatem. Legisti enim vel 25 forsan audisti, quod cum Helyodorus erarium, quod erat Ier(uso)limis, spoliaret, percussus ab angelo expirasset, nisi pia ei subvenisset oratio sacerdotis. Baltasar dum spoliato templo vasis sacris in[c] convivio uteretur, articulos manus regni sui terminum notavit in pariete depingentis.
vgl. 2 Makk 3,   Pompeius, non quia spoliavit, sed quia intravit solummodo sancta sanc- 30
1—40
vgl. Dn 5, 1—30   torum, de semper victore victus effectus commissum iugulo expiavit[7].

Sano igitur ductus consilio per condigne satisfactionis effectum tante presumptionis reatum studeas abolere, ne preter canonice districtionis rigorem, quem debes merito formidare, Deus, ultionum dominus, qui
vgl. Ps 93, 1 f.   reddit retributionem superbis, in te ac regnum tuum iniurias dicti ponti- 35 ficis immo suas potius graviter ulciscatur.

Datum Laterani, XI Kal. Iulii.

---

[c]) -s in *auf Rasur nachgetragen.*

[7]) Zum Konflikt mit dem B. von Vác und dem neuerlichen Aufstand Herzog Andreas' gegen seinen königlichen Bruder vgl. FESSLER, *Geschichte von Ungarn,* I 294 f.; A. HUBER, 40 *Studien über die Geschichte Ungarns im Zeitalter der Arpaden.* Archiv für österreichische Geschichte 65 (1884) 158—163 sowie HÓMAN, *a. a. O.,* II 5.

In $^{d)}$ eundem fere modum scriptum est Colocensi archiepiscopo$^{8)}$ usque cogamur$^{e)}$. Ideoque fraternitati tue per apostolica scripta mandamus et districte precipimus, quatinus regem ipsum ad implendum mandatum apostolicum salubriter moneas et tam efficaciter quam diligenter in-
5 ducas. Quodsi nec$^{f)}$ mandatis nostris nec monitis tuis acquiescere forte voluerit, tu cum suffraganeis tuis$^{9)}$, si unquam fieri poterit, id studeas ad honorem apostolice sedis et nostrum et tam predicti episcopi quam ecclesie Watiensis utiliter emendare. Quodsi per studium et sollicitudinem tuam id fieri forte non poterit, presentium tibi auctoritate in virtute obe-
10 dientie districte precipiendo mandamus, ut postpositis gratia et timore solum Deum habens pre oculis, sicut de tua discretione confidimus, inqui- vgl. Ps 53, 5
ras de predictis omnibus diligentius veritatem, et quod inveneris, per tuas nobis cures litteras $^{g)}$ intimare; ut re cognita apostolicum a nobis procedat edictum, per quod tante presumptionis audacia districtione
15 canonica feriatur. In hoc enim $^{h)}$ proposuimus experiri, si magis terrenum vgl. Apg 4, 19;
regem metuas quam celestem et an honorem ecclesie gratie regie ante- 5, 29
ponas.
   Datum ut supra.

90 (98).

20 *Innocenz III. bestätigt dem Kloster La-Croix-Saint-Leufroy unter anderem die Benediktinerregel und den gesamten Besitz; er verleiht ihm die Zehent-freiheit von allen Neubrüchen, die es selbst bebaut, das Recht, Mönche aufzunehmen und diesen zu verbieten, nach der Profeß das Kloster ohne Er-laubnis des Abtes wieder zu verlassen, ferner das Patronat über seine Pfarr-*
25 *kirchen, eine beschränkte Freiheit vom allgemeinen Interdikte, das Sepultur-recht und die freie Abtwahl; überdies bestätigt er alle von den Erzbischöfen von Rouen und den Bischöfen von Évreux verliehenen Freiheiten.*

Lateran, 1199 Juni 19.

   Reg. Vat. 4, fol. 168^v—169^r ⟨Nr. XCII, 94, 98⟩.
30   *Sirleto, fol. 331^v = Cholinus, II 434 = Venet., II 434 = Baluze, I 401 Nr. 98 = Migne, PL 214, 645 Nr. 98. — Potth. Reg. 744; Bréquigny, Table chronologique, IV 264; Cheney, Calendar, 25 Nr. 142.*

   $^{d)}$ *Die Initiale ist nur vorgezeichnet, nicht ausgemalt. Am Rande:* ⟨*Nr. 93,97*⟩. $^{e)}$ *S. 188 Z. 20.* $^{f)}$ *-si nec auf Rasur nachgetragen.* $^{g)}$ *-a- auf Rasur.* $^{h)}$ *Auf Rasur nach-*
35 *getragen.*

   $^{8)}$ Saulus von Altenburg aus dem Geschlecht der Györ, EB. von Kalocsa (Ungarn) 1192—1202. Er war zuvor B. von Csanád (1188—1192) und ist unter König Béla III. als königlicher Kanzler bezeugt (zu 1183 und 1187). Vgl. C. Juhász, *Das Tschanad-Temesvarer Bistum im frühen Mittelalter 1030—1307.* Deutschtum und Ausland. Studien zum Aus-
40 landsdeutschtum und zur Auslandskultur 30/31. Münster 1930, 98—104 Nr. XIII.

   $^{9)}$ D. s. die Bischöfe von Agram (Zagreb), Csanád, Großwardein (Nagyvárad) und Transsylvania.

Abbati sancte Crucis et sancti Leufredi[1] confessoris eiusque fratribus tam presentibus quam futuris regularem vitam professis in perpetuum.

Pie[a] postulatio voluntatis et cetera usque statuentes, ut ordo monasticus, qui secundum Deum et beati Benedicti regulam in eodem[b] loco institutus et cetera usque vocabulis: Locum ipsum, in quo ecclesia memorata 5 sita est, cum omnibus adiacentiis, que ad eandem ecclesiam pertinent; ex dono Abduini[c], quondam Ebroicensis episcopi[2], ecclesiam sancti Petri de Fontanis[3] cum decimis et manso * presbyteri et aliis, que ad eandem ecclesiam pertinent; ecclesiam sancti Germani de Escardenuilla cum decimis suis et triginta solidos[d] solite pensionis; ecclesiam sancti Pauli de Cruce 10 cum medietate eiusdem ville, decimis et annua pensione quindecim librarum Andegauensium; ecclesiam sancti Remigii de Calliaco cum eadem villa et apendiciis suis, cum decimis et annua pensione XL solidorum; ecclesiam de Grouilla cum decimis et uno manso; ecclesiam de Wiuilla cum decimis in toto feodo de Monteforti, excepto dominico Thome de Planca 15 et dominico Rog(erii) de Wiuilla, quantum pertinet ad mensam eorum; ecclesiam de Trunco cum decimis suis in feodo Galerani de Mara et uno manso et XX solidis Andegauensibus solite pensionis; ecclesiam de Alpegart cum decimis de feodo Will(elm)i de Essartis[e] et de feodo Hugonis militis et uno manso et aliis quatuor hospitibus; ecclesiam[f] de Campenart 20 cum eadem villula et pertinentiis suis et pensione V solidorum Andegauensium; ecclesiam de Mersi cum decimis suis; ecclesiam de Alega cum decimis suis; ecclesiam de Cahaniis cum decimis suis et tribus partibus hospitum; ecclesiam de Dardeis cum decimis suis et pensione X solidorum Andegauensium; ecclesiam de Venabulis cum decimis suis et terris[g] eidem 25 ecclesie pertinentibus[f]; ecclesiam sancti Albini de Wallon cum decimis suis; ecclesiam de Bruolio cum decimis et[h] pertinentiis suis; ecclesiam de Salleio cum decimis et terris eidem pertinentibus; ecclesiam de Tonaio cum medietate altenag(ii)[1], terris et decimis de feodo Ric(cardi?), eiusdem ville domini; ecclesiam sancti Georgii de Esserra cum eadem villa et per- 30

* fol. 169ʳ

---

90. [a] *Die Initiale läuft in einen kleinen, speienden Hundekopf aus.* [b] *Auf Rasur.* [c] *Migne:* Auduini. [d] *Migne:* solidis. [e] *Migne:* Essarris. [f–f] *Am Rande ein kurzer, senkrechter Strich.* [g] tris. [h] e- *korr. aus einem anderen Buchstaben.* [1] a- *ist ein Großbuchstabe. Migne druckt daher:* Altenag. *Nach der in diesem Privileg sonst üblichen Formulierung der Pertinenzformel dürfte es sich aber um eine Abgabe handeln, die* 35 *vielleicht mit dem* altelagium *[Du Cange, Glossarium mediae et infimae latinitatis, 1 (1883)* 202 zu: Altaragium] *identisch ist.*

90. [1] S. Br. II 78 (81) Anm. 1 und Anm. 5.

[2] Audinus de Condé, B. von Évreux (Suffr. von Rouen, Dép. Eure) 1113 — 2. Juli 1139. Er stammte aus Condé-sur-Seule (Calvados) und war ein Bruder EB. Thurstans von 40 York. Als Kaplan König Heinrichs I. von England erhielt er das Bistum von Évreux. Vgl. M. PREVOST, *Audin de Condé*, in: Dict. BF 4 (Paris 1948) 410—412.

[3] Zur Feststellung der hier angeführten Namen vgl. vor allem M. CHARPILLON, *Dictionnaire historique de toutes les communes du département de l'Eure. Histoire, géographie, statistique*, I—II Avallon-Paris 1966; bzw. A. LONGNON, *Pouillés de la province de Rouen.* 45 Paris 1903.

tinentiis suis et XX solidis Sterlingorum annue pensionis; capellam
sancte Marie in eadem parrochia sitam; ecclesiam sancti Remigii de Besu
cum hospitibus, terris et decimis de feodo Ioh(ann)is de Gisorz et aliis
hospitibus et terris et nemore allodiariorum k) reg(is); ecclesiam sancti
5 Albini de Besu cum terris ei pertinentibus; capellam sancte Austreberte
cum pertinentiis suis; capellam sancti Dionisii de Basincort l) cum decimis de feodo Osmundi monnarii apud sanctum Eligium, decimam de feodo
Hug(onis?) de Seusei apud m) Neuuillam n); decimam Will(elm)i Mau-
duit o) apud Luderuillam, de feodo Will(elm)i Pelet apud Aamercort; de-
10 cimam de feodo Mathei de Gamachiis apud Maneeuillam; duas partes decimarum in p) feodo Pagani de sancto Luciano et de feodo Orselli et de
feodo Flooldi; in parrochia sancti Dionisii de Farman q) ecclesiam ipsam
cum parte decimarum; ecclesiam sancti Andree de Autuliolo cum tercia
parte decime et pensione duorum solidorum; elemosinam de insula, que
15 dicitur Guernerre; quartam partem oblationum de feria et de festo sancti
Christofori r) de Roilli; decimam de Heudieruilla et de Sesseuilla in feodo
Autulii; decimam de Boeleio in feodo Roberti filii Will(elm)i; decimam de
Mesnilla s) in feodo Hug(onis) de Lace; et decimam t) Delbuison u) in feodo
Hug(onis) Bigot; quartam partem decime de Autulio; decimam de feodo
20 Almalrici v) Doesnel apud Wateuillam; totam decimam essartorum w) de
Louiers de feodo Galerani, comitis Melletensis x)4); ex dono Galerani comitis C solidos sterlingorum annuatim reddendos in Dorseta y) apud Scellen-
tonam et decimam denariorum suorum de cruce z); ex dono a a) Will(elm)i
Alliacensis medietatem Escardenuille in elemosinam; decimam, quam
25 habetis in feodo Galterii Arou de Anesus cum aliis decimis. Possessiones
preterea, terras, vineas, nemora, prata, molendina, furnos, aquas, piscarias, redditus et alia, que superius expressa sunt et que a quadraginta
annis usque ad hec tempora iuste et sine controversia tenuistis et nunc
pacifice possidetis.
30 Sane novalium et cetera. Liceat quoque vobis et cetera. Prohibemus
insuper, ut nulli fratrum et cetera. In parrochialibus vero ecclesiis et cetera. Libertates etiam et b b) immunitates a Rothomagensibus archiepiscopis 5), Ebroicensibus 6) et aliis episcopis vobis pia devotione indultas et

---

k) *Migne:* allodiariorium Reg.　　l) *Migne:* Bansicort.　　m) apd.　　n) *Migne:*
35 Nenvillam.　　o) *Migne:* de Maudiut.　　p) *Migne:* de.　　q) *Migne:* Formam.　　r) *Davor
nochmals:* Christo.　　s) *Das erste -l- korr. vielleicht aus -s-.*　　t) decima.　　u) *Migne:*
de Buison.　　v) *Migne:* Almarici.　　w) *Migne:* Essarrorum.　　x) *Migne:* Melloten.
y) *Migne:* Dorserta.　　z) *So bei Cheney, Calendar, Nr. 142. Migne:* Cruce.　　a a) *Zwischen
-n- und -o- eine Lücke von der Größe eines Buchstabens durch einen waagrechten Strich
40 ausgefüllt.*　　b b) *Migne:* etc.

4) Galeran II., Graf von Meulan, Earl of Worcester 1104—1166, wurde nach dem Tode
seines Vaters Robert (1118) Nachfolger in dessen französischen Lehen Beaumont und
Meulan. Vgl. G. H. WHITE, *The career of Waleran, count of Meulan and earl of Worcester
(1104—1166).* Transactions of the Royal Historical Society 4th ser., 17 (1934) 19—48.
45 　5) Die EB. von Rouen.
　6) Die B. von Évreux.

usque ad hec tempora sine controversia conservatas ratas habemus et auctoritate apostolica confirmamus. Cum autem generale interdictum et cetera. Sepulturam preterea et cetera. Obeunte vero te [et cetera]. Decernimus ergo et cetera; salva sedis apostolice auctoritate et diocesani episcopi canonica iusticia. Si qua igitur et cetera.

Datum[cc] Laterani per manum Rainaldi[dd], Acherontini electi, cancellarii vicem agentis[7], XIII Kal. Iulii[ee], indictione II, incarnationis Dominice anno M C XC IX, pontificatus vero domni Innocentii pape III anno secundo.

91 (99).

Innocenz III. teilt dem Kardinaldiakon P(etrus) von S.Maria in Vialata als päpstlichem Legaten und dem Bischof (Odo) von Paris den Gang des Verfahrens mit, durch das der Erzbischof (Michael) von Sens den der Häresie verdächtigen Abt Rainald von Saint-Martin in Nevers abgesetzt hat. Da ketzerische Äußerungen des Abtes feststehen, trägt ihnen der Papst auf, diesen nach nochmaligem Verfahren endgültig abzusetzen, falls keine Entlastungsmomente vorgebracht werden können. Ferner überträgt er dem Kardinallegaten noch besondere Vollmachten zur Bekämpfung der Häresie.

Lateran, (1199) Juni 19.

Reg. Vat. 4, fol. 169r—169v ⟨Nr. XCIII, 95, 99⟩.

Sirleto, fol. 332v = Cholinus, II 436 = Venet., II 436 = Baluze, I 402 Nr. 99 = Migne, PL 214, 647 Nr. 99. — Potth. Reg. 745; Bréquigny, Table chronologique, IV 264. — Vgl. Guiraud, Histoire de l'Inquisition, II 191—193; Maisonneuve, Origines de l'Inquisition, 160 f. Anm. 52—55; Thouzellier, Catharisme et valdéisme, 147—151, Anm. 64, 68, 71, 81; dieselbe, Hérésie et Hérétiques, 232 Anm. 38.

P(etro), sancte Marie in Vialata diacono cardinali, apostolice sedis legato[1], et episcopo Parisiensi[a][2].

| Quod legimus in Apocalipsi predictum, ecce nunc videmus impletum: quia de fumo putei abissi exierunt locuste similes equis paratis in prelium, facies[b] quidem habentes humanas sed caudas similes scorpionum, et aculei sunt in caudis earum[c]. Hii sunt heretici, qui de puteo confusionis egressi — non ut ipsi confusionem evadant, sed ut alios in confusionem inducant — faciem[d] pretendunt humanam, ut seducant incautos, quibus tandem in

vgl. Apok 9, 3. 7. 10

[cc] *Am Rande ein waagrechter Strich (vgl. Einleitung XXII).* [dd] *Migne fügt hinzu:* domini papae notarii. [ee] *Migne:* Junii.
91. [a] *Am Rande ein kurzer, waagrechter Strich und zwei Punkte sowie: f. Auf fol. 169r längs des Briefes am Rande ein senkrechter, z. T. gewellter Strich.* [b] *-s auf Rasur nachgetragen und ein wenig in die Länge gezogen.* [c] *-a- korr. aus -o-.* [d] *facie mit Kürzungsstrich. Darnach ein Buchstabe ausradiert.*

[7] S. Br. II 3 Anm. 6.
91. [1] S. Br. II 2 Anm. 3 bzw. II 55 (57, 58) Anm. 8.
[2] S. Br. II 60 (63) Anm. 10.

similitudinem scorpionum dampnationis infligunt aculeum, dum eis iuxta
Scripture sententiam fel draconis in aureo calice Babilonis propinant. In
tantum autem iam eorum excrevit audacia, ut velut equi parentur ad
prelium, cum in aperto sue falsitatis doctrinam disseminare presumant,
5 contra quos nisi gladius exeratur ecclesiastice discipline — ut iam non
solum capiantur sed exterminentur vulpecule, que moliuntur vineam
Domini demoliri — verendum existit, ne, quoniam error eorum serpit ut
cancer, pars etiam sincera trahatur.

Nuper enim, sicut ex tenore litterarum[e] venerabilis fratris nostri . .
10 Senonensis archiepiscopi[3] et relatione dilectorum filiorum R. et B., nunciorum eius[4], nobis innotuit, multa de hereticis et eorum sectis in partibus Gallicanis[5], que ab huiusmodi fece prorsus olim intacte manere solebant, increbrescente iam vehementer infamia, cum idem archiepiscopus
ad villam, que Caritas appellatur[6], in qua plurimi dicebantur professores
15 hereseos delitere, rogatus a venerabili fratre nostro . . Autisiodorensi[f]
episcopo[7], in cuius diocesi predicta villa consistit, accessisset perscrutatu-
rus diligentius veritatem[8], clero et populo convocatis, post diligentem
indagationem preter alios quamplures, qui erant ibi de heresi publice
infamati, Rainaldum, quondam abbatem sancti Martini Niuernensem[9],
20 comperit huiusmodi contagione respersum * et publica super hoc infamia
laborantem. Et quoniam in eo plurimum scandalizabatur et clerus et populus, de consilio predictorum Autisiodorensis, Meldensis[10] et Niuernensis[11] episcoporum, qui aderant, et plurium prudentum virorum eum officio beneficioque suspendit, diem apud Autisiodorum illi prefigens[12], ubi
25 coram eo forte, si posset, se de tanto crimine tueretur.

Cumque die prefixa suam coram eodem[g] archiepiscopo exhibuisset
presentiam, assistentibus predictis Autisiodorensi et Niuernensi episcopis

---

[e] *Über der Zeile nachgetragen.*   [f] *Migne:* Antissiodoren. *So auch bei allen späteren*
Erwähnungen von Auxerre.   [g] eodem arch- *wahrscheinlich auf Rasur.*

30   [3] S. Br. II 42 (43, 44) Anm. 2.
      [4] Die Boten des EB. von Sens sind nicht zu bestimmen.
      [5] Frankreich.
      [6] S. Br. II 60 (63) Anm. 3.   [7] S. Br. II 42 (43, 44) Anm. 3.
      [8] EB. Michael von Sens war im Laufe des Jahres 1198 nach La Charité-sur-Loire
35 (Diöz. Auxerre, Dép. Nièvre, Arr. Cosne-sur-Loire) gekommen. Vgl. E. CHÉNON, *L' hérésie*
à la Charité-sur-Loire et les débuts de l'Inquisition monastique dans la France du Nord au
*XII*ᵉ *siècle.* Nouvelle revue historique de droit français et étranger 40 (1917) 302.
      [9] Rainald, Abt des Augustiner-Chorherrenstiftes Saint-Martin in Nevers (Diöz.
Nevers, Dép. Nièvre), zwischen 1190 und 1198/99 belegt, war wegen Häresieverdacht
40 abgesetzt worden. Vgl. *Robert von Auxerre, Chronicon.* MG SS XXVI 258, Z. 22—24:
„Apud urbem quoque Nivernis abbas sancti Martini et decanus maioris ecclesie de
hoc pestilentissimo errore notati, episcoporum sistuntur concilio Senonis convocato,
ibique abbas deponitur, decanus suspenditur, et sic ad sedem apostolicam destinantur.“
Ferner: *Gallia Christiana,* XII 678; MAISONNEUVE, *Origines de l'Inquisition,* 160 f. und
45 THOUZELLIER, *Catharisme et valdéisme,* 148 f.
      [10] S. Br. II 60 (63) Anm. 5.
      [11] S. Br. II 42 (43, 44) Anm. 4.
      [12] Synode zu Auxerre (Dép. Yonne) im Jahre 1198.

multisque aliis viris discretis, et . . prior ecclesie sancti Martini[13] de heresi,
adulterio et usura et quibusdam aliis eum intenderet et paratus esset
protinus accusare, ante litis ingressum, licet nullum inferretur ipsi gravamen, sedem apostolicam appellavit. Cuius appellationem frustratoriam[h]
quoniam propter infamiam et publicam[h] notam criminis dictus archi- 5
episcopus non admisit et prefatus prior paratus fuit in continenti obiecta
probare, spontaneus causam subiit et obiecta crimina penitus denegavit.
Prior autem confestim quosdam ex canonicis suis[14] testes produxit; qui
cum a prefato archiepiscopo recepti canonice ac diligenter examinati fuissent et — attestationibus, prout debuit fieri, publicatis, ipsi etiam R(ai- 10
naldo) postulanti copiam earum sufficienter exhibitis — ei dies esset apud
Senonis[15] assignata, ut in concilio suffraganeorum[16] exciperet, si vellet,
contra testes et eorum dicta et sue deffensionis proponeret rationes: die
prefixa et loco etiam assignato, suis libere ac plenarie propositis rationibus, interrogatus pluries, si pro se vellet aliquid aliud allegare, probationi- 15
bus et allegationibus omnino renuncians sententiam postulavit; et postmodum sepedicto archiepiscopo pariter cum venerabilibus fratribus nostris
Trecensi[17], Autisiodorensi et Niuernensi episcopis aliisque prudentibus
viris secrete deliberationis tractatum habente, advocatus predicti R(ainaldi) sine illo ad consilium eorum intravit et proposuit ipsum[l] appella- 20
tionem, quam ante litis ingressum interposuerat, ratam habere et eam
iterum innovare. Cumque postmodum ad ferendam sententiam exeuntes
comperissent pro certo eum clanculo recessisse, dictus advocatus eius,
sicut fecerat in secreto, appellationem denuo publice innovavit. Unde
memoratus archiepiscopus, quamvis non fuisset appellationi huiusmodi 25
deferendum, noluit eum de heresi condempnare; pro adulterio tamen et
aliis que in dampnationem eius erant manifestius divulgata, et quoniam
propter infamiam heresis et scandalum, quod in populo fuerat inde subortum, nullatenus etiam ad tempus in amministratione abbatie sine omni-
moda desolatione monasterii poterat tolerari: de[k] communi consilio[l] 30
coepiscoporum et aliorum prudentum, qui aderant, ipsum inperpetuum
per sententiam diffinitivam officio privavit abbatis, et[m] canonici sancti
Martini de licentia eius quendam alium elegerunt[18].

---

h-h) *Auf Rasur.*   l) *Migne:* ipsam.   k-k) *Am Rande eine Klammer, wahrschein-*
lich von späterer Hand.   l) *Darnach ein Absatzzeichen; wahrscheinlich von derselben* 35
Feder, wie die in der vorigen Anm. erwähnte Klammer.   m) *Auf Rasur.*

[13]) Prior des Augustiner-Chorherrenstiftes Saint-Martin in Nevers.
[14]) Kanoniker daselbst.
[15]) Sens (Dép. Yonne).
[16]) Suffragane von Sens waren die Bischöfe von Auxerre (Dép. Yonne), Chartres (Dép. 40
Eure-et-Loir), Meaux (Dép. Seine-et-Marne), Nevers (Dép. Nièvre), Orléans (Dép. Loiret),
Paris und Troyes (Dép. Aube).
[17]) S. Br. II 60 (63) Anm. 9.
[18]) Der Name des neugewählten Abtes ist nicht mit Sicherheit zu bestimmen. In den
Jahren 1211 bis 1220 ist Reginald als Abt von Saint-Martin bezeugt. Vgl. A. SÉRY, *L'ab-* 45
baye St-Martin de Nevers de chanoines réguliers de St-Augustin. Nevers 1902, 145 ff., 257.

Ceterum idem archiepiscopus attestationes contra eum receptas nobis transmisit redactas in scriptum, ex quibus duo gravia satis probata esse videntur: videlicet eum serio et assertive dixisse disputando et defendendo hereticorum errorem, quod corpus Domini mittitur in secessum[19], et
5 iuxta verbum Origenis omnes tandem fore salvandos[20]. Allegationes autem et rationes predicti R(ainaldi), de quibus sepedictus archiepiscopus in suis litteris fecerat mentionem, nobis per litteras vel per nuncios exponere non curavit; propter quod diutius expectavimus, si forte alii nuncii super hoc instructi plenius advenirent[k].

10 Quoniam igitur causam transmisit ad nos minus sufficienter instructam et ex hoc nobis scrupulus non modice dubitationis emersit, maxime cum sit plena maturitate in tam arduo negocio procedendum, discretioni vestre per apostolica scripta mandamus, quatinus Deum habentes pre oculis et   vgl. Ps 53, 5
catholice fidei veritatem tam attestationibus, que contra predictum R(ai-
15 naldum) nobis transmisse fuerunt, quas vobis sub nostra bulla transmittimus, quam etiam allegationibus et rationibus sepedicti R(ainaldi), quas coram prefato archiepiscopo proposuisse proponitur, attente ac diligenter inspectis, publica quoque fama nichilominus inquisita — nisi ex eis aliquid perpendere poteritis, quod a ferenda condempnationis senten-
20 tia contra eum merito animum vestrum debeat retardare — sublato cuiuslibet contradictionis et appellationis obstaculo, ut in eo puniatur, in quo peccavit, ipsum a sacerdotali officio deponatis. Et quoniam metuen-   vgl. Weish 11, 17
dum est, ne in laqueum desperationis incidens et ad perfidorum hereti-   vgl. 1 Tim 3, 7
corum infidelitatem ex toto conversus eorum prevaricationibus contami-
25 net gregem intactum, retrudi eum in districto monasterio faciatis et ibi ad agendam penitentiam sub arcta custodia detineri; attentius provisuri, ut ita mandatum apostolicum exequamini, quod devotionem vestram debeamus merito commendare. Nullis litteris et cetera, harum tenore tacito et cetera. Quodsi ambo et cetera, alter et cetera.

30 Tu vero, fili cardinalis, diligens studium et operam efficacem impendas, sicut de tua discretione confidimus, ut per diligentiam et sollicitudinem tuam, ascitis tecum quos noveris necessarios, heretica pravitas extirpetur et heretici cum suis falsis docmatibus confundantur. Quod ut melius et plenius possis efficere, plenam tibi super hoc appellatione remota con-
35 cedimus potestatem.

Datum Laterani, XIII Kal. Iulii.

---

[19]) Dazu vgl. BORST, *Katharer*, 217 Anm. 14; MAISONNEUVE, *Origines de l'Inquisition*, 160 f. bzw. THOUZELLIER, *Catharisme et valdéisme*, 151.

[20]) Ein genau passendes Zitat aus dem Kirchenlehrer Origenes (ca. 185—ca. 254) läßt
40 sich dazu nicht angeben, aber bei ihm und den anderen Kirchenlehrern vor Augustinus besteht an der Allgemeinheit des Heilswillens Gottes kein Zweifel. Vgl. G. TEICHTWEIER, *Die Sündenlehre des Origenes*. Studien zur Geschichte der katholischen Moraltheologie 7. Regensburg 1958, 39 ff., 305 ff., J. LECLERCQ, *Origène au XIIᵉ siècle*. Irenikon 24 (1951) 424—439 und H. DE LUBAC, *Exégèse médiévale. Les quatre sens de l'Écriture 1/1*. Paris
45 1959, 221 ff.

92 (100).

Innocenz III. bestätigt dem Kloster S. Maria de Canneto die Benediktiner-
regel und den gesamten Besitz; verleiht ihm die Zehentfreiheit von allen
Neubrüchen, die es selbst bebaut; das Recht, Mönche aufzunehmen und diesen
zu verbieten, nach geleisteter Profeß das Kloster ohne Erlaubnis des Abtes zu 5
verlassen; eine beschränkte Freiheit vom allgemeinen Interdikt; das Sepul-
turrecht; die freie Abtwahl sowie alle Freiheiten und Rechte. Ohne die Zu-
stimmung des Klosters und des Diözesanbischofs darf innerhalb der Kloster-
pfarre keine Kapelle und kein Oratorium errichtet werden, außer mit päpst-
licher Erlaubnis. 10

Lateran, 1199 Juni 21.

Reg. Vat. 4, fol. 169ᵛ—170ʳ ⟨Nr. XCIIII, 96, 100⟩.
Sirleto, fol. 334ʳ = Cholinus, II 437 = Venet., II 437 = Baluze, I 404 Nr. 100 = Migne,
PL 214, 650 Nr. 100. — Potth. Reg. 747; Bréquigny, Table chronologique, IV 262.

Abbati sancte Marie de Canneto[1] eiusque fratribus tam presentibus quam 15
futuris regularem vitam professis in perpetuum.

Pie[a] postulatio voluntatis et cetera usque ordo monasticus, qui secundum Deum et beati Benedicti regulam in eodem monasterio institutus
esse dinoscitur et cetera usque vocabulis: Locum ipsum, in quo prefatum
monasterium situm est, cum omnibus pertinentiis suis; ecclesiam sancti 20
Andree apostoli in insula[2], que vocatur Minerua, || [b] cum tota insula;
ecclesiam sancti Bartholomei[3], que est in civitate Polan(a), cum redditibus suis; ecclesiam sancti Laurentii de Zamponoso[c] cum campis, vineis,
pascuis, pratis, montibus, vallibus, aquariis et omnibus ad eam pertinentibus; ecclesiam sancte Marie Bauran(am) cum omnibus possessionibus 25
suis; ecclesiam sancti Blasii Sauinian(am) cum omnibus pertinentiis et
possessionibus suis; ecclesiam[d] sancte Marie Sacian(am) cum omnibus
pertinentiis et possessionibus suis[d]; ecclesiam sancti Pauli et locum
Barcilian(i) cum montibus, vallibus, habitationibus, pascuis, aquariis,
• fol. 170ʳ   silvis, arboribus fructiferis || [b]* et infructiferis, piscariis atque ripis ad 30
eundem locum pertinentibus; et piscariam de Muccla de Mezo; locum

---

92. [a] *Initiale z. T. auf Rasur. Ferner läuft sie in einen speienden Hundekopf aus.*
[b–b] *Von Hand C.*   [c] *Migne:* Camponoso.   [d–d] *Fehlt bei Migne.*

92. [1] Vielleicht Angelus, der 1212 als Abt des Benediktinerklosters von S. Maria (Formosa)
de Canneto (auch de Cerreto) in Pola (Pula, Diöz. Pola, Istrien) aufscheint. Zu 1182 wird ein 35
Gerhard in dieser Würde erwähnt. Vgl. Kandler, *Codice diplomatico Istriano,* I 292 (an.
1212); IP VII/2 238 f. und B. Benussi, *Dal convento di S. Andrea dell'Isola di Serra presso*
Rovigno. Atti e memorie della Società Istriana di archeologia e storia patria 39 (1927)
201—203.

    [2] S. Andrea auf der Insel Serra (Sv. Andrija) bei Rovigno (Rovinj, Istrien) war ein seit 40
langem mit S. Maria de Canneto vereinigtes Benediktinerkloster. Zu seiner Lage vgl. Benussi, *a.a. O.,* 187—218 bzw. IP VII/2 238.

    [3] Zu den im folgenden erwähnten Lokalitäten vgl. C. de Franceschi, *L'antica*
abbazia di S. Maria del Canneto in Pola e un suo registro censuario del secolo XII. Atti e
memorie della Società Istriana di archeologia e storia patria 39 (1927) 311—345.   45

Valbendonii cum habitationibus, terris cultis et incultis, arboribus, olivis,
pratis et omnibus pertinentiis suis; piscariam portus Valbendonii; locum
Florian(i) cum olivis, terris cultis et incultis, habitationibus, domibus,
curtibus et omnibus pertinentiis suis; sancti Georgii et sancti Nicholai
5 ecclesias cum omnibus pertinentiis et possessionibus suis; locum Philippa-
ni cum mansionibus e), curtibus, pascuis, terris, aquariis, silvis, campo de
puteo, terris Carse plane et Cisterneole; fundum Volasii cum molendino;
ecclesiam sancti Laurentii cum tota valle, turri, curia, gurgo et omnibus
pertinentiis suis; ecclesiam sancti Leonardi cum orto maiori et curia, que
10 est ante portam monasterii, cum omni circuito suo; terram de Ducente f)
et terram de Bagnole cum omnibus pertinentiis suis.

Sane novalium et cetera. Liceat quoque vobis et cetera. Prohibemus insuper et cetera. Cum autem generale interdictum et cetera. Libertates
preterea et cetera. Sepulturam quoque et cetera. Obeunte vero te et cetera.
15 Decernimus ergo et cetera; salva sedis apostolice auctoritate et diocesani
episcopi 4) canonica iusticia. Si qua vero et cetera.

Datum g) Laterani per manum Rainaldi 5) Acherontini archiepiscopi,
cancellarii vicem agentis, XI Kal. Iulii h), indictione IIa, incarnationis
Dominice anno M° C° XC IX°, pontificatus vero domni Innocentii pape
20 III anno secundo. ||1)

93 (101).

Innocenz III. nimmt die Kirche S. Maria de Roccamaggiore (?) mit allen
Besitzungen in den päpstlichen Schutz und setzt fest, daß sie dafür jährlich ein
Pfund Wachs abzuliefern habe.

25   *Lateran, (1199) Juli 1.*

Reg. Vat. 4, fol. 170r ⟨Nr. XCV, 97, 101⟩.
Sirleto, fol. 334v = Cholinus, II 438 = Venet., II 438 = Baluze, I 404 Nr. 101 = Migne,
PL 214, 651 Nr. 101. — Potth. Reg. 753.

Hostadigine a) **fundatrici** 1) **et fratribus ac sororibus ecclesie beate Marie de**
30   **Rocca Maiori** 2) **site in loco, qui dicitur Puteus de Cartariis** b).

|| c) Cum a nobis petitur et cetera usque assensu, ecclesiam ipsam et
personas ibidem divinis obsequiis mancipatas cum omnibus bonis, que
impresentiarum eadem ecclesia rationabiliter possidet aut in futurum

---

e) *Migne:* mansibus.   f) *Migne:* Ducende.   g) *Am Rande ein waagrechter Strich*
35 *(vgl. Einleitung XXII).*   h) *Migne:* Junii.   i) *Hand D 1 hört auf.*
93. a) *Migne:* Costadigin.   b) *Migne:* Chartariis.   c–c) *Von Hand C.*

4) Der Bischof von Pola (Suffr. von Aquileia).
5) S. Br. II 3 Anm. 6.
93. 1) Nicht zu identifizieren.
40   2) Vielleicht S. Maria de Roccamaggiore (Diöz. und Prov. Bologna). Vgl. *Rationes*
Decimarum, Aemilia. Studi e Testi 60 (Città del Vaticano 1933) 237 Nr. 2469 bzw. *Liber*
Censuum, I 101 a.

vgl. 1 Tim 6, 17 iustis modis prestante Domino poterit adipisci, sub beati Petri et nostra protectione suscipimus et presentis scripti p(atrocinio) communimus. Ad indicium autem percepte huius a sede apostolica protectionis unam libram cere nobis nostrisque successoribus annis singulis persolvetis [d]. Nulli ergo et cetera.   5

Datum Laterani, Kal. Iulii. || [c]

94 (102).

Innocenz III. nimmt die Titelkirche SS. Sergio e Bacco in Rom in den päpstlichen Schutz und bestätigt deren gesamten Besitz.

Lateran, 1199 Juli 2. 10

Reg. Vat. 4, fol. 170ʳ—170ᵛ ⟨Nr. XCVI, 98, 102⟩.
    Sirleto, fol. 334ᵛ = Cholinus, II 438 = Venet., II 438 = Baluze, I 404 Nr. 102 = Migne, PL 214, 651 Nr. 102. — Potth. Reg. 754. — Vgl. Armellini, Chiese di Roma, I 655, 660, II 1131; Huelsen, Chiese di Roma, 280, 453, 461 (mit falschem Datum); Jordan, Topographie, II 668. 15

Romano[1] archipresbytero et clericis sanctorum martyrum[a] Sergii et Bachi tam presentibus quam futuris in perpetuum.

vgl. 2 Kor 11, 28 || [b] Licet omnium ecclesiarum sit nobis cura et sollicitudo commissa, illis tamen, que in Urbe[2] consistunt, tanto sollicitius nos convenit providere et earum iura illibata servare, quanto amplius ad iuriditionem 20 nostram noscuntur specialius pertinere.

Eapropter, dilecti et cetera usque annuimus et prefatam ecclesiam beatorum martyrum Sergii et Bachi, in qua divino et cetera usque vocabulis: Medietatem arcus triumphalis[3], qui totus in tribus arcubus constat: de quo unus de minoribus arcubus propinquior est vestre ecclesie, 25 supra quem una ex turribus edificata esse videtur; et medietatem de arcu maiori, qui est in medio, cum caminatis iuxta minorem arcum, cum introitibus et exitibus suis et aliis omnibus suis pertinentiis, que sub hiis finibus concluduntur: a primo latere est altera medietas eiusdem arcus triumphalis iuris heredum Cimini, a secundo latere est aliud claustrum suprascripti 30 Cimini et curtis et via publica, a tercio latere est curtis vestre ecclesie et a quarto latere est via publica, que pergit ante supradictam ecclesiam, sicut in instrumento locationis facte a bone memorie Greg(orio), eiusdem eccle-

---

[d]) *Am Rande von einer Hand des 13. Jh.:* Census.
94. [a]) Martini.   [b]) *Hand D 1 fängt an. Auf fol. 170ʳ längs des Briefes am Rande ein* 35 *senkrechter, z. T. gewellter Strich.*

94. [1]) Romanus, Archipresbyter von SS. Sergio e Bacco in Rom, der Titelkirche Innocenz' III. als Kardinaldiakon. Vgl. HUELSEN, *Chiese di Roma,* 461 f. Nr. 50 bzw. ARMELLINI, *Chiese di Roma,* I 659—661.
    [2]) Stadt Rom.   40
    [3]) Triumphbogen des römischen Kaisers Septimius Severus (193—211 n. Chr.) auf dem Forum Romanum.

sie diacono cardinali[4], plenius continetur; ecclesiam Saluatoris de Statera[5] cum pertinentiis suis; ecclesiam sancti Laurentii positam sub Capitolio[6] cum casis, criptis, ortis et omnibus aliis suis pertinentiis; omnes domos positas in Gallicis, que hiis finibus concluduntur: a duobus lateribus tenet
5 ecclesia vestra, a tercio tenet ecclesia sancte Martine[7], a quarto latere via publica, que pergit ante dictam ecclesiam; || [c] omnes domos, que sunt posite in regione Piri[8], cum casalinis et ortis et aliis pertinentiis suis, preter unum casalinum iuris sancti Sabe[9] et unam domum Pantalei addextratoris[10]; domum unam positam in regione sancti Adriani[11] iuxta
10 columpnas sancti Ioh(ann)is ante portam Latinam[12]; domum unam positam iuxta domum Ioh(ann)is de Ascesa; quatuor criptas cum casalinis ante se usque ad viam publicam post ecclesiam Saluatoris de Statera[5], quas emistis ab heredibus Petri de Ascesa; unum casalinum in regione sancti Theodori[13] in pede Cannaparie[14]; duo casalina iuxta columpnam pre-
15 fectissam[d][15]; unum casalinum iuxta domum Rogerii de Rozo et iuxta domum Vrbani; turrim in casale Barbarian(o) cum terris, vineis, silvis, pratis, montibus, collibus, pascuis, sallictis, arboribus fructiferis et infructiferis, puteis, fontibus, rivis, edificiis parietinis et aliis omnibus suis[d'] pertinentiis, que infra subscriptos terminos continentur: a primo latere
20 rivus de Luzan(o)[16] et tenimentum heredum[e] Fusci de Berta et tenimentum sancte Anastasie[17], a secundo latere via publica Ardeatina[18] usque ad fossatum sancti Nicandri[19], a tercio latere idem fossatus inter vos et

---

c-c) *Von Hand C.*   d) *Migne:* perfectissimam.   d') *Durch Zeichen umgestellt aus* suis omnibus.   e) herrdum.

25   [4] Gregor Tarquinius, Kardinaldiakon von SS. Sergio e Bacco, von 1123 bis 1145 bezeugt. Vgl. Hüls, *Kardinäle,* 242.
     [5] S. Salvatore de Statera (oder in Aerario). Vgl. Huelsen, *Chiese di Roma,* 453 Nr. 39 bzw. Armellini, *Chiese di Roma,* I 654.
     [6] S. Lorenzolo de Ascesa (de Proto, auch ai Monti). Vgl. Huelsen, *Chiese di Roma,*
30 280 f. Nr. 2 bzw. Armellini, *Chiese di Roma,* I 209 f.
     [7] S. Martina in tribus foris (fatis, auch SS. Luca e Martina). Vgl. Huelsen, *Chiese di Roma,* 381 Nr. 107 bzw. Armellini, *Chiese di Roma,* I 203—205.   [8] Region Parione.
     [9] S. Saba auf dem Aventin. Vgl. Huelsen, *Chiese di Roma,* 429 f. Nr. 1 bzw. Armellini, *Chiese di Roma,* II 722—724.
35   [10] Nicht bestimmbar.   [11] Region (Stadtteil) Campitelli (auch S. Adriano).
     [12] S. Giovanni (Evangelista) a Porta Latina. Vgl. Huelsen, *Chiese di Roma,* 274 Nr. 26 bzw. Armellini, *Chiese di Roma,* I 635 f.
     [13] S. Teodoro. Vgl. Huelsen, *Chiese di Roma,* 489 Nr. 3 und Armellini, *Chiese di Roma,* I 649—651.
40   [14] Cannapara hieß die Gegend am Fuße des Palatins, westlich des Forum Romanum. Vgl. *Storia di Roma* 22 (Bologna 1958) 293.
     [15] Wahrscheinlich eine der Ehrensäulen (Phokassäule?) auf dem Forum Romanum.
     [16] Nicht zu identifizieren.
     [17] S. Anastasia (am Fuße des Palatins). Vgl. Huelsen, *Chiese di Roma,* 172 f. Nr. 20
45 bzw. Armellini, *Chiese di Roma,* I 651—653.
     [18] Via Ardeatina, die von Rom nach Ardea (Latium) führte.
     [19] Vielleicht der Fosso dei Preti bei Falcognana, südlich von Rom, unweit der Via Ardeatina. Vgl. Tomassetti, *Campagna Romana,* II 434 f. Bezüglich S. Nicandro (zwischen Appia und Ardeatina) vgl. Armellini, *Chiese di Roma,* II 1131.

ecclesiam sancte Marie de Auentino[20] et tenimentum sancti Georgii[21] et
Sanctorum quatuor[f] Coronatorum[22], a quarto latere tenimentum sancte
Marie Maioris[23] et tenimentum monasterii sancte Marie de[g] Campo Martis[24] usque ad predictum rivum Luzan(um); quatuor vinealia iuxta Can-
tarum Alban(ensem)[25]; terram, quam habetis in territorio Aricie[26] supra 5
lacum de Nemo[27]; duo fila salinarum in Bordanaria[h] in loco, qui dicitur
Capud Bouis[28], iuxta filum sancti Pancratii[29]; tenimentum Tuscu-
lan(um)[i] vobis et ecclesie sancte Marie in Porticu a felicis recordationis
Celestino[k] papa, predecessore nostro, concessum[30], quod infra hos fines
concluditur: a primo latere via Cauon(is)[31], a secundo latere fossatus, qui 10
ascendit ad columpnam Felleris[32] usque in caput Pantani[33], a tercio
latere super caput Pantan(i) usque ad limitem maiorem et per eundem
limitem usque ad fossatum Berardi Anagnini[34], a quarto latere per idem
fossatum usque ad viam Cauonis; inferioris vero Camellarie[35] parrochiam

---

[f]) *Durch Zeichen umgestellt aus* quatuor Sanctorum.   [g]) *Migne:* in.   [h]) *Das erste* 15
-a- *korr. aus* -o-.   [i]) *Migne:* Tusculani.   [k]) *In verlängerter Schrift.*

[20]) S. Maria de Aventino (auch S. Maria del Priorato). Vgl. Huelsen, *Chiese di Roma*,
314 f. Nr. 16 bzw. Armellini, *Chiese di Roma*, II 719—721.

[21]) Wohl S. Giorgio in Velabro, doch kann es sich auch um eine andere Georgskirche
handeln. Vgl. dazu Huelsen, *Chiese di Roma*, 255 f. Nr. 5 bzw. Armellini, *Chiese di Roma*, 20
II 1302 f. (Reg.).

[22]) SS. Quattro Coronati. Vgl. Huelsen, *Chiese di Roma*, 427 f. Nr. 6 bzw. Armellini,
Chiese di Roma I 605—609.

[23]) S. Maria Maggiore. Vgl. Huelsen, *Chiese di Roma*, 342 Nr. 55 bzw. Armellini,
Chiese di Roma, I 281—294. 25

[24]) S. Maria in Campomarzio. Vgl. Huelsen, *Chiese di Roma*, 320 f. Nr. 24 bzw. Armellini, *Chiese di Roma*, I 405 f.

[25]) Cantaro, Hospital in der Nähe von Albano Laziale. Vgl. Tomassetti, *Campagna
Romana*, II 220 bzw. Fabre-Duchesne, *Liber Censuum*, I 10 b Anm. 2 sowie II 109 b.

[26]) Ariccia (Prov. Rom). 30

[27]) Nemi-See in den Albanerbergen (Prov. Rom).

[28]) Capo di Bove wird das Grabmal der Caecilia Metella an der Via Appia Antica genannt. Vgl. Tomassetti, *Campagna Romana*, II 63.

[29]) Das Zisterzienserkloster S. Pancrazio (an der Via Aurelia) hatte auch Besitzungen
an der Via Appia. Vgl. Tomassetti, *Campagna Romana*, II 39. 35

[30]) Eine Urkunde, mit der Papst Coelestin III. (s. Br. II 22 Anm. 5) den Klerikern von
SS. Sergio e Bacco und der Kirche von S. Maria in Portico in Rom ein Gut in Tusculum
(Frascati, Prov. Rom) überließ, ist nicht erhalten. Vgl. IP I 102 Nr. *1 und 111 Nr. *7.

[31]) Via Cavona (auch Valeria). Über ihren Verlauf am Fuße der Albanerberge informiert Tomassetti, *Campagna Romana*, IV 168 ff. 40

[32]) Diese ‚columpna Felleti' wird schon in einer Urkunde Coelestins III. vom 31. Juli
1195 (Kehr, Nachrichten von der K. Gesellschaft der Wissenschaften zu Göttingen, phil.-
hist. Kl. 1900, 193 f.) erwähnt; sie lag bei Cocciano (Frascati). Vgl. Tomassetti, *Campagna
Romana*, IV 442.

[33]) Pantano Secco an der Straße von Frascati nach Monte Porzio Catone (Prov. Rom). 45
Vgl. Tomassetti, *Campagna Romana*, IV 364.

[34]) Wird gleichfalls in der Anm. 32 erwähnten Urkunde genannt; die Lokalität ist bei
Cocciano (Frascati) zu suchen. Vgl. Tomassetti, *Campagna Romana*, IV 442.

[35]) Am Fuße des Kapitols in Richtung zum Forum Romanum zu suchen. Vielleicht
handelt es sich um das Tabularium. Vgl. R. Valentini - G. Zucchetti, *Codice topografico* 50
della città di Roma (= Fonti per la Storia d'Italia 90). Roma 1946, III 53 Anm. 1.

et eiusdem Camellarie proprietatem, ita quod nulla iniuria inferatur habitatoribus ipsius Camellarie ab habitatoribus superioris Camellarie; or-
tum || c) * quoque sancti Laurentii6) sive supra sanctum Laurentium; terram   * fol. 170ᵛ
que quondam fuit olivetum, a cava usque ad Saluatorem; terram supra
5 olivetum usque ad balneariam sive vascam; ortum sancti Sergii sive post
sanctum Sergium et ortum inter columpnas usque ad abscidam et usque ad
custodiam Mamortinam36) — super quibus inter vos et ecclesiam sancte
Marie de Capitolio37) questio diutius fuerat agitata et ex delegatione felicis
memorie Celest(ini)k) pape, predecessoris nostri38), per dilectos filios
10 I(ohannem), tituli sancti Stephani in Celiomonte39), et Sofr(edum), tituli
sancte Praxedis40), presbyteros cardinales, amicabili compositione sopita,
sicut in scripto eorundem cardinalium exinde confecto plenius continetur — vobis et per vos1) ecclesie vestre auctoritate apostolica confirmamus.
Duas insuper pecias vinearum in Vivario41) infra muros Urbis et unam
15 extra portam sancti Pauli42) in Castannola et aliam peciam foris portam
Latinam43) cum criptis, torcularibus et aliis earum pertinentiis vobis
nichilominus confirmamus.

Decernimus ergo et cetera; salva sedis apostolice auctoritate. Si qua
igitur et cetera.

20 Datum Laterani per manum Rainaldi, Acheruntini archiepiscopi, cancellarii vicem agentis44), VI Non. Iulii, indictione secunda, incarnationis
Dominice anno M° C° XC° IX°, pontificatus vero domni Innocentiik)
pape III anno secundo.

95 (103).

25 *Innocenz III. entscheidet den Prozeß zwischen den Erzbistümern Santiago
de Compostela und Braga um die Metropolitanrechte über die Bistümer Lissabon und Évora zugunsten des ersteren.*

Lateran, (1199) Juli 2.

Reg. Vat. 4, fol. 170ᵛ—171ʳ ⟨Nr. XCVII, 99, 103⟩.
30   *Sirleto, fol. 335ᵛ = Cholinus, II 439 = Venet., II 439 = Baluze, I 406 Nr. 103 = Migne,
PL 214, 653 Nr. 103; Mansilla, Documentación, 215 Nr. 198. — Potth. Reg. 755; Vázquez
Martínez, 12 Nr. 17. — Vgl. Erdmann, Papsttum und Portugal, 35 f., 44—50; Mansilla,
Disputas diocesanas, 114—122; Ferreira, Fastos episcopaes, I 337.*

---

1) -s *korr. aus einem anderen Buchstaben.*

35   36) Beim Mamertinischen Kerker am Rande des Forum Romanum.
     37) S. Maria de Capitolio (in Araceli). Vgl. HUELSEN, *Chiese di Roma,* 323 f. Nr. 28 bzw.
ARMELLINI, *Chiese di Roma,* I 662—671.
     38) Vgl. dazu IP I 102 Nr. *2.
     39) S. Br. II 30 Anm. 11.
40   40) S. Br. II 44 (46) Anm. 15.
     41) Vivario, an der Südseite des Castro Pretorio in Rom gelegen. Vgl. GNOLI, *Topografia
e toponomastica,* 348.
     42) Porta S. Paolo.
     43) Porta Latina.
45   44) S. Br. II 3 Anm. 6.

Petro, Compostellano archiepiscopo[1].

In[a] causa duorum episcopatuum, videlicet Vlixbonensis[2] et Elborensis[3], que inter te ac venerabilem fratrem nostrum . . Braccarensem
archiepiscopum[4] vertebatur, cuius examinationem plenariam sola sententia sedi apostolice reservata felicis recordationis Vrb(anus) papa, 5
predecessor noster[5], . . vicedomino Brixiensi[6] et magistro I(ohanni)
Bergamensi[7] commisit in Ispaniam destinatis, te coram ipso vicedomino,
altero iam collega post citationem[b] defuncto[8], contra dictum archiepiscopum[b] in initio proposuisse cognovimus, quod Bracarensis archiepiscopus post litteras citationis receptas, post appellationem etiam[c] et 10
inhibitionem[d] a te interpositas, ne in predictis episcopatibus aliquid in
tuum preiudicium attemptaret, electos illius temporis consecravit; unde
te offensum graviter querebaris[9]. Ubi a te nichilominus fuit propositum
contra ipsum, quod ante invasionem barbaricam Vlixbona et Elbora civitates ad Emeritensem metropolim pertinebant; sed ea postea captivata 15
et ipse cum ea captive fuerunt, donec dignitas eius cum omni iure suo
in Compostellanam ecclesiam est translata[10]. Dicte quoque civitates

---

95. a) *Am Rande von einer Hand des 13. Jh.: .C.*   b–b) *Auf Rasur, wahrscheinlich nach-*
getragen.   c) *Fehlt bei Migne.*   d) inhibitioem.

95. ¹) S. Br. II 72 (75) Anm. 2.   20
²) Das Bistum Lissabon war nach der Eroberung durch die Kreuzfahrer im Jahre 1147
von Braga aus mit dem englischen Kleriker Gilbert besetzt worden. Da es einstens jedoch
Suffragan von Mérida war, gehörte es zum Metropolitanverband von Santiago de Compostela, welches mit 26. Februar 1120 die alten Rechte Méridas übernommen hatte.
³) Auch das Bistum Évora (Portugal), welches 1166 wiederbesetzt wurde, gehörte als 25
früherer Suffragan von Mérida nunmehr zum Metropolitanverband von Santiago de Compostela.
⁴) Martin (I.) Pires, EB. von Braga (Portugal) 1189—Juni/September 1209, zuvor B.
von Porto (Suffr. von Braga) 1185/86—1189. Vgl. Ferreira, *Fastos episcopaes*, I 348—
362; Almeida, *História*, I, 608, 632 und De Oliveira, *História eclesiástica*, 434, 446.   30
⁵) S. Br. II 26 Anm. 11. Die Delegation des Prozesses war am 13. April 1186 erfolgt
(Erdmann, *PU in Portugal*, 297 f. Nr. 104).
⁶) Johannes, Vizedominus der Kirche von Brescia (Suffr. von Mailand), hielt sich von
April 1186 bis Februar 1187 auf der iberischen Halbinsel auf (Saebekow, *Legationen*, 55 f.,
79; Erdmann, *PU in Portugal*, 297 Nr. 104; Kehr in Nachr. Gött. Ges. 1924, 183 f. Nr. 23   35
und 187 f. Nr. 27 sowie Br. I 221 Anm. 14).
⁷) Magister Johannes von Bergamo (Saebekow, *Legationen*, 55 f. und Br. I 221 Anm.
15).
⁸) Die erste Zitation erfolgte zum 14. September 1186, doch wurde der Termin dann
bis zum 6. Oktober verlängert (Erdmann, *PU in Portugal*, 303 Nr. 110).   40
⁹) Vgl. den Prozeßbericht des Vizedominus Johannes von Brescia (Magister Johannes
von Bergamo war inzwischen verstorben) vom 7. Februar 1187 bei Erdmann, *PU in Por-*
tugal, 303 Nr. 110. Dazu vgl. noch Mansilla, *Disputas diocesanas*, 119.
¹⁰) Mérida (Augusta Emerita), einer der ältesten Bischofssitze Spaniens mit Metropolitanrechten, verfiel nach der maurischen Eroberung (713) mehr und mehr, so daß mit 26. Fe-   45
bruar 1120 B. Diego von Santiago de Compostela dessen Jurisdiktion übernahm, die
1124 für dauernd mit diesem Bischofssitz vereinigt wurde (vgl. Erdmann, *Papsttum und*
Portugal, 21—23 und die diesbezüglichen päpstlichen Schreiben JL 6823, 6824, 6825 und
7160 bzw. Mansilla, *Documentación*, 80 Nr. 63).

christianorum cultui sunt faciente Domino restitute[11]; de quibus usque vgl. Apg 14, 3; 18, 21
ad tempora iamdicti predecessoris nostri non fuit in dubium revocatum,
quin ad Compostellanam ecclesiam pertinerent, licet rex Portugalensis[12]
ad suggestionem Braccarensis ecclesie ius[e] ecclesie Compostellane plu-
5 ries[e] molestarit: pro cuius prohibitione secundus Elborensis electus[13]
in tantum distulit consecrari, quod absque consecratione decessit[f]; cuius
successor[14] et tercius Olixbonensis electus[15] prefato rege vivente non
fuerunt ab aliquo consecrati. Huius autem violentiam successor filius[16]
superavit, cogens Braccarensem archiepiscopum[17] cogi volentem, ut
10 iamdictos electos, quod pater numquam fecerat, consecraret.

Contra quod ex parte tua prius fuerat ad sedem apostolicam appellatum, a qua commissionem de qua premisimus impetraras, proponens coram
dicto vicedomino Brixiensi te illos duos episcopatus possidere ac possedisse
atque ad tuam ipsos ecclesiam pertinere; petens nichilominus, ut Bracca-
15 rensis archiepiscopus tibi de illatis iniuriis satisfaceret et cohiberetur de
cetero, ne in predictis episcopatibus te libere uti iuriditione metropolitica
impediret, quos ad ecclesiam tuam indubitate spectare per apostolice sedis
privilegia, concilia quoque, divisiones et hystorias et publicam famam,
sicut in causa quatuor episcopatuum feceras[18], ostendere nitebaris; parte

20   e—e) *Auf Rasur, wahrscheinlich nachgetragen.*   f) de- *auf Rasur.*

[11] In den Jahren 1147 (Lissabon) und 1166 (Évora).

[12] Alfons I. (Heinrich), Sohn der Infantin Theresia von Kastilien, die mit ihrem Gemahl
Heinrich von Burgund († 1112) die Grafschaft Portugal erhalten hatte. Er regierte zunächst unter der Vormundschaft seiner Mutter († 1130), seit 1128 jedoch selbständig. Nach
25 dem Sieg über die Mauren bei Ourique (1139) nannte er sich König von Portugal (vgl. C.
ERDMANN, *Die Annahme des Königstitels durch Alfons I. von Portugal.* In: Congresso do
Mundo Português, Publicações, vol. II, 1940, 35—53). 1143 erklärte er sich zum Vasallen
des Papsttums und starb am 6. Dezember 1185 zu Coimbra. Er ist der Begründer der Dynastie Burgund in Portugal. Vgl. über ihn: T. DE FONSECA, *Don Afonso Henriques e a*
30 *fundação da nacionalidade portuguesa* (Coimbra 1949) bzw. M. BLÖCKER-WALTER, *Alfons I.*
von Portugal. Studien zu Geschichte und Sage des Begründers der portugiesischen Unab-
hängigkeit (Zürich 1966).

[13] Soeiro (I.), Elekt von Évora 1166—Februar 1180. Vgl. ALMEIDA, *História*, I 185 f.,
619 sowie DE OLIVEIRA, *História eclesiástica*, 438.

35 [14] Pelagius, B. von Évora 1180—8. September 1204. Vgl. ALMEIDA, *História*, I 619 f.
und DE OLIVEIRA, *História eclesiástica*, 438.

[15] Soeiro (I.) Anes, B. von Lissabon 1185—1209/10. Vgl. ALMEIDA, *História*, I 628 f.
und DE OLIVEIRA, *História eclesiástica*, 443.

[16] Sancho I. wurde am 11. November 1154 in Coimbra als Sohn König Alfons' I. und
40 der Mathilde, Tochter des Grafen Amadeus von Moriana, geboren. Schon frühzeitig zum
Mitregenten seines Vaters erklärt, übernahm er nach dessen Ableben 1185 die Königswürde.
Als Herrscher suchte er mit wechselndem Erfolg sein Reich gegen die Mauren zu erweitern.
Mit Innocenz III. geriet er mehrfach in Konflikt, wurde exkommuniziert, starb aber mit
der Kirche versöhnt am 26. März 1211 in Coimbra. Vgl. *Crónicas dos sete primeiros reis de*
45 *Portugal*, hrsg. von C. DA SILVA TAROUCA, 3 (Lissabon 1952/53) 198 (Reg.).

[17] Godinus, EB. von Braga 1175/76—31. Juli 1188. Unsicher ist, ob er zuvor Elekt von
Porto war (1175). Vgl. ERDMANN, *Papsttum und Portugal*, 49; FERREIRA, *Fastos episco-*
paes, I 333—348 (der meint, Godinus wäre zuvor B. von Lamego oder Viseu gewesen);
ALMEIDA, *História*, I 608 f., 631 und DE OLIVEIRA, *História eclesiástica*, 434.

50 [18] Vgl. Br. II 124 (133) S. 248 Z. 7 — 250 Z. 17; 254 Z. 9 — 257 Z. 13; 258 Z. 1—21.

altera respondente Braccarensem ecclesiam illos duos episcopatus et possidere tunc et ab eo tempore possedisse, quo per gratiam Dei et virtutem A(lfonsi), regis Portugalensis, due civitates predicte de manu paganorum fuerant liberate[g] atque ad cultum fidei christiane per Braccarensis archiepiscopi[19] predicationem reducte[11], et iure suo sic usum archiepiscopum Braccarensem asserebat tibi aliquatenus iniuriam non fecisse. Ex hiis ergo circa iniuriarum possessionis et proprietatis articulos intentionem tuam asserebas esse fundatam et ad singulos articulos partem alteram respondisse: ad iniurias quidem et possessionem expresse, ad proprietatem vero latenter, cum iuxta canonicas sanctiones, quicumque ad suam cathedram pertinentia loca lucrari negligunt in catholicam[h] unitatem, si post tempus canonicum id moniti non effecerint, ad eum perveniant[1], qui poterit ea sua predicatione lucrari[20].

Porro Braccarensis archiepiscopus respondebat, quod cum in premisso iudicio satisfactio tantum iniuriarum petita fuisset et ut cohiberetur archiepiscopus Braccarensis, ne impediret te uti iuridictione metropolitica in illis duobus episcopatibus, sicut ex forma libelli conicitur manifeste, profecto nec proprietatem nec possessionem ab eo iam petere poteras in presenti iudicio, presertim cum te diceres possessorem: unde proprietatem vel possessionem ab eo petere non valebas, que non nisi a possidentibus repetuntur; adiungens quod, etsi ad proprietatem vel possessionem aliquid pertinens a parte sua coram nobis fuerit allegatum, cum ius suum fuerit protestata, non debebat in eius dispendium redundare[k]. Interdictum quoque «uti possidetis»[21], quod in hoc casu locum videbatur habere, cum utraque partium se possidere diceret, tibi non competere proponebat: cum te, sicut dicebat, non probaveris possessorem nec interdicto illo alius agere valeat quam possessor; in quo ille debet per sententiam obtinere, qui[1] nec vi nec clam nec precario ab altero possidet.

Tu vero possessionem ecclesie tue multipliciter ostendere satagebas tam per confessiones adverse partis quam per electorum et episcoporum recognitiones et professiones et obedientiam eorundem, quam etiam per executiones Romanorum pontificum: que singula tam instrumentis quam testibus asserebas esse probata. Interrogatus enim in iure G(odinus) Braccarensis archiepiscopus, proximus antecessor istius, si credebat aliquem predecessorum suorum hos episcopatus aliquando possedisse, re-

---

[g] *Auf Rasur, wahrscheinlich nachgetragen.*   [h] -n catho- *auf Rasur.*   [1] perveniunt.
[k] *Bis hierher am Rande ein senkrechter, z. T. gewellter Strich.*   [1] *Fehlt bei Migne.*

[19] Johannes (I.) Peculiar, EB. von Braga Oktober 1138—3. Dezember 1175. Er war zuvor Abt von S. Christovam de Lafões, dann Kanoniker an der Kathedrale von Coimbra und — nach einer Reise an den Papsthof — seit Herbst 1136 B. von Porto. Als solcher gab er die Exemtionsbestrebungen seines Vorgängers völlig auf und band Porto fest an Braga. Über ihn: ERDMANN, *Papsttum und Portugal*, 25, 27—49; FERREIRA, *Fastos episcopaes*, I 284—319; ALMEIDA, *História*, I 607 f., 631 und DE OLIVEIRA, *História eclesiástica*, 434 und 446.

[20] *Decretum Gratiani* C. XVI, q. 3, c. 15 (= FRIEDBERG, *CorpIC*, I 794).

[21] *Digesten* 43, 17 (= MOMMSEN, 691 f.).

spondit: «Quidam dicunt sic, quidam non, et ideo nescio, quibus credam» et addidit postea: «Nec inde certus sum nec incertus»; que verba in id eum videbantur inducere, * ut nullum predecessorum suorum crederet posse- · * fol. 171ʳ disse. Primus autem post liberationem Vlixbonensis episcopus G(ilbertus)

5 nomine[22] necnon et Aluarus, successor ipsius[23], professionem fecerunt in scriptis et etiam manualem Compostellano archiepiscopo et ei sicut metropolitano suo reverentiam et obedientiam impenderunt. Tercius quoque[15], qui superest, dum adhuc esset electus, idem cum tota sua ecclesia recognovit; veniens, ut confirmationem electionis et munus consecrationis

10 reciperet ab archiepiscopo memorato, nisi de medio fere itineris per prohibitionem regis sui fuisset ad propria revocatus; sicut per multos testes asserebas esse probatum. Executiones quoque Romanorum pontificum, videlicet Alex(andri) [m][24], Lucii[25] et Celest(ini)[26], qui possessionem, quam te habere licet cum perturbatione credebas, declarare voluerunt, demon-

15 strant, quod te in plenum iurisditionis usum inducere curaverunt: facultatem tibi liberam tribuentes suspendendi, excommunicandi et electionem cassandi, precipientes etiam sententias a te latas inviolabiliter observari: sicut in eorundem litteris continetur. Pro iurisditionis autem executione libere obtinenda in Elborensi episcopatu punitus est Bracca-

20 rensis archiepiscopus in episcopatibus Galletie tibi per sedem apostolicam assignatis [n], sicut in litteris bone memorie Alex(andri) pape contineri dicebas[27]. Ex litteris etiam Vlixbonensis episcopi, quas ostendebas bullatas, ostendere nitebaris, quod . . Elborensis episcopus sententiam a te latam in ipsum inceperat observare.

25 Braccarensis autem archiepiscopus respondebat professiones predictas per testes non esse probatas[o], quandam ipsis testibus de ratione temporis impossibilitatem obiciens; asserens etiam, quod per professiones huiusmodi clam ignorante Bracharensi archiepiscopo factas non potuit ecclesia Braccarensis sua possessione privari, cum et quedam earum facte fuisse

30 probentur, cum Vlixbonensis episcopus exulabat; possessionem suam multo plenius et efficatius satagens comprobare, cum omnes episcopi a

---

[m]) *Die Namen der drei Päpste in verlängerter Schrift.* [n]) a- *am Anfang korr. aus* r-.
[o]) *Migne:* approbatas.

[22]) Gilbert von Hastings, (erster) B. von Lissabon April 1148—1164 (?). Vgl. ERDMANN,
35 *Papsttum und Portugal*, 35; ALMEIDA, *História*, I 188, 627 und DE OLIVEIRA, *História eclesiástica*, 105, 131, 168, 443.

[23]) Alvarus, B. von Lissabon 1164—11. September 1184. Vgl. ALMEIDA, *História*, I 628 und DE OLIVEIRA, *História eclesiástica*, 443.

[24]) S. Br. II 26 Anm. 9. Vgl. ERDMANN, *PU in Portugal*, 244 ff. Nr. 72 und 253 Nr. 79
40 und Nr. 80.

[25]) S. Br. II 26 Anm. 10. Vgl. ERDMANN, *PU in Portugal*, 285 Nr. 96 und 286 Nr. 97.

[26]) S. Br. II 22 Anm. 5. Vgl. ERDMANN, *PU in Portugal*, 358 Nr. 138 und 374 Nr. 153.

[27]) Vor 1177 hatte Papst Alexander III. die B. von Astorga, Lugo, Mondoñedo, Orense und Tuy strafweise dem EB. von Braga entzogen und dem EB. von Santiago de Compo-
45 stela unterstellt. Vgl. ERDMANN, *PU in Portugal*, 244 Nr. 72; DERS., *Papsttum und Portugal*, 48 und MANSILLA, *Disputas diocesanas*, 118.

liberatione civitatum illarum in illis duobus episcopatibus per Braccarensem archiepiscopum fuerint consecrati, qui ei tamquam suo metropolitano
reverentiam et obedientiam impenderunt: venientes ad concilia Bracca-
rensia tamquam proprii suffraganei et querelas suas coram eodem archiepiscopo proponentes; sicut per multos testes asserebat et tue partis que- 5
dam etiam instrumenta sufficienter esse probatum. Litteras autem bone
memorie Cel(estini) pape, predecessoris nostri, super eodem negocio pro
te contra Braccarensem ecclesiam impetratas in nullo sibi posse preiudicare dicebat, cum lite pendente fuerint impetrate, quando non licet etiam
supplicare[28].   10

    Tu vero preter premissa fortius allegabas, quod cum G(odinus), Braca-
rensis archiepiscopus, et M. canonicus et clericus tuus[29] olim essent in
presentia bone memorie Alex(andri) pape, predecessoris nostri, pariter
constituti[30], eodem M. clerico tuo firmiter[p] proponente, quod Braccarensis archiepiscopus plures de suffraganeis tuis et precipue Vlixbonensem 15
et Elborensem episcopos occupaverat, dictus archiepiscopus econtra
respondens asseruit, quod prefatos episcopos nullatenus detineret nec
ab eis obedientiam vel reverentiam aliquam exigeret nec etiam quomodolibet impediret, quominus tibi et ecclesie tue obediant et subiectionem
impendant. Adiecit etiam, quod cum nobilis vir . . dux Portugalensis 20
civitatem Elborensem cepisset[31], ne in paganismum rediret, instantia
eius . . predecessor suus ibidem episcopum consecravit, sed tamen ab eo
nullam obedientiam vel reverentiam requisivit, immo ut ecclesie Compostellane obediret, mandavit; qui nondum propter paupertatem et
quia nimium remotus est, ad tuam accessit ecclesiam. De aliis vero 25
episcopatibus, quos idem M. clericus tuus dicebat ad tuam ecclesiam
pertinere, dixit, quod ad ecclesiam suam spectant et sibi iure metropolitico debent subesse, et super hoc privilegia Romanorum pontificum multa
produxit[32]. Cumque ab eodem nuncio tuo idem predecessor noster instantius requisisset, si qua exinde privilegia ecclesia tua haberet, et ipse asse- 30
verasset se id omnino nescire, statuit, ut episcopi, quos Braccarensis non
recognovit ad te pertinere, asserens ad ecclesiam suam ipsos spectare, ei et
ecclesie sue, quousque hoc iudicio diffiniretur, obedientiam et reverentiam
impendant et ipse predictos duos episcopos libere tibi et ecclesie tue obedire permittat[33].   35

    Licet autem Braccarensis archiepiscopus contra predictas litteras alle-
garet, quod illa confessio sibi preiudicare non poterat, cum in iure facta

---

    p) fi-*korr. aus einem anderen Buchstaben.*

   [28]) Vgl. *Codex Iustinianus* 1, 21, 2 (= Krueger, 75).

   [29]) M., Kanoniker und Kleriker von Santiago de Compostela zur Zeit von EB. Petrus 40
Suárez de Deza (1173—1206).

    [30]) Wahrscheinlich in den Jahren 1176/77 (Erdmann, *PU in Portugal*, 245 Nr. 72).

    [31]) Vgl. Anm. 3.

    [32]) S. Br. II 124 (133) Anm. 38, 51—55.

    [33]) So im Urteil Alexanders III. von 1177 (Erdmann, *PU in Portugal*, 244 Nr. 72).   45

non fuerit — eo quod prefatus M. non procurator aut responsalis, sed canonicus tantum et clericus in illis litteris appellatur —, quia tamen sepedictus Braccarensis archiepiscopus illas litteras impetravit et eis pro se usus est in iudicio q) magnumque de illis comodum acquisivit et tu, quod r)

5 per eundem M., canonicum et clericum tuum, super hoc factum fuit, ratum habes et approbas, unde iam ille non potest obicere, quod nullus pro parte tua ibi fuerit procurator: nam et quod per falsum procuratorem agitur in iudicio valet utique, si postea per dominum approbetur[34]; cum s) etiam presumendum sit pro facto Romani pontificis: unde coni-

10 citur, quod coram Alex(andro) papa, qui statutum illud emisit, lis fuerit contestata; nos attendentes, quod forma petitionis, quam tu in hoc iudicio porrexisti, eadem est cum forma constitutionis, quam dictus predecessor noster Alex(ander) papa fecisse probatur, cum forma quoque assertionis t), quam Braccarensis archiepiscopus coram eodem Alex(andro)

15 fecisse dinoscitur, super quo testes in hoc iudicio producti fuerunt et attestationes etiam publicate, necnon et super ipsis attestationibus disputatum; rationibus et allegationibus utriusque partis diligenter auditis et cognitis, attestationibus quoque ac instrumentis visis et intellectis, habito fratrum nostrorum concilio de communi deliberatione

20 decernimus et sententialiter diffinimus, ut Braccarensis archiepiscopus vel ecclesia Bracarensis nullatenus te vel ecclesiam Compostellanam impediat, quominus in predictis duobus episcopatibus plene ac libere iurisditionem metropoliticam valeas exercere.

Nulli ergo et cetera diffinitionis et cetera.

25 Datum Laterani, VI Non. Iulii.

96 (104).

Innocenz III. befiehlt dem Erzbischof (Hubert) von Canterbury, in seiner Kirchenprovinz die simonistische Gewohnheit, für Chrisma und Investitur von Kirchen Geld zu fordern, unter Androhung geistlicher Strafen zu ver-
30 *bieten.*

Lateran, (1199) Juni 26.

Reg. Vat. 4, fol. 171r—171v ⟨Nr. XCVIII, 100, 104⟩.
Sirleto, fol. 337v = Cholinus, II 442 = Venet., II 442 = Baluze, I 408 Nr. 104 = Migne, PL 214, 657 Nr. 104. — Comp. III. 5, 14, 1; Alan. 5, 2, 3; Alan. K. 5, 2, 2; Bern. 5, 16, 3;
35 Coll. Fuld. 5, 1, 13; Coll. Rotomag. 25; X. V, 3, 36. — Potth. Reg. 750; Bliss, Calendar, 7; Cheney, Calendar, 25 Nr. 143.

---

q) -o *korr. aus* -s.　　r) q- *korr. aus* p(er).　　s) *Migne:* tum.　　t) *Migne:* aspectionis.

[34]) Vgl. *Digesten* 46, 8, 12 § 1 (= Mommsen, 762).

Cantuariensi[1] archiepiscopo[a].

vgl. Apg 8, 18–24

(|) In tantum peccatis exigentibus corda quorundam symoniaca pravitas depravavit, ut in exterminium canonice sanctionis et elusionem quodammodo divini iudicii lucris turpibus iniantes ac dicentes in corde suo:

vgl. Ps 13, 1; 52, 1

«Non est Deus» symoniam sub honesto nomine pallient, quasi mutato 5

vgl. Gal 6, 7
* fol. 171ᵛ

nomine culpa transferatur et pena. Verum nec Deus secundum apostolum irridetur * nec tales Symonis sectatores, etsi temporalem in presenti forsan eludant, in futuro penam efugient sempiternam, cum nec honestas nominis criminis maliciam palliabit nec vox poterit abolere reatum.

Sane pervenit ad audientiam nostram, quod cum olim quidam suffra- 10 ganei tui[2] pro crismate contra canonicas sanctiones[3] certam accipere consueverint peccunie quantitatem, metuentes penam canonicam et correctionem tuam eludere cupientes, tempus faciende solutionis anticipant, recipientes in media Quadragesima, quod recipere consueverunt post Pascha; et ut causam accipiendi dissimulent, nomen etiam variarunt: 15 denarios, quos prius crismales secundo paschales dicebant, consuetudinem medie Quadragesime nuncupantes. Quidam vero nec tempus solutionis nec solvendorum nomen in aliquo variarunt, veterem per omnia consuetudinem imitantes.

Quia vero expressius exprimit venditionis speciem, qui prius percipit 20 precium, quam rem conferat preciosam, quam qui tempus recipiende mercedis dissimulando distulerit et dissimulaverit differendo — licet

vgl. Mt 10, 8;
Röm 3, 24

utrumque in talibus periculosum existat, cum gratis sit gratia conferenda — ne ipsam contingat et rem et nomen gratie demereri, fraternitati tue per apostolica scripta mandamus et districte precipimus, quatinus 25 auctoritate nostra fretus et tua taliter excessus corrigas supradictos, suffraganeos tuos et eorum officiales monitione premissa per censuram ecclesiasticam sublato appellationis obstaculo a tam illicita exactione compescens, quod ad nos decetero super hoc querimonia deferri non possit nec aliorum culpa tibi ob tue negligentie meritum imputetur ad penam. 30

Eadem quoque auctoritate suffultus pravam illam consuetudinem de tua provincia studeas abolere, per quam pro ecclesiarum investitura archidiaconi marcham argenti, minores vero decani vaccam albam sibi dari postulant vel certam solvi peccunie quantitatem.

Datum Laterani, VI Kal. Iulii. 35

---

96. ᵃ) *Am Rande von einer Hand des 13. Jh.:* hoc c(apitulum) est **Extra** de symonia *(X. V, 3, 36)*. *Daneben ein kurzer, waagrechter Strich und zwei Punkte (vgl. Einleitung XXf.).*

96. ¹) S. Br. II 68 (71) Anm. 4.

²) Suffragane von Canterbury waren die B. von Bangor, Bath und Wells, Chichester, Ely, Exeter, Hereford, Lichfield, Lincoln, Llandaff, London, Norwich, Rochester, Salis- 40 bury, St. Asaph, St. David's, Winchester und Worcester.

³) *Decretum Gratiani,* C. I, q. 1 c. 105 (= FRIEDBERG, *CorpIC,* I 399) bzw. *Conc. Lateran. II.* c. 24 (COD 178).

97 (105).

Innocenz III. entscheidet, daß im Prozeß, der zwischen den Erzbistümern Braga und Santiago de Compostela um die Metropolitanrechte über das Bistum Zamora geführt wird, ein 1184 von päpstlichen delegierten Richtern 5 *zugunsten von Compostela gefälltes Urteil kein Präjudiz bilden solle.*

Lateran, (1199) Juli 5.

Reg. Vat. 4, fol. 171ᵛ—172ᵛ ⟨Nr. XCIX, 101, 105⟩.
   Sirleto, fol. 338ʳ = Cholinus, II 443 = Venet., II 443 = Baluze, I 409 Nr. 105 = Migne, PL 214, 657 Nr. 105; Mansilla, Documentación, 220 Nr. 199. — Potth. Reg. 760; Vázquez Mar- 10 tínez, 12 Nr. 18. — Zur Sache vgl. Erdmann, Papsttum und Portugal, 16, 36, 45, 49 f.; Man- silla, Disputas diocesanas, 91—109; derselbe, Formación, 6 ff.; Ferreira, Fastos Episcopaes, I 352; Rivera Recio, Iglesia de Toledo, 306—313.

Bracharensi archiepiscopo[1].

vgl. Ps 88, 15; 96, 2
vgl. Apg 18, 2

15 | Cum [a] simus in sede iusticie disponente Domino constituti, questiones, que perferuntur ad sedem apostolicam terminande, subtili nos oportet examinatione discutere iustoque iudicio diffinire; quia, sicut eius [b] sen- tentia non potest ab alio retractari, sic aliis formam tribuit iudicandi.
   Sane inter alias controversias, que inter Compostellanam et Bracaren- 20 sem ecclesias vertebantur[2], super sententia quoque lata pro Compostella- na metropoli super episcopatu Zemorensi[3] non levis fuit questio ventilata, pro qua te ac venerabili fratre nostro . . Compostellano archiepiscopo[4] in nostra presentia constitutis, quod idem episcopatus ad tuam ecclesiam pertineret, sententiam super eo latam pro Compostellana ecclesia petendo 25 penitus infirmari, ostendere nitebaris. Olim enim a paganis capta Ualentia civitate[5] Valentinus episcopus per terre principem impetravit, ut ad sustentationem suam ab Astoricensi episcopo[6] Zamora, que pars erat

---

97. [a] *Auf fol. 171ᵛ längs des Briefes am Rande ein senkrechter, z. T. gewellter Strich.*
   [b] *eius s- auf Rasur nachgetragen.*

30 **97.** [1] S. Br. II 95 (103) Anm. 4.
   [2] Vgl. die Br. II 95 (103), 124 (133), 125 (134), 126 (135), 127 (136) und 130 (139).
   [3] Das 905 errichtete und 999 von den Mauren eroberte Bistum Zamora (León) war lan- ge Zeit zwischen den EB. von Santiago de Compostela, Braga und Toledo umstritten. In päpstlichen Schreiben wird es häufig als Suffragan von Braga ausgewiesen, so von Pa- 35 schalis II. 1114 (JL 6397), Eugen III. 1153 (ERDMANN, *PU in Portugal*, 215—218 NNr. 50— 52), Hadrian IV. 1157 (ebd., 225 f. Nr. 57), und Alexander III. 1163 (ebd., 233 Nr. 63). Vgl. zur Situation: C. FERNÁNDEZ DURO, *Memorias históricas de la ciudad de Zamora, su pro- vincia y obispado* (Madrid 1882), I 310 ff. — Das erwähnte Urteil fällten die B. von Tara- zona und Salamanca als päpstliche delegierte Richter am 24. Januar 1184 zugunsten Sant- 40 iagos (ERDMANN, *PU in Portugal*, 289 Nr. 99). Zum Ganzen vgl. MANSILLA, *Disputas dio- cesanas*, 104 ff.
   [4] S. Br. II 72 (75) Anm. 2.
   [5] Valencia (Südostspanien) fiel 714 in die Hände der Mauren und wurde zwischen 1094 und 1101 durch El Cid zurückerobert. Um das Jahr 693 wird hier Vitisclus als Bischof ge- 45 nannt. Vgl. R. CHABAS, *Episcopologio valentino*, I (Valencia 1909) 375 ff.
   [6] Der B. von Astorga (Suffr. von Braga) verwaltete zeitweilig das Territorium von Zamora. Dazu vgl. MANSILLA, *Documentación*, 221 Anm. 28.

Astoricensis diocesis, cum quibusdam aliis locis et terminis sibi daretur,
ubi tamquam episcopus pontificalia cepit officia exercere, obediendo
archiepiscopo Toletano, cuius extiterat suffraganeus et a quo fuerat consecratus. Videns autem hoc Astoricensis episcopus[7], ad quem Zemoram[c]
cum locis predictis pertinere dicebas, ad Deusdedit presbyterum cardina- 5
lem, tunc apostolice sedis legatum[8], accessit, tam de[d] archiepiscopo
Toletano[9] quam de[d] . . tunc episcopo Zemorensi[10] proponens in eius
auditorio questionem. Per cuius sollicitudinem taliter proponebas fuisse[e]
compositum inter partes, quod dictus episcopus honore Zemorensis ecclesie, dum viveret, uteretur, nisi de auctoritate apostolice sedis loco mutato 10
transiret ad sedem aliquam, que vacaret; quodsi contingeret, Zemorensis
ecclesia et Campus Tauri Austoricensi ecclesie modis omnibus redderen-
tur[11]; alioquin eo defuncto idem penitus servaretur. Cum autem in eodem
loco multitudo[f] populi excrevisset, dictus Toletanus et princeps terre[12],
nepos bone memorie Calixti pape, predecessoris nostri, qui tunc sedi 15
apostolice preminebat, rogaverunt eum, ut sepedictum episcopum in Zemorensem presulem confirmaret. Quorum precibus acquievit, dans eidem
episcopo in mandatis, ut interim nulli professionem faceret nec ecclesiam
sibi commissam permitteret alii subiugari, donec instrueretur ab ipso, quid
eum facere oporteret[13]. Audiens autem hoc archiepiscopus Toletanus ad 20
apostolicam sedem iuxta tuam assertionem accessit[14], ubi de obedientia
sibi a Zemorensi episcopo impendenda litteras, ut dicebas, apostolicas im-

---

　　　c) Zemora. *Der Name wird sonst dekliniert; vgl. unten S. 213 Z. 17*　　[d-d] *Auf Rasur
nachgetragen. Über dem a- von* archiepiscopo *ein Punkt und ein schräger Strich, die
wahrscheinlich auf die vorzunehmende Korrektur aufmerksam machen sollten.*　　e) *Auf* 25
Rasur.　　f) multititudo.

　　[7] Arnald (auch Alo, Alón), B. von Astorga 1122—1131. Vgl. Dic. HE España 1
(Madrid 1972) 150 und MANSILLA, *Disputas diocesanas*, 95.

　　[8] Kardinal Deusdedit von S. Lorenzo in Damaso während seiner zweiten spanischen
Legation von Dezember 1123 bis Juli 1124. Vgl. SAEBEKOW, *Legationen*, 40 f. 30

　　[9] Bernhard (von Cluny), EB. von Toledo 1086—6. April 1124, zuvor Kluniazenser und
Abt des Klosters Sahagún. Vgl. RIVERA RECIO, *Iglesia de Toledo*, 127—196.

　　[10] Bernhard von Périgord, B. von Zamora ca. 1120/21—März 1149. Er ist der erste Inhaber des wiederhergestellten Bistums. Zuvor war er Archidiakon von Toledo. Vgl. F. FITA,
Bernardo de Perigord, arcediano de Toledo y obispo de Zamora. Bulas inéditas de Honorio III 35
(15 marzo 1219) y Nicolao IV (18 agosto 1291). Boletin de la Academia de la História 14
(1889) 456 f. und P. GUTIÉRREZ, *Bernard de Périgord*, in: Dict. HGE 8 (Paris 1935) 769.

　　[11] Der Kardinallegat fällte dieses Urteil im Jahre 1124 (ERDMANN, *PU in Portugal*,
181 ff. Nr. 25). Bei ‚Campus Tauri' handelt es sich um das Gebiet von Toro (Prov. Zamora).

　　[12] Alfons VII., Sohn Raimunds von Burgund, des Grafen von Portugal, und der Urraca, 40
daher Enkel König Alfons' VI. von Kastilien und León, konnte sich gegen seinen Stief-
vater, König Alfons I. von Aragón, durchsetzen und gebot von 1126 bis 1157 über die
Reiche Kastilien und León. Wie sein Großvater, nannte sich der 1135 in León Gekrönte
‚imperator'. Sein Vater war ein Bruder des späteren Papstes Calixts II. (1119—1124).

　　[13] Näheres über dieses Mandat bei ERDMANN, *PU in Portugal*, 383 Nr. 160 § 10. 45

　　[14] Raimund (von Salvetat), EB. von Toledo 1124—20. August 1152. Er war Günstling
EB. Bernhards (von Cluny) und seit 1109 B. von Osma. Im Winter 1125 weilte er wegen
seiner Konfirmation an der päpstlichen Kurie. Vgl. A. GONZÁLEZ PALENCIA, *El arzobispo
don Raimundo de Toledo* (Madrid 1942) und RIVERA RECIO, *Iglesia de Toledo*, 197 f.

petravit, qui post obitum primi episcopi etiam alium ibi episcopum g)
consecravit[15]. Propter quod tunc archiepiscopus Bracarensis[16] ad felicis
recordationis . . h) papam, predecessorem nostrum, accedens multis argumentis et rationibus asseveravit Zemorensem ecclesiam ad Bracarensem
5 metropolim pertinere. Unde ab eodem citatus fuit archiepiscopus Toletanus[17], in cuius presentia utraque partium constituta earum auditis rationibus et plenius intellectis de consilio fratrum predictam Zemorensem
ecclesiam perpetuo subiectam esse decrevit ecclesie Bracarensi, sicut in
autentico sententie continetur[18]; mandans episcopo, clero et populo
10 Zemorensibus, ut Bracarensi archiepiscopo eiusque successoribus tamquam metropolitano proprio debitam obedientiam et reverentiam exhiberent[19]. Cuius auctoritate sententie a pie recordationis eodem Eugenio[20],
Adriano[21] et Alex(andro)[22], Romanis pontificibus, confirmate quod a
Bracarensi archiepiscopo apprehensa fuerit possessio corporalis, per de-
15 positiones testium et rescripta quedam ostendere satagebas.

Consequenter vero Compostellanus archiepiscopus, qui a tempore
Calixti semper tacuerat, ut dicebas, ad eundem Alex(andrum) accessit et
veritate tacita cum instantia nimia commissionem satis insolitam impetravit, ut Zemorensem episcopum ad exhibitionem iusticie de subiectione
20 Zemorensis ecclesie, quam sibi vendicare volebat, pro debito cogeret
officii pastoralis: quamvis enim Bracarensis archiepiscopus tempore patris
et predecessoris sui, Eugenii pape, per sententiam eius contra Toletanum
obtinuerit subiectionem ecclesie Zemorensis, quia tamen possessionem
non habuit et res inter alios acta aliis non preiudicat[23], in conscientia sua
25 idem Alex(ander) papa et consilio fratrum suorum invenit[24], quod Compostellanus archiepiscopus convenire posset episcopum Zemorensem et
episcopus deberet ei secundum iuris ordinem respondere. Unde Tirasonen-

---

g) *Zweimal geschrieben.*   h) *Migne:* Eugenium.

[15] Gemeint ist Stephan, B. von Zamora 1150/51—Januar 1168. Seine Weihe durch EB.
30 Raimund von Toledo erfolgte jedenfalls vor dem 6. Juni 1151 (MANSILLA, *Documentación*,
104 f. Nr. 87; die Datierung folgt hier JL 9487 und ERDMANN, *Papsttum und Portugal*, 36;
vgl. auch MANSILLA, *Disputas diocesanas*, 99 f.).

[16] S. Br. II 95 (103) Anm. 19.

[17] Papst Eugen III. zitierte EB. Raimund am 6. Juni 1151 und setzte den 30. März
35 1152 als Termin fest. Da der Prälat jedoch am 20. August 1152 verstarb, fanden die Verhandlungen erst 1153 statt (JL 9487; Text mit falscher Datierung bei MANSILLA *Documentación*, 104 Nr. 87; vgl. ERDMANN, *PU in Portugal*, 383 Nr. 160 § 11 und DERS., *Papsttum
und Portugal*, 36). Raimunds Amtsnachfolger in Toledo wurde der B. von Segovia, Johannes (1153—1166).

40 [18] Eugen III. fällte das Urteil am 13. Juni 1153 (ERDMANN, *PU in Portugal*, 217 f.
Nr. 51).

[19] Vgl. ERDMANN, *PU in Portugal*, 218 Nr. 52.

[20] Eugen III. (1145—1153). Urkunde vom 13. Juni 1153 bei ERDMANN, *PU in Portugal*, 215 ff. Nr. 50.

45 [21] Hadrian IV. (1154—1159). Urkunde vom 6. August 1157 ebd., 225 f. Nr. 57.

[22] S. Br. II 26 Anm. 9. Urkunde vom 16. August 1163 ebd., 233 f. Nr. 63.

[23] Vgl. Br. II 37 Anm. 24.

[24] Vgl. Urkunde vom 2. Januar (1177) bei ERDMANN, *PU in Portugal*, 244 ff. Nr. 72.

si, Abulensi et Portugalensi episcopis mandando precepit, ut episcopum Zemorensem[25] monere curarent et ipsius auctoritate compellere, quod de subiectione sue ecclesie Compostellano archiepiscopo sub eorum examine

• fol. 172^r occasione et contra*dictione cessantibus non differret iusticie plenitudinem exhibere; Bracarensi quoque auctoritate apostolica nunciarent, ut, 5 si sue voluntatis existeret, eundem episcopum coram eis ab ipsius Compostellani, si quommodo de iure posset, studeret impetitione tueri; qui si[1] a Zemorensi non vocatus ad causam[1] duceret appellandum, propter hoc cognitionem et decisionem ipsius cause inter Compostellanum et Zemorensem pretermitti vel differri nolebat; si vero Portugalensis[k] exequen- 10 dis[1] premissis nollet vel nequiret adesse, alii duo ea nichilominus adimplerent.

Has siquidem litteras commissorias de suggestione falsitatis [m], iniquitate forme ac inequalitate mandati tu coram nobis arguere satagebas[26]. Suggesserat enim Compostellanus archiepiscopus[4], quod non habueras 15 possessionem ecclesie Zemorensis: quod falsum fuisse per attestationes ostendere nitebaris. Mandabatur etiam delegatis iudicibus, ut si Bracarensis a Zemorensi non vocatus ad causam duceret appellandum, decisio cause nullatenus tardaretur: quod iniquum admodum prima facie videbatur, cum quorum interest audiri soleant appellantes. Etsi Portugalen- 20 sis[27], qui erat suffraganeus Bracarensis, nollet cause vel non posset adesse, alii duo procedere non differrent: quod in suffraganeo Compostellane ecclesie[28] non mandabatur aliquatenus observandum, ut scilicet in eius absentia reliqui duo possent aliquid diffinire. Contra processum quoque delegatorum iudicum allegabas, quod cum tres iudices locum idoneum 25 partibus communiter assignassent, duo ex ipsis — suffraganeus [n] scilicet ecclesie Compostellane aliusque tamquam medius delegatus in absentia tercii, qui erat suffraganeus Bracarensis — mutato loco communi deliberatione proviso, alium fere inaccessibilem partibus assignarunt. Qui cum esset in Sarracenorum faucibus constitutus et per decem dietas distaret ab 30 ecclesia Bracarensi, propter regum discordias et alia multa impedimenta

---

¹⁻¹) *Auf Rasur nachgetragen.*　　^k) *-g- korr. aus einem anderen Buchstaben.*　　¹) *Über* *-n- ein überflüssiger Kürzungsstrich.*　　^m) *-alsi- korr., vielleicht aus* ver-.　　ⁿ) *Migne:* suffraganei.

²⁵) Wilhelm, B. von Zamora 1176—17. Juni 1193. Er war zuvor Domdekan. Vgl. Gon- 35 zález, *Alfonso IX*, I 427.

²⁶) Tatsächlich ist das angeführte Delegationsreskript an die Bischöfe Johannes von Tarazona, Diego von Ávila und Ferdinand von Porto nicht erhalten. Es dürfte allerdings gleichzeitig mit zwei anderen an diese Prälaten gerichteten Kommissionsbriefen 1180/1181 ausgestellt worden sein (vgl. Erdmann, *PU in Portugal*, 252 f. Nr. 78 und 255 f. Nr. 82); 40 um so mehr, als es 1181 in einer im Inhalt gleichlautenden littera commissoria Papst Lucius' III. erwähnt wird (*ebd.*, 260 Nr. 86).

²⁷) Ferdinand (I.) Martins, B. von Porto (Suffr. von Braga) 1174/76—9. November 1185. Vgl. Almeida, *História*, I 632 bzw. De Oliveira, *História eclesiástica*, 446.

²⁸) Damit ist wohl der B. von Ávila gemeint. Wenn sich der ganze Bericht jedoch auf 45 die Delegation Lucius' III. bezieht, dann muß an den B. von Salamanca gedacht werden (vgl. unten S. 215 Z. 8).

illuc ire non potuit archiepiscopus Bracarensis, petens per duos de sociis
suis cum litteris excusationis ad eosdem iudices destinatos, ut loco mutato
alium assignarent partibus competentem. Quod cum facere noluissent,
idem nuncii sedem apostolicam appellarunt; sicut etiam idem archiepisco-
5 pus per suas litteras appellabat. Sed ipsi iudices appellatione contempta
in causa nichilominus processerunt, Zamorensem °⁾ ecclesiam per iniquitatem et colludium, ut dicebas, Compostellano archiepiscopo assignantes.
Quorum sententiam asserebas multipliciter irritandam: propter mani-
festam suspitionem duorum iudicum, qui sine tercio pro loco idoneo inac-
10 cessibilem elegerunt nec receperunt excusationes et appellationem ecclesie
Bracarensis, tam arduum negocium in momento temporis decidentes, cum
etiam in causis minimis dilationes varie postulantibus non negentur. Unde
propter hec et similia tam coram ipso vicedomino²⁹⁾ prius proposita ᵖ⁾
quam postmodum coram nobis petebas premissam sententiam infirmari
15 et consequenter quicquid ex ea vel ob eam fuit postea subsecutum.

Ceterum prefatus Compostellanus archiepiscopus⁴⁾ pro ecclesia sua factum aliter proponebat: Zamoram ab antiquo partem episcopatus Sala-
mantini³⁰⁾ asserens extitisse; cumque Salamantina civitas post paganorum persecutionem restituta fuisset cultui Christiano, diocesis illa, sicut
20 nunc pertinet ad episcopum Zamorensem, fuit Salamantino episcopo totaliter restituta³¹⁾. Cuius subiectionem mediantibus Ieronimo, Geraldo
et Munione, Salamantinis episcopis³²⁾, Compostellana ecclesia facta metropolis noscitur habuisse³³⁾; quod, sicut ipse dicebat, multa documenta,
fama publica et recens memoria hominum protestantur. Processu vero
25 temporis in tantum excrevit in loco eodem hominum multitudo, quod per
studium regis proprius fuit ibi episcopus institutus³⁴⁾ et ad instantiam
regiam per Toletanum, tunc legatum totius Hispanie³⁵⁾, consecratus; qui

---

°⁾ *Davor ein Absatzzeichen von späterer Hand. Auch am Rande ein Zeichen.*   ᵖ⁾ *propositam.*

²⁹⁾ S. Br. II 95 (103) Anm. 6. In dessen Prozeßbericht ist mehrfach vom Streit um das
30 Bistum Zamora die Rede: Erdmann, *PU in Portugal*, 306 § 6, 307 § 7, 308 § 8, 310 § 11,
314 § 17, 321 f. § 24.

³⁰⁾ Das Bistum Salamanca (seit 1120 Suffr. von Santiago de Compostela) besaß seit
dieser Zeit wieder ständig residierende Bischöfe. Vgl. M. Villar y Macías, *Historia de
Salamanca* (Salamanca 1887), I 218 ff.

35 ³¹⁾ Zu Beginn des 12. Jahrhunderts trennte EB. Bernhard von Toledo Zamora von der
Diözese Astorga und gliederte es, um den Metropolitanansprüchen Bragas entgegenzuwir-
ken, der Diözese Salamanca ein. Vgl. Mansilla, *Disputas diocesanas*, 92 f.

³²⁾ Die B. von Salamanca Hieronymus (von Périgord) (1102—1120), Gerald (1121—
1124) und Munius (1124—1130). Vgl. Flórez, XIV 289—294.

40 ³³⁾ In den Urkunden Papst Calixts II., mit denen 1120 bzw. 1124 Santiago de Compostela zum Metropolitansitz erhoben wurde, ist Salamanca jedenfalls unter den Suffraganbistümern angeführt (Migne, PL 163, 1169 A Nr. 79 bzw. Mansilla, *Documentación*,
80 f. Nr. 63). Außerdem befahl 1120 der Papst dem B. von Salamanca im besonderen, dem
EB. von Santiago als seinem Metropoliten zu gehorchen (JL 6827).

45 ³⁴⁾ Bernhard von Périgord (vgl. oben Anm. 10), der zuvor Archidiakon von Toledo war
(Mansilla, *Disputas diocesanas*, 94).

³⁵⁾ Der EB. von Toledo war seit dem 25. April 1096 ständiger päpstlicher Legat für Spanien
(JL 5643; Saebekow, *Legationen*, 71 f. und Rivera Recio, *Iglesia de Toledo*, 141—143).

mandatum a Calixto papa recepit, sicut est superius prelibatum, quod
nulli professionem faceret, donec super hoc sibi denuo scriberetur. In quo
tamen tum pro debito consecrationis impense, tum propter legationis
officium Toletanus cepit sibi speciale aliquid usurpare, qui successorem
primi episcopi similiter consecravit. Accidit autem, quod tempore illo, 5
prout Compostellanus dicebat, in causa primatie condempnatus Bracarensis archiepiscopo Toletano compulsus fuit ab Eugenio papa debitam
illi obedientiam recognoscere[36]. Propter quod ei amicabiliter sociatus
sperare cepit[37], quod episcopatum Zamorensem per ipsum[38] posset evincere, ad cuius metropolim non spectabat. Unde in eiusdem pape presentia 10
propter causam Zamorensis episcopatus dictis archiepiscopis constitutis
nichil[q] fuit contra Bracarensem a Toletano responsum[q], quod ipsius
propositum impediret, sicut ex tenore sentencie declaratur[39]. In hiis autem omnibus defuerat Zamorensis, qui de mandato apostolice sedis secundum assertionem Compostellani archiepiscopi pro libero se gerebat. Unde 15
in ipsius preiudicium, sicut neque adversus Compostellanam ecclesiam,
indefensam tunc temporis et absentem, nulla sententia vel rescriptum
impetrari poterat cum effectu. Ex qua tamen sententia non fuit possessio
acquisita. Cumque postea Bracarensis resiliret ab obedientia Toletani, et
ipse suspensus fuit et ab eius obedientia[r] omnes suffraganei absoluti[40]. 20
Unde per factum vel mandatum ipsius possessio spiritualis et que ad
sacramenta spectabat[s] secundum assertionem Compostellani archiepiscopi non potuit optineri. Sed cum successor ipsius[41] contra Zemorensem
episcopum executionem sentencie sepius postularet, responsum accepit,
quod, nisi prius acquiesceret sentencie de primatia, hec nullatenus impe- 25
traret[t].

Unde usque ad tempora bone memorie Alex(andri) pape[22] remansit
negocium in suspenso. In cuius presentia presens[u] Compostellanus presentem Zamorensem compelli petiit, ut dicebat, sibi de subiectione Zamorensis ecclesie respondere. Verum quia idem Alex(ander) sentencie late 30
ab Eugenio papa presentialiter interfuerat nec contra factum ipsius venire
volebat, rationibus tamen inductus de fratrum consilio plena tandem

---

　　　q-q) *Auf Rasur.*　　　r) o- *auf Rasur.*　　　s) *Migne:* spectabant.　　　t) *Auf Rasur nach-*
getragen.　　　u) -s *am Schluß korr. aus* -t.

　　[36]) Papst Eugen III. befahl 1145, 1149, 1153 dem EB. Johannes Peculiar von Braga, den 35
Primat der EB. Raimund bzw. Johannes von Toledo anzuerkennen. Vgl. Mansilla, *Docu-*
mentación, 90 f. NNr. 74 f., 94—96 NNr. 78 f. und 104—106 NNr. 87, 89.
　　[37]) Der EB. von Santiago de Compostela.
　　[38]) Den EB. von Toledo.
　　[39]) Gemeint ist wahrscheinlich das Urteil Eugens III. von 1153 (Erdmann, *PU in Por-* 40
tugal, 217 f. Nr. 51).
　　[40]) 1155 auf dem Konzil zu Valladolid durch den päpstlichen Legaten, Hyazinth Bobo,
Kardinaldiakon von S. Maria in Cosmedin, den späteren Papst Coelestin III. Vgl. Mansilla
Documentación, 114 Nr. 96; Saebekow, *Legationen*, 50 und Rivera Recio, *Iglesia de To-*
ledo, 342—344.　　　　　　　　　　　　　　　　　　　　　　　　　　　　　　45
　　[41]) S. Br. II 95 (103) Anm. 17.

deliberatione statuit, prout idem Compostellanus dicebat, ut quia res inter alios acta aliis non preiudicat[23], non obstante priori sententia Zamorensis teneretur de subiectione sua Compostellano archiepiscopo respondere. Sic ergo sub certa forma, que superius est expressa, fuit commissio
5 impetrata. Cumque per litteras ipsius Alex(andri) non fuisset in causa
processum, successor eius Lucius[42] commissionem innovavit eandem,
cuius tenore iudices denun*ciaverunt viva voce archiepiscopo Bracarensi,   * fol. 172ᵛ
et duo ex ipsis, Tirasonensis scilicet et Salamantinus, diem et locum eidem
per litteras intimarunt; tercio rescribente duobus, quod non poterat in-
10 teresse; quemadmodum Compostellanus archiepiscopus referebat. Convenientibus autem tam duobus predictis iudicibus quam partibus ad diem
et locum neque Bracarensis comparuit nec eius aliquis responsalis. Et cum
Zamorensis iudicibus respondisset, quod ipsum ad deffensionem sui vocare
numquam voluerat nec[v] volebat, ipsi iuxta formam commissionis pro-
15 cedentes in causa, sicut Compostellanus archiepiscopus proponebat, inspectis rationibus partium et plenius intellectis, quod ecclesia [w] Zamorensis de cetero Compostellane tamquam sue metropoli esset subiecta,
sententialiter decreverunt[43]. Cum autem ab Vrb(ano)[44], Lucii successore,
late sententie confirmatio peteretur, propter contradictionem Bracarensis
20 archiepiscopi non potuit obtineri; non quod super ipso episcopatu possessionem vel proprietatem eius petendo Compostellanam ecclesiam conveniret, sed super[x] sola sententia confirmanda[x] vel infirmando in ea, si
quid[y] existeret infirmandum, litteras ad Brixiensem vicedominum[29],
quem pro hac causa et aliis, que inter Compostellanam et Bracarensem ec-
25 clesias vertebantur, destinaverat in Hispaniam, impetravit. Ipse vero inter
alia super possessione Zemorensis episcopatus et lata sententia super ipso
duabus vicibus multos testes productos ab archiepiscopo Bracarensi recepit,
qui de proprietate dixit neminem eorum scire aliquid, ut credebat. Verum
si quis inde aliquid diceret, iuri suo renunciare nolebat[45], quamvis Com-
30 postellanus archiepiscopus testes prefatos non super possessione Zamorensis episcopatus sed super sententia tantum diceret admittendos, super qua
sola commissio fuerat a parte altera impetrata; et in receptione suorum
testium de Zamorensis episcopatus possessione non fuerat in forma iuramenti expressum aliquid, ut dicebat. Et quoniam dictus delegatus usque

---

35   v) nec v- *auf Rasur.*   w) -a *am Schluß korr. aus* -e.   x–x) super … con- *auf Rasur,*
wahrscheinlich nachgetragen.   y) si quid *auf Rasur.*

42) S. Br. II 26 Anm. 10. Mandat vom 9. September (1181) an die B. Johannes von
Tarazona, Vitalis von Salamanca und Ferdinand von Porto (ERDMANN, *PU in Portugal,*
259 f. Nr. 86).
40   43) Mit dem Urteil vom 24. Januar 1184 (ebd., 289 Nr. 99, wo einleitend auch kurz der
ganze Prozeßverlauf skizziert ist; vgl. oben Anm. 3).
44) S. Br. II 26 Anm. 11. Mandat vom 13. April (1186) an den Vizedominus Johannes
der Kirche von Brescia und Magister Johannes von Bergamo (ERDMANN, *PU in Portugal,*
297 ff. Nr. 104).
45   45) Vgl. den Prozeßbericht des Vizedominus Johannes von Brescia von 1187 (ebd., 307
Nr. 110 § 7).

ad sententiam diffinitivam procedens gesta omnia sub sigillo suo ad sedem apostolicam destinavit, pretaxatam sententiam tamquam canonice latam confirmari a nobis Compostellanus archiepiscopus requirebat; non obstante, quod contra commissionem de falsi suggestione vel aliis fuerat intemptatum: cum nec ante sententiam obiectum fuerit, nec, si veritas illa 5 fuisset expressa, commissionem nullatenus impedisset; nec Bracarensis intererat appellare; cum sibi per ea non fieret preiudicium, que inter alios agebantur, sicut nec [per] ultimam clausulam litterarum, que a forma communi et solita non sensu sed verbis tantummodo discrepabat.

Nos ergo rationibus et allegationibus, attestationibus quoque ac instru- 10 mentis utriusque partis diligenter auditis et intellectis, visis et cognitis, post longam discussionem et examinationem perfectam de communi fratrum nostrorum consilio decernendo pronunciamus et pronunciando decernimus sententiam illam in nullo prorsus obsistere tibi vel ecclesie Bracarensi. 15

Nulli ergo et cetera diffinitionis et cetera.

Datum Laterani, III Non. Iulii.

98 (106).

Innocenz III. vergleicht die Erzbischöfe Martin von Braga und (Petrus) von *Santiago de Compostela in ihrem Streit um den Gebrauch des Vortragskreu-* 20 *zes dahin, daß es jeder der beiden auch in der Kirchenprovinz des anderen* *führen dürfe.*

Lateran, (1199) Juli 6.

Reg. Vat. 4, fol. 172ᵛ ⟨Nr. C, 102, 106⟩.

Sirleto, fol. 340ᵛ = Cholinus, II 446 = Venet., II 446 = Baluze, I 412 Nr. 106 = Migne, 25 *PL 214, 663 Nr. 106; Mansilla, Documentación, 226 Nr. 200. — Potth. Reg. 761; Vázquez* *Martínez, Documentos, 12 Nr. 19.*

Martino, Bracharensi archiepiscopo[1].

| Sepe contingit ex contentionibus litigantium, quod in tantum se partes laboribus aggravant et expensis, ut non solum que vincitur, sed que 30 vincit, tandem peniteat litigasse.

Nos ergo, qui sollicitudine pastorali singulorum tenemur gravaminibus precavere, ne pre multitudine ac magnitudine questionum, que inter te ac venerabilem fratrem nostrum .. Compostellanum archiepiscopum[2] vertebantur, importabile vobis gravamen incumberet, super questione de usu 35 crucis aliquandiu ventilata vos ad concordiam duximus invitandos; qui nostris acquiescentes consiliis in hunc modum concorditer convenistis, ut uterque per provinciam alterius universam crucem ante se faciat sine contradictione deferri. Volentes igitur, ut hec forma[a] concordie nostro

vgl. 2 Kor 11, 28

---

98. [a] -a *korr. aus* -e. 40

98. [1] S. Br. II 95 (103) Anm. 4.
[2] S. Br. II 72 (75) Anm. 2.

mediante studio procurata inter vos et successores vestros inviolabiliter observetur, eam auctoritate sedis apostolice confirmamus; statuentes, ut nulli omnino hominum et cetera.

Datum Laterani, II Non. Iulii.

5   In eundem modum Petro, Compostellano archiepiscopo.

99 (107).

Innocenz III. befiehlt dem Propst (Gerwich) von St. Severus, dem Dekan (Luther) und dem Kanoniker L(udwig) von St. Marien, alle zu Erfurt, im Kollegiatstift Haug vor Würzburg gegen die kanonisch verbotene Praxis,
10 *Pfründen zu teilen und nach dem Tode eines Teilhabers die Überlebenden in dessen Anteil nachfolgen zu lassen, vorzugehen, indem sie auf solche Art vorgenommene Pfründenverleihungen kassieren und das Stiftskapitel unter Anwendung geistlicher Strafen zur rechtmäßigen Vergabe der Pfründen zwingen.*

15   *Lateran, (1199) Juli 3.*

Reg. Vat. 4, fol. 172ᵛ ⟨Nr. CI, 103, 107⟩.

Sirleto, fol. 341ʳ = Cholinus, II 446 = Venet., II 446 = Baluze, I 412 Nr. 107 = Migne, PL 214, 663 Nr. 107; Overmann, Urkundenbuch der Erfurter Stifter und Klöster, I 69 Nr. 128. — Potth. Reg. 756; Dobenecker, Regesta, II 209 Nr. 1098.

20 **Preposito sancti Seuerini**[1], **decano**[2] **et L(udouico)** [a] **canonico maioris ecclesie in Ephurdia**[3].

|| [b] **Transmissam** [c] nobis dilecti filii H(enrici), magistri scolarum Wirseburgensis[4], recepimus questionem, quod canonici sancti Io(hann)is[5] contra Turonensis statuta concilii[6] stipendia quatuor clericorum personis
25 sedecim assignarunt; ea conditione adiecta, ut quatuor tamdiu essent stipendio uno contenti, donec tot morerentur, quod quilibet posset inte-

---

99. [a] L. *über der Zeile nachgetragen.*   [b-b] *Von Hand C.*   [c] *Die T- Initiale ist quergestellt und mit dem I- des vorhergehenden A-pari-Briefes verbunden.*

99. [1] Gerwich, Propst des Kollegiatstiftes von St. Severus in Erfurt (Diöz. Mainz) 1192—
30 1219. Vgl. OVERMANN, *UB der Erfurter Stifter und Klöster,* I 865 (Reg).

[2] Luther, Dekan des Kollegiatstiftes von St. Marien (Marienstift) zu Erfurt (Diöz. Mainz) 1192—1210. Vgl. OVERMANN, *a. a. O.,* I 858 (Reg.).

[3] Ludwig, Kanoniker des Marienstiftes zu Erfurt, zwischen 1192 und 1196 urkundlich belegt, 1193 als Vizepropst genannt. Vgl. DOBENECKER, *Regesta,* II Nr. 909, 939 f., 972,
35 1013 bzw. S. 481 (Reg.).

[4] Heinrich (Caseus) von Heßberg, der seit 1195 als Domscholaster von Würzburg (Suffr. von Mainz) bezeugt ist und (vielleicht am 4. Dezember) 1202 als Nachfolger Konrads von Querfurt B. von Würzburg wurde, als welcher er im Juli 1207 verstarb. Vgl. WENDEHORST, *Würzburg,* I 201—203.

40 [5] Kollegiatstift zum Hl. Johannes dem Täufer in Haug bei Würzburg, das vor 1002 vom B. Heinrich I. als bischöfliches Eigenkloster auf dem Hügel („Haug") nördlich der Stadt errichtet wurde. Vgl. WENDEHORST, *Würzburg,* I 85.

[6] Statuten der Synode von Tours von 1163 c. 1 = X. III, 5, 8 (FRIEDBERG, *CorpIC,* II 466; vgl. HEFELE - LECLERCQ, *Histoire des conciles,* V 611 f.).

grum beneficium obtinere: quod dilecti filii nostri P(etrus), tituli sancte
Cecilie[7], et Io(hannes), tituli sancti Stephani in Celiomonte[8]||[b] presby-
teri cardinales, tunc in partibus illis legationis officium exercentes[9], sicut
decuit irritarunt. Idem quoque canonici prebendam unam W. et A. clericis sub eo tenore dederunt, ut alter succederet proximo morienti.   5

Cum itaque successorium edictum a sanctuario Domini sit exclusum[10]
nec illa sint in clericis sustinenda, que ipse quoque leges reprobant seculares[11], discretioni vestre per apostolica scripta precipiendo mandamus,
quatinus prefatis donationibus et concessionibus tamquam iuri contrariis
penitus irritatis prefatos canonicos ad faciendam ordinationem canonicam 10
et de personis idoneis monitione premissa per censuram ecclesiasticam
appellatione postposita compellatis.

Quodsi omnes et cetera, duo et cetera.

Datum Laterani, V Non. Iulii.

100 (108).   15

Innocenz III. nimmt das Kloster S. Maria in Aquileia in den päpstlichen
Schutz, bestätigt die Ordensregel und den gesamten Besitz, insbesondere den
Zehent.

Lateran, 1199 Juli 8.

Reg. Vat. 4, fol. 172^v—173^r ⟨Nr. CII, 104, 108⟩.   20
Sirleto, fol. 341^r = Cholinus, II 447 = Venet., II 447 = Baluze, I 412 Nr. 108 = Migne,
PL 214, 664 Nr. 108. — Potth. Reg. 769. — Vgl. Paschini, Patriarchi, 53 f.

Ermilinde, abbatisse monasterii sancte Marie Aquilegensis[1], eiusque sorori-
bus tam presentibus quam futuris, regularem vitam professis in perpetuum.

vgl. Mt 25, 1–13 | Prudentibus virginibus et cetera usque vocabulis: Locum ipsum, in 25
quo prefatum monasterium situm est, cum omnibus pertinentiis suis.
Preterea specialiter proventus decimarum de Insula[2] tam olei quam alia-

---

[7] Petrus Diani (aus Piacenza), Kardinalpresbyter von S. Cecilia 1188—1206. Er war
zuvor (seit 1185) Kardinaldiakon von S. Nicola in Carcere Tulliano gewesen und wurde
häufig zu Legationen herangezogen. Vgl. KARTUSCH, 347—355 Nr. 89; PFAFF, *Kardinäle* 30
unter Coelestin III., 85 f. Nr. 6.

[8] S. Br. II 30 Anm. 11.

[9] Die Legation erstreckte sich vom Herbst 1195 bis zum Jahresbeginn 1196. Vgl.
FRIEDLAENDER, *Päpstliche Legaten*, 89.

[10] Vgl. etwa *Conc. Lateran. II.* c. 16 (COD 177)=*Decretum Gratiani* C. VIII, q. 1, c. 7 35
(FRIEDBERG, *CorpIC*, I 591).

[11] Über das successorium edictum im römischen Recht vgl. *Digesten* 38, 9 und *Codex*
Iustinianus 6, 16 (= MOMMSEN, 579 und KRUEGER, 249).

100. [1] Herminlinda, Äbtissin der Benediktinerinnenabtei S. Maria in Aquileia (Prov.
Udine), erstmals 1166 urkundlich genannt. Vgl. WIESFLECKER, *Regesten*, I 68 f. Nr. 250. 40
— Über die Anfänge des 1019 erwähnten Klosters, welches 1174 nach Cividale (S. Chiara)
verlegt und 1806 säkularisiert wurde, fehlen Nachrichten. Vgl. IP VII/1 52—55.

[2] Isola d'Istria bei Capodistria (heute Koper, Jugoslawien).

rum omnium rerum, quas illustris memorie Engelbertus, comes de Go-
riza[3], a Tergestina ecclesia[4] in feodum habuit et in manibus bone recordationis Vlrici patriarche, tunc apostolice sedis legati[5], resignavit, sicut
eas recolende memorie . . quondam Tergestinus episcopus[6] monasterio
5 vestro rationabiliter contulit et predictus Aquilegensis patriarcha confirmavit[7] et vos sine controversia possidetis, nos denuo ad instar felicis
recordationis predecessorum nostrorum Alex(andri)[8], Lucii[9], Vrbani[a)10]
et Celestini[b) 11], Romanorum pontificum, secundum compositionem, que
facta est propter controversiam, que inter bone recordationis Aldigerum,
10 Iustinopolitanum episcopum[12], et vestram ecclesiam super prefatis decimis postea vertebatur, sicut ex utriusque partis consensu in presentia felicis memorie Gotefridi[c], Aquilegensis patriarche[13], terminatum esse eiusque scripto confirmatum fuisse dinoscitur[14], vobis et per vos monasterio
vestro in perpetuum auc*toritate apostolica confirmamus. Decernimus   * fol. 173ʳ
15 ergo et cetera; salva sedis apostolice auctoritate et diocesani episcopi canonica iusticia. Si qua igitur et cetera.

------

100. a) Alexandri . . . Vrb- *in verlängerter Schrift.*   b) *In verlängerter Schrift.*   c) Totefridi.

3) (Pfalz-)Graf Engelbert II. (Albus) von Görz (1132—ca. 1191), ein Sohn des Grafen
Meinhards I. von Görz. Vgl. JAKSCH, *Monumenta Historica Ducatus Carinthiae*, IV/2 Tafel
20 XIV sowie A. M. SCHEIBER, *Zur Genealogie der Grafen von Görz.* Adler 1 (15, 1947) 22—24.
— Die Verzichtsurkunde von 1166 bei WIESFLECKER, *Regesten*, II 68 f. Nr. 250.
4) Kirche von Triest (Suffr. von Aquileia).
5) Ulrich (II.) von Treffen, Patriarch von Aquileia (Prov. Udine) September 1161—
2. April 1182. Er war ein Sohn des Grafen Wolfrad (I.) von Treffen und der Emma, einer
25 Tochter des Gurker Stiftsvogtes Werigant. Vgl. PASCHINI, *Patriarchi*, 40—108, bes. 53 f.
bzw. DERS., *Storia del Friuli*, I 249—260.
6) Wernhard, B. von Triest (Suffr. von Aquileia) vor 16. Januar 1149—nach 15. Juli
1186/vor 31. Januar 1187. Vgl. BABUDRI, *Nuovo sillabo*, 183 f. Nr. 16.
7) Vgl. KANDLER, *Codice diplomatico Istriano* (sub anno 1166) bzw. WIESFLECKER,
30 *Regesten*, I 68 f. Nr. 250.
8) Urkunde Papst Alexanders III. vom 27. April 1174, Anagni, bei KEHR, *PU in Friaul*,
264—266 Nr. 2. Vgl. JL 13747 und IP VII/1 53 Nr. 1.
9) Die Urkunde Lucius' III. (1181—1185) hat sich nicht erhalten. Vgl. IP VII/1
53 Nr. *2.
35   10) Urkunde Papst Urbans III. vom 7. Mai 1186 /1187, Verona, bei KEHR, *PU in
Friaul*, 273 f. Nr. 12. Vgl. IP VII/1 53 f. Nr. 3.
11) Urkunde Papst Coelestins III. vom 21. Juni 1193, Rom, Lateran, bei KEHR, *PU in
Friaul*, 278 Nr. 19. Vgl. IP VII/1 54 f. Nr. 7.
12) Aldiger, B. von Capodistria (Suffr. von Aquileia, heute Koper, Jugoslawien) 1184—
40 1194. Er war zuvor Kanoniker von Aquileia. Vgl. F. BABUDRI, *Cronologia dei vescovi di
Capodistria.* Archeografo Triestino 33 (1909) 191 f. Nr. 6 (der ihn bis 1216 im Amt vermutet) bzw. L. JADIN, *Capodistria*, in: Dict. HGE 11 (Paris 1949) 880 f.
13) S. Br. II 27 Anm. 8.
14) B. Aldiger von Capodistria hatte am 12. Dezember 1189 mit der Äbtissin von
45 S. Maria in Aquileia einen Vergleich geschlossen, in dem er zugunsten des Klosters auf den
Zehent von Isola d'Istria verzichtete. Vgl. B. BENUSSI, *Nel medio evo. Pagine di storia
istriana.* Parenzo 1897, 322 Nr. 8. bzw. BABUDRI, *Cronologia dei vescovi di Capodistria*, 191.

Datum Laterani per manum Rainaldi[15], Acheruntini archiepiscopi, cancellarii vicem agentis, VIII Idus Iulii, indictione[d] II, incarnationis Dominice anno M° C° XC VIIII, pontificatus vero domni Innocentii[e] pape III anno secundo.

101 (109).

Innocenz III. bestätigt dem Kloster Holy Cross in Waltham die Einsetzung von Priestern in seinen Patronatskirchen Nazeing und Netteswell, die es während der Vakanz des zuständigen Bistums (London) mit Erlaubnis des Archidiakons vorgenommen hatte und die vom folgenden Bischof approbiert worden waren.

Lateran, (1199) Juli 7.

Reg. Vat. 4, fol. 173ʳ ⟨Nr. CIII, 105, 109⟩.
Sirleto, fol. 341ᵛ = Cholinus, II 447 = Venet., II 447 = Baluze, I 413 Nr. 109 = Migne, PL 214, 664 Nr. 109. — Potth. Reg. 767; Bliss, Calendar, 7; Cheney, Calendar, 27 Nr. 155.

Abbati et conventui sancte Crucis de Walthan[1].

Iustis petentium et cetera(|)usque assensu, institutiones ecclesiarum de Nesinges[2] et de Netleswille[a][3] factas vobis et concessas per archidiaconum, cum sedes episcopalis vacaret[4], substituto episcopo concessionem ipsius postmodum[b] approbante, que utique ecclesie in fundis vestris constructe sunt et in quibus patronatus[c] antea habebatis, sicut eedem institutiones iuste vobis concesse sunt et vos ipsis hactenus rationabiliter ac pacifice usi estis, salvo tamen iure canonico diocesani episcopi, sicut hucusque solitus est habere, ad exemplar bone memorie Ce(lestini)[5] pape, predecessoris nostri, auctoritate apostolica confirmamus et presentis scripti pa(trocinio) communimus.

Nulli ergo et cetera.

Datum Laterani, Non. Iulii.

---

[d] Iulii, indictione *auf Rasur nachgetragen.*   [e] *In verlängerter Schrift.*
101. [a] *Migne:* Netlesuville.   [b] posteaodum.   [c] *Korr. aus* patronatum.

[15] S. Br. II 3 Anm. 6.
101. [1] Walter de Ghent, Abt des Augustiner-Chorherrenstiftes Holy Cross in Waltham (Diöz. London, Gfscht. Essex) 1184—2. Mai 1201. Er war zuvor Augustiner-Chorherr in Osney (Diöz. Lincoln). Vgl. KNOWLES-BROOKE-LONDON, *Heads of Religious Houses,* 188.
[2] Nazeing (Diöz. London, Gfscht. Essex).
[3] Netteswell (Diöz. London, Gfscht. Essex).
[4] Vielleicht ist darunter die Vakanz nach dem Tode B. Gilbert Foliots († 18. Februar 1187) zu verstehen. Als dessen Nachfolger erscheint zum 15. September 1187 Richard Fitz Neal als B. von London, der am 31. Dezember 1189 konsekriert wurde und am 10. September 1198 starb. Vgl. POWICKE-FRYDE, *Handbook,* 239 und CHENEY, *Hubert Walter,* 19 f., 31, 35, 46—48.
[5] Vorurkunde Papst Coelestins III. vom 19. Dezember 1191 (HOLTZMANN, *PU in England,* I 585 Nr. 291).

102 (110).

Innocenz III. nimmt das exemte Kloster Holy Cross in Waltham in den apostolischen Schutz, bestätigt die Ordensregel sowie den Besitz und bestimmt, daß jeder Abt sich eidlich zu verpflichten habe, kein Klostergut zu veräußern; dem Kloster steht in seinen Patronatskirchen das Präsentationsrecht zu, und von ungerechten Abgaben sowie dem Interdikte ist es befreit.

Lateran, (1199) Juli 10.

Reg. Vat. 4, fol. 173ʳ ⟨Nr. CIIII, 106, 110⟩.
Sirleto, fol. 341ᵛ = Cholinus, II 447 = Venet., II 447 = Baluze, I 413 Nr. 110 = Migne, PL 214, 665 Nr. 110. — Potth. Reg. 776; Bliss, Calendar, 7; Cheney, Calendar, 28 Nr. 158.

Abbati et fratribus ecclesie sancte Crucis de Walthan[1].

| Licet ex iniuncte nobis amministrationis officio universas ecclesias   <small>vgl. 2 Kor 11, 28</small>
oculo debeamus benigniori respicere et earum tranquillitati et paci studio
intendere pietatis, circa provisionem tamen illarum, que ad ius beati
Petri nullo mediante pertinent, eo maiorem diligentiam habere nos convenit, quo specialius ad nostrum regimen pertinere noscuntur.

Eapropter, dilecti in Domino filii, vestris iustis postulationibus clementer annuimus et felicis recordationis Clementis pape[2], predecessoris nostri, vestigiis inherentes, ecclesiam vestram, in qua divino mancipati estis
obsequio, que beati Petri iuris existit, sub ipsius et nostra protectione
suscipimus et presentis scripti pa(trocinio) communimus: inprimis siquidem
statuentes, ut ordo canonicus, qui secundum Deum et beati Aug(ustini)
regulam in eadem ecclesia noscitur institutus, perpetuis ibidem temporibus[a] inviolabiliter observetur. Statuimus autem, ut quascumque possessiones, quecumque bona eadem ecclesia in presentiarum iuste et canonice
possidet aut in futurum iustis modis prestante Domino poterit adipisci,
vobis et ecclesie vestre firma et illibata permaneant. Statuentes insuper,
ut, quicumque in eius ecclesie fuerit abbatem electus, postquam munus
benedictionis[b] receperit, se non alienaturum bona ipsius ecclesie iuramento promittat; sicut tu, fili abbas, fecisse dinosceris, cum a bone memorie
Lucio papa, predecessore nostro, benedictionis gratiam recepisti[3]. Sane
cum possessionum vestrarum ecclesie, quarum vobis presentatio competit, decedente pastore vacaverint, vos presbyteros, qui in eis ministrent,
diocesano episcopo presentetis[4], qui eis in spiritualibus, vobis autem in
temporalibus debeant respondere. Interdicimus insuper et auctoritate

---

102. [a] pporibus.   [b] bndictionis.

102. [1] S. Br. II 101 (109) Anm. 1.
   [2] Vorurkunde Papst Klemens' III. vom 28. Mai 1186 (HOLTZMANN, *PU in England*, I 543 f. Nr. 253 bzw. Nr. 254 f.).
   [3] Vorurkunde Papst Lucius' III. vom 11. November 1184 (oder 1185) (HOLTZMANN, *PU in England*, I 511 f. Nr. 229).
   [4] Der Bischof von London als zuständiger Ordinarius. Vgl. Vorurkunde Clemens' III. vom 5. Februar 1191 (HOLTZMANN, *PU in England*, I 565 f. Nr. 271).

apostolica prohibemus, ne aliquis in ecclesias vestras indebitas exactiones vel gravamina contra statuta Romanorum pontificum et precipue Lateranensis concilii exercere presumat[5]. Cum vero generale interdictum terre fuerit, liceat vobis clausis ianuis, excommunicatis et interdictis exclusis, non pulsatis campanis, suppressa voce divina officia celebrare. 5

Nulli ergo et cetera protectionis, confirmationis, constitutionis et prohibitionis et cetera.

Datum Laterani, VI Idus Iulii.

103 (111, 112).

Innocenz III. bestätigt nach vorgenommener Prüfung die Wahl des Bi- 10
schofs Grim(erius) von Piacenza, befiehlt ihm, sein Amt anzutreten, (sowie
dem Volk und Klerus von Piacenza, diesem zu gehorchen).

Lateran, (1199) Juli 11.

Reg. Vat. 4, fol. 173ʳ—173ᵛ ⟨Nr. CV, 107, 111⟩.

Sirleto, fol. 342ʳ = Cholinus, II 448 = Venet., II 448 = Baluze, I 414 Nr. 111 = Migne, 15
PL 214, 665 Nr. 111. — Potth. Reg. 777. — Vgl. C. Poggiali, Memorie storiche di Piacenza.
Piacenza 1758, V 55.

Crim(erio), Placentino electo[1].

Accedentes ad presentiam nostram dilecti filii Hugo, vicedominus maioris ecclesie[2], magister Alb(ertus), sancti Antonini canonicus[3], et Al., prior 20 sancti Sauini Placentini[4], cum litteris dilectorum filiorum archidiaconi, cleri et populi Placentini sua nobis relatione monstrarunt et hoc ipsum premisse littere continebant[5], quod defuncto bone memorie .. episcopo Placentino[6] clerici eiusdem civitatis convenientes in unum et de substituendo pastore longum tractatum habentes, tandem faciente illo, qui 25

vgl. 1 Kor 11, 20;
Ps 47, 5; 101, 23

---

[5] *Conc. Lateran. III.* c. 19 (COD 197) = X. III, 49, 4 (FRIEDBERG, *CorpIC*, II 654 f.). Vielleicht ist auch c. 4 und 7 (COD 189, 190 f.) = X. III, 39, 6 bzw. 7 (FRIEDBERG, *a. a. O.*, 623) gemeint. Vgl. die Vorurkunde Coelestins III. vom 20. Dezember 1191 (HOLTZMANN, *PU in England*, I 585 f. Nr. 292).

103. [1] Grimerius, Grimelius (della) Porta aus Castell'Arquato (Prov. Piacenza), Elekt von 30 Piacenza (exemt) Pfingsten 1199—8. April 1210. Vgl. P. M. CAMPI, *Dell'Historia ecclesiastica di Piacenza.* Piacenza 1651, II 84—100; *Annales Placentini.* MG SS XVIII, 420—425; F. GIARELLI, *Storia di Piacenza.* Piacenza 1889, 150.

[2] Hugo, Vicedominus der Kathedrale von Piacenza.

[3] Magister Albert da Rivigotio, Kanoniker des Augustiner-Chorherrenstiftes S. An- 35 tonino in Piacenza. Die Identifizierung nach CAMPI, *a. a. O.*, II 376 Nr. 52, dem das (heute verschollene) Original der Urkunden vorlag (vgl. ebd., 84).

[4] Prior des Benediktinerstiftes S. Savino in Piacenza. Über das Kloster vgl. G. MALCHIODI, *La regia basilica di S. Savino in Piacenza.* Piacenza 1903.

[5] Brief des Archidiakons, Klerus und Volkes von Piacenza. 40

[6] Ardicius, als Propst des Regular-Kanonikerstiftes S. Maria de'Dodici Apostoli am 29. Juni 1192 zum B. von Piacenza gewählt, war am 5. Juni 1199 verstorben. Vgl. CAMPI, *a. a. O.*, II 73—84; GIARELLI, *Storia di Piacenza*, 150 f.; L. MENSI, *Dizionario biografico piacentino.* Piacenza 1899, 44 und *Annales Placentini.* MG SS XVIII, 418, 420.

divisa congregat et congregata conservat, in te vota sua unanimiter contulerunt; suppliciter postulantes, ut electionem de te canonice factam
ratam habentes eam curaremus auctoritate apostolica confirmare.

Nos ergo volentes de forma electionis fieri certiores, sicut moris est
5 approbati, de processu ipsius per venerabilem fratrem nostrum I(o-
hannem), Albanensem episcopum[7]), et dilectos filios I(ohannem), tituli
sancte Prisce presbyterum[8]), et G(regorium), sancte Marie in Aquiro diaconum[9]), cardinales, inquiri fecimus diligenter: et tam per examinationem
nunciorum ipsorum quam ex decreti tenore nobis exhibiti cognovimus
10 evidenter electionem canonicam extitisse. Verum — quoniam in huiusmodi
duo tamquam potissima requiruntur: quod scilicet electio sit et idonea sit
electi persona, quorum primum eligentium[a)] factum, secundum autem
electi meritum respicit; et ob hoc dupplex fit[b)] examinatio necessaria:
electionis videlicet et electi — licet per examinationem premissam de for-
15 ma electionis canonice redditi fuerimus certiores, tuam tamen personam
velud absentem examinare nequivimus. Ceterum quia quorundam fratrum nostrorum assertio, qui te plenius cognoverunt, super vita pariter et
scientia laudabile tibi testimonium perhibebat et hoc ipsum presumi poterat evidenter ex eo, quod in ordine Cisterciensi et ad prioratus officium
20 et ad abbatie regimen assumptus fuisti[10]) et in utroque laudabiliter conversatus: nos tam tue persone quam ecclesie Placentine ampliorem volentes gratiam exhibere, de[c)] consilio fratrum nostrorum electionem
ipsam, sicut canonice facta est, approbantes, eam duximus auctoritate
apostolica confirmandam; confidentes in Domino et in potentia virtutis
25 eius, quod cum honoris augmento virtutum tibi dabitur divinitus incrementum, quibus potenter adiutus feliciter maiora procures, qui minoribus
hactenus laudabiliter insudasti.

Et quoniam ad episcopale onus pariter et honorem non duxisti absque
nostra licentia transeundum, ne gregi Dominico diu desit cura pastoris,
30 discretioni tue per apostolica scripta precipiendo mandamus, quatinus
ad regimen ecclesie Placentine, tamquam sponse tibi divinitus preparate,
securus accedens, auctoritate apostolica premunitus circa utilitatem cleri
et populi tibi commissi sollicitudinem vigilanter impendas et operam
efficacem: ut sub regimine tuo, plus per Deum quam per hominem sicut
35 creditur procurato, prefata ecclesia, quam predecessoris tui obitus ad
vesperam contristavit, de promotione tua leticia matutina recepta spiritualibus et temporalibus proficiat institutis.

Datum Laterani, V Idus Iulii.

vgl. Is 56, 8;
Jr 31, 9 u. ö.

vgl. Phil 1, 14;
u. ö.

vgl. 1 Kor 3, 6 f.

vgl. Lk 16, 10

vgl. Lk 12, 32;
Jo 10, 1–16

vgl. Apok 21, 2

vgl. Ps 29, 6

---

103. a) eligetium.   b) *Migne:* sit.   c) *Migne:* te.

40   7) S. Br. II 44 (46) Anm. 13.
    8) S. Br. II 4 Anm. 12.
    9) S. Br. II 30 Anm. 6.
    10) Grimerius war vor seiner Bischofswahl Abt des Zisterzienserklosters von Ponte
Trebbia in Quartazzola (Prov. und Diöz. Perugia) gewesen. Vgl. *Annales Placentini* (MG SS
45 XVIII, 420): „qui tunc erat abbas monasterii de Ponte."

Scriptum[d] est super hoc in eundem fere modum clero et populo
Placentinis usque institutis. Quocirca universitati vestre per apostolica
scripta precipiendo mandamus, quatinus eidem electo tamquam patri et
pastori animarum vestrarum debitam obedientiam et reverentiam impen-
den*tes, tam circa spiritualia quam etiam temporalia sibi pareatis humi- 5
liter et devote, recipientes firmiter et tenentes ipsius salutaria monita
et precepta, ut subsidio vestre devotionis adiutus, divina precedente gratia et sequente, ad honorem Dei, salutem suam, utilitatem vestram et
profectus ecclesie Placentine iniunctum sibi officium valeat feliciter con-
summare.   10
Datum ut supra.

vgl. 1 Petr 2, 25
• fol. 173ᵛ

104 (113).

Innocenz III. entscheidet den Prozeß, der zwischen dem Domdekan Aldiger
und dem Domkapitel von Aquileia einerseits und dem dortigen Dompropst
Poppo andererseits um die Verwaltung der dem Domkapitel gehörigen Kir- 15
chengüter des Bistums Aquileia geführt wurde, zugunsten der ersteren.

Lateran, (1199) Juli 9.

Reg. Vat. 4, fol. 173ᵛ—174ᵛ ⟨Nr. CVII, 109, 113⟩.
Sirleto, fol. 343ʳ = Cholinus, II 449 = Venet., II 449 = Baluze, I 414 Nr. 113 = Migne,
PL 214, 667 Nr. 113. — Potth. Reg. 770. — Vgl. Paschini, Patriarchi, 110, 161; derselbe, 20
Storia del Friuli, I 273.

Aldigerio decano[1] et canonicis Aquilegensibus.

| Orta[a] nuper inter vos et dilectum filium Poponem, prepositum
Aquilegensem[2], super amministratione possessionum Aquilegensis ecclesie ad canonicos pertinentium contentione non parva, cum propter hoc 25
utraque partium ad nostram presentiam accessisset, nos vobis et ipsi
preposito dilectum filium nostrum S(offredum), tituli sancte Praxedis
presbyterum cardinalem[3], concessimus auditorem.

---

[d]) Sriptum. *Die Initiale läuft in einen kleinen, speienden Hundekopf aus. Am Rande:*
⟨Nr. CVI, 108, 112⟩.   30
104. [a]) *Am Rande ein kurzer, schräger Strich und zwei Punkte.*

104. [1]) Aldiger, Dekan des Metropolitankapitels von Aquileia (Prov. Udine) vor 24. Oktober
1183—nach 1208/vor 1210. Vgl. Paschini, *Patriarchi*, 109; Ders., *Il patriarcato di Wolfger
di Ellenbrechtskirchen (1204—1218)*. Memorie storiche Forogiuliesi 10 (1914) 387. — Im
November 1210 erscheint bereits Stephan als Domdekan. Vgl. Jaksch, *Monumenta* 35
Historica Ducatus Carinthiae, I 326 f. Nr. 428.
[2]) Poppo, Propst des Metropolitankapitels von Aquileia 1198/1199—1204. Er war
Deutscher und wurde nach der Versetzung B. Wolfgers von Erla auf den Patriarchenstuhl
von Aquileia dessen Nachfolger in Passau (15. Oktober 1204; vgl. Eubel, *Hierarchia
Catholica*, I 392), doch starb er bereits am 26. Dezember 1205. Vgl. Krick, *Domstift Passau,* 40
201. Über ihn als Propst von Aquileia: Paschini, *Patriarcato di Wolfger*, 366—368; Jaksch,
Monumenta Historica Ducatus Carinthiae, I 291 Nr. 396 bzw. III 585 Nr. 1503. — Vgl. auch
Br. II 116 (125) Anm. 1.   [3]) S. Br. II 44 (46) Anm. 15.

Coram quo fuit ex prepositi parte propositum, quod vacante prepositura ecclesie Aquilegensis vos eum absentem in prepositum pure ac simpliciter elegistis et electionem venerabili fratri nostro . . Aquilegensi patriarche[4] secundum consuetudinem presentantes, postulabatis eam secun-
5 dum tenorem cuiusdam transcripti, quod sumptum esse dicebatis ex privilegio Ol(rici), bone memorie Aquilegensis ecclesie patriarche[5], auctoritate metropolitica confirmari. Cumque ipse deliberatione premissa requisisset a vobis, utrum iuste in prepositum fuisset electus — vobis respondentibus electionem fuisse de ipso canonice celebratam —, se pure re-
10 cipere, quod sibi iuste offerebatur, adiecit; tenoris eiusdem privilegii et
precedentis canonicorum status ignarus. Requisitus autem postmodum,
ut vobis iuramento caveret, ne vos ultra id, quod in privilegio predicti
patriarche continebatur, aliquatenus molestaret: quod id symoniacum
esset asseruit, renunciationi vobis faciende renuncians et se negans super
15 hoc cautionem vobis aliquam prestiturum. Deinde patriarcha predictus
electionem ipsius simpliciter confirmavit et precepit ei locum secundum
predecessorum suorum consuetudinem assignari. Accepto vero postmodum a ministerialibus suis, quod ad eum de iure prepositure amministratio pertineret, ad villas ecclesie Aquilegensis accessit et officiales eum
20 in prepositum humiliter receperunt, iuramentum ei super fideli villicatione
prestantes. Cumque postmodum regressus Aquilegiam sibi vellet amministrationem cellarii vendicare, quasipossessionem eius per seram, quia
clausum erat cellarium, apprehendit; propter quod postmodum quidam
vestrum et ipse cum eis ad nostram audientiam appellarunt, appellatione
25 ab utraque parte denuo postmodum innovata. Ceterum cum utraque partium in patriarche fuisset presentia constituta, — licet patriarche que-
renti, si contra vos aliquid vellet proponere, quod nichil proponeret
respondisset, sed paratus esset potius respondere, quia esse se in amministrationis possessione credebat — nuncius vester ab impetitione ipsius vos
30 postulavit absolvi, et vos postmodum preposito regresso Aquilegiam
vetuistis[b], ne vos aliquatenus aggravaret; et super hoc ad eiusdem patriarche audientiam appellastis. Qui patriarcha cum prepositum vellet inducere, ne amministrationi se aliquatenus[c] immisceret, ipse ad nostram
audientiam vocem appellationis emisit; unde dictam amministrationem
35 sibi dari, sicut antecessores sui eam habuerant, postulabat.

Verum ad hec fuit ex parte vestra responsum, quod Ol(ricus), quondam
Aquilegensis ecclesie patriarcha, volens necessitati canonicorum et ipsius

---

b) *Wahrscheinlich auf Rasur nachgetragen.*   c) aliqtenus.

4) S. Br. II 8 Anm. 1.

40   5) Die Verfügung des Patriarchen Ulrich II. von Treffen vom 3. Februar 1181 führte
im Kapitel von Aquileia die vita communis ein und verminderte die Stellung des Propstes
zugunsten des Dekans sowie des Scholasters. Druck bei DE RUBEIS, *Monumenta*, 621 f.
Zum Ganzen: G. MARCUZZI, *Sinodi Aquileiesi*. Udine 1910, 96 f. und PASCHINI, *Patriarchi*,
106 f. bzw. DERS., *Storia del Friuli*, I 259.

ecclesie consulere honestati, auctoritate felicis recordationis Alex(andri) pape, predecessoris nostri, et legationis, qua fungebatur[6], et sua in eadem ecclesia communem vitam instituit et proventus ecclesiarum et prediorum, que prius ad preposituram spectaverant, necnon et obedientiarum redigi statuit in usus communes; preposito omni prorsus iuriditione, 5 potestate ac utilitate in eisdem[d] bonis sublata, cui tamen vassallos, ministeriales et ipsorum beneficia reservavit, sicut in ipsius privilegio continetur. Hanc autem ipsius patriarche institutionem et possessionem predictorum bone memorie Lucius papa, predecessor noster, auctoritate vobis apostolica confirmavit[7]. Postmodum vero, cum G(abriel)[8] secun- 10 dum formam privilegii memorati electus fuisset in prepositum et etiam confirmatus, quosdam canonicorum precibus, quosdam vero terroribus adeo circumvenit — .. magistro scolarum[9] a consanguineis eiusdem G(abrielis) prepositi[10] iurare coacto, quod se ipsi super amministratione non opponeret optinenda —, quod amministrationem ipsi, salva institu- 15 tione predicta et confirmatione ipsius, personaliter commiserunt; sic tamen, quod in amministratione non predecessorum suorum sequeretur exempla, sed prefixam sibi a capitulo formam potius observaret: quod idem prepositus se fideliter impleturum fide data in manu patriarche firmavit. (|) Eo vero viam universe carnis ingresso[11] ad petitionem patri- 20 arche ipsius dictum P(oponem) secundum formam institutionis predicte in prepositum elegistis et electione cum institutionis transcripto patriarche postmodum presentata et in presentia ipsius P(oponis) lecta et

vgl. Jos 23, 14

---

[d]) -s- *auf Rasur.*

[6]) Papst Alexander III. übertrug dem Patriarchen Ulrich II. im März 1170 das Legaten- 25 amt. Als solcher ist er bis 30. Juli 1180 nachzuweisen. Vgl. DUNKEN, *Politische Wirksamkeit der Legaten*, 148; IP VII/1 37 Nr. *91, 40 Nr. 102 bzw. VII/2 67 Nr. 132.

[7]) Die Bestätigung durch Papst Lucius III. (1181—1183) hat sich nicht erhalten, wird aber in einer Urkunde des Domdekans Liutprand von Aquileia vom 24. Oktober 1183 erwähnt. Vgl. PASCHINI, *Patriarchi*, 109 f. und DERS., *Patriarcato di Wolfger*, 249 f. sowie IP 30 VII/1 48 f. Nr. *8.

[8]) Gabriel, Propst des Metropolitankapitels von Aquileia, vor 24. Oktober 1183 (vielleicht schon 1181)—nach 22. April 1198/vor 9. Juli 1199. Er stammte aus der Familie der Caporiacco (Prov. Udine), die mit den Herren von Tarcento (Tricento, Prov. Udine) verschwägert waren. Vgl. PASCHINI, *Patriarchi*, 109 und 161 Anm. 3; DERS., *Storia del Friuli*, 35 I 273 und *Navi e naviganti friulani in sulla fine del secolo XII. Per Nozze d'oro Trento/ Cavalli-Cappello.* Udine 1913, 13 f. mit Stammtafel sowie JAKSCH, *Monumenta Historica Ducatus Carinthiae*, III 561 Nr. 1445.

[9]) Wohl Romulus, der zum 30. Juli 1180 als magister scholarum im Metropolitankapitel von Aquileia bezeugt ist. Vgl. PASCHINI, *Patriarchi*, 110; DERS., *Storia del Friuli*, I 258 40 und *Navi e naviganti*, 14.

[10]) Drei Brüder des Propstes sind namentlich bekannt: Ulrich (zu 1198/1206 belegt), Friedrich (zu 1183/1221) und Hartwich (zu 1198/1201). Leonhard von Tarcento war ein Verwandter Gabriels. Vgl. P. S. LEICHT, *Bernardo di Cercheria*. Memorie storiche Forogiuliesi 3 (1907) 108 Anm. 2; PASCHINI, *Patriarchi*, 110 Anm. 1 und DERS., *Navi e naviganti*, 13 f., 45 26 sowie JAKSCH, *Monumenta Historica Ducatus Carinthiae*, IV/ 2 786 (Reg.).

[11]) Gabriel starb 1198/1199.

exposita in Teotonico idiomate diligenter[12], idem P(opo) requisitus a
patriarcha, si secundum formam eiusdem rescripti electionem recipere
vellet, secessit in partem et institutionis tenore perlecto per venerabilem
fratrem nostrum .. episcopum Concordiensem[13] respondit, quod cum
5 esset patrimonio dives et ecclesiasticis beneficiis abundaret, de prepositura ipsa nomen volebat solummodo et honorem; adiciens per se ipsum,
quod preposituram recipere volebat secundum institutionis predicte tenorem. Et secundum hoc ab eodem patriarcha de prepositura fuit postmodum investitus. Deinde vero, licet institutionis auctoritate predicte
10 amministrationem et possessionem predictorum omnium haberetis, ea
tamen ad maiorem cautelam de patriarche, qui nunc residet, manibus
suscepistis: qui etiam institutionem communis vite ante litem motam suo
privilegio roboravit. Veniens vero prepositus Aquilegiam postulavit a
vobis, ut beneficium ei aliquod conferretis. Et cum ad respondendum
15 certum terminum statuissetis eidem, possessiones vestras invadere voluit
et officiales vestros contra formam iuramenti vobis prestiti iurare coegit;
propter quod provisor vester ad sedem apostolicam appellavit, eodem
provisore possessiones retinente ut prius, et amministrationis officium
exercente. Verum prepositus ad cellarium [e] vestrum cum armatis accedens
20 ipsum frustra nisus est occupare. Ac cum iterum ecclesiam intrasset arma-
tus, ex parte vestra fuit ad nostram audientiam appellatum. Tandem vero
idem prepositus ad memoratum patriarcham * accedens et appellationi   * fol. 174ʳ
et invasioni, quam fecerat, in manibus renunciavit ipsius. Cum autem
idem patriarcha ex delegatione dilecti filii nostri S(offredi), tituli sancte
25 Praxedis presbyteri cardinalis, tunc apostolice sedis legati[14], partes ad
suam presentiam convocasset et dixisset eidem preposito, ut proponeret,
si quid adversus vos questionis haberet — eo respondente, quod nichil
contra vos proponere vellet, sed paratus esset potius proponentibus respondere —, vos ab impetitione ipsius postulastis absolvi et, ne possessio-
30 nes vestras invaderet, ad sedem apostolicam appellastis.

Quod autem hec sibi obesse non possent, pars prepositi nisa est multi-
plici ratione monstrare; asserens institutionem[f] illam Ol(rici) patriarche
in ipsius non debere preiudicium retorqueri, cum obtenta fuerit
contra ius commune, consuetudinem ecclesie Aquilegensis et institu-

---

35   [e] *Davor ein Absatzzeichen von späterer Hand.*   [f] institutione.

    [12] Daraus geht eindeutig hervor, daß er nur der deutschen Sprache mächtig war, des
Lateins aber unkundig. Zur Sache: A. WENDEHORST, *Monachus scribere nesciens.* MIÖG 71
(1963) bes. 69 f.
    [13] Entweder Romulus, B. von Concordia (Suffr. von Aquileia, heute Concordia Sagit-
40 taria, Prov. Venedig) 1188—nach 3. März 1192 oder dessen Nachfolger Ulrich, der zwischen dem 4. November 1203 und dem 17. September 1213 bezeugt ist. Vgl. E. DEGANI,
La diocesi di Concordia. Udine ²1924, 187—189 Nr. 21 f.
    [14] Mitte August 1198 trug Innocenz III. den Kardinälen Petrus Capuanus d. Ä. und
Soffred auf, den Kreuzzug zu predigen. Petrus ging nach Frankreich, Soffred als päpstlicher
45 Legat nach Venedig. Vgl. Br. I 336 und I 343, S. 513 Z. 24 f. sowie *Gesta Innocentii*, c. 46
(MIGNE, PL 214, LXXXIX-XC).

tionem patriarche Poponis, et in prepositure lesionem enormem facta
fuerit prepositura vacante: contra ius commune, quia ex iure communi procedit, ut prepositus bona ecclesie cuius est prepositus ammini-
stret; contra consuetudinem Aquilegensis ecclesie, quoniam per C annos
et ultra prepositus amministrationem bonorum eius habuerat, a tempore 5
videlicet patriarche Poponis[15] usque ad tempus Olrici; in enormem lesionem prepositure ipsius, quia per ipsam ius prepositure usque adeo fuerat
decurtatum, ut nonnisi nomen et onus relictum preposito videatur. Preterea, si etiam institutio memorata teneret, iuri prepositi non obesset, cum
per ipsam non fuerit preposito amministratio expresse sublata et post 10
eam predecessor ipsius usque ad hec tempora amministrationem[g] habuisse probetur[g]. Nec nocet nec nocere potest, quod in eadem institutione
subiungitur: «preposito omni iuriditione, potestate et utilitate sublata»[16],
cum dictus L(ucius), predecessor noster, illud in confirmationis sue litteris
non apponat. Cum enim ipse in confirmatione sua quedam minuat: ut de 15
duplici portione in vestitu conferenda decano et magistro scolarum, quedam addat: ut de hiis, que pro vestitu canonicis conferenda fuerint per
manum unius vel plurium, qui ad hoc ordinati fuerint, conferendis, quedam corrigat: ut super vestimentis presentibus et absentibus pariter im-
pendendis, ubi addidit «si ex rationabili causa defuerint»: si quid in eadem 20
institutione reperiatur, de quo mentio in eiusdem Lucii confirmatione non
fiat, id intelligitur reprobatum. Aut enim capitulum illud ei cum aliis
expressum fuerat aut dolose suppressum: si expressum fuit et illud idem
predecessor noster noluit confirmare, intelligitur reprobasse; quodsi suppressum fuerat, confirmatio eadem probabitur fuisse surrepta. Quod veri- 25
similius videtur, cum in ipsa confirmatione de iure prepositi nichil penitus
exprimatur. Preterea in eadem institutione amministratio non aufertur
preposito, sed iurisditio, utilitas et potestas. Quod sane intelligendum est,
ut canonicorum utilitati proficiat et iura prepositi non offendat; sic videlicet, ut non liceat preposito contra tenorem institutionis eiusdem extra 30
commune refectorium ministrare fratribus alimenta vel prepositure proventus, sicut prius, suis usibus applicare. Unde vos verba illa contra
prepositum minus sufficere cognoscentes, institutionem predictam vobis
fecistis per patriarcham, qui nunc residet, innovari et apponi[h] in capitulo
memorato: «preposito omni iurisdicione, potestate, utilitate et dispo- 35
sitione sublata». Et quasi conscii, quod amministrationis vobis officium
presumpseratis indebite usurpare, institutioni patriarche predicti, ubi
habebatur, ut omnia bona, que de prepositura, de ecclesiis videlicet et
prediis et obedientiis provenirent, redigerentur in usus communes, utili-

---

    [g-g]) *Auf Rasur nachgetragen.*   [h]) *Migne:* opponi.   40

    [15]) Die diesbezügliche Verfügung des Patriarchen Poppo von Treffen (1019—18. Sep-
tember 1042) vom 13. Juli 1031 bei Ughelli, *Italia Sacra*, V 51—53. Vgl. dazu Paschini,
Storia del Friuli, I 205 und zu Poppo vgl. Schwartz, *Reichsitalien*, 31 f.
    [16]) de Rubeis, *Monumenta*, 622 B.

tati vestre omnimodis profutura[17], «dispositioni» fecistis apponi. Fuit
etiam ex eadem parte adiectum, quod prepositus ipse, quicquid ei fuisset
electionis sue tempore sub quacumque forma propositum, quod sibi iuste
offerebatur, se recipere simpliciter et pure respondit. Nec adiecit «secun-
5 dum formam institutionis predicte», imo cum postmodum quereretur ab eo,
ut caveret, ne quid sibi ultra formam institutionis predicte aliquatenus
vendicaret, quod non caveret asseruit, quia id symoniacam saperet pravitatem. Nec nocuit, quod in prima responsione sua non contradixit ex-   vgl. Apg 8, 18–24
presse, cum sciret ius suum ubique durare, nec adhuc plene nosset teno-
10 rem institutionis eiusdem, utpote qui in Aquilegensi ecclesia numquam
fuerat conversatus. Ex responsione quoque facta per . . Concordiensem
episcopum, qui responderat eum ex prepositura non querere nisi nomen
solummodo et honorem, nullum iuri suo asseruit preiudicium generari,
cum in hoc nomen dignitatis intellexerit et amministrationis honorem.
15 Adiecit etiam vos esse quodammodo[1] de symonia confessos, cum ipsum
in prepositum secundum formam institutionis predicte — ut servaret
videlicet, quod continebatur in ea — vos elegisse dixistis, cum huiusmodi
conditio symoniacam sapiat pravitatem.   vgl. Apg 8, 18–24
Ceterum pars vestra rationes inductas taliter suis rationibus repelle-
20 bat: asserens, quod predicta institutio et tenuerat et tenebat, cum utilitatem communem et ecclesie respiceret [k] honestatem, et memoratus Ol(ricus) patriarcha in ea et auctoritate legationis et metropolitica usus fuerit
potestate et de totius Aquilegensis capituli eadem fuerit instituta consensu ; nec oberat, quod consummata fuerat prepositura vacante, cum vivente
25 adhuc priore preposito[8] sepius fuerit de ipsa tractatum et successor ipsius
tamquam canonicus faciende, iam facte vero factus ipse prepositus suum
expresse prestitisset assensum ; cum et ante electionem et confirmationem
ipsius per annum et plus et post per VII menses et amplius in plena et
pacifica possessione iuxta ipsius institutionis formam libere fuissetis, do-
30 nec eidem amministrationem non tamquam preposito[1] sed tamquam[1]
canonico personaliter commisistis, sicut per testes fuerat legitime comprobatum. Per illa etiam verba, scilicet «omni iurisditione, potestate et
utilitate sublata», omnem amministrationem sublatam preposito dicebatis, cum in iurisditione statuendi auctoritas, in potestate ministrandi
35 facultas, et in utilitate convertendi, sicut prius, in suos usus prepositure
proventus ei fuerit licentia denegata. Sic enim in talibus potestas acci-
pitur secundum canonicas sanctiones, ut, cum dicitur quod omnes res
ecclesie in episcopi potestate [m] consistant[18], et ad eius dispositionem pertineant. Sic etiam et secundum constitutiones legales bona pupilli dicun-

---

40   [1] *Das erste -o- über der Zeile nachgetragen.*   [k] -et *auf Rasur nachgetragen.*   [1–1] *Fehlt
bei Migne.*   [m] potestatate.

[17] „Statuimus . . . ut omnia bona tam ea quae de praepositura videlicet de ecclesiis et
praediis, quam quae de obedientiis proveniunt, in communes usus fratrum redigantur, utilitati vestre modis omnibus profutura" (DE RUBEIS, *Monumenta* 622 B).
45   [18] *Decretum Gratiani* C. XII, q. 1, c. 23. 24 (= FRIEDBERG, *CorpIC*, I 684 f.).

tur esse in potestate tutoris. Cumque consuetudo sit optima legum inter-
fol. 174ᵛ pres[19], qualis illorum verborum fuerit intellectus, ex eo, quod conti*nue
subsecutum est declaratur. Statim enim capitulum, ut dictum est[n], sine
contradictione cepit amministrare[n] ante electionem G(abrielis), substi-
tuti prepositi, per annum et plus et post electionem et confirmationem 5
ipsius per septem menses et amplius amministrans; imo extunc amministrare numquam cessavit, cum G(abriel) prepositus non ratione prepositure sed ex commissione capituli ministrarit, sicut per testes sufficienter
fuerat comprobatum, et is utique possideat, cuius nomine possidetur.
Adiecistis etiam quod, etsi predicta institutio non teneret, idem tamen 10
prepositus sibi nichilominus preiudicium irrogarat, cum secundum formam institutionis eiusdem electionem, sicut per testes probatum fuerat,
recepisset et nichil aliud nisi nomen et honorem ex prepositure officio
postularet; nec oberat, quod in confirmatione dicti Lucii, predecessoris
nostri, de iurisditione, potestate et utilitate sublata preposito nichil ex- 15
pressum extiterat; cum non semper, quod simpliciter est suppressum, intelligi debeat reprobatum, imo fortius id exprimi soleat, quod approbatis
ceteris reprobatur; cum non minor in reprobatione quam in approbatione
vgl. Apg 8, 18–24 sit sollempnitas requirenda. Nec fuerat symoniacum, si eum secundum
formam sepedicte institutionis in prepositum elegistis, cum determinatio 20
illa non conditionem denotet, sed modi vel status sit potius expressiva.

Nos igitur hiis et aliis diligenter auditis per cardinalem eundem, que
fuerant hinc inde proposita, et diligentius intellectis, de fratrum nostrorum consilio ab impetitione prepositi memorati sententialiter ecclesiam
et capitulum Aquilegenses absolvimus, eidem preposito super hoc per- 25
petuum silentium imponentes[20].

Decernimus ergo et cetera diffinitionis et cetera.

Datum Laterani, VII Idus Iulii.

105 (114).

Innocenz III. erlaubt dem Erzbischof (Hubert) von Canterbury, in seiner 30
Diözese Zehentverweigerer unter Anwendung geistlicher Strafen zur Leistung
dieser Abgabe zu zwingen.

Lateran, (1199) Juli 6.

Reg. Vat. 4, fol. 174ᵛ ⟨Nr. CVIII, 110, 114⟩.
Empfängerüberlieferung: Abschrift vor 1240: Cambridge, University Library, Ll II 15 mb, 35
Chartular des Priorats St. Gregory in Canterbury, fol. 48ᵛ. Dr.: A. M. Woodcock, Cartulary of
the priory of St. Gregory, Canterbury. Royal Historical Society, Camden 3ʳᵈ series LXXXVIII.
London 1956, 105 Nr. 140.

[n–n] *Auf Rasur nachgetragen.*

[19] Vgl. *Digesten* 1, 3, 37 (= Mommsen, 6). 40

[20] Am 4. Januar 1201 kam es in Cividale zwischen Poppo und dem Kapitel von Aquileia
zu einem Vergleiche, durch den ihm verschiedene Güter zugewiesen wurden. Druck: DE RU-
BEIS, *Monumenta*, 642 f. bzw. JAKSCH, *Monumenta Historica Ducatus Carinthiae*, III 584—
568 Nr. 1503.

Sirleto, fol. 345ᵛ = Cholinus, II 452 = Venet., II 452 = Baluze, I 418 Nr. 114 = Migne,
PL 214, 672 Nr. 114. — Potth. Reg. 762; Bliss, Calendar, 7; Cheney, Calendar, 26 Nr. 150.
— Vgl. die gleiche Erlaubnis Papst Coelestins III. vom 19. Juli 1197 (Holtzmann, PU in
England, II 482 Nr. 290).

5   **Cantuariensi archiepiscopo**[1].

Pervenit ad audientiam nostram, quod multi in diocesi tua decimas
suas integras vel duas partes ipsarum non illis ecclesiis, in quarum parro-
chiis habitant vel ubi predia habent et a quibus ecclesiastica accipiunt
sacramenta, persolvunt, sed eas aliis pro sua distribuunt voluntate.

10   Cum igitur inconveniens esse videatur et a ratione dissimile, ut ecclesie, que spiritualia seminant, metere non debeant a suis parrochianis   vgl. 1 Kor 9, 11
temporalia et habere, fraternitati tue auctoritate presentium indulgemus, ut liceat tibi super hoc, non obstante contradictione vel appellatione
cuiuslibet seu consuetudine hactenus observata, quod canonicum fuerit
15 ordinare et facere, quod statueris, per censuram ecclesiasticam firmiter
observari.

Nulli ergo et cetera concessionis[a] et cetera.

Datum Laterani, II Non. Iulii.

106 (115).

20 *Innocenz III. erlaubt dem Erzbischofe (Hubert) von Canterbury, Kirchen*
seiner Diözese von widerrechtlich auferlegten oder gesteigerten Pensions-
zahlungen zu befreien.

Lateran, (1199) Juni 26.

Reg. Vat. 4, fol. 174ᵛ ⟨ Nr. CIX, 111, 115⟩.
25 *Sirleto, fol. 345ᵛ = Cholinus, II 453 = Venet., II 453 = Baluze, I 418 Nr. 115 = Migne,*
PL 214, 672 Nr. 115. — Potth. Reg. 751; Bliss, Calendar, 7; Cheney, Calendar, 26 Nr. 144.

                          Eidem[1].

Que[a] in derogationem sanctorum canonum attemptantur, tanto potius infringi volumus et carere robore firmitatis, quanto auctoritas uni-
30 versalis ecclesie, cui licet immeriti presidemus, ad id nos provocat et in-   vgl. 2 Kor 3, 5
ducit.

---

105. [a] coneessionis. *Migne:* confirmationis.
106. [a] *Die Initiale läuft in einen kleinen, speienden Kopf aus.*

105. *Empfängerüberlieferung (kollationiert nach Woodcock, Cartulary of St. Gregory, 105*
35 *Nr. 140):*
    5: Cantuariensi archiepiscopo] Innocentius episcopus etc. venerabili fratri Cantuari-
ensi archiepiscopo salutem et apostolicam benedictionem.   6: diocesi] diocese.
7: ecclesiis] *fehlt.*   17: et cetera] hominum etc.

105. [1] S. Br. II 68 (71) Anm. 4.
40 **106.** [1] S. Br. II 68 (71) Anm. 4.

Significasti nobis siquidem, quod plures sunt in Cantuariensi diocesi[2],
qui contra iuris canonici sanctionem novas pensiones ecclesiis quibusdam
imposuerunt et veteres temeritate presumpserunt culpabili augmentare.
Cum igitur id in contemptum ecclesiastice institutionis[3] redundet, fraternitati tue auctoritate presentium indulgemus, ut liceat tibi pensiones 5
de novo impositas in irritum revocare et in statum priorem appellatione
remota reducere augmentatas.

Nulli ergo et cetera.

Datum Laterani, VI Kal. Iulii.

107 (116). 10

Innocenz III. nimmt den Archidiakon Simon von Wells samt seinen Be-
sitzungen, dem Archidiakonat und den dazugehörigen Kirchen von Huish und
South Brent in den apostolischen Schutz.

(Lateran, 1199 Juni ca. 26).

Reg. Vat 4, fol. 174ᵛ ⟨Nr. CX, 112, 116⟩. 15
Sirleto, fol. 346ʳ = Cholinus, II 453 = Venet., II 453 = Baluze, I 418 Nr. 116 = Migne,
PL 214, 672 Nr. 116. — Potth. Reg. 752; Bliss, Calendar, 7; Cheney, Calendar, 26 Nr. 145.

Symoni, archidiacono Wellensi[1].

Iustis petentium desideriis et cetera usque suscipimus. Specialiter autem archidiaconatum Wellensem cum ecclesia de Iwis[a][2] et ecclesia de 20
Subrent(er)[3] ad ipsum archidiaconatum[b] pertinentibus, sicut ea iuste
possidetis, et cetera. Nulli ergo et cetera.

Datum ut supra.‖[c]

108 (117).

Innocenz III. überträgt dem Bischof (Petrus) von Tuy, dem Domdekan 25
(Johannes) von Zamora und dem Prior (Roderich) von S. Isidoro zu León
die Entscheidung in einem zwischen dem Bischof (Alfons) von Orense und
dem Kloster S. Salvador in Celanova um dessen Exemtion geführten Prozeß.

Lateran, (1199) Juli 11.

Reg. Vat. 4, fol. 174ᵛ ⟨Nr. CXI, 113, 117⟩. 30
Sirleto, fol. 346ʳ = Cholinus, II 453 = Venet., II 453 = Baluze, I 418 Nr. 117 = Migne,
PL 214, 673 Nr. 117; Mansilla, Documentación, 229 Nr. 203. — Potth. Reg. 779; Vázquez
Martínez, Documentos, 13 Nr. 22. — Vgl. den Urteilsspruch vom 29. August 1200 bei M. de
Castro — M. Martínez Sueiro, Documentos de la catedral de Orense (o. J.), 104.

---

107. [a] *Migne:* Juvis.   [b] *Migne:* archidiaconum.   [c] *Hand D 1 hört auf.* 35

[2]) Diözese Canterbury.
[3]) *Conc. Lateran. III.* c. 7 (COD 191) = X. III, 39, 7 (Friedberg, *CorpIC*, II 623).
107. [1]) Simon de Camera aus der Familie FitzRobert, Archidiakon von Wells (Diöz. Bath
und Wells, Gfscht. Somerset) wurde im April 1204 B. von Chichester (Suffr. von Canterbury),
konsekriert am 3. August 1204 und starb am 21. August 1207. Vgl. Powicke - Fryde, 40
Handbook, 216.
[2]) Huish Episcopi (Diöz. Bath und Wells, Gfscht. Somerset).
[3]) South Brent (heute East Brent) (Diöz. Bath und Wells, Gfscht. Somerset).

Episcopo Tudensi[1], decano Zemorensi[2] et priori sancti
Hysidori Legionensi[3].

|| [a] Controversiam, que inter[b] venerabilem fratrem nostrum . . epis-
copum Auriensem[4] ex una parte et . . abbatem et conventum Cellenoue[5]
5 ex altera vertebatur super libertate ac subiectione ipsius monasterii et
sententiis excommunicationis et suspensionis in abbatem prolatis et in
monasterium interdicti, venerabili fratri nostro . . Lucensi episcopo[6] et
dilectis filiis . . abbati de Melon[7] et P(etro) Ioh(ann)is, archidiacono Astoricensi[8], commisisse recolimus fine debito terminandam[9]. Qui, cum eis de
10 cause meritis constitisset, ad diffinitivam sententiam processerunt, adiudicantes subiectionem monasterii ecclesie Auriensi, abbatem vero et
monasterium ab episcopi sententiis absolventes; quemadmodum ex ipsorum autentico nobis exhibito demonstratur, quam idem episcopus petebat auctoritate sedis apostolice confirmari. Verum ex parte dictorum
15 abbatis et monachorum fuit propositum ex adverso ipsam sententiam
nullius esse momenti, tamquam post appellationem prolatam et a suspectis iudicibus et super articulo, de quo lis non fuerit contestata; contra
eandem quoque alia quedam coram vobis expressius designanda nichilominus eorundem nuntius opponebat[c].

20 Quia vero nobis non constitit de premissis, causam ipsam discretioni
vestre[d] de assensu partium duximus[d] committendam; per apostolica
scripta precipiendo mandantes, quatinus de prefata sententia cognoscentes, si eam inveneritis rationabiliter fuisse prolatam, confirmantes ipsam
faciatis auctoritate nostra remoto appellationis obstaculo firmiter obser-
25 vari. Alioquin de causa ex integro cognoscentes iuxta formam prioris

---

108. [a] *Hand C fängt an.*   [b] Controversiam, que i- *auf Rasur.*   [c] *Migne:* apponebat.
[d-d] *Auf Rasur nachgetragen.*

108. [1] Petrus (I.), B. von Tuy (Suffr. von Braga, Prov. Pontevedra) ca. 1188—15. Dezember 1205. Vgl. GONZÁLEZ, *Alfonso IX*, I 427.
30   [2] Johannes, Domdekan von Zamora (seit 1199 Suffr. von Santiago de Compostela).
Vgl. DE CASTRO - MARTÍNEZ SUEIRO, *Documentos de la catedral de Orense*, 104.
      [3] Roderich Cibrían, Prior des Regular-Kanonikerstiftes San Isidoro de León, der zu
1198 bezeugt ist. Vielleicht ist er mit dem Abt gleichen Namens identisch, dessen Amtszeit
zwischen 1209 und 1212 anzusetzen ist. Vgl. J. PÉREZ LLAMAZARES, *Historia de la real
35 colegiata de San Isidoro de León*. León 1925, 148 und 151.
      [4] Alfons (I.), B. von Orense (Suffr. von Braga) 1174—6. April 1213. Vgl. GONZÁLEZ,
Alfonso IX, I 426.
      [5] Wohl Pelagius (IV.), der zu 1196 als Abt der Benediktinerabtei San Salvadore in
Celanova in Villar (Diöz. und Prov. Orense) bezeugt ist. Vgl. F. PÉREZ, *Celanova*, in: Dict.
40 HGE 12 (Paris 1953) 49.
      [6] Roderich (I.), B. von Lugo (Suffr. von Braga) 1181—16. Juni 1216. Vgl. GONZÁLEZ,
Alfonso IX, I 426.
      [7] Ferdinand, Abt der Zisterzienserabtei Melón (Diöz. Tuy, Prov. Orense), der zwischen
1195 und 1204 nachweisbar ist. Vgl. FLÓREZ, *España Sagrada*, XXII 24 bzw. GONZÁLEZ,
45 *Alfonso IX*, II 210 Nr. 148 und 232 f. Nr. 164.
      [8] Petrus Johannes (Yáñez), Archidiakon von Astorga (Suffr. von Braga, Prov. León),
der zu 1198 genannt wird. Vgl. MANSILLA, *Documentación*, 162—164 Nr. 132 und Br. I 60.
      [9] Br. I 60.

commissionis, quod canonicum fuerit, statuatis appellatione e) remota, cogentes partes e) per censuram ecclesiasticam et cetera.

Nullis litteris obstantibus, preter assensum partium et cetera. Quodsi omnes et cetera, duo et cetera.

Datum Laterani, V Idus Iulii.|| f)   5

109 (118).

Innocenz III. bestätigt dem exemten Kloster (Holy Cross) in Waltham das Präsentationsrecht auf seine Patronatskirchen und erlaubt ihm, gegen seinen Willen eingesetzte Priester daraus zu entfernen.

Lateran, (1199) Juli 5. 10

Reg. Vat. 4, fol. 174ᵛ ⟨Nr. CXII, 114, 118⟩.
Sirleto, fol. 346ᵛ = Cholinus, II 454 = Venet., II 454 = Baluze, I 419 Nr. 118 = Migne, PL 214, 673 Nr. 118. — Potth. Reg. 758; Bliss, Calendar, 7; Cheney, Calendar, 26 Nr. 147.

Abbati et conventui de Waltham[1].

vgl. Ps 143, 12;
Dn 11, 7
vgl. Nm 4, 27

|| a) **Cum vos** b) [et] ecclesia vestra, in qua estis de nove plantationis 15 origine et assumptione religionis Dei obsequio mancipati, de gratia sedis apostolice tamquam speciales filii[2] specialibus merueritis privilegiis honorari, providere volumus, ne in hiis, que de iure et dudum observata consuetudine obtinetis, iniuste vexationis dispendium subeatis. Ut itaque religio, que in ecclesia vestra laudabili noscitur inchoata principio, bonis 20 secundum Deum progressibus amplietur et vos a matre vestra, Romana ecclesia, iura vestra sentiatis illibata servari, ad exemplar bone memorie Ce(lestini) pape[3], predecessoris nostri, presentibus litteris vobis duximus indulgendum, ne in ecclesiis ad representationem et ordinationem vestram spectantibus aliqui clerici, nisi a vobis presentati fuerint, ordinentur, vel 25 ad earum regimen preter assensum vestrum et conniventiam admittantur. Si vero contra hec ausu temerario aliqui venire presumpserint et iura vobis debita sibi usurpare temptaverint c), factum et presumptionem eorum viribus carere decernimus et per vos auctoritate apostolica, qui taliter intrusi fuerint, concedimus amoveri; nisi forte, quod absit, represen- 30 tationem et ordinationem earum constiterit vos maliciose differre.

Nulli ergo et cetera indulgentie nostre et cetera.

Datum Laterani, III Non. Iulii.

---

e–e) *Auf Rasur, wahrscheinlich nachgetragen.*   f) *Hand C hört auf.*
109. a) *Hand D 1 fängt an.*   b) *Darnach in ausradiert.*   c) teptaverint.   35

109. 1) S. Br. II 101 (109) Anm. 1.
2) Die Abtei Holy Cross in Waltham war exemt (vgl. Br. II 102 [110] S. 221 Z. 14 ff., 20).
3) Vgl. die Vorurkunde Papst Coelestins III. vom 7. Januar 1192 (HOLTZMANN, *PU in England*, I 596 f. Nr. 297).

110 (119).

Innocenz III. verbietet, daß Archidiakone und ihre Offiziale bei Besuchen des Klosters (Holy Cross) in Waltham den im 3. Laterankonzil dafür festgelegten Aufwand überschreiten, und erlaubt dem Kloster, alle in diesem Zusammen-
5 *hange geforderten unbilligen Leistungen zu verweigern. Etwaige Sentenzen des Interdikts oder der Exkommunikation, die deshalb verhängt werden, sollen ungültig sein.*

(Lateran, 1199 Juli 5)[1].

Reg. Vat. 4, fol. 174v—175r ⟨Nr. CXIII, 115, 119⟩.
10 *Empfängerüberlieferung: Orig. London, Public Record Office, S. C. 7, Papal Bulls, bundle 35 (4).*

Sirleto, fol. 346v = Cholinus, II 454 = Venet., II 454 = Baluze, I 419 Nr. 119 = Migne, PL 214, 674 Nr. 119. — Potth. Reg. 759; Bliss, Calendar, 7; Cheney, Calendar, 26 Nr. 148.

Eisdem[2].

15 Ad[a] noticiam apostolatus nostri pervenisse noveritis, quod archidiachoni et officiales eorum contra statuta Lateranensis concilii[3] ad ec*cle-   * fol. 175r
sias vestras maiore, quam debeant, numero evectionis accedunt, et aliis
eas gravaminibus indebite opprimentes ita graves in procurationibus suis
existunt, quod nonnumquam longi temporis victum brevis hora consumat.
20 Eapropter, ne decetero talia prefati archidiaconi vel officiales eorum
attemptare presumant, ad exemplar bone memorie Ce(lestini) pape[4],
predecessoris nostri, auctoritate presentium districtius inhibemus. Etsi
ab huiusmodi gravaminibus non duxerint abstinendum, liceat vobis
receptiones, exactiones et procurationes indebitas denegare. Quodsi prop-
25 ter hoc interdicti vel excommunicationis sententiam in clericos vel ecclesias vestras temere iaculari presumpserint, indulgemus vobis, ut eam non
teneamini utpote latam contra sedis apostolice statuta servare.

Nulli ergo et cetera inhibitionis et indulgentie nostre et cetera.

Datum ut supra.

---

30 **110.** [a] *Die Initiale läuft in einen kleinen, speienden Kopf aus.*

110. *Empfängerüberlieferung (kollationiert nach einer Photographie des Orig. im Public Record Office, London):*

14: Eisdem] Innocentius episcopus, servus servorum Dei, dilectis filiis .. abbati et capitulo de Waltham salutem et apostolicam benedictionem.   15: noticiam] notitiam.
35 15—16: archidiachoni] archidiaconi.   28: et cetera] omnino hominum liceat hanc paginam.   28: et cetera] infringere vel ei ausu temerario contraire. Si quis autem hoc attemptare presumpserit, indignationem omnipotentis Dei et beatorum Petri et Pauli apostolorum eius se noverit incursurum.   29: ut supra] Laterani, III Non. Iulii, pontificatus nostri anno secundo.

40 **110.** [1] Das Datum stammt aus der Empfängerüberlieferung.
[2] S. Br. II 101 (109) Anm. 1.
[3] *Conc. Lateran. III.* c. 4 (COD 189 f.) = X. III, 39, 6 (Friedberg, *CorpIC*, II 623).
[4] Vorurkunde Papst Coelestins III. vom 20. Dezember 1191 (Holtzmann, *PU in England*, I 585 f. Nr. 292).

111 (120).

Innocenz III. nimmt das exemte Kloster (Holy Cross) in Waltham in den apostolischen Schutz und bestätigt alle Rechte desselben.

Lateran, (1199) Juli 7.

Reg. Vat. 4, fol. 175ʳ ⟨Nr. CXIIII, 116, 120⟩. 5
Sirleto, fol. 347ʳ = Cholinus, II 454 = Venet., II 454 = Baluze, I 419 Nr. 120 = Migne, PL 214, 674 Nr. 120. — Potth. Reg. 768; Bliss, Calendar, 7; Cheney, Calendar, 27 Nr. 156.

Eisdem[1].

Incumbit nobis ex debito pastoralis officii et cetera usque annuimus; et prefatum monasterium, quod specialiter beati Petri iuris existit, in quo 10 divino mancipati estis obsequio, sub beati Petri et cetera[a] usque[a] communimus. Libertates preterea et immunitates antiquas et rationabiles consuetudines monasterio vestro per privilegia Romanorum pontificum[2] et scripta regum et principum previa ratione concessas et hactenus observatas ratas habemus et eas perpetuis temporibus illibatas permanere 15 sanctimus.

vgl. Nm 4, 27

Decernimus ergo et cetera, protectionis et concessionis et cetera.
Datum Laterani, Non. Iulii.

112 (121).

Innocenz III. erlaubt dem exemten Kloster (Holy Cross) in Waltham, die für 20 *seine Patronatskirchen vorgesehenen Kapläne bei einer Vakanz des zuständigen Bistums dem Kapitelvikar zu präsentieren. Ferner bestätigt er ein Statut des Konvents, mit dem verschiedene Kircheneinkünfte der Kellerei, der Kammer und der Sakristei zugewiesen werden.*

Lateran, (1199) Juli 10. 25

Reg. Vat. 4, fol. 175ʳ ⟨Nr. CXV, 117, 121⟩.
Sirleto, fol. 347ʳ = Cholinus, II 454 = Venet., II 454 = Baluze, I 419 Nr. 121 = Migne, PL 214, 675 Nr. 121. — Potth. Reg. 775; Bliss, Calendar, 7; Cheney, Calendar, 27 Nr. 157.

Eisdem[1].

Fervor religionis et devotionis vestre nos movet propensius et inducit, 30 ut preter commune debitum petitiones vestras, que rationi conveniunt,

---

111. [a—a] *Migne:* nostra protectione suscipimus et praesentis scripti pagina.

111. [1] S. Br. II 101 (109) Anm. 1.
[2] Vgl. die Privilegien Lucius' III. vom 21. Mai 1182 (Holtzmann, *PU in England*, I 480 f. Nr. 208), Urbans III. vom 23. Mai 1187 (*a. a. O.* 533 Nr. 245), Klemens' III. vom 35 4. Juli 1188 (*a. a. O.* 545 Nr. 255) und Coelestins III. vom 2. Januar 1192 (*a. a. O.* 592 Nr. 296).
112. [1] S. Br. II 101 (109) Anm. 1.

debeamus libenter admittere et utilitati monasterii vestri, quod ad iuris-
dicionem beati Petri et nostram specialiter pertinet, pastorali sollicitudine   vgl. 2 Kor 11, 28
providere.

    Eapropter et cetera usque assensu, auctoritate vobis apostolica indul-
5 gemus, quod si episcopi, in quorum diocesi ecclesias parrochiales habetis,
in fata concesserint et ecclesias vestras interim vacare contigerit, capellani
in ipsis instituendi, ne ordinationes ecclesiarum inutiliter differantur, ad
presentationem vestram ab eo, qui sede vacante vices episcopi debet de
iure supplere, sine contradictione qualibet admittantur; qui vobis de tem-
10 poralibus, episcopis vel eorum officialibus de spiritualibus debeant respondere. Adicimus etiam quod, sicut rationabili consilio et a) providentia
capituli vestri ecclesiam de Windesores 2) ad cellarium vestrum b) et ecclesiam de Ailricheseia c)3) et ecclesiam de Hetford d)4) et ecclesiam de Nesin-
ges 5) ad vestimenta fratrum vestrorum invenienda, ecclesias vero de
15 Epinges 6) et de Wdeford 7) et de Necleswelle e)8) et de Lukenton' f)9) ad usus
sacristie vestre de assensu diocesani episcopi assignastis, ita vobis vestrisque
successoribus in perpetuum permaneant ad hos usus. Et ne in posterum
hec assignatio vestra possit vel debeat in aliquo mutilari, ipsam auctoritate apostolica confirmamus et presentis et cetera.
20   Decernimus ergo et cetera, concessionis et confirmationis et cetera.
    Datum Laterani, VI Idus Iulii.

113 (122).

*Innocenz III. überträgt dem Frater R(ainer) die Legatengewalt in den Erz-
diözesen Embrun, Aix-en-Provence, Arles und Narbonne.*

25   *Lateran, (1199) Juli 12.*

Reg. Vat. 4, fol. 175ʳ ⟨Nr. CXVI, 118, 122⟩.
    *Sirleto, fol. 347ᵛ = Cholinus, II 455 = Venet., II 455 = Baluze, I 420 Nr. 122 = Migne,
PL 214, 675 Nr. 122. — Potth. Reg. 785; Bréquigny, Table chronologique, IV 265; Chevalier,
Regeste Dauphinois, I 915 Nr. 5496; Gallia Christiana Novissima, Arles, 282 Nr. 734. — Vgl.*
30 *Thouzellier, Catharisme et valdéisme, 143 Anm. 9; dieselbe, Hérésie et Hérétiques, 232 Anm. 37.*

***

112.   a) *Von anderer Hand und mit anderer Tinte in eine freigelassene Lücke nachgetragen (vgl.
Einleitung XVII).*   b) *Fehlt bei Migne.*   c) *Migne:* Alricheseia.   d) *Migne:* Herford.
e) *Migne:* Neclesuvelle.   f) *Migne:* Luchenton.

    2) Windsor (Gfscht. Berks, Diöz. Salisbury).
35   3) Arlesey (Gfscht. Bedford, Diöz. Lincoln).
    4) Hertford All Saints (Gfscht. Bedford, Diöz. Lincoln).
    5) S. Br. II 101 (109) Anm. 2.
    6) Epping (Gfscht. Essex, Diöz. London).
    7) Woodford (Gfscht. Essex, Diöz. London).
40   8) S. Br. II 101 (109) Anm. 3.
    9) Loughton (Gfscht. Essex, Diöz. London).

Fratri R(ainerio)[1], apostolice sedis legato[a].

vgl. Ps 54, 8

vgl. Gn 29, 30

vgl. Ps 1, 2; 118, 70
vgl. 1 Sam 15, 22;
Lk 10, 39

vgl. Mk 12, 31;
Lk 10, 27;
Jak 2, 8

vgl. Lk 10, 38–42

vgl. Gn 29, 31

vgl. Mt 10, 27
vgl. Mt 25, 14–30

vgl. 2 Kor 3, 5

vgl. Mt 24, 14;
Mk 16, 15

vgl. Tit 1, 5

| Licet solite[b] solitudinis locum affectes, fugans vel fugiens potius tu-
multus secularium potestatum, ut Rachelis fovearis amplexu et in lege
divina iugiter mediteris, sedens secus pedes Domini cum Maria; cum tamen in lege mandatorum ipsius legeris, quod obedientia preferenda sit 5
victimis et proximum diligere debeas ut te ipsum, nec potes nec debes sic
vivere soli tibi, ut vel recedas ab obedientia presidentis vel proximorum
salutem negligere videaris, sed a contemplatione Marie ad actionem
Marthe teneris saltem ex obedientie virtute descendere, ut in Lia Rachelis
sterilitatem tua predicatione fecundes, dum quod in solitudinis et clau- 10
stri silentio didicisti, iuxta mandatum evangelicum predicaveris super
tecta et talenta tibi credita erogaveris ad usuras. Nos autem, qui licet
immeriti vices eius tenemus in terris, qui discipulis suis officium predicationis iniunxit: «Ite» inquiens «in orbem universum, predicate evangelium omni creature», plene de tua conscientia et religione confisi, plene 15
tibi legationis officium per Ebredunensem[2], Aquensem[3], Arelatensem[4]
et Narbonensem[5] provincias duximus committendum: corrigendi et
statuendi tam in monasteriis quam aliis ecclesiis, que correctione vel
institutione cognoveris indigere; audiendi et decidendi vel etiam comitten-
di causas et absolvendi eos, qui ob violentam manuum iniectionem in cle- 20
ricos vinculo sunt excommunicationis astricti[6], si ex iniectione tali vel
enormis lesio vel homicidium non fuerit subsecutum; confutandi hereticos et cogendi eos redire ad catholice fidei unitatem, et plene legationis
officium super hiis et aliis exequendi, et percellendi pena canonica contumaces indulgentes tibi auctoritate apostolica liberam facultatem. 25
     Nulli ergo et cetera concessionis et cetera.
     Datum Laterani, IIII Idus Iulii.

---

113. [a]) *Am Rande:* f. *Längs des Briefes ein senkrechter, z. T. gewellter Strich.*   [b]) *Darnach ein Buchstabe ausradiert.*

113. [1]) S. Br. II 72 (75) Anm. 17. — Zu Rainers Legation in Südfrankreich vgl. besonders 30
THOUZELLIER, *Catharisme et valdéisme*, 140 ff., 155 bzw. A. FLICHE, *La vie religieuse à
Montpellier sous le pontificat d'Innocent III (1198—1216)*, in: Mélanges Louis Halphen.
Paris 1951, 217 f.
     [2]) Embrun, Kirchenprovinz in Frankreich (Dép. Hautes-Alpes) mit den Suffragan-
bistümern Antibes (seit 1244 in Grasse), Digne, Glandève, Nice, Senez und Vence. 35
     [3]) Aix-en-Provence, Kirchenprovinz in Frankreich (Dép. Bouches-du-Rhône) mit den
Suffraganbistümern Apt, Fréjus, Gap, Riez und Sisteron.
     [4]) Arles, Kirchenprovinz in Frankreich (Dép. Bouches-du-Rhône) mit den Suffragan-
bistümern Avignon, Carpentras, Cavaillon, Marseille, Orange, Saint-Paul-Trois-Châteaux,
Toulon und Vaison. 40
     [5]) Narbonne, Kirchenprovinz in Frankreich (Dép. Aude) mit den Suffraganbistümern
Agde, Béziers, Carcassonne, Elne, Lodève, Maguelone, Nîmes und Uzès.
     [6]) Nach *Decretum Gratiani* C. XVII, q. 4, c. 29 (= FRIEDBERG, *CorpIC*, I 822).

114 (123).

Innocenz III. teilt den Erzbischöfen (Imbert) von Arles, (Berengar) von Narbonne, (Guido) von Aix-en-Provence und (Wilhelm) von Embrun sowie ihren Suffraganen mit, daß er Frater Rainer als päpstlichen Legaten zu
5 *ihnen sende, und befiehlt ihnen, dessen Anordnungen zu befolgen und ihn besonders bei der Häretikerverfolgung zu unterstützen.*

Lateran, (1199) Juli 7.

Reg. Vat. 4, fol. 175ʳ—175ᵛ ⟨Nr. CXVII, 119, 123⟩.
Sirleto, fol. 347ᵛ = Cholinus, II 455 = Venet., II 455 = Baluze, I 420 Nr. 123 = Migne,
10 *PL 214, 676 Nr. 123. — Potth. Reg. 764; Bréquigny, Table chronologique, IV 265; Gallia*
Christiana Novissima, III 282 Nr. 733; Chevalier, Regeste Dauphinois, I 915 Nr. 5495. —
Vgl. Thouzellier, Catharisme et valdéisme, 143 Anm. 48.

Arelatensi archiepiscopo[1] et suffraganeis[2] eius[a].

Is, cuius omnes vie misericordia sunt et veritas testante Psalmista,   vgl. Ps 24, 10
15 cuius omnia verba doctrinam sapiunt salutarem, cuius opus exemplum
nobis vite sanctioris ostendit, licet solo verbo virtutis sue possit et poterit   vgl. Hebr. 1, 3
universa: utpote qui dixit et facta sunt, mandavit et creata sunt, opera-   vgl. Ps 32, 9; 148,5
rios tamen in vineam suam et messem induxit et preter sacrum duode-   vgl. Mt 20, 1–16
narium discipulorum numerum, quibus potestatem ligandi contulit et   vgl. Mt 10, 2 u. ö.
20 solvendi, alios septuaginta duos elegit et binos illos ad predicandum di-   vgl. Mt 18, 18
rexit, indulta eis calcandi super scorpiones et regulos potestate; nobis   vgl. Lk 10, 1. 19
relinquens exemplum, ut vestigia eius, quantum fragilitas humana per-
mittit, in debite humilitatis devotione sequamur. Hoc sane apostolica sedes, que cunctarum ecclesiarum a Domino in beato Petro magisterium
25 optinuit et primatum, assidue meditatione revolvens, multos in partem
credite sollicitudinis evocavit, ut [in] diversis mundi[b] partibus per eorum   vgl. 2 Kor 8, 8
presentiam ipsius absentia suppleretur et defectum unius multorum rele-
varet affectus, quorum sollicitudo diligens et sollicita diligentia expeditius
in singulis provinciis et erradicaret noxia et profutura plantaret. Nos   vgl. Mt 15, 13
30 etiam, qui licet immeriti vicem Christi tenemus in terris, nostram insuffi-   vgl. 2 Kor 3, 5
cientiam attendentes — quorum mentem diverse diversarum ecclesia-
rum necessitates iugiter[c] urgent, quorum corpus assidui conquerentium
clamores affligunt —, preter eos, quibus pars est sollicitudinis nostre
commissa, cum necessitas exigit vel requirit utilitas, in diversas provincias
35 legatos a nostro latere destinamus, quibus tanto amplius credatur a subditis, quanto specialius eis apostolice sedis auctoritas delegatur.

Dilectum itaque filium nostrum fratrem Rainerium[3], *virum vite pro-   * fol. 175ᵛ
bate ac conversationis honeste, Deo et hominibus optentu sue religionis
acceptum, cuius scientiam et industriam in similibus iam sumus experti,

40 **114.** a) *Auf fol. 175ʳ längs des Briefes am Rande ein senkrechter, z. T. gewellter Strich.*
b) *Am Rande eine kleine Rasur.*   c) *Durch Zeichen umgestellt aus* iugiter necessitates.

114. 1) S. Br. II 84 (91) Anm. 8.
    2) S. Br. II 113 (122) Anm. 4.
    3) S. Br. II 113 (122) Anm. 1.

commisso ei plene legationis officio ad partes vestras duximus destinandum, ut evellat que evellenda cognoverit, et plantet que plantatoris co-
vgl. Jr 1, 10 gnoverit officio indigere. Specialiter autem ac precipue ad confutandam
vgl. Lk 10, 19;
Apok 9, 10
vgl. Ps 90, 13
vgl. Dt 32, 33
vgl. Jr 51, 7
vgl. 2 Tim 3, 5 hereticam pravitatem assurgat et scorpionum illorum aculeos omnipotentis Dei virtute reprimat et conculcet, qui virus draconis in aureo calice 5 Babilonis propinant, habentes secundum apostolum speciem pietatis, virtutem autem eius penitus abnegantes: quorum principium religionem
vgl. Röm 16, 18;
1 Tim 6, 9 palliat, medium non docet sed seducit indoctos, finis perpetuum interitum comminatur; qui etiam secundum evangelicam veritatem ad nos veniunt
vgl. Mt 7, 15
vgl. 1 Thess 4, 1;
2 Kor 5, 20 in vestimentis ovium, intrinsecus autem sunt lupi rapaces. 10

Monemus igitur fraternitatem vestram et exhortamur in Domino ac per apostolica vobis scripta districte precipiendo mandamus, quatinus eundem legatum sicut personam nostram [d] recipientes humiliter et devote, que ipse inter vos statuenda duxerit seu etiam corrigenda, recipiatis humiliter et inviolabiliter observetis. Presertim autem contra hereticos taliter 15
vgl. Jr 12, 17;
18, 7 ipsi curetis adesse, ut per sollicitudinem vestram et diligentiam eius vobis cooperantibus de partibus vestris gens extirpetur iniqua, et confutata hereticorum perfidia doctrina prevaleat salutaris, et falsis dogmatibus
vgl. Gn 3, 22 reprobatis vivat et invalescat apud vos veritas in eternum.

Datum Laterani, Non. Iulii. 20

In eundem modum||[e]. . Narbonensi[4] archiepiscopo et suffraganeis eius[5].||[e]

In eundem modum ||[e] . . Aquensi archiepiscopo[6] et suffraganeis eius[7].||[e]

In eundem modum ||[e] . . Ebredunensi archiepiscopo[8] et suffraganeis 25 eius[9]. ||[e]

---

[d] vestram.   [e–e] *Jeweils von Hand C nachgetragen, während das* In eundem modum *stets von Hand D1, wohl zugleich mit dem Brieftext, eingetragen wurde (vgl. Kempf, Register, 39).*

[4] Berengar (II.), EB. von Narbonne (Dép. Aude) vom 8. April 1190 (päpstliche Kon- 30 firmation am 22. Juli 1191) bis 12. März 1212. Ein natürlicher Sohn des Grafen Raimund Berengar von Barcelona und somit Onkel König Peters II. von Aragón, war er durch diesen erst Abt des Augustiner-Chorherrenstiftes Monte Aragón (Prov. und Diöz. Huesca), dann B. von Lérida (Suffr. von Tarragona) im Jahre 1177 geworden. Nach dem Tode EB. Bernhard Gaucelins (8. April 1190) zum EB. von Narbonne gewählt, wurde er infolge Anklagen 35 gegen seinen Lebenswandel am 29. Mai 1207 von Innocenz III. zum ersten Male abgesetzt, konnte sich aber in seiner Diözese behaupten. Erst auf Grund einer neuerlichen Absetzung durch päpstliche Legaten verlor er Narbonne an den damaligen Abt von Cîteaux, Arnald Amalric, und starb am 11. August 1213: T. DE MOREMBERT, *Bérenger*, in: Dict. BF 5 (Paris 1951) 1488 f. 40

[5] S. Br. II 113 (122) Anm. 5.

[6] Gui de Fos, EB. von Aix-en-Provence (Dép. Bouches-du-Rhône) von August 1186 bis 12. März 1212. Aus der Familie der Vicomtes de Marseille stammend, ist er seit 1175 als Dompropst in Aix nachweisbar. Vgl. T. DE MOREMBERT, *Gui de Fos*, in: Dict. HGE 17 (Paris 1970) 1195. 45

[7] S. Br. II 113 (122) Anm. 3.

[8] S. Br. II 34 Anm. 1.

[9] S. Br. II 113 (122) Anm. 2.

115 (124).

Innocenz III. befiehlt dem Domdekan (Aldiger) und dem Domkapitel von Aquileia, ein widerrechtlich dem Nutzgenuß des Dompropstes P(oppo) entfremdetes und dem Patriarchen (Peregrin) übertragenes Vasallenlehen jenem
5 *zurückzustellen (und bestimmt für den Weigerungsfall den Elekten G[ebhard] von Triest zum Exekutor dieses Befehls).*

Lateran, (1199) Juli 12.

Reg. Vat. 4, fol. 175ᵛ ⟨Nr. CXVIII, 120, 124⟩.
Sirleto, fol. 348ᵛ = Cholinus, II 456 = Venet., II 456 = Baluze, I 421 Nr. 124 = Migne,
10 *PL 214, 677 Nr. 124. — Potth. Reg. 786. — Vgl. Paschini, Patriarchi, 163; Babudri, Nuovo sillabo, 188; M. Kos, Opazke h kronološki vrsti tržaških škofov v srednjem veku. Carniola 1916, 12; Br. II 104 (113).*

Decano et capitulo Aquilegensibus[1].

Constitutus in presentia nostra dilectus filius P(opo), ecclesie vestre
15 prepositus[2], sua nobis conquestione monstravit, quod vos ipsum villa de Dranis[3], que est inter beneficia vassallorum, ad ipsum ratione prepositure de iure spectante, sicut in privilegiis vestris perspeximus contineri[4], pretermisso iuris ordine contra iusticiam spoliastis; eam venerabili fratri nostro . . patriarche vestro[5] motu proprie voluntatis in dicti prepositi
20 preiudicium assignantes.

Cum itaque non sit alicui consulendum cum alterius detrimento, universitati vestre per apostolica scripta mandamus et districte precipimus, quatinus prefatam villam cum omnibus pertinentiis suis et fructibus inde perceptis et omni integritate, in qua tempore donationis extitit, memorato
25 preposito restituere non tardetis; famulos quoque a suis predecessoribus infeudatos quominus dictus prepositus instituere possit[a] et etiam infeudare, prout ad ipsum de iure pertinet, impedire minime presumatis.

Alioquin dilecto filio G(ebhardo), Tergestino electo[6], precipiendo mandavimus, ut ipse vos ad ea, que premisimus, prout iustum fuerit, per cen
30 suram ecclesiasticam appellatione remota compellat.

Nullis litteris et cetera.

Datum Laterani, IIII Idus Iulii.

---

115. [a] posit.

115. [1] S. Br. II 104 (113) Anm. 1.   [2] S. Br. II 104 (113) Anm. 2.
35   [3] Durch den Vergleich zwischen Poppo und dem Kapitel von Aquileia vom 4. Januar 1201 erhielt dieser die „villa quae dicitur Dramsa" zugewiesen. Diese dürfte mit der hier genannten Örtlichkeit identisch sein. Vgl. De Rubeis, *Monumenta*, 642 f. bzw. Jaksch, *Monumenta Historica Ducatus Carinthiae*, III 584—586 Nr. 1503.
    [4] So im Statut, das der Patriarch Ulrich von Treffen am 3. Februar 1181 seinem Dom
40 kapitel gab. Vgl. De Rubeis *a. a. O.* 622 B und Br. II 104 (113) Anm. 5 und 17.
    [5] S. Br. II 8 Anm. 1.
    [6] Gebhard, Elekt von Triest (Suffr. von Aquileia) 2. Juni 1199—1. Juli 1212. Er war nach dem Tode B. Wolfgangs († 26. Mai 1199) vom Kapitel in zwiespältiger Wahl mit Heinrich Ravizza zum B. von Triest erwählt worden, vom Papst aber erst nach Empfang
45 der Priesterweihe bestätigt worden (nach dem Oktober 1201). Vgl. Babudri, *Nuovo sillabo,* 187—189 Nr. 21.

116 (125).

Innocenz III. erlaubt dem Kanoniker Popo von Friesach, die Einkünfte seiner Pfründe wie bisher — unbeschadet einer etwa während seiner Abwesenheit getroffenen Änderung — zu beziehen.

Lateran, (1199) Juli 14. 5

Reg. Vat. 4, fol. 175ᵛ ⟨Nr. CXIX, 121, 125⟩.
Sirleto, fol. 348ᵛ = Cholinus, II 457 = Venet., II 457 = Baluze, I 421 Nr. 125 = Migne,
PL 214, 678 Nr. 125. — Potth. Reg. 795.

Poponi, canonico Frisagensi[1].

Cum de consuetudine Frisacensis ecclesie fructus prebende tue propo- 10
naris hactenus, sicut et alii canonici faciunt, libere percepisse, nolentes, ut
super hiis iuri tuo processu temporis preiudicium generetur, ut eos decetero, sicut fecisti hactenus, percipere valeas[a] et habere — non obstante,
si quid in absentia tua factum est in preiudicium tuum contra priorem
consuetudinem ecclesie memorate —, auctoritate tibi presentium indul- 15
gemus.

Nulli ergo et cetera.
Datum Laterani, II Idus Iulii.

117 (126).

Innocenz III. bestätigt dem Kloster (Holy Cross) in Waltham sein Recht 20
an der Kirche in Scarning.

Lateran, (1199) Juni 16.

Reg. Vat. 4, fol. 175ᵛ ⟨Nr. CXX, 122, 126⟩.
Sirleto, fol. 349ʳ = Cholinus, II 457 = Venet., II 456 = Baluze, I 421 Nr. 126 = Migne,
PL 214, 678 Nr. 126. — Potth. Reg. 740; Bliss, Calendar, 7; Cheney, Calendar, 25 Nr. 139. 25

Abbati et conventui de Waltham[1].

Cum a nobis petitur et cetera usque assensu, ius, quod habetis in ecclesia de Scerninges[2], sicut illud iuste et canonice possidetis, auctoritate
vobis apostolica confirmamus et presentis scripti patrocinio communimus. 30

Nulli ergo et cetera.
Datum Laterani, XVI Kal. Iulii.

---

116. ᵃ) valereas.

116. ¹) Wohl das kurz vor 1187 vom EB. Adalbert von Salzburg gegründete Kollegiatstift
St. Bartholomäus zu Friesach (Kärnten), doch läßt sich ein Kanoniker dieses Namens nicht 35
nachweisen. — Über Poppo und seine vermutete Identität mit dem gleichnamigen Dompropst von Aquileia vgl. jetzt O. HAGENEDER, *Über ,Expeditionsbündel' im Registrum
Vaticanum 4.* Römische Historische Mitteilungen 12 (1970) 121 und Anm. 42 a.
117. ¹) S. Br. II 101 (109) Anm. 1.
    ²) Scarning (Gfscht. Norfolk, Diöz. Norwich). 40

118 (127).

Innocenz III. bestätigt dem Kloster (Holy Cross) in Waltham den Besitz der Kirche von Lambourne.

(*Lateran, 1199 Juni ca. 16*).

5 *Reg. Vat. 4, fol. 175ᵛ ⟨Nr. CXXI, 123, 127⟩.*
Sirleto, fol. 349ʳ = Cholinus, II 457 = Venet., II 457 = Baluze, I 422 Nr. 127 = Migne,
PL 214, 678 Nr. 127. — Potth. Reg. 741; Bliss, Calendar, 8; Cheney, Calendar, 25 Nr. 140.

Eisdem ᵃ⁾¹⁾.

Iustis petentium et cetera usque assensum, ecclesiam de Lamburn'²⁾,
10 quam ex concessione diocesani episcopi obtinetis, sicut illam iuste ac pacifice possidetis et in autentico scripto diocesani episcopi confecto exinde plenius continetur, vobis et per vos monasterio ᵇ⁾ vestro auctoritate apostolica confirmamus et presentis scripti pa(trocinio) communimus.

Nulli ergo et cetera.
15 Datum ut supra.

119 (128).

Innocenz III. bestätigt dem Kloster (Holy Cross) in Waltham den Besitz der Kirche von Wrangle.

Lateran, (1199) Juni 15.

20 *Reg. Vat. 4, fol. 175ᵛ ⟨Nr. 128⟩.*
Sirleto, fol. 349ʳ = Cholinus, II 457 = Venet., II 457 = Baluze, I 422 Nr. 128 = Migne,
PL 214, 678 Nr. 128. — Potth. Reg. 738; Bliss, Calendar, 8; Cheney, Calendar, 25 Nr. 137.

[Eisdem¹⁾].

Cum a nobis petitur et cetera usque assensu, ecclesiam de Wrengle ᵃ⁾²⁾
25 vobis a venerabili fratre nostro .. episcopo Lincolniensi³⁾ concessam, sicut eam iuste et canonice possidetis et cetera.

Nulli ergo et cetera.
Datum Laterani, XVII Kal. Iulii.

---

118. ᵃ⁾ *Adresse in derselben Zeile am Rande vorgemerkt.*   ᵇ⁾ moasterio.
30 119. ᵃ⁾ *Migne:* Vurengle.

118. ¹⁾ S. Br. II 101 (109) Anm. 1.
    ²⁾ Lambourne (Gfscht. Essex, Diöz. London).
119. ¹⁾ S. Br. II 101 (109) Anm. 1.
    ²⁾ St. Peter in Wrangle (Gfscht. und Diöz. Lincoln).
35   ³⁾ S. Br. II 68 (71) Anm. 1.

16*

120 (129).

Innocenz III. bestätigt dem Kloster (Holy Cross) in Waltham den Besitz
der Kirchen St. Andrew in Guist und All Saints in Guestwick sowie sein
Recht an der Kirche von St. Peter in Wood Norton.

Lateran, (1199) Juni 16. 5

Reg. Vat. 4, fol. 175ᵛ ⟨Nr. 129⟩.
Sirleto, fol. 349ʳ = Cholinus, II 457 = Venet., II 457 = Baluze, I 442 Nr. 129 = Migne,
PL 214, 678 Nr. 129. — Potth. Reg. 739; Bliss, Calendar, 8; Cheney, Calendar, 25 Nr. 138.

[Eisdem[1)].

Iustis petentium et cetera usque assensum, ecclesiam sancti Andree de 10
Geiste[2)], ecclesiam Omnium Sanctorum de Geistetorp[3)], ius, quod habetis
in ecclesia sancti Petri de Wudenorton'[a)4)], sicut ea iuste ac pacifice possidetis et in autentico scripto diocesani episcopi[5)] confecto exinde plenius
continetur, vobis et per vos monasterio[b)] vestro auctoritate apostolica et
cetera.   15

Nulli ergo et cetera.
Datum Laterani, XVI Kal. Iulii.

121 (130).

Innocenz III. trägt dem Erzbischof (Hubert) von Canterbury sowie den
Äbten (Martin?) von Chertsey und (Richard) von Cirencester auf, den 20
Abt (Walter) von Holy Cross in Waltham unter Anwendung geistlicher
Strafen zu zwingen, sich an eine mit dem Kapitel über die gemeinsame Vɪr-
waltung des Klostervermögens vereinbarte Ordnung zu halten.

Lateran, (1199) Juli 7.

Reg. Vat. 4, fol. 175ᵛ ⟨Nr. CXXII, 124, 130⟩.   25
Sirleto, fol. 349ʳ = Cholinus, II 457 = Venet., II 457 = Baluze, I 422 Nr. 130 = Migne,
PL 214, 679 Nr. 130. — Potth. Reg. 765; Bliss, Calendar, 8; Cheney, Calendar, 27 Nr. 152 f.

Archiepiscopo Cantuariensi[1)], de Cereseia[a)2)] et de
Cirestria[3)] abbatibus.

(|) Ad audientiam apostolatus nostri noveritis pervenisse, quod cum 30
olim tam a dilecto filio . . abbate sancte Crucis de Waltham[4)] quam capi-

120. a) *Migne:* Wdennorton.   b) moasterio.
121. a) *Migne:* Ceresia.
120. 1) S. Br. II 101 (109) Anm. 1.
    2) St. Andrew in Guist (Gfscht. Norfolk, Diöz. Norwich).   35
    3) All Saints in Guestwick (Gfscht. Norfolk, Diöz. Norwich).
    4) St. Peter in Wood Norton (Gfscht. Norfolk, Diöz. Norwich).
    5) Der Bischof von Norwich als Diözesanbischof.
121. 1) S. Br. II 68 (71) Anm. 4.
    2) Es handelt sich mit großer Wahrscheinlichkeit um Martin, Abt des Benediktiner- 40
klosters St. Peter in Chertsey von 1197—1206. Vgl. Br. II 69 (72) Anm. 1.
    3) Richard, Abt des Augustiner-Chorherrenstiftes Cirencester (Diöz. Worcester, Gfscht.
Gloucester) 1187—1213. Richard war vorher Prior von St. Gregory's in Canterbury. Vgl.
KNOWLES-BROOKE-LONDON, *Heads of Religious Houses*, 160.
    4) S. Br. II 101 (109) Anm. 1.   45

tulo suo communi consilio fuerit ordinatum pecuniam eorum integre in uno marsupio congregari et servari per duos vel tres canonicos ad hoc per eosdem abbatem et capitulum voluntate unanimi deputatos, qui in presentia ipsius abbatis et dilectorum filiorum . . prioris et . . subprioris nec-

5 non et trium aliorum de senioribus per eundem abbatem et capitulum electorum singulis tribus mensibus de predicta pecunia redderent rationem, constitutione ipsa postmodum a sede apostolica confirmata sepedictus abbas capituli sui non requisito assensu et custodes eligit et computationem solus recipit propria voluntate. Unde nos eidem abbati per scripta

10 nostra mandavimus, ut constitutionem ipsam studeat, sicut sine pravitate facta est, inviolabiliter observare, ne utilitatem ecclesie videatur in aliquo impedire.

Quocirca discretioni vestre per apostolica scripta mandamus, quatinus, si sepedictus abbas iuxta mandatum nostrum constitutionem pre-

15 dictam observare neglexerit, vos eum ad observationem eiusdem [auctoritate]b) presentium per censuram ecclesiasticam, sicut iustum fuerit, appellatione remota cogatis.

Quodsi omnes et cetera, tu, frater archiepiscope, et cetera.

Datum Laterani, Non. Iulii.

20 ## 122 (131).

Innocenz III. bestellt den Erzbischof (Hubert) von Canterbury und den Bischof (Gilbert) von Rochester zu Konservatoren des exemten Klosters (Holy Cross) in Waltham.

Lateran, (1199) Juni 16.

25 *Reg. Vat. 4, fol. 175ᵛ—176ʳ ⟨Nr. CXXIII, 125, 131⟩.*
Sirleto, fol. 349ᵛ = Cholinus, II 458 = Venet., II 457 = Baluze, I 422 Nr. 131 = Migne, PL 214, 679 Nr. 131. — Potth. Reg. 742; Bliss, Calendar, 8; Cheney, Calendar, 25 Nr. 141.

Cantuariensi archiepiscopo¹⁾ et episcopo Roffensi²⁾.

Sicut a) dilecti filii . . abbas et conventus de Waltham³⁾ nobis significare

30 curarunt, quidam, quos vobis propriis nominibus * designabunt, liberta-   * fol. 176ʳ
tem eis et monasterio b) eorum ab apostolica sede concessam presumptuosa temeritate infringunt, ipsis alias dampna gravia et iniurias irrogando.

Ideoque fraternitati vestre per apostolica scripta mandamus, quatinus eorundem molestatores iniustos, ut ab ipsorum gravamine et indebita

35 infestatione quiescant, permittentes eos pacifice frui libertate sibi ab

---

b) *Statt* auctoritate *steht* per c. *Wahrscheinlich hat der Registrator zwei Worte übersprungen und den Fehler nicht korr.*

122. a) *Die Initiale läuft in einen kleinen, speienden Kopf aus.*   b) moasterio.

122. ¹) S. Br. II 68 (71) Anm. 4.

40 ²) Gilbert Glanvill, B. von Rochester (Suffr. von Canterbury) vom 16. Juli 1185 (konsekriert 29. September) bis 24. Juni 1214. Vgl. POWICKE-FRYDE, *Handbook*, 248.

³) S. Br. II 101 (109) Anm. 1.

apostolica sede concessa, per censuram ecclesiasticam appellatione postposita compellatis.

Nullis litteris et cetera. Quodsi ambo et cetera, alter et cetera.

Datum Laterani, XVI Kal. Iulii.

123 (132).

Innocenz III. bestätigt dem Kloster (Holy Cross) in Waltham den Besitz der Kirche von Babraham.

Lateran, (1199) Juli 7.

> *Reg. Vat. 4, fol. 176ʳ ⟨Nr. 126, 132⟩.*
> *Empfängerüberlieferung: Orig. London, Public Record Office, S.C. 7, Papal Bulls, bundle 35 (9).*
> *Sirleto, fol. 349ᵛ = Cholinus, II 458 = Venet., II 457 = Baluze, I 422 Nr. 132 = Migne, PL 214, 680 Nr. 132. — Potth. Reg. 766; Bliss, Calendar, 8; Cheney, Calendar, 27 Nr. 154. — Schon Papst Coelestin III. bestätigte der Abtei Waltham den Besitz dieser Kirche am 5. Juni 1193 (Holtzmann, PU in England, I 613 f. Nr. 315).*

Abbati et conventui de Waltham[1].

Iustis petentium et cetera usque assensum, ecclesiam de Badburgeham[2], quam ex concessione diocesani episcopi obtinetis[3], sicut illam iuste ac pacifice possidetis et in autentico scripto eiusdem episcopi confecto exinde plenius continetur, vobis et per vos monasterio vestro auctoritate apostolica et cetera.

Nulli ergo et cetera.

Datum Laterani, Non. Iulii.

124 (133).

Innocenz III. bestätigt einen Vergleich, der zwischen den Erzbischöfen Petrus von Santiago de Compostela und M(artin) von Braga im Prozeß um die Metropolitanrechte über vier genannte Bistümer zustande kam, und

---

123. *Empfängerüberlieferung (kollationiert nach einer Photographie des Orig. im Public Record Office, London):*

16: Abbati — Waltham] Innocentius episcopus, servus servorum Dei, dilectis filiis . . abbati et conventui de Waltham salutem et apostolicam benedictionem.   17: et cetera usque] desideriis dignum est nos facilem prebere consensum et vota, que a rationis tramite non discordant, effectu prosequente complere. Eapropter, dilecti in Domino filii, vestris iustis postulationibus gratum impertientes.   21: et cetera] confirmamus et presentis scripti patrocinio communimus.   22: et cetera] omnino hominum liceat hanc paginam nostre confirmationis infringere vel ei ausu temerario contraire. Si quis autem hoc attemptare presumpserit, indignationem omnipotentis Dei et beatorum Petri et Pauli, apostolorum eius, se noverit incursurum.   23: Iulii] Iulii, pontificatus nostri anno secundo.

123. [1] S. Br. II 101 (109) Anm. 1.
[2] St. Peter in Babraham (Diöz. Ely, Gfsch. Cambridge).
[3] Der Bischof von Ely als Diözesanbischof.

spricht letzterem die Bistümer Viseu und Coimbra, dem ersteren aber die Diözesen Lamego und Idanha zu.

(*Lateran, 1199 ca. Juli 10*)[1].

Reg. Vat. 4, fol. 176ʳ—177ᵛ ⟨Nr. CXXIIII, 127, 133⟩.
5　*Sirleto, fol. 350ʳ = Cholinus, II 458 = Venet., II 458 = Baluze, I 423 Nr. 133 = Migne, PL 214, 680 Nr. 133; Mansilla, Documentación, 230 Nr. 204. — Potth. Reg. 783; Vázquez Martínez, 14 Nr. 24. — Vgl. Erdmann, Papsttum und Portugal, 6, 12, 15, 19, 21 f., 24, 27, 34, 38, 49 f.; Mansilla, Disputas diocesanas, 123—130; ders., Formación, passim.*

Petro, Compostellano archiepiscopo[2].

10　Licet unum sit corpus ecclesie, in quo Christus est caput et universi fideles sunt membra, ille tamen, qui a Christo petra dictus est Petrus, etiam a Christo capite[a] vocatus est caput, ipso testante, qui ait: «Tu vocaberis Cephas», quod secundum unam interpretationem exponitur caput[3]; quia, sicut plenitudo sensuum abundat in capite, ad cetera vero 15　membra pars aliqua plenitudinis derivatur, | ita ceteri vocati sunt in partem sollicitudinis, solus autem Petrus assumptus est in plenitudinem potestatis, ad quem velut ad caput maiores ecclesie cause non tam constitutione[b] canonica[4] quam institutione divina merito referuntur; inter quas illa non minima reputatur, que inter Compostellanam[5] et Bracaren-20　sem[6] ecclesias super quatuor episcopatibus — videlicet Colimbriensi[7], Lamecensi[8], Visensi[9] et Egitaniensi[10] — ex delegatione sedis apostolice longo

vgl. 1 Kor 12, 12–27; Eph 4, 15; 5, 23; Kol 1, 18 u. ö.

vgl. Mt 16, 18

Jo 1, 42

vgl. 2 Kor 11, 28

---

124. [a] c- *korr. aus* e-.　　[b] con- *auf Rasur.*

124. [1] Die in den Prozessen zwischen den Erzbistümern Santiago de Compostela und Braga gefällten päpstlichen Urteile wurden, soweit man das an ihren Datierungen erkennen kann, 25　chronologisch eingetragen: II 95 (103) vom 2. Juli, II 97 (105) vom 5. Juli und II 98 (106) vom 6. Juli. Außerdem setzen die Br. II 125 (134) bis 127 (136) vom 12. Juli die im vorliegenden Schreiben ergangene Sentenz voraus. Es dürfte daher um den 10. Juli ausgestellt worden sein.
　　[2] S. Br. II 72 (75) Anm. 2.　　　　　　[3] S. Br. II 79 (82) Anm. 2.
30　　[4] Vgl. aber Br. I 16 Anm. 2.
　　[5] Santiago de Compostela (Prov. La Coruña) war seit 1120 bzw. 1124 Metropolitansitz in Nachfolge des untergegangenen Mérida (Emerita Augusta).
　　[6] Braga (Portugal), schon zu Ende des 4. Jahrhunderts als Bischofssitz belegt, erhielt 1070 wieder einen Bischof und wurde 1104 Metropolitansitz.
35　　[7] Coimbra (Portugal) gehörte bis ins 11. Jahrhundert zur Kirchenprovinz von Mérida, die 1120 bzw. 1124 in Santiago de Compostela aufging.
　　[8] Lamego (Distr. Viseu, Portugal), seit dem 6. Jahrhundert Bistum, ging später an die Mauren verloren und wurde, nachdem es kurzfristig von Coimbra verwaltet worden war, 1147 wieder mit einem eigenen Bischof besetzt, der Braga als Suffragan unterstellt war.
40　　[9] Viseu (Portugal) wird erstmals 572 als Bischofssitz erwähnt, ging später ebenfalls an die Mauren verloren und wurde, nachdem es — gleich Lamego — kurzfristig von Coimbra verwaltet worden war, 1147 wieder mit einem eigenen Bischof besetzt. Seither war es Suffragan von Braga.
　　[10] Idanha (Idanha-a-Velha), das alte Aegitania, im 6. Jahrhundert als Bistum errichtet, 45　im 8. Jahrhundert von den Mauren zerstört, wurde dann nach Guarda verlegt, das 1199 von König Sancho I. als Stadt gegründet worden war. Seit 1203 sind Bischöfe bezeugt. Das Bistum war anfangs Suffragan von Braga, kam 1199 aber an Santiago de Compostela, bei dem es bis 1393 verblieb.

fuit tempore sub diversis iudicibus ventilata[11], quam nos[c] auctore Domino — te, frater archiepiscope Compostellane[c], et venerabili fratre nostro M(artino), Bracarensi archiepiscopo, pro diffinitione huius cause presentibus — exacta diligentia curavimus terminare.

Petebas siquidem a dicto Bracarensi archiepiscopo quatuor prefatos 5 episcopatus, asserens eos ad Compostellanam ecclesiam iure metropolitico pertinere. Tuam autem intentionem fundare multipliciter nitebaris per privilegia, per concilia, per hystorias, per divisiones, per famam et per sententiam. Volens enim apostolica sedes Compostellanam ecclesiam pro reverentia beati Iacobi apostoli, cuius venerandum corpus in ea credi- 10 tur[d] requiescere[d][12], speciali privilegio decorare, dignitatem Emeritensis metropolis, que peccatis exigentibus a longis retro temporibus usque nunc barbarica tenetur feritate captiva[13], eidem ecclesie cum integritate Lusitanie provincie liberali concessione donavit, sicut privilegia felicis memorie Calixti pape, predecessoris nostri, liquido protestantur[14]: tres de suffra- 15 ganeis episcopatibus exprimens nominatim, videlicet Colimbriensem[7], Salamanticensem[15] et Abulensem[16], qui soli tunc in confessione christiani nominis permanebant; ceteros autem generali donatione concludens[17].

[c-c] *Auf Rasur nachgetragen.*   [d-d] *Migne:* conditum requiescit.

[11]) Vgl. ERDMANN, *PU in Portugal*, NNr. 78 (von 1180), 87 (von 1181), 91 (von 1182), 20 104 (von 1186), 110 (von 1187) und 153 (von 1197).

[12]) Nach einer alten lokalen Tradition glaubte man, daß ein zu Beginn des 9. Jahrhunderts vom Bischof Theodemir von Iria Flavia (vgl. Dic. HE España II 1207) an der Stelle der heutigen Kathedrale von Santiago de Compostela aufgefundenes Grab (vgl. E. KIRSCHBAUM, *Die Grabungen unter der Kathedrale von Santiago de Compostela.* Römische Quartal- 25 schrift 56 [1961] 234—254) die sterblichen Überreste des hl. Apostels Jakobus des Älteren berge. Diese Kunde verband sich mit einer gleichfalls alten Jakobus-Verehrung daselbst, die an der Missionierung Spaniens durch den Apostel festhielt. Spätestens mit Vollendung der ‚Historia Compostelana' durch Erzbischof Diego Gelmírez (1139) sind beide miteinander verschmolzenen Traditionen fester Bestandteil der spanischen Historiographie, wobei man 30 ihre Glaubwürdigkeit durch fingierte Papstbriefe zu stützen trachtete, doch ist bei kritischer Quellenauswertung keine der Traditionen haltbar. Vgl. J. FERNÁNDEZ ALONSO, *Giacomo il Maggiore,* in: Bibliotheca Sanctorum 6 (Roma 1965) 364—381.

[13]) Mérida (Emerita Augusta), einer der ältesten Bischofssitze mit Metropolitanrechten in Spanien, verfiel nach der Eroberung durch die Mauren 713 immer mehr, so daß 35 Papst Calixt II. 1120 seine Metropolitanrechte auf Zeit, 1124 aber dauernd auf Santiago de Compostela übertrug.

[14]) Aus den Jahren 1120 (JL 6823—6825) und 1124 (JL 7160 bzw. MANSILLA, *Documentación,* 80 f. Nr. 63).

[15]) Salamanca (Spanien), seit dem 6. Jahrhundert Bischofssitz und Suffragan von Mé- 40 rida, wurde nach mehrfachen Zerstörungen zu Anfang des 12. Jahrhunderts wieder mit einem eigenen Bischof besetzt und 1120 bzw. 1124 von Calixt II. dem Erzbistum Santiago de Compostela als Suffragansitz untergeordnet.

[16]) Ávila (Spanien), seit dem 4. Jahrhundert als Bischofssitz und Suffragan von Mérida nachweisbar, wurde zu Ende des 11. Jahrhunderts von König Alfons VI. von Kastilien den 45 Mauren entrissen und mit einem eigenen Bischof besetzt, der 1120 bzw. 1124 Suffragan von Santiago de Compostela wurde.

[17]) Vgl. die Texte bei MIGNE, PL 163, 1169 AB Nr. 79 bzw. MANSILLA, *Documentación,* 80 f. Nr. 63.

Hos autem episcopatus, de quibus questio vertebatur, ad Emeritensem pertinuisse metropolim per Emeritense nitebaris concilium demonstrare[18]: in quo XII episcopi[19], qui convenerant, se omnes esse de Lusitania provincia profitentur, dicentes in primo capitulo[20]: « Convenientibus no-
5 bis omnibus Lusitanie provincie episcopis et cetera »; qui post universa statuta concilii omnes cum suo metropolitano subscribunt tam ex nomine sedium quam etiam ex nomine personarum: inter quos Colimbriensis, Egitaniensis et Lamecensis expresse subscribunt[21]. In octavo quoque capitulo eiusdem concilii continetur, quod supplicante sancte memorie
10 Orontio episcopo rex Recessundus[22] inductus est, ut reduceret atque restauraret episcopos huius provincie Lusitanie ad sue provincie nomen atque concilium[23]; et sic demum secundum canonicas regulas[24] decreto synodico, iudicii formula et sue clementie confirmatione ad nomen provincie suamque metropolim sunt reducti: quibus verbis indubitanter
15 exprimi asserebas, quod hii quatuor episcopatus[25], qui usque tunc fuerant sub nomine provincie Gallecie, per sententiam sunt reducti sinodicam; quorum unus, videlicet ex reductis, exprimitur fuisse Sclua[e], Egitaniensis episcopus[26], qui est unus de quatuor, quos omnes eadem questio apprehendit. Et ad maiorem expressionem in subscriptionibus post metro-
20 politanum Sclua[e] primus cum tali adiectione subscribit: « Ego Sclua[e], Egitaniensis episcopus, pertinens ad metropolim Emeritensem, una cum archiepiscopo meo Proficio[27] subscribo »; et quisque sequentium dicit « ita similiter subscribo »: intelligens totum cum verbo, id est pertinens ad Emeritensem metropolim. Isydorus autem in cronicis de Gottis titulo
25 »de Sueuis» testatur[28], quod Remismundus[29] ad Lusitaniam transiit,

---

e) *Migne und Mansilla emendieren in* Selva *bzw.* Selua, *doch bietet die bekannte Edition der Konzilskanones von Mérida bei Tejada y Ramiro II 709 c. 8 und 719 die Lesung* Sclua. *Vgl. auch* Vives, Concilios visigóticos, *330 c. 8, 343.*

[18] Synode von Mérida im Jahre 666. Vgl. dazu MANSILLA, *Disputas diocesanas*, 125 f.
30 und Dic. HE España I (Madrid 1972) 551.
[19] Außer dem EB. von Mérida nahmen daran der B. von Idanha sowie Vertreter der B. von Pax (Beja), Ávila, Lissabon (Olisipo), Lamego, Salamanca, Coimbra, Coria (Caurium), Ossonoba (Faro), Evora und Caliabria (Ciudad Real) teil. Vgl. TEJADA Y RAMIRO, *Colección*, II 704.
35 [20] TEJADA Y RAMIRO, *Colección*, II 704.
[21] Ebd., II 719 f.
[22] Orontius, angeblicher B. von Mérida (Emerita Augusta), † vor 666, und Rekkeswint(h), Sohn Kindaswinths, König der Westgoten in Spanien 649—672.
[23] TEJADA Y RAMIRO, *Colección*, II 709 c. 8.
40 [24] Vgl. ERDMANN, *PU in Portugal*, 271 f. Nr. 91 § 6.
[25] Coimbra, Idanha, Lamego und Viseu.
[26] Selva (Sclúa), als B. von Aegitania zwischen 653 und 666 nachweisbar. Vgl. ALMEIDA, *História*, I 129 und DE OLIVEIRA, *História eclesiástica*, 96.
[27] Proficius, als EB. von Mérida (Emerita Augusta) 666 genannt. Vgl. TEJADA Y
45 RAMIRO, *Colección*, II 719 und Dic. HE España I (Madrid 1972) 551.
[28] Isidor von Sevilla zu 466/67 in ,Historia Sueborum' (MG SS AA 11, 1893, 302 Z. 15 f.).
[29] Remismond, König der Sueben 458—468.

Colimbriam pace deceptam diripit, Olixipona[30] quoque ab eo occupatur: per quod videtur ostendi, quod tam Colimbria quam Olixipona consistit in Lusitania. Plinius quoque narrat in libro secundo Naturalis Historie circa finem[31], quod Durius[32] e maximis Hispanie fluminibus iuxta Numantiam[33] lapsus[1], dein Lusitanos a Gallecis disterminat: per quod aper- 5 te monstratur, quod cum quatuor episcopatus predicti sint ultra Durium, non in Gallecia sed in Lusitania sunt provincia constituti. Divisiones etiam multas produxisti de locis, ut asseris, non suspectis assumptas et exhibitas sub testimoniis et sigillis autenticis: que connumerant hos quatuor episcopatus inter Emeritensis ecclesie suffraganeos et eosdem ipsi metro- 10 poli evidenter assignant[34]. Per testes etiam ab adversa parte productos ostendere voluisti, quod publica fama testatur hos episcopatus ad Emeritam spectavisse. Felicis quoque memorie Cel(estinus) papa, predecessor noster, cum in minori ordine constitutus legationis officio in Hispania fungeretur[35], de hac causa cognoscens pro Compostellana ecclesia contra 15 Bracarensem sententiam promulgavit[36], sicut per multos testes tu ipse nisus es comprobare.

Verum ex adverso dictus Bracarensis archiepiscopus[37] rationes huiusmodi frivolas asseverans, nisus est eas multipliciter infirmare: proponens quod privilegia donationis per suppressionem veritatis et falsitatis ex- 20 pressionem a Calixto papa fuere surrepta. Suppresum est enim verum in illis de duobus precedentibus privilegiis, que felicis recordationis Pascalis papa super reintegratione ipsorum episcopatuum concesserat inperpetuum ecclesie Bracarensi[38]. De possessione quoque, quam eo tempore in prefatis episcopatibus ecclesia Bracarensis habebat: quorum alte*rum 25 per privilegia, reliquum vero per testes et instrumenta sufficienter ostendere satagebat. Expressum autem erat in illis falsum in eo, quod Colim-

* fol. 176ᵛ

---

[1]) *Bis hierher am Rande ein senkrechter, z. T. gewellter Strich.*

[30]) Lissabon (Portugal).

[31]) Plinius Maior, *Hist. natur.* lib. IV, cap. XXI, ed. K. MAYHOFF (Teubneriana) I 355. 30

[32]) Duero, Fluß auf der iberischen Halbinsel.

[33]) Numantia, antike Stadt am Oberlauf des Duero in der Nähe des heutigen Soria (Altkastilien).

[34]) Ausführlich dargestellt im Prozeßbericht des Vicedominus Johannes von Brescia aus dem Jahre 1187 (ERDMANN, *PU in Portugal*, 311 Nr. 110 § 13). 35

[35]) Papst Coelestin III. weilte als Kardinaldiakon Hyacinth Bobo von S. Maria in Cosmedin zweimal als päpstlicher Legat in Spanien, und zwar das erste Mal vom Februar 1154 bis zum Mai 1155, dann aber vom Januar 1172 bis zum Februar 1175. Vgl. ERDMANN, *Papsttum und Portugal*, 37—39 u. ö.; *PU in Portugal*, NNr. 54—56, 68—71 und 159 (sub 5); SAEBEKOW, *Legationen*, 48—51 und 53—55. 40

[36]) 1155 auf dem Konzil von Valladolid (ERDMANN, *Papsttum und Portugal*, 39, 59—63; vgl. noch F. FITA, *El Concilio Nacional de Valladolid del año 1155*. Boletín de la R. Academia de la Historia 15 [1861] 530).

[37]) S. Br. II 95 (103) Anm. 4.

[38]) Beide sind heute verloren; eines davon, das Palliumprivileg, ist 1103 von Papst 45 Paschalis II. ausgestellt worden. Der Inhalt beider Urkunden findet sich im Prozeßbericht des Vicedominus Johannes von Brescia von 1187 wiedergegeben (ERDMANN, *PU in Portugal*, 157 Nr. 3 und 313 Nr. 110 § 17).

briensis episcopatus dicebatur ad Emeritam pertinere[39], cum idem Bracarensis multis rationibus astruere niteretur tam Colimbriensem quam tres
alios episcopatus ad metropolim respicere Bracarensem. In tantum enim
Pascali pape, qui privilegia super redintegratione predictorum episco-
5 patuum ecclesie Bracarensi concessit, constitisse videtur hos episcopatus
ad eandem Bracarensem ecclesiam pertinere, quod ipse in litteris, quas
direxit Gunsaluo, Colimbriensi episcopo[40], manifeste testatur, quod constat Colimbriensem ecclesiam in Bracarensis provincie catalogo contineri[41]. Unde quia Toletanus archiepiscopus[42] ad mandatum ipsius Colim-
10 briensem episcopatum g) non restituerat ecclesie Bracarensi, privavit
ipsum legationis officio[43], ut Bracarensis archiepiscopus liberius in provincia sua iusticiam exerceret. Emeritense vero concilium non esse autenticum multipliciter asserebat: tum quia non invenitur in aliquo autentico
libro inter alia concilia contineri, tum quia nec constructionem nec sen-
15 sum nec latinitatem in plerisque locis continere probatur, tum etiam, quia
contra canonicas sanctiones et apostolice sedis primatum aliquid in eo
videtur esse statutum contra episcopum, qui non venerit ad concilium;
ut videlicet a metropolitano debeat in cella retrudi[44]. Per undecimum
quoque Toletanum concilium[45], quod constat autenticum, nitebatur
20 illud Emeritense concilium improbare ratione temporis, quod in utroque
repperitur expressum, cum simul utrumque stare non possit, obiciens
contra illud nonnullas alias rationes. Historias autem inductas sane ac
veraciter intellectas nichil ad propositum valere dicebat, sicut et per
quasdam alias historias ostendere nitebatur; cum et iudex ecclesiasticus
25 ad gentiles presertim historias non debeat se convertere, quando per
constitutiones canonicas vel scripta Romanorum pontificum aut sacras
auctoritates doctorum ecclesiasticum potest negocium terminare. Divisiones etiam, quas pro se pars tua induxit, invalidas asserebat: tum quia
longe plures et evidentiores divisiones pro sua sunt parte producte, tum
30 etiam, quod in eodem quaterno, quem contra sepedictum Bracarensem
archiepiscopum produxisti, Lucense concilium[46] est inventum, ||[h] in quo

---

g) ep(iscopu)m. *So auch Migne.*   [h-h] Von Hand C.

[39] Vgl. JL 6823—6825 bzw. oben Anm. 17.

[40] Gonzalo Pais, B. von Coimbra (Suffr. von Santiago de Compostela) Januar 1109—
35 1128. Er war ein Parteigänger EB. Bernhards (von Cluny) von Toledo. Vgl. DE OLIVEIRA,
História eclesiástica, 436 und die Urkunde Paschalis' II. vom 3. November 1115 (JL 6475;
vgl. MANSILLA, *Disputas diocesanas*, 123).

[41] In JL 6474 aus dem Jahre 1115 (MIGNE, PL 163, 390 Nr. 441).

[42] S. Br. II 97 (105) Anm. 9.

40 [43] Im Jahre 1115: JL 6475 (vgl. MANSILLA, *Disputas diocesanas*, 123).

[44] Wahrscheinlich ist hier Kanon 7 der Synode von Mérida gemeint, wenngleich dieser
etwas anders lautet, als hier angegeben ist. Vgl. TEJADA Y RAMIRO, *Colección*, II 708 f. c. 7.

[45] Elfte Synode von Toledo (675). An ihr beteiligten sich unter Vorsitz des Metropoliten sechzehn Bischöfe, zwei bischöfliche Prokuratoren und neun Äbte. Vgl. TEJADA Y
45 RAMIRO, *Colección*, II 430—452 bzw. Dic. HE España I (Madrid 1972) 570.

[46] Auf der ersten Synode von Lugo (569) wurde Galicien zweigeteilt, die Bistümer Iria,
Mondoñedo, Astorga, Orense und Tuy wurden dem Metropoliten von Lugo unterstellt, wäh-

episcopatuum Galletie fuit facta divisio, per quam episcopatus, de quibus agitur, ad Galletiam provinciam pertinere monstrantur[47]. Famam vero dicebat contra se nullatenus esse probatam; sed nec sententiam prefati legati alicuius fuisse momenti, cum in scriptis non inveniatur fuisse redacta, quamvis super tanto dicatur negotio fuisse prolata: unde nec no- 5 men sententie meretur habere. Nec obstat, si forte dicatur, quod fuerit ammissa, quia, qui casum allegat, debet casum probare. Testes autem, qui de ipsa locuntur sententia, inter se omnino discordant et in dicto et in tempore et in loco. Preterea cum talis sententia non intelligatur super proprietate fuisse prolata, quia presumi non debet, ut apostolice sedis legatus 10 tam arduum negocium et difficile velut indiscussum || [h] subito diffinierit, cum etiam pars tua postea litteras apostolicas impetrarit, quibus districte precipiebatur archiepiscopo Bracarensi, ut hos episcopatus Compostellano archiepiscopo restitueret et facta restitutione, si super hoc agere vellet, ordine posset iudiciario experiri: patet, quod illa sententia super posses- 15 sione dumtaxat[1] causa contumacie fuit lata, quod ipsi testes magis dicere comprobantur. Unde cum Bracarensis ecclesia se postea iudicio presentaverit et causa postmodum fuerit ab apostolica sede commissa[48], mora purgata[49] talis sententia expiravit. Hiis aliisque rationibus intentionem tue partis elidere multipliciter nitebatur. 20

Unde licet auctore non probante is, qui convenitur, etsi nichil prestiterit, absolvatur[50], ad ostendendam tamen evidentius sue partis iusticiam hos episcopatus ad Bracarensem metropolim pertinere satagebat ostendere: per privilegia videlicet et concilia, confessiones et divisiones, prescriptiones et instrumenta. Si enim privilegia privilegiis conferantur, sua 25 dicebat privilegia debere preferri, cum et plura sint numero, X videlicet Romanorum pontificum; inter que post tria privilegia Pascalis secundi[51] est etiam privilegium Calixti pape[52], qui nominatim hos episcopatus redintegravit et confirmavit ecclesie Bracarensi. Quorum videlicet privilegiorum septem sunt redintegrationis et confirmationis, tria vero sequen- 30

---

[1] dutaxat.

rend Dumio, Porto, Lamego, Viseu, Coimbra und Idanha an Braga kamen. Vgl. ALMEIDA, História, I 753 bzw. GARCÍA VILLADA, Historia eclesiástica de España, II/1 208.

[47] MANSI IX 817 D. Vgl. auch die Prozeßberichte von 1182 und 1187 bei ERDMANN, PU in Portugal, 267 f. Nr. 91 und 311 f. Nr. 110 § 14. 35

[48] Unter den Päpsten Alexander III. (1180), Lucius III. (1181) und Urban III. (1186): ERDMANN, PU in Portugal, 252 f. Nr. 78, 260 f. Nr. 87 und 297 ff. Nr. 104. Daß der Erzbischof von Braga sich schon vor 1180 in Rom auf einen Prozeß mit dem Erzbischof von Santiago de Compostela eingelassen hatte, ergibt sich aus ERDMANN, a. a. O., 252 Nr. 78.

[49] Vgl. Digesten 46, 2, 8 praef. (= MOMMSEN, 745). 40

[50] Vgl. Codex Iustinianus 4, 19, 23 (= KRUEGER, 157). Vgl. Br. II 37, Anm. 28.

[51] Wie sich aus dem Prozeßbericht des Vicedominus Johannes von Brescia von 1187 ergibt, handelt es sich um die beiden oben Anm. 38 genannten Privilegien und um die Bestätigung der Diözesangrenzen aus dem Jahre 1114 (JL 6414). Vgl. ERDMANN, PU in Portugal, 313 f. Nr. 110 § 17. 45

[52] Papst Calixt II. für den EB. Pelagius von Braga vom 20. Juni 1121 (ERDMANN, PU in Portugal, 174 ff. Nr. 21).

tia, videlicet Eugenii [k)53)], Adriani[54)] et Alexandri[l)55)], sunt etiam concessionis perpetue, per que totum videtur negocium diffiniri. In secundo vero Bracarensi concilio[56)], de quo non dubitatur, quin sit autenticum, continetur expressum, quod episcopi Gallecie cum suis metropolitanis 5 ad illud concilium convenerunt, et in eorum numeratione isti quatuor continentur, qui post statuta concilii cum aliis coepiscopis tam ex nomine personarum quam ex nomine sedium expresse subscribunt. Unde liquido patere dicebat, quod et [m)] Gallecie sunt provincie et ad metropolim pertinent Bracarensem. Confessus es etiam tu ipse frequenter in iure, quod 10 omnes episcopi, qui primo Bracarensi concilio[57)] affuerunt, indubitanter [n)] pertinent ad metropolim Bracarensem. Sed per quoddam capitulum secundi concilii Bracarensis[58)] aperte probatur, quod hii quatuor interfuerunt primo concilio [o)] Bracarensi, cum ad secundum concilium Bracarense convenisse dicantur episcopi tam ex Lucensi sinodo quam etiam Braca-15 rensi; et inter eos, qui ex Bracarensi sinodo convenisse dicuntur, isti quatuor nominantur[59)]. Porro secundum Bracarense concilium non precessit Bracarensis sinodus, nisi prima: constat ergo, quod isti quatuor fuerunt in prima sinodo Bracarensi. Unde videtur colligi manifeste, quod isti quatuor iuxta premissam confessionem tuam indubitanter pertinent ad 20 ecclesiam Bracarensem. Scriptura quoque Lucensis concilii, que continetur in libro a tua parte producto, indicat hos quatuor episcopatus secundum divisionem, quam facis, ad Bracarensem metropolim pertinere; quam etiam divisionem tres Romani pontifices dicuntur in privilegiis Bracarensi ecclesie confirmasse. Pluralitatis quoque ratio, secundum 25 quam dicitur, quia prevalet sententia plurimorum, divisiones suas, que longe plures sunt numero, prefert divisionibus partis tue. Sed et ratione temporum tibi [p)] perpetuum silentium imponere nitebatur, cum a primo

---

k) *Die Namen der drei Päpste in verlängerter Schrift.*   l) Alexadri.   m) *Migne:*
ex.   n) indubitater.   o) *Das zweite -c- korr. aus -l-.*   p) ei.

30   53) Nach dem Prozeßbericht des Vicedominus Johannes von Brescia aus dem Jahre 1187 ist zweifellos das Privileg Eugens III. von 1153 gemeint (ERDMANN, *PU in Portugal*, 215 ff. Nr. 50 und 314 Nr. 110 § 17).
    54) Hadrian IV. vor dem 6. August 1157 (ebd., 225 ff. Nr. 57).
    55) Alexander III. vom 16. August 1163 (ebd., 233 f. Nr. 63).
35   56) Zweite Synode von Braga (572), an der die Bischöfe von Viseu, Iria, Coimbra, Idanha, Orense, Lamego, Porto, Tuy, Astorga und Britonia unter Vorsitz des Erzbischofs von Braga teilnahmen. Vgl. TEJADA Y RAMIRO, *Colección*, II 620—651 und Dic. HE España I (Madrid 1972) 541.
    57) An der ersten Synode von Braga (561) nahmen unter Vorsitz des Metropoliten die 40 Bischöfe von Iria, Dumio, Coimbra, Britonia sowie weitere drei Prälaten teil, die nicht präzisiert werden können. Vgl. TEJADA Y RAMIRO, *Colección*, II 606—619 und Dic. HE España I (Madrid 1972) 541.
    58) Vgl. C. W. BARLOW, *Martini episcopi Bracarensis opera omnia*. Papers and monographs of the American Academy in Rome 12 (1950) 116 Z. 1—5, c. 1, 122 f. Z. 9—12 c. X/4. 45 Vgl. auch die Wiedergabe der entsprechenden Kapitel in den Prozeßberichten von 1182 und 1187 (ERDMANN, *PU in Portugal*, 270 Nr. 91 § 5 und 312 Nr. 110 § 15).
    59) BARLOW, *Martini episcopi . . . opera*, 116 c. 1 Z. 1—3.

Bracarensi concilio usque ad Emeritense concilium per spacium centum et septem annorum hos quatuor episcopatus Bracarensis ecclesia diceret[q] possedisse[60]. A tempore quoque Pascalis secundi, qui hos episcopatus reintegravit ecclesie Bracarensi[61], usque ad tempora trium iudicum, quibus hec* ||[r] causa fuit primo commissa[62], prescriptionis tempus con- 5 stat fuisse completum, per quod ecclesia Bracharensis hos episcopatus iuxta suam assertionem inconcusse possedit. Rescripta quoque Paschalis transmissa Toletano archiepiscopo et episcopo Colimbriensi, de quibus est superius prelibatum[63], id ipsum, ut asserit, evidenter ostendunt.

Porro tu respondebas, quod post latam pro te ab apostolice sedis legato 10 sententiam[64] iam non tenebaris ad has aut alias rationes, que contra rei iudicate auctoritatem inducebantur, aliquid respondere; nisi, quod sine preiudicio tuo licet ex habundanti satisfacere sustinebas, asserens possessionem Bracharensis ecclesie per testes non esse probatam, cum quidam testium ad probationem inveniantur inutiles, alii vero probentur menda- 15 ces. Littere quoque Paschalis, quibus eandem possessionem astruere satagebat, contrarium potius astruere videbantur. Sed et privilegia Paschalis eiusdem, que sue concessionis privilegium precesserunt[65], in multis reprehensibilia denotabas: primo secundum formam et in bulla[66] et in scriptura; secundo iuxta continentiam et in enumeratione sedium et in falsi- 20 tate suggestionum. Persona quoque, que illa privilegia, videlicet secundum et tercium, impetravit, merito sue pravitatis reddidit illa suspecta: Mauritius scilicet, qui postea fuit heresiarcha in apostolicam sedem intrusus[67], qui qualis extiterit, littere Gelasii pape misse ad Viennensem archiepiscopum aperte depingunt[68]. Preterea contra rei iudicate auctoritatem 25 impetrata sunt illa rescripta, sicut probatur per Emeritense concilium[69], in quo per decretum sinodicum et iudicii formulam secundum canonicas regulas illi episcopi videntur fuisse reducti[s]. Postremo dicti legati senten-

---

[q] diceret pos- *auf Rasur nachgetragen.* Migne: deberet.		[r-r] *Von Hand C.*
[s] *Auf Rasur, wahrscheinlich von Hand D 1, nachgetragen. Auch am Rande eine kleine Rasur.* 30

[60] Genau von 561 bis 666.
[61] Vgl. oben Anm. 51 und 38.
[62] Die erste Delegation erfolgte im Jahre 1180 an die Bischöfe Johannes von Tarazona, Diego von Ávila und Ferdinand von Porto (ERDMANN, *PU in Portugal*, 252 f. Nr. 78).
[63] Siehe oben Anm. 41 und 43. Beide Schreiben ergingen 1115.							35
[64] Das Urteil des Kardinallegaten Hyacinth Bobo von 1155 (vgl. oben Anm. 36).
[65] Vgl. oben Anm. 38.
[66] Die Argumente sind in den Prozeßberichten von 1182 und 1187 genauer dargelegt (ERDMANN, *PU in Portugal*, 281 Nr. 91 § 17 und 322 Nr. 110 § 25).
[67] Gegenpapst Gregor (VIII.) 1118—1121 (früher Mauritius Burdinus, EB. von Braga). 40 Vgl. C. ERDMANN, *Mauritius Burdinus.* Quellen und Forschungen aus italienischen Archiven und Bibliotheken 19 (1927) 205—261, bes. 207 f.
[68] Der Brief Papst Gelasius' II. (1118/1119) an Guido, EB. von Vienne 1088—1119, den späteren Papst Calixt II., ist wahrscheinlich mit einem der Briefe an die französische Geistlichkeit (JL 6635 vom 16. März 1118, oder A. BRACKMANN, *Drei Schreiben zur Ge-* 45 *schichte Gelasius' II.*, NA 37 [1912] 627 f.) identisch.
[69] TEJADA Y RAMIRO, *Colección*, II 709 c. 8.

tia lata est contra ipsa, quibus, si tunc fuerunt exhibita, derogatum est per sententiam. Si autem exhibita non fuerunt, occasione instrumentorum noviter repertorum auctoritas rei iudicate non potest ulterius attemptari[70]. Tua vero privilegia multipliciter asserebas omni suspitione carere,

5 quorum veritas constat ex apostolice sedis archivis, in cuius regestis fideliter continentur; que adverse partis privilegiis comparata, certa debent ratione preferri; quia tua sunt privilegia donationis certa et absoluta[71], sua vero sunt privilegia confirmationis seu redintegrationis, conditionalia tantum et respectiva[72]. Nec oportebat in tuis privilegiis suorum prece-

10 dentium fieri mentionem, quibus nichil iuris acquirebatur, quod istis posset obsistere, cum et alias nullius debeant reputari momenti. Nam inter scripturas, que parilitatis aliquid habere videntur, scilicet in litteris commissoriis, invenitur hoc observari[73]. Secundum vero Bracharense concilium, quod in superficie[t] tantum dicebas tibi posse aliquatenus ob-

15 viare, fideliter intellectum asserebas tibi nequaquam obsistere, cum illa verba, quibus episcopi Galletie dicebantur ||[r] ad aliud concilium convenisse, notarii tantum seu compilatoris extiterint, que non habent auctoritatem concilii; cum in toto concilio nichil inveniatur statutum vel factum omnino, quod ad recognitionem pertineat, ut isti sint[u] de Gallecia

20 vel ad metropolitanum Gallecie quoquomodo pertineant. Respondebas etiam aliter quod, quia rex Gallecie[29], ut ex veteribus constare dicebas historiis[v], occupaverat de provincia Lusitanie has quatuor civitates, ad eas regni sui nomen extenderat, ut per quandam equivocationem totum etiam regnum Gallecie diceretur[74]: et ita non secundum limitationem pro-

25 vincie, sed secundum occupationem regni dicti sunt illi episcopi de Gallecia. Quod inde maxime comprobari dicebas, quia postquam illa regnorum scissura, que huic nominationi causam prestiterat, est sublata, reducte sunt hee civitates ad sue nomen provincie, ut iam non Gallecie sed Lusitanie nominentur; sicut aperte probari dicebas ex sequenti postea Emeri-

30 tensi concilio, in quo dicuntur ad provincie sue nomen reducti. Nec ex eo probantur ad Bracarensem metropolim pertinere, quia interfuerunt

---

t) *Davor ein Absatzzeichen von späterer Hand.* u) sunt. v) *Korr. aus* historias.

70) Vgl. *Codex Iustinianus* 7, 52, 4. 5 (= Krueger, 318).

71) Die päpstlichen Urkunden für Santiago de Compostela aus den Jahren 1120 und
35 1124 (vgl. oben Anm. 14) enthalten tatsächlich keine Bedingungsformeln.

72) Das Privileg Calixts II. von 1121 enthält die päpstliche Salvaformel, die Urkunden der Päpste Eugen III., Hadrian IV. und Alexander III. aus den Jahren 1153, 1157 und 1163 besitzen die Bedingungsformeln über den rechtmäßigen Besitz der Suffraganbistümer (Erdmann, *PU in Portugal*, 176 Nr. 21, 215 Nr. 50, 226 Nr. 57, 233 Nr. 63).

40 73) Bei dieser Behauptung konnte sich der Erzbischof von Santiago de Compostela auf zwei Dekretalen Alexanders III. stützen, die in die mittlerweile (zwischen 1188 und 1192) entstandene *Compilatio I* aufgenommen worden waren (I, 2, 2. 3 = X. I, 3, 2. 3: Friedberg, *CorpIC*, II 16 f.).

74) Diese Angaben finden sich, mit Nennung der einzelnen Quellen, genauer ausgeführt
45 in den Prozeßberichten von 1182 und 1187 (Erdmann, *PU in Portugal*, 266 f. Nr. 91 § 3, 318 f. Nr. 110).

concilio Bracarensi vel etiam subscripserunt, cum constet Narbonensem[75]
per multa tempora venisse ad concilia Toletana nec tamen Toletana metropolis aliquid iuris habuit in ecclesia Narbonensi, sed mandato regum illa
fiebant, quod magis violentum quam iustum presumitur extitisse. Predictam vero confessionem qua recognovisti in iure omnes episcopos, qui 5
interfuerunt primo concilio Bracarensi, indubitanter ad Bracarensem
metropolim pertinere, in nullo tibi posse[t] preiudicare dicebas, quia sive
concilium intelligantur persone sive statuta, stare non potest, quod ad
secundum Bracarense concilium episcopi tam de Lucensi quam de Bracarensi concilio convenissent; sed per illam enormitatem, que statuta fuit in 10
suo Lucensi concilio, mandaverat [w] rex[76] propter dilatationem[w'] provincie, ut sex episcopatuum sui regni pontifices facerent concilium apud
Lucum et sex alii apud Bracaram. Et ideo dicebantur sex ad unum concilium et sex ad aliud pertinere, et de utroque concilio apud Bracaram
quasi de utraque concilii assignatione venisse. Cuiusmodi significationem 15
nominis approbari dicebas ex epistola, quam Martinus[x], Bracarensis
archiepiscopus[77], ex certa scientia dirigit ad episcopos Lucensis concilii[78];
non quod tunc celebraretur ibi[y] concilium, cum idem M(artinus) legatur
illo concilio affuisse, sed ad episcopos, qui tenebantur ex predicto regis
mandato temporibus suis illuc ad concilium convenire. Emeritense vero 20
concilium autenticum esse multis rationibus astruebas; tum quia cum
aliis conciliis continetur in libro, qui «Corpus canonum» appellatur, quem
Alex(ander) papa per interlocutionem autenticum approbavit[79]; tum
quia de ipso concilio sumptum est illud capitulum «Priscis quidem canonibus», quod continetur in Corpore decretorum[80]. Unde respondens ad 25
rationes premissas, que contra hoc concilium sunt obiecte, omnes quasi
frivolas ostendere nitebaris. Divisiones autem, que pro Bracarensi ecclesia
sunt producte, omnes de locis sibi subiectis et ideo suspectis proponebas
assumptas, in quorum armaria propter hanc causam facile potuerunt

---

[w]) madaverat.   [w']) *Migne:* dilationem.   [x]) Martinnus.   [y]) *Migne fügt hinzu:* id. 30

[75]) Die Erzbischöfe von Narbonne nahmen, so lange ihr Diözesanbereich zum spanischen Westgotenreiche gehörte, an den Toledaner Synoden des öfteren teil. Vgl. GAMS,
Kirchengeschichte Spaniens, II/ 2 14 und 101.

[76]) Theodemir, König der Sueben 558/59—570. Vgl. dazu den Prozeßbericht von 1182
bei ERDMANN, *PU in Portugal*, 267 Nr. 91.   35

[77]) Hl. Martin, EB. von Braga 569—579. Vgl. DE OLIVEIRA, *História eclesiástica*, 95.

[78]) Vielleicht ist damit der Brief des Erzbischofs Martin von Braga gemeint, den dieser
572 an eine angebliche zweite Synode von Lugo gesandt haben soll; eine Annahme, die aber
auf einem Mißverständnis beruht (HEFELE-LECLERQ, *Histoire des Conciles*, 3 [1909] 195 und
BARLOW, *Martini episcopi . . . opera*, 86, 123 Z. 1—3).   40

[79]) Die Collectio Hispana, eine seit dem 9. Jahrhundert dem Erzbischof Isidor von Sevilla zugeschriebene Kanones- und Dekretalensammlung; zur angeblichen Anerkennung
ihrer Authentizität durch Papst Alexander III. vgl. A. M. STICKLER, *Historia iuris canonici latini*. Turin 1950, 83. Zum Ganzen: G. MARTÍNEZ DÍEZ, *La colección canónica Hispana*. Monumenta Hispaniae sacra, ser. canonica I. Madrid 1966.   45

[80]) *Decretum Gratiani* C. X, q. 3, c. 2 (= FRIEDBERG, *CorpIC*, I 622). Es handelt sich um
das Kapitel 16 des Konzils von Mérida.

corrupte submitti. Tue vero divisiones omnes sunt secundum statum antiquum vel de locis non tibi sed sibi subiectis assumpte, unde amplius illis
contra se credi debet, vel de remotis provinciis, apud quas non extitit
causa corruptionis vel suspitionis predicta; quas etiam protulisti sub
5 testimoniis et sigillis autenticis z)81), quibus et canones et veteres scripturas a a) concordare dicebas. Prescriptiones autem, ex quibus etiam adversus verum dominum competit actio, nedum quod exceptio competat b b)
possidentibus c c), multis rationibus b b) anullabas: asserens, quod Bracarensis ecclesia in predictis episcopatibus nullam possessionem optinuit et
10 ideo nichil in eis omnino prescripsit. * Deinde, si possessionem aliquam   * fol. 177ᵛ
habuisset, sententia, que super hiis lata probatur ex Emeritensi concilio,
vim precedentis prescriptionis penitus vacuasset. Sequentis vero prescriptionis effectum prefati legati sententia penitus interrupit.

Ipse vero archiepiscopus Bracarensis contra reductionem episcoporum,
15 que dicitur in Emeritensi concilio decreto sinodico et iudicii formula facta
fuisse, multipliciter allegabat: primo, quia sinodus illa, cuius auctoritate
dicitur facta fuisse reductio, nequaquam apparet nec scitur a quibus vel
ubi vel quando vel quare fuerit celebrata, utrum generalis an provincialis
extiterit et utrum auctoritate Romani pontificis an alicuius tantum
20 archiepiscopi fuerit ordinata; deinde, si mentio fiat in aliquo documento de
alio, nichil ex secundo probabitur documento, nisi et primum, de quo mentio facta fuerat, proferatur. Preterea, cum secundum concilium Bracarense precesserit Emeritense concilium et celebrius habeatur, ut de quo
plura sunt assumpta capitula in Corpore decretorum82), patet profecto,
25 quod illud debet isti preferri, nec illi per istud potest in aliquo derogari,
sicut cautum habetur in canone; quia quotiens in gestis conciliorum dis-
cors sententia invenitur, illud est preferendum, cuius antiquior et potior
extat auctoritas83). Rursus non probantur ullatenus isti quatuor episcopi
fuisse reducti, sed de solo Sclua e), Egitaniensi episcopo26), dicitur, quod
30 unus fuerit de reductis. Et ipse solus in subscriptione profitetur expresse
se ad Emeritensem metropolim pertinere; quamvis et ipse Sclua e), Egitaniensis episcopus, non intelligatur unus de reductis ad Emeritanam
metropolim, sed d d) potius ad diocesim propriam, sicut ex eodem capitulo
Emeritensis concilii comprobari dicebat, in quo de illo dicitur, quod ad
35 debitam diocesim rediit84). Cum igitur sinodus illa minime proferatur,
cuius iudicio et decreto in Emeritensi concilio dicuntur reducti, patet,
quod illa reductio per Emeritense concilium non probatur.

---

z) auteticis.   a a) -a- korr. aus -e-.   b b–b b) Auf Rasur nachgetragen.   c c) Migne:
praesidentibus.   d d) sed po- auf Rasur.

40   81) Genauere Angaben in den Prozeßberichten von 1182 und 1187 (ERDMANN, PU in
Portugal, 276 Nr. 91 § 12 und 323 Nr. 110 § 26).
       82) Sieben Canones des zweiten Konzils von Braga wurden in das Decretum Gratiani
aufgenommen (Vgl. FRIEDBERG, CorpIC, I XXI Nr. III 9).
       83) Decretum Gratiani C. XXXIII, q. 2, c. 11 § 1 (= FRIEDBERG, CorpIC, I 1155).
45   84) S. oben Anm. 69.

Ad hec respondebas, quod maior est auctoritas approbati concilii quam unius solummodo documenti: et ideo dubitari non debet, quin verum sit, quod asseritur ab episcopis in concilio congregatis, a quibus asseritur illa reductio facta fuisse decreto sinodico, iudicii formula, secundum canonicas regulas; sicut et dicitur in primo concilio Bracarensi, quod Thuribius notarius a papa Leone ad sinodum Gallecie missus fuit[85], nec tamen illa sinodus invenitur; et in primo concilio Toletano mentio fit de statutis Lusitanorum episcoporum[86], et tamen non invenitur sinodus, in qua illa fuerint constituta. Moyses quoque in libro Numeri mentionem facit de libro bellorum Domini[87], qui tamen nusquam apparet; et tamen creditur ita fuisse, sicut Moises narrat in illo volumine contineri. Auctoritas autem alicuius concilii non ex eo solo maior existit, quod exstat antiquior, sed quod potior: alioquin Bracarense concilium Lateranensi concilio preferretur. Sed illorum duorum conciliorum par exstat[ee] auctoritas, cum provinciale fuerit utrumque et ambo dicantur pariter ab apostolica sede recepta. Cum autem inter episcopos Emeritensis concilii tantum hii quatuor inveniantur inter episcopos Gallecie nominati, sicut dicitur in secundo concilio Bracarensi[88], patet quod de hiis quatuor debet intelligi, quod ad nomen provincie sunt reducti; quia non possunt intelligi fuisse reducti, nisi qui fuerunt abducti. Unde facta reductione in tercio concilio Bracarensi[89], quod secutum est Emeritense concilium, nullus istorum IIII legitur extitisse.

Postquam igitur hec et alia fuerunt utrimque prudenter ac subtiliter allegata, quorum multa propter prolixitatem superfluam in[ff] hac pagina pretermisimus[ff] annotare, partes ad amicabilem compositionem induximus diligenter; que tandem per Dei gratiam nostra sollicitudine mediante ad hanc compositionis formam libera voluntate venerunt, ut de quatuor predictis episcopatibus duo assignarentur Compostellane metropoli et duo relinquerentur metropoli Bracarensi.

Nos autem habito super hoc cum fratribus nostris diligenti tractatu compositionem[gg] ipsam duximus approbandam, intelligentes eam equitati canonice concordare. Cum enim Visensis episcopus[90] cum episcopis

---

ee) exstar.   ff–ff) *Auf Rasur.*   gg) compoitionem.

[85]) Vgl. Tejada y Ramiro, *Colección*, II/2 608. Papst Leo I. (440—461) soll über den Bischof Turibius von Astorga an die Synode von Galicien Schreiben gegen die Sekte des Priscillian gerichtet haben. Vgl. Gams, *Kirchengeschichte Spaniens*, II/1 458 f. und 475—479, der dies als erdichtet ablehnt.

[86]) Erstes Konzil von Toledo (400), an dem sich 19 Bischöfe beteiligten. Vgl. Tejada y Ramiro, *Colección*, II 161—201; der hier gemeinte erste Kanon ebd. 175.

[87]) *Numeri* 21, 14.

[88]) Siehe oben Anm. 58.

[89]) Dritte Synode von Braga (675). Vgl. Almeida, *História*, I 753 und Tejada y Ramiro, *Colección*, II 652—660 bzw. J. Vives u. a., *Concilios visigóticos e hispano-romanos* (= España christiana, textos I). Barcelona-Madrid 1963, 370—379. Gemeint sind hier die Bischöfe von Coimbra, Lamego, Viseu und Idanha, die allerdings nicht genannt werden.

[90]) Remisol, der 572 als B. von Viseu genannt wird. Vgl. Almeida, *História*, I 137 und de Oliveira, *História eclesiástica*, 96.

Gallecie interfuerit secundo concilio Bracarensi et Emeritensi concilio non affuerit, in quo plenus suffraganeorum numerus Emeritensis metropolis legitur affuisse[91] — unde nec potest unus de reductis intelligi, cum etiam inter alios suffraganeos Bracarensis ecclesie in suis privilegiis numeretur, 5 in privilegiis autem Compostellane ecclesie Visensis episcopus nullatenus habeatur —, sepedictum archiepiscopum Bracarensem nomine Bracarensis ecclesie ab impetitione tua nomine Compostellane ecclesie super eodem episcopatu duximus absolvendum; tibi super hoc perpetuum silentium imponentes. Lamechensem autem et Egitaniensem sive Igiditanen-10 sem[hh] episcopatus, quos ad Emeritensem pertinuisse metropolim certis didicimus rationibus et validis argumentis, de consilio fratrum nostrorum adiudicavimus Compostellane metropoli, ipsum Bracarensem archiepiscopum super illis nomine Bracarensis ecclesie condempnantes. Episcopatum autem Colimbriensem, licet eisdem rationibus cognoverimus ad Eme-15 ritam spectavisse, quia tamen Iriensis episcopatus[92] auctoritate sedis apostolice subtractus est ecclesie Bracarensi et sede mutata pro beati Iacobi reverentia totus concessus est Compostelle, in recompensationem ipsi archiepiscopo et ecclesie Bracarensi concessimus perpetuo retinendum. In tantum autem illa forma compositionis tibi complacuit, quod pro 20 bono pacis liti cessisti et petitioni renunciavisti omnino super duabus ecclesiis, videlicet sancti Fructuosi et sancti Uictoris, et medietate Bracare cum pertinentiis suis omnibus[93], de quibus cum aliis fuit facta commissio[94]; refutans quicquid iuris in illis habuisti vel potuisti habere, renuncians quoque sententie, que super eis pro Compostellana ecclesia contra Bracaren-25 sem fuerat promulgata[95], super qua coram nobis aliquandiu fuerat litigatum.

Nulli ergo et cetera diffinitionis, absolutionis et concessionis et cetera.

Datum Laterani.

In eundem fere modum scriptum est . . archiepiscopo Bracarensi[37].

---

30   hh) -d- *korr. aus* -t-. *Das ganze Wort ist mit Bleistift durchgestrichen;* sive Igiditanensem *fehlt bei Migne.*

    [91]) Vgl. BARLOW, *Martini episcopi . . . opera,* 122 Z. 9 c. X/4.

    [92]) Über die reichlich unklare Geschichte des einstigen Bischofssitzes von Iria Flavia, der Vorgängerin von Santiago de Compostela, vgl. J. VIVES in Dic. HE España II (Madrid 35 1972) 1207.

    [93]) St. Viktor und St. Fruktuosus in Braga, zwei ursprünglich dem Erzbischof von Santiago de Compostela gehörige Kirchen. Vgl. auch Br. II 140 (149).

    [94]) Durch die Päpste Alexander III. und Lucius III. sowie Urban III. 1181 und 1186 (ERDMANN, *PU in Portugal,* 255 Nr. 82 und 258 Nr. 85 sowie 298 Nr. 104).

40   [95]) Wahrscheinlich 1182 durch die Bischöfe Johannes von Tarazona und Vitalis von Salamanca als päpstlichen delegierten Richtern (ebd., 264 Nr. 90).

125 (134).

Innocenz III. befiehlt dem Erzbischof (Martin) von Braga, die dem Erzbistum Santiago de Compostela zugesprochenen Bistümer Lissabon, Évora, Lamego und Idanha aus seiner Obedienz zu entlassen.

Lateran, (1199) Juli 12. 5

Reg. Vat. 4, fol. 177^v—178^r ⟨Nr. CXXV, 128, 134⟩.
Sirleto, fol. 354^v = Cholinus, II 464 = Venet., II 464 = Baluze, I 428 Nr. 134 = Migne, PL 214, 689 Nr. 134; Mansilla, Documentación, 240 Nr. 205. — Potth. Reg. 784; Vázquez Martínez, 14 Nr. 25. — Vgl. López Ferreiro, Historia, IV 324.

Bracharensi archiepiscopo[1]. 10

(|) Qualiter[a] veteres sed non inveteratas usque ad nostra tempora questiones inter Compostellanam[2] et tuam ecclesias tam predecessorum nostrorum quam nostris etiam temporibus diutius agitatas non sine multa sollicitudine ac labore nos et fratres nostri exacta diligentia curaverimus terminare, tua fraternitas, que omnibus presentialiter interfuit, non igno- 15 rat et hoc ipsum ex rescriptis apostolicis rei processum plenius continentibus liquido declaratur[3]. Volentes autem, ut apostolice sedis sententie
• fol. 178^r perpetuam obtineant firmitatem et quod lites extincte * in recidivam contentionem ulterius non resurgant, fraternitati tue per apostolica scripta precipiendo[b] mandamus, quatinus statutis apostolice sedis obe- 20 diens humiliter et devote, que a nobis ad perpetuam pacem predictarum
vgl. Jak 2, 1 ecclesiarum sunt sine personarum acceptione salubriter instituta, decetero studeas irrefragabiliter observare: venerabiles fratres nostros . . Olixibonensem[4], . . Elborensem[5] et . . Lamecensem[6] episcopos et eorum ecclesias et dilectos filios clerum ac populum per Egitaniensem diocesim 25 constitutos[7] . . Compostellano archiepiscopo[8] et eius ecclesie, sicut a nobis est ordinatum[9], obedire sine qualibet difficultate dimittens, quos tu et venerabilis frater noster . . Colimbriensis episcopus[10] in nostra et fratrum nostrorum presentia, sicut bene novisti, ab obedientie vestre vinculo absolvistis et nos eosdem a vestre obedientie debito auctoritate apostolica 30

125. [a] *Die Initiale läuft in einen kleinen, speienden Kopf aus. Längs des Briefes am Rande ein senkrechter, z. T. gewellter Strich.* [b] *Fehlt bei Migne.*

125. [1] S. Br. II 95 (103) Anm. 4.
[2] Erzbistum Santiago de Compostela.
[3] Vgl. die Br. II 95 (103), 97 (105), 98 (106) und 124 (133). 35
[4] S. Br. II 95 (103) Anm. 15.
[5] S. Br. II 95 (103) Anm. 14.
[6] Petrus Mendes, B. von Lamego (Suffr. von Braga, dann von Santiago de Compostela) 1197—1211. Er war seit 1209 auch Elekt von Braga, starb aber 1212 vor seiner Konfirmation. Vgl. ALMEIDA, História, I 608, 626 und DE OLIVEIRA, História eclesiástica, 434, 441. 40
[7] S. Br. II 124 (133) Anm. 10.
[8] S. Br. II 72 (75) Anm. 2.
[9] Vgl. dazu die päpstlichen Urteile in den Br. II 95 (103) und II 124 (133).
[10] Petrus (I.) Soares, B. von Coimbra (Suffr. von Braga) 1192/93—1233. Vgl. ALMEIDA, História, I 617 und DE OLIVEIRA, História eclesiástica, 436. 45

reddimus absolutos. Provideas igitur, ne per potentiam regiam vel alia qualibet machinatione impediantur episcopi memorati et predicti clerus et populi obedientiam secundum sententiam et preceptum nostrum eidem Compostellano archiepiscopo ut prediximus exhibere.

5   Alioquin, quod a sancte recordationis Alex(andro) papa, predecessore nostro, de obedientia Compostellano archiepiscopo ab episcopis Gallecie impendenda dinoscitur olim fuisse statutum[11], verendum est tibi, ne nos ipsi ratum habeamus et firmum et faciamus auctore Domino inviolabiliter observari; tantoque culpam inobedientie curabimus gravius castigare, 10 quanto in contemptum apostolice sedis et persone nostre specialiter huiusmodi rebellio amplius redundaret.

Datum Laterani, IIII Idus Iulii.

In eundem modum scriptum est .. Colimbriensi episcopo.

126 (135).

15 *Innocenz III. befiehlt den Bischöfen (Soeiro) von Lissabon, (Pelagius) von Évora und (Petrus) von Lamego sowie dem Klerus und Volk der Diözese Idanha (und der drei anderen angeführten Diözesen), dem Erzbischof P(etrus) von Santiago de Compostela als Metropoliten zu gehorchen.*

Lateran, (1199) Juli 12.

20   *Reg. Vat. 4, fol. 178ʳ ⟨Nr. CXXVI, 129, 135⟩.*
     Sirleto, fol. 355ʳ = Cholinus, II 464 = Venet., II 464 = Baluze, I 429 Nr. 135 = Migne, PL 214, 689 Nr. 135; Mansilla, Documentación, 241 Nr. 206. — Potth. Reg. 787; Vázquez Martínez, 15 Nr. 26.

25   **Olixbonensi[1], Elborensi[2] et Lamecensi[3] episcopis et clero et populo[4] Egiteniensibus[a].**

Antiquas controversias et difficiles inter Compostellanam[5] et Bracarensem[6] ecclesias tam predecessorum nostrorum quam nostris etiam temporibus agitatas, sicut vestra fraternitas non ignorat, non sine labore multo nos et fratres nostri exacta diligentia per auxilium divine gratie 30 curavimus terminare, quemadmodum in rescriptis apostolicis processum causarum plenius continentibus perpendere poteritis evidenter[7]. Volentes autem, ut apostolice sedis et cetera usque observare[b]: venerabili fratri

---

126.   [a]) *Längs des Briefes am Rande ein senkrechter, z. T. gewellter Strich.*   [b]) *Br. II 125 (134) S. 260 Z. 17—23.*

35   [11]) S. Br. II 95 (103) Anm. 27.
126. [1]) S. Br. II 95 (103) Anm. 15.
     [2]) S. Br. II 95 (103) Anm. 14.
     [3]) S. Br. II 125 (134) Anm. 6.
     [4]) S. Br. II 124 (133) Anm. 10.
40   [5]) Erzbistum Santiago de Compostela.
     [6]) Erzbistum Braga.
     [7]) Vgl. Br. II 125 (134) Anm. 3.

nostro P(etro), Compostellano archiepiscopo[8], eiusque successoribus tamquam metropolitano vestro, sicut alii suffraganei sui faciunt, obedientiam
et reverentiam debitam impendentes. Alioquin sententiam, quam idem
archiepiscopus in vos rationabiliter tulerit, auctore Domino ratam et
firmam habebimus et faciemus inviolabiliter observari.   5

Ut autem, que premisimus, liberius adimplere possitis, venerabiles
fratres nostri . . Bracarensis archiepiscopus[9] et . . episcopus Colimbriensis[10] vos coram nobis et fratribus nostris ab omni obedientie sue vinculo
absolverunt. Nos etiam ab ipsorum obedientie debito auctoritate apostolica vos reddimus absolutos.   10

Datum Laterani, IIII Idus Iulii.

Scriptum est super hoc singulariter singulis nominatis episcopis et clero
et populo per eorum dioceses constitutis.

127 (136).

Innocenz III. befiehlt den Bischöfen (Roderich) von Lugo, (Lupus) von 15
Astorga, (Rabinatus) von Mondoñedo, (Alfons) von Orense und (Petrus)
von Tuy, sich nach Möglichkeit beim Erzbischof (Martin) von Braga und
beim König (Sancho I.) von Portugal für die Entlassung der dem Erzbistum
Santiago de Compostela zugesprochenen Bistümer Lissabon, Évora, La-
mego und Idanha aus der Obedienz von Braga einzusetzen.   20

(Lateran, 1199 ca. Juli 12).

Reg. Vat. 4, fol. 178[r] ⟨Nr. CXXVII, 130, 136⟩.
Sirleto, fol. 355[r] = Cholinus, II 465 = Venet., II 465 = Baluze, I 429 Nr. 136 = Migne,
PL 214, 690 Nr. 136; Mansilla, Documentación, 242 Nr. 207. — Potth. Reg. 788; Vázquez
Martínez, 15 Nr. 27.   25

Lucensi[1], Astoricensi[2], Mindoniensi[3], Auriensi[4]
et Tudensi[5] episcopis.

||[a] Antiquas controversias et cetera usque resurgant[b], ||[a] fraternitati
vestre per apostolica scripta precipiendo mandamus, quatinus apud vene-

---

127. [a-a] *Von Hand C.*   [b] *Der Verweis bezieht sich auf den Br. II 126 (135), wo die be-* 30
treffende Stelle allerdings gleichfalls nach dem Br. II 125 (134) gekürzt ist; vgl. S. 261 Z. 32
und 260 Z. 19.

[8] S. Br. II 72 (75) Anm. 2.
[9] S. Br. II 95 (103) Anm. 4.
[10] S. Br. II 125 (134) Anm. 10.
127. [1] S. Br. II 108 (117) Anm. 6.   35
[2] Lupus, B. von Astorga (Suffr. von Santiago de Compostela) 28. September 1190—
15. Dezember 1205. Vgl. GONZÁLEZ, Alfonso IX, I 425.
[3] Wohl Rabinatus, der bis 10. Juli 1199 B. von Mondoñedo (Suffr. von Braga) war;
sein Nachfolger Pelagius (II.) Ceveira wird erst zum 28. September 1199 genannt und starb
am 3. November 1218. Vgl. GONZÁLEZ, Alfonso IX, I 426.   40
[4] S. Br. II 108 (117) Anm. 4.
[5] S. Br. II 108 (117) Anm. 1.

rabilem fratrem nostrum .. archiepiscopum Bracarensem[6] et karissimum
in Christo filium nostrum .. Portugalensem regem illustrem[7] partes
vestras efficaciter interponere procuretis, ut statutis apostolice sedis et
cetera usque observare[c]: venerabiles fratres nostros .. Olixbonensem[8] ..
5 Elborensem[9] et .. Lamecensem[10] episcopos et eorum ecclesias et cetera
fere in eundem modum ut supra usque dimittentes[d]. Alioquin, quod a
sancte recordationis .. Alex(andro) papa[11] et cetera fere ut supra usque
redundaret[e]. Et quoniam nuncius, ut accepimus, non facile repperitur,
qui litteras apostolicas vel Compostellani archiepiscopi[12] audeat super
10 hiis in regnum Portugalense deferre, sub eadem districtione vobis iniungimus, ut litteras nostras et ipsius archiepiscopi Compostellani, quibus
super hoc misse[f] fuerint, occasione et excusatione cessante sine dilatione
qualibet tamdiu fideliter transmittatis, cum ab eodem Compostellano simul omnes vel seorsum singuli fueritis requisiti, donec idem archiepiscopus
15 predictorum quatuor episcopatuum possessionem pacificam fuerit assecutus.

Si vero, quod non credimus, preceptum nostrum non fuerit adimpletum, volumus et mandamus, ut cum fueritis per Compostellanam ecclesiam requisiti, veritatem super hiis nobis significare vestris litteris procu-
20 retis.

Datum ut supra.

128 (137).

Innocenz III. bezeugt, daß sich der Erzbischof (Petrus) und das Domkapitel
von Santiago de Compostela mit dem Bürger A. von Anagni wegen einer
25 *Geldforderung, die dieser als Vormund seiner Neffen ihnen gegenüber ver-*
trat, verglichen haben.

Lateran, (1199) Juli 14.

Reg. Vat. 4, fol. 178ʳ ⟨Nr. CXXVIII, 131, 137⟩.
Sirleto, fol. 355ᵛ = Cholinus, II 465 = Venet., II 465 = Baluze, I 429 Nr. 137 = Migne,
30 PL 214, 691 Nr. 137; Mansilla, Documentación, 245 Nr. 211. — Potth. Reg. 794; Vázquez
Martínez, 16 Nr. 30.

---

c) Br. II 125 (134) S. 260 Z. 23.   d) Ebendort, S. 260 Z. 27.   e) Ebendort, S. 261 Z. 11.
f) Auf Rasur.

6) S. Br. II 95 (103) Anm. 4.
35   7) S. Br. II 95 (103) Anm. 16.
8) S. Br. II 95 (103) Anm. 15.
9) S. Br. II 95 (103) Anm. 14.
10) S. Br. II 125 (134) Anm. 6.
11) S. Br. II 95 (103) Anm. 27.
40   12) S. Br. II 72 (75) Anm. 2.

Archiepiscopo[1] et capitulo Compostellanis[2] [a].

Cum dilectus filius A., civis Anagninus[3], tutor et curator nepotum suorum, filiorum quondam G., civis Anagnini, a te, frater archiepiscope, apud sedem apostolicam permanente nonaginta Marabotinorum[4] uncias repeteret nomine pupillorum, dilecti filii concanonici vestri ei pro bono 5 pacis quadraginta Malachinos[5] per manus dilecti filii Mar(sicani), capellani et subdiaconi nostri[6], dederunt. Ipse vero coram nobis omni iuri re- nunciavit, quod adversus Compostellanam ecclesiam pupillis competeret memoratis. Ne autem, quod in presentia nostra factum est, ulterius in dubium revocetur, presentes vobis litteras in facte resignationis testimo- 10 nium duximus concedendas.

Datum Laterani, II Idus Iulii. || [b]

129 (138).

Innocenz III. bestätigt dem Erzbischof Mart(in) von Braga einen Tausch, bei dem die Templer dem König (Sancho I.) von Portugal die Burgen 15 *Mogadouro und S. Pedro de Agostém überließen und Braga dafür jeweils ein Drittel des Zehents der Burgpfarren erhalten hat.*

Lateran, (1199) Juli 13.

Reg. Vat. 4, fol. 178ʳ ⟨Nr. CXXIX, 132, 138⟩.
Sirleto, fol. 355ᵛ = Cholinus, II 466 = Venet., II 466 = Baluze, I 430 Nr. 138 = Migne, 20
PL 214, 691 Nr. 138. — Potth. Reg. 790.

Mart(ino)[1], Bracharensi archiepiscopo[a].

|| [b] Cum a nobis petitur et cetera usque effectum. Sane significasti nobis in nostra presentia constitutus, quod cum karissimus in Christo filius no-

---

128. [a] *Längs des Briefes am Rande ein senkrechter, z. T. gewellter Strich.* [b] *Hand D 1* 25 *hört auf.*

129. [a] *Längs des Briefes am Rande ein senkrechter, z. T. gewellter Strich.* [b] *Hand C beginnt.*

128. [1] S. Br. II 72 (75) Anm. 2.

[2] Domkapitel von Santiago de Compostela.

[3] Bürger aus Anagni (Prov. Frosinone). 30

[4] Der Marabotino war eine Nachahmung des von den Almoraviden seit 1087 geschla- genen arabisch-spanischen Golddinars im christlichen Spanien und Portugal. Im 12. Jahr- hundert auch in Italien verbreitet. Vgl. F. v. SCHRÖTTER, *Wörterbuch der Münzkunde.* Berlin-Leipzig 1930, 367 f.

[5] Eine andere Münze arabischer Herkunft, die in Italien lange Zeit sehr angesehen 35 war. Marabotini und Malachini hatten etwa denselben Wert. Vgl. V. PFAFF, *Die Einnahmen der römischen Kurie am Ende des 12. Jahrhunderts.* VSWG 40 (1953) 108 ff.

[6] Wohl der päpstliche Subdiakon und Kaplan Marsicanus, dem im September 1198 ein Spezialauftrag im Kirchenstaat erteilt worden war (S. Br. I 369, S. 561 Z. 27 f.) und der daher auch im hier beschriebenen Geldgeschäft eines Bürgers von Anagni als Vermittler 40 tätig gewesen sein dürfte. MANSILLA, *Documentación,* 245 Nr. 211 identifiziert ihn mit Mar(tinus), doch ist 1199 kein päpstlicher Kaplan dieses Namens nachzuweisen. Vgl. ELZE, *Päpstliche Kapelle,* 180 ff.

129. [1] S. Br. II 95 (103) Anm. 4.

ster . . Portugalie rex illustris[2] quasdam possessiones dilectis filiis fratribus militie Templi[3] concesserit — receptis ab eis in permutationem duobus castris, scilicet Mugatorio[4] et Petrasroias[5], que idem fratres habuerant in diocesi Bracharensi —, rex ipse terciam partem decimarum, quas
5 dicti fratres prius perceperant in ecclesiis castrorum ipsorum, pietatis intuitu[c] concedi fecit[c] ecclesie Bracharensi.

Nos igitur tuis precibus annuentes, decimas ipsas, sicut[d] legitime
concesse[e] sunt ecclesie Bracharensi et tu eas iuste possides[f], tibi et
per te ipsi Bracharensi ecclesie auctoritate apostolica confirmamus et
10 presentis scripti p(atrocinio) communimus.

Nulli ergo et cetera nostre confirmationis [et cetera].

Datum Laterani, III Idus Iulii. || [g]

130 (139).

Innocenz III. bestätigt dem Erzbistum Santiago de Compostela die vom Erz-
15 *bistum Mérida dahin übertragene Metropolitanwürde, die Votos, das freie*
Bischofswahlrecht des Domkapitels und den gesamten Besitz.

Lateran, 1199 Juli 14.

Reg. Vat. 4, fol. 178ʳ—179ʳ ⟨Nr. CXXX, 133, 139⟩.

Sirleto, fol. 356ʳ = Cholinus, II 466 = Venet., II 466 = Baluze, I 430 Nr. 139 = Migne,
20 *PL 214, 691 Nr. 139; Mansilla, Documentación, 245 Nr. 212. — Potth. Reg. 793; Vázquez*
Martínez, 109 Nr. 10 (fragmentarisch). — Vgl. López Ferreiro, Historia, und Kempf, Zu den
Originalregistern, 97 mit Anm. 36.

Petro, Compostellano archiepiscopo[1], eiusque successoribus
canonice substituendis in perpetuum[a].

vgl. Weish 15, 1;
Apg 18, 21

25 || [b] In eminenti apostolice sedis specula disponente Domino constituti
et cetera usque assensum, ad exemplar predecessorum nostrorum felicis
recordationis Calixti[c][2], Anastasii[3], Alex(andri)[4] et Lucii[5], Romanorum

---

c–c) *Teilweise auf Rasur und teilweise über der Zeile von anderer Hand nachgetragen*
(vgl. Einleitung XVII). d) *-ut auf einer ein wenig längeren Rasur von anderer Hand*
30 *nachgetragen (vgl. Einleitung XVII).* e) *-esse sunt von anderer Hand auf Rasur (vgl. Ein-*
leitung XVII). f) *Darnach die überflüssigen Worte* et que. g) *Hand C hört auf.*
130. a) *Auf fol. 178ʳ und 178ᵛ längs des Briefes am Rande ein senkrechter, z. T. gewellter*
Strich. b) *Hand D 1 beginnt.* c) *Die Namen der vier Päpste in verlängerter Schrift.*

2) S. Br. II 95 (103) Anm. 16. 3) Templerorden.
35 4) Mogadouro (Distr. Bragança, früher Prov. Trás-os-Montes e Alto Douro, Portugal).
5) San Pedro de Agostém (Distr. Bragança, früher Prov. Trás-os-Montes e Alto Douro,
Com. Chaves, Portugal).
130. 1) S. Br. II 72 (75) Anm. 2.
2) Papst Calixt II. (1119—1124). Vgl. dazu dessen Briefe vom 26. Februar 1120 (JL
40 6823—6825) und vom 23. Juni 1124 (JL 7160; MANSILLA, *Documentación*, 80 f. Nr. 63).
3) Papst Anastasius IV. (1153—1154) (JL 9808 = LÓPEZ FERREIRO, *Historia*, IV App.
XXII). Vgl. MANSILLA, *Documentación*, 107 f. Nr. 91.
4) Papst Alexander III. (1159—1181). Vgl. LÓPEZ FERREIRO, *Historia*, IV App. LII
(vom 20. März 1178).
45 5) Papst Lucius III. (1181—1185). Vgl. LÓPEZ FERREIRO, *Historia*, IV App. LXI (vom
17. Juni 1181/82 ?).

* fol. 178ᵛ   pontificum, Compostellanam * beati Iacobi ecclesiam, cuius in ea veneran-
dissimum corpus est positum[6], apostolice sedis privilegio communimus et
ob ipsius a Deo electi apostoli reverentiam archiepiscopalis cathedre dignitatem, quam opulentissima quondam et famosi nominis Emeritana civitas, priusquam peccatis exigentibus ab impia Sarracenorum tirannide 5
possideretur, habuisse dinoscitur[7], ||[d] presentis scripti pagina inperpe-
tuum confirmamus; statuentes, ut eadem Emeritana civitas[8], si ad po-
vgl. Gn 33, 5 u. ö.   testatem Christianorum Domino donante redierit, episcopum habeat, qui
Compostellano archiepiscopo sicut metropolitano suo debeat perpetuo
subiacere. Omnem quoque pontificalis officii plenitudinem, quam ipsius 10
Emeritane ecclesie antistites antiquitus habuerunt, Compostellane presul
ecclesie integre semper obtineat et quiete[e]. Suffraganei vero episcopi
Emeritane metropolis, qui per Lusitaniam provinciam vel modo
sedes ||[d] proprias obtinent vel in futurum per Domini misericordiam
optinuerint — Salamanticensis[9] videlicet, Abulensis[10], Cauriensis[11], Ciui- 15
tatensis[12], Placentin(us)[13], Pacensis[14], Oxonobensis[15] et preterea Lamecensis[16] et Egitaniensis[17] necnon Olixbonensis[18] et Elborensis[19], sicut
in nostris sententiis[20] continetur[f] —, Compostellano archiepiscopo,
cuius consecratio ad Romanam tantum spectat ecclesiam[g], obedientiam
et reverentiam tamquam proprio metropolitano prorsus exhibeant. Ipse 20
autem illos consecrandi[h], ad sua concilia convocandi, cum ipsis etiam
ecclesiastica negocia terminandi et eorum ecclesias disponendi auctoritate
sedis apostolice liberam omnino habeat facultatem. Prohibemus autem, ut
nulli canonicorum eiusdem ecclesie beati Iacobi, qui ad aliarum ecclesiarum prelationem assumpti sunt vel in posterum assumentur, honorem vel 25
prebendam seu canonicatum in ipsa ecclesia liceat retinere, sed alia idonea
persona in loco ipsius subrogetur, que ipsi ecclesie deserviat et eiusdem
beneficium sortiatur. Illum etiam censum, qui «vota» dicitur, quem Hi-

---

[d-d] *Von Hand C.*   [e] *Am Rande von einer Hand des 16. Jh.:* Noli dubitare in omnibus, que sunt ecclesie Compostellane.   [f] *cotinetur.*   [g] *Durch Zeichen umgestellt aus* 30
ecclesiam spectat.   [h] consecradi.

[6] S. Br. II 124 (133) Anm. 12.
[7] S. Br. II 95 (103) Anm. 10.
[8] S. Br. II 124 (133) Anm. 13.
[9] S. Br. II 124 (133) Anm. 15.   35
[10] S. Br. II 124 (133) Anm. 16.
[11] Coria (später Suffr. von Toledo, Prov. Cáceres).
[12] Ciudad Rodrigo (später Suffr. von Toledo, Prov. Salamanca).
[13] Plasencia (später Suffr. von Santiago de Compostela, Prov. Cáceres).
[14] Badajoz (später Suffr. von Sevilla).   40
[15] La Guarda (später Faro-Estoy, Prov. Algarve, Portugal).
[16] S. Br. II 124 (133) Anm. 8.
[17] S. Br. II 124 (133) Anm. 10.
[18] S. Br. II 95 (103) Anm. 2.
[19] S. Br. II 95 (103) Anm. 3.   45
[20] Br. II 95 (103) und II 124 (133).

spanorum catholici reges ex singulis boum paribus a flumine Pisorga[21]
usque ad mare occidentale et per totam Lusitaniam provinciam[22]
atque etiam in Toleto[23] et Transserram[24] annuatim persolvendum pro
salute totius terre liberaliter statuerunt[25], eidem ecclesie confirmamus et
5 omnimodo interdicimus, ut nulli umquam fas sit eum ipsi ecclesie qualibet
occasione subtrahere. Obeunte vero te et cetera.

Preterea quascumque possessiones et cetera usque vocabulis: Civitatem
ipsam Compostellam cum cauto[1] suo, cum ecclesiis et monasteriis infra [k]
eam vel eius [k] territorium constitutis, cum omni iure tam diocesano quam
10 regali et cum terminis totius episcopatus, videlicet cum archipresbyterati-
bus de Morracio et de inter Ambos Pontes, de Montibus utrisque, de Ta-
beriolis et de Ciria, de Pilonio et de Insula Laonii, de utroque Coronato,
de Dormian' et Superaddo et Aranga et Monte Iaurino quomodo dividit[1]
cum [m] Parrega de Pruciis et de Bisauciis, cum tota interiacente diocesi
15 a castello sancti Pelagii de Luco usque Transancos; monasteria quoque
omnia et conventuales seu alias ecclesias infra hos terminos constitutas
cum omni iure parrochiali et que intra regalia beati Iacobi continentur,
cum omni seu patronatus seu alio iure, quod ad reges pertinuit [n], videlicet
monasterium sancti [o] Pelagii de Antealtaria, monasterium sancti Martini
20 de Foris, ecclesiam sancte Marie de Sare[p], monasterium sancte Marie de
Canogio, monasterium sancti Petri de Foris, monasterium sancti Iusti de
Luania, monasterium de Superaddo, de Aziuario, de Codeseda, de Mo-
sonzo, de Ciniis, de Montefero, de Borgondo, de Nogaria, de Solandres, de
Calauario, de Siauia, de Riuomalo, de Moriame, de Ozon, de Sauarde, de
25 Portu Orii, de Nometi, de Ciutio[q], de Briuiis, de Meeis, de Dormian', de
Calago, de Podio, de Lerze, de Armentaria, de Harcos et monasterium
sancti Ioh(ann)is de Cauea, sancti Christofori, sancti Vereximi, sancti
Georgii, sancti Thome de Pinario[r] et sancti Iacobi de Ermello; preterea

---

[1] *Migne:* castro.   [k–k] *Auf Rasur nachgetragen.*   [1] *Migne:* dividitur.   [m] *Davor*
30 *ein Paragraphenzeichen von späterer Hand. Auch am Rande ein Zeichen.*   [n] *-t- korr.*
aus -e-. Migne: pertineat.   [o] *sancti . . . Antealtar- auf Rasur nachgetragen.*   [p] *Migne:*
Sara.   [q] *Migne:* Civitio.   [r] *-o korr. aus -a. Migne:* Pimario.

[21] S. Br. II 66 (69) Anm. 13.
[22] Die römische Provinz Lusitania umfaßte den größten Teil des heutigen Portugals
35 sowie Teile der spanischen Landschaften Estremadura, León, Alt- und Neukastilien.
[23] Toledo.
[24] Trasierra (Prov. Badajoz).
[25] Eine jährliche Abgabe von Getreide und Wein, die angeblich König Ramiro I. von
León im Jahre 844 als Dank für den Sieg bei Clavijo über die Mauren dem nach der Tradi-
40 tion in Santiago de Compostela bestatteten Apostel Jakobus d. Ä. gelobt hatte. Seither
waren die Könige von León dessen Kult im besonderen Maße verbunden und benützten ihn
auch beim Ausbau ihrer Kaiseridee. Vgl. H. Hüffer, *Die leonesischen Hegemoniebestrebun-*
gen und Kaisertitel. Gesammelte Aufsätze zur Kulturgeschichte Spaniens (= Spanische
Forschungen der Görresgesellschaft I/3, Münster 1931) 343 mit Anm. 10 und 355; Ders.,
45 *Sant'Jago. Entwicklung und Bedeutung des Jacobuskultes in Spanien und dem Römisch-*
Deutschen Reich. München 1957, 28—35 und Ders., *Die mittelalterliche spanische Kaiser-*
idee und ihre Probleme. Saeculum 3 (1952) 431 f.

regalem capellaniam et cancellariam, quam bone memorie Alfonsus, illustris Hispanie rex[26], ecclesie vestre concessit et scripti sui[s] pagina roboravit; castrum[t] quoque, quod vocatur Honestum et Iriam cum servis et omnibus appendiciis suis; castrum, quod vocatur sancta Maria de Lanceata cum ecclesiis et omnibus pertinentiis suis; castrum, quod vocatur Ciria 5 cum ecclesiis et omnibus pertinentiis suis; castrum, quod dicitur Citofacta, cum ecclesiis et omnibus pertinentiis suis; castrum, quod dicitur Cotobadi[u], cum pertinentiis suis; castrum Darauum cum villis et ecclesiis et omnibus pertinentiis suis; castrum, quod dicitur Luparia cum ecclesiis et pertinentiis suis; territorium, quod vocatur Amaea, cum omnibus possessioni- 10 bus, quas ibi habetis; Pistomarcos[v] cum servis et possessionibus, quas in eo habetis; Bisetium[v] cum servis, quos ibi habetis; Dubriam cum possessionibus, quas ibi habetis; Lanias cum pertinentiis suis; Lucrosam cum servis et pertinentiis suis; Montanos cum ecclesiis et possessionibus, quas ibi habetis; Cornat'[w] cum possessionibus, quas ibi habetis; Ventosam cum 15 insula de Laonio; montes, quos quandoque Suarius Friole a vestra ecclesia tenuit, cum altera medietate integros; burgum de Ponte Ueteri cum pertinentiis suis; Taueiriolos cum ecclesiis et possessionibus, quas ibi habetis; Ripam Vlie cum ecclesiis et possessionibus, quas ibi habetis; Deciam cum possessionibus et ecclesiis regalibus et omnibus pertinentiis suis; terram 20 de Superaddo integram cum pertinentiis suis; in eadem Decia monasterium[x] sancti Laurentii de Carbonario, quod ecclesie Compostellane secundum ius patronatus adiudicatum est per sententiam dilecti filii nostri G(re)g(orii), sancti Angeli diaconi cardinalis, tunc apostolice sedis legati[27]; medietatem burgi de Faro cum pedagio navium et iure fisci; villas de Ceeia 25 in Nemancos et de Oca in Bregantin' de Leiloio, in Seia, de Auegundo Piaueladegio, Liure et de Ruiis in Endis, de Tooure in Pruciis cum cautis[y], ecclesiis et pertinentiis suis et alias ecclesias seu possessiones, quas iure proprietatis extra fines regalium vestrorum per eundem episcopatum habetis; in episcopatu quoque Minduniensi[28] ecclesiam sancti Laurentii 30 de Arbore cum cauto[z], quod dicitur Uilla de Maures, et villam Petri cum ecclesia sua, et ecclesias de Riuo Auerso et sancte Eolalie Alte et de Radigosa et sancte Marie de Turre et sancti Martini de Palaciis cum omnibus pertinentiis suis; in episcopatu Lucensi[29] villas de Recelli et

---

[s]) -i *korr. aus* -a.   [t]) *Am Rande von einer Hand des 16. Jh.:* Nota omnia ista, que 35 faciunt ad ecclesiam sancti Iacobi et Zebedei in Compostella et ad eius archiepiscopum. *Darunter von der gleichen Feder eine verweisende Hand.*   [u]) *Migne:* Cathobadi.   [v]) *Bei Migne klein geschrieben.*   [w]) *Migne:* Coronatum.   [x]) *Darnach ein Absatzzeichen von späterer Hand.*   [y]) *Migne:* cunctis.   [z]) *Migne:* castro.

[26]) S. Br. II 97 (105) Anm. 12. Dazu noch: LÓPEZ FERREIRO, *Historia*, IV App. XI.   40
[27]) S. Br. II 65 (68) Anm. 3.
[28]) Mondoñedo (Prov. Lugo und La Coruña, Galicien) war der Rechtsnachfolger der untergegangenen Diözesen Britonia und Dumium (Dumio).
[29]) Lugo (Galicien) soll bereits im 2. Jahrhundert n. Chr. Bischofssitz gewesen sein (Lucus Augusta).   45

de Cesa; in episcopatu Auriensi[30] villas de Amarante, de Iouin et de Vite
et de Villari Regis et medietatem Souti de Parata; in episcopatu Tudensi[31]
cautum ᵃᵃ), quod dicitur de Molis, cum omnibus ecclesiis intra ipsum contentis, et monasterium de Cela et villas de Lazorio, Baldranes Lamala ᵇᵇ)
5 et Nugaria; in episcopatu Bracarensi[32] villas de Cornelian' cum ecclesiis
suis et Moaci et Gandufi cum montibus, exitibus et pertinentiis suis; in
valle Carceris hospitale, quod dicitur Anglorum, cum ecclesia sua, et aliam
ecclesiam, que ipsi ex eadem * parte superiacet, et villas de Tabladelo et de   * fol. 179ʳ
Parata; in episcopatu Asturicensi[33] villas de Cacauell' cum ecclesia sua et
10 de Caruallial et ecclesiam sancti Iacobi de Requeixo, de Sanabria; in episcopatu Legionensi[34] domos, que fuerunt archidiaconi Thome; in ipsa civitate
villam de Ledigos cum ecclesia sua et partem ville de Furones cum omni
iure, quod habetis in ecclesia, in Ripa Estole villam Alexis, et villam
Leandri cum ecclesiis suis et iuxta monasterium sancti Facundi villam
15 Cerame; in episcopatu Palentino[35] ecclesiam sancti Michaelis de Vallouria
et villam dictam Sauugelo de Raaces cum pertinentiis suis et omni
iure regali, sicut Alfonsus illustris Castellanorum rex[36] ecclesie beati
Iacobi eam donasse dinoscitur; in episcopatu Ouetensi[37] in villa
Olerxida omnes ecclesias et in Beneuento ecclesiam sancte Marie
20 de Ventosa; in Asturiis[38] ecclesias sancti Ioh(ann)is de Cerreda et
villam Armillum cum hospitali, quod est in Strata, cum montibus et
omnibus pertinentiis suis; in episcopatu Zamorensi[39] villas et ecclesias
de Arquilinis et de Arcos et ecclesiam sancti Iacobi de Zamora, villas de
Palaciis et de Spino et de Aldeola cum ecclesiis suis; in episcopatu Sala-
25 mantino[40] villam de Munigno Asnar cum ecclesia sua ᶜᶜ) et villam, que
dicitur Ecla, et villam Biluestre cum iure regali et ecclesiam sancti
Martini de Ledesma et alias ecclesias vel possessiones, quas in predictis
episcopatibus habetis; in episcopatu Cauriensi[41] castrum, quod dicitur

---

ᵃᵃ) *Migne:* castrum.   ᵇᵇ) Lamal- *auf Rasur. Auch am Rande eine kleine Rasur.*
30 ᶜᶜ) *Migne:* ecclesiis suis.

[30] Orense (Galicien) war gleichfalls schon im 6. Jahrhundert n. Chr. Bischofssitz.

[31] Tuy (Prov. Pontevedra, Galicien), im 6. Jahrhundert n. Chr. schon Sitz eines
Bischofs.

[32] S. Br. II 124 (133) Anm. 6.

35 [33] Astorga (Prov. León) war bereits um 250 n. Chr. Bischofssitz (Asturica Augusta), ging
später an die Mauren verloren und wurde Mitte des 9. Jahrhunderts wieder als Bistum ein-
gerichtet.

[34] León (Galicien), dessen Gründung als Bistum erst um 850 erfolgt sein dürfte, doch
liegt erst seit der Mitte des 10. Jahrhunderts eine lückenlose Bischofsliste vor.

40 [35] Palencia wurde möglicherweise schon zu Anfang des 3. Jahrhunderts als Bistum
gegründet, doch finden sich erst vom 6. Jahrhundert an Belege dafür.

[36] S. Br. II 28 Anm. 3.

[37] Oviedo wurde als Bistum vielleicht schon 808/812 gegründet, später auch zum Erzbistum erhoben.

45 [38] Asturien (Asturias), Landschaft im nordwestlichen Spanien, die heutige Provinz
Oviedo umfassend.

[39] S. Br. II 97 (105) Anm. 3.   [40] S. Br. II 124 (133) Anm. 15.

[41] S. o. Anm. 11.

Attalaia Pelagii Uelidiz[dd] cum terminis suis, et ecclesiam de Granata, que dicitur sancti Iacobi, cum domibus et piscariis et aliis possessionibus, quas ibi acquisistis; ecclesias quoque et possessiones, quas in Vasconia[42] et in Italia et in aliis partibus orbis per diversos episcopatus habetis.

Decernimus ergo et cetera; salva in omnibus apostolice sedis auctori- 5 tate. Si qua igitur et cetera.

Datum Laterani per manum Rainaldi, Acheruntini archiepiscopi, cancellarii vicem agentis[43], II Idus Iulii, indictione II, incarnationis Dominice anno M° C° XC° IX°, pontificatus vero domni Innocentii[ee] pape III anno secundo.   10

131 (140).

Innocenz III. bestätigt ein vom Bischof (Martin) von Porto und dem Domdekan I. von Tuy in einem Prozeß, den der Erzbischof Martin von Braga und der Abt von S. Martinho de Crasto um Zehente zu Bragança gegeneinander führten, gefälltes Urteil.   15

Lateran, (1199) Juli 17.

Reg. Vat. 4, fol. 179ʳ ⟨Nr. CXXXI, 134, 140⟩.
Sirleto, fol. 357ᵛ = Cholinus, II 468 = Venet., II 468 = Baluze, I 432 Nr. 140 = Migne, PL 214, 695 Nr. 140; Mansilla, Documentación, 250 Nr. 214. — Potth. Reg. 797.

Martino, Bracharensi archiepiscopo[1].   20

Cum a nobis petitur et cetera usque assensu, sententiam a venerabili fratre nostro . . Portugalensi episcopo[2] et dilecto filio I., cantore Tudensi[3], a venerabili fratre nostro . . Tudensi episcopo[4] delegato, in causa, que inter te et . . abbatem de Castro[5] supra decimis Bracantie[6] vertebatur, apostolice sedis auctoritate prolatam, sicut rationabiliter lata est nec 25 legitima appellatione suspensa, auctoritate apostolica confirmamus et presentis scripti pa(trocinio) communimus.

Decernimus ergo et cetera.

Datum Laterani, XVI Kal. Augusti.

[dd] *Migne:* videlicet.   [ee] *In verlängerter Schrift.*   30

[42] Vasconia (Landschaft im nordöstlichen Spanien) bzw. Gascogne (Landschaft in Südwestfrankreich).
[43] S. Br. II 3 Anm. 6.
131. [1] S. Br. II 95 (103) Anm. 4.
[2] Martin (II.) Rodrigues, B. von Porto (Suffr. von Braga, Portugal) 1191—1235. Vgl. 35 über ihn: J. AUGUSTO FERREIRO, *Memorias archeologico-históricas da Cidade do Porto.* Braga 1923, I 190—216 bzw. 432 und DE OLIVEIRA, *História eclesiástica*, 117, 119, 446 bzw. 477 (Reg.).
[3] Domkantor von Tuy (Suffr. von Braga, Prov. Pontevedra, Spanien).
[4] S. Br. II 108 (117) Anm. 1.   40
[5] Wohl das Augustiner-Chorherrenstift S. Martinho de Crasto (Diöz. Braga, Distr. Viana do Castelo, Comm. Ponte da Barca, Portugal). Vgl. ERDMANN, *PU in Portugal*, 113 f.
[6] Bragança (Hauptort im gleichnamigen Distrikt, Portugal).

132 (141).

Innocenz III. fordert die Gläubigen der Diözese Metz unter Androhung von Kirchenstrafen auf, von geheimen Bibellesungen und Predigten sowie der Anmaßung des kirchlichen Lehramtes abzustehen.

5   *Lateran, (1199 Juli Mitte)*[1].

Reg. Vat. 4, fol. 179ʳ—179ᵛ ⟨ Nr. CXXXII, 135, 141⟩.
Sirleto, fol. 357ᵛ = Cholinus, II 468 = Venet., II 468 = Baluze, I 432 Nr. 141 = Migne, PL 214, 695 Nr. 141. — Comp. III. 5, 4, 3; Alan. Anh. 35; Bern. 5, 5, 4; Coll. Fuld. 5, 6, 1; Rain. 13, 1; X. V, 7, 12. — Potth. Reg. 780; Bréquigny, Table chronologique, IV 279. — Vgl.
10 *Grundmann, Religiöse Bewegungen, 97—100, 446 ff.; Selge, Die ersten Waldenser, I 290— 293; H. Vollmer, Neue Beiträge zur Geschichte der deutschen Bibel im Mittelalter. Potsdam 1938, 12 f. und unten Br. II 133 (142) und 226 (235).*

Universis Christi fidelibus tam in urbe Metensi[2] quam eius diocesi constitutis[a].

15 ||[b] **Cum** ex iniuncto nobis apostolatus officio facti simus secundum apostolum sapientibus et insipientibus debitores, pro universorum salute   vgl. Röm 1, 14
nos oportet esse sollicitos, ut et malos retrahamus a viciis et bonos in   vgl. 2 Kor 11, 28
virtutibus foveamus. Tunc autem opus est discretione maiori, cum vicia
sub specie virtutum oculte subintrant et angelus Sathane se in angelum
20 lucis simulate transformat.   vgl. 2 Kor 11, 14
Sane significavit nobis venerabilis frater noster . . Metensis episcopus[3] per litteras suas, quod tam in diocesi quam urbe Metensi laicorum et
mulierum multitudo non modica tracta[4] quodammodo desiderio Scriptu-
rarum Euangelia, epistolas Pauli, Psalterium, Moralia Iob[5] et plures alios
25 libros sibi fecit in Gallico sermone transferri, translationi huiusmodi adeo
libenter — utinam autem et prudenter — intendens, ut secretis conven-

---

132. [a] *Am Rande anscheinend ein* f. *Darüber von einer Hand des 13. Jh.:* hoc c(apitulum) est Extra de hereticis *(X. V, 7, 12).*   [b-b] *Von Hand C.*

132. [1] Das Datum dürfte mit jenem des folgenden A-pari-Briefes II 133 (142) vom 12. Juli
30 1199 ungefähr gleich sein.
   [2] Metz (Dép. Moselle).
   [3] Bertram hieß ursprünglich Berthold und war zuerst Kanoniker am Stift St. Gereon
in Köln, ehe er im Oktober 1178 zum EB. von Hamburg-Bremen gewählt, jedoch vom
Papst, da er nicht im Besitze der höheren Weihen war, abgelehnt wurde. Nach Absetzung
35 Thierrys IV. von Lothringen wurde er zum B. von Metz (Suffr. von Trier) erwählt und
spätestens im Januar 1180 von Alexander III. als solcher bestätigt. Seitdem nannte er sich
Bertram statt Berthold. Er war einer der eifrigsten Widersacher Kaiser Friedrichs I.
Barbarossa, der ihn 1187 aus seiner Diözese vertrieb. Er starb am 6. April 1212. Vgl.
E. Ewig, *Bertram (Berthold), Bischof von Metz,* in: Neue Deutsche Biographie 2 (Berlin
40 1955) 168.
   [4] Weder der B. von Metz noch Innocenz III. erkannten, daß es sich dabei um Waldenser handelte, die wahrscheinlich aus Südfrankreich eingewandert waren. Vgl. Grundmann,
Religiöse Bewegungen, 446 ff. und Selge, *Die ersten Waldenser,* I 290 ff.
   [5] Die Metzer (wallonische) Übersetzung der Moralia in Job soll erhalten sein. Vgl.
45 W. Förster, *Li Dialoge Gregoire lo Pape.* Halle 1876, 299—370 und H. Suchier, *Zu den altfranzösischen Bibelübersetzungen.* Zs. f. romanische Phil. 8 (1884) 423.

tionibus talia inter se laici et mulieres eructuare presumant et sibi invicem predicare; qui etiam eorum aspernantur[c] consortium qui se similibus non immiscent, et a se reputant alienos qui aures et animos talibus non apponunt. ‖[b] Quos cum aliqui parrochialium sacerdotum super hiis corripere voluissent, ipsi eis in faciem restiterunt; conantes rationes inducere de 5 Scripturis, quod ab hiis non deberent aliquatenus prohiberi. Quidam etiam ex eis simplicitatem sacerdotum suorum fastidiunt; et cum ipsis per eos verbum salutis proponitur, se melius habere in libellis suis et prudentius se posse id eloqui summurmurant in occulto.

Licet autem desiderium intelligendi divinas scripturas et secundum eas 10 studium adhortandi reprehendendum[d] non sit, sed potius comendandum: in eo tamen apparent merito arguendi, quod tales oculta conventicula celebrant, officium sibi predicationis usurpant, sacerdotum simplicitatem eludunt et eorum consortium aspernantur, qui talibus non inherent[d']. Deus[e] enim lux vera, que omnem[e] hominem venientem in hunc mundum illumi- 15 nat, in tantum odit opera tenebrarum, ut apostolos suos in mundum universum predicaturos Euangelium omni creature missurus eis aperte preceperit dicens: «Quod dico[f] vobis in tenebris, dicite in lumine; et quod in aure[f] auditis, predicate super tecta»; per hoc manifeste denuncians, quod evangelica predicatio non in occultis conventiculis, sicut heretici faciunt, 20 sed in ecclesiis iuxta morem catholicum est publice proponenda. Nam iuxta testimonium Ueritatis omnis, qui male agit, odit lucem, et ad lucem non venit, ne eius opera arguantur. Qui autem facit veritatem, venit ad lucem, ut manifestentur opera eius, quia in Deo sunt facta. Propter quod, cum pontifex interrogasset Ihesum de discipulis suis et de doctrina eius, 25 respondit: «Ego palam locutus sum mundo, ego semper docui in synagoga et in templo, quo omnes Iudei conveniunt, et in oculto locutus sum nichil». Porro, si quis obiciat, quod iuxta preceptum Dominicum non est sanctum dandum canibus nec margarite mittende sunt ante porcos, cum et Christus ipse non omnibus quidem sed solis apostolis dixerit: «Vobis datum est 30 nosse misterium regni Dei, ceteris autem in parabolis»; intelligat canes et porcos non eos esse, qui sanctum gratanter accipiunt et margaritas libenter acceptant, sed illos qui sanctum dilacerant[g] et margaritas contempnunt; quales sunt, qui evangelica verba et ecclesiastica sacramenta non ut catholici venerantur, sed abhominantur potius ut heretici obla- 35 trantes semper et blasfemantes, quos Paulus apostolus post primam et secundam commonitionem docet esse vitandos. Archana vero fidei sacramenta non sunt passim omnibus exponenda, cum non passim ab omnibus possint intelligi, sed eis tantum, qui ea fideli possunt concipere intellectu. Propter quod simplicioribus inquit apostolus: «Quasi parvulis[h] in 40 Christo lac potum dedi vobis, non escam[h]». Maiorum est enim solidus

Marginal references (left column):
vgl. Gal 2, 11
vgl. Apg 13, 26
vgl. Jo 1, 9
vgl. Röm 13, 12
vgl. Mk 16, 15
Mt 10, 27
Jo 3, 20
Jo 18, 20
vgl. Mt 7, 6
Lk 8, 10
vgl. Tit 3, 10
1 Kor 3, 2

---

c) *Durch Zeichen umgestellt aus* aspernantur eorum.   d) reprehendendus.
d') inhererent. *Vgl. jedoch Br. II 133 (142) S. 275 Z. 37.*   e–e) *Auf Rasur nachgetragen.*
f–f) *Auf Rasur.*   g) *Auf Rasur.*   h–h) -vulis . . . escam *auf Rasur, wahrscheinlich* *nachgetragen.*

cibus, sicut aliis ipse dicebat: «Sapientiam loquimur inter perfectos, inter vos autem nichil iudicavi me scire nisi Iesum Christum, et hunc crucifixum». Tanta est enim divine scripture profunditas, * ut non solum simplices et illiterati, sed etiam prudentes et docti non plene sufficiant ad
5 ipsius intelligentiam indagandam; propter quod dicit Scriptura: «Quia multi defecerunt scrutantes scrutinium». Unde recte fuit olim in lege divina statutum, ut bestia, que montem tetigerit, lapidetur; ne videlicet simplex aliquis et indoctus presumat ad sublimitatem scripture sacre pertingere vel eam aliis predicare. Scriptum est enim: «Altiora te ne
10 quesieris», propter quod dicit apostolus: «Non plus sapere quam oporteat[1] sapere, sed sapere ad sobrietatem».

Sicut enim multa sunt membra corporis, omnia vero membra non eundem actum habent, ita multi sunt ordines in ecclesia; sed non omnes idem habent officium, quia secundum apostolum: «Alios quidem dominus dedit
15 apostolos, alios prophetas, alios autem doctores et cetera». Cum igitur doctorum ordo sit quasi precipuus[k] in ecclesia, non debet sibi quisquam indifferenter predicationis officium usurpare. Nam secundum apostolum «quomodo predicabunt, nisi mittantur?». Et Ueritas ipsa precepit apostolis: «Rogate Dominum messis, ut mittat operarios in messem suam». Quodsi
20 forte quis argute respondeat, quia[1] tales invisibiliter[1] mittuntur a Deo, etsi non visibiliter mittantur ab homine: cum invisibilis missio multo sit dignior quam visibilis et divina longe melior quam humana — unde Ioh(anne)s Baptista non legitur missus ab homine sed a Deo, sicut evangelista testatur: «Quia fuit homo missus a Deo, cui nomen erat Io(han
25 nes)» —, potest et debet utique ratione previa responderi, quod cum interior illa missio sit oculta, non sufficit cuiquam nude tantum asserere, quod ipse sit missus a Deo, cum hoc quilibet hereticus asseveret, sed oportet, ut astruat illam invisibilem missionem[m] per[n] operationem miraculi vel per Scripture testimonium speciale. Unde cum Dominus
30 vellet mittere Moysen in Egyptum ad filios Israel, ut crederetur ei, quod mitteretur ab ipso, dedit ei signum, ut converteret[o] virgam in colubrum et colubrum iterum reformaret in virgam. Ioh(anne)s quoque Baptista sue missionis speciale testimonium protulit de Scriptura, respondens sacerdotibus et levitis, qui missi fuerant ad interrogandum, quis
35 esset et quare baptizandi sibi officium assumpsisset: «Ego vox clamantis in deserto, dirigite viam Domini, sicut dixit Ysaias propheta». Non est[p] ergo credendum ei, qui se dicit missum a Deo, cum non sit[p] missus ab homine, nisi de se speciale proferat testimonium de Scripturis vel evidens miraculum operetur. Nam et de hiis, qui missi leguntur a Deo, evangelista
40 testatur, quod ipsi profecti predicabant ubique Domino cooperante et sermonem confirmante sequentibus signis.

vgl. 1 Kor 2, 6

* fol. 179v
vgl. 1 Kor 2, 2

vgl. Ps 63, 7
vgl. Hebr 12, 20;
Ex 19, 13

Sir 3, 22
Röm 12, 3

vgl. Röm 12, 4 f.
vgl. Eph 4, 11

Röm 10, 15
Mt 9, 38; Lk 10, 2

Jo 1, 6

vgl. Ex 4, 1–5; 7, 9

vgl. Is 40, 3;
Jo 1, 23 par

Mk 16, 20

---

[1] o- *am Anfang korr. aus* s-.   [k] *Durch Zeichen umgestellt aus* precipuus quasi.
[1-1] *Auf Rasur nachgetragen.*   [m] visssionem.   [n] *Davor* per *ausradiert.*   [o] *Das letzte* -e- *korr. aus* -a-.   [p] *Über der Zeile nachgetragen.*

Licet autem scientia valde sit neccessaria sacerdotibus ad doctrinam, quia iuxta verbum propheticum labia sacerdotis custodiunt scientiam et

Mal 2, 7
legem exquirunt ex ore eius, non est tamen simplicibus sacerdotibus etiam a scolasticis detrahendum, cum in eis sacerdotale ministerium debeat

Ex 22, 28
honorari; propter quod Dominus in lege precepit: «Diis non detrahes»: 5 sacerdotes intelligens, qui propter excellentiam ordinis et officii dignitatem deorum nomine nuncupantur. Iuxta quod alibi dicit de servo volente

vgl. Ex 21, 5 f.
apud dominum remanere, ut dominus offerat eum diis. Cum enim iuxta

vgl. Röm 14, 4
verbum apostoli servus suo domino stet aut cadat, profecto sacerdos ab

vgl. 1 Kor 4, 21
episcopo, cuius est correctioni subiectus, debet in mansuetudinis spiritu 10 castigari, non autem a populo, cuius est correctioni prepositus, in spiritu superbie reprehendi; cum iuxta preceptum Dominicum pater et mater

vgl. Dt 27, 16;
Mt 15, 4 par.
non debeant maledici, sed potius honorari: quod de spirituali patre multo fortius debet intelligi quam carnali. || q) Nec quisquam sue presumptionis audaciam illo defendat exemplo, quod asina legitur reprehendisse prophe- 15

vgl. Nm 22, 22–31
Jo 8, 46
tam, vel quod Dominus ait: «Quis ex vobis arguet me de peccato? Etsi

Jo 18, 23
male locutus sum, testimonium perhibe de malo», cum aliud sit fratrem

vgl. Mt 18, 15
in se peccantem oculte corripere — quod utique quisque tenetur efficere secundum regulam evangelicam: || q) in quo casu sane potest intelligi, quod Balaam fuit correptus ab asina —, et aliud patrem suum etiam 20 delinquentem reprehendere manifeste ac precipue fatuum pro simplici appellare: quod utique nulli licet secundum evangelicam veritatem. Nam

vgl. Mt 5, 22
qui etiam fratri suo dixerit «fatue», reus erit gehenne. Rursus aliud est, quod prelatus se sponte de sua confisus innocentia subditorum accusationi supponit, in quo casu premissum Domini verbum debet intelligi, et aliud 25 est, quod r) subditus non tam animo corripiendi quam detrahendi exurgit temerarius in prelatum, cum eum potius maneat necessitas obsequendi. Quodsi forte necessitas postularit, ut sacerdos tamquam inutilis aut indignus a cura gregis debeat removeri, agendum est ordinate apud episcopum, ad cuius officium tam institutio quam destitutio sacerdotum 30 noscitur pertinere. Illud autem tamquam de supercilio phariseorum

vgl. Mt 23, 13;
Lk 12, 1
procedens debet ab omnibus aspernari, quod tamquam ipsi soli sint s)

vgl. Lk 18, 9–14
iusti, ceteros aspernantur; cum et hactenus ab inicio nascentis ecclesie multi fuerint viri sancti, qui nec tales fuisse leguntur nec talibus adhesisse; cum de novo tales surrexisse legantur, qui, nisi contenti sint 35 doceri potius quam docere, ad illos forsitan pertinebunt, quibus Dominus

Jak 3, 1
ait: «Nolite fieri plures magistri».

Nos ergo, filii, quia paterno vos affectu diligimus, ne sub pretextu veri-

vgl. Is 24, 18;
Jr 48, 44;
Mt 15, 14; Lk 6, 39
vgl. 2 Tim 3, 5
vgl. 1 Tim 3, 7
vgl. 2 Kor 5, 20;
1 Thess 4, 1
vgl. Mt 26, 28;
Apg 13, 38 u. ö.
tatis in foveam decidatis erroris et sub specie virtutum in laqueum viciorum, universitatem vestram rogamus attentius, monemus et exhortamur 40 in Domino, in remissionem vobis pec(catorum) iniungentes, quatinus ab hiis, que superius reprehensibilia denotavimus, et linguam t) et animum revocetis, fidem catholicam et regulam ecclesiasticam observantes, ne vos

---

q–q) *Von Hand C.*   r) *Migne:* quo.   s) -i- *korr. aus* -u-.   t) lingam.

verbis fallacibus circumveniri vel etiam circumvenire contingat; quia,   vgl. 2 Kor 2, 11
nisi correctionem nostram et ammonitionem paternam receperitis[u] humiliter et devote, nos post oleum infundemus et vinum: severitatem   vgl. Lk 10, 34
ecclesiasticam apponentes, ut, qui noluerint obedire spontanei, discant
5 acquiescere vel inviti.
     Datum Laterani.

133 (142).

*Innocenz III. befiehlt dem Bischof (Bertram) und dem Domkapitel von
Metz, die Gläubigen ihrer Diözese zu ermahnen, von den geheimen Bibel-*
10 *lesungen und Predigten sowie der Anmaßung des kirchlichen Lehramtes ab-*
zustehen. Ferner sollen sie die genaueren Umstände der aufgedeckten Bibelüber-
setzungen, deren Lesungen und der anschließenden Predigten untersuchen
und ihm das Ergebnis berichten.

Lateran, (1199) Juli 12.

15   *Reg. Vat. 4, fol. 179ᵛ—180ʳ ⟨Nr. CXXXIII, 136, 142⟩.*
     Sirleto, fol. 359ᵛ = Cholinus, II 471 = Venet., II 471 = Baluze, I 434 Nr. 142 = Migne,
PL 214, 698 Nr. 142. — Alan. Anh. 36; Coll. Fuld. 5, 6, 2; Rain. 13, 2. — Potth. Reg. 781;
Bréquigny, Table chronologique, IV 265. — Vgl. Grundmann, Religiöse Bewegungen, 97—
100, 446; Selge, Die ersten Waldenser, I 290—293 und Br. II 132 (141) sowie 226 (235).

20   **Episcopo[1] et capitulo Metensibus.**

    | Sicut[a] ecclesiarum prelatis incumbit ad capiendas vulpes parvulas,
que demoliri vineam Domini moliuntur, prudenter et diligenter intendere,   vgl. Hl 2, 15
sic est eis summopere precavendum, ne ante messem zizania colligantur,
ne forsan, quod absit, cum eis etiam triticum evellatur.   vgl. Mt 13, 24–30
25   Sane sicut non debet heretica pravitas tolerari, sic enervari non debet
religiosa simplicitas; ne vel patientia nostra hereticis audaciam subministret vel simplices inpatientia multa confundat, ut nobis dirup*tis con-   * fol. 180ʳ
vertantur in arcum perversum et in hereticos de simplicibus commutentur.   vgl. Ps 77, 57
    Sane significasti nobis per litteras tuas, frater episcope, quod tam in
30 diocesi quam urbe Metensi et cetera ut supra usque in oculto[b]. Quia vero
in dubiis[c] non est de facili sententia proferenda — cum quod vel idem
errent in fide vel a doctrina discrepent salutari, nobis per tuas litteras,
frater episcope, non duxeris exprimendum, cum opinionem et vitam
eorum penitus ignoremus, qui sacras scripturas taliter transtulerunt, aut
35 eorum, qui docent taliter iam translatas, quorum neutrum potest fieri
sine scientia litterarum —, licet in hiis arguendi merito videantur, quod
oculta conventicula celebrant, officium sibi et cetera usque non inherent[d]:

---

     [u] *Am Rande noch vor der Ausmalung der Initialen nachgetragen, da das Wort mit*
roter und blauer Tinte umrahmt ist.
40 **133.** [a] *Die Initiale läuft in einen kleinen, speienden Kopf aus.*   [b] *Br. II 132 (141) S. 272*
Z. 9.   [c] *Korr. aus* dubios.   [d] *Br. II 132 (141) S. 272 Z. 14.*

133. [1] S. Br. II 132 (141) Anm. 3.

discretioni vestre per apostolica scripta mandamus atque precipimus, quatinus eos comonere diligentius studeatis, rationibus et exhortationibus innitentes, ut ab hiis, in quibus apparent reprehensione notabiles, omnino desistant, nec officium sibi vendicent alienum. Inquiratis etiam sollicite veritatem: quis fuerit auctor translationis illius, que intentio 5 transferentis, que fides utentium, que causa docendi, si sedem apostolicam et catholicam ecclesiam venerentur; ut super hiis et aliis, que necessaria sunt ad indagandam plenius veritatem, per litteras vestras sufficienter instructi, quid statui debeat melius intelligere valeamus e). Revocandi autem eos et convincendi secundum Scripturas super hiis, que reprehen- 10 sibilia denotavimus, viam vobis in litteris, quas communiter illis dirigimus, aperimus 2).

Datum Laterani, IIII Idus Iulii. || f)

134 (143).

Innocenz III. bestätigt einen schon von Papst Alexander III. gebilligten 15 *Vergleich zwischen dem Erzbischof (Petrus), dem Domdekan (Martin) und dem Domkapitel von Santiago de Compostela einerseits sowie zwei Vertretern der Familie Visconti aus Vercelli andererseits, demzufolge das Spital und die Kirche von Cascine S. Giacomo, über die sie Eigentums- und Vogteirechte besaßen, nach dem Tode des G(uala?) und Jakob Visconti an das Erz-* 20 *bistum Santiago de Compostela fallen sollen.*

*(Lateran, 1199 Juli ca. 5—15).*1)

Reg. Vat. 4, fol. 180r ⟨Nr. CXXXIIII, 137, 143⟩.
Sirleto, fol. 360r = Cholinus, II 471 = Venet., II 471 = Baluze, I 435 Nr. 143 = Migne,
PL 214, 699 Nr. 143; Mansilla, Documentación, 243 Nr. 208. — Potth. Reg. 782; Vázquez 25
Martínez, 14 Nr. 23.

Archiepiscopo 2), decano 3) et capitulo Compostellanis.

|| a) Ea, que concordia vel iudicio et cetera usque assensu, ad exemplar felicis recordationis Alex(andri) pape, predecessoris nostri 4), concordiam,

---

e) vale- z. T. auf Rasur.   f) Hand D 1 hört auf.   30
134. a) Hand C beginnt.

2) Vgl. Br. II 132 (141).
134. 1) Zur Datierung: Im angegebenen Zeitraum wurden zugunsten des Erzbistums Santiago de Compostela mehrere Urkunden ausgestellt: Br. 135 (144): 9. Juli, 138 (147): 10. Juli, 125, 126 (134, 135): 12. Juli, 136 (145): 13. Juli und 128 (137), 130 (139) sowie 137 35 (146): 14. Juli. Auf eine von ihnen dürfte sich das „Datum ut supra" beziehen.
2) S. Br. II 72 (75) Anm. 2.
3) Martin, Dekan des Kathedralkapitels von Santiago de Compostela, als solcher erstmals im Februar 1200 bezeugt. Er dürfte Nachfolger des im September 1181 zuletzt genannten Petrus Pardo gewesen sein und in Ferdinand einen Nachfolger erhalten haben, der 40 erstmals zum 11. November 1204 aufscheint. Vgl. dazu S. PORTELA PAZOS, *Decanologio de la S. A. M. Iglesia Catedral de Santiago de Compostela*. Santiago 1944, 81—83. Dieser hält eine Gleichsetzung mit dem 1178 als ,magister scholarum' vorkommenden Martin Martínez für möglich.
4) Papst Alexander III., 1159–1181. Die betreffende Urkunde ist nicht mehr vorhanden. 45

que inter vos et W(illelmum?)[b] Vicecomitem[5] et G(ualonem?), filium
eius, Vercellenses cives[6], super hospitali et ecclesia sancti Iacobi de Cassi-
na[7] mediante venerabili fratre nostro . . Taurino episcopo[8] et dilecto filio
Hard(uino?), Mediolanensis ecclesie canonico[9], facta dinoscitur, sicut de
5 beneplacito utriusque partis stabilita est et tuo, frater archiepiscope,
subsequente assensu firmata et hincinde suscepta et hactenus observata,
auctoritate vobis apostolica confirmamus et presentis scripti p(atrocinio)
communimus; statuentes ut, sicut in autentico scripto ipsius transactionis habetur, post decessum predicti G(ualonis?) et Iacobi, fratris eius[10],
10 nullum ius sive fundationis seu advocationis aut cuiuslibet alterius rei
quisquam de cognatione eorum in predicta ecclesia vel hospitali valeat
vendicare, sed in potestate et regimine Compostellane ecclesie sine iniuria
Vercellensis episcopi remaneant absolute. Preterea refutationem, quam
super iure fundationis et advocationis vel alterius cuiuslibet rei, quod sibi
15 quocumque modo competere videbatur in prefata ecclesia sive hospitali,
prefatus W(illelmus?)[b] pro se et heredibus suis per instrumentum publicum spontanee fecit, ratam decernimus permanere.

Nulli ergo et cetera confirmationis et constitutionis et cetera.

Datum ut supra.

20   [b] *Migne:* Vu.

[5] Ein Guilielmus Vicecomes findet sich zum 27. Oktober 1145 und zum 10. März 1149
bezeugt. Vgl. D. Arnoldi, *Le carte dello Archivio arcivescovile di Vercelli.* Biblioteca della
Società Storica Subalpina 85 (Pinerolo 1917) 213 f.

[6] Ein Gualo (Guala?) Vicecomes wird 1193 (Mai) ‚sacerdos Iacobi ecclesiae‘ be-
25 zeichnet und war Kanoniker der Kirche B. M. V. in Vercelli. Vgl. D. Arnoldi - F. Gabotto,
Le carte dello Archivio capitolare di Vercelli. Biblioteca della Società Storica Subalpina 71
(Pinerolo 1914) II 300.

[7] Kirche und Hospital (ca. 1159 gegründet) von Cascine San Giacomo (Diöz. und Prov.
Vercelli).

30   [8] Milo von Cardano, B. von Turin (Suffr. von Mailand), 27. Februar 1170 (erstmals erwähnt)—16. Januar 1188. Er war gleichzeitig Archipresbyter des Kathedralkapitels von
Mailand (so zum 15. Juli 1186 genannt) und wurde am 5. Dezember 1187 zum EB. von
Mailand erwählt, worauf ihm in Turin Harduin de Valperga (erstmals zum 11. Juni 1188
belegt) folgte. Milo starb am 16. August 1195 zu Mailand. Vgl. Savio, *Vescovi d'Italia.*
35 *Piemonte,* 365 n. XXXIII bzw. *Lombardia,* I 543—549 n. LXXXVI.

[9] Vielleicht identisch mit Harduin de Valperga, Milos Nachfolger im Bistum Turin.
Vgl. zu diesem: A. Goria, *Arduino di Valperga,* in: DBI 4 (Roma 1962) 62 (Lit.).

[10] Ein Iacobus Vicecomes ist erstmals zum 30. November 1190 bezeugt, wird dann
(8. April 1195) als ‚consul iustitiae Vercellarum‘ genannt. Vgl. G. C. Faccio, *Il libro dei*
40 *‚Pacta et conventiones‘ del Comune di Vercelli.* Biblioteca della Società Storica Subalpina 97
(Novara 1926) 233 bzw. G. Sella, *Cartario del Monastero di Muleggio.* Ebd. 85 (Pinerolo
1917) 13.

135 (144).

Innocenz III. bestätigt einen unter der Vermittlung Papst Alexanders III. zwischen dem Erzbischof Petrus von Santiago de Compostela und dem Abt von (San Payo de) Antealtares in Compostela geschlossenen Vergleich, nach dem der Erzbischof Patron und Eigenkirchenherr dieser Abtei bleiben sollte. 5

Lateran, (1199) Juli 9.

Reg. Vat. 4, fol. 180ʳ ⟨Nr. CXXXV, 138, 144⟩.
Sirleto, fol. 360ʳ = Cholinus, II 472 = Venet., II 472 = Baluze, I 435 Nr. 144 = Migne, PL 214, 700 Nr. 144; Mansilla, Documentación, 227 Nr. 201. — Potth. Reg. 771; Vázquez Martínez, 13 Nr. 20. — Vgl. López Ferreiro, Historia, V 33 f. 10

Petro[1], Compostellano archiepiscopo[a].

Cum olim esses in felicis recordationis Alex(andri) pape, predecessoris nostri[2], presentia constitutus cum . . abbate de Antealtaria[3], varias querelas contra eum prius in presentia quorundam cardinalium, quibus causa commissa fuerat audienda, et postmodum in ipsius auditorio proponebas: 15 asserens, quod predictum monasterium quoad ius patronatus tibi et Compostellane ecclesie subtrahere voluisset, alium eiusdem monasterii nominando patronum. Sed et ipse abbas aliqua contra te ac fratres tuos se dicebat habere. Tandem cum ad compositionem per eundem predecessorem

vgl. Ps 121, 6;
Lk 19, 24

nostrum moniti fuissetis, elegit ipse abbas potius, que ad pacem erant, 20 quam disceptatione contendere, et coram eo publice recognovit prescriptum monasterium ecclesie[b] Compostellane diocesano simul et territorii iure subiectum: utpote quod non solum in cimiterio, verum etiam in parietibus prescripte ecclesie noscitur esse constructum, ut per ecclesiam ad monasterium transitus sine aliquo intersticio habeatur et tu et fratres 25 tui in processionibus ad cimiterium pertinentibus per claustrum monasterii transeatis. Interrogatus autem abbas respondit in solo ecclesie Compostellane fundatum eamque solam ius in eo patronatus habere[c].

Ne igitur, quod eidem Alex(andro) de confessione abbatis in iudicio facta innotuit, ulterius in recidive contentionis scrupulum reducatur, idem 30 monasterium, sicut abbas recognovit, ad exemplar eiusdem predecessoris nostri decernimus ecclesie tue diocesano et territorii ac patronatus iure perpetuo subiacere ipsumque tibi et ecclesie tue auctoritate apostolica confirmamus.

Nulli ergo et cetera constitutionis et confirmationis et cetera. 35
Datum Laterani, VII Idus Iulii. ||[d]

135. [a] *Längs des Briefes am Rande ein senkrechter, z. T. gewellter Strich.* [b] *Fehlt bei Migne.* [c] *Am Rande von einer Hand des 15. oder 16. Jh.: ista Zebedeo divo Iacobo.* [d] *Hand C hört auf.*

135. [1] S. Br. II 72 (75) Anm. 2. 40
[2] Vgl. die Besitzbestätigung Papst Alexanders III. für Santiago de Compostela vom 20. März 1178 bei López Ferreiro, *Historia*, IV 126 ff. Nr. 52.
[3] Abt der Benediktinerabtei San Payo (Pelayo) de Antealtares in Compostela (Galicien), dessen Name nicht zu ermitteln war. Vgl. López Ferreiro, *Historia*, IV 232.

136 (145).

Innocenz III. erlaubt dem Erzbischof Petrus von Santiago de Compostela,
Bauern, die ihm die « Votos » verweigern, vor dem König (Alfons IX.) von
León als dem ordentlichen Richter zu verklagen, obzwar für eine derartige
causa spiritualis nach dem kanonischen Rechte nur der geistliche Richter
zuständig wäre.

Lateran, (1199) Juli 13.

Reg. Vat. 4, fol. 180ʳ ⟨Nr. CXXXVI, 139, 145⟩.
Sirleto, fol. 360ᵛ = Cholinus, II 472 = Venet., II 472 = Baluze, I 436 Nr. 145 = Migne,
PL 214, 700 Nr. 145; Mansilla, Documentación, 244 Nr. 210. — Potth. Reg. 791; Vázquez
Martínez, Documentos, 15 Nr. 28. — Vgl. O. Hageneder, Über das Privilegium fori bei Inno-
cenz III. Studia Gratiana 11 (= Collectanea Stephan Kuttner 1, Bologna 1967) 449—459. —
Wörtliche Wiederholung der Urkunde Coelestins III. vom 31. Januar 1195 (= Erdmann, PU
in Portugal, 359 Nr. 139).

Petro [1], Compostellano archiepiscopo [a].

||[b] **C**um sit regula iuris, qua dicitur, ut actor forum rei sequatur[2],
preces ex parte tua nobis super hoc obtinendo porrectas libenter admittimus, quod tam canonice quam legali consonat equitati; maxime, cum id
quod petis, in favorem beati Iacobi et Compostellane ecclesie debeat
adimpleri. Innotuit siquidem nobis, quod quidam laici rustici de regno
. . illustris regis Legionensis[3] super votis beato Iacobo persolvendis[4]
nolunt in presentia ipsius regis, qui ordinarius iudex eorum existit, quando conveniuntur, aliquatenus respondere[5].

Unde petitioni tue gratum prestando assensum ad exemplar felicis recordationis Cel(estini) pape, predecessoris nostri[6], fraternitati tue presenti pagina indulgemus, ut tibi liceat rusticos[c] ipsos tamquam votorum
debitores[c] sub examine predicti regis, quandoquidem tibi alias eorundem
votorum solutio debita denegatur, super eisdem votis remoto cuiuslibet
appellationis vel contradictionis obstaculo convenire.

Decernimus ergo et cetera.
Datum Laterani, III Idus Iulii.

---

136. [a] *Längs des Briefes am Rande ein senkrechter, z. T. gewellter Strich.*   [b] *Hand D 1 be-*
ginnt.   [c-c] *Auf Rasur nachgetragen.*

136. [1] S. Br. II 72 (75) Anm. 2.
[2] *Decretum Gratiani* C. XI, q. 1, c. 16 (= Friedberg, *CorpIC,* I 631) und eine Dekretale Papst Lucius' III. (JL 15213) = X. II, 2, 8 (*Ebd.* II 250).
[3] S. Br. II 72 (75) Anm. 12.
[4] S. Br. II 130 (139) Anm. 25.
[5] Sie dürften es abgelehnt haben, sich in einer causa spiritualis vor dem weltlichen
Gericht zu verantworten. Vgl. Hageneder, *Privilegium fori,* 452 ff.
[6] Vom 31. Januar 1195 (Erdmann, *PU in Portugal,* 359 Nr. 139).

137 (146).

*Innocenz III. befiehlt den Erzbischöfen (Martin) von Toledo und (Martin)
von Braga, ihren Suffraganen und den Bischöfen (Alfons) von Orense und
(Manricus) von León, in ihren Bistümern die Leistung der dem Erzbistum
Santiago de Compostela schuldigen « Votos» zu veranlassen (und trägt den* 5
*Bischöfen [Martin] von Zamora und [Gundisalvus] von Salamanca auf, im
Weigerungsfalle die Schuldner unter Anwendung geistlicher Strafen zur
Zahlung zu zwingen).*

Lateran, (1199) Juli 14.

Reg. Vat. 4, fol. 180ʳ—180ᵛ ⟨Nr. CXXXVII, 140, 146⟩.   10
    Sirleto, fol. 361ʳ = Cholinus, II 472 = Venet., II 472 = Baluze, I 436 Nr. 146 = Migne,
PL 214, 701 Nr. 146; Mansilla, Documentación, 249 Nr. 213. — Potth. Reg. 796; Vázquez
Martínez, 16 Nr. 31.

Toletano[1] **et Bracharensi**[2] **archiepiscopis et suffraganeis
eorum**[3] **; Oriensi**[4] **et Legionensi**[5] **episcopis**[a]**.**   15

Querelam[b] venerabilis fratris nostri P(etri), archiepiscopi Compostellani[6], accepimus, quod eius ecclesie ad mandatum etiam apostolicum sepius iteratum vota beati Iacobi[7] a parrochianis vestris[c] non facitis, sicut[c] debentur, exsolvi.

Quoniam igitur ad servanda iura prescripte ecclesie non decet vos 20
existere negligentes, fraternitati vestre per apostolica scripta mandamus
atque precipimus, quatinus memorato archiepiscopo et ecclesie sue pre-
scripta vota a parrochianis vestris, ut debentur, solvi decetero faciatis.
Alioquin venerabilibus fratribus nostris . . Zamorensi[8] et . . Salamantino[9]
episcopis datum noveritis in mandatis, ut parrochianos vestros ad vota 25
illa solvenda sublato appellationis obstaculo ecclesiastica districtione compellant. Vos itaque sententiam, quam idem episcopi vel eorum alter in eos
* fol. 180ᵛ   propter hoc rationabiliter tulerint[d], usque ad * dignam satisfactionem
denunciari faciatis et inviolabiliter observetis[e].

Datum Laterani, II Idus Iulii.   30

Scriptum est super hoc . . Zamorensi et . . Salamantino[f] episcopis.

---

137. [a]) *Auf fol. 180ʳ längs des Briefes am Rande ein senkrechter, z. T. gewellter Strich.*
  [b]) *Die Initiale läuft in einen kleinen, speienden Kopf aus.*   [c–c] -ris . . . sicut *auf Rasur*
nachgetragen.   [d]) *Migne:* tulerunt.   [e]) observatis.   [f]) Salamatino.

137. [1]) S. Br. II 61 (64) Anm. 2.   35
    [2]) S. Br. II 95 (103) Anm. 4.
    [3]) Suffraganbischöfe des Erzbischofs von Toledo waren damals die B. von Cuenca,
Osma, Palencia, Segovia und Sigüenza. Der Erzbischof von Braga gebot über die Suffra-
gansitze von Astorga, Coimbra, Lugo, Mondoñedo, Orense, Porto, Tuy und Viseu. Vgl.
dazu Dic. HE España, II (Madrid 1972) 991, 993 und Br. II 140 (149).   40
    [4]) S. Br. II 108 (117) Anm. 4.
    [5]) Manricus (de) Lara, B. von León (exemt) 30. März 1181—15. Dezember 1205. Vgl.
GONZÁLEZ, *Alfonso IX*, I 426.
    [6]) S. Br. II 72 (75) Anm. 2.   [7]) S. Br. II 130 (139) Anm. 25.
    [8]) S. Br. II 72 (75) Anm. 21.   [9]) S. Br. II 72 (75) Anm. 27.   45

138 (147).

Innocenz III. trägt dem Ritterorden vom Hl. Jakob vom Schwert und den
anderen Religiosen Spaniens auf, dem Erzbistum Santiago de Compostela
die schuldigen « Votos » zu leisten, (und beauftragt die Bischöfe [Gundisalvus]
5 *von Salamanca und [Martin] von Zamora, sie im Weigerungsfalle unter*
Anwendung geistlicher Strafen dazu zu zwingen).

Lateran, (1199) Juli 10.

Reg. Vat. 4, fol. 180ᵛ ⟨Nr. CXXXVIII, 141, 147⟩.
    Sirleto, fol. 361ᵛ = Cholinus, II 473 = Venet., II 473 = Baluze, I 436 Nr. 147 = Migne,
10 *PL 214, 701 Nr. 147; Mansilla, Documentación, 228 Nr. 202. — Potth. Reg. 774; Vázquez*
Martínez, 13 Nr. 21. — Vgl. López Ferreiro, Historia, V 27.

Magistro a⁾ **et fratribus Spatariis** 1⁾ **et** b⁾ **religiosis**
per Hispanias constitutis.

    Ad c⁾ audientiam apostolatus nostri transmissa conquestione ecclesie
15 Compostellane 2⁾ pervenit, quod cum per totam fere Hispaniam auctoritate
principum et prelatorum, favore etiam cleri et populi ecclesie beati Iacobi
ob reverentiam ipsius apostoli census quidam certus, qui « vota » dicitur, de
singulis paribus d⁾ boum antiquitus fuerit constitutus 3⁾, plerique vestrum
de terris vestris et hominum vestrorum eundem censum prescripte eccle-
20 sie pro sua tantum voluntate solvere e⁾ contradicunt e⁾. Verum quia valde
periculosum est quibuslibet aliena tenere, nedum viris religiosis, qui per-
fectionis amore propria dimiserunt, per apostolica vobis scripta mandamus, quatinus censum ipsum, secundum quod antiquitus statutus est,
eidem ecclesie cum integritate solvatis. Ceterum si, quod non credimus,
25 mandatum apostolicum in hac parte duxeritis contempnendum, noveritis
nos venerabilibus fratribus nostris .. Salamantino 4⁾ et .. Zamorensi 5⁾
episcopis mandavisse, ut ad id per interdicti et excommunicationis sententiam sublata appellationis difficultate, sicut visum fuerit, vos compellant.
30   Datum Laterani, VI Idus Iulii.

    Scriptum est super hoc eisdem episcopis.

vgl. Lk 18, 28;
Mk 10, 28

---

138. a⁾ *Migne:* Magistris.   b⁾ *Darnach* ecclesiis *durchgestrichen.*   c⁾ *Am Rande ein*
Kreuz ausradiert.   d⁾ *Migne und Mansilla:* partibus.   e–e⁾ *Vielleicht von Hand C in*
eine freigelassene Lücke nachgetragen; solvere contra- *auf Rasur.*

35 **138.** 1⁾ Gundisalvus Rodríguez, als Großmeister des 1161 gegründeten Ritterordens des hl.
Jakobus vom Schwerte (auch von Compostela) vom 1. Dezember 1195 bis 23. Oktober 1203
bezeugt. Vgl. D. W. LOMAX, *La Orden de Santiago (1170—1275).* Escuela de Estudios
Medievales. Estudios XXXVIII. Madrid 1965, 54 f., 66, 87, 213—215.
    2⁾ Santiago de Compostela.
40   3⁾ Br. II 130 (139) Anm. 25.
    4⁾ S. Br. II 72 (75) Anm. 27.
    5⁾ S. Br. II 72 (75) Anm. 21.

139 (148).

Innocenz III. entscheidet in einem Prozeß zwischen dem Priester W. und dem
Prior von Bagnara Calabra um die Kirche von Castronovo: W. hat im ge-
nannten Kloster Profeß geleistet; sein Anspruch auf die Kirche wird abge-
wiesen und deren Verleihung durch den Prior als simonistisch erklärt. Beide 5
werden vor den Hl. Stuhl geladen, wo sich der Prior wegen seines Vergehens
rechtfertigen soll.

Lateran, (1199) Juli 19.

Reg. Vat. 4, fol. 180ᵛ ⟨Nr. CXXXIX, 142, 148⟩.

Empfängerüberlieferung: Monteleone, Hausarchiv der Grafen Capialbi (vgl. Klinkenborg, 10
PU im Principato, in der Basilicata und in Calabrien, 347); nicht gesehen.

Sirleto, fol. 361ᵛ = Cholinus, II 473 = Venet., II 473 = Baluze, I 437 Nr. 148 = Migne,
PL 214, 702 Nr. 148; Minasi, Innocenzo III e l'abbazia di Bagnara Calabra, 268 f. —
Potth. Reg. 798. — Vgl. Minasi, L'abazia normanna, 25—29 (mit falscher Datierung: 1203).

Capitulo Balnearie [a][1]. 15

||[b] **Olim** ad instantiam W. presbyteri[2] conquerentis, quod ecclesiam[c],
quam ei de consensu vestro . . prior vester[3] sub annua pensione concesserat
et quam ipse animalibus multis ditaverat, [ei] abstulisset et extendisset
manum ad personam pariter et res eius, astringens eum ferreis vinculis
ad sedem apostolicam appellantem, causam ipsam venerabili fratri 20
nostro . . Messanensi[4] archiepiscopo meminimus commisisse.

Cum autem ad citationem ipsius, sicut ex litteris eius accepimus, partes
in ipsius essent presentia constitute, dictus presbyter ea, que priori in
ecclesie receptione contulerat, prior vero, que ipsi presbytero pro concordia dederat, sibi restitui postulabat. Cumque postmodum idem presbyter 25
et sua sibi restitui et de violentia irrogata iusticiam fieri postularet, prior
ipsum conversum ac professum suum esse asseruit et ad id probandum
quosdam testes induxit, quorum depositiones, priore postmodum appel-
lante, idem archiepiscopus sub suis nobis litteris destinavit; transcriptum
etiam quoddam concessionis, ||[b] quam idem prior dicto presbytero super 30
ecclesia de Castronouo[5] cum omnibus eius pertinentiis concedebat tali
tenore, quod eam in domibus, ortis et vineis augmentaret et sexaginta
porcos, pullum unum equinum, mulam unam et quadringentos Tarenos
offerret.

---

139. [a] *Das zweite* -a- *korr. aus* -o-. [b–b] *Von Hand C.* [c] ecclesia. 35

139. [1] Kapitel des Regularkanonikerstiftes von Bagnara Calabra (Diöz. und Prov. Reggio
di Calabria). Vgl. Minasi, *Innocenzo III e l'abbazia di Bagnara Calabra*, 257—265.

[2] Nicht identifizierbar.

[3] Vielleicht Rainer, der zu 1192 als Prior von Bagnara Calabra bezeugt ist. Vgl.
Minasi, *L'abazia normanna*, 23 f. 40

[4] Berard, EB. von Messina April 1196 — nach September 1226. Vgl. Kamp, *Kirche
und Monarchie*, III 1019—1024.

[5] Vielleicht Santa Maria di Castronovo (Prov. Palermo). Dazu vgl. Minasi, *L'abazia
normanna*, 25.

Ceterum cum dictus frater W. propter hoc ad nostram presentiam accessisset, prior vero non procuratorem idoneum sed nuncium minus sufficientem solummodo destinasset, nos venerabili fratri nostro . . Montis Regalis archiepiscopo[6] et P(etro?), tunc regie cappelle canonico, sub-
5 diacono nostro[7], dedimus in mandatis, ut dictum priorem in expensas legittimas condempnantes, inter partes, si fieri posset, concordiam reformarent; alioquin auditis, que proponerentur hincinde, et rationibus partium plenius intellectis, ita ut nichil restare nisi sententia videretur, gesta omnia redacta in scriptis sub sigillis suis ad nostram presentiam destina-
10 rent; statuentes partibus terminum competentem, quo presentarent se nostro conspectui sententiam recepture. Licet autem, sicut idem archiepiscopus nobis per suas litteras intimavit, coniudex ipsius, antequam partes vocarentur ad causam, viam fuerit[d] universe carnis ingressus, ipse nichilominus de consensu partium in causa processit et priore in expensas, quas
15 idem presbyter in via fecerat, condempnato conquestionem eiusdem presbyteri super spoliatione, captione ac detentione sua et prioris excusationem audivit ac [testes] super conversione et susceptione habitus ipsius presbyteri ex parte prioris inductos mandavit recipi et audiri; licet idem presbyter contra id, quod prius promiserat, receptioni eorum noluerit
20 interesse. Fuerunt etiam pro eodem presbytero quidam ad testimonium advocati, qui non iurati deposuerunt presbyterum ipsum fuisse carceri mancipatum.

Verum cum postmodum idem presbyter et frater Io(hannes)[8], canonicus Balnearie, procurator ad hanc causam specialiter constitutus[e], ad
25 nostram presentiam cum eiusdem archiepiscopi litteris accessissent, nos eis dilectum filium nostrum G(regorium), sancte Marie diaconum cardinalem[9], concessimus auditorem; qui cum omnia, que coram eo recitata fuerant, ad nostram presentiam retulisset, nos intelligentes sufficienter fuisse probatum per testes ipsum in domo Balnearie fecisse professionem,
30 suscepisse habitum et portasse, ipsum esse professum eiusdem ecclesie per sententiam diffinivimus, et ab impetitione ipsius super hiis, que sibi restitui postulabat, sententialiter absolvimus ecclesiam memoratam; adicientes ut, quia pro ecclesia de Castronouo, sicut ex assertione ipsius et concessione prioris patuit, reatum contraxerat symonie, ad eam de cetero

vgl. Jos 23, 14;
1 Kg 2, 2

vgl. Apg 8, 4–24

35   d) fuit.   e) costitutus.

6) Carus, EB. von Monreale (Prov. Palermo), bezeugt zwischen dem 23. Mai 1194 und dem 3. August 1222, lebte aber bis ca. 1230. Er war Mitglied und päpstlicher Vertrauensmann im Familiarenkolleg, das nach dem Tod der Kaiserin Konstanze die Regierungsgeschäfte im unteritalienischen Königreich lenkte. Vgl. KAMP, *Kirche und Mon-*
40 *archie*, III 1190—1195.

7) Vielleicht identisch mit Petrus ‚domini regis capellanus Panormitanus canonicus‘, der als Zeuge im Mai 1189 erwähnt wird. Vgl. SCHALLER, *Hofkapelle*, 502 Nr. 48.

8) Johannes, Kanonikus von Bagnara Calabra, Prokurator.

9) Es handelt sich entweder um Gregor, Kardinaldiakon von S. Maria in Aquiro
45 1188—1201, Kardinalpresbyter von S. Vitale 1201 — nach 1207, oder um Gregor, Kardinaldiakon von S. Maria in Portico 1188—1202.

nullatenus revertatur. Quia vero prior vester non minus immo magis in
hoc deliquisse videtur, volumus et mandamus, ut usque ad festum Omnium Sanctorum[10] nostro se conspectui representent[f], rationem nobis
super contractu symoniaco redditurus.

Nulli ergo et cetera diffinitionis et absolutionis et cetera.   5

Datum Laterani, XIIII Kal. Augusti.

140 (149).

Innocenz III. sichert dem Erzbischof (Martin) von Braga den gerichtlich
unklagbaren Besitz der galicischen Bistümer Tuy, Orense, Mondoñedo, Lugo
und Astorga sowie der Kirchen St. Viktor und St. Fruktuosus samt der   10
Hälfte der Stadt Braga zu, auf die der Erzbischof (Petrus) von Santiago de
Compostela zu seinen Gunsten verzichtet hat.

Lateran, (1199) Juli 20.

Reg. Vat. 4, fol. 180^v—181^r ⟨Nr. CXL, 143, 149⟩.

Sirleto, fol. 362^r = Cholinus, II 474 = Venet., II 474 = Baluze, I 437 Nr. 149 = Migne,   15
PL 214, 703 Nr. 149; Mansilla, Documentación, 250 Nr. 215. — Potth. Reg. 799; Vázquez
Martínez, 16 Nr. 32.

Bracharensi archiepiscopo[1].

(|) **Controversiam** [a] quatuor episcopatuum — Colimbriensis[2] videlicet,
Visensis[3], Egitaniensis[4] et Lamecensis[5] — inter Compostellanam[6] et   20
Bracarensem[7] ecclesias diutius agitatam non sine multo labore nuper
curavimus exacta diligentia terminare, sicut ex autentico sententie
liquido declaratur[8]. In qua re causa quoque quinque episcopatuum
Gallecie[9] — scilicet Tudensis[10], Auriensis[11], Mindoniensis[12], Lucensis[13]
et Astoricensis[14], qui a bone memorie Alex(andro) papa, predecessore   25
nostro[15], venerabili fratri nostro P(etro), Compostellano archiepiscopo[16],

---

[f]) *Migne:* representet.

140. [a]) *Auf fol. 180^v längs des Briefes am Rande ein senkrechter, z. T. gewellter Strich.*

[10]) 1. November 1199.

140. [1]) S. Br. II 95 (103) Anm. 4.   30

[2]) S. Br. II 124 (133) Anm. 7.

[3]) S. Br. II 124 (133) Anm. 9.

[4]) S. Br. II 124 (133) Anm. 10.

[5]) S. Br. II 124 (133) Anm. 8.

[6]) S. Br. II 124 (133) Anm. 5.   35

[7]) S. Br. II 124 (133) Anm. 6.

[8]) S. Br. II 124 (133) und II 125 (134).

[9]) Galicien, Landschaft im nordwestlichen Spanien.

[10]) S. Br. II 130 (139) Anm. 31.

[11]) S. Br. II 130 (139) Anm. 30.   40

[12]) S. Br. II 130 (139) Anm. 28.

[13]) S. Br. II 130 (139) Anm. 29.

[14]) S. Br. II 130 (139) Anm. 33.

[15]) Alexander III. 1159—1181. Vgl. ERDMANN, *PU in Portugal*, 246 Nr. 72.

[16]) S. Br. II 72 (75) Anm. 2.   45

pro illis fuerant assignati[17] — terminata dinoscitur, cum principali
questione sopita et accessoria per consequentiam sit sublata. Ut autem
super hoc nulla in posterum dubietas oriatur, fraternitati tue auctoritate
presentium duximus concedendum, ut super prefatis episcopatibus Galle-
5 cie indubitanter pertinentibus ad metropolim Bracarensem propter ea, que
hactenus gesta sunt, non valeas decetero conveniri. Presentibus quoque
litteris duximus annotandum, quod prefatus Compostellanus [archiepi-
scopus] archiepiscopatus[b] sui[c] nomine premissis episcopatibus — Colimbriensi scilicet, Visensi, Tudensi, Auriensi, Minduniensi, Lucensi et Astori-
10 censi —, ecclesiis etiam sancti Uictoris et sancti Fructuosi[18] cum omnibus
pertinentiis suis et medietati Bracarensis renunciavit in perpetuum * in   * fol. 181ʳ
presentia nostra et fratrum nostrorum, super quibus fuerat a partibus
litigatum.
Datum Laterani, XIII Kal. Augusti.

141 (150).

15

*Innocenz III. befiehlt dem Prior (Petrus) von S. Maria da Oliveira sowie
den Prioren von S. Maria da Costa und S. Torcato, alle in Guimarães, dem
Erzbischof (Martin) von Braga als ihrem Diözesanoberen, ohne Rücksicht
auf die etwaige Präskription einer faktischen Exemtion, zu gehorchen.*

20   *Lateran, (1199) Juli 21.*

Reg. Vat. 4, fol. 181ʳ ⟨Nr. CXLI, 144, 150⟩.
Sirleto, fol. 362ᵛ = Cholinus, II 475 = Venet., II 475 = Baluze, I 438 Nr. 150 = Migne,
PL 214, 704 Nr. 150. — Comp. III. 2, 17, 2; Alan. 2, 14, 4; Alan. K. 2, 16, 4; Bern. 2, 15,
2; Coll. Fuld. 2, 22, 4; X. II, 26, 12. — Potth. Reg. 800. — Vgl. Ferreira, Fastos episcopaes,
25 *I 368 f. Nr. 3.*

Vimariensi[a][1], **de Costa**[2] **et de sancto Tornaco**[3] **prioribus**[b].

Cum[c] non liceat a capite membra recedere[4], non sufficimus ammirari,   vgl. Eph 4, 15 f.
quod, sicut referente venerabili fratre nostro . . Bracarensi archiepiscopo[5]   u. ö.

---

[b] *Der zweite Schaft des -u- und das -s- auf Rasur nachgetragen.*   [c] *-i korr. aus -o.*
30 **141.** [a] *Migne:* Vimanensi.   [b] *Am Rande von einer Hand des 13. Jh.:* hoc est Extra de
prescriptionibus *(X. II, 26, 12).*   [c] *Am Rande ein Kreuz von wohl viel späterer Hand.*

[17] Dazu vgl. ERDMANN, *PU in Portugal*, 246 Nr. 72.
[18] S. Br. II 124 (133) Anm. 93 und Anm. 94.
141. [1] Petrus de Amaral, Prior des Kollegiatskapitels von S. Maria da Oliveira in Guima-
35 rães (Diöz. und Distr. Porto, Minho, Portugal) 1171—1216. Er war seit 1153 königlicher
Notar. Vgl. *Doc. Med. Port.*, I 2 863 (Index).
[2] Vielleicht Menendus, der zu 1173 als Prior des Augustiner-Chorherrenstiftes S. Maria
da Costa in Guimarães aufscheint. Vgl. *Doc. Med. Port.*, I 417 Nr. 316.
[3] Vielleicht Pelagius, der zu 1173 als Prior des Augustiner-Chorherrenstiftes (S. Ma-
40 ria e) S. Torcato in Guimarães aufscheint. Vgl. ebd., 416 Nr. 316.
[4] Vgl. *Decretum Gratiani* D. XII, 1 (= FRIEDBERG, *CorpIC*, I 27).
[5] S. Br. II 95 (103) Anm. 4.

nostris est auribus intimatum, licet^{d)} ecclesie vestre in ipsius sint diocesi constitute, vos tamen^{e)} nullum exemptionis privilegium pretendentes obedire sibi tamquam episcopo vestro contumaciter recusatis. Cum igitur

vgl. 1 Sam 15, 23 crimen ariolandi sit repugnare et scelus idolatrie nolle acquiescere, susti-nere nolentes, quod subditi prelatis suis non obediant, ut tenentur: de 5 communi fratrum consilio per apostolica vobis scripta mandamus et in virtute obedientie districte precipimus, quatinus prefato archiepiscopo et ecclesie Bracarensi obedientiam et reverentiam debitam, sicut alii clerici sue diocesis faciunt, decetero sine contradictione qualibet impendatis; prescriptione temporis non obstante. 10

Alioquin sententiam, quam idem in vos vel ecclesias vestras propter hoc rationabiliter tulerit, ratam habebimus et faciemus auctore Domino in-violabiliter observari.

Datum Laterani, XII Kal. Augusti.

142 (151). 15

Innocenz III. befiehlt den Bischöfen (Martin) von Porto und (Petrus) von Lamego sowie dem Abt von Bouro, daß sie den Prior (Johannes) von S. Martinho de Crasto unter Anwendung geistlicher Strafen zum Gehorsam gegenüber seinem Diözesanoberen, dem Erzbischof (Martin) von Braga, zwingen. 20

(Lateran, 1199 ca. Juli 20—25)[1].

Reg. Vat. 4, fol. 181^r ⟨Nr. CXLII, 145, 151⟩.

Sirleto, fol. 362^v = Cholinus, II 475 = Venet., II 475 = Baluze, I 438 Nr. 151 = Migne, PL 214, 704 Nr. 151. — Potth. Reg. 801. — Vgl. Ferreira, Fastos episcopaes, I 360. Vgl. ferner Br. I 119. 25

Portugalensi[2] et Lamecensi[3] episcopis et abbati[4] de Burio[a].

Intimante venerabili fratre nostro .. Bracarensi archiepiscopo[5] no-stris est auribus intimatum, quod dilectus filius .. prior sancti Martini de

---

^{d)} *Auf Rasur von anderer Hand nachgetragen (vgl. Einleitung XVII).*   ^{e)} *Über der Zeile nachgetragen.* 30

142. ^{a)} *Längs des Briefes am Rande ein senkrechter, z. T. gewellter Strich.*

142. ¹⁾ Zur Datierung: Die Br. II 142 (151) und 143 (152) besitzen wohl ungefähr dasselbe Datum, wie die beiden unmittelbar vorher registrierten und ebenfalls im Interesse des Erz-bischofs von Braga ausgestellten Br. II 140 (149) und 141 (150) vom 20. und 21. Juli.

    ²⁾ S. Br. II 131 (140) Anm. 2. 35

    ³⁾ S. Br. II 125 (134) Anm. 6.

    ⁴⁾ Zisterzienserabtei S. Maria de Bouro (Diöz. und Distr. Braga, Minho, Portugal), seit 1169 von Alcobaça abhängig. Vgl. J.-M. Canivez, *Bouro*, in: Dict. HGE 10 (Paris 1938) 245 f.

    ⁵⁾ S. Br. II 95 (103) Anm. 4. 40

Castro[6] occasione cuiusdam privilegii, quod pendente lite de novo eodem
archiepiscopo ignorante a bone memorie Cel(estino) pape, predecessore
nostro, dicitur impetratum[7], obedientiam consuetam et reverentiam debitam denegat exhibere. Cum igitur de iure naturali procedat et hoc ipsum
5 in Euangelio Dominus manifestet, quod quecumque volumus, ut faciant
nobis homines, et nos eadem[b] eis facere debeamus, sicut volumus[c] nobis
ab aliis debitum honorem impendi, sic et[c] fratribus et coepiscopis nostris
a subditis deferri volentes, eidem priori de communi fratrum nostrorum
consilio per scripta nostra precipiendo mandavimus, ut — non obstante
10 huiusmodi privilegio neque commissione ad te, frater episcope[8], et prius
episcopum Lamecensem[9] et dilectum filium priorem Ecclesiole[10] postea
impetrata[11] — prefato archiepiscopo et ecclesie Bracarensi decetero sine
contradictione qualibet, sicut alii prelati sue diocesis faciunt, humiliter
obedire procuret.
15 Quocirca discretioni vestre per apostolica scripta precipiendo mandamus, quatinus, si predictus prior mandato nostro parere noluerit, vos eum
ad id veritate cognita per censuram ecclesiasticam sine appellationis obstaculo compellatis. Quodsi omnes [et cetera].
Datum[d] ut supra.

vgl. Mt 7, 12;
Lk 6, 31

20 ## 143 (152).

*Innocenz III. befiehlt den Bischöfen (Martin) von Osma, (Martin) von
Porto und (Bricius) von Plasencia, über eine vom Erzbischof (Martin) von
Braga gegen den Bischof (Martin) von Zamora wegen der Metropolitanzuge-
hörigkeit dieses Bistums vorgebrachte Klage zu entscheiden.*

25 *(Lateran, 1199 Juli ca. 20—25)[1].*

Reg. Vat. 4, fol. 181ʳ ⟨Nr. CXLIII, 146, 152⟩.
*Sirleto, fol. 363ʳ = Cholinus, II 475 = Venet., II 475 = Baluze, I 438 Nr. 152 = Migne,
PL 214, 705 Nr. 152; Mansilla, Documentación, 251 Nr. 216. — Potth. Reg. 802; Vázquez
Martínez, 17 Nr. 33. — Vgl. Ferreira, Fastos episcopaes, I 352; López Ferreiro, Historia,
30 I 33.*

---

b) -a- *korr. aus einem anderen Buchstaben.*   c) *Fehlt bei Migne.*   d) *Das Datum
ist vielleicht nachgetragen (vgl. Kempf, Originalregister, 116 Anm. 84).*

6) Johannes, Prior des Augustiner-Chorherrenstiftes S. Martinho de Crasto (Diöz.
Braga). Vgl. FERREIRA, *Fastos episcopaes*, I 360 f. bzw. ERDMANN, *PU in Portugal*, 113 f.
35   7) Vgl. ERDMANN, *PU in Portugal*, 114.
8) Den Bischof von Lamego (Br. I 119, S. 181 Z. 26); s. oben Anm. 3.
9) Godinus Affonso, B. von Lamego (Suffr. von Braga, dann von Santiago de Compostela) 1176—1189, später Regularkanoniker. Vgl. ALMEIDA, *História*, I 625 bzw. DE OLI-
VEIRA, *História eclesiástica*, 441.
40   10) Vielleicht Stephan, der 1195 als Prior von S. Salvador de Grijó (Augustiner-Chor-
herrenstift, Diöz. und Distr. Porto, Portugal) bezeugt ist (ERDMANN, *PU in Portugal*, 92 ff.,
369 Nr. 149).
11) Br. I 119.
143. 1) Zur Datierung s. Br. II 142 (151) Anm. 1.

Exoniensi [a)2)], **Portugalensi** [3)] **et Placentino** [4)] **episcopis** [b)].

| **C**um olim inter Toletanam [5)] et Bracarensem [6)] ecclesias super Zamorensi episcopatu [7)], quem tunc Toletanus archiepiscopus [8)] ut dicitur possidebat, questio verteretur, felicis recordationis Eugenius papa, predecessor noster [9)], nec Compostellano archiepiscopo [10)] nec episcopo Zamorensi [11)] cita- 5
to, nec denuntiatione aliqua, sicut venerabilis frater noster Compostellanus archiepiscopus [12)] asseverat, super hoc facta eisdem, sententiam pro
Bracarensi ecclesia promulgavit; scribens episcopo, clero et populo
Zamorensibus, ut ei et ecclesie Bracarensi tamquam sue metropoli humiliter obedirent [13)]. Ac postmodum possessionem ipsius Bracarensis archi- 10
episcopus, sicut nobis ex parte sua fuit propositum, est adeptus. Postmodum vero idem Compostellanus archiepiscopus primo a bone memorie
Alex(andro) papa [14)] ac demum a Lucio [15)], predecessoribus nostris, ad delegatos iudices contra Zamorensem episcopum [16)], qui tunc se iuxta eiusdem
archiepiscopi assertionem habebat pro libero [c)], litteras impetravit: qui 15
pro eo diffinitivam sententiam protulerunt [17)]; cuius inquisitionem felicis
recordationis Vrbanus papa, predecessor noster, commisit ad petitionem
venerabilis fratris nostri .. Bracarensis archiepiscopi [18)] faciendam [19)].

---

143. [a)] *Migne:* Oxomensi.　　[b)] *Längs des Briefes am Rande ein senkrechter, z. T. gewellter
Strich.*　　[c)] *Migne und Mansilla:* libito.　　　　　　20

　[2)] S. Br. II 61 (64) Anm. 1.
　[3)] S. Br. II 131 (140) Anm. 2.
　[4)] Bricius, (erster) B. von Plasencia (Suffr. von Santiago de Compostela, Prov. Cáceres,
Spanien) 3. Dezember 1190 bis 15. Mai 1212. Vgl. A. Martías Gil, *La siete centurias de la
ciudad de Alfonso VIII.* Recuerdos históricos ... de Plasencia. Plasencia 1877, 23—40, 25
247 bzw. González, *Alfonso VIII,* III 912 (Reg.).
　[5)] Erzbistum Toledo.
　[6)] Erzbistum Braga.
　[7)] Bistum Zamora.
　[8)] Johannes, EB. von Toledo 1152—29. September 1166. Zuvor B. von Segovia (seit 30
1149). Vgl. Rivera Recio, *Iglesia de Toledo,* I 198 f.
　[9)] Papst Eugen III. (1145—1153).
　[10)] Pelagius Raymundo, EB. von Santiago de Compostela 1153—1156. Vgl. Ferreira,
Fastos episcopaes, I 309 f.
　[11)] S. Br. II 97 (105) Anm. 15.　　　　35
　[12)] S. Br. II 72 (75) Anm. 2.
　[13)] Das Urteil Eugens III. vom 13. Juni 1153 bei Erdmann, *PU in Portugal,* 217 f.
Nr. 51 (vgl. auch 215 ff. Nr. 50), den Brief an Klerus und Volk von Zamora ebd. 218 Nr. 52.
　[14)] Die Delegation durch Papst Alexander III. erfolgte ungefähr im Januar 1181 an die
Bischöfe von Ávila, Porto und Tarazona (ebd. 255 zu Nr. 82).　　　　40
　[15)] Papst Lucius' III. Delegation erfolgte am 9. September 1181 an die Bischöfe von
Tarazona, Salamanca und Porto (ebd. 259 f. Nr. 86).
　[16)] S. Br. II 97 (105) Anm. 25.
　[17)] Das Urteil fällten am 24. Januar 1184 die Bischöfe von Tarazona und Salamanca
(Erdmann, *PU in Portugal,* 289 ff. Nr. 99).　　　　45
　[18)] S. Br. II 95 (103) Anm. 17.
　[19)] Am 13. April (1186) an den Vicedominus (Johannes) von Brescia und Magister
Johannes von Bergamo (Erdmann, *PU in Portugal,* 298 Nr. 104; vgl. ebd. 310 Nr. [11]).

Nuper autem cum idem Compostellanus et idem Bracarensis[20] archiepiscopi propter hanc et alias causas, quas habebant ad invicem, ad nostram
presentiam accessissent, et super hiis fuisset ab eis aliquandiu disceptatum, de consilio fratrum nostrorum sentenciando decrevimus, ut illa sen-
5 tentia in nullo prorsus obsisteret archiepiscopo vel ecclesie Bracarensi.

Ideoque fraternitati vestre per apostolica scripta[d] precipiendo mandamus, quatinus — sive adversus eundem Compostellanum sive adversus
venerabilem fratrem nostrum Zamorensem episcopum[21] vel etiam adversus utrumque super hoc agere voluerit archiepiscopus Bracarensis;
10 denunciatione tamen facta prius a vobis Compostellano, ut, si voluerit,
Zamorensem episcopum tueatur, si Bracarensis Zamorensem maluerit
convenire — vos ad locum congruum accedentes, ad quem partes suos
possint testes inducere, et de fama[e] diligentius inquirentes, partibus convocatis et ipsius cause meritis per earum assertionem plenius intellectis,
15 ad sententiam appellatione postposita procedatis, facientes et cetera. Testes cogantur. Quodsi omnes et cetera, tu frater Oxomensis et cetera; ita
quod, si alterum vestrum, fratres Portugalensis et Placentine, decedere
forte contigerit, liceat metropolitano suo[22] in locum decedentis, quem
voluerit, ex suis suffraganeis subrogare.
20   Datum ut supra.

144 (153).

Innocenz III. bestätigt der Titelkirche S. Crisogono in Rom die lange Zeit
umstrittenen Pfarrechte über die Kirche S. Salvatore della Corte und Rechte,
die ihr an anderen Kirchen und Kapellen zustehen, die Exemtion sowie alle
25 *sonstigen Besitzungen. Außerdem verbietet er, letztere zu entfremden.*

Lateran, 1199 Juli 23.

Reg. Vat. 4, fol. 181ʳ—181ᵛ ⟨Nr. CXLIIII, 147, 153⟩.
Sirleto, fol. 363ᵛ = Cholinus, II 476 = Venet., II 476 = Baluze, I 439 Nr. 153 = Migne,
PL 214, 706 Nr. 153. — Potth. Reg. 803.

30   **Clericis sancti Grisogoni[1], tam presentibus quam futuris**
canonice substituendis in perpetuum[a].

| Ea, que a predecessoribus nostris Romanis pontificibus ratione previa
statuuntur, tanto volumus firmius observari, quanto de maturiori viden-

---

d) scpta.   e) -a *am Schluß korr. aus* -e.
35 **144.** a) *Am Rande von einer Hand des 13. Jh.:* CL. *Ferner wurde ein schräger Strich aus-*
radiert (vgl. Einleitung XXII).

20) S. Br. II 95 (103) Anm. 4.
21) S. Br. II 72 (75) Anm. 21.
22) Die Erzbischöfe von Braga (für Porto) und Santiago de Compostela (für Plasencia).
40 **144.** 1) Regularkanoniker von S. Crisogono in Rom (Trastevere). Vgl. M. MESNARD, *La*
Basilique de Saint Chrysogone à Rome (= Studi di Antichità Cristiana 9, Città del Vaticano
1935).

tur consilio processisse; et ne inposterum alicuius valeant temeritate tur-
bari, apostolico sunt munimine fulcienda.

Sane cum bone memorie Io(hannes) de[b] Crema, ecclesie vestre presbyter cardinalis[2], in presentia felicis recordationis Calixti[c] pape, predecessoris nostri[3], adversus clericos sancti Saluatoris de Curte[4] suam deposu- 5
isset querelam — pro eo videlicet, quod tam ei quam ecclesie vestre debitam obedientiam subtraxissent et iura parrochialia denegarent —, idem
predecessor noster utraque parte ad suam presentiam evocata et rationibus utriusque diligenter auditis et cognitis — inspectis etiam privilegiis
bone memorie tam Io(hannis)XVpape[5], quod supradictam ecclesiam sancti 10
Saluatoris de Curte in fundo ecclesie vestre sub censu annuo constitutam
monstrabat, quam Urbani secundi[6], in quo evidenter diffinitum agnovit,
ut clerici predicte ecclesie sancti Sal(uatoris) essent in canonica subiectione
et facerent vobis et ecclesie vestre obedientiam et deberent scrutinium,
baptisma, capitulum, processiones et clericorum ordinationes vobis et 15
ecclesie vestre sicut proprio titulo exhibere, que idem cardinalis ad tuitionem sue cause in medium producebat —, fratrum suorum habito consilio
per sententiam diffinivit prefatam ecclesiam sancti Saluatoris debere in
predictis omnibus vestre ecclesie respondere; quam videlicet sententiam
bone memorie Innocentius[c][7] et Lucius[c] papa secundus[8] postmodum 20
confirmarunt, sicut in eorum vidimus privilegiis contineri. Cumque postmodum predicti clerici eandem nollent sententiam observare, bone memorie Guido, ecclesie vestre sancti Grisogoni presbyter cardinalis[9], in presentia felicis memorie Adriani pape[10] anno eius primo suam deposuit
questionem. Qui — auditis et cognitis, que proponebantur hincinde, et 25
inspectis privilegiis bone recordationis tam Vrbani quam Calixti, Romanorum ponti*ficum, et qualiter hanc eandem controversiam, cum in suis
temporibus inter ipsas ecclesias emersisset, diffinierint[d] — controversie

* fol. 181ᵛ

---

[b]) *Fehlt bei Migne.*   [c]) *In verlängerter Schrift.*   [d]) *Migne:* diffinierit.

[2]) Johannes von Crema, Kardinalpresbyter von S. Crisogono ca. 1116 — vor 1137. 30
Vgl. Hüls, *Kardinäle,* 176—178.

[3]) Sentenz Papst Calixts II. vom 17. April 1121 (JL 6901 = IP I 125 Nr. 5).

[4]) S. Salvatore della Corte, 1121 auch ,Aquila felix' genannt, wurde 1729 in S. Maria
della Luce umbenannt. Gelegen im römischen Stadtteil Trastevere. Vgl. IP I 125 Nr. 5
bzw. JL 6901 sowie R. Valentini - G. Zucchetti, *Codice topografico della città di Roma* 35
(Roma 1946) III 251 Anm. 5.

[5]) Papst Johannes XV. (985—996). Vgl. IP I 125 Nr. *3 und Zimmermann, *Papstregesten,* 643.

[6]) Papst Urban II. (1088—1099). Vgl. IP I 125 Nr. *4.

[7]) Die Urkunde Papst Innocenz' II. vom April/Mai 1130 bei JL 7412. Vgl. auch IP I 40
126 Nr. 7.

[8]) Papst Lucius II. (1144—1145). Vgl. IP I 126 Nr. *8.

[9]) Guido, Kardinalpresbyter von S. Crisogono, ist vom 24. September 1139 bis 13.
Juni 1157 bezeugt und dürfte vor dem 14. März 1158 verstorben sein. Vgl. Zenker, *Mitglieder des Kardinalkollegiums,* 62 ff. 45

[10]) Papst Hadrian IV. (1154—1159). Vgl. IP I 126 Nr. *9 (mit vermutlicher Datierung
zwischen 4. Dezember 1154 und 4. Dezember 1155).

ipsi debitum finem imposuit et eorum sententias privilegii sui pagina confirmavit et clericos illius ecclesie vobis vestrisque successoribus et ecclesie vestre beati Grisogoni parrochialia iura sicut proprio titulo exhibere decrevit. Postmodum autem quinto anno pontificatus eiusdem Banadies,
5 presbyter cardinalis ecclesie vestre[11], cui predicti clerici sancti Saluatoris tamquam contumaces et rebelles subiectionem et obedientiam facere noluerunt, accessit ad eundem pontificem predecessorem nostrum Adrianum et coram eo de illis suam deposuit questionem. Qui cum eandem causam cognoscendam bone memorie Bernardo, Portuensi episcopo[12],
10 commisisset, idem episcopus, predecessoris nostri Calixti sententia diligenter inspecta, de mandato eiusdem pronunciavit eandem sententiam a dictis clericis sancti Saluatoris debere inviolabiliter observari, || [e] sententiam ipsam proferens, sicut in autentico scripto per manum scriniarii exinde facto continetur expresse, qua ad exhibitionem iuris parrochialis
15 Ioh(ann)em yconomum predicte ecclesie[13] et omnes eiusdem ecclesie clericos condempnavit, videlicet in scrutinio, baptismate, capitulo, processione et clericorum ordinatione; et prefatum titulum ecclesie vestre sancti Grisogoni ad omne ius parrochiale restituit, sicut in privilegiis vestre ecclesie continetur. Ceterum cum tempore felicis recordationis Alex(an
20 dri)[c] pape III[14] sepedicti clerici contumaces existerent et rebelles nec late sententie vellent aliqua ratione parere, ad instantiam clericorum tunc ecclesie vestre eos ad suam presentiam evocavit; qui coram eo proponere curaverunt, quod sententia illa non deberet aliqua ratione tenere pro eo, quod interposita fuerat appellatione suspensa[15] et etiam lata contra
25 libertatem ecclesie sue per privilegium apostolice sedis indultam. In quo videlicet privilegio continebatur expressum, quod ecclesia sancti Saluatoris de Curte nulli alii nisi Romane ecclesie subiaceret. Quod quidem privilegium, sicut in publico instrumento per manum scriniarii exinde facto habetur, ab yconomo ecclesie vestre in controversia illa, que actitata est
30 coram predicto B(ernardo), episcopo Portuensi, et alia similiter privilegia, que pro libertate sue ecclesie[f] pretendebant, sunt falsitate penitus confutata: tum quia recens iunctura et incollatura evidentius apparebat et

---

e-e) *Von Hand C.*　　　f) *Durch Zeichen umgestellt aus* ecclesie sue.

[11] Bonadies, Kardinalpresbyter von S. Crisogono, als solcher zwischen 14. März 1158
35 und 19. Februar 1160 bezeugt. Er war zuvor Kardinaldiakon von S. Angelo in Pescheria (ab 21. Dezember 1156). Er starb auf einer Legation nach Byzanz vermutlich 1162/63. Vgl. BRIXIUS, *Kardinalkolleg*, 58 Nr. 3 und den Artikel: *Bonadie*, in: DBI 11 (Roma 1969) 488 f. (mit Lit.). — Das fünfte Pontifikatsjahr Hadrians IV. erstreckt sich vom 4. Dezember 1158 bis zu seinem Ableben am 1. September 1159.

40　　[12] Bernhard, Kardinal-Bischof von Porto und S. Rufina, als solcher ab dem 19. Dezember 1158 bis zu seinem Ableben am 18. August 1176 belegt. Er war zuvor (spätestens ab 21. Dezember 1145) Kardinalpresbyter von S. Clemente und Erzpriester von St. Peter. Vgl. Z. ZAFARANA in: DBI 9 (1967) 244 ff.

　　[13] Johannes, yconomus (= Vorsteher) der Kirche von S. Salvatore della Corte in Rom.
45　　[14] Papst Alexander III. (1159—1181). Vgl. dazu IP I 126 Nr. *12.

　　[15] Vgl. *Decretum Gratiani* C. II, q. 6, c. 31 § 1 (= FRIEDBERG, *CorpIC*, I 477).

multa in se mendacia continebant; tum quia nullis aliis temporibus visa
sunt vel exhibita. Auditis itaque et cognitis utriusque partis rationibus
et privilegiis predecessorum nostrorum Romanorum pontificum diligenter
inspectis, habito fratrum suorum consilio, predicti episcopi sententiam
confirmavit et perpetuis temporibus firmam manere sanctivit; quam 5
etiam felicis recordationis Lvcivs c) papa III, predecessor noster, ratam
habuit[16], cum duo ex clericis sancti Saluatoris, quos ad suam propter hoc
presentiam evocarat, coram eo confessi fuissent sententiam fuisse prolatam, eandem se servasse ac velle servare firmiter asserentes.

Nos igitur eorundem predecessorum nostrorum Ioh(ann)is, Vrbani, 10
Calixti, Honorii, Innocentii, Lvcii, Adriani et Alexandri g) vestigiis inherentes, eandem sententiam auctoritate apostolica confirmamus et presentis scripti p(atrocinio) communimus. Vobis etiam vestrisque successoribus et per vos eidem ecclesie vestre sancti Grisogoni inperpetuum confirmamus ecclesias et capellas, que infra eiusdem beati Grisogoni par- 15
rochiam continentur: videlicet sepedictam ecclesiam sancti Saluatoris de
Curte, que etiam Felix Aquila nuncupatur; ecclesiam sancte Bonose[17];
ecclesiam sancte Agathe[18] cum pertinentiis earum; ecclesiam sancti
Stephani[19], que utroque iure, parrochiali videlicet et proprietatis, ad
vestram dinoscitur ecclesiam pertinere: ut quicquid dignitatis, quicquid 20
reverentie, quicquid parrochialis iuris matrix ecclesia in suis habet ecclesiis et capellis, hoc vos in istis per Dei gratiam habeatis, tam in ordinationibus clericorum per easdem ecclesias collocandorum sive ad ecclesiasticos ordines promovendorum, quam in scrutiniis, baptismatibus, processionibus, capitulis et in criminalium, que publica sunt, iudiciis. 25

Nullus ergo episcopus, nullus cardinalis, nullus abbas, nullus archipresbyter in predicti beati Grisogoni titulo, in capellis et territoriis earum,
parrochialia sibi iura audeat vendicare. Nec abbatum alicui facultas sit
parrochianos vestros, nisi forte ab eis deliberatum sit, in suis ecclesiis sepe-
lire; quodsi viventes adhuc religionis intuitu apud eos sepeliri deliberave- 30
rint, cum vestra quoque presentia salva matricis ecclesie iusticia tumulentur.

Ad hec adicientes vobis vestrisque successoribus et per vos ecclesie
vestre perpetuo confirmamus ecclesiam sancti Iuliani[20] cum domibus,
cellis, criptis, ortis, vineis et arenariis suis, cum terris cultis vel incultis h), 35
silvis, pantanis et pratis suis, cum suis aquimolis i) in rivo, qui vocatur Ar-

---

g) *Namen der Päpste in verlängerter Schrift.* h) *Durch Zeichen umgestellt aus* vel
incultis cultis. i) *Migne:* aquiniolis.

16) Papst Lucius III. (1181—1185). Vgl. dazu IP I 126 Nr. *13.
17) S. Bonosa in Trastevere. Die Kirche wurde 1888 abgebrochen. Vgl. HUELSEN, Le 40
chiese di Roma, 223 f.
18) S. Agata in Trastevere. Vgl. HUELSEN, Le chiese di Roma, 168.
19) S. Stefano Rapignani. Eine nahe bei S. Crisogono gelegene, schon 1425 verfallene
Kirche. Vgl. HUELSEN, Le chiese di Roma, 483.
20) S. Giuliano bei Castel di Guido am Arrone (Prov. Rom). 45

ton', que quidem ecclesia sita est iuxta castrum, quod vocatur de Guid(o);
casale de Maliana[21] cum turri, vineis, agris cultis et incultis, pratis, silvis,
aquis et aquarum decursibus; vineas, quas in Marcello, in Rosario et in
pratis pape[22] possidetis, cum pratis et aliis pertinentiis suis; vineas et
5 terras in Virgine; molam, quam in flumine Tyberis habetis et quartam
partem alterius mole; casale in campo de Merulis[23]; terras in Marcello;
terras in Uentrebublo; cum aliis omnibus, que impresentiarum iuste et
canonice possidetis vel infuturum largiente Domino poteritis adipisci.
Decernimus ergo, ut nulli omnino hominum liceat honores et bona sepe-
10 fate ecclesie vendere, in feudum dare aut ab eadem ecclesia modis quibuslibet alienare[k], ipsam ecclesiam temere perturbare et cetera; salva sedis
apostolice auctoritate. Si qua igitur et cetera.

Datum Laterani per manum Raynaldi, Acherontini archiepiscopi,
cancellarii vicem agentis[24], X Kal. Augusti, indictione II, incarnationis
15 Dominice anno M C XCVIIII, pontificatus vero domni Innocentii[c] pape
III anno secundo. ||[e]

145 (154).

Innocenz III. bestätigt, daß Bischof R(aimund) und Archidiakon Arnald,
beide von Périgueux, in seinem Auftrag die Zisterzienserabtei Cadouin mit
20 *deren abhängigen Klöstern zur Reform der Abtei Pontigny unterstellt haben,*
was auch seitens des päpstlichen Legaten, Kardinaldiakon P(etrus) von
S. Maria in Vialata, bestätigt worden ist.

Lateran, (1199) Juli 23.

Reg. Vat. 4, fol. 182[r] ⟨Nr. CXLV, 148, 154⟩.
25 *Sirleto, fol. 365[r] = Cholinus, II 478 = Venet., II 478 = Baluze, I 441 Nr. 154 = Migne,*
PL 214, 709 Nr. 154. — Potth. Reg. 804; Bréquigny, Table chronologique, IV 265. — Vgl. Dict.
HGE 11 (Paris 1949) 119.

*Aimerico, abbati Caduniensi[1].   * fol. 182[r]

Inter[a] ceteras sollicitudines, que nobis ex officio credite servitutis in-
30 cumbunt, animum nostrum sollicitior cura perurget, cum eos, qui terrenas

---

k) *Davor ein Buchstabe, wahrscheinlich ein -h-, ausradiert.*
145. a) *Am Rande ein Kreuz von wohl viel späterer Hand.*

21) Magliana (Sabina) am Tiber (Prov. Rom). — Zu den im folgenden angeführten Örtlichkeiten vgl. U. Gnoli, *Topografia e Toponomastica di Roma medioevale e moderna*. Roma
35 1939.

22) Der heutige Stadtteil Prati in Rom, welcher im Mittelalter Prati di Castello oder
Prati di San Pietro hieß.

23) Der heutige Stadtteil Merulana in Rom, zwischen den Basiliken San Giovanni in
Laterano und S. Maria Maggiore gelegen.
40 24) S. Br. II 3 Anm. 6.

145. 1) Aimerich, Abt der Zisterzienserabtei Cadouin (Diöz. Périgueux, Dép. Dordogne, Arr.
Bergerac), zwischen Februar 1189 und Mai 1201 bezeugt. Zeitweilig wurde ihm die Abt-
würde von Gerald de la Coste streitig gemacht (s. Br. II 146 [155]). Vgl. J.-M. Canivez,
Cadouin, in: Dict. HGE 11 (Paris 1949) 121.

vgl. 2 Kor 4, 2   illecebras sumendo habitum regularem deberent penitus abdicasse et obsequiis efficatius divinis insistere, audimus esse inquinamentis malicie ac dissolutionis viciis irretitos; et ad eorum correctionem studium efficax et promptam voluntatem nos convenit adhibere.

vgl. Ps 68, 10;
1 Makk 2, 54;
Jo 2, 17

     Nimirum cum per insinuationem tuam ad apostolatus nostri audien- 5
tiam pervenisset, zelo Dei conscientiam tuam sicut credimus excitante, quod ab antiquo abbatia Caduniensis non solum pastorem de ordine Cisterciensi suscepit sed etiam habitum et observantiam regularem[2], per quam tam in temporalibus quam spiritualibus olim celestium donorum profecerat incrementis, et tandem per quosdam indisciplinatos[b] filios voluntatis 10 proprie sectatores, qui cervices suas indomitas ab illo iugo suavi et salutari minus licenter excutere presumpserunt, ad tante dissolutionis miseriam peccatis exigentibus iam devenit, ut a malicia inhabitantium in ea, sicut etiam ex testimonio plurimorum didicimus, defectum minaretur pariter et ruinam: propter hoc bone memorie A(demaro)[c] Pictauensi[3] et 15 venerabili fratri nostro R(aimundo) Petragoricensi[4] episcopis et dilecto filio Arnaldo, archidiacono Petragoricensi[5], precipiendo mandavimus[6], ut ad locum pariter accedentes, quicquid corrigendum invenirent(|)tam in capite quam in membris, auctoritate freti apostolica solum Deum habentes pre oculis previa ratione corrigerent; et fratres ipsos diligentius 20 commonentes, ut redirent ad ordinem Cisterciensem, a quo formam religionis sumpserunt, procederent ad emendationem ipsius loci tam in capite quam in membris, prout expedire viderent; et quod statuerent, per censuram ecclesiasticam facerent firmiter observari, conspirationes etiam et vicium proprietatis penitus extirpari et fratres, quos morientes in eo con- 25 tingeret vicio deprehendi, christiana sepultura carere. Adiectum fuit etiam quod, si predicti tres iudices interesse non possent, reliqui duo premissa exequi non differrent.

     Unde predicti episcopus et archidiaconus Petragoricenses, sicut tenor litterarum suarum nobis plenius intimavit, cum dictus episcopus Picta- 30 uensis iam esset morte preventus[7], ad tuum monasterium accedentes et intelligentes per famam publicam fratres eiusdem monasterii tam in

vgl. 2 Kor 9, 10;
Hebr 6, 4

vgl. Mt 11, 30

vgl. Ps 53, 5
vgl. Tit 1, 5

---

     [b] indisplinatos.   [c] *Migne:* a.

     [2] Im Oktober 1119 wurde das kurz zuvor gegründete Benediktinerkloster Cadouin in eine von Pontigny aus besiedelte Zisterzienserabtei umgewandelt (ebd., 118 f.).   35

     [3] Ademar du Peyrat (Peirato), B. von Poitiers (Suffr. von Bordeaux, Dép. Vienne) 30. November 1197—vor Dezember 1198. Zuvor Kanonikus daselbst, war seine Bischofsweihe von mißgünstigen Adeligen verhindert worden, weshalb er nach Rom ging, wo ihn Papst Innocenz III. am 7. April 1198 konsekrierte; bald darnach starb er jedoch. Vgl. A. Richard, *Histoire des comtes de Poitou*. Paris 1903, II 309 f. und L. Salvini, *Adémar du Pey-* 40 *rat*, in: Dict. BF 1 (Paris 1933) 560.

     [4] Raimund (IV.) de Chateauneuf (Castronovo), B. von Périgueux (Suffr. von Bordeaux, Dép. Dordogne) 1197—1200. Vgl. *Gallia Christiana*, II 1471 f.

     [5] Arnald, Archidiakon von Périgueux.

     [6] Br. I 146.   45

     [7] Vgl. oben Anm. 3.

propriis habendis quam in dissolutione vite sue graviter diffamatos, et
eosdem propter nimiam dissolutionem, in qua erant nimium obstinati
et ammonitionem penitus contempnebant, ad debitum religionis statum
nullatenus aliter, nisi per ordinem Cisterciensem, posse reduci: astantibus
5 plurimis discretis viris tam clericis quam baronibus, ad quos locus ille ratione fundationis dinoscitur pertinere, ipsum monasterium Caduniense
decreverunt ad Cisterciensem ordinem reducendum et ipsum cum omnibus
abbatiis suis[8] abbatie Pontiniacensi, presente ipso G(erardo), Pontiniacensi abbate[9], inperpetuum submiserunt; et quod ab eis statutum est
10 et decretum, dilectus filius noster P(etrus), sancte Marie in Vialata
diaconus cardinalis, apostolice sedis legatus[10], sicut nobis per suas litteras
innotuit, auctoritate legationis sue postmodum confirmavit. || [d]

Nos igitur tuis iustis postulationibus grato et pio concurrentes assensu,
quod ab ipsis iudicibus et predicto cardinali provida deliberatione factum
15 est, ratum et firmum habentes auctoritate apostolica confirmamus et presentis scripti p(atrocinio) communimus; statuentes in predicto monasterio
tuo et aliis ei subiectis Cisterciensem ordinem futuris temporibus inviolabiliter observandum et eadem Pontiniacensi abbatie, sicut est superius
prelibatum, perpetuo deinceps fore subiecta.

20 Decernimus ergo, [et cetera] confirmationis et constitutionis [et cetera].
Datum Laterani, X Kal. Augusti.

146 (155).

*Innocenz III. befiehlt dem Erzbischof (Elias) von Bordeaux sowie den
Bischöfen (Bertrand) von Agen und (Mauritius) von Poitiers, das nunmehr
25 der Abtei Pontigny unterstellte Kloster Cadouin unter Anwendung geistlicher Strafen zu zwingen, die Zisterzienserregel beizubehalten. Ferner sollen
sie dafür sorgen, daß Gerald de la Coste, Kantor von Cadouin, der mit Hilfe
von Laien versucht, sich als Abt des Klosters zu behaupten, und dessen Helfer
exkommuniziert bleiben.*

30   *Lateran, (1199) Juli 27.*

Reg. Vat. 4, fol. 182ʳ ⟨Nr. CXLVI, 149, 155⟩.
Sirleto, fol. 365ᵛ = Cholinus, II 479 = Venet., II 479 = Baluze, I 442 Nr. 155 = Migne,
PL 214, 710 Nr. 155. — Potth. Reg. 805; Bréquigny, Table chronologique, IV 266.

---

[d]) *Hand D 1 hört auf, Hand C beginnt.*

35   [8]) Nach Dict. HGE 11 (1949) 119 waren dies: Gondon-lez-Montastruc (Diöz. Agen),
Bonnevaux de Poitiers (Diöz. Poitiers), Ardorel (Diöz. Albi), La Faise (Diöz. Bordeaux),
Saint-Marcel (Diöz. Cahors), Le Jau (Clariana, Diöz. Elne), Fontguillem (Diöz. Bazas) und
Valmagne (Diöz. Agde). Diese Klöster bildeten eine unter Cadouin stehende Kongregation.
Vgl. H. APPERT, *Cadouin*. Niort 1931.

40   [9]) Gerhard, Abt der Zisterzienserabtei Pontigny (Diöz. Auxerre, Dép. Yonne, Arr.
Auxerre, Cant. Ligny-le-Châtel) vor 1196—1198. Er wurde 1198 von Innocenz III. zum
Kardinaldiakon von S. Nicola in Carcere Tulliano erhoben und verstarb um 1199 als Kar-
dinalpresbyter von S. Marcello (s. Br. II 15 Anm. 7). Vgl. D. WILLI, *Päpste, Kardinäle und
Bischöfe aus dem Cistercienser-Orden*. Bregenz 1912, 17 Nr. 10.

45   [10]) S. Br. II 2 Anm. 3 und II 23 Anm. 1 (bzgl. seiner französischen Legation).

Burdegalensi archiepiscopo[1], Agennensi[2] et Pictauensi[3] episcopis.

Inter ceteras sollicitudines et cetera usque fore subiecta[a]. Quocirca fraternitati vestre per apostolica scripta mandamus atque precipimus, quatinus in monasterio Caduniensi[4] et aliis abbatiis, que sunt illi subiec- 5 te[5], sub obedientia Pontiniacensis abbatis[6] per censuram ecclesiasticam, sublato cuiuslibet contradictionis et appellationis obstaculo, Cisterciensem ordinem observari sine refragatione aliqua faciatis. Et quoniam . . abbas Faesiensis[7] per . . abbatem Gundoniensem[8] et quosdam Caduniensem monachos se in locum antedicti Aimerici, Caduniensis abbatis[4], 10 intrusit et, eo cassato et excommunicatione promulgata tam in ipsum quam in abbatem Gundoniensem et complices eorum, Geraldus de la Costa, cantor Caduniensis[b][9], ipsam abbatiam per intrusionem similiter occupavit, qui — licet cassatus fuerit auctoritate apostolice sedis et cum fautoribus suis excommunicationis vinculo innodatus; sepedicto Aime- 15 r(ico), Caduniensi abbate, in corporalem possessionem abbatie sue reducto — eandem abbatiam per laicalem potentiam adhuc violenter nititur detinere: volumus nichilominus et mandamus, ut iuxta sententiam in eos rationabiliter latam faciatis ipsos et universos fautores eorum sicut excommunicatos usque ad condignam satisfactionem ab omnibus arctius 20 evitari.

Nullis litteris obstantibus harum tenore tacito [et cetera]. Quodsi omnes et cetera, duo[c] et cetera[c].

Datum Laterani, VI Kal. Augusti.

147 (156).   25

Innocenz III. genehmigt die Niederschlagung der Anklage, die der Kanoniker Hermann von Perugia gegen den dortigen Archipresbyter J(ohannes) wegen Simonie und Verschleuderung von Kirchengut erhoben hat, legt dem Archipresbyter eine kanonische Reinigung auf und trägt dem Bischof (Guido) von Assisi sowie dem Abt (Rainald) von S. Pietro bei Perugia auf, diese ent- 30

---

146. [a] *Br. II 145 (154) S. 295 Z. 19.*   [b] *Migne:* Caduniensem.   [c-c] *Fehlt bei Migne.*

146. [1] S. Br. II 36 Anm. 1.   [2] S. Br. II 36 Anm. 2.
[3] S. Br. II 11 Anm. 1.   [4] S. Br. II 145 (154) Anm. 1.
[5] S. Br. II 145 (154) Anm. 8.   [6] S. Br. II 145 (154) Anm. 9.   35
[7] Elias, Abt der Zisterzienserabtei La Faise (Diöz. Bordeaux, Dép. Gironde, Arr. Libourne, Cant. Lussac), 1189 und 1207 als solcher bezeugt. Vgl. M.-A. DIMIER, *Faise,* in: Dict. HGE 16 (Paris 1967) 415.
[8] Vielleicht Peregrin de Forsez, der 1187 als Abt der Zisterzienserabtei Gondon-lez-Montastruc (Diöz. Agen, Dép. Lot-et-Garonne, Arr. Villeneuve-sur-Lot, Cant. Cancon, Comm. 40 Monbahus) erwähnt wird. Vgl. *Gallia Christiana,* II 960.
[9] Gerald de la Coste, Kantor von Cadouin, dürfte identisch sein mit ‚Géraud‘, der ‚vers 1195 ?‘ in der Abt-Liste von Cadouin aufscheint. Vgl. J.-M. CANIVEZ, *Cadouin,* in: Dict. HGE 11 (Paris 1949) 121.

*gegenzunehmen, wegen der angeblichen Verschleuderung des Kirchengutes
eine Untersuchung einzuleiten und über das Ergebnis zu berichten.*

(Lateran, 1199 ca. Juli 27).

    Reg. Vat. 4, fol. 182ʳ—182ᵛ ⟨Nr. CXLVII, 150, 156⟩.
5   *Sirleto, fol. 366ʳ = Cholinus, II 479 = Venet., II 479 = Baluze, I 442 Nr. 156 = Migne,
PL 214, 711 Nr. 156. — Alan. 5, 1, 7; Alan. K. 5, 1, 7; Bern. 5, 2 un.; Coll. Fuld. 5, 1, 10. —
Potth. Reg. 806. — Vgl. Cappelletti, Chiese d'Italia, IV 475.*

Asisinati episcopo[1] et abbati sancti Petri Perusini[2].

Cum[a][b][3] civitatem Perusinam inter alias, que beati Petri iuris existunt[b][3],
10 speciali diligamus affectu et utilitati cleri et populi velimus sollicitius
imminere, que inter eos scandalum generant de medio tollere cupimus et
ea fovere, per que pax inter eos valeat conservari.

    Sane, sicut ex litteris venerabilis fratris nostri . . episcopi[4] et dilecto-
rum filiorum cleri et populi Perusinorum nobis innotuit, ex discordia illa,
15 que inter I(ohannem) archipresbyterum[5] et Hermannum canonicum[6]
est exorta super eo, quod dictus H(ermannus) intendebat de symonia et   vgl. Apg 8, 4–24
dilapidatione prefatum archipresbyterum accusare, concepto iam et recepto libello tota fere civitas est commota, et, si ea de medio tolleretur,
grata inde posset ipsi civitati tranquillitas provenire.

20   Nos ergo predictorum episcopi, cleri et populi precibus inclinati iam
dicto H(ermanno), qui, sicut suis nobis litteris intimavit, sponte vult a
prefati archipresbyteri accusatione desistere, abolitio*‖[c]nem duximus   * fol. 182ᵛ
indulgendam, eum ab observatione nostri iudicii absolventes. Ipsum etiam
archipresbyterum, qui etiam suis litteris purgationem canonicam optulit,
25 licet ei de rigore canonum septime sui ordinis manus esset purgatio indi-
cenda[7], tercia manu dumtaxat innocentiam suam purgari misericorditer
indulgemus super crimine symonie[8]; ita dumtaxat, ut inter eos nullum

---

147. ᵃ) *Die Initiale läuft in einen kleinen, speienden Kopf aus.*   ᵇ) *Am Rande von einer
Hand des 13. Jh.:* pro iure Romane ecclesie.   ᶜ) *Hand C hört auf, Hand D 1 beginnt.*

30 **147.** ¹) S. Br. II 76 (79) Anm. 5.
    ²) Rainald, Abt der Benediktinerabtei S. Pietro bei Perugia (Diöz. und Prov. Perugia,
Umbrien) 1189—nach 3. November 1199. Vgl. T. Leccisotti - C. Tabarelli, *Le carte
dell'archivio di S. Pietro di Perugia.* Milano 1956, I 124 Anm. 3, 129 Anm. 1 und II 179.
    ³) Perugia hatte sich bereits kurz nach dem Ableben Kaiser Heinrichs VI. im Herbst
35 1197 der päpstlichen Herrschaft wieder unterworfen. Vgl. Br. II 4 Anm. 3.
    ⁴) Vivianus, B. von Perugia (exemt, Umbrien) 1179—1205/06. Vgl. Leccisotti -
Tabarelli, *a. a. O.,* I 35 Anm. 1; IP IV 63 Nr. 9 und 64 Nr. 6.
    ⁵) Johannes, Archipresbyter der Kathedrale von Perugia, zwischen 20. September 1188
und 4. September 1210 bezeugt. Vgl. Kehr, *PU in Umbrien,* 391—393; IP IV 65 Nr. 9 bzw.
40 Fumi, *Codice diplomatico d'Orvieto,* 58 Nr. 82.
    ⁶) Hermann, Kanonikus von S. Lorenzo in Perugia, wird zum 4. September 1210 noch
urkundlich erwähnt. Vgl. Fumi, *Codice diplomatico d'Orvieto,* 58 Nr. 82.
    ⁷) *Decretum Gratiani* C. II, q. 5, c. 12, 13, 19 (= Friedberg, *CorpIC,* I 459 f., 462). Vgl.
auch *Comp. I,* 5, 29, 5 = X. V, 34, 8 (*ebd.,* II 871).
45   ⁸) Vgl. *Decretum Gratiani* C. II, q. 5 c. 17 (= Friedberg, *CorpIC,* I 460) = *Comp. I,* 5,
29, 4 = X. V, 34, 5 (*ebd.,* II 870). — Zur Überlieferung: Holtzmann, *Kanonistische Ergänzungen,* Nr. 141.

omnino colludium intercedat, quod utique, si foret admissum, gravissime puniremus.

Volentes autem etiam in hac parte predictis archipresbytero et canonico misericordiam exhibere, ne ad nos accedendo fatigarentur laboribus et expensis, discretioni vestre per apostolica scripta mandamus, quatinus 5 gratiam eis impensam in publicum proponentes, purgationem ab ipso archipresbytero d), iuxta quod premissum est, publice recipere procuretis; ut ex hoc mala fama quiescat, que aures resperserat populares. Quia e) vero dilapidationis vicium propter enorme dampnum ecclesie remanere nolumus indiscussum, per apostolica vobis scripta mandamus, quatinus 10 appellatione remota inquiratis f) super eo diligentissime veritatem; et quod inveneritis, vestris nobis litteris intimetis, ut per inquisitionem vestram sufficienter instructi melius procedere valeamus.

Datum ut supra.

148 (157). 15

Innocenz III. nimmt den Archidiakon Andreas von Acerenza, dessen Besitz und besonders sein Archidiakonat in den päpstlichen Schutz.

Lateran, (1199 ca. Juli 31)[1].

Reg. Vat. 4, fol. 182v ⟨Nr. CXLVIII, 151, 157⟩.
Sirleto, fol. 366v = Cholinus, II 480 = Venet., II 480 = Baluze, I 443 Nr. 157 = Migne, 20
PL 214, 711 Nr. 157. — Potth. Reg. 813. — Vgl. Kamp, Kirche und Monarchie, II 775.

Andree, Acheruntino archidiacono[2].

Sacrosancta Romana ecclesia et cetera usque suscipimus. Specialiter autem archidiaconatum Acheruntine ecclesie cum omni iure, || a) libertate ac dignitate, qua ipsum predecessores tui hactenus habuisse noscuntur, 25 sicut illum iuste possides et quiete, devotioni tue auctoritate apostolica confirmamus et presentis scripti p(atrocinio) communimus.

Decernimus ergo et cetera, protectionis et confirmationis [et cetera].
Datum Laterani.

---

d) -presbytero *auf Rasur.* e) *Am Rande ein schiefliegendes Kreuz (vgl. Einleitung* 30 *XIX).* f) *Migne:* iniquitatis.
148. a) *Hand D 1 hört auf, Hand C beginnt.*

148. 1) Zur Datierung: Das Schreiben bildet wohl mit Br. II 149 (158) eine Sachgruppe. Beide betreffen nämlich, obzwar sie an verschiedene Empfänger in verschiedenen Gegenden (Basilicata, Toskana) gingen, inhaltlich ungefähr den gleichen Gegenstand: die Aufnahme 35 eines Archidiakonats bzw. einer Kirche in den päpstlichen Schutz. Daher mögen sie auch dasselbe Datum getragen haben (ein ähnliches Beispiel einer solchen Sachgruppe bieten die Br. I 437—441).

2) Andreas, Archidiakon von Acerenza (Prov. Potenza, Basilicata), nach dem März 1202 zum EB. von Acerenza gewählt. Am 7. Mai 1203 wies ihm Innocenz III. Matera als 40 neuen Sitz des Erzbistums zu (Potth. Reg. 1898). Über ihn und seine weiteren Schicksale vgl. A. Pratesi, *Andrea,* in: DBI 3 (Roma 1961) 58 f. (Lit.) und Kamp, *Kirche und Monarchie,* II 775—777.

149 (158).

Innocenz III. nimmt die Kirche S. Michele in Travale in den päpstlichen Schutz und bestimmt dafür die jährliche Zahlung eines Byzantiners.

Lateran, (1199) Juli 31.

5 *Reg. Vat. 4, fol. 182ᵛ ⟨Nr. CXLIX, 152, 158⟩.*
Sirleto, fol. 366ᵛ = Cholinus, II 480 = Venet., II 480 = Baluze, I 443 Nr. 158 = Migne, PL 214, 712 Nr. 158. — Potth. Reg. 809.

Veronensi presbytero, capellano sancti Michaelis de Trouald(i)[1].

| Ex[a] parte tua et nobilium virorum Opithingorum et Cadulingorum[2]
10 patronorum ecclesie sancti Michaelis de Trauald(i) fuit a nobis precum instantia postulatum, ut ecclesiam ipsam, quam ecclesie Romane censualem facere volebatis, sub protectione apostolice sedis et nostra recipere deberemus. Nos igitur tuis et premissorum nobilium precibus inclinati, eandem ecclesiam sub beati Petri et nostra protectione suscipimus et
15 presentis scripti p(atrocinio) communimus. Ad indicium autem huius ab apostolica sede protectionis obtente Bizantius unus nobis nostrisque successoribus annis singulis persolvetur.

Decernimus ergo et cetera, protectionis et cetera.

Datum Laterani, II Kal. Augusti.

20 # 150 (159).

Innocenz III. befiehlt den Suffraganen des Erzbistums Acerenza, ihren neuen Erzbischof R(aynald), der bisher päpstlicher Notar und Vizekanzler war, mit Ehrerbietung aufzunehmen und während seiner vorläufigen Abwesenheit seine Vertreter bei der Ausübung aller Metropolitanrechte anzuerkennen.

25 *(Lateran, 1199 ca. Juli 31).*

Reg. Vat. 4, fol. 182ᵛ ⟨Nr. CL, 153, 159⟩.
Sirleto, fol. 366ᵛ = Cholinus, II 480 = Venet., II 480 = Baluze, I 443 Nr. 159 = Migne, PL 214, 712 Nr. 159; Ughelli, Italia Sacra, VII 34. — Potth. Reg. 810. — Vgl. IP IX 453.

---

149. [a] *Am Rande von einer Hand des 13. Jh.:* pro iure Romane ecclesie.

30 **149.** [1] S. Michele in Travale (Diöz. Volterra, Prov. Grosseto). Vgl. *Rationes Decimarum Italiae, Tuscia I*, 169 Nr. 3437.

[2] Nach dem Tode Hugos, des letzten der in Toskana reich begüterten Kadolinger (1113), beanspruchten dessen Stiefsöhne aus der Verbindung der nunmehrigen Witwe Cäcilia, Tochter des Grafen Harduin von Palù, mit Opitho, einem der mächtigsten Angehöri-
35 gen des Pisaner Stadtadels, einen Teil des Erbes. Zur Unterstreichung ihrer Ansprüche nannten sie sich ‚das Haus der Opethinger und Kadolinger' und bestellten zur Vertretung gemeinsamer Interessen auch in späteren Zeiten Konsuln, die sich ‚consules Opethingorum et Cadulingorum' nannten. Vgl. DAVIDSOHN, *Geschichte von Florenz,* I 368—372 und DERS., *Forschungen,* I 83—91; *Annales Pisani di Bernardo Maragone,* a cura di M. L. GENTILE
40 (= Rerum Italicarum Scriptores, VI/2. Bologna 1930) 57 Anm. 2.

Suffraganeis Acherontine ecclesie[1].

| Quantum honoris et gratie vobis in consecratione venerabilis fratris nostri R(ainaldi), Acherontini archiepiscopi[2], et in concessione pallei facta eidem duxerimus exhibendum, vestra sicut credimus fraternitas satis intelligit per se ipsam. Non enim in hoc vel utilitatem nostram vel ipsius archiepiscopi commodum sed necessitatem ecclesie vestre duximus potius attendendam: cum non modicum obsequiis nostris ex eius absentia, si ad[a] vos accesserit, subtrahatur, et ipse, licet promotus videatur in ordinem, in eo tamen intelligitur minoratus, quod a latere matris, circa quam longo tempore laudabiliter deservivit, ad filie transfertur amplexus; in qua etsi sollicitudinem exercere debeat pastoralem, non tamen minus ei oneris ex hoc proveni|et quam honoris. Intelligentes autem necessitatem ecclesie Acherontine, que communi cum vicinis ecclesiis gravatur excidio et bone memorie .. quondam archiepiscopi Acherontini[3] exilium sola deplorat, redacta in solitudinem et [in] diminutionem conversa, que prius commissos sibi populos tam verbo quam exemplo muniebat pariter et monebat, inter eiusdem regionis ecclesias inclita quodammodo et precellens, cum non invenisset consolatorem ex omnibus caris suis: dictum archiepiscopum, probatum vita, litteratura pollentem, honestate preclarum, potentem in opere et sermone, regimini eius duximus deputandum; subtrahentes non modicum commoditatibus nostris, ut ipsius ecclesie possemus necessitatibus subvenire, ac sperantes, quod per salubrem doctrinam ipsius sic in spiritualibus proficiat institutis, quod in temporalibus etiam per accuratam eius sollicitudinem convalescat.

Gratis igitur et humiliter factam vobis gratiam attendentes, ne videamini exhibite vobis benignitatis ingrati, fraternitati vestre per apostolica scripta mandamus atque precipimus, quatinus ad eum sicut patrem et pastorem vestrum pium geratis devotionis respectum; et licet propter inclementiam aeris et tempus inpaccatum obsequiis nostris detentus nondum ad gerendam eiusdem ecclesie sollicitudinem[b] difficultatem itineris et viarum discrimina fuerit subire permissus, nichilominus tamen .. procuratorem et officiales ipsius sicut ipsum recipere ac de universis iusticiis eius ipsis[c] curetis plenarie respondere, quoniam auctore Domino vos in proximo visitabit. Sicut enim gratum habebimus, si ei curaveritis in omnibus humiliter et devote deferre[d], sic non poterimus equanimiter sustinere, si inobedientes ei[e] fueritis et rebelles.

Datum ut supra.

Marginal references:
vgl. Gn 47, 19; Ex 23, 29 u. ö.
vgl. 1 Tim 4, 12
vgl. Klgl 1, 9
vgl. Lk 24, 19
vgl. Mt 10, 8
vgl. 1 Petr 2, 25

150. a) *Davor eine kleine Rasur.*   b) *Migne fügt hinzu:* ob.   c) *Migne:* ipsi. d) *Durch Zeichen umgestellt aus* deferre devote.   e) *Durch Zeichen umgestellt aus* ei inobedientes.

150. [1] Suffraganbistümer von Acerenza (Prov. Potenza, Basilicata) waren seit dem Privileg Paschalis' II. vom 16. Juni 1120 die Bistümer: Anglona(-Tursi, Prov. Matera), Gravina (Prov. Bari, Apulien), Potenza (Basilicata), Tricarico (Prov. Matera) und Venosa (Prov. Potenza). Vgl. IP IX 453 und 458 Nr. 9.   [2] S. Br. II 3 Anm. 6.
[3] Petrus, EB. von Acerenza, zwischen 12. Mai 1196 und 27. August 1198 bezeugt. Im Mai 1196 lebte er im Exil in Rom. Vgl. KAMP, *Kirche und Monarchie*, II 773.

151 (160).

Innocenz III. befiehlt dem Domkapitel von Anglona, dem neuen Erzbischof R(aynald) von Acerenza als seinem Metropoliten die schuldige Ehrerbietung zu erweisen und dessen Vertreter bis zur Bestellung eines Bischofs von An-
5 *glona auch bei der Ausübung aller bischöflichen Rechte anzuerkennen. (Den Bischöfen [Wilhelm] von Conversano und [Thomas] von Gravina trägt er auf, das Kapitel unter Anwendung geistlicher Strafen dazu zu zwingen.)*

Lateran, (1199) August 2.

Reg. Vat. 4, fol. 182ᵛ ⟨Nr. CLI, 154, 160⟩.
10 *Sirleto, fol. 367ʳ = Cholinus, II 481 = Venet., II 481 = Baluze, I 444 Nr. 160 = Migne, PL 214, 713 Nr. 160; Ughelli, Italia Sacra, VII 35; Vendola, Documenti, 24 Nr. 21. — Potth. Reg. 814. — Vgl. IP IX 453 und Kamp, Kirche und Monarchie, II 774, 780, 788.*

Capitulo Anglonensi[1].

| Quantum[a] honoris et cetera ut supra usque convalescat[b]. Cum igi-
15 tur ipsum non solum in hiis, in quibus eius honoravimus decessorem[2], verum etiam in maioribus disposuerimus honorare, discretioni vestre per
apostolica scripta mandamus et districte precipimus, quatinus preter id,
quod ei tamquam metropolitano vestro reverentiam tenemini debitam
exhibere, de universis iusticiis episcopalibus plene respondere curetis,
20 donec de provisione ecclesie vestre aliud statuamus[3]. Procuratorem etiam
et officiales ipsius sicut ipsum recipere ac de universis iusticiis eius ipsis
curetis plenarie respondere: scituri, quod non possemus in pacientia sustinere, si mandatis nostris presumeretis contumaciter refragari.

Noveritis etiam venerabilibus fratribus nostris . . Cupersanensi[4] et . .
25 Grauinensi[5] episcopis dedisse firmiter in mandatis, ut personaliter ad
vestram ecclesiam accedentes et litteras nostras vobis assignent et vos ad
id monitione premissa per censuram ecclesiasticam appellatione remota
compellant; ita quod, si ambo et cetera, alter eorum et cetera.

Datum Laterani, IIII Non. Augusti.
30 Scriptum est illis episcopis super hoc.

---

151. [a]) *Die Initiale läuft in einen kleinen, speienden Kopf aus.*   [b]) *Br. II 150 (159) S. 300 Z. 24.*

151. [1]) Domkapitel von Anglona(-Tursi, Suffr. von Acerenza, Prov. Potenza). Damals war der Bischofssitz vakant, so daß sich das Kapitel an den Papst wandte. Vgl. IP IX 468 f.
35 und Kamp, *Kirche und Monarchie*, II 780 f.

[2]) S. Br. II 150 (159) Anm. 3.

[3]) Innocenz III. bestellte am 5. September 1203 den namentlich nicht bekannten Kantor von Tricarico (Suffr. von Acerenza), der vom Kapitel von Anglona zum Bischof erwählt worden war, zum Oberhirten und befahl dem EB. von Acerenza als Metropoliten,
40 dessen Eignung festzustellen und ihn gegebenenfalls zu konsekrieren. Vgl. *Potth. Reg.* 1991 und Kamp, *Kirche und Monarchie*, II 781.

[4]) Wilhelm, B. von Conversano (Suffr. von Bari, Prov. Bari, Apulien) September 1188
—April 1202. Vgl. Kamp, *Kirche und Monarchie*, II 626. Hier wird nachgewiesen, daß Wilhelm zunächst Elekt war und erst seit dem 1. Mai 1189 als Bischof bezeugt ist.
45 [5]) Thomas, B. von Gravina (Suffr. von Acerenza, Prov. Bari, Apulien) September 1188
—Februar 1212. Vgl. Kamp, *Kirche und Monarchie*, II 787.

152 (161).

Innocenz III. erlaubt dem Erzbischof (Raynald) von Acerenza, Personen seines Bistums auf deren Wunsch in seinen oder seiner Kirche Schutz zu nehmen.

Lateran, (1199) Juli 29. 5

Reg. Vat. 4, fol. 182*v*—183*r* ⟨Nr. CLII, 155, 161⟩.
Sirleto, fol. 367*v* = Cholinus, II 481 = Venet., II 481 = Baluze, I 444 Nr. 161 = Migne, PL 214, 713 Nr. 161. — Potth. Reg. 807. — Vgl. IP IX 453 und Kamp, Kirche und Monarchie, II 774.

Acherontino archiepiscopo[1].   10

Probata in multis apud nos tue sinceritas bonitatis inductione nos excitat speciali, ut preter commune debi*tum, quo universis tenemur ecclesiis, ecclesie tue commodis et augmentis ratione persone specialiter intendamus.

Eapropter, venerabilis in Christo frater, persone tue[a] gratam con(ni- 15 ventiam) i(mpendentes)[b] auctoritate tibi presentium indulgemus, ut homines, qui se tibi vel ecclesie tue recommendare voluerint, quod secundum terre consuetudinem «affidatio» nuncupatur, cum in pluribus partibus parrochie tue ius istud ecclesia Acherontina ex antiqua consuetudine et[b] privilegiis regum obtineat, tibi recipere liceat et absque contradictione 20 cuiuslibet retinere.

Decernimus ergo [et cetera], concessionis et cetera.

Datum Laterani, IIII Kal. Augusti.

*• fol. 183*r
vgl. 2 Kor 11, 28

153 (162).

Innocenz III. verbietet, das Kathedralkapitel und den Klerus von Matera 25 *(sowie alle Kleriker der Diözese Acerenza) vor ein weltliches Gericht zu laden oder diese mit Abgaben und Fuhrdiensten zu belasten.*

Lateran, (1199) Juli 31.

Reg. Vat. 4, fol. 183*r* ⟨Nr. CLIII, 156, 162⟩.
Sirleto, fol. 367*v* = Cholinus, II 482 = Venet., II 482 = Baluze, I 444 Nr. 162 = Migne, 30 PL 214, 714 Nr. 162. — Potth. Reg. 811. — Vgl. IP IX 453.

Capitulo et universis clericis de Mathera[a][1].

|Ordinis clericalis immunitas eo est libertatis privilegio insignita, ut cum suos iudices habeat, sub quibus possit et debeat conveniri, a seculari iudi-

---

152. [a] *Migne:* personam tuam.   [b] *Fehlt bei Migne.*   35
153. [a–a] *Am Rande eine schmale, senkrechte Rasur.*

152. [1] S. Br. II 3 Anm. 6.
153. [1] Da sich Acerenza (Prov. Potenza, Basilicata) zusehends entvölkerte, wies Innocenz III. am 7. Mai 1203 dem EB. von Acerenza Matera als neuen Sitz des Erzbistums zu (*Potth. Reg.* 1898; vgl. IP IX 453 f.). Es kann angenommen werden, daß das Domkapitel 40 bereits seit längerem in Matera residierte. Ob an der späteren Kathedralkirche zu S. Pietro damals schon ein Kollegiatkapitel bestand, ist fraglich.

cio penitus sit exempta a) : que nimirum nullis publicarum functionum one-
ribus obligata iugum secularis effugit servitutis.

Unde ut vos sub regimine venerabilis fratris nostri Ray(naldi), archiepiscopi vestri 2), cuius sinceritas bonitatis apud nos approbata in multis
5 ad provisionem vestram specialiter nos astringit, liberiores possitis Domino militare atque sub eo amplioris libertatis beneficio vos et iura vestra   vgl. 2 Tim 2, 4
tueri, auctoritate presentium districtius inhibemus, ne aliquis ad iudicium
seculare vos trahere aliqua temeritate presumat 3) aut publicis exactioni-   vgl. 1 Kor 6, 1–6
bus et angariis fatigare 4); cum etiam super hoc principalis iussio sicut
10 dicitur emanarit 5).

Decernimus ergo, [et cetera] inhibitionis et cetera.

Datum Laterani, II Kal. Augusti.

In b) eundem modum universis clericis per Acherontinam diocesim c)
constitutis.

154 (163).

15

*Innocenz III. verbietet dem Volk von Matera unter Androhung geistlicher
Strafen, Kleriker in Liegenschaftsprozessen oder sonstigen Rechtsfällen vor
das weltliche Gericht zu laden sowie mit öffentlichen Abgaben und Fuhrdiensten zu belasten.*

20   *(Lateran, 1199 ca. Juli 31).*

Reg. Vat. 4, fol. 183ʳ ⟨Nr. CLIIII, 157, 163⟩.
Sirleto, fol. 368ᵛ = Cholinus, II 482 = Venet., II 482 = Baluze, I 444 Nr. 163 = Migne,
PL 214, 714 Nr. 163. — Potth. Reg. 812. — Vgl. IP IX 453 und Br. II 153 (162).

Universo populo de Matera a) 1).

25 | Cum esse vos ecclesie filios non negetis, aut liberam esse dicetis eccle-
siam aut vos non negabitis esse servos: utpote nati fueritis ex ancilla, cum   vgl. Gal 4, 22 f.
conditionem matris sequatur filius secundum legitimas sanctiones 2).

Pervenit autem ad audientiam nostram, quod vos ecclesias publicis
exactionibus et angariis aggravatis et clericos ad forum interdum trahitis
30 seculare a) 3). Quia vero id in ecclesiastice redundat libertatis iniuriam 4),   vgl. 1 Kor 6, 1–6
universitati vestre per apostolica scripta mandamus et districte precipi-

---

b) *Am Rande ein Kreuz von einer wohl viel späteren Hand.*   c) diocesem.
154. a–a) *Am Rande eine schmale, senkrechte Rasur.*

2) S. Br. II 3 Anm. 6.
35   3) Zu dieser sehr allgemeinen Formulierung des klerikalen Privilegium fori vgl. die
im X. II, 1. 2 gesammelten Texte (= Friedberg, CorpIC, II 239 ff.).
4) Bezüglich des Privilegium immunitatis des Klerus vgl. *Conc. Lateran. III.* c. 19
(COD 197) = X. III, 49, 4 (Friedberg, CorpIC, II 654 f.).
5) Über die weltliche Gerichtsbarkeit in kirchlichen Prozessen und die königlichen
40 Steuerforderungen vgl. E. Mayer, *Italienische Verfassungsgeschichte von der Gothenzeit bis
zur Zunftherrschaft.* Leipzig 1909 (Nachdruck: Aalen 1968), I 136 mit Anm. 36, 137 Anm. 43.
154. 1) Volk von Matera (Basilicata). Vgl. Br. II 153 (162) Anm. 1.
2) *Digesten 1, 5, 26 (Ed. Mommsen, 8).*
3) Vgl. Br. II 153 (162).   4) Vgl. Br. II 153 (162) Anm. 3 und Anm. 4.

mus, quatinus ab universis ecclesiarum gravaminibus desistatis nec super possessionibus aut aliis contra consuetudinem et specialem etiam concessionem eis indultam[5] trahatis clericos ad iudicium seculare; cum secundum verbum apostoli suo domino stet aut cadat.

vgl. Röm 14, 4

Alioquin sententiam, quam venerabilis frater noster R(aynaldus), 5 archiepiscopus vester[6], per se vel procuratorem suum in aliquos propter hec rationabiliter tulerit, nos ratam habebimus et volumus usque ad satisfactionem congruam inviolabiliter observari.

Datum ut supra.

155 (164).   10

Innocenz III. bestätigt ein Urteil des Bischofs (Bartholomäus) von Potenza, das die von den Erzbischöfen R(ichard) und P(etrus) von Acerenza unrechtmäßig verliehene Kirche San Pietro in Matera wieder der erzbischöflichen Mensa zurückstellt.

Lateran, (1199) August 8. 15

Reg. Vat. 4, fol. 183ʳ ⟨Nr. CLV, 158, 164⟩.

Sirleto, fol. 368ᵛ = Cholinus, II 482 = Venet., II 482 = Baluze, I 445 Nr. 164 = Migne, PL 214, 715 Nr. 164; Ughelli, Italia Sacra, VII 35. — Potth. Reg. 816. — Vgl. IP IX 453 und Kamp, Kirche und Monarchie, II 774 und 795.

Acherontino archiepiscopo[1].   20

| Ad[a] audientiam apostolatus nostri pervenit, quod cum ecclesia sancti Petri de Matera[2], que ad mensam dinoscitur Acherontine ecclesie pertinere, a bone memorie R(iccardo)[3] et P(etro)[4], ecclesie Acherontine archiepiscopis, fuisset quibusdam minus licite infeudata, felicis recordationis P(etrus), eiusdem ecclesie archiepiscopus[5], ad venerabilem fratrem 25 nostrum . . Potentinum[6] episcopum[b] super hoc commissionis litteras a sede apostolica impetravit. Qui personaliter ad locum accedens ecclesiam ipsam mense Acherontine restitui sententialiter iudicavit.

Nos igitur sententiam ipsam, sicut rationabiliter lata est nec legitima appellatione suspensa, ratam habentes et firmam, auctoritate apostolica 30 confirmamus et presentis scripti p(atrocinio) communimus.

Nulli ergo et cetera.

Datum Laterani, VI Idus Augusti.

---

155.   [a] *Am Rande ein Kreuz von wohl viel späterer Hand.*   [b] *Zum größten Teil auf Rasur.*

[5] S. Br. II 153 (162).   [6] S. Br. II 3 Anm. 6.   35

155.   [1] S. Br. II 3 Anm. 6.

[2] San Pietro in Matera (Prov. Potenza), seit 7. Mai 1203 Kathedralkirche des Erzbistums Acerenza (*Potth. Reg.* 1898; vgl. IP IX 453 f.).

[3] Richard, EB. von Acerenza (Prov. Potenza) 1178—1184. Vgl. J. Fraikin, *Acerenza*, in: Dict. HGE 1 (Paris 1909) 291.   40

[4] Wohl Petrus (IV.), EB. von Acerenza zwischen 1184 und ca. 1194 (vgl. Fraikin, a. a. O., 291 bzw. Kamp, *Kirche und Monarchie*, II 772 mit Anm. 5).

[5] S. Br. II 150 (159) Anm. 3.

[6] Bartholomäus, B. von Potenza (Suffr. von Acerenza), bezeugt 1197 bis 1200. Vgl. Kamp, *Kirche und Monarchie*, II 795.   45

156 (165).

Innocenz III. erlaubt dem Erzbischof (Raynald) von Acerenza, die Gläubigen seiner Diözese unter Anwendung geistlicher Strafen zur vollen Abgabe des schuldigen Zehents zu zwingen und unrechtmäßige Veräußerungen seines 5 *Mensalgutes zu widerrufen. Ferner erklärt der Papst alle unter früheren Erzbischöfen erteilten Expektanzen auf nicht vakante Pfründen für ungültig und erlaubt dem Erzbischof, die von dessen Vorgänger (Petrus) in seinem Testament ungesetzlich über Kirchengut getroffenen Verfügungen zu widerrufen.*

Lateran, (1199) August 7.

10   *Reg. Vat. 4, fol. 183ʳ ⟨Nr. CLVI, 159, 165⟩.*
     Sirleto, fol. 368ᵛ = Cholinus, II 482 = Venet., II 482 = Baluze, I 445 Nr. 165 = Migne, PL 214, 715 Nr. 165. — Potth. Reg. 817. — Vgl. IP IX 453 und Kamp, Kirche und Monarchie, II 774.

Eidem[1].

15 | Cum de latere nostro fueris in archiepiscopum Acherontinum assumptus, tam te quam Acherontinam ecclesiam specialiter honorare disponimus; in hiis presertim, que iusticiam sapiunt et continent equitatem.

Sane significasti nobis in nostra presentia constitutus, quod cum in quibusdam locis tue diocesis integre quondam decime solverentur, dum 20 predia, de quibus decime proveniebant, essent in secularium potestate, postquam possessionum ipsarum dominium ad religiosos quosdam seu ecclesiasticos viros devenit, cultores earum, quia decimas ipsis religiosis seu ecclesiasticis viris exhibent terragii ratione, decimas ecclesiis non persolvunt. Preterea homines de Matera[2], licet decimas integre non persol- 25 vant, eas tamen, quas solvunt, pro motu voluntatis proprie dividentes, quandam partem ecclesiis, quandam pauperibus, quandam suis patrinis impendunt: per quod tam tuo quam ecclesiarum iuri non modicum derogatur.

Eapropter, venerabilis in Christo frater, tuis iustis precibus annuentes, 30 ut cultores possessionum, de quibus decime ecclesiis constitutis in diocesi tua debentur, ad ipsas — non obstante eo, quod pro terratico solvunt — cum integritate reddendas et ut homines de Matera eas decetero aliter dividere vel distribuere non presumant, sed ipsas ecclesiis, quibus debent, sine diminutione persolvant, per censuram ecclesiasticam appellatione 35 postposita compellere valeas, liberam tibi concedimus auctoritate apostolica facultatem. Ad hec auctoritate tibi presentium indulgemus, ut possessiones spectantes ad mensam tuam alienatas illicite legitime tibi liceat revocare. Preterea concessiones ecclesiarum et prebendarum non vacantium a predecessoribus tuis factas contra statuta Lateranensis concilii[3]

---

40 **156.** [1] S. Br. II 3 Anm. 6.
     [2] Bewohner von Matera (Basilicata). Seit 7. Mai 1203 war San Pietro in Matera Kathedralkirche des EB. von Acerenza (vgl. Br. II 155 [164] Anm. 2).
     [3] *Conc. Lateran. III.* c. 8 (COD 191) = X. III, 8, 2 (Friedberg, *CorpIC*, II 488).

preter apostolice sedis mandatum presentium auctoritate cassamus; concessa tibi libera facultate testamentum de bonis ecclesie Acherontine a . . predecessore tuo[4] factum contra canonicas sanctiones[5] auctoritate apostolica revocandi.

Nulli ergo [et cetera], concessionis et cassationis et cetera. 5

Datum Laterani, VII[a] Idus Augusti.

157 (166).

Rechtsauskunft für den Bischof (Guido) von Assisi: Klerikern und Laien,
die er exkommuniziert hat, ist nicht zu glauben, daß sie der Papst oder dessen
Bevollmächtigter absolviert haben, wenn sie das nicht durch Briefe oder auf 10
andere glaubwürdige Weise belegen können.

Lateran, (1199) August 12.

Reg. Vat. 4, fol. 183[r]—183[v] ⟨Nr. CLVII, 160, 166⟩.

Sirleto, fol. 368[v] = Cholinus, II 483 = Venet., II 483 = Baluze, I 445 Nr. 166 = Migne, PL 214, 716 Nr. 166. — Comp. III. 5, 21, 13; Alan. 5, 21, 2; Alan. K. 5, 22, 3; Bern. 1, 23, 15 5; Coll. Fuld. 5, 21, 30; Rain. 31, 2; X. V, 39, 39. — Potth. Reg. 821.

Asisinati episcopo[1].

| Sicut[a] nobis tuis litteris intimasti, cum aliquos tue diocesis clericos vel laicos culpis suis exigentibus excommunicationi supponis, ipsi postmodum ad te nulla satisfactione premissa sine testimonialibus litteris red- 20 euntes dicunt se absolutionis beneficium recepisse: quibus si credi debeat in hac parte, per nos instrui suppliciter postulasti, cum propter causam huiusmodi, sicut dicis, tue sententie a subditis contempnantur.

Nolentes itaque maliciis hominum indulgere fraternitati tue taliter respondemus, quod, nisi excommunicati a te super absolutione sua litteras 25 nostras vel illius, cui vices nostras in hac parte commisimus, reportarint aut alio modo legitimo de illorum tibi absolutione constiterit, tu eorum
• fol. 183[v] absolutioni fide non habita ipsos pro * excommunicatis ut prius habeas et facias evitari.

Datum Laterani, II Idus Augusti. 30

158 (167).

Innocenz III. teilt den Erzbischöfen, Bischöfen, Grafen, Baronen und dem
ganzen Volke des Königreiches Sizilien die Bedingungen mit, unter denen
Markward (von Annweiler) und dessen Anhänger von der Exkommunika-

---

156. [a] *Migne:* VI. 35

157. [a] *Die Initiale läuft in einen kleinen, speienden Kopf aus. Am Rande ein Kreuz von wohl viel späterer Hand.*

[4] S. Br. II 150 (159) Anm. 3.

[5] *Decretum Gratiani* C. XII, q. 1, c. 19; q. 5, c. 2 (= FRIEDBERG, *CorpIC*, I 684, 715).

157. [1] S. Br. II 76 (79) Anm. 5. 40

tion absolviert wurden, und die Form, in der dies geschah. Er informiert sie ferner über sein weiteres Verhalten ihm gegenüber und trägt ihnen auf, die Angelegenheiten des Königreiches eifrig zu betreiben sowie stets auf der Hut zu sein.

5   *(Lateran, 1199 August ca. 10—15)*[1].

Reg. Vat. 4, fol. 183ᵛ—184ʳ ⟨Nr. CLVIII, 161, 167⟩.
Sirleto, fol. 369ʳ = Cholinus, II 483 = Venet., II 483 = Baluze, I 445 Nr. 167 = Migne, PL 214, 716 Nr. 167. — Potth. Reg. 818; B.F.W. Reg. 5680. — Vgl. Gesta Innocentii, c. 23, 24, Migne PL 214 XLII ff.; Baethgen, Regentschaft, 14 ff.; Van Cleve, Markward, 108 ff. und
10 *Kamp, Kirche und Monarchie, I 436.*

Archiepiscopis, episcopis, comitibus, baronibus, civibus et universo populo in regno Sicilie constitutis[2].

Ad reconciliationem et receptionem Marc(ualdi)[3] et debitum officii pastoralis, quo tenemur omnes ad viam rectitudinis revocare ac redeuntes 15 recipere, nos induxit et obtata regni[4] tranquillitas invitavit, ut simul et humiliaremus hostem et humiliatum et penitentem eius reciperemus exemplo, qui non vult mortem peccatoris, sed ut[a] convertatur et vivat, et qui Cananeam et publicanum non solum vocavit ad penitentiam sed et traxit. Ut autem super modo reconciliationis ipsius non possit ab aliquo 20 dubitari, formam excommunicationis, receptionis[b] et preceptionis[b] presentibus duximus litteris explicandam.

Forma excommunicationis hec fuit: Excommunicamus et anathematizamus ex parte Dei omnipotentis et beatorum Petri et Pauli, apostolorum

vgl. Ez 18, 23; 33, 11

vgl. Mt 15, 21—28; Lk 5, 27 f.

---

158. a) *Migne fügt hinzu:* magis.   b-b) *Migne:* et receptionis.

25 **158.** ¹) Zur Datierung: Die beiden zusammengehörigen Br. II 158 (167) und II 159 (168) wurden wahrscheinlich zugleich mit dem Br. II 157 (166) vom 12. August registriert, was die Neuansätze sowohl an dessen Beginn als auch am Anfang des Br. II 160 (169) nahelegen. Auf diese drei Schreiben folgt die Briefgruppe II 160—164 (169—173), die u. a. Schreiben mit Datierungen enthält, die zwischen dem 4. und dem 12. August liegen (Br. II 162—164 30 [171—173]). Dann wurde, abermals mit einem Neuansatz, der Br. II 165 (174) vom 16. August registriert. Er besitzt also das nächste chronologisch fortschreitende Datum, das der Briefgruppe II 157—159 (166—168) folgt, und es ist daher anzunehmen, daß die beiden hier behandelten Schreiben schon vorher ausgestellt worden sind. Ihre Datierungen dürften daher am ehesten zwischen dem 10. und dem 15. August liegen. Da jedoch EB. Konrad 35 von Mainz, der auf seiner Rückreise aus dem Hl. Land erst am 15. Juli in Apulien gelandet war (B.F.W. Reg. 5691 a; Baethgen, *Regentschaft*, 15), zwischen dem Papst und Markward vermittelt hatte und von letzterem dann mehrfach Versuche gemacht worden waren, mit dem Papst zu einem Übereinkommen zu gelangen (*Gesta Innocentii*, c. 23, Migne, PL 214, XLII f.), dürfte dieser das Ergebnis der Verhandlungen wohl erst um die Mitte des Monats 40 August verkündet haben.

²) Erzbischöfe, Bischöfe, Grafen, Adel, Bürger und Volk des Königreichs Sizilien.

³) Markward von Annweiler, ca. 1140—1202. Ursprünglich Ministeriale, 1195 in den Freienstand erhoben, 1184 Truchseß Heinrichs (VI.), nach 1195 Markgraf von Ancona, Herzog der Romagna und von Ravenna. In der ersten Jahreshälfte 1199 versuchte er, in Voll-45 streckung des Testaments Heinrichs VI. die Regentschaft über Sizilien an sich zu reißen, und kämpfte bis zu seinem Tod mit wechselndem Glück gegen die päpstlichen Truppen. Vgl. Baethgen, *Regentschaft*, 161 (Reg.); van Cleve, *Markward*, passim.

⁴) Sizilien. Über den Angriff Markwards vgl. die Br. I 554 (557)—557 (560).

eius, auctoritate et nostra Marc(ualdum) et omnes fautores eius, tam Teu-
thonicos quam Latinos, specialiter Diopuldum[5], Otthonem[6], Siffredum[7]
et Otthonem de Lauian(o)[8], Ermannum[9] et castellanum Sorelle[10], qui
principaliter adherent Mar(cualdo): quia, cum idem Mar(cualdus) a dilectis filiis nostris C(inthio), tituli sancti Laurentii in Lucina[11], et I(o- 5
hanne), tituli sancte Prisce presbyteris[12] cardinalibus, apostolice sedis
legatis, commonitus fuerit, ut ab ecclesiarum et villarum incendio et
vastatione cessaret, que in eorum oculis committebat, et exercitum dimitteret, cuius occasione tota fere Marchia[c] vastabatur, eorum monitis non
satisfecit: propter quod ab eis excommunicatus fuit[13], et quia iuramen- 10
tum multotiens nobis prestitum violare ac patrimonium ecclesie invadere

---

[c]) M- *korr. aus einem anderen Buchstaben.*

[5]) Diepold aus dem schwäbischen Ministerialengeschlecht der Schweinspeunt beherrschte als Kastellan von Rocca d'Arce große Teile Kampaniens. 1197 von Heinrich VI.
zum Grafen von Acerra erhoben, behauptete er sich in den Wirren während der Regent- 15
schaft Innocenz' III. hauptsächlich in der Terra di Lavoro. 1209 Kapitän und Großjustiziar von Apulien und der Terra di Lavoro, trat er 1210 zu Otto IV. über und wurde zum
Herzog von Spoleto erhoben. Er hielt sich auch gegen Friedrich II. eine Zeitlang. Gestorben nach 1221. Vgl. H. M. SCHALLER, *Diepold, Herzog von Spoleto*, in: NDB 3 (Berlin
1957) 653. 20
[6]) Otto, ein Bruder Diepolds von Schweinspeunt. Vgl. WINKELMANN, *Philipp von
Schwaben und Otto IV.*, I 38.
[7]) Siegfried, gleichfalls Bruder Diepolds von Schweinspeunt. Kämpfte unter Markward
von Annweiler in der Schlacht von Cannae (22. Oktober 1201) und wurde hier von Walter
von Brienne gefangengenommen. Später auf der Seite Ottos IV. Vgl. BAETHGEN, *Regent-* 25
schaft, 14, 65, 97; WINKELMANN, *Philipp von Schwaben und Otto IV.*, II 259, 407 bzw. VAN
CLEVE, *Markward*, 98, 186.
[8]) Otto von Parkstein gehörte zu den Mördern B. Alberts von Lüttich (1192; vgl. KEMPF,
RNI, 219 Anm. 6) und wurde von Heinrich VI. mit dem Lehen Laviano (Prov. Salerno) 1195
ausgestattet. Von Markward von Annweiler, dessen eifriger Anhänger er war, wurde er zum 30
Rektor von Nocera (Prov. Salerno) bestellt. Gestorben 1202. Vgl. FICKER, *Forschungen*, II
231 ff.; BAETHGEN, *Regentschaft*, 10, 65, 90; bzw. VAN CLEVE, *Markward*, 98, 186 und
BOSL, *Reichsministerialität*, II 488 f.
[9]) Vielleicht Hermann de Catena, Graf von Arezzo, der 1195/96 als Seneschall Philipps
von Schwaben aufscheint (B. F. W. Reg. 3 f.). Später Anhänger Markwards von Annweiler. 35
Vgl. FICKER, *Forschungen*, II 233 bzw. WINKELMANN, *Philipp von Schwaben und Otto IV.*,
I 16, 34.
[10]) Konrad von Marlenheim, (seit 1191) Kastellan von Rocca Sorella (bei Sora, Prov.
Frosinone, Latium), das er 1203 wieder zurückeroberte. 1205 auf päpstlicher Seite, dann bei
Diepold von Schweinspeunt, der Markward von Annweilers Politik weiterführte, wurde er 40
1208 von den Truppen Innocenz' III. gefangengenommen. Vgl. BAETGHEN, *Regentschaft*,
97, 100 f.; WINKELMANN, *Philipp von Schwaben und Otto IV.*, I 38 und II 6,
55, 66, 71, 73; VAN CLEVE, *Markward*, 98; M. MACCARRONE, *Studi su Innocenzo III* (=Ita-
lia sacra 17, 1972) 187 f.
[11]) S. Br. II 4 Anm. 11. 45
[12]) S. Br. II 4 Anm. 12.
[13]) Markward von Annweilers Exkommunikation durch die beiden päpstlichen Legaten
war vor Anfang März (wohl im Februar) 1198 erfolgt. Vgl. Br. I 38, der hier zweifellos
zitiert wird, S. 57 Z. 5—9 bzw. *Gesta Innocentii*, c. 9 (MIGNE, PL 214, XXII f.). Über Markwards Untaten nach Ausweisung durch Kaiserin Konstanze vgl. VAN CLEVE, *Markward*, 50
83 f.

ac detinere presumpsit[14] et nunc regnum Sicilie, quod ad ius et proprietatem beati Petri pertinere dinoscitur[15], cuius balium cum regis tutela
illustris memorie C(onstantia) imperatrix nobis testamento reliquit[16], in-
festat et nititur occupare[17]. Omnes autem, qui ei fidelitatis vel societatis
5 iuramento tenentur, denunciamus penitus absolutos. Si quis autem clericus cuiuscumque dignitatis et ordinis officia ecclesiastica vel sacramenta
divina ei vel sequacibus suis ministrare presumeret, sciat se dignitatis et
ordinis periculum incurrisse. Item excommunicamus I(ohannem?), quondam electum sancte Seuerine, qui eidem Mar(cualdo) adherens ammini-
10 strationem Salernitane ecclesie de ipsius manu recepit[18].

Forma receptionis hec fuit: Iuravit Mar(cualdus) publice sine pacto
quolibet et tenore super crucem et evangelia, quod super omnibus pro
quibus excommunicatus existit, sine fraude mandatis nostris obediet universis, que sibi per nos vel nuncios aut litteras nostras duxerimus facienda.

15 Tenor vero mandati apostolici fuit talis: Mandatum est ei sub debito
prestiti iuramenti, ut a balio regni[19], invasione quoque ac molestatione
ipsius per se ac suos omnino desistat nec ipsum aut patrimonium beati
Petri per se vel alium ullo modo molestet; universa, que de regno per se
vel suos invasit, que detinentur ab ipso restituat et ab omni prorsus obli-
20 gatione absolvat, que vero detinentur ab aliis, pro posse suo restitui faciat
bona fide. Super hiis autem, que nec ab ipso nec suis habentur, utpote su-

---

[14] Vgl. Br. I 38, S. 57 Z. 12 ff. Vielleicht beutete der Papst hier propagandistisch jenen
Eid aus, den ihm Markward von Annweiler angeblich im Januar oder Februar 1198 durch
einen Vertreter über seine damals in Aussicht gestellte Unterwerfung hatte leisten lassen
25 und an den er nachher nicht mehr gebunden sein wollte (*Gesta Innocentii*, c. 9 [a], MIGNE,
PL 214, XXIII AC). Zu den Verhandlungen vgl. BAETHGEN, *Regentschaft*, 120 ff. bzw. VAN
CLEVE, *Markward*, 86 ff.

[15] Zum Vasallenverhältnis zwischen Sizilien und dem Papsttum, das seit 1059 bestand, vgl. J. DEÉR, *Papsttum und Normannen. Untersuchungen zu ihren lehnsrechtlichen
30 und kirchenpolitischen Beziehungen*. Studien und Quellen zur Welt Kaiser Friedrichs II.
Köln 1972.

[16] Konstanze, Tochter König Rogers II., war seit 1186 mit Kaiser Heinrich VI. vermählt. Sie starb am 28. November 1198. Durch ihr Testament vom 25. November 1198
übertrug sie dem Papst die Regentschaft im Königreich Sizilien und die Vormundschaft
35 über ihren Sohn Friedrich (II.). Das Testament ist in den *Gesta Innocentii*, c. 23 (MIGNE, PL
214, XXXVIII f.) inhaltlich überliefert. Vgl. RIES, *Regesten*, 73 f. Nr. 127.

[17] Seit Beginn des Jahres 1199 (Br. I 554 [557]—557 [560]).

[18] Wahrscheinlich Johannes Princeps aus Salerno, der bereits 1195/96 Elekt von
Salerno (Kampanien) war, doch die päpstliche Anerkennung nicht erlangen konnte, wes-
40 halb er auf das (griechische) Erzbistum von Santa Severina auswich, bis er von Markward
von Annweiler wieder mit der Administration von Salerno betraut wurde. Als dessen Anhänger war er zu Jahresbeginn 1198 exkommuniziert worden. Ob er sich nach Markwards
Abzug nach Sizilien im Sommer 1199 in Salerno halten konnte, steht nicht fest. Vgl. KAMP,
Kirche und Monarchie, I 432—435 und 436 f.

45 [19] Den Anspruch auf die Regentschaft über Sizilien dürfte Markward von Annweiler
mit einem im Testamente Kaiser Heinrichs VI. enthaltenen Auftrag begründet haben
(*Gesta Innocentii*, c. 23, MIGNE, PL 214, XL A; vgl. BAETHGEN, *Regentschaft*, 124 ff.; VAN
CLEVE, *Markward*, 67 ff.).

per dampnis et iniuriis illatis presertim nobis et monasterio Cassinensi[20],
satisfaciat competenter secundum dispositionem nostram et proprias
facultates. In clericos decetero et viros ecclesiasticos manus nec iniciat
nec inici faciat violentas. Cardinales et legatos apostolice sedis nec spoliet
nec spoliari nec capi faciat aut etiam obsideri, nisi forsan impugnatus ab 5
eis in defensionem propriam id facere cogeretur: non quod id tunc ei
licere dicamus, sed quia hoc ei non interdicimus ex debito iuramenti[d].

Accedens igitur Marc(ualdus) Verulas[21] ad presentiam venerabilis
fratris nostri O(ctaviani), Hostiensis episcopi[22], et dilectorum filiorum
G(uidonis), tituli sancte Marie Transtiberim presbyteri[23], et H(ugolini), 10
sancti Eustachii diaconi[24], cardinalium, legatorum apostolice sedis, iuxta
modum expressum superius publice iuramentum exhibuit et, secundum
ecclesie formam beneficio absolutionis obtento, mandatum sub eodem
tenore recepit et se promisit fideliter impleturum. Quod autem ei nichil
super terra illa mandavimus, quam, antequam nunc ultimo regnum intra- 15
ret, ex concessione fuerat imperatoris adeptus[25], nullatenus ammire-
mini, cum propter eam non fuerit excommunicatione notatus. De ipsa
tamen dante Domino ad nostrum et karissimi in Christo filii nostri
F(riderici), Sicilie regis illustris[26], honorem vobis scientibus utiliter
disponemus. Nullus igitur vos omnino seducat, nullus aliquatenus blandia- 20
tur, quod secundum aliam formam idem M(arcualdus) iuramentum prestiterit aut aliter fuerit receptus a nobis; nec turbentur in aliquo corda
vestra, sed potius solidentur: cum si servaverit, quod ei est sub debito
prestiti iuramenti mandatum, ad statum totius regni et tranquillitatem
vestram sit non modicum proventurum. Si autem, quod non credimus, 25
non servarit, nichil sit auctoritati nostre detractum, sed eius sit potius
potentia diminuta, et tam ex inclementia temporis quam ex forma

vgl. Apg 18, 21

---

[d]) *Bis hierher längs des Briefes am Rande ein senkrechter, z. T. gewellter Strich.*

[20]) Nach der Eroberung von San Germano (8. Januar 1199) belagerte Markward von
Annweiler das Benediktinerkloster Montecassino, wohin ein Teil der Bevölkerung von San 30
Germano geflüchtet war und die päpstlichen Soldtruppen unter Lando de Montelongo sich
zurückgezogen hatten. Am 20. Februar 1199 gab Markward gegen die Zahlung von 300
Unzen Gold durch Abt Roffrid die Belagerung wieder auf. Vgl. BAETHGEN, *Regentschaft*,
13 und VAN CLEVE, *Markward*, 101 ff.

[21]) Veroli (Prov. Frosinone, Latium). Über die dort (und in dem nahen Zisterzienser- 35
kloster Casamari) geführten Verhandlungen vgl. *Gesta Innocentii*, c. 23 (MIGNE, PL 214,
XLIV) und BAETHGEN, *Regentschaft*, 16 f. bzw. VAN CLEVE, *Markward*, 116 ff., bes. 119 f.

[22]) S. Br. II 78 (81) Anm. 3.

[23]) S. Br. II 35 Anm. 8.

[24]) S. Br. II 35 Anm. 9.   40

[25]) Damit ist das Lehen Molise (hauptsächlich die heutige Prov. Campobasso) gemeint,
das Markward von Annweiler 1197 von Heinrich VI. erhalten hatte. Bis an sein Lebensende war gerade dieses Gebiet, das durch Kapitäne verwaltet wurde, ihm besonders er-
geben. Vgl. FICKER, *Forschungen*, II 255; VAN CLEVE, *Markward*, 59 mit Anm. 32, 83, 98
bzw. JAMISON, *Conti di Molise e di Marsia*, 103.   45

[26]) Friedrich (II.), geboren 1194, König von Sizilien 1198, zum deutschen König 1211
gewählt, 1220 zum Kaiser gekrönt, 1250 gestorben.

mandati, quam facimus, absoluti fautores eius iugiter ad propria revertantur. Nos quoque non solum pro commissis excessibus, verum etiam pro
reatu periurii eum et fautores ipsius, si forte contra factum et receptum
mandatum veniret, in eandem excommunicationis sententiam reducere
5 curaremus, et esset contra eum manus nostra ex virtute divina validior
quam fuisset[27]. Inspiret autem is[e] ei, qui vult omnes homines salvos fieri　vgl. 1 Tim 2, 4
et neminem vult perire, ut ita fideliter mandatum nostrum observet, ut　vgl. 2 Petr 3, 9
nec Creatorem offendat nec nos oporteat contra eum gravius commoveri.

Monemus igitur universitatem vestram ac per apostolica vobis scripta
10 mandamus, quatinus circa devotionem apostolice sedis et eiusdem regis
fidelitatem ex hoc ferventiores effecti ea, que honorem ipsius, quietem
vestram et statum regni respiciunt, sollicite procuretis; ab omnibus vobis
precaventes insidiis, ne per securitatem aut fraudem aliquid vobis
sinistri valeat evenire. Nos enim dante Domino nec regi nec regno * nec　vgl. Apg 18, 21
15 vobis ipsis aliqua occasione deerimus, sed ea curabimus promovere, que　* fol. 184ʳ
totius regni respicient incrementum.

159 (168).

*Innocenz III. trägt dem Reichstruchseß Markward (von Annweiler) auf,
in Befolgung seines vor den päpstlichen Legaten geleisteten Eides vom An-*
20 *spruch auf die Regentschaft über das Königreich Sizilien zurückzutreten und
seine gegen dasselbe gerichteten militärischen Operationen einzustellen. Für
eine persönliche Unterredung, die Markward verlangte, sichert der Papst ihm
freies Geleit zu.*

(*Lateran, 1199 August ca. 10—15*)[1].

25　　*Reg. Vat. 4, fol. 184ʳ ⟨Nr. CLIX, 162, 168⟩.*
　　　*Sirleto, fol. 370ʳ = Cholinus, II 485 = Venet., II 485 = Baluze, I 447 Nr. 168 = Migne,
PL 214, 718 Nr. 168. — Potth. Reg. 829; B.F.W. Reg. 5681. — Vgl. Gesta Innocentii, c. 23, 24,
Migne, PL 214 XLII ff.; Baethgen, Regentschaft, 14 ff.; Van Cleve, Markward, 108 ff.*

Nobili viro Marc(ualdo), imperii senescalco[2].

30　　Si[a] multitudinem et magnitudinem excessuum tuorum inspicias et　vgl. Jr 30, 14
circa te mansuetudinem et benignitatem apostolice sedis attendas, mandatum nostrum non solum iustum intelliges sed et pium. Creditur enim
a multis religiosis viris et magnis, quod pro tot et tantis excessibus, quos
cum tuis fautoribus[3] perpetrasti[4], satisfactio condigna non esset, si etiam

35　　　[e] eis.
159.　[a] *Am Rande ein Kreuz von wohl viel späterer Hand.*

　　　[27] Die Hoffnung des Papstes, Markward von Annweiler würde sich an seinen Eid
halten, wurde enttäuscht. Deshalb antwortete er mit der sofortigen Exkommunikation des
Widerspenstigen. Vgl. Br. II 170 (179) bzw. BAETHGEN, *Regentschaft*, 17 f. und VAN CLEVE,
40 *Markward*, 119 ff.
159. [1] Zur Datierung s. Br. II 158 (167) Anm. 1.　　　　[2] S. Br. II 158 (167) Anm. 3.
　　　[3] Aufgezählt werden diese im Br. II 158 (167) Anm. 5—10.
　　　[4] Die Vorwürfe gegen Markward von Annweiler führt Innocenz III. im einzelnen in

iussus transfretare fuisses[b] in defensionem terre nativitatis Dominice
permansurus[5]. Cum autem nos non peccatorum tuorum magnitudinem
attendentes, sed inspicientes potius solitam mansuetudinem apostolice
sedis, ea tibi dederimus in mandatis, que ad vitandum eternum interitum
deberes facere per te ipsum, non debes aliquid in contrarium postulare, 5
cum id noveris in anime tue perniciem[c] convertendum. Quid enim prod-
est homini, si universum mundum lucretur, anime autem sue detrimentum patiatur? Licet enim ad reconciliationem tuam nos regni tranquillitas invitarit, amplius tamen debitum pastoralis officii nos induxit, quo
tenemur errantes ad viam rectitudinis revocare. Plus igitur lucrum anime 10
tue quam terre facere cupientes, cum spiritualia temporalibus a nobis
presertim sint merito preponenda, salutem anime tue potius quam corporis attendentes: super eo, quod postulasti a nobis per litteras tuas — ut
mandatum tibi a venerabili fratre nostro O(ctaviano), Hostiensi episcopo[6], et dilectis filiis G(uidoni), tituli sancte Marie Transtiberim presby- 15
tero[7], et H(ugolino), sancti Eustachii diacono[8] cardinalibus factum, ut
a balio regni et invasione ac molestatione[9] cessares, curaremus misericorditer temperare — te modo cum Deo nequivimus exaudire. Miramur
autem, quod post factum et receptum mandatum te balivum[d] et procuratorem regni scribere non vereris, quamquam in litteris, quas nobis mi- 20
sisti, id sub quodam involucro curaveris palliare[10].

Monemus igitur nobilitatem tuam et exhortamur in Domino ac per
apostolica tibi scripta sub debito prestiti iuramenti mandamus, quatinus
necessitatem in virtutem convertens a balio regni, invasione ac molestatione desistas, cetera sub eadem tibi districtione mandata nichilominus 25
servaturus; cum ipsa rerum experientia te certificare debuerit, quod balium regni non poteris obtinere, pro quo tuus hactenus non profecit obtinendo conatus.

Quia vero, sicut idem episcopus et cardinales sua nobis relatione monstrarunt, quedam nobis exponere velles, que nuncio nec litteris credere 30
voluisti, gratum habemus, si ad presentiam nostram accedas et ea efficias,
que idem episcopus per suas litteras plenius intimabit. Nos enim, cum per
litteras tuas de adventu tuo certificati fuerimus, securum tibi faciemus
prestari ducatum.

vgl. Mt 16, 26;
Mk 8, 36; Lk 9, 25

vgl. 2 Chr 19, 4;
Sir 36, 19

vgl. Phil 3, 8

vgl. 1 Thess 4, 1;
2 Kor 5, 20

---

b) fursses.   c) -ci- *korr. aus einem tironischen* et.   d) *Migne:* balium.   35

den Br. I 554 (557), S. 805 Z. 3—14, I 555 (558), S. 808 Z. 20—22, I 556 (559), S. 810
Z.27—S.811 Z.3, I 557 (560), S.812 Z.6—11,18—23 aus. Über die militärischen Unternehmun-
gen Markwards während der ersten Jahreshälfte 1199, seine Verhandlungen mit den päpstlichen Legaten und seine Wiederaufnahme in Gnade informiert BAETHGEN, *Regentschaft*,
9—18 bzw. VAN CLEVE, *Markward*, 96—123.   40

⁵) Päpstliche Ermahnungen, zur Sühne für begangene Untaten am Kreuzzug teilzunehmen, s. in den Br. I 397, 407 und 408.
⁶) S. Br. II 78 (81) Anm. 3.   ⁷) S. Br. II 35 Anm. 8.
⁸) S. Br. II 35 Anm. 9.   ⁹) Vgl. Br. II 158 (167) Anm. 17 und 19.
¹⁰) Damit sind zweifelsohne die im Br. II 170 (179) angeführten Briefe gemeint, in denen 45
Markward seinen Titel gekürzt wiedergab. Vgl. unten S. 332 Z. 4—6 mit Anm. 6.

160 (169).

Innocenz III. erlaubt dem Erzbischof Petrus von Santiago de Compostela, Personen seiner Diözese, die wegen tätlicher Angriffe auf Kleriker exkommuniziert sind und auf Grund verschiedener Hindernisse die dem Papste vorbe-
5 *haltene Absolution nicht persönlich beim Hl. Stuhl erlangen können, zu absolvieren.*

Lateran, (1199 August ca. 1—15)[1].

Reg. Vat. 4, fol. 184ʳ ⟨Nr. CLX, 163, 169⟩.
Sirleto, fol. 370ᵛ = Cholinus, II 485 = Venet., II 485 = Baluze, I 447 Nr. 169 = Migne,
10 *PL 214, 719 Nr. 169; Mansilla, Documentación, 253 Nr. 218. — Potth. Reg. 827.*

Petro[2], Compostellano archiepiscopo[a].

| **Ad** nostram noveris audientiam pervenisse, quod in diocesi tua manus inicientes in clericos violentas, cum a sede apostolica nimium sint remoti, propter etatem et infirmitatem illuc nonnumquam vix accedere valent
15 absolutionis beneficium petituri[3]. Ut autem excommunicatos huiusmodi ad nos non valentes propter impedimenta, que premisimus, proficisci et mulieres clericos verberantes absolvere tibi liceat in diocesi tua, fraternitati tue auctoritate presentium indulgemus; nisi forte ipsorum excessus ita gravis fuerit et enormis, quod propter hoc censura sit sedis apostolice
20 requirenda.

Nulli ergo [et cetera] nostre concessionis et cetera.

Datum Laterani.

161 (170).

Innocenz III. bestätigt das vom Kardinaldiakon G(regor) von S. Angelo als
25 *päpstlichem Legaten im Prozeß, den das Erzbistum Santiago de Compostela wegen der ihm schuldigen «Votos» gegen das Kloster (San Salvador de) Celanova geführt hat, zugunsten des ersteren gefällte Urteil.*

(Lateran, 1199 August ca. 1—15)[1].

Reg. Vat. 4, fol. 184ʳ ⟨Nr. 164, 170⟩.
30 *Sirleto, fol. 371ʳ = Cholinus, II 486 = Venet., II 486 = Baluze, I 448 Nr. 170 = Migne,*
PL 214, 720 Nr. 170; Mansilla, Documentación, 254 Nr. 219. — Potth. Reg. 828.

---

160. a) *Längs des Briefes am Rande ein senkrechter, z. T. gewellter Strich.*

160. [1] Zur Datierung: Die Br. II 160 (169) und 161 (170) für den EB. von Santiago de Compostela wurden wahrscheinlich gleichzeitig mit den Br. II 162—164 (171—173) vom 4., 11.
35 und 12. August registriert, was die Neuansätze am Beginn des vorliegenden Schreibens und am Anfang des Br. II 165 (174) nahelegen. Der Br. II 162 (171) ist gleichfalls nach Spanien gerichtet. Daher kann vermutet werden, daß auch die beiden genannten Briefe in der ersten Augusthälfte ausgestellt wurden.

[2] S. Br. II 72 (75) Anm. 2.
40 [3] Vgl. *Decretum Gratiani* C. XVII, q. 4, c. 29 (= FRIEDBERG, *CorpIC*, I 822).

161. [1] Zur Datierung s. Br. II 160 (169) Anm. 1.

Petro archiepiscopo[2] et capitulo Compostellanis[a].

Iustis petentium desideriis et cetera usque assensu, sententiam dilecti
filii nostri G(regorii), sancti Angeli diaconi[b] cardinalis, tunc apostolice
sedis legati[3], prolatam super votis beati Iacobi[4] adversus P(elagium)
abbatem et monasterium Cellenoue[5], sicut rationabiliter lata est nec 5
legitima appellatione suspensa, ratam habentes, auctoritate apostolica
confirmamus et cetera.
Nulli ergo confirmationis [et cetera].

162 (171).

Innocenz III. bestätigt dem Augustiner-Chorherrenpriorat von (San Salva- 10
dor und Santa Maria de) Sarriá den Besitz des Klosters (Santa Maria de)
Junquera (de Espadañedo) und aller dazugehörigen Rechte.

Lateran, (1199) August 4.

Reg. Vat. 4, fol. 184r ⟨Nr. 165, 171⟩.
Sirleto, fol. 371r = Cholinus, II 486 = Venet., II 486 = Baluze, I 448 Nr. 171 = Migne, 15
PL 214, 720 Nr. 171; Mansilla, Documentación, 253 Nr. 217. — Potth. Reg. 815.

Priori et capitulo Saren(sibus)[1].

Cum a nobis petitur et cetera usque assensu, monasterium de Iun-
quaria[2] et ius, quod illustris memorie A(lfonsus), quondam Hispaniarum
imperator[3], vobis concessit in eo[4], cum iure patronatus concesso vobis 20
a militibus patronis ipsius, sicut ea iuste ac pacifice possidetis, vobis et per
vos ecclesie vestre auctoritate apostolica confirmamus et cetera.
Datum Laterani, II Non. Augusti.

163 (172).

Rechtsauskunft für den Abt (Guibert) von Gembloux: Er ist nicht der Simo- 25
nie schuldig geworden, als er sich nach seiner Wahl zum Abt vom Bischof

---

161. [a]) *Am Rande ein kreuzweise durchstrichener Kreis.*   [b]) *Fehlt bei Migne.*

[2]) S. Br. II 72 (75) Anm. 2.
[3]) S. Br. II 65 (68) Anm. 3.
[4]) Vgl. Br. II 130 (139) Anm. 25.   30
[5]) Pelagius (IV.), der zu 1196 als Abt der Benediktinerabtei San Salvador de Celanova
(Diöz. und Prov. Orense) bezeugt ist. Vgl. F. Pérez, *Celanova*, in: Dict. HGE 12 (Paris
1953) 49.
162. [1]) Prior des Augustiner-Chorherrenpriorates von San Salvador und Santa Maria de
Sarriá (Diöz. und Prov. Lugo).   35
[2]) Zisterzienserabtei Santa Maria de Junquera de Espadañedo (Diöz. und Prov. Orense).
[3]) S. Br. II 97 (105) Anm. 12.
[4]) Die erwähnte Schenkung findet bei sich P. Rassow, *Die Urkunden Kaiser
Alfons' VII. von Spanien*. Archiv für Urkundenforschung 10 (1928) 327—468 und 11 (1929)
66—137 nicht verzeichnet.   40

(Albert) von Lüttich installieren ließ, obwohl dieser von den Mönchen des
Klosters, allerdings ohne Wissen und gegen das Verbot des Abtes, dafür Geld
erhalten hatte.

Lateran, (1199) August 12.

5   *Reg. Vat. 4, fol. 184ʳ—184ᵛ ⟨Nr. CLXI, 166, 172⟩.*
    Sirleto, fol. 371ʳ = Cholinus, II 486 = Venet., II 486 = Baluze, I 448 Nr. 172 = Migne,
PL 214, 720 Nr. 172. — Comp. III. 5, 2, 5; Alan. 5, 2, 2; 5, 2, 4; Alan. Anh. 5; Alan. K. 5,
2, 3; Bern. 5, 3, 5; Coll. Fuld. 5, 1, 14; Coll. Rotomag. 26; X. V, 3, 33. — Potth. Reg. 820;
Wauters, Table chronologique, III 116; Chapeauville, Gesta pontificum Leodensium, II 195.
10   *— Vgl. H. Delehaye, Guibert, abbé de Florennes et de Gembloux, XIIᵉ et XIIIᵉ siècles. Revue*
des questions historiques 46 (1889) 69 ff.

Abbati Gemblacensi [a][1].

Sicut tuis nobis[b] litteris intimasti, cum in Gemblacensi ecclesia fueris a
tenera nutritus etate, monachus factus ibidem, in etate matura consequen-
15 ter promotus fuisti ad regimen ecclesie Florinensis[2]. Verum abbate Gemblacensi de medio post sublato[3], Gemblacensis ecclesia, que prius tamquam
filium te habuerat, inscium et absentem in patrem et pastorem per electionem te canonicam nominavit. Et quoniam pastore carebat Leodiensis
ecclesia cathedralis[4], postquam per dies aliquot moram feceras in ecclesia
20 Gemblacensi, ad Coloniensem ecclesiam, que tua est metropolis[5], profi-
ciscens, ipsius auctoritate in Gemblacensi ecclesia interim ministrasti.
Ceterum postquam in Leodiensi ecclesia fuit episcopus institutus[6], is a te

    vgl. 1 Petr 2, 25

163.   [a] *Am Rande von einer Hand des 13. Jh.:* hoc c(apitulum) est Extra de symonia *(X. V,*
3, 33). Daneben ein waagrecht durchstrichenes C, das wohl auf den Inhalt des Briefes, eine
25 *Consultatio, hinweisen soll (vgl. Kempf, Register, 95 Anm. 17 und oben Einleitung S. XXI).*
   [b] *Durch Zeichen umgestellt aus* nobis tuis.

163.   [1] Guibert Martin, Abt der Benediktinerabtei Gembloux (Diöz., Prov. und Arr. Namur)
15. (16.) Dezember 1193—1204 (res.). Er zog sich nach Florennes zurück, wo er nach 1211
verstarb. Vgl. Delehaye, a. a. O., 1 ff. und Berlière, *Monasticon Belge*, I 20, f.
30   [2] Guibert Martin war seit April 1188 Abt der Benediktinerabtei Florennes (Diöz.
Lüttich, Prov. Namur, Arr. Philippeville) gewesen. Vgl. Delehaye, a. a. O. und Berlière,
Monasticon Belge, I 20.
   [3] Johannes (I.), Abt von Gembloux (seit 1160), war am 15. Dezember 1193 gestorben.
Vgl. Berlière, *Monasticon Belge*, I 19 f.
35   [4] Nach der Ermordung B. Alberts (I.) von Löwen (24. November 1192) wurde Simon
von Limburg zum B. von Lüttich (Suffr. von Köln) gewählt (Oktober 1193), doch widersetzte sich ein Teil des Kapitels dieser Wahl und appellierte an den Papst, der 1194 diese
Wahlhandlung kassierte. Darauf schritt jener Teil des Kapitels zur Wahl und übertrug
Albert (II.) von Cuyck das Bischofsamt (November 1194). Simon dankte jedoch nicht ab,
40 selbst als Graf Balduin von Flandern gegen ihn mit Waffengewalt vorging. In der Fasten-
zeit 1195 appellierten beide nach Rom, wo Papst Coelestin III. Albert als rechtmäßigen
Bischof anerkannte. Vgl. E. de Moreau, *Histoire de l'église en Belgique*. Bruxelles 1945,
III 89 ff.
   [5] Guibert begab sich 1194 nach Köln, wo seine Wahl von EB. Adolf (I.) von Berg und
45 Altena bestätigt wurde. Vgl. Knipping, *Regesten*, II 299 Nr. 1486.
   [6] Albert (II.) von Cuyck, ein Sohn des Grafen Hermann von Cuyck, war seit 1184
Archidiakon und seit 1193 Propst von St. Paul in Lüttich. Er wurde am 18. November 1194
in Namur zum B. von Lüttich gewählt und am 6. Januar 1196 in Köln konsekriert. Am

requisitus electionem de te factam noluit confirmare: aliud non preten-
dens, nisi quod de minori loco translatus fueras ad maiorem. Verum cum
hec tibi fieri pro extorquenda pecunia comperisses, sub interminatione

vgl. Ps 13, 3; 35, 2;
Röm 3, 18 u. ö.

anathematis vetuisti, ne pro facto huiusmodi aliqua pecunia offeretur.
Et cum quidam de fratribus timorem Dei pre oculis non habentes inter- 5
ventu munerum ad ipsius abbatie regimen aspirarent, seniores in ecclesia,
quod malum imminens nonnisi malo posset deprimi previdentes, te in-
consulto et penitus ignorante contra excommunicationis a te facte sententiam venientes promiserunt pecuniam et etiam exolverunt; sicut tibi
postmodum est relatum. Et sic ab episcopo invitatus institutionem libere 10
accepisti ab eo, quemadmodum estimabas[c]. Super hiis ergo nos duxit tua
discretio consulendos: si propter promissionem incognitam et prohibitam,

* fol. 184ᵛ

quemadmodum est premissum, tibi peccati macula infligatur vel si de *
promissione nunc tibi cognita tu cum fratribus, qui fecerunt eam, debeas

vgl. Apg 8, 9–24

penitere, cum inherere nolueris simoniace pravitati; paratus pro grege 15

vgl. 1 Petr 5, 2

Domini subire laborem vel, quamvis[d] te conscientia[d] non accuset, a
suscepto regimine si decreverimus abstinere.

vgl. Spr 12, 18;
Apg 24,16

Quamvis autem secundum sacrorum canonum instituta etiam parvuli,
qui cupiditate parentum ecclesias per pecuniam sunt adepti, eas dimittere
teneantur[7], quia tamen longe diversum est non prebere consensum et 20
expressim[e] aliquid prohibere, taliter tibi duximus respondendum: quoniam ex eo, quod contra prohibitionem et voluntatem tuam, a qua postmodum minime recessisti, aliquis te penitus ignorante promisit pecuniam
et exolvit, presertim cum is nulla tibi esset consanguinitate coniunctus,
nichil tibi ad culpam vel penam credimus imputari; nisi postea forte con- 25
senseris pecuniam solvendo promissam aut etiam reddendo solutam. Alioquin contingeret, quod alicuius factum insidias inimico parantis ei dampnosum existeret, cui penitus displiceret, et sic aliquis de fraude sua commodum reportaret. Illos autem, qui dederunt pecuniam vel etiam receperunt, in tantum constat esse culpabiles, quod — si excessus eorum esset 30
ecclesie manifestus, que non iudicat de ocultis[f][8] — pena essent canonica
feriendi.

Datum Laterani, II Idus Augusti.

---

[c] -s am Schluß korr. aus -t.   [d–d] -is te co- auf Rasur. Die Korr. wurde mit Zeichen
am Rande vorgemerkt, dort jedoch später wieder ausradiert.   [e] -i- korr. aus -u-.   [f] -is 35
korr. aus -u.

21. Januar nahm er von seiner Bischofsstadt Besitz. Er starb am 1. Februar 1200. Vgl.
U. Berlière, Albert de Cuyck, in: Dict. HGE 1 (Paris 1912) 1511 f.

[7] Decretum Gratiani C. I, q. 5, c. 3 (= Friedberg, CorpIC, I 424).

[8] Vgl. dazu St. Kuttner, Ecclesia de occultis non iudicat. Acta Congressus Iuridici 40
Internationalis. Romae, 12—17 Novembris 1934. Rom 1936, III 238 ff., bes. 238 Anm. 18
mit den dort wiedergegebenen Texten.

164 (173).

Innocenz III. überträgt dem Archidiakon G(ossuin), dem Domkantor (Johannes) und dem Domscholaster (Denis), alle von Tournai, die endgültige Entscheidung in einem zwischen dem Magister C(lemens ?) und dem Pres-
5 *byter P. um eine Kapitelspfründe von Saint-Pierre zu Lille geführten Prozeß.*

Lateran, (1199) August 11.

Reg. Vat. 4, fol. 184ᵛ—185ʳ ⟨Nr. CLXII, 167, 173⟩.
Sirleto, fol. 371ʳ = Cholinus, II 487 = Venet., II 487 = Baluze, I 449 Nr. 173 = Migne,
10 *PL 214, 721 Nr. 173. — Potth. Reg. 819; Wauters, Table chronologique, III 116. — Vgl. E.*
Hautcoeur, Cartulaire de l'église collégiale de Saint-Pierre de Lille. Lille 1894, I 66 Nr. LXII.

G(ossuino) archidiacono[1], cantori[2] et magistro scolarum[3] Tornacensibus.

Cum venissent ad apostolicam[a] sedem dilecti filii magister C(lemens ?)
15 subdiaconus[4] et P. presbyter[5] pro controversia, quam[b] habebant ad invicem super prebenda ecclesie Insulane[6], nos eis dilectum filium nostrum G(regorium), sancti Georgii diaconum cardinalem[b][7], concessimus auditorem. Coram quo dictus magister C(lemens ?) proponere procuravit, quod cum olim a bone memorie C(elestino) papa[8], predecessore nostro, ad
20 prepositum ecclesie Insulane[9] pro obtinenda in eadem ecclesia prebenda litteras impetrasset, prepositus indulgentiam obtinuit ab eodem, ne infra biennium aliquem in ecclesiis suis recipere cogeretur. Iterum vero idem magister ad eundem prepositum ipsius predecessoris nostri litteras reportavit, ut elapso biennio prebendam ei conferret in ecclesia Insulana. In-
25 terim tamen ei stallum in choro et locum in capitulo assignaret et de cotidianis stipendiis idem magister cum canonicis perciperet portionem;

---

164. [a] *Bis hierher mit hellerer Tinte geschrieben als das Folgende.*   [b-b] *Mit hellerer Tinte.*

164. [1] Gossuin, Archidiakon der Kathedrale von Tournai (Suffr. von Reims, Belgien) ca.
1179—1203, später B. von Tournai. Gestorben am 29. Oktober 1218. Vgl. J. Vos, *Les*
30 *dignités et les fonctions de l'ancien chapitre de Notre-Dame de Tournai.* Bruges 1898, I 240 f.
[2] Johannes, Kantor der Kathedrale von Tournai 1182—1. Februar 1205. Vgl. Vos,
a. a. O., II 16.
[3] Denis, als Scholaster der Kathedrale von Tournai 1198 bis 1203 bezeugt; im September 1205 urkundet sein Nachfolger Walter erstmals. Vgl.. Vos, *a. a. O.*, II 109.
35 [4] Wahrscheinlich Magister Clemens, der (nach 1204) Scholaster von Saint-Pierre in Lille war.
[5] Nicht identifizierbar. Vgl. HAUTCOEUR, *Cartulaire*, I 66.
[6] Kollegiatkapitel Saint-Pierre in Lille (Diöz. Tournai, Dép. Nord).
[7] S. Br. II 78 (81) Anm. 4.
40 [8] S. Br. II 22 Anm. 5.
[9] Gerhard von Elsaß, Propst des Kollegiatkapitels von Saint-Pierre in Lille 1192—24. Januar 1205. Er war ein natürlicher Sohn des Dietrich von Elsaß, wurde 1183 Propst von Saint-Donatien in Brügge und 1192 Kanzler von Flandern. Als solcher betreute er die Grafschaft während der Abwesenheit Balduins IX. von 1203 bis 1206. Obzwar er nur Sub-
45 diakon war, besaß er auch die Propsteien von Saint-Omer (seit 1186) und Furnes. Über ihn vgl. PREVENIER, *Oorkonden der Graven van Vlaanderen*, II 33 Anm. 4.

venerabili fratre nostro . . Atrebatensi episcopo[10] et dilectis filiis . . Vrsicampi[11] et . . Longipontis[12] abbatibus super hoc executoribus delegatis. Qui cum vellent in negotio ipso procedere, prepositus coram eis post secundam citationem apparens mandatum cum mandatore asseruit expirasse et ad sedem apostolicam appellavit. Cumque postmodum idem 5 magister ad sedem apostolicam accessisset, nos ad litteraturam ipsius, qui scolas dicebatur in artibus Parisius habuisse[13], pium habentes respectum, eidem preposito dedimus in mandatis, quod — cum idem magister, sicut proponebatur, oriundus de villa Insulana ecclesie Insulane[c] aliquamdiu in scolarum regimine deservisset et ad presentationem ipsius ecclesie 10 fuisset in subdiaconum ordinatus — in beneficio competenti, quod ad eius donationem spectaret, in eadem ipsi ecclesia provideret. Dilectis etiam filiis . . decano[14], . . cantori[15] et magistro F(ulconi ?), canonico Remensi[16], dedimus in mandatis, ut super hoc mandatum apostolicum exequi procurarent. Deinde vero idem executores, sicut ex litteris eorum accepimus, 15 cum in ecclesia Insulana prebenda dimidia vacavisset, magistrum ipsum investiendum ad prepositum destinarunt: qui[d] beneficium quoddam — non ecclesiasticum, sed quod posset laico etiam assignari, temporale videlicet et incertum, litterature et honestati eiusdem magistri non competens, quod etiam tunc temporis non vacabat — eidem curavit offerre. Ipsi vero 20 eundem magistrum vacuum a preposito redeuntem et iuxta onus eidem prebende annexum in ordinem sacerdocii promoveri paratum de predicta dimidia curarunt auctoritate apostolica investire. Post investituram vero prepositus ipse dicto magistro per nuncium suum quindecim librarum redditus fecit offerri; quos quia recipere noluit, nuncius prepositi ad sedem 25 apostolicam appellavit. Executores insuper eundem magistrum ad Insulanum capitulum destinantes ei stallum in choro et locum in capitulo assignari fecerunt, et canonici eum in fratrem suum et canonicum cum solita sollempnitate receptum ad possessionem admiserunt eiusdem beneficii corporalem. 30

---

^c) ecclesie Insulane *fehlt bei Migne*.   ^d) *Darnach ein überflüssiges* ei.

[10]) S. Br. II 44 (46) Anm. 6.

[11]) Balduin, Abt der Zisterzienserabtei Ourscamp (Diöz. Noyon, Dép. Oise, Arr. Compiègne, Cant. Ribécourt, Comm. Chiry-Ourscamp) ca. 1197 bis ca. 1211. Vgl. *Gallia Christiana*, IX 1131 und M. Peigné-Delacourt, *Cartulaire de l'abbaye de Notre-Dame d'Ourscamp*. 35 Mémoires de la Société des Antiquaires de Picardie. Documents inédits concernant la province VI. Amiens 1865, 242 und 120.

[12]) Adam, Abt der Zisterzienserabtei Longpont (Diöz. Soissons, Dép. Aisne, Arr. Soissons, Cant. Villers-Cotterets) ca. 1192 bis vor 1201. Vgl. *Gallia Christiana*, IX 475.

[13]) Innocenz III. bezeugte Absolventen und Magistern der Hohen Schulen von Paris 40 besondere Hochachtung. Vgl. Tillmann, *Innocenz III.*, 4 f.

[14]) Wahrscheinlich Balduin, der zwischen 1202 und 1210 als Domdekan von Reims bezeugt ist. Vgl. Varin, *Archives de Reims*, II 459, 464.

[15]) Zu 1196 ist Thomas als Domkantor von Reims urkundlich bezeugt. Vgl. L. Demaison - G. Robert, *Inventaire sommaire des Archives départementales, Marne, série G*. Reims 45 1931, II 122.

[16]) Vielleicht Fulco, der zu 1192 als Kanoniker von Reims nachzuweisen ist. Ebd., II 103.

Verum dictus presbyter proposuit ex adverso, quod olim prebenda quedam instituta fuerat in ecclesia Insulana nonnisi presbytero conferenda, qui ad honorem beate Virginis divina diebus singulis celebraret. Verum predecessor memorati uni presbytero esse nimis onerosum atten-
5 dens divina diebus singulis celebrare, prebendam ipsam divisit in duas, quas duobus diaconibus assignavit iuramento firmantibus, quod in proximis quatuor temporibus ad presbyterii ordinem convolarent. Sed ne ad consequentiam traheretur, statutum est a preposito et canonicis et sub pena excommunicationis inhibitum, ne beneficia ipsa conferrentur aliis,
10 nisi presbyteris iam promotis. Unde cum dicta dimidia vacavisset, sepedictus prepositus eam ad preces capituli sui dicto presbytero, qui ad presentationem eorum fuerat in presbyterum ordinatus, concessit et eidem magistro paratus fuit in competenti beneficio, videlicet quindecim librarum redditibus, providere. Super quo idem prepositus ad predictos
15 executores Remenses per nuncium suum litteras dicitur impetrasse. Preterea cum biennium a tempore obtente indulgentie tunc temporis non fuisset elapsum, prepositum ad eum recipiendum in ecclesia Insulana proposuit non teneri, cum super hoc fuisset indulgentia impetrata.

Ceterum magister C(lemens?) indulgentiam ipsam sibi non obesse
20 respondit, cum de ipsa etiam in litteris nostris mentio facta fuisset[17]. Preterea ex quibusdam litteris[e] ab adversa parte inductis nisus est comprobare, quod predicta prebenda aliquando etiam fuerat aliis quam presbyteris assignata. Cum enim diceretur in litteris ipsis, quod secundum antiquam et magis usitatam consuetudinem ecclesie Insulane prebenda ipsa
25 esset presbytero conferenda, usitatum etiam esse dicebat[f], ut aliis conferretur; cum etiam dicere, quod aliquid inusitato[g](||)magis usitatum fuerit, sit absurdum.

Cum autem cardinalis predictus, * que coram eo proposita fuerant, in   * fol. 185ʳ
nostra et fratrum nostrorum audientia fideliter retulisset, nos causam
30 ipsam vestro duximus examini committendam, discretioni vestre per apostolica scripta precipiendo mandantes, quatinus — nisi vobis sufficienter constiterit per prepositum et capitulum Insulanum fuisse concorditer institutum et sub pena excommunicationis inhibitum et hactenus observatum, ne predicte prebende aliis quam presbyteris conferrentur — super
35 predicta dimidia dicto presbytero silentium imponatis; facientes per censuram ecclesiasticam appellatione remota eundem magistrum plena et pacifica ipsius possessione gaudere. Quia vero presbyter ipse ad presentationem prepositi et capituli Insulani fuit in presbyterum ordinatus, volumus nichilominus et mandamus, quatinus predictos quindecim librarum
40 redditus ei assignari mandetis, donec ei per prepositum ipsius ecclesie fuerit in beneficio competenti provisum. Alioquin, si de predictis constite-

---

e) *Fehlt bei Migne.*   f) *Durch Zeichen umgestellt aus* dicebat esse.   g) inusitanto.

17) Vgl. die Dekretale Alexanders III. JL 14 156 = *Comp. I.* 1, 2, 3 = X. I, 3, 3 (= Friedberg, *CorpIC*, II 17).

rit, super ipsa predicto magistro, cum non fuerit beneficium ipsi competens, silentium imponentes, eam ipsi presbytero per sententiam appellatione postposita adiudicare curetis et faciatis per censuram ecclesiasticam
eius pacifica possessione gaudere. Verum ne dictus magister laboris, quem
veniendo ad apostolicam sedem sustinuit, mercede frustretur, ei faciatis 5
predictos quindecim librarum redditus a preposito, monitione premissa,
sublato dilationis et appellationis obstaculo per censuram ecclesiasticam
assignari; prebendam, que primo vacabit in ecclesia Insulana, donationi
nostre reservari mandantes persone idonee conferendam. De qua si quid
aliud fuerit ordinatum, nos illud irritum decernimus et inane. 10

Nullis litteris obstantibus, preter assensum partium et cetera. Quodsi
omnes et cetera.

Datum Laterani, III Idus Augusti.

165 (174).

Innocenz III. befiehlt dem Klerus und Volk der Erzdiözese Reggio di Cala- 15
bria, ihrem neugewählten Erzbischof I., der von ihm persönlich das Pallium
empfangen hat, zu gehorchen.

Lateran, (1199) August 16.

> *Reg. Vat. 4, fol. 185ʳ ⟨Nr. CLXIII, 168, 174⟩.*
> *Sirleto, fol. 373ʳ = Cholinus, II 488 = Venet., II 488 = Baluze, I 450 Nr. 174 = Migne,* 20
> *PL 214,724 Nr. 174. — Potth. Reg. 822; B.F.W. Reg.* 5682. — Vgl. Kamp, Kirche und*
> *Monarchie, II 921.*

Clero et populo Reginis[1].

| **Cum** [a] dilectus filius noster G(regorius), sancte Marie in Porticu dia-
conus cardinalis[2], cui vices nostras tam super balio regni[3] quam officio 25
legationis commiseramus, apud Messanam pro ipsius regni negociis mora-
retur[4], dilecti filii canonici Reginenses[5] eidem obitum bone memorie . .
Reginensis archiepiscopi tam per litteras quam per suos concanonicos
nuntiarunt[6]. Postmodum autem ad propria revertentes et convenientes in
unum, invocata Spiritus sancti gratia vota sua in venerabilem fratrem 30

vgl. 1ˉKorˉ11, 20;
Ps 47, 5; 101, 23

---

165. [a] *Am Rande ein Kreuz von wohl viel späterer Hand.*

165. [1] Klerus und Volk von Reggio di Calabria.
    [2] S. Br. II 27 Anm. 19.
    [3] S. Br. II 158 (167) Anm. 16.
    [4] Seine Tätigkeit in Messina fällt in die erste Hälfte des Jahres 1199. Infolge Streitig- 35
keiten verließ der Kardinal die Insel sehr bald; Anfang Juli ist er wieder in Rom nachweisbar (*Potth. Reg.* 757). Vgl. BAETHGEN, *Regentschaft*, 9, 19 mit Anm. 2 und 21 sowie KAMP,
Kirche und Monarchie, II 920 mit Anm. 37.
    [5] Kanoniker des Kathedralkapitels von Reggio di Calabria.
    [6] Wilhelm, EB. von Reggio di Calabria, bezeugt vom 4. Oktober 1190 bis 7. April 1199. 40
Vgl. KAMP, *Kirche und Monarchie*, II 919 f.

nostrum I., tunc Reginensem archidiaconum[7], contulerunt, eundem sibi
unanimiter eligentes in patrem suum pariter et pastorem. Cumque ad   vgl. 1 Petr 2, 25
predicti cardinalis presentiam accessissent, ut ab eo tam assensum quam
confirmationem etiam obtinerent, ipse assensum eis regia vice concedens[8]
5 et electionem examinans, cum eandem invenisset canonice et de persona
idonea celebratam, auctoritate apostolica confirmavit. Ceterum cardinalis
predictus pericula viarum diligenter attendens, ne dicti electi consecratio
nimium differretur, venerabilibus fratribus nostris universis episcopis
Reginensis ecclesie suffraganeis[9] dedit auctoritate apostolica in manda-
10 tis, ut eidem munus consecrationis impenderent; palleum a nobis, pontificalis videlicet officii plenitudinem, postmodum recepturo.

In quibus predictus cardinalis ei[b] gratiam fecisse dinoscitur, cum idem
archiepiscopus et pro duobus mittere et propter duo ad nostram presentiam accedere debuisset: mittere quidem pro assensu et confirmatione
15 pariter impetrandis; accedere vero propter munus consecrationis et donum
pallei obtinenda. Inter cetera namque privilegia, que sibi sedes apostolica
reservavit, unum est et non minimum, quod patriarche, primates et
metropolitani pro recipiendo palleo, pontificalis videlicet officii plenitudine, ad eam tamquam ad magistram et matrem debent habere recur-
20 sum[10].

Cum ergo idem archiepiscopus primo per nuncios et tandem per se
ipsum nuper ad sedem apostolicam accedentem pro palleo institisset, nos
attendentes, quod ex gratia, quam predictus ei fecerat cardinalis, devo-
tiorem se nobis et Romane ecclesie deberet in posterum exhibere, fratrum
25 nostrorum habito consilio diligenti, palleum ipsi de beati Petri corpore
sumptum, pontificalis videlicet officii plenitudinem, duximus concenden-
dum. Nos igitur ipsum ad propria cum plenitudine nostre gratie remittentes, universitati vestre per apostolica scripta mandamus atque precipimus, quatinus eius salubria monita et mandata recipiatis humiliter et
30 eadem irrefragabiliter observetis.

Datum Laterani, XVII Kal. Septembris.

---

^{b)} *Fehlt bei Migne.*

⁷⁾ I., EB. von Reggio di Calabria, bezeugt vom 4. Juli 1199 bis 19. Juni 1202, doch
war er wohl noch ca. 1210 Erzbischof, wenngleich Belege aus dieser Zeitspanne fehlen.
35 Sein Todesdatum steht nicht fest. Zur Auflösung der Namenssigle I. mit J(acobus), die seit
dem 16. Jahrhundert üblich ist, vgl. KAMP, *Kirche und Monarchie*, II 920—922 bes. Anm.
41 f.

⁸⁾ Über die Form der Zustimmung des Königs von Sizilien zu den dortigen Bischofs-
wahlen, wie sie Innocenz III. im Konkordat von 1198 der Kaiserin Konstanze und deren
40 Sohn, König Friedrich, zugestanden hatte, jetzt aber auf Grund seiner Regentschaft für sich
in Anspruch nahm, vgl. Br. I 411, S. 618, Z. 7—16.

⁹⁾ Suffragane von Reggio di Calabria waren: die Bischöfe von Bova (Prov. Reggio),
Cassano Iono (Prov. Cosenza), Catanzaro, Crotone (Prov. Catanzaro), Gerace (Prov. Reggio),
Nicastro (Prov. Catanzaro), Oppido (Prov. Reggio), Squillace und Tropea (beide Prov.
45 Catanzaro). Vgl. KAMP, *Kirche und Monarchie*, II 915.

¹⁰⁾ Vgl. *Decretum Gratiani* D. C dict. ante c. 1 und c. 1 (= FRIEDBERG, *CorpIC*, I 351 f.).

166 (175).

*Innocenz III. untersagt den Konsuln und dem Volk von Arezzo, die Burg
S. Maria Tiberina, die zur Sühne der dortigen Haft des (Kardinal-) Bischofs
(Oktavian) von Ostia zerstört worden war, wieder aufzubauen.*

(Lateran, 1199 April ca. 1—15 ?)[1]. 5

Reg. Vat. 4, fol. 185ʳ ⟨Nr. CLXIIII, 169, 175⟩.
Sirleto, fol. 373ᵛ = Cholinus, II 489 = Venet., II 489 = Baluze, I 450 Nr. 175 =
Migne, PL 214, 725 Nr. 175. — Potth. Reg. 826; B.F.W. Reg. 5683.

Consulibus et populo Aretinis[2].

Quantus[a] in persona venerabilis fratris nostri . . Hostiensis episcopi 10
apud castrum Montis Sancte Marie in divine maiestatis offensam, iniuriam
apostolice sedis et cleri totius opprobrium fuerit commissus excessus[3],
vestra discretio non ignorat. Qualiter etiam in titulum memorie sempi-
terne castrum ipsum de mandato nostro funditus sit eversum, ad vestram
novimus[b] notitiam pervenisse. | Verum, sicut nostris est auribus inti- 15
matum, vos castrum ipsum rehedificare intenditis et memoriam vindicati
excessus in rehedificatione ipsius penitus abolere[4]; quod si fieret, in
iniuriam apostolice sedis et nostram perpetuo redundaret.

Quia vero de vestra discretione non credimus, quod Romanam ecclesiam ledere de conscientia certa velitis, universitatem vestram monemus 20
et exhortamur attentius ac per apostolica vobis scripta mandamus, quatinus castrum ipsum nec vos rehedificetis ulterius nec rehedificari ab
aliis permittatis. Alioquin quantumcumque nobis molestum existeret[c] vos
in aliquo molestare, id non possemus in patientia tolerare.

167 (176). 25

*König V (ukan) von Dioklitien und Dalmatien berichtet Papst Innocenz III.
über die Ankunft der päpstlichen Legaten Johannes (von Casamari) und
S (ymon), deren Reformarbeit und insbesondere über die Abhaltung einer Syno-*

---

166. a) *Die Initiale läuft in einen kleinen, speienden Kopf aus. Längs des Briefes am Rande ein
senkrechter, z. T. gewellter Strich.*   b) *Migne druckt* nolumus *und möchte in* credimus 30
emendieren.   c) *Über dem* -s- *zwei kurze schräge Striche.*

166. ¹) Zur Datierung: Das Schreiben ist wohl als Reaktion auf den Br. II 33 zu werten, in
dem der Bischof und der Podestà von Città di Castello den Papst über die Pläne der Bürger
von Arezzo, Monte S. Maria Tiberina wieder aufzubauen, informierten. Br. II 33 wurde
nach dem 12. April (Br. II 32) registriert. Man kann daher annehmen, daß das vorliegende 35
Schreiben in der ersten Aprilhälfte 1199 ausgefertigt worden ist. Die verhältnismäßig späte,
erst in der zweiten Augusthälfte erfolgte Registrierung läßt sich vielleicht mit der Aufarbeitung von liegengebliebenen Konzepten während der Sommermonate erklären, wie sie
auch 1198 zu beobachten ist (vgl. HAGENEDER, *Merkmale*, 328 f.).
²) Konsuln und Volk von Arezzo. 40
³) S. Br. II 33 Anm. 6 und 7.
⁴) Vgl. Br. II 33 S. 55 Z. 8—12.

de. Dazu kündigt er die Entsendung eigener Gesandter an. Den Banus Kulin
von Bosnien und dessen Familie denunziert er als Häretiker und den Papst
fordert er auf, König (Emmerich) von Ungarn zum Einschreiten gegen die-
sen zu veranlassen.

5　　　　　　　　　　　　　　　　　　　　　　　*(1199, Juli—August ?)*[1]

Reg. Vat. 4, fol. 185ʳ—185ᵛ ⟨Nr. CLXV, 170, 176⟩.

Sirleto, fol. 373ᵛ = Cholinus, II 489 = Venet., II 490 = Baluze, I 451 Nr. 176 = Migne,
PL 214, 725 Nr. 176; Assemanus, Kalendaria ecclesiae, V 1 27—30 Nr. 9; Katona, Historia
critica, IV 579; Theiner, Vetera Monumenta, I 6 Nr. 10; Kukuljević Sakcinski, Codex diplo-
10　maticus Croatiae, II 215 Nr. 283; Smičiklas, Codex diplomaticus Croatiae, II 330 Nr. 310. —
Fermendžin, Acta Bosnae, 5 Nr. 27; Acta et diplomata Albaniae, 39 Nr. 121; Haluščynskyj,
Acta Innocentii, 600 Nr. 1. — Vgl. Haluščynskyj, Acta Innocentii, Einleitung 61 ff., bes.
63 und 66 ff.

Littere W(ulcani), regis Dioclie atque Dalmatie[2],
15　　　　　　　　ad dominum papam[a].

| Beatissimo[b] atque sanctissimo patri et domino Innoc(entio), Dei gra-
tia sacrosancte Romane ecclesie summo pontifici et universali pape, W(ul-
canus), eadem gratia Dioclie atque Dalmatie rex, salutem et devotionis
effectum.

20　　Venientibus ad nostram presentiam domino Ioh(ann)e capellano[3] et
domino S(ymone)[4], religiosis et discretis sancte catholice et apostolice sedis legatis, ammodo iocundati sumus, quia, sicut solis splendor in virtute
sua radians totum orbem videtur illustrare, ita illorum sancta et salubri
predicatione totum regnum nostrum creditur fore illustratum[c], unde me-
25　rito dicimus: «visitavit nos horiens ex alto». Illorum itaque probitate et　Lk 1, 78
scientia nos informati Deo et paternitati vestre innumeras grates repen-
dere curamus, quia tales ad nos misistis, quales in voto semper habuimus
suscipiendos divino munere preditos, quia omne datum optimum et omne　Jak 1, 17
donum perfectum desursum est. * Presentatis igitur litteris vestris intelle-　* fol. 185ᵛ

30　**167.**　[a] *Längs des Briefes am Rande ein senkrechter, z. T. gewellter Strich.*　[b] *Die Initiale*
läuft in eine Randzeichnung aus: zwei ineinander verbissene Drachen mit reichem Ornament.
[c] *Das zweite -u- auf Rasur.*

167.　[1] Zur Datierung: Die Br. II 167—169 (176—178) trafen vor dem 7. September, dem
Datum des Antwortbriefes II 171 (180), in Rom ein. Die Zeit ihrer Abfassung ist sehr un-
35　bestimmt.

[2] Vukan, noch zu Lebzeiten seines Vaters, des Großžupans Stephan Nemanja von
Serbien (abgedankt 1196), Großfürst von Dioklitien (heute Montenegro), Tribunien (Hinter-
land von Ragusa und Trebinje), Hvostno bei Peć und der Toplica (ca. 1190), dann seit 1195
bis 1207 König von Dioklitien. Vgl. dazu JIREČEK, *Geschichte der Serben*, I 277. — Die
40　päpstlichen Legaten wurden ihm in Br. I 526 (527, 528) vom 8. Januar 1199 angekündigt.

[3] Johannes, Zisterziensermönch von Casamari (Diöz. Veroli, Prov. Frosinone) und
päpstlicher Kaplan und Familiar. Er weilte mehrfach auf dem Balkan, so 1199/1200 als
Legat in Dalmatien und Serbien, 1202/03 in Bosnien und Bulgarien, dazwischen auch in
Konstantinopel. Im Frühjahr 1204 wurde er B. von Forcone (seit 1256 L'Aquila) und
45　1206/07 B. von Perugia, wo er ca. 1230 verstarb. Vgl. ELZE, *Kapelle*, 181 f. und KAMP,
Kirche und Monarchie, I 18—20 (mit weiterer Lit.).

[4] Vgl. Br. I 525 Anm. 2.

21*

ximus, quia postulationibus nostris apostolatus vestri beatitudo misericorditer acquievit. Unde nos cum magna animi devotione precepimus, ut
per totum regnum nostrum omnia, que secundum Deum sunt, ordinent et
confirment; que autem contraria sunt, iuxta illud propheticum evellant et
destruant[5]. Accedentes itaque ad locum, ubi antiquitus concilium cele-   5
brari solitum fuit, sanctam synodum celebrare studuerunt[6], de viciis in[d]
virtutibus subtiliter disserentes in communi, Deo et beatissime Marie perpetue virgini et beato Petro apostolorum principi necnon et apostolatui
vestro laudum preconia persolventes. Interea noverit paternitas vestra,
quia augustali stemate undique insignimur et, quod gloriosius et beatius   10
est, vestri generosi sanguinis affinitatem habere cognovimus[7]. Igitur
innotescimus, quia in voto habuimus, nunc legatos nostros ad pedes beati-
tudinis vestre transmittere. Sed quia terram illam turbatam esse audivimus facere non potuimus: quia vestris legatis ubique debita reverentia
exhibetur, sed nostri, dum illuc ire voluerint cum magna honoris magni-   15
ficentia, dampna forsitan aut exicium patientur. Sed dum oportunum et
congruum tempus affuerit, honorificentius faciemus; qui sancte exhortationis vestre verba perferant, que dulciora nobis sunt super mel et favum;
siquidem sperantes et certum tenentes, quia ex quo vicarius Domini nostri Iesu Christi existis, ipse per te nobis aditum regni celestis aperire dig-   20
netur. Et quia nullo in hoc seculo indigemus, multum rogamus, ut pro
nobis peccatoribus preces ad Dominum fundatis.

Demum vero paternitatem vestram nolumus latere, quia heresis non
modica in terra regis Vngarie videlicet Besfina[e][8] pullulare videtur in tan-

vgl. 1 Kor 16, 1;
Tit 1, 5

vgl. Jr 1, 10

vgl. Ps 18, 11

vgl. Mt 16, 18

vgl. 2 Chr 6, 19;
Bar 2, 19

---

^d) *Migne:* et.   ^e) *Migne:* Bessina.   ^f) qui.   25

⁵) Diese Worte sind aus der Bestellungsurkunde der beiden päpstlichen Legaten vom
8. Januar 1199 (Br. I 525, S. 758 Z. 27) übernommen.

⁶) Die Synode von Antivari (heute Bar, Montenegro, Jugoslawien) fand vor Sep-
tember 1199 statt. Vgl. über diese TILLMANN, *Innocenz III.*, 299 bzw. Br. II 169 (178) und
Acta et diplomata Albaniae, I 39 Nr. 120.   30

⁷) Nach dem Buch des Priesters Diocleas, einer um die Mitte des 12. Jahrhunderts
entstandenen Chronik ,De regno Slavorum', stammten die Südslawen von den Goten ab.
Ihre Fürsten sollen den König Totila im Stammbaum gehabt haben. Dieser legendäre
Stammbaum enthält auch die serbischen Fürsten von Stephan Vojislav (1036—1050) bis
Petrislav III. (1060—1073) und damit die Ahnen König Vukans. (Vgl. F. Sišič, *Letopis*   35
Popa Dukljanina. Beograd—Zagreb 1928, 97 und die sagenhafte Genealogie im Anhang).
Auf diese Weise konnte von einer Verwandtschaft mit den Italienern und dem Papste ge-
sprochen werden (vgl. den Text der Chronik bei Sišič, *a. a. O.*, c. II, V, XXXVII—XL,
S. 295, 298, 344—358, 385 f.; ferner bei J. Šidak, *Ljetopis Popa Dukljanina*. Zagreb 1950,
42, 46, 87—95 und die Faksimileausgabe von S. Mijuškovidj, *Ljetopis Popa Dukljanina*.   40
Bibljioteka ,Lučer' 19, 1967, 126, 128, 154—161). Die ,stemma augustalis' mag sich vielleicht auf die in derselben Quelle überlieferte Nachricht beziehen, daß sich Bodin, Sohn des
Serbenkönigs Michael, 1073 zum Kaiser der Bulgaren hatte ausrufen lassen (Sišič, *a. a. O.*,
358, Šidak, *a. a. O.*, 95, Mijuškovidj, *a. a. O.*, 161). Eher dürfte jedoch Vukans Königstitel damit gemeint sein.   45

⁸) Nach dem Ende der Komnenendynastie (1185) und dem damit verbundenen Macht-
verfall des Byzantinischen Reiches wurde Bosnien zum ungarischen Vasallenstaat.
Vgl. Hóman, *Geschichte des ungarischen Mittelalters*, I 431—439.

tum, quod peccatis exigentibus ipse Bacilinus[9] cum uxore sua et cum   vgl. Mt 13, 24—30
sorore sua, que[f] fuit defuncti Mirosclauikmensi[10], et cum pluribus consanguineis suis seductus plus quam decem milia christianorum in eandem
heresim introduxit. Unde rex Vngarie exacerbatus illos ad vestram pre-
5 sentiam compulit venire a vobis examinandos. Illi autem simulatis litteris
redierunt, dicentes a vobis concessam sibi legem. Unde rogamus, ut regi
Vngarie suggeratis, ut eos a regno suo evellat tamquam zizania a tritico[11].

168 (177).

Großžupan S(tephan) von Serbien dankt Innocenz III. für die Entsendung
10 *der Legaten J(ohannes von Casamari) und Symon, verspricht Gehorsam*
gegenüber kirchlichen Befehlen und stellt die Absendung eigener Gesandter in
Aussicht.

(1199 Juli—August ?)[1].

Reg. Vat. 4, fol. 185ᵛ ⟨Nr. CLXVI, 171, 177⟩.
15   Sirleto, fol. 374ʳ = Cholinus, II 491 = Venet., II 490 = Baluze, I 452 Nr. 177 = Migne,
PL 214, 726 Nr. 177; Farlati, Illyrici sacri tom. VII 32 f.; Assemanus, Kalendaria ecclesiae,
V 1 31 Nr. 10; Theiner, Vetera Monumenta, I 6 Nr. 11; Kukuljević Sakcinski, Codex diplomaticus Croatiae, I 216 Nr. 284; Haluščynskyj, Acta Innocentii, 547 Nr. 1. — Vgl. Haluščynskyj, Acta Innocentii, 63.

20   **Littere S(tephani)** [a], **Magni Iupani totius Seruie**[2].

   | Innocentio[b], Dei gratia summo pontifici et universali pape Romane
ecclesie beatorum apostolorum Petri et Pauli, S(tephanus), eadem gratia
et sancta oratione vestra Magnus Iuppanus totius Seruye, salutem tamquam patri suo spirituali.

25   Litteras sanctitatis vestre[3] recepimus et bene intelleximus et que venerabiles legati vestri scilicet I(ohannes) capellanus[4] et Symon subdiaco-

---

168. ᵃ) B.   ᵇ) *Längs des Briefes am Rande ein senkrechter, z. T. gewellter Strich.*

    ⁹) Verschrieben für ‚Banus Culinus‘ (vgl. Haluščynskyj, *Acta Innocentii*, 68 Anm. 67).
Kulin, Banus von Bosnien vor 1180—um 1204, hatte 1199 den Bogomilismus zur Staats-
30 religion gemacht. Vgl. Grumel, *Chronologie*, 392; Borst, *Katharer*, 70; Thouzellier,
Catharisme et valdéisme, 158 f.; Grundmann, *Bibliographie zur Ketzergeschichte*, Nr. 147 ff.
    ¹⁰) Verschrieben für ‚Miroslavi Chelmensi‘ (vgl. Haluščynskyj, *a. a. O.*). Miroslav,
Herzog von Hum (Herzegowina, Jugoslawien) nach 1165—1198. Vgl. Grumel, *Chronologie*, 393 bzw. St. Runciman, *The Medieval Manichee. A Study of the Christian Dualist*
35 *Heresy*. Cambridge 1947, 100 ff.
    ¹¹) Innocenz III. forderte am 11. Oktober 1200 König Emmerich von Ungarn auf,
gegen Kulin und dessen häretischen Anhang vorzugehen (*Potth. Reg.* 1142). Vgl. auch
Thouzellier, *Catharisme et valdéisme*, 159.
168. ¹) Zur Datierung s. Br. II 167 (176) Anm. 1.
40   ²) Stephan, jüngerer Bruder des Königs Vukan von Dioklitien, 1195 Großžupan und
(seit 1217) König (,,der Erstgekrönte‘‘) von Serbien (bis 24. September 1227). Vgl. Jireček,
Geschichte der Serben, I 284—303.
    ³) Der A-pari-Brief zu Br. I 526 (527, 528), S. 760 Z. 14.
    ⁴) S. Br. II 167 (176) Anm. 3.

nus[5] tam in litteris quam in ore eorum narraverunt nobis. Gratulamur ita-
vgl. Prd 9, 5 que magne sanctitati vestre, quia non tradidistis nos in oblivionem filios
tuos, sed recordatus es de nobis. Nos autem semper consideramus in vestigia sancte Romane ecclesie, sicut bone memorie pater meus[6], et preceptum sancte[c] Romane ecclesie semper custodire; et in proximo legatos 5
nostros vellemus transmittere ad sanctitatem vestram. Nos autem locuti
sumus dictis venerabilibus tuis legatis, quoniam ipsi cum ore eorum narra-
bunt sanctitati vestre eloquia mea.

169 (178).

Erzbischof Johannes von Antivari und Dioklea dankt Papst Innocenz III. 10
für das ihm übersandte Pallium, verspricht der römischen Kirche Treue,
kündigt die Sendung von Gesandten an und übermittelt die von den päpstli-
chen Legaten Johannes (von Casamari) und Symon bestätigten Dekrete der
Synode von Antivari.

(1199 Juli—August ?)[1]. 15

> Reg. Vat. 4, fol. 185ᵛ—186ᵛ ⟨Nr. CLXVII, 172, 178⟩.
> Sirleto, fol. 374ᵛ = Cholinus, II 491 = Venet., II 491 = Baluze, I 452 Nr. 178 = Migne,
> PL 214, 727 Nr. 178; Assemanus, Kalendaria ecclesiae, V 1 33 Nr. 10; Farlati, Illyrici sacri
> tom. VII 29 f.; I. Batthyány, Leges ecclesiasticae regni Hungariae et provinciarum adiacen-
> tium. Claudiopoli 1827, II 289; Theiner, Vetera Monumenta, I 7 Nr. 12 f.; Kukuljević 20
> Sakcinsky, Codex diplomaticus Croatiae, II 218 Nr. 277 f.; Smičiklas, Codex diplomaticus
> Croatiae, II 334 Nr. 311 f. — Acta et diplomata Albaniae, I 139 Nr. 120; Haluščynskyj,
> Acta Innocentii, 600 Nr. 2. — Vgl. Tillmann, Innocenz III., 299 bzw. Br. I 526 (527, 528).

Littere Ioh(ann)is, Diocliensis et Antibarensis archiepiscopi[2].

Sanctissimo patri et domino Innocentio Dei gratia summo pontifici, 25
Ioh(ann)es, Diocliensis et Antibarensis ecclesie humilis minister, tam debitam quam devotam obedientiam.

Gratias[a] uberes refero sanctissime paternitati vestre de honore pallii
et plenitudine pontificalis officii, quam mihi per dominum Ioh(ann)em[3]
et dominum Symonem[4], familiares et legatos vestros, concedere dignati 30

---

[c] sancte Rom- *auf Rasur.*
169. [a] *Längs des Briefes am Rande ein senkrechter, z. T. gewellter Strich.*

[5] Vgl. Br. I 525 Anm. 2.
[6] Stephan (II.) Nemanja, Großžupan von Serbien 1166/67—25. März 1195 (res.). Er
starb als Mönch Simeon im Kloster Hilandar am 13. Februar 1200. Er hielt der römischen 35
Kirche nicht die Treue, von der sein Sohn spricht, vielmehr war der byzantinische Ein-
fluß in seinem Lande vorherrschend. Vgl. Jireček, *Geschichte der Serben*, I 255—279.
169. [1] Zur Datierung s. Br. II 167 (176) Anm. 1.
[2] Johannes (I.), EB. von Antivari und Dioklea (heute Bar, Montenegro, Jugoslawien)
1199; schon zum 25. Januar 1200 ist Gregor als EB. bezeugt (vgl. Br. II 269 [281] Anm. 37). 40
[3] S. Br. II 167 (176) Anm. 3.
[4] Vgl. Br. I 525 Anm. 2.

estis[5]. Ego autem omni tempore vite mee ad devotionem vestram et fidelitatem et sancte Romane ecclesie promptum habeo animum modis omnibus et paratum. Notum siquidem facio sanctitati vestre, quod prefati legati vestri ea, que corrigenda et ordinanda fuerunt, ita cum prudentia et
5 honestate per Dei gratiam ad honorem vestrum et sancte Romane ecclesie
tractaverunt, quod dominus rex[6] et totus populus eorum opera commen-
dantes ad vestrum[b] honorem et obsequium[b] effecti sunt modis omnibus
promptiores. Ego vero in proximo nuncios meos ad pedes vestre sanctitatis transmittam, qui devotionem meam paternitati vestre plenius decla-
10 rabunt.

(|) In[c] nomine Patris et Filii et Spiritus sancti. Nos Ioh(ann)es capella-
nus et Symon subdiaconus, domini Innoc(entii) pape tercii apostolice sedis
legati ad evellenda nociva de agro Dominico et virtutum plantaria utiliter
inserenda, videntes multa in clero et populo Dalmatie et Dioclie[7] corri-
15 genda, de sanctorum Patrum conciliis decreta presentia duximus inno-
vanda.

In primis itaque decernimus, ut nullus episcopus aliquem ad sacros ordines per pecuniam promovere seu ecclesiastica beneficia alicui precio interveniente concedere presumat. Cum enim Dominus preceperit apostolis:
20 «gratis accepistis, gratis date» et Spiritus sancti gratia venalis esse non
possit, que in sacris confertur ordinibus, gravi puniendus est pena, qui
Spiritus sancti dona venalia exponere non veretur. Quocirca presenti decreto statuimus, ut quicumque episcopus hoc agere convictus fuerit, omni
ecclesiastica careat dignitate et sine spe restitutionis tam ille, qui dederit,
25 quam ille, qui scienter sacros ordines pecunia interveniente receperit, perpetuo deponatur.

Cum[d] Domini sacerdotes et hii, qui sacro altario deserviunt, continen-
ter vivere debeant iuxta illud: «Mun*damini, qui fertis vasa Domini»,
in partibus Dalmatie atque Dioclie sacerdotes et uxores habere et ecclesias
30 tenere dicuntur. Quocirca presenti decreto statuimus, ut sacerdotes et
diacones ante susceptum officium, nisi eorum coniuges in manu episcopi
votum fecerint continentie, uxores habentes cum ipsis maneant et eccle-

marginal notes:
vgl. Tit 1, 5

vgl. Jr 1, 10;
Mt 13, 24–30

Mt 10, 8
vgl. Apg 8, 9–24

Is 52, 11
* fol. 186ʳ

---

b–b) *Migne:* pedes vestre sanctitatis.   c) *Am Rande:* ⟨Nr. CLXVIII, 173⟩. CLXVIII
ist korr. aus CLXX *(vgl. Einleitung XII mit Anm. 7).*   d) *Am Rande:* ⟨Nr. CLXIX⟩.
35 *Die Initiale läuft in einen kleinen, speienden Hundekopf aus.*

5) Der Pallium-Übersendung ging ein langer Streit mit der Metropole Ragusa (Dubrovnik, Dalmatien) voraus (vgl. RICHARD in: Dict. HGE 3, 718 und M. VON ŠUFFLAY, *Die
Kirchenzustände im vortürkischen Albanien. Die orthodoxe Durchbruchszone im katholischen
Raume.* Illyrisch-Albanische Forschungen, hrsg. von L. von THALLÓCZY. München-Leip-
40 zig 1916, 201 ff.). Trotz päpstlicher Warnung, die Legaten sollten gegenüber den Wünschen
des Erzbischofs von Antivari vorsichtig sein (Br. I 533 [535]), ließen sich diese, wahrscheinlich auf Grund gefälschter Urkunden der Päpste Alexander II. vom 18. März 1067 und
Calixt II. (1119—1124), dazu bewegen, dem Erzbischof das Pallium auszuhändigen
(HALUŠČYNSKYJ, *Acta Innocentii,* 59 f. Anm. 41, 62 und 186).
45   6) S. Br. II 167 (176) Anm. 2.
7) Entspricht etwa dem heutigen Montenegro und dem nördlichen Teil von Albanien.

sias dimittant; non enim possunt secundum ordinem Romane ecclesie
manentes in coniugio, nisi defunctis uxoribus aut continentiam voventi-
bus, si digni inventi fuerint, ad sacerdotium promoveri[8]. Illi vero, qui post
susceptum sacerdocii vel diaconatus honorem adulteras potius quam uxores accepisse probantur, nisi eas dimiserint et dignam egerint penitentiam, 5
ab officio et ecclesiastico beneficio fiant penitus alieni. Prohibemus etiam,
ne aliquis episcopus, nisi in quatuor temporibus iuxta sanctorum Patrum
constitutionem[9], aliquem ad sacros ordines promovere presumat. Solus
enim Romanus pontifex Dominicis diebus subdiaconos ordinare potest[10].
Cum autem episcopus ordinationem fecerit, non nisi unum ordinem a sub- 10
diacono et supra conferre presumat. Ordinatus autem in subdiaconum
ad minus per annum in eodem officio deserviat et diaconus similiter faciat.
Quicumque autem episcopus contra hoc venire presumpserit, tamdiu a
conferendis ordinibus abstineat, donec a Romano pontifice misericordiam
consequatur. 15

Quoniam[e] secundum gradus et ordines personarum beneficia ecclesiastica in domo Domini secundum sanctorum Patrum constitutionem distributa noscuntur[11], decernimus, ut decime seu oblationes fidelium tam
pro vivis quam pro defunctis in quatuor partibus dividantur: quarum una
sit episcopi, alia ecclesiarum, tercia pauperum, quarta clericorum. Por- 20
tionem quidem pauperum episcopus aministret, portionem vero ecclesiarum archipresbyter conservet et ex mandato episcopi in usibus ecclesie
fideliter expendat. Quicumque autem clericorum contra hoc venire presumpserit, sua portione privetur.

Districtius[f] inhibemus, |[g] ne aliquis sacerdos filii sui vel filie spiritalis 25
privatam confessionem alicui revelare presumat. Quodsi facere convictus
fuerit, officio et beneficio ecclesiastico perpetuo spolietur. Idem dicimus
de quolibet clerico, qui de homicidio, adulterio, periurio, falso testimonio
publice accusatus fuerit et convictus.

Cum[h] terrenarum potestatum nunciis sive ministris honor exhibeatur 30
ab omnibus, multo magis ministris Dei honor a laicis exhibendus est; a
quibus eis non solum divina celebrantur officia, verum etiam sacrum baptisma et corpus Domini et penitentia et cetera ecclesiastica sacramenta
iugiter ministrantur. Quapropter iuxta decretum domini Innoc(entii)
pape secundi districtius inhibemus[12], ne aliquis in personam episcopi sive 35

---

e) *Am Rande:* ⟨Nr. CLXX⟩. *Die Initiale läuft in einen kleinen, speienden Kopf aus.*
f) *Am Rande:* ⟨Nr. CLXXI⟩. g) *Zugleich Tintenwechsel.* h) *Am Rande:* ⟨Nr. CLXXII⟩.

8) Vgl. die diesbezüglichen Dekretalen Papst Alexanders III. in der *Comp.* I. 3, 28, 5. 6
(JL 14104) = X. III, 32, 5. 6 (FRIEDBERG, *CorpIC*, II 580).
9) *Decretum Gratiani* D. LXXV, 7 (= FRIEDBERG, *CorpIC*, I 267). 40
10) So nach einer Dekretale Alexanders III.: JL 13769 = *Comp.* I. 1, 6, 1 = X. I, 11, 1
(FRIEDBERG, *CorpIC*, II 118).
11) Nach der Formulierung dürfte es sich um einen Kanon des Decretum Gratiani
handeln.
12) *Conc.Lateran. II.* c. 15 (COD 176) = *Decretum Gratiani* C. XVII, q. 4, c. 29 (FRIEDBERG, 45
CorpIC, I 822).

sacerdotis vel cuiuslibet clerici vel religiosi viri violentas manus inicere presumat. Quicumque autem hoc attemptaverit, tamdiu excommunicatus maneat, donec de tanta presumptione satisfacturus apostolico se conspectui representet vel ab eius legato, prestita congrua satisfactione, absolu-
5 tionis beneficium consequatur. Similiter sub excommunicatione prohibemus, ne aliquis laicus clericum ad peregrina iudicia trahere presumat veluti candentis ferri vel acque vel cuiuslibet alterius iudicii. Non enim pertinet ad laicum clericum iudicare. Si autem clericus peccaverit, ab archiepiscopo vel episcopo vel etiam prelato suo aut Romano pontifice, si ne-
10 cesse fuerit, iudicetur.

Cum[1] sacrosancta Romana ecclesia, que mater est omnium ecclesiarum et magistra, decreverit, ut nullus Christianus usque ad septimum ⟨vgl. Gn 3, 20⟩ consanguinitatis gradum coniugium contrahere presumat[13], grave nimis est et divini dignum animadversione iudicii, quod in partibus Dalmatie ac
15 Dioclie a multis factum in veritate comperimus, ut homines Dei timorem ⟨vgl. Ps 13, 3; Röm 3, 18 u. ö.⟩ non habentes cum consanguineis in quarto et quinto gradu vel infra contra[k] sanctorum Patrum constitutionem[14] coniugia contrahere non formident. Quapropter presenti decreto statuimus, ut quicumque in quarto gradu presertim vel infra coniugium habere convincitur, nisi ad manda-
20 tum ecclesie satisfecerit et a sue consanguinitatis incesta coniunctione recesserit, tamdiu maneat excommunicatus et ab omnibus ecclesie sacramentis separatus, donec a nefaria copula separetur et ad mandatum ecclesie satisfaciat.

Item[1] precipimus, ut clerici rasuram et tonsuram teneant clericalem.
25 Qui autem hec non fecerit, ab episcopo districtione canonica compellatur.

Cum[m] due sint in terris potestates a Domino constitute, spiritualis videlicet et secularis, et una de spiritualibus et ecclesiasticis altera de secularibus habeat iudicare, grave committit peccatum quicumque laicus ⟨vgl. Lk 22, 38⟩ vel ecclesias donare vel ecclesiasticas personas iudicare presumit. Quo-
30 circa presenti decreto statuimus auctoritate Dei omnipotentis et beatorum apostolorum Petri et Pauli et domini pape Innoc(entii)[15], ut quicumque clericus de manu laica ecclesiam vel ecclesiastica beneficia receperit, tam qui dederit quam qui receperit tamdiu excommunicationis vinculo teneatur astrictus, donec ad mandatum ecclesie plenarie satisfaciat; et
35 quod contra sacros canones factum fuerit, irritum habeatur et vacuum. Illos autem laicos, qui ante constitutionem istam ecclesias donaverunt vel in ecclesiasticas personas manus iniecerunt violentas, volumus per episcopos tercio commoneri; et nisi penitentiam egerint competentem, eadem sententia teneantur astricti.

---

40   [1] *Am Rande:* ⟨Nr. CLXXIII⟩.   [k] *Darnach ein nicht zur Gänze ausgeführter Buchstabe.*   [1] *Am Rande:* ⟨Nr. CLXXIIII⟩.   [m] *Am Rande:* ⟨Nr. CLXXV⟩.

[13] *Decretum Gratiani* C. XXXV, q. 2 et 3, c. 1, 7, 16, 17, 19, 21; dict. post c. 19, c. 21 (= FRIEDBERG, *CorpIC*, I 1264 ff.).

[14] Damit ist wohl speziell das *Decretum Gratiani* a. a. O. c. 21 gemeint (= FRIEDBERG,
45 *CorpIC*, I 1269).   [15] *Conc. Lateran. II.* c. 25 (COD 178).

Excommunicamus[n] omnes illos, qui thesauros ecclesiarum iniuste detinent, donec restituant, et eos, qui Latinos detinent in servitute, nisi recepta pecunia quam dederunt eos pristine restituant libertati.

* fol. 186ᵛ   * **Item** excommunicamus omnes illos, qui proprias dimiserunt uxores vel decetero dimiserint sine iudicio ecclesie, donec ad ipsas revertantur. 5

Prohibemus etiam, ut filii presbyterorum et qui de legitimo non sunt nati matrimonio, ad sacros ordines non accedant[16].

Similiter prohibemus, ut nullus ordinetur in sacerdotem, nisi tricesimum expleverit annum[17].

† Ego [o] frater Ioh(ann)es, domini pape capellanus apostolice sedis legatus, 10 scripsi et subscripsi.

† Ego frater Symon, domini pape subdiaconus apostolice sedis legatus, subscripsi.

† Ego I(ohannes), Diocliensis et Antibarensis archiepiscopus, subscripsi.

† Ego Dominicus, archipresbyter Arbanensis, subscripsi[18].   15

† Ego Petrus, Scuarinensis episcopus[19], subscripsi.

† Ego Io(hanne)s, Polatinensis episcopus[20], subscripsi.

† Ego Petrus, Aruastinensis episcopus[21], subscripsi.

† Ego Dominicus, Soacinensis episcopus[22], subscripsi.

† Ego Natale, Dulcinensis episcopus[23], subscripsi.   20

† Ego Theodorus, Sarcanensis[p] episcopus[24], subscripsi[q].

[n]) *Die Initiale läuft in einen kleinen, speienden Kopf aus. Am Rande:* ⟨Nr.CLXXVI⟩.
[o]) *Die Kreuze vor den einzelnen Unterschriften sind individuell gestaltet und daher wohl dem Original nachgebildet (vgl. Peitz, Originalregister, 165 f.; Kempf, Originalregister, 97 f.).*
[p]) *Migne:* Sareanensis.   [q]) *Darnach folgt irrtümlich nochmals die Unterschrift des Bischofs* 25 *von Pulati.*

[16]) Vgl. P. HINSCHIUS, *System des katholischen Kirchenrechts mit besonderer Rücksicht auf Deutschland.* Berlin 1869, I 11 mit Anm. 5 f.
[17]) Vgl. *Decretum Gratiani* D. LXXVII, c. 6 § 2; D. LXXVIII, c. 1 (= FRIEDBERG, *CorpIC*, I 273, 275).   30
[18]) Dominik, Archipresbyter von Arbanum (d. i. Kroja, Krujë, Mittelalbanien, nördl. von Tirana). Daß ein Synodalbeschluß nur vom Archipresbyter unterzeichnet wurde, erklärt sich daraus, daß der Bischof orthodox war (Suffr. von Durazzo). Der lateinische Klerus der vornehmlich von romanischer Bevölkerung bewohnten Diözese unterstand jedoch einem (lateinischen) Archipresbyter. Vgl. VON ŠUFFLAY, *a. a. O.*, 195, 197, 203, 210 ff.   35
[19]) Petrus, B. von Skutari (Shkodrë, Suffr. von Antivari, Nordalbanien), ca. 1200 bezeugt. Vgl. ŠUFFLAY, *a. a. O.*, 193, 202, 203, 206.
[20]) Johannes, B. von Pulati (Pulti, Pilot, Suffr. von Antivari, Nordalbanien), ca. 1200 bezeugt. Vgl. ŠUFFLAY, *a. a. O.*, 193, 202, 206 und 215 f.
[21]) Petrus, B. von Drivast (Drisht, Suffr. von Antivari, Nordalbanien), ca. 1200 bezeugt. Vgl. ŠUFFLAY, *a. a. O.*, 195, 202, 206, 221.   40
[22]) Dominik, B. von Svač (Suffr. von Antivari, Montenegro, Jugoslawien). Er wurde am 5. Dezember 1200 wegen gefälschter Briefe von Innocenz III. abgesetzt (*Potth. Reg.* 1184). Vgl. ŠUFFLAY, *a. a. O.*, 195, 206, 218 f. und Th. IPPEN, *Alte Kirchen und Kirchenruinen in Albanien.* Wissenschaftliche Mittheilungen aus Bosnien und der Hercegowina 7 (1900) 235 ff.   45
[23]) Natale, B. von Dulcigno (Ulcinj, Suffr. von Antivari, Montenegro, Jugoslawien), um 1200 bezeugt.
[24]) Theodor, B. von Sarda (Suffr. von Antivari, Nordalbanien), ca. 1200 bezeugt. Vgl. ŠUFFLAY, *a. a. O.*, 215 ff. und K. JIREČEK, *Skutari und sein Gebiet im Mittelalter.* Illyrisch-Albanische Forschungen, hrsg. von L. VON THALLÓCZY. München-Leipzig 1916, 116.   50

170 (179).

Innocenz III. teilt dem Adel, den Bürgern und dem gesamten Volke Siziliens mit, daß die Friedensverhandlungen mit Markward (von Annweiler) gescheitert sind, verhängt über ihn abermals das Anathem und verbietet, ihm
5 *irgendwelche Hilfe zu leisten. Ferner trägt er ihnen auf, König F(riedrich) von Sizilien treu zu sein, Markward Widerstand zu leisten und dessen Angaben über etwa gemachte päpstliche Zugeständnisse nicht zu glauben.*

(Lateran, 1199 ca. September 1—15)[1].

Reg. Vat. 4, fol. 186ᵛ—187ʳ ⟨Nr. CLXXVII, 174, 179⟩.
10 *Sirleto, fol. 376ᵛ = Cholinus, II 493 = Venet., II 493 = Baluze, I 454 Nr. 179 = Migne, PL 214, 729 Nr. 179. — Potth. Reg. 841; Balladore Pallieri — Vismara, Acta pontificia, 45 Reg. 178, 54 Reg. 219, 126 Reg. 61; B.F.W. Reg. 5685. — Vgl. Gesta Innocentii, c. 23, 24, Migne PL 214 XLII ff.; Baethgen, Regentschaft, 14 ff.; Van Cleve, Markward, 108 ff.*

Comitibus, baronibus, civibus et universo populo in regno
15 ### Sicilie constitutis[2].

| Et[a] optata regni tranquillitas et debitum officii pastoralis, quo tenemur singulos ad viam rectitudinis revocare, nos ad Marcualdi[3] receptionem induxit: ne — si penitentem, sicut videbatur, et exponentem se mandatis nostris super omnibus, pro quibus fuerat excommunicatione notatus,
20 recipere negaremus — non Christi vicarii videremur vel successores apostolorum principis, sed inexorabiles potius nostrarum iniuriarum ultores. Licet autem modum receptionis ipsius per alias vobis duxerimus litteras exponendum[4], ne tamen idem M(arcualdus) aliqua vos[b] calliditate seducat, idem adhuc audientie vestre duximus inculcandum.

25 Iuramenti tenor hic fuit: Iuravit Marc(ualdus) publice et cetera fere in eundem modum ut supra[c] usque debito iuramenti[d]. In tantum autem inprimis idem M(arcualdus) mandatum nostrum humiliter et devote recepit, ut super iuramento exhibito et mandato recepto suas nobis in testimonium litteras destinarit, quas apud nos adhuc in testimonium sue con-
30 fusionis habemus[5]. Sed ad vomitum rediens et volens adhuc in stercore

vgl. Spr 26, 11;
2 Petr 2, 22
vgl. Joel 1, 17

---

170. [a] *Die Initiale läuft in einen kleinen, speienden Hundekopf aus.* [b] *Migne:* nos.
[c] *Migne fügt hinzu:* in epistola CLXVII huius libri. [d] *Br. II 158 (167) S. 309 Z. 11 — S. 310 Z. 7.*

170. [1] Zur Datierung: Das Schreiben wurde wohl gleichzeitig mit dem Br. II 171 (180) vom
35 7. und vielleicht auch mit dem Br. II 172 (181) vom 13. September registriert, was ein sicherer Neuansatz am Beginn des vorliegenden Schreibens und ein wahrscheinlicher Neuansatz am Anfang des Br. II 174 (183) nahelegen. Daher mag es gleichfalls in der ersten Septemberhälfte ausgestellt worden sein.
[2] Grafen, Barone, Bürger und Volk im Königreich Sizilien.
40 [3] S. Br. II 158 (167) Anm. 3. Über die Exkommunikation Markwards vgl. Br. I 38, die Absolution die Br. II 158 (167) und 159 (168).
[4] Vgl. Br. II 158 (167).
[5] Mit diesem Brief bestätigte Markward, daß er den vorgeschriebenen Eid geleistet und das päpstliche Mandat entgegengenommen habe (*Gesta Innocentii*, c. 24, MIGNE, PL
45 214, XLV B).

suo computrescere ut iumentum, nobis post absolutionem quasdam litteras[e] destinavit, in quarum salutationis alloquio fraudem eius intelleximus manifeste in eo, quod in salutatione ipsa perspeximus contineri sic: ‹ Marc(ualdus), imperii senescalcus et cetera ›. Et in aliis sic erat expressum: ‹ M(arcualdus) imperii senescalcus et id, quod est [devotum 5 obedientie famulatum] ›[f]; tamquam nec ex toto supprimeret nec exprimeret manifeste, quod regni balius et procurator existeret[6]. Supplicavit autem nobis per litteras ipsas, ut ad tempus mandatum, quod ei feceramus per venerabilem fratrem O(ctavianum), Hostiensem episcopum[7], et dilectos filios G(uidonem), tituli sancte Marie Transtiberim pres- 10 byterum[8], et H(ugolinum), sancti Eustachii diaconum[9], cardinales, ut a balio regni et molestatione cessaret[10], curaremus misericorditer temperare. Sed[g] nos id intelligentes in honoris nostri dispendium, detrimentum regni et petentis anime periculum redundare, non solum non concessimus quod petebat, sed denuo ei sub debito prestiti iuramenti mandavimus 15 commonitionem canonicam premittentes, ut a predictis decetero penitus abstineret. Postmodum vero idem M(arcualdus) quasdam nobis litteras destinavit, in quibus in manifestum sui periurii argumentum se balium et procuratorem regni Sycilie non erubuit nominare; scribens etiam fratribus nostris, quod mandata, que sibi fecimus, nec pro Deo nec pro homi- 20 ne observaret.

Nos igitur[g] fraudem eius et versucias attendentes, qui putavit nos fallere sed potius se decepit, propter omnia, que fuerant in forma excommunicationis prioris expressa, et quia multotiens contra nos et Romanam ecclesiam periurii reatum incurrit[11] et mandata servare contempsit facta 25 sibi sub debito prestiti iuramenti, ipsum tamquam periurum, sacrilegum, incendiarium, perfidum, sceleratum et invasorem ex parte Dei omnipotentis Patris et Filii et Spiritus sancti auctoritate quoque beatorum apostolorum Petri et Pauli et nostra excommunicamus, anathematizamus, maledicimus et dampnamus; mandantes ut, quicumque sibi 30 decetero auxilium prestiterint vel favorem, quicumque etiam ipsi vel exercitui eius victualia, vestes, naves, arma vel alia, que ad commodum eorum pertineant, ausi fuerint ministrare, eadem cum eo maneant sententia innodati. Si quis autem clericus cuiuscumque dignitatis vel

---

e) -s *korr. aus* -t.   f) *Ergänzt aus den Gesta Innocentii, c. 24, Migne, PL 214 XLV C.* 35
g⁻g) *Mit anderer Tinte geschrieben.*

6) Über den Anspruch Markwards auf die Regentschaft über das Königreich Sizilien vgl. Br. II 158 (167) Anm. 19. Als „procurator regni Sicilie' hatten ihn am 28. Mai 1199 auch die stauferfreundlichen Reichsfürsten bezeichnet und damit zum Ausdruck gebracht, daß Markward die Verweserschaft Siziliens in ihrem und Philipps von Schwaben Auftrag 40 innehabe (KEMPF, RNI 14, S. 36 Z. 22 f. mit Anm. 33).

7) S. Br. II 78 (81) Anm. 3.
8) S. Br. II 35 Anm. 8.
9) S. Br. II 35 Anm. 9.
10) Br. II 159 (168).   45
11) S. Br. II 158 (167) Anm. 14.

ordinis divina eis presumpserit officia celebrare, se sui ordinis et honoris
noverit periculum incurrisse. Mandamus etiam sub debito prestiti iuramenti omnibus de exercitu eius, qui ad mandatum ecclesie redierunt, ut
quamcitius poterint, ab ipso recedant nec ad eum, quamdiu in sua per-
5 tinacia perduraverit, revertantur, nec consilium ei prebeant in aliquo vel
favorem. Erit etiam dante Domino manus nostra[h] validior contra eum,
quem publicum infamat periurium et reddit[i] inconstantia multa suspectum, ne decetero vel promissionibus eius vel iuramento credatur, qui
fidem[k] super crucem et evangelia publice prestitam non erubuit infra
10 unius ebdomade spacium violare; quia cum nobis iuramentum fidei non
servaverit, quomodo vobis promissionem aliquam observaret?

    Monemus igitur nobilitatem vestram et exhortamur attentius ac per
apostolica vobis scripta mandamus, quatinus in devotione[l] nostra et
fidelitate karissimi in Christo filii nostri F(riderici), Sicilie regis illustris[12],
15 fideliter persistentes a predicto M(arcualdo) * et fautoribus eius[13] vobis
caveatis et regno, qui sanguinem vestrum sitiunt et inducere vos nituntur
in perpetuam[m] servitutem, ne per insidias vel fraudem aliquid valeat
machinari.

    Nec credatis mendaciis eius, si forte se aliter a nobis receptum esse con-
20 fingat aut nos in regno iurisditionem sibi aliquam concessisse[14], sed ad
defensionem regni viriliter assurgatis, quia virtus ipsius per Dei gratiam
iam est pene penitus annullata. Nos enim dante Domino nec vobis nec
regno aliqua deerimus ratione.

In margin, right:
vgl. Apg 18, 21
vgl. Ex 9, 3;
Dt 2, 15

* fol. 187ʳ

vgl. Apg 18, 21

171 (180).

25 *Innocenz III. befiehlt dem Erzbischof (Johannes) von Antivari, für die
standesgemäße Versorgung des wegen Mordverdachtes resignierten Bischofs
D(ominik) von Svač zu sorgen, die Rückgabe des diesem entwendeten Eigen-
tums mit geistlichen Strafen zu erzwingen und Personen, die diesen tätlich
angegriffen haben, zu exkommunizieren.*

30   *Lateran, (1199) September 7.*

    Reg. Vat. 4, fol. 187ʳ ⟨*Nr.* CLXXVIII, 175, 180⟩.
    *Sirleto, fol. 377ᵛ = Cholinus, II 494 = Venet., II 494 = Baluze, I 455 Nr. 180 = Migne,
PL 214, 731 Nr. 180; Assemanus, Kalendaria ecclesiae, V 1 34 (Teilabdruck); Farlati,
Illyrici sacri tom. VII 293; Theiner, Vetera Monumenta, I 9 Nr. 16; Kukuljević Sak-*

---

35   [h] *Darnach nochmals:* dante Domino.   [i] r- *korr. aus* c-.   [k] f- *korr. aus einem
anderen Buchstaben.*   [l] devotio- *auf Rasur.*   [m] *Über dem ersten* p- *ein Kürzungsstrich ausradiert.*

    [12] S. Br. II 158 (167) Anm. 26.
    [13] Mit den Gefährten Markwards sind wohl die in Br. II 158 (167) Anm. 5—10 Genann-
40 ten gemeint.
    [14] Die *Gesta Innocentii*, c. 24 (= Migne, PL 214, XLV C) berichten von Briefen Mark-
wards, die dieser innerhalb des Königreiches Sizilien und auch nach anderen Gegenden ver-
sandt und in denen er behauptet habe, der Papst hätte ihm die Regentschaft über Sizilien
zugestanden und zwei Kardinäle zur Durchführung dieser Verfügung abgeordnet.

cinski, Codex diplomaticus Croatiae, II 210 Nr. 280. — Potth. Reg. 831; Acta et diplomata
Albaniae, I 39 Nr. 122.

Antibarensi archiepiscopo[1].

Cum accessisset nuper ad apostolicam sedem venerabilis frater noster
D(ominicus)[a], Soacensis episcopus[2], super eo, quod dicebatur de homicidii 5
crimine infamatus, coram nobis et fratribus nostris misericordiam sedis
apostolice suppliciter implorabat. Cum autem nobis de facti serie non
constaret, de processu ipsius a dilectis filiis I(ohanne) capellano[3] et
S(ymone) subdiacono[4] nostris, qui rei veritatem plenius cognoverunt,
dum in partibus Dioclie legationis officio fungerentur[5], inquisivimus dili- 10
genter; ex quorum assertione tenuimus, quod cum ingressi provinciam
Dalmatie superioris[6] fuissent, a maiore parte cleri et populi Soacensis de
reatu homicidii dictum invenerunt episcopum infamatum. Cum autem ad
ipsius ecclesiam accessissent, in presentia eius, cleri et populi Soacensis
infra missarum sollempnia quidam de civibus, S. nomine[7], libellum ipsis 15
accusationis porrexit, asserens se testibus probaturum, quod episcopus reus
esset homicidii perpetrati. Episcopus vero per instrumentum purgationis
oblatum, quo iurasse cum duobus episcopis dicebatur se nec fecisse homicidium illud nec fieri precepisse, innocentiam suam ostendere satagebat[8].
Quod tam tua quam illorum episcoporum assertione, qui compurgatores 20
dicebantur fuisse, falsum penitus reppererunt, cum nullum a compurga-
toribus fuerit exhibitum iuramentum. Unde causam ipsam, ut populi
scandalum sedaretur, duxerunt iuris ordine pertractandam; et pro receptione[b] testium productorum in concilio apud Antibarum congregato[9]
voluerunt per confessionem ipsius intelligere plenius veritatem. Cuius fuit 25
tale responsum, quod nec fecerat neque preceperat fieri homicidium perpetratum et tam accusatores quam testes inimicos suos existere capitales.
Et cum homicidium illud a T. et I. presbyteris assereret perpetratum,
obiectum fuit ei ab accusatore predicto, quod prescriptum T. in presbyterum ordinarat; in quo se confessus est peccavisse. Verum cum dicti le- 30
gati pariter pertractarent super hiis, que coram eis fuerant actitata, die
sequenti mitram eis et anulum in tua et episcoporum presentia, qui convenerant ad concilium[10], resignavit; que ab eisdem post aliquot dies re-

---

171. [a]) B.   [b]) receptionem. *Migne:* per receptionem.

171. [1]) S. Br. II 169 (178) Anm. 2.   35
    [2]) S. Br. II 169 (178) Anm. 22.
    [3]) S. Br. II 167 (176) Anm. 3.
    [4]) S. Br. I 525 Anm. 2.
    [5]) S. Br. II 169 (178) Anm. 7. — Zur Delegation vgl. die Br. I 525, 526 (527, 528), 533
(535) und II 168 (177), 169 (178).   40
    [6]) Norddalmatien.   [7]) Bürger von Svač.
    [8]) Über den kanonischen Reinigungseid (X. 5, 34 = FRIEDBERG, *CorpIC*, II, 869—877)
vgl. A. DUMAS, *Serment judiciaire*, in: Dict. Droit Canonique 7 (Paris 1965) 980—984 (Lit.).
    [9]) S. Br. II 167 (176) Anm. 6.
    [10]) Die Liste der unterzeichneten Bischöfe in Br. II 169 (178) S. 330 Z. 10—21.   45

petiit, asserens se ob hoc velle ad sedem apostolicam proficisci; cui et adversariis pariter datis dimissoriis certus fuit a iamdictis legatis terminus
assignatus. Ceterum inter alia, que dictus episcopus in nostra et fratrum
nostrorum presentia recognovit, confessus est et non negavit se prefatum
5 T. in presbyterum ordinasse, postquam ipsum reatum homicidii audierat
et crediderat commisisse, cuius factum, cum familiaris esset ipsius, non
poterat penitus ignorare.

    Cum c) ergo secundum apostolum episcopus bonum testimonium debeat   vgl. 1 Tim 3, 7
et ab hiis qui sunt intus, et ab hiis qui sunt foris, habere, qui ad curam
10 positus aliorum in se ipso debet ostendere, qualiter alios in domo Domini
oporteat conversari, nec perferens memorandi criminis labem lucidam   vgl. 1 Tim 3, 10
gerat sacerdocii d) dignitatem: nos attendentes, quod satius sit Domino in
inferiori ministerio deservire quam graduum sublimitatem appetere cum
scandalo aliorum, episcopum ipsum monuimus diligenter, ut postquam
15 episcopalia insignia resignarat, citra pontificale fastigium creatori suo
devotum impenderet ammodo famulatum c); quod in humilitatis spiritu et
contrito animo visus est acceptasse, unde ipsius propositum dignis laudibus   vgl. Dn 3, 39
commendamus.

    Ceterum quoniam non sine nostro et cleri posset opprobrio mendicare,
20 cum de provisione ipsius propter locorum incertitudinem deliberare provide non possemus, ad petitionem ipsius fraternitati tue duximus apostolicas litteras destinare precipiendo mandantes, quatinus de Soacensis episcopatus proventibus ei competenter in necessariis facias provideri, ne
pro defectu temporalium rerum propositum eius valeat impediri. Et quo
25 niam quidam coram te propriis nominibus designandi eum dicuntur rebus
propriis contra iusticiam spoliasse, alii vero manus in eum sacrilegas iniecisse, volumus et mandamus, ut, si rem ita inveneris se habere, et primos
ad ablata reddenda in integrum appellatione remota compellas et alios
excommunicatos publice nuncies et sicut excommunicatos tamdiu facias
30 evitari, donec passo i(niuriam) s(atisfaciant) c(ompetenter) et c(um)
t(uarum) t(estimonio) l(itterarum) a(d) s(edem) a(postolicam) v(eniant)
a(bsolvendi).

    Datum Laterani, VII Idus Septembris.

172 (181).

35 *Innocenz III. trägt dem Erzbischof (Hubert) von Canterbury auf, dafür zu*
sorgen, daß aus der Teilung seines Domkapitels in Benediktinermönche und
Säkularkanoniker der Kirche kein Schaden entstehe.

Lateran, (1199) September 13.

Reg. Vat. 4, fol. 187ʳ—187ᵛ ⟨Nr. CLXXIX, 176, 181⟩.
40   *Empfängerüberlieferung: Abschrift 1201—1205: London, Lambeth Library, Ms. 415, fol.*
129ᵛ—130ʳ; Epistolae Cantuarienses (ed. W. Stubbs in Rerum Britannicarum medii aevi
Scriptores 38/2, London [1865] 494 Nr. 529).

---

    c–c) *Am Rande eine Klammer.*   d) sacerdoc- *auf Rasur.*

Sirleto, fol. 378ʳ = Cholinus, II 495 = Venet., II 495 = Baluze, I 456 Nr. 181 = Migne, PL 214, 732 Nr. 181. — Potth. Reg. 833; Bliss, Calendar, 8; Cheney, Calendar, 29 Nr. 166.

Cantuariensi archiepiscopo [a] [1].

Cum bona sint coram Deo et hominibus secundum apostolum provi-
denda, episcopis, qui successores apostolorum existunt et lux mundi et sal 5
terre Ueritatis testimonio perhibentur, est summopere attendendum, | ut
via regia incedentes nec declinantes ad dexteram vel sinistram neque conscientiam propter famam neque famam pro [b] conscientia derelinquant; sed
sic inter ea irreprehensibiliter gradiantur, quod nec impii apud Deum qui
videt in corde, nec crudeles apud homines qui vident in facie iudicentur. 10

Sane conquerentibus dilectis filiis monachis Cantuariensibus [2] nostris
est auribus intimatum, quod te presente in processionibus, que in ecclesia
ipsa sollempniter celebrantur, quandoque precedunt quandoque sequuntur inter te ipsosque monachos, quasi separantes caput a membris, clerici
seculares [3]; eorundem insuper stalla in choro contra consuetudinem coar- 15
tantes. Ex hoc autem dignitati Cantuariensis ecclesie plurimum detrahi-
tur et honori, et scandalum, sicut dicitur, generatur in cordibus infirmorum, ac quies Deo famulantium perturbatur, et devotio deperit popularis,
dum in eodem collegio diverse professionis et habitus cernuntur homines
sociari: quorum alii vestiuntur vilibus, alii preciosis; quidam velatis [c] 20
incedunt capitibus, alii denudatis.

Cum igitur incongruum sit, ut in uno et eodem officio professio dispar *
existat, fraternitati tue per apostolica scripta mandamus, quatinus circa
ea, que premisimus, corrigenda sollicitudinem adhibeas pastoralem, ut et
scandalum tollatur de medio, propter quod multa sunt sepius omittenda, 25
sicut iam alia vice tibi recolimus intimasse [4], atque in Cantuariensi ecclesia regimini tuo commissa, que celebrem locum obtinet inter ecclesias
Anglicanas, nichil reprehensione dignum occurrat, unde ad alias religionis
et honestatis exemplum convenit derivari. Tunc enim melius, sicut tua
fraternitas non ignorat, subditos tuos corrigere poteris et ad frugem redu- 30
cere meliorem, cum in capite nichil inventum fuerit, quod merito debeat
reprehendi.

Datum Laterani, Idibus Septembris.

Marginalien:
vgl. 2 Kor 8, 21
vgl. Mt 5, 13 f.
vgl. Nm 21, 22;
Dt 2, 27; 17, 11
u. ö.
vgl. 1 Tim 3, 2
vgl. 1 Sam 16, 7
vgl. Röm 14, 13;
15, 1; 1 Kor 8, 9
vgl. Phil 3, 3
* fol. 187ᵛ
vgl. 2 Kor 7, 12;
11, 28 u. ö.

---

172. *Empfängerüberlieferung (kollationiert nach Rerum Britannicarum medii aevi Scriptores 38/2, 494 ff. Nr. 529):* 35
    13—14: sequuntur] sequuntur clerici seculares.   14—15: clerici seculares] *fehlt.*
24: ut et] et ut.   26: tibi] discretioni tue.   30—31: reducere] perducere.
33: Idibus Septembris] III Idus Septembris, pontificatus nostri anno secundo.

172. [a] *Auf fol. 187ʳ längs des Briefes am Rande ein senkrechter, z.T. gewellter Strich.*   [b] *Auf Rasur nachgetragen. Am Rande mit einem Zeichen zur Korr. vorgemerkt.*   [c] vel- *auf Rasur.* 40

172. [1] S. Br. II 68 (71) Anm. 4.
   [2] Die Benediktinermönche von Christ Church (Kathedralpriorat von Canterbury).
   [3] Vielleicht Säkularkanoniker aus Lambeth (Gfscht. Surrey, ht. Teil von London, seit
1197 im Besitz des EB. von Canterbury). Vgl. Knowles - Hadcock, *Medieval Religious Houses: England and Wales*, 332.   [4] Vgl. Br. I 432 S. 653 Z. 11 f., S. 654 Z. 6 f.   45

173 (182).

Innocenz III. nimmt den Grafen R(obert) von Lecce, dessen gesamten Besitz und im besonderen seine Grafschaft in den päpstlichen Schutz.

(Lateran, 1199 ca. September 1—15)[1].

5 *Reg. Vat. 4, fol. 187ᵛ ⟨Nr. CLXXX, 177, 182⟩.*
Sirleto, fol. 378ᵛ = Cholinus, II 495 = Venet., II 495 = Baluze, I 456 Nr. 182 = Migne,
PL 214, 733 Nr. 182; Vendola, Documenti, 24 Nr. 20. — Potth. Reg. 840; B.F.W. Reg. 5686.*

Nobili viro R(oberto), comiti Licii[2].

Devotionis[a] et fidei puritatem, quam erga nos et Romanam ecclesiam,
10 matrem tuam, ac regie sublimitatis coronam habere dinosceris, diligentius
attendentes, petitionibus tuis libenter annuimus et eas, quantum cum
Deo et honestate nostra possumus, gratanti animo promovemus. Eapropter, dilecte in Domino fili, tuis iustis postulationibus grato concurrentes
assensu, personam tuam cum omnibus bonis, que impresentiarum ratio-
15 nabiliter possides, specialiter autem Licie comitatum, aut in futurum iustis modis Deo propicio poteris adipisci, sub beati Petri et nostra protectione suscipimus et presentis scripti pa(trocinio) communimus.
Nulli ergo et cetera.

174 (183).

20 *Innocenz III. trägt dem Bischof (Heinrich) von Treviso auf, Kleriker seiner
Diözese, die lange Haare und weltliche Kleidung tragen, unter der Drohung,
den Bezug ihrer Pfründeneinkünfte zu suspendieren, zur Besserung zu zwingen. Ferner solle er seinem Archidiakon (Manfred ?) verbieten, daß er Laien,
denen er als Bischof die geistlichen Weihen nicht erteilen wolle, ohne sein
25 Wissen Nachbarbischöfen zu deren Vornahme empfehle.*

Lateran, (1199) September 17.

Reg. Vat. 4, fol. 187ᵛ ⟨Nr. CLXXXI, 178, 183⟩.
Sirleto, fol. 378ᵛ = Cholinus, II 496 = Venet., II 496 = Baluze, I 456 Nr. 183 = Migne,
PL 214, 734 Nr. 183. — Comp. IV. 1, 11, 2; Alan. 3, 1, 2; Alan. K. 3, 1, 2; Bern. 1, 19 un.;
30 *3, 1, 3; Coll. Fuld. 3, 1, 2; X. I, 23, 8. — Potth. Reg. 835.*

173. a) *Die Initiale läuft in zwei kleine, speiende Köpfe aus.*

173. ¹) Zur Datierung: Das Schreiben wurde höchstwahrscheinlich zugleich mit den Br. II
171 (180) und II 172 (181) vom 7. und 13. September registriert, was ein sicherer Neuansatz
am Anfang des Br. II 170 (179) und ein wahrscheinlicher Neuansatz am Anfang des Br. II
35 174 (183) nahelegen (vgl. auch Br. II 170 [179] Anm. 1). Vielleicht hat man es auch zugleich
mit einer Ausfertigung des Br. II 170 (179) abgesandt. Auf jeden Fall kann angenommen werden, daß es, wie dieser, in der ersten Septemberhälfte ausgestellt wurde.
    ²) Robert von Biccaro erhielt 1194 von Heinrich VI. die Grafschaft Lecce übertragen.
Daraus von Walter von Brienne und anderen vertrieben, konnte er erst nach 1213 die Herr-
40 schaft dort wieder ausüben. Nach 1221 gestorben. Vgl. KAMP, *Kirche und Monarchie*, II
729 Anm. 1.

Teruisino episcopo[1].

(|) Significasti[a] nobis per litteras tuas, quod quidam clerici tue diocesis, licet ecclesiastica beneficia sint adepti, comam nutriunt, quidam vgl. 1 Tim 1, 18 etiam incedunt in habitu laicali; laici quoque ascribi volentes militie clericali, cum a te promoveri non possint, cum litteris archidiaconi tui[2] 5 ad episcopos vicinos accedunt et ab eis se faciunt ordinari.

Volentes igitur huiusmodi excessibus obviare, fraternitati tue per apostolica scripta mandamus, quatinus clericos, qui comam nutriunt et incedunt in habitu laicali, nisi ad commonitionem tuam deposuerint comam et clericalem servaverint tam in vestibus quam in aliis honestatem, 10 usque ad correctionem idoneam a beneficiorum suorum perceptione[b] sublato appellationis obstaculo nostra et tua fretus auctoritate suspendas. Interdicas autem archidiacono tuo, ne sine conscientia et auctoritate tua concedat suas litteras promovendis; et eis etiam districte prohibeas, ne ad ordines taliter audeant convolare. Quodsi contra prohibitionem tuam ve- 15 nire presumpserint, executionem eis ordinum susceptorum taliter interdicas.

Datum Laterani, XV Kal. Octobris.

175 (184).

König Fried(rich) von Sizilien ermahnt die Einwohner von Montefiascone, 20 *das sich dem Kirchenstaat angeschlossen hat, diesem, unbeschadet des ihm einst geleisteten Eides, die Treue zu halten.*

Palermo, 1199 Juni 22.

Reg. Vat. 4, fol. 187[v] ⟨Nr. CLXXXII, 179, 184⟩.
Sirleto, fol. 379[r] = Cholinus, II 497 = Venet., II 497 = Baluze, I 457 Nr. 184 = Migne, 25
PL 214, 734 Nr. 184. — B.F.W. Reg. 533. — Vgl. O. Hageneder, Zur Datierung des Briefes
Innocenz' III. für Montefiascone von 1198 (I 361). Römische Historische Mitteilungen 3
(1960) 129—131.

Fred(ericus) Dei gratia rex Sicilie, ducatus Apulie et principatus Capue[1], hominibus de Monteflascone fidelibus suis salutem et dilectio- 30 nem[2].

---

174. [a] *Am Rande von einer Hand des 15. Jh.:* hoc capitulum est Extra de offitio archidiaconi *(X. I, 23, 8).*   [b] *Darnach Tintenwechsel.*

174. [1] S. Br. II 26 Anm. 2.
     [2] Wohl Manfred, der 1199 als Archidiakon von Treviso (Suffr. von Aquileia) bezeugt 35 ist. Vgl. UGHELLI, *Italia Sacra*, V 535.
175. [1] S. Br. II 158 (167) Anm. 26.
     [2] Einwohner von Montefiascone (Prov. Viterbo). Bereits Heinrich VI. hatte in seinem Testament die Rückgabe dieses Platzes an die Kirche angeordnet *(Gesta Innocentii, c. 27,* MIGNE, PL 214, LII; BAAKEN, *Regesta Imperii* IV/3, 248 Nr. 614). Sie kam noch unter 40 Coelestin III. zustande. Vgl. VAN CLEVE, *Markward,* 78 Anm. 10 nach der *Chronik des Roger von Hoveden,* MG SS XXVII 176.

Cum karissimi in Christo patris nostri domini I(nnocentii), summi pontificis, et ecclesie Romane circa nos et regnum nostrum non modica iugiter
beneficia sentiamus[3], in quibus possumus grata sibi volumus filialis
devotionis vicissitudine respondere et tam regaliter quam humiliter eius
5 implere beneplacitum voluntatis. Gaudemus autem quod, sicut accepimus, ad fidelitatem ecclesie[a] matris vestre et ipsius summi pontificis
humili curastis devotione redire et in ea fideliter et firmiter permanetis.
Ne autem de iuramento, quod nobis prestitisse dicimini, in posterum dubitetis, presentes vobis duximus litteras destinandas, quibus et affectum
10 nostrum exprimimus, dum id gratum scribimus nos habere et tamquam
ecclesie filii vos ad fidelitatem eius regaliter exhortamur; monentes, ut sic
in ea persistere procuretis, ut non ex temeraria levitate sed ex deliberatione discreta potius ad id videamini processisse.
Datum Panormi, XXII mensis Iunii, secunde indictionis.

15 ## 176 (185).

*Innocenz III. kassiert die Wahl des Bischofs von Penne, weil er die Regie-
rung antrat und Treueide von Klerikern und Laien empfing, ohne daß die
Wahl konfirmiert war und weil ihm die für dieses Amt erforderliche Bildung
mangelt. Dem Domkapitel befiehlt der Papst, innerhalb eines Monats einen
20 Nachfolger zu wählen, der von ihm persönlich den Konsens, der dem König
von Sizilien zusteht und den der Papst auf Grund seiner Regentschaft in
Anspruch nimmt, erbitten und die päpstliche Konfirmation erhalten soll.
Komme eine Wahl nicht zustande, so werde er selbst einen Bischof ernennen.*

Lateran, (1199) September 21.

25   *Reg. Vat. 4, fol. 187[v] ⟨Nr. CLXXXIII, 180, 185⟩.*
   *Sirleto, fol. 379[r] = Cholinus, II 497 = Venet., II 497 = Baluze, I 457 Nr. 185 = Migne,
PL 214, 735 Nr. 185. — Comp. III. 1, 6, 2; Bern. 1, 8, 2; Coll. Fuld. 1, 6, 7; Gilb. 1, 3, 7;
Rain. 4, 5; X. I, 6, 17. — Potth. Reg. 836. — Vgl. R. L. Benson, The Bishop-Elect. A Study
in Medieval Ecclesiastical Office. (Princeton 1968) 91 ff., bes. 113; Kamp, Kirche und
30 Monarchie, I 40.*

Capitulo Pennensi[1].

| Qualiter[a] post obitum bone memorie . . Pennensis episcopi[2] ecclesia
vestra vacante receptis prius super electione facienda litteris nostris . .
primicereum vestrum vobis elegeritis in pastorem[3], vos tamquam aucto-

---

35 **175.** [a] *Fehlt bei Migne.*
176. [a] *Die Initiale läuft in einen kleinen, speienden Hundekopf aus. Am Rande von einer
Hand des 15. Jh.:* de elect(ione) *(X. I, 6, 17).*

   [3] S. Br. II 158 (167) Anm. 16.
176. [1] Domkapitel von Penne (exemt, Prov. Pescara).
40 [2] Frater Otto de Celano, B. von Penne September 1194—15. Juli 1199. Er war zuvor
Benediktinermönch in Montecassino. Sein Bruder war Graf Berard von Loreto. Vgl. KAMP,
Kirche und Monarchie, I 38—40.
   [3] Namentlich nicht bekannt (vgl. KAMP, *Kirche und Monarchie,* I 40).

res electionis ipsius plenius cognovistis. Verum quoniam electus a vobis ante confirmationem obtentam amministrationi episcopatus se irreverenter immiscuit[b] et tam[c] a clericis quam a laicis iuramenta recepit — non attendens, quod secundum apostolum nemo sibi debeat honorem assumere, sed qui vocatur a Deo tamquam Aaron — nec donum scientie 5 pontifici conveniens fuerat assecutus, cum iuxta verbum Dominicum qui fecerit et docuerit magnus vocetur in regno celorum, postquam nobis eundem presentastis electum, sufficienti examinatione premissa, communicato fratrum consilio electionem de ipso factam exigente iusticia duximus irritandam, quicquid ob eam vel ex ea secutum est denunciantes penitus 10 non tenere.

Ne[d] autem gregi Dominico diu desit cura pastoris et ex defectu ipsius ecclesia vestra incurrat dispendium et iacturam, universitati vestre per apostolica scripta precipiendo mandamus, quatinus convenientes in unum, sicut moris est, et Spiritus sancti gratia invocata virum idoneum et qui 15 vita et scientia sit sufficiens pontificali oneri et honori post receptionem presentium infra mensem in patrem et pastorem animarum vestrarum per electionem vobis canonicam assumentes, electum ipsum nobis postea presentetis, a nobis, ut dignum fuerit, vice regia petituri consensum[4] et confirmationem auctoritate apostolica recepturi. Alioquin aliquos ex vobis 20 ad presentiam nostram ex parte omnium transmitti volumus et mandamus, secundum assignationem nostram pastorem idoneum recepturos[5].

Datum Laterani, XI Kal. Octobris. || [e]

vgl. Hebr 5, 4 (margin, line 5)
vgl. Mt 5, 19 (margin)
vgl. Lk 12, 32; **Jo 10, 1–16;** **1 Petr 2, 25 u. ö.** (margin)
vgl. 1 Kor 11, 20; **Ps 47, 5; 101, 23** (margin)
vgl. Apg 1, 21–26 (margin)
vgl. 1 Petr 2, 25 (margin)

177 (186).

Innocenz III. befiehlt dem Bischof (Rainer) von Fiesole, den Prozeß, der 25
zwischen dem Eremos von Camaldoli und den Söhnen (Albert, Matthäus und
Wilhelm) des Grafen R(ainer) Galbino von Montauto um die Burg Casti-
glione Fatalbecci geführt wird, trotz der an den Hl. Stuhl gerichteten Appella-
tion des Podestà (Buoninsegna Abbate) von Arezzo, der den Fall für sein
Gericht reklamiert hat, definitiv zu entscheiden. 30

Lateran, 1199 September 23.

Reg. Vat. 4, fol. 187ᵛ—188ʳ ⟨Nr. CLXXXIIII, 181, 186⟩.
Sirleto, fol. 379ᵛ = Cholinus, II 497 = Venet., II 497 = Baluze, I 457 Nr. 186 = Migne,
PL 214, 735 Nr. 186. — Potth. Reg. 838; Schiaparelli — Baldasseroni, Regesto di Camal-
doli, I 319 Nr. 1361. 35

---

b) *-s- korr. aus einem anderen Buchstaben.*   c) *t- korr. aus ℮-, -m z. T. auf Rasur.*
d) *Davor ein wohl viel späteres Absatzzeichen. Es bezeichnet die Stelle, an welcher der in die*
Comp. III. 1, 6, 2 und in X. I, 6. 17 aufgenommene Text endet.   e) *Hand C hört auf.*

4) S. Br. II 165 (174) Anm. 8.
5) Da auch der zweiten Wahl durch das Kapitel kein Erfolg beschieden war, ernannte 40
Innocenz III. vor dem 29. Oktober 1200 einen namentlich nicht bekannten Zisterzienserabt (wohl aus Casanova oder Tre-Fontane) zum B. von Penne (*Potth. Reg.* 1154 bzw.
Kamp, *Kirche und Monarchie*, I 41).

Fesulano episcopo[1].

*||[a] Cum ex conquestione dilectorum filiorum fratrum Camaldulen- • fol. 188ᶜ
sium dudum ad nostram notitiam pervenisset, quod pretextu cuiusdam
carte, quam prior eorum[2] ipsis nescientibus fecisse proponitur, filii R(ai-
5 nerii) de Galbin(o)[3] castrum Castellionis[4] sibi contenderent cum eius curia vendicare atque Camaldulensem heremum[5] ex hoc multipliciter pre-
gravarent, nos venerabili fratri nostro . . Aretino episcopo[6] dedimus in
mandatis, ut, nisi prefati nobiles possessiones easdem fratribus ipsis restituerent, quemadmodum tenebantur, ipse ad hoc eos per censuram eccle-
10 siasticam cogeret appellatione remota iustitia mediante.

Verum sicut idem nobis episcopus suis litteris intimavit, postquam
predicti nobiles ab ipso vocati nostras litteras transcripserunt, utraque
partium prefixo termino in eius presentia constituta et priore Camaldulensi plene factum narrante unus eorum videlicet . .[b] ad obiecta respon-
15 dit; et post multa provocantes et recusantes episcopum scripturam sibi sub
trium nominibus porrexerunt, qua eum tamquam patronum Camaldulen-
sis heremi dicebant esse suspectum; et ne tempore precipue messium eos
sub suo cogeret examine litigare, sedem apostolicam appellarunt. Sed eis
die sequenti reversis et renuntiantibus non recusationi, quam fecerant, sed
20 appellationi dumtaxat, episcopus partibus alium terminum assignavit; in
quo dum de recusatione contenderent coram ipso, potestas Aretinus[7] su-
perveniens et iudicium illud ad se pertinere proponens, ne in causa procederet, interdixit et ad nostram audientiam appellavit.

Nos igitur deliberatione super hoc habita diligenti, fraternitati tue per
25 apostolica scripta precipiendo mandamus, quatinus causam inter predictum nobilem et fratres Camaldulenses non obstante contradictione vel
appellatione cuiusquam audias et decidas, cogens partes per censuram

---

177. [a] *Hand B beginnt.*   [b] *Der Gemmipunctus ist nachgetragen.*

177. [1] Rainer, B. von Fiesole (exemt, Prov. Florenz) 1193—1219. Vgl. R. Mazzoni, *Fiesole*,
30 in: Dict. HGE 16 (Paris 1967) 1445.
    [2] S. Br. II 12 Anm. 1.
    [3] Die Söhne des Rainer von Galbino, Grafen von Montauto (Prov. Arezzo), hießen
Albert, Matthäus und Wilhelm. Camaldoli lag mit diesem seit 1070 (1105 mit Grafentitel)
bezeugten mächtigen Geschlecht, welches das obere Tibertal beherrschte, wegen einer Burg
35 in Streit. Vgl. F. Schneider, *Die Entstehung von Burg und Landgemeinde in Italien. Studien
zur historischen Geographie, Verfassungs- und Sozialgeschichte* (= Abhandlungen zur mittleren und neueren Geschichte 68). Berlin 1924, 166 mit Anm. 1; Davidsohn, *Geschichte von
Florenz*, I 627 bzw. Schiaparelli - Baldasseroni, *Regesto di Camaldoli*, II 319 Nr. 1362.
    [4] Castiglione Fatalbecci (später Montedoglio bei San Sepolcro, Prov. Arezzo). Vgl.
40 Schneider, *a. a. O.*, 166.
    [5] Der Eremos von Camaldoli, die 1012 vom Hl. Romuald gegründete Einsiedelei
(Diöz. und Prov. Arezzo).
    [6] Amideus, B. von Arezzo (exemt) 1183—1203. Vgl. F. Bonnard, *Arezzo*, in: Dict.
HGE 3 (Paris 1924) 1666.
45   [7] Buoninsegna Abbate aus Perugia, Podestà von Arezzo 1199. Vgl. *Annales Arreti-
norum Maiores*, ed. A. Bini. Rerum Italicarum Scriptores XXIV/1 (Città di Castello 1909) 3.

ecclesiasticam et cetera[8]. Taliter autem Deum habens pre oculis omni
gratia et timore postpositis in ipsa causa procedas, quod zelum iustitie
videaris habere nosque tue sollicitudinis studium debeamus merito commendare.

Nullis litteris veritati et iustitie et cetera.   5

Datum Laterani, IX Kal. Octobris, pontificatus nostri anno secundo.

178 (187).

Innocenz III. befiehlt den Erzbischöfen (Bartholomäus) von Palermo, (Ca-
rus) von Monreale und (Berard) von Messina, ferner dem Bischof (Walter)
von Troia als dem Kanzler des Königreiches Sizilien und dem B(artholo- 10
mäus) von Lucy, alle Verleihungen des königlichen sizilischen Domänen-
besitzes zu widerrufen und dem zu ihnen entsandten päpstlichen Wechsler
M. das zur Verteidigung Siziliens erforderliche Geld zu übergeben.

Lateran, (1199) September 27.

Reg. Vat. 4, fol. 188ʳ ⟨Nr. CLXXXV, 182, 187⟩.   15

    Sirleto, fol. 380ʳ = Cholinus, II 498 = Venet., II 498 = Baluze, I 458 Nr. 187 = Migne,
PL 214,736 Nr. 187; Vendola, Documenti, I 25 Nr. 22. — Potth. Reg. 839; B.F.W. Reg. 5687.
—Vgl. Huillard-Bréholles, Historia diplomatica, I/1 57 Anm. 1; Baethgen, Regentschaft, 21
mit Anm. 3 und Kamp, Kirche und Monarchie, II 512 mit Anm. 30.

Panormitano[1], **.. Montis Regalis**[2] **et Messanensi**[3] **archiepiscopis, episcopo** 20
Troiano, regni Sicilie cancellario[4]**, et nobili viro B(artholomeo) de Lucii**[5]**.**

In quot et quantis vobis duxerimus deferendum, vos per experientiam
operis credimus didicisse: cum licet regni balium nobis fuerit ex inclite

---

    [8]) Tatsächlich exkommunizierte der B. von Fiesole am 21. November 1199 die Anm. 3
genannten drei Söhne des Grafen Rainer von Montauto. Erst im Januar 1206 wurde der 25
Streit geschlichtet und die Exkommunikation wieder aufgehoben. Vgl. SCHIAPARELLI -
BALDASSERONI, *Regesto di Camaldoli*, II 319 Nr. 1362; III 28—30 NNr. 1435 f.

178. [1]) Bartholomäus, EB. von Palermo, bezeugt vom 2. April 1192—27. September 1199.
Er war Mitglied des Kollegiums der fünf Familiaren, das unter der Regentschaft des
Papstes das Königreich Sizilien für den noch unmündigen Friedrich (II.) regieren sollte. 30
Vgl. BAETHGEN, *Regentschaft*, 26 f. mit Anm. 2 und KAMP, *Kirche und Monarchie*, III
1119—1122.

    [2]) S. Br. II 139 (148) Anm. 6.

    [3]) S. Br. II 139 (148) Anm. 4.

    [4]) Walter von Palearia, B. von Troia (exemt, Prov. Foggia), bezeugt seit 25. Oktober 35
1189 bis Mai 1200. Aus einer in den Abruzzen ansässigen Familie des Hochadels war er
1195 bis 1210 Kanzler des Königreichs Sizilien. 1200 EB. von Palermo, wozu ihm aber der
Papst die Zustimmung verweigerte. 1208 B. von Catania, 1210 von Friedrich II. aus seinem
Rat gewiesen, nahm er aber bis 1220 fallweise an den Regierungsgeschäften teil. Nach
neuerlichem Bruch mit dem Staufer seit 1221 im Exil, gestorben zwischen 1229 und 1231. 40
Vgl. KAMP, *Kirche und Monarchie*, II 509—514; III 1122—1125, 1210—1215.

    [5]) Bartholomäus von Lucy, ein Verwandter des normannischen Königshauses, erhielt
1193 die Grafschaft Paternò (Prov. Catania) übertragen, wurde 1195 Großjustiziar von
Kalabrien und nach dem Tode der Kaiserin Konstanze Mitglied des Familiarenkollegiums,
das unter der Regentschaft des Papstes das Königreich Sizilien zu leiten hatte. Er starb 45

recordationis C(onstantie) imperatricis testamento relictum[6], vos tamen
amministrationem eius fere totam libere permiserimus exercere; sperantes, quod et vos ad honorem apostolice sedis et nostrum, salutem regis[7]
et statum regni specialius intendere debeatis. Iamdudum autem audivi-
5 mus, quod vos multa de[a] domanio regis diversis personis in beneficium
assignastis[8]; propter quod contra vos grave scandalum est subortum et
ad nos etiam per plurium litteras et nuntios et fama publica clamante
delatum.

Ne autem id decetero vel ad culpam nobis vel vobis imputetur ad pe-
10 nam, presertim cum distractiones huiusmodi fieri ad preces vestras litteris curaverimus apostolicis inhibere, discretionem vestram monemus et
exhortamur attentius ac per apostolica scripta precipiendo mandamus,
quatinus ea, que minus utiliter distraxistis, studeatis utiliter revocare,
manus vestras decetero ab huiusmodi compescentes, ne nos licet invitos
15 statuere aliud compellatis.

Pecuniam autem, pro qua dilectum filium M. campsorem nostrum direximus, ei solvere non tardetis, quoniam tam eam quam aliam pro
reprimendis regni hostibus dante Domino studebimus utiliter erogare. Ad   vgl. Apg 18, 21
hec super custodia regis et regni volumus et mandamus vos efficaciter
20 intendere ac sollicite vigilare.

Datum Laterani, V Kal. Octobris.

179 (188).

Innocenz III. befiehlt dem Erzbischof (Ludolf) von Magdeburg sowie den
Äbten (Albert) von Bürgel und (Matthäus) von Altzelle, die Umstände der
25 *vom Bischof (Daniel) von Prag ausgesprochenen Scheidung Herzog (Otakers*
Přemysl I.) von Böhmen und seiner Frau A(dela) zu untersuchen und über
das Ergebnis zu berichten.

(Lateran, 1199 ca. Oktober)[1].

Reg. Vat. 4, fol. 188ʳ—188ᵛ ⟨Nr. CLXXXVI, 183, 188⟩.
30   Sirleto, fol. 380ᵛ = Cholinus, II 498 = Venet., II 498 = Baluze, I 458 Nr. 188 = Migne,
PL 214, 737 Nr. 188; Friedrich, Codex diplomaticus Bohemiae, II 8 Nr. 9 (letzte Edition mit
Angabe früherer Ausgaben). — Potth. Reg. 850; B.F.W. Reg. 5688; E. Beyer, Das Cistercienser-Stift und Kloster Alt-Zelle in dem Bisthum Meißen (Dresden 1855) 522 Nr. 19 (vgl.
auch 63). — Vgl. Tenbrock, Eherecht, 66 ff.

35 **178.** ᵃ) de do- auf Rasur nachgetragen.

1200. Vgl. C. A. GARUFI, Per la storia dei sec. XI e XII. La contea di Paternò e i de Luci.
Archivio storico per la Sicilia orientale 10 (1913) 160—180; H. W. KLEWITZ, Die Anfänge
des Cistercienser-Ordens im normannisch-sizilischen Königreich. Studien und Mitteilungen
zur Geschichte des Benediktinerordens 52 (1934) 238 mit Anm. 9.
40   ⁶) S. Br. II 158 (167) Anm. 16.
         ⁷) S. Br. II 158 (167) Anm. 26.
         ⁸) Über die Verschleuderung von Krongut durch das Familiarenkollegium fehlen ge-
nauere Angaben. Vgl. BAETHGEN, Regentschaft, 21 Anm. 3 f. und KAMP, Kirche und Monarchie, II 512 mit Anm. 30.
45 **179.** ¹) Zur Datierung: Das Schreiben bildete wohl mit den Br. II 182 (191) und II 185 (194)

Magdeburgensi[a] archiepiscopo[2] et de Burgelim[3] et de Cella sancte Marie abbatibus[4].

Ex conquestione nobilis mulieris A(dele)[5] nobis innotuit, quod cum dilectus filius . . dux Boemie[6] illam duxisset legitime in uxorem et ipsam viginti[b] annis et amplius velut uxorem legitimam pertractasset, filiis et 5

vgl. Gn 3, 1–6;
Jo 8, 44

filiabus ex ea susceptis eandem suadente humani generis inimico a suo consortio separavit, et . . Pragensis episcopus[7] convocato quorundam prelatorum consilio in quodam monasterio ad petitionem et mandatum ipsius ducis — ipsa volente ad eos accedere, ut suas coram eis proponeret rationes, militibus eiusdem ducis prohibentibus ei bis vel ter ingressum, ex 10 parte illius appellatione ad sedem apostolicam interposita — sententiam inter eos divortii non est veritus promulgare; ac demum ipse dux quandam aliam videlicet sororem karissimi in Christo filii nostri . . illustris re-

vgl. Röm 1, 14
* fol. 188ᵛ

gis Vngarie superduxit[8].

Quoniam igitur hec sal*va conscientia preterire non possumus indis- 15 cussa, cum secundum apostolum simus omnibus debitores, discretioni vestre per apostolica scripta mandamus atque precipimus, quatinus vo-

---

179. [a] *Adresse am Rande vorgemerkt. Auf fol. 188ʳ längs des Briefes am Rande ein senkrechter, z.T. gewellter Strich.*   [b] *Friedrich, Codex diplomaticus Bohemiae, II 8 Nr. 9 Anm. b* möchte viginti *nach dem Text des Br. IX 60 (Migne, PL 215 872 B; Friedrich a. a. O. 48* 20 *Z. 36) in* duodeviginti *emendieren, was jedoch nicht unbedingt nötig ist: der Papst kann die genaue Dauer der Ehe auch erst später erfahren haben.*

vom 5. und 14. Oktober sowie mit Potth. Add. Reg. 852 a vom 20. Oktober eine Briefgruppe, wofür die räumliche Nachbarschaft der Empfänger spricht. Daher mag es gleichfalls im Oktober ausgestellt worden sein.   25

[2] S. Br. II 20 Anm. 1.

[3] Albert (I.), Abt des Benediktinerklosters Bürgel (Diöz. Naumburg, Kr. Eisenberg, Bez. Gera, Thüringen) 1198—1221. Vgl. P. Mitzschke, *Urkundenbuch von Stadt und Kloster Bürgel*. Gotha 1895, I 498 (Reg.).

[4] Matthäus, Abt des Zisterzienserklosters Altzelle bei Nossen (Diöz. Meißen, Bez. 30 Dresden, Sachsen) 1192—1208/09. Vgl. E. Beyer, *Das Cistercienser-Stift und Kloster Altzelle in dem Bisthum Meißen*. Dresden 1855, 63 und E. Hoffmann, *Altzelle*, in: Dict. HGE 2 (Paris 1914) 846 f.

[5] Adela, Tochter des Markgrafen Otto von Meißen, hatte vor 1180 Otaker Přemysl I., Herzog von Böhmen, geheiratet. Obwohl aus dieser Ehe mehrere Kinder hervorgingen, 35 trennte sich der Fürst von ihr und heiratete 1199 ein zweites Mal. Adela starb am 1. Februar 1211. Vgl. E. Winkelmann, *Adela, Königin von Böhmen*, in: ADB 1 (Leipzig 1875) 48 f. bzw. *Handbuch der Geschichte der böhmischen Länder*, I 272 Anm. 20.

[6] Otaker Přemysl I., Sohn Wladislaws II., Herzog von Böhmen 1192/93 und 1197. Am 8. September 1198 wurde er von Philipp von Schwaben zum König von Böhmen erhoben, 40 doch erkannte der Papst diese Erhebung nicht an. Otaker starb am 15. Dezember 1230.

[7] Daniel (II.) von Talmberg, B. von Prag (Suffr. von Mainz, Böhmen) 1197—4. April 1214. Er hieß früher Milico, war Prämonstratenser-Chorherr in Strahov und bischöflicher Kaplan, ehe er durch den Willen Herzogs Wladislaw Heinrich zum Bischof ernannt wurde. Vgl. P. Hilsch, *Die Bischöfe von Prag in der frühen Stauferzeit*. Veröffentlichungen des 45 Collegium Carolinum 22 (München 1969) 256 (Reg.).

[8] Konstanze, Tochter König Belas III. von Ungarn, hatte 1199 Otaker Přemysl I. von Böhmen geheiratet. Sie war die Schwester der ungarischen Könige Emmerich 1196—1204 bzw. Andreas II. 1205—1235. Vgl. Isenburg, *Stammtafeln*, II Taf. 104.

catis ad presentiam vestram, quos propter hoc noveritis esse vocandos, inquiratis diligentius veritatem; et quicquid inveneritis, nobis per litteras vestras intimare minime differatis, ut ex vestra relatione sufficienter instructi liberius in ipso negotio, prout ad nostrum officium pertinet,
5 procedere valeamus.

Nullis litteris et cetera.

180 (189).

Innocenz III. teilt dem Patriarchen (Haymerus) von Jerusalem, dem Bischof von Lydda sowie (Gottfried von Donjon und Gilbert Roral), den Groß-
10 *meistern des Johanniter- und des Templerordens, seine Bemühungen um einen Kreuzzug und die Entsendung eines Hilfsschiffes mit und trägt ihnen auf, die mit diesem überbrachten Gaben an Bedürftige zu verteilen sowie ihn über alle Vorgänge im Hl. Land oft und wahrheitsgetreu zu unterrichten.*

(Lateran, 1199 September Ende—Oktober Anfang)[1].

15   *Reg. Vat. 4, fol. 188ᵛ ⟨Nr. CLXXXVIIª⟩, 184, 189⟩.*
     Sirleto, fol. 380ᵛ = Cholinus, II 499 = Venet., II 499 = Baluze, I 459 Nr. 189 = Migne, PL 214, 737 Nr. 189; Delaville Le Roulx, Cartulaire général des Hospitaliers, I 681 Nr. 1095. — Potth. Reg. 851; Röhricht, Regesta Regni Hierosolymitani, 203 Nr. 760; Haluščyn-skyj, Acta Innocentii, 493 Nr. 2. — Vgl. ebd., 23 und Roscher, Innocenz III. und die Kreuz-
20 *züge, 79.*

Ier(oso)limitano patriarche[2], Liddensi episcopo[3], Ier(oso)limitani Hospitalis[4] et militie Templi[5] magistris.

| Tam[b] ex litteris nostris[6] quam relatione multorum propositum, quod de subventione terre orientalis assumpsimus, vobis iam credimus patuisse.

25 **180.** ᵃ⁾ *-VII ist von der Numeratorenhand V nachgetragen (vgl. Einleitung XII).*   ᵇ⁾ *Am Rande ein leicht schiefliegendes Kreuz, wohl von späterer Hand. Ferner längs des Briefes am Rande ein senkrechter, z. T. gewellter Strich.*

180. ¹⁾ Zur Datierung: Das Schreiben wurde wohl zugleich mit den Br. II 181 (190) und II 182 (191) registriert, was die Neuansätze sowohl an seinem Beginn als auch zu Anfang des Br.
30 II 183 (192) nahelegen. Br. II 182 (191) ist mit 5. Oktober datiert; die vorhergehende Gruppe Br. II 177 (186)—179 (188) enthält Schreiben vom 23. und 27. September (II 177, 178 [186, 187]), die folgende der Br. II 183 (192)—185 (194) solche vom 9. bis 14. Oktober. Daher dürften die Br. II 180 (189) und 181 (190) am ehesten in den letzten Septembertagen oder zu Anfang Oktober ausgestellt worden sein.
35   ²⁾ Haymerus Monachus, Patriarch von Jerusalem 1194—Winter 1202/1203. Er war zunächst Kanzler des Patriarchen Amalrich von Jerusalem und 1180 Elekt, 1182 Erzbischof von Caesarea. Vgl. R. HIESTAND - H. E. MAYER, *Die Nachfolge des Patriarchen Monachus von Jerusalem.* Basler Zeitschrift für Geschichte und Altertumskunde 74 (1974) 109—130.
40   ³⁾ B. von Lydda (Suffr. von Jerusalem, Palästina). Namentlich nicht bekannt. Vgl. R. RÖHRICHT, *Syria Sacra.* Zeitschrift des Deutschen Palästina-Vereins 10 (1887) 28 Anm. 5.
     ⁴⁾ Gottfried von Donjon, Großmeister des Johanniterordens 1193 — nach 20. Mai 1202. Vgl. GRUMEL, *Chronologie*, 402.
     ⁵⁾ Vgl. Br. II 87 (94) Anm. 1.
45   ⁶⁾ Vgl. Br. I 13, 302, 336, 343, 353—355, 398, 406, 409, 438, 439, 487, 508.

Que licet propter guerras et discordias, que peccatis exigentibus fortius et frequentius solito pullulant in populo Christiano, aliquandiu differatur, non tamen vobis debet fidutiam sperate utilitatis auferre; cum etsi quidam audito, quod cum Sarracenis treugas inissetis[7], ad tempus aliquantum tepuerint, nos non tepeamus in aliquo, sed proposito potius insista- 5 mus, quamvis propter impedimenta predicta nec possibilitas voluntati[c] plene respondeat nec affectus in omnibus concludat effectum. Quid autem super hoc a nobis et fratribus nostris — hiis presertim, quos ad hoc duximus specialiter deputandos[8] — actum existat et qualiter sit processum, discretionem vestram non credimus ignorare; cum per diversas 10 provincias et litteras direxerimus[9] et legatos ad exhortandos populos ad subsidium vestrum et ecclesiarum prelatos ad id mandaverimus ecclesiastica districtione compelli[10].

Apostolorum igitur vestigiis inherentes, qui collectas faciebant in gentibus, ut fratribus in Ier(usa)lem indigentibus subvenirent, navim expensis 15 propriis fieri fecimus et frumento collecto ex fidelium elemosinis onerari; quod per dilectos filios Raim(undum) Ier(oso)limitani Hospitalis et M. militie Templi fratres et I. monachum duximus destinandum, qui de consilio vestro illud magis indigentibus gratis distribuant et discrete. Speramus enim, quod armis orationum et elemosinarum adiuti — cum fuerit datum 20 ab illo, qui fortium arcus[d] infirmat et manus humilium docet ad bellum, qui non in numerositate bellantium sed in multitudine miserationum suarum salvos facit — de sua misericordia confidentes id obtinebimus, quod alias non potuimus hactenus obtinere. Credimus etiam quod, principibus et populis Christianis obtata tranquillitate concessa, exspectatum 25 in Christo subsidium sentietis.

Ideoque discretionem vestram monemus et exhortamur attentius, per apostolica vobis scripta mandantes, quatinus ad distribuendam gratis predictam elemosinam indigentibus discrete provisionis aciem extendatis et statum Ierosolimitane provincie nobis per litteras vestras frequenter et 30 veraciter intimetis: Sicut enim expedit, ut veri nobis rumores sepius exponantur, sic est utile, ut hii supprimantur penitus, qui mixturam sapiunt falsitatis.

vgl. Röm 15, 25–31; 1 Kor 16, 1 f; Gal 2, 10

vgl. 1 Sam 2, 4 vgl. Ps 17, 35; 143, 1; 2 Sam 22, 35 vgl. Jdt 9, 6. 9. 16 Os 10, 13; Ps 6, 5; 50, 3; 68, 17 Tit 3, 5 vgl. Ps 12, 6; 51, 10

181 (190).

Innocenz III. befiehlt dem Domkapitel von Capua, ohne Rücksicht auf den 35
Domdekan und einige Kanoniker, die sich zur Zeit in Palermo aufhalten,
einen neuen Erzbischof zu wählen und den Elekten sodann zu ihm zu senden,

---

[c] *Auf Rasur.*   [d] artus.

[7] Wohl der Vertrag vom 1. Juli 1198 zwischen König Amalrich II. von Jerusalem und Sultan el-Adil, einem Bruder Saladins. Vgl. RUNCIMAN, *Kreuzzüge*, III 102. 40

[8] Die Kardinäle Soffred von S. Prassede (s. Br. II 44 [46] Anm. 15) und Petrus von S. Maria in Vialata (s. Br. II 2 Anm. 3). Vgl. Br. I 336, S. 502 Z. 11 ff.

[9] Z. B. Br. I 302, 336 und 343.

[10] Vgl. Br. I 336, S. 502 Z. 25—S. 503 Z. 5.

damit er den königlichen Konsens und die päpstliche Konfirmation erhalte.
Für den Fall einer unkanonischen Wahl droht der Papst deren Kassation und
die Bestrafung der Wähler an.

(Lateran, 1199 September Ende—Oktober Anfang)[1].

5 *Reg. Vat. 4, fol. 188ᵛ ⟨Nr. CLXXXVIII, 185, 190⟩.*
Sirleto, fol. 381ʳ = Cholinus, II 499 = Venet., II 500 = Baluze, I 459 Nr. 190 = Migne,
PL 214, 738 Nr. 190. — Comp. III. 1, 6, 3; Alan. 1, 6, 12; Alan. K. 1, 6, 13; Bern. 1, 8, 3;
Coll. Fuld. 1, 6, 22; Coll. Rotomagen. 27; X. I, 6, 18. — Potth. Reg. 852. — Vgl. Cappelletti,
Chiese d'Italia, XX 75; Kamp, Kirche und Monarchie, I 111 f.; Br. II 265 (277).

10 ## Capitulo Capuano[2].

Cum[a] inter universas metropoles Capuana sit apostolice sedi vicinior,
ad provisionem ipsius specialius aspiramus, talem ipsi personam prefigi
cupientes, que sicut alios metropolitanos loci vicinitate sic et devotionis
affectu precellat, per quam et ipsa metropolis tam in spiritualibus quam
15 temporalibus obtatum suscipiat incrementum.

Intelleximus autem per dilectos[b] filios L. et P., canonicos vestros[3], et
litteras, quas ad sedem apostolicam detulerunt, quod ad decanum et alios
concanonicos vestros Panormi manentes — cum ex eorum parte vobis fuisset per litteras intimatum, ut ecclesie Capuane dampna pensantes sic trac-
20 taretis super electione substituendi pastoris, quod nullum deberetis in
eorum absentia nominare[4] — quendam socium vestrum cum litteris destinastis[c]: duodecim dierum terminum assignantes, infra quem post receptionem litterarum vestrarum iter arriperent redeundi; quamvis ecclesiastica consuetudo non exigat, ut ad electionem pastoris canonici tam remo-
25 ti vocentur et illi precipue, qui longe antequam vos metropolitani vestri
obitum presentialiter cognovere, quorum aliqui post eius decessum ad
Capuanam ecclesiam sunt reversi.

Quia vero mora longior in electionibus est valde suspecta immo sepe
dampnosa, discretioni vestre per apostolica scripta mandamus atque pre-
30 cipimus, quatinus invocata Spiritus sancti gratia personam idoneam per
electionem canonicam concorditer assumatis ad regimen ecclesie Capuane;
consequenter[d] ad nostram[d] presentiam nuntios idoneos transmissuri, per
quos a nobis vice regia postuletis assensum[5] et apostolice confirmationis

---

181. [a] *Am Rande von einer Hand des 13. Jh.:* hoc c(apitulum) est Extra de elect(ione) *(X. I,*
35 *6, 18).* [b] dilectum. [c] -stis *auf Rasur.* [d-d] *Mit Ausnahme des letzten Schaftes*
des -m *von* nostram *auf Rasur.*

181. [1] Zur Datierung s. Br. II 180 (189) Anm. 1.
  [2] Domkapitel von Capua (Prov. Caserta).
  [3] Nicht zu identifizieren.
40 [4] Matthäus, als EB. von Capua seit 1183 bezeugt, war im Juni 1199 in Palermo gestorben. Er hatte zum Familiarenrat gehört, der nach dem Tod der Kaiserin Konstanze die
Regierungsgeschäfte führte. In seinem Gefolge dürften sich der Domdekan und einige
Kanoniker seines Kapitels befunden haben. Vgl. KAMP, *Kirche und Monarchie*, I 111.
  [5] S. Br. II 165 (174) Anm. 8.

gratiam requiratis; attentius provisuri, ut eo discretionis et caritatis studio procedatis, quod nec in electione vitium nec in electo defectus valeat inveniri[6]. Alioquin et factum electionis revocaremus in[e] irritum et personas eligentium puniremus.

182 (191).

Innocenz III. ermahnt alle Christen Sachsens, Westfalens, (der Slawenlande und jenseits der Elbe), ihre neubekehrten Glaubensbrüder Livlands gegen Angriffe der benachbarten Heiden mit Waffengewalt zu schützen, erlaubt ihnen, diesen Kriegszug anstatt einer etwa gelobten Pilgerfahrt zu unternehmen, und nimmt alle, die sich daran beteiligen, in den apostolischen Schutz.

Lateran, (1199) Oktober 5.

Reg. Vat. 4, fol. 188ᵛ—189ʳ ⟨Nr. CLXXXIX, 186, 191⟩.
Sirleto, fol. 381ᵛ = Cholinus, II 500 = Venet., II 500 = Baluze, I 460 Nr. 191 = Migne, PL 214, 739 Nr. 164; Mecklenburgisches Urkundenbuch, I 161 Nr. 164; Krarup, Bullarium Danicum, 26 Nr. 29. — Potth. Reg. 842; Westfälisches Urkundenbuch, I 79 Nr. 174; B. F. W. Reg. 5689; Regesta diplomatica historiae Danicae, I/1 72 Nr. 497 bzw. II/1 30 Nr. 497; Regesta Norvegica, I 27 Nr. 157. — Vgl. Roscher, Innocenz III. und die Kreuzzüge, 200; Pitz, Papstreskript und Kaiserreskript, 17 ff.

Universis Christi fidelibus in Saxonia et Guestfalia constitutis.

Sicut[a] ecclesiastice religionis[b] censura compelli non patitur ad credendum invitos, sic sponte credentibus apostolica sedes, que mater est omnium generalis, munimen sue protectionis indulget et fideles ad defensionem eorum salubribus monitis exhortatur; * ne, si nuper conversis negatum fuerit defensionis auxilium, vel in primos revertantur herrores vel eos saltem peniteat credidisse.

Accepimus enim quod, cum bone memorie M(einardus), episcopus Liuonensis[1], fuisset provinciam Liuonensem ingressus, in verbo Domini laxans predicationis sue retia in capturam inter populos barbaros, qui honorem Deo debitum animalibus brutis, arboribus frondosis, aquis limpidis, virentibus erbis et spiritibus inmundis impendunt, usque adeo Domino concedente profecit, ut multos a suis herroribus revocatos ad agnitionem produceret veritatis et sacri baptismatis unda renatos doctrinis salutaribus[c] informaret. Verum inimicus homo, qui tamquam leo rugiens

Marginal notes:
vgl. Gn 3, 20
vgl. Tob 1, 15
* fol. 189ʳ

vgl. Lk 5, 4 f.

vgl. Job 34, 29
vgl. 1 Tim 2, 4
vgl. Jo 3, 3–5

vgl. Mt 13, 28

---

e) in irritu- *auf Rasur nachgetragen.*
182. a) *Die Initiale läuft in einen kleinen, speienden Hundekopf aus. Am Rande von einer Hand des 13. Jh.: .CC.   Ferner längs des Briefes am Rande ein senkrechter, z. T. gewellter Strich.*   b) *Migne:* laesionis.   c) -tari- *auf Rasur.*

⁶) Gewählt wurde Raynald von Celano, der den Capuaner Erzstuhl von Dezember 1199 bis nach April 1212 innehatte. Vgl. Kamp, *Kirche und Monarchie,* I 112—116.
182. ¹) Meinhard, Augustiner-Chorherr von Segeberg (Schleswig-Holstein), 1186 vom EB. Hartwig von Bremen zum ersten B. von Livland geweiht und 1188 von Clemens III. als B. von Üxküll dem EB. von Bremen als Suffragan unterstellt. Gestorben 1196. Vgl. P. Johansen, *Nordische Mission. Revals Gründung und die Schwedensiedlung in Estland.* In: Kungl. Vitterhets Historie och Antikvitets Akademiens Handlingar 74 (Stockholm 1951) 88—106.

circuit querens quem devoret, invidens conversioni eorum pariter et salu- | vgl. 1 Petr 5, 8
ti, persecutionem paganorum circumadiacentium in eos iniquis suggestionibus excitavit, cupientium eos delere de terra et de partibus illis christia-
ni nominis memoriam abolere. | vgl. Jos 7, 9 u. ö.

5 Ne igitur nostre negligentie valeat imputari, si hii, qui iam crediderunt,
retro cogantur abire, ne presumant aliqui fidem nostram recipere, si illi,
qui iam receperunt, a paganorum incursibus remanserint indefensi: universitatem vestram monemus et exhortamur attentius, in remissionem
vobis peccaminum iniungentes, quatinus, nisi pagani circa Liuonensem | vgl. Mt 26, 28 u. ö.
10 ecclesiam constituti cum christianis treugas inire voluerint et initas obser-
varint, ad defensionem christianorum, qui sunt in partibus illis, potenter | vgl. Dt 31, 6;
et viriliter in nomine Domini exercituum assurgatis. Nos autem omnibus | 2 Chr 32, 7
de partibus vestris, qui sanctorum limina visitare voverunt, presentium | vgl. 1 Sam 17, 45
auctoritate concedimus, ut in voti commutatione emissi in defensionem
15 Liuonensis ecclesie ad partes illas pro reverentia nominis christiani proce-
dant. Omnes siquidem, qui ad defendendam Liuonensem ecclesiam et chri- | vgl. 1 Kg 19, 10;
stianos in illis partibus constitutos divino zelo succensi duxerint transeun- | Ps 68, 10; Jo 2, 17
dum, sub beati Petri et nostra protectione suscipimus et eis apostolici
patrocinii beneficium impertimur[2].
20 Datum Laterani, III Non. Octobris.
In eundem modum universis Christi fidelibus in Sclauia[3] constitutis.
In eundem modum universis Christi fidelibus trans[d] Alpiam[4] constitutis.

183 (192).

25 *Innocenz III. teilt dem Bischof von Civitate sowie allen Baronen, Rittern*
und dem gesamten Volk der gleichnamigen Grafschaft mit, daß er den Grafen
R(oger) von Chieti zu ihrem Schützer bestellt habe, und befiehlt ihnen, sich
an diesen als den Vertreter des Königs (Friedrich) von Sizilien um Rat und
Hilfe zu wenden.

30 *Lateran, (1199) Oktober 9.*

Reg. Vat. 4, fol. 189ʳ ⟨Nr. CLXXXX, 187, 192⟩.
Sirleto, fol. 382ʳ = Cholinus, II 501 = Venet., II 501 = Baluze, I 460 Nr. 192 = Migne,
PL 214, 740 Nr. 192; Vendola, Documenti, 25 Nr. 23. — Potth. Reg. 843; B. F. W. Reg.
*5690. — Vgl. Baethgen, Regentschaft, 25 mit Anm. 1; Kamp, Kirche und Monarchie I 250
35 mit Anm. 2 und Br. II 248 (258).

---

d) -ra- *auf Rasur.*

2) Da dieser Brief dem Aufbau nach an Aufrufe zum Kreuzzug ins Heilige Land er-
innert, kann man annehmen, daß Innocenz hier einen Missionskreuzzug nach Livland ins
Auge faßte, wie er es fünf Jahre später ausdrücklich tat. Vgl. Br. VII 139, PL 215, 428—
40 430, und ROSCHER, *Innocenz III. und die Kreuzzüge*, 198 ff.
3) In den Slawenländern.
4) In den Gebieten jenseits der Elbe (Nordalbingien).

**Ciuitatensi episcopo[1], baronibus, militibus et universo populo in
comitatu Ciuitatensi constitutis[2].**

| Cum defensio vestra pariter et tutela specialiter ad nos non solum ex
sollicitudine pastoralis officii verum etiam balii ratione[3] pertineat — preter id etiam, quod regnum Sicilie ad ius et proprietatem apostolice sedis 5
dinoscitur pertinere[4] —, ne ab aliquo sustinere possitis molestiam vel
gravamen, paterna duximus sollicitudine providendum. Inde est, quod
dilecto filio nobili viro R(ogerio)[a], comiti Theatino[5], viro utique provido
et prudenti, nostris dedimus litteris in mandatis, ut ipse, qui vicinitate
vobis ad defensionem et tuitionem melius potest intendere, vos protegat 10
et defendat, nec permittat vobis gravamen aliquod irrogari.

Quocirca[b] universitati vestre per apostolica scripta mandamus et
districte precipimus, quatinus eidem nomine regio tamquam procuratori
vestro[c] a nobis super hoc constituto decetero intendentes, in omnibus
necessitatibus vestris eius consilium et auxilium requiratis. 15

Datum Laterani, VII Idus Octobris.

184 (193).

*Innocenz III. kassiert die vom Domkapitel von Fondi vorgenommene Wahl
des dortigen Primicerius P. zum Bischof, da sie trotz eines Weihedefektes und
der Reservation der Ernennung durch den Papst erfolgt war. (Ferner trägt* 20
*er dem Bischof [Filegarius] von Terracina auf, das Domkapitel deswegen von
Amt und Pfründe zu suspendieren.)*

Lateran, (1199) Oktober 11.

Reg. Vat. 4, fol. 189ʳ ⟨Nr. CXCI, 188, 193⟩.

Sirleto, fol. 382ʳ = Cholinus, II 501 = Venet., II 501 = Baluze, I 460 Nr. 193 = Migne, 25
*PL 214, 740 Nr. 193. — Potth. Reg. 845. — Vgl. Amante - Bianchi, Memorie storiche, 297;
Kamp, Kirche und Monarchie, I 77.*

---

183. [a]) *Auf Rasur.*   [b]) Q- *steht neben dem Schriftspiegel.*   [c]) *Migne:* nostro.

183. [1]) Die Bischöfe von Civitate (Suffr. von Benevent, Prov. Foggia) sind in der Zeit von
1185 bis 1219 namentlich nicht bekannt. Vgl. KAMP, *Kirche und Monarchie,* I 250. 30

[2]) Einen Hinweis über die Ausdehnung der Grafschaft im Catalogus Baronum, ed.
E. JAMISON, Fonti per la Storia d'Italia 101. Roma 1972, 48—56 Nr. 295—338.

[3]) S. Br. II 158 (167) Anm. 16.

[4]) S. Br. II 158 (167) Anm. 15.

[5]) Graf Roger von Chieti scheint von 1199 bis 1205 als Inhaber der Grafschaft auf, wo- 35
bei er in Konkurrenz zu Graf Peter von Celano (1199, 1202) stand, den man in Palermo ernannt hatte (KAMP, *Kirche und Monarchie,* I 249 mit Anm. 1). Er war ein eifriger Parteigänger König Tankreds und 1201 bzw. 1209 Großjustiziar von Apulien und der Terra di
Lavoro. Dabei stand er stets auf der päpstlichen Seite. Vgl. BAETHGEN, *Regentschaft,* 162
(Reg.); VAN CLEVE, *Markward,* 106, 132 u. ö. bzw. Br. I 555 (558), S. 808 mit Anm. 15 und 40
I 557 (560), S. 813 Z. 22 f.

Capitulo[1] Fundano[a].

Cassata olim electione Io(hannis) de Pastina, quem vobis eligeratis in pastorem[2], tam propter electionis vitium quam electi defectum, vobis dedimus in mandatis, ut conveniretis in personam idoneam pariter et honestam. Sed vos in vestra diutius contumacia persistentes cassatam electionem nitebamini denuo innovare. Nos autem, licet potuissemus consulere per nos ipsos ecclesie tamdiu viduate pastore[3], adhuc tamen vos ad electionis concordiam curavimus invitare. Tandem cum nichil apud vos proficere videremus, vobis dedimus in mandatis, ut infra certum terminum ad nostram presentiam veniretis episcopum recepturi. Venerabili etiam fratri nostro . . Terracinensi episcopo[4] mandasse meminimus, ut, nisi vos mandatum apostolicum impleretis, in vos tam officii quam beneficii suspensionis sententiam promulgaret. Ceterum vos adhuc contra vetita venientes, dilectum filium P., primicerium vestrum adhuc acolitum, cum iam nullum vobis liceret eligere, in episcopum elegistis[b].

Quamvis autem personam eiusdem primicerii[c] ad maiora etiam reputemus idoneam, utpote cuius scientiam et conversationem[d] olim in scolis intelleximus plenius per nos ipsos[5], quia tamen preter[e] defectum ordinis et contra interdictum apostolicum est electus, electionem ipsius velut contra sanctiones canonicas[6] attemptatam de fratrum nostrorum consilio duximus irritandam. Quia igitur vos non ad recipiendum episcopum iuxta mandatum nostrum sed ad representandam nobis electionem, quam feceratis, ad sedem apostolicam accessistis, et ex hoc non implevisse mandatum nostrum sed illud probamini potius fuisse transgressi, dicto Terracinensi episcopo dedimus in mandatis, ut ita in vos secundum formam priorum litterarum procedat, sicut contra vos, si non accessissetis ad Romanam ecclesiam, fuerat processurus.

Datum Laterani, V Idus Octobris.

Illi scriptum est super hoc.

---

184. a) *Die Adresse steht auf Rasur. Ferner wurde sie am Rande vorgemerkt.*   b) elegestis. c) *Kempf hält das Wort für nachgetragen (Register, 40 Anm. 16, 79).*   d) conversation- *auf Rasur. Auch am Rande eine kleine Rasur.*   e) propter.

184. 1) Domkapitel von Fondi (exemt, Prov. Latina).

2) Johannes von Pastena, Elekt von Fondi 1199; als sein Vorgänger erscheint zwischen 1180 und 7. März 1194 B. Daniel. Vgl. Kamp, *Kirche und Monarchie*, I 77.

3) Zu diesem päpstlichen Devolutionsrecht vgl. G. J. Ebers, *Das Devolutionsrecht, vornehmlich nach katholischem Kirchenrecht*. Kirchenrechtliche Abhandlungen 37/38 (1906) 184 ff., bes 187.

4) Filegarius, B. von Terracina (exemt, Prov. Latina) nach 1188—vor 1203. Vgl. D. A. Contatore, *De historia Terracinensi libri quinque*. Romae 1706, 413.

5) Innocenz III. studierte in Paris Theologie und vermutlich in Bologna Recht.

6) Nach dem *Decretum Gratiani* durften im allgemeinen nur Diakone und Priester, ausnahmsweise auch Subdiakone zu Bischöfen gewählt werden: D. XXVIII, dict. post c. 13; D. LX, 4 und dict. post c. 4 (= Friedberg, *CorpIC*, I 104, 227).

185 (194).

Innocenz III. (befiehlt dem Mönch Gerlach des Klosters Walkenried, der sich aus Kummer über seine liturgischen Fehler den Zeigefinger der linken Hand teilweise abgeschnitten hat, fortan auf das Lesen der Messe zu verzichten), sendet ihn in sein Kloster zurück und trägt dem Abt (Heidenreich ?) auf, 5
ihn wieder aufzunehmen.

Lateran, (1199) Oktober 14.

Reg. Vat. 4, fol. 189ʳ—189ᵛ ⟨Nr. CXCII, 189, 194⟩.
Sirleto, fol. 382ᵛ = Cholinus, II 501 = Venet., II 502 = Baluze, I 461 Nr. 194 = Migne,
PL 214, 741 Nr. 194. — Alan. 3, 5 un.; Bern. 3, 8, 1; Coll. Fuld. 3, 6, 3. — Potth. Reg. 846; 10
Dobenecker, Regesta diplomatica, II/1 210 Nr. 1103.

Abbati de Walkenrieth[1].

*fol. 189ᵛ 　Accedens[a] ad presentiam nostram Gerlacus monachus * tui monasterii
humili nobis insinuatione monstravit, quod cum missarum officia celebraret, animi negligentia faciente verba canonis frequenter inordinate protulit; 15
propter quod ipsa verba et quedam, que presbyter in ipso sacramento Dominici corporis secundum ecclesiasticam constitutionem diligenti cura
debet peragere, aliquotiens iteravit. Unde vehementi dolore commotus
sibi summitatem digiti sinistre manus, qui index dicitur, amputavit.
　Nos autem ei precepimus, ut a missarum celebratione deinceps absti- 20
neat[2], concedentes eidem, ut iniunctam sibi peragens penitentiam[b] de
indulgentia nostra possit in aliis officiis ministrare; ipsumque tibi duximus
remittendum per apostolica scripta mandantes, quatinus eum fraterna
studeas caritate tractare.
　Datum[c] Laterani, II Idus Octobris.　　　　　　　　　　　　　　　　　25

186 (195).

*Innocenz III. befiehlt dem Bischof (Mauritius), dem Domdekan (Gott-
fried) und dem Domkapitel von Poitiers, den päpstlichen Kammerkleriker
W(ilhelm) de Marcheio in das schon vor langer Zeit verliehene Kanonikat
einzuführen. (Für den Weigerungsfall trägt er dem Erzbischof [Bartholo- 30
mäus] und dem Kanzler [Gottfried], beide von Tours, auf, den Bischof von
Poitiers zu suspendieren, das Domkapitel — und im besonderen zwei gegen*

---

185. ᵃ) *Die Initiale läuft in einen kleinen, speienden Hundekopf aus.* 　　ᵇ) *Durch Zeichen
umgestellt aus* penitentiam peragens. 　　ᶜ) *Das Datum ist vielleicht nachgetragen (vgl.
Kempf, Originalregister, 116 Anm. 84).* 　　　　　　　　　　　　　　　　　35

185. ¹) Wahrscheinlich Heidenreich, Abt der reichsunmittelbaren Zisterzienserabtei Walkenried am Südrand des Harz (Diöz. Mainz, Kreis Goslar, Niedersachsen) ca. 1197/98—
1199, der später Abt von Morimond (Diöz. Langres) wurde. Es könnte jedoch auch sein
Nachfolger Berthold, der zwischen 1200 und 1204 bezeugt ist, gemeint sein. Vgl. *Urkundenbuch des Historischen Vereins für Niedersachsen II. Die Urkunden des Stiftes Walkenried.* 40
Hannover 1852, I XXV.
　　²) Vgl. *Decretum Gratiani* D. LV, 6 (= Friedberg, *CorpIC*, 1216).

den päpstlichen Befehl neu aufgenommene Kanoniker — zu exkommunizie-
ren, die Institution der beiden zu kassieren und diese ihrer Pfründen zu be-
rauben.)

Lateran, (1199) September 22.

5   *Reg. Vat. 4, fol. 189�v—190ʳ ⟨Nr. 190, 195⟩.*
    Sirleto, fol. 383ʳ = Cholinus, II 502 = Venet., II 502 = Baluze, I 461 Nr. 195 = Migne,
PL 214, 741 Nr. 195. — Potth. Reg. 837; Bréquigny, Table chronologique, IV 268. — Vgl.
Br. I 145.

Episcopo[1], .. decano[2] et[a] capitulo Pictauensibus.

10 | Si debita sollicitudine pensaretis, quid honoris et reverentie Romane
ecclesie debeatis — cui si non obeditur, nulla vobis reverentia poterit exhiberi — et quomodo vos in vestris curaverit petitionibus[b] exaudire: in
exequendis illis, que vobis iniungit, nequaquam vos exhiberetis difficiles
vel rebelles. Unde cum tempus advenerit oportunum, vestra duritia nos
15 plenius informabit, qualiter in postulationibus vestris communibus vel
privatis debeatis nos benignos vel propitios invenire. Verumtamen si
vigeret in vobis devotionis affectus et discretionis acumen, possetis in
pluribus cognovisse non esse utile vel fructuosum ecclesiis mandatis apostolicis temeritate qualibet reluctari. Vos autem, filii canonici, nichil
20 horum intelligentie spiritu capientes, mandatum apostolicum, quod tam
a felicis memorie C(elestino) papa[3], predecessore nostro, quam a nobis
ipsis postmodum pro dilecto filio W(illelm)o, camere nostro scriptore[4],
canonicando in vestra ecclesia emanavit, contempsistis hactenus adimplere. Sane cum venerabilis frater noster .. episcopus[5] et dilectus filius ..
25 archidiaconus[6] Engolismenses, sicut ex litteris ipsorum accepimus, eundem W(illelmum) de mandato eiusdem predecessoris nostri canonicum
instituissent in ecclesia Pictauensi, .. procuratori suo locum in choro eius
nomine assignantes, omnes contradictores eadem auctoritate nuntiarunt
excommunicationis sententia detineri; nobis postmodum approbantibus,
30 quod factum fuerat ab eisdem. Cumque bone memorie A(demarus), quondam episcopus Pictauensis[7], in nostra presentia ipsum scriptorem in fra-

---

186. [a] *Darnach ein überflüssiger Gemmipunctus.*   [b] *Durch Zeichen umgestellt aus* petitionibus curaverit.

186. [1] S. Br. II 11 Anm. 1.
35   [2] Gottfried, Dekan der Kathedrale von Poitiers (Suffr. von Bordeaux, Dép. Vienne)
1183—1200. Vgl. L. RÉDET - A. RICHARD, *Inventaire sommaire des archives départementales.*
Vienne, série G. Poitiers 1883, I p. VII f.
       [3] Papst Coelestin III. 1191—1198.
       [4] Wohl Wilhelm de Marcheio, Skriptor der päpstlichen Kammer, später Kanonikus
40 von Poitiers. Vgl. Br. I 67 Anm. 11 und I 145 bzw. V 152, MIGNE, PL 214, 1165 B, ferner
THEINER, *Vetera Monumenta*, 58 NNr. 53, 55.
       [5] Johannes (I.) de Saint-Vallier, B. von Angoulême (Suffr. von Bordeaux, Dép. Cha-
rente) 1182—1204. Vgl. J. DE LA MARTINIÈRE, *Angoulême*, in: Dict. HGE 3 (Paris 1924)
256.
45   [6] Dazu vgl. Br. I 145 Anm. 5 und I 246 bes. Anm. 6. Welcher Archidiakon hier gemeint ist, bleibt unklar.   [7] S. Br. II 145 (154) Anm. 3.

trem et canonicum eiusdem ecclesie recepisset, eidem episcopo viva voce, deinde vero dilectis filiis decano[8], cantori[9] et I. Morel canonico[10], Xantonensibus, nostris litteris districte dedimus in mandatis, ut eum canonicam ipsam facerent plene ac pacifice possidere, contradictores et rebelles per districtionem ecclesiasticam compescentes. Nos etiam irritantes, si 5 quid eo non admisso prius in elusionem mandati nostri foret ab aliquo attemptatum, eisdem iniunximus, ut vobis districtius inhiberent, ne presumeretis in aliqua canonicorum ordinatione procedere, donec de ipso mandatum nostrum esset plenius adimpletum[11].

Idem autem executores, sicut ex eorum litteris perpendimus manifeste, 10 cum post trinam et quartam etiam commonitionem nichil possent apud vos commonendo proficere, vestram supposuerunt ecclesiam interdicto, et personas omnium receptioni eius contradicentium excommunicationis vinculo innodantes, utramque preceperunt sententiam firmiter observari; inhibentes districtius, ne ante receptionem sepedicti scriptoris aliquos 15 presumeretis in vestra ecclesia ordinare. Interea vero, cum dilecti filii subdecanus[c], I(ohannes) Arnaudi[12] et P(etrus) de Laudun(o)[13], canonici et nuntii ecclesie vestre, ipsum in canonicum et in fratrem in nostra presentia recepissent, et nos vobis iniunxissemus districte, ut eum recipere minime differetis, procuratori eius stallum in choro et locum in capitulo 20 cum plenitudine honoris canonici assignantes, licet vobis fuissemus graviter comminati, | quod, si illa vice vestra non posset duritia emolliri, manus nostras in vos curaremus durius aggravare: vos hec omnia pro nichilo reputantes non solum id efficere noluistis, verum etiam divina officia[d] in interdicta ecclesia celebrare et, ut contumacia vestra manifestius appareret, duos canonicos post inhibitionem ex parte nostra factam in eadem 25 ecclesia in elusionem mandati nostri instituere presumpsistis.

Nos igitur hec in patientia nolentes ulterius sustinere — ne contumacibus et rebellibus contradicendi et reluctandi materiam prebeamus, cum inobedientia secundum prophetam idolatrie comparetur — per apostolica 30 vobis scripta mandamus et in virtute obedientie districte precipimus, quatinus eundem scriptorem omni contradictione, dilatione et appellatione seposita in fratrem vestrum et canonicum admittentes, procuratori eius

vgl. 1 Sam 5, 6
vgl. 2 Chr 9, 20

vgl. Röm 9, 22

vgl. 1 Sam 15, 22 f.

---

[c] *Migne:* subdiaconus.   [d] officicia. *Bis hieher längs des Briefes am Rande ein senkrechter, z. T. gewellter Strich.* 35

[8] Gottfried, Dekan der Kathedrale von Saintes (Suffr. von Bordeaux, Dép. Charente-Inférieure), zwischen 1199 und 1207 bezeugt. Vgl. *Gallia Christiana,* II 1088.

[9] Domkantor von Saintes.

[10] J. Moreau, Kanoniker von Saintes.

[11] Br. I 145. 40

[12] Johannes Arnaud, Kanoniker von Poitiers, zwischen 1190 und 1200 urkundlich faßbar. Vgl. P. DE MONSABERT, *Documents inédits pour servir à l'histoire de l'abbaye de Sainte-Croix de Poitiers.* Revue Mabillon 9 (1913) 67 bzw. L. RÉDET, *Cartulaire de l'évêché de Poitiers ou Grand Gauthier.* Archives Historiques du Poitou 10 (1881) 7.

[13] Petrus de Losdun, Kanoniker von Poitiers, ist zu 1207 belegt. Vgl. MONSABERT, 45 *a. a. O.,* 78.

stallum in choro et locum in capitulo cum plenitudine honoris canonici assignetis, ne solite dilationis obstaculum pretendatis, propter quod eius institutio differatur. Alioquin noveritis nos venerabili fratri nostro . . archiepiscopo[14] et dilecto filio . . cancellario[15] Turonensibus districte et in
5 virtute obediente nostris litteris iniunxisse, ut, nisi infra XX[ti] dies post commonitionem ipsorum predictum scriptorem nostrum iuxta formam mandati nostri receperitis * in canonicum et in fratrem, te, frater episco-   * fol. 190ʳ
pe — si forte, quod non credimus, reluctari presumpseris, cum etiam non sis veritus celebrare[e] in ecclesia interdicta — veritate super hoc cognita
10 denuntient esse suspensum, et vos, filii canonici, excommunicationis vinculo non differant innodare; cassantes penitus quicquid de institutione canonicorum ipsorum in elusionem mandati nostri per vos noscitur attemptatum, eosdem excommunicationis vinculo innodantes et exspoliantes beneficiis, si qua habent, si pro canonicis Pictauensibus presump-
15 serint se habere. Eisdem etiam dedimus in mandatis, ut tam interdictum ecclesie Pictauensis quam utramque sententiam tamdiu inviolabiliter appellatione remota faciant observari, donec mandatum nostrum fuerit adimpletum et cum suarum testimonio litterarum pro satisfactione nobis prestanda nuntios[f] idoneos[g] ad nostram presentiam duxeritis trans-
20 mittendos.
Datum Laterani, X Kal. Octobris.
Illis[h] scriptum est super hoc[h].

187 (196).

Innocenz III. befiehlt dem Erzbischof (Martin) von Braga, dem Prior
25 *(Stephan ?) von San Salvador de Grijó und dem Zisterziensermönch F (er-*
dinand ?) Menendi von Alcobaça, einen zwischen dem Bistum Coimbra und
dem Templerorden schon lange Zeit um die Kirchen Pombal, Redinha und
Ega geführten Prozeß nach Möglichkeit zu entscheiden. Ferner sollen sie die
Bischöfe (Petrus) von Lamego, (Sueiro) von Lissabon und (Nikolaus) von
30 *Viseu vom Amte suspendieren, wenn diese tatsächlich die genannten Kirchen*
sowie jene zu Tomar und Larena unter Mißachtung der Diözesanrechte des
Bischofs von Coimbra geweiht haben.

Lateran, (1199) Oktober 14.

    Reg. Vat. 4, fol. 190ʳ—190ᵛ ⟨Nr. 191, 196⟩.
35   *Empfängerüberlieferung: 2 Orig. Lissabon, Arquivo Nacional da Torre do Tombo, Collec-*
cão Especial, Parte II Cx. 21 und 32 (A, B).
    Sirleto, fol. 384ʳ = Cholinus, II 503 = Venet., II 503 = Baluze, I 462 Nr. 196 = Migne,
PL 214, 743 Nr. 196. — Potth. Reg. 847. — Vgl. Erdmann, PU in Portugal, 69 und Br. I
221.

40   e) *Darnach einige Buchstaben ausradiert.*   f) *-s auf einer ca. 8 mm langen Rasur in*
die Länge gezogen.   g) *Auf Rasur. -s ist in die Länge gezogen, um den noch verbleibenden*
Rest von 13 mm auszufüllen.   h-h) *Nachgetragen (vgl. Kempf, Register, 39).*

    [14] S. Br. II 74 (77) Anm. 1.   [15] S. Br. II 79 (82) Anm. 9.

23*

Bracharensi archiepiscopo[1] et priori Ecclesiole[2] et F(ernando?) Menendi, monacho[3] Alcobatie[a].

Referente venerabili fratre nostro . . Colimbriensi episcopo[4] apud sedem apostolicam constituto nostris est auribus intimatum, quod cum questio dudum inter Colimbriensem ecclesiam et Templarios[5] agitata ⁵ super ecclesiis de Palumbario[6], Rodina[7] et Ega[8] ex conquestione ipsius Colimbriensis ecclesie ad felicis recordationis Lucii pape, predecessoris nostri[9], audientiam pervenisset, bone memorie C(odino)[10] Bracharensi archiepiscopo et F(ernando)[11] Portugalensi episcopo eam commisit fine canonico terminandam: ut, si dicti Templarii ad eorum presentiam non ¹⁰ accederent aut eorum iudicio contempnerent obedire, absque appellationis diffugio in eos severitatem canonicam exercerent. Cum autem iudices ipsi partes tandem edicto peremptorio citavissent, Templarii obtentu appellationis in prima citatione ad sedem apostolicam interposite — licet in commissoriis litteris remedium esset appellationis sublatum — ad diem ¹⁵ peremptorium nec venerunt nec pro se miserunt aliquem responsalem, quos infra certum tempus coram se iuri stare mandarunt. Alioquin iura episcopalia in dictis ecclesiis adiudicarunt Colimbriensi ecclesie iudices antedicti et, nisi eorum sententie pareretur, tam ecclesias quam earum parrochianos supposuerunt ecclesiastico interdicto, christiana sepultura ²⁰ etiam interdicta[12].

Consequenter vero Templariorum[b] nuntius a bone memorie Vrbano papa, predecessore nostro[13], sub ea forma commissionis litteras impetra-

---

187. [a] *Auf fol. 190ʳ längs des Briefes am Rande ein senkrechter, z. T. gewellter Strich.*
[b] *Darnach ein wohl viel späteres Absatzzeichen. Auch am Rande ein Zeichen.* ²⁵

187. *Empfängerüberlieferung (kollationiert nach Photographien der Orig. des Arquivo Nacional da Torre do Tombo, Lissabon):*
1—2: Bracharensi — Alcobatie] Innocentius episcopus, servus servorum Dei, venerabili fratri . . Bracharensi archiepiscopo et dilectis filiis . . priori Ecclesiole et F. Menendi, monacho Alchobatie, salutem et apostolicam benedictionem *A, B*.   8: C(odino) ³⁰ Bracharensi] G. Bracharensi *A, B*.   19: eorum sententie] sententie eorum *mit jeweils einem Transpositionszeichen über dem ersten -e- in A*.   22: nuntius] nuncius *A, B*. 23: commissionis] commissorias *A, B*.

187. [1] S. Br. II 95 (103) Anm. 4.
[2] S. Br. II 142 (151) Anm. 10. ³⁵
[3] F(erdinand?) Menendi, Mönch der Zisterzienserabtei Alcobaça (Diöz. Lissabon, Distr. Leiria). Er könnte vielleicht mit Ferdinand Mendes, der von 1206—1215 als Abt von Alcobaça bezeugt ist, identisch sein. Vgl. R. TRILHE, *Alcobaça*, in: Dict. HGE 2 (Paris 1914) 28.
[4] S. Br. II 125 (134) Anm. 10.   [5] Templerorden. ⁴⁰
[6] Pombal (Diöz. Coimbra, Distr. Leiria).
[7] Redinha (Diöz. Coimbra, Distr. Leiria).
[8] Ega (Diöz. und Distr. Coimbra).
[9] Papst Lucius III. 1181—1185.   [10] S. Br. II 95 (103) Anm. 17.
[11] Ferdinand Martinez, B. von Porto 1174—1185. ⁴⁵
[12] Vgl. dazu das Schreiben der beiden delegierten Richter bei ERDMANN, *PU in Portugal*, 287 f. Nr. 98 (aus 1182/84).
[13] Papst Urban III. 1185—1187.

vit, ut ante ingressum cause a Templariis sufficienti cautione recepta,
quod super hiis iuri parerent, delegati solverent interdictum; etsi alterutra pars duceret appellandum, usque ad diffinitivam sententiam procedentes gesta omnia transmitterent sigillorum suorum munimine robo-
5 rata [c] et diem partibus assignarent, quo venirent ad sedem apostolicam
sententiam recepture. Ex quarum nimirum litterarum tenore non fuit
processum, quoniam pars, que rescriptum impetraverat, illud iudicibus
non ostendit: unde in ecclesiis memoratis interdictum postea non extitit
relaxatum, quod Templarii, sicut dicitur, non servarunt.
10   Cumque processu temporis dilectus filius noster G(regorius), sancti
Angeli diaconus cardinalis, in Ispanie partibus legationis officio fungeretur[14], . . episcopo[15] et . . archidiacono[16] Vlisbonensibus suis dedit litteris in mandatis, ut aut causam eandem fine debito terminarent vel sententias a prioribus iudicibus promulgatas vice sua ratas habentes, que con-
15 tinebantur in eis, facerent a partibus firmiter observari[17]. Sed responsali-
bus ecclesie Colimbriensis ad diem peremptorium venientibus coram eis
et Templariis, sicut prius fecerant, venire contempnentibus vel mittere
responsalem, iudices latas a prioribus sententias confirmarunt, ne scilicet
divina celebrarentur officia in ecclesiis antedictis neque sepelirentur in eis
20 corpora defunctorum nec primitie decime vel mortuaria militie Templi
fratribus solverentur; excommunicationi subdentes, qui contra hoc facere
attemptarent. Sed dicti fratres in sua contumacia nequiter permanentes,
observare prefatas sententias penitus contradicunt.
   De venerabilibus quoque fratribus nostris . . Lamecensi[18], . . Vlixbo-
25 nensi[15] et . . Visensi[19] episcopis ecclesie Colimbriensi afflicte afflictionem
addentibus, quorum primus ecclesias supradictas, alter ecclesiam de Tho-
mar[20] in Colimbriensi diocesi constitutam, tertius vero ecclesias de
Larena[21] presumpsit spreta prohibitione Colimbriensis ecclesie consecrare,
memoratus Colimbriensis episcopus gravem in auditorio nostro proposuit
30 questionem: obnixe deposcens, ut tam ipsorum quam aliorum predictorum excessus animadversione vellemus canonica castigare, per quos
sepedicta Colimbriensis ecclesia enormem sustinuerat lesionem.

---

[c] *Am Rande ein Kreuz von wohl späterer Hand.*

   12: Vlisbonensibus] Vlixbonensibus *A, B.*   13—14: sententias] sentencias *A, B.*
35 18: sententias] sentencias *B.*   20: primitie] primicie *A, B.*   20: militie] milicie
A, B.   22: contumacia] contumatia *B.*   23: sententias] sentencias *A, B.*   27: tertius]
tercius *A, B.*

[14] S. Br. II 65 (68) Anm. 3.   [15] S. Br. II 95 (103) Anm. 15.
[16] Archidiakon von Lissabon.
40 [17] Das Schreiben ist nicht überliefert, vgl. jedoch den Brief Coelestins III. vom 22. April
1195 (ERDMANN, *PU in Portugal*, 360 Nr. 140), wo es erwähnt wird.
   [18] S. Br. II 125 (134) Anm. 6.
   [19] Nikolaus (de Frandes), B. von Viseu (Suffr. von Braga) 1193—1213. Vgl. ALMEIDA,
História, I 637 und DE OLIVEIRA, *História eclesiástica*, 447.
45 [20] Tomar (Diöz. Coimbra, Distr. Santarém).
   [21] Wohl Leiria, Stadt im gleichnamigen Distrikt.

Nos[d] igitur ab ipsius clamoribus, qui apud nos, sicut vestra novit discretio, moram fecerat longiorem[22], auditum avertere non valentes et de prolatis delegatorum sententiis, quantum patuit per autentica scripta certiores effecti, sed utrum observate fuerint ignorantes, quamvis iamdictus Colimbriensis episcopus eas constanter assereret non servatas, discretioni vestre per apostolica scripta precipiendo mandamus, quatinus solum Deum ha*bentes pre oculis gratia quoque ac timore postpositis inquirentes super[e] hiis, que[e] premissa sunt, diligentius veritatem, si iamdictis delegatorum sententiis auctoritate postmodum apostolica minime relaxatis inveneritis paritum non fuisse, Templarios in legitimis expensis vestre discretionis arbitrio moderandis factis ob hanc causam Colimbriensi[f] ecclesie[f] condempnetis, ad quarum prestationem eos per excommunicationis sententiam appellatione remota cogi volumus et mandamus: a quibus sufficienti cautione recepta, quod coram vobis iuri parebunt, interdicto soluto audiatis causam et eam appellatione cessante fine canonico decidatis. Si vero nominati fratres premissam prestare noluerint cautionem, vos sublato cuiuslibet contradictionis et appellationis obstaculo in possessionem earundem ecclesiarum causa rei servande Colimbriensem mittatis ecclesiam et tueamini per districtionem ecclesiasticam introductam. Sacerdotes quoque et alios clericos, quos in illis ecclesiis interdictis inveneritis officia celebrasse divina, excommunicationis gladio percellatis et tam diu faciatis sicut excommunicatos arctius evitari, donec cum vestrarum testimonio litterarum nostro se conspectui presentarint[g]. Episcopos autem predictos, si, iuxta quod superius est expressum, ecclesias illas inveneritis temere consecrasse, appellatione cessante a pontificali officio suspendatis.

Sic autem in premissis articulis iuxta rescripti nostri continentiam, non obstante rescripto aliquo veritate tacita per supreptionem lite pendente a sede apostolica impetrato, fideliter ac prudenter appellatione postposita procedatis — nec processum cause impediat, si super hoc se dixerint certum nuntium ad nostram presentiam transmisisse —, quod protractas diutius controversias per vestram gaudeamus sollicitudinem terminatas.

[d] *Am Rande ein kurzer, schräger Strich und zwei Punkte.*   [e-e] *Auf Rasur.*
[f-f] *Migne:* per Colimbriensem ecclesiam.   [g] -tarint *auf Rasur. Auch vor dem Wort und am Rande je eine kleine Rasur.*

3, 9: sententiis] sentenciis *A, B.*   12: quarum] quorum *B.*   13: sententiam] sentenciam *B.*   19: districtionem] districcionem *A, B.*   22: faciatis] faciatis ab omnibus *B.*   28: supreptionem] surreptionem *A, B.*   31: nuntium] nuncium *A, B.*
32: diutius] diucius *A.*

[22] Das könnte sich auf den römischen Aufenthalt des Bischofs im Jahre 1198 beziehen, als er im Mai und zu Beginn des Juni, vielleicht aber auch noch im August an der Kurie weilte (vgl. Br. I 221—227, 332). Die damalige Anwesenheit ist direkt im Br. I 226, S. 321 Z. 16 bezeugt. Aber auch 1199 weilte der Bischof zumindest seit dem Juli mit seinem Metropoliten, dem Erzbischof von Braga, in Rom (vgl. Br. II 125, 126 [134, 135] vom 12. Juli, S. 260 Z. 28—30; S. 262 Z. 7—9).

vgl. Ps 53, 3
* fol. 190ᵛ

Testes et[h] cetera cogantur. Quodsi omnes et cetera, tu, frater archiepiscope, cum eorum altero [et cetera].
Datum Laterani, II Idus Octobris.

188 (197).

5 *Innocenz III. (trägt seinem Legaten P[etrus], Kardinaldiakon von S. Ma-*
ria in Vialata, auf, König Ph[ilipp II. August] von Frankreich zu ermah-
nen, seine Konkubine [Agnes] zu entlassen und die Königin [Ingeborg]
wiederum als seine Frau aufzunehmen. Widrigenfalls solle er über den Kö-
nig, seine Konkubine und deren Familie das Personalinterdikt verhängen).
10 *Ferner befiehlt er dem gesamten französischen Klerus, dieser Sentenz zu ge-*
horchen und den König zu drängen, den päpstlichen Ermahnungen nach-
zukommen.

(Lateran, 1199 ca. September Mitte—Oktober Ende)[1].

15 *Reg. Vat. 4, fol. 190^v—191^r ⟨ Nr. CLXXXVIII^a⟩, 192, 195, 197⟩.*
Sirleto, fol. 385^r = Cholinus, II 505 = Venet., II 505 = Baluze, I 464 Nr. 197 = Migne,
PL 214, 745 Nr. 197. — Potth. Reg. 855; Suhm, Historie af Danmark, VIII 710; Bréquigny,
Table chronologique, IV 279; Friedrich, Codex diplomaticus Bohemiae, II 9 Nr. 10 — Vgl.
Cartellieri, Philipp II. August, IV 25 f.; Davidsohn, Philipp II., 87 f.; Tenbrock, Eherecht,
77.

20   **Archiepiscopis, episcopis, abbatibus, prioribus et universo**
         clero in regno Francie constitutis[2].

| Anxiatur in nobis ex amaritudine spiritus et cor nostrum pre dolore
turbatur, dum in causa matrimonii karissimi in Christo filii nostri Ph(ilippi), Francorum regis illustris[3]), declinare ad sinistram vel desteram per-
25 timescimus, ne videamur plus homini deferre quam Deo, et rursus regia
via in regem ipsum procedere molestamur[b], cum in eo propter preroga-
tivam dilectionis et gratie nos ipsos reputemus offendi[4]. Monet enim[c]
et movet nos vehementius contra eum et debitum pastoralis officii et

vgl. Ps 142, 4;
Klgl 1, 20;
Jo 14, 1. 27

vgl. Dt 2, 27; 17,11
u. ö.

vgl. Apg 5, 29; 4, 19

vgl. Nm 21, 22

---

[h] et cetera co- *auf Rasur. Darnach eine Lücke von 10 mm.*
30 **188.** ^a) -L- *korr. aus* -C-. *Ferner auf fol. 190^v längs des Briefes am Rande ein senkrechter, z.T.*
gewellter Strich.   ^b) -a- *auf Rasur.*   ^c) e- *korr. aus einem anderen Buchstaben.*

     1: et cetera cogantur] autem, qui nominati fuerint, si se gratia, odio vel timore sub-
traxerint, ut testimonium perhibeant veritati, per censuram ecclesiasticam appellatione
postposita compellatis A, B.   1: et cetera] hiis exequendis nequiveritis interesse A, B.
35 2: altero] altero ea nichilominus exequaris A, B.   3: Octobris] Octobris pontificatus
nostri anno secundo A, B.

188. ^1) Für die Datierung gibt es zwei Argumente: Einmal mag der Impetrant des Br. II
186 (195) vom 22. September auch dieses Schreiben mit nach Frankreich genommen haben.
Zum zweiten ist es im Register sowohl vom vorhergehenden, am 14. Oktober datierten Br.
40 II 187 (196) als auch vom folgenden Br. II 189 (198), der das Datum des 29. Oktobers
trägt, durch Neuansätze deutlich geschieden. Für seine Ausstellung kommen daher die
zweite Septemberhälfte und der ganze Oktober in Frage.
     ^2) Erzbischöfe, Bischöfe, Äbte, Prioren und der gesamte Klerus in Frankreich.
     ^3) S. Br. II 23 Anm. 2.   ^4) Zum Eheprozeß vgl. Br. I 4, I 171 und I 348.

vgl. 1 Makk 2, 54   fortius Finehes zelantis legem Domini notum vobis exemplum inducit, sed angit nos plurimum et retrahit aliquantum gratia specialis, quam ad eundem regem habemus et quam non solum circa ipsum sed circa totum regnum Francorum oportunitate concessa proposuimus exhibere. Reducentes enim ad mentem et infra nos ipsos sepius revolventes[d] beneficia 5 nobis olim in ipso regno scolasticis insistentibus disciplinis[5] impensa et a[e]

vgl. Is 11, 2   Deo donum scientie quantecumque collatum preter debitum officii pasto-
vgl. Röm 1, 14   ralis, quo sumus[f] singulis debitores: nos tam regi quam regno specialiter teneri fatemur et non solum a regis gravaminibus quantum licet manum retrahimus, sed ad honorem ipsius et regni eius augmentum ardentius 10 aspiramus. Ceterum attendentes, quod nos Dominus licet immeritos in sede

vgl. Ps 88, 15   iustitie collocaverit et vicarios sui[g] et apostolorum principis[h] constituerit
vgl. 1 Sam 2, 8;   successores, ne videamur acceptorum beneficiorum ingrati, si ei, qui nos
Jr 1, 10   de pulvere suscitatos[i] inter principes immo supra principes sedere voluit et de principibus iudicare, hominem preferamus, ne sine causa etiam 15

vgl. Mt 16, 19   accepisse dicamur ligandi et solvendi per beati Petri merita potestatem:
vgl. 2 Chr 19, 4;   dissimulare non possumus, quin exhibeamus iustitiam postulantibus et
Sir 36, 19   herrantes ad rectitudinis tramitem revocemus, ferrum etiam apponentes vulneribus, que fomentorum non sentiunt medicinam. Considerantes preterea, quod salus anime preferenda sit corporis voluptati et utilitati quam 20 voluntati potius deferendum, cum multa beneficia prestentur invitis,

vgl. Spr 13, 24   ne vel odisse filium, si virge parcamus, vel egro videamur causam interitus
vgl. Lk 10, 34   prestitisse, si vulneribus fotis oleo vinum superinfundere differamus, saluti regis ipsius consulere disposuimus et honori; credentes quod, quantumcumque contra nos immo licet iniuste forsitan moveatur, ad mentem 25 tamen reversus, cum remedium senserit medicine[k], tanto nobis reddetur et apostolice sedi devotior, quanto in corrigendo excessu — per quem

vgl. Jdt 11, 8   Deum sibi reddit offensum, per quem ad excusandas excusationes in
vgl. Ps 140, 4   peccatis et in contempnendis ecclesie sacramentis factus est aliis prevaricationis exemplum, per quem etiam fama eius est apud bonos, ne dicamus 30 penitus, plurimum offuscata — maiorem in nos ex caritate fuerit severitatem expertus. Ecce enim dux Boemie, sicut accepimus, ipsius secutus exemplum uxore relicta legitima simili modo adulteram superinducere non

vgl. Dt 24, 1;   expavit[6]! Sed alii principes et private persone iudaizare dando libellum
Mt 5, 31 u. ö.   repudii suis uxoribus sunt parati, nisi principiis citius occurratur.   35

Licet enim bone memorie C(elestinus) papa[7], predecessor noster, sententiam illam divortii, quin potius illius ludibrii fabulam[8], de fratrum con-

---

[d]) -vent- *auf Rasur.*   [e]) -a et a *auf Rasur nachgetragen.*   [f]) -um- *auf Rasur, wahrscheinlich nachgetragen.*   [g]) -ui *auf Rasur.*   [h]) *Durch Zeichen umgestellt aus* principis apostolorum. *Das zweite* -i- *von* principis *z. T. auf Rasur.*   [i]) -tos *auf Rasur.*   [k]) -e 40 *am Schluß auf Rasur.*

[5]) Innocenz III. hatte in Paris studiert. Vgl. Tillmann, *Innocenz III.*, 4 f. mit Anm. 25.   [6]) S. Br. II 179 (188).   [7]) Papst Coelestin III. 1191—1198.
[8]) Die Ehe Philipps II. August mit Ingeborg, einer Schwester König Knuts VI. von Dänemark, welche am 15. August 1193 geschlossen worden war, wurde am 5. November 45

silio duxerit penitus irritandam, diligenter eum ammonens et frequenter,
ut predictam reginam reciperet in gratiam coniugalem, * ipse tamen pravo   * fol. 191ʳ
usus consilio post inhibitiones multiplices in gravem contemptum ecclesie
aliam superinducere non expavit[9]. Nos autem volentes olim regem ipsum
5 tractare in spiritu lenitatis et eum ad tramitem rectitudinis salubribus   vgl. Gal 1, 6
monitis revocare, ipsum circa nostre promotionis initia per venerabilem
fratrem nostrum .. Parisiensem episcopum[10] fecimus commoneri[l] et
postmodum per litteras nostras diligenter induximus[11], ut superinducta
de finibus regni Francorum amota reginam reciperet memoratam, quam a
10 se duxerat irrationabiliter amovendam[12]; iuris ei licentiam non negantes,
quominus facta prius restitutione audiremus et exaudiremus, si quid duceret rationabiliter proponendum. Cur enim non potius eligat quod iustum
est et honestum, et declinet quod iniquum est et dampnosum: ut, si forte   vgl. 1 Kor 7, 35
desuper datum non fuerit, quod predictam reginam retinere velit in   vgl. Jo 19, 11
15 gratia coniugali, remota ea quam contra interdictum ecclesie superduxit,
et recepta illa quam a se contra iuris ordinem separavit, extunc, si de
iustitia et veritate confidit, et ista iudicio dimittatur ᵐ⁾, si fuerit ⁿ⁾ dimit-   vgl. Ps 88, 15 u. ö.
tenda, et illa si reducenda fuerit reducatur ᵒ⁾; ne, si secus agi contigerit et
anime periculum rex predictus incurrat per adulterium quod committit,
20 et in genere suo scandalum ponat, cum proles, si qua fuerit hoc modo
suscepta, non debeat censeri legitima sed spuria potius iudicari[13]. Licet
autem nondum super hoc monitis nostris paruerit et mandatis, ne tamen
salutem ipsius negligere videmur, si quod incepimus reliquerimus inper-   vgl. Lk 14, 28–30
fectum, adhuc eum per dilectum filium nostrum P(etrum), sancte Marie
25 in Vialata diaconum cardinalem, apostolice sedis legatum[14], ad hoc ipsum
mandavimus commoneri; dantes eidem legato firmiter in mandatis, ut,
nisi rex ipse monitis nostris et eius aurem curaverit facilem adhibere et
ipse adhuc ei forsitan voluerit super interdicto generali deferre, tam regi

---

¹⁾ com- *auf Rasur.*   ᵐ⁾ *Korr. aus* dimittantur.   ⁿ⁾ *Korr. aus* fuerint.   ᵒ⁾ *Zwi-*
30 *schen* -a- und -t- *eine schmale Rasur: wahrscheinlich korr. aus* reducantur.

1194 von einer Reichsversammlung zu Compiègne, welcher der Erzbischof von Reims präsi-
dierte, wegen angeblicher Blutsverwandtschaft auf Grund eines gefälschten Stammbau-
mes getrennt. Papst Coelestin III. kassierte dieses Urteil am 13. Mai 1196: JL 17241—
17243 und JANSSEN, *Legaten in Frankreich*, 149 Anm. 2.

⁹⁾ Der König hatte im Juni 1196 Agnes, eine Tochter Herzog Bertholds IV. von An-
35 dechs-Meranien, geheiratet. Vgl. DAVIDSOHN, *Philipp II.*, 63.

¹⁰⁾ S. Br. II 60 (63) Anm. 10.

¹¹⁾ Br. I 4 und I 171.

¹²⁾ Ingeborg von Dänemark wurde wahrscheinlich in Beaurepaire (Augustiner-Chorherrenpriorat in Somain-en-Ostrevant, Dép. Nord, Diöz. Arras) festgehalten. Vielleicht ist
40 aber auch an ein anderes Kloster zu denken, da Ingeborg in verschiedenen Klöstern festgehalten wurde. Vgl. CARTELLIERI, *Philipp II. August*, III 68 mit Anm. 3 und DAVIDSOHN,
Philipp II., 47 mit Anm. 2.

¹³⁾ Agnes schenkte dem König zwei Kinder, Maria (1198—1223/24), die 1210 mit
Graf Philipp von Namur und 1213 mit Herzog Heinrich von Brabant vermählt wurde, und
45 Graf Philipp von Clermont (1200—1234). Vgl. ISENBURG, *Stammtafeln*, II Taf. 14.

¹⁴⁾ S. Br. II 2 Anm. 3; zur Legation in Frankreich II 23 Anm. 1.

quam superinducte P) ac eorum familiis preter penitentias morientium
omni prorsus appellatione remota interdicat omnia divina officia et
ecclesiastica sacramenta; et ubicumque presentes fuerint, eis presentibus
preter baptisma parvulorum et penitentias morientium tam sacramenta
divina quam ecclesiastica prohibeat officia celebrari[15].   5

Ideoque universitati vestre per apostolica scripta mandamus et ex parte Dei omnipotentis, Patris et Filii et Spiritus sancti, auctoritate quoque
beatorum apostolorum Petri ac Pauli et nostra in virtute obedientie districte precipimus, quatinus sententiam, quam idem cardinalis in regem,
superinductam et eorum familias vel in regnum etiam duxerit proferen- 10
dam et vos sublato appellationis obstaculo firmiter observetis et faciatis
ab aliis inviolabiliter observari. Si quis enim cuiuscumque dignitatis vel
ordinis eis post interdictum nostrum vel officia celebrare divina vel
ecclesiastica presumpserit impendere sacramenta, se noverit ipsius dignitatis et ordinis periculum incursurum[16]. Cum enim ex hoc queramus 15
sollicite salutem regis ipsius et amplius eum quam ipse se diligat diligamus — utpote, quem nos in Domino diligimus ad salutem, ipse se in anime
sue perniciem diligit q) contra Deum —, non timemus, si quod pro veritate
ac iustitia contra nos scandalum oriatur: quoniam, si Deus nobiscum,
quis contra nos? Nec poterit adversus nos aliquorum machinatio prevalere, 20
quia veritas et iustitia nos defendent.

Cum autem de prerogativa scientie ac honestatis vestre non modicum
confidamus, ne preter spem omnium eis comparari possitis, de quibus
dicitur: «Canes muti non valentes latrare», cum hactenus libertas ecclesiastica maxime viguerit in regno Francorum, volumus et mandamus, ut 25
vos, fratres archiepiscopi et episcopi, et vos, filii abbates, apud eundem
regem exortationibus assiduis insistatis, quatinus affectum nostrum attendens — qui licet salutem sollicite queramus ipsius, eum tamen molesta-
mus inviti —, eligat parere potius monitis nostris immo divinis, quam
severitatem ecclesiasticam experiri; cum, si nec sic potuerit revocari, ne 30
plaga remaneat incurata, severitatem ecclesiasticam proposuerimus districtius exercere. Tanto autem hiis exequendis sollicitius intendatis, quanto
apud multos fama vestra est non modicum aggravata, quod mediantibus
quibusdam vestrum tantus sit perpetratus excessus[17]; quodsi ad tempus

vgl. Lv 19, 18;
Mt 19, 19 u. ö.

vgl. Ps 88, 15 u. ö.

vgl. Röm 8, 31

vgl. Ps 88, 15

Is 56, 10

---

p) *Zwischen -n- und -d- ein oder zwei Buchstaben ausradiert.*   q) -it *auf Rasur.* 35

[15]) Br. I 347.

[16]) Den Wortlaut des Interdikts vgl. bei Martène, *Thesaurus*, IV 147. Über die Folgen
desselben s. Davidsohn, *Philipp II.*, 96 ff. Die Sorge des Papstes um die Beachtung des
Interdikts durch den französischen Klerus war begründet. Als der Kardinallegat am 15. Januar 1200 die Verhängung der Kirchenstrafen verkündete, weigerten sich der Erzbischof 40
von Reims und die Bischöfe von Auxerre, Beauvais, Chartres, Laon, Meaux, Noyon, Orléans, Thérouanne und Troyes, das Interdikt zu publizieren. Andere Kirchenfürsten ver-
öffentlichten es erst nach längerem Zögern. Vgl. Davidsohn, *Philipp II.*, 39 ff. und 96 ff.

[17]) Damit wird auf die Haltung eines Teiles des französischen Episkopates angespielt,
der sich schon 1194 zu Compiègne im Sinne des Monarchen für die Ehescheidung ausge- 45
sprochen hatte. Vgl. Davidsohn, *Philipp II.*, 39 und 50 ff.

omissum sit hactenus, non tamen est omnino dimissum, quin possit et
debeat adversus eos, si negligentes fuerint, retorqueri.

Scriptum r) est autem super hoc predicto cardinali apostolice sedis legato r).

5   **189 (198).**

*Innocenz III. befiehlt dem Erzbischof (Wilhelm) von Otranto und dem
Bischof (Fulco) von Lecce, über die Klage des Erzbischofs A(ngelus) von Tarent, der Logothet R(ichard) von Tarent habe zum Schaden dieses Bistums
für die Kirche S. Maria de Galeso ein päpstliches Exemtionsprivileg er-*
10 *schlichen, zu entscheiden.*

Lateran, (1199) Oktober 29.

Reg. Vat. 4, fol. 191ʳ—191ᵛ ⟨Nr. 193, 198⟩.
Sirleto, fol. 386ᵛ = Cholinus, II 506 = Venet., II 507 = Baluze, I 466 Nr. 198 = Migne,
PL 214, 748 Nr. 198; Vendola, Documenti, 26 Nr. 24. — Potth. Reg. 854. — Vgl. Kamp,
15 *Kirche und Monarchie, II 695 mit Anm. 36, 716, 732.*

Archiepiscopo Ydrontino 1) **et .. episcopo Liciensi** 2).

| Significavit a) nobis venerabilis frater noster A(ngelus), Tarentinus
archiepiscopus 3), quod cum ecclesia sancte Marie de Galeso sita prope
civitatem Tarentinam 4) Tarentine ecclesie parrochiali iure subiecta esset,
20 R(icardus), logotheta Tarentinus 5), in preiudicium iuris ecclesie Tarentine,

---

r–r) *Nachgetragen (vgl. Kempf, Register, 39).*
189. a) *Die Initiale läuft in einen kleinen, speienden Kopf aus.*

189. 1) Magister Wilhelm (II.) von Aversa, EB. von Otranto (Prov. Lecce), bezeugt vom August 1198 bis 11. Juni 1200. Er entstammte einer vornehmen, in der Stadt Aversa begüter-
25 ten Familie, die sich Conte nannte. Vgl. KAMP, *Kirche und Monarchie*, II 715—717.

2) Fulco (angeblich Lubelli, Bellus), B. von Lecce (Suffr. von Otranto), bezeugt vom
13. Juli 1196 bis April 1200. Vgl. KAMP, *Kirche und Monarchie*, II 731 f.

3) Magister Angelus, EB. von Tarent, bezeugt vom 20. Januar 1195 bis April 1200. Er
war Regularkanoniker von S. Frediano in Lucca und wurde 1196 Hofvikar Kaiser Hein-
30 richs VI., dessen besonderer Vertrauter er zeitlebens war. Später wurde er der päpstliche
Vertrauensmann im Königreich Sizilien und von Innocenz III. zur Aufstachelung des
Widerstandes gegen Markward von Annweiler in Apulien und Kalabrien herangezogen.
Vgl. KAMP, *Kirche und Monarchie*, II 692—695.

4) Santa Maria de Galeso bei Tarent soll 1195 auf Betreiben das Angelus von Tarent
35 mit Zisterziensern besiedelt worden sein. Vgl. G. BLANDAMURA, *Badia Cisterciense di S.*
Maria del Galeso presso Taranto. Rivista storica Salentina 11 (1917) 89 ff. bzw. IP IX, 435 f.
und KAMP, *Kirche und Monarchie*, II 695 Anm. 36.

5) Richard von Tarent, Logotheta Sacri Palatii 1173, zuvor königlicher Notar. Er dürfte
um 1200 gestorben sein. Das Amt des Logotheten gehörte zu den höchsten Hofämtern im
40 Königreich Sizilien. Er hatte die Aufgabe, alle Rechtsansuchen, die bei Hofe einlangten,
dem Herrscher vorzutragen und dessen Antwort öffentlich kundzutun. Darüber hinaus
war er auch eine Art königlicher Privatsekretär. Zu Richard, der schon 1169 die Anm. 4
erwähnte Kirche gestiftet hatte, vgl. E. JAMISON, *La carriera del logotheta Riccardo di*
Taranto e l'ufficio del logotheta sacri palatii nel regno normanno di Sicilia e l'Italia meri-
45 *dionale.* Archivio storico pugliese 5 (1952) 169—191.

que pernimium parrochialibus terminis angustatur, a sede apostolica rescriptum exemptionis obtinuit, occasione cuius predictus archiepiscopus non solum ecclesia illa sed quibusdam aliis capellis iniuste se asserit destitutum.

Quia vero apostolica sedes ab universis ecclesiis iniurias tenetur repelle- 5 re non inferre, mandamus vobis precipientes, quatinus ad locum ipsum pariter accedentes, si vobis ita esse constiterit, non obstante memorato rescripto per subreptionem obtento eandem ecclesiam cum predictis ca-

*fol. 191ᵛ pellis fore subiectam, sicut primo fuerat, Tarentine ecclesie * sublato appellationis obstaculo auctoritate apostolica decernatis; facientes, quod 10 decreveritis, per censuram ecclesiasticam firmiter observari.

Datum Laterani, IIII Kal. Novembris.

190 (199).

Innocenz III. trägt den Äbten (Albert) von Maria Laach, (Eustach) von Himmerod und (Gevard) von Heisterbach auf, den Prozeß, den der Propst 15 *T(heoderich) von St. Aposteln und der Propst E(ngelbert) von St. Georg, beide zu Köln, um die dortige Dompropstei führen, mit Zustimmung der Parteien zu entscheiden. Sollten sie diese verweigern, möge der Fall untersucht, das Ergebnis an den Hl. Stuhl berichtet und den Parteien bei diesem ein Verhandlungstermin festgesetzt werden.* 20

Lateran, (1199) November 3.

Reg. Vat. 4, fol. 191ᵛ ⟨Nr. CXC, 194, 199⟩.

Sirleto, fol. 386ᵛ = Cholinus, II 507 = Venet., II 507 = Baluze, I 466 Nr. 199 = Migne, PL 214, 749 Nr. 199; Schmitz, Urkundenbuch der Abtei Heisterbach, 112 Nr. 13. — Potth. Reg. 857; Goerz, Mittelrheinische Regesten, II 232; Joerres, Urkundenbuch des Stiftes 25 *St. Gereon zu Köln, 44 Nr. 39.*

De Lacu[1], .. de Hermenrod(e)[2] et .. de Hehisterbach[3] abbatibus.

Cum pro controversia maioris prepositure Coloniensis[4], que vertitur inter dilectum filium T(heodericum), prepositum sanctorum Apostolo-

---

190. [1] Albert, Abt der Benediktinerabtei Maria Laach (Kr. Mayen-Koblenz, Rhein- 30 land-Pfalz) 1199—1227. Vgl. P. RICHTER, *Die Benediktinerabtei Maria-Laach.* Hamburg 1896, 21.

[2] Eustach (II.), Abt der Zisterzienserabtei Himmerod (Gem. Großlittgen, Kr. Bernkastel-Wittlich, Rheinland-Pfalz) 13. Mai 1198—16. Oktober 1219 (res.). Vgl. C. WILKES, *Die Zisterzienserabtei Himmerode im 12. und 13. Jahrhundert.* (= Beiträge zur Geschichte 35 des alten Mönchtums und des Benediktinerordens 12). Münster 1924, 40 f.

[3] Gevard, Abt der Zisterzienserabtei Heisterbach (heute Teil von Oberdollendorf, Rhein-Siegkreis, Nordrhein-Westfalen) 1196—1208. Vgl. SCHMITZ, *Urkundenbuch der Abtei Heisterbach,* 112 bzw. E. BEITZ, *Kloster Heisterbach.* Köln-Augsburg-Wien 1926, 2—15.

[4] Dompropstei Köln.

40

rum[5], ex una parte et E(ngelbertum), prepositum sancti Georgii in Colonia[6], ex altera, dilecti filii T(heodericus?), canonicus sancti Gereonis[7], et H. sacerdos[8], procuratores predicti prepositi sanctorum Apostolorum, et G. maioris ecclesie[9] et E. sancti Seuerini[10] canonici, procuratores prefati
5 prepositi sancti Georgii, ad sedem apostolicam accessissent et utriusque partis nobis litteras presentassent, nil aliud postmodum de ipso negotio in conspectu nostro proponere curavere, sed post representationem litterarum secundo ad nostram presentiam accedentes unanimiter postulavere a nobis, ut causam ipsam vobis committere deberemus.

10 Nos igitur ad petitionem ipsorum causam vobis committentes eandem, discretioni vestre per apostolica scripta mandamus, quatinus vocatis ad presentiam vestram partibus audiatis, que fuerint hincinde proposita; et si fuerit de voluntate ipsarum, ut ad diffinitivam sententiam procedatis, vos solum Deum habentes pre oculis, omni gratia, odio vel timore post-
15 positis causam ipsam appellatione remota fine canonico terminetis. Si[a] vero in hoc partes noluerint consentire, ut per vos diffinitiva sententia proferatur, vos nichilominus usque ad sententie calculum sublato cuiuslibet contradictionis et appellationis obstaculo procedentes, allegationes et gesta utriusque partis sigillorum vestrorum munimine roborata nobis
20 dirigere procuretis; terminum competentem partibus prefigentes, quo recepture sententiam nostro se debeant conspectui presentare. Ad quem si qua partium forte venire contempserit, nos nichilominus in ipso negotio procedemus.

Nullis litteris obstantibus preter assensum partium et cetera. Quodsi
25 omnes et cetera, duo vestrum [et cetera].

Datum Laterani, III Non. Novembris.

---

190. a) S- *steht neben dem Schriftspiegel.*

5) Dietrich von Heimbach, Propst des Kollegiatstiftes St. Aposteln zu Köln 1166—
1208. Wurde später EB. von Köln und als Anhänger Ottos IV. 1212 abgesetzt. Er starb
30 nach November 1223. Vgl. E. WISPLINGHOFF, *Dietrich I. von Heimbach, Erzbischof von Köln*, in: NDB 3 (Berlin 1957) 677.

6) Engelbert, Graf von Berg, Propst des Kollegiatstiftes St. Georg zu Köln 1198/1199, später Dompropst von Köln 1199—1203 und Propst von St. Severin zu Köln, von Deventer, Zütphen und St. Maria in Aachen. 1212 beteiligte er sich am Kreuzzug gegen die
35 Albigenser und wurde als Anhänger Friedrichs II. am 29. Februar 1216 zum EB. von Köln gewählt. Er wurde am 7. November 1225 bei Schwelm (Westfalen) ermordet. Vgl. E. WISPLINGHOFF, *Engelbert I., Graf von Berg, hl., Erzbischof von Köln*, in: NDB 4 (Berlin 1959) 508 f. (Lit.).

7) 1189 und 1216 scheinen Kanoniker des Kollegiatkapitels von St. Gereon zu Köln
40 namens Theoderich auf. Vgl. JOERRES, *Urkundenbuch des Stiftes St. Gereon*, 39, 64.

8) Nicht identifizierbar.

9) Kanoniker des Domstiftes Köln.

10) Kanoniker des Kollegiatkapitels von St. Severin zu Köln.

191 (200).

Innocenz III. gibt allgemein bekannt, daß er unter anderen den Erzbischof (Angelus) von Tarent mit der Leitung des bevorstehenden sizilischen Feld-zuges betraut und ihn auch bevollmächtigt habe, die Anhänger der Kirche zu belohnen und ihnen etwaige Schäden an Pferden und Waffen zu ersetzen. 5

Lateran, (1199) November 6.

Reg. Vat. 4, fol. 191ᵛ ⟨Nr. 195, 200⟩.
Sirleto, fol. 387ʳ = Cholinus, II 507 = Venet., II 507 = Baluze, I 466 Nr. 200 = Migne,
PL 214, 749 Nr. 200; Vendola, Documenti, 27 Nr. 25. — Potth. Reg. 859; B. F. W. Reg.
5695. — Vgl. Baethgen, Regentschaft, 23 mit Anm. 3. 10

Universis, ad quos littere iste pervenerint.

Universitatem vestram volumus non latere, quod nos venerabilis fratris nostri . . Tarentini archiepiscopi[1] fidem et prudentiam attendentes, ipsum una cum aliis nuntiis nostris[a] ad succursum et dispositionem regni Sicilie destinamus[2]; dantes ei liberam potestatem, ut illis, qui cum eo ad 15 obsequium nostrum et ecclesie Romane processerint et fideliter ac devote perstiterint, beneficia et premia condigna retribuat, et si quid dampni acciderit in equis vel armis, quod absit, integre studeat resarcire. Datum Laterani, VIII Idus Novembris[b].

192 (201). 20

Innocenz III. kassiert alle vom ehemaligen Bischof K(onrad) von Hildes-heim, der ohne päpstliche Erlaubnis den Bischofsstuhl von Würzburg ange-nommen hat, in diesem Bistum vorgenommenen Pfründenverleihungen und erlaubt dem Erzbischof Konrad von Mainz, diese Pfründen an geeignete und dem Bischof K(onrad) ferne stehende Personen zu vergeben. 25

Lateran, (1199) Oktober 28.

Reg. Vat. 4, fol. 191ᵛ ⟨Nr. 196, 201⟩.
Sirleto, fol. 387ʳ = Cholinus, II 508 = Venet., II 508 = Baluze, I 466 Nr. 201 = Migne,
PL 214, 750 Nr. 201. — Potth. Reg. 853; Böhmer — Will, Regesta, II 113 Nr. 391; B. F. W.
Reg. 5692; Borch, Geschichte, 98 f. — Vgl. Münster, Konrad von Querfurt; Winkelmann, 30
Philipp von Schwaben, I 168; Wendehorst, Bistum Würzburg, 188 und Br. I 335, 568 (574);
II 52 (54), 195 (204), 207 (216) und 266 (278).

---

191. [a] *Durch Zeichen umgestellt aus* nuntiis nostris aliis.   [b] *Davor* Oc(tobris?).

191. [1] S. Br. II 189 (198) Anm. 3.
[2] Neben dem EB. von Tarent erhielten der EB. von Neapel und der Kardinalpres- 35
byter Cinthius von S. Lorenzo in Lucina denselben Auftrag. Mit ihrer Unterstützung wurde
der päpstliche Marschall Jakob von Andria, Vetter des Papstes, betraut. Vgl. Baethgen,
Regentschaft, 23 f.

Conrado a), **Maguntino archiepiscopo, episcopo Sabinensi** 1).

(|) Inter excessus alios animadversione dignissimos suo loco et tempore auctore Domino puniendos illud est etiam nostro apostolatui reseratum, quod C(onradus), quondam Ildesemensis episcopus, Herbipolensem eccle-
5 siam ausu proprie temeritatis usurpans 2) in eius diocesi nonnullis beneficia conferre presumpsit in contemptum apostolice sedis et ipsius Herbipolensis ecclesie detrimentum.

Nos igitur, quod ab ipso factum est, in hac parte denuntiantes irritum et inane, quia devotionem tuam sumus in multis experti, ut beneficia
10 ipsa personis idoneis appellatione remota valeas assignare, auctoritate tibi presentium indulgemus; firmiter inhibentes, ne vel illis, qui de manu eius beneficia receperunt, vel aliis, qui ei iam excommunicato participare non sunt veriti vel etiam obedire, tamquam indignis huiusmodi beneficia conferre presumas.
15 Nulli ergo et cetera.

Datum Laterani, V Kal. Novembris.

193 (202).

Innocenz III. teilt den Bischöfen (Rainer) von Città di Castello, (Vivianus) von Perugia, (Lanfrank) von Chiusi, (Markus) von Gubbio, ([Benedikt]
20 *von Spoleto, [Anselm] von Foligno, [Guido] von Assisi, [Hugo] von Nocera, [Adenolfus] von Rieti und [Bonifaz] von Narni) mit, daß er den Kardinaldiakon G(regor) von S. Giorgio in Velabro als Legaten zu ihnen sende, und befiehlt ihnen, dessen Anordnungen zu gehorchen.*

Lateran, (1199) Oktober 15.

25   *Reg. Vat. 4, fol. 191�v—192ʳ ⟨Nr. 197, 202⟩.*
     Sirleto, fol. 387ᵛ = Cholinus, II 508 = Venet., II 508 = Baluze, I 467 Nr. 202 = Migne, PL 214, 750 Nr. 202. — Potth. Reg. 848. — Vgl. Waley, Papal State, 42 Anm. 4.

---

192. a) *Adresse am Rande vorgemerkt.*

192. 1) Konrad von Wittelsbach hatte im Juni 1161 das Erzbistum Mainz erhalten, dieses
30 jedoch infolge der Spannungen zwischen Kaiser Friedrich I. und Papst Alexander III. im Sommer 1165 wieder verloren. Dafür erhob ihn der Papst im Dezember 1165 zum Kardinalpriester von S. Marcello und bald darauf zum Kardinalbischof von Sabina. Im Sommer 1177 wurde er zum EB. von Salzburg gewählt, kehrte nach dem Tod des Mainzer EB. (1183) wieder nach Mainz zurück und gab Salzburg auf. 1196/1199 an der Spitze eines
35 Kreuzfahrerheeres im Heiligen Land, auf der Rückreise im Herbst 1199 eine Zeitlang an der Kurie. Er starb im Oktober 1200 in Deutschland. Vgl. GANZER, *Auswärtiges Kardinalat*, 104—114.
    2) S. Br. II 52 (54) Anm. 2.

Castellano[1], **Perusino**[2], **Clusino**[3] **et Egubino**[4] **episcopis et dilectis filiis abbatibus, prioribus et aliis ecclesiarum prelatis in eorum diocesibus constitutis.**

vgl. Weish 15, 1;
Apg 18, 21

vgl. Ri 5, 11
vgl. 2 Kor 11, 28;
Kol 2, 1

(|) Apostolica[a] sedes, que disponente Domino inter omnes ecclesias obtinet principatum, alios vocavit in partem sollicitudinis, retenta sibi plenitudine potestatis, ut quoniam Romanus pontifex pro defectu con- 5 ditionis humane per se ipsum omnia expedire non potest, iuvetur subsi- diis aliorum, quibus vices suas committit ad exemplum Domini et ma-

vgl. Mk 16, 15 par.

vgl. Ps 73, 12

gistri, qui discipulos suos per mundum universum transmisit, salutem no- stram in medio terre personaliter operatus.

Sane cum nos et fratres nostros propter curam et sollicitudinem aposto- 10 lici patrimonii[5] ab occupationibus variis, quas pro statu ecclesiarum om-

vgl. 2 Kor 11, 28

nium indesinenter subimus, sepius nos contigerit evocari — nolentes, sicut nec velle debemus, temporalia spiritualibus anteferre — de consilio fratrum nostrorum viam elegimus tutiorem, qua et curam temporalium non negligimus et spiritualem, sicut convenit, preferimus dignitatem: 15 dilectum filium nostrum G(regorium), sancti Georgii ad Uelum Aureum diaconum cardinalem, apostolice sedis legatum[6], virum utique providum et prudentem, honestate morum et generositate natalium commendan- dum, quem inter fratres nostros speciali caritate diligimus, ad ea que pre- misimus exequenda duximus assumendum; concessa sibi nichilominus 20 potestate, ut in ecclesiis et parrochiis vestro regimini deputatis | evellat

* fol. 192ʳ

vgl. Jr 1, 10; Tit 1, 5

et destruat, edificet et plantet, que in eis evellenda et destruenda, edi*fi- canda occurrerint et plantanda.

Quocirca universitati vestre per apostolica scripta precipiendo manda- mus, quatinus ipsum tamquam honorabile menbrum ecclesie et legatum 25 apostolice sedis recipientes humiliter et devote, ipsius salubria monita et

vgl. Tob 1, 15

statuta et vos ipsi diligenter servetis et a subditis vestris faciatis effica- citer observari. Nos enim sententiam, quam in rebelles et contumaces rationabiliter duxerit promulgandam, ratam habebimus et faciemus auc- tore Domino firmitatem debitam obtinere.   30

Datum Laterani,   Idus[b] Octobris.

Scriptum est super hoc in eundem modum Spoletano[7], Fulginato[8], Asisinato[9], Nucerino[10], Reatino[11], Narniensi[c][12].

---

193. [a] *Auf fol. 191ᵛ längs des Briefes am Rande ein senkrechter, z. T. gewellter Strich.*
[b] *Davor Platz für eine Zahl freigelassen (vgl. Kempf, Originalregister, 115 mit Anm. 79 und* 35
Einleitung XVII).   [c] *Spoletano — Narniensi vielleicht nachgetragen (vgl. Kempf, Register,*
39). Darnach fünf Zeilen für die Empfänger von weiteren A-pari-Briefen freigelassen.

193. [1] S. Br. II 33 Anm. 2.   [2] S. Br. II 147 (156) Anm. 4.
      [3] Lanfrank (II.), B. von Chiusi (exemt, Prov. Siena), um 1200 bezeugt. Vgl. M.-H.
Laurent, *Chiusi*, in: Dict. HGE 12 (Paris 1953) 750.   40
      [4] S. Br. II 76 (79) Anm. 4.
      [5] Womit sicherlich die Rekuperationen gemeint sind, vgl. Waley, *Papal State*, 32 ff.
      [6] S. Br. II 78 (81) Anm. 4.   [7] S. Br. II 15 Anm. 2.
      [8] Anselm degli Atti, B. von Foligno (exemt, Prov. Perugia) 1155—20. August 1201.
Er war zuvor Archidiakon daselbst. Vgl. Ughelli, *Italia Sacra*, I 696 f. bzw. F. Marini, 45
I vescovi di Foligno. Vedelago 1948, 20 f. Nr. 31.   [9] S. Br. II 76 (79) Anm. 5.

194 (203).

Innocenz III. teilt den Konsuln und dem Volk von Sutri (Nepi und Orte,
sowie den Einwohnern von Spoleto, Narni, Rieti, Civita Castellana, Amelia,
Città di Castello, Tuscania, Vetralla, Todi, Assisi, Bagnoregio, Centocelle, Pe-
5 *rugia, Foligno, Orvieto und Corneto) die Entsendung des Kardinallegaten*
G(regor) von S. Giorgio in Velabro und des Präfekten P(etrus) von Rom mit
und befiehlt ihnen, sie bei der Aufrechterhaltung des Landfriedens zu unter-
stützen.

(Lateran, 1199 Oktober ca. 15)[1].

10　　*Reg. Vat. 4, fol. 192ʳ ⟨Nr. 198, 203⟩.*
　　　Sirleto, fol. 338ʳ = Cholinus, II 508 = Venet., II 508 = Baluze, I 467 Nr. 203 = Migne,
PL 214, 751 Nr. 203. — Potth. Reg. 849; B. F. W. Reg. 5691. — Vgl. Waley, Papal State,
42 Anm. 4, 309, 312.

Consulibus et populo Sutrinis[2].

15　　**C**um preter solitum immo plus solito multis et magnis simus negotiis
occupati, que per nos ipsos facere non valemus[a], per alios cogimur
adimplere. Sane inter alias occupationes et sollicitudines nostras curam et
provisionem apostolici patrimonii non modicas reputamus tam ad spiritualem iurisditionem nostram spectantis quam etiam temporalem; unde
20 nobis posset non immerito imputari, si super ordinatione ipsius essemus
tepidi vel remissi, qui cunctorum fidelium sollicitudinem gerimus pastoralem. Novimus enim, quod tristes et dolentes referimus, quoniam in eo
multi, que sua sunt non que Iesu Christi querentes et abutentes[b] per insolentiam sedis apostolice patientia pacem perturbant, corrumpunt iusti-
25 tiam, stratam violant et terram offendunt; unde nobis et vobis non modicum derogatur.

　　Cum igitur super hiis, que premisimus, emendandis cum fratribus nostris tractatum habuerimus diligentem, de ipsorum consilio dilectum
filium nostrum G(regorium), sancti Georgii ad Uelum Aureum diaconum

vgl. 2 Kor 11, 28

vgl. Phil 2, 21

---

30 **194.** [a]) vale- *auf Rasur.*　　[b]) *Darnach eine kleine Rasur.*

　　[10]) Hugo Trinci, B. von Nocera Umbra (exemt, Prov. Perugia) 1190—1218. Als Angehöriger dieser mächtigen Adelsfamilie war er seinem Verwandten Anselm nach dessen
Resignation im Bistum Nocera Umbra nachgefolgt. Vgl. L. JACOBILLI, *Di Nocera nell'*
Umbria e sua Diocesi e Cronologia de' Vescovi di essa Città. Foligno 1653, 77 f. Nr. 22.
35　　[11]) Adenolfus Secenari, B. von Rieti (exemt) 1188—ca. 1209. Zuvor war er Kanonikus
daselbst. Über ihn vgl. CAPPELLETTI, *Le Chiese d'Italia,* V 317 f.; P. DESANCTIS, *Notizie*
storiche sopra il tempio cattedrale, il capitolo, la serie dei vescovi ed i vetusti monasteri di Rieti.
Rieti 1887, 80 Nr. 37.
　　[12]) Bonifaz, B. von Narni (exemt, Prov. Terni), zwischen 28. September 1180 und 1214
40 bezeugt. Vgl. UGHELLI, *Italia Sacra,* I 1016 und G. EROLI, *Descrizione delle chiese di Narni*
e suoi dintorni . . . Narni 1898, 156 f. Nr. 33.
　　194. [1]) Zur Datierung: Das Schreiben war zweifellos ein A-pari-Brief zum vorhergehenden
Br. II 193 (202) und dürfte daher auch dessen Datum tragen.
　　[2]) Konsuln und Volk von Sutri (Prov. Viterbo).

cardinalem[3], virum nobilem et prudentem, quem inter alios fratres nostros speciali diligimus caritate, operi tam utili et necessario deputantes,
ut melius et facilius iniunctum sibi officium valeat exercere, dilectum
filium P(etrum), prefectum Urbis[4], virum nobilem et potentem, sibi duximus adiungendum; quibus dedimus in mandatis, ut stratam custodiant, 5
pacem procurent, iustitiam faciant et terram defendant, alia quoque
nichilominus operentur, que ad honorem Dei, profectum ecclesie, utilitatem vestram et aliorum nostrorum fidelium noverint pertinere. Ut
autem dominium apostolice sedis, que de se vere dicere potest: «Iugum
meum suave est et onus meum leve», diebus nostris dulcedinem non depo- 10
nat et nulli fiat penitus odiosum, eis viva voce precepimus, ut vos diligant
et honorent, nullum sine causa ledentes vel contra iustitiam aggravantes,
sed a vobis potius iniquitatem et violentiam satagant propulsare. Unde
quotiens necessitas postulaverit, ad eos vice nostra pro iustitia consequen-
da vel aliis expediendis negotiis poteritis habere recursum. 15

Et ut melius, que ad pacem et utilitatem vestram a nobis et fratribus
nostris sunt salubriter ordinata, perduci valeant ad effectum, universitatem vestram monemus attentius et hortamur in Domino per apostolica
scripta precipiendo mandantes, quatinus ipsis vice nostra, immo nobis in
ipsis intendentes humiliter ac devote, quod super premissis articulis et aliis 20
emergentibus negotiis utiliter duxerint statuendum, salvo in omnibus
apostolice sedis mandato, teneatis firmiter et servetis, de universis iustitiis et rationibus ecclesie Romane sibi plenarie respondentes.

In eundem modum consulibus et populo Nepesinis[5].

In eundem modum Spoletanis[6], Narniensibus[7]. 25

In eundem modum consulibus et populo Ortanis[c)8], Reatinis[9], populo
civitatis Castellane[10].

In eundem modum Ameriensibus[d)11], Castellanis[e)12], Tuscanensibus[13],
Vetrallensibus[14].

In eundem modum Tudertinis[15], Asisinatibus[16], Balneoregensibus[17], 30
Centumcellensibus[18].

Marginal notes:
Mt 11, 30 (line 9)
vgl. Ri 9, 11 (line 10)
vgl. 1 Thess 4, 1; 2 Kor 5, 20 (line 17)

---

c) *Migne:* Oritanis.   d) *Migne:* Amelien(sibus).   e) *Migne:* castellan(is).

3) S. Br. II 78 (81) Anm. 4.
4) Petrus de Vico, Inhaber des erblichen Stadtpräfektenamtes von Rom, zwischen 1186
und 1223 bezeugt. Vgl. C. Calisse, *I prefetti di Vico.* Archivio della R. Società Romana di 35
storia patria 10 (1887) 15—21 bzw. Br. I 23, S. 33 f.
5) Konsuln und Volk von Nepi (Prov. Viterbo).
6) Spoleto (Prov. Perugia).   7) Narni (Prov. Terni).
8) Konsuln und Volk von Orte (Prov. Viterbo).
9) Rieti.   40
10) Civita Castellana (Prov. Viterbo).   11) Amelia (Prov. Terni).
12) Città di Castello (Prov. Perugia).   13) Tuscania (Prov. Viterbo).
14) Vetralla (Prov. Viterbo).   15) Todi (Prov. Perugia).
16) Assisi (Prov. Perugia).   17) Bagnoregio (Prov. Viterbo).
18) Centocelle (heute Civitavecchia, Prov. Rom).   45

In eundem modum Perusinis[19], Fulginatibus[20], Vrbeuetanis[21], Cornetanis[t)22].

195 (204).

Innocenz III. teilt den Erzbischöfen (Ludolf) von Magdeburg (und [Johann] von Trier sowie den Domkapiteln von Mainz und Würzburg) und den Suffraganen der Erzbistümer Magdeburg, (Mainz und Trier) mit, daß er den ehemaligen Bischof K(onrad) von Hildesheim, der ohne päpstliche Erlaubnis den Bischofsstuhl von Würzburg angenommen hat, öffentlich exkommuniziert habe, und befiehlt ihnen, diese Sentenz feierlich zu verkünden.

(Lateran, 1199 Oktober Ende—November Anfang)[1].

Reg. Vat. 4, fol. 192ʳ—192ᵛ ⟨Nr. 199, 204⟩.

Sirleto, fol. 388ᵛ = Cholinus, II 509 = Venet., II 509 = Baluze, I 468 Nr. 204 = Migne, PL 214, 752 Nr. 204; Janicke, UB Hildesheim I 523 Nr. 547. — Potth. Reg. 865; B. F. W. Reg. 5693; Mülverstedt, Regesta, II 54 Nr. 119. — Vgl. Bertram, Geschichte des Bisthums Hildesheim, I 212; Wendehorst, Bistum Würzburg, 188 und Br. I 335, 568 (574), II 52 (54), 192 (201), 207 (216) und 266 (278).

Magdeburgensi[a)] archiepiscopo[2)] et suffraganeis eius[3)].

Cum[b)] sine capite nulla possint menbra subsistere, si quispiam impune posset apostolice sedis[c)] privilegia violare, nulla ceteris ecclesiis de suis privilegiis fiducia remaneret. Verum inter cetera privilegia, que primatum apostolice sedis ostendunt, illud non modicum reputatur, quod depositiones, cessiones et translationes episcoporum fieri sine speciali auctoritate Romani pontificis interdicit[4)]. Hoc autem C(onradus), quondam Ildese-

---

t) *Darnach zwei Zeilen für die Empfänger weiterer A-pari-Briefe freigelassen.*
195. a) *Magdeburgergensi.*   b) *Die Initiale läuft in einen kleinen, speienden Kopf aus.*
c) *se.*

19) Perugia.   20) Foligno (Prov. Perugia).   21) Orvieto (Prov. Terni).
22) Corneto (heute Tarquinia, Prov. Viterbo).

195. 1) Zur Datierung: Das Schreiben betrifft dieselbe Angelegenheit wie Br. II 192 (201) vom 28. Oktober und II 207 (216) vom 24. November. Da jedoch das Register in diesen Monaten ziemlich chronologisch geführt wurde (Br. II 187 [196]: 14. Oktober, II 190 [199]: 3. November, II 191 [200] : 6. November, II 200 [209] : 12. November, II 202 [211] : 13. November, II 203 [212] : 16. November, II 205 [214] ebenso wie II 207 [216] : 24. November), ist anzunehmen, daß der vorliegende Brief schon zu Ende Oktober oder Anfang November ausgestellt wurde. Allerdings dürfte alle diese Schreiben Erzbischof Konrad (von Wittelsbach) von Mainz, der sich zwischen dem 20. Oktober und 6. November 1199 in Rom aufhielt (B. F. W. Reg. 5691 a), in Empfang genommen haben, um sie nach Deutschland mitzunehmen (GANZER, *Auswärtiges Kardinalat*, 113).

2) S. Br. II 20 Anm. 1.

3) Suffragane von Magdeburg waren die Bischöfe von Brandenburg, Havelberg, Meißen, Merseburg und Naumburg-Zeitz.

4) Vgl. *Decretum Gratiani*, D. XVII, 1; C. II, q. 6, c. 16; C. III, q. 6, c. 6. 9; C. III, q. 8, c. 1; C. V, q. 4, c. 1. 2 (Absetzung?); C. VII, q. 1, c. 34. 39; C. XXI, q. 2, dict. post c. 3 (Translation) (= FRIEDBERG, *CorpIC*, I 50 f., 471, 520, 521, 529, 548, 579, 581, 855) sowie die Br. I 50 S. 77 Z. 22—25, 117 S. 175 Z. 34 f., 326 S. 473 Z. 14—17, 452 S. 676 Z. 30 f., 490 S. 720 Z. 2—8 und 530 (532) S. 766 Z. 21—24.

* fol. 192ᵛ mensis episcopus[5], non attendens, licentia nostra non solum non * obtenta sed nec etiam expetita, Herbipolensem ecclesiam occupavit, pre-
sumens ad eam propria temeritate transire, cum per illam non possit indulgentiam excusari, quam a bone memorie C(elestino) papa, predecessore
nostro, se asserit impetrasse, que potius impetranti turpem ambitionis 5
notam ingessit: ut, si videlicet eum ad maiorem dignitatem contingeret
invitari, eam sibi liceret assumere, dummodo nichil ei de statutis canonicis obviaret. Licet enim ei videatur indultum, ut invitatus maiorem possit
assumere dignitatem, per hanc tamen indulgentiam ad parem sibi transire non licuit, cum longe facilius in uno casu quam in alio dispensetur. 10
Preterea cum et postulatio sicut electio examinari debeat diligenter: antequam per eum, cui facienda fuerat, examinata fuisset, non debebat ulla
ratione transire, cum non solum examinationem postulationis sed ipsius
quoque persone videatur tenor indulgentie reservasse, statim subiungens:
«dummodo nichil appareat, quod tibi de canonicis obviet institutis[6]». 15
Licet autem tante presumptionis excessus ad aures nostras publica referente fama venisset, distulimus tamen procedere contra ipsum, donec litteras eius recepimus, in quibus se nobis Herbipolensem episcopum appellabat. Unde postmodum presumptionem ipsius debita volentes animadversione punire, vobis et aliis archiepiscopis et episcopis in Teutonia consti- 20
tutis districte precepimus, ut cum factum huiusmodi non posset in partibus vestris non esse notorium, nisi dictus C(onradus) infra viginti dies post
susceptionem litterarum nostrarum ab Herbipollensis ecclesie[d] amministratione cessaret, eum excommunicatum auctoritate nostra non differe-
tis publice nuntiare et excommunicationem eius faceretis pulsatis[e] cam- 25
panis et candelis accensis festivis diebus et Dominicis innovari[7].
    Tu autem, Madeburgensis, in eum iuxta tenorem mandati apostolici
sicut accepimus processisti et alii etiam sicut credimus processerunt.
Quamvis[f] autem in manifestis non[f] sit ordo iudiciarius requirendus[8] et
ipse videretur confessus de crimine, cum in litteris ad nos directis se[g] 30
presumpsisset Herbipollensem episcopum nominare: nos tamen[h] ad evi-
tandam[i] omnem malitiam in litteris nostris commonitionem canonicam
duximus premittendam; et eum postmodum etiam ad bonum obedientie
revocare volentes, ipsi non premissa salutatione mandavimus, ut omni

---

ᵈ) *Vor dem -e am Schluß eine schmale Rasur.*   ᵉ) *Der letzte Schaft des -u- und* 35
-lsati- auf Rasur. Auch am Rande eine Rasur.   ᶠ⁻ᶠ) *-uamvis . . . non auf Rasur nachge-*
tragen.   ᵍ) *Danach ein Buchstabe ausradiert.*   ʰ) *Der letzte Schaft des -m- und -en auf*
Rasur.   ¹) *-ta- korr. aus einem anderen Buchstaben.*

    ⁵) S. Br. II 52 (54) Anm. 2.
    ⁶) Die Indulgenz Papst Coelestins III., auf die sich B. Konrad berief, hat sich nicht er- 40
halten. Ihr Inhalt wird auch im Br. II 266 (278) S. 517 f. Z. 24—4 und in einem am 9. April 1200
an den Elekten und das Domkapitel von Hildesheim gerichteten Schreiben angeführt
(JANICKE, *Urkundenbuch des Hochstifts Hildesheim,* I 532 Nr. 553, *Potth. Reg.* 1002).
    ⁷) Br. I 335.
    ⁸) Vgl. *Decretum Gratiani,* C. II, q. 1, dict. post c. 16 (= FRIEDBERG, *CorpIC,* I 445). 45

excusatione cessante, si apud nos vellet gratiam invenire, mandatum apostolicum adimpleret[9]. Quia vero nec[k] sic ei vexatio prebuit intellectum, quin eo fortius in sua pertinacia[l] perduraret, quo amplius nos videbat de sua correctione sollicitos, cum postquam alius[m] de mandato
5 nostro fuit in episcopum Ildesemensem electus[10] se ipse presumeret Ildesemensem episcopum nominare: apostolice sedis iniuriam dissimulare nolentes ipsum in festo principis apostolorum proxime preterito[11] presentibus nuntiis eius inter missarum sollempnia excommunicatum publice nuntiavimus et mandavimus ab omnibus evitari.
10   Ideoque universitati vestre per apostolica scripta mandamus et districte precipimus, quatinus latam in eundem C(onradum) a nobis excommunicationis sententiam publicantes, ipsum singulis diebus Dominicis et festivis pulsatis campanis et candelis accensis denuntietis excommunicatum et ab omnibus tamquam contemptorem apostolice iussionis arctius evi-
15 tandum, donec, si desuper datum fuerit, absolutionis gratiam mereatur;   vgl. Jo 19, 11
vestris nobis litteris intimantes, si forte sententiam nostram contempnens divina presumpserit officia celebrare.
    In eundem fere modum capitulo et suffraganeis ecclesie Maguntine[12].
    In eundem modum Herbipollensi capitulo[13].
20   In eundem fere modum Treuerensi[14] et suffraganeis eius[15].

196 (205).

Innocenz III. trägt dem Grafen B(erard) von Loreto und Conversano, Groß-
justiziar von Apulien und der Terra di Lavoro, auf, sich auf den Feldzug
nach Sizilien vorzubereiten, bis zum Eintreffen des Kardinallegaten (Cin-
25 *thius von S. Lorenzo in Lucina) gegenüber den Grafen G(entilis) und M(ane-*
rius Palearia) von Manoppello den beschworenen Waffenstillstand zu hal-
ten und die päpstlichen Aufträge, die der Kardinallegat wegen des zwischen

---

k) -ec *auf Rasur.*   l) perti- *auf Rasur.*   m) -iu- *auf Rasur. Auch nach dem Wort*
eine kleine Rasur.

30   9) Br. I 568 (574).
    10) Hartbert von Dalem, Elekt von Hildesheim (Suffr. von Mainz) Mai 1199—21. März 1216. Er war zuvor Dompropst daselbst. Vgl. BERTRAM, *Geschichte des Bisthums Hildesheim*, I 183, 212—222, bes. 214.
    11) 29. Juni 1199.
35   12) Domkapitel von Mainz und die Suffragane des Erzbischofs, die Bischöfe von Augsburg, Bamberg, Chur, Eichstätt, Halberstadt, Hildesheim, Konstanz, Olmütz, Paderborn, Prag, Speyer, Straßburg, Verden, Worms und Würzburg.
    13) Domkapitel von Würzburg.
    14) Johann (I.), EB. von Trier 1189—15. Juli 1212.
40   15) Suffragane von Trier waren die Bischöfe von Metz, Toul und Verdun.

*ihm und den beiden Grafen bestehenden Streites überbringen werde, zu befol-
gen. (Dasselbe trägt er den beiden Grafen auf.)*

(Lateran, 1199 ca. November 1—10)[1].

Reg. Vat. 4, fol. 192ᵛ—193ʳ ⟨Nr. 200, 205⟩.
Sirleto, fol. 389ʳ = Cholinus, II 510 = Venet., II 510 = Baluze, I 469 Nr. 205 = Migne, 5
PL 214, 754 Nr. 205. — Potth. Reg. 866; B. F. W. Reg. *5696; Vendola, Documenti, 27
Nr. 26.

Nobili viro B(erardo), comiti Laureti et Cupersanensi [a], magistro iustitiario Apulie et Terre Laboris [2].

Iam olim firmiter proposuimus[3] et ecce[b] nunc sumus in executione 10
propositi aliquem a latere nostro ad regni partes dirigere cum subsidio
oportuno, ut excludantur et penitus repellantur ab eo tam regni quam
ecclesie inimici et pax reformetur in regno et iustitia conservetur. Quia
vero in presentia dilecti filii I(ohannis), tituli sancti Stephani in Celiomonte presbyteri cardinalis[4], et Phil(ippi), notarii nostri[5], exercitum 15
iuravisti, sicut eorum nobis relatio patefecit, volentes te tamquam virum
nobilem et egregium ad id esse sollicitum et paratum, discretioni tue per
apostolica scripta mandamus, quatinus te ad eundum cum legato nostro[6]
contra inimicos[c] regni et ecclesie ita honorifice prepares ac viriliter accingaris, quod fidelitas et dilectio, quam ad karissimum in Christo filium 20
nostrum F(ridericum), Sicilie regem illustrem[7], et devotio, quam ad Romanam ecclesiam te habere proponis, elucescat in opere, et proinde ipsum
regem et nos ipsos ad dilectionem tuam reddere valeas promptiores.

---

196. [a] *Darnach eine 7 mm lange Rasur durch einen kurzen, waagrechten Strich ausgefüllt. Auch
am Rande eine kleine Rasur.*   [b] *Durch Zeichen umgestellt aus* ecce et.   [c] -micos *auf* 25
Rasur.

196. [1] Zur Datierung: Das Schreiben dient, ebenso wie der Br. II 191 (200) vom 6. November, der Vorbereitung des Feldzuges nach Sizilien und dürfte gleichzeitig mit dem Br.
II 197 (206) vom 5. November registriert worden sein: Br. II 193 (202) beginnt nämlich
wahrscheinlich und Br. II 198 (207) sicherlich mit einem Neuansatz. Daher ist eine Aus- 30
stellung des vorliegenden Schreibens ebenfalls für das erste November-Drittel anzunehmen.
    [2] S. Br. II 19 Anm. 3.
    [3] Darunter sind die seit Jahresbeginn 1199 laufenden militärischen Vorbereitungen
gegen Markward von Annweiler zu verstehen, der im Oktober 1199 auf Sizilien landete.
Vgl. Br. I 554 (557) S. 805 Z. 38 — S. 806 Z. 9; I 555 (558) S. 808 Z. 6 — 16; I 557 (560) 35
S. 813 Z. 19—25; I 570 (564) S. 830 Z. 27; II 158 (167) S. 311 Z. 14—16; II 170 (179)
S. 333 Z. 12—18.
    [4] S. Br. II 30 Anm. 11.
    [5] Magister Philipp, päpstlicher Notar. Als solcher schon unter Coelestin III. nachzu-
weisen, wurde er von Innocenz III. wiederholt zu diplomatischen Missionen herangezogen, 40
so 1200 nach England, um Kreuzzugsgelder einzutreiben. 1212 bis nach 1228 B. von Troia.
Vgl. Kamp, *Kirche und Monarchie*, II 517—523; C. R. Cheney, *Master Philip the Notary
and the Fortieth of 1199.* The English Historical Review 63 (1948) 342—347.
    [6] S. Br. II 4 Anm. 11.
    [7] S. Br. II 158 (167) Anm. 26.

Preterea cum super omnibus questionibus, que inter te et dilectos
filios nobiles viros G(entilem)[8] et M(anerium), comites de Manuplell(o)[9]
[vertuntur], predictis cardinali et notario stare mandato nostro iuraveris,
et ipsi etiam ex parte sua se simili astrinxerint[d] iuramento, sicut iam
5 tibi scripsisse recolimus: ita iterato tibi duximus sub debito iuramenti *   * fol. 193ʳ
presentibus litteris iniungendum, ut treugas initas coram predicto cardinali inviolabiliter observare procures, donec per legatum nostrum, cui
vices nostras tam in spiritualibus quam temporalibus committimus exe-
quendas, qui est ad partes ipsas in proximo accessurus, super questioni-
10 bus, que inter te et ipsos comites vertuntur, mandatum ex parte nostra
recipias, quod tam a te quam ab ipsis volumus sine refragatione servari;
salvo nimirum, si quid aliud super hoc utilitate vel necessitate pensata
duxerimus statuendum.

Nos enim ipsis comitibus consimiles litteras duximus destinandas,
15 volentes — sicut convenit — utriusque partis indempnitatibus precavere.

197 (206).

*Innocenz III. befiehlt dem Bischof (Walter) von Autun, für den Lebens-
unterhalt des konvertierten Juden P. und seiner Tochter M. zu sorgen.
(Ferner befiehlt er dem Bischof [Walter] von Nevers und dem Abt [Regi-*
20 *nald ?] von Saint-Martin in Nevers, den Bischof im Weigerungsfall durch
geistliche Strafen dazu zu zwingen.)*

Lateran, (1199) November 5.

Reg. Vat. 4, fol. 193ʳ ⟨Nr. 201, 206⟩.
   Sirleto, fol. 389ᵛ = Cholinus, II 511 = Venet., II 511 = Baluze, I 469 Nr. 206 = Migne,
25 PL 214, 754 Nr. 206. — Potth. Reg. 858; Bréquigny, Table chronologique, IV 268. — Vgl.
P. Browe, Die Judenmission im Mittelalter und die Päpste. Miscellanea Historiae Pontificiae 6 (1942) 189.

---

[d]) *Zwischen -n- und -x- ein Buchstabe ausradiert.*

[8]) Gentilis von Palearia, Graf von Manoppello (Prov. Pescara, Abruzzen), Bruder des
30 Kanzlers von Sizilien, Walter von Palearia, B. von Troia. Er starb nach 1212. Über seine
schwankende Haltung, die ihn anfangs bei Heinrich VI., dann auf päpstlicher Seite und
schließlich bei Otto IV. stehen ließ, vgl. WINKELMANN, *Philipp von Schwaben und Otto IV.*,
I 123; II 545 (Reg.); BAETHGEN, *Regentschaft*, 159; KAMP, *Kirche und Monarchie*, II 509
mit Anm. 15.
35   [9]) Manerius von Palearia, Graf von Manoppello (Prov. Pescara), gleichfalls ein Bruder
des Kanzlers von Sizilien, Walter von Palearia, B. von Troia. Bis zur Schlacht bei Cannae
(22. Oktober 1201) folgte er dessen schwankender Politik, trat dann jedoch ins päpstliche
Lager über. Vgl. WINKELMANN, *Philipp von Schwaben und Otto IV.*, I 123; II 552 (Reg.) und
BAETHGEN, *Regentschaft*, 160 (Reg.). Er starb vor 1208. Vgl. KAMP, *Kirche und Monar-*
40 *chie*, II 509 f.

Eduensi episcopo[1].

Ad[a] provisionem P.[2], quondam Iudei latoris presentium ad fidem Christi nuper eodem inspirante conversi, per litteras apostolicas et mandatum te recolimus invitasse, sed quod ea penitus[b] obaudieris, eiusdem labor indicat iteratus: sicut decuit non attendens, quod personis huiusmodi, 5 ne propter opprobrium paupertatis, quod non consueverunt equanimiter sustinere, post Iudaicam perfidiam derelictam retro aspicere compellantur, ab universis sit fidelibus propensius succurrendum, nedum episcopali preditis dignitate, quorum debet esse propositum indigentibus subvenire; teque in hac parte illa saltim ratione oportuit existere proniorem, quod 10 pro eodem P. tuas nobis preces et litteras destinasti. Nisi autem specialis gratia, quam ad personam tuam habuimus et habemus, motum nostri animi mitigasset, pro contemptu mandati premissi prius ad te districta ultio quam iterata monitio pervenisset: cum satis appareat qualem in aliis te geris virtutibus, quandoquidem in operibus pietatis, que secundum 15 apostolum promissionem habet vite, que nunc est et future, te negligis vel contempnis ad mandatum apostolicum exercere.

Ne igitur prefatus P.[c] provisionis apostolice solacio defraudetur aut tua negligentia remaneat in sopore, fraternitati tue per apostolica scripta precipiendo mandamus, quatinus eius paupertati taliter studeas provide- 20 re, quod predictus P. ac M.[2], filia sua, que cum eo unda baptismatis est renata, per tue liberalitatis gratiam victus et vestitus necessaria se congrue gaudeant[d] sine dilatione qualibet assecutos; faciens nichilominus ut, quod eis propter necessitates suas duxeris quemammodum premissum est assignandum, valeant sine perturbatione qualibet, cum Deus hilarem da- 25 torem diligat, obtinere.

Alioquin noveris nos venerabili[e] fratri nostro . . episcopo[3] et dilecto filio . . abbati sancti Martini[4] Niuernensibus precipiendo mandasse, ut, si mandatum nostrum neglexeris adimplere, ipsi te ad ea, que premisimus, exequenda per districtionem ecclesiasticam omni contradictione et appel- 30 latione remota[f] compellant.

Datum Laterani, Non.[g] Novembris.

vgl. Lk 9, 62

(marginal references: vgl. Lk 9, 62; vgl. 1 Tim 4, 8; vgl. Jo 3, 5; vgl. 2 Kor 9, 7)

---

197. [a] *Längs des Briefes am Rande ein senkrechter, z. T. gewellter Strich.*   [b] *Am Rande eine kleine Rasur und ein kurzer, senkrechter Strich.*   [c] *Innerhalb eines Gemmipunctus auf Rasur nachgetragen.*   [d] *Durch Zeichen umgestellt aus* gaudeant congrue.   [e] -a- *korr.* 35 *aus* -o-.   [f] *Auf Rasur.*   [g] *Datum . . . N- auf Rasur.*

197. [1] Walter (I.), B. von Autun (Suffr. von Lyon, Dép. Saône-et-Loire) 1189—1222. Vgl. V. Terret, *Autun*, in: Dict. HGE 5 (Paris 1931) 908.

[2] Nicht näher nachweisbar.

[3] S. Br. II 42 (43, 44) Anm. 4.   40

[4] S. Br. II 91 (99) Anm. 18.

198 (207).

Innocenz III. exkommuniziert den Podestà (Hildebrand), die Konsuln, die Justiziare (Matthäus und Jakob) und das Volk von Viterbo, falls sie sich in ihrem Streit mit der Stadt Rom nicht innerhalb eines bestimmten Zeitraumes
5 *seinem Urteil unterwerfen und seinen Aufträgen gehorchen. Für diesen Fall trägt er auch allen seinen Getreuen im Kirchenstaat auf, die Römer zu unterstützen.*

(Lateran, 1199 ca. November)[1].

Reg. Vat. 4, fol. 193ʳ—193ᵛ ⟨Nr. 202, 207⟩.
10 *Sirleto, fol. 390ʳ = Cholinus, II 511 = Venet., II 512 = Baluze, I 470 Nr. 207 = Migne, PL 214, 755 Nr. 207. — Potth. Reg. 870. — Zur Sache vgl. I. Ciampi, Cronache e statuti della città di Viterbo. Documenti di storia italiana V (Firenze 1872) 15; C. Pinzi, Storia della città di Viterbo. Roma 1887, I 225; P. Egidi, Le croniche di Viterbo scritte da frate Francesco d'Andrea. Archivio della R. Società Romana di storia patria 24 (1901) 237.; Waley,*
15 *Papal State, 39 Anm. 1.*

Potestati[2]**, consulibus et iustitiariis**[3] **Viterbiensibus.**

| Sicut per alias litteras vobis intimasse meminimus, ex discordia, que inter vos et Romanos peccatis exigentibus est suborta[4], gravia timemus pericula proventura. Que previdentes olim et ab ipsis vobis[a] precavere
20 volentes, primo per dilectum filium G(iovannem?) Centii, nobilem civem Romanum, apostolici patrimonii rectorem in Tuscia[5], secundo per dilectum filium G. archipresbyterum sancti Angeli, subdiaconum nostrum[6], tertio per venerabilem fratrem nostrum O(ctavianum), Hostiensem episcopum[7], vos fecimus diligentissime commoneri, ut nostro super hoc
25 consilio crederetis: quod quale fuerit, non estis obliti. Tandem cum tu, fili potestas, cum quibusdam civium ad nostram presentiam accessisses, licet multa essemus debilitate gravati, te tamen et ipsos ad idem effica-

---

198. [a] *Auf Rasur.*

198. [1] Die Datierung entspricht sowohl der Stellung des Briefes im Register als auch der
30 Chronologie der kriegerischen Auseinandersetzungen zwischen Viterbo und der Stadt Rom (vgl. Pɪɴᴢɪ, *a. a. O.*, I 225).
[2] Hildebrand Aldobrandeschi, Podestà von Viterbo 1199/1200 und Comes Palatinus. Später war Hildebrand mehrfach an militärischen Aktionen, darunter auch auf der Seite Ottos IV., beteiligt. Er starb vor 1212. Vgl. N. Kᴀᴍᴘ, *Istituzioni comunali in Viterbo nel*
35 *Medioevo. I. Consoli, Podestà, Balivi e Capitani nei secoli XII e XIII.* Biblioteca di studi viterbesi I (Viterbo 1963) 14 f. und 74.
[3] Magister Matheus und Magister Jacobus, die zum 9. Juli 1198 als ,,iudices assessores" bezeugt sind. Vgl. Kᴀᴍᴘ, *Istituzioni*, 94.
[4] Zur Auseinandersetzung vgl. *Gesta Innocentii* c. 133 (Mɪɢɴᴇ, PL 214, CLXXIX f.)
40 und Sɪɢɴᴏʀᴇʟʟɪ, *Viterbo nella storia della Chiesa*, I 156 f. bzw. Wᴀʟᴇʏ, *Papal State*, 38 f.
[5] G. Cenci, Rektor im päpstlichen Tuszien zwischen 22. Februar 1199 und 21. Februar 1200 (Wᴀʟᴇʏ, *Papal State*, 309). Dabei dürfte es sich um Johannes (Giovanni) Cenci handeln, der gegen Ende des 12. Jahrhunderts mehrfach erwähnt wird. Vgl. C. Fʀᴀsᴄʜᴇᴛᴛɪ, *I Cenci. Storie e documenti dalle origini al secolo XVIII.* Roma 1935, 48 f., 184 f.
45 [6] Nicht zu identifizieren.
[7] S. Br. II 78 (81) Anm. 3.

citer, quantum in nobis fuerat, duximus inducendos; sed in hiis omnibus non fuimus exauditi. Quamvis autem postmodum receptio Biturclani[b)8] fuerit prorogata, non tamen potuit penitus impediri, quin reciperetur a Romanis et eorum committeretur potentie protegendum. Debueratis[c)] autem et vos nobiscum mala huiusmodi previdere nec tantum vires vestras 5 inspicere, sed inimicorum etiam potentiam intueri, cum non sit tutum committere vos fortune[c)]. Verendum est autem nobis et vobis, ne duritia vestra, qui nobis credere noluistis, et culpa nostra — quam ex eo contraxisse videmur, quod querelas hominum de Biturclano ad nos clamantium[d)] ab oppressionibus vestris et ad fidelitatem nostram redire volen- 10 tium non curavimus exaudire, plus forte vobis quam expedierit deferre volentes — nos et vos in[e)] gravem necessitatem induxerint, quam vitare de facili non possimus. Romani siquidem — sicut quidam ex vobis, qui nuper ad nostram venerunt presentiam, super hoc novere plenius veritatem — a nobis et petebant et petunt instanter, ut vel vos a molestatione 15 hominum de Biturclano compesceremus iuxta debitum officii pastoralis vel cogeremus ad iustitiam in nostra presencia exhibendam. Quod quacumque peteretur intentione, quia nos de manifestis iudicamus, Dominus autem iudicat de occultis, non vidimus qua possemus ratione negare, licet cum eisdem nuntiis vestris et aliis super hoc diutius tractassemus. 20 Cum enim secundum verbum apostoli sapientibus simus et insipientibus debitores et omni petenti teneamur iustitiam exhibere, id presertim debemus efficere, cum fideles nostri de nostris fidelibus conqueruntur.

Propter quod[f)] dictum subdiaconum et dilectum filium Hug(onem), panettarium nostrum[9)], ad vos duximus destinandos[g)], universitati vestre 25 per apostolica scripta mandantes, quatinus ea, que possunt ex hoc facto pericula[h)] provenire, diligentius attendentes, nostro vos committeretis iudicio vel mandato. * Vos autem aliud, quam expectaremus, nobis dedistis responsum, scilicet quod usque ad quintam feriam proxime preteritam expectaretis venerabilem fratrem nostrum .. episcopum Wul- 30 teranum[10)] de ipsius nobis consilio responsuri. Iudicet ergo Dominus inter nos et vos, qui nec monitis nec mandatis nostris totiens requisiti parere

Marginalia (left):
- vgl. Röm 2, 16 (line 18)
- vgl. Röm 1, 14 (line 21)
- * fol. 193ᵛ (line 28)
- vgl. Gn 16, 5 u. ö. (line 32)

[b)] -a- auf Rasur. Auch am Rande eine kleine Rasur.   [c–c)] Am Rande eine schmale, senkrechte Rasur.   [d)] -ti- und der erste Schaft des -u- auf Rasur.   [e)] Auf Rasur. [f)] Propter quod auf Rasur.   [g)] -stinando- auf Rasur.   [h)] -a auf Rasur.   35

[8)] Die Römer hatten Vitorchiano (Prov. Viterbo), das von Viterbo bedroht wurde, in ihren Schutz genommen. Vgl. WALEY, Papal State, 39 Anm. 1.

[9)] Nicht näher zu bestimmen. Über das Amt des päpstlichen Panetarius handelt: B. RUSCH, Die Behörden und Hofbeamten der päpstlichen Kurie des 13. Jahrhunderts. Schriften der Albertus-Universität zu Königsberg, Geisteswissenschaftliche Reihe 3. Kö- 40 nigsberg-Berlin 1936, 118—120.

[10)] Hildebrand aus dem Geschlechte der Pannocchieschi, B. von Volterra (exemt, Prov. Pisa) 1185—1211. Vgl. F. SCHNEIDER, Regestum Volterranum. Regesta Chartarum Italiae I (Roma 1907) 75 Nr. 214—105 Nr. 301 bzw. DERS., Bistum und Geldwirtschaft. Zur Geschichte Volterras im Mittelalter. Quellen und Forschungen aus italienischen Archiven und 45 Bibliotheken 8 (1905) 100 (Todesjahr).

volentes nos et vos in gravem necessitatem, quam evitare non possumus, induxistis.

Cum igitur decetero contemptum nostrum non possimus equanimiter sustinere, nisi usque ad proximum diem Dominicum vel iudicium no-
5 strum subieritis vel mandato apostolico, quod vobis potius credimus expedire, [vos] duxeritis exponendos, cautionem sufficientissimam exhibentes, extunc vos noveritis excommunicationis vinculo innodatos. Nos etiam universis fidelibus nostris dabimus in mandatis, ut non solum vobis assistere non presumant, sed ad edomandam contumaciam vestram po-
10 tenter et viriliter procedant in subsidium Romanorum.

199 (208).

Patriarch Johannes (Kamateros) von Konstantinopel legt Papst Innocenz III. seine Auffassungen über Kirche und Primat dar, ersucht ihn um Aufklärung über diese Fragen und rühmt die Eigenschaften des Kaisers (Alexios) von Byzanz.

15   *(Konstantinopel, 1199 Februar ?)*[1].

Reg. Vat. 4, fol. 193v—194r ⟨Nr. 203, 208⟩.
Sirleto, fol. 390v = Cholinus, II 512 = Venet., II 513 = Baluze, I 471 Nr. 208 = Migne,
PL 214, 756 Nr. 208; Halučšynskyj, Acta Innocentii, 547—549 Nr. 2. — Grumel,
Regestes du patriarcat de Constantinople, I/3 190 f. Nr. 1194. — Den griechischen Text des
20 Briefes enthält der Parisinus graecus 1302, fol. 273v—275r, ediert von A. Papadakis —
A. M. Talbot, John X Camaterus confronts Innocent III: An unpublished Correspondence.
Byzantinoslavica 33 (1972) 33—35. — Vgl. A. Luchaire, Innocent III. La question d'Orient.
Paris² 1911, 63 f.; M. Maccarrone, La ricerca dell'unione con la Chiesa greca sotto Inno-
cenzo III, Unitas 19 (1964) 254; Charles M. Brand, Byzantium confronts the West 1180—
25 1204. Cambridge (Mass.) 1968, 226; A. Andrea, Latin Evidence for the Accession Date of
John X Camaterus, Patriarch of Constantinople, Byz. Zs. 66 (1973) 357; G. Hagedorn,
Papst Innozenz III. und Byzanz am Vorabend des Vierten Kreuzzugs (1198—1203), Ostkirchliche Studien 23 (1974) 20; D. Stiernon, I rapporti ecclesiastici tra Roma e Bisanzio.
Il patriarca di Costantinopoli Giovanni X Kamatèrós e il primato romano, in: Problemi di
30 storia della Chiesa. Il Medioevo dei secoli XII—XV (= Cultura e Storia 16) Milano 1976,
90—132.

Innocentio sanctissimo pape Romano et in Christo Domino dilecto fratri nostro[a)], **Ioh(ann)es**[b)], **divina misericordia Constantinopolitanus archiepiscopus, nove Rome patriarcha**[2)], **amorem et pacem a Domino nostro Iesu**   vgl. Röm 1, 7;
35   **Christo**[b)] **et Saluatore nostro.**   Tit 1, 4 u. ö.

Scriptum[c)] a tua sanctitate per prudentissimos legatos Albertum subdiaconum[3)] et Albertinum notarium[4)] nostre humilitati directum[5)], quam

---

199. a) *Darnach eine 55 mm lange Rasur.*   b–b) *Auf Rasur von anderer Hand nachgetragen.*
Dieselbe Hand vermerkte am Rande: In superscriptione continebatur exterius totius orbis
40 patriarcha. *Sie hat wahrscheinlich auch in verschiedenen Briefen des ersten Jahrgangs der
Hauptregisters und im RNI einige, bisweilen rechtlich und politisch wichtige, Korrekturen angebracht. Ferner mag sie jener Person zuzuschreiben sein, die dort durch Zeichen und Rand-
glossen auf kanonistisch bedeutsame Worte oder Textstellen verwies, wohl um die Kom-*

gaudenter suscepimus, et quod in eo continebatur diligentius rimatus, impossibile habuimus, quomodo non omnino tuam laudaremus sanctitatem pro vestro divino zelo et ignito proposito de nostrum et vestrum secundum fidem unione, cum et hec nostram humilitatem tue virtutis constantia et tui digni pontificatus diligentia nos clare docuerint. Et quid 5 enim de pluribus faciet quisquam nobis traditam ex Patribus et longo iam tempore de pia confessione traditionem, quam Christus quidem comunis doctor et predicator Christianorum propriis[d] suis tradidit vocibus. Hunc autem videntes et discipuli et eorum extunc successores sancti Spiritus inspiratione illuminati et ab eo docti suis scriptis docentes ampliavere; 10 sic nostra humilitas non modice letata est super tue sanctitatis pro divini cultus sollicita cura.

Quod autem mihi in tue sanctitatis scripto non modicam superinduxit ambiguitatem, non abscondam. Nam et pro miro habeo, quomodo unam et universalem Romanorum vocasti ecclesiam, ut quasi iam divisam in 15
vgl. Jo 10, 1–16   species quasdam specialissimas, et hec uno existente grege ovilium Christi, nobis quodammodo pastoribus sub eo constitutis pastorum principe communique doctore. Et quomodo erit, que apud vos Romanorum ecclesia mater, ut dixisti, communis aliarum ecclesiarum, et secundum quas aliquas rationes et per quas umquam causas quero addiscere dubitans. Quod 20 autem mihi et plus extendit ambiguitatem dicam, et indulge michi, sacerrime papa, si nunc primo hunc patriarchalem sacrum thronum me ascendentem nondum de tali hac dubitatione diligentem solutionem addiscere accidit. Audiens enim quis in psalmis Dauit dicentem: «Mater[e] Syon di-
vgl. Ps 86, 5   cet: homo et homo natus est in ea», secundum verum utique verbi et iusti- 25 tie equitatem Ier(oso)limitanam ecclesiam matrem aliarum ecclesiarum nominabit prerogantem secundum fidem tam tempore quam et dignitate.

---

pilatoren der Dekretalensammlungen auf sie aufmerksam zu machen (Reg. Inn. I, S. XXI mit Anm. 54—59 und oben Einleitung S. XVII; vgl. auch Hageneder, RHM 8/9 [1966] 90). Die vorliegende Korrektur sollte wahrscheinlich den für Rom anstößigen Titel „Ökumenischer 30 Patriarch" aus dem Register entfernen. (Zur griechischen Form des ganzen Titels vgl. H. G. Beck, Kirche und theologische Literatur im byzantinischen Reich. Byzantinisches Handbuch II 1 [1959] 64).   [c] Auf fol. 193[v] längs des Briefes am Rande ein senkrechter, z. T. gewellter Strich.   [d] Migne: populis.   [e] Migne: matutinis.

199. [1] Zur Datierung: Das Schreiben wird wohl zugleich mit dem Br. II 201 (210), den 35 Kaiser Alexios III. von Byzanz an den Papst gerichtet hat und der gewiß von der gleichen Gesandtschaft nach Rom gebracht wurde, im Februar 1199 verfaßt worden sein.
[2] Johannes (X.) Kamateros, griechisch-orthodoxer Patriarch von Konstantinopel 5. August 1198—April/Mai 1206 (res.). Vgl. Grumel, Chronologie, 436 bzw. Ders., Les regestes des Actes du Patriarcat de Constantinople. Paris 1947, I/3, 189—195.   40
[3] Albert, päpstlicher Subdiakon, reiste auch in den folgenden Jahren als Nuntius und Prokurator nach Byzanz. Er war zunächst Kanonikus von Anagni und wurde im Frühjahr 1203 B. von Ferentino (exemt, Prov. Frosinone). Zu 1220 ist Landolf als sein Nachfolger bezeugt. Vgl. Elze, Kapelle, 181, 184.
[4] Über den Kammernotar Albertinus vgl. Elze, Kapelle, 181 bzw. Br. I 353, S. 528 45 Z. 3.
[5] Br. I 354.

In ea enim utique ut novissimus omnium[f] Christus et natus est secundum vgl. Mk 9, 34
carnem et conversatus, et docens atque predicans nostram fuit salutem vgl. Röm 1, 3
vgl. Mt 17, 21
novissime per crucem pro nobis mortem sustinens. Lapidem, in quo corpus vgl. Mt 4, 23; 9, 35;
11, 1
huius fuit sepultum, depositum ibi reliquit. Clare utique signum sue in vgl. Hebr 12, 2;
Phil 2, 8
5 terris conversationis ibi Christo discipuli occurrentes crediderunt hunc vgl. Mt 27, 66; 28, 2
filium Deo et Patri consubstantialem esse[6], quamvis perfectam humanam
naturam indutus sibi secundum [g] substantiam homo tantum in superficie
videbatur[7]. Inde Christi mirabilium fons emanavit et inde, ut ex quodam
principio, alii quidam exorti sunt divina fluentes fluvii et universum or-
10 bem irrigantes, rivos etiam ecclesie que apud vos est replentes. Igitur vgl. Gn 2, 6
numquid ob hec et alia talia quis Ier(oso)limitanam ecclesiam matrem
omnium dicet[h] ecclesiarum? Aut non preornatam predicationem audisti
Pauli? A I(e)r(usa)lem clare debes incipi; dicit enim: Et usque ad Liri-
cum[1] predicare evangelium. Hec quidem dicet quis audiens ecclesiam, que vgl. Röm 15, 19
15 apud vos est, generalem[8] et universalem nominatam?

Ego vero letanter addiscam causam et acceptabo eam sine contradictione
rationem habentem. Reprehensionem autem a tua sanctitate nobis superinductam silere nequeo, ut scindentibus quasi unam et desuper contextam
Christi vestem et sic a vobis usque et nunc disciscis[9]: dicente enim in Euan- vgl. Jo 19, 23
20 geliis Saluatore Christo de modo essentie sancti Spiritus ei consubstantia-
lis, qui ex Patre procedit et duas has substantiales proprietates dicente —
de sui ipsius et Spiritus generatione dico et processione — et sibi quidem
de paterna substantia testanti ineffabilem omnibus et ignotam generatio-
nem, sancto vero Spiritui ex eadem paterna substantia processionem in-
25 sensibilem, et hanc omnibus et patribus in Niceam concurrentibus immu-
tabiliter sic ex Patre Spiritus processionem ampliantibus[10], extunc universi orbis sinodis sacro simbolo et doctrine nil apponentibus[11]; in quibus et
quidam tunc pontificalem thronum [k] veteris Rome gubernantes per se ipsos

---

[f] omnes. *Die Emendation erfolgt nach Mk. 9, 34.*   [g] *Auf Rasur nachgetragen.*
30 [h] -t *auf Rasur nachgetragen.*   [1] *Migne emendiert nach Rom. 15, 19 in* Illyricum.
[k] thro- *auf Rasur nachgetragen.*

[6] So im Glaubensbekenntnis des Konzils von Nicaea (COD 4 Z. 10 f.).
[7] Vgl. COD 39 f. (Konzil von Ephesus 431).
[8] Br. I 354, S. 529 Z. 29.
35 [9] Ebd., Z. 22—24.
[10] Gemeint ist das Symbolum Nicaeno-Constantinopolitanum, das auf die Konzilien
von Nicaea (325) und Konstantinopel I (381) zurückgeht: in Spiritum sanctum . . . ex
Patre procedentem (COD 20 Z. 23 ff.). Zur Kontroverse über das später von der lateinischen Kirche hinzugefügte ‚filioque' vgl. H. G. BECK, *Kirche und theologische Literatur im*
40 *byzantinischen Reich.* München 1959, 306—317 bzw. 664 f. (über die theologische Position
des Patriarchen Kamateros). Vgl. J. GILL, *Filioque,* in: LThK 4 (Freiburg² 1960) 126—128
(Lit.).
[11] Bereits 431 verbot das Konzil von Ephesus, die Glaubensartikel des Konzils von
Nicaea zu verändern (COD 54 Nr. VII). Auch wurde das Symbolum Nicaeno-Constantino-
45 politanum von den ökumenischen Konzilien von Chalcedon (451), Konstantinopel II (553),
Konstantinopel III (680/81) und Nicaea II (787) bestätigt oder für verbindlich erklärt
(Ebd., 59 Z. 39—42, 60 Z. 13—24, 84 Z. 38—40, 101 Z. 13—21 und 110 Z. 25—27).

* fol. 194ʳ interfuere, in quibusdam * vero et quidam alii vestrum locum tenentes[12],
vestris tunc pontificibus acceptantibus et que tunc[1] confirmata fuerunt et
ea rata per proprias confessiones habentibus et demoni credendi constitutionem. Hac quoque fide usque et ad nos sine aliqua interruptione perve-
niente, quid nos oporteat facere, non parum est esitandum in ambiguita- 5
tem atque discessionem non parvam incidere, donec de hoc questio sol-
vatur. Quero nunc hinc addiscere causam, que divisa est et indivisibilis
vestis Christi.

   Potentem autem nostrum moderatorem[13] tua noscat sanctitas a se ipso
prosilientem ad omnem [m] boni notitiam et maxime ad religionis cultum. 10
Omnia enim, quibus ornatur vere homo Dei et quecumque divinitus[14]
coronatum ornant imperatorem, hec omnia Deus ei donavit; et ut bre-
viter imperatoris ostendam maiestatem, nosce hunc pre omnibus eius ante-
cessoribus imperatorem benignum et patientem, simul atque strenuum,
cuius tam spiritualia quam et corporalia benigna [n] si dicere inciperem, 15
mensuram excederet verbum necnon et epistole modum.

200 (209).

Innocenz III. legt dem Patriarchen (Johannes Kamateros) von Konstanti-
nopel die Argumente für den päpstlichen Primat und die Universalität der
Römischen Kirche dar, trägt ihm auf, am künftigen Konzil zu erscheinen oder 20
Vertreter dorthin zu entsenden und kündigt zuletzt die Mission eines päpst-
lichen Legaten an.

Lateran, (1199) November 12.

   Reg. Vat. 4, fol. 194ʳ—195ᵛ ⟨Nr. CC, 204, 209⟩.
   Sirleto, fol. 392ʳ = Cholinus, II 514 = Venet., II 514 = Baluze, I 472 Nr. 209 = Migne, 25
PL 214, 758 Nr. 209; Haluščynskyj, Acta Innocentii, 187—195 Nr. 9; H. Denzinger - A.
Schönmetzer, Enchiridion Symbolorum. Freiburg³² 1963, 774 f. (teilweise). — Bern. 1, 2 un.;
Rain. 3 un. — Potth. Reg. 862. — Vgl. Gesta Innocentii, c. 61, 62, Migne PL 214 CXXIII AB;

---

   [1] *Durchgestrichen, jedoch unterpunktiert.*   [m] *-em nachgetragen, z. T. auf Rasur.*
   [n] *-a auf Rasur nachgetragen.*   30

   [12] An den Konzilien von Chalcedon, Konstantinopel III und Nicaea II nahmen päpstliche Legaten teil, den Beschlüssen von Konstantinopel II gab Papst Vigilius (537—555)
seine nachträgliche Zustimmung.
   [13] Alexios (III.) Angelos Komnenos, Kaiser von Byzanz 8. (bzw. 10.) April 1195—18.
August 1203. — Der Patriarch antwortet hier auf Beschwerden des Papstes, die im Br. I 35
354 vorgebracht worden waren (S. 529 Z. 37 — S. 530 Z. 7).
   [14] Wohl eine Anspielung, daß der byzantinische Kaiser seine Gewalt von Gott her-
leite und sie nicht, wie der römische Kaiser, dem Papst verdanke. Diese Ansichten wurden
zuweilen auch im Abendland von den Dekretisten vertreten, wenn sie das ‚divinitus' von
D. XCVI, 11 des *Decretum Gratiani* glossierten (vgl. dazu A. M. STICKLER, *Il decretista* 40
Laurentius Hispanus. Studia Gratiana 9 [1966] 531, wo eine ähnliche Meinung dem Bernardus Compostellanus zugeschrieben wird; siehe dazu auch KEMPF, *Papsttum und Kaiser-*
tum, 240). Zur Gottesunmittelbarkeit der Kaiserkrone des Basileus vgl. O. TREITINGER,
Die oströmische Kaiser- und Reichsidee nach ihrer Gestaltung im höfischen Zeremoniell. Darmstadt ²1956, 37 ff., zum Kaisertitel: 168 ff.   45

A. Pichler, Geschichte der kirchlichen Trennung zwischen dem Orient und Okzident. München 1864, I 280; Norden, Papsttum und Byzanz, 141; Maccarrone, Chiesa e Stato, 16 ff.; Haluš-čynskyj, Acta Innocentii, 194 f.; W. de Vries, Innocenz III. (1198—1216) und der christliche Osten. AHP 3 (1965) 92 ff.; Brand, Byzantium confronts the West, 226; Schatz, Papsttum und
5 *partikularkirchliche Gewalt, 71 f., 75 f., 90, 94 f.; Hagedorn, Innozenz III. und Byzanz, 105— 118. — Die Antwort des Patriarchen ist ediert von Papadakis-Talbot, John X Camaterus, 35—41; vgl. Hagedorn a. a. O. 124 ff. mit Anm. 137.*

Patriarche Constantinopolitano[a][1].

Apostolice[b] sedis primatus, quem non homo sed Deus immo verius
10 Deus homo constituit, multis quidem et evangelicis et apostolicis testimoniis comprobatur, a quibus postmodum constitutiones canonice processerunt: concorditer asserentes sacrosanctam Romanam ecclesiam in beato Petro apostolorum principe consecratam quasi magistram et matrem ceteris preminere. Hic enim cum interroganti Domino, quem homines
15 esse dicerent filium hominis, aliis opiniones referentibus aliorum, ipse velut inter ceteros primus eum esse Christum Dei filium respondisset, audire promeruit: «Tu es Petrus, et super hanc petram edificabo ecclesiam meam» et post pauca: «Tibi dabo claves regni celorum». Nam licet primum et precipuum ecclesie fundamentum sit unigenitus Dei filius Iesus
20 Christus, iuxta quod dicit apostolus: «Quia fundamentum positum est, preter quod aliud poni non potest, quod est Christus Iesus», secundum tamen et secundarium ecclesie fundamentum est Petrus, etsi non tempore primus auctoritate tamen precipuus inter ceteros, de quibus Paulus inquit apostolus: «Iam non estis hospites et advene, sed estis cives sanctorum
25 et domestici Dei, super edificati supra fundamentum apostolorum et prophetarum», quos et fundamenta esse in montibus sanctis Dauit propheta testatur. Huius etiam primatum Ueritas per se ipsam expressit, cum inquit ad eum: «Tu vocaberis Cephas»; quod etsi Petrus interpretetur, capud tamen exponitur[2], ut sicut capud inter cetera menbra corporis, velut
30 in quo viget plenitudo sensuum, obtinet principatum, sic et Petrus inter apostolos et successores ipsius inter universos ecclesiarum prelatos prerogativa precellerent dignitatis: vocatis sic ceteris in partem sollicitudinis, ut nichil eis de potestatis plenitudine deperiret. Huic Dominus oves suas pascendas vocabulo tertio repetito commisit, ut alienus a grege Dominico
35 censeatur, qui eum etiam in successoribus suis noluerit habere pastorem. Non enim inter has et illas oves distinxit, sed simpliciter inquit: «Pasce oves meas», ut omnes omnino intelligantur ei esse commisse. Iacobus enim frater Domini, qui videbatur esse columpna, Ier(uso)lima sola contentus[c], ut ibi semen fratris premortui suscitaret, ubi fuerat crucifixus, Petro
40 non solum universam ecclesiam sed totum reliquit seculum gubernan-

Mt 16, 18 f.

vgl. 1 Kor 3, 11
vgl. Jo 3, 18

Eph 2, 19 f.
vgl. Ps 86, 1

Jo 1, 42

vgl. 2 Kor 11, 28

Jo 21, 15–17
vgl. Gal 2, 9

---

200. a) *Am Rande:* f.　　b) *Auf fol. 194ʳ längs des Briefes am Rande ein senkrechter, z.T. gewellter Strich.*　　c) *Darnach eine kleine Rasur.*

200. 1) S. Br. II 199 (208) Anm. 2.
　　2) Vgl. Br. II 79 (82) Anm. 2.

dum[3]. Quod ex eo etiam evidenter apparet, quia cum Dominus apparuisset in litore discipulis navigantibus, sciens Petrus, quod Dominus est, se misit in mare ac aliis navigio venientibus ipse sine beneficio navis ad
vgl. Jo 21, 1–7 Dominum festinavit. Cum enim mare mundum designet iuxta verbum psalmiste dicentis: «Hoc mare magnum et spatiosum, illic reptilia, quo- 5
vgl. Ps 103, 25 rum non est numerus», per hoc, quod Petrus se misit in mare, privilegium expressit pontificii singularis, per quod universum orbem susceperat gubernandum; ceteris apostolis vehiculo[d] navis contentis, cum nulli eorum universus fuerit orbis commissus, sed singulis singule provincie vel ecclesie potius deputate. Iterum etiam, ut se unicum Christi vicarium 10 designaret ad Dominum super aquas maris mirabiliter ambulantem, et
vgl. Mt 14, 22–33 ipse super aquas maris mirabiliter ambulavit. Nam cum aque multe sint populi multi congregationesque aquarum sint maria, per hoc, quod Petrus super aquas maris incessit, super universos populos se potestatem accepisse monstravit. Pro eo Dominus se orasse fatetur, inquiens[e] in articulo 15 passionis: «Ego pro te rogavi, Petre[f], ut non deficiat fides tua; et tu ali-
vgl. Lk 22, 32 quando conversus confirma fratres tuos», ex hoc innuens manifeste, quod successores ipsius a fide catholica nullo umquam tempore deviarent, sed revocarent magis alios et confirmarent etiam esitantes; per hoc sic[g] ei confirmandi alios potestatem indulgens, ut aliis necessitatem imponeret 20 obsequendi[h]. Quod et tunc Petrus agere cepit, quando quibusdam ex dis-
Jo 6, 61 cipulis abeuntibus retro et «durus est hic sermo» dicentibus, cum dixisset Iehsus ad duodecim: «Numquid et vos vultis abire?», solus ipse respondit
vgl. Jo 6, 67–69 pro ceteris: «Domine, verba vite eterne habes et ad quem ibimus?». Huic preterea dictum in Euangelio et audisti sepius et legisti: «Quodcumque 25 ligaveris super terram, erit ligatum et in celis; et quodcumque solveris
Mt 16, 19 super terram, erit solutum et in celis». Quodsi omnibus etiam apostolis simul dictum esse reperias, non tamen aliis sine ipso sed ipsi sine aliis
vgl. Mt 18, 18 attributam[i] esse cognosces ligandi et solvendi a Domino facultatem: ut quod non alii sine ipso, ipse sine aliis posset ex privilegio sibi[k] collato a 30 Domino et concessa plenitudine potestatis. Ad quod nimirum videtur
* fol. 194ᵛ illud non incongrue pertinere, quod ipse solus * legitur interrogasse Iesum: «Si peccaverit in me frater meus, dimittam ei usque septies?» et ei soli Iesus legitur respondisse: «Non dico tibi usque septies, sed usque septua-
Mt 18, 21 gies septies», quia profecto septenarius universitatis est numerus: eo quod 35 omne tempus septenario dierum numero noscitur comprehendi. Septenarius ergo numerus in se ipsum multiplicatus in hoc loco significat universorum universa peccata, quia solus Petrus potest non solum omnia, sed

---

[d]) -h- *über der Zeile nachgetragen.* [e]) in- *vielleicht nachgetragen.* [f]) *Auf Rasur,* *wahrscheinlich nachgetragen.* [g]) -c *anscheinend auf Rasur. Darnach wohl ein weiterer* 40 *Buchstabe ausradiert.* [h]) obse- *auf Rasur.* [i]) attributum. [k]) -egio sibi *auf Rasur.*

[3]) Zur Interpretation dieser Stelle und ihrer Herleitung von Bernhard von Clairvaux (*De consideratione* II 8; MIGNE, PL 182, 752 BC) vgl. MACCARRONE, *Chiesa e Stato*, 16—26; KEMPF, *Papsttum und Kaisertum*, 283 f.; TILLMANN, *Innocenz III.*, 260 f. und SCHATZ, *Papsttum und partikularkirchliche Gewalt*, 67, 71 f., 75 f. mit Anm. 66. 45

omnium crimina relaxare. Demum post passionem suam Dominus Petro
dixisse legitur: «Tu me sequere», quod utique non tam de sequela per- Jo 21, 19
ferende passionis quam credite dispensationis debet intelligi, cum et
Andreas et quidam alii preter Petrum sicut Dominus fuerint crucifixi, sed
5 solum Petrum substituit[1] sibi Dominus et in officio vicarium et in magi- vgl. Mk 16, 19;
sterio successorem.   Lk 24, 51;
                                                                          Apg 1, 9
Unde post ascensionem Domini Petrus velut successor ipsius regere vgl. Apg 1, 15–26
cepit ecclesiam ad complendum duodenarium discipulorum numerum loco
Iude prevaricatoris ex verbis prophete alium instituens [m] et faciens sub-
10 rogari; et recepto Paraclito discipulos non musto repletos sed Spiritus
sancti gratia illustratos ex verbis Ioelis apertius comprobavit. Hic penitentiam agere iussit et baptizari[n] credentes. Hic inter discipulos cu- vgl. Apg 2, 1–41
rando claudum primus fuit miraculum operatus; et in Ananiam et Saphi- vgl. Apg 3, 1–8
ram, uxorem ipsius, tamquam primus et precipuus inter eos, quia mentiti
15 fuerant Spiritui sancto, mortis sententiam promulgavit. Hic symoniace vgl. Apg 5, 1–11
pestis radicem contra primitivam ecclesiam pullulantem apostolica falce
succidit: solus in Symonem magum sententiam dampnationis promul-
gans, licet non ei soli sed omnibus communiter pecuniam obtulisset. vgl. Apg 8, 18–24

Ipse preterea, cum in eum mentis cecidisset excessus, vidit celum
20 apertum et descendens vas quoddam velud linteum magnum quatuor
initiis in terram de celo submitti, quod omnia quadrupedia et serpentia
terre ac celi volatilia continebat. Et cum facta esset vox dicens ad eum:
«Surge, Petre, macta et manduca», respondit: «Absit, Domine, quia numquam inmunda et communia manducavi». Et vox ad eum est facta secundo:
25 «Quod Deus purificavit, tu commune ne dixeris». Per quod[o] innuitur Apg 10, 11–16
manifeste, quod Petrus prelatus fuerit populis universis: cum vas illud
orbem et universitas contentorum in eo universas[p] significet tam Iudeorum quam gentium nationes. Qui licet postmodum ex revelatione divina
ab Antiochia fuerit translatus ad Vrbem, non tamen concessum sibi pri-
30 matum deseruit, sed[q] secum potius cathedre transtulit principatum, cum
Dominus eum nullatenus minorare voluerit, quem Rome previderat martirio coronandum. Sane cum ipse postmodum immo Dominus potius, qui
se in eo pati asseruit «Venio» dicens ad eum «Romam iterum crucifigi»[4],
Romanam ecclesiam suo sanguine consecrasset, primatum cathedre suc-
35 cessori reliquit, totam in eo transferens[r] plenitudinem potestatis: pro patre
siquidem nati sunt ei filii, quos Dominus principes super omnem terram
constituit.   vgl. Ps 44, 17

Sane cum per navim Petri ecclesia figuretur, tunc Petrus iuxta preceptum Dominicum navim duxit in altum, laxans predicationis retia in
40 capturam, cum ibi posuit ecclesie principatum, ubi vigebat secularis po- vgl. Lk 5, 4
tentie altitudo et imperialis monarchia residebat, cui fere singule natio-

---

[1]) *Migne:* sustinuit.   [m]) *Korr. aus* instruens.   [n]) -i *am Schluß auf Rasur.*
[o]) *auf Rasur.*   [p]) -as *auf Rasur.*   [q]) *Migne:* sedem.   [r]) tranferens.

[4]) Geht wohl auf Ambrosius, *Contra Auxentium*, c. 13 (MIGNE, PL 16, 1053) zurück.

nes, sicut flumina mari, tributa solvebant certis temporibus constituta. Ipse[s] quidem primus Iudeos, ipse quoque primus gentiles post ascensionem Christi convertit ad fidem, ut super utrosque fideles se primatum accepisse monstraret, cum ipso die Pentecostes ad verbum exhortationis ipsius circiter tria milia Iudeorum baptismi receperint sacramentum ac 5 deinde Cornelium centurionem et suos quasi primitias gentium ad revelationem angelicam baptizarit. Cum autem inter[t] apostolos ad consultationem credentium magna fieret conquisitio, utrum oportet circumcidi fideles et legem Mosaycam observari, Petrus principali fretus auctoritate respondit: «Quid temptatis Deum imponere iugum super cervicem disci- 10 pulorum, quod neque patres nostri neque nos portare potuimus?». Cuius sententiam subsecutus apostolicum super ipsa questione decretum Iacobus promulgavit. Paulus etiam, postquam abiit in Arabiam et iterum rediit in[u] Damascum, deinde post tres annos venit Ier(uso)limam, ut Petrum videret, cum eo Euangelium, quod in gentibus predicaverat, colla- 15 turus, ne forte in vacuum curreret aut etiam cucurrisset; cui etiam singularis apostolatus privilegium recognoscens antonomasice scribit de illo: «Qui operatus est Petro in apostolatu, operatus est mihi inter gentes». Ut autem quem Dominus ceteris prefecit privilegio dignitatis, pre ceteris quoque virtutis privilegio decoraret, tantam ei contulit potestatem, quod 20 ad umbram eius sanabantur infirmi; ut in eo intelligatur esse completum, quod Dominus dixerat: «Qui credit in me, opera, que ego facio, et ipse faciet et maiora horum faciet».

Hec autem non idcirco premisimus, ut nos, qui ei licet indigni successi- mus in apostolatus officio, extra nos ambulare velimus in magnis aut 25 super nos in mirabilibus exaltare, cum a Domino dictum esse noverimus: «Omnis, qui se humiliat exaltabitur, et qui se exaltat, humiliabitur»; unde cum inter discipulos eius questio de maioritate fuisset exhorta, respondit: «Qui maior est inter vos, erit omnium servus; et qui precessor tamquam ministrator», seipsum in exemplo proponens, quia Filius hominis non 30 venit ministrari, sed mi*|nistrare; propter quod et ipse Petrus aiebat: «Non quasi dominantes in clero, sed forma facti gregi[v] ex animo». Nam et alia dicit[w] Scriptura: «Quanto maior es, humilia te in omnibus»; et iterum: «Principem te constituere; noli extolli, esto in illis quasi unus ex illis. Deus enim superbis resistit, humilibus autem dat gratiam». 35

Sed quia per hec et alia, sicut credimus, que tua non debet fraternitas ignorare, apostolice sedis magisterium recognoscens eam super quibusdam dubitationum articulis consulere decrevisti[5], quod utique gratum gerimus et acceptum et tuam exinde prudentiam commendamus: non quod existimemus nos quasi sufficientes ex nobis, sed nostra sufficientia est ex 40 Deo, qui dat omnibus affluenter et non improperat, qui linguas infantium

Marginal references (left column):
vgl. Apg 2, 41
vgl. Apg 10, 22–48
vgl. Apg 15, 10
vgl. Apg 15, 13–21
vgl. Gal 1, 17 f.
vgl. Gal 2, 2
vgl. Gal 2, 8
vgl. Apg 5, 15
Jo 14, 12
vgl. 1 Kor 15, 9
vgl. Mt 23, 12;
Lk 14, 11
vgl. Lk 22, 26;
Mt 20, 27;
Mk 10, 44
Mt 20, 28
* fol. 195ʳ
vgl. 1 Petr 5, 3
vgl. Sir 3, 20
vgl. Sir 32, 1
vgl. Jak 4, 6;
1 Petr 5, 5
vgl. 2 Kor 3, 5
Jak 1, 5

---

s) I- *steht neben dem Schriftspiegel.*   t) intra.   u) rediit in *auf Rasur.*   v) *Durch Zeichen umgestellt aus* gregi facti. *Nach* gregi *ein Buchstabe, wohl* -s, *ausradiert.*   w) *Darnach zwei Buchstaben ausradiert.*

5) Br. II 199 (208).

facit disertas et aperit ora mutorum. Quesivisti^{x)} etenim^{y)} dubitans et   vgl. Weish 10, 21
addiscere volens, qua ratione Romanam ecclesiam unam et universalem
in nostris litteris vocaverimus, velut in quasdam species specialissimas
iam divisam; cum et unus sit pastor et unum ovile, licet sub uno pastorum   vgl. Jo 10, 16
5 principe Christo plures sint constituti pastores⁶⁾.

    Nos autem inquisitioni tue taliter respondemus, quod ecclesia duabus
ex causis universalis vocatur: intelligentia namque dictorum ex causis est
assumenda dicendi, cum non res sermoni sed rei sit sermo subiectus. Dicitur enim universalis ecclesia, que de universis constat ecclesiis, que Gre-
10 co vocabulo catholica nominatur^{z)}. Et secundum hanc acceptionem^{aa)}
vocabuli ecclesia Romana non est universalis ecclesia, sed pars universalis
ecclesie: prima videlicet et precipua veluti capud in corpore, quoniam in
ea plenitudo potestatis existit, ad ceteras autem pars aliqua plenitudinis
derivatur. Et dicitur universalis ecclesia illa una, que sub se continet eccle-
15 sias universas; et secundum hanc nominis rationem Romana tantum universalis ecclesia nuncupatur, quoniam ipsa sola singularis privilegio dignitatis ceteris est prelata; sicut et Deus universalis dominus appellatur,   vgl. Zach 4, 14
non quasi iam divisus in species aut specialissimas aut etiam subalternas,
sed quoniam universa sub eius dominio continetur. Est enim una genera-
20 lis ecclesia, de qua Ueritas inquit ad Petrum: «Tu es Petrus, et super hanc
petram edificabo ecclesiam meam». Et sunt multe particulares ecclesie,   Mt 16, 18
de quibus apostolus ait: «Instantia mea cotidiana sollicitudo omnium
ecclesiarum». Ex omnibus una consistit, tamquam ex particularibus   2 Kor 11, 18
generalis, et una preminet omnibus, quoniam cum unum sit corpus eccle-
25 sie, de quo dicit apostolus: «Omnes unum corpus sumus in Christo», illa   vgl. Röm 12, 5
velut capud ceteris membris excellit.

    Quesivisti etiam et te asseruisti non modicum dubitare, cupiens addis-
cere causam, quam acceptabis sine contradictione rationem habentem⁷⁾,
cum Dauit de Ier(us)alem^{bb)} dicat in psalmis: «Mater^{cc)} Syon dicet homo
30 et homo factus est in ea», utpote in qua Christus dignatus est conversari,   vgl. Ps 86, 5
predicare pariter et docere ac nostram operari^{dd)} salutem; in ea nostre   vgl. Mt 4, 23; 11, 1; 17, 21
ponens fidei fundamenta, propter quod mater deberet merito nuncupari,   vgl. Mt 9, 35
cum ex ea doctrina processerit salutaris. Cur mater omnium ecclesiarum   vgl. Ps 73, 12
ecclesia Romana dicatur, que a Ier(oso)limitana^{ee)} ecclesia orthodoxe
35 fidei sacramenta recepit, cum apostolus etiam inquiens^{ff)} se usque ad
Illiricum Euangelium predicasse, quod quasi a Ier(usa)lem inceperit, evi-   vgl. Röm 15, 19
denter ostendat. Licet^{gg)} autem ex^{gg)} premissis intelligatur et huic inqui-

---

    ^{x)} Q- *steht z. T. neben dem Schriftspiegel.*   ^{y)} et- *nachgetragen.*   ^{z)} -minatur *auf*
Rasur. Auch am Rande eine Rasur.   ^{aa)} ac- *auf Rasur nachgetragen. Auch am Rande*
40 *eine Rasur.*   ^{bb)} Ierulalem.   ^{cc)} *Migne:* matutinis.   ^{dd)} *Auf Rasur.*   ^{ee)} a Ier-
(oso)limitana *auf Rasur. Auch am Rande eine kleine Rasur.*   ^{ff)} apostolus etiam in- *auf*
Rasur. Auch am Rande eine kleine Rasur.   ^{gg-gg)} *Auf Rasur nachgetragen. Auch am*
Rande eine kleine Rasur.

    ⁶⁾ Ebd., S. 380 Z. 14—18.
45   ⁷⁾ Ebd., S. 380 Z. 24 — S. 381 Z. 17.

sitioni responsum, cum ecclesia Romana mater dicatur non ratione temporis sed ratione potius dignitatis — nam etsi secundum Ioh(ann)em
Andreas prius venerit ad fidem quam Petrus, prelatus est tamen Petrus
Andree, cum et in apostolorum cathalago semper primus quasi precipuus
premittatur, non quod Petrus sit prior tempore sed potior dignitate —, ad 5
omnem tamen dubietatem tollendam tua fraternitas debet distinguere
secundum diversas nominis rationes inter Romanam et Ier(oso)limitanam
ecclesias, quod illa dicenda sit mater fidei, quoniam ab ea [hh] sacramenta
fidei processerunt, ista vero dicenda sit mater fidelium, quoniam privilegio
dignitatis universis fidelibus est prelata. Sicut etiam sinagoga dicitur ma- 10
ter ecclesie, quoniam et ipsa precessit ecclesiam et ecclesia processit ab
ipsa — iuxta quod eadem dicit in Canticis: «Filii matris[11] mee pugna-
vere adversum me»; rursumque: «Paululum [kk] cum pertransissem, in-
veni, quem diligit anima mea; tenui eum nec dimittam, donec introducam illum in domum matris mee» — nichilominus tamen ecclesia mater 15
est generalis, que nova[11] semper fetu fecunda concipit, parit et nutrit:
concipit cathezizando quos instruit, parit baptizando quos abluit, nutrit
communicando quos reficit. De qua propheta dicit in psalmo: «Habitare
facit sterilem in domo matrem filiorum letantem». Et alius item propheta:
«Leva, inquit, in circuitu oculos tuos et vide: omnes isti [mm] congregati 20
sunt, venere tibi; fili tui de longe venient et filie tue de latere consurgent».

Gaudemus autem non modicum et utinam in te ac super te nostrum
gaudium impleatur, quod apostolatus nostri sollicitudinem super unione
Latinorum [nn] et Grecorum ecclesie commendasti pro divino zelo [oo] et
ignito proposito, que nos expressisti habere in tuarum serie litterarum[8]. 25
Super qua etiam imperialis nobis celsitudo rescripsit, quod, ut verbis eius
utamur, nostre sanctitatis est secundum precedentes sinodales operationes pro requisitis dogmatibus sinodalem conventionem fieri dispensare, et
nostra sic sanctitate faciente sanctissima, que apud vos [pp] * est ecclesia,
non ad conventum tardabit[9]. Licet autem, sicut ex predictis apparet, 30
ecclesia Romana non tam constitutione sinodochica quam divina capud
et mater omnium ecclesiarum existat et ideo nec pro disparitate rituum
nec dogmatum diversitate differre debueris, quin nobis sicut tuo capiti
secundum antiquum et canonicum statum [qq] benignius et devotius obe-
dires, cum certa non sint pro dubiis relinquenda[10]: nos tamen pro multis 35
necessitatibus ecclesiasticis disposuimus auctore Domino generale convocare concilium et sinodalem celebrare conventum, ad quem, si vocatus

Margin notes (left):
vgl. Jo 1, 35–42
vgl. Hl 1, 5
vgl. Hl 3, 2–4
Ps 112, 9
vgl. Is 49, 18
Is 60, 4
* fol. 195ᵛ

---

hh) *Korr. aus* eo.   11) -ticis: Filii matris *auf Rasur. Auch am Rande eine kleine
Rasur.*   kk) *Über dem zweiten* -u- *ein Kürzungsstrich ausradiert. Auch am Rande eine
kleine Rasur.*   11) -ova *auf Rasur. Migne:* novo.   mm) *Auf Rasur.*   nn) -orum 40
auf Rasur.   oo) pro divino z- *zum Teil auf Rasur.*   pp) *Korr. aus* nos. *Auch
Haluščynskyj druckt* nos.   qq) *Auf Rasur nachgetragen.*

8) Ebd., S. 380 Z. 2—4.
9) Brief Kaiser Alexios' III. von Byzanz (vgl. Br. II 201 [210] S. 393 Z. 19—22).
10) Zur Interpretation dieser Stelle vgl. HAGEDORN, *a. a. O.*, 113 ff.   45

a nobis iuxta ipsius imperatoris promissionem occurreris — cum hec sint
dogmata, que nostris litteris requisivimus: ut scilicet membrum ad capud
et ad matrem filia revertatur — ecclesie Romane reverentiam et obedientiam debitam impensurus, te sicut fratrem karissimum et precipuum mem-
5 brum ecclesie benigne ac hylariter admittemus; de ceteris auctoritate sedis apostolice ac sacri approbatione concilii cum tuo et aliorum fratrum
nostrorum consilio, que statuenda fuerint statuentes. Alioquin cum
scandalum ecclesie non debeamus ulterius sustinere, qui de area Domini
zizania debemus et paleas essufflare, dissimulare non poterimus, quin in
10 ipso concilio, si desuper datum fuerit, in hoc negotio de fratrum nostrorum
consilio procedamus.

    Monemus igitur fraternitatem tuam et exhortamur in Domino et per
apostolica tibi scripta mandamus, quatinus per te vel, si forte iusta prepeditus occasione nequiveris, per procuratores idoneos et aliquos de
15 maioribus ecclesiarum prelatis statuto tempore ad concilium vocatus
accedas, apostolice sedi obedientiam et reverentiam secundum statum
canonum prestiturus; ne si secus actum[rr)] fuerit, quod non credimus, tam
in[ss)] imperatorem ipsum, qui potest, si voluerit, efficere quod mandamus,
quam in te et Grecorum ecclesiam procedere compellamur.

20   Super ceteris autem dilectum filium I(ohannem), cappellanum et fami-
liarem nostrum, apostolice sedis legatum[11)], virum providum et discretum, nobis et fratribus nostris obtentu sue religionis et honestatis acceptum, ad imperialem excellentiam duximus destinandum[12)]; monentes et
exhortantes attentius, quatinus eum sicut legatum apostolice sedis benig-
25 ne recipias et honores et ea sine dubitatione qualibet credas, que tibi ex
parte nostra duxerit proponenda.

    Datum Laterani, II[tt)] Idus Novembris.

Marginal notes (right margin):
vgl. Mt 13, 24–30;
3, 12; Lk 3, 17

vgl. Jo 19, 11

vgl. 1 Thess 4, 1;
2 Kor 5, 20

201 (210).

Kaiser Alexios (III.) von Byzanz verteidigt sich gegen den päpstlichen Vor-
30 *wurf, er habe zu wenig zur Befreiung des Hl. Landes getan, stellt eine Betei-*
ligung der griechisch-orthodoxen Kirche an Unionsgesprächen in Aussicht,
lobt den Eifer der päpstlichen Legaten und empfiehlt seine eigenen Gesandten.

(Konstantinopel), 1199 Februar.

    Reg. Vat. 4, fol. 195ᵛ—196ᵛ ⟨Nr. 205, 210⟩.
35   *Sirleto, fol. 395ʳ = Cholinus, II 518 = Venet., II 518 = Baluze, I 476 Nr. 210 = Migne,*
PL 214, 765 Nr. 210; Tafel—Thomas, Urkunden zur älteren Handels- und Staatsgeschichte der

---

    rr) -ct- *korr. aus anderen Buchstaben. Vielleicht wollte der Registrator ursprünglich auch*
hier, so wie im Br. II 202 (211), auctum *schreiben (vgl. S. 397 Z. 15 f. mit Anm. dd). Über*
die Vertauschung von agere *und* augere *vgl. Mittellateinisches Wörterbuch bis zum aus-*
40 *gehenden 13. Jahrhundert, I (1969) 397 Z. 31, 50; 400 Z. 4.*   ss) *Auf Rasur, wahr-*
scheinlich nachgetragen.   tt) II Idus Novembris *nachgetragen (vgl. Kempf, Original-*
register, 116 Anm. 83).

11) S. Br. II 167 (176) Anm. 3.   12) S. Br. II 202 (211) S. 397 Z. 19—25

Republik Venedig, I 236—241 Nr. 83; Haluščynskyj, Acta Innocentii, 550—553 Nr. 3. — Dölger, Regesten, I/2 106 Nr. 1648. — Vgl. A. Pichler, Geschichte der kirchlichen Trennung zwischen dem Orient und Occident von den ersten Anfängen bis zur jüngsten Gegenwart. München 1864, I 299; Norden, Papsttum und Byzanz, 141; Haluščynskyj, Acta Innocentii, 107 bzw. Br. I 353; Maccarrone, La ricerca dell'unione, 254 f.; Brand, Byzantium confronts 5 *the West, 225 f.; Hagedorn, Innozenz III. und Byzanz, 18 f. — Dieser Brief ist ein Antwortschreiben auf den Br. I 353.*

Alexius, in Christo Deo fidelis imperator divinitus coronatus[1], sublimis, potens, excelsus, semper augustus et moderator Romanorum Commanus.

Innocentio, sanctissimo pape Romano, honorem condecentem ut patri 10 spirituali et votum orationum eius.

Per[a] prudentissimos legatos tue sanctitatis Albertum subdiaconum[2] et notarium Albertinum[3] meo directum imperio tue sanctitatis scriptum[4] ei oblatum fuit atque perlectum. Et quot quidem de imperii mei coram Deo humilitate ac exaltatione ex humilitate procedenti per tale scriptum 15 paterne meum monuisti imperium[5], et acceptavit nostra maiestas et in Deo confidit, quod et[b] ipsa in sua gloriabitur humilitate; quia et ipsa directa fuit et exnunc dirigi sperat atque orat. Nec enim nostra tranquillitas prophete Dauid verbis credere non potest «Nunc quidem humiliatus sum et salvavit me» ad Deum dicentis, nunc autem cor contritum et 20 humiliatum non despicere Deum. Nec etiam inefficaciter nostra serenitas parobolam Euangelii[c] de humilitate abscultavit, descensionem enim Domini et Saluatoris nostri Iesu Christi a celis et usque ad ipsum infernum: ubi nostra ponet sublimitas? Propter hec igitur omnia, quam valde imperium nostrum humiliter sapere amplectitur, et in ipsius humilitate Deum 25 eius non recordari nullo modo credit.

Quoniam vero de humiliter sapere in tue sanctitatis ammonitionis verbo et quedam scintilla passionis humilitati contraria sublatebat, hoc quidem alius forte non immolestum sentiret. Quid enim, quod sanctitas tua voluit tam docendo quam et increpando nostre induci[d] magnificentie, ut nec a 30 se ipsa nec etiam a divinis et nostris scripturis bonum intelligere vel addiscere valenti neque zelum pro Dominico sepulcro[6] et ex proprio suo corde estuantem portanti et pro misericordia, quam circa Christianos habet, accensum et exarsum et ut flamma materiem combustibilem ipsam cremantem et ut vermis eius ossa corrodentem. Propter que et secundum per- 35 fectum prophetam Osyam dicere est: «Et consolatio absconsa est ab oculis meis». Igitur etsi aliis talia tue sanctitatis verba ut intranquilla pla-

vgl. Is 52, 13;
Mt 23, 12;
Lk 14, 11; 18, 14;
Jak 1, 9

vgl. Sir 11, 22 u. ö.

vgl. Ps 114, 6

vgl. Ps 50, 10

vgl. Jo 6, 38;
Apg 2, 31;
Phil 2, 5–11

Os 13, 14

---

201. [a] *Auf. fol. 195ᵛ am Rande ein senkrechter, z. T. gewellter Strich.* [b] *Über der Zeile nachgetragen.* [c] Euanglii. [d] *Korr. aus* inducti.

201. [1] S. Br. II 199 (208) Anm. 13. Zum ‚divinitus coronatus' ebd., Anm. 14. 40
[2] S. Br. II 199 (208) Anm. 3.
[3] S. Br. II 199 (208) Anm. 4.
[4] Br. I 353. [5] Ebd., S. 526 Z. 3—12.
[6] Innocenz III. hatte Alexios III. ermahnt, das Hl. Land von den Sarazenen zu befreien. Vgl. Br. I 353, S. 526 Z. 18—32, S. 527 Z. 12—26. 45

cuere, tamen imperio meo et hec firma et amabilia ad unum et solum
respicienti, quod Deo placitum, et tuam mentem connicienti, quoniam non
ex elata sapere sed ex cura, quam pro Dominico habet sepulcro, talia
scribere induxit. Nam et ipsum imperium meum tali zelo fervens hiis si-
5 milia, que magni Pauli non diffidit et ipsum et anathema quidem a Christo esse pro fratribus meis christianis non orat. Verumtamen propriam   vgl. Röm 9, 3
suam libertatem Dominici sepulcri liberationi libenter supponeret et non
solum imperiali altitudini et maximarum divitiarum potentie multorum-
que e) hominum potestati, qualia et quanta nulli hodie superstitum prin-
10 cipum subiacent, sed et ipsi proprie vite pro liberatione Dominici sepulcri
de manu impiorum preiudicaret. Sed quoniam non in multitudine exercitus   vgl. Ps 48, 7; 51, 9;
nec in divitiarum gravedine meum confidit imperium, sed divitias, volun- Spr 11, 28;
                                                                          1 Makk 3, 19
tates et dispensationes imitari apud se iudicavit, iudicia vero Dei, ut ex vgl. Dt 1, 17
visis et operatis conici potest, Deum nondum nostris peccatis * placatum   * fol. 196ʳ
15 esse demonstrant nec nostra despexisse delicta, propter que et saltare in
sanctis illis locis Agarenis 7) permisit, et per longum iam tempus et usque vgl. Gn 16, 1–16;
                                                                          21, 9–21
nunc a prophanis et inmundis pedibus conculcari sancta illa sustinet; ut
videatur nunc a Deo perfici, que de Ier(usa)l(e)m dicta sunt per Zachariam:
«Ponam Ier(usa)lem lapidem conculcatum in omnibus gentibus. Omnis
20 eam conculcans illudens illudetur; et congregabuntur in ea omnes gentes f)
terre, et percutiam omnem equum in stupore et omnem ascensorem eius
in desipientia; super domum autem Iude aperiam oculos meos et omnes
equos populorum percutiam in cecitate».   vgl. Zach 12, 3 f.
     Ob hec et multum promptum imperium meum seipsum cohercet et
25 impetens cohibet. Timet enim, ne sic ante tempus faciens et tali opere secundum suum desiderium se apponens, verba Osye ut a Deo loquentis
audiat: «Sibi regnaverunt g) et non per me, dominati sunt nec etiam me
noverunt». Diligenter enim meum credit imperium, quod secundum Deum   vgl. Os 8, 4
nobis ambulantibus et que Christi sunt pro beneplacito Christi ulcisci   vgl. Phil 2, 21
30 festinantibus non solum millenariis exercitus multitudinibus [non] indige-
bimus nec etiam inevacuabilium thesaurorum evacuatione h), sed parva
pars exercitus est i) et modica pecunia cito totum perficere potuerit k). Hoc
Ezechiele regis Ier(usa)lem me docet lacrima: centum octoginta milia
Assiriorum Ier(usa)l(e)m cum duce Rampsaki obsidentium una nocte per
35 angelicam l) virtutem interficiens et Rampsaki ad Deum blasphemiam m)
necnon et Senacheri n) eum mittentis elationem in luctum convertens; hoc vgl. 2 Kg 19, 8–37
et trecenti sub Gedeon proni bibentes et sub unius lampadis solius lumine
omnia milia alienigenarum convertentes. Sanctissimi etiam Moysi manus   vgl. Ri 7, 4–22

---

e) mltorumque.   f) gent- *auf Rasur.*   g) -g- *korr. aus einem anderen Buchstaben.*
40 h) evaceratione; *das zweite -a- korr. aus einem anderen Buchstaben.*   i) *Darüber zwei kurze*
schräge Striche.   k) -u- *über der Zeile nachgetragen. Migne:* poterit.   l) *Korr. aus*
evangelicam. *So druckt auch Migne.*   m) b- *korr. aus* p-.   n) Seracheri.

     7) Sarazenen. Agareni nach Hagar, der Magd Abrahams, deren Sohn Ismael nach
islamischer Tradition Stammvater eines Teiles des arabischen Volkes ist. Vgl. *Encyclopédie*
45 *de l'Islam* 2 (Paris 1924) 579.

ad Deum elevatas et a duobus sacerdotibus sustentatas et Amalec verten-
vgl. Ex 17, 8–13 tes, et septem sacerdotum Iesu nave tubas sono tantum muros Iericho
vgl. Jos 6, 1–21 subvertentes meum obmittit imperium; ne et contra hodie tam sacerdotes
quam et milites currere videantur, talia nostris peccatis exigentibus mi-
racula non operari valentes. Quod enim non secundum Deum nobis cogita- 5
vgl. Spr 16, 23 tiones, que pro Deo sunt, sed oribus consentientes[1] cordibus dissentimus
et labiis osculantes animo adinvicem dividi volumus: ob hoc non prosperi
nobis pro Dominico gressus sepulcro[8].

Non enim tua ignorat sanctitas, quantam subversionem quantamque
occisionem nobilissimus quidem rex Alemanie Fredericus[9] imperii mei 10
superinduxit regionibus, sacramentis rigidissimis se alligans, pacifice et
sine pugna terras imperii mei pertransire iurans[10], et sic imperium meum
sine aliquo impedimento intrans, et omne in eo pessimum operans et
Christianos ut impios expugnavit[11]. Et hinc et a via, qua ipse ire propo-
suerat, exclusus et insperate fluvio et vetularum vado submersus est[12]. 15
Quomodo igitur imperium meum sic non bene circa Romaniam sentientibus adiuvare debebat et cum eis viam ambulare? Tamen quamvis sic mala[o] meo imperio illi retribuere, tamen imperium meum eis mala retribuere
noluit: integram, quam ad Dominicum sepulcrum habet reverentiam, sibi
reservans. Omnium enim necessariorum allationem ipsis ex regionibus 20
imperii mei et per se ipsos eis acquirere permisit et ipsum eis amministra-
vit et numquam eis defecit, necessariorum copia circa inimicos crucis hos
armans[13]. Non igitur inculpabilem[p] tua causetur sanctitas, sed contra
illos suam vertat increpationem, qui pro Christo quasi laborare ostenden-
tes contraria divinis operantur voluntatibus. Quare igitur pro Dominico 25
sepulcro ad bellum meum usque nunc distulit imperium, sufficienter hec
tue sanctitati respondit imperium. Det autem Deus per tuas sanctas ora-
tiones nostre potentie tranquillitati secundum imperii mei cor finem pro
Dominico sepulcro conatui apponi tempore congruo.

De unione autem ecclesiarum non longam responsionem tue sanctitatis 30
discretioni facit, quia levissima est unio, prout meo videtur imperio, si
humanis voluntatibus ex nobis deficientibus voluntas Dei et tantum in

---

[o] -a *am Schluß korr. aus* -o.   [p] -pa- *auf Rasur.*

[8] Über die inneren Schwierigkeiten im byzantinischen Reich und die damit verbun-
dene außenpolitische Handlungsunfähigkeit informiert OSTROGORSKY, *Geschichte des byzan-* 35
tinischen Staates, 332 f., 338—345.

[9] S. Br. II 37 Anm. 31.

[10] Im Herbst 1188 schloß der byzantinische Gesandte Johannes Dukas mit Kaiser
Friedrich I. Barbarossa einen Vertrag, der dem Kreuzfahrerheer freien Durchzug und
kostenlose Verpflegung zusicherte, es aber auch zu friedlichem Verhalten verpflichtete. Vgl. 40
DÖLGER, *Regesten*, 1581.

[11] Über Ausschreitungen der Kreuzfahrer vgl. K. ZIMMERT, *Der deutsch-byzantinische
Konflikt vom Juli 1189 bis Februar 1190.* Byzantinische Zeitschrift 12 (1903) 42—77.

[12] Am 10. Juni 1190 ertrank Friedrich I. Barbarossa im Salef (Gök-Su, Bez. Mersin,
Türkei). Vgl. GIESEBRECHT - SIMSON, *Geschichte der deutschen Kaiserzeit*, VI 280 f. und 722 f. 45

[13] Erst nach dem Frieden von Adrianopel (Februar 1190) gestaltete sich der Marsch
durch das byzantinische Reich etwas friedlicher. Vgl. ZIMMERT, *a. a. O.*, 42 ff.

nobis est mediatrix. Nam ecclesia quam universalis una est et non est di-   ^{vgl. Jo 10, 16;}
visa, sub uno pastore pro nobis suum sanguinem effundenti Christo ordi-   ^{Hebr 13, 20}
nata, quamvis ab aliis et aliis, que per partes sunt ecclesie, dispensentur
et agantur, quibus secundum voluntates et scientias eas agentium et fides

vgl. Jo 10, 16;
Hebr 13, 20
vgl. Mt 26, 28;
Mk 14, 24

nobis est mediatrix. Nam ecclesia quam universalis una est et non est divisa, sub uno pastore pro nobis suum sanguinem effundenti Christo ordinata, quamvis ab aliis et aliis, que per partes sunt ecclesie, dispensentur et agantur, quibus secundum voluntates et scientias eas agentium et fides
5 confirmatur vel movetur: et q⁾ hodierni ecclesiarum throni et honores a mundanis principibus et non aliunde ipsis advenere. Si igitur ecclesiarum prelati omnem carnalem prudentiam suam expulerint, soli autem sancto Spiritui per scrutationem exquisitorum dogmatum imposuerint, impossibile est de facili solutionem dubiorum non persequi et distantia pervenire
10 ad unionem et ad pacem litigantia. Si vero propria sua voluntate fuerint superati r⁾, operatio contrarii spiritus patenter et inconiungibile disciscis r'⁾ et inmixtibile divisis sequetur. Quemadmodum enim solis radii omnibus omnes equaliter effunduntur, si vero quis sub tecteo s⁾ quodam corpore abscondatur, huic et sole bene lucente non splendens nec lucens erit dies q⁾;
15 sic pure et sine passione intellectus, que Dei sunt, requirentibus veritatis lumen a sancto Spiritu lucet et orthodoxe fidei lumen ipsos illuminat. Non spiritualiter autem spiritualia requirentibus veritatis inventio fit incomprehensibilis: non enim com*plectuntur incomplexibilia t⁾ nec miscentur   * fol. 196ᵛ
incommixtibilia. Tue igitur sanctitatis est secundum precedentes sino-
20 dales operationes pro requisitis dogmatibus synodalem conventionem fieri dispensare; et tua sic sanctitate faciente sanctissima, que apud nos est, ecclesia non ad conventum tardabit. Et hec quidem de negotiis in scripto tue sanctitatis meo imperio directo declaratis.

    De secretioribus autem a predictis legatis meo imperio dictis secretius
25 responderi tue sanctitati preceptum est presenti homini imperii mei Ueneti co Ioh(ann)i Georgio¹⁴⁾, cui et tua credat sanctitas in omnibus, que ipse dixerit ei, ut ex parte imperii mei. Noscat etiam tua sanctitas u⁾, quoniam quam magne delectatum est imperium meum in tue sanctitatis prudentissimorum legatorum prudentia, quam plurimum etiam et eorum sapien-
30 tiam et pro tue sanctitatis honore certamen acceptavit simul atque laudavit. Sciat autem tua sanctitas, quoniam prout et sui legati diligenter novere, quod et homines de melioribus sue curie debeat mittere et cum ipsa sentire amicabiliter. Ob vie autem difficultatem ac v⁾ infidelitatem non potuit sic facere et ob hoc presentem iterum w⁾ hominem suum Ueneticum
35 Ioh(ann)em Georgium ad te transmisit fidelem existentem et ipsum imperio meo anulo et solo per hunc amicabiliter sentiens tecum. Det autem Deus secundum intentionem x⁾ imperii x⁾ mei cum tua sanctitate sentire amicabiliter.

    Mense Februarii, die y⁾, indictione secunda.

---

40   q⁻q⁾ *Am Rande eine Klammer, die der beim Br. I 139 (Ebd. Anm. b-b) gezeichneten ähnlich ist (vgl. auch Hageneder in RHM 8/9 [1966] 89 ff.).*   r⁾ *Migne und Haluščynskyj:* separati.   r'⁾ *Korr. aus* disscissis.   s⁾ *Für* testeo. *So emendiert auch Migne.*   t⁾ -mplex- *auf Rasur.*   u⁾ scitas.   v⁾ at.   w⁾ *Migne:* item.   x⁻x⁾ -m i· *auf Rasur.*   y⁾ *Das Tagesdatum fehlt.*

45   ¹⁴⁾ Johannes Georgius aus Venedig.

202 (211).

*Innocenz III. erläutert dem Kaiser Alex(ios III.) von Byzanz, daß er aus
eigener Initiative dem Hl. Lande zu Hilfe kommen müsse; er ermahnt ihn,
den Patriarchen (Johannes) von Konstantinopel oder dessen Vertreter zum
künftigen Konzil zu entsenden, wo auch über die Kirchenunion verhandelt* 5
werden soll, und empfiehlt ihm seinen eigenen Legaten.

Lateran, (1199) November 13.

Reg. Vat. 4, fol. 196ᵛ—197ʳ ⟨Nr. 206, 211⟩.

Sirleto, fol. 397ʳ = Cholinus, II 520 = Venet., II 521 = Baluze, I 478 Nr. 211 = Migne,
PL 214, 769 Nr. 211; Tafel—Thomas, Urkunden zur älteren Handels- und Staatsgeschichte der 10
Republik Venedig, I 241—246 Nr. 84; Haluščynskyj, Acta Innocentii, 195—199 Nr. 10. —
Potth. Reg. 863. — Vgl. noch Norden, Papsttum und Byzanz, 141; Hagedorn, Innozenz III.
und Byzanz, 119 und Br. II 201 (210), worauf unser Stück die Antwort ist.

Alex(io), illustri Constantinopolitano imperatori[1].

Multe[a] nobis attulit exultationis affectum, quod, sicut ex litteris 15
exellentie imperialis accepimus[2], legatos[b] et litteras[3] nostras[c] recepit
humiliter imperatoria celsitudo et ad[d] ea, que[d] super ecclesie unitate nos
scripsisse meminimus[4], etsi non[e] omnino sufficienter et evidenter, benigne
tamen et devote respondit, et exhortationes et commonitiones nostras
suum rescripsit imperium acceptasse. Is enim, a quo secundum apostolum 20
est omnis potestas, scrutator scilicet renum et cordium, Iesus Christus, qui
habet cor principum in manu sua, qui aperit et nemo claudit, aures tue
serenitatis aperuit et eum tibi devotionis spiritum inspiravit, ut que per
nos licet insufficientes vicarios suos et inmeritos apostolorum principis
successores imperiali magnificentie litteris fuerant exarata, et audires hu- 25
militer et benignius acceptares; licet super subventione terre orientali hactenus non impensa magnificentiam tuam nos credideris increpasse[5], cum
tamen id non increpando scripserimus, sed potius commonendo; quamvis increpationis alloquium a pontificali non sit officio alienum, iuxta quod
Paulus ad Timotheum scribens aiebat: «Predica verbum[f], insta impor- 30
tune oportune, argue, obsecra, increpa in omni patientia et doctrina».
Miramur autem, quod imperialis prudentia pro recuperatione terre sancte
nondum esse laborandum visa est suis litteris innuisse, quia, sicut ex
detentione ipsius terre poterat[g] evidenter agnosci, nondum Dominus peccatis nostris fuerat complacatus, qui non in multitudine nec in arcu sed in 35

Marginal references (left):
vgl. Röm 13, 1
vgl. Apok 2, 23
vgl. Spr 21, 1
vgl. Apok 3, 7

vgl. 1 Kor 15, 9;
2 Kor 3, 5;
2 Kor 12, 9

2 Tim 4, 2

---

202. ᵃ) *Am Rande ein Kreuz ausradiert.*　ᵇ) *-to- auf Rasur.*　ᶜ) *-a- korr. aus -o-.*
ᵈ⁻ᵈ) *Auf Rasur. Auch am Rande eine kleine Rasur.*　ᵉ) *Auf Rasur. Auch am Rande eine
kleine Rasur.*　ᶠ) *Darnach eine Rasur von ca. 10 mm.*　ᵍ) *-ter- auf Rasur.*

202. ¹) S. Br. II 199 (208) Anm. 13.
²) Br. II 201 (210).　　　　　　　　　　　　　　　　　　　40
³) Päpstliche Legaten waren der Subdiakon Albert und der Kammernotar Albertinus
(vgl. Br. II 199 [208] Anm. 3 und 4).
⁴) Vgl. Br. I 353, S. 526 Z. 33—S. 527 Z. 31.
⁵) Br. II 201 (210) S. 390 Z. 29 ff.

virtute sua salvos facit de sua misericordia confidentes. Times enim, sicut
tue littere continebant[6], ne, si tempus a Deo eiusdem terre liberationi
previsum imperialis serenitas voluerit prevenire, se frustra laborasse de-
ploret et increpetur a Domino per prophetam dicentem: «Sibi regnavere
5 et non per me, dominati sunt nec me novere». Verum ut non tam ad
reprehensionem quam instructionem loquamur, si diligenter consideres et
inspicias Ueritatem, longe aliter intelliges sentiendum. Bonorum enim
omnium dator, qui reddet unicuique secundum opera sua, cui servitia
coacta non placent, liberum homini concessit arbitrium, ut super hiis, in
10 quibus humanum posset invenire remedium, Dominum non temptaret.
Scriptum est enim: «Non temptabis Dominum Deum tuum». Est igitur
in tanta necessitate populi christiani vel potius Iesu Christi tam tibi quam
universis sacri baptismatis unda renatis libero utendum arbitrio et sub-
veniendum exuli Crucifixo; ne, si redemptionis eiusdem terre tempus
15 ignotum hominibus expectare volueris et nichil agere per te ipsum sed
universa relinquere dispositioni divine, sepulcrum Dominicum a Sarracenorum manibus preter tue subventionis auxilium liberetur et inde per
negligentiam imperialis magnificentia divinam incurrat offensam, unde
per sollicitudinem suam gratiam Domini poterat promereri[h]. Numquid
20 enim sensum Domini cognovisti? Numquid consiliarius eius es, ut certus
de dispositione divina tunc primum arma moveas in paganos et ad liberationem Ier(oso)limitane provincie[7] accingaris, cum Dominus misereri
disposuerit populi christiani et hereditatem suam de Sarracenorum manibus liberare? Nonne legisti de altitudine divitiarum sapientie et scientie
25 Dei, quam incomprehensibilia sunt iudicia eius et investigabiles vie eius?
Sane si divine mentis archana prescires et liberationem sepulcri Dominici
oculte revelationis oculo previderes, numquid tibi meritorium esset tunc
primum in terre sancte subsidium proficisci, quasi velles Dominum in sue
dispositionis executione iuvare, que per te nec impediri posset nec etiam
30 prorogari? Qui hoc sentiunt, dicere compellentur desipuisse prophetas, qui
eos penitentiam agere predicabant, quorum peccatum ex eorum contemptu Deus previderat aggravandum[1]; ut cum Moyses iussus a Deo
monuerit Pharaonem, ut dimitteret populum, induratum sic tamen cor
eius, ut populum dimittere nollet, est flagellatus. Non erit etiam secundum
35 opinionem talium vel desistendum a vitiis vel virtutibus insistendum, sed
standum potius dispositioni divine, que dampnandos previdit singulos aut
salvandos. Legit, sicut credimus, imperialis excellentia vel audivit, quod
propter peccatum Isr(ae)litici[k] populi * quadraginta dies, quibus debuerat terram repromissam intrare, in annos totidem Dominus commutavit,

Marginal references:

vgl. Os 1, 7;
Ps 48, 7; 51, 9;
108, 26

vgl. Os 8, 4

vgl. Jak 1, 17
vgl. Ps 61, 13;
Mt 16, 27; Röm 2, 6
vgl. Hebr 10, 8;
1 Petr 5, 2

Dt 6, 16; Mt 4, 7;
Lk 4, 12

vgl. Jo 3, 5

vgl. Röm 11, 34;
Is 40, 13

vgl. Röm 11, 33

vgl. Ez 18, 30 u. ö.

vgl. Ex 7, 14–12, 36

* fol. 197ʳ

vgl. Nm 14, 34

---

40   **h)** *Bis hieher am Rande ein senkrechter, z. T. gewellter Strich.*   **l)** *Über dem a- am*
Anfang ein Kürzungsstrich ausradiert. Auch am Rande eine kleine Rasur.   **k)** *Zwischen*
-s- und -r- eine schmale Rasur. Auch am Rande eine kleine Rasur.

⁶) Ebd., S. 391 Z. 25—28.
⁷) Jerusalem war 1187 durch Sultan Saladin erobert worden.

vgl. 2 Kg 20, 1–6;
Is 38, 4–6

et[1] e contrario ad contritionem et lacrimas Ezechie vitam eius in ter [m]
quinos annos extendit; ex quo potest plene perpendi, quod et tempus possit persecutionis Sarracenice breviare[1], qui in Euangelio de Antichristi
persecutione locutus adiecit: «Nisi breviati fuissent dies illius, salva non

vgl. Mt 24, 22;
Mk 13, 20

fuisset omnis caro». Preterea inter ceteras archanas et inscrutabiles causas 5
invasionis et detentionis terre orientalis hanc etiam Dominus sua forsan
miseratione previdit, ut multi relictis parentibus et amicis immo etiam

vgl. Mt 19, 27–29;
10, 37 f.; Lk 18, 29

omnibus, que habebant, Christum assumpto salutifere crucis signo sequen-
tes in defensione terre ipsius martirio coronentur; et inde triumphans [n]
ecclesia letetur et augeatur in celis, unde militans dolere ac minorari[o] 10
videtur in terris. Nolumus autem in huiusmodi amplius immorari, cum
recte attendentibus et inspicientibus diligenter veritas pateat per se ipsam.
Imperialis autem celsitudinis erit sic decetero Christo exuli subvenire, ut
et obloquentium detractionem evitet et in ultime discussionis examine
illud evangelicum contra se audire non possit: «Hospes fui et non colle- 15

vgl. Mt 25, 43

gistis me, infirmus et in carcere, et non venistis ad me».

Gaudemus autem, quod super ecclesie unione, pro qua imperatorie
magnificentie specialiter litteras nostras direximus et legatos[8], sicut ex
litteris tuis accepimus, promptum habere videris[p] affectum[q] et ad con-
sumandum, quod scripsimus, intendere diligenter. Rescripsisti enim per 20
litteras tuas, ut tuis verbis utamur, quod nostre sanctitatis est secundum
precedentes sinodales operationes pro requisitis dogmatibus sinodalem
conventionem fieri dispensare; et nostra sic[r] sanctitate faciente sanctissima, que apud vos[s] est, ecclesia non ad conventum tardabit[9]. Licet autem apostolica sedes non tam constitutione sinodochica quam divina capud 25
et mater omnium ecclesiarum existat, sicut ex tenore litterarum, quas
venerabili fratri nostro . . patriarche Constantinopolitano dirigimus[10] et
quarum tibi destinamus exemplar, celsitudini tue plenius poterit apparere[t], ideoque patriarcha predictus nec pro disparitate rituum nec dogmatum diversitate differre debuerit, quin nobis sicut suo capiti secundum 30
antiquum et canonicum statum benignius et devotius obediret, cum certa[u] non sint pro dubiis relinquenda: nos tamen pro multis necessitatibus
ecclesiasticis disposuimus auctore Domino generale convocare concilium
et sinodalem celebrare conventum, ad quem si vocatus a nobis iuxta
tuam[v] promissionem occurrerit — cum hec sint dogmata, que nostris 35
litteris requisivimus: ut scilicet membrum ad capud et ad matrem filia [w]

[1–1] *Am Rande eine schmale, senkrechte Rasur.*   [m] inter.   [n] -n- *auf Rasur. Auch
am Rande eine kleine Rasur.*   [o] *-i auf Rasur. Auch am Rande eine kleine Rasur.*   [p] *Durch
Zeichen umgestellt aus* videris habere.   [q] a- *auf Rasur. Auch am Rande eine kleine
Rasur.*   [r] *Korr. aus* sit.   [s] *Korr. aus* nos.   [t] -par- *auf Rasur. Auch am Rande* 40
eine kleine Rasur.   [u] *Korr. wahrscheinlich aus* cetera.   [v] *Migne:* suam.   [w] -ia *auf
Rasur nachgetragen. Auch am Rande eine kleine Rasur.*

[8] Bezieht sich auf Br. I 353.
[9] Br. II 201 (210) S. 393 Z. 19—22.
[10] Br. II 200 (209) S. 388 Z. 30 — S. 389 Z. 11.

revertatur — ecclesie Romane reverentiam et obedientiam debitam impensurus, eum sicut fratrem karissimum et precipuum membrum ecclesie benigne ac ilariter admittemus; de ceteris auctoritate sedis apostolice ac sacri approbatione concilii cum suo et aliorum fratrum nostrorum con-
5 silio, que statuenda fuerint statuentes. Alioquin cum scandalum ecclesie non debeamus ulterius sustinere, qui de area Domini zizania^{x)} debemus et paleas exufflare^{y)}, dissimulare non poterimus, quin in ipso concilio, si desuper datum fuerit, in hoc negotio de fratrum nostrorum consilio procedamus.

10   Monemus^{z)} igitur magnificentiam tuam et exhortamur attentius et in remissionem iniungimus peccatorum, quatinus sic efficias, ut idem patriarcha per se vel, si forte iusta prepeditus occasione nequiverit, per^{aa)} procuratores^{bb)} idoneos et aliquos de maioribus ecclesiarum prelatis statuto tempore ad concilium vocatus accedat, apostolice sedi obedientiam et
15 reverentiam secundum statum canonicum^{cc)} prestiturus: ne si secus auctum^{dd)} fuerit, quod non credimus, tam in te, qui potes, si volueris, efficere quod mandamus, quam in eum et Grecorum ecclesiam^{ee)} procedere compellamur.

     Super ceteris autem dilectum filium I(ohannem) capellanum et fami-
20 liarem nostrum, apostolice sedis legatum[11], virum providum et discretum, nobis et fratribus nostris obtentu sue religionis et honestatis acceptum ac tue serenitati devotum, ad imperialem^{ff)} excellentiam duximus destinandum; monentes et exhortantes attentius, quatinus eum sicut legatum apostolice sedis benigne recipias et honores et ea sine dubitatione
25 qualibet credas, que tibi ex parte nostra duxerit proponenda: sciturus pro certo, quod, si nostris volueris consiliis acquiescere, gravi tempestate sedata grata tibi poterit tranquillitas provenire.

     Datum Laterani, Idus Novembris.

vgl. Mt 13, 24–30;
Mt 3, 12; Lk 3, 17

vgl. Jo 19, 11

vgl. Mt 26, 28 u. ö.

---

^{x)} *Das erste* -i- *auf Rasur. Auch am Rande eine kleine Rasur.*   ^{y)} *Über* -are *ein*
30 *Kürzungsstrich ausradiert.*   ^{z)} M- *steht neben dem Schriftspiegel.*   ^{aa)} -it *per auf*
Rasur; wahrscheinlich nachgetragen.   ^{bb)} *Über dem* p- *ein Kürzungsstrich ausradiert.*
^{cc)} *Über dem* -i- *ein Kürzungsstrich ausradiert. Das zweite* -c- *entstand durch eine Korrektur:*
vielleicht wollte der Registrator, wie im Br. II 200 (209), S. 389 Z. 17, zuerst canonum
schreiben, bemerkte aber nach dem -u- *eine Korr. im gemeinsamen Konzept und verwandelte*
35 *den zweiten Schaft des* -u- *in ein* -c-.   ^{dd)} *Migne:* actum. *Vgl. Br. II 200 (209) Anm. rr.*
^{ee)} *Durch Zeichen umgestellt aus* ecclesiam Grecorum.   ^{ff)} *Das zweite* -i- *ist über der*
Zeile nachgetragen.

[11] S. Br. II 167 (176) Anm. 3.

203 (212).

*Innocenz III. befiehlt dem apostolischen Vikar L(eo ?) in Konstantinopel,
den dortigen lateinischen Priestern zu verbieten, daß sie den Bischöfen zur
Spendung vorbehaltene Sakramente, wie die Firmung, erteilen, was bisher
gewohnheitsrechtlich geschehen war.* 5

Lateran, (1199) November 16.

Reg. Vat. 4, fol. 197ʳ—197ᵛ ⟨Nr. CCIII, 207, 212⟩.
    *Sirleto, fol. 398ᵛ = Cholinus, II 522 = Venet., II 523 = Baluze, I 480 Nr. 212 = Migne,
PL 214, 772 Nr. 212. — Comp. III. 1, 3, 3; Alan. 6, 5; Alan. Anh. 58; Alan. K. 6, 2, 1;
Bern. 1, 5, 4; Coll. Fuld. 6, 2, 4; Rain. 7 un.; X. I, 4, 4. — Potth. Reg. 868; Haluščynskyj,* 10
Acta Innocentii, 493 Nr. 3, der die Namenssigle L mit L(ucio) auflöst.

L(eoni?), vicario nostro[1] apud Constantinopolim[a].

Quanto[b] de benignitate sedis apostolice[c] locum obtines celsiorem, tanto tibi est sollicitius procurandum, ut te talem exhibeas in agendis, non
declinans ad desteram vel sinistram, quod non minus re quam nomine vices 15
apostolicas gerere videaris. Pervenit sane ad audientiam nostram, quod
quidam simplices sacerdotes apud Constantinopolim ea sacramenta presumunt fidelibus exhibere, que ab apostolorum tempore[d] rite fuerunt[d]
solis pontificibus reservata — ut est sacramentum confirmationis, quod
crismando renatos soli debent episcopi per manus impositionem con- 20
ferre[2] —, ad excusandas excusationes in peccatis et sui herroris fomentum
solam[e] consuetudinem pretendentes, cum diuturnitas temporis peccata
non minuat sed augmentet, que tanto gra*viora existunt, quanto infe-
licem animam diutius detinent alligatam.

Volentes igitur hec et alia, que oculos divine magestatis offendunt, de 25
agro Dominico extirpari, discretioni tue per apostolica scripta precipiendo[f] mandamus, quatinus omnibus Latinis presbyteris apud Constantinopolim constitutis districte prohibeas, ne talia[g] decetero sua temeritate
presumant[g]; que licet non sint a fidelibus contempnenda, tutius est tamen[h] ea sine periculo ex necessitate, que legem non habet[3], omittere, 30
quam, ut[i] ab hiis, quibus ea conferre non licet, ex temeritate, que lege

Marginalien: vgl. Dt 2, 27; 17, 11 u. ö. · vgl. Ps 140, 4 · * fol. 197ᵛ · vgl. Mt 13, 24—30

---

203. [a] *Am Rande von einer Hand des 13. Jh.:* hoc c(apitulum) est Extra de consuetudine
(X. I, 4, 4). Darunter ein Kreuz ausradiert. [b] *Die Initiale läuft in einen kleinen,
speienden Hundekopf aus.* [c] *Durch Zeichen umgestellt aus* apostolice sedis. [d-d] *Auf
Rasur, wahrscheinlich nachgetragen.* [e] solam con- *auf Rasur. Auch am Rande eine* 35
kleine Rasur. [f] *Darnach eine kleine Rasur.* [g-g] *Auf Rasur.* [h] *Durch Zeichen
umgestellt aus* tamen est. [i] *Auf Rasur nachgetragen.*

203. [1] Vielleicht jener Magister Leo, der um 1200 als (päpstlicher) Vertreter in Konstantinopel bezeugt ist. Vgl. G. MÜLLER, *Documenti sulle relazioni delle città toscane coll' oriente
cristiano e coi Turchi.* Firenze 1879, 93 f. Nr. 62. 40
    [2] Über die Spendung des Sakramentes der Firmung, welche in der lateinischen Kirche
stets Vorrecht der Bischöfe war, wobei der Papst Delegationsgewalt hatte, vgl. HINSCHIUS,
System des katholischen Kirchenrechts, IV 55 ff. und P. FRANSEN, *Firmung,* in: LThK 4
(Freiburg ²1960) 145 f.
    [3] Vgl. *Decretum Gratiani* D. I de cons., 11 (= FRIEDBERG, *CorpIC,* I 1297). 45

dampnatur, non sine gravi periculo inaniter conferantur: cum umbra quedam ostendatur in opere, veritas autem non subeat in effectu. Alios quoque subiectos tuos et ab illicitis [k] revocare satagas et ad facienda bona
verbo et exemplo pariter invitare, quibus quales pro te litteras destinemus,
5 ex rescripti nostri serie perpendere poteris evidenter[4].
Datum Laterani, XVI Kal. Decembris.

204 (213).

Innocenz III. teilt den in Konstantinopel ansässigen Lateinern mit, daß er
den Magister L(eo?) zum apostolischen Vikar dieser Stadt ernannt und mit
10 *der Appellationsgerichtsbarkeit und Korrektionsgewalt über sie betraut habe.*
Ferner befiehlt ihnen der Papst, diesem zu gehorchen und für dessen Lebens-
unterhalt aufzukommen.

Lateran, (1199) November 16.

Reg. Vat. 4, fol. 197ᵛ ⟨Nr. 208, 213⟩.
15   Sirleto, fol. 399ʳ = Cholinus, II 523 = Venet., II 523 = Baluze, I 481 Nr. 213 = Migne,
PL 214, 772 Nr. 213. — Potth. Reg. 867.

Omnibus Latinis tam clericis quam laicis apud Constantinopolim
constitutis[1].

Quam[a] magnum sit bonum obedientie quantumque ab omnibus fideli-
20 bus appetendum, ex[b] contrario eius evidenter apparet, cum teste propheta peccatum ariolandi sit repugnare et quasi scelus idolatrie nolle acquiescere, sitque in illos graviter vindicatum, qui scisma in populo facientes   vgl. 1 Sam 15, 23
inobedientes extitere suis superioribus et rebelles. Ad[c] huius autem virtutis eminentiam nullus attingere poterit subditorum, nisi prelatis suis
25 curaverit humiliter obedire.
Sane quoniam presentiam suam non potest Romanus pontifex omnibus
exhibere, dilecto filio magistro L(eoni?)[2], cuius virtutes et merita plenius
cognovistis, vices suas apud Constantinopolim duxit sedes apostolica
committendas, ut absens corpore presens spiritu per ipsum, quem tanto
30 deputavit oneri[c'] et honori, vos tamquam membra sibi capiti firmiter   vgl. Eph 4, 15 f.
couniret.
Ut igitur ei, qui factus est Deo Patri obediens usque ad mortem, per   vgl. Phil 2, 8
obedientiam placere possitis, monemus universitatem vestram attentius[d]
et hortamur[d] in Domino per apostolica scripta precipiendo mandantes,   vgl. 1 Thess 4, 1;
35 quatinus pro reverentia beati Petri et nostra prefato magistro hunanimi-   2 Kor 5, 20

---

k) alllicitis.
204. ᵃ) *Die Initiale läuft in einen kleinen, speienden Hundekopf aus. Längs des Briefes am*
Rande ein senkrechter, z. T. gewellter Strich.   ᵇ) *Auf Rasur.*   ᶜ) *A- steht neben dem*
Schriftspiegel.   ᶜ') *Korr. aus* honeri.   ᵈ⁻ᵈ) *Migne:* et attentius exhortamur.

40   ⁴) Vgl. Br. II 204 (213).
204. ¹) Die in Konstantinopel ansässigen lateinischen Christen geistlichen und weltlichen
Standes.   ²) S. Br. II 203 (212) Anm. 1.

ter intendentes, salutaria ipsius monita et precepta teneatis firmiter et servetis; scituri quod nos illi concessimus, ut — quia communis deposcit utilitas: non obstante rescripto, si quod a bone memorie C. papa[3], predecessore nostro, proponitur impetratum — ad eum, quotiens necesse fuerit, libere appelletur, et ipse causas, super quibus ad eum fuerit appella- 5 tum, canonico fine decidat, enormes etiam et graves excessus per censuram ecclesiasticam corrigat et castiget. Circa quem, cum sine vestra non posset iniuria mendicare, in subsidiis etiam corporalibus conferendis, qui vobis spiritualia subministrat[e], vos esse convenit liberales: ut de bonis

vgl. 2 Kor 9, 7 vobis a Deo collatis eidem in vita et morte ilariter conferentes, orationum 10 illius sitis participes, qui vicarius noster existit; et per hec et alia bona, que in terris Domino inspirante feceritis, ad eterna gaudia pervenire possitis.

Datum Laterani, XVI Kal. Decembris.

205 (214).

Innocenz III. lädt den Prior (Johannes) und den Konvent von Santa Cruz 15 *de Coimbra in ihrem Prozeß mit dem Bischof (Petrus) von Coimbra für den 1. November 1200 vor den apostolischen Stuhl und gestattet den Parteien, bis dahin vor dem Abt (Mendo) von Alcobaça, dem Abt von Ceiça und dem Mönch Fer(dinand ?) Menendi von Alcobaça als päpstlichen delegierten Richtern neue Argumente vorzubringen.* 20

Lateran, (1199) November 24.

Reg. Vat. 4, fol. 197^v ⟨Nr. 209, 214⟩.
    Sirleto, fol. 399^r = Cholinus, II 523 = Venet., II 524 = Baluze, I 481 Nr. 214 = Migne, PL 214, 773 Nr. 214. — Potth. Reg. 873.

Priori et fratribus sancte Crucis[1]. 25

Pro[a] questionibus gravibus et diversis, quas venerabilis frater noster . . Colimbriensis[b] episcopus[2] adversus vos et quosdam alios religiosos habere dinoscitur, longo tempore iam elapso fuit apud Romanam ecclesiam constitutus[3], sperans per censuram sedis apostolice finem litibus imponendum[4]. Sed ecce desiderium eius facientibus vobis impresentiarum duci 30

---

e) *Migne:* subministret.
205. a) *Längs des Briefes am Rande ein senkrechter, z. T. gewellter Strich.* b) *-r- hat die Form eines Großbuchstabens.*

3) Clemens III. 1187—1191 oder Coelestin III. 1191—1198.
205. 1) Johannes, Prior des Augustiner-Chorherrenstiftes Santa Cruz de Coimbra (Diöz. und 35 Distr. Coimbra) 1192—1226. Vgl. ERDMANN, *PU in Portugal*, 351 Nr. 130 bzw. A. CRUZ, *Santa Cruz de Coimbra na Cultura Portoguesa da Idade Média.* Porto 1964, I 216.
    2) S. Br. II 125 (134) Anm. 10.
    3) S. Br. II 187 (196) Anm. 22.
    4) Über den Streit zwischen dem Kloster und dem Bischof von Coimbra, der seit der 40 Klostergründung (1131) andauerte, vgl. ERDMANN, *PU in Portugal*, 75 und Br. I 222—225, 227 und 332.

non potuit ad effectum, cum in absentia partis alterius, quantumcumque
nobis grave fuerit et molestum, ad diffinitivam sententiam non duxerimus
procedendum. Quamvis autem tantam inobedientiam vestram gravi
possemus animadversione punire, volentes tamen regia via semper ince-
5 dere, non declinantes ad desteram vel sinistram, universitati vestre in virtute obedientie districte precipiendo mandamus, quatinus omni contradictione et appellatione cessantibus usque ad festum Omnium Sanctorum proximo affuturum⁵⁾ per vos ipsos vel per sufficientes et idoneos responsales
ad nostram presentiam accedatis: super privilegiis omnibus et libertati-
10 bus, que a Romanis pontificibus⁶⁾ vel a Michaele, quondam Colimbriensi ᵇ⁾
episcopo⁷⁾, vos habere proponitis, et super aliis questionibus adversum vos
a Colimbriensi ᵇ⁾ ecclesia intentatis diffinitivam sententiam recepturi. Et
ut veritas facilius revelletur, autentica et originalia cum bullis suis nobis ᶜ⁾
sub premissa districtione ad eundem terminum exhiberi precipimus ᵈ⁾ per
15 eosdem.

Interim autem vobis sicut et alteri parti licebit, si volueritis, aliud ᵉ⁾ ab
hiis, que fecistis hactenus, allegare pariter et probare coram dilectis filiis . . de Alcobatia⁸⁾ et . . de Seiza⁹⁾ abbatibus et Fer(nando ?) Menandi,
monacho Alcobatie¹⁰⁾, sedis apostolice delegatis, quibus super hoc nostras
20 litteras destinamus¹¹⁾. Sane prefixum vobis terminum peremptorium assignamus, ad quem si venire vel mittere sicut premissum est contempseritis,
nos nichilominus in causa ipsa, quantum de iure poterimus procedemus.
Datum Laterani, VIII Kal. Decembris.

vgl. Nm 21, 22;
Dt 2, 27; 17, 11 u. ö.

ᶜ⁾ -s *auf einer ca. 10 mm langen Rasur in die Länge gezogen.*   ᵈ⁾ *Migne:* praecepimus.
25 ᵉ⁾ *Migne:* alius.

⁵⁾ 1. November 1200.
⁶⁾ Eine Aufstellung von Papsturkunden für Santa Cruz aus der Zeit zwischen 1135 und
1195 bei ERDMANN, *PU in Portugal*, 76—81.
⁷⁾ Michael Pais Salomão, B. von Coimbra (Suffr. von Braga) 1159/62—1176. Er war
30 zuvor Chorherr von Santa Cruz gewesen. Vgl. DE OLIVEIRA, *História eclesiástica*, 436. Die
Urkunde des Bischofs ist in Br. I 332, S. 488 Z. 8 — S. 490. Z. 12 inseriert; vgl. auch Br. I
224, S. 319 Z. 21—26 und die *Vita Tellonis archidiaconi*, in: Portugaliae Monumenta Historica, Scriptores, I 72 f. sowie E. AUSTIN O'MALLEY, *Tello and Theotonio, the Twelfth-
century Founders of the Monastery of Santa Cruz in Coïmbra.* The Catholic University of
35 America. Studies in Mediaeval History, N. S. XIV, Washington 1954, 116.
⁸⁾ Mendo, Abt der Zisterzienserabtei Alcobaça (Diöz. Lissabon, Distr. Leiria) 1192—
21. Februar 1206. Vgl. R. TRILHE, *Alcobaça*, in: Dict. HGE 2 (Paris 1914) 28.
⁹⁾ Abt der Zisterzienserabtei Ceiça (Diöz. und Distr. Coimbra). Vgl. M. COCHERIL,
Abadias Cistercienses portuguesas. Lusitania Sacra 4 (1959) 79.
40 ¹⁰⁾ S. Br. II 187 (196) Anm. 3.
¹¹⁾ Br. II 206 (215).

206 (215).

*Innocenz III. befiehlt dem Abt (Mendo) von Alcobaça, dem Abt von Ceiça
und dem Mönch F(erdinand ?) Menendi von Alcobaça, im Prozeß zwischen
dem Bischof (Petrus) von Coimbra und dem Stift Santa Cruz de Coimbra
weitere Zeugen zu verhören, die Prozeßakten an den Hl. Stuhl zu senden und* 5
die Parteien für den 1. November 1200 zur Verhandlung vor diesen zu laden.

(Lateran, 1199 November ca. 24).

Reg. Vat. 4, fol. 197ᵛ—198ʳ ⟨Nr. 210, 215⟩.
Sirleto, fol. 399ᵛ = Cholinus, II 524 = Venet., II 524 = Baluze, I 482 Nr. 215 = Migne,
PL 214, 774 Nr. 215. — Potth. Reg. 874.   10

De Alcobatia[1], . . de Seiza abbatibus[2] et F(ernando ?)
Menendi, monacho Alcobatie[3].

Quid[a] scribamus . . priori et fratribus sancte Crucis[4] super contro-
versiis gravibus et diversis, que inter ipsos et Colimbriensem ecclesiam[5]
agitantur, ex litteris apostolicis patentibus eis directis[6] perpendere pote- 15
ritis evidenter, quas per sollicitudinem * vestram ipsis omni contradictione et appellatione cessantibus exhiberi volumus et iubemus. Quamvis
autem coram vobis, quibus examinationem negotii sub certa forma recolimus commisisse, testes utrimque producti fuerint et recepti, quia tamen
de causa non constitit nobis ad plenum, per apostolica vobis scripta dis- 20
tricte precipiendo mandamus, quatinus receptis adhuc aliis testibus partium, si de ipsarum processerit voluntate, si quos super privilegiis, libertatibus vel aliis articulis duxerint producendos, et usque ad diffinitivam
sententiam remoto appellationis obstaculo procedentes, gesta omnia nobis sub sigillorum vestrorum testimonio per vestrum fidelem nuntium 25
transmittatis ad festum Omnium Sanctorum proximo affuturum[7] diem
peremptorium assignantes, quo recepture sententiam per se vel per procuratores idoneos nostro se conspectui representent; ad quem si qua
earum venire contempserit, nos nichilominus quantum de iure poterimus
procedemus.   30

Testes et cetera, per censuram ecclesiasticam cogantur. Quod si omnes
et cetera, duo vestrum et cetera.

Datum ut supra.

fol. 198ʳ (left margin, line 16)

---

206. ᵃ) *Die Initiale läuft in einen kleinen, speienden Kopf aus. Längs des Briefes am Rande ein
senkrechter, z. T. gewellter Strich.*   35

206. ¹) S. Br. II 205 (214) Anm. 8.
     ²) S. Br. II 205 (214) Anm. 9.
     ³) S. Br. II 187 (196) Anm. 3.
     ⁴) S. Br. II 205 (214) Anm. 1.
     ⁵) Bistum Coimbra.   40
     ⁶) Br. II 205 (214).
     ⁷) 1. November 1200.

207 (216).

Innocenz III. befiehlt dem Erzbischof (Konrad) von Mainz, alle Eide für unerlaubt zu erklären, die sich der frühere Bischof K(onrad) von Hildesheim von den Kanonikern des Bistums Würzburg, dessen Stuhl er ohne päpstliche
5 *Erlaubnis angenommen hat, leisten ließ: seiner Familie nach seinem Tode 2000 Mark auszuzahlen und die Wahl des Bischofs (Hermann) von Münster zu seinem Nachfolger, die er schon jetzt hatte vornehmen lassen, anzuerkennen.*

Lateran, (1199) November 24.

10 *Reg. Vat. 4, fol. 198ʳ ⟨Nr. 211, 216⟩.*
   Sirleto, fol. 400ʳ = Cholinus, II 524 = Venet., II 524 = Baluze, I 482 Nr. 216 = Migne, PL 214, 775 Nr. 216. — Alan. 2, 13, 5; Alan. K. 2, 15, 5; Add. ad Dunelm. IV. 64; Coll. Fuld. 2, 21, 13. — Potth. Reg. 875; Böhmer-Will, Regesta archiepiscoporum Maguntinensium, II 113 Nr. 394. — Vgl. Wendehorst, Bistum Würzburg, 188 und Br. I 335, 568 (574), II 52
15 *(54), 192 (201), 195 (204) und 266 (278).*

Archiepiscopo Maguntino, episcopo Sabinensi[1].

| **O**fficium credite nobis amministrationis[a] exposcit, ut non solum corrigamus ea que perperam fuerint attemptata, verum etiam illos[a'] qui contra ecclesiasticam honestatem et sanctorum Patrum constitutiones temeri-
20 tatem suam non metuunt exercere, ne impunitas incentivum[b] pariat delinquendi[c], animadversione debita puniamus.

Ad audientiam siquidem apostolatus nostri pervenit, quod C(onradus), quondam Ildesemensis episcopus, cum Herbipollensem ecclesiam temere occupasset[2], inter alia, que nimia temeritate ductus nequiter attempta-
25 vit, a canonicis eiusdem ecclesie Herbipollensis exegit[d] ut post eius obitum familie sue duo milia marcarum se promitterent soluturos; et ab eis iuramentum obtinuit, quod antequam ille marce solverentur illis, quibus ipse persolvi mandaret, successori eius nullatenus obedirent. Subsequenter etiam suggerens eis, quod pro successione Herbipollensis episcopatus qui-
30 dam conspirassent in mortem illius, similiter postulavit ab eis, ut eidem eligerent successorem. Cuius petitioni canonici annuentes ad electionem huiusmodi faciendam sex de suis confratribus elegerunt; qui cum Monasteriensem episcopum[3] elegissent, prefatus C(onradus) fecit canonicos ipsos tactis sacrosanctis evangeliis iuramento firmare, quod electioni iam-
35 dicte nullo umquam tempore obviarent[4].

---

207. [a] ammimistrationis.   [a'] -os *auf Rasur.*   [b] *Migne:* nocentium.   [c] *Migne:* delinquentes.   [d] *Migne:* exigit.

207. [1] S. Br. II 192 (201) Anm. 1.   [2] S. Br. II 52 (54) Anm. 2.
   [3] Hermann (II.) Graf von Katzenelnbogen, B. von Münster (Suffr. von Köln) Januar
40 1174—8. (oder 9.) Juni 1203. Vgl. H. STEHKÄMPER, *Hermann II. v. Katzenelnbogen, Bischof von Münster,* in: NDB 8 (Berlin 1969) 638.
   [4] Nachdem die Mehrheit des Würzburger Domkapitels Konrad im Februar 1201 zum B. postuliert hatte, wiederholten Vertreter der Minderheit vor Innocenz III. die hier geäußerten Vorwürfe. Vgl. *Potth. Reg.* 1412 (zu Juni 1201), ed. O. ABEL, *König Philipp der*
45 *Hohenstaufe.* Berlin 1852, 279 f.

Quoniam igitur tam enormem presumptionem nec possumus nec debemus sub dissimulatione transire, fraternitati tue per apostolica scripta mandamus atque precipimus, quatinus, si premissis veritas suffragatur, omni contradictione et appellatione postpositis auctoritate nostra predicta iuramenta tamquam illicita denunties non tenere; et illis, quos tibi[e] constiterit taliter iuravisse, de illicitis iuramentis condignam penitentiam et satisfactionem iniungas. Si qui vero contra formam huius mandati nostri tibi duxerint resistendum, eos ecclesiastica severitate percellere non omittas[5]. 5

| Datum[f] Laterani, VIII Kal. Decembris. 10

208 (217).

Katholikos Gregor der Armenier dankt Papst Innocenz III. für die Krönung des Fürsten Leo zum König von Armenien, die der Erzbischof (Konrad) von Mainz im Auftrage Kaiser (Heinrichs VI.) und der Römischen Kirche vorgenommen hat, versichert den Papst der Treue der armenischen Kirche und bittet um Hilfe gegen deren Feinde. 15

(Tarsos, 1199 ca. Mai)[1].

Reg. Vat. 4, fol. 198ʳ—198ᵛ ⟨Nr. 212, 217⟩.
Sirleto, fol. 400ᵛ = Cholinus, II 525 = Venet., II 525 = Baluze, I 482 Nr. 217 = Migne, PL 214, 775 Nr. 217; Haluščynskyj, Acta Innocentii, 554 f. Nr. 4. — Böhmer-Will, Regesta archiepiscoporum Maguntinensium, II 114 Nr. 397; Röhricht, Regesta Regni Hierosolymitani, 203 Nr. 761. — Vgl. auch Br. II 209 (218). 20

Littere fideliter interpretate de Armenico in Latinum, quas catholicus Armeniorum[2] domino pape Innocentio destinavit[a].

Vobis, qui estis capud post Christum consecrati ab eo et capud catholice ecclesie Romane, matris omnium ecclesiarum, a Deo prudentes[b] et sancti, quod debetis esse in loco apostolorum sublimis papa, et vobis sanctis archiepiscopis, episcopis, cardinalibus, presbyteris, clericis et omnibus, qui sunt de vestra sancta ecclesia, salutem et fraternitatem. Pax Dei sit inter vos. Gregorius[c] homo Iesu Christi, per gratiam Dei catho- 25 / 30

vgl. Sir 38, 8;
Röm 1, 7

---

e) *Migne:* ibi.   f) *Das Datum ist nachgetragen.*
208. a) *Längs des Briefes am Rande ein senkrechter, z. T. gewellter Strich.*   b) -d- *korr.* aus -t-.   c) *G- steht neben dem Schriftspiegel.*

⁵) EB. Konrad von Mainz scheint sich des Auftrags in Würzburg selbst entledigt zu haben. *Chronik von Reinhardsbrunn.* MG SS XXX/1, 563. 35
208. ¹) Zur Datierung: Das Schreiben traf zweifellos gleichzeitig mit dem Br. II 210 (219) vom 23. Mai 1199 in Rom ein und dürfte daher auch zur gleichen Zeit abgefaßt worden sein.
²) Gregor (VI.) Apirat, Katholikos der armenischen Kirche 1194—1203. Vgl. F. Tournebize, *Arménie,* in: Dict. HGE 4 (Paris 1930) 315 f. und 372. — Über Innocenz' III. Verhältnis zu Armenien (d. h. Armenokilikien am Golf von Iskenderun) vgl. Haluščynskyj, 40 *Acta Innocentii,* 35—47 und W. Maleczek, *Ein unbekannter Brief König Leos II. von Armenien an Papst Innocenz III.* Römische Historische Mitteilungen 13 (1971) bes. 13 f. mit Anm. 1 f.

licus totius ecclesie Armeniorum, filius vestre sancte ecclesie, que est fundamentum legis totius Christianitatis.

　　Sciatis, quod nos archiepiscopi, episcopi, presbyteri et clerici oramus
Iesum Christum, qui est capud omnium nostrum, ut servet vos et vestros
5　ab omnibus malis: quia cum vos, qui estis capud, estis incolumes, nos,
qui sumus corpus, bene valebimus per vestram benedictionem. Noveritis,
domine, quod ad nos venit nobilis, sapiens et sublimis archiepiscopus
Maguntinus[3], qui nobis attulit ex parte Dei et ex parte sublimitatis ecclesie Romane et ex parte magni imperatoris Roman(orum) sublime(m) coro-
10　nam[4] et coronavit regem nostrum Leuonem[5] et nobis reddidit coronam,
quam nos perdidimus a longo tempore[6]. Unde nos fuimus elongati a vobis
et nos recepimus eam libenter et cum magno gaudio. Et inclinamus et
regratiamus Deo et sancte ecclesie Romane et alto imperatori Roman(orum).

15　　　Sciatis, domine, quod ipse nobis monstravit vestra precepta et nos ea
multum libenter audivimus et libenter volumus legem et fraternitatem
sublimis ecclesie Romane, que est mater omnium ecclesiarum; et nos solebamus eam habere et modo[d] eam habemus et libenter volumus esse ad
vestrum mandatum. Et firmiter sunt ad mandatum vestrum omnes archi-
20　episcopi, episcopi et omnis clerus nostre ecclesie, qui sunt in multis terris
et sunt multi per Dei gratiam[7].

vgl. Kol 1, 18;
Eph 4, 15
vgl. 1 Sam 10, 19;
Mt 6, 13 u. ö.

---

　　d) *Migne:* nunc.

　　3) EB. Konrad von Wittelsbach (über ihn vgl. Br. II 192 [201] Anm. 1) hatte als Führer
des Kreuzfahrerheeres am 6. Januar 1198 Leo II. von Armenien zum König gekrönt. Vgl.
25　S. DER NERSESSIAN, *The Kingdom of Cilician Armenia*, in: A History of the Crusades, hrsg.
v. K. M. SETTON und A. WATSON (Philadelphia 1962) II 647 f.

　　4) Fürst Leo (II.) von Armenien (6. Mai 1187—1. [oder 2.] Mai 1219; seit 6. Januar
1198 als Leo I. König; vgl. GRUMEL, *Chronologie*, 379) hatte Kaiser Heinrich VI. um die
Krönung gebeten, doch war das entsprechende Schriftstück von seinen Gesandten Papst
30　Coelestin III. übergeben worden. Dieser verwies die Boten an den Kaiser, der nach Rat der
Fürsten den Erzbischof von Mainz mit der Königskrönung Leos betraute (TOECHE, *Heinrich VI.*, 366, 453 Anm. 2 und 477). Zugleich übersandte der Kaiser durch seinen Kanzler,
Bischof Konrad von Hildesheim, eine goldene, mit Edelsteinen besetzte Krone an Leo von
Armenien. Vgl. J. DARDEL, *Chronique d'Arménie*, c. XI, in: Recueil des historiens des
35　croisades, Documents arméniens, 2 (Paris 1906) 9 und DER NERSESSIAN, *a. a. O.*, 647.

　　5) Sicherlich hatte der Erzbischof von Mainz auch den Auftrag, Leo von Armenien die
mitgebrachte Krone aufzusetzen (Recueil des historiens des croisades, Documents arméniens, 1 [Paris 1869] 422), doch scheint bei der Zeremonie des 6. Januar 1198 der Katholikos, als er in der Sophienkathedrale von Tarsos Leo salbte, auch zugleich die Krönung vor-
40　genommen zu haben (ebd., 424, 566, 634; Recueil etc. 2 [1906] 9 mit Anm. 4; DER NERSESSIAN, *a. a. O.*, 647 f.

　　6) Das einst mächtige Reich der Bagratiden in Armenien wurde durch die Kaiser
Basileios II. und Konstantin IX. in 11. Jahrhundert dem byzantinischen Herrschaftsbereich
einverleibt. Vgl. OSTROGORSKY, *Geschichte des byzantinischen Staates*, 260, 276.

45　　7) In Wirklichkeit gab es innerhalb der armenischen Kirche eine beachtliche Gegenströmung gegen die Union mit der lateinischen Kirche, die auch in der Wahl des (Anti-)
Katholikos von Ani, Basileios II., und des (Anti-)Katholikos von Sivas, Johannes VII.
Anania, zum Ausdruck kam. Vgl. F. TOURNEBIZE, *Arménie*, in: Dict. HGE 4 (Paris 1930)
315 f. und DERS., *Histoire politique et religieuse de l'Arménie depuis les origines des Arméniens*

vgl. Hebr 13, 18
vgl. Phil 3, 18;
Apok 16, 13

Et nos rogamus vos, ut oretis Deum pro nobis, quia nos sumus in ore draconis et in medio inimicorum crucis et inter eos, qui naturaliter sunt inimici nostri. Et nos vos rogamus per Deum, quatinus nobis mittatis tale adiutorium et tale consilium, quod nos possimus conservare honorem Dei et Christianitatis et vestrum. Quia postquam nos sumus vestri et vos 5 estis memores nostri, efficiatis tantum erga nos, quod nos gratias refera-

vgl. 1 Petr 1, 18 f.

mus Deo, qui nos e) redemit sanguine suo, et quod gratiam f) agamus sancte

* fol. 198ᵛ

cruci Domini nostri, qui fecit totum mundum. Iesus Christus * defendat vos et omnes vestros ab omni malo et nobis det vestram benedictionem.

209 (218). 10

Innocenz III. legt dem Katholikos G(regor) der Armenier die Gründe für den päpstlichen Primat dar, trägt ihm auf, an der mit dem Hl. Stuhl neu einge-gangenen Bindung festzuhalten, und stellt die baldige Ankunft eines Kreuz-heeres in Aussicht.

Lateran, (1199) November 23. 15

Reg. Vat. 4, fol. 198ᵛ ⟨Nr. 213, 218⟩.
Sirleto, fol. 401ʳ = Cholinus, II 525 = Venet., II 526 = Baluze, I 483 Nr. 218 = Migne, PL 214, 776 Nr. 218; Haluščynskyj, Acta Innocentii, 199—201 Nr. 11. — Potth. Reg. 871; Böhmer-Will, Regesta archiepiscoporum Maguntinensium, II 113 Nr. 393; Röhricht, Regesta Regni Hierosolymitani, 203 Nr. 761 (erw.). — Vgl. G. Hofmann, Die Einigung der armeni- 20 schen Kirche mit der katholischen Kirche auf dem Konzil von Florenz. Orientalia Christiana Periodica 5 (1939) bes. 167—169.

G(regorio), catholico¹⁾ Armeniorum ᵃ⁾.

vgl. Kol 2, 7

Ex ᵇ⁾ eo te radicatum in fide catholica et esse catholicum non tam nomi-ne quam merito experimur, quod apostolice sedis magisterium recognos- 25 cens eam ecclesiarum omnium matrem et nos capud universorum fidelium confiteris, sicut ex tuarum nobis innotuit serie litterarum²⁾. Nosti etenim privilegium Petri, quod sibi Dominus universas oves suas pascendas voca-

Jo 21, 15–17

bulo tertio repetito commisit: «Pasce» inquiens «oves meas». Et super universos ligandi ei et solvendi contulit potestatem, dicens ad eum: 30 «Quodcumque ligaveris super terram, erit ligatum et in celis; et quodcum-

Mt 16, 19

que solveris super terram, erit solutum et in celis». Nosti ᶜ⁾ etiam prero-gativam apostolice sedis, que per merita beati Petri, etsi non tempore auctoritate tamen inter apostolos primi, non constitutione sinodochica sed divina inter omnes ecclesias magisterium obtinuit et primatum, funda- 35 menta super immobili fundamento, de quo Paulus inquid apostolus ᶜ⁾:

---

e) -os *auf Rasur.* f) gratiamus.
209. a) *Am Rande eine kurze senkrechte Rasur.* b) *Am Rande ein Kreuz ausradiert.*
Daneben: f. c–c) *Am Rande eine kurze senkrechte Rasur.*

jusqu'à la mort de leur dernier roi (l'an 1393). Paris 1899, 272 ff. Dortselbst auch Näheres 40 über die Union mit Rom (267 ff.).
209. ¹) S. Br. II 208 (217) Anm. 2. ²) Br. II 208 (217).

«Fundamentum positum est, preter quod aliud poni non potest, quod est
Christus Iesus», et de quo Ueritas in Euangelio inquit ad Petrum: «Super   vgl. 1 Kor 3, 11
hanc petram edificabo ecclesiam meam et porte inferi non prevalebunt
adversus eam». Petrus siquidem post Christum potest intelligi pastor   vgl. Mt 16, 18
5 unus et ecclesia universalis ovile unum, de quibus Dominus in Euangelio
protestatur: «Alias», dicens «oves habeo, que non sunt ex hoc ovili et
illas oportet me adducere et vocem meam audient et fiet unum ovile et
unus pastor». Sane[c] lapis ille angularis, quem reprobaverunt edificantes,   Jo 10, 16
factus postmodum in capud anguli faciens utraque unum, Iudeorum po-   vgl. Mt 21, 42 par.;
                                                                        1 Petr 2, 6 f.;
10 pulos et gentium nationes in unitate Christiane fidei couniuit[d], ecclesiam   Ps 117, 22
                                                                        vgl. Eph 2, 14
ex utrisque constituens[c] non habentem maculam neque rugam, quam[e],   vgl. Eph 5, 27
ne post ascensionem eius secaretur in partes et ne unitum in eius fide[f]
divideretur ovile, uni commisit apostolorum principi gubernandam, quem
solum[g] sibi Dominus et in officio vicarium et in magisterio constituit   vgl. Jo 10, 16
15 successorem.

Hoc[h] autem tua fraternitas diligenter attendens ac sciens, quod secundum apostolum omnes unum corpus sumus in Christo, singuli autem alter   vgl. Röm 12, 5;
                                                                        1 Kor 12, 27
alterius menbra, nos, quos Dominus licet inmeritos vicarios suos esse   vgl. 2 Kor 3, 5
voluit et apostolorum principis successores, capud ecclesie confiteris et te
20 ac fratres et[i] coepiscopos tuos partem nostri corporis recognoscis: sciens
quod, sicut palmes non potest fructum facere a semetipso, nisi manserit
in vite, sic et menbrum et sensu caret et actu, si non in corporis perman-   vgl. Jo 15, 4
serit unitate. Gaudemus ergo non modicum, quod in fide catholica perse-
verans circa nos pie geris devotionis affectum et filium te esse apostolice
25 sedis innuis, dum eam esse matrem omnium protestaris, recognoscens a
nobis magisterium ecclesiastice discipline[k], quam, etsi receptam longo
tempore prius ex parte, tamen per venerabilem fratrem nostrum . . Maguntinum archiepiscopum, episcopum Sabinensem, unum ex septem episcopis, qui nobis in ecclesia Romana collaterales existunt[3], suscepisse te gau-
30 des et desideras observare. Fuit autem et est magnum tue devotionis inditium, quod eundem archiepiscopum magnifice recepisti et curasti non
modicum honorare, sicut et tue littere continebant et ipsius nobis relatio
patefecit[4].   vgl. 1 Thess 4, 1;
Monemus igitur fraternitatem tuam et exhortamur in Domino ac per   2 Kor 5, 20
35 apostolica tibi scripta mandamus, quatinus in devotione sedis apostolice

---

d) *Über-*ivit *ist ein Kürzungszeichen ausradiert. Auch am Rande eine kleine Rasur.*   e) que.
f) *Darnach eine kleine Rasur. Auch am Rande eine kleine Rasur.*   g) -o- *korr. aus einem
anderen Buchstaben.*   h) -o- *z. T. auf Rasur. Auch darüber und am Rande je eine kleine
Rasur.*   i) e- *auf Rasur. Auch am Rande eine kleine Rasur.*   k) *Bis hieher am Rande
40 ein senkrechter, z. T. gewellter Strich.*

3) S. Br. II 208 (217) Anm. 3. Der Zusatz meint die sieben (Kardinal-)Bistümer der
Römischen Kirche, die suburbikarischen Sitze von Ostia, Velletri, Albano, Porto und S.
Rufina, Palestrina (Präneste), Tusculum (Frascati) und der Sabina.

4) Konrad von Wittelsbach landete am 15. Juli 1199 in Apulien und verblieb bis
45 Jahresende an der Kurie; erst Anfang 1200 kehrte er nach Deutschland zurück. Vgl.
GANZER, *Auswärtiges Kardinalat*, 113.

vgl. Ps 1, 2
vgl. 1 Tim 1, 10;
2 Tim 4, 3; Tit 2, 1
firmiter perseveres et in lege Domini die mediteris et nocte, que sane doctrine congruunt predicans, et que predicaveris, quantum Dominus permittit, adimplens; ut in te nec opera verbis nec verba operibus contradi-
cant. Esto circa subiectos magister ut doceas, ut corrigas pater, mater ut
foveas, doceas minus doctos, superbos corrigas, humiles foveas et devo-   5
tos; iustitiam misericordia temperans et equitatem in iudicio non relinquens. Super subventione vero Ier(oso)limitane provincie nosse te volumus, quod iam per Dei gratiam ad commonitionem[1] nostram multi crucis
vgl. Apg 18, 21 signaculum receperunt et plures Domino dante recipient in defensionem
orientalis provincie oportuno tempore transituri. Iam etiam duo ex fratri- 10
bus nostris de manibus nostris vivifice crucis assumpsere vexillum exer-
vgl. Jos 10, 25 citum Domini precessuri[5]. Confide igitur et esto robustus, quia citius
forsitan quam credatur orientalis provincia subsidium sentiet expectatum.
      Datum [m] Laterani, IX Kal. Decembris.

210 (219).

15

*König Leo von Armenien teilt Papst Innocenz III. mit, daß er die armeni-
sche Kirche seinem Primat unterstellen wolle, verweist auf mündliche Mitteilungen, die ihm der Erzbischof (Konrad) von Mainz über Leos schwierige
Lage machen werde, und bittet dringend um Hilfe gegen die Sarazenen.*

Tarsos, 1199 Mai 23. 20

      Reg. Vat. 4, fol. 198ᵛ—199ʳ ⟨Nr. CCX, 214, 219⟩.
      *Sirleto, fol. 401ᵛ = Cholinus, II 527 = Venet., II 527 = Baluze, I 484 Nr. 219 = Migne,
PL 214, 778 Nr. 219; Haluščynskyj, Acta Innocentii, 555 f. Nr. 5. — Böhmer-Will, Regesta
archiepiscoporum Maguntinensium, II 113 Nr. 396; Röhricht, Regesta Regni Hierosolymitani, 200 Nr. 755.*

25

**Reverentissimo in Christo patri et domino I(nnocentio), Dei gratia summo
pontifici et universali pape tanto et tali honore dignissimo.**

vgl. 1 Chr 29, 11;
Röm 16, 27;
1 Tim 1, 17;
1 Petr 4, 11
Leo per eandem et Romani imperii gratiam rex[a] omnium Armeniorum[1] cum salutatione se ipsum et quicquid potest.
      Gloria[b], laus et honor omnipotenti Deo, qui vos tantum et talem 30
pastorem ecclesie sue preesse voluit, vestris bonis meritis exigentibus, et
vgl. Eph 2, 20 tam fructuosam et firmam fabricam super fundamentum apostolorum
vgl. Mt 5, 15 par. componere et tantum lumen super candelabrum positum toto orbi terrarum ad salutem totius Christianitatis effundere dignatus est. In vestri vero

---

      [1] *Das zweite -o- korr. aus -u-.*   [m] *Das Datum ist vielleicht nachgetragen.* 35
210. [a] r- *auf Rasur.*   [b] *Längs des Briefes am Rande ein senkrechter, z. T. gewellter Strich.*

      [5] Vgl. Br. I 336, S. 502 Z. 11 ff. — Die beiden Genannten sind Kardinal Soffred von
S. Prassede und Kardinal Petrus Capuanus von S. Maria in Vialata.
210. [1] Vgl. Br. II 208 (217) Anm. 4 und 5.

luminis gratia salutaribus monitis[c] reverentissimi patris nostri archiepiscopi Maguntini[2] instructi et informati, | omne regnum nobis a Deo commissum amplissimum et spatiosum et omnes Armenos huc illuc in remotis partibus diffusos[d] ad unitatem sancte Romane ecclesie divina
5 inspirante clementia revocare cupimus et exobtamus. Ad hec calamitates, miserias, paupertatem et inbeccillitatem regni Syrie[3] et nostri per ipsum predictum Maguntinum, quia difficilior labor erat * scripto retexere, pietati vestre patefacimus[4]. Ipse vero per singula rei veritatem vobis explicabit, in cuius notitiam[e] ista non preteriere. Hanc utique contritio-
10 nem et collisionem in valle destituti lacrimarum iamdiu sustinuimus, quod decetero sine spe subsidii et auxilii vestri sustinere nequimus. Verum quia zelus domus Dei tepescere[f] non debet in cordibus tam vestro quam nostro, non ut personam instruentis geramus, eiusdem domus decorem diligere et pro eadem domo murum nos oportet opponere, ut impetus, quos[g] super
15 eam faciunt inimici crucis, cooperante Dei gratia collectis in unum animi viribus resistendo excludamus. Hinc est, quod vestram flexis genibus imploramus pietatem, quatinus lacrimabilibus domini Maguntini precibus et nostris divino intuitu aures misericordie porrigatis et miseriis Christianitatis compatientes subsidium christianissimum nobis accurrendo mittatis,
20 ante quam inremeabile, quod absit, incurramus diluvium, immo cum Dei et vestro auxilio evaginato ense de[h] Hur, Chaldeorum[h] et persecutione Pharaonis liberari possimus.

Datum Tharsis[5] anno ab incarnatione Domini M° C° XC° VIIII, mense Madio die XXIII.

* fol. 199ʳ

vgl. Ps 83, 7

vgl. Ps 68, 10; Jo 2, 17

vgl. Ps 25, 8

vgl. Ez 13, 5

vgl. Mk 16, 20

vgl. Gn 6, 1 – 8, 14
vgl. 2 Kg 24, 1 – 25, 29
vgl. Gn 11, 31;
Ex 1, 1 – 14, 27

25 211 (220).

Innocenz III. lobt den König L(eo) von Armenien, weil er die armenische Kirche dem päpstlichen Primat unterstellen wolle und die Königskrone aus der Hand des Erzbischofs (Konrad) von Mainz entgegengenommen habe. Ferner trägt er ihm auf, eifrig gegen die Sarazenen zu kämpfen, und stellt
30 *baldige Unterstützung in Aussicht.*

Lateran, (1199) November 24.

Reg. Vat. 4, fol. 199ʳ ⟨Nr. 215, 220⟩.

Sirleto, fol. 401ʳ = Cholinus, II 527 = Venet., II 527 = Baluze, I 484 Nr. 220 = Migne, PL 214, 779 Nr. 220; Haluščynskyj, Acta Innocentii, 201 f. Nr. 12. — Potth. Reg. 878;
35 Böhmer-Will, Regesta archiepiscoporum Maguntinensium, II 113 Nr. 395.

---

[c] -s *korr. aus einem anderen Buchstaben. Darnach eine kleine Rasur.*   [d] -os *auf Rasur.*
[e] *Nach* noti- *ein oder zwei Buchstaben ausradiert.*   [f] tep- *auf Rasur nachgetragen. Auch am Rande eine kleine Rasur.*   [g] quod.   [h–h] de Hur, Cha- *auf Rasur nachgetragen.*

[2] S. Br. II 192 (201) Anm. 1.
40 [3] Damit sind wohl das Fürstentum Antiochien und die Grafschaft Tripolis (Libanon) gemeint.
[4] S. Br. II 209 (218) Anm. 4.
[5] Tarsos (Prov. Mersin, Türkei).

L(eoni), illustri regi[1] Armenorum[a].

Vgl. Jr 29, 14
vgl. Eph 5, 27
vgl. Jr 1, 10
vgl. Ps 79, 12;
Jr 48, 32
vgl. Ps 23, 1;
1 Kor 10, 26

Is ecclesiam suam congregatam ex gentibus non habentem maculam neque rugam super gentes et regna constituit, is extendit palmites eius usque ad mare et usque ad terminos terre ipsius propagines dilatavit, cuius est terra et plenitudo eius, orbis terrarum et universi, qui habitant in ea. 5 Ipse etiam Romanam ecclesiam non solum universis fidelibus pretulit, sed super ceteras etiam ecclesias exaltavit, ut cetere ab ea non tantum[b] vivendi normam et morum sumerent disciplinam, sed et fidei etiam catholice documenta[c] reciperent et eius servarent humiliter instituta[d]. In Petro enim apostolorum principe, cui excellentius aliis Dominus ligandi 10 et solvendi contulit potestatem, dicens ad eum: «Quodcumque ligaveris super terram, erit ligatum et in celis, et quodcumque solveris super ter-

Mt 16, 19

ram, erit solutum et in celis», ecclesia Romana, sedes eius et sessores ipsius, Romani pontifices[e] successores Petri et vicarii Iesu Christi sibi invicem per successivas varietates temporum singulariter succedentes super eccle- 15 siis omnibus et cunctis ecclesiarum prelatis immo etiam fidelibus universis a Domino primatum et magisterium acceperunt; vocatis sic ceteris in partem sollicitudinis, ut apud eos plenitudo resideat potestatis[e]. Non enim in Petro et cum Petro singulare illud privilegium expiravit, quod successoribus eius futuris usque in finem mundi Dominus in ipso concessit; 20 sed preter vite sanctitatem et miraculorum virtutes par est in omnibus iurisditio successorum[f], quos etsi diversis temporibus eidem tamen sedi et eadem auctoritate Dominus voluit presidere.

Gaudemus autem, quod tu sicut princeps catholicus apostolice sedis privilegium recognoscens venerabilem fratrem nostrum .. Maguntinum 25 archiepiscopum, episcopum Sabinensem, unum ex septem episcopis, qui nobis in ecclesia Romana collaterales existunt[2], benigne ac ilariter recepisti; et non solum per eum institutis salutaribus es instructus, quibus iuxta continentiam litterarum tuarum totum regnum tuum licet amplissimum desideras informari et universos Armenos ad ecclesie Romane gre- 30 mium revocare[3], sed ad honorem et gloriam apostolice sedis, quam con-

vgl. Jr 1, 10

stitutam esse novisti super gentes et regna, diadema regni recepisti[g] de manibus eius[4], et eum curasti devote ac humiliter honorare, et nos per ipsum et litteras tuas ad orientalis terre subsidium invitasti[5].

vgl. Jak 1, 17
vgl. Spr 21, 1

Ei ergo, a quo est omne datum obtimum et omne[h] donum perfectum, 35 qui habet corda principum in manu sua, quas possumus gratias referentes,

---

211. [a] *Am Rande ein Kreuz ausradiert. Daneben: f. Längs des Briefes am Rande ein senkrechter, z. T. gewellter Strich.*   [b] tam.   [c] -a *auf Rasur.*   [d] *Bis hieher am Rande eine schmale senkrechte Rasur.*   [e-e] *Auf Rasur nachgetragen.*   [f] *Der letzte Schaft des ersten* -u- *und* -ccess- *auf Rasur.*   [g] re- *auf Rasur.*   [h] ome.   40

211. [1] S. Br. II 208 (217) Anm. 4.
    [2] S. Br. II 209 (218) Anm. 3.
    [3] Br. II 210 (219) S. 409 Z. 1—5.
    [4] Br. II 208 (217) Anm. 4 und 5.
    [5] Br. II 210 (219) S. 409 Z. 16—22.   45

qui tibi tante humilitatis animum inspiravit, rogamus serenitatem regiam
et exhortamur in Domino ac per apostolica tibi scripta mandamus, quatinus in timore Domini et apostolice sedis devotione persistens ad expugnandam barbariem paganorum et vindicandam iniuriam Crucifixi tanto
5 potentius et efficacius studeas imminere, quanto fraudes et versutias hostium vicinius positus melius cognovisti; non in exercitus multitudine aut
virtute, sed de ipsius potius miseratione confidens, qui docet manus ad
prelium et digitos movet ad bellum, qui arcus fortium superat et robore
accingit infirmos. Iam enim per Dei gratiam ad commonitionem nostram
10 multi crucis signaculum receperunt[1] et plures Domino dante recipient
in defensionem orientalis provincie oportuno tempore transituri. Iam
etiam duo ex fratribus nostris de manibus nostris vivifice crucis assumpsere vexillum exercitum Domini precessuri[6]. Confide igitur et esto robustus, quia citius forsitan quam credatur orientalis provincia subsidium
15 sentiet expectatum.
Datum Laterani, VIII Kal. Decembris.

Marginal references (right):
vgl. 1 Thess 4, 1;
2 Kor 5, 20

vgl. Ps 48, 7;
Jdt 9, 16;
1 Makk 3, 19

vgl. Ps 143, 1

vgl. 1 Sam 2, 4

vgl. Apg 18, 21

vgl. Dt 31, 7;
Jos 1, 6. 9;
Dn 10, 19

212 (221).

*Innocenz III. ermahnt Adel und Volk Siziliens, dem Mark(ward von Ann-
weiler) Widerstand zu leisten, gewährt allen Kämpfern den für die Kreuzfah-*
20 *rer üblichen Ablaß und teilt ihnen die Entsendung eines Hilfsheeres mit.*

Lateran, (1199) November 24.

Reg. Vat. 4, fol. 199ʳ—200ʳ ⟨Nr. 216, 221⟩.
*Sirleto, fol. 403ʳ = Cholinus, II 528 = Venet., II 528 = Baluze, I 485 Nr. 221 = Migne,
PL 214, 780 Nr. 221; Vendola, Documenti vaticani, 27 Nr. 27; Balladore Pallieri—Vismara,*
25 *Acta pontificia, 510 Nr. 106 (teilweise). — Potth. Reg. 877; B. F. W. Reg. 5698. — Vgl.
Baethgen, Regentschaft, 22 mit Anm. 3; Van Cleve, Markward, 98 f.; Roscher, Innocenz III.
und die Kreuzzüge, 89 f.; E. Kennan, Innocent III and the first political crusade, Traditio 27
(1971) 231—249; J. R. Strayer, The Political Crusades of the Thirteenth Century, In: A
History of the Crusades. Milwaukee — London 1969, II 346 ff.*

30 **Nobilibus**[a] **viris comitibus, baronibus, civibus et universis per
Siciliam constitutis**[1]**.**

Quod[b] futura sint novissima Marc(ualdi)[2], quantum in eo fuerit, peiora
prioribus, quod non solum contra regnum Sicilie sed universum fere
coniuraverit populum christianum, quod factus sit contra vos alius Sala-
35 dinus[3], nequitia eius testimonium perhibet veritati, licet nulla veritas sit

Marginal references (right):
vgl. Dn 8, 19
vgl. Mt 12, 45;
27, 64; Lk 11, 26

vgl. Jo 5, 33; 18, 37;
Sir 31, 29

---

[1] -unt *auf Rasur.*
212. [a] *Am Rande ein Kreuz ausradiert.*   [b] *Die Initiale läuft in einen kleinen, speienden
Hundekopf aus.*

[6] Vgl. Br. II 209 (218) Anm. 5.
40 **212.** [1] Grafen, Barone, Bürger und Volk des Königreiches Sizilien.
[2] S. Br. II 158 (167) Anm. 3.
[3] Der Vergleich mit Sultan Saladin, dem Eroberer von Jerusalem, ist ansonsten nicht
zu finden.

vgl. Jo 8, 44;
1 Jo 1, 8; 2, 4
vgl. Ps 42, 1
vgl. Mk 5, 8 u. ö.
vgl. Mt 12, 44 f.;
Lk 11, 24—26
* fol. 199ᵛ

in eo. Egressus enim olim homo ille iniquus vel potius inmundus spiritus
Siciliam et totum regnum, cum non inveniret in Marchia requiem sed
obsidione hostium sepius vallaretur[4], «revertar» inquit «in domum, regnum videlicet, * quod exivi»; et assumens secum alios spiritus nequiores,
Diopuldum scilicet[5], fratrem et fautores ipsius[6], ante tempus rediit vos 5
torquere ac reliquias transmigrationis et desolationis prioris immo totius
regni excidium innovare. Disposuit siquidem sicut quondam[7] diruere
muros urbium, immo[c] redigere civitates in villas, captivare nobiles, torquere ac mutilare potentes, spoliare divites[d], pauperes flagellare, truci-
dare coram patribus filios et adulterari coniuges ante viros, per vim vio- 10
lare virgines et gladio perimere repugnantes. Non credatis hec nobis, nisi
talia fueritis iam perpessi, nisi nobiles vestri, ante quorum faciem terra

vgl. Ps 75, 9

tremere videbatur, longo macerati exilio facti sunt tandem membrorum
mutilatione deformes, nisi quidam viri et mulieres, immo etiam, quod dolentes dicimus, sacerdotes in mare precipitati fuerint, quidam flammis 15
adusti[e], multi quoque liquenti sagimine concremati[f].

    Nos autem olim eius malitiam previdentes et malum vincere volentes

vgl. Röm 12, 21
vgl. 1 Jo 4, 2;
1 Kor 2, 12

in bono, cum se universis mandatis nostris exponeret, ut temptaremus
spiritum si esset ex Deo[d] — sicut sepe per litteras nostras vobis meminimus intimasse —, recepto ab eo per quosdam fratrum nostrorum publice 20
super crucem et evangelia iuramento, quod super omnibus, pro quibus
excommunicatus fuerat, mandatis apostolicis sine contradictione qualibet
obediret: fecimus eum a vinculo excommunicationis absolvi et inter cetera
precipi absoluto, ut penitus a balio[g] regni[8] et molestatione cessaret; quod
se scripsit postmodum nec pro Deo nec pro homine servaturum, licet quod 25
sub predicta forma iuraverit, prius per suas nobis litteras intimasset, quas
apud nos in certum infidelitatis eius indicium in testimonium reservamus[9]. Ceterum nos fraudes eius et versutias attendentes, ipsum cum uni-

---

    [c] *Fehlt bei Migne.*   [d] *Am Rande ein dünner senkrechter Strich.*   [e] *Migne:* adulti.
[f] *Bis hieher am Rande ein senkrechter, z. T. gewellter Strich.*   [g] balio regni *auf Rasur.* 30

    [4] Nach dem Tode Heinrichs VI. wurde Markward von Annweiler von Kaiserin Kon-
stanze aus dem sizilischen Königreich verwiesen. Er zog sich in die Markgrafschaft
Ancona und in sein Lehen Molise zurück, von wo aus er zu Jahresbeginn 1199 wieder
ins Königreich einfiel. Vgl. BAETHGEN, *Regentschaft*, 8 ff. bzw. VAN CLEVE, *Markward*, 81 ff.
Zum Kampf Markwards um die Marken: z. B. Br. I 38, 461, 554 (557) S. 803 Z. 22—S. 804 35
Z. 2 mit Anm. 16 und 555 (558) S. 808 Z. 23 ff.
    [5] S. Br. II 158 (167) Anm. 5.
    [6] Zwei von Diepolds von Schweinspeunt Brüdern, Siegfried und Otto, sind nament-
lich bezeugt. Zu ihnen und den anderen Genossen Markwards vgl. Br. II 158 (167) Anm.
6—10.
    [7] Angeblich bereits unter Heinrich VI.: Br. I 554 (557) S. 805 Z. 5—18; 555 (558) S.
808 Z. 33—S. 809 Z. 9; 556 (559) S. 810 Z. 26—S. 811 Z. 3; 557 (560) S. 812 Z. 18—23.
Über den Wahrheitsgehalt dieser Vorwürfe vgl. BAETHGEN, *Regentschaft*, 12 Anm. 1.
    [8] Vgl. Br. II 158 (167) Anm. 19.
    [9] Im Sommer 1199 trat Markward mit dem Papst in Verhandlungen, da sich seine auf 45
Eroberung Siziliens ausgerichteten Pläne nicht verwirklichten. Vor einer Kardinalskommis-
sion leistete er den Gehorsamseid, demzufolge er in allen Punkten, um derentwillen ihn der

versis fautoribus suis, nominatim autem Diupuldo et fratribus eius,
Odone de Lauiano[10], Wil(le)l(m)o Crasso[11] et sequacibus et fautoribus
eius excommunicationis curavimus vinculo innodare; et universos a
iuramento fidelitatis, societatis vel hominii ei prestiti absolventes,
5 omnem terram, ad quam ipse vel aliquis de principalibus fautoribus
eius devenerit, sententie subiecimus interdicti: et mandavimus predictos
omnes per fratres et coepiscopos nostros et alios ecclesiarum prelatos singulis diebus Dominicis et festivis excommunicatos publice nuntiari[12].
Dictus vero M(arcualdus) a simili sibi querens auxilium, scilicet[c] a pirata
10 predo et raptor a marino non iam latrunculo sed latrone, Wil(le)l(mu)m
Crassum, quem ei tam pena quam facinus coequabat, ascivit; et quasi non
sufficeret ei, quod karissimus in Christo filius noster F(redericus), Sicilie
rex illustris, suo fuerat patrimonio spoliatus[13], nisi eum faceret matris
etiam possessione privari — sicut nobis ex transcripto litterarum, quas
15 Phy(lippo)[14] mittebat, innotuit — Siciliam est ingressus et non regni, sed
regis etiam (oblitus beneficiorum patris, qui eum erexit de pulvere et de
stercore suscitavit)[15] excidium meditatur, quasi suis dicens fautoribus:
«Hic est heres: venite, occidamus eum et habebimus hereditatem ipsius».
Si nobis non creditis, operibus credite! In ipso namque ingressu suo qui-
20 busdam Sarracenis[16] confederatus eorum sibi contra regem et christianos
convocavit auxilium; et ut eorum animos ad stragem nostrorum amplius
excitaret et sitim augeret eorum, iam ipsorum fauces christiano sanguine
cruentavit et mulieres christianas captas per violentiam eorum exposuit
voluntati. Quem igitur, etsi non pueri regis, Regis regum causa non mo-
25 veat et non tangat iniuria Crucifixi? Quis non insurgat in illum, qui contra

(Marginal references, right side)

vgl. Ps 112, 7;
1 Sam 2, 8
Mt 21, 38;
Mk 12, 7; Lk 20, 14

vgl. Jo 10, 38

vgl. Esr 7, 12;
Ez 26, 7; Dn 2,37;
Apok 17, 14; 19, 16

---

päpstliche Bann getroffen hatte, zu gehorchen versprach. Allein, er hielt sich nicht daran.
Vgl. Br. II 158 (167), 159 (168), 170 (179) bzw. den ausführlichen Bericht in den *Gesta
Innocentii*, c. 23 f. (= MIGNE, PL 214, XLIII—XLVI) und BAETHGEN, *Regentschaft*, 15 ff.
sowie VAN CLEVE, *Markward*, 108 ff.   [10]) S. Br. II 158 (167) Anm. 8.
30   [11]) Wilhelm Grasso aus Genua, unter Heinrich VI. Admiral des Königreiches Sizilien,
schloß im Sommer 1199 mit Markward von Annweiler ein Abkommen, wodurch diesem die
Überfahrt nach Sizilien ermöglicht wurde. Vgl. BAETHGEN, *Regentschaft*, 18; VAN CLEVE,
Markward, 224; JAMISON, *Eugenius*, 54 f.   [12]) Br. II 170 (179).
     [13]) Innocenz III. erhebt mehrfach den Vorwurf, Philipp von Schwaben habe seinen
35 Neffen Friedrich der „hereditas paterna" beraubt (RNI Nr. 29, 33; Ed. KEMPF, 79 Z. 14 f.
106 Z. 9 f.). Wahrscheinlich ist darunter das Herzogtum Schwaben und das staufische Reichs-
gut zu verstehen, auf welche Friedrich stets Anspruch erhob (vgl. KANTOROWICZ, *Friedrich
der Zweite*, Erg.Bd., 30).
     [14]) Philipp von Schwaben, der Bruder Heinrichs VI. und deutscher König. Die stau-
40 fisch gesinnten Reichsfürsten erklärten sich im Speyerer Protest vom 28. Mai 1199 mit
Markwards Ansprüchen auf Sizilien solidarisch (RNI Nr. 14; Ed. KEMPF, 36 Z. 22 f. mit
Anm. 33). Ebenso beschuldigte der Papst Philipp von Schwaben immer wieder, dieser wolle
sich mit Markwards Hilfe des Königreiches Sizilien bemächtigen (ebd., Nr. 29 Anm. 12;
BAETHGEN, *Regentschaft*, 128 ff., zum vorliegenden Brief 131; VAN CLEVE, *Markward*, 98 f.).
45 Mit dem gleich darnach genannten mütterlichen Erbe ist selbstverständlich Sizilien gemeint.
     [15]) Bezieht sich wohl auf Förderung und Erhebung in den Freienstand durch Hein-
rich VI. (vgl. Br. II 158 [167] Anm. 3).
     [16]) Die im Königreich Sizilien lebenden Sarazenen. Vgl. Br. II 217 (226).

vgl. 1 Kor 1, 17

vgl. 1 Makk 2, 54;
50, 54

vgl. Nm 25, 6—9

omnes insurgit et inimicis crucis se iungit, ut fidem crucis evacuet, et factus infideli deterior infidelibus nititur subiugare fideles? Zelum igitur divine legis habentes cum Finehe festinetis accingi, ut Iudeum divertentem ad Madianitam h) cum ea uno unius ictu gladii feriatis et regni Sicilie defendatis honorem, quem defensuros vos fidei religione firmastis. Licet 5 enim Sarracenos1), si in fidelitate predicti regis permanserint, diligere ac manutenere velimus et bonas eis consuetudines adaugere, sustinere tamen nec volumus nec debemus, ut cum Marc(ualdo) regni excidium machinentur.

vgl. 1 Thess 4, 1;
2 Kor 5, 20

Mt 26, 28 u. ö.

vgl. 1 Sam 17, 45;
2 Sam 6, 18

vgl. Jr 1, 8
vgl. Jr 17, 5
vgl. Dt 31, 17
vgl. Gn 35, 13
vgl. Ps 124, 3

Monemus igitur universitatem vestram et exhortamur in Domino et in 10 remissionem vobis iniungimus peccatorum, quatinus in dictum M(arcualdum), inimicum Dei et ecclesie, persecutorem regis, inde solummodo fortiorem hostem christiane religionis, unde familiaris est inimicus, in nomine Domini exercituum potenter et utiliter k) assurgatis, non timentes ante faciem eius, quoniam ex quo recessit a Domino, invenient1) eum multa 15 mala1), quoniam et Dominus ab ipso recessit nec derelinquet ulterius virgam peccatoris supra sortem iustorum. Nos enim attendentes perfidiam Marc(ualdi), qui, cum non potuerit cum christianis hactenus prevalere, cum Sarracenis, ut prelibavimus, nititur opprimere christianos, universis procedentibus contra eos in hac nequitia perdurantes illam concedimus 20 veniam peccatorum, quam in defensionem terre orientalis transfretantibus indulgemus: per Siciliam enim subveniri poterit facilius terre sancte, que si, quod absit, in Sarracenorum potentiam deveniret, nulla decetero recuperationis Ier(oso)limitane provincie fiducia remaneret17).

* fol. 200r

Nos autem dilectum filium C(inthium), tituli sancti Laurentii in Lucina 25 presbyterum * cardinalem, apostolice sedis legatum18), et venerabiles fratres nostros .. Neapolitanum19) et .. Tarentinum20) archiepiscopos in regni subsidium cum copioso exercitu destinamus. Mementote igitur

vgl. Neh 5, 9

opprobrii totius regni, quod vobis a cunctis gentibus exprobratur m); scilicet quod citius totum regnum fuerit occupatum, quam una soleat civi- 30 tas occupari. Quid ergo dicetur de servo, cum de domino id dicatur? Eri-

vgl. Is 24, 2

vgl. Ps 21, 7
vgl. Dt 28, 37;
1 Kg 9, 7; Tob 3, 4;
2 Makk 8, 17

tis n) enim decetero, nisi fideliter persistatis et resistatis potenter, obprobrium hominum et abiectio plebis, ludibrium o) gentium et fabula populorum.

Datum Laterani, VIII Kal. Decembris. 35

---

h) M- korr. aus m-. 1) Sarraceni. k) Migne: viriliter. 1—1) -venient . . . mala auf Rasur nachgetragen. m) Das zweite -r- über der Zeile nachgetragen. n) E- steht neben dem Schriftspiegel. o) lidibrium.

17) Vgl. Br. I 555 (558) S. 809 Z. 12—17. 18) S. Br. II 4 Anm. 11.
19) Anselm, EB. von Neapel 1191—22. Juni 1214, wurde 1200 zum Kardinalpresbyter 40 von SS. Nereo e Achilleo erhoben, doch nannte er sich niemals mit diesem Titel. Ende 1199 war er gemeinsam mit EB. Angelus von Tarent in der Begleitung des Kardinallegaten Cinthius von S. Lorenzo in Lucina. Er meldete dem Papst den Sieg dieser Truppen über Markward bei Monreale (21. Juli 1200). Im Gegensatz zu Bischofsstadt, Domkapitel und Klerus bewahrte er Innocenz III. und Friedrich II. auch gegenüber Otto IV. die Treue. Vgl. 45 KAMP, Kirche und Monarchie, I 312—315. 20) S. Br. II 189 (198) Anm. 3.

213 (222).

Innocenz III. nimmt den Kleriker Pipio und dessen gesamten Besitz, beson-
ders aber seine Pfründe zu San Giorgio in Ganaceto (und den Subdiakon
Azzo samt dessen Besitz, besonders jedoch seine Kirche San Silvestro in Ron-
5 *caglia) in den päpstlichen Schutz.*

(Lateran, 1199 November ca. 20—31)[1].

Reg. Vat. 4, fol. 200ʳ ⟨Nr. 217, 222⟩.
Sirleto, fol. 404ʳ = Cholinus, II 530 = Venet., II 529 = Baluze, I 487 Nr. 222 = Migne,
PL 214, 782 Nr. 222. — Potth. Reg. 881.

10 **Pipioni clerico[2].**

Cum a nobis petitur et cetera usque assensu, personam tuam cum omnibus bonis, tam ecclesiasticis quam mundanis, et cetera usque suscipimus.
Specialiter autem prebendam sancti Georgii de Canaceto[3], sicut eam iuste
possides et quiete, auctoritate tibi apostolica confirmamus et cetera.
15   Nulli ergo et cetera.

In eundem modum pro Azone subdiacono[2] super ecclesia sancti
Siluestri de Roncalia[4].

214 (223).

20 *Innocenz III. trägt den Äbten (Petrus) von Lucedio und (Johannes) von*
San Salvatore bei Pavia auf, das Kloster Bobbio zu reformieren. Falls sich
der Elekt (Albert) für sein Amt als ungeeignet erweise, sollen sie seinen Rück-
tritt entgegennehmen und für die Wahl eines geeigneten Nachfolgers sorgen.

(Lateran, 1199 November Ende—Dezember Anfang)[1].

25   *Reg. Vat. 4, fol. 200ʳ ⟨Nr. 218, 223⟩.*
Sirleto, fol. 404ʳ = Cholinus, II 530 = Venet., II 530 = Baluze, I 487 Nr. 223 = Migne,
PL 214, 782 Nr. 223; Cipolla-Buzzi, Codice diplomatico di S. Colombano, II 262—264. —
Potth. Reg. 895. — Vgl. Cipolla-Buzzi, a. a. O., II 266 und III 169 f. bzw. F. Bonnard,
Bobbio, in: Dict. HGE 9 (Paris 1937) 278.

---

30 **213.** [1]) Die Datierung ergibt sich aus der Stellung dieses Briefes im Register.
     [2]) Nicht zu identifizieren.
     [3]) San Giorgio in Ganaceto (Diöz. und Prov. Modena). Vgl. G. Tiraboschi, *Dizionario*
topografico-storico degli Stati Estensi. Modena 1824, I 329 f.
     [4]) Da dieser Name in Oberitalien häufig vorkommt, ist eine genaue Lokalisation un-
35 möglich.
214. [1]) Das Datum dürfte mit dem des folgenden Br. II 215 (224) vom **1. Dezember 1199**,
der dieselbe Sache betrifft, ungefähr gleich sein.

De Lucedio[2] et sancti Saluatoris[3] abbatibus Papiensibus.

Iam sepius nostrum pulsavit auditum, quod monasterium sancti Columbani Bobiense[4] et in spiritualibus usque adeo sit collapsum et in temporalibus etiam diminutum, quod, nisi per auxilium divine gratie nostreque[a] sollicitudinis interventum, vix speretur ipsius reparatio proventura. Et quoniam instantia nostra cotidiana est secundum apostolum omnium ecclesiarum sollicitudo continua nec omnes possumus personaliter visitare maioribus occupati, nostras vobis vices in hac parte duximus committendas, concessa vobis plenaria potestate corrigendi tam in capite quam in membris, que fuerint corrigenda, et puniendi per censuram ecclesiasticam, si qui vobis contumaces extiterint et rebelles.

Quocirca discretioni vestre per apostolica scripta mandamus, quatinus ad dictum cenobium pariter accedentes super statu ipsius inquiratis plenius veritatem; et Deum habentes pre oculis sine personarum acceptione, quicquid ibidem inveneritis corrigendum, requisito consilio venerabilis fratris nostri .. episcopi Bobiensis[5] nostra freti auctoritate remoto appellationis obstaculo corrigatis. Cuius electum[6] si minus utilem inveneritis ad regimen abbatie, sine preiudicio tam episcopi quam etiam monasterii eius resignatione recepta, talem ibidem pastorem per electionem canonicam instituere procuretis, qui et prodesse noverit et preesse; attentius provisuri, ut mandatum apostolicum taliter exequamini, quod sollicitudo vestra debeat in Domino commendari.

Datum Laterani.

vgl. 2 Kor 11, 28

vgl. Tit 1, 5

vgl. 2 Chr 19, 7;
Röm 2, 11;
Kol 3, 25;
1 Petr 1, 17 u. ö.

215 (224).

Innocenz III. trägt dem Bischof (Otto) von Bobbio auf, bis zum 19. Dezember 1200 seinen Anspruch auf die Unterwerfung des Klosters Bobbio, das sich für exemt hält, unter seine Diözesangewalt zu beweisen, und teilt ihm den Inhalt des Br. II 214 (223) mit.

Lateran, (1199) Dezember 1.

Reg. Vat. 4, fol. 200ʳ—200ᵛ ⟨Nr. 219, 224⟩.
Sirleto, fol. 404ᵛ = Cholinus, II 530 = Venet., II 530 = Baluze, I 487 Nr. 224 = Migne, PL 214, 783 Nr. 224; Cipolla-Buzzi, Codice diplomatico di S. Colombano, II 264—268. —

214. [a] Auf Rasur nachgetragen.

[2] S. Br. II 39 Anm. 1.

[3] Johannes Fontana, Abt der Benediktinerabtei San Salvatore bei Pavia (Diöz. und Prov. Pavia). Vgl. G. DELL'ACQUA, La basilica di San Salvatore presso Pavia. Pavia 1900, 18.

[4] San Colombano in Bobbio, Benediktinerabtei (Diöz. Bobbio, Prov. Piacenza). Vgl. F. BONNARD, Bobbio, in: Dict. HGE 9 (Paris 1937) 275—281.

[5] Otto Ghilina, B. von Bobbio (Suffr. von Genua, Prov. Piacenza) 1185—1203. Er wurde im September 1203 EB. von Genua und starb am 30. Oktober 1239. Vgl. SAVIO, Vescovi d'Italia, Piemonte, 171 f.

[6] Albert, Elekt der Benediktinerabtei San Colombano in Bobbio, zum 1. April 1199 bezeugt. Sein Vorgänger, Abt Rainer, ist bis zum 30. März 1197 urkundlich bezeugt; erst seit 13. Mai 1201 erscheint Abt Romanus erwähnt. Vgl. CIPOLLA-BUZZI, Codice diplomatico di S. Colombano, II 261 bzw. III 151 f.

Potth. Reg. 886. — Vgl. über den Streit zwischen Kloster und Bischof: F. Bonnard, Bobbio, in: Dict. HGE 9 (Paris 1937) 282 f. Er wurde 1208 endgültig zugunsten des Bischofs entschieden (Cipolla-Buzzi, a. a. O., II 371—380 bzw. Potth. Reg. 3297 f.).

. . Bobiensi episcopo[1].

5 Accedens ad apostolicam sedem dilectus filius . . electus sancti Columbani Bobiensis[2] de te in auditorio nostro graviter est conquestus, quod cum monasterium sibi commissum a tempore beati Gregorii ad Romanam ecclesiam usque ad moderna tempora pleno iure spectaverit[3], tu — occasione cuiusdam sententie a felicis recordationis Eugenio papa, predecessore nostro, contra monasterium per abbatis illius temporis imperitiam vel fraudem forsitan promulgate[4], quam bone memorie L(ucius) papa, successor ipsius, postea confirmavit[5] — Bobiensi ecclesie abbatiam ipsam niteris subiugare; de cuius possessionibus et redditibus cum episcopium et canonica ditata sint pariter et dotata, non videbatur[a] consonum rationi, ut cum iactura temporalium rerum libertatis etiam sue dispendium pateretur et cenobium, quod prius ad Romanam ecclesiam nullo pertinuerat mediante, postquam ibi factus fuit episcopus[6] multitudine fidelium excrescente, subiectum fieret ecclesie Bobiensi. Post hanc autem divisionem monasterium idem, sicut prius fuerat, proponebatur in libertate pristina permansisse; in quam non sine multis molestiis et dampnis innumeris per Bobienses episcopos irrogatis, abbates, qui pro tempore fuerant, se usque ad hec tempora vendicarunt. Petebat igitur idem electus monasterium ipsum in sua libertate ac speciali apostolice sedis subiectione servari et ipsius renuntiatione recepta, qui se proponebat insufficientem ad regimen abbatie, eidem cenobio de pastore idoneo provideri vel, si forte iudicaretur idoneus, sibi munus benedictionis conferri et, sicut de antecessore ipsius[7] factum fuerat, per Romanam ecclesiam benedici, quemadmodum ex litteris autenticis apparebat.

Sane premissis obiectionibus dilectus filius . . nuntius tuus, licet presens affuerit, nichil voluit respondere, ob alia que sequuntur se asserens ad nostram presentiam destinatum; quamvis venerabilis frater noster . .

---

215. [a]) videbebatur.

215. [1]) S. Br. II 214 (223) Anm. 5.

[2]) S. Br. II 214 (223) Anm. 6.

35 [3]) Die Urkunde, nach der Columban das Kloster Bobbio am 3. November 599 der Jurisdiktion Papst Gregors d. Gr. unterstellte, ist eine Fälschung aus der zweiten Hälfte des 12. Jahrhunderts. Vgl. dazu Cipolla-Buzzi, *Codice diplomatico di S. Colombano,* I 71 ff. bzw. IP VI/2 248 Nr. 1. Die Exemtion der Abtei datiert vom 11. Juni 628 (Cipolla-Buzzi, *a. a. O.,* I 100 ff. bzw. IP VI/2 249 Nr. 6). Vgl. auch Pfaff, *Liber Censuum,* Nr. 153.

40 [4]) Eugen III. 1145—1153. Vgl. Cipolla-Buzzi, *a. a. O.,* II 59 f. bzw. IP VI/2 244 Nr. 6.

[5]) Lucius III. 1181—1185. Die Bestätigung muß vor dem 20. April 1185 erfolgt sein. Vgl. Cipolla-Buzzi, *a. a. O.,* 204 bzw. IP VI/2 244 Nr. 9.

[6]) Zur Bistumsgründung 1014 durch Kaiser Heinrich II. vgl. IP VI/2 242.

[7]) Rainer, Abt des Benediktinerklosters S. Colombano in Bobbio 4. April 1181—
45 30. März 1197. Vgl. Cipolla-Buzzi, *a. a. O.,* II 263.

Vercellensis episcopus, olim ecclesie Bobiensi electus[8], multa pro ipsa studuerit allegare. Cum enim prefatum monasterium de multa que in eo religionis viguit observantia iam ad tantam sit dissolutionem ordinis monastici devolutum, quod vix in abbate ac monachis aliquod valeat religionis vestigium inveniri, tu, quoniam idem monasterium tue sollicitu- 5 dini est commissum, electo dedisti etiam in virtute obedientie, quam tibi prestiterat manualem, sepius in mandatis, ut in claustro a vesperis precedentis diei, donec die sequenti missarum sollempnia finirentur, silentium servaretur, fratres in refectorio ab esu carnium abstinerent, cibos religioni abtos non sine lectione sacre scripture cum silentio commesturi, et dimissis 10 singularibus cameris in dormitorio pariter recuparent. Ipse vero, qui ordinem presbyterii non susceperat, clericos non presumeret tonsorare. Ceterum quoniam in premissis post multas commonitiones et preces * superbe nimis tibi obedire contempsit, excommunicationi eum in cena Domini subiecisti, si usque ad octavas Resurrectionis sequentis[9] tuam non imple- 15 visset super hiis omnibus iussionem. Sed neque sic electus ipse obedientiam debitam recognovit, sed in sua obstinatione perdurans excommunicationis sententiam a venerabili fratre nostro . . Ianuensi archiepiscopo[10] etiam confirmatam, sicut ex ipsius litteris colligitur evidenter, non observat: unde idem clericus tuo nomine postulavit, quatinus eandem senten- 20 tiam confirmantes per clerum et populum Bobienses faceremus ipsam usque ad satisfactionem congruam custodiri; auctoritate tibi apostolica indulgentes, ut, si usque ad certum terminum ad tuam obedientiam non rediret, extunc tibi liceret eum ab abbatie officio removere et alium in ea idoneum ordinare; eidem etiam electo ac monachis daremus firmiter in 25 mandatis, ut in premissis preceptis et aliis regularibus et honestis tibi tamquam suo pontifici obedirent; alioquin sententiam, quam ferres in eos, ratam haberemus et faceremus firmiter observari.

Sane[b] super hiis[b], que premisimus, tractatum habuimus diligentem: quibusdam asserentibus ex prefata sententia ecclesie Romane preiudicium 30 generatum, cum idem predecessor noster quasi ex certa scientia ipsius monasterium speciale Bobiensi ecclesie decreverit subiacere, cum coram eo super libertate ipsius fuerit allegatum; nonnullis in contrarium sentientibus eandem sententiam in nullo apostolice sedi preiudicare debere, cum eum ex officii debito et iuris necessitate super questione[c], de qua cogno- 35 verat, oportuerit iudicare, nec res iudicata illis obesse poterat, inter quos non extitit iudicatum[11].

Cum igitur deferendi fraternitati tue, quantum cum Deo possumus,

---

[b—b] *Auf Rasur nachgetragen.*   [c] q- *korr. aus* t-; -u- *auf Rasur. Auch darüber und am Rande je eine kleine Rasur.*   40

[8] S. Br. II 39 Anm. 5.

[9] 15. bzw. 25. April 1199.

[10] Bonifaz, EB. von Genua 13. Juni 1188—22. September 1203. Er war zuvor Archidiakon daselbst. Vgl. DBI 12 (Roma 1970) 116.

[11] Vgl. Br. II 37 Anm. 24.   45

voluntatem et propositum habeamus, in absentia partis tue super subiectione vel libertate monasterii ad presens nec statuendum aliquid duximus nec mutandum; fraternitati tue per apostolica scripta mandamus, quatinus, si munimentum aliquod habes, per quod dictum cenobium ex con-
5 cessione sedis apostolice tuo doceatur[d] episcopio fuisse subiectum, usque ad Dominicam, qua cantatur Letare Ier(usa)lem[12], illud nobis non differas   vgl. Is 66, 10 per proprium nuntium destinare, ut intellecta plenius veritate Bobiensem ecclesiam in sua iustitia tueamur. Alioquin quoniam, etsi suam velimus iustitiam ecclesie Bobiensi servare, iura tamen apostolice sedis habita
10 custodire satagimus et invasa recuperare tenemur, communicato consilio extunc in ipso negotio, quemadmodum divinus motus nobis[e] ingesserit procedemus. Sane renuntiationem ipsius electi, ne iuris tui ex ea dispendium aliquod sustineres, cum in possessione dicaris subiectionis ipsius monasterii constitutus, non duximus admittendam; sed dilectis filiis . .[f] de
15 Luceio[13] et . . sancti Saluatoris[g][14] Papiensibus abbatibus, quibus correctionem commisimus monasterii tam in capite quam in membris, concessa eisdem nichilominus potestate rebelles per censuram ecclesiasticam cohercendi[h], dedimus in mandatis[15], ut ad locum pariter accedentes una cum tuo consilio utilitatibus antedicti cenobii studeant inminere: ita quod, si
20 electum ipsum inutilem invenerint ad regimen abbatie, sine preiudicio tuo ipsius resignatione recepta talem ibi per electionem canonicam prefici faciant in pastorem, qui preesse noverit pariter et prodesse.

Datum Laterani, Kal. Decembris.

216 (225).

25 *Innocenz III. verfügt die Verweisung des Ger(ard ?), Sohn des Roffred, eines Bürgers von Benevent, der den Konsul Jakob von Sculdasio ermordet hat, aus der Stadt. Der Mörder soll auch seines etwaigen väterlichen Erbteils verlustig gehen und kein städtisches Amt mehr bekleiden dürfen. Dieselbe Strafe soll alle jene treffen, die städtische Amtsträger töten oder verwunden. Auch der*
30 *Vater und der Bruder des Mörders dürfen die Stadt solange nicht betreten, bis sie sich vor dem Papst gerechtfertigt haben.*

(Lateran, 1199 ca. Dezember 1—10)[1].

Reg. Vat. 4, fol. 200ᵛ—201ʳ ⟨Nr. 220, 225⟩.
Sirleto, fol. 405ᵛ = Cholinus, II 532 = Venet., II 532 = Baluze, I 489 Nr. 225 = Migne,
35 *PL 214, 785 Nr. 225. — Alan. Anh. 40; Bern. 5, 9, 2; Rain. 34, 7. — Potth. Reg. 894. —*

[d] *-o- korr. aus -i-.*   [e] *Durch Zeichen umgestellt aus* nobis motus.   [f] *Gemmipunctus unter der Zeile nachgetragen.*   [g] S- *auf Rasur.*   [h] -h- *über der Zeile nachgetragen.*

[12] 19. März 1200.   [13] S. Br. II 39 Anm. 1.
[14] S. Br. II 214 (223) Anm. 3.   [15] Br. II 214 (223).

40 **216.** [1] Zur Datierung: Das Schreiben wurde zugleich mit Br. II 219 (228) vom 6. Dezember und vielleicht auch mit Br. II 220 (229) vom 2. Dezember registriert, was die sicheren Neuansätze am Beginn dieses Schreibens und des Br. II 221 (230) sowie ein möglicher Neuansatz am Anfang des Br. II 220 (229) nahelegen. Daher ist ein Datum aus dem ersten Drittel des Dezembers wahrscheinlich.

Vgl. O. Vehse, Benevent als Territorium des Kirchenstaates bis zum Beginn der avignonesischen Epoche. Quellen und Forschungen aus italienischen Archiven und Bibliotheken 23 (1931/32) 91 Anm. 1.

Centio subdiacono et a) notario nostro, rectori 2), iudicibus, consulibus et populo Beneuentanis.

| Cum impunitas scelerum parere consueverit audaciam delinquendi, sic malefactorum excessus animadversione sunt debita puniendi, ut et ipsi peniteant de commissis et ceteri, qui audierint, suam a consimilibus metu pene retrahant voluntatem. Licet enim ex apostolice servitutis officio sollicitudo nobis immineat generalis, | de illis tamen, qui spiritualiter et temporaliter nostre sunt iurisditioni subiecti, nos oportet sollicitius cogitare, quatenus sub nostro regimine boni digna recipiant premia meritorum et malos debite ultionis pena castiget.

Audivimus equidem et non potuimus non moveri, quod Ger(ardus?), filius Roffridi, civis Beneuentanus, diabolico inebriatus veneno Dei et nostro timore postposito et honore Beneuentane civitatis abiecto, Iacobum de Sculdasio, dum consulatus fungeretur officio, interfecit; et pater ac frater interfectoris, qui tam atroci sceleri personaliter interfuisse dicuntur, licet in presentia vestra se nostro iuraverint conspectui presentare, ad nos tamen sicut credimus non venere; immo tam predictus homicida quam ipsi in civitate Beneuentana non metuunt sicut audivimus commorari.

Volentes igitur, ut malefactorem predictum et fautores ipsius debita pena percellat et civitas Beneuentana similem in posterum valeat evitare iacturam, presentium auctoritate statuimus b), ut memoratus homicida decetero Beneuentanam civitatem non audeat introire nec hereditatis paterne percipiat aliquam portionem; immo pars eius, si patrem premori forte contigerit, ad opus curie reservetur; nec umquam in eadem civitate prevaleat aliquod officium gerere dignitatis, nisi forte fuerit illi concessum ex indulgentia sedis apostolice generali. Hoc etiam c) idem futuris temporibus decernimus observandum de illis, qui iudices, consules, regalenses vel alios ministeriales curie vulnerare aut interficere qualibet temeritate presument. Patrem autem et fratrem homicide iamdicti tamdiu extra civitatem vestram precipimus permanere, donec ad presentiam nostram accedant * et ad vos cum litterarum nostrarum testimonio revertantur; salvo nichilominus apostolice sedis mandato, si quid super hoc fuerit severius statuendum.

Nulli ergo et cetera hanc paginam nostre constitutionis [et cetera].

(Marginal notes: vgl. Jak 3, 8; Apok 17, 2)

*(Marginal note: * fol. 201ʳ)*

---

216. a) *Auf Rasur.*   b) -a- *korr. aus* -o-.   c) -tiam *auf Rasur. Auch am Rande eine kleine Rasur.*

2) Centius, päpstlicher Subdiakon und Notar (ELZE, *Kapelle*, 176). Er war 1196/97 Legat in Frankreich (JANSSEN, *Legaten*, 149—151) und 1199 Rektor von Benevent. — Über das Amt der „iudices" und der „consules" im päpstlichen Benevent vgl. VEHSE, *a. a. O.*, 80—119, bes. 88 ff.

217 (226).

Innocenz III. befiehlt allen Sarazenen des Königreiches Sizilien, dem König F(riedrich) die Treue zu halten und Mark(ward von Annweiler) nicht anzuhängen. Ferner kündigt er ihnen die baldige Entsendung eines Heeres an.

5   *Lateran, (1199 ca. November 25—Dezember 10)[1].*

Reg. Vat. 4, fol. 201ʳ ⟨Nr. CCXVIII, 221, 226⟩.
Sirleto, fol. 406ʳ = Cholinus, II 532 = Venet., II 532 = Baluze, I 489 Nr. 226 = Migne, PL 214, 786 Nr. 226; Vendola, Documenti vaticani, 28 Nr. 28. — Potth. Reg. 883; B. F. W. Reg. 5699. — Vgl. Van Cleve, Markward, 129 ff.; M. Amari, Storia dei Musulmani di Si-
10 *cilia, III/1, Catania ²1937, 589 f.*

Universis Sarracenis in Sicilia constitutis[2], in devotione nostra et fidelitate regia permanere[a].

Cum vos audivimus et gaudemus in ritu vestro servasse hactenus et adhuc servare rigorem, ut fidem dominis vestris iuxta morem vestrum exhibitam
15 servaveritis et servetis illesam nec eam duxeritis aliquando violandam — quod in facto Marcualdi[3] obtamus manifestius experiri, ut vos nec promissionibus allicere possit nec minis aut violentia deterrere, quin in fidelitate karissimi in Christo filii nostri F(riderici), Sicilie regis illustris[4], fideliter persistatis et ipsius Marcualdi resistatis conatibus viriliter et potenter —,
20 illa etenim in temporalibus discretione vigetis, ut et bona discernentes a malis et a bonis etiam meliora, despectis et abiectis pessimis, obtima   vgl. 1 Kg 3, 9 quelibet eligatis. Nostis siquidem, sicut credimus, ex auditu mansuetudinem apostolice sedis, que sic superbis resistit, ut humilibus et   vgl. Jak 4, 6; subiectis det gratiam. Nostis et per experientiam tirampnidem Marc(ualdi),   1 Petr 5, 5
25 que hiis solis parcit, quibus nocere non potest, sed sevit tanto fortius in subiectos, quanto se amplius in eius curaverint humiliare conspectu: retribuens mala pro bonis et odium pro dilectione rependens, sicut   Ps 34, 12; 37, 21; ex eius patet operibus manifeste. Scitis etenim, qualiter eos, quorum   108, 5 vocatione olim cum domino suo[5] regnum intraverat, quorum proditione
30 occupaverat regni arces immo etiam totum regnum, non solum omnibus bonis fecerit spoliari, sed animadvertens etiam in personas eos in exilium

---

217. [a] *Am Rande ein Kreuz ausradiert. Längs des Briefes am Rande ein senkrechter, z.T. gewellter Strich.*

217. [1] Zur Datierung: Gegenüber dem inhaltlich ungefähr gleichlautenden Br. II 212 (221)
35 vom 24. November werden der dort erwähnten Legation des Kardinals Cinthius sowie der Erzbischöfe von Neapel und Tarent noch die Personen des Jakob von Andria, päpstlichen Marschalls, und des Odo von Palombara hinzugefügt. Außerdem ist dieses Schreiben zugleich mit Br. II 219 (228) vom 6. Dezember und vielleicht auch mit Br. II 220 (229) vom 2. Dezember registriert worden (vgl. Br. II 216 [225] Anm. 1). Daher ist am ehesten ein
40 Datum zwischen dem 25. November und dem 10. Dezember anzunehmen.
     [2] Die im Königreich Sizilien lebenden Sarazenen.
     [3] S. Br. II 158 (167) Anm. 3.
     [4] S. Br. II 158 (167) Anm. 26.
     [5] Kaiser Heinrich VI., 1191—1197.

destinaverit et tandem fecerit mutilari. Audistis etiam et vidistis immanitatem ipsius, qualiter sacerdotes et alios precipitarit in mare, qualiter multos flammis exusserit, qualiter omnes et singulos flagellarit[6]. Intelligere quidem vos credimus et pro firmo tenere, quod, si christianis[b] eius oculus non pepercit, non parceret etiam Sarracenis, in quos tanto seviret 5 liberius, quanto se maius crederet obsequium prestare Deo effundendo sanguinem paganorum. Qui enim in dominum suum et domini sui filium, qui eum de pulvere suscitavit et erexit de stercore[7], coniuravit et eum materna nititur possessione privare, malignaretur severius in alienigenas immo in alterius ritus et observantie disparis nationes, quarum sanguine 10 suas sitit inebriare sagittas et gladium cruentare. Et qui contra salutem anime sue christianorum diripit spolia, si contra vos vel violentia vel astutia prevaleret ad suum vos subsidium vanis promissionibus invitando, divitias vestras penitus exauriret et suis daret in predam. Sane nec iuramentum vobis nec promissiones aliquas observaret, qui iuramentum nobis 15 publice prestitum non servavit[8]. Intelligentes igitur[c] intelligite veritatem, et solita progenitorum vestrorum et vestra fidelitatis constantia permanentes non subiciatis vos et vestros posteros iugo eius, quod etsi videretur in initio leve, colla tamen gestantium in fine confringeret; et vel nullus vel inutilis esset penitentie locus, postquam cancer vitalibus irrep- 20 sisset. Cogitare debetis, quod cum contra Sarracenos multi iam coniuraverint principes Occidentis et multa populi multitudo assumpto crucis signaculo in proximo disposuerit transfretare[d][9], si vos contra christianos Marcualdo et Marc(ualdum) vobis contra regem puerum contingeret adherere, in vos arma converterent: et Marc(ualdus), cum vires eorum susti- 25 nere non posset, ipsos animos volens vel invitus sanguine vestro placaret et vitam suam redimeret morte vestra.

Monemus igitur universitatem vestram, consulimus et hortamur, per apostolica vobis scripta districte precipiendo mandantes, quatinus in hoc progenitorum vestrorum constantiam imitantes nec ingrati beneficiorum, 30 que vobis reges Sicilie contulerunt, attendentes etiam mansuetudinem apostolice sedis, que vos non solum manutenere vult in bonis consuetudinibus sed augere, in devotione nostra et fidelitate regia persistatis, nec credatis promissionibus et fallaciis Marc(ualdi), qui ad hoc solum promittit ut fallat, ad hoc fallit ut vos possit sue tirampnidi subiugare. Nos 35 autem in defensionem vestram et expugnationem ipsius dilectum filium C(inthium), tituli sancti Laurentii in Lucina presbyterum cardinalem[10],

vgl. Jo 16, 2
vgl. Mt 21, 33–41
Mk 12, 1–12;
Lk 20, 9–18
vgl. 1 Sam 2, 8;
Ps 112, 7
vgl. 2 Kg 10, 9
vgl. Dt 32, 42

vgl. Mt 11, 30

---

b) *Korr. aus* christianus.   c) igit- *auf Rasur. Auch am Rande eine kleine Rasur.*
d) *Das zweite* -r- *auf Rasur. Auch am Rande eine kleine Rasur.*

6) Die hier gehäuften Anklagen lassen sich nicht nachprüfen.   40
7) S. Br. II 212 (221) Anm. 15.
8) Vgl. Br. II 158 (167) Anm. 14 und Br. II 170 (179) S. 332 Z. 17—19, 25 f.
9) Bezieht sich auf den Kreuzzug (vgl. Br. I 336).
10) S. Br. II 4 Anm. 11.

et venerabiles fratres nostros .. Neapolitanum[11] et .. Tarentinum[12] archiepiscopos et dilectos filios nobiles viros Ia(cobum) marescalcum[13] et O(ddonem) de Palumbaria[14], consanguineos nostros, in regnum dirigimus cum exercitu copioso; ante cuius conspectum Marc(ualdus) dante Do-
5 mino subsistere non valebit, sed[e] cum universis sequacibus et fautoribus   vgl. Apg 14, 3
suis[15] inreparabiliter conteretur. Dedimus autem eidem legato et omnibus nuntiis nostris districtius in preceptis, ut vos[f] manuteneant et defendant et in bonis curent consuetudinibus adaugere.

Datum Laterani.

10

218 (227).

Innocenz III. trägt dem Bischof (Walter) von Nevers auf, die vom Erzbischof H(einrich) von Bourges über den Zisterziensernovizen I. de Maiz verhängte Suspension vom Rechte der Meßzelebration aufzuheben, falls sich dessen Behauptung, am gewaltsamen Tod eines Mannes unschuldig zu sein, obzwar
15 *er dessen Verfolgern einmal den Weg gewiesen hatte, als zutreffend erweise.*

Lateran, (1199 ca. Dezember 1—10)[1].

Reg. Vat. 4, fol. 201ʳ—201ᵛ ⟨Nr. 222, 227⟩.
Sirleto, fol. 407ʳ = Cholinus, II 533 = Venet., II 534 = Baluze, I 490 Nr. 227 = Migne, PL 214, 787 Nr. 227. — Potth. Reg. 887.

20

Niuernensi[a] episcopo[2].

Pervenit ad audientiam nostram I. sacerdote de Maiz[b][3] in ordine Cisterciensi novitio intimante, quod cum adhuc esset in habitu seculari, quidam servientes quo quidam homo quem querebant abisset, ab eo cum instantia quesiverunt, qui cum ad quid eum quererent ignoraret, illic eum
25 esse respondit; ad quem * locum illi protinus venientes nec eum invenien-   * fol. 201ᵛ
tes ibidem, postea inventum alibi patibulo suspendere. Verum quia eum aliquantulum conscientia remordebat, bone memorie H(enrico), Bituri-

---

e) -ed cum *auf Rasur, wahrscheinlich nachgetragen.*   f) -o- *auf Rasur.*
218. a) Niuerenensi.   b) *Migne druckt statt* Maiz *in :* Naizin.

30   11) S. Br. II 212 (221) Anm. 19.
     12) S. Br. II 189 (198) Anm. 3.
     13) Jakob von Andria, päpstlicher Marschall und Vetter Innocenz' III. Nach dem Sieg des päpstlichen Heeres wurde er vom Kardinallegaten Cinthius zum Grafen von Andria er-
nannt. Vgl. Baethgen, *Regentschaft*, 41, 76; Kamp, *Kirche und Monarchie*, II 562.
35   14) Odo von Palombara, Verwandter Papst Innocenz' III. und Truppenführer. Obzwar er hier angekündigt wird, scheint er dann den Feldzug nicht mitgemacht zu haben. Vgl. Br. II 236 (245) und II 268 (280) bzw. Baethgen, *Regentschaft*, 24 Anm. 3 von S. 23.
     15) Aufgezählt im Br. II 158 (167) S. 308 Z. 1—3.
     218. 1) Zur Datierung s. Br. II 216 (225) Anm. 1.
40   2) S. Br. II 42 (43, 44) Anm. 4.
     3) Wohl aus Les Mais in der Erzdiözese Bourges (Dép. Cher, Arr. Bourges, Cant. Melun-sur-Yèvre). Vgl. *Dict. topogr. Cher*, 236.

censi archiepiscopo[4], qualiter factum fuerat, intimavit, qui eum a misse celebratione prohibuit, donec uteretur consilio saniori. Nunc autem, quoniam ad ordinem Cisterciensem se transtulit, a nobis misericordiam postulat et requirit.

Cum igitur prefatus . . sacerdos in hoc commendandus existat, quod a   5 nobis duxit consilium requirendum, quia bonarum mentium est ibi culpam agnoscere, ubi culpa non est: fraternitati tue per apostolica scripta mandamus, quatinus inquiras de premissis diligentius veritatem; et si rem inveneris taliter se habere, cum ex hoc prefatus sacerdos dinoscatur nullius culpe maculam contraxisse, auctoritate nostra des ei licentiam   10 celebrandi.

Datum Laterani.

219 (228).

Innocenz III. befiehlt dem Bischof (Adelard) von Verona, Kardinal der Römischen Kirche, die religiösen Anschauungen der als häretisch geltenden   15 Humiliaten auf ihre Rechtgläubigkeit zu prüfen und sodann über eine etwaige Aufhebung der über sie verhängten Exkommunikation zu entscheiden.

Lateran, (1199) Dezember 6.

Reg. Vat. 4, fol. 201ᵛ ⟨Nr. 223, 228⟩.
Sirleto, fol. 407ʳ = Cholinus, II 534 = Venet., II 534 = Baluze, I 491 Nr. 228 = Migne,   20
PL 214, 788 Nr. 228. — Potth. Reg. 891. — Vgl. C. Cipolla, Il Patarenismo a Verona nel sec.
XIII. Archivio Veneto, ser. II 25 (1883) 64—84; Grundmann, Religiöse Bewegungen, 72 ff.;
L. Zanoni, Gli Umiliati nei loro rapporti con l'eresia, l'industria della lana ed i Comuni nei
secoli XII e XIII. Milano 1911, 72 ff.; B. Bolton, Innocent III's Treatment of the Humiliati,
in: Popular Belief and Practice. Papers Read at the Ninth Summer Meeting and the Tenth   25
Winter Meeting of the Ecclesiastical History Society. Ed. G. J. Cuming and D. Baker. Studies
in Church History 8. Cambridge 1972, 73—82.

Veronensi episcopo, Romane ecclesie cardinali[1].

vgl. Mt 13, 24—30
vgl. Hl 2, 15;
Is 50, 9

vgl. Mt 13, 29

Licet[a] in agro patris familias evangelici zizania sepe pullulent inter messes et vineam Domini Sabaoth interdum nitatur tinea demoliri, sic   30 tamen prudens agricola vinitorque discretus salubre debet remedium invenire, ne vel triticum evellatur inter zizania vel in deiectione tinee vinea corrumpatur. Similiter etiam licet ad abolendam hereticam pravitatem

---

219. [a] *Längs des Briefes am Rande ein senkrechter, z. T. gewellter Strich.*

[4] Heinrich (II.) de Sully, EB. von Bourges 1183—14. September 1199. Vgl. A. GAN-   35 DILLON, *Catalogue des actes des archevêques de Bourges antérieurs à l'an 1200.* Bourges-Paris 1927, 184 ff.

219. [1] S. Br. II 27 Anm. 16.

invigilare debeat sollicitudo pastoris, sollicite tamen debet attendere, ne vel dampnet innoxios vel nocentes absolvat.

Accepimus autem, quod auctoritate litterarum nostrarum[2], quas dilectis filiis nostris . . archipresbyteris et canonicis ecclesie tue contra Gaza-
5 ros[3], Arnaldistas[4], Pauperes de Luduno[5] et Humiliatos[6], qui nondum redierunt ad mandatum apostolice sedis, et hereticos universos direximus, dictus archipresbyter tam contra Humiliatos quam universos hereticos sine distinctione, quam posueramus in litteris nostris, excommunicationis sententiam promulgavit; cuius occasione sententie nonnulli quosdam, qui
10 licet inviti a populo Humiliati dicuntur, licet nullam heresim sed fidem, sicut dicitur, sapiant orthodoxam et in humilitate cordis et corporis studeant Domino famulari, qui etiam in manibus tuis stare mandatis ecclesie iuraverunt, evitant et eis tamquam excommunicatis communicare sicut hactenus non presumunt.

15 Quia vero non est nostre intentionis innoxios cum nocentibus condempnare, fraternitati tue per apostolica scripta mandamus atque precipimus, quatinus tales ad tuam presentiam convoces et inquiras tam ab aliis de vita et conversatione ipsorum quam ab eis de articulis fidei et aliis, que videris inquirenda; et si nichil senserint, quod sapiat hereticam
20 pravitatem, eos catholicos esse denunties et predictam sententiam non teneri. Quodsi forsan aliquid contra fidem sapiant orthodoxam et parati fuerint ab errore discedere ac mandatis apostolicis obedire, recepto ab eis iuxta formam ecclesie iuramento, quod solet a talibus exhiberi, beneficium eis absolutionis impendas: mandans eisdem sub debito prestiti iura-
25 menti[b], ut herrorem, quem approbaverant, publice improbent et in aliis studeant pro viribus confutare; decetero etiam fidem orthodoxam servent et sedem apostolicam venerentur.

Datum Laterani, VIII Idus Decembris.

---

b) *Durch Zeichen umgestellt aus* iuramenti prestiti.

30 2) Das päpstliche Schreiben an Erzpriester und Kanoniker von Verona hat sich nicht erhalten.

3) Zur Form „Gazari", einer Verballhornung von „Cathari", vgl. BORST, *Katharer*, 241 mit Anm. 9.

4) Darunter sind die Anhänger des 1155 hingerichteten radikalen Kirchenreformers
35 Arnold von Brescia zu verstehen. Sie wurden — obzwar als eigene Gruppe schon lange nicht mehr greifbar — auf der Veroneser Synode von 1184 ausdrücklich verurteilt. Vgl. BORST, *Katharer*, 88 mit Anm. 22 f.

5) Die „Armen von Lyon" sind die Anhänger des Valdez. 1184 wurden sie gleichfalls verurteilt. Vgl. SELGE, *Die ersten Waldenser*, bes. I 259 ff.

40 6) Humiliaten sind die Anhänger einer religiösen Laienbewegung, die besonders in den unteren Volksschichten Oberitaliens wirksam war. Auch sie wurde 1184 abgeurteilt. Ein Teil ihrer Anhängerschaft ließ sich 1201 wieder in die Kirche zurückführen. Vgl. die im Kopfregest genannte Lit.

220 (229).

*Rechtsauskunft für den Bischof B(onus) von Pistoja: Von verpachteten Be-
sitzungen haben jene Zehente zu leisten, welche die Einkünfte beziehen, und
Klerikern ist es verboten, mit Frauen, denen sie nicht verwandt sind, zu-
sammenzuleben.*   5

Lateran, (1199) Dezember 2.

Reg. Vat. 4, fol. 201ᵛ ⟨Nr. CCXX, 224, 229⟩.
*Sirleto, fol. 407ᵛ = Cholinus, II 534 = Venet., II 534 = Baluze, I 491 Nr. 229 = Migne,
PL 214, 789 Nr. 229. — Comp. III. 3, 2, 2; 3, 23, 1; Alan. 3, 15, 3; Alan. K. 3, 15, 3; Bern.
3, 3, 2; 3, 24, 1; Coll. Fuld. 3, 20, 9; Gilb. Anh. 17; Rain. 11, 3; X. III, 2, 9; III, 30, 24. —* 10
Potth. Reg. 889.

B(ono), Pistoriensi episcopo [1].

(|) **A**[a] nobis tua fraternitas requisivit, utrum ab aliis decimas exigere
debeas, qui possessiones dant vel recipiunt ad affictum, cum alii se conen-
tur per alios excusare, quominus cogantur ad decimas persolvendas. Quid 15
etiam sit de mulieribus in episcopatu tuo presbyteris in capellis sub conversationis specie cohabitantibus faciendum, unde infamia irrogatur ordi-
ni clericorum.

Cum igitur quilibet decimas solvere teneatur, nisi a prestatione ipsarum specialiter sit exemptus, fraternitati tue duximus respondendum, 20
quod a dantibus possessiones et recipientibus ad affictum de fructibus,
quos percipiunt, decime sunt solvende, nisi ab eis aliquid ostendatur, quare
ab huiusmodi sint inmunes. Cum clericis quoque non permittas mulierculas habitare, nisi forte de illis personis existant, in quibus naturale fedus
nichil permittit sevi[b] criminis estimari.   25

Datum Laterani, IIII[c] Non. Decembris.

221 (230).

*Innocenz III. erteilt dem Bischof (Johannes) von Leighlin, der von ihm
selbst die Bischofsweihe empfangen hat, die Indulgenz, daß er von keinem
Prälaten ohne offenkundige und einsichtige Gründe exkommuniziert oder* 30
suspendiert werden dürfe.

Lateran, (1199) November 20.

Reg. Vat. 4, fol. 201ᵛ ⟨Nr. 225, 230⟩.
*Sirleto, fol. 408ʳ = Cholinus, II 535 = Venet., II 535 = Baluze, I 491 Nr. 230 = Migne,
PL 214, 790 Nr. 230; Sheehy, Pontificia Hibernica, I 109 Nr. 40. — Potth. Reg. 869; Bliss,* 35
Calendar, 8. — Vgl. Br. I 366.

---

220. [a] *Am Rande in verlängerter Schrift:* Cons(ultatio) *(vgl. Einleitung XXI f.).* Darüber von
einer Hand des 13. oder 14. Jh.: prima pars huius c(apituli) est Extra de decimis; secunda
est Extra de cohabitatione c(lericorum) et mulierum *(X. III, 30, 24; III, 2, 9).*   [b] *Migne:* scaevi.   [c] *Migne:* IX.   40

220. [1] Bonus, B. von Pistoja (exemt) 1189—28. Januar 1208. Vgl. G. BEANI, *La Chiesa
pistoiese dalla sua origine ai tempi nostri.* Pistoia 1883, 242 Nr. 39.

Leglennensi episcopo[1].

| Cum facti simus secundum apostolum sapientibus et insipientibus debitores, honori fratrum et coepiscoporum nostrorum, quos apostolica sedes vgl. Röm 1, 14 in partem sollicitudinis evocavit, tanto habundantius deferre volumus et
5 optamus, quanto propter eminentiam dignitatis a nobis et aliis sunt propensius honorandi. Eapropter, venerabilis in Christo frater, tuis iustis petitionibus inclinati presenti pagina tibi duximus indulgendum, ne quispiam prelatorum, nisi pro manifesta et rationabili causa, excommunicationis vel suspensionis in te, quem nos licet indigni propriis manibus conse-
10 cravimus, sententiam valeat promulgare.

Nulli ergo et cetera.

Datum Laterani, XII Kal. Decembris.

222 (231).

Innocenz III. erlaubt dem Bischof (Johannes) von Leighlin, alle Dignitäten
15 *und Ämter seines Bistums und im besonderen das Archidiakonat frei zu ver-*
geben, da alle von seinem Gegner H(ugo ?), einem exkommunizierten Mönch
von Canterbury, im Bistum getroffenen Verfügungen ungültig seien.

Lateran, (1199) Dezember 7.

Reg. Vat. 4, fol. 201ᵛ—202ʳ ⟨Nr. 226, 231⟩.
20 Sirleto, fol. 408ʳ = Cholinus, II 535 = Venet., II 535 = Baluze, I 492 Nr. 231 = Migne, PL 214, 790 Nr. 231; Sheehy, Pontificia Hibernica, I 110 Nr. 41. — Potth. Reg. 892; Bliss, Calendar, 8.

Leglennensi episcopo[1].

Sicut[a] nostro est apostolatui reseratum, inter alia multa et gravia, que
25 H(ugo ?) fugitivus, monachus Cantuariensis excommunicatus et maledictus[2], in preiudicium ecclesie Leglennensis et anime sue perniciem nequiter attemptavit, post execrationem suam dilectum filium .. ecclesie tue archidiaconum in tantum metu suspensionis illato coegit, eum exire de ipsa ecclesia non permittens, quod ipsum archidiaconatus officium vellet
30 nollet oportuit resignare; in cuius locum alius quidam fuit violenter intru-

---

222. a) *Die Initiale läuft in einen kleinen, speienden Hundekopf aus.*

221. 1) Johannes, O. Cist., B. von Leighlin (Suffr. von Dublin, Gfscht. Carlow, Irland) ca. 1197—ca. 1201. Er war zuvor Abt des Zisterzienserklosters Monasterevan (Diöz. und Gfscht. Kildare, Irland) und wurde gegen den Widerstand des Lokaladels zum Bischof ge-
35 wählt. Erst mit päpstlicher Hilfe konnte der von Innocenz III. selbst zum Bischof Geweihte (vgl. Br. I 366) sein Amt antreten. Vgl. POWICKE-FRYDE, *Handbook*, 340.

222. 1) S. Br. II 221 (230) Anm. 1.

2) Vielleicht Hugo, Mönch von Canterbury, der von den Fürsten, vornehmlich von Hademund von Valognes, dem Justitiar des Grafen Johann von Mortain (vgl. Br. I 366
40 Anm. 11), gegen Bischof Johannes unterstützt wurde. Dazu MANRIQUE, *Cisterciensium . . . annalium* tom. III 330. Dagegen denkt SHEEHY, *Pontificia Hibernica*, I 110 Anm. 1 an Johannes' Amtsnachfolger, den Zisterziensermönch Herlewin (B. von Leighlin ca. 1202— April 1217). Vgl. zu diesem POWICKE-FRYDE, *Handbook*, 340.

* fol. 202ʳ
vgl. Jo 10, 1

sus. Cum igitur idem monacus * tamquam fur et latro non per hostium sit ingressus nec aliquid de rebus episcopii b), quod invasit, per eum de iure conferri valeat vel disponi, omnibus ordinationibus et dispositionibus factis ab eo penitus irritatis, ut de premisso archidiaconatu et aliis dignitatibus et officiis canonice valeas appellatione remota tamquam proprius 5 pontifex ordinare, quod ab eodem intruso factum est non obstante, liberam tibi appellatione remota tribuimus auctoritate presentium facultatem.

Nulli ergo et cetera.

Datum Laterani, VII Idus Decembris.   10

223 (232).

Innocenz III. trägt den Bischöfen (Sueiro) von Lissabon und (Petrus) von Coimbra auf, die Adelige V., welche sich trotz eines abgelegten Keuschheitsgelübdes unter dem Zwang der Verhältnisse vermählt hat, durch geistliche Strafen zur Einhaltung ihres Gelübdes zu zwingen.   15

Lateran, (1199) Dezember 1.

Reg. Vat. 4, fol. 202ʳ ⟨Nr. 227, 232⟩.

Sirleto, fol. 408ᵛ = Cholinus, II 535 = Venet., II 535 = Baluze, I 492 Nr. 232 = Migne, PL 214, 790 Nr. 232; Mansilla, Documentación, 254 Nr. 220.—Comp. III. 4, 5 un.; Alan. 1, 19 un.; Alan. K. 1, 23, 2; Bern. 4, 5 un.; Rain. 39, 5; X. IV, 6, 7. — Potth. Reg. 884. 20

Vlixbonensi[1] et Colimbriensi[2] episcopis[a].

Insinuante V., nobili muliere, nostro est apostolatui reseratum, quod dudum puella et in annis teneris constituta M. Sancii accepit in virum, qui ab inimicis crucis Christi fuit parvo post tempore interfectus. Post cuius obitum a quibusdam curialibus fuit regi Legionensi[3] pro relicte copula 25 supplicatum. Quod cum ad consanguineorum eius notitiam devenisset, ut maritum acciperet ei sub obtestatione regia suggesserunt. Ipsa vero, quod tunc nollet nubere, protestante, consilium accepit ab eis, quod votum emitteret castitatis. Hoc autem in manibus cuiusdam de fratribus sancti Augustini eo fecit adiecto tenore, ut in domo propria cum omni sua sub- 30 stantia remaneret. Sane in eiusdem ordinis habitu biennio post permansit, licet id se invitam fecisse asserat et coactam tam metu regio quam parentum. Post hec eidem regi quod fecerat indicavit. Quod approbans vetuit, ne quis ea nolente domum intraret ipsius vel exinde aliquid asportaret.

---

b) *Migne:* episcopi.   35

223. a) *Am Rande ein Nota-Monogramm (vgl. Einleitung XXI). Darüber von einer Hand des 13. Jh.:* hoc c(apitulum) est Extra, qui clerici vel vo(ventes) matrimonium contrahere [possunt] *(X. IV, 6, 7).*

223. [1] S. Br. II 95 (103) Anm. 15.
     [2] S. Br. II 125 (134) Anm. 10.   40
     [3] S. Br. II 72 (75) Anm. 12.

Interim vero tempore modico elabente P(etrus?) curialis regias litteras
secum portans et F(ernandus?) Fernandi[4] dicte mulieris domum intrantes, ut ipse P(etrus?) vi saltem eam duceret in uxorem, acceperunt ab
ipsa, quod, si eam idem P(etrus?) duceret, ipsius manibus interiret. Post
5 hec vero dimissis domo et omnibus, que habebat, in domo cuiusdam Iudei
per tres, in ecclesia vero sancte Marie de Veiga[5] per sex latuit septimanas,
ita quod exinde propter necessitates humanas etiam egredi non auderet.
Tandem se coactam videns et omnibus destitutam, et attendens nichilominus, quod invita votum emiserit, eo dimisso de parentum consilio P.
10 Michaelis publice fuit matrimonialiter copulata, de qua quatuor sustulit
filios tempore procedente. Verum quia salutem anime omnibus desiderat
anteferre, ac metuens, quod huiusmodi coniunctio licita non existat, quid
super hiis tenere debeat, edoceri responso nostro suppliciter postulavit.

Nos ergo attendentes, quod in emissione voti, quod precessit, nulla vel
15 modica coactio affuisset, quam patientia et perseverantia sequentis temporis penitus profugavit, et quod sequens coniunctio potius iniqua fuit et
violenter extorta, fraternitati vestre per apostolica scripta mandamus,
quatinus inquisita diligentius veritate, si premissis veritas suffragatur,
prefatam feminam ad male dimissum religionis habitum resumendum et
20 servandum, quod vovit, monere ac inducere procuretis et, si opus fuerit,
per censuram ecclesiasticam cohercere.

Quod si ambo [etc.], alter vestrum et cetera.

Datum Laterani, Kal. Decembris.

224 (233).

25 *Innocenz III. trägt dem Bischof (Michael) von Man-Sodor, dem Archidia-*
kon von Bangor und dem Prior von Glannach auf, darüber zu entscheiden, ob
Prinz (Llywelyn) von Nordwales die ihm verlobte Tochter des Prinzen
(Reginald) von Man und der anderen Inseln in der Irischen See heiraten
könne oder ob deren Verlobung mit (Rhodri ab Owain), dem Onkel des
30 *Bräutigams, ein Ehehindernis bilde.*

Lateran, (1199) November 24.

Reg. Vat. 4, fol. 202ʳ—202ᵛ ⟨ Nr. 228, 233⟩.

Sirleto, fol. 409ʳ = Cholinus, II 536 = Venet., II 536 = Baluze, I 492 Nr. 233 = Migne,
PL 214, 791 Nr. 233. — Alan. 4, 2 un.; Alan. Anh. 24; Alan. K. 4, 2 un.; Coll. Fuld. 4, 2, 2;
35 *Rain. 40, 9. — Potth. Reg. 876; Storm, Regesta Norvegica, I 27 Nr. 158; Cheney, Calendar, 29*
Nr. 168. — Vgl. J. E. Lloyd, A History of Wales from the earliest times to the Edwardian
Conquest. London ³1939, Nachdruck 1948, II 617 Anm. 29.

---

[4] Ein Fernandus Fernandiz scheint im März 1162 als Zeuge in einer Urkunde König
Alfons' I. von Portugal auf. Hier wird auch ein Petrus Pelagii genannt (*Doc. Med. Port.*, I
40 359 Nr. 280).

[5] Santa Maria in Veiga de Lila (Prov. Traz-os-Montes, Distr. Villa Real, Diöz. Lissabon).

Mannensi episcopo[1], archidiacono Bangorensi[2] et priori[3] de insula Glannauo[a].

Postulavit a nobis dilectus filius vir nobilis R. princeps Norwalie[4], ut de concessione nostra sibi liceret filiam dilecti filii . . principis Insularum[5] subarratam ab ipso accipere in uxorem; non[b] obstante, quod patruo eius[6] 5 eadem infra nubiles annos extitit desponsata, cum tamen a neutro traducta fuisset. Verum quoniam nobis constare non potuit, cuius etatis puella tempore subarrationis vel desponsationis extiterit et cui antea fuerit — puta nepoti vel patruo — desponsata, cum secundum diversitates factorum iura etiam sint diversa, in huiusmodi certum non potui- 10 mus dare responsum, quoniam iuxta canonicas sanctiones in rebus ambiguis non est absolutum iudicium proferendum[7]. Volentes autem, quantum cum Deo possumus, iustas postulationes prefati principis sine difficultate qualibet exaudire, inquisitionem eorum, que premisimus, sub certa forma examini vestro duximus committendam, quid iuris sit in singulis 15 articulis supponentes.

Quocirca[c] discretioni vestre per apostolica scripta mandamus, quatinus vocatis ad presentiam vestram, quos videritis evocandos, sollicite inquiratis, utrum puella septennium non attigerit, quando subarrata extitit a nepote vel patruo desponsata[d]. In utroque namque istorum 20 casuum — quia tam subarratio quam desponsatio de iure non tenuit, que non potest septempnium prevenire[8] — quod factum est a patruo primo vel postea non obstante, nisi aliud quid impediat, puella eadem legitime contrahere poterit cum nepote. Si vero tam subarrationis quam desponsationis tempore septempnis extitit vel maioris etatis, cum extunc incipiant 25 placere sponsalia, si precessit desponsatio patrui, non potuit contrahere

---

224. [a]) *Auf fol. 202ʳ längs des Briefes am Rande ein senkrechter, z. T. gewellter Strich.* [b]) *n- korr. aus o-.*   [c]) *Am Rande ein* Nota-*Monogramm (vgl. Einleitung XXI).*   [d]) *d- korr. aus t-.*

224. [1]) Michael, der 1193 bzw. 1203 als B. von Man (Insel in der Irischen See) belegt ist. 30 Seit 1151 war Man mit Sodor zu einer Diözese vereinigt (The Isles) und York als Suffragan unterstellt. Zum 17. Februar 1205 wird Michael als verstorben bezeichnet. Vgl. *Potth. Reg.* 2416 bzw. Powicke-Fryde, *Handbook,* 294.

    [2]) Archidiakon von Bangor (Diöz. Bangor, Gfscht. Canarvon, Wales).

    [3]) Prior des Priorates Glannach (Gfscht. Anglesey).   35

    [4]) R. ist verschrieben für L(lywelyn) ap Iorwerth, Sohn des Iorwerth Drwyndwn ab Owain Gwynedd und der Marared, Tochter des Madog ap Maredudd. Geboren 1173, war er seit 1195 Fürst von Ost-Gwynedd, seit 1200 von West-Gwynedd und seit 1202 von Süd-Gwynedd. 1208 erhielt er auch Süd-Powys und wurde 1216 Oberlord von Deheubarth. Seit 1205 war er mit Johanna, einer natürlichen Tochter König Johanns von England, 40 vermählt. Er starb am 11. April 1240. Vgl. Powicke-Fryde, *Handbook,* 48.

    [5]) Reginald (I.), ältester, illegitimer Sohn Gottfrieds II., Fürst von Man und der anderen Inseln in der Irischen See 1187—1226. Vgl. Powicke-Fryde, *Handbook,* 61.

    [6]) Rhodri ab Owain († 1195), Onkel Llywelyns und Gemahl einer Tochter des Rhys ap Gruffudd.   45

    [7]) *Decretum Gratiani* D. XXXIII, 7 (= Friedberg, *CorpIC,* I 124).

    [8]) *Ebd.* C. XXX, q. 2, dict. ante c. un. (= *ebd.,* I 1099 f.).

cum nepote: quoniam secundum traditiones et observantias regulares nullus potest sponsam consanguinei sui accipere in uxorem[9] et hii duo casus non ad imparia iudicantur. Si[e] autem subarratio facta cum nepote precessit, quod secutum fuit postea non tenente, cum per secundum fac-
5 tum non potuerit primum dissolvi, quod quantum ad sponsalia sortitum fuerit firmitatem, volentibus personis principalibus matrimonium inter eas poterit consumari. Si vero nepos eam ante septen*nium[f] subarravit et • fol. 202ᵛ patruus in septennio vel post septennium desponsavit eandem, nepos eam propter rationem premissam ducere non poterit in uxorem; sin vice
10 versa eam sibi legitime poterit copulare.

Pro hiis, que premisimus, memorie commendatis, cum de facto vobis constiterit, de iure non poteritis dubitare. Vos ergo appellatione remota secundum premissas distinctiones iniunctum vobis curetis negotium diffinire. Quodsi omnes et cetera, tu frater episcope cum eorum altero [et
15 cetera].

Datum Laterani, VIII Kal. Decembris.

225 (234).

Innocenz III. befiehlt dem Kloster St. Mary de Prato in Leicester, für den Lebensunterhalt des konvertierten und deshalb verarmten Juden R. zu sorgen.

20 *Lateran, (1199) Dezember 5.*

Reg. Vat. 4, fol. 202ᵛ ⟨Nr. 229, 234⟩.
Sirleto, fol. 409ᵛ = Cholinus, II 537 = Venet., II 537 = Baluze, I 493 Nr. 234 = Migne, PL 214, 792 Nr. 234; Grayzel, The Church and the Jews, 96 Nr. 8 (mit englischer Übersetzung). — *Potth. Reg. 890; Bliss, Calendar, 8; Cheney, Calendar, 29 Nr. 169.* — *Vgl. Grayzel, a. a. O.,*
25 *18 f.*

Abbati et conventui sancte Marie de Prato de Leicestre[1].

Quanto[a] populus Iudaice cecitatis superficiem divinarum scriptura-rum attendens et negligens puritatem medulle, que doctrine spiritualis in se continet intellectum, dampnabilius in sua contumacia perduravit et se
30 ipsos adhuc[b] involvi permittunt in baratro tenebrarum, tanto hiis, qui tenent et amplectuntur fidei veritatem et desiderant[c] propagationem nomi-nis christiani, amplius est in Domino congaudendum, si qui gratia sancti Spiritus illustrati abrenuntiato herrore Iudaico a tenebris se convertunt vgl. 1 Kor 12, 26 ad lucem et fidem recipiunt christianam. Et attenta est sollicitudine pro- vgl. Apg 26, 18
35 videndum, ne inter alios Christi fideles inedia deprimantur, cum plerique horum pro indigentia necessariarum rerum post receptum baptismum in confusionem non modicam inducantur, ita ut plerumque faciente illorum

---

e) S- *steht neben dem Schriftspiegel.*   f) *Darüber eine kleine Rasur.*
225. a) *Die Initiale läuft in einen kleinen, speienden Hundekopf aus. Längs des Briefes am Rande ein senkrechter, z. T. gewellter Strich.*   b) -huc in- *auf Rasur.*   c) -t pro- *auf Rasur.*

9) *Ebd. C. XXVII, q. 2, c. 14, 15 (= ebd., I 1066).*
40 **225.** 1) Paul, Abt des Augustiner-Chorherrenstiftes St. Mary de Prato in Leicester (Diöz. und Gfscht. Leicester), 1188—1204. Vgl. KNOWLES-BROOKE-LONDON, *Heads of Religious Houses,* 170.

avaritia, qui, cum ipsi habundent, Christum pauperem respicere dedi-
gnantur, retro cogantur abire.

Hinc est, quod cum dilectus filius R., lator presentium, ad commonitionem cuiusdam nobilis viri spretis et postpositis omnino divitiis, quas
habebat, Christum potius sequi volens quam in luto divitiarum putres- 5
cere[d], baptismi receperit sacramentum, et nunc prefato nobili viro viam
universe carnis ingresso, qui sufficienter ei necessaria ministrabat, ita
paupertate gravetur, ut non habeat, unde vite sustentationem possit habere, per vos ipsius necessitati provideri volentes, discretioni vestre per
apostolica scripta mandamus atque precipimus, quatinus ob reverentiam 10
illius, per quem ipse lucem veritatis accepit, taliter ei necessaria ministretis, quod in victu et vestitu convenienter sit ei provisum; scituri pro certo, quod graviter et moleste ferremus nec possemus sub dissimulatione
transire, si mandatum nostrum, quod opus in se continet pietatis, relin-
queretis aliquatenus inperfectum. 15
Datum Laterani, Non. Decembris.

vgl. Jos 23, 14;
1 Kg 2, 2

226 (235).

Innocenz III. befiehlt den Äbten (Guido) von Cîteaux, (Berthold) von Mori-
mond und (Wilhelm) von La Creste, in der Stadt und Diözese Metz die Teil-
nehmer an volkssprachlichen Bibellesungen zu verhören und zu versuchen, 20
dabei etwa zutage tretende Übelstände abzustellen. Sollte das nicht gelingen,
so mögen sie eine Untersuchung vornehmen und deren Ergebnis dem Hl.
Stuhl melden. Ferner sollen sie über die Schuld zweier Kleriker befinden und
diese entweder bestrafen oder den Bischof (Bertram) zwingen, die über sie
verhängte Exkommunikation aufzuheben. 25

Lateran, (1199) Dezember 9.

Reg. Vat. 4, fol. 202ᵛ—203ʳ ⟨Nr. 230, 235⟩.
Sirleto, fol. 409ᵛ = Cholinus, II 537 = Venet., II 537 = Baluze, I 493 Nr. 235 = Migne,
PL 214, 793 Nr. 235. — Potth. Reg. 893; Bréquigny, Table chronologique, IV 269. — Vgl.
Thouzellier, Catharisme et valdéisme, 152—154; Maisonneuve, Inquisition, 163 f.; Grund- 30
mann, Religiöse Bewegungen, 97—100; Selge, Die ersten Waldenser, I 290—293 und die
Br. II 132 (141), 133 (142).

Cistertiensi[1], Morimundensi[2] et de Crista[3] abbatibus.

| Ea[a] est in fovendis virtutibus et vitiis extirpandis a prelatis eccle-
siarum servanda discretio et circumspectio adhibenda, ne vel inter nascen- 35

---

[d] prutescere.

226. [a] *Am Rande* Nota *(vgl. Einleitung XXI) und ein* f.

226. [1] Guido Poré, Abt der Zisterzienserabtei Cîteaux (Diöz. Chalon-sur-Saône, Dép. Côte
d'Or, Arr. Beaune, Cant. Saint-Jean-de-Losne) 1193—1200. Er wurde 1200 zum Kardinal-
bischof von Palestrina erhoben und 1204 EB. von Reims. Er starb am 30. Juli 1206. Vgl. 40
KARTUSCH 183—190 Nr. 39 bzw. GANZER, *Auswärtiges Kardinalat*, 149—151 Nr. 64.
[2] Berthold, Abt der Zisterzienserabtei Morimond (Diöz. Langres, Dép. Haute -Marne,
Arr. Langres, Cant. Montigny-le-Roi) 1198—1200. Vgl. *Gallia Christiana*, IV 817.
[3] Wilhelm (I.), Abt der Zisterzienserabtei La Creste (Diöz. Langres, Dép. Haute-

tium densitate spinarum enormiter frumenta ledantur vel insuper semi- vgl. Mt 13, 1–8 par.
natorum zizaniorum evulsione triticum evellatur. In abscidendis etiam et vgl. Mt 13, 24–30
curandis corporibus infirmorum sic oculi diligentia precedere debet manus officium et ferrum digitus prevenire, ne, si cauterium adhibeatur in-
5 caute, non tam partes infirmas non sanet quam sanas infirmet; quod tanto
diligentius in mentis langoribus est servandum, quanto animam novimus vgl. Röm 15, 27;
corpore digniorem et spiritualia carnalibus preponenda. 1 Kor 3, 1

Hoc autem infra nos ipsos diligentius attendentes, cum olim venerabilis frater noster . . Metensis episcopus[4] per suas nobis litteras intimasset,
10 quod tam in[b] diocesi quam urbe Metensi[5] laicorum et mulierum non modica multitudo Gallice cuidam translationi divinorum librorum intendens
secretis conventiculis etiam inter se invicem eructuare presumerent, aliorum
aspernantes consortium et in faciem redarguentibus presbyteris resistentes,
quorum simplicitatem fastidiunt in sue translationis peritia confidentes: non
15 protinus ad vindictam res nos accendit incognita, sed universis tam in urbe
quam in Metensi diocesi constitutis sub eo tenore litteras curavimus apostolicas destinare, qui vobis ex transcripti earum poterit inspectione patere[6].
Eidem insuper episcopo et capitulo Metensibus dedimus in mandatis, ut inquirerent sollicite veritatem, quis fuerit auctor translationis illius, que in-
20 tentio transferentis, que fides utentium, que causa docendi; si utentes ipsa
venerarentur apostolicam sedem et catholicam ecclesiam honorarent; ut
super hiis et aliis, que necessaria sunt ad indagandam plenius veritatem, per
eorum litteras sufficienter instructi plenius intelligeremus et planius, quid
super hiis statui oporteret[7]. Nuper autem idem episcopus per suas nobis
25 litteras intimavit, quod quidam eorum, quos notabiles prioribus litteris de-
notarat, mandatis recusant apostolicis obedire; quibusdam eorum clanculo,
quibusdam vero iam publice obediendum esse dicentibus soli Deo. Ab occultis etiam conventiculis non cessantes officium predicationis occulte, licet a
nullo mittantur, prohibiti etiam sibi non metuunt usurpare; aspernantes sibi vgl. Röm 10, 15
30 dissimiles et translationi eidem usque adeo insistentes, ut se nec episcopo nec
metropolitano suo[8] nec nobis ipsis asserant parituros, si eam decreverimus
abolendam[9].

Licet autem tales in eo reprehendi merito videantur, quod occulta conventicula celebrant, officium predicationis usurpant, simplicitatem despi-

---

35   [b]) tam in *auf Rasur nachgetragen.*

Marne, Arr. Chaumont-en-Bassigny, Cant. Andelot), 1183 und 1188 bezeugt. Zu 1207 und
1220 wird ein S. als Abt genannt. Vgl. J.-M. CANIVEZ, *Creste*, in: Dict. HGE 13 (Paris 1956)
1033.

      [4]) S. Br. II 132 (141) Anm. 3.
40   [5]) Metz (Dép. Moselle).
      [6]) Br. II 132 (141).
      [7]) Br. II 133 (142).
      [8]) Der EB. von Trier, s. Br. II 195 (204) Anm. 14.
      [9]) Weder der B. von Metz noch der Papst erkannten, daß es sich bei der inkriminier-
45 ten Gruppe um Waldenser handelte, die wahrscheinlich aus Südfrankreich eingewandert
waren. Vgl. SELGE, *Die ersten Waldenser*, I 290 ff.

ciunt sacerdotum et eorum consortia, qui dictam translationem non recipiunt, aspernantur: ne quid tamen subito facere videamur, discretioni vestre, de qua c) plene confidimus, per apostolica scripta mandamus atque precipimus, quatinus ad civitatem Metensem pariter acce*dentes cum eodem episcopo convocetis coram vobis talia sapientes et adherentes translationi predicte et, si fieri poterit, que in eis reprehensibilia fuerint, auctoritate freti apostolica sublato appellationis obstaculo corrigatis10). Quodsi correctionem vestram recipere forte noluerint, inquiratis super capitulis illis, que in litteris, quas episcopo miseramus, expressa fuisse superius vobis expressimus, et aliis etiam diligentius veritatem; et quod inveneritis, per nuntium vestrum et litteras plenius intimetis, ut per vos certiores effecti, prout procedendum fuerit procedamus. Cum enim in hoc universalis ecclesie vertatur negotium et agatur causa fidei d) Christiane, ad exequendum apostolice sedis mandatum cum summa diligentia et cautela vos studiosos et promptos esse volumus et mandamus.

Ad hec M. Crispinum presbyterum et R. socium eius, si super hiis, que dictus episcopus eis duxerit opponenda, inveneritis esse reos, ipsos appellatione remota canonice puniatis. Alioquin eundem episcopum ad remittendam penam, si quam eis forsan inflixit, cum nichil contra eum vel clerum in nostra proposuerint audientia, monitione premissa, districtione qua convenit, sublato appellationis obstaculo cogere non tardetis.

Quodsi omnes et cetera, duo vestrum [et cetera].

Datum Laterani, V Idus Decembris.

227 (236).

Innocenz III. befiehlt dem Erzbischof (Anselm) von Neapel und dem Kardinalpresbyter C(inthius) von S. Lorenzo in Lucina als päpstlichem Legaten, gegen den zahlreicher Verbrechen beschuldigten Erzbischof (Roger) von Benevent eine Untersuchung einzuleiten und ihm über deren Ergebnis zu berichten.

(Lateran, 1199 ca. November 25—Dezember 10)[1].

---

c) *Davor ein Absatzzeichen, vielleicht mit der Tinte des Merkstrichs.* d) causa fidei *auf Rasur. Auch am Rande eine kleine Rasur.*

10) Nach Alberich von Trois-Fontaines (MG SS XXIII 878) verbrannten die Äbte die volkssprachlichen Übersetzungen und rotteten auf diese Weise die häretische Bewegung aus.

227. 1) Zur Datierung: Das Schreiben wurde wahrscheinlich gemeinsam mit den Br. II 226 (235) bis 229 (238), deren Datierungen zwischen dem 29. November (Br. II 228 [237]) und dem 9. Dezember (Br. II 229 [235]) liegen, registriert, wie die Neuansätze am Beginn der Br. II 226 (235) und II 230 (239) nahelegen. Auf jeden Fall erfolgte die Eintragung ins Register nach dem 9. Dezember. Vielleicht besteht auch ein Zusammenhang mit dem nach Benevent gesandten Br. II 216 (225), der ungefähr zwischen dem 1. und dem 10. Dezember datiert werden kann (vgl. ebd., Anm. 1). Für das vorliegende Schreiben ist daher am ehesten ein Datum zwischen dem 25. November und dem 10. Dezember anzunehmen.

Reg. Vat. 4, fol. 203ʳ—203ᵛ ⟨Nr. 231, 236⟩.
Sirleto, fol. 410ᵛ = Cholinus, II 538 = Venet., II 538 = Baluze, I 494 Nr. 236 = Migne,
PL 214, 795 Nr. 236. — Alan. 5, 1, 3; Alan. Anh. 103; Alan. K. 5, 1, 3; Bern. 1, 23, 6;
Rain. 21, 1. — Potth. Reg. 896. — Vgl. Kamp, Kirche und Monarchie, I 207.

5 **. . Neapolitano archiepiscopo²⁾ et C(inthio), sancti Laurentii in Lucina pres-**
bytero cardinali, apostolice sedis legato³⁾.

Nichilᵃ⁾ est pene, quod magis debeat formidare prelatus, quam vitium
negligentie; quia si iuxta testimonium Ueritatis de omni verbo otioso in
die iudicii redditurus est rationem, quanto magis de omni bono neglecto, vgl. Mt 12, 36
10 cum eum etiam, qui opus Dei agit negligenter, scripture divine sententia
maledicat. Heli namque sacerdos licet in se bonus existeret, quia tamen
filiorum excessus efficaciter non corripuit, et in se pariter et in ipsis anim-
adversionis divine vindictam excepit, dum filiis eius in bello peremp- vgl. 1 Sam 1, 3–4,
tis ipse de sella corruens confractis cervicibus expiravit. Ad corrigendos 18
15 ergo subditorum excessus tanto diligentius debet prelatus assurgere, quanto dampnabilius correctionem eorum negligeret, contra quos, ut de notoriis excessibus taceatur, etsi tribus modis procedere possit: per accusationem videlicet, denuntiationem et inquisitionem ipsorum, ut tamen in
omnibus diligens adhibeatur cautela, sicut accusationem legitima proce-
20 dere debet inscriptio, sic et denuntiationem caritativa commonitio et vgl. Mt 18, 15–17
inquisitionem clamosa debet insinuatio prevenireᵇ⁾. «Descendam» inquit
Dominus «et videbo, utrum clamorem, qui venit ad me, opere iam compleverint». Tunc enim clamor pervenit ad prelatum, cum per publicam fa- Gn 18, 21
mam aut insinuationem frequentem subditorum sibi referuntur excessus,
25 et tunc debet descendere et videre, id est mittere et inquirere, utrum clamorem veritas comitetur. Nam iuxta canonicas sanctiones⁴⁾, si quid de
quocumque clerico ad aures prelati pervenerit, quod eum iuste possit
offendere, non facile credere debet nec ad vindictam eum res accendere
debet incognita; sed diligenter est veritas perscrutanda, ut, si rei poposce-
30 rit qualitas, districta ultio culpam feriat delinquentis.

Cum ergo de venerabili fratre nostro . . Beneuentano archiepiscopo⁵⁾,
quod dolentes referimus, ea nobis relata fuissent, que a pontificali honestate nimium dissonabant, propter frequentem clamorem multorum ad in-
quirendum de ipsis plenius fuimus excitati, ne dissimulatio negligentie
35 vitium inducere videreturᶜ⁾. Ipseᵈ⁾ namque, sicut fuit nobis expositum,

---

227. ᵃ⁾ *Am Rande:* Nota *(vgl. Einleitung XXI). Ferner auf fol. 203ʳ längs des Briefes am*
Rande ein senkrechter, z. T. gewellter Strich. ᵇ⁾ *Bis hierher am Rande eine schmale,*
senkrechte Rasur. ᶜ⁾ *Am Rande eine Art schiefliegendes Kreuz (vgl. Einleitung XIX).*
ᵈ⁾ *Von hier an bis zum Ende der Seite längs des Briefes am Rande eine Klammer.*

40 ²⁾ S. Br. II 212 (221) Anm. 19. ³⁾ S. Br. II 4 Anm. 11.
⁴⁾ Vgl. *Decretum Gratiani* D. LXXXVI, 33 (= Friedberg, *CorpIC*, I 303).
⁵⁾ Roger von San Severino, EB. von Benevent, September 1179—25. Dezember 1221.
Aus dem normannischen Hochadel hervorgegangen und mit den Grafen von Caserta,
Avellino, Marsico und Tricarico verschwägert, hatte er in jugendlichem Alter den Erzstuhl
45 erhalten. Über ihn, der zuvor Mönch in Montecassino war, vgl. Kamp, *Kirche und Monar-*
chie, I 203—208.

28*

post multas et graves culpas nequiter commissas ab eo domum hospitalis ad susceptionem pauperum et infirmorum olim a predecessoribus suis rerum opulentia premunitam[6] civilis belli socius et magister effectus fecit nequiter demoliri; de cuius videlicet hospitalis proventibus tertia portio ecclesie beati Bartholomei[7] perpetuo debebatur. Occasione cuiusdam 5 equitature sue a W. Guarna, canonico eiusdem ecclesie[8], sibi reddite sine freno per satellites suos seditionem fecit in populo; ex qua suborto prelio, quod precepit invocato diabolo inchoari, plures tam clerici quam laici interfecti fuerunt. Cumque quoddam castrum Hugonis de Feniculo[9] post destructionem terre ipsius integrum remansisset, idem populum concita- 10 vit; cum quo in ipsum castrum insurgens illud cum nonnullis mulieribus et pueris incendio devastavit. Molendinum, vineas et alia multa ad ecclesiam suam spectantia destrui omnino permisit. Cocum suum propria manu percutiens interfecit. Rusticum quendam hostiliter insecutus pro eo, quod puerum in ulnis deferens importune pro confirmatione illius instabat 15 suoque[e] clerico[f] resistebat ab eo violenter impulsus, ita vulnerari precepit, quod vitam illius vulneris occasione finivit. Beneficia ecclesiastica minus canonice iuxta sue voluntatis arbitrium dispensare presumit. Sacerdotes et clericos absque causa rationabili officiis et beneficiis destitutos non prius restituit, quam cupiditati eius recepta pecunia satisfiat. Aug- 20 mentationi possessionum et hornamentorum ecclesie sue non solum, ut tenebatur ex officio, non intendit, verum etiam adeo in spiritualibus et temporalibus eam lesit, ut consilio destituta et pravorum pedibus iaceat

vgl. Ez 34, 19 conculcata.

　　Cum autem hec et alia per quosdam ecclesie sue canonicos nobis denun- 25 tiata fuissent, contra quos tamen multa, ut eos a denuntiatione repelleret, opponebat, nos officii nostri debitum prosequentes de communi fratrum con-

* fol. 203ᵛ silio vobis inquisitionem eorum duximus * committendam; per apostolica

vgl. 2 Chr 19, 7;
Röm 2, 11;
Kol 3, 25;
1 Petr 1, 17 u. ö. vobis scripta precipiendo mandantes, quatinus ad locum congruum utrique parti securum pariter accedentes et sine personarum acceptione Deum 30 habentes pre oculis super hiis inquiratis appellatione remota nostra freti auctoritate diligentissime veritatem; et quod inveneritis sub testimonio litterarum vestrarum nobis fideliter intimetis, ut per inquisitionem vestram sufficienter instructi melius in ipso negotio procedere valeamus[10].

---

　　[e] -uoque *auf Rasur nachgetragen. Auch am Rande eine kleine Rasur.*　　[f] *Darnach* 35 *eine kleine Rasur.*

　　[6] Hospital in Benevent.
　　[7] S. Bartolomeo de Episcopio, Kirche in Benevent unweit der Kathedrale. An ihr stiftete EB. Roger eine Konfraternität. Vgl. A. Zazo, *Benevento che fu: La Basilica di S. Bartolomeo.* Samnium 31 (1958) 226 ff.; Kamp, *Kirche und Monarchie*, I 207 mit Anm. 37. 40
　　[8] Kanoniker von S. Bartolomeo in Benevent.
　　[9] Ein Hugo von Finocchio (Kastell bei Torrecuso, Prov. Benevent) ist zu 1144 bezeugt. Vgl. F. Bartoloni, *Le più antiche carte dell'abbazia di San Modesto in Benevento.* Regesta chartarum Italiae 33 (Roma 1950) 24 ff.
　　[10] Die Untersuchung förderte nichts zutage, denn Roger blieb unangefochten im Amt. 45

228 (237).

Innocenz III. verbietet dem Kapitel der exemten Abtei Kelso, Klosterkirchen, deren Einkünfte dem Unterhalt des Konvents, zur Bewirtung von Fremden und als Almosen dienen, an Personen zu vergeben, durch die sie etwa ihrer Bestimmung entfremdet werden könnten.

5

Lateran, (1199) November 29.

Reg. Vat. 4, fol. 203ᵛ ⟨Nr. 232, 237⟩.
Sirleto, fol. 411ᵛ = Cholinus, II 539 = Venet., II 539 = Baluze, I 495 Nr. 237 = Migne, PL 214, 796 Nr. 237. — Potth. Reg. 880; Bliss, Calendar, 8.

10

Capitulo Kelchoensi[a][1].

Cum monasterium vestrum specialiter beati Petri iuris existat et ad nostram nullo mediante iurisditionem pertineat et tutelam[2], paci et tranquillitati vestre sollicitius nos convenit providere et in quibus salva conscientia possumus petitiones vestras libentius debemus et volumus exau-
15 dire. Dilecto namque filio nostro H., monacho vestro, referente accepimus, quod abbates, qui pro tempore in vestro monasterio amministrant, ecclesias, que illi monasterio ad sustentationem fratrum et hospitum susceptionem ac pauperum concesse sunt canonice et collate, in dispendium vestrum quibusdam personis conferunt et assignant, pro quibus illarum
20 proventus sustentationi fratrum et pauperum indebite[b] subtrahuntur.

Unde quoniam indignum est ammodum et assurdum, ut fratrum ac pauperum stipendia per aliquorum presumptionem eis illicite subtrahi debeant, quorum sunt usibus deputata, ad exemplar felicis recordationis Lucii pape[3], predecessoris nostri, presentium auctoritate statuimus et
25 firmiter prohibemus, ut nullus decetero ecclesias vestras aliquibus conferre presumat, per quos ipsorum proventus ad alium usum transferri debeant, nisi ad eum, pro quo piis desideriis ac devotione laudabili vestro monasterio sunt concesse.

Nulli ergo et cetera hanc paginam nostre constitutionis et inhibitionis
30 et cetera.

Datum Laterani, III Kal. Decembris.

---

228. [a] *Migne:* Chelcoensi. [b] indebite subtrahuntur *auf Rasur nachgetragen.*

228. [1] Benediktinerabtei Kelso (Gfscht. Roxburgh, Schottland). Vgl. EASSON, *Medieval Religious Houses: Scotland*, 59.
35 [2] Die Abtei zahlte dafür 1 aureus oder 2 Sterlinge. Vgl. *Liber Censuum*, ed. FABRE-DUCHESNE, 231.
[3] Vielleicht gemeinsam mit einer anderen Indulgenz, die Lucius III. 1182 dem Kloster gewährte (JL 14615).

229 (238).

Innocenz III. verbietet allen Bischöfen und sonstigen Prälaten Schottlands,
über das exemte Kloster Kelso geistliche Strafen zu verhängen, und befiehlt
ihnen, dessen Exemtion und alle übrigen vom Papste verliehenen Rechte zu
achten.   5

Lateran, (1199) Dezember 1.

> *Reg. Vat. 4, fol. 203ᵛ ⟨Nr. 233, 238⟩.*
> *Sirleto, fol. 411ᵛ = Cholinus, II 540 = Venet., II 540 = Baluze, I 496 Nr. 238 = Migne,*
> *PL 214, 797 Nr. 238. — Potth. Reg. 885; Bliss, Calendar, 9.*

Episcopis[1] et aliis ecclesiarum prelatis per regnum   10
Scotie constitutis.

Licet universa loca religiosa ex commissi nobis officii debito fovere et
diligere debeamus, illorum tamen profectibus specialem nos oportet curam impendere, que ad iurisditionem beati[a] Petri et nostram noscuntur
nullo mediante spectare.   15

Inde siquidem est, quod nos libertates et iura monasterii Kelchoensis[b][2]
et ea maxime, que ipsi ab apostolica sede indulta sunt, integra volentes
et illesa[c] servare, felicis recordationis Lucii pape, predecessoris nostri,
vestigiis inherentes[3], universitati vestre per apostolica scripta precipiendo
mandamus, quatinus nullus vestrum in abbatem et fratres pretaxati   20
monasterii excommunicationis, suspensionis vel interdicti sententiam
audeat promulgare. Cum autem sententia in parrochianos alterius ab aliquo vestrum prolata de iure non teneat, multo minus illa, que in speciales
ecclesie Romane filios, qui scilicet nulli nisi Romano pontifici sunt subiec-
ti, profertur, debet ab aliis observari. Quod[d] si aliquis vestrum attempta- 25
re presumpserit, eius in hac parte factum nullas vires obtineat, sed irritum
potius et vacuum habeatur.

Nos enim universa, que prenominato abbati et fratribus vel monasterio
ipsorum apostolice sedis privilegiis indulta noscuntur, firma volumus et
inconcussa teneri, et eadem a vobis inviolabiliter precipimus observari.   30
Statuimus etiam, ut cum ad aliqua ecclesiastica sacramenta in prelibata
ecclesia impendenda fueritis quandolibet evocati, ad hoc exequendum
celeriter accedatis, nec ibidem aliquod ius propterea vendicetis.

Datum Laterani, Kal. Decembris.

---

229. ᵃ) beati Petri *auf Rasur nachgetragen.*   ᵇ) Kel- *auf Rasur. Migne:* Chelcoensis. 35
ᶜ) -esa *vielleicht auf Rasur. Darnach vielleicht ein Buchstabe ausradiert.*   ᵈ) Q- *steht neben*
dem Schriftspiegel.

229. ¹) Bischöfe des Königreichs Schottland gab es in: Aberdeen (Mortlach), Argyll (Lis-
more), Brechin, Caithness, Dunblane, Dunkeld, Galloway (Withorn, Candida Casa), Glas-
gow, Iona, The Isles (Sudreys, Sodor), Moray, Orkney, Ross und St. Andrews. Mit Aus- 40
nahme von Galloway, das Suffr. von York war, und The Isles bzw. Orkney, die zur norwegi-
schen Metropole Nidaros (Trondheim) gehörten, waren alle Bischofssitze exemt.

²) S. Br. II 228 (237) Anm. 1 und 2.

³) Indulgenz Lucius' III. von 1182 (JL 14615).

230 (239).

Innocenz III. entscheidet einen Liegenschaftsprozeß zwischen dem Kloster
S. Silvestro in Rom und der dortigen Kirche S. Maria in Vialata zugunsten
des ersteren.

5						*Lateran, (1199) November 27.*

Reg. Vat. 4, fol. 203ᵛ—204ᵛ ⟨Nr. CCXXX, 234, 239⟩.
Sirleto, fol. 412ʳ = Cholinus, II 540 = Venet., II 540 = Baluze, I 496 Nr. 239 = Migne,
PL 214, 797 Nr. 239. — Comp. III. 2, 2, 5; 2, 6, 1; Bern. 2, 9, 1; Add. ad Dunelm. IV. 76;
X. I, 2, 10; II, 16, 3. 4. — Potth. Reg. 879. — Vgl. Th. Hirschfeld, Das Gerichtswesen der
10 *Stadt Rom vom 8. bis 12. Jahrhundert wesentlich nach stadtrömischen Urkunden. Archiv für*
Urkundenforschung 4 (1912) bes. 485 f. und 520 f.; Bartoloni, Codice diplomatico, 81—86
NNr. 46—52.

Steph(ano) abbati et conventui sancti Siluestri[1].

| Ecclesia[a] sancte Marie in Vialata[2] contra I(ohannem) de Atteia[3],
15 qui quasdam possessiones ipsius dicebatur contra iustitiam detinere, mo-
vit tempore B(enedicti) Carosomi dicti senatoris[4] sub L(eone) iudice[5]
questionem. In ipso autem iudicio prefato I(ohanni) de Atteia sindicus
monasterii vestri astitit, et ab eo testes producti quidam de monachis
extiterunt[b]. Iudex vero auditis rationibus partium pro eodem Io(hanne)
20 absolutionis sententiam promulgavit; a cuius sententia pars altera vocem[c] appellationis emisit. Super hoc[d] igitur questione suborta proponente parte victrice, quod non potuerit appellari, cum dictus L(eo) non
ut iudex sed tamquam arbiter fuisset electus, victa e contrario asserente:

---

230. [a] *Am Rande von einer Hand des 13. oder 14. Jh.:* de hoc c(apitulo) est Extra de con-
25 stitutionibus *(X. I, 2, 10)* et: ut lite pendente *(X. II, 16, 3. 4).*		[b] -x- *auf Rasur.*
[c] voem.		[d] Super hoc *auf Rasur nachgetragen.*

230. [1] Stephan, Abt des Basilianerklosters von S. Silvestro in Capite in Rom 1194 bis nach
1203/vor 1205. Vgl. F. FEDERICI, *Regesto del monastero di S. Silvestro de Capite.* Archivio
della R. Società Romana di Storia Patria 22 (1899) 512 Nr. XLV und 521 f. NNr. LVIII
30 und LIX.
[2] Kirche S. Maria in Vialata in Rom.
[3] Dieser Johannes de Atteia war schon 1163 in einen Streit mit der Kirche von
S. Maria in Vialata verwickelt gewesen. Vgl. L. M. HARTMANN - M. MERORES, *Ecclesiae*
S. Mariae in Via Lata Tabularium, III, Vindobonae 1913, 43 f. NNr. CC, CC a und CC b.
35		[4] Benedikt Carushomo, Senator von Rom Ende 1191 bis 1193. Vgl. A. SALIMEI, *Sena-*
tori e statuti di Roma nel Medioevo. I Senatori. Cronologia e bibliografia dal 1144 al 1447
(= Biblioteca storica di fonti e documenti 2, Roma 1935) 61.
[5] Leo Nepesinus findet sich als ‚sacri palacii iudex et scriniarius' 1183, 1185 und 1193
belegt. Vgl. HARTMANN - MERORES, (wie Anm. 3) 59 f. Nr. CCXX und 62 f. Nr. CCXXIII
40 sowie FABRE - DUCHESNE, *Liber Censuum,* I 424 a. Es handelt sich bei ihm um einen
vom Papst ernannten, jedoch dem stadtrömischen Senat unterstehenden Richter. Vgl.
TH. HIRSCHFELD, *Das Gerichtswesen der Stadt Rom vom 8. bis 12. Jahrhundert wesent-*
lich nach stadtrömischen Urkunden. Archiv für Urkundenforschung 4 (1912) 497, 520 f.— Am
7. Oktober 1192 hatte Benedikt Carushomo dem Johannes de Atteia und anderen befohlen,
45 zur Gerichtsverhandlung über die vom Ökonomen von S. Maria in Vialata eingebrachten
Klagen zu erscheinen. Vgl. HARTMANN - MERORES (wie Anm. 3) 44 Nr. CC b und BARTOLONI,
Codice diplomatico, 80 f. Nr. 45.

quoniam cum arbitrio fuerit contradictum, quod partes non nisi metu pene constringit, que in premisso arbitrio non fuerat comprehensa, merito potuit appellari, et fortius, si iudicium extitisset. De hoc igitur ad iam-dictum B(enedictum) Carosomi questione perlata, causam appellationis S(assoni) primicerio iudicum[6] delegavit. In cuius presentia partibus 5 constitutis, dictus I(ohannes) de Atteia proposuit se conveniendum non esse, cum non possideret id, quod pars altera requirebat, sed monasterium sancti Siluestri possidens[e] rem petitam. Dictus autem B(enedictus) Cari-somi — quoniam statutum quoddam emiserat a populo Romano appro-batum pariter et acceptum, quod si quis post litem contestatam rem a se 10 petitam transferret in alium, daretur possessio petitori et alter fieret de possessore petitor, et idem I(ohannes) post litem contestatam rem ipsam in monasterium transferre presumpsit — possessionem rei petite assig-navit ecclesie memorate. Verum quoniam dictus I(ohannes) de possessioni-bus ipsis monasterio sancti Siluestri annuam reddiderat pensionem, 15 adiecit ut hoc ipsum ab ecclesia sancte Marie fieret, donec de proprietate fundi cognosceretur; sed solutio que fieret pen * sionis ecclesie sancte Ma-rie in Vialata in iure suo penitus non noceret[7].

* fol. 204ʳ

Hanc autem possessionem ecclesia sancte Marie usque ad tempora I(o-hannis) Petri Leonis, senatoris Vrbis[8], inconcusse possedit, qui supplica- 20 tione monasterii vestri clementer admissa R(oberto ?) iudici[9] causam com-misit eandem, qui auditis hincinde propositis pro monasterio ipso senten-tiam promulgavit: revocans, quod prefatus B(enedictus) Carosomi sta-tuerat contra ipsum. Per quam sane sententiam quoniam ecclesia sancte Marie se lesam enormiter querebatur, et ipsa senatori supplicavit predicto, 25 qui causam commisit R. iudici cognoscendam[10]. Et quoniam eius iuris-ditio erat in proximo desitura, supplicatum fuit ob eandem causam succes-soribus eius senatoribus iam electis[11], et ab eis causa ipsa eidem iudici

---

[e]) *Migne:* possideret.

[6]) Sasso, als Primicerius der Richter zwischen 1185 und 1199 nachweisbar. Vgl. 30
L. HALPHEN, *Études sur l'administration de Rome au moyen âge (751—1252)* (= Biblio-thèque de l'École des Hautes Études 166, Paris 1907) 101 f. Über dieses Amt: HIRSCHFELD (wie Anm. 5) 467—473 und 497—501.

[7]) Das Urteil der Berufungsinstanz ist zwischen dem 13. Oktober 1192 und Jahresende 1193 zu datieren. Vgl. BARTOLONI, *Codice diplomatico*, 81 f. NNr. 46 und 47. 35

[8]) Johannes Pierleoni, als Senator von Rom zwischen 1195 und Ende 1196 (1197 ?) nachzuweisen. Vgl. SALIMEI (wie Anm. 4) 62 und BARTOLONI, *Codice diplomatico*, 83 f. Nr. 48.

[9]) Möglicherweise identisch mit Robertus iudex, der schon 1163 in dem Streit zwischen Johannes de Atteia und S. Maria in Vialata aufscheint und noch 1186 belegt ist. Vgl. 40
HARTMANN - MERORES (wie Anm. 3) 44 Nr. CC a und 69 f. Nr. CCXXVIIII.

[10]) Der von Johannes Pierleoni zum Richter bestellte Iudex R. stellte seine Unter-suchungen wahrscheinlich zwischen 1195 und November 1196 an. Vgl. BARTOLONI, *Codice diplomatico*, 83 f. Nr. 48.

[11]) Die Amtsdauer der 56 namentlich nicht bekannten Senatoren ist unsicher. Für die 45
Jahre 1194/95 entscheidet sich SALIMEI (wie Anm. 4) 62, für 1196 (?)/1197 hingegen BARTO-LONI, *Codice diplomatico*, 83 f. NNr. 48 und 49.

delegata. Iudex vero ex veteris et novorum pariter senatorum delegatione cognoscens, quod a iamdicto B(enedicto) statutum fuerat approbans, ecclesie sancte Marie possessionem restituit antedictam[12]. Et cum novem consiliarios haberet senatus, per octo ipsorum executioni fuit sententia
5 demandata; sed unus ex eis, qui et nepos erat abbatis sancti Siluestri, quorundam senatorum favore suffultus ecclesie sancte Marie possessionem violenter ablatam monasterio tribuit nominato[13]. Ex hoc ergo rixa crescente usque ad armorum strepitum est processum. Ne vero deterius quid contingeret, bone memorie C(elestinus) papa, predecessor noster,
10 totum negotium ad suam sollicitudinem revocavit[14]. Et quoniam tempus colligendorum fructuum iminebat, fructus precepit apud colonos in sequestro deponi, circa quos si qua partium violentiam inferre presumeret, cause sue dispendium pateretur; venerabilibus fratribus nostris P(etro) Portuensi[15] et I(ohanni) nunc Albanensi, tunc vero Tuscanensi[1] episcopis [et]
15 tituli sancti Clementis [presbytero][16] et dilecto filio nostro G(regorio) sancti Angeli diacono[17] cardinalibus causam committens eandem.

In quorum presentia partibus constitutis pro ecclesia sancte Marie fuit contra monasterium vestrum obiectum, quod violentiam pars vestra commiserat in fructibus sequestrandis. Et cum super hoc testes fuissent
20 utrimque producti, quia violentia liquido probata non fuit et in dimidio ruglo ordei dicebatur admissa, abbate nichilominus prohibente, ne delictum persone redundaret in dampnum ecclesie, facta ordei restitutione provisum est, ut ad questionem possessionis fieret in causa processus; de qua coram eisdem productis testibus et attestationibus publicatis fuit
25 diutius disceptatum[g]. Consequenter vero post decessum prefati predecessoris nostri partibus in nostra presentia constitutis ecclesia beate Marie possessionem, qua fuerat pretermisso iuris ordine spoliata, sibi restitui postulabat.

Et quoniam alii senatorum sententiam pro monasterio, alii latam pro
30 ecclesia processu temporis confirmarant[18], nos quicquid ab eis factum

---

[1]) *Migne:* Tusculanensi.   [g]) *Am Rande ein schiefliegendes Kreuz angedeutet (vgl. Einleitung XIX).*

[12]) Die Gerichtsverhandlungen vor dem neuerlich beauftragten Richter R. dürften vom November 1196 bis zur Jahresmitte 1197 gedauert haben. Vgl. BARTOLONI, *Codice diplo-*
35 *matico*, 84 Nr. 49.

[13]) Die consiliarii bilden einen jeweils für bestimmte Angelegenheiten bestellten Exekutivausschuß des Senats. Vgl. HALPHEN (wie Anm. 6) 65 mit Anm. 2 und HIRSCHFELD (wie Anm. 5) 482 f.

[14]) Papst Coelestin III. zog den Fall wahrscheinlich in der zweiten Jahreshälfte 1197 an
40 sich. Vgl. IP I 83 Nr. 8 (zwischen 1197/98 datiert) und BARTOLONI, *Codice diplomatico*, 83 f. Nr. 48.

[15]) S. Br. II 84 (91) Anm. 10.

[16]) S. Br. II 44 (46) Anm. 13.

[17]) S. Br. II 65 (68) Anm. 3.

45 [18]) BARTOLONI, *Codice diplomatico*, 86 Nr. 52 datiert diese Auseinandersetzungen unter den Senatoren zwischen Jahresmitte 1197 und November 1199.

fuit, postquam dictus predecessor noster ad curam suam idem negotium revocavit, de consilio fratrum nostrorum irritum decrevimus et inane. Cum ergo nobis constiterit et ex ipsa confessione partium tenuerimus, quod unus consiliariorum contra sententiam de voluntate octo executioni mandatam de facto, quia de iure non poterat, veniens, ecclesiam ipsam 5 possessione sua spoliaverit violenter, et nichilominus attendentes, quod etiam iniusto possessori violenter eiecto restitutionis sit beneficio succurendum: spoliatam ecclesiam in eo statu decrevimus[h] reponendam, in quo fuerat tempore violentie perpetrate. Verum quoniam prefatam possessionem post restitutionem factam ab I(ohanne) de Atteia monasterium 10 alii locationis titulo assignarat neque restituere poterat ecclesie spoliate, loco illius tantundem possessionum equivalentium secundum arbitrium dilectorum filiorum I. Tineosi capellani[19] et P(etri?) hostiarii[20] nostrorum eidem ecclesie fecimus assignari; que quoniam alii fuerant iure pignoris obligate, a creditoribus eas liberari fecimus, qui nobis instrumentum 15 pignoris postea resignarunt.

Et quia sepefatum monasterium vestrum se querebatur a premisso B(enedicto) Carisomi contra iustitiam spoliatum, et ipsum per officium nostrum restitui suppliciter postulabat, quod statutum eius nullius valoris extiterit, multipliciter asseverans[l]. Sepefatus enim B(enedictus) cum se 20 ipsum intruserit in senatoriam dignitatem nec apostolice sedis favorem habuerit, ad quam institutio pertinet senatorum[21], statutum non potuit emittere, quod valeret; qui[k] etiamsi fuisset legitime institutus, ipsius statutum quamvis sibi subiectos ecclesias tamen nullatenus obligaret, presertim cum iuri civili esset[l] adversum, quod aliam penam litigiosas res 25 transferentibus[m] statuit imponendam; illa distinctione inter contrahentes adhibita, ut si quis sciens ad donationes, venditiones seu alios contractus accesserit, non solum redhibere[n] rem compellitur, sed etiam pretium eius ammittit, non ut lucro cedat alienanti, a quo etiam alia tanta quantitas est fisci iuribus inferenda; sin autem ignorans rem litigiosam emerit vel 30

---

[h] decrevumus *auf Rasur nachgetragen.*   [l] *Am Rande zwei kurze, schräge Striche. An dieser Stelle endet ein Teil des in die Comp. III. 2, 2, 5 aufgenommenen Textes (Friedberg, CorpIC, II 13).*   [k] *Darnach vielleicht ein Buchstabe ausradiert.*   [l] *Das erste -s- auf einer 8 mm langen Rasur in die Länge gezogen.*   [m] transerentibus.   [n] *Migne:* redimere. 35

[19] Nicht identifizierbar.

[20] Möglicherweise identisch mit einem Petrus, der zwischen 1178 und 1181 als Ostiarius des Papstes bezeugt ist. Vgl. FABRE - DUCHESNE, *Liber Censuum,* I 402 b, 404 b und 406 b. Über dieses Amt: B. RUSCH, *Die Behörden und Hofbeamten der päpstlichen Kurie des 13. Jahrhunderts.* Schriften der Albertus-Universität. Geisteswissenschaftliche Reihe 3, Königs- 40 berg-Berlin 1936, 99—107.

[21] Vgl. dazu *Gesta Innocentii,* c. 8 (= MIGNE, PL 214, XXII B). Benedikt Carushomo wurde ca. 1191 nach einem Volksaufstand Summus Senator von Rom und ließ in seiner Auseinandersetzung mit dem Papst auch Teile des Kirchenstaates besetzen. Vgl. F. GREGOROVIUS, *Geschichte der Stadt Rom im Mittelalter vom V. bis XVI. Jahrhundert.* Neu 45 hrsg. von W. KAMPF (Basel 1954) II 264 f.

per aliam speciem contractus acceperit, tunc alienatione rei facta irrita
pretium eius cum alia tertia parte recipiet; instrumentis etiam nullam vim
obtinentibus, que super contractibus huiusmodi statuuntur. Verum eos,
qui dotis nomine vel ante nuptias donationis, transactionis vel divisionis
5 rerum hereditariarum facte vel per legati vel fidei commissi causam huiusmodi dederint vel acceperint, a premissis penis eadem constitutio excipit
nominatim[22]. Quodsi etiam obligare posset ecclesias, monasterium in illa
constitutione nequaquam inciderat, cum antedictus I(ohannes) nullam in
illud possessionem penitus transtulisset, qui tamquam colonus terras
10 illas tenuerat et eas non suo sed monasterii nomine possidebat. Quod
etiamsi fecisset, quoniam prius conventus a monasterio quam ab ecclesia * fuerat et per arbitrium et nichilominus iure transactionis, per quam * fol. 204ᵛ
citra penam litigiosi contractus res potest in alium lite contestata transferri, res restituit antedictas, in statutum premissum nullatenus incidisset;
15 quin potius etsi contra illud fecisset statutum, quoniam nec conventum
nec confessum in iudicio vel convictum possessione sua monasterium
fuerat spoliatum, instanter eam sibi restitui postulabat, quam ex nulla
vel saltem iniusta causa pars altera detinebat.

Has autem rationes iconomus sancte Marie[23] nitebatur multifariam
20 infirmare. Quamvis enim dictus B(enedictus) circa prelationis sue primordia gratiam sedis apostolice non habuerit, quia tamen ab ea fuit tempore
procedente receptus et ratihabitio retro trahitur[24], perinde habendus erat
tamquam ab initio legitime fuerit institutus, qui tamquam alienus iudex
non poterat a monasterio evitari, cum nec novum sit nec insolitum,
25 quod ubi clerici sunt auctor et reus, causas civiles in Vrbe coram iudicibus per sedem apostolicam institutis ex delegatione senatorum ab ea
iurisditionem habentium prosequantur. Unde nec in alieno foro intelligun-
tur sed in proprio Romani pontificis litigare, cuius auctoritate sortiri
videntur effectum[o], que ab huiusmodi senatoribus vel iudicibus statuun-
30 tur. Quodsi forum senatorium fuisset monasterio penitus alienum, quia
tamen yconomus dicti monasterii sub L(eone) iudice a prefato B(enedicto)
inter ecclesiam sancte[p] Marie et dictum I(ohannem) de Atteia delegato
ipsi I(ohanni) astitit et eum in iure defendit, iudicium eius non potuit
ulterius declinare. Statutum autem ipsius B(enedicti), de quo sepius est
35 premissum et quod non iuri adversum sed consonum potius existebat —
cum etiam in iure canonico caveatur, quod res in litigio posita non sit in
personam aliam transferenda[25] —, non ad possessores solos sed etiam ad
illos dicebat extendi, qui tenore saltem detentationis cuiusque poterant

---

o) affectum.   p) s- *auf einer 11 mm langen Rasur in die Länge gezogen.*

40   22) *Codex Justinianus* 8, 36, 5 (= KRUEGER 349 f.).
      23) Ökonom von S. Maria in Vialata.
      24) *Digesten* 20, 1, 16 § 1 (= MOMMSEN 261) und *Codex Justinianus* 5, 16, 24 § 2 (= KRUE-
GER 211).
      25) *Decretum Gratiani* C. XI, q. 1, dict. post c. 49, c. 50 (= FRIEDBERG, *CorpIC*, I 641 f.).

conveniri, quales constat esse colonos etiam temporales; perpetui namque utilem saltem possessionem habentes et conveniri possunt et in alium transferre, quod habent, sicut I(ohannes) fecerat antedictus; cuius factum neque premissum arbitrium poterat nec transactio excusare, cum in dolum et fraudem fuerint attemptata. Iudex namque, in quem fuit a 5 partibus compromissum, consanguineus ipsius I(ohannes) et infeudatus monasterii dicitur extitisse nichilque fecisse in publicum sed omnia in secreto, quamvis instar iudiciorum sint arbitria introducta. Coegit quoque partes ad transigendum, sicut ex rescripto transactionis apparet et cum de transactione non fuerit compromissum, que q) non est necessitatis q) sed 10 libere potius voluntatis. Dolo quasi ex perspicuis insidiis iam probato, transactionem inefficacem penitus asserebat. Illa quoque ratione dicebat ecclesia petitionem monasterii repellendam, quod cum possessionem ipsam sine dolo et culpa sua obtinuerit auctoritate pretoris et per hoc ius sibi fuerit acquisitum, monasterium vestrum super possessorio audiri ulterius 15 non debebat, cui parata erat in petitorio r) respondere.

Hiis ergo et similibus in nostra et fratrum nostrorum presentia prudenter a partibus allegatis, nos s) attendentes, quod laicis etiam religiosis super ecclesiis et personis ecclesiasticis nulla sit attributa potestas, quos obsequendi manet necessitas non auctoritas imperandi, a quibus si quid 20 motu proprio statutum fuerit, quod ecclesiarum respiciat etiam commodum et favorem, nullius firmitatis existit, nisi ab ecclesia fuerit approbatum — unde statutum Basilii de non alienandis prediis rusticis vel urbanis, ministeriis et ornamentis ecclesiarum illa reprobatum fuit potissimum ratione, quod auctoritate non fuit Romani pontificis roboratum 26) —, ne 25 in exemplum transeat similia presumendi: quod a sepedicto B(enedicto) factum fuerat in preiudicium monasterii non conventi nec confessi etiam vel convicti prorsus in irritum revocantes, possessiones easdem restituendas sibi sententialiter diffinimus, nec ipsas, que in locum et ius illarum, quas ab I(ohanne) de Atteia ecclesia sancte Marie petierat, successerunt, 30 interim alienare valeat prohibentes: ut, si ecclesia sancte Marie vel de vitio litigiosi contractus vel de proprietate forsitan voluerit experiri — ne, si obtinuerit in iudicio, in vanum laboret, monasterio minime possidente — sit, quod evincere valeat et habere.

Datum Laterani, V Kal. Decembris. 35

Scriptum t) est super hoc in eundem modum clericis sancte Marie in Vialata t).

---

q-q) *Auf Rasur.* r) *Über* -rio *ein Kürzungsstrich ausradiert.* s) *Davor ein wohl viel späteres Absatzzeichen. An dieser Stelle setzt der Text von X. I, 2, 10 von neuem ein (Friedberg a. a. O. 14).* t-t) *Am Rande nachgetragen (vgl. Kempf, Register, 39) und mit* 40 *einer Zeichnung umrahmt.*

26) *Decretum Gratiani* D. XCVI, 1; C. XI, q. 7, c. 23, 24 (= FRIEDBERG, *CorpIC*, I 335 ff., 807).

231 (240).

Innocenz III. erlaubt seinem Subdiakon Oldebert, Propst von San Gaudenzio in Novara, über seinen Konvent die ihm zustehende Strafgewalt unter Ausschluß jeder unrechtmäßigen Appellation auszuüben.

5   *Lateran, (1199) Dezember 13.*

Reg. Vat. 4, fol. 204ᵛ ⟨Nr. 235, 240⟩.
Sirleto, fol. 414ʳ = Cholinus, II 543 = Venet., II 543 = Baluze, I 499 Nr. 240 = Migne, PL 214, 802 Nr. 240. — Potth. Reg. 899.

Oldeberto, subdiacono nostro, preposito sancti Gaudentii Nouariensi[1].

10 | Ad hoc in domo Domini statuta fuisse noscuntur officia prelatorum, ut ipsi speculatores solliciti existentes excessus puniant subditorum et de agro Domini zizania colligant ad comburendum et triticum in ipsius orreis studeant congregare.   vgl. Mt 13, 30

Ut igitur commissum tibi prepositure officium utilius prosequi valeas, 15 devotioni tue auctoritate duximus presentium indulgendum, ut liceat tibi excessus fratrum tuorum secundum Deum et iustitiam non obstante appellatione, si qua forsan fuerit facta in elusionem ecclesiastice discipline, corrigere et eos bonis actibus informare.

Nulli ergo et cetera hanc paginam nostre concessionis et cetera.
20   Datum Laterani, Idibus Decembris.

232 (241).

Innocenz III. erlaubt dem Bischof (Albert) von Vercelli, die Wahl einiger Scholaren zu Klerikern der Kollegiatskirche San Evasio in Casale (Monferrato), die während eines Interdikts erfolgt war, zu kassieren und einem ande- 25 *ren Scholaren, dessen Vater dem Bistum zur Zeit der Verfolgung beigestanden hatte, in derselben Kirche eine Pfründe zu verleihen.*

                            Lateran, (1199) Dezember 11.

Reg. Vat. 4, fol. 204ᵛ—205ʳ ⟨Nr. 236, 241⟩.
Sirleto, fol. 414ᵛ = Cholinus, II 543 = Venet., II 543 = Baluze, I 499 Nr. 241 = Migne, 30 *PL 214, 802 Nr. 241; F. Gabotto - U. Fisso, Le carte dello Archivio capitolare di Casale Monferrato fino al 1313. Biblioteca della Società storica subalpina 40. Pinerolo 1907, 77 Nr. LVI. — Potth. Reg. 897.*

Vercellensi episcopo[1].

Ad[a] audientiam nostram te significante pervenit, quod — cum casale 35 sancti Euasii[2], quod ad ius et dominium pertinet ecclesie Vercellensis,

---

232. [a] *Die Initiale läuft in einen kleinen, speienden Hundekopf aus.*

231. [1] Oldebert Tornielli, als päpstlicher Subdiakon und Propst der Kollegiatskirche San Gaudenzio in Novara zu 1199 bezeugt. Er wurde später B. von Novara (Suffr. von Mailand) 21. Mai 1213—September 1235. Vgl. Savio, *Vescovi d'Italia, Piemonte,* 275 f.
40 **232.** [1] S. Br. II 39 Anm. 5.
     [2] Kollegiatskirche San Evasio in Casale Monferrato (Diöz. Vercelli, Prov. Alessandria).

propter multas et enormes iniurias, quas habitatores ipsius Casalis eidem
fol. 205ᵣ ecclesie intulerunt, iamdudum sit interdicto suppositum * et maiores
eiusdem loci excommunicationis sententia innodati — clerici Casalis eiusdem quosdam scolares, qui cum aliis sunt ecclesiastico interdicto suppo-
siti, in fratres et clericos elegerunt. Quia vero, quibus ecclesiastica sunt 5
officia interdicta, dum tales existunt, eligi non debent ad ecclesiastica
beneficia, cum officiorum intuitu beneficia conferantur, fraternitati tue,
si premissis veritas suffragatur, cassandi electionem huiusmodi non obstante contradictione vel appellatione cuiuslibet liberam b) concedimus
auctoritate apostolica facultatem. 10

Preterea quia, sicut tua nobis insinuatio patefecit, quidam miles de
melioribus ipsius loci tibi fideliter astitit in persecutione, quam tibi et
ecclesie tue alii faciebant, propter quod incurrit odium vicinorum et dampna
plurima est perpessus, cuius filio, scolari scilicet bone indolis, ut testa-
ris, in ecclesia Casalensi desideras providere: volentes, quantum cum Deo 15
possumus, tue fraternitati deferre, ut scolarem ipsum in ecclesia memorata
sublato contradictionis et appellationis obstaculo instituere valeas, auctoritate tibi presentium indulgemus.

Datum c) Laterani, III Idus Decembris.

233 (242). 20

*Innocenz III. erlaubt dem Bischof (Albert) von Vercelli, in seiner Diözese
jede eigenmächtige Verminderung des zu leistenden Zehents unter Anwendung
geistlicher Strafen zu verbieten und jene, die sich einer solchen schuldig gemacht haben, unter Ausschluß jeder unrechtmäßigen Appellation vor Gericht
zu laden.* 25

(Lateran, 1199 Dezember ca. 11)[1].

Reg. Vat. 4, fol. 205ʳ ⟨Nr. 237, 242⟩.
Sirleto, fol. 414ᵛ = Cholinus, II 544 = Venet., II 544 = Baluze, I 499 Nr. 242 = Migne,
PL 214, 802 Nr. 242. — Comp. III. 2, 1, 1; 3, 23, 2; Comp. IV. 3, 9, 4; Alan. 3, 15, 4; Alan.
K. 3, 15, 4; Bern. 2, 1, 1; 3, 24, 2; Coll. Fuld. 3, 20, 8. 19; Gilb. Anh. 16; Rain. 11, 2; X. 30
III, 30, 25. 26. — Potth. Reg. 898.

Vercellensi episcopo [2].

Tua a) nobis fraternitas intimavit, quod quidam laici tue diocesis et alii
plures episcopatuum adiacentium [3] decimas ecclesiis et clericis tuis perversis
machinationibus subtrahere moliuntur et concepte perversitatis audaciam 35

---

b) *Darnach ein überflüssiges* tibi.   c) *-a- auf Rasur.*
233. a) *Am Rande von einer Hand des 13. Jh.:* hoc c(apitulum) est Extra de decimis
(X. III. 30, 25. 26). Darüber gleichfalls von einer Hand des 13. Jh.: CCL.

233. [1]) Zur Datierung: Das Schreiben dürfte wohl ungefähr dasselbe Datum besitzen wie der
an den gleichen Empfänger gerichtete Br. II 232 (241). 40
[2]) S. Br. II 39 Anm. 5.
[3]) Die Diözese Vercelli grenzte damals an die Diözesen Alessandria, Asti, Ivrea, Mailand, Novara und Turin.

non curant satisfactione debita emendare. Quidam enim ex eis semen et
sumptus, qui fiunt in agricultura, primitus deducendos et de residuo impendendam esse decimam[b] asseverant. Alii vero de portione fructuum, quam a
colonis accipiunt, partem decime separantes, eam capellanis suis vel aliis[c]
5 clericis[d] seu ecclesiis aut etiam pauperibus conferunt vel in usus alios pro
sua voluntate convertunt; nonnulli clericorum vitam tamquam[e] abhominabilem detestantes decimas eis ob hoc subtrahere non verentur. Quidam insuper asserentes se possessiones et omnia iura sua cum omni honore
atque districto per imperialem concessionem adeptos decimas sub huiusmodi generalitate detinere presumunt. Occasione[f] preterea veteris deci-
10 mationis, quam asserunt sibi concessam, aliqui decimas novalium sibi non
metuunt usurpare. Verum si ab eo[g], a quo[h] bona cuncta procedunt,   vgl. Jak 1, 17
assertores huiusmodi debitum respectum haberent, ius ecclesiasticum
diminuere non contenderent nec decimas, que tributa sunt egentium animarum, presumerent detinere. Cum enim Deus, cuius est terra et pleni-   vgl. Ps 23, 1;
15 tudo eius, orbis terrarum et universi, qui habitant in ea, deterioris con-   1 Kor 10, 26
ditionis esse non debeat quam dominus temporalis, cuius statutum debitum de terris, quas exhibet aliis excolendas, non quidem deductis sumptibus aut semine separato necessarium esse dinoscitur cum integritate persolvi, nimis profecto videtur iniquum, si decime, quas Deus in signum
20 universalis dominii sibi reddi precepit, suas esse decimas et primitias
asseverans, occasione premissa vel excogitata magis fraude diminui forte
valerent. Cumque Deo debita sit solutio decimarum in tantum, ut ad eas
clericis exhibendas, quibus eas ipse pro suo cultu concessit, laici, si moniti
forte noluerint, ecclesiastica sint districtione cogendi[4], pretextu nequitie
25 clericorum nequeunt eas aliis, nisi quibus ex mandato divino debentur,
pro sue voluntatis arbitrio erogare, cum nulli sit licitum aliena cuicumque
concedere preter domini voluntatem; quamquam per sollicitudinem officii
pastoralis clerici sint a sua nequitia cohercendi. Et cum de cunctis omnino
proventibus decime sint reddende, sicut colonus de parte fructuum, que sibi
30 remanet ratione culture, sic et dominus de portione, quam percipit ratione
terre, decimam reddere sine diminutione tenetur. Porro[1] cum laicis nulla
sit de spiritualibus rebus concedendi vel disponendi attributa facultas[5],
imperialis concessio, quantumcumque generaliter fiat, neminem potest a

---

35   [b] dcimam.   [c] *Darnach eine kleine Rasur.*   [d] *-cis auf Rasur.*   [e] tamquam
abhomi- *auf Rasur nachgetragen. Auch am Rande eine kleine Rasur.*   [f] O- *steht neben
dem Schriftspiegel.*   [g] *Migne emendiert in* ad eum *und kann sich dabei sowohl auf Rain.
11, 2 (Migne, PL 216, 1206 B) als auch auf die Comp. III. 3, 23, 2 (Friedberg, CorpIC, II 564
cap. XXVI, Anm. 7) stützen. Doch könnte wohl auch gemeint sein, die Zehentverweigerer*
40 *hätten von Gott den schuldigen Respekt (gegenüber der Kirche) empfangen sollen, was die
Lesung der HS. rechtfertigen würde.*   [h] *-o auf Rasur. Auch am Rande eine kleine Rasur.*
[1] *Davor ein späteres Absatzzeichen. Am Rande ein ähnliches Zeichen und von einer Hand des
16. Jh.:* pars eiusdem *(X. III, 30, 25).*

[4] Vgl. *Decretum Gratiani* C. XVI, q. 7, c. 5 (= Friedberg, *CorpIC*, I 802.).

45   [5] Vgl. *Decretum Gratiani* D. XCVI, dict. ante c. 1 und c. 1 § 6, 7 (= Friedberg,
CorpIC, II 335, 337 f.).

solutione decimarum eximere, que divina constitutione debentur; nec
occasione decimationis antique licet in feudum concesse decime sunt novalium usurpande, cum in talibus non sit extendenda k) licentia, sed potius
restringenda.

Quoniam igitur pati nolumus nec debemus, ut ecclesiarum et clericorum 5
iura presumptione qualibet minuantur, fraternitati[1] tue auctoritate presentium indulgemus, quatinus omnes, qui ratione personarum aut etiam
prediorum decimas ecclesiis et clericis tue diocesis exhibere tenentur, ad
eas cum integritate reddendas sublata appellationis difficultate auctoritate apostolica per excommunicationis vel interdicti sententiam compel- 10
lendi liberam habeas facultatem. Preterea, ut clericos tue diocesis, de quibus fuerit m) in auditorio tuo querela proposita de decimis antedictis et
fructibus perceptis ex eis, ad plenam sub tuo examine iustitiam faciendam
compellere valeas, non obstante appellationis obiectu in elusionem ecclesiastice discipline, devotioni tue presentis scripti pagina duximus indul- 15
gendum.

Decernimus ergo et cetera hanc paginam nostre concessionis et cetera.

234 (243).

Innocenz III. befiehlt dem Erzbischof (Hubert) von Canterbury, dem Bischof
(Wilhelm) von London und dem Magister W (ilhelm) von Somercotes, Kano- 20
niker von Lincoln, ein Urteil, das päpstliche delegierte Richter über die Kir-
che von Hemington zugunsten des Magisters B. gefällt haben und dessen
Vollstreckung vom Gegner, dem Kleriker R., mit Gewalt verhindert worden
war, unter Anwendung geistlicher Strafen zu vollstrecken. Ferner sollen die
Genannten jene, die den Abt (Johannes) von Forde beim Versuch der Ur- 25
teilsexekution tätlich angegriffen haben, exkommunizieren.

(Lateran, 1199 Dezember Mitte)[1].

Reg. Vat. 4, fol. 205ʳ—205ᵛ ⟨Nr. 238, 243⟩.
Sirleto, fol. 415ᵛ = Cholinus, II 545 = Venet., II 545 = Baluze, I 500 Nr. 243 = Migne,
PL 214, 804 Nr. 243. — Potth. Reg. 925; Bliss, Calendar, 9; Cheney, Calendar, 31 Nr. 179 30
(mit Datierung: Dezember?).

---

k) *Das letzte -e- und -d- auf Rasur. Auch am Rande eine kleine Rasur.*   [1]) *Am Rande*
ein kurzer, schräger Strich und zwei Punkte (vgl. Einleitung XX).   m) fuerint.

234. [1]) Zur Datierung: Das Schreiben wurde wohl gleichzeitig mit Briefen vom 14. bis 17.
Dezember registriert (Br. II 235 [244] und II 237 [246]), was die Neuansätze am Beginn die- 35
ses Schreibens und des Br. II 241 (251) nahelegen. Daher dürfte es auch ungefähr in der
Mitte des Dezembers ausgestellt worden sein.

Cantuariensi archiepiscopo[2], .. episcopo Londoniensi[3] et magistro W(illelmo) de Sumercote, canonico Lincolniensi[4].

| Dilectus[a] filius magister B. clericus in nostra presentia constitutus sua nobis conquestione monstravit, quod — cum causa, que inter ipsum
5 et R. clericum vertitur super vicaria ecclesie de Heminton'[5], qua fuerat contra iustitiam spoliatus, a bone memorie C(elestino) papa[6], predecessore nostro, dilectis filiis .. Fordensi abbati[7], .. archidiacono Dorsete[8] et magistro T., canonico Wellensi[9], sicut idem iudices suis nobis litteris intimarunt, commissa fuisset et pro ipso magistro B. sententia promulgata —
10 idem R. clericus in annis etiam nunc * minoribus constitutus, prout in   * fol. 205ᵛ eisdem continetur litteris, procuravit, quod ad dictos iudices preceptum regium emanaret, ne mandatum apostolicum adimplerent. Sed ipsi magis placere Deo quam hominibus cupientes id facere noluerunt. Quapropter   vgl. Apg 5, 29 tam iudices quam magister antedictus rebus propriis iussi sunt spoliari.
15 Sed pater prefati R. et ecclesiam incastellare presumpsit et, quominus prefatus Fordensis abbas sententiam auctoritate apostolica promulgatam executioni mandaret, per violentiam impedire, quam adhuc detinere dicitur occupatam. Et quod gravius est, ipse ac pater eius manus in dictum abbatem fecerunt inici violentas; quapropter in eos fuit ab eisdem
20 iudicibus excommunicationis sententia promulgata. Processu vero temporis idem R. ad dilectos filios .. abbatem de Garrera[10] et coniudices suos, sepedicto magistro B. certa ratione suspectos, cum ad eos sine periculo mortis accedere non valeret, litteras impetravit, per quas asserens litteras falsas fuisse antedictis iudicibus destinatas, quas nobis exhibitas in nullo
25 invenimus esse culpabiles, quod ab eis legitime factum fuerat, nitebantur in irritum revocare.

---

234.   [a] *Die Initiale läuft in einen kleinen, speienden Hundekopf aus.*

    [2] S. Br. II 68 (71) Anm. 4.

    [3] Wilhelm (II.) von Ste. Mère-Église, B. von London (Suffr. von Canterbury) vom
30 16. September 1198 (konsekriert: 23. Mai 1199) bis 25. Januar 1221. Er resignierte und zog sich ins Augustiner-Chorherrenstift St. Osyth of Chich zurück, wo er im März 1224 verstarb. Vgl. POWICKE - FRYDE, *Handbook*, 239 bzw. CHENEY, *Hubert Walter*, 28 u. ö.

    [4] Magister Wilhelm aus Somercotes (Diöz. und Gfscht. Lincoln), Kanonikus des Kathedralkapitels von Lincoln und ständiger Offizial EB. Hubert Walters von Canterbury.
35 Vgl. CHENEY, *Hubert Walter*, 72, 167.

    [5] Hemington (Gfscht. Somerset ?).

    [6] Das Delegationsreskript Papst Coelestins III. ist nicht erhalten.

    [7] Johannes, Abt der Zisterzienserabtei Forde (Diöz. Exeter, Gfscht. Dorset) 1191—1214. Er war früher Abt von Bindon und ab 1204 für einige Jahre Beichtvater König Johanns
40 Ohneland. Vgl. KNOWLES - BROOKE - LONDON, *Heads of Religious Houses*, 132.

    [8] Archidiakon von Dorset (Diöz. Exeter. Gfscht. Dorset).

    [9] Vielleicht Thomas von Tornaco, der in einer von CHENEY, *Calendar*, 194 Nr. 1187 zwischen 1200 und März 1208 datierten Urkunde als Kanoniker von Wells (Suffr. von Canterbury, Gfscht. Somerset) aufscheint.
45   [10] Walter, Abt der Zisterzienserabtei Quarr (Diöz. Winchester, Isle of Wight), der zwischen 1194 und Anfang 1199 bezeugt ist. Vgl. KNOWLES - BROOKE - LONDON, *Heads of Religious Houses*, 139.

Licet autem falsitatis vitium acerrime persequamur, ne tamen ex hoc pena innocentibus infligatur, discretioni vestre per apostolica scripta precipiendo mandamus, quatinus omni contradictione et appellatione cessantibus memoratam sententiam exequi minime postponatis; contradictores si qui fuerint vel rebelles, ut a sua presumptione desistant, per excommuni- 5 cationis sententiam compescentes; in irritum etiam reducentes, quicquid obtentu predictarum litterarum ad dictos abbatem de Garrera et eius coniudices directarum in preiudicium sepedicti magistri B. inveneritis immutatum. Illos vero, qui manus in dictum abbatem temerarias iniecerunt vel etiam inici preceperunt, tamdiu excommunicatos publice nun- 10 tietis et faciatis ab omnibus arctius evitari, donec passo iniuriam satisfecerint competenter et cetera usque absolvendi.

Sic autem diligenter que premisimus exequi studeatis, quod vigilantiam vestram possimus propterea commendare, nec super hiis ad nos ulterius questio perferatur. Quod si fieret, grave nobis existeret et molestum. 15

Quod si omnes et cetera, duo vestrum et cetera.

235 (244).

Innocenz III. erklärt jedes päpstliche Reskript für ungültig, das dem Urteil, welches zugunsten des Bischofs (Adrian) von Transsylvania über die Zehentrechte der seiner Jurisdiktion unterstehenden Pfarrer der Siebenbürger Sach- 20 *sen gefällt worden war, widerspräche. Ferner erlaubt er ihm, wegen eines jeden päpstlichen Delegationsreskriptes, das auf Betreiben seiner Prozeßgegner ohne sein Wissen an ihm verdächtige oder feindselige Richter ausgestellt würde, an den Hl. Stuhl zu appellieren.*

Lateran, (1199) Dezember 14. 25

Reg. Vat. 4, fol. 205ᵛ ⟨Nr. 239, 244⟩.

Sirleto, fol. 416ʳ = Cholinus, II 545 = Venet., II 546 = Baluze, I 501 Nr. 244 = Migne, PL 214, 805 Nr. 244; Knauz, Monumenta ecclesiae Strigoniensis, I 160 Nr. 147; Teutsch - Firnhaber, Urkundenbuch zur Geschichte Siebenbürgens, I 6 Nr. VII; Zimmermann - Werner, Urkundenbuch Siebenbürgen, I 4 Nr. 5. — Potth. Reg. 901. — Vgl. Teutsch, Geschichte der 30 evangelischen Kirche in Siebenbürgen, I 11 f. und Br. I 272.

Adriano, Vltrasiluano episcopo[1].

Quoniam[a] ea, que per ordinem iudicialis examinis rationabiliter sunt decisa, nulla debent temeritate rescindi, sed perpetue stabilitatis robore confirmari, presentium litterarum auctoritate statuimus, ut, si aliquod 35 scriptum contra sententiam, que contra Flandrenses sacerdotes[2], qui po-

---

235. [a] *Die Initiale läuft in einen kleinen, speienden Kopf aus.*

235. [1] Adrian, B. von Transsylvania (Suffr. von Kalocsa, Kreis Alba, Rumänien) 1187 — 1202. Der Bischofssitz war Karlsburg (Alba-Julia). Vgl. J. TEMESVÁRY, *Erdély Középkori Püspökei*. Cluj-Kolozsvár 1922, 12—16.   40

[2] Priester, welche die vom ungarischen König Geisa II. (1141—1161) ins Land gerufenen rheinfränkischen Kolonisten betreuten. Vgl. TEUTSCH, *Geschichte der evangelischen Kirche in Siebenbürgen*, I 1—12.

siti sunt in terra sancti Michaelis[3] quondam decimali, super iure parrochiali pro te lata est[4], per subreptionem appareat impetratum, viribus careat et tuis in posterum rationibus non obsistat. Illud[b] quoque decernimus et per presentes tibi litteras indulgemus, ut, si venerabilis frater
5 noster . . Strigoniensis archiepiscopus[5] vel . .[c] Gibiniensis prepositus[6] aut ipsi Flandrenses presbyteri preter conscientiam tuam et procuratoris tui in gravamen tuum iudices aliquos impetraverint, quos vel habeas adversarios vel manifeste possis probare suspectos, ad recusandum illos liceat tibi sedem apostolicam appellare, etiamsi in commissionis litteris appella-
10 tionis sit remedium interclusum.

Datum Laterani, XIX Kal. Ianuarii.

236 (245).

Innocenz III. befiehlt dem Klerus, Adel und Volk von Capua (sowie allen geistlichen und weltlichen Untertanen des Königreiches Sizilien), einer unter
15 *der Führung des Kardinalpresbyters C(inthius) von S. Lorenzo in Lucina als päpstlichem Legaten zur Verwaltung des Königreiches entsandten Gesandtschaft zu gehorchen.*

(Lateran, 1199 ca. Dezember 1—7)[1].

Reg. Vat. 4, fol. 205ᵛ—206ʳ ⟨Nr. 240, 245⟩.
20 *Sirleto, fol. 416ʳ = Cholinus, II 546 = Venet., II 546 = Baluze, I 501 Nr. 245 = Migne, PL 214, 805 Nr. 245; Vendola, Documenti vaticani, 28 f. Nr. 29. — Potth. Reg. 926; B. F. W. Reg. 5700. — Vgl. Baethgen, Regentschaft, 23 mit Anm. 3 und Van Cleve, Markward, 131.*

[b] I- *steht neben dem Schriftspiegel.*   [c] *Gemmipunctus nachgetragen.*

[3] Die Bischofskirche in Karlsburg war dem Hl. Michael geweiht.
25 [4] Wahrscheinlich Br. I 272.
[5] Job, Erzbischof von Gran (Esztergom, Ungarn) 1184—1204. Er war zuvor B. von Agram (1170/72) und von Fünfkirchen (1175). Vgl. J. Szalay, *Esztergom*, in: Dict. HGE 15 (Paris 1963) 1102.
[6] Desiderius, Propst von Hermannstadt (Sibiu, Rumänien), 1199—1202 bezeugt. Die
30 um 1189 gegründete und dem EB. von Gran direkt unterstellte Propstei war für die Mehrzahl der rheinfränkischen Einwanderer zuständig. Über diesbezügliche Auseinandersetzungen mit dem B. von Transsylvania vgl. Teutsch, *Geschichte der evangelischen Kirche in Siebenbürgen*, I 10—12.
236. [1] Zur Datierung: Da sich die hier angekündigte Gesandtschaft aus denselben Perso-
35 nen zusammensetzt, wie sie auch im Br. II 217 (226) genannt sind (vgl. ebendort Anm. 1), ist ein Zusammenhang mit diesem Schreiben, das zwischen dem 25. November und dem 10. Dezember ausgestellt worden sein dürfte, anzunehmen. Allerdings wurde der vorliegende Brief wahrscheinlich zusammen mit Briefen aus der Dezembermitte registriert (vgl. Br. II 234 [243] Anm. 1), was seine Mundierung und Datierung in der ersten Hälfte dieses
40 Monats nahelegt. Dieser Zeitraum kann durch den Umstand eingeengt werden, daß in seiner Adresse — und zwar im Gegensatz zu den A-pari-Briefen — der (Erz)bischof nicht genannt ist. Dessen schon geschehene Wahl wurde nämlich bestritten, worauf ihn der Papst am 7. Dezember zum Administrator des Erzbistums Capua bestellte (vgl. unten den Br. II 265 [277]). Das vorliegende Schreiben muß also vor diesem Tage verfaßt worden
45 sein.

29*

Clero, militibus et populo Capuanis[2].

Inter innumeras sollicitudines nostras quantum ad occupationes mundanas illam quasi precipuam reputamus, quam de provisione regni Sicilie concepimus et tenemus; cum preter debitum officii pastoralis et iure dominii et ratione balii dinoscatur ad nos eius provisio specialiter pertinere[3]. 5
Ut autem propositum nostrum evidentius prodeat in effectum, licet hactenus non sine multis anxietatibus et expensis tam spiritualiter quam temporaliter ad defensionem eius intenderimus diligenter et per Dei gratiam profecerimus, ecce nunc ad contritionem hostium et defensionem fidelium, ad exercendam iustitiam et pacem servandam vices nostras, quas per nos 10
ipsos nondum possumus presentialiter exercere, dilecto[a] filio nostro C(inthio), tituli sancti Laurentii in Lucina presbytero cardinali[4], viro nobili provido et honesto, quem inter fratres nostros speciali caritate diligimus, duximus committendas. Quas ut melius possit implere, venerabiles fratres nostros .. Neapolitanum[5] et .. Tarentinum[6] archiepisco- 15
pos, quorum fidem et discretionem in multis sumus experti et qui constitutiones et consuetudines regni plenius agnoverunt, et dilectos filios Iacobum marescalcum nostrum et Oddonem de Palumbaria[7], viros nobiles et prudentes, linea nobis consanguinitatis astrictos, ei super executione balii duximus adiungendos, cum eis et per eos necessarium destinantes auxi- 20
lium et presidium oportunum[8]; sperantes in eo, qui non deserit sperantes
vgl. Jdt 13, 17 in se, quod, dummodo studeatis eis sicut debetis intendere, fructum
facient exoptatum[b].

Quia vero per opera potius quam per verba vos ad devotionem sedis apostolice et fidelitatem regie celsitudinis nec non et regni defensionem 25
amplius inducere disposuimus et fortius confirmare — remota prolixitate
vgl. Prd 3, 7 sermonum, cum tempus agendi sit potius quam loquendi[c] — universitatem vestram monemus attentius et sub[c] debito iuramenti, quod nobis prestitistis de balio, districte precipimus, quatinus[d] eis sicut[d] vicariis nostris plenissime intendatis; ita quod vestro studio suffragante per eo- 30
rum industriam tempestate sedata diu desiderata tranquillitas reducatur.
• fol. 206ʳ Ut autem temporalis * potestas per spiritualem auctoritatem efficacius adiuvetur, cum simul omnibus vices balii committamus, predicto cardinali

---

236. [a]) -o *auf Rasur.*   [b]) *Bis hierher am Rande ein senkrechter, z. T. gewellter Strich.*
[c-c]) *Auf Rasur wahrscheinlich nachgetragen.*   [d-d]) *Auf Rasur.* 35

[2]) Klerus, Adel und Volk von Capua (Prov. Caserta). Der Erzstuhl von Capua war vom Sommer bis Anfang Dezember 1199 vakant. KAMP, *Kirche und Monarchie*, II 111 f. und die vorige Anm.
[3]) Zur Lehensabhängigkeit und Regentschaft Siziliens vgl. Br. I 410; 554 (557) S. 803 Z. 2—4; 555 (558) S. 807 Z. 9—12 mit Anm. 5 und Br. II 158 (167) S. 309 Z. 1—3 mit Anm. 40 16.
[4]) S. Br. II 4 Anm. 11.
[5]) S. Br. II 212 (221) Anm. 19.
[6]) S. Br. II 189 (198) Anm. 3.
[7]) S. Br. II 217 (226) Anm. 13 und 14. 45
[8]) S. Br. II 212 (221) S. 414 Z. 25—28 und II 217 (226) S. 422 Z. 35 — S. 423 Z. 4.

etiam legationis officium per totum regnum Sicilie duximus concedendum;
volentes pariter et mandantes, ut quicquid omnes simul aut aliqui vel
aliquis eorum cum ipso super amministratione temporali statuerint ad
honorem et profectum apostolice sedis et regie celsitudinis, recipiatur ab
5 omnibus[d'] et servetur. Quicquid autem ipse super amministratione temporali decreverit, plenam obtineat firmitatem.

Datum Laterani.

| In eundem modum archiepiscopo[9], clero, militibus et populo Tranen-
sibus;
10 Archiepiscopo[10], clero, militibus et populo Cusentinis;
Episcopo[11], clero, militibus et populo Melfiensibus[e];
Episcopo[12], clero, militibus et populo Florentinis;
Episcopo[13], clero, militibus et populo Cupersanensibus;
Clero, militibus et populo Casalis Noui[14];
15 Clero, militibus et populo sancti Seueri[15];
Episcopo[16], clero, militibus et populo Ciuitatensibus;
Episcopo[17], clero, militibus et populo Polinianensibus;
Clero, militibus et populo de Baroli[18];
Episcopo[19], clero, militibus et populo Treuentinis;
20 Archiepiscopo[20], clero, militibus et populo Acherontinis;
Episcopo[21], clero, militibus et populo Salpensibus;

[d'] omibus.   [e-e] *Linke Spalte.*

[9] Samarus ‚filius domini Samari de Trano', EB. von Trani (Prov. Bari), zwischen
29. Februar 1192 und 9. August 1201 bezeugt. Er entstammte einer angesehenen Adels-
25 familie der Stadt Trani und war seit 1174 Archidiakon des dortigen Domkapitels. Er verstarb zwischen August 1201 und Juni 1202. Vgl. KAMP, *Kirche und Monarchie*, II 548—550.

[10] Bonushomo, EB. von Cosenza, bezeugt zwischen 30. Januar 1195 und Dezember
1199. Er dürfte im Laufe des Jahres 1200 verstorben sein. Vgl. KAMP, *Kirche und Monarchie*,
II 831 f.

30 [11] Wilhelm, B. von Melfi (Prov. Potenza), zwischen 29. Juni 1193 und 14. März 1199 bezeugt. Er starb vor Mai 1202. Vgl. KAMP, *Kirche und Monarchie*, II 437 f.

[12] Robert, B. von Fiorentino (Suffr. von Benevent, Prov. Foggia), bezeugt von März
1179—Januar 1203. Vgl. KAMP, *Kirche und Monarchie*, I 255 f.

[13] S. Br. II 151 (160) Anm. 4.

35 [14] Klerus, Adel und Volk von Casone (bei Rignano Garganico, Diöz. Siponto-Manfredonia, Prov. Foggia).

[15] Klerus, Adel und Volk von San Severo (Prov. Foggia).

[16] S. Br. II 183 (192) Anm. 1.

[17] Arpinus, B. von Polignano (Suffr. von Bari, Prov. Bari), zwischen Juni 1176 und
40 April 1202 bezeugt. Vgl. KAMP, *Kirche und Monarchie*, II 648 f.

[18] Klerus, Adel und Volk von Barletta (Prov. Bari).

[19] Für dieses Jahr liegt kein Name eines Bischofs von Trivento (Suffr. von Benevent,
Prov. Campobasso) vor. Vgl. A. PRATESI, *Note di diplomatica vescovile beneventana.* Bullettino dell'Archivio paleografico italiano, N. S. I (1955) 50, 73 ff. bzw. KAMP, *Kirche und
45 Monarchie*, I 303.

[20] S. Br. II 3 Anm. 6.

[21] Für dieses Jahr liegt kein Name eines Bischofs von Salpi (Suffr. von Bari, Prov.
Foggia) vor. Vgl. KAMP, *Kirche und Monarchie*, II 656.

Episcopo[22]), clero, militibus et populo Teatinis;

Episcopo[23]), clero, militibus et populo Bitettensibus;

Episcopo[24]), clero, militibus et populo Asculanis;

Archiepiscopo[25]), clero, baronibus, militibus et populo Ydrontinis;

Episcopo[26]), clero, militibus et populo Iuuenaciensibus;   5

Episcopo[27]), clero, militibus et populo Botentinis;

Episcopo[28]), clero, militibus et populo Andrensibus;

Episcopo[29]), clero, militibus et populo Liciensibus;

Episcopo[30]), clero, militibus et populo Riuellensibus[e]);

Episcopo[31]), clero, militibus et populo Auersanis[f]);   10

Episcopo[32]), clero, militibus et populo Vestanis;

Clero, militibus et populo de Fogia[33]);

Episcopo[34]), clero, militibus et populo Rapollensibus;

Archiepiscopo[35]), clero, militibus et populo Barensibus;

Clero, militibus, et populo Tarentinis[36]);   15

Clero, militibus et populo Montis Corbini[37]);

Archiepiscopo[38]), clero, militibus et populo Reginis;

[f-f]) *Mittlere Spalte.*

[22]) Bartholomäus, B. von Chieti (exemt, Prov. Pescara), bezeugt zwischen 3. August 1192 und 26. Juni 1231. Vgl. KAMP, *Kirche und Monarchie*, I 5—8.   20

[23]) Für dieses Jahr liegt kein Name eines Bischofs von Bitetto (Suffr. von Bari, Prov. Bari) vor. Vgl. KAMP, *Kirche und Monarchie*, II 603.

[24]) Gottfried, B. von Ascoli Satriano (Suffr. von Benevent, Prov. Foggia), bezeugt von 10. November 1189—26. Oktober 1200. Vgl. KAMP, *Kirche und Monarchie*, I 230.

[25]) S. Br. II 189 (198) Anm. 1.   25

[26]) Für dieses Jahr liegt kein Name eines Bischofs von Giovinazzo (Suffr. von Bari, Prov. Bari) vor. Vgl. KAMP, *Kirche und Monarchie*, II 631.

[27]) Für dieses Jahr liegt kein Name eines Bischofs von Bitonto (Suffr. von Bari, Prov. Bari) vor. Vgl. KAMP, *Kirche und Monarchie*, II 609.

[28]) Für dieses Jahr liegt kein Name eines Bischofs von Andria (Suffr. von Trani, Prov. 30
Bari) vor. B. Richard dürfte bald nach 1196 gestorben sein. Vgl. Kamp, *Kirche und Monarchie*, II 563.

[29]) S. Br. II 189 (198) Anm. 2.

[30]) Johannes Rufulus aus Ravello, B. von Ravello (exemt, Prov. Salerno), bezeugt von 11. September 1157 bis 24. Februar 1210. Vgl. KAMP, *Kirche und Monarchie*, I 88—91.   35

[31]) Gentilis, B. von Aversa (Suffr. von Neapel, Prov. Caserta), bezeugt von Februar 1198—Januar 1210. Vgl. KAMP, *Kirche und Monarchie*, I 341—344.

[32]) Für dieses Jahr liegt kein Name eines Bischofs von Vieste (Suffr. von Siponto-Manfredonia, Prov. Foggia) vor. Vgl. KAMP, *Kirche und Monarchie*, II 541.

[33]) Klerus, Adel und Volk von Foggia.   40

[34]) Für dieses Jahr liegt kein Name eines Bischofs von Rapolla (exemt, Prov. Potenza) vor. B. Ubertus scheint im Februar 1183 letztmalig auf. Vgl. KAMP, *Kirche und Monarchie*, II 502.

[35]) Doferius, EB. von Bari (und Canosa), zwischen 1. Mai 1189 und 3. März 1207 (Todestag) nachweisbar. Er stammte aus Caiazzo (Kampanien), war dort 1181/83 bis 1189 Bischof, 45 ehe er den Erzstuhl von Bari bestieg. Er war öfters päpstlicher delegierter Richter in Streitfällen. Vgl. KAMP, *Kirche und Monarchie*, II 574—576.

[36]) Klerus, Adel und Volk von Tarent.

[37]) Klerus, Adel und Volk von Montecorvino (Prov. Salerno).

[38]) S. Br. II 165 (174) Anm. 7.   50

Episcopo[39], clero, militibus et populo[g] Marturanensibus[h];
Episcopo[40], clero, militibus et populo Monopolitanis;
Episcopo[41], clero, militibus et populo Venusinis;
Episcopo[42], clero, militibus et populo Potentinis;
5 Clero, militibus et populo Brundusinis[43];
Episcopo[44], clero, militibus et populo Baianensibus;
Clero, militibus et populo Alarinensibus[45];
Episcopo[46], militibus et populo Termulanis;
Archiepiscopo[47], clero, militibus et populo Surrentinis;
10 Episcopo[48], clero, militibus et populo Policastrensibus;
Episcopo[49], clero, militibus et populo Neocastrensibus;
Episcopo[50], clero, militibus et populo Auellinensibus[i];
Clero[i], militibus et populo Neapolitanis[51];
Archiepiscopo[52], clero, militibus et populo Sipontinis;
15 Episcopo[53], clero, militibus et populo Scalensibus;
Clero[54], militibus et populo Troianis[k];

---

[g] *Durch Zeichen umgestellt aus* et populo militibus.   [h] Maturanensibus. *Über dem ersten* -a- *eine* -ur-*Kürzung. Migne:* Manturanen.   [i–i] *Rechte Spalte.*   [k] *Darnach nochmals irrtümlich:* Episcopo, clero, militibus et populo Melfiensibus. *Vgl. oben S. 453 Z. 11.*

20   [39] Für dieses Jahr liegt kein Name eines Bischofs von Martirano (Suffr. von Cosenza, Prov. Catanzaro) vor. Vgl. Kamp, *Kirche und Monarchie*, II 864.
     [40] Paganus, B. von Monopoli (exemt, Prov. Bari), Oktober 1191 bis 1. Februar 1201 bezeugt. Vgl. Kamp, *Kirche und Monarchie*, II 496.
     [41] Für dieses Jahr liegt kein Name eines Bischofs von Venosa (Suffr. von Acerenza,
25 Prov. Potenza) vor. Vgl. Kamp, *Kirche und Monarchie*, II 805.
     [42] S. Br. II 155 (164) Anm. 6.
     [43] Klerus, Adel und Volk von Brindisi. B. Girardus, der im Oktober 1196 als Elekt von Brindisi bezeugt ist, war von 1198 bis Dezember 1199 suspendiert. Vgl. Kamp, *Kirche und Monarchie*, II 665 f.
30   [44] Matthäus, B. von Boiano (Suffr. von Benevent, Prov. Campobasso), September 1195—1203 bezeugt. Vgl. Kamp, *Kirche und Monarchie*, I 240.
     [45] Klerus, Adel und Volk von Larino (Prov. Campobasso). Der Bischofssitz war damals gerade vakant. Vgl. Kamp, *Kirche und Monarchie*, I 267 mit Anm. 15.
     [46] Für dieses Jahr liegt kein Name eines Bischofs von Termoli (Suffr. von Benevent,
35 Prov. Campobasso) vor. Vgl. Kamp, *Kirche und Monarchie*, I 295.
     [47] Alferius, EB. von Sorrento (Prov. Neapel), zwischen Januar 1197 und 18. Januar 1227 bezeugt. Vgl. Kamp, *Kirche und Monarchie*, I 376—378.
     [48] Für dieses Jahr liegt kein Name eines Bischofs von Policastro (Suffr. von Salerno, Prov. Salerno) vor. Vgl. Kamp, *Kirche und Monarchie*, I 470.
40   [49] Für dieses Jahr liegt kein Name eines Bischofs von Nicastro (Suffr. von Reggio di Calabria, Prov. Catanzaro) vor. Vgl. Kamp, *Kirche und Monarchie*, II 975.
     [50] Wilhelm, B. von Avellino (Suffr. von Benevent, Prov. Benevent), bezeugt 30. Juli 1167—14. Februar 1207. Vgl. Kamp, *Kirche und Monarchie*, I 235—237.
     [51] Klerus, Adel und Volk von Neapel.
45   [52] Magister Hugo von Troia, EB. von Siponto (Prov. Foggia), bezeugt 11. Juli 1195— 8. Mai 1210. Er starb zwischen 1210 und 1212. Vgl. Kamp, *Kirche und Monarchie*, II 532—534.
     [53] Für dieses Jahr liegt kein Name eines Bischofs von Scala (Suffr. von Amalfi, Prov. Salerno) vor. Vgl. Kamp, *Kirche und Monarchie*, I 416.
     [54] Klerus, Adel und Volk von Troia (Prov. Foggia). B. Walter von Troia hielt sich ge-
50 rade in Sizilien auf. Vgl. Kamp, *Kirche und Monarchie*, I 267, Anm. 15.

Clero, militibus et populo Garganicensibus[55];
Episcopo[56], clero, militibus et populo Cassanensibus;
Comitibus, baronibus, iustitiariis et universis populis per regnum Sicilie[57]
    constitutis.
Archiepiscopis, episcopis et ceteris ecclesiarum prelatis et universis cleri- 5
    cis per regnum Sicilie[57] constitutis[1].

237 (246, 247).

*Innocenz III. trägt dem Domkapitel von Brindisi und dem gesamten Klerus
der Diözese auf, ihren vertriebenen und in Rom angeklagten Elekten (Gerhard) noch vor Prozeßbeginn wieder in seine Rechte einzusetzen, und bestimmt* 10
*den Parteien einen Verhandlungstermin an der Kurie. (Dem Bischof
[Wilhelm] von Conversano trägt er auf, das Domkapitel und den Klerus im
Weigerungsfalle durch geistliche Strafen zur Befolgung des Mandats zu
zwingen. Ferner weist er die Forderung des Domkapitels und des Klerus von
Oria, der Elekt solle teilweise in dieser Stadt residieren, zurück und trägt* 15
ihnen auf, diesem als ihrem Bischof zu gehorchen.)

Lateran, (1199) Dezember 17.

Reg. Vat. 4, fol. 206ʳ—206ᵛ ⟨Nr. 241, 246⟩.
    Sirleto, fol. 417ᵛ = Cholinus, II 548 = Venet., II 548 = Baluze, I 502 Nr. 246 = Migne,
PL 214, 807 Nr. 246; Vendola, Documenti, 29 Nr. 30; de Leo, Codice diplomatico Brindisino, 20
*I/1 63 Nr. 35; A. P. Coco-B. P. Marsella, La sede vescovile di Oria e relazioni con quella di
Brindisi. Roma 1943, 41 Nr. 2 (mit falschem Datum). — Potth. Reg. 907.*

Canonicis Brundusinis et universo clero Brundusine diocesis[1].

Nuntios vestros et litteras, filii canonici, sepe recepimus, per quas venerabili fratri nostro . . electo vestro[2] multa et gravia obiecta fuere; propter 25
quod ipsum aliquanto tempore apud sedem apostolicam detinuimus
expectantes, si forte aliquis, qui vellet prosequi accusationes adversus eum
propositas, compareret. Cumque post diutinam expectationem nullus
apparuisset in nostra presentia, qui contra ipsum in accusatione[a] procederet, licet quosdam vestrum accepimus usque Beneuentum[3] venisse 30
sed propter viarum discrimina non potuisse transire et ipse de iniusta
eiectione sua coram nobis pluries querimoniam replicasset et in locum

---

237. [a]) *Darnach eine kleine Rasur.*

[55]) Klerus, Adel und Volk von Gargano (Gebiet der Halbinsel um den Monte Gargano).
    [56]) Für dieses Jahr liegt kein Name eines Bischofs von Cassano Ionio (Suffr. von Reggio 35
di Calabria, Prov. Cosenza) vor. B. Goffredus wird nur zum 2. Mai 1195 erwähnt, während
Ugo erst zu 1210 aufscheint. Vgl. KAMP, *Kirche und Monarchie*, II 940 f.
    [57]) Königreich Sizilien.
237. [1]) Kanoniker und Klerus des Erzbistums Brindisi.
    [2]) Gerhard, Elekt von Brindisi, als solcher seit 18. Oktober 1196 bezeugt, als EB. von 40
Brindisi bis 1212 nachweisbar. Vgl. KAMP, *Kirche und Monarchie*, II 665 f.
    [3]) Benevent (Kampanien).

suum restitui postularet instanter: tandem pro eo dilecti filii capitulum et universus clerus Oritanus[4] suas nobis litteras destinarunt, ipsum velud episcopum suum remitti postulantes ad ecclesiam Horitanam cum plenitudine potestatis; et nobis etiam humiliter supplicarunt, ut daremus in
5 mandatis eidem, quod dignitates et iura Horitane ecclesie illibata conservans in ea crisma conficiat et clericorum ordinationes nec non et sollempnes festivitates ibidem non postponat alterna[b] vicissitudine celebrare.

In qua petitione Horitane ecclesie nequaquam duximus annuendum, immo eam prorsus decrevimus repellendam, cum statum possessionis
10 ecclesie Brundusine sine cognitione nolimus per alicuius astutiam immutari. Verum quoniam querelas prefati electi sepius iteratas nequivimus surdis auribus pertransire, tam ei quam ecclesie Brundusine, prout iustitie tenor expostulat, providere volentes, universitati vestre per apostolica scripta mandamus, quatinus eo reducto (|) in eum statum, in quo erat
15 quando recessit ab ecclesia Brundusina, ei aut procuratori suo de pontificalibus iustitiis plene respondere curetis et ipsi tamquam pastori vestro devote atque humiliter obedire; ut cum destitutus ante restitutionem iuxta legitimas et canonicas sanctiones accusari non debeat[5], ne status tam ecclesie quam persone sine periculo diutius remaneat in suspenso, restitu-
20 tione premissa, si quis voluerit et valuerit, in accusationem ipsius recte procedat. Super quo tam vobis quam ipsi dominicam, qua cantatur ⟨Letare Ier(usa)lem⟩ proximo venturam terminum assignamus[6]. Noveritis autem   Is 66, 10 nos[c] venerabili fratri nostro .. Cupersanensi episcopo[7] in mandatis dedisse, ut, si vos iuxta mandatum nostrum ei nolueritis obedire, vos
25 ad hoc per censuram ecclesiasticam appellatione remota compellat[d].
Datum Laterani, XVI Kal. Ianuarii.

(|) Illi scriptum est super hoc.

*Scriptum[e] est etiam super hoc capitulo et clero Horitanis: Nuntios et   • fol. 206ᵛ cetera usque obedire[f]. Ideoque universitati vestre per apostolica scripta
30 mandamus, quatinus ei iura pontificalia, debitam etiam obedientiam et reverentiam sicut prelato vestro exhibere minime postponatis.

Noveritis autem nos et cetera ut supra[g].

Datum ut supra.

---

b) altena. -a *am Schluß auf Rasur, über dem* -e- *eine* -ur-*Kürzung.*   c) autem nos
35 auf *Rasur nachgetragen.*   d) comppellat.   e) *Am Rande:* ⟨Nr. 247⟩.   f) *Oben Z. 17.*   g) *Oben Z. 22—25.*

4) Domkapitel und Klerus von Oria (Prov. Brindisi). Als Brindisi um die Mitte des 9. Jahrhunderts in die Hände der Sarazenen fiel, verlegte man den Bischofssitz nach Oria. Unter Urban II. kam er 1089 wieder nach Brindisi zurück, was einen bis ins 16. Jahrhundert
40 dauernden Streit zur Folge hatte, der erst mit der Erhebung Orias zum Suffraganbistum von Tarent durch Gregor XIV. 1591 endete. Wenn sich also im vorliegenden Schreiben Kapitel und Klerus von Oria so sehr um den Elekten bemühen, hängt dies zweifelsohne mit deren Wünschen nach Anerkennung als erzbischöflicher Sitz zusammen. Vgl. IP IX 383 f. bzw. Coco - Marsella, *a. a. O.*, passim.
45   5) *Decretum Gratiani* C. II, q. 2, c. 2. 3. 6; C. III, q. 1, c. 1. 2 (= Friedberg, *CorpIC*, I 450 f., 505).   6) 19. März 1200.   7) S. Br. II 151 (160) Anm. 4.

238 (248).

Innocenz III. bestätigt dem Magister Heinrich, Archidiakon von Clus, seinen gesamten Besitz und besonders das Archidiakonat.

Lateran, (1199) Dezember 15.

Reg. Vat. 4, fol. 206ᵛ ⟨Nr. 242, 248⟩.
Sirleto, fol. 418ʳ = Cholinus, II 548 = Venet., II 548 = Baluze, I 503 Nr. 248 = Migne, PL 214, 808 Nr. 248. — Potth. Reg. 902; Zimmermann - Werner, Urkundenbuch Siebenbürgen, I 527 Nr. 576.

Magistro Henrico, archidiacono Clusiensi[1].

Iustis petentium desideriis et cetera usque assensu, personam tuam cum omnibus bonis tam ecclesiasticis quam mundanis et cetera usque suscipimus. Specialiter autem archidiaconatum Clusiensem cum omnibus pertinentiis suis, sicut illum iuste possides et quiete, devotioni tue auctoritate apostolica confirmamus et cetera.

Nulli ergo et cetera. Si quis autem et cetera.
Datum Laterani, XVIII Kal. Ianuarii.

239 (249).

Innocenz III. bestätigt dem Archidiakon Hylarius von Kezdi den Besitz seines Archidiakonats.

(Lateran, 1199 Dezember Mitte)[1].

Reg. Vat. 4, fol. 206ᵛ ⟨Nr. 243, 249⟩.
Sirleto, fol. 418ʳ = Cholinus, II 548 = Venet., II 548 = Baluze, I 503 Nr. 249 = Migne, PL 214, 809 Nr. 249. — Potth. Reg. 903.

Hylario archidiacono de Quizd[2].

Cum a nobis petitur, quod iustum est et cetera, archidiaconatum de Quiz cum omnibus pertinentiis suis, sicut ipsum iuste possides et quiete, et cetera ut supra a).

Nulli ergo et cetera.

---

239. a) Br. II 238 (248) oben Z. 13 f.

238. [1] Magister Heinrich, Archidiakon von Clus (bei Klausenburg, Rumänien). Er war auch Kanoniker an der Domkirche zum hl. Michael in Karlsburg (s. Br. II 240 [250]). Vgl. Teutsch, *Geschichte der evangelischen Kirche in Siebenbürgen*, I 24.

239. [1] Zur Datierung: Das Schreiben wurde wohl ungefähr gleichzeitig mit den ebenfalls nach Siebenbürgen gerichteten Br. II 235 (244), II 238 (248) und II 240 (250) vom 14. bzw. 15. Dezember ausgestellt.

[2] Hylarius, Archidiakon von Kezdi (Rumänien).

240 (250).

Innocenz III. bestätigt dem Magister Heinrich, Kanoniker an der St.-Michaels-Kirche zu Karlsburg, seine dortige Pfründe.

Lateran, (1199) Dezember 15.

5   *Reg. Vat. 4, fol. 206ᵛ ⟨Nr. 250⟩.*
  Sirleto, fol. 418ʳ = Cholinus, II 548 = Venet., II 548 = Baluze, I 503 Nr. 250 = Migne, PL 214, 809 Nr. 250. — Potth. Reg. 904; Zimmermann - Werner, Urkundenbuch Siebenbürgen, I 527 Nr. 577.

Magistro ᵃ⁾ Henrico, canonico ecclesie sancti Michaelis
10   **Vltrasiluanensis¹⁾.**

Cum ᵇ⁾ a nobis petitur et cetera usque annuentes, prebendam ecclesie sancti Michaelis Vltrasiluanensis cum omnibus pertinentiis suis, sicut eam iuste possides et quiete, auctoritate tibi apostolica confirmamus et presentis scripti patrocinio communimus.
15   Nulli ergo et cetera. Si quis autem et cetera.
Datum Laterani, XVIII Kal. Ianuarii.

241 (251).

Innocenz III. ermahnt die Könige (Philipp II. August) von Frankreich (und [Johann] von England), sie mögen dem König A(malrich) von Jeru-
20 *salem (und Zypern) Hilfe gegen die Sarazenen senden und beim Kaiser (Alexios) von Konstantinopel dafür eintreten, daß er von seinem geplanten Angriff auf Zypern abstehe.*

(Lateran, 1199 Dezember ca. 15—20)¹⁾.

  Reg. Vat. 4, fol. 206ᵛ—207ʳ ⟨Nr. 244, 251⟩.
25 *Sirleto, fol. 418ᵛ = Cholinus, II 549 = Venet., II 549 = Baluze, I 503 Nr. 251 = Migne, PL 214, 809 Nr. 251; J. P. Reinhard, Vollständige Geschichte des Königreiches Cypern. Erlangen und Leipzig 1766, I Beil. Nr. 5. — Potth. Reg. 924; Bréquigny, Table chronologique, IV 279; Röhricht, Regesta Regni Hierosolymitani, 203 Nr. 763; Balladore Pallieri-Vismara, Acta pontificia, 602 Nr. 332. — Vgl. V. Cramer, Kreuzzugspredigt und Kreuzzugsgedanke von*
30 *Bernhard von Clairvaux bis Humbert von Romans. In: Das Heilige Land in Geschichte und Gegenwart (= Palästinahefte des Deutschen Vereins vom Heiligen Lande 17/20, 1939) 98—100 (deutsche Übersetzung mit Textauszug); Brand, Byzantium confronts the West, 226 f.*

---

240. ᵃ⁾ *Adresse am Rande vorgemerkt.*   ᵇ⁾ *Die Initiale fehlt. Später hat sie eine andere Hand verkleinert nachgetragen. Sie schrieb auch nochmals die Nr. 250 an den Rand.*
35 **240.** ¹⁾ S. Br. II 238 (248) Anm. 1.
  241. ¹⁾ Zur Datierung: Das Schreiben wurde nach dem 17. Dezember (Br. II 237 [246]) und wahrscheinlich in einem Zuge mit Br. II 243 (253) vom gleichen Tag registriert, was Neuansätze am Beginn des vorliegenden Schreibens und des Br. II 245 (255) nahelegen. Daher dürfte sein Datum zwischen dem 15. und dem 20. Dezember liegen.

. . Illustri regi Francorum[2].

| Nuper[a] ad nos karissimus in Christo filius noster A(imericus), rex Ier(oso)limorum illustris[3], suos cum litteris nuntios[b] destinavit, per quos miserias et necessitates terre orientalis, que graviores et plures sunt solito, nobis exposuit et festinatum subsidium postulavit. Cum enim pauci 5 sint ibi ad custodiam terre relicti, que fere nunc tota peccatis exigentibus est viris et viribus spoliata, nisi eis fuerit cito subventum, tam terre quam populi periculum formidatur, quod ex discordia Sarracenorum, qui se ipsos impugnant, videtur Dominus hactenus misericorditer impedisse[4]. Si vero antequam redeant ad concordiam, congruum subsidium mittere- 10 tur, speratur pro certo, quod facile posset hoc tempore Ier(oso)limitana[c] provincia[5] liberari. Sin autem prius redierint ad concordiam, quam subsidium destinetur, timetur ab omnibus, quod residuum terre de facili debeant obtinere.

vgl. 2 Kor 5, 20
vgl. Lk 1, 77;
Apg 2, 38 u. ö. Monemus igitur serenitatem regiam et exhortamur in Domino et in 15 remissionem iniungimus peccatorum, quatinus[d] sicut christianissimus princeps, cuius obsequium Iesus[e] Christus in tanta necessitate requirit, ad subsidium terre sancte diligenter ac potenter intendens universos cruce signatos de terra tua transfretare non solum moneas sed compellas[d], et tu ipse ad defensionem terre ipsius competentem in expensis tuis dirigas 20 numerum bellatorum, quasi decimas saltem Christo persolvens; ita quod ex hoc divinam gratiam possis[f] plenius promereri. Quodsi forsan multitudo in brevi transfretare non poterit, aliquot saltem milites armis, equis et aliis bene muniti quamcitius dirigantur, qui in eius defensione usque ad aliorum adventum humiliter et devote persistant et eam ab incursu ho- 25 stium tueantur. Considera, fili karissime, considera diligenter: quodsi rex aliquis temporalis de terra sue dominationis eiectus in captivitatem forsi-

---

241. ᵃ) *Am Rande* f *und eine große Rasur. Auf fol. 206ᵛ längs des Briefes am Rande ein senkrechter, z. T. gewellter Strich.* ᵇ) litteris nuntios *auf Rasur.* ᶜ) Rer(oso)limitana. ᵈ⁻ᵈ) *Am Rande eine schmale, senkrechte Rasur.* ᵉ) Ihus; -h- *korr. aus einem anderen* 30 *Buchstaben.* ᶠ) -s *korr. aus* -t.

²) S. Br. II 23 Anm. 2.

³) Amalrich II. König von Jerusalem Oktober 1197—1. April 1205. Ein jüngerer Sohn Hugos VIII. von Lusignan und Bruder König Guidos von Jerusalem, war er seit 1194 Fürst (1195 König) von Zypern und wurde im Oktober 1197 auf Vorschlag EB. Konrads von 35 Mainz zum König von Jerusalem ausgerufen, mit der Königinwitwe Isabella vermählt und vom Patriarchen von Jerusalem gekrönt (Januar 1198). Vgl. M. NICKERSON HARDWICKE, *The Crusader States 1192—1243*, in: A History of the Crusades, hrsg. von K. M. SETTON (Philadelphia 1962) II 530 ff.

⁴) Nach dem Tod Sultan Saladins 1193 wurde die aiyūbidische Herrschaft im Vorderen 40 Orient durch lang anhaltende Thronstreitigkeiten erschüttert. Vgl. H. A. R. GIBB, *The Aiyūbids*, in: A History of the Crusades, II 693—714.

⁵) Nach der Eroberung Jerusalems durch Sultan Saladin 1187 **war** die christliche Herrschaft auf einen schmalen Küstenstreifen mit Tyrus, Tripolis und Antiochia sowie einigen Festungen im Landesinneren zusammengeschmolzen.

45

tan deveniret, nisi vasalli eius pro liberatione regia non solum res suas exponerent sed personas, nonne cum restitueretur pristine libertati et acciperet tempus iustitiam iudicandi, infideles eos et proditores regios et velut lese magestatis reos dampnabiles reputaret et quosdam eorum damp-
5 naret suspendio, quosdam mucrone feriret et excogitaret etiam mortis hactenus inexcogitata tormenta, quibus malos male perderet et in bona eorum fideles aliquos subrogaret [g]. Nonne [h] similiter Iesus Christus, rex regum et Dominus dominantium, cuius te servum esse non negas, qui et corpus et animam tibi contulit, qui te suo sanguine pretioso redemit, qui
10 regnum tibi concessit, qui et vivere tibi contulit et moveri et universa que habes bona donavit — cum nichil habeas, quod de ipsius munere non [i] acceperis —, de ingratitudinis vitio et velud infidelitatis crimine te damp-naret, si ei eiecto de terra, quam pretio sui sanguinis comparavit, et a Sarra-cenis in salutifere crucis ligno quasi captivo detento negligeres subvenire;
15 cum etiam si quondam ei tam in te quam in tuis potenter subveneris, quia tamen nondum est liberatus et omnia bona, que habes, ipsius possi-deas dono collata, in districto novissime discussionis examine, quando reddet unicuique secundum opera sua, te coram eo non posses aliquatenus excusare, nisi ei curaveris in tante necessitatis articulo subvenire. Mitti-
20 mus autem ad te nuntium regis ipsius [6], qui serenitati tue plenius orientalis provincie [k] necessitates exponat et te reddat de omnibus certiorem.

Quia [l] vero Constantinopolitanus imperator [7] adversus eundem regem procedere occasione Cipri minatur vel dirigere contra eum exercitum copiosum et vires eiusdem regis non suppetant [m] ad defensionem Ier(oso)-
25 limitane provincie, nedum quod eidem imperatori vale*at obviare [8], volumus nichilominus et monemus, quatinus eidem imperatori litteras tuas sub eo tenore transmittas, ut in hoc articulo tempestatis et necessitate totius populi christiani non molestet regem eundem, cui deberet potius subvenire. Addas etiam quod, si super hoc preces tuas duxerit audiendas,
30 apud nos precibus instare curabis, ut ei faciamus iustitiam exhiberi, et tu

vgl. Ps 74, 3

vgl. Mt 21, 41

vgl. 1 Tim 6, 15;
Apok 19, 16

vgl. 1 Petr 1, 19

vgl. Apg 17, 28

vgl. Röm 8, 32

vgl. 1 Kor 4, 7
vgl. 1 Kor 6, 20;
7, 23; 1 Petr 1, 19

vgl. Mt 16, 27;
Röm 2, 6

* fol. 207r

---

g) subrogaretur.　　h) N- *korr. aus* n-.　　i) *Fehlt bei Migne.*　　k) -ie *auf Rasur.*
l) *Darnach ein größerer Zwischenraum als sonst.*　　m) *Migne:* suppetunt.

6) Als Amalrichs Gesandter erscheint im Br. I 487, S. 717 Z. 2 ein Magister J., Kleriker des Königs von Jerusalem.
35　　7) S. Br. II 199 (208) Anm. 13.
8) Die Insel Zypern war 1191 durch König Richard Löwenherz erobert worden, nach-dem sie seit 1184 unter der Herrschaft des Isaak Dukas Komnenos, eines Großneffen des byzantinischen Kaisers Manuel I., gestanden hatte. Noch 1191 verkaufte der König sie an den Templerorden, von dem Zypern durch Ablöse an das Haus Lusignan gelangte, zuerst an
40 Guido, dann an Amalrich. Höchstwahrscheinlich versuchte Kaiser Alexios III. durch Vor-spielung eines Angriffes auf Zypern seine geschwächte Verhandlungsposition gegenüber dem Papsttum und den Lateinern zu verbessern und auf diese Weise von einer Bedrohung seiner Herrschaft durch diese abzulenken. Vgl. G. HILL, *A History of Cyprus.* Cambridge 1948, II 62 f. und das Schreiben des Papstes in den *Gesta Innocentii,* c. 64 (MIGNE, PL 214
45 CXXIII ff.).

nichilominus partes tuas efficaciter interponas. | Nos etiam ad eundem imperatorem propter hoc[n] specialiter curavimus[o] nuntium destinare. In eundem fere modum scriptum est super hoc illustri regi Anglorum[9].

242 (252).

König Leo von Armenien bittet Papst Innocenz III., er möge den Streit mit 5
dem Grafen (Bohemund IV.) von Tripolis, der um das Fürstentum Antio-
chien ausgebrochen ist, zu seinen Gunsten entscheiden und ihm zur Verteidi-
gung Syriens Hilfe senden.

(Tarsos, 1199 ca. Mai)[1].

Reg. Vat. 4, fol. 207ʳ—207ᵛ ⟨Nr. 245, 252⟩.   10
   Sirleto, fol. 419ʳ = Cholinus, II 550 = Venet., II 550 = Baluze, I 504 Nr. 252 = Migne,
PL 214, 810 Nr. 252; Haluščynskyj, Acta Innocentii, 556—558 Nr. 6. — Röhricht, Regesta
Regni Hierosolymitani, 201 Nr. 756. Vgl. Chronique d'Ernoul et de Bernard le Trésorier, ed. M.
L. de Mas Latrie (= Société de l'histoire de France. Paris 1871) 321 f.; W. Maleczek, Ein
unbekannter Brief König Leos II. von Armenien an Papst Innocenz III., RHM 13 (1971) 15
13—25.

Reverendo in Christo[a] patri et domino Innocentio, Dei gratia summo ponti-
fici et universali pape, tanto talique honore dignissimo[b].

L(eo), per eandem et Romani imperii gratiam rex Armeniorum[2],
Romane ecclesie honorem et excellentiam pro posse promovens, grata
servitia et pedum oscula.   20

vgl. Mt 7, 7;
Lk 11, 5–9

Quoniam sedes apostolica omnium pene pulsantium necessitatibus
occurrit, ab omnibus filiis pro defensione domus Isr(ae)l labores et sudores

vgl. Phil 2, 1 patientibus tamquam ad materne viscera consolationis concurritur, ut ab
vgl. Hebr 5, 12–14 ea lac parvulis, solidus cibus ablactatis pro necessitate ministretur cuius-
vgl. Phil 3, 18 que. Unde[c] nos in remotis partibus ab inimicis crucis circumvallati pro 25
honore sancte Romane ecclesie totiusque christianitatis contra barbaricas
nationes contendentes, ad pedes sanctitatis vestre recurrimus rogantes
et deprecantes, ut secundum iuris tenorem precibus et petitionibus no-
vgl. Ps 129, 2 stris aures misericordie porrigere dignemini. Restat utique, ut cause nostre seriem per singula paternitati vestre patefaciamus: 30

---

[n]) propter hoc *auf Rasur nachgetragen.*   [o]) -v- *auf Rasur. Darüber vielleicht eine*
-er- *Kürzung ausradiert.*
242. [a]) in Christo *mit schwarzer Tinte über der Zeile nachgetragen.*   [b]) *Am Rande ein Kreuz*
ausradiert.   [c]) *U- steht neben dem Schriftspiegel.*

[9]) Johann Ohneland, König von England 27. Mai 1199—18. Oktober 1216. Er war ein 35
jüngerer Sohn König Heinrichs II. und der Eleonore von Aquitanien und somit ein Bruder
Richards Löwenherz.
242. [1]) Das Schreiben dürfte zu den Br. II 208 (217) und 210 (219) gehören und daher deren
Datum besitzen. Vgl. dazu Br. II 208 (217) Anm. 1.
       [2]) S. Br. II 208 (217) Anm. 4.   40

Credimus enim vestram non latere notitiam Raimundum, filium illustris principis Antiochie maiorem natu[3], Aalizam, neptem nostram[4],
divina disponente[d] clementia sibi in uxorem duxisse et ex ea filium nomine Rupinum[5] genuisse, quem in honore Dei venerabilis Maguntinus
5 archiepiscopus[6] baptizavit. Contigit nempe peccatis exigentibus, quod
dolendo dicimus, ipsum R(aimundum) viam universe carnis ingredi[7], sed
ante decessum, dum in sua bona erat memoria, patrem suum nobilissimum
principem rogavit, ut ius hereditarium sibi pertinens unico filio suo reser-
varet. Cuius preces illustris princeps non tradens oblivioni, nepotem suum
10 Rupinum, filium Aelidis neptis nostre, coram se adduci fecit et circumastantibus omnibus baronibus et quampluribus aliis ad hoc specialiter convocatis manifestavit[e] et confirmavit pretaxatum R(upinum)[f] suum in
plena curia esse heredem legitimum; dehinc conversus ad nepotem suum similiter coram omnibus circumastantibus affirmavit ipsum iure hereditario
15 sibi debere succedere. Unde in sua memoria et sua bona voluntate ab omnibus
hominibus suis ligiis tactis sacrosanctis evangeliis et cruce Dominica eidem
nepoti suo iurari et ligium hominium [g] fieri fecit; salva tamen fidelitate sua,
quoad vixerit[8]. Post hec ipsum puerum de Antiochia et toto principatu sa-
givit; quod manifestius patet per privilegium sigillo principali munitum, unde
20 ad audientie vestre pietatem transcriptum mittimus. Hac etiam de causa
pristine amicitie inter nos et principem divina mediante clementia sunt
renovate, veteresque inimicitie, per quas patrie ruinam et personarum et
rerum iacturam formidabamus, post terga sunt reposite. Hiis ita peractis

vgl. Jos 23, 14;
1 Kg 2, 2

---

[d]) -nente *auf Rasur.*   [e]) *Über -an- anscheinend ein Kürzungsstrich ausradiert.*
25 [f]) *Die Auflösung des Namens erfolgt nach dem Br. II 243 (253) S. 466 Z. 19 f.*   [g]) hominum.

[3]) Raimund, der ältere Sohn Bohemunds III., des Fürsten von Antiochien (1163—
1201), war mit Alice von Armenien, der Erbin von Toron, seit Anfang 1195 vermählt gewesen. Vgl. CAHEN, *Syrie du Nord*, 591; S. DER NERSESSIAN, *The Kingdom of Cilician Armenia*,
in: A History of the Crusades, hrsg. von K. M. SETTON (Philadelphia 1962) II 649.
30   [4]) Alice, Tochter Rubens III. von Armenien (1175—1187), des Bruders und Vorgängers
Leos II., war bereits mit Hethum von Sassun vermählt gewesen und heiratete nach dessen
Tod über Wunsch ihres Onkels Raimund von Antiochien, wie dies schon im Oktober 1193
zu Baghrâs zwischen Bohemund III. und Leo II. in einem allerdings unter Gewaltanwen-
dung zustande gekommenen Vertrag vorgesehen gewesen war. Vgl. DER NERSESSIAN, *The
35 Kingdom of Cilician Armenia*, a. a. O., 646 f.
       [5]) Raimund-Ruben, einziger Sohn Raimunds von Antiochien und der Alice von Ar-
menien, wurde 1196 geboren und galt als Thronerbe von Antiochien. Er starb 1222. Vgl.
CAHEN, *Syrie du Nord*, 591—632.
       [6]) S. Br. II 192 (201) Anm. 1. Raimund-Rubens Taufe dürfte wohl am 6. Januar 1198
40 anläßlich der Königskrönung Leos von Armenien in der Kathedrale von Tarsos erfolgt sein.
Vgl. DER NERSESSIAN, *The Kingdom of Cilician Armenia*, 647 f.
       [7]) Zu Beginn des Jahres 1197.
       [8]) Das geschah auf Betreiben des EB. Konrad von Mainz, der nach Raimunds plötzli-
chem Ableben nach Antiochia eilte, wo er Bohemund III. zwang, seine Barone zusammen-
45 zurufen und diese schwören zu lassen, daß sie an Raimund-Rubens Thronfolge in Antiochien festhalten würden. Vgl. CAHEN, *Syrie du Nord*, 591, der Zweifel an Leos Darstellung
anmeldet, und RUNCIMAN, *Geschichte der Kreuzzüge*, III 102.

ecce comes Tripol(itanus) [h][9], magister[10] et conventus Templi, magister[11] et
conventus Hospitalis Antiochiam[1][12] venerunt nos et terram nostram
expugnare et pro posse ledere premeditati. Contra quorum nequissimam
vgl. Jdt 13, 17　presumptionem de Deo confidentes, qui numquam in se sperantes deserit,
vgl. Ez 13, 5　collectis animi viribus viriliter resistendo nos murum opposuimus; atque 5
in hunc modum per tres menses huc illuc deducentes et blandis verbis
temptantes(|)a servitio et defensione domus Isr(ae)l nos removerunt. Et
dum tantis excessibus suis ad regni nostri defensionem oportunitatem non
haberemus, quedam incurrimus dampna metis et finibus nostris a barbaris
vgl. Jdt 5, 25; 6, 2　irrogata [k][13]. Post hec videntes et dolentes Deo defendente nos minime 10
ledere posse, habito consilio cum communia dominum principem
B(oemundum)[1] — proh dolor — exclusere et tam contumeliis minarum
quam iniuriis detractorum exasperaverunt. Exulato itaque [m] principe
quidam ficti amici comitis et precio et precibus ipsi comiti alligati populum
Anti(o)ch(ie) venenoso instinctu suo subverterunt, dicentes comitem esse 15
legitimum heredem principis: quod nephas est predicare[14]. Sic autem
vgl. Jo 13, 18　contra dominum suum fractis legitimis sacramentis calcaneum erigentes
nos speraverunt expugnasse et non modicum lesisse. Super quibus ad
Romanam appellavimus audientiam ad[n] exequendum et recipiendum
iustitiam sub iuris et equitatoris[o] amatore[p], quod Antiocheni omnino 20
neglexerunt. In[q] hiis Templarii, Hospitalarii a rationis tramite non
dissentientes premissa mala postposuerunt et nobiscum pacem iniere[15].
Postea congregato exercitu nostro tamdiu laboravimus invigilantes, quoad

---

[h] *Darnach eine kleine Rasur.*　[i] *-iam auf Rasur.*　[k] *Bis hieher am Rande längs
des Briefes ein senkrechter, z. T. gewellter Strich.*　[l] *Migne:* R.　[m] *Darnach eine* 25
Rasur von ca. 10 mm.　[n] *Über* -d exe- *eine schmale waagrechte Rasur.*　[o] *-or- auf
Rasur.*　[p] *-ator- auf Rasur.*　[q] I- *steht neben dem Schriftspiegel.*

[9] Bohemund IV., Graf von Tripolis (Libanon), 1187—1233, war ein jüngerer Sohn
Bohemunds III. von Antiochien. Vgl. CAHEN, *Syrie du Nord*, 592—644.
[10] S. Br. II 87 (94) Anm. 1.　　　　　　　　　　　　　　　　　　　　　　　　30
[11] S. Br. II 180 (189) Anm. 4.
[12] Antiochia (Antakya, Türkei), Hauptstadt des gleichnamigen Fürstentums in
Kleinasien.
[13] Bohemund IV. verstand es, sich mit al-Malik al-Ẓāhir Ghāzī, dem Fürsten von
Aleppo, einem Sohne Sultan Saladins, zu verständigen, der ständig die armenischen Grenzen 35
bedrohte, während Bohemund seine Absichten auf Antiochien zu verwirklichen versuchte.
Vgl. CAHEN, *Syrie du Nord*, 593 mit Anm. 8.
[14] Nach Anerkennung von Raimund-Rubens Thronfolge durch die Barone Antiochiens
rüstete Bohemund IV. gegen diese und seinen Vater. Er gewann dabei die Unterstützung
der Hospitaliter und der Templer, die auf Rückgabe entfremdeter Besitzungen hofften. 40
Durch Verrat nahm er Ende 1198 Antiochia und ließ sich dort vom Volk zum Thronerben
ausrufen. Bohemund III. floh an den Hof Leos von Armenien. Vgl. CAHEN, *Syrie du Nord*,
591 ff.
[15] Wahrscheinlich hatte Leo von Armenien die Templer mit dem Versprechen auf
Rückgabe der — für ihn aus strategischen Erwägungen allerdings unentbehrlichen — 45
Festung Baghrâs gewonnen. Den Orden der Johanniter band kein besonderes Interesse an
Bohemund IV. Vgl. CAHEN, *Syrie du Nord*, 593.

usque principem in principali sede sua sedere et in civitatem suam
honorifice recipi cognovimus[16].

Ad hec presentium latorem R(obertum) de Margat nomine[17], fidelem et
dilectum nostrum militem, * ad pedes sanctitatis vestre dirigimus rogan-   * fol. 207ᵛ
5 tes et deprecantes, ut eum nostri contemplatione in cunctis agendis nostris
recommendatum habeatis et quicquid ex parte nostra dixerit tam de negotiis
et persecutionibus totius patrie quam de nostris credere non dubitetis.
Igitur vestram suppliciter et flexo genu exposcimus clementiam, quatinus
ante submersionem Syrie periclitanti manum subsidii porrigere festinetis et
10 causam nepotis principis et nostri iuxta iuris tenorem executioni mancipare
non differatis; quatinus ea, que ex adversaria parte minus iuste pullulant,
apostolica falce sint resecata et pars nostra de pietate vestra confidens
per Dei et vestrum auxilium delectabiles exitus matutini et vespere gaudeant reperisse[r]. Cupimus[s] preterea et exoptamus, ut extensis in celum   vgl. Ps 64, 9
15 manibus et fusis in monte precibus vincatur Amalec; quatenus post multa   vgl. Ez 17, 8–13
flagella filiorum Isr(ae)l arca Dei liberata tempore sacerdotii vestri revertatur in Sylo, ubi populus pacificas hostias possit immolare et pro offen-
sionibus suis sacrificio contriti cordis Deum placare. Mittat etiam salvator   vgl. Ps 50, 19
et propugnator noster D(avi)d fidelem in auxilium nostrum, qui numerosa   vgl. Is 19, 20
20 Philistinorum preputia circumcidat et in sortem Isr(ae)litice plebis addu-   vgl. 1 Sam 18, 27
cat; quatenus hec terrena Ier(usa)l(e)m non serviat ut ancilla cum filiis
suis, sed supernam que libera est imitetur; cuius cives sunt non tantum,   vgl. Gal 4, 22 ff.
qui in hac valle lacrimarum peregrinantur, sed etiam hii, qui ad superne   vgl. Ps 83, 7
visionis pacem pertinere merentur.
25   Decetero commendamus sollicitudini vestre reliquias Syrie, que coti-
die vestrum expectant et interpellant subsidium.

243 (253).

*Innocenz III. teilt dem König L(eo) von Armenien mit, daß er in dessen
Streit mit dem Grafen (Bohemund IV.) von Tripolis, der um das Fürsten-*
30 *tum Antiochien entstanden war, die Untersuchung und Entscheidung den in
Kürze im Orient eintreffenden päpstlichen Legaten übertragen werde, und
trägt dem König sowie dem Grafen auf, bis dahin Frieden zu halten.*

Lateran, (1199) Dezember 17.

Reg. Vat. 4, fol. 207ᵛ—208ʳ ⟨Nr. 246, 253⟩.
35   Sirleto, fol. 420ᵛ = Cholinus, II 551 = Venet., II 551 = Baluze, I 506 Nr. 253 = Migne,

---

ʳ) *Davor ein Buchstabe ausradiert.*   ˢ) *C- steht neben dem Schriftspiegel.*

16) Bohemund III. konnte durch eine fränkisch-armenische Armee wieder in sein
Fürstentum eingesetzt werden. Er starb im April 1201. Nunmehr hatte Bohemund IV., der
sich rasch beliebt gemacht hatte, keinerlei Schwierigkeiten, sich in Antiochien festzusetzen.
40 Vgl. Runciman, *Geschichte der Kreuzzüge*, III 104.

17) Robert von Margat (al-Marqab, Kreuzritterburg zwischen Latakia und Tortosa im
Fürstentum von Antiochien, heute Syrien). Zur Familie vgl. F. Chandon de Brailles, *Ligna-
ges d'Outremer. Les seigneurs de Margat.* Syria 25 (1946/48) 251 und Br. II 245 (255)
Anm. 3, wo der Vorname bezeugt ist.

PL 214, 813 Nr. 253; Haluščynskyj, Acta Innocentii, 203 Nr. 13. — Potth. Reg. 908; Balladore Pallieri—Vismara, Acta pontificia, 358 Nr. 35, 394 Nr. 93, 615 Nr. 422.

L(eoni), illustri regi Armenie[1].

vgl. Jak 1, 17
vgl. Spr 21, 1
vgl. Röm 13, 1;
Mt 28, 18

vgl. Eph 3, 17

Ei[a], a quo est omne datum optimum[b] et omne donum perfectum, qui corda principum habet in manu sua et a quo est omnis potestas, quas 5 possumus gratiarum referimus actiones, quod te usque adeo in devotione sedis apostolice radicavit, ut non solum in spiritualibus sed in temporalibus etiam ad auxilium ecclesie Romane recurras et in tuendis iustitiis tuis per appellationem interpositam opem eius implores. Veniens enim ad apostolicam sedem dilectus filius nobilis vir Rob(ertus) de Margato mi- 10 les[2], nuntius tuus, plene nobis exposuit tue devotionis affectum et regie serenitatis litteras nobis obtulit[3] continentes, quod cum R(aymundus)[c][4] quondam primogenitus filius nobilis viri B(oemundi)[d] principis Antiocheni[5] A(alizam)[e], neptem tuam[6], duxerit in uxorem, ex ea mascula prole suscepta[7], dum ageret in extremis[8], eidem principi supplicavit, ut succes- 15 sionem, que ipsi iure hereditario competebat, R(upino)[f] unico eius filio conservaret. Qui post mortem filii non immemor precum eius convocatis ligiis hominibus suis, quod dictus Ray(mundus) legitimus fuisset heres ipsius et post mortem eius R(upinus), predicti R(aymundi) filius, ipsius principis legitimus heres esset, publice recognovit et ei ab universis homi- 20 nibus suis — salva fidelitate, qua[g] ei tenentur, dum vixerit — ligium fecit homagium exhiberi[9]. Deinde quoque predictum R(upinum) de civitate Antiochia[10] et toto principatu Antiocheno tenendo post eius obitum — salva dote I(sabelle) uxoris ipsius[11], et omnibus donis, que fecerat et in posterum | est facturus, et dum vixerit totius principatus dominio sibi 25 salvo — sascivit et eum Raim(undi) patris nomine appellavit, sicut in litteris ad nos a te transmissis prospeximus contineri[12]. Ceterum nobilis vir .. comes Tripolitanus, filius principis memorati[13], moleste ferens se

---

243. [a] *Am Rande ein kurzer, waagrechter Strich.* [b] *-p- korr. aus -b-.* [c] R. *Am Rande mit Verweisungszeichen, vielleicht von anderer Hand:* Raymundus. [d] R. [e] A. *Am* 30 *Rande mit Verweisungszeichen, vielleicht von anderer Hand:* Aalizam. [f] R. *Am Rande mit Verweisungszeichen, vielleicht von anderer Hand:* Rupino. [g] quam.

243. [1] S. Br. II 208 (217) Anm. 4. [2] S. Br. II 242 (252) Anm. 17.
[3] Vgl. Br. II 242 (252). [4] S. Br. II 242 (252) Anm. 3.
[5] Bohemund III., Fürst von Antiochien 1163—1201, ein Sohn Raimunds von Poitiers, 35 Fürsten von Antiochien (1136—1149). Vgl. L. Bréhier, *Bohémond III, prince d'Antioche,* in: Dict. HGE 9 (Paris 1937) 500—504. [6] S. Br. II 242 (252) Anm. 4.
[7] S. Br. II 242 (252) Anm. 5. [8] S. Br. II 242 (252) Anm. 7.
[9] Vgl. Br. II 242 (252) S. 463 Z. 1—18 und Anm. 8.
[10] S. Br. II 242 (252) Anm. 12. 40
[11] Bohemunds III. dritte Gattin hieß Sibylle aus adeligem Geschlechte Antiochiens und ist als solche zwischen 1183 und 1195 bezeugt. Als vierte Gemahlin des Fürsten erscheint zwischen 1195 und 1216 Isabella aus vornehmer Familie des Königreiches Jerusalem, die Bohemund noch zwei Kinder gebar. Vgl. Cahen, *Syrie du Nord,* 546 und Bréhier, *Bohémond III,* a. a. O., 501—503. 45
[12] Br. II 242 (252) S. 463 Z. 18—20. [13] S. Br. II 242 (252) Anm. 9.

patria hereditate privari, cum dilectis filiis Ier(oso)limitani Hospitalis[14]
et militie Templi[15] magistris te voluit molestare[16]. Sed quod adversus te
prevalere non posset inspiciens, conversus in principem favore Antiochene
communie filius patrem exclusit et domino suo contumelias presumpsit
5 et iniurias irrogare. Interea etiam quidam amici Tripolitani comitis
corrupti pretio et precibus circumventi comitem ipsum legitimum heredem principis asserentes falsis suggestionibus obtinuere a populo, ut
abiurato quodammodo iuramento priori eidem comiti hominium exhiberent. Propter quod ad sedem apostolicam regia serenitas appellavit et,
10 Templariis et Hospitalariis ad cor redeuntibus, principem in sede restituit principali[17].

Licet autem, quantum [cum] Deo possumus, tue velimus serenitati
deferre, quia tamen in dubiis certum nec volumus nec debemus proferre
iudicium, cum, etsi etiam nobis de veritate constaret, in absentia tamen
15 partis alterius nondum incepto iudicio ad sententiam procedere non posse- vgl. Apg 14, 3
mus, causam ipsam legatorum nostrorum, qui dante Domino in proximo
transfretabunt[h], examini duximus reservandam[18]; quibus et verbis et vgl. 2 Chr 19, 7;
Röm 2, 11;
scriptis dabimus firmiter in mandatis, ut ipsam diligenter examinent et Kol 3, 25;
sine personarum acceptione previa ratione decidant; nolentes causam 1 Petr 1, 17 u. ö.
20 delegare iudicibus, qui alterutri partium et tue presertim[l] esse possent de
ratione suspecti[k]. Rogamus igitur celsitudinem tuam et exhortamur
attentius ac per apostolica tibi scripta mandamus, quatinus communem
causam private preponens et propriis commodis negotium preferens Crucifixi, quantum in te fuerit pacem ad universos christianos observans, ad de-
25 fendendam hereditatem Domini et expugnandam barbariem Sarracenorum vgl. Ps 126, 3 u. ö.
potenter intendas nec ob hoc adversus comitem vel alium bellum moveas;
presertim vivente prin*cipe, qui, sicut in eisdem litteris continetur, sic * fol. 208r
nepotem tuum de principatus successione sasivit, ut sibi proprietatem et
dominium quoad viveret retineret. Cum autem ad partes illas legati
30 nostri pervenerint, causam tuam non armis sed legibus, non gladio vindice
sed iustitia iudice prosequaris.

Nos enim eidem comiti per apostolica scripta mandamus, ut causa ipsa
in suo statu manente nichil in preiudicium iuris alterius attemptare presumat, sed legatorum nostrorum, quibus cognitionem et diffinitionem
35 ipsius duximus committendam, expectet adventum. Ad hec dilectum
filium nuntium tuum serenitati regie propensius commendamus, ut de
caro eum habeas decetero cariorem. Preterea serenitati tue gratiarum
referimus actiones, quod nos per eundem nuntium tuum magnifice ac
liberaliter visitasti.

40 Datum Laterani, XVI Kal. Ianuarii.

---

h) transfetabunt.   l) -ertim *auf Rasur.*   k) *Bis hierher am Rande ein senkrechter,*
z. T. gewellter Strich.

14) S. Br. II 180 (189) Anm. 4.   15) S. Br. II 87 (94) Anm. 1.
16) Vgl. Br. II 242 (252) Anm. 14.   17) Vgl. Br. II 242 (252) Anm. 14, 15 und 16.
45   18) Vgl. Br. II 209 (218) Anm. 5.

244 (254).

*Innocenz III. teilt den armenischen Edelleuten Paguran (von Baberon) und
Hethum (von Lampron) (sowie den Brüdern Hugo, Radulf und Otto von
Tiberias) mit, daß er dem König L(eo) von Armenien eine Fahne des Hl.
Petrus für den Heidenkrieg übersandt habe, und ermahnt sie, ihm bei der Ver-* 5
teidigung des Hl. Landes beizustehen.

(Lateran, 1199 Dezember ca. 17).

Reg. Vat. 4, fol. 208ʳ ⟨Nr. CCXL, 247, 254⟩.

Sirleto, fol. 421ʳ = Cholinus, II 552 = Venet., II 552 = Baluze, I 507 Nr. 254 = Migne,
PL 214, 814 Nr. 254; Haluščynskyj, Acta Innocentii, 205 Nr. 15. — Potth. Reg. 909; Balla- 10
dore Pallieri-Vismara, Acta pontificia, 591 Nr. 243. — Vgl. Erdmann, Entstehung des Kreuzzugsgedankens, 171.

Pagano[1] **et Attoni**[a][2] **comitibus et universis aliis baronibus, militibus et populo in regno karissimi in Christo filii nostri L(eonis), illustris regis Armenie**[3]**, constitutis**[b]**.** 15

Etsi[c] modernis temporibus apostolice sedis receperitis instituta, secundum ea Domino in puritate cordis ac corporis servientes[4], is tamen, qui
matutinos et vespertinos operarios vinee sue singulorum denariorum mer-

vgl. Mt 20, 1–16
vgl. 1 Kor 9, 24;
Phil 3, 14

cede remunerat, faciens novissimos primos et primos novissimos, bravium
vobis largietur eternum, si catholicam ecclesiam, sponsam veri Salomo- 20
nis — sub cuius capite, secundum quod ipsa protestatur in Canticis canti-

vgl. Hl 2, 6; 8, 3
vgl. Ps 68, 10;
Jo 2, 17

corum, leva eius et destera eius ipsam iugiter amplexatur — fueritis humiliter venerati; et usque adeo vos zelus domus[d] Domini commederit[d],
ut ad vindicandam iniuriam Crucifixi et templum et hereditatem eius de

vgl. 1 Sam 10, 1;
Sir 51, 12 u. ö.

paganorum manibus liberandam et res exposueritis et personas, Christum 25
vobis vitam et mortem lucrum cum apostolo reputantes. Gaudemus autem

vgl. Phil 1, 21

quod, etsi nova sitis ecclesie Romane plantatio, novitas tamen in vobis

vgl. Is 61, 3 u. ö.

virtutis operatur augmentum et usque adeo vos reddit in fide ferventes, ut
tanto ferventiores in christianorum omnium immo Christi auxilium assurgatis, quanto estis viciniores hostibus et ex vicinitate melius et scitis et 30
vultis eorum conatibus obviare. Nos autem de karissimi in Christo filii
nostri L(eonis)[e], Armenie regis illustris, sinceritate ac vestra devotione

244. a) *Migne:* Arroni.   b) *Am Rande:* f.   c) *Längs des Briefes am Rande ein
senkrechter, z. T. gewellter Strich.*   d–d) domus Domini comme- *auf Rasur nachgetragen.*   e) R. 35

244. 1) Paguran von Baberon, armenischer Adeliger, der bei der Königskrönung Leos II.
anwesend war. Vgl. *Chronik des Connétable Sempad.* Recueil des Historiens de la Croisade,
documents arméniens. Paris 1869, I 637 bzw. L. M. ALISHAN - G. BAYAN, *Léon le Magni-
fique, premier roi de Sissouan ou de l'Arméno-Cilicie.* Venise 1888, 225.
2) Wohl Hethum von Lampron, Großkämmerer des Königreiches Armenien unter 40
Leo II. Vgl. RÖHRICHT, *Königreich Jerusalem,* 705 Anm. 4 und E. DULAURIER, *Étude sur
l'organisation politique, religieuse et administrative du royaume de la Petite-Arménie.* Journal
Asiatique Vᵉ série, 18 (1861) bes. 297 und ALISHAN - BAYAN, *a. a. O.,* 225.
3) S. Br. II 208 (217) Anm. 4.
4) Vgl. Br. II 209 (218), 210 (219), 211 (220). 45

confisi, ei ad petitionem dilecti filii nobilis viri R(oberti) militis[5], nuntii
eius, in nostre dilectionis inditium vexillum beati Petri dirigimus, quo in
hostes crucis dumtaxat utatur et eorum superbiam, suffragantibus apostolorum principis meritis, Domino concedente conculcet.

5　　Monemus igitur universitatem vestram et exhortamur in Domino et in
remissionem vobis iniungimus peccatorum, quatinus ad liberandum funi-
culum hereditatis Dominice de manibus paganorum et eorum refrenan-
dam audaciam[f] et barbariem edomandam cum eodem rege vestro, sicut
bene cepistis, potenter et viriliter intendatis: ut eius sitis remissionis par-
10　ticipes, quam de Dei omnipotentis et beatorum Petri et Pauli apostolorum
eius auctoritate confisi omnibus transfretantibus[g] indulgemus[6].

　　Datum ut supra.

　　In eundem fere modum nobilibus viris[h] Hug(oni)[7] de Tabaria[i], Ro-
dulfo[8] et Octoni[9] fratribus[h].

vgl. Job 34, 29

vgl. 2 Kor 5, 20
vgl. Lk 1, 77;
Apg 2, 38 u. ö.

15　　　　　　　　　　**245 (255).**

*Innocenz III. übersendet dem König (Leo) von Armenien eine Fahne des
Hl. Petrus für den Heidenkrieg.*

Lateran, (1199) Dezember 17.

　　Reg. Vat. 4, fol. 208ᵣ ⟨Nr. 248, 255⟩.
20　　*Sirleto, fol. 421ᵥ = Cholinus, II 553 = Venet., II 553 = Baluze, I 507 Nr. 255 = Migne,
PL 214, 815 Nr. 255; Haluščynskyj, Acta Innocentii, 204 Nr. 14. — Potth. Reg. 910; Balladore Pallieri—Vismara, Acta pontificia, 592 Nr. 244. —Vgl. Erdmann, Entstehung des Kreuzzugsgedankens, 171.*

　　　　　　　　Illustri regi Armenie[1].

25　　| Et[a] tibi congaudemus et nobis, immo etiam universo populo christiano,
quod eum tibi Dominus inspiravit affectum, ut apostolice sedis instituta
devote reciperes et precepta fideliter observares et contra inimicos crucis

---

　　　[f] *Zwischen -a- und -c- ein Buchstabe ausradiert.* 　　[g] *tranfretantibus.* 　　[h–h] *Vielleicht nachgetragen (vgl. Kempf, Register, 39).* 　　[i] *Migne: Tabaria.*
30　**245.** [a] *Längs des Briefes am Rande ein senkrechter, z. T. gewellter Strich.*

　　　[5] S. Br. II 242 (252) Anm. 17. 　　　　　[6] Vgl. Br. I 336, S. 503 Z. 6—19.
　　　[7] Hugo von Tiberias (Stadt am Westufer des Sees Genezareth, Israel), Sohn Walters
von Saint-Omer, der durch Heirat mit Eschive von Ibelin Herr von Tiberias (1160—1172)
wurde. Nach 1204 finden wir ihn in Diensten Balduins, des lateinischen Kaisers von Byzanz.
35　Vgl. DU CANGE, *Familles d'Outremer,* 450 f.
　　　[8] Radulf von Tiberias, jüngerer Bruder Hugos, war Seneschall des Königreichs Jerusalem 1194—1220. Berühmt wegen seiner Rechtserfahrung, bewarb er sich nach dem Tod
Heinrichs von Champagne um die Königswürde, doch wurde ihm Amalrich von Lusignan,
König von Zypern, vorgezogen. Nach vorübergehenden Aufenthalten in Tripolis und Byzanz
40　kehrte er 1205 in das Königreich zurück. Vgl. DU CANGE, *Familles d'Outremer,* 456 f.
　　　[9] Otto von Tiberias, der mittlere der Brüder, ist seit 1196 in Diensten Bohemunds IV.
von Tripolis nachweisbar, 1210 bis 1215 Zeuge in Urkunden König Leos II. von Armenien
und dann in Diensten Raimund-Rubens von Antiochien. Vgl. DU CANGE, *Familles d'Outremer,* 456; RÖHRICHT, *Regesta Regni Hierosolymitani,* 460 (Reg.).
45　**245.** [1] S. Br. II 208 (217) Anm. 4.

propositum illud assumeres, ut in eos vindicare cupias iniuriam Crucifixi et hereditatem eius de ipsorum manibus liberare[2].

Nos igitur de tue devotionis sinceritate confisi, ad petitionem dilecti
filii Roberti de Margat militis[3], nuntii tui, in nostre dilectionis inditium vexillum beati Petri tue serenitati dirigimus, quo in hostes crucis 5
dumtaxat utaris et eorum studeas contumaciam cum Dei auxilio suffragantibus apostolorum principis meritis refrenare.

Datum Laterani, XVI Kal. Ianuarii.

246 (256).

Innocenz III. ernennt auf Bitten des Volkes von Città di Castello den J(ohan- 10
nes ?) Prefecti zum Rektor dieser Stadt.

Lateran, (1199) Dezember 22.

Reg. Vat. 4, fol. 208r ⟨Nr. 249, 256⟩.
Sirleto, fol. 422r = Cholinus, II 553 = Venet., II 553 = Baluze, I 508 Nr. 256 = Migne,
PL 214, 815 Nr. 256; Cappelletti, Chiese d'Italia, VI 19 f.; Mastrocola, Note storiche, II 138 15
Nr. 28 (irrig zu 1210/11 angesetzt). — Potth. Reg. 911. — Vgl. Waley, Papal State, 70
bzw. Br. I 369.

Universo populo Castellane Ciuitatis[1].

(|) **D**ilectos[a] filios nobiles viros nuntios vestros ad sedem apostolicam
venientes benigne recepimus, dilectum filium nobilem virum I(ohannem ?) 20
Prefecti[2] concedi vobis postulantes humiliter in rectorem. Cum igitur
tam de ipsius quam eius patris industria non modicum confidamus, utpote
cui universum fere apostolice sedis patrimonium in partibus ipsis duximus
committendum, petitionem vestram libenter admisimus et eum vobis in
rectorem duximus concedendum, dummodo communiter ab universitate 25
populi postuletur.

Datum Laterani, XI[b] [Kal.] Ianuarii.

---

246. [a] *Am Rande von einer Hand des 13. Jh.:* pro iure Romane ecclesie.   [b] *Darnach ein*
Platz für Kal. *freigelassen.*

    [2] Vgl. Br. II 242 (252).   30
    [3] S. Br. II 242 (252) Anm. 17.
246. [1] Volk von Città di Castello (Prov. Perugia).
    [2] Vielleicht ist damit Johannes Oddonis, ein Vetter des Papstes, gemeint (vgl.
Gesta Innocentii, c. 135 [= Migne, PL 214, CLXXXV A] und Anm. 56). Vgl. auch Br. I 369
S. 561 Z. 28 mit Anm. 5.   35

247 (257).

*Innocenz III. befiehlt dem Patriarchen (Haymerus) von Jerusalem, dem
Erzbischof (Joscius) von Tyrus und dem Bischof (Theobald) von Akkon,
den Bischof von Sidon von seinem Amte zu suspendieren, falls sich erweisen*
5 *sollte, daß er als päpstlicher Exekutor im Prozeß zwischen dem Templerorden
und dem Bischof von Tiberias den Orden unrechtmäßig exkommuniziert
habe. Im gegenteiligen Falle mögen sie diesen absolvieren und den Prozeß
weiterverhandeln.*

(Lateran, 1199) Dezember 15.

10   *Reg. Vat. 4, fol. 208ʳ—209ʳ ⟨Nr. 250, 257⟩.*
    Sirleto, fol. 422ʳ = Cholinus, II 553 = Venet., II 553 = Baluze, I 508 Nr. 257 = Migne,
PL 214, 816 Nr. 257. — Potth. Reg. 905; Röhricht, Regesta Regni Hierosolymitani, 203 f.
Nr. 764. — Bulst-Thiele, Sacrae Domus Militiae Templi Hierosolymitani Magistri, 141.

Patriarche Ier(oso)limitano[1] et Tyrensi archiepiscopo[2] et . .
15   **Aconensi episcopo[3].**

| Cum[a] olim venerabilis frater noster . . Tyberiadensis episcopus[4] suam
nostro transmisisset apostolatui questionem, quod dilecti filii . . magister[5] et fratres militie Templi mille trecentos Bisantios[6] et quedam alia
bona Tyberiadensis ecclesie, que predecessor ipsius[7] apud quosdam
20 fratres Templi deposuerat, detinerent et ei reddere denegarent, ipsis per
scripta nostra mandavimus, ut eidem episcopo depositum illud, si premissis suffragaretur veritas, non postponerent resignare; venerabilibus
fratribus nostris . . Sydoniensi[8] et . . Blibiensi[9] episcopis * dantes firmiter   * fol. 208ᵛ
in mandatis, ut ipsi eos ad hoc veritate cognita per censuram ecclesiasti-

25 **247.** [a] *Die Initiale läuft in einen kleinen, speienden Hundekopf aus.*

247. [1] S. Br. II 180 (189) Anm. 2.
      [2] Joscius, EB. von Tyrus (Suffr. des Patriarchen von Jerusalem, Libanon) 21. Oktober
1186—vor 30. Mai 1202. Er war zuvor B. von Akkon (seit 1172) und Kanzler des Königreiches Jerusalem; als solcher ist er im Oktober 1200 noch bezeugt. Vgl. Tafel - Thomas,
30 *Urkunden zur älteren Handels- und Staatsgeschichte der Republik Venedig*, I 425; Röhricht,
Regesta Regni Hierosolymitani, 653 und Ders., *Syria Sacra*, 20 Nr. 776.
      [3] Theobald, B. von Akkon (Suffr. von Tyrus, Israel) 10. Februar 1191—ca. 1201. Vgl.
Röhricht, *Regesta Regni Hierosolymitani*, 701, 740, 770 f., 787 und Ders., *Syria Sacra*, 20
bzw. Strehlke, *Tabulae ordinis Theutonici*, 24.
35   [4] B. von Tiberias (Suffr. von Nazareth, Israel); namentlich nicht bekannt. Vgl.
Röhricht, *Regesta Regni Hierosolymitani*, 764, 770 und Ders., *Syria Sacra*, 30.
      [5] S. Br. II 87 (94) Anm. 1.
      [6] Die in der Levante gebräuchliche Goldmünze. Vgl. A. Engel - R. Serrure, *Traité
de numismatique du moyen âge*. Paris 1894, II 905.
40   [7] Vielleicht jener namentlich nicht bekannte B. von Tiberias, der 1189/1191 vor Akkon
starb. Vgl. Röhricht, *Königreich Jerusalem*, 524; Ders., *Syria Sacra*, 30.
      [8] B. von Sidon (Suffr. von Tyrus, Libanon); namentlich nicht bekannt. Sein Vorgän-
ger starb vor Akkon 1189/1191; Terricus ist erst im Dezember 1204 als Elekt bezeugt. Vgl.
Röhricht, *Syria Sacra*, 30.
45   [9] B. von Byblos (Suffr. von Tyrus, Libanon); namentlich nicht bekannt. Vgl. Röhricht, *Syria Sacra*, 30.

cam compellere non tardarent. Verum — sicut predicti magister et fratres
militie Templi tam per litteras suas quam per quosdam fratrum suorum,
quos ad nostram presentiam direxerunt, non sine multo dolore nobis
intimare curare — prefatus Sydoniensis episcopus commissionis nostre
tenorem transgrediens, cum ipsi de terra Antiochie, ubi pro guerra, que 5
erat inter dilectos filios . . nobilem virum principem Antiochenum et dominum Alapie[10], fuerant aliquandiu commorati, redirent et quadam die
Martis applicuissent ad civitatem Tyrensem[11], eis sequentem diem Iouis
terminum assignavit, quo in eius presentia prefato Tiberiadensi[b] episcopo accederent de[c] deposito responsuri. Quia vero pro aliis negotiis 10
imminentibus prefatus magister diei prefixe non poterat interesse, duos
de fratribus suis viros idoneos pro eodem negotio dereliquit, qui ad diem
statutam coram eodem episcopo venientes dixerunt se paratos esse prelibato Tyberiadensi episcopo, si contra eos vellet proponere, iuxta tenorem mandati apostolici respondere. Et licet prefatus Bibliensis episcopus, 15
coniudex suus, absens existeret, ipsi tamen volebant firmiter observare
sententiam, quam idem Sydoniensis episcopus auditis utriusque partis rationibus super eadem causa duceret legitime promulgandam. Hoc autem
audito idem episcopus modestia pontificali neglecta suo absente coniudice
nullis auditis rationibus in multorum presentia dixit in impetu: 20
«Nisi vos usque ad proximam diem Dominicam supradictos Bisantios
reddideritis, auctoritate Dei patris et omnium sanctorum magistrum
vestrum et omnes fratres domus Templi citra et ultra mare necnon et
participes atque amicos eiusdem vinculo excommunicationis innodo».
Ceterum cum sequenti sexta feria prenominati duo fratres, qui apud Ty- 25
rum pro causa predicta remanserant, cum festinatione adissent Acon et,
que gesta erant per antedictum episcopum, per ordinem enarrassent, ipse
magister cum fratribus ad te, frater patriarcha, continuo accesserunt; et
tecum de illo negotio diligentius pertractantes, de tuo tandem consilio
cum prefato Tyberiadensi episcopo amicabiliter curaverunt componere 30
ad maius scandalum evitandum. Set prefatus Sydoniensis episcopus sequenti die Dominica post compositionem peractam ecclesiam sancte Crucis Tyrensem[12] ingressus post generalem processionem coram omni clero
et populo, qui astabat, accensis candelis ipsum magistrum nominatim et
omnes fratres Templi citra et ultra mare necnon et amicos et participes 35
domus sententia excommunicationis astrinxit. Quod fratres postmodum
audientes tantam illatam eis iniuriam sic ad animum[d] revocarunt[e], quod
fere assumpte religionis propositum[f] relinquere voluerunt et relicta

---

b) -a- *über der Zeile nachgetragen.*   c) d- *auf Rasur.*   d) -nimum *auf Rasur.*
e) -unt *auf Rasur. Darnach noch ein weiterer Buchstabe ausradiert.*   f) *Über* pro- *ein* 40
Kürzungsstrich ausradiert.

10) Bohemund III., Fürst von Antiochien, und al-Malik al-Zāhir Ghāzī, Fürst von
Aleppo. Vgl. dazu Br. II 242 (252) bes. Anm. 9 und 13 f.   11) Tyrus (Libanon).
12) Kirche zum hl. Kreuz in Tyrus (Libanon). Vgl. R. RÖHRICHT, *Studien zur mittel-*
alterlichen Geographie und Topographie Syriens. Zeitschrift des deutschen Palästina-Ver- 45
eins 10 (1887) 319.

Ier(oso)limitana provincia[13] disponebant ad propria remeare. Sed in eo
tandem ponentes fiduciam, cui promiserant toto vite sue tempore deservire, suasione tam tua quam aliorum virorum prudentum ad ipsius terre
custodiam remanserunt, a nobis vindictam de illata eis iniuria postulan-
5 tes.

Verum cum non sibi soli causa eadem fuerit delegata, sed habuerit
prefatus Sydoniensis episcopus in commissione collegam nec in ea fuerit
expressum: «Quodsi ambo interesse non possent, alter nichilominus mandatum apostolicum adimpleret», non poterat sine illo procedere ad illam
10 vel aliam sententiam proferendam. Item etsi ei vices suas in hac parte
coniudex alius comisisset vel etiam partes spontanee post commissionem
nostram suum subissent[g] examen[h], ipse tamen non debuit sine cause
cognitione procedere; presertim cum in forma commissionis contineretur
expressum: «Quodsi premissis suffragaretur veritas, magistrum et fratres
15 ad restitutionem depositi per censuram ecclesiasticam appellatione remota compellere non tardarent», et ipsi fratres, qui apud Tyrum pro negotio
remanserant prelibato, sententiam eiusdem episcopi, quam auditis [utrius-
que][1] partis rationibus duceret legitime promulgandam, tunc demum se
dixerint servaturos. Preterea cum multi fratrum militie Templi tam citra
20 quam ultra mare consistant, qui super ipso deposito sunt penitus sine culpa,
profecto talis excommunicatio non solum indiscreta fuit sed etiam effre-
nata, qua ligare voluit innocentes; et nos etiam ac fratres nostros iuxta
formam verborum visus est inclusisse, qui sumus eiusdem domus participes et amici. Rursus postquam controversia sepedicta fuerat amicabili
25 compositione sopita, deviavit omnino: quod etiam adversario per suas
litteras prohibente processit ad sententiam proferendam, cum boni iudicis
sit lites minuere, non augere. Ad hec, cum predicti fratres assidue multis
laboribus et periculis se opponant pro servitio Iesu Christi, si etiam magister aut procuratores inventi fuissent culpabiles, non tamen fuissent ita
30 generaliter omnes excommunicationis sententia feriendi.

Cum igitur, si premissa veritate nituntur, sepedictus episcopus vel de
grandi fatuitate vel de gravi malignitate sit animadversione debita casti-
gandus, fraternitati vestre per apostolica scripta mandamus atque precipimus, quatinus inquisita diligentius veritate, si vobis constiterit eun-
35 dem episcopum, ut predictum est, prefatam sententiam protulisse, vos eum
auctoritate nostra sublato appellationis obstaculo ab executione pontificalis officii tamdiu faciatis manere suspensum, donec a nobis indulgentiam
consequatur: ut qui fuit stultus in culpa, sapiens efficiatur in pena. Quodsi
forte servato iuris ordine previa ratione processit, quos vobis constiterit
40 excommunicationis sententie subiacere, secundum formam ecclesie absol-
vatis; in ipso postmodum negotio * legitime processuri.   * fol. 209ʳ

Testes et cetera. Quodsi omnes [et cetera], duo vestrum et cetera.

Datum XVIII Kal. Ianuarii.

g) -i- *auf Rasur.*   h) -m- *auf Rasur.*   i) *Vgl. oben S. 472 Z. 17 f.*

45   13) Königreich Jerusalem.

248 (258).

Innocenz III. befiehlt dem Klerus und Volk der Grafschaft Civitate, sich nach dem Tode des Grafen (Heinrich) in Befolgung eines früheren päpstlichen Befehls dem Grafen R(oger) von Chieti zu unterstellen, obzwar der königliche Hof in Palermo statt dessen den Grafen P(eter) von Celano zu ihrem Prokurator bestellt hat.

(Lateran, 1199) Dezember 30.

Reg. Vat. 4, fol. 209ʳ ⟨Nr. 251, 258⟩.
Sirleto, fol. 423ʳ = Cholinus, II 555 = Venet., II 555 = Baluze, I 509 Nr. 258 = Migne, PL 214, 818 Nr. 258; Vendola, Documenti, 31 Nr. 31. — Potth. Reg. 916; B. F. W. Reg. *5701. — Vgl. Br. II 183 (192) und Baethgen, Regentschaft, 25 mit Anm. 1 bzw. Kamp, Kirche und Monarchie, I 250 Anm. 7.

Clero et populo Ciuitatensibus[1].

Per apostolicas litteras vobis dudum recolimus mandavisse[2], ut .. quondam Ciuitatensi comite sublato de medio[3] nobili viro R(ogerio), comiti Theatino[4], intenderetis de custodia comitatus, qui propter potentiam et quoniam vicinus est vobis comitatum ipsius et homines eius potenter poterat defensare. Post hec autem, sicut ex litteris vestris intelleximus, per nuntios vestros, quos[a] ad Panormitanam curiam destinastis, mandatum sub nomine regio[5] recepistis, ut nobili viro P(etro) de Celano, sororio regii cancellarii[6], tamquam vestro comiti iuraretis. Unde[b] quid super hiis faciendum esset vobis, non immerito dubitastis.

Cum igitur, sicut vestra universitas non ignorat, et regis tutela et regni balium ad nos de iure pertineat[7] et dispositioni nostre vos et alii iurave-

---

248. [a] quas. [b] U- *steht neben dem Schriftspiegel.*					25

248. [1] Klerus und Volk von Civitate (Suffr. von Benevent, Prov. Foggia). Hauptort der gleichnamigen Grafschaft.

[2] Br. II 183 (192).

[3] Graf Heinrich, der zwischen 1178 und 1196 als Inhaber der Grafschaft Civitate bezeugt ist. Vgl. Girgensohn, *Documenti beneventani*, 315 ff. Nr. 15 und Kamp, *Kirche und Monarchie*, I 249 mit Anm. 1.

[4] S. Br. II 183 (192) Anm. 5.

[5] Darunter ist die Regierung des Königreiches durch den in Palermo tagenden Familiarenrat gemeint. Vgl. Baethgen, *Regentschaft*, 6 f. mit Anm. 1 und van Cleve, *Markward*, 124 ff.

[6] Peter, Graf von Celano, entstammte einem alten Adelsgeschlecht, das sich von den Marsergrafen herleitete und lange in Opposition gegen die normannische Monarchie gestanden hatte, war Anhänger Kaiser Heinrichs VI., dann nomineller Parteigänger Friedrichs II. (bis 1209), wobei er jedoch mehrfach das politische Lager wechselte. Vorübergehend Justiziar von Apulien und der Terra di Lavoro, war er unter König Otto IV., dem er sich 1209 anschloß, praktisch Vizekönig (1211/12). Sein Tod im Frühjahr 1212 erschütterte des Königs Position aufs schwerste. Er war mit einer Schwester des sizilischen Kanzlers, Walter von Palearia, verheiratet. Vgl. Jamison, *Conti di Molise e di Marsia*, 74 ff., bes. 104 ff.; Kamp, *Kirche und Monarchie*, I 113 f.

[7] Vgl. Br. I 554 (557) S. 803 Z. 2—4; I 555 (558) S. 807 Z. 10—12 mit Anm. 5 und Br. II 158 (167) S. 309 Z. 1—3 mit Anm. 16.

ritis obedire, devotioni vestre per apostolica scripta precipiendo mandamus, quatinus non obstante mandato contrario, quod non debet aliquatenus contraire, cum nos vices regias exequamur, secundum quod vobis
per alias litteras dedimus in mandatis, iamdicto comiti Theatino de custo-
5 dia comitatus unanimiter intendatis; quia, licet prefatum nobilem P(etrum)
videlicet Celanensem sincero diligamus affectu et ad honorem et profectum ipsius efficaciter intendamus, ad custodiam tamen et defensionem
vestram hoc tempore prenominatum comitem Theatinum necessarium
credimus et idoneum reputamus.
10　　　Datum III Kal. Ianuarii[c].

249 (259).

*Innocenz III. ermahnt den König (Leo) von Armenien, die Festung Baghrâs
dem Templerorden zurückzugeben, und erklärt sich bereit, entweder selbst
oder durch seine Legaten über eine gerichtliche Klage des Königs, die dieser
15 darüber vorbringen will, zu entscheiden.*

(Lateran, 1199 Dezember ca. 15—17)[1].

Reg. Vat. 4, fol. 209r ⟨Nr. 252, 259⟩.
　Sirleto, fol. 423ᵛ = Cholinus, II 555 = Venet., II 555 = Baluze, I 510 Nr. 259 = Migne,
PL 214, 819 Nr. 259; Haluščynskyj, Acta Innocentii, 206 Nr. 16. — Potth. Reg. 929; Röh-
20 richt, Regesta Regni Hierosolymitani, 204 Nr. 765; Balladore Pallieri-Vismara, Acta pontificia, 299 Nr. 83.

Illustri regi[2] Armeniorum[a].

Cum[b] ad vindictam malefactorum laudem vero bonorum materialem　vgl. 1 Petr 2, 14
acceperis gladium, non in domesticos fidei sed hostes crucis[c] potius ex-　vgl. Phil 3, 18
25 erendum, et nuper per Dei gratiam instituta receperis apostolice sedis et　vgl. Gal 6, 10
promiseris observare[3], non credimus, quod in exaudiendis precibus
nostris te velis difficilem exhibere, presertim cum id petimus, quod ad
pacem pertinet et respicit honestatem et cum christianorum commodo in
Sarracenorum dispendium redundabit. Ad audientiam siquidem apostola-
30 tus nostri pervenit, quod cum castrum, quod Gaston dicitur, ad domum
militie Templi de iure pertineat et fratres eiusdem domus illud olim posse-
derint sine lite, tempore invasionis terre orientalis ipsum Sarraceni per
violentiam occuparunt, quod cum dimisissent postmodum metu regum,
qui ad partes transfretaverant[d] transmarinas, tu illud habitatore vacuum

---

35　　　[c] *Darnach ein hochgestellter Doppelpunkt, der vielleicht als Verweisungszeichen gedacht
war.*
249. [a] *Am Rande ein Kreuz ausradiert.* 　　　[b] *Längs des Briefes am Rande ein senkrechter,
z. T. gewellter Strich.* 　　　[c] *Über dem -s zwei kurze, schräge Striche.* 　　　[d] tranfetaverant.

249. [1] Das Datum liegt wohl zwischen jenem der Br. II 243 (253) und II 245 (255) vom
40 17. Dezember, die gleichfalls an König Leo von Armenien adressiert sind, und dem 15. Dezember, an welchem Tag der Br. II 247 (257) datiert ist, den der Templerorden für sich
erwirkt hatte und der ebenfalls an Empfänger im Hl. Land gerichtet war.
　　　[2] S. Br. II 208 (217) Anm. 4. 　　　　　　　[3] Vgl. Br. II 210 (219).

et custode intrasti et quasi liberatum de manibus paganorum adhuc detines velud tuum[4]. Cumque dilecti filii . . magister[5] et fratres militie Templi cum nuntiis venerabilis fratris nostri . . patriarche[6] et . .[e] illustris principis Antiocheni[7], . .[e] Tripolitani comitis[8] et totius Antiochene communie supplicassent, ut castrum ipsum Templariis resignares, tu 5 patriarcham ipsum et principem ad communie colloquium citavisti, promittens per nuntios et litteras tuas, quod super facto castelli secundum eorum consilium procedere non tardares. Quod non solum, cum ad colloquium ventum esset, noluisti iuxta tenorem facte promissionis implere, immo, sicut dicitur, quorundam seductus consilio, quod illud in 10 gravamen Antiochie retineres, quod vix credimus, respondisti. Cumque postmodum nuntius tuus[9] ad Romanam ecclesiam accessisset, castrum ipsum Milonis quondam avunculi tui[10] fuisse proposuit, et te illud de Sarracenorum manibus liberasse ac respondisse fratribus militie Templi te impetentibus super eo, quod ipsis coram nobis iustitiam exhiberes. Prop- 15 ter quod idem nuntius supplicabat, ut nichil contra te non commonitum statuere curaremus.

Cum igitur nostre intentionis existat te sicut karissimum ecclesie filium et regem catholicum[f] honorare, cum et credamus, quod simplices preces nostras velis efficaciter exaudire, serenitatem regiam rogamus, monemus 20

---

[e]) *Gemmipunctus unter der Zeile nachgetragen.*   [f]) *Durch Zeichen umgestellt aus* catholicum regem.

[4]) Die strategisch wichtige Festung Gaston = Baghrâs (Baturga, nördl. von Antiochia, Türkei) befand sich seit etwa 1160 im Besitz des Templerordens, wurde 1188 von Sultan Saladin eingenommen und 1191 beim Nahen des Kreuzfahrerheeres geschleift. Leo von Ar- 25 menien besetzte und befestigte hierauf die Festung neuerlich, weshalb er ihre Herausgabe bis 1216 beharrlich verweigerte. Erst dann kam Baghrâs wieder an den Orden. Vgl. CAHEN, *Syrie du Nord*, 141, 429, 512 und 582 und H. VAN BERCHEM, *Notes sur les croisades.* Journal asiatique IXe série, 19 (1902) 434.

[5]) S. Br. II 87 (94) Anm. 1.   30

[6]) Petrus von Angoulême, lateinischer Patriarch von Antiochien 1196—Frühjahr 1208. Zuerst Archidiakon, dann B. von Tripolis (seit 1191) und Kanzler König Guidos von Jerusalem, geriet er nach dem Regierungsantritt Bohemunds IV. von Antiochien (1201) mit diesem in Streit, stiftete einen Aufstand gegen diesen an, wurde aber von Bohemund gefangengenommen und starb im Gefängnis. Vgl. CAHEN, *Syrie du Nord*, 508 und 611 ff. bzw. L. DE 35 MAS LATRIE, *Les patriarches latins d'Antioche.* Revue de l'Orient latin 2 (1894) 194.

[7]) S. Br. II 243 (253) Anm. 5.

[8]) S. Br. II 242 (252) Anm. 9.

[9]) S. Br. II 242 (252) Anm. 17.

[10]) Mleh, Onkel Leos II. von Armenien, der Mitte der 60er Jahre des 12. Jahrhunderts 40 wegen eines Komplottes aus Armenien verbannt worden war und nach dem Tode seines Bruders Toros II. (1168) die Herrschaft über Armenien beanspruchte, die ihm die Barone des Landes aus Angst vor einem Bürgerkrieg auch tatsächlich übertrugen. Da er jedoch mit Willkür und Grausamkeit regierte und allseits Eroberungen, darunter auch die Festung Baghrâs, machte, schuf er sich viele Feinde, darunter König Amalrich von Jerusalem und 45 Bohemund III. von Antiochien, doch scheiterten alle Versuche, ihn mit Waffengewalt zu beseitigen. Erst ein Aufstand der Barone des Landes (1174) brachte das Ende seiner Herrschaft und seinen Tod. Vgl. DER NERSESSIAN, *The Kingdom of Cilician Armenia*, in: A History of the Crusades, hrsg. von K. M. SETTON (Philadelphia 1962) II 642 f.

et exhortamur in Domino, quatinus divine retributionis obtentu ob reve- vgl. 2 Kor 5, 20
rentiam apostolice sedis et nostram castrum ipsum fratribus militie Templi sine difficultate restituas et permittas ab eis pacifice possideri, nec
eos super ipso [g] vel aliis ad eos pertinentibus inquietes. Nos enim, si super
5 ipso castro vel aliis adversus eos aliquid proponere volueris questionis, in
presentia nostra vel legatorum nostrorum, qui dante Domino in proximo vgl. Apg 14, 3
transfretabunt[11], tibi faciemus iustitie plenitudinem exhiberi; dummodo
super hiis, que ipsi duxerint proponenda, paratus sis eis facere rationem.

250 (260).

10 *Innocenz III. teilt dem Prior von San Vittorio und dem Kanoniker Magister*
L(anfrank ?), beide aus Bologna, sowie dem Kanoniker Hubert von (San
Giovanni Battista in) Monza mit, daß er den Abt (Anselm) von Pomposa
wegen der Verschleuderung von Klostervermögen von der Leitung der Abtei
suspendiert habe. Über die Anklage der Simonie sei noch nicht entschieden,
15 *da der Abt gegen einige Zeugen Exzeptionen eingebracht und dazu eine Urkun-*
de vorgelegt habe, deren Echtheit er in seinem Kloster beweisen wolle. Der
Papst befiehlt den Genannten daher, die dafür nötige Untersuchung vorzu-
nehmen und ihm deren Ergebnis zu berichten.

Lateran, (1199) Dezember 2.

20   *Reg. Vat. 4, fol. 209ʳ—209ᵛ ⟨Nr. CCXLVI, 260, 253⟩.*
    Sirleto, fol. 424ᵛ = Cholinus, II 556 = Venet., II 556 = Baluze, I 510 Nr. 260 = Migne,
PL 214, 820 Nr. 260. — Comp. III. 5, 2, 3; Alan. Anh. 29; Alan. K. 2, 11, 1; Bern. 5, 3, 4;
Coll. Fuld. 5, 1, 15; Rain. 22 un.; X. V, 3, 31. — Potth. Reg. 888.

Priori sancti Victoris[1], magistris L(anfranco?) Bononiensi[2]
25 ### et Huberto[3] Modoicensi[a] canonicis[b].

Licet Heli summus sacerdos in se ipso bonus existeret, quia tamen
filiorum excessus efficaciter non corripuit, et in se pariter et in ipsis animad-
versionis divine vindictam excepit, dum filiis eius in bello peremptis ipse vgl. 1 Sam 2, 12 –
de sella corruens confractis cervicibus expiravit. Ad[c] corrigendos ergo 4, 18

---

30   [g] *Auf einer 15 mm langen Rasur nachgetragen.*
250. [a] *Das zweite -o- mit schwarzer Tinte über der Zeile nachgetragen.*   [b] *Am Rande von*
einer Hand des 13. Jh.: hoc c(apitulum) est Extra de symonia *(X. V, 3, 31).*   [c] *A- steht*
neben dem Schriftspiegel.

    [11] S. Br. II 209 (218) Anm. 5.
35 **250.** [1] Vielleicht Ribaldus, der zum 3. Juni 1186 als Prior des Regularkanonikerpriorats
von S. Vittorio in Colle (S. Giovanni in Monte) bei Bologna bezeugt ist. Vgl. IP V 262—264.
    [2] Magister Lanfrank, seit 1183 als Kanoniker des Kathedralkapitels von Bologna be-
zeugt. Vgl. G. N. ALIDOSI, *Li canonici della chiesa di Bologna.* Bologna 1616, 18. Vgl. Br. I
362 Anm. 2.
40   [3] Magister Hubert, Kanoniker des Kollegiatkapitels von S. Giovanni Battista in
Monza (Diöz. und Prov. Mailand), der auch im November 1200 und im Frühjahr 1201 bezeugt ist. Vgl. *Potth. Reg.* 1173 und 1327, wo er als Theologe und päpstlicher Subdiakon
bezeichnet wird.

subditorum excessus tanto diligentius debet prelatus assurgere, quanto
dampnabilius correctionem eorum negligeret, contra quos, ut de notoriis
excessibus taceatur, etsi tribus modis procedere possit: per accusationem
videlicet, denuntiationem et inquisitionem ipsorum, ut tamen in omnibus
di*ligens adhibeatur cautela, sicut accusationem legitima precedere debet 5
inscriptio, sic et denuntiationem caritativa correctio et inquisitionem clamosa debet insinuatio prevenire. «Descendam» inquid Dominus «et videbo, utrum clamorem, qui venit ad me, opere iam compleverint». Tunc
enim clamor pervenit ad prelatum, cum per publicam famam aut insinuationem frequentem subditorum sibi referuntur excessus, et tunc debet 10
descendere et videre, id est mittere et inquirere, utrum clamorem veritas
comitetur. Nam iuxta canonicas sanctiones[4], si quid de quocumque clerico ad aures prelati pervenerit, quod eum iuste possit offendere, non facile
credere debet nec ad vindictam eum res accendere debet incognita; sed
coram ecclesie sue senioribus diligenter est veritas perscrutanda, ut, si rei 15
poposcerit qualitas, canonica districtio culpam feriat delinquentis; non
tamquam idem ipse sit auctor[d] et iudex, sed quasi fama deferente vel
denuntiante clamore officii sui debitum exequatur; eo semper adhibito
moderamine, ut iuxta formam iudicii sententie quoque forma dictetur.

Cum igitur de .. abbate Pomposiano[5] ea nobis frequenter insinuata 20
fuissent, que ab honestate regulari nimium dissonabant, inquisitionem
eorum viris prudentibus[6] commisimus faciendam. Qui cum minime pro-
cessissent, ad iteratum sepe clamorem de communi fratrum nostrorum
consilio citavimus ad presentiam nostram abbatem et monachos, ut per
nos ipsos causa morbi plenius inquisita plagam ipsam melius curaremus. 25
Eis igitur ad nostram presentiam[e] accedentibus, quidam ex monachis
nobis ipsum abbatem de symonia, periurio, dilapidatione ac insufficientia
detulerunt. Contra quos cum[f] idem abbas exciperet, quod denuntiationem huiusmodi fraterna correctio secundum regulam evangelicam non
precesserat, et idem constanter assererent, quod correctionem huiusmodi 30
premisissent, licet ad id probandum duorum monachorum iuramenta
fuissent exhibita, quia[g] tamen super hoc ipso necdum contendere desiste-
bant: nos ut prediximus frequentibus clamoribus excitati ex officio nostro

Margin notes:
* fol. 209v
vgl. Mt 18, 15–17
Gn 18, 21
vgl. Apg 8, 18–24
vgl. Mt 18, 15–17

---

[d] *Migne:* actor. *Vgl. dazu Br. II 200 (209) Anm. rr.*　　[e] *Durch Zeichen umgestellt
aus* presentiam nostram.　　[f] *Auf Rasur.*　　[g] -a *über der Zeile nachgetragen.* 35

[4] S. Br. II 227 (236) Anm. 4.

[5] Anselm, Abt der Benediktinerabtei S. Maria in Pomposa (Diöz. Comacchio, Prov.
Ferrara), zwischen 15. April 1192 und 2. Dezember 1199 nachweisbar. Vgl. A. Samaritani,
Regesta Pomposiae (= Monumenta historica ecclesiae Comaclensis 1). Rovigo 1963, I 220
Nr. 792—230 Nr. 844 bzw. A. Benati, *Pomposa e i primordi dello studio bolognese,* in: Atti 40
del primo convegno internazionale di studi storici pomposiani (= Atti e Memorie della
Deputazione provinciale ferrarese di storia patria N. S. 29). Ferrara 1964, 117 ff.

[6] Nach Samaritani, *a. a. O.,* 230 Nr. 845 waren dies B. Otto von Bobbio (s. Br. II 214
[223] Anm. 5) und der Propst eines nicht näher zu bestimmenden S. Martino. Vgl. auch
Benati, *a. a. O.,* 117 f.

45

maluimus[h] inquirere de premissis; omnes omnino monachos, qui vel cum
ipso vel contra ipsum abbatem accesserant, iuramenti vinculo astringen-
tes, ut de propositis plene, quam scirent, exponerent veritatem. Quorum
depositiones in scriptis redacte cum publicate fuissent, super illis ceperunt
5 multipliciter disputare.

Quia vero tum ex assertione monachorum, tum ex abbatis confessione
cognovimus, quod idem abbas non modicam summam pecunie relictam
a . . predecessore suo[7] totam expenderat et in alia summa maiori monasterium obligarat, nos eum iuxta canonicas et legitimas sanctiones[8] prop-
10 ter has et alias presumptiones quasi de dilapidatione suspectum ab amministratione abbatie duximus suspendendum. Et quia per testes simonya
multis modis contra ipsum abbatem videbatur esse probata, ipse contra
testes multas exceptiones opposuit, super quibus utrimque fuit multipliciter disputatum: aliis asserentibus in crimine symonie, sicut et in
15 crimine lese maiestatis, omnes indifferenter[l] tam infames quam crimi-
nosos non solum ad accusandum sed ad testificandum etiam admittendos,
cum ad instar publici criminis et lese maiestatis procedat accusatio symonie, multis super hoc et legibus et canonibus allegatis[9]; aliis econtrario
respondentibus, quod, licet hec duo crimina quantum ad accusationem
20 quasi paria iudicentur, differunt tamen in multis, cum et alia pena pro
uno et alia pro altero inferatur, et inter personas accusatorum et[k] testium
sit utique distinguendum: cum non per accusatores[l] sed testes crimina
comprobentur, multis nichilominus super hoc et rationibus et argumentis
inductis[10]. (|) Ne vero vel innocentie puritas confusa succumberet vel
25 symonie pravitas effugeret impunita, nos equitate pensata nec omnes
exceptiones contra testes oppositas duximus admittendas nec repellendas
duximus universas, sed illas dumtaxat probandas admisimus, que forte
probate non de[m] zelo iustitie sed de malignitatis fomite procedere vide-
rentur: conspirationes scilicet et inimicitias capitales. Ceteras autem
30 exceptiones oppositas, ut furti et adulterii[n] propter immanitatem heresis
symoniace, ad[o] cuius comparationem[o] omnia crimina quasi pro nichilo
reputantur[11], duximus repellendas: quoniam etsi[p] fidem testium debi-
litarent in aliquo[p], non tamen evacuarent ex toto, presertim cum alia contigerit[q] amminicula suffragari. Ad probandas ergo exceptiones admissas[q]

---

35   h) *Migne:* voluimus.   i) indi- *auf Rasur.*   k) *Über der Zeile nachgetragen.*
l) -ores *auf Rasur.*   m) *Auf Rasur.*   n) *Darnach eine Rasur von 15 mm durch einen*
waagrechten Strich ausgefüllt.   o–o) -d cuius comparati- *auf Rasur.*   p–p) -si . . . aliquo
wahrscheinlich auf Rasur.   q–q) -tigerit . . . admissas *wahrscheinlich auf Rasur.*

    7) Walfred, Abt der Benediktinerabtei S. Maria in Pomposa, zwischen 9. September
40 1180 und 26. April 1191 nachweisbar. Vgl. SAMARITANI, *a. a. O.*, 207 Nr. 720—219 Nr. 785.
    8) *Decretum Gratiani* C. III, q. 2, dict. post c. 8, c. 9 (= FRIEDBERG, *CorpIC*, I 509);
Codex Iustinianus 5, 43, 2. 3. 4. 6. 7. 8 (= KRUEGER, 226 f.).
    9) *Codex Iustinianus* 1, 3, 30 (31) §5 (= KRUEGER, 22); *Decretum Gratiani* C. XV, q. 3,
c. 4 (= FRIEDBERG, *CorpIC*, I 752).
45   10) Zum Beispiel *Decretum Gratiani* C. VI, q. 1, dict. post c. 22 und *Comp. I.* 2, 13, 14;
5, 1, 10 = X. II, 20, 14 (= FRIEDBERG, *CorpIC*, I 560, II 319).
    11) Vgl. *Decretum Gratiani* C. I, q. 7, c. 27 (= FRIEDBERG, *CorpIC*, I 438).

abbas quoddam protulit instrumentum; ad quod reprobandum cum testes fuissent ex altera parte producti, facultatem sibi petiit indulgeri, ut in partibus suis instrumentum huiusmodi comprobaret.

Cum ergo iudicantem oporteat cuncta rimari, discretioni vestre, de qua plenam fiduciam obtinemus, per apostolica scripta precipiendo manda- 5 mus, quatinus infra sex ebdomadas post susceptionem presentium probationes, quas abbas vel procurator ipsius ad probandum solummodo instrumentum, cuius rescriptum vobis sub bulla nostra transmittimus, vel reprobandum pars altera duxerit exhibendas, diligenti studio recipere procuretis, sub testimonio litterarum vestrarum inclusas eas nobis fide- 10 liter destinantes; attentius provisuri, ut via regia procedentes nec ad sinistram nec ad desteram declinetis. Quodsi omnes et cetera, duo vestrum [et cetera].

vgl. Nm 21, 22
vgl. Dt 2, 27;
17, 11 u. ö.

• fol. 210ʳ Datum Laterani, IIII Non. Decembris.*

251 (261). 15

Rechtsauskunft für den Erzbischof (Paschalis) von Rossano:

1) Zwischen den Blutsverwandten von Ehegatten besteht kein Ehehindernis der Schwägerschaft.

2) Ein Ehepaar kann gemeinsam Taufpate sein, ohne daß dadurch zwischen den Gatten eine geistliche Verwandtschaft entsteht. 20

3) Ehen zwischen Personen, die innerhalb des siebenten Grades miteinander verwandt sind, sind verboten.

4) Kleriker, die sich weigern, ihre Konkubinen zu entlassen, mögen durch Suspension vom Amt und Entzug der Pfründe dazu gezwungen werden.

5) Äbte und Priester seiner Diözese kann der Erzbischof durch geistliche 25 *Strafen zum Besuch der Diözesansynode zwingen.*

6) Den Kaplänen der Burg Rossano steht keine Ehegerichtsbarkeit zu.

Dem Erzbischof wird erlaubt, diese Übelstände ohne Rücksicht auf eine Appellation, die etwa zur Vereitelung kirchlicher Disziplinarmaßnahmen eingebracht worden war, zu beseitigen. 30

(Lateran, 1199) Dezember 31.

Reg. Vat. 4, fol. 210ʳ ⟨Nr. CCXLVII, 254, 261⟩.

Sirleto, fol. 425ʳ = Cholinus, II 558 = Venet., II 558 = Baluze, I 512 Nr. 261 = Migne, PL 214, 822 Nr. 261. — Comp. III. 4, 10, 2; Comp. IV. 1, 14, 1; Alan. 1, 15, 1; 2, 1, 2; 4, 11, 2; Alan. Anh. 26; Alan. K. 1, 19, 2; 2, 2, 2; 4, 11, 2; Bern. 3, 4, 1; 4, 10, 2; 5, 16, 4; 35 Add. ad Dunelm. IV. 13; Rain. 40, 12; X. I, 33, 9; IV, 14, 5. — Potth. Reg. 919; Taccone-Gallucci, Regesti, 91 Nr. LXXVIII.

Rosanensi[1] archiepiscopo[a].

Quod[b] super hiis articulis, qui tibi aliquam dubitationem inducunt, nostrum ducis consilium requirendum, et ad ea exequenda, que officium 40

251. [a] *Am Rande von einer Hand des 13. Jh.:* hoc c(apitulum) est Extra de consanguinitate *(X. IV, 14, 5). Darunter eine Art* Nota-*Monogramm (vgl. Einleitung XXI).* [b] *Die Initiale läuft in einen kleinen, speienden Hundekopf aus.*

251. [1] Paschalis (Turusanus), EB. von Rossano (Prov. Cosenza): Februar 1198 bis 31. Dezember 1199 nachweisbar. Vgl. Kamp, *Kirche und Monarchie*, II 875. 45

postulant pastorale, apostolice sedis procuras auxilium invocare, sollicitudinem tuam dignis in Domino laudibus commendamus et postulationibus tuis grato animo respondemus. Significasti siquidem nobis, quod in
diocesi tua pater et filius matrem ^{c)} et filiam ^{c)}, duo ^{d)} cognati duas co-
5 gnatas, avunculus et nepos duas sorores, ducunt in coniuges ^{e)}; et maritus ^{f)}
et uxor simul baptizant puerum alienum; quidam preterea tue diocesis
infra tertium et septimum gradum consanguinitatis se contingentes
matrimonia adinvicem contrahunt, hoc sibi licere de antiqua consuetudine
asserentes; quidam etiam sacerdotes Latini habent in suis domibus concu-
10 binas et nonnulli aliquas sibi non metuunt disponsare, et cum earum aliqua mortua fuerit vel ab aliquo sacerdotum eiecta, confestim aliam intro-
ducunt et in ignominiam clericalis ordinis taliter permanent uxorati.
Item ^{g)} abbates et sacerdotes tue diocesis ad sinodum tuam venire renuunt
convocati, dicentes ^{h)} veniendi ad sinodum consuetudinem non habere; et
15 sic iurisditionem tuam tam in his quam in aliis contempnentes de rationibus tuis tibi, sicut tenentur, negligunt respondere. Et cum ad monasteria
vis accedere, sicut ad tuum dinoscitur officium pertinere, vel sacerdotes
super predictis excessibus animadversione debita castigare, ipsi appellationis obstaculum interponunt, ut tuam taliter effugiant disciplinam. Ad
20 hec capellani ⁱ⁾ castelli Rosanensis aliquando matrimonia non coniungenda
coniungere et alia non dividenda dividere non verentur, licet ipsi non debeant de matrimoniis iudicare.

Super eo igitur, quod pater et filius cum matre et filia et duo cognati
cum duabus cognatis, avunculus et nepos cum duabus sororibus contra-
25 hunt matrimonia, taliter tibi duximus respondendum, quod licet omnes
consanguinei viri sint affines uxoris et omnes consanguinei uxoris affines
sint viri, inter consanguineos tamen viri et consanguineos uxoris ex eorundem viri videlicet et uxoris coniugio nulla prorsus affinitas est contracta,
propter quam inter eos matrimonium debeat impediri. Quamvis etiam vir
30 et uxor alienum puerum teneant in baptismo, nulla tamen inter eosdem
virum et uxorem contraitur compaternitas, cum una caro sint per copulam coniugalem et ideo reddere sibi debitum minime prohibentur. Item
cum in sacris canonibus gradus sint consanguinitatis distincti et per eosdem inhibitum, ut nullus infra septimum gradum se consanguinitatis
35 linea attingentem sibi audeat in ^{k)} matrimonium copulare ²⁾, ne infra gradus eosdem contrahantur, debes publice inhibere et presumptores eccle-
siastica districtione punire; non obstante consuetudine, que dicenda est
potius corruptela. Cum autem sacerdotes Latini nullas sibi possint matri-

vgl. Mt 19, 6;
Mk 10, 8

---

c–c) *Auf Rasur, wahrscheinlich nachgetragen.*   ^{d)} d- *korr. aus* t-.   ^{e)} coniuces.
40 ^{f)} -rit- *auf Rasur nachgetragen. Migne:* mater.   ^{g)} I- *steht neben dem Schriftspiegel.*
^{h)} -tes *auf Rasur, wahrscheinlich nachgetragen.*   ⁱ⁾ capellan; *auf Rasur nachgetragen.*
Über dem -n *zwei kurze schräge Striche ausradiert.*   ^{k)} *Vielleicht nachgetragen.*

²⁾ *Decretum Gratiani*, C. XXXV, q. 2 et 3, c. 1. 7. 16. 17. 19, dict. post c. 19. 21 (=Fried-
berg, *CorpIC*, I 1264 ff.).

31 Register Innocenz' III., Bd. 2

monialiter copulare[1] | nec illis habere liceat concubinas, ut Latinos presby-
teros tue diocesis [m], qui a te commoniti a sua noluerint presumptione desistere, per suspensionem officiorum [n] et beneficiorum subtractionem ad[o]
id compellere [o] valeas, liberam tibi concedimus auctoritate apostolica facultatem. Similiter etiam abbates et sacerdotes diocesana tibi lege sub- 5
iectos, qui ad tuam contempnunt sinodum venire vocati, dummodo in
ipsa [p] synodo non ducas aliquid statuendum, quod forte canonicis obviet
institutis, per censuram ecclesiasticam ad sinodum ipsam venire compellas
et debitam tibi obedientiam et reverentiam exhibere. Capellanis preterea
castelli Rosanensis firmiter sub qua convenit districtione prohibeas, ne, 10
sicut non debent, super confirmandis vel dimittendis matrimoniis exer-
ceant aliquam potestatem. Quodsi forte contumaces extiterint, canonica eos
poteris severitate punire. Cum autem appellatio sit inventa non in diffugium opprimentium, sed in refugium oppressorum, auctoritate tibi presentium indulgemus, ut iuxta formam premissam procedere valeas; non 15
obstante appellationis obiectu, si qua forsan fuerit interposita in elusionem ecclesiastice discipline.

Nulli ergo et cetera liceat hanc paginam nostre concessionis infringere
et cetera.

Datum ut supra, II Kal. Ianuarii.   20

252 (262).

*Innocenz III. überträgt bis auf Widerruf dem Vizedom A. von Fermo in
Anerkennung seiner dem apostolischen Stuhle geleisteten Dienste die Burg
Monte Santa Maria samt dem dazugehörigen Grundbesitz zur Bewahrung.*

(Lateran, 1199 Dezember Ende)[1]. 25

Reg. Vat. 4, fol. 210^r ⟨Nr. 255, 262⟩.
Sirleto, fol. 426^r = Cholinus, II 559 = Venet., II 559 = Baluze, I 513 Nr. 262 = Migne,
PL 214, 823 Nr. 262. — Potth. Reg. 918. — Vgl. Waley, Papal State, 40 f.

A., vicedomino Firmano[2].

| Cum [a] devotionis affectum, quem habes ad apostolicam sedem et nos 30
ipsos — sicut per legatos nostros, quos in Marchiam misimus[3], nostro est

---

[1] *Durch Zeichen umgestellt aus* matrimonialiter copulare possint.   [m] *-io- auf Rasur.*
[n] *Korr. aus* officii.   [o-o] ad id com- *auf Rasur.*   [p] ipso.
252. [a] *Am Rande von einer Hand des 13. Jh.:* pro iure Romane ecclesie.

252. [1] Zur Datierung: Das Schreiben ist wohl zugleich mit dem Br. II 253 (263) vom 31. De- 35
zember 1199 registriert worden, wie die Neuansätze an seinem Beginn und am Anfang des
Br. II 254 (265) nahelegen. Daher dürfte es ungefähr zur selben Zeit wie dieser ausgestellt
worden sein.

[2] Der Vizedom von Fermo (Prov. Ascoli Piceno) ist namentlich nicht nachzuweisen.
Man könnte an Adenulf denken, der 1205—1213 als B. von Fermo aufscheint (EUBEL, *Hier-* 40
archia catholica, I 249).

[3] Päpstliche Legaten waren Cinthius, Kardinalpresbyter von S. Lorenzo in Lucina
(vgl. Br. II 4 Anm. 11) und Johannes von St. Paul, Kardinalpresbyter von S. Prisca (ebd.,

apostolatui reseratum — in operis exhibitione monstraveris et pro ecclesie servitio multis te exposueris laboribus et expensis, fidelitati ac devotioni tue grata cupimus vicissitudine respondere et petitionibus tuis, quantum cum Deo possumus, assensum gratanter apostolicum impertiri. Volentes
5 igitur te ad nostrum servitium reddere promptiorem, castrum Montis sancte Marie[4] cum curtibus Montis sancti Petri[5], Montis Rodaldi[6], sancti Ioh(ann)is[7], Podii de Petra[8], Pertetarie[9], Pontarioli[10], Montis Garuuni[b)][11], Carlassalis[12], et Peratie[9] ad ipsa castra hactenus pertinentibus tibi duximus, donec nobis aut successoribus placuerit, salvis censibus
10 et procurationibus committendum; ita tamen, quod ea omnia ad fidelitatem et mandatum ecclesie conserves integra et illesa nec de eis aliquid alienare presumas.

253 (263, 264).

Innocenz III. nimmt den Magister Guido, Archipresbyter von Civitate, und
15 *den Kleriker G. in den päpstlichen Schutz und bestätigt jenem den Besitz seines Archipresbyterates und diesem sein Benefizium in S. Maurizio.*

Lateran, 1199 Dezember 31.

Reg. Vat. 4, fol. 210r—210v ⟨Nr. 256, 263⟩.
Sirleto, fol. 426r = Cholinus, II 559 = Venet., II 559 = Baluze, I 513 Nr. 263 = Migne,
20 PL 214, 824 Nr. 263. — Potth. Reg. 920.

Magistro Guidoni, archipresbytero plebis de Ciuitate[1].

Cum a nobis petitur et cetera usque suscipimus. Specialiter autem archipresbyteratum ipsum, sicut eum iuste possides et quiete, * auctorita- * fol. 210v
te tibi apostolica confirmamus et cetera. Nulli ergo et cetera.
25 Datum Laterani, II Kal. Ianuarii.

---

b) *Migne:* Garivini.

Anm. 12). Deren Legation fiel ins Frühjahr 1198, da Cinthius schon am 1. August 1198 wieder an der Kurie nachweisbar ist, während Johannes noch bis Februar/März 1199 in den Marken verblieb. Vgl. KARTUSCH, 113 und 255.
30   4) Monte Santa Maria in Giorgio, heute Montegiorgio (Prov. Ascoli Piceno). Vgl. *Rationes Decimarum, Marchia* (= Studi e Testi 148) 556 Nr. 7490 und *Regesta Firmana*, 307 Nr. 8; 505 f. NNr. 529 f.
5) Wahrscheinlich Monsampietro Morico (Prov. Ascoli Piceno). Vgl. *Rationes Decimarum, Marchia*, 502 NNr. 6100 f.
35   6) Monterinaldo (Prov. Ascoli Piceno). Vgl. *Regesta Firmana*, 342 Nr. 59.
7) Penna San Giovanni (Prov. Macerata). Vgl. *Regesta Firmana*, 389 Nr. 176 und 406 Nr. 212.
8) Poggio Canoso (Prov. Ascoli Piceno). Vgl. *Rationes Decimarum, Marchia*, 568 Nr. 7540.
40   9) Nicht zu identifizieren.   10) Vielleicht Petritoli (Prov. Ascoli Piceno).
11) Vielleicht Montegranaro (Prov. Ascoli Piceno).
12) Carassai (Prov. Ascoli Piceno). Vgl. *Rationes Decimarum, Marchia*, 551 Nr. 7287.
253. 1) Civitate, vielleicht jenes in Apulien (Suffr. von Benevent, Prov. Foggia). Die Identifizierung wird durch die zeitliche Nähe des gleichfalls dahin gesandten Br. II 248 (258) vom
45 30. Dezember nahegelegt.

31*

In [a] eundem modum pro G. clerico. Specialiter autem beneficium, quod habes in ecclesia sancti Mauritii et cetera ut supra.

Datum ut supra.

254 (265).

Innocenz III. trägt dem Abt (Erchenbold) von St. Ulrich und Afra, dem 5
Domscholaster (Siegfried ?) und dem Domkustos (Walter ?), alle von Augs-
burg, auf, die vom dortigen Bischof (Udalschalk) über den Kanoniker Albert
von Lorch, der seinen Mitkanoniker Hartmann der Stiftspfründe beraubt und
im darauffolgenden Prozeß an der Kurie ein päpstliches Delegationsreskript
erschlichen hat, verhängte Exkommunikation erneut zu verkünden. 10

(Lateran, 1199 Dezember Ende—1200 Januar Anfang)[1].

Reg. Vat. 4, fol. 210[v] ⟨Nr. CCL, 257, 265⟩.
Sirleto, fol. 426[v] = Cholinus, II 559 = Venet., II 559 = Baluze, I 513 Nr. 265 = Migne,
PL 214, 824 Nr. 265. — Potth. Reg. 930.

Abbati[2] sancti Vodalrici[a], . . scolastico[3] et . . custodi[b] [4] 15
Agustensibus.

| Ad nostram dudum noveritis audientiam pervenisse, quod cum dilectus filius Harmannus[c] clericus in ecclesia de Loerch[5] canonice fuerit institutus et corporalem possessionem per annum et amplius habuerit in quiete, ab Alberto concanonico suo[6] fuit postea beneficio ipso et 20 eius obventionibus usque ad viginti marcas valentibus per violentiam spoliatus; in quem diocesanus episcopus[7], quoniam super hiis in presentia sua iuri parere contempsit, excommunicationis sententiam promulgavit, quam per annum et amplius indurata facie sustinuit et contempsit. Unde cum ex hoc clericus spoliatus ablatorum restitutionem obtinere non 25

---

253. [a] I- *fehlt. Am Rande:* ⟨Nr. 264⟩.
254. [a] *Migne:* Voldarici. [b] *Darnach eine Rasur von 11 mm.* [c] *Das erste -a- auf Rasur. Migne:* Hermannus.

254. [1] Die Datierung ergibt sich aus der Stellung des Briefes in einem ziemlich sukzessiv geführten Registerteil. 30

[2] Erchenbold, Abt des reichsunmittelbaren Benediktinerstiftes St. Ulrich und Afra in Augsburg 1190—27. Januar 1200. Er starb am 23. Januar 1202. Vgl. M. HARTIG, *Das Benediktiner-Reichsstift St. Ulrich und Afra in Augsburg (1012—1802)*. Augsburg 1923, 54.

[3] Vielleicht Siegfried, der um 1190 als Scholaster des Augsburger Domkapitels bezeugt ist. Vgl. HÄMMERLE, *Canoniker des Domstiftes zu Augsburg*, 212. 35

[4] Vielleicht Walter, der um 1199 als Kustos des Augsburger Domkapitels belegt ist. Vgl. HÄMMERLE, *Canoniker des Domstiftes zu Augsburg*, 210.

[5] Hartmann, Kleriker des Kollegiatstiftes Lorch (Diöz. Augsburg, Kr. Schwäbisch-Gmünd, Baden-Württemberg).

[6] Nicht zu identifizieren. 40

[7] Udalschalk, B. von Augsburg (Suffr. von Mainz) 1. Februar 1184—1. (oder 2.) Juni 1202. Er war zuvor (seit 1168) Archidiakon und (seit 1169) Dompropst daselbst. Vgl. F. ZOEPFL, *Das Bistum Augsburg und seine Bischöfe im Mittelalter*. München-Augsburg 1955, 148—155.

posset, ad apostolicam sedem accedens nostras ad venerabilem fratrem
nostrum . . episcopum et dilectos filios . . prepositum[8] et . . decanum[9]
Augustenses litteras reportavit, ut predictam excommunicationis sententiam, sicut rationabiliter lata erat, facerent auctoritate nostra usque
5 ad condignam satisfactionem inviolabiliter observari; quod, sicut ipsi suis
nobis litteris intimarunt, fideliter adimplerunt, unde illorum devotionem
in Domino commendamus. Consequenter vero prefatus A(lbertus) ad presentiam nostram accedens veritate tacita premissorum et quod canonicus
esset ecclesie memorate, ad vos commissionem simplicem [d] impetravit[10],
10 ut causam, que inter Al(bertum) et Hart(mannum) [e] clericos vertebatur
super prebenda in Loerch, curaretis fine debito terminare. Idem etiam
Al(bertus) in reditu constitutus apud castrum sancti Petri adversarium
suum obvium habuit ad nos denuo venientem; ad cuius denuntiationem
redire contempsit in presentia nostra exhibiturus et recepturus iustitie
15 complementum, cuncta se asserens que [f] voluerat impetrasse.

Nolentes igitur aliquem de dolo suo commodum reportare, discretioni
vestre per apostolica [d] scripta mandamus, quatinus inquisita [g] super hiis,
que premisimus, diligentius veritate — non obstante commissione ad vos
per subreptionem obtenta: cum mendax precator carere debeat impetra-
20 tis[11] —, sepedictum A(lbertum) in eandem excommunicationis sententiam
reducatis, facientes eam pulsatis campanis et accensis candelis usque ad
condignam satisfactionem appellatione remota inviolabiliter observari:
ut exemplo eius alii discant a similibus abstinere.

Nullis litteris obstantibus harum mentione non habita et cetera. Quod-
25 si omnes et cetera, duo vestrum et cetera.

255 (266).

*Innocenz III. trägt dem Fürsten Joannitza von Bulgarien auf, dem zu ihm
entsandten griechischen Archipresbyter Dominik von Brindisi gebührend zu
empfangen und seine Ergebenheit gegenüber der römischen Kirche zu beweisen.*

30 *(Lateran, 1199 Dezember Ende—1200 Januar Anfang)*[1].

Reg. Vat. 4, fol. 210[v] ⟨Nr. 258, 266⟩.
*Sirleto, fol. 427[r] = Cholinus, II 560 = Venet., II 560 = Baluze, I 513 Nr. 266 = Migne,
PL 214, 825 Nr. 266; Assemanus, Kalendaria ecclesiae, V 1 126 (Teilabdruck); Farlati,*

---

d) *Auf Rasur.*   e) *Migne:* Hermannum.   f) qu- *auf Rasur.*   g) -qui- *auf Rasur.*

35   8) Siegfried von Rechberg, Dompropst von Augsburg 1199—Juni 1208. Er war zuvor
(seit 1194) Domscholaster und bestieg im Juni 1208 den Augsburger Bischofsstuhl. Er starb
am 23. August 1227 im Heerlager vor Brindisi. Vgl. Hämmerle, *Canoniker des Domstiftes
zu Augsburg*, 132 Nr. 649 und 206 bzw. Zoepfl, *a. a. O.*, 159—168.

9) Heinrich von Brenz, Domdekan von Augsburg 1197—1221. Vgl. Hämmerle, *Cano-*
40 *niker des Domstiftes zu Augsburg*, 34 Nr. 148, 208.

10) Eine commissio simplex erfolgte bei einer direkt in erster Instanz an der Kurie vor-
gebrachten Klage, der kein Prozeß in gleicher Sache vorausgegangen war.

11) Vgl. Br. II 23 Anm. 6.

255. 1) Zur Datierung s. Br. II 254 (265) Anm. 1.

*Illyrici sacri tom. VIII 210; Wenzel, Codex diplomaticus, VI 201 Nr. 128; E. de Hurmuzaki -
N. Densuşianu, Documente privitóre la Istoria Románilor. Bukarest 1887, I 1 Nr. 1; De Leo,
Codice diplomatico Brindisino, I 64 Nr. 36; I. Dujčev, Innocentii PP III epistolae ad Bul-
gariae historiam spectantes. Godisnik na Sofijsk Univ., 1st.-filol. Fak. 37/3 (1942) 21 Nr. 1;
Haluščynskyj, Acta Innocentii, 207 Nr. 17; R. L. Wolff, The ,Second Bulgarian Empire'.* 5
*Its Origin and History to 1204. Speculum 24 (1949) 191 Anm. 61 (Teilabdruck), 190 f. (eng-
lische Übersetzung mit Kommentar). — Potth. Reg. 931. — Vgl. Tillmann, Innocenz III.,
212 f.*

Nobili viro Iohannitio[2]).

vgl. Lk 1, 48;
Dt 26, 7; Ps 30, 8

Respexit [a)] | Dominus humilitatem tuam et devotionem, quam erga 10
Romanam ecclesiam cognosceris hactenus habuisse, et te inter tumultus
bellicos et guerrarum discrimina non solum potenter defendit, sed et
mirabiliter et misericorditer dilatavit [b)3)]. Nos autem audito, quod de
nobili urbis Rome prosapia progenitores tui originem traxerint[4)] et tu ab
eis et sanguinis generositatem contraxeris et sincere devotionis affectum, 15
quem ad apostolicam sedem geris quasi hereditario iure, iampridem te
proposuimus litteris et nuntiis visitare. Sed variis ecclesie sollicitudinibus
detenti hactenus non potuimus nostrum propositum adimplere. Nunc
vero inter alias sollicitudines nostras hanc etiam assumendam duximus,
immo consumandam potius iamdudum assumptam, ut per legatos et 20
litteras nostras te in laudabili foveamus proposito et devotione sedis
apostolice solidemus.

　Dilectum itaque filium nostrum Dominicum, archipresbyterum Grecorum de Brundusio[5)], ad te presentialiter destinantes, monemus nobili-

vgl. 2 Kor 5, 20

tatem tuam et exhortamur in Domino ac per apostolica tibi scripta 25
mandamus, quatinus ipsum humiliter et devote recipiens honorifice ac
benigne pertractes et per eum plenius nobis tuam devotionem exponas.
Cum enim plene nobis per ipsum de sinceritate [c)] tui propositi et devotionis affectu constiterit, ad te proposuimus maiores nuntios vel legatos potius destinare, qui tam te quam tuos in apostolice sedis dilectione confir- 30
ment et te de benivolentia nostra efficiant certiorem[6)].

---

255. [a)] -s- *auf Rasur. Am Rande ein Kreuz ausradiert.* 　　[b)] *Bis hieher am Rande eine senkrechte, schmale Rasur.* 　　[c)] -ceri- *auf Rasur.*

　　[2)] Joannitza (Kalojan), Fürst („Zar") der Bulgaren 1197—1207. Vgl. Grumel, *Chronologie,* 388. 35
　　[3)] Unter ihm erlebte das zweite Bulgarenreich einen mächtigen Aufschwung, vor
allem auf Kosten von Byzanz. Vgl. Wolff, *a. a. O.,* 167—206.
　　[4)] Hinweis auf Joannitzas walachische (rumänische)Abstammung. Belege dafür bei
Wolff, *a. a. O.,* 191 Anm. 62.
　　[5)] Dominikus, Erzpriester der Griechen in Brindisi. Vgl. Br. V 115—120 (PL 214, 40
1112—1118) und E. Pennetta, *Domenico da Brindisi apocrisiario di Innocenzo III.* Archivio storico pugliese 8 (1955) 67 ff.
　　[6)] Die nächsten schriftlichen Zeugnisse über beiderseitige Kontakte stammen erst aus
dem Herbst 1205. Vgl. Wolff, *a. a. O.,* 193 f.

256 (267).

*Innocenz III. befiehlt dem Propst und dem Kapitel von S. Stefano in Brolo
von neuem, dem päpstlichen Subdiakon Al(bert ?) Marcellino in ihrer Kirche ein Kanonikat zu verleihen, (und beauftragt im Weigerungsfalle den*
5 *Mailänder Kanoniker Guiskard von Arzago mit der Exekution dieser
Provision).*

Lateran, (1200) Januar 10.

Reg. Vat. 4, fol. 210v—211r ⟨Nr. 259, 267⟩.
Sirleto, fol. 427r = Cholinus, II 560 = Venet., II 560 = Baluze, I 514 Nr. 267 = Migne,
10 *PL 214, 825 Nr. 267. — Potth. Reg. 938.*

Preposito[1] et fratribus sancti Stephani in Brolio.

|Cum pro dilecto filio Al(berto ?) Marcellino [a], subdiacono nostro[2], pre-
ces vobis misissemus apostolicas et preceptum, ut ipsum in fratrem vestrum et canonicum recipere deberetis, titulati ecclesie vestre hoc in suum
15 preiudicium fieri asserentes, ne procederetur in illius executione mandati,
nostram, sicut audivimus, audientiam appellarunt. Postea vero, cum dilectus filius H.[3], qui se canonicum ipsius ecclesie asserebat, propter hoc
ad nostram presentiam accessisset, proposuit coram nobis, quod cum tam
ipse quam socii sui diu ecclesie illi obsequium impendissent nec adhuc
20 essent ab ea beneficia consecuti, indignum erat penitus et absurdum, si
in perceptione beneficii eis alius preferretur.

Quia igitur mandatum, quod pro eodem subdiacono emanavit, debita
volumus executione compleri, titulatis ipsis volentes nichilominus paterna
sollicitudine providere, per apostolica vobis scripta mandamus atque
25 precipimus, quatinus eundem subdiaconum, prout [b] in mandatis [b] apostolicis recepistis, sublato cuiuslibet contradictionis et appellationis obstaculo recipiatis in canonicum et in fratrem, stallum ei in choro et locum in
capitulo assignantes; reservata vobis de benignitate sedis apostolice libertate, ut * de beneficiis, que in ecclesia vestra vacaverint, canonice dispo-   * fol. 211r
30 natis; provisuri tamen attentius, ne ipsius subdiaconi malitiose provisio
differatur.

Si vero, quod non credimus, mandatum nostrum nolueritis adimplere,
noveritis nos dilecto filio Guiscardo de Arzag(o), canonico Mediolanensi[4],

---

256. [a] -in- z. *T. auf Rasur.*   [b–b] -ut in man- *auf Rasur nachgetragen.*

35 **256.** [1] Propst und Kanoniker des Kollegiatkapitels von S. Stefano in Brolo in Mailand. Das
1145 an der Kirche gegründete und 1157 mit S. Barnaba in Brolo vereinigte Spital wurde
später zum Ospedale Maggiore umgestaltet. Vgl. IP VI/1 104 bzw. *Storia di Milano.* Milano
1954, III 381 mit Anm. 5.

[2] Wohl Albert Marcellino, päpstlicher Subdiakon, über den sonst nichts bekannt ist.
40   [3] Nicht zu identifizieren.

[4] Guiskard d'Arzago, aus bekannter Mailänder Familie, kann zwischen 1182 und dem
20. Januar 1200 als Kanoniker des Domkapitels von Mailand nachgewiesen werden. Vgl.
G. Giulini, *Memorie spettanti alla storia, al governo ed alla descrizione della città e campagna
di Milano.* Milano ²1855, III 792 bzw. G. Bascapè, *Antichi diplomi degli arcivescovi di*
45 *Milano e note di diplomatica episcopale.* Fontes Ambrosiani 18 (Milano 1937) 79 f. Nr. 9 f.
und 84 Nr. 13.

in mandatis dedisse, ut vos ad ea, que premisimus, exequenda per censuram ecclesiasticam appellatione remota compellat.

Datum Laterani, IIII Idus Ianuarii.

Illi scriptum est super hoc.

257 (268, 269). 5

Innocenz III. ermahnt die Äbte (Guido) von Cîteaux, (Guido) von Clairvaux, (Gerhard) von Pontigny und (Nikolaus) von La Ferté-sur-Grosne sowie alle übrigen Äbte des Zisterzienserordens, (ferner den Abt [Petrus] von Prémontré und alle Äbte des Prämonstratenserordens), mindestens den fünfzigsten Teil ihrer Einkünfte für die Finanzierung des Kreuzzuges zu spen- 10 *den. Dem Zisterzienserorden droht der Papst im Falle der Weigerung unter anderem die Suspension seiner Privilegien an.*

Lateran, (1199) Dezember 28; (1200) Januar 5.

Reg. Vat. 4, fol. 211ʳ—211ᵛ ⟨Nr. CCLIII, 260, 268⟩.

Sirleto, fol. 427ᵛ = Cholinus, II 561 = Venet., II 561 = Baluze, I 514 Nr. 268 = Migne, 15
PL 214, 826 Nr. 268. — Potth. Reg. 913; Bréquigny, Table chronologique, IV 269. — Vgl.
Grundmann, Joachim von Fiore und Rainer von Ponza, 447 ff.; Roscher, Innocenz III. und
die Kreuzzüge, 81.

Cisterciensi[1], Clareuallensi[2], Pontiniacensi[3], de Feritate[4] et universis abbatibus Cisterciensis ordinis[a]. 20

vgl. Sir 39, 24
vgl. Dn 13, 42;
Mt 6, 6 u. ö.
vgl. Hebr 4, 13
vgl. Ps 7, 10;
Apok 2, 23

Novit[b] is, qui nichil ignorat, cui nil absconditum, nil est clausum, in cuius oculis omnia nuda sunt et aperta et qui renes et corda scrutatur, quod et domos et personas vestras tanto puriori affectione diligimus et sincerioris caritatis non tam brachiis quam visceribus amplexamur, quan-

vgl. Sir 35, 8 u. ö.
vgl. 2 Kor 2, 16
vgl. Ps 39, 17;
68, 37; 69, 5

to[c] religionis vestre flagrantia nos maioris suavitatis odore respersit: ut- 25 pote qui facti estis odor vite in vitam hiis, qui diligunt nomen Dei. Sedentes enim sedetis secus pedes Domini, audientes verbum eius humiliter cum

vgl. Lk 10, 38–42

Maria, et Marthe sollicitudinem piis orationibus adiuvatis[d], cum Moyse orantes in monte, ut nos cum Iosue hostes Israhelitici populi presertim

vgl. Ex 17, 8–13

invisibiles expugnemus. Affligitis etiam corpora vestra vigiliis quasi con- 30 tinuis et assiduis ieiuniis[e] maceratis, vacatis operibus caritatis, contenti

---

257. [a] *Am Rande eine Art von Kruckenkreuz. Daneben ein größeres Kreuz ausradiert. Ferner auf fol. 211ʳ am Rande längs des Briefes ein senkrechter, z. T. gewellter Strich.* [b] *Die Initiale läuft in einen kleinen, speienden Hundekopf aus.* [c] *-o auf Rasur.* [d] *Das zweite -a- auf Rasur. Auch am Rande eine kleine Rasur. Außerdem reicht am Rande bis* 35 *hieher eine senkrechte, schmale Rasur.* [e] *-ei- und der erste Schaft des -u- auf Rasur.*

257. [1] S. Br. II 226 (235) Anm. 1.
[2] Guido, Abt der Zisterzienserabtei Clairvaux (Diöz. Langres, Dép. Aube, Arr. und Cant. Bar-sur-Aube) 1193—1213 (res.). Er war zuvor Abt von Ourscamp, verweigerte die Annahme des Erzbistums Reims und starb am 24. August 1214. Vgl. J.-M. Canivez, 40 Dict. HGE 12 (Paris 1953) 1053 f.
[3] S. Br. II 145 (154) Anm. 9.
[4] S. Br. II 77 (80) Anm. 1.

paucis, ut plura pauperibus ministretis, egentes in vobis et in aliis habun-
dantes, tamquam nichil habentes et omnia possidentes. Thesaurizatis
enim thesauros in celo, ubi nec erugo nec tinea demolitur, credentes apostolo, quod non habetis manentem civitatem in terris[f] sed futuram inqui-
5 ritis: vestra enim [g] conversatio est in celis. Creditis enim et pro certo tene-
tis, quod audistis in Euangelio et legistis: «Quod uni ex minimis meis fecistis, michi fecistis». Et ideo temporalia ministratis aliis, ut sempiterna
recipiatis ab ipso.

    Sed numquid non verius est[h] vel eque verum: Quod Christo facitis,
10 ipsi facitis? Numquid[i] Dominus in se non acceptabit obsequium, quod
acceptat in servo? Numquid non legistis, qualiter Christus tempore passionis eorum represserit scandalum, qui dicebant: «Potuit hoc unguentum[k]
venumdari plus quam trecentis denariis et dari pauperibus[k]», dicens ad
eos: «Pauperes semper habebitis vobiscum, me autem non semper habe-
15 bitis». Numquid non verum est verbum eius, ut pauperes[l] semper habeatis vobiscum, quibus, cum velitis, benefacere valeatis. Ipsum autem non
semper habebitis peregrinum, exulem et eiectum, nec [m] forsan decetero
ei poteritis in tante necessitatis articulo subvenire. Ecce etenim stat ad
hostium vestrum et pulsat. Aperite celeriter illi, iam non tam aliis pro
20 ipso, quam ipsi pro vobis grata subsidia porrigentes. Eiectus enim de terra
nativitatis et resurrectionis sue, de qua dicit in psalmo: «Hereditas mea
preclara est michi», et quasi captivus detentus in cruce, que secundum
apostolum est gloria nostra, clamat ad omnes, clamat ad singulos: «Exur-
gite in adiutorium michi, michi exuli et profugo subvenite, retribuentes
25 saltem modicum michi, qui vobis universa concessi». Nec hoc dicimus
tamquam eius omnipotentie derogemus, cum eius voluntati nichil possit
omnino resistere, sed ut succursum huiusmodi demonstremus sibi quasi
proprie proprium exhiberi.

    Monemus igitur universitatem vestram et exhortamur in Domino et in
30 remissionem vobis iniungimus peccatorum, quatinus — ne sitis aliquibus
perditionis occasio, ne maius scandalum in ecclesia generetis, ne clericis et
laicis non subveniendi terre orientali prebeatis exemplum, immo [n] ut
Christo subveniatis exuli et, qui rursus in membris suis crucifigitur, Crucifixo et alios ad eius subsidium animetis tollentes materiam scandali, quod
35 ex hoc contra vestrum ordinem est subortum — aliquam certam et competentem summam, quam nos merito acceptare possimus, sine dilatione
qualibet per vestras nobis litteras exprimatis, in terre sancte subsidium,
si oblationem vestram probaverimus, convertendam; vel saltem quinquagesimam partem [o] omnium reddituum et proventuum vestrorum esti-

vgl. 2 Kor 6, 10

vgl. Mt 6, 20

vgl. Hebr 13, 14
vgl. Phil 3, 20

vgl. Mt 25, 40;
10, 42

vgl. Mt 26, 6–13;
Mk 14, 5–7

vgl. Apok 3, 20

Ps 15, 6

vgl. Gal 6, 14
vgl. Ps 34, 2

vgl. Est 13, 9. 11
u. ö.

vgl. 2 Kor 5, 20
vgl. Mt 26, 28 u. ö

vgl. Hebr 6, 6

---

40   [f]) -e- *auf Rasur. Auch am Rande eine kleine Rasur.*   [g]) *Über dem e- eine kleine Rasur.*
[h]) *Auf Rasur.*   [i]) *Das erste -u- auf Rasur.*   [k-k]) -tum ... pauperibus *auf Rasur*
nachgetragen.   [l]) *Darnach ein überflüssiges* non.   [m]) *Auf Rasur.*   [n]) im- *auf*
Rasur.   [o]) *Am Rande zwei kurze, schräge Striche, wohl von der Tinte des Merkstrichs*
(vgl. Anm. a).

matione habita diligenti collectam fideliter in unum locum sub aliquorum
episcoporum testimonio consignetis[5].

vgl. Gn 27, 40   Alioquin ne, si vos cervices vestras excusseritis ab hoc iugo, illicitum
reputent alii elemosinas pauperum in stipendia convertere bellatorum et
patrimonium Christi effusione sanguinis defensare, ne ceteri etiam scan- 5
dalizentur in vobis, si quinquagesimam propter hoc[p] nolueritis exhibere,
cum ab eis quadragesimam exigamus[6], et nos preter aliud subsidium, quod
nobis Dominus inspirabit, decimam statuerimus exhibere: preter indignationem divinam et inobedientie culpam, quam propter hoc incurretis,
suspendemus privilegia vestra et universis ecclesiarum prelatis dabimus 10
in mandatis, ut vobis non deferant eorum obtentu, sed eis non obstantibus a vobis iura sua tam in decimis[7] quam aliis plene decetero conse-
quantur. Quodsi[q] nec sic volueritis obedire, experiemur in vos, utrum in
* fol. 211ᵛ Cistercienses fratres plenam iurisditionem * sicut in alios[r] habeamus[s].

Datum Laterani, V Kal. Ianuarii.   15

In[t] eundem modum . . Premonstratensi[8] et universis abbatibus Pre-
monstratensis ordinis. Novit is, qui nichil ignorat et cetera usque episcoporum testimonio consignetis[u][9].

Datum Non. Ianuarii.

258 (270). 20

*Innocenz III. teilt dem Erzbischof (Ludolf) von Magdeburg, seinen Suffra-
ganen und dem gesamten Klerus der Kirchenprovinz (sowie ganz Deutschlands, Tusziens, der Lombardei, Frankreichs, Englands, Ungarns, Slawo-*

ᵖ) *Auf Rasur.*   ᑫ) *Q- steht neben dem Schriftspiegel.*   ʳ) aliis.   ˢ) *Das zweite*
-a- über der Zeile nachgetragen.   ᵗ) *Am Rande:* ⟨*Nr. 269*⟩.   ᵘ) *Oben Z. 2.*   25

⁵) Das päpstliche Mandat hatte bei den Zisterziensern nicht den gewünschten Erfolg.
Diese verteidigten weiterhin ihre Steuerfreiheit. Im Sommer 1200 dankte ihnen der Papst
für eine freiwillige Kreuzzugsbeihilfe von 2000 Silbermark (*Potth. Reg.* 1435). Vgl. TILLMANN,
Innocenz III., 224 f. Anm. 25 und ROSCHER, *Kreuzzüge*, 81.

⁶) Zum Vierzigsten, den Innocenz III. vom gesamten Klerus einforderte, S. Br. II 258— 30
260 (270—272) S. 493 f., 500, 502 bzw. MIGNE, PL 214, 868 Nr. 305. Zur Problematik der
Kreuzzugsfinanzierung: ROSCHER, *Kreuzzüge*, 75—83.

⁷) Die Zehentfreiheit des Zisterzienserordens erstreckte sich auf alles Land, das die
Klöster in Eigenregie bebauten. Durch einen Erwerb solchen Bodens wurde den zuständigen
Pfarrkirchen der früher geleistete Zehent entzogen, was zu scharfen Reaktionen des Säkular- 35
klerus und schließlich zum Entzug dieser weitgehenden Freiheit im Kanon 55 des 4. La-
terankonzils führte. Vgl. G. SCHREIBER, *Kurie und Kloster im 12. Jahrhundert.* I. Stuttgart
1910, 265 ff. und C. R. CHENEY, *A letter of pope Innocent III and the Lateran decree on
Cistercian tithe-paying.* Cîteaux. Commentarii Cistercienses 1962, 146 ff.

⁸) Petrus von Saint-Médard, Abt des Prämonstratenserklosters Prémontré (Diöz. 40
Laon, Dép. Aisne, Arr. und Cant. Laon) 1195—1201 (res.). Er war zuvor Abt von Saint-Just-
en-Chaussée (1184) und übernahm 1210—1217 die Leitung des Klosters Cuissy. Vgl. BACK-
MUND, *Monasticon Praemonstratense*, II 497, 527 und 564.

⁹) Vgl. den inhaltlich ähnlichen Brief Innocenz' III. vom 5. Februar 1201 (*Potth. Reg.*
1264).   45

niens, Irlands, Schottlands usw.) seine Vorbereitungen für den Kreuzzug mit; befiehlt ihnen, den vierzigsten Teil ihrer Einkünfte dafür zu spenden; gibt ihnen Anweisung zur Sammlung dieses Geldes und erlaubt, Bußen in Spenden umzuwandeln und einzelnen bedürftigen Kreuzfahrern bereits Geld-
5 *beträge auszuzahlen. Ferner befiehlt er ihnen, den Kreuzzug zu predigen. Allen Kreuzfahrern gewährt er einen vollkommenen Ablaß. Ihre Güter nimmt er in den apostolischen Schutz, der sich auch gegen Zinsforderungen der Gläubiger richtet.*

Lateran, (1199) Dezember 31.

10   *Reg. Vat. 4, fol. 211�v—212ᵛ ⟨Nr. 261, 270 ᵃ⟩.*

     Empfängerüberlieferung von 3 A-pari-Briefen: (1) an den EB. von Ragusa usw.: Orig. des Historijski Arhiv, Dubrovnik; (2) an den EB. von Canterbury usw.: ungefähr gleichzeitige Abschrift: London, British Museum, Cotton MS. Vespasian D. X fol. 86ᵛ—87ʳ; Radulph von Coggeshall, Chronicon Anglicanum (ed. J. Stevenson, Rerum Britannicarum medii aevi
15 *Scriptores 66, London [1875] 113). Über die Handschrift: R. Pauli in MGH SS 27 (1885) 329 und F. M. Powicke in EHR 21 (1906) 286 Anm. 1; (3) wahrscheinlich für das Erzbistum York: Abschrift aus dem 13. Jh.: London, British Museum, Cotton MS. Claudius B. VII; Roger von Hoveden, Chronica (ed. W. Stubbs, Rerum Britannicarum medii aevi Scriptores 51/4, London [1871] 108). Über die Bestimmung des Adressaten vgl. Cheney, Calendar, 30*
20 *Nr. 172 und Bulletin of the Institute of Historical Research 44 (1971) 106 f. Nr. 172.*

     Sirleto, fol. 429 ʳ= Cholinus, II 562 = Venet., II 562 = Baluze, I 515 Nr. 270 = Migne, PL 214, 828 Nr. 270. — Potth. Reg. 922; Mülverstedt, Regesta archiepiscopatus Magdeburgensis, II 55 Nr. 121; Sheehy, Pontificia Hibernica, I 110 Nr. 42. — Vgl. Roscher, Innocenz III. und die Kreuzzüge, 61 und 71 sowie Br. II 259 (271) und 260 (272).

25 **Archiepiscopo Magdeburgensi[1] et suffraganeis eius[2], abbatibus, prioribus, decanis, archidiaconis et universis clericis tam subditis quam prelatis in Magdeburgensi provincia constitutis.**

     | Graves[b] orientalis terre[3] miserias et necessitates urgentes iam potius peccatis exigentibus deflere cogimur quam referre, cum ad eum statum, si
30 status tamen dicendus est casus, quod dolentes dicimus, eadem terra devenerit, ut, nisi citius ipsius fuerit necessitati succursum et occursum co-

---

258. ᵃ) *Daneben 269 durchgestrichen.*   ᵇ) *Am Rande ein Kruckenkreuz.*

258. *Empfängerüberlieferung von drei A-pari-Briefen (kollationiert nach einer Photokopie des Orig. des Historijski Arhiv Dubrovnik und nach den Rerum Britannicarum medii aevi Scrip-*
35 *tores 66, 113; 51/4, 108):*

     25—27: Archiepiscopo — constitutis] Innocentius episcopus, servus servorum Dei *1, 2, 3;* venerabilibus fratribus .. Ragusiensi *(1,* Cantuariensi *2)* archiepiscopo et suffraganeis eius et dilectis filiis abbatibus, prioribus et *(fehlt 1)* decanis, archidiaconis et universis clericis tam subditis quam prelatis (in Ragusiensi provincia constitutis *1)* salutem et
40 apostolicam benedictionem *1; 2;* universis sancte matris ecclesie prelatis, ad quos presentes littere pervenerint, salutem et apostolicam benedictionem *3.*   28: Graves — terre] Omnes orientalis ecclesie *2.*   28: urgentes] ingentes *2.*   30: status tamen] tamen status *2.*   30—31: eadem terra devenerit, ut nisi citius] *fehlt 3.*

258. [1] S. Br. II 20 Anm. 1.
45   [2] S. Br. II 195 (204) Anm. 3.
     [3] Das Heilige Land.

natibus paganorum, pauci christiani, qui se defensioni hereditatis Domini
et Crucifixi obsequiis devoverunt, hostiles sagittas sui sanguinis effusione
vgl. Dt 32, 42 inebriaturi credantur et paganorum gladios suis iugulis placaturi; reliquiis
desolationis illius terre sine spe humani subsidii perdendis totaliter et ab
hostibus occupandis, cum de partibus illis pene omnes iam redierint pere- 5
grini[4]. Id autem hactenus Dominus Iesus[c] Christus, ut probaret adhuc
fortius fidem nostram et intelligeret plenius, qui sunt eius, misericorditer
impedivit, manus eorum in ipsos convertens et eos inter se multiformiter
vgl. 1 Kor 3, 23 discordantes permittens adinvicem desevire[5], ut christianis interim ad
ipsius terre subsidium excitatis facilior daretur facultas recuperandi 10
perdita et de hostibus triumphandi.

    Recepimus enim litteras venerabilium fratrum nostrorum . . Antioche-
ni[6] et . . Ier(oso)limitani[7] patriarcharum, archiepiscoporum etiam et
episcoporum utriusque provincie[8], similiter et karissimorum in Christo
filiorum nostrorum A(imerici)[9] Ier(oso)limorum et L(eonis)[10] Armeno- 15
rum regum illustrium et dilectorum filiorum . . et . . magistrorum Ier(o-
so)limitani Hospitalis et militie Templi[11] aliorumque multorum ipsius
terre miserias et necessitates[d] plenius exponentes et postulantes subsidium
vgl. Apg 14, 3 diutius expectatum; cum plus ibi sperent dante Domino paucos hoc tempore propter Sarracenorum discordiam profuturos, quam hactenus copio- 20
sus exercitus profuisset. Adiectum est[e] etiam, quod cum iam inter Sarracenos de pace tractetur, si priusquam subveniatur Ier(oso)limitane provincie[12] inter eos fuerit concordia reformata, nisi Deus solus resistat, cum

---

    [c]) Dominus Iesus *auf Rasur.*   [d]) *Durch Zeichen umgestellt aus* necessitates et miserias.
[e]) -m est *auf Rasur.* 25

    3: placaturi] passuri *3.*   6: Id] Idem *2.*   7: intelligeret plenius] plenius
intelligeret *2.*   7: plenius] *fehlt 3.*   8: inter] in *3.*   13: archiepiscoporum] et
archiepiscoporum *3.*   13: etiam] *fehlt 3.*   15: A(imerici)] Aimerici *2; 3.*   15: Ier(oso)-
limorum] Ier(oso)limitanorum *1.*   15: et L(eonis)] et Leunin de Monte, L(eonis) *2; et
Leonis 3.*   15—16: Armenorum] Armeniorum *1; 2; 3.*   16: . . et . .] *fehlt 3.* 30
16—17: Ier(oso)limitani Hospitalis] Hierosolymitanorum Hospitalium *2.*   19: sperent]
speritur *2.*   19: dante] donante *3.*   21: iam] *fehlt 3.*   23: Deus solus] solus Deus *2.*

    [4]) Vgl. Br. I 336, S. 500 Z. 13 — S. 501 Z. 10.
    [5]) Der Satz bezieht sich anscheinend auf die christlichen Fürstentümer im Heiligen
Land und ihre Zwistigkeiten, doch meint der Papst zweifellos die Kämpfe zwischen den 35
einzelnen Sarazenenherrschern. Vgl. die ähnliche Formulierung im Br. II 241 (251) S. 460
Z. 5—9 mit Anm. 4, im Br. II 259 (271) S. 499 Z. 1—5 und in diesem Schreiben unten
Z. 21 — S. 493 Z. 2.
    [6]) S. Br. II 249 (259) Anm. 6.   [7]) S. Br. II 180 (189) Anm. 2.
    [8]) Suffragane des Patriarchen von Antiochien waren der Erzbischof von Apamea mit 40
den Bischöfen von Tortosa, Balnea, Byblos und Tripolis sowie die Erzbischöfe von Mami-
stenum und Tarsos. Dem Patriarchat von Jerusalem unterstanden die Erzbischöfe von Nazareth, Caesarea, Petra und Tyrus sowie die Bischöfe von Akkon, Akris, Berytus, Bethlehem,
Hebron, Lydda, Sebaste, Sidon und Tiberias.
    [9]) S. Br. II 241 (251) Anm. 3. 45
    [10]) S. Br. II 208 (217) Anm. 4.
    [11]) S. Br. II 87 (94) Anm. 1 bzw. II 180 (189) Anm. 4.
    [12]) Königreich Jerusalem.

sit viris[f] et viribus pene penitus destituta, non erit, qui eorum possit violentiam cohibere[g].

Nos ergo cum fratribus nostris, ascitis etiam episcopis et aliis viris religiosis apud sedem apostolicam existentibus, de ipsius terre subventione
5 tractantes, ne videremur onera gravia humeris imponere[h] subditorum, que digito etiam movere nollemus, dicentes tantum et aut nichil[i] aut modicum facientes, ut a nobis ad vos et a vobis ad laicos benefaciendi derivetur exemplum, eius exemplo, qui cepit facere et docere: decimam partem omnium reddituum et proventuum nostrorum[k] curavimus subven-
10 tioni orientalis provincie deputare[l] — subtrahentes non modicum necessitatibus nostris, quibus, cum graviores sint solito et ob hoc exigant graviores expensas, nostre non sufficiunt facultates —, ut ei, etsi nichil largiremur de proprio, modicum saltem retribueremus de suo, qui nobis sua miseratione tribuit universa. Et ut non solum in rebus, verum etiam
15 in personis necessarium terre sancte subsidium destinemus, dilectos filios nostros S(offredum), tituli sancte Praxedis presbyterum[13], et P(etrum), sancte Marie in Vialata diaconum[14], cardinales, quibus iam pridem imposuimus signum crucis, illuc proposuimus destinare[15], qui exercitum Domini vices nostras exequendo precedant, et ad eos tamquam ad unum
20 capud universi recurrant.

Verum quia id quasi modicum immo vere modicum ad tot necessitates ipsius provincie sufficere nullatenus reputamus, universitati vestre per apostolica scripta mandamus et ex parte Dei omnipotentis in virtute sancti Spiritus sub interminatione divini iudicii districte precipimus[m],
25 quatinus singuli vestrum saltem quadragesimam partem omnium ecclesiasticorum reddituum et proventuum suorum, prius tamen deductis usuris quarum solutio vitari non possit, in subsidium terre sancte convertant; omnibus clericis tam subditis quam prelatis, qui quadragesimam ipsam sponte ac fideliter solverint, de Dei omnipotentis misericordia et
30 beatorum apostolorum Petri et Pauli auctoritate confisi quartam partem iniuncte sibi penitentie relaxantes, dummodo nulla fraus interveniat et

vgl. Mt 23, 4

vgl. Apg 1, 1

vgl. Ps 115, 12

vgl. Kol 1, 18—20

---

[f]) *Korr. aus einem anderen Wort.*   [g]) -h- *auf Rasur nachgetragen.*   [h]) impone
(vgl. auch Br. I 336 S. 502 Z. 5).   [i]) *aut nichil fehlt bei Migne.*   [k]) n(o)- *auf Rasur.*
[l]) *Am Rande zwei kurze, schräge Striche, wohl von der Hand des Merkstriches (Anm. m).*
35 [m]) *Bis hieher längs des Briefes am Rande ein senkrechter, z. T. gewellter Strich.*

1: penitus] *fehlt 2.*   1—2: eorum possit violentiam] possit eorum violentiam *3.*
3: ascitis] accitis *2; 3.*   6: aut] ut ait *3.*   6: aut] vel *2.*   7—8: derivetur]
dirivetur *1.*   8: eius] *fehlt 2.*   10—14: subtrahentes — universa] *fehlt 2.*
12: sufficiunt] sufficiant *1.*   15: sancte] *fehlt 1.*   16: S(offredum)] Stephanum *3.*
40 16: P(etrum)] Petrum *2.*   17: cardinales] cardinales, apostolice sedis legatos *1; 3.*
19: exequendo] exercendo *2.*   19: tamquam] tanquam *1; 3.*   20: capud] caput (-t
auf Rasur, wahrscheinlich eines -d *1) 1; 2; 3.*   20: universi recurrant] recurrant universi *3.*   24: sancti Spiritus] Spiritus sancti *1; 2; 3.*   25: saltem] *fehlt 3.*   31: relaxantes] relaxamus *3.*

45 [13]) S. Br. II 44 (46) Anm. 15.
[14]) S. Br. II 2 Anm. 3.
[15]) Vgl. Br. I 336, S. 502 Z. 11—17.

pia devotio suffragetur. Sciat autem se culpabiliter durum et dure culpabilem, qui tantillum subsidium in tanta necessitate Creatori et Redemptori suo negaverit exhibere, a quo corpus et animam et universa bona que habet accepit; et nos, qui licet indigni vices eius exercemus in terris, huius culpe duritiam nullatenus dissimulare possemus. Nec aliquo modo creda- 5 tis, quod per hoc in dispendium vestrum * legem vobis imponere intendamus, ut a vobis in posterum quadragesima quasi debita vel consuetudinaria exigatur; immo nullum vobis ex hoc preiudicium volumus generari, qui tante necessitatis articulum nobis et vobis supervenisse dolemus et, quod similis decetero non contingat, obtamus. 10

Volumus etiam et nichilominus vobis precipiendo mandamus, quatinus vos, fratres archiepiscope et episcopi, in metropolitana ecclesia, vel, si hoc ibi fieri propter hostilitatem vel aliud evidens impedimentum non poterit, in duobus vel tribus locis Madeburgensis provincie[16] sine dilatione convenire[n] curetis et inter vos iuxta formam mandati apostolici de ipsius 15 terre subventione tractare; et post reversionem suam quilibet vestrum in sua diocesi concilium convocet sine mora, auctoritate nostra precipiens abbatibus et prioribus tam exemptis quam aliis, archidiaconis et decanis et universis omnino clericis in eiusdem diocesi constitutis, ut iusta estimatione proventus et redditus suos taxent et infra tres menses post fac- 20 tam eis denuntiationem quadragesimam partem valoris eorum sub ipsius episcopi testimonio et aliquot religiosorum virorum, adhibitis nichilominus ad cautelam aliquibus laicis fidelibus et discretis, in locum idoneum eiusdem diocesis non differant consignare. Quod et nos vobis, fratres archiepiscope et episcopi, sub eadem districtione mandamus. Ab hac 25 autem[o] generalitate monachos Cistercienses, Premostratenses canonicos, heremitas Grandimontenses et Cartusienses[17] excipimus, quibus super hoc mandatum iniungimus[p] speciale[18]. Nolumus autem, ut hii, qui reddi-

---

[n] conve- *auf Rasur.* [o] hac autem *wahrscheinlich auf Rasur nachgetragen.*
[p] iniungimus speciale *wahrscheinlich auf Rasur nachgetragen.* 30

1: durum] et duriter *3.* 5: duritiam] duritiem *3.* 7: vel] et *3.* 8: exigatur] requiratur *3.* 8: nullum vobis] vobis nullum *1.* 8: vobis ex hoc] ex hoc vobis *3.* 10: similis] simul *2;* simile *3.* 11—25: Volumus — mandamus] *fehlt 2.* 12: archiepiscope] archiepiscopi *3.* 12: metropolitana] metropolina *1.* 13: fieri — impedimentum] propter hostilitatem vel aliud evidens impedimentum fieri *1.* 14: Madeburgensis 35 provincie] Ragusiensis provincie *1;* provincie vestre *3.* 16: subventione] subvectione *3.* 19: eiusdem] eius *1; 3.* 19: ut] *fehlt 3.* 22: religiosorum virorum] virorum religiosorum *1.* 23: laicis fidelibus] fidelibus laicis *3.* 24: differant] differatur *3.* 25: archiepiscope] archiepiscopi *3.* 25: districtione] districte *3.* 26: autem] *fehlt 2.* 26: Premostratenses] Premonstratenses *1; 2; 3.* 27: Grandimontenses] Grandimontis 40 *2; 3.* 27: et] *fehlt 2.* 27: excipimus] excepimus *2; 3.* 28: Nolumus — *Schluß*] *fehlt 2.*

[16] Kirchenprovinz Magdeburg.
[17] Zisterzienser, Prämonstratenser, Grammontenser und Kartäuser (im Erzbistum Magdeburg). 45
[18] Vgl. Br. II 257 (268, 269).

tus suos et proventus diligenter estimare curaverint, premisse transgressionem districtionis incurrant, si quid non ex certa scientia sed ignoranter
potius quadragesime forte subtraxerint; dum tamen, postquam recogno-
verint defectum suum, quod minus solverint, plenarie reconpensent. Si
5 quis autem, quod absit, quadragesime taliter persolvende aliquid ex q)
certa scientia q) subtraxerit, cum digne satisfecerit, ab huius transgressio-
nis debito penitus sit inmunis. Nec miretur quisquam aut etiam moveatur,
quod hoc sub tanta districtione precipimus, cum summa necessitas id
exposcat: nam etsi voluntarium esse debeat divine servitutis obsequium,
10 legimus tamen in Euangelio de invitatis ad nuptias Dominum precepisse,   vgl. Lk 14, 23
ut conpellerentur intrare.

   Mandamus preterea, ut vos, fratres archiepiscope et episcopi, quadragesimam ipsam per vestras dioceses instanter exactam et collectam fideliter faciatis iuxta predictam formam in tuto loco deponi, summam om-
15 nium per vestras litteras et speciales nuntios nobis quamcitius fieri r)
poterit expressuri. Ad hec in singulis ecclesiis truncum concavum poni
precipimus tribus clavibus consignatum: prima penes episcopum, secunda
penes ecclesie sacerdotem, tertia per aliquem religiosum laicum conservandis; et in eo fideles quilibet, iuxta quod eorum mentibus Dominus
20 inspiraverit, suas elemosinas deponere in remissionem suorum peccaminum moneantur, et in omnibus ecclesiis semel in ebdomada pro remissione
peccatorum et presertim offerentium missa publice decantetur.

   Concedimus autem vobis s), fratres archiepiscope et episcopi, ut circa
eos, qui de bonis suis terre sancte voluerint subvenire, de discretorum
25 virorum consilio qualitate personarum et rerum facultate pensatis et considerato nichilominus devotionis affectu, opus iniuncte penitentie commutare possitis in opus elemosine faciende. Volumus insuper, ut — adhibitis
vobis, ubi poterunt inveniri, duobus fratribus, uno Ier(oso)limitani Hospitalis et alio militie Templi 19), aliisque religiosis laicis et discretis — militi-
30 bus vel aliis bellatoribus, qui signum Dominice crucis assumpserint, si in
suis non poterunt sumptibus transfretare, congrua de eadem summa
stipendia ministretis; sufficienti ab eis cautione recepta, quod in defensione terre orientalis per annum vel amplius iuxta quantitatem subsidii
commorentur; etsi, quod absit, in via decesserint, susceptum subsidium
35 non in alios usus convertant, sed reddant potius in stipendia bellatorum,

---

q-q) *Auf Rasur.*   r) *Darnach eine kleine Rasur.*   s) autem vobis *auf Rasur
nachgetragen.*

   1: suos et proventus] et proventus suos *3.*   1—2: transgressionem districtionis]
districtionis transgressionem *3.*   2: si] sed *3.*   2: quid] qui *3.*   5: taliter] *fehlt 1.*
40 5: persolvende] solvende *3.*   5—6: ex certa scientia] ex scientia certa (*durch Zeichen
umgestellt aus* ex certa scientia *1*) *1; 3.*   9: voluntarium] voluptarium *3.*   12: archiepiscope] archiepiscopi *3.*   13: instanter] *fehlt 3.*   18: per] penes *3.*   20: remissionem] remissione *1.*   21: moneantur] moveantur *3.*   23: archiepiscope] archiepiscopi *3.*   28: ubi — fratribus] duobus fratribus, ubi poterunt inveniri *3.*
45 29: aliisque] et aliis *3.*

   19) Johanniter und Templer.

qui etiam[t], cum redierint, non prius absolvantur a prestita cautione, quam litteras regis vel patriarche aut Ier(oso)limitani Hospitalis aut militie Templi magistri aut etiam legati nostri vobis exhibuerint, de mora ipsorum testimonium perhibentes.

Quia vero summa necessitas exigit et communis requirit utilitas, ut populus christianus | non solum in rebus sed etiam in personis contra paganos in succursum terre sancte sine dilatione succurrat, fraternitati vestre per apostolica scripta precipiendo mandamus, quatinus ad exhortandos et inducendos fideles per vos ipsos et alios viros idoneos prudenter et diligenter instetis, ut qui sufficientes fuerint ad bellum Domini preliandum, in nomine Domini Sabaoth signum crucis assumant, alii vero iuxta suarum sufficientiam facultatum pias elemosinas largiantur. Nos enim de Dei misericordia et beatorum apostolorum Petri et Pauli auctoritate confisi, ex illa, * quam Deus nobis[u] licet indignis ligandi et solvendi contulit potestate, omnibus, qui laborem huius itineris in personis propriis subierint et expensis, plenam peccatorum suorum, de quibus cordis et oris egerint penitentiam, veniam[v] indulgemus et in retributionem iustorum salutis eterne pollicemur augmentum. Eis autem, qui non in personis propriis illuc accesserint, sed in suis tantum expensis iuxta facultatem et qualitatem suam viros idoneos destinaverint illic per annum moraturos ad minus, et illis similiter, qui licet in alienis expensis in propriis tamen personis assumpte peregrinationis laborem impleverint, plenam suorum concedimus veniam[w] peccatorum. Huius quoque remissionis volumus esse participes iuxta quantitatem subsidii et devotionis affectum omnes, qui ad subventionem ipsius terre de bonis suis congrue ministrabunt.

Personas insuper ipsorum et bona eorum, ex quo crucem susceperint, sub beati Petri et nostra protectione suscipimus, nec non et sub archiepiscoporum et omnium prelatorum ecclesie Dei defensione consistant; statuentes, ut donec de ipsorum obitu vel reditu certissime cognoscatur, integra maneant et quieta consistant. Quodsi[x] quisquam contra presumpserit, per censuram ecclesiasticam appellatione postposita compescatur. Si qui vero proficiscentium illuc ad prestandas usuras iuramento tenentur astricti, vos, fratres archiepiscope et episcopi, per vestras dioceses creditores eorum sublato appellationis obstaculo eadem districtione cogatis, ut eos a

vgl. 1 Sam 18, 17
vgl. Mt 21, 9 u. ö.

* fol. 212ᵛ

vgl. Mt 16, 19

---

[t] *Darnach eine Rasur und Lücke von 18 mm.*   [u] *Durch Zeichen umgestellt aus* nobis Deus.   [v] -a- *und der erste Schaft des* -m *auf Rasur.*   [w] *Durch Zeichen umgestellt aus* veniam concedimus; -oncedimu- *auf Rasur.*   [x] -si *auf Rasur. Auch an den beiden Blatträndern je eine Rasur.*

2: aut Ier(oso)limitani] vel Ierosolimitani *3.*   2—3: aut militie] vel militie *1; 3.* 5: necessitas] necesitas *1.*   6—7: paganos — succursum] paganorum incursum *3.* 8: precipiendo] *fehlt 3.*   9: vos] nos *1.*   17: cordis et oris] oris et cordis *3.* 17—18: retributionem] retributione *3;* retributione *1.*   20: destinaverint] destinarint *1.* 20: illic] illuc (-u- *auf Rasur) 1.*   21: licet] *fehlt 3.*   25: subventionem] subvectionem *3.*   27: eorum] *fehlt 3.*   29: omnium prelatorum] prelatorum omnium *3.* 34: archiepiscope] archiepiscopi *3.*

sacramento penitus absolventes ab usurarum ulterius exactione desistant. Quodsi quisquam creditorum eos ad solutionem coegerit usurarum, eum ad restitutionem earum sublato appellationis obstaculo districtione simili compellatis. Iudeos vero ad remittendas ipsis usuras per secularem com-
5 pelli precipimus potestatem, et donec eas remiserint, ab universis Christi fidelibus tam in mercimoniis quam aliis per excommunicationis senten- tiam eis iubemus communionem omnimodam denegari. Horum autem vos, fratres archiepiscope et episcopi y), singulos in suis diocesibus executores esse volumus et mandamus: que tam diligenter et fideliter exequamini, ut
10 in districto novissime discussionis examine, cum astabitis ante tribunal Christi, dignam debeatis reddere rationem.

vgl. Mt 25, 31–46; Röm 14, 10

Datum Laterani, II Kal. Ianuarii.

In eundem modum scriptum est per totam Alemaniam[20].

In eundem modum scriptum est per Tusciam [21].

15 In eundem modum scriptum est per Lombardiam[22].

In eundem modum scriptum est per regnum Francie, per regnum Anglie, per regnum Vngarie[23].

In eundem modum scriptum est per Sclauoniam[24], per Iberniam[25], per regnum Scotie z)[26].

20 ## 259 (271).

Innocenz III. ermahnt alle Gläubigen der Kirchenprovinzen Vienne (und Magdeburg, ferner ganz Deutschlands, Tusziens, der Lombardei, Frank- reichs, Englands, Ungarns, Slawoniens, Irlands, Schottlands usw.), dem Hl. Lande zu Hilfe zu kommen und teilt ihnen seine eigenen Kreuzzugsvorberei-
25 *tungen sowie den Inhalt des Br. II 258 (270) mit.*

Lateran, (1200) Januar 4.

Reg. Vat. 4, fol. 212v—213v ⟨Nr. 262, 271⟩.

Empfängerüberlieferung von A-pari-Briefen an die Kirchenprovinz Ragusa und die Gläubigen Ungarns: (1) Orig. des Historijski Arhiv, Dubrovnik; (2) ex originali nach
30 *Fejér, Codex diplomaticus Hungariae ecclesiasticus et civilis, tom. VII, vol. V Supplementare (1841) 151 Nr. LXXXII (wenig zuverlässiger Druck, dem sehr wahrscheinlich auch das für Ragusa bestimmte Orig. [1] zugrunde liegt).*

Sirleto, fol. 430v = Cholinus, II 565 = Venet., II 565 = Baluze, I 518 Nr. 271 = Migne, PL 214, 832 Nr. 271. — Potth. Reg. 935 und 935*; Bréquigny, Table chronologique, IV 270;
35 *Chevalier, Regeste Dauphinois, I 917 Nr. 5509; Bernoulli, Acta pontificum Helvetica, I 14 Nr. 13; Balladore Pallieri-Vismara, Acta pontificia, 602 Nr. 333; Sheehy, Pontificia Hiber- nica, 111 Nr. 44; Cheney, Calendar, 31 Nr. 180 und 181. — Vgl. Roscher, Innocenz III. und die Kreuzzüge, 70 f. und Br. II 258 (270) und 260 (272).*

y) -i *auf Rasur.* z) *Darnach vier Zeilen für weitere A-pari-Briefe freigelassen.*

40 2: creditorum] creditor *3.* 3: earum] ipsarum *3.* 3: sublato — obstaculo] appellatione remota *3.* 8: archiepiscope] archiepiscopi *3.* 9: esse] *fehlt 3.* 12: II Kal. Ianuarii] V *(1)*; sexto *(3)* Kal. Ianuarii, pontificatus nostri anno secundo *1; 3.*

[20] Deutschland. [21] Toskana. [22] Lombardei.
[23] Königreiche Frankreich, England und Ungarn.
45 [24] Slawonien. [25] Irland. [26] Königreich Schottland.

Universis Christi fidelibus per Viennensem provinciam constitutis[1].

Nisi[a] nobis dictum a Domino per prophetam et in propheta sciremus:
«Clama, ne cesses, quasi tuba exalta vocem tuam», nisi ad pastorale crede-
remus officium pertinere, quod inquit apostolus: «Insta oportune[b] importune, argue, obsecra, increpa», nisi gregis Dominici nobis esset cura 5
commissa: possemus nunc tandem a clamore desistere, cum, etsi tuba
exortationis nostre sepe sonum dederit non incertum exhortando populum christianum ad terre sancte succursum[2], paucos tamen adhuc ad
bellandum bellum Domini excitarit. Quia vero maior instat necessitas,
quam umquam institerit, ut ipsi terre celeriter succurratur et de suc- 10
cursu speratur maior quam umquam provenerit utilitas proventura,
clamamus ad vos et pro illo clamamus, qui voce magna clamando spiritum pro vobis emisit, in cruce factus obediens usque ad mortem, mortem
autem crucis, ut vos ab eterne mortis eriperet cruciatu; qui clamat etiam
per se ipsum et dicit: «Si quis vult post me venire, abneget semetipsum 15
et tollat crucem suam et sequatur me»[c].

Recipimus enim litteras venerabilium fratrum nostrorum[d] . . Antiocheni[3] et . . Ier(oso)limitani[4] patriarcharum, archiepiscoporum etiam et
episcoporum utriusque provincie[5] et karissimorum in Christo filiorum
nostrorum A(imerici) Ier(oso)limorum[6] et L(eonis) Armeniorum[7] regum 20
illustrium similiter et magistrorum Ier(oso)limorum Hospitalis et militie
Templi[8], quibus nobis exposuerunt necessitates et miserias terre sancte,

Margin left references:
Is 58, 1
2 Tim 4, 2
vgl. Jo 21, 15–17
vgl. 1 Makk 5, 31;
Is 58, 1
vgl. 1 Kor 14, 8
vgl. 1 Makk 9, 30
vgl. Mt 27, 46
vgl. Phil 2, 8
Mt 16, 24; Lk 9, 23

---

259. [a] *Am Rande ein Kruckenkreuz. Daneben ein kurzer, waagrechter Strich. Ferner auf fol.
212ᵛ längs des Briefes am Rande ein senkrechter, z. T. gewellter Strich.* [b] *Das erste o-
korr. aus einem anderen Buchstaben.* [c] *Bis hieher am Rande eine schmale, senkrechte* 25
Rasur. [d] *Über nostro- eine schmale, waagrechte Rasur.*

259. *Empfängerüberlieferung von A-pari-Briefen (kollationiert nach einer Photokopie des
Orig. des Historijsky Arhiv Dubrovnik und dem Druck bei Fejér, Codex diplomaticus Hungariae, VII/V 151).*

1: Universis — constitutis] Innocentius episcopus, servus servorum Dei, universis 30
Christi fidelibus in Ragusiensi provincia (1; in regno Hungariae 2) constitutis salutem et
apostolicam benedictionem 1, 2. 2: Domino] Deo 2. 4: inquit] inquid 1. 5: esset
cura] cura esset 2. 7: exortationis] exhortationis 1, 2. 9: excitarit] excitavit 2.
9: maior] magis 2. 10—11: et — proventura] fehlt 2. 13: vobis] nobis 1, 2.
14: vos] nos 2. 14: etiam] ausgelassen 2. 15: Si quis] Qui 2. 17: Recipimus] 35
Recepimus 1, 2. 17—18: Antiocheni] Antioceni 1. 18: etiam] fehlt 1, 2. 20: Ier-
(oso)limorum] Ierosolymarum 2. 20: Armeniorum] Armenorum 2. 21: Ier(oso)-
limorum] Ierosolimitani 1, Ierosolymitanorum 2.

259. [1] Die Kirchenprovinz Vienne (Dép. Isère) umfaßte die Suffraganbistümer Die (Dép.
Drôme), Genf, Grenoble (Dép. Isère), Saint-Jean-de-Maurienne (Dép. Savoie), Tarentaise 40
(Dép. Savoie), Valence (Dép. Drôme) und Viviers (Dép. Ardèche, Arr. Privas).
[2] Vgl. die im Br. II 180 (189) Anm. 6 und 9 angeführten Briefe.
[3] S. Br. II 249 (259) Anm. 6.
[4] S. Br. II 180 (189) Anm. 2.
[5] S. Br. II 258 (270) Anm. 8. 45
[6] S. Br. II 241 (251) Anm. 3.
[7] S. Br. II 208 (217) Anm. 4.
[8] S. Br. II 180 (189) Anm. 4 und Br. II 87 (94) Anm. 1.

asserentes inter alia, quod cum hactenus Dominus per discordiam Sarracenorum[9], qui se ipsos impugnant, orientali provincie pepercisset, et
iam nunc inter eos de pace tractetur: si priusquam redeant ad concordiam
congruum subsidium mitteretur, sperant pro certo, quod facile posset hoc
5 tempore orientalis provincia liberari. Si autem prius redierint ad concordiam, quam * subsidium destinetur, timetur ab omnibus, quod residuum
terre Sarraceni de facili valeant obtinere, cum peregrinis ad propria iam
reversis terra remanserit et viris et viribus destituta.
    Monemus igitur universitatem vestram et exhortamur in Domino et
10 in remissionem vobis iniungimus peccatorum, quatinus ante oculos cordis
habentes exilium Crucifixi, qui potentes sunt prelium Domini preliari, et
crucem et arma capescant; qui vero non sunt habiles ad pugnandum, in
expensis suis secundum proprias facultates aliquos dirigant bellatores;
nec sit, qui se ab huius obsequio subventionis excuset, quin aliquid saltem
15 modicum propter hoc devote ac libenter impendat, nisi qui eterne voluerit
esse remunerationis immunis. Quicumque enim eum erubuerit coram hominibus, et ipse illum coram angelis erubescet. Potestis enim et debetis con-
siderare vobiscum: quodsi rex aliquis temporalis in captivitatem forsitan
deveniret, nisi vassalli eius pro liberatione regia non solum res exponerent
20 sed personas, nonne cum restitueretur pristine libertati et acciperet tempus iustitiam iudicandi[e], proditores eos regios et quasi perfidos et infideles dampnabiles iudicaret, excogitaret mortis hactenus inexcogitata tormenta, quibus malos male perderet et in eorum bona fideles aliquos subrogaret? Nonne similiter Dominus Iesus Christus, Rex regum et Dominus
25 dominantium, qui corpus et animam vobis contulit, qui vos sanguine pretioso redemit, de ingratitudinis vitio et velut infidelitatis crimine vos
dampnabit, si ei eiecto de terra, quam pretio sui sanguinis comparavit, et
quasi captivo in salutifere crucis ligno detento neglexeritis[f] subvenire?
Sane cum nichil possit omnipotenti resistere, quia tamen fideles suos tem-
30 poraliter probare disponit in opere, quos eternaliter in predestinatione
cognovit, preter archanum divini iudicii, quod nulli mortalium datum est
posse scrutari, forte misericors Deus, cum iam superhabundasset iniqui-
tas refrigescente caritate multorum, voluit fidelibus suis occasionem
prestare salutis, immo salvationis causam prebere, ut qui omnia pro ipso
35 dimitterent, ipsum omnia in omnibus invenirent. Cum enim Ier(usa)lem
civitas illa terrestris secundum interpretationem vocabuli «Pacis visio»
nuncupetur et ipsa vix umquam vel modico tempore pacem potuerit

*fol. 213r

vgl. 2 Kor 5, 20
vgl. Mt 26, 28;
Lk 1, 77; Apg 2, 38
u. ö.
vgl. 1 Makk 3, 2;
1 Sam 25, 28

vgl. Lk 9, 26

vgl. Ps 74, 3

vgl. Mt 21, 41

vgl. 1 Tim 6, 15;
Apok 19, 16

vgl. 1 Petr 1, 19
vgl. 1 Kor 6, 20;
7, 23; 1 Petr 1, 19

vgl. Est 13, 9. 11
u. ö.

vgl. Röm 8, 29;
Eph 1, 11
vgl. Röm 11, 33
vgl. Dt 4, 31 u. ö.

vgl. Mt 24, 12
vgl. Mk 10, 28;
Lk 18, 28
vgl. 1 Kor 12, 6;
15, 28

---

    e) *Das erste* -d- *korr. aus* -t-.   f) -ti- *auf Rasur.*

    4: sperant] sperent *2.*   11: exilium Crucifixi] vexillum crucis *2.*   11: sunt]
40 sint *2.*   12: capescant] conferant *2.*   12: vero] *fehlt 2.*   15: voluerit] noluerit
1, voluerint *2.*   16: immunis] immunes *2.*   17: debetis] debitis *2.*   18: forsitan]
forsitam *1.*   20: sed] sed et *2.*   22: excogitaret] et excogitaret *1, 2.*   23: eorum
bona] bona eorum *1, 2.*   25: vobis] nobis *2.*   25: vos] nos *2.*   34: prestare]
parare *2.*   34: omnia — ipso] *ausgelassen 2.*   37: umquam vel] iucundam *2.*

45   9) S. Br. II 241 (251) Anm. 4.

obtinere, promissio pacis ad illam Ier(usa)lem nos profecto transmittit,
que sursum est mater nostra, in qua pax Dei que exuperat omnem sensum
habundat. Ad hanc itaque novi sub novo tempore Machabei[g], qui pro
paternis legibus et sancta civitate sanctas utique pugnas exercent, cum
victi putantur, victores ascendunt ineffabili gloria coronandi, quam mili- 5
tibus suis Rex glorie preparavit[h].

Ceterum ne videremur onera gravia humeris imponere subditorum, que
digito nostro movere nollemus, cum fratribus nostris de ipsius terre subventione tractantes, decimam partem proventuum et reddituum nostrorum ad eius subsidium duximus deputandam; legatos nostros illuc dante 10
Domino in proximo transmissuri, qui exercitum Domini in humilitate precedant[10], et ad eos tamquam ad[i] unum caput[k] universi recurrant; venerabilibus fratribus nostris archiepiscopis, episcopis et dilectis filiis abbatibus, prioribus, archidiaconis et decanis et aliis ecclesiarum prelatis, immo
etiam clericis universis in virtute sancti Spiritus et sub divini iudicii ob- 15
testatione mandantes, ut saltem quadragesimam partem ecclesiasticorum
reddituum et proventuum suorum estimatione habita diligenti in subventione orientalis provincie non differant erogare. Ad hec in singulis ecclesiis truncum concavum poni precipimus tribus clavibus consignatum: una
penes episcopum[l], secunda penes presbyterum ecclesie, tertia per aliquem 20
religiosum laicum conservandis. In quibus fideles quilibet deponere suas
elemosinas in remissione suorum criminum moneantur, et in singulis
ecclesiis semel in ebdomada pro remissione peccatorum, presertim offerentium, missa publice decantetur. Concedimus etiam archiepiscopis et
episcopis, ut circa eos, qui de bonis suis terre sancte voluerint subvenire, 25
de discretorum virorum consilio, qualitate personarum et rerum facultate
pensatis et considerato nichilominus devotionis affectu, opus iniuncte penitentie commutare possint in opus elemosine faciende. Ne autem clerici
vel laici in hoc frustra se doleant aggravari, sed iam nunc de sua sint quodammodo mercede securi, de Dei omnipotentis misericordia et beatorum 30
apostolorum Petri et Pauli auctoritate confisi, ex illa, quam nobis Deus
licet indignis ligandi et solvendi contulit potestate, omnibus, qui laborem

vgl. Gal 4, 26

vgl. Phil 4, 7
vgl. 1 Makk 2, 50;
3, 21; 4, 1–14

vgl. 1 Kor 2, 9;
Ps 23, 8–10

vgl. Mt 23, 4

vgl. Apg 14, 3

vgl. Spr 15, 33

vgl. 1 Kor 15, 9
vgl. Mt 16, 19

---

[g] M- *korr. aus* m-.   [h] pre- *auf Rasur.*   [i] *Auf Rasur nachgetragen.*   [k] -t *auf*
Rasur.   [l] -m *auf Rasur. Darnach noch ein anderer Buchstabe ausradiert.*

1: ad — nos] *ausgelassen 2.*   2: mater] mater est *1, 2.*   3: itaque] utique *1, 2.* 35
4: utique — exercent] *ausgelassen 2.*   7: humeris imponere] imponere humeris *1, 2.*
8: movere — nostris] in opere . . . *2.*   8—9: subventione] *ausgelassen 2.*   10: deputandam] deputandum *2.*   11: Domino] Deo *2.*   11: Domini in] *ausgelassen 2.*
14: et decanis] decanis *2.*   16: mandantes] mandamus *2.*   17—18: subventione]
subventionem *1, 2.*   19: consignatum] consignandum *2.*   21: religiosum] religio- 40
sorum *2.*   21: fideles] *fehlt 2.*   22: remissione] remissionem *1, 2.*   24: et] *fehlt 2.*
26: qualitate] pro qualitate *2.*   28: commutare] convertere *2.*   30: Dei omnipotentis] omnipotentis Dei *2.*

[10] S. Br. I 336, S. 502 Z. 11—17.

huius itineris in personis propriis subierint et expensis, plenam suorum
peccatorum, de quibus cordis et oris egerint penitentiam, veniam indulgemus et in retributionem iustorum salutis eterne pollicemur augmentum. Eis autem, qui non in personis propriis illuc accesserint, sed in suis
5 tantum expensis iuxta facultatem et qualitatem suam viros idoneos
destinarint illic per annum moraturos ad minus, et illis similiter, qui licet
in alienis expensis in propriis tamen personis assump*te peregrinationis   * fol. 213ʳ
laborem impleverint, plenam suorum concedimus veniam peccatorum.
Huius quoque remissionis volumus esse participes iuxta quantitatem sub-
10 sidii et devotionis affectum omnes, qui ad subventionem ipsius terre de bonis suis congrue ministrabunt. Personas quoque ipsorum et bona, ex quo
crucem susceperint, sub beati Petri et nostra protectione suscipimus; necnon et sub archiepiscoporum et omnium prelatorum ecclesie Dei defensione consistant; statuentes, ut donec de ipsorum obitu vel reditu certissime
15 cognoscatur, integra maneant et quieta consistant. Quodsi quisquam
contra presumpserit, per censuram ecclesiasticam appellatione postposita compescatur. Si qui vero proficiscentium illuc ad prestandas usuras
iuramento tenentur astricti, creditores eorum per ecclesiarum prelatos, ut
remittant eis prestitum iuramentum et ab usurarum exactione desistant,
20 eadem precipimus districtione compelli. Quodsi quisquam creditorum eos
ad solutionem coegerit usurarum, eum ad restitutionem earum simili cogi
animadversione mandamus. Iudeos vero ad remittendas ipsis usuras per
secularem compelli precipimus potestatem; et donec eas remiserint, ab
universis Christi fidelibus tam in mercimoniis quam aliis per excommuni-
25 cationis sententiam eis iubemus communionem omnimodam denegari.

Datum Laterani, II Non. Ianuarii.

In ᵐ⁾ eundem modum scriptum est super hoc universis Christi ⁿ⁾ fidelibus per supradicta regna et provincias constitutis[11].

ᵐ⁾ In—constitutis *vielleicht nachgetragen (vgl. Kempf, Register, 39).*   ⁿ⁾ universis
30 Christi *auf Rasur.*

    1: subierint et expensis] et expensis subierint *2; ebenso in 1, doch durch Zeichen in
den Registertext umgestellt.*   2: cordis et oris] oris et cordis *1, 2.*   3: retributionem]
retributione *1, 2.*   6: destinarint] destinaverint *2.*   6: illic] illinc *2.*   6: et] de *2.*
9: quoque — volumus] *ausgelassen 2.*   11: congrue] *fehlt 2.*   11: Personas — ipso-
35 rum] Personasque eorum *2.*   11: ipsorum] eorum *1.*   12: sub — et] . . . sub *2.*
12—13: necnon et] necnon *1.*   14: consistant] consistunt *2.*   15: quieta — quisquam] *ausgelassen 2.*   16: presumpserit] presumpserint *2.*   17: compescatur]
compescantur *2.*   18: ut] *fehlt 2.*   20: quisquam] quispiam *2.*   21: earum]
eorum *2.*   25: eis] *fehlt 2.*   26: Ianuarii] Ianuarii, pontificatus nostri anno secundo
40 *1, 2.*

    [11] Damit sind die Empfänger des Br. II 258 (270) und seiner A-pari-Briefe gemeint.

260 (272).

Innocenz III. befiehlt allen exemten Prälaten der Kirchenprovinzen Mailand (Vienne und Magdeburg, ferner ganz Deutschlands, Toskanas, der Lombardei, Frankreichs, Englands, Ungarns, Slawoniens, Irlands, Schottlands etc.), mindestens den vierzigsten Teil ihrer Einkünfte für die Finanzierung des Kreuzzuges zu spenden. 5

Lateran, (1199) Dezember 30.

Reg. Vat. 4, fol. 213ᵛ ⟨Nr. 263, 272⟩.
Empfängerüberlieferung des in die Kirchenprovinz Rouen gesandten A-pari-Briefes:
Baluze, I 542 Nr. 305.   10
     Sirleto, fol. 432ᵛ = Cholinus, II 565 = Venet., II 565 = Baluze, I 520 Nr. 272 = Migne, PL 214, 835 Nr. 272. — Potth. Reg. 915; Sheehy, Pontificia Hibernica, I 111 Nr. 43. — Vgl. Roscher, Innocenz III. und die Kreuzzüge, 75—83 und die Br. 258 (270) und 259 (271).

Abbatibus, prioribus et universis exemptarum ecclesiarum prelatis in Mediolanensi provincia constitutis[1].
15

| Formam[a] apostolice constitutionis nuper salubriter editam pro subsidio terre sancte ex communibus litteris, quas in singulas provincias destinamus[2], intelligere poteritis evidenter.

vgl. 2 Kor 5, 20   Monemus igitur discretionem vestram et exhortamur in Domino et per apostolica scripta in virtute sancti Spiritus sub divini iudicii obtestatione 20 precipiendo mandamus, quatinus ad citationem diocesanorum episcoporum, quam per eos non sua sed nostra fieri auctoritate mandamus, devote ac humiliter accedentes, iuxta formam in litteris nostris expressam quadragesimam[b] saltem omnium ecclesiasticorum proventuum et reddituum vestrorum in terre sancte subsidium convertatis, ut eius sitis remis- 25 sionis participes, quam propter hoc aliis indulgemus. Alioquin contemptum nostrum immo Redemptoris in vos tanto severius curabimus vindicare, quanto specialius vos diligimus et in caritatis operibus alios volumus prevenire.

Datum Laterani, III Kal. Ianuarii.   30

Scriptum[c] est super hoc in eundem modum universis abbatibus, prioribus et exemptarum ecclesiarum prelatis in supradictis provinciis[3] constitutis[c].

---

260.   [a] *Längs des Briefes am Rande ein senkrechter, z. T. gewellter Strich.*   [b] *Am Rande zwei schräge Striche von der Tinte des Merkstriches (vgl. die vorige Anm.).*   [c-c] *Nach-* 35 *getragen (vgl. Kempf, Register, 39).*

260. *Empfängerüberlieferung eines A-pari-Briefes (kollationiert nach Baluze I 542):*
     14—15: Abbatibus — constitutis] Innocentius episcopus, servus servorum Dei, dilectis filiis abbatibus, prioribus et universis ecclesiarum exemptarum praelatis in Rothomagensi provincia constitutis salutem et apostolicam benedictionem.   **17:** communibus] *fehlt.* 40 **19:** discretionem] devotionem   **19:** et per] ac per   **20:** sancti Spiritus] Spiritus sancti **24—25:** proventuum et reddituum] reddituum et proventuum   **28:** specialius vos] vos specialius   **28:** alios] vos   **30:** III Kal. Ianuarii] Nonis Ianuarii, pontificatus nostri anno secundo.

260. [1] Äbte, Prioren und alle übrigen exemten Prälaten der Kirchenprovinz Mailand.
    [2] Br. II 258 (270) und II 259 (271).   45
    [3] Darunter sind die Adressaten der beiden vorgenannten Briefe zu verstehen.

261 (273).

Innocenz III. überträgt dem Erzbischof (Joscius) von Tyrus und dem
Bischof von Sidon die Entscheidung über das Eigentum an der Kirche zu
Nephin und ihrem Zubehör, welches zwischen dem Johanniterorden und
5 *dem Bistum Tripolis strittig ist.*
(Lateran, 1199 Dezember Ende—1200 Januar Anfang)[1].

Reg. Vat. 4, fol. 213ᵛ—214ʳ ⟨Nr. 264, 273⟩.
Sirleto, fol. 432ᵛ = Cholinus, II 565 = Venet., II 565 = Baluze, I 520 Nr. 273 = Migne,
PL 214, 836 Nr. 273; Delaville Le Roulx, Cartulaire général des Hospitaliers, I 659 Nr.
10 *1054. — Potth. Reg. 932; Haluščynskyj, Acta Innocentii, 493 Nr. 5. — Vgl. Br. I 73.*

Tirensi archiepiscopo[2] **et episcopo**[3] **Sydoniensi**[a].

| Cum[b] S(eguinus), quondam prior sancti Michaelis[4], et A(imericus),
canonicus Tripolitanus[5], nuntii ecclesie Tripolitane, et . . et . .[c] nuntii
dilectorum filiorum fratrum Hospitalis Ier(oso)limitani[6] pro questione,
15 que vertebatur inter ipsos super ecclesia de Nefins[7] et decimis eius ac tribus casalibus, que occasione litterarum bone memorie C(elestini) pape,
predecessoris nostri[8], ab Hospitalariis occupata temere dicebantur, ad
nostram dudum presentiam accessissent, postquam in presentia venerabilis fratris nostri . . Portuensis episcopi[9] et dilectorum filiorum G(uido-
20 nis), tituli sancte Marie Transtiberim presbyteri[10], et G(regorii), sancti
Angeli diaconi[11], cardinalium, quos partibus dedimus auditores, ab eis
fuit diutius litigatum et nos utrimque proposita ex fideli relatione
cardinalium predictorum intelleximus diligenter, de fratrum nostrorum
consilio Tripolitanam ecclesiam in eum statum possessionum decrevimus

---

25 **261.** [a]) *Adresse am Rande vorgemerkt.* [b]) *Am Rande ein kurzer, waagrechter Strich.*
[c]) *Migne:* N. et P.

261. [1]) Zur Datierung: Das Schreiben wurde vielleicht gleichzeitig mit einem Mandat vom
20. Dezember 1199 und einem Gratialbrief vom 9. Januar 1200, die beide der Johanniterorden für sich erwirkte (Delaville le Roulx, *Cartulaire général des Hospitaliers*, I 684
30 Nr. 1100, 688 Nr. 1108), abgesandt und dürfte daher um die Jahreswende 1199/1200 ausgestellt worden sein.
[2]) S. Br. II 247 (257) Anm. 2.
[3]) S. Br. II 247 (257) Anm. 8.
[4]) Seguinus, Prior des Augustiner-Chorherrenpriorates von St. Michael in Tripolis
35 (Libanon) ca. Juni 1184—vor Dezember 1199. Vgl. Röhricht, *Regesta Regni Hierosoly-*
mitani, 168 Nr. 637 und Ders., *Syria Sacra*, 34.
[5]) Aimerich, Kanoniker des Domkapitels von Tripolis (Suffr. von Tyrus). Vgl. Röhricht, *Syria Sacra*, 33 und Br. I 73, S. 108 Anm. 4.
[6]) Über die Machtstellung des Johanniterordens in Tripolis, die der Orden bis 1187
40 ständig ausbauen konnte, vgl. J. Richard, *Le comté de Tripoli sous la dynastie toulousaine*
(1102—1187). Bibliothèque archéologique et historique 39. Paris 1945, bes. 62 ff.
[7]) Nephin (Anfeh), Stadt an der Mittelmeerküste südlich von Tripolis (Libanon).
[8]) Die Urkunde Coelestins III. ist nicht erhalten.
[9]) S. Br. II 84 (91) Anm. 10.
45 [10]) S. Br. II 35 Anm. 8.
[11]) S. Br. II 65 (68) Anm. 3.

integre reducendam, quam ante habuerat, quam per venerabilem fratrem
nostrum . . Nazarenum archiepiscopum[12] et dilectum filium . . abbatem
Montis Oliueti[13], directum a venerabili fratre nostro . . patriarcha Ier(o-
so)limitano[14], pretextu mandati iamdicti predecessoris nostri premissa-
rum rerum possessio ipsis Hospitalariis adiudicata fuisset; quibus dedimus 5
in preceptis, ut iuxta quod erat sententiatum a nobis, possessionem rerum
superius expressarum cum integritate fructuum ab illo tempore percepto-
rum ex eis ipsi ecclesie Tripolitane — contradictione, occasione et appellatione cessantibus — pacifice resignarent; nec ei super eadem possessione
violentiam vel iniuriam aliquam presumerent irrogare, ne propter hoc in 10
causa proprietatis propter rebellionem suam iacturam incurrerent gra-
viorem. Vobis quoque recolimus mandavisse, ut, si ultra mensem possessionem illam contra sententiam nostram presumerent detinere, predictam
ecclesiam de Nefins cum omnibus antedictis curaretis Tripolitane ecclesie
assignare eamque in corporalem possessionem inducere predictorum; con- 15
tradictores quoslibet aut nostre sententie obviantes per severitatem ecclesiasticam appellatione postposita compescendo. Nullis litteris obstantibus, preter assensum partium et cetera[15].

Cum[d] autem predicti fratres et, sicut accepimus, super possessione
sententie late obedierint humiliter et devote, per quam nullum eis super 20
questione proprietatis preiudicium generatur, * cum nichil commune habeat proprietas cum possessione iuxta legitimas sanctiones[16], causam
proprietatis ad petitionem predictorum fratrum vestro duximus examini
committendam; per apostolica scripta precipiendo mandantes, quatinus
vocatis ad presentiam vestram, qui fuerint evocandi, et auditis[e] et plenius 25
intellectis, que in iudicio petitorio duxerint proponenda, quod iustum
fuerit appellatione postposita statuatis; facientes et cetera, appellatione
remota.

Nullis[f] [etc.] Quodsi ambo et cetera.

* fol. 214r

---

d) C- *steht neben dem Schriftspiegel.*   e) *Auf Rasur nachgetragen.*   f) *Darnach eine* 30
Lücke von 20 mm.

12) Vielleicht Robert, der zwischen 1210 und 1218 als EB. von Nazareth (Suffr. des
Patriarchen von Jerusalem, Israel) bezeugt ist. Als Vorgänger wird zwischen 1154 bis
ca. 1191 ein Letardus bezeugt. Vgl. Röhricht, *Syria Sacra*, 14 mit Anm. 18.

13) Abt des Augustiner-Chorherrenstiftes am Ölberg bei Jerusalem. Zu 1220 ist ein 35
gewisser D. in dieser Würde nachzuweisen. Vgl. H. F. Delaborde, *Chartes de Terre Sainte
provenant de l'abbaye de N. D. de Josaphat*. Bibliothèque des Écoles françaises d'Athènes et
de Rome 19 (Paris 1880) 124.

14) S. Br. II 180 (189) Anm. 2.

15) Br. I 73.   40

16) *Digesten* 41, 2, 12 § 1 (= Mommsen, 653).

262 (274).

Innocenz III. nimmt das Kloster S. Maria della Ferraria in den päpstlichen Schutz und bestätigt seinen Besitz und seine Rechte, besonders die Zehentfreiheit und die Befugnis, Mönche aufzunehmen und diesen zu verbieten, nach 5 *der Profeß das Kloster ohne Erlaubnis des Abtes zu verlassen. Er verbietet ferner, innerhalb des Umkreises einer halben Meile von der Abtei Häuser zu errichten. Die Mönche sollen vom Diözesanbischof geweiht werden. Wenn er dafür etwas verlangt oder nicht in Gemeinschaft mit dem Papst steht, kann das durch einen beliebigen Bischof geschehen.*

Lateran, 1200 Januar 19.

10

Reg. Vat. 4, fol. 214ʳ—214ᵛ ⟨Nr. 265, 274⟩.
Sirleto, fol. 433ʳ = Cholinus, II 566 = Venet., II 566 = Baluze, II 521 Nr. 274 = Migne, PL 214, 837 Nr. 274. — Potth. Reg. 940; V. Balzano, Documenti per la storia di Castel di Sangro. L'Aquila 1935, III 7 Nr. 2 (mit falschem Datum: 18. Januar 1198).

15 **Abbati sancte Marie de Ferraria**[1] **eiusque fratribus, tam presentibus quam futuris regularem vitam professis in perpetuum**[a].

Religiosam vitam eligentibus apostolicum convenit adesse presidium et cetera usque annuimus[b] et prefatam ecclesiam sancte Marie de Ferraria, quam in fundo a nobili viro Richardo, quondam comite de Sangro[2], pia 20 vobis donatione concesso ad divinum obsequium construxistis, sed et cambium, quod fecistis cum bone memorie Matheo, quondam Capuano archiepiscopo[3], et ecclesia Capuana, a quibus recepistis duas ecclesias dirutas — id est ecclesiam sancti Martini, in qua Cisterciensem ordinem statuistis, et sancti Helie cum omnibus tenimentis earum, sicut habetis in 25 publico instrumento —, et locum illum, ubi est ecclesia sancti Angeli, cum ipsa ecclesia et tenimento suo in ius et proprietatem beati Petri et sacrosancte Romane ecclesie ad instar felicis recordationis Lucii[c][4], Clementis[5] et Celestini[6], predecessorum nostrorum Romanorum pontificum, suscipimus et presentis scripti privilegio communimus; statuentes ut, quascum- 30 que possessiones, quecumque bona eadem ecclesia inpresentiarum iuste et

---

262. [a] *Am Rande von einer Hand des 13. Jh.:* pro iure Romane ecclesie. [b] *Zwischen* -u- *und* -i- *ein Buchstabe ausradiert;* -imus *auf Rasur.* [c] *Die drei Papstnamen stehen in verlängerter Schrift.*

262. [1] Nikolaus, Abt der Zisterzienserabtei S. Maria della Ferraria (Diöz. Teano, Prov. 35 Neapel), zwischen 1192 und 1200 bezeugt. Vgl. *Chronica ignoti monachi Cisterciensis s. Mariae de Ferraria,* ed. A. GAUDENZI, Monumenti storici, ser. I, Cronache, Napoli 1888, 32 f.

[2] Richard Graf von Sangro (Castel di Sangro, Prov. L'Aquila) nach 1167 bis nach 1200 bezeugt. Vgl. V. BALZANO, *La vita di un comune del reame. Castel di Sangro.* Pescara 1942,56. 40 Zum Grafengeschlecht: G. CELIDONIO, *La diocesi di Valva e Sulmona.* Casalbordino 1909, I 151—185.

[3] S. Br. II 181 (190) Anm. 4.
[4] Das Privileg Lucius' III. (1181—1185) ist nicht erhalten. Vgl. IP VIII 261 Nr. 1.
[5] Das Privileg Klemens' III. (1187—1191) ist nicht erhalten. Vgl. IP VIII 261 Nr. 2.
45 [6] Privileg Coelestins III. vom 2. März 1193 (JL 16961; vgl. IP VIII 262 Nr. 4).

canonice possidet et cetera usque illibata permaneant. In quibus hec propriis duximus exprimenda vocabulis: Predia, que contulit vobis illustris memorie W(illelmus) quondam rex Sicilie[7], scilicet startiam de Cornillan(o), startiam de Palmento et Iardinum Galerani, startiam sancti Stephani et Pantanelli et Riui Iannuli et Forestelle et sancti Petri Lacusancti[d], 5 usum pascuarum et omnium silvarum in toto tenimento Varran(ensi), startiam de Perticella in eodem tenimeto; startiam de Fraxo et Pedismontis, quam dedit vobis Tancredus, illustris Sicilie rex[8], in tenimento Teani; tenimenta, que habetis intra montes et in omnibus partibus suis et quicquid habetis in Vairan(o)[e]; predium, quod contulit vobis Ioh(ann)es notarius iuxta flumen Wlturni[9], et quicquid vobis contulit Hug(o) de Prata; 10 quicquid habetis in territorio[f] sancti Angeli de Rabacanina et omnia pascua in terris eiusdem Hugonis et quod habetis in Catulisca; pascua, que habetis in Alifia, in tenimento Calui, in Prato Rotundo et in Dalfian(o) Castellimaris[g]; fundum de Siluaplana, quem habetis ex dono Gismundi; 15 terram, quam vobis contulit nobilis mulier Mathia et predictus Hug(o) in flumine Lethe[10], ubi habetis molendinum Folle; domum, quam habetis in castro Mastradi; rationes omnes, quas habetis in Neapolim; limatam[h], que dicitur Perdita, quam dedit vobis nobilis vir Goffridus de Montefusculo[11]; tenimentum, quod contulit vobis comes W(illelmus) de Ca- 20 serta[12]; in tenimento Telesie, quod fuit Ioh(ann)is militis Bassi; molendinum, quod contulit vobis comes Rog(erus) de Molisio[13] in Ysernia, et pascua per totam terram suam; molendinum de Pentomis, quod dedit vobis Malgerius Sorellus; et quicquid habetis in Minian(o), in Monte Rodon', in Petra, in Marcian(o) et in sancto Germano; domos, apothecam et 25

---

d) *Migne;* Lacuscin.   e) *Migne:* Varran.   f) *Durch Zeichen umgestellt aus* in territorio habetis.   g) *Zwischen* -a- *und* -r- *ein Buchstabe ausradiert.*   h) *Migne:* Limatam.

[7]) Wilhelm II., König von Sizilien 1166 bis 18. November 1189.

[8]) Tankred Graf von Lecce, natürlicher Sohn des Herzogs Roger von Apulien. Seit 30 1149 Graf von Lecce, mußte er 1154 nach Konstantinopel fliehen, um Nachstellungen seines Onkels, Wilhelms I., zu entgehen, doch kehrte er nach dessen Tode wieder zurück. 1190 wurde er selbst in Palermo zum König von Sizilien gekrönt. Er starb am 20. Februar 1194.

[9]) Volturno, Fluß in der südlichen Campania.

[10]) Lete, Nebenfluß des Volturno.   35

[11]) Gottfried von Montefusco (Prov. Avellino) wurde 1207 von Diepold von Schweinspeunt gefangengenommen. Vgl. WINKELMANN, *Philipp von Schwaben und Otto IV.,* II 71 f. (mit Belegstellen).

[12]) Wilhelm Graf von Caserta, seit 1156 bezeugt, wurde 1193 von Tankred, gegen den er kämpfte, gefangengenommen. Er folgte seinem Vater Robert im August 1183 in der Graf- 40 schaft Caserta nach, starb jedoch schon 1199 oder kurz darauf. 1205 ist sein Sohn Robert als Graf von Caserta nachzuweisen. Vgl. G. TESCIONE, *Caserta medievale e i suoi conti e signori.* Archivio storico di Terra di Lavoro 1 (1956) 212—222 und 2 (1959) 53.

[13]) Roger Graf von Molise, als solcher zwischen 1170 und 1196, dem Jahr seiner endgültigen Vertreibung aus dieser Grafschaft durch Konrad von Lützelinhart, der 1195 von 45 Heinrich VI. mit Molise belehnt worden war, bezeugt; er starb im Exil. Vgl. JAMISON, *I conti di Molise,* 100—103.

terras, quas Ioh(ann)es Richardi[14] dedit vobis in Capua, et domos, quas
dedit vobis Petrus Alifie et quas dedit vobis Ioh(ann)es Cancarrus in
eadem civitate; tenimentum, quod dedit vobis Philippus de Busson' in
Suess(a) pro anima uxoris sue; et libertates, quas habetis per regnum de
5 plateatico, passagio et herbatico.

Sane laborum vestrorum, quos propriis manibus vel sumptibus colitis
tam de terris cultis quam incultis sive de vestrorum animalium nutrimentis, nullus a vobis decimas exigere vel extorquere presumat. Liceat
quoque vobis clericos vel laicos liberos et cetera usque retinere. Prohibe-
10 mus insuper, ne ulli fratrum vestrorum post factam in eodem loco professionem et cetera usque retinere. Quodsi quis forte eos retinere presumpserit et cetera. Paci quoque et tranquillitati vestre paterna inposterum sollicitudine providere volentes et cetera usque audeat exercere. Illud insuper
auctoritate apostolica prohibemus, ne infra dimidiam leuguam prope
15 abbatiam vestram aliqua de novo habitatio fiat, de qua vobis debeat ser-
vate hactenus libertatis et pacis aliquod preiudicium generari. Ordinationes etiam monachorum vestrorum a diocesano suscipietis episcopo, siquidem catholicus fuerit et gratiam atque communionem apostolice sedis
habuerit et gratis et absque pravitate[i] aliqua voluerit exhibere. Alioquin
20 liceat vobis, a quocumque malueritis catholico episcopo suscipere, qui
nostra fultus auctoritate quod postulatur impendat.

Decernimus ergo et cetera usque profutura; salva sedis apostolice
auctoritate. Si qua igitur et cetera. Cunctis autem et cetera. * Datum La-   * fol. 214ᵛ
terani per manum Rainaldi, Acherontini archiepiscopi, cancellarii vicem
25 agentis[15], XIIII Kal. Februarii, indictione III, incarnationis Dominice
anno M° C° XCVIIII, pontificatus vero domni Innocentii[k] pape III anno
secundo.

263 (275).

Innocenz III. befiehlt dem Bischof (Gerhard) von Padua, (seinem Archi-
30 *presbyter [Johannes Bonus] und dem dortigen Domkapitel), ihrem Kano-*
niker, Magister G., der eben den Prozeß um eine Kapitelspfründe verloren
hat, eine andere Vollpfründe zu verleihen (und ernennt für den Weigerungs-
fall den Patriarchen [Johannes] von Grado zum Exekutor dieses Befehls).

(Lateran, 1200 Januar)[1].

35   *Reg. Vat. 4, fol. 214ᵛ ⟨Nr. 266, 275⟩.*
     Sirleto, fol. 434ʳ = Cholinus, II 567 = Venet., II 567 = Baluze, I 522 Nr. 275 = Migne,
*PL 214, 838 Nr. 275. — Potth. Reg. 950. — Vgl. IP VII/1 171 Nr. *23 bzw. Br. II 264 (276).*

---

   i) *Migne:* gravitate.   k) *In verlängerter Schrift.*

   14) Johannes de Riccardo aus Capua ist 1188 als Zeuge belegt. Vgl. J. MAZZOLENI, *Le*
40 *pergamene di Capua* I (Napoli 1957) 98 und 100.
   15) S. Br. II 3 Anm. 6.
   263. 1) Die Datierung ergibt sich aus der Tatsache, daß der Brief fast zur Gänze gleichzeitig mit Br. II 262 (274) vom 19. Januar registriert wurde und zwischen anderen Schreiben
desselben Monats steht: Br. II 259 (271) vom 4. Januar und II 267 (279) vom 28. Januar.

. . Episcopo Paduano[2].

Cum[a] in ecclesia Dei et officia beneficiis et beneficia sint officiis deputata et oneri honor annexus et onus honori, ecclesiasticis debent gaudere stipendiis, qui ecclesiasticis officiis sunt ascripti; ne contra legis veteris inhibitionem os bovi trituranti claudatur aut contra verbum apostoli aliquis suis cogatur[b] stipendiis militare, si qui altari deservit, non detur vivere de altari.

Sane in examinatione cause, quam olim cum dilecto filio magistro G.[3], qui nobis et fratribus nostris litterature ac bonitatis sue meritis est acceptus[c], habueras, et ab eo intelleximus esse propositum et . . procuratore tuo et nuntio non negatum ipsum de assensu tuo in canonicum ecclesie Paduane fuisse receptum et a te postmodum in subdiaconum ordinatum; in eo dumtaxat existente vi questionis, quod preter[d] investituram, que tibi de antiqua consuetudine competebat, prebendam de canonicorum manibus recepisset. Licet autem ipse per sententiam delegatorum iudicum ab eadem causa ceciderit[4] et satis sufficiat ad correctionem ipsius, quod in eo punitus est, in quo visus est deliquisse: ut misericordiam in nobis inveniat, qui hactenus iustitiam est expertus — quamvis ex eo, quod in eadem ecclesia certus beneficiorum est numerus per sedem apostolicam confirmatus[5] et nullum beneficium vacet in ea, immo sicut dicitur tres ad unum contra statuta Turonensis concilii[6] sint admissi, non statim precibus eius condescendere valeamus; quia tamen absonum est non modicum et indignum, ut canonicus et subdiaconus ecclesie Paduane ipsius remaneat beneficio[e] destitutus —, fraternitatem tuam monemus et exhortamur in Domino et per apostolica scripta precipiendo mandamus[f], quatinus cum hii, qui post eum recepti sunt ad officium, non debeant eum in beneficio prevenire, nullum investias de beneficio ecclesie Paduane, priusquam eidem sicut uni ex aliis integrum fuerit beneficium assignatum.

Dilectis etiam filiis . . archipresbytero[7] et canonicis eiusdem ecclesie

Marginal notes:
vgl. Dt 25, 4; 1 Tim 5, 18; 1 Kor 9, 13;
vgl. 1 Kor 9, 7. 13
vgl. Weish 11, 17
vgl. 2 Kor 5, 20

---

263. [a]) *Am Rande ein Kreuz. Das ebenfalls dort angebrachte Notazeichen wurde später zur Hälfte weggeschnitten (vgl. Einleitung XXI).* [b]) *Zwischen -a- und -t- ein Buchstabe ausradiert.* [c]) *Darnach nochmals ein überflüssiges* olim. [d]) propter; *vgl. jedoch unten S. 509 Z. 5 und Br. II 264 (276) S. 510 Z. 7, 23.* [e]) bene- *auf Rasur nachgetragen.* [f]) *Bis hieher längs des Briefes am Rande ein senkrechter, z. T. gewellter Strich.*

[2]) Gerhard Offreducci da Marostica, B. von Padua (Suffr. von Aquileia) 25. März 1165 —November 1213 (res.). Vgl. G. Zonta, *Il vescovo Gerardo Onfreducci da Marostica (1165—1213).* Studia Sacra II (1921) 106—111.

[3]) Magister G., Kanoniker von Padua, läßt sich andernorts nicht nachweisen.

[4]) Br. II 264 (276).

[5]) Papst Coelestin III. bestätigte am 1. Mai 1196 die gemeinsam von Bischof, Archipresbyter und Kanonikern verfügte Festlegung auf 24 Pfründen. Vgl. IP VII/1 171 Nr. 20 (JL 17369).

[6]) Can. 1 der Synode von Tours von 1163 = X. III, 5, 8 (= Friedberg, *CorpIC,* II 466).

[7]) Johannes Bonus Scarella, Archipresbyter der Kirche von Padua 1194—1203. Er war seit 1175 Kanoniker daselbst. Vgl. F. S. Dondi Dall'Orologio, *Serie cronologico-istorica dei canonici di Padova.* Padova 1805, 191 und 244.

per nostras litteras inhibemus, ne aliquem ad beneficium prius admittant, quam eidem magistro iuxta quod premisimus fuerit satisfactum; decernentes irritum et inane, si quid a te vel ipsis contra hoc fuerit attemptatum.

5 Quia vero non minus idem archipresbyter et canonici preter investituram tuam eidem G. prebendam conferendo peccarunt, quam ipse recipiendo deliquit — ne unus puniri videatur pro omnibus, sed omnes g) puniantur h) in uno —, ipsis per apostolica scripta precipiendo mandamus, ut ei prebendam, que tantum residentibus de communi confertur, sicut 10 uni ex aliis de communibus proventibus, et manualia beneficia post susceptionem presentium non differant assignare; ad quod eos, si — quod non credimus — parere noluerint, per venerabilem fratrem nostrum . . Gradensem patriarcham 8) contradictione et 1) appellatione cessantibus ecclesiastica mandamus districtione compelli.

15 | Illis k) scriptum est super hoc et . . patriarche scriptum est super hoc.

264 (276).

Innocenz III. bestätigt ein Urteil, das der Prior L(ivaldus) und der Kanoniker V. von Santa Maria delle Carceri in seinem Auftrag in einem Prozeß zwischen dem Bischof (Gerhard) von Padua und dem dortigen Kanoniker
20 *Magister G. gefällt haben: G. verliert seine Domkapitelspfründe, da er sie ohne Investitur durch den Bischof und ohne dessen Zustimmung vom Domkapitel entgegengenommen hat; sie wird dem päpstlichen Subdiakon und Notar Johannes (Ferentinus ?) übertragen, der vom Papst bereits ein Archidiakonat in Padua erhielt.*

25 *(Lateran, 1200 Januar)* 1).

Reg. Vat. 4, fol. 214ᵛ—215ʳ ⟨Nr. CCLX, 267, 276⟩.
*Sirleto, fol. 434ᵛ = Cholinus, II 568 = Venet., II 568 = Baluze, I 523 Nr. 276 = Migne, PL 214, 839 Nr. 276. — Potth. Reg. 951. — Vgl. I P VII/1 171 Nr. *23 bzw. Br. II 263 (275).*

Magistro Ioh(ann)i, subdiacono et notario nostro 2).

30 Collato tibi quondam per manus nostras archidiaconatus officio, quem olim habuerat V(italianus ?), quondam archidiaconus et canonicus Padua-

---

g) *Auf Rasur nachgetragen.*   h) puniatur.   1) *Nachgetragen.*   k) I- *steht neben dem Schriftspiegel.*

8) S. Br. II 27 Anm. 25.

35 **264.** 1) Zur Datierung: Das Schreiben wurde zugleich mit der Angabe der A-pari-Briefe des Br. II 263 (275) registriert, was der dortige Neuansatz vor « Illis scriptum est » nahelegt (oben Z. 15), und betrifft auch dieselbe Angelegenheit wie dieser Brief. Daher ist auch dasselbe Datum anzunehmen.

2) Vielleicht Magister Johannes Ferentinus, päpstlicher Subdiakon und Notar, der
40 1203/04 die päpstlichen Privilegien datierte und 1204 Kardinaldiakon von S. Maria in Vialata wurde. 1212—1215 Kardinalpresbyter von S. Prassede. Vgl. Kartusch, 233—237 Nr. 51 bzw. Elze, *Kapelle*, 175 f.

nus[3], cum in ecclesia Paduana nulla tunc temporis diceretur prebenda vacare, donationi nostre reservavimus proximo vacaturam, decernentes irritum et inane, si quis de ea quicquam contra tenorem mandati apostolici presumeret attemptare. Cumque postmodum inter venerabilem fratrem nostrum . . Paduanum episcopum[4] et magistrum G., canonicum 5 ecclesie Paduane[5], super prebenda eiusdem ecclesie propter hoc questio mota fuisset, quod idem G. prebendam preter investituram episcopi de Paduanorum canonicorum manibus accepisset, nos primo causam ipsam Ferrariensi episcopo[6], secundo venerabili[a] fratri nostro . . episcopo Veronensi, sancte Romane ecclesie cardinali[7], ac tandem post sententiam a 10 Ferrariensi prolatam venerabilibus fratribus nostris . . Castellano[8] et . .[b] Clugiensi[9] episcopis meminimus commisisse. Cumque postmodum eiusdem episcopi procurator et dictus magister G. propter hoc ad sedem apostolicam accessissent, causa ipsa coram dilecto filio P(etro), tituli sancte Cecilie presbytero cardinali[10], quem eis concessimus auditorem, diutius 15 ventilata et fideliter nobis per cardinalem eundem que proposita fuerant hinc inde relatis: cassata quoque sententia ab eodem episcopo Ferrariensi prolata, causam eandem dilectis filiis L(ivaldo) priori[11] et V. canonico[12] sancte Marie ad Carceres sub certa forma commisimus terminandam; sic videlicet, ut eodem G. reducto in statum, in quo fuerat sententia non 20 prolata — cum nobis ex ipsius confessione facta coram eodem cardinali constaret, quod investitura prebendarum ad eundem episcopum pertineret et idem G. preter investituram ipsius predictam prebendam de canonicorum manibus accepisset[c] —, ipsum eadem sublato appellationis et contradictionis obstaculo spoliarent et assignationem a canonicis factam 25 denuntiarent irritam et inanem; nisi for*san infra mensem post receptionem litterarum nostrarum constaret eisdem episcopum Paduanum post possessionem prebende ipsi G. a canonicis assignatam suum super assignatione a canonicis facta eidem expressisse[d] consensum. Preterea minus indecens attendentes, quod simplex canonicus quam archidiaconus et 30 canonicus prebenda careret — cum et idem G. ea se prebenda reddidisset indignum, quam temere presumpserat occupare —, eisdem iudicibus dedi-

* fol. 215ʳ

---

264. [a] -enerab- *auf Rasur.*   [b] *Gemmipunctus unter der Zeile nachgetragen.*   [c] *Am Rande zwei gekreuzte Striche.*   [d] -i- *auf Rasur nachgetragen.*

[3] Ein Vitalian erscheint 1186/87 unter den Kanonikern von S. Maria e S. Giustina in 35 Padua. Vgl. IP VII/2, 184 Nr. 4—6.
[4] S. Br. II 263 (275) Anm. 2.
[5] Ebd., Anm. 3.
[6] S. Br. II 8 Anm. 2.
[7] S. Br. II 27 Anm. 16.   40
[8] S. Br. II 47 (49) Anm. 1.
[9] S. Br. II 27 Anm. 26.
[10] S. Br. II 99 (107) Anm. 7.
[11] Livaldus, Prior des Regularkanoniker-Priorats von S. Maria delle Carceri (bei Este, Diöz. und Prov. Padua), nach 1184 nachweisbar. Vgl. IP VII/1 205—208.   45
[12] Nicht zu identifizieren.

mus in mandatis, ut non obstante mandato, quod a bone memorie C(elestino) papa, predecessore nostro, pro eodem G. factum fuerat de beneficio
vacaturo[13], eundem episcopum commonerent, ut eandem prebendam tibi
vel nuntio tuo non obstante appellatione vel contradictione cuiuslibet
5 assignaret; quodsi non faceret, ipsi hoc nichilominus sublato appellationis
obstaculo adimplerent.

Delegati vero iudices iuxta formam mandati apostolici procedentes,
cum eidem G. restitutionis beneficium impendissent, sex clericos et tres
laicos productos ab eo ad testimonium admiserunt. Sed quia episcopum
10 assignationi sibi a canonicis facte suum expressisse consensum infra
statutum terminum non probavit, licet idem G. ad sedem apostolicam
appellasset iam elapso termino plures se asserens ad testimonium produc-
turum, quia tamen in litteris nostris appellationis erat obstaculum[e] partibus denegatum, ipsi contra eum se per contumaciam absentantem senten-
15 tiam protulerunt: prebenda eum spoliantes eadem et assignationem a
canonicis factam decernentes irritam et inanem. Postmodum vero ad
commonitionem eorum procuratorem tuum de eadem prebenda dictus
episcopus investivit. Et licet sepedictus G. ad nostram postmodum[f] presentiam[g] accessisset, tamen contra prolatam sententiam et investituram
20 procuratori tuo factam nichil penitus postulavit.

Nos igitur[h] sententiam ipsam, sicut ab eisdem iudicibus rationabiliter
lata est nec legitima appellatione suspensa, ratam habemus et auctoritate
apostolica confirmamus et presentis scripti patrocinio communimus.

Nulli ergo et cetera.

25 ## 265 (277).

Innocenz III. bestellt den päpstlichen Subdiakon und Kapellan R(ainald)
von Celano, den die Mehrheit des Domkapitels von Capua in einer strittigen
Wahl zum Erzbischof gewählt hat, zum Administrator dieses Erzbistums.

Lateran, (nach 1199 Dezember 7)[1].

30 *Reg. Vat. 4, fol. 215ʳ—216ʳ ⟨Nr. CCLXI, 268, 277⟩.*
Sirleto, fol. 435ᵛ = Cholinus, II 569 = Venet., II 569 = Baluze, I 524 Nr. 277 = Migne,
PL 214, 841 Nr. 277. — Comp. III. 1, 6, 4; Bern. 1, 8, 4; Add. ad Dunelm. IV. 25; Coll.
Fuld. 1, 6, 8; Gilb. 1, 3, 8; Rain. 4, 1; X. I, 6, 19. — Potth. Reg. 949. — Vgl. Br. II 181
(190). — Vgl. Kamp, Kirche und Monarchie, I 112 mit Anm. 35.

35   e) -l- *auf Rasur.*   f) *Auf Rasur und am Rande nachgetragen.*   g) pre- *nachge-*
tragen.   h) *Zum Teil auf Rasur.*

13) Das Mandat Coelestins III. ist nicht erhalten. Vgl. IP VII/1 171 Nr. *23.
265. 1) Zur Datierung: Rainald von Celano berichtet in einem in der Capuaner Brief-
sammlung enthaltenen Schreiben, daß Innocenz III. am Ambrosiustag (7. Dezember) 1199
40 seine Wahl im Konsistorium approbiert und ihm als Prokurator die Regierung des Bistums in spiritualibus et temporalibus übertragen habe (Paris, B. N. cod. lat. 11867 fol.
136ʳ ᵃ/ᵇ; vgl. BAETHGEN, Regentschaft, 55 Anm. 2 bzw. KAMP, Kirche und Monarchie, I 112
Anm. 35).

Archidiacono et capitulo Capuanis[2].

| Cum[a] olim nobis de obitu bone memorie . . archiepiscopi Capuani[3] tam per vestras litteras quam nuntios constitisset, volentes, prout officii nostri sollicitudo deposcit, in pastorem provideri celerius ecclesie viduate, vobis dedimus in mandatis, ut electionem canonicam de persona idonea 5 faceretis, per quam in spiritualibus et temporalibus[b] Capuana ecclesia posset congrue gubernari[4]. Vos autem mandatum nostrum suscipientes humiliter et devote, statuto die in metropolitana ecclesia convenistis. Et cum ad tractandum de facienda electione in capitulo sederetis et tu, fili archidiacone, ympnum ad invocandam[c] Spiritus sancti gratiam ince- 10 pisses, dilectus filius M(attheus), archidiaconus Theatinus, canonicus Capuanus[5], silentium indicens sic ait: «Dominus papa, ut faceremus cano- nicam electionem precepit, et ego, ne fiat nisi canonica, interdico et ad ipsum vocem appellationis emitto». Cumque a quibusdam vestrum que- situm fuisset ab archidiacono memorato, quid intelligeret per canonicam 15 electionem, respondit, ut secundum decreta canonica nullus in episcopum de aliena eligeretur ecclesia, dum in propria posset idoneus inveniri[6]. Et sic aliquantulo facto tumultu, cum tu, fili archidiacone, ympnum iterum incepisses, ipse archidiaconus Theatinus cum quibusdam conplicibus suis chorum exivit et cepit in quodam angulo ecclesie commorari; et vos 20 ympnum in choro sollempniter complevistis. Sed cum post invocatam Spiritus sancti gratiam foret de electione tractandum, unum presbyterum et unum diaconum et alium acolitum vicem gerentem subdiaconi, qui etiam est cancellarius ecclesie Capuane[7], ut vota singulorum seriatim per- quirerent, elegistis. Qui universorum perquirentes diligentius voluntates, 25 vos omnes, qui ad eligendum in capitulo remansistis, invenerunt in elec- tione concordes: dilectum filium R(ainaldum), subdiaconum et capella- num nostrum[8], filium dilecti filii nobilis viri . . P(etri) comitis Celanen- sis[9], unanimiter nominantes. Demum[d] vero predictum archidiaconum et

265. [a] *Am Rande von einer Hand des 13. Jh.:* hoc c(apitulum) est Extra de electione *(X.* 30 *I, 6, 19).* [b] *Durch Zeichen umgestellt aus* temporalibus et spiritualibus. [c] *Über dem letzten -a- eine Rasur.* [d] *D- steht neben dem Schriftspiegel.*

[2] Archidiakon und Domkapitel von Capua (Prov. Caserta). Der Erzstuhl war seit Sommer 1199 vakant (vgl. Br. II 181 [190]).

[3] S. Br. II 181 (190) Anm. 4. [4] Br. II 181 (190). 35

[5] Matthäus Constantini aus Capua hatte seine Karriere an der Kurie begonnen, war 1187 Archidiakon von Chieti geworden, eine Pfründe, die er mit seinem Capuaner Kanonikat vereinigte. Im November 1202 wurde er EB. von Amalfi, nachdem der Papst eine drei- fache Postulation des dortigen Kapitels abgelehnt hatte. Er starb im November 1215. Vgl. dazu KAMP, *Kirche und Monarchie,* I 393 ff. 40

[6] *Decretum Gratiani* D. LXI, 13. 16 § 1 (= FRIEDBERG, *CorpIC,* I 231 f.).

[7] Kanzler des Erzbistums Capua.

[8] Rainald von Celano, Sohn des Grafen Peter, war päpstlicher Subdiakon und Kapel- lan. Erst 1204 gestattete ihm der Papst die Annahme des Elektentitels von Capua und weihte ihn im Juli 1208 persönlich in San Germano zum Bischof. Als EB. von Capua ist 45 Rainald bis April 1212 bezeugt. Vgl. KAMP, *Kirche und Monarchie,* I 112—116

[9] S. Br. II 248 (258) Anm. 6.

vgl. 2 Kor 11, 28

qui cum eo exierant, per quosdam de vestris ammonere curastis, ut ad
electionem accederent faciendam. Sed cum ipsi venire penitus recusassent
ac diceret idem archidiaconus, quod non ei feceratis tantum honoris et
gratie, quod vobiscum vellet in electione facienda persistere, vos publi-
5 cata electione vestra cantastis: «Te Deum laudamus» et pulsari fecistis
cum sollempnitate campanas: ut, quod per vos factum fuerat, innotesceret
civitati. Ad quarum sonitum cum universus populus ad ecclesiam adve-
nissent et audissent, qualiter a vobis electio fuerat celebrata, factum
vestrum communiter approbarunt; et quidam eorum, ut archidiaconum et
10 alios, qui ab electione discordabant, ad concordiam revocarent, multipliciter institerunt. Verum ipse archidiaconus, ut proponitur, se tunc ipsi
electioni minime consentire sed in nostra presentia suum assensum ipsi
velle prestare respondit; * quod e) etiam, sicut dicitur, sepe ac sepius in   * fol. 215ᵛ
multorum presentia replicavit. Tu vero, fili archidiacone, cum multis de
15 canonicis Capuanis decretum electionis afferens eligentium subscriptionibus roboratum ad nostram presentiam accessisti; et cum apud nos fuissetis aliquandiu commorati, tres canonici Capuani pro parte adversa post
aliquot dies nostro se conspectui presentarunt¹⁰⁾.
   Vobis igitur et ipsis in nostra et fratrum nostrorum presentia constitu-
20 tis, utrique partium precepimus dicere veritatem: et quidem quantumᶠ⁾
erat in narratione facti, usque ad exitum archidiaconi predicti de choro
neutra partium discordabat. Dicebant tamen clerici antedicti, quod multi, qui exierant cum archidiacono, minis et terroribus fuerunt inducti
electioni a vobis facte postmodum consentire. Cumque tam a vobis quam
25 clericis illis quesiverimus diligenter, quot erant clerici Capuani, qui electioni debuerant interesse, inventi non fuistis in responsione discordes;
sed tam vos quam ipsi certum super hoc numerum designastis. Et cum
quereremus sollicite, quot exierant cum archidiacono Theatino, cum
appellationem opposuit, interposite appellationi faventes — licet in hoc a
30 vobis prefati tres clerici discordarent, quod scilicet duodecim vel tredecim
ad plus de canonicis ab electione facta proponerent dissentire; et vos eos
esse quinque aut sex solummodo diceretis —, secundum tamen expressum
a vobis et ipsis canonicorum numerum tres partes et amplius erant in
electione concordes, si etiam predictorum clericorum assertio vera esset,
35 quod scilicet tredecim canonici dissentirent. Quamquam autem, ut prediximus, diligenter inquisiverimus publice veritatem, ne tamen aliqua

---

   e) *Davor* quod etiam *durch Unterpunktierung getilgt.*   ᶠ) *Durch Zeichen umgestellt*
aus quantum quidem.

   ¹⁰) Im Formularbuch (Boncompagnus bzw. Rhetorica antiqua) des Boncompagno von
40 Signa (III 7 § 1) ist ein fingierter Wahlprotest der Kapitelsminorität eingetragen, in dem die
Befürchtung über das Ausgreifen des Hauses Celano nach Capua ausgedrückt wird: Der
Papst möge daher die Kapitelswahl kassieren und Kapitel und Suffraganen, die gleichfalls
wahlberechtigt sind, eine Neuwahl auftragen (B.F.W. Reg. 12200; WINKELMANN, *Philipp von
Schwaben und Otto IV. von Braunschweig*, II 517 bes. Nr. 1 bzw. BAETHGEN, *Regentschaft*,
45 55 Anm. 2 und KAMP, *Kirche und Monarchie*, I 112 bes. Anm. 37 f.).

videremur omittere, de quibus fides nobis erat plenior exhibenda, per
quosdam de fratribus nostris singillatim vos et ipsos clericos examinari
precepimus, ut quisque vestrum coram ipsis suam g) plenius et securius
exponeret voluntatem h): qui non aliud quam ante propositum fuerat
invenere. Interrogati l) vero clerici antedicti k), qui quosdam canonicorum 5
dixerant minis et terroribus ad consentiendum inductos, si viderunt aliquibus quamlibet coactionem inferri, taliter responderunt, quod post l)
factam electionem audiverunt quosdam de canonicis aliis comminantes et
dicentes: «De civitate trecenti vocentur armati, et tunc apparebit, quis
electioni nostre noluerit consentire». Sed licet hoc dictum fuerit, non vide- 10
runt tamen propter hoc cum armis aliquem venientem vel ipsis coactionem
aliquam intulisse.

Cum autem ex utriusque partis assertione constaret interpositam
fuisse appellationem canonicam, quando, ne fieret electio nisi canonica
secundum mandati nostri tenorem, ad nostram fuit audientiam appella- 15
tum, videri poterat, quod post eam m) medio tempore nichil debuerit
innovari 11): unde talis electio iudicanda erat irrita n) et inanis, utpote post
appellationem canonice interpositam attemptata. Sed econtra, cum
appellatum fuisset, non ut nulla fieret electio sed ut fieret canonica, si
factum electionis fuit canonice subsecutum, non utique contra formam 20
appellationis huiusmodi sed magis secundum eam videbatur esse processum; et ideo licet post appellationem non tamen contra fuit eadem
electio celebrata: propter quod non erat aliquatenus irritanda. Nam cum
due partes et amplius electioni consenserint et consentiant, licet cautum
reperiatur in canone, ut tunc alter de altera o) eligatur ecclesia, cum nullus 25
in propria fuerit repertus idoneus 12) — quia tamen hoc in favorem introductum est clericorum et cuique licet renuntiare iuri, quod pro se noscitur
introductum 13) — vos, qui due partes eratis et amplius, cum quod due
partes capituli faciunt, totum facere doceatur 14), in hac parte iuri, quod
pro vobis facere videbatur, renuntiare potuistis et electionem de persona 30
alterius ecclesie celebrare; presertim cum illud decretum locum videatur
habere, quando clericis renitentibus et invitis per alicuius violentiam potestatis extraneus ingeritur ex adverso, propter quod sequitur in decreto,
ut sit facultas clericis renitendi, si se viderint pregravari, et quos ingeri
sibi viderint ex adverso, non timeant refutare 15). Preterea cum sedes apo- 35

---

g) *Fehlt bei Migne.*　　h) *Migne:* veritatem.　　i) *I- steht neben dem Schriftspiegel.*
k) *Auf Rasur nachgetragen.*　　l) quod post *auf Rasur, vielleicht nachgetragen.*　　m) e-
auf Rasur nachgetragen.　　n) *Darnach eine kleine Rasur.*　　o) *-a am Schluß korr. vielleicht aus* -i.

11) Vgl. *Decretum Gratiani* C. II, q. 6, c. 31 § 1 (= Friedberg, *CorpIC*, I 477).　　40
12) S. oben Anm. 6.
13) Vgl. *Codex Iustinianus* 2, 3, 29, § 1 (= Krueger, 94).
14) So z. B. Simon von Bisignano in seiner Summe zum *Decretum Gratiani* D. LXXXV,
1 (O. von Gierke, *Das deutsche Genossenschaftsrecht*, III [Nachdruck Darmstadt 1954] 321
Anm. 235).　　45
15) *Decretum Gratiani* D. LXI, 13 (= Friedberg, *CorpIC*, I 231).

stolica caput omnium ecclesiarum existat et Romanus pontifex iudex sit
ordinarius singulorum[16], quando de ipsa quis assumitur in prelatum alterius, ei posse obici non videtur propter capitis privilegium, quod obtinet
plenitudinem potestatis, quod de alia ecclesia eligatur, cum a capite
5 membra reputari non debeant aliena. Item cum post appellationem emis-
sam, non ut non fieret electio, quia talis appellatio nulla foret[p], sed ut
fieret canonica, dictus archidiaconus Theatinus cum suis fautoribus cho-
rum exisset et vos illos, ut interessent electioni faciende vobiscum, curasse-
tis sollicite revocare: quoniam ad electionem faciendam accedere nolue-
10 runt, alienos se fecisse videntur. Propter quod electioni a vobis concorditer celebrate de iure non posse contradicere vide*bantur; presertim cum   * fol. 216ʳ
idem archidiaconus postea requisitus responderit, quod in presentia nostra
vellet suum ei prebere consensum.

Et ideo cum secundum statuta Lateranensis concilii appellatione re-
15 mota semper id debeat prevalere, quod a pluribus et sanioribus fuerit
ordinatum, nisi forte a paucioribus[q] et inferioribus aliquid rationabile
obiectum fuerit et ostensum[17], a vobis celebrata electio tamquam a maiori
et saniori parte non obstante contradictione vel appellatione paucorum
debebat et poterat rationabiliter confirmari; cum id, quod obiectum
20 extitit et ostensum, rationibus premissis appareat rationabile non fuisse.

Hiis taliter allegatis quamquam contra personam illius quam elegistis
nichil umquam dictum fuerit vel obiectum, quia tamen verbum apostoli
dicentis: «Nemini cito manum imponas» debemus attendere diligenter,   vgl. 1 Tim 5, 22
ad ea, que circa personam inquirenda fuerant, duximus ex officio nostro
25 sicut decuit procedendum. Et quidem cum tria sint in persona electi
precipue requirenda — videlicet etas legitima, morum honestas et littera-
tura sufficiens —, licet de honestate morum tamquam ei, qui nobiscum
est aliquandiu laudabiliter conversatus, possimus ipsi laudabile testimonium perhibere, illius quoque litterature licet non eminentis tamen
30 convenientis existat, ut pro defectu scientie, sicut plenius intelleximus ab
hiis, qui eam[r] melius cognoverunt, ab electione non deberet excludi, de
legitima tamen etate plene scire non potuimus veritatem, de qua nec vos,
ut accepimus, aliquid cogitastis: cum a multis, cuius etatis existeret, curaverimus indagare, a nemine umquam audivimus, quod annum etatis tri-
35 cesimum attigisset. Cum autem secundum predicti statuta concilii nullus

---

[p]) -o- korr. aus einem anderen Buchstaben.   [q]) pucioribus.   [r]) Migne: eum.

[16]) Den Grundsatz, der Papst sei iudex ordinarius aller Gläubigen, übernahm Innocenz III. wohl von Huguccio von Pisa, der ihn in seiner Summe zum Decretum Gratiani D.
XCIX, 1 ad v. „comitibus", C. II, q. 6, c. 4 ad v. „Si quis vestrum" und C. VI, q. 3, c. 2 ad
40 v. „non ab alienis" formuliert hatte. Vgl. M. Ríos Fernández, El primado del romano pon-
tífice en el pensamiento de Huguccio de Pisa decretista. Compostellanum (Sección de
Ciencias Eclesiásticas) 7 (1962) 132 Anm. 74, 8 (1963) 99 Anm. 76; J. Watt, The Theory of
Papal Monarchy in the Thirteenth Century. The Contribution of the Canonists. London 1965,
94 mit Anm. 68.
45   [17]) Conc. Lateran. III. c. 16 (COD 195) = X. III, 11, 1 (Friedberg, CorpIC, II 506).

debeat in episcopum eligi, qui tricesimum etatis non egerit annum[18],
licet senectus venerabilis sit non diuturna nec annorum numero compu-
tata, sed cani hominis sint sensus eius et etas senectutis vita inmaculata,
quia tamen post illa tria, que Salomon asserit difficilia, quartum quasi
reputat inpossibile, viam videlicet viri in adolescentia sua, tamquam 5
investigari non possit: nos ecclesie pariter et persone providere volentes
et tam rationes quam canones observare, habito super hoc cum fratribus
nostris diligenti tractatu — quia propositum vestrum providum intelleximus et ideo propter urgentem necessitatem et evidentem utilitatem[19]
ecclesie Capuane, quam in hac parte potius approbamus, volumus ipsum 10
firmiter perdurare —, prefatum subdiaconum nostrum de communi fratrum nostrorum consilio vobis in procuratorem concedimus, liberam ad-
ministrationem ei tam in spiritualibus quam in temporalibus committentes.

Quapropter discretioni vestre per apostolica scripta mandamus atque 15
precipimus, quatinus eum suscipientes humiliter et devote ipsi curetis
plenarie de spiritualibus et temporalibus respondere: ut et ipse profectum
et honorem ecclesie Capuane valeat studiosius procurare et dilectionem,
quam vos ad eum habere proponitis, in exhibitione operis experiri. Speramus enim in Domino, quod, sicut ei dedimus in mandatis, taliter in com- 20
missa sibi procuratione proficiet, quod sibi salutem, vobis utilitatem et
nobis comparabit honorem.

Datum Laterani.

margin notes:
vgl. Weish 4, 8 f.
vgl. Spr 30, 18 f.
vgl. Spr 28, 25;
Ps 30, 25; 36, 5 u. 6.

266 (278).

Innocenz III. trägt dem Bischof (Timo) von Bamberg und dem Magister 25
Prepositinus, Domscholaster von Mainz, auf, zu berichten, ob der ehemalige
Bischof K(onrad) von Hildesheim dem päpstlichen Befehl gehorcht und den
Würzburger Bischofsstuhl, den er ohne päpstliche Erlaubnis angenommen
hat, wieder aufgegeben habe. Ferner sollen die Genannten dem Domkapitel
von Würzburg dieses Schreiben mitteilen und ihm verbieten, K(onrad) wei- 30
terhin zu gehorchen. Auch darf es ohne päpstliche Erlaubnis keinen neuen
Bischof wählen.

Lateran, (1200) Januar 26.

Reg. Vat. 4, fol. 216ʳ—216ᵛ ⟨Nr. CCLXII, 269, 278⟩.
Sirleto, fol. 437ᵛ = Cholinus, II 571 = Venet., II 571 = Baluze, I 526 Nr. 278 = Migne, 35
PL 214, 845 Nr. 278. — Comp. III. 1, 5, 4; Bern. 1, 7, 4; Add. ad Dunelm. IV. 86; Coll.
Fuld. 1, 5, 14; Coll. Rotomag. 54; X. I, 7, 4. — Potth. Reg. 942; B. F. W. Reg. 5207; Borch,
Geschichte, 100. — Vgl. Münster, Konrad von Querfurt, 41 f.; Bertram, Geschichte des Bisthums
Hildesheim, I 212; Bendel, Reihenfolge der Bischöfe und Weihbischöfe von Würzburg, 5 Nr.
33; Wendehorst, Bistum Würzburg, I 188 und Br. I 335, 568 (574), II 52 (54), 192 (201), 40
195 (204) und 207 (216).

---

[18] *Conc. Lateran. III.* c. 3 (COD 188) = X. I, 6, 7 (ebd., II 51).
[19] Vgl. *Decretum Gratiani* C. VII, q. 1, c. 35 § 2 (ebd., I 580).

Babbenbergensi[a] episcopo[1] et magistro Prepositino[2], scolastico Maguntino[b].

Licet in tantum apostolice sedis extendatur auctoritas, ut nichil preter eius auctoritatem in cunctis ecclesiarum negotiis rationabiliter dispona-
5 tur — utpote que canones, quibus forma ecclesiastice constitutionis expri-mitur, vel edidit vel ab aliis editos[c] approbavit : suum receptione ac appro-batione faciens, quod inventione vel editione videbatur forsitan alie-num —, quedam tamen sibi quodammodo specialiter et singulariter re-servavit, ut preter specialem auctoritatem ipsius nec iure agi debeant nec
10 attemptari valeant cum effectu. In hiis autem specialiter translationes episcoporum non tam constitutio canonica[3] quam divina eius tantum potestati commisit, ut — sicut legitimum matrimonii vinculum, quod inter virum est et uxorem, homo dissolvere nequit, Domino dicente in Euangelio : «Quod Deus coniunsit, homo non separet» — sic et spirituale
15 fedus coniugii, quod est inter[d] episcopum et eius ecclesiam, quod in electione initiatum, ratum in confirmatione et in consecratione intelligi-tur consumatum[4], sine illius auctoritate solvi non potest, qui successor est Petri et vicarius Iesu Christi.

vgl. Mt 19, 6; Mk 10, 9

Hoc[e] autem C(onradus) quondam Ildesemensis[5] episcopus non atten-
20 dens, licentia nostra nec postulata nec habita contra canonicas sanctio-nes[6] et [in] iniuriam apostolice sedis, cuius super hoc fuerat et requiren-dus et obtinendus assensus, ad Erbipolensem ecclesiam ab Ildesemensi non auctoritate nostra sed propria temeritate transivit et amministrationi eius se ingerens Erbipollensem se fecit episcopum nominari. Nec illa feli-
25 cis recordationis C(elestini) pape, predecessoris nostri, indulgentia, quam impetrasse refertur[7], in hoc presumptionem excusat ipsius, sed ambitio-

---

266. [a] *Über* -bb- *von späterer Hand* -m-.   [b] -o *mit schwarzer Tinte korr. aus einem anderen Buchstaben. Am Rande von einer Hand des 13. Jh.:* hoc c(apitulum) est Extra de trans-lat(ione) prelatorum *(X. I, 7, 4).*   [c] editas.   [d] *Durch Zeichen umgestellt aus* inter
30 est.   [e] *Am Rande ein kleines Kreuz (vgl. Einleitung XIX).*

266. [1] Timo, B. von Bamberg (Suffr. von Mainz) Mai/August 1196—15. Oktober 1201. Er war (seit 1178) Propst des Kollegiatstiftes von St. Stephan zu Bamberg, (seit 1179) Dom-kantor und (seit 1192/94) Dompropst daselbst. Die bischöfliche Konsekration erhielt er im Winter 1196/97 durch Papst Coelestin III. in Rom. Vgl. E. v. GUTTENBERG, *Das Bistum*
35 *Bamberg.* Erster Teil (= Germania Sacra II/1). Berlin 1937, 160—162.

[2] Magister Prepositinus von Cremona, als Domscholaster von Mainz von 1194 bis vor 1206 bezeugt. Bedeutender Theologe, der 1206 Kanzler der Kirche von Paris wurde und als solcher 1210 verstarb. Vgl. G. LACOMBE, *La vie et les œuvres de Prévostin* (Bibliothèque Thomiste 11). Kain 1927, 3—46.

40 [3] *Decretum Gratiani* C. VII, q. 1, c. 34, 39 ; C. XXI, q. 2, dict. post c. 3 und vielleicht C. V, q. 4, c. 2 (= FRIEDBERG, *CorpIC*, I 579, 581, 855, 548).

[4] Über die geistliche Ehe eines Bischofs mit seiner Diözese vgl. J. TRUMMER, *Mysti-sches im alten Kirchenrecht.* Österreichisches Archiv für Kirchenrecht 2 (1951) 62—75.

[5] S. Br. II 52 (54) Anm. 2.

45 [6] Vgl. *Decretum Gratiani* C. VII, q. 1, c. 34. 39 ; C. XXI, q. 2, dict. post c. 3 (= FRIED-BERG, *CorpIC*, I 579, 581, 855).

[7] S. Br. II 195 (204) Anm. 6.

nem accusat: utpote que ipsum reddidit de ambitione notabilem, non
auctoritatem contulit ad aliam episcopalem ecclesiam transeundi, cum sit
expressum in ea, quod, si ad maiorem vocaretur forsitan dignitatem, eam
sibi liceret assumere, dum tamen nichil ei de statutis canonicis obviaret.
Unde licet forsan aliquibus videatur, ut indulgentie occasione illius ad 5
dignitatem * possit transire maiorem, ad parem tamen ipsi transire non
licuit, cum in maiori dignitate propter maiorem utilitatem facilius soleat
dispensari. Preterea cum postulatio sicut et electio examinari soleat diligenter et tenor eiusdem indulgentie non solum videatur postulationis
examinationem sed persone etiam reservasse, subiungens: «dummodo ni- 10
chil appareat, quod[1] tibi de canonicis obviet institutis», antequam per
eum postulatio examinata fuisset, cui fuerat facienda, nulla debuerat
ratione transire[g].

    Licet autem tante presumptionis excessus ad aures nostras publica
referente fama venisset, distulimus tamen procedere contra ipsum, donec 15
litteras eius recepimus, in quibus se nobis Erbipolensem episcopum appellabat[8]. Unde postmodum presumptionem ipsius debita volentes animadversione punire, quibusdam ecclesiarum prelatis in Teutonia constitutis districte precepimus[h], ut cum factum huiusmodi non posset in partibus ipsis non esse notorium, nisi dictus C(onradus) infra viginti dies post 20
susceptionem litterarum nostrarum ab Erbipolensis ecclesie amministratione cessaret[1], eum excommunicatum auctoritate nostra non differrent
publice nuntiare et excommunicationem eius facerent pulsatis campanis
et candelis extinctis festivis diebus et Dominicis innovari[9]. Quamvis[k] in
manifestis non sit ordo iudiciarius requirendus[10] et ipse videretur con- 25
fessus de crimine, cum in litteris ad nos directis se presumpsisset Herbipolensem episcopum nominare: nos tamen ad evincendam omnem malitiam in litteris nostris commonitionem canonicam duximus premittendam; et eum postmodum etiam ad bonum obedientie revocare volentes[1],
ipsi non premissa salutatione mandavimus, ut omni excusatione cessante, 30
si apud nos vellet gratiam invenire, mandatum apostolicum adimpleret[11].
Quia vero nec sic ei vexatio prebuit intellectum, quin eo fortius in sua pertinacia perduraret, quo amplius nos videbat de sua correctione sollicitos,
cum postquam alius de mandato nostro fuit in episcopum Ildesemensem
electus et etiam confirmatus[12], se ipse presumpserit Ildesemensem episco- 35

* fol. 216v

vgl. Is 28, 19

---

    [1]) *Davor* d- *getilgt. Am Rande zwei kurze, schräge Striche, wohl als Hinweis auf eine*
vorzunehmende Korrektur.   [g]) *Am Rande ein liegendes Kreuz. (vgl. Einleitung XIX).*
[h]) p̄. *Darnach eine Lücke von 7 mm.*   [1]) cessarent. *Am Rande eine Rasur. Wahrschein-*
lich hat das curaverint *des Br. I 335 (S. 497 Z. 19) den Fehler verursacht.*   [k]) *Über* -s
zwei kurze, schräge Striche, die am Rande wiederholt sind.   [1]) *Über* -n- *zwei kurze, schräge* 40
Striche.

    [8]) Vgl. Br. I 568 (574) S. 827 Z. 13 und II 195 (204) S. 372 Z. 17—19, 30 f.
    [9]) Br. I 335.   [10]) S. Br. II 195 (204) Anm. 8.
    [11]) Br. I 568 (574).   [12]) S. Br. II 195 (204) Anm. 10.

pum nominare et electum ipsum et eius ecclesiam per suos fecerit multipliciter molestari: apostolice sedis iniuriam dissimulare nolentes, ipsum in festo principis apostolorum[13] presentibus nuntiis eius inter missarum sollempnia excommunicatum publice nuntiavimus, mandantes
5 sententiam latam a nobis per Teutoniam publicari[14].

Volentes igitur de facto ipsius per vestras reddi litteras certiores et utrum servaverit sententiam nostram, utrum prorsus ab ecclesia Erbipolensi recesserit et in Ildesemensi nichil sibi penitus vendicarit, utrum se humiliare curaverit et an suum recognoscat excessum, discretioni vestre
10 per apostolica scripta mandamus, quatinus inquiratis super premissis omnibus diligentius veritatem et quod inveneritis per vestras nobis litteras fideliter intimetis; ut vel in eum, si adhuc contumax fuerit, manus nostras amplius aggravemus, vel si misericordia dignus extiterit, secun- vgl. 1 Sam 5, 6 dum benignitatem apostolice sedis illam cum eo [m] misericordiam facia-
15 mus, per quam nervus ecclesiastice discipline minime dissolvatur. Volumus preterea nichilominus et mandamus, ut Erbipolensibus canonicis[15] vgl. 1 Kg 3, 6 u. ö. sub pena excommunicationis ex parte nostra districtius iniungatis — totum tenorem presentium litterarum in litteris vestris, quas eis super hoc a vobis dirigi volumus, exponentes, ne quid horum ignorent —, ne, donec
20 idem episcopus absolutionis gratiam meruerit obtinere, ipsi communicare vel obedire presumant: et ut [n] ipsum capitulum in eo puniatur, in quo deliquit, ad alicuius electionem sine nostro speciali mandato procedere non Weish 11, 7 attemptent. Quodsi contra presumpserint, huiusmodi factum irritum decernimus et inane. Super his autem omni gratia et timore postpositis tali-
25 ter procedatis, quod prudentiam et devotionem vestram debeamus merito commendare. Nec in eo incurratis offensam, ex quo debetis gratiam promereri, cum veritas nobis nequeat occultari.

Datum Laterani, VII [o] Kal. Februarii.

267 (279).

30 *Innocenz III. bestätigt, daß Bischof Theobald von Amiens in der von ihm wiederhergestellten Kirche zu Pernois vier Regularkanoniker eingesetzt habe und daß die Verwaltung der Spiritualien und Temporalien sowie die Einsetzung der Kanoniker dem jeweiligen Bischof zustehe.*

Lateran, (1200) Januar 28.

---

35   m) *Über e- eine kleine Rasur. Am Rande zwei kurze, schräge Striche, wahrscheinlich als Hinweis auf eine vorzunehmende Korrektur.*   n) *Der zweite Schaft des u- ist nach unten verlängert. Darüber zwei kurze, schräge Striche, die am Rande — wohl als Hinweis auf eine vorzunehmende Korrektur — wiederholt sind.*   o) *VII. Kal. Februarii wahrscheinlich nachgetragen (vgl. Kempf, Register, 41; Zu den Originalregistern, 116 mit Anm. 83).*

40   13) 29. Juni 1199.
    14) Br. II 195 (204).
    15) Domkapitel von Würzburg.

Reg. Vat. 4, fol. 216ᵛ—217ʳ ⟨Nr. 270, 279⟩.
Sirleto, fol. 438ᵛ = Cholinus, II 575 = Venet., II 575 = Baluze, I 528 Nr. 279 = Migne,
PL 214, 847 Nr. 279. — Potth. Reg. 943.

Theobaldo, episcopo Ambianensi[1].

| Ex[a] parte tua fuit in audientia nostra propositum, quod cum eccle- 5
siam de Petromoso[2] tue diocesis pene penitus desolatam pietatis intuitu
repararis, licet ea tibi fuerit per sedem apostolicam confirmata, ipsius tamen volens statui providere, in ea de consilio dilecti filii nostri P(etri),
sancte Marie in Vialata diaconi cardinalis, apostolice sedis legati[3], et
aliorum multorum quatuor religiosas personas provide statuisti[4], quarum 10
una presit ceteris in observantia ordinis regularis; et omnes pariter tibi et
successoribus tuis in spiritualibus et temporalibus debeant respondere, ita
etiam, quod ad te ac successores tuos tam spiritualium quam temporalium
amministratio et ipsarum pertineat institutio personarum.

Nos igitur[b], quod a te provide factum esse dinoscitur, ratum et fir- 15
mum habentes, institutionem ipsam — sicut rationabiliter facta est, recepta et hactenus observata — auctoritate apostolica confirmamus; di-
• fol. 217ʳ   strictius inhibentes, ne aliquis successorum tuorum presumat * numerum
prescriptarum diminuere personarum.

Nulli ergo et cetera hanc paginam nostre confirmationis et inhibitionis 20
infringere et cetera.

Datum Laterani, V Kal. Februarii.

268 (280).

Innocenz III. teilt dem Adel, den Amtsträgern und den Bürgern sowie dem
ganzen Volk des Königreiches Sizilien die Entsendung eines Heeres mit und 25
befiehlt ihnen, dessen Befehlshaber im Kampfe gegen Markward (von Ann-
weiler) mit Geldmitteln zu unterstützen.

Lateran, (1200) Februar 3.

Reg. Vat. 4, fol. 217ʳ ⟨Nr. 271, 280⟩.
Sirleto, fol. 438ᵛ = Cholinus, II 575 = Venet., II 575 = Baluze, I 528 Nr. 280 = Migne, 30
PL 214, 848 Nr. 280. — Potth. Reg. 945; B. F. W. Reg. 5704; Vendola, Documenti vaticani,
32 Nr. 33. — Vgl. Baethgen, Regentschaft, 24; Van Cleve, Markward, 127 f.

---

267. [a] *Die Initiale läuft in einen kleinen, speienden Hundekopf aus.*   [b] *Darnach eine*
kleine Rasur.

267. [1] S. Br. II 40 (41) Anm. 25.   35
[2] Pernois (Diöz. Amiens, Dép. Somme, Arr. Amiens, Cant. Domart-en-Ponthieu).
[3] S. Br. II 2 Anm. 3 und II 23 Anm. 1 (zur französischen Legation).
[4] B. Theobald von Amiens errichtete hier ein Augustiner-Chorherrenpriorat, das von
Saint-Laurent-au-Bois (Diöz. Amiens, Dép. Somme, Arr. Amiens, Cant. Corbie, Comm.
Ribémont) besiedelt wurde. Vgl. *Gallia Christiana*, X 1179 und Martène, *Marmoutier*, 40
II 108.

Comitibus, baronibus, baiulis, iudicibus, civibus et universo populo in regno Sicilie constitutis[1].

| Quantum[a] apostolica sedes non solum in regno vobis contra hostes affuerit, sed extra regnum etiam gravaminibus vestris non incassum sed
5 utiliter potius studuerit precavere, dissolvens laqueos, qui in personarum vestrarum oppressionem et[b] rerum dispendium tendebantur[2], ex parte, sicut credimus, vestra universitas iam cognovit[c]. Qualiter etiam nostris sumptibus non semel sed sepe obviaverimus conatibus iniquorum, quantum utiles fuerimus vobis et regno, et vos intelligitis per vos ipsos et opus testi-
10 monium perhibet veritati: cum — nisi fallimur, immo: quia non falli- mur — aliter hodie Marcualdus et complices eius[3] prevaluissent in reg- num, nisi per nos prudenter et potenter tam spiritualiter quam tempora- liter fuisset machinationibus eorum occursum. Et licet non solum solli- ci- tudini nostre sed nec expensis etiam hactenus vel in modico sit respon-
15 sum, quia tamen vobis deesse nec volumus nec debemus, dilectum filium nostrum C(inthium), tituli sancti Laurentii in Lucina presbyterum cardi- nalem, apostolice sedis legatum[4], et venerabiles fratres nostros . . Neapo- litanum[5] et . . Tarentinum archiepiscopos[6] et nobilem virum I(acobum), marescalcum et consobrinum nostrum[7], in regnum Sicilie, in eo ipsis vice
20 nostra commissa, cum exfortio militum ad debellandos hostes et solidan- dum regnum duximus destinandos; credentes, quod non solum proventus regni deberetis in stipendia militum erogare, sed de vestris etiam non modica liberaliter elargiri, utpote quibus melius esset pro statu regni uni- versa expendere, que habetis, quam denuo per Marcualdum et fautores
25 ipsius gravissime subici servituti; quorum tyrampnidem etsi omnes vel fere omnes de regno in rebus, multi tamen maiores et potentiores in per- sonis etiam sunt experti[8].

Monemus igitur universitatem vestram et per apostolica scripta tam ex parte nostra quam regis[9] districte precipiendo mandamus, quatinus
30 legatum ipsum et socios eius recipientes humiliter et devote et in subsi- dium vestrum et regni et exterminium hostium iuxta mandatum ipso- rum potenter et viriliter assurgentes[d], eis de regni proventibus in subsi-

vgl. Ps 90, 3; Is 58, 6

vgl. Jo 5, 33; 18, 37; 3 Jo 3

vgl. Est 8, 3

---

268. [a]) *Am Rande ein Kreuz ausradiert.* [b]) *Bis* tendebantur *zum allergrößten Teil auf Rasur, vielleicht nachgetragen.* [c]) *Bis hieher am Rande ein kurzer, senkrechter Strich.*
35 [d]) *Bis hieher längs des Briefes am Rande ein senkrechter, z. T. gewellter Strich.*

268. [1]) Grafen, Barone, Vögte, Richter, Bürger und Volk im Königreich Sizilien.
[2]) Vgl. die Br. I 555 (558)—557 (560), 569 (575)—572 (562) bzw. II 158 (167), 159 (168), 170 (179), 212 (221), 217 (226) und 236 (245).
[3]) S. Br. II 158 (167) Anm. 3 und Anm. 5—10.
40 [4]) S. Br. II 4 Anm. 11.
[5]) S. Br. II 212 (221) Anm. 19.
[6]) S. Br. II 189 (198) Anm. 3.
[7]) S. Br. II 217 (226) Anm. 13.
[8]) S. Br. II 217 (226) S. 421 Z. 24 — S. 422 Z. 3.
45 [9]) S. Br. II 158 (167) Anm. 26 und 16.

dium et[e] expensarum et stipendia militum respondere curetis, cum quod quibusdam ex vobis hactenus pro necessitate temporis ad munitionem urbium et castrorum indultum fuerat vel permissum, velimus necessitate vgl. Lk 2, 52 cessante cessare. Alioquin nos decetero apud Deum et homines erimus excusati, si quid vobis adversi contigerit, cum vobis ipsis nolitis adesse. 5 Licet enim multa nobis et magna promissa fuerint et oblata, universa vgl. Phil 3, 8 tamen pro vobis quasi stercora curavimus recusare[10]. Et pro certo: nisi nostra vos defendat auctoritas, experimento probabitis qualiter sine nobis vestra vos possit potentia defensare.

Datum Laterani, III Non. Februarii. 10

269 (281).

Innocenz III. bestätigt einen Vergleich von 1194 Juli 9, den der Erzbischof Petrus von Spalato, der Bischof Matthäus von Nona sowie die Grafen Damian (Desinja) von Zara und Grubeša von Spalato in einem Besitzstreit zwischen dem Templerorden und dem Kloster SS. Cosmas und Damian in 15 Monte vermittelt haben.

Lateran, (1200) Januar 25.

Reg. Vat. 4, fol. 217ʳ—217ᵛ ⟨Nr. 272, 281⟩.

Sirleto, fol. 439ᵛ = Cholinus, II 576 = Venet., II 576 = Baluze, I 529 Nr. 281 = Migne, PL 214, 849 Nr. 281. — Potth. Reg. 941; I. Kukuljević Sakcinski, Regesta documentorum 20 regni Croatiae, Dalmatiae et Slavoniae saeculi XIII. Starine 21 (1889) 226 Nr. 3. — Zur inserierten Urkunde, deren Original im Staatsarchiv Zara (Odio rogovski 111 Nr. 19) liegt, vgl. Smičiklas, Codex diplomaticus regni Croatiae, Dalmatiae et Slavoniae, II 268—270 Nr. 253 (mit weiterer Drucküberlieferung).

Magistro[1] et fratribus militie Templi in Sclauonia constitutis[a]. 25

Cum a nobis petitur, quod iustum est et cetera usque annuentes, compositionem inter vos et monasterium sanctorum Cosme et Damiani[2] factam super terris et aquarum discursibus et aliis, de quibus inter vos questio vertebatur, sicut rationabiliter et absque pravitate facta est et ab utraque parte recepta et in autentico exinde confecto plenius[b] conti- 30 netur, auctoritate apostolica confirmamus et presentis scripti pa(trocinio)

---

[e] *Fehlt bei Migne. Doch hat das et einen Sinn, wenn man es mit «auch» übersetzt.*
269. [a] *Auf fol. 217ʳ längs des Briefes am Rande ein senkrechter, z. T. gewellter Strich.*
[b] *Fehlt bei Migne.*

[10] Damit sind die Angebote Markwards von Annweiler gemeint, die er dem Papst bald 35 nach dessen Wahl gemacht hat, um diesen zur Anerkennung seiner mittelitalienischen Herrschaft zu bewegen (*Gesta Innocentii* c. 9, MIGNE, PL 214, XXIII AB; vgl. BAETHGEN, *Regentschaft*, 15 mit Anm. 3, 121 f.).

269. [1] Walter, Magister der Ordensprovinz der Templer in Slawonien.

[2] Benediktinerabtei zum hl. Cosmas und Damian über Tkon (Diöz. Zara, Insel Paš- 40 man, Dalmatien, Jugoslawien). Vgl. FARLATI, *Illyrici Sacri* tom. V 55 und G. ALAčEVIč, *Il monastero e la chiesa dei SS. Cosma e Damiano sull'isola di Pasmano*. Bullettino di archeologia e storia dalmata 11 (1889) 139—141.

communimus. Ad maiorem autem evidentiam huius rei ipsum autenticum de verbo ad verbum presentibus litteris duximus inserendum. Cuius tenor ita se habet:

In nomine sancte et individue Trinitatis. Anno ab incarnatione[c]
5 Domini nostri Iesu Christi M° C° LXXXXIIII°, mense Iulii die nono intrante, indictione duodecima, apud Tynum[3], regnante domino nostro Bela serenissimo rege Vngarie, Dalmacie, Chroatie atque Rame[4] et Almerico filio super Dalmatiam et Chroatiam[5]. Cum nos, nempe Petrus, Spalatine sedis archiepiscopus[6], una cum Matheo, Nonensi episcopo[7], et
10 Damiano, Iadrentino comite[8], ac Grubesia, Spalatino comite[9], ceterisque nobilibus, quorum nomina inferius subscribentur, in ecclesia sancti Ioh(ann)is de Tino[10] ad controversias, que inter Templarios et monasterium[d] sanctorum Cosme et Damiani pro terris et aquarum discursibus vertebantur, resecandas de mandato regio resideremus, post multas altercationes
15 et verba, que memorate ecclesie inter se habebant, wadias ab utraque parte per stipitem de voluntate utriusque partis suscipientes, pro bono pacis et concordie talem inter utrasque ecclesias finem et divisionem auctoritate regia composuimus, ut incipiente a via, que inter villam Tini et villam sanctorum Cosme et Damiani est et eundo versus meridiem recto
20 tramite usque ad Gomillam[11] inferius et abinde usque ad Blatam[11], quicquid in austro in terris et in aquis est, quod ad monasterium sancti Damiani pertinuit, domui Templi remaneat perpetuo possidendum, preter aquam Chriplinam[11], quam communem esse decernimus utrisque ecclesiis; et quicquid a prefata via et termi*nis in partibus occidentis in terris   * fol. 217ᵛ
25 et aquis ac pascuis etiam ultra vallem Tini habetur et ad Templarios spectavit, prefato sancti Damiani monasterio sit amodo in perpetuum. Aquam[e] vero Kicme[f)11] cum aquarum discursibus Templarios habere iugiter statuimus, tali videlicet ordine, ut in ea molendina faciant, quotquot possunt; ita tamen, quod molendino sanctorum Cosme et Damiani
30 de Virbiza[11], quod[g] est ultra Blatam, non noceat in aliquo. Volumus

---

[c] incarnationis. *Das letzte* -i- *auf Rasur. Der Registrator wollte offenbar* Anno ab incarnatione, *wie es auch im Original der inserierten Urkunde lautet (vgl. Smičiklas a. a. O. 268), in das ihm gewohntere* Anno incarnationis *korrigieren.* [d] -erium sanctorum *auf Rasur nachgetragen. Auch am Rande eine kleine Rasur.* [e] Aqua. *So auch im Original der in-*
35 *serierten Urkunde (Smičiklas a. a. O. 269).* [f] *Migne:* Chicmae. [g] *Darnach eine Rasur von ca. 5 mm.*

[3] Knin (Tenin, Dalmatien, Jugoslawien).
[4] S. Br. II 89 (96, 97) Anm. 2. [5] S. Br. II 89 (96, 97) Anm. 1.
[6] Petrus (III.), EB. von Spalato (Split, Dalmatien, Jugoslawien) 1191 bis vor 1196.
40 Vgl. SMIČIKLAS, *Codex diplomaticus Croatiae*, II 464 (Index).
[7] Matthäus, B. von Nona (Nin, Suffr. von Spalato, Dalmatien, Jugoslawien) vor 1179 bis 1194/95. Vgl. SMIČIKLAS, *Codex diplomaticus Croatiae*, II 451 (Index).
[8] Damianus Desinja, Graf von Zara 1183 bis 1198. Vgl. SMIČIKLAS, *Codex diplomaticus Croatiae*, II 419 (Index).
45 [9] Grubeša, Graf von Spalato (Split) 1187 bis 1198. Vgl. SMIČIKLAS, *Codex diplomaticus Croatiae*, II 435 (Index).
[10] Kirche zum hl. Johannes in Knin. [11] Nicht zu identifizieren.

etiam et sancimus, ut prefata sancti Damiani ecclesia omnes terras illas, quas ultra Blatam et usque [h] mare possedit antiquitus et etiam, si qua molendina sub suo molendino in austro fecerit, habeat et possideat semper absque omni Templariorum calumpnia. Stabilimus etiam, ut si qua utrius- que partis antiqua testamenta vel scripta preter hanc nostre constitu- 5 tionis cartam ire presumpserit, omnipotentis Dei sanctorumque aposto- lorum Petri et Pauli ac omnium sanctorum et nostram maledictionem incur- rat fiatque anathema et super hoc pena duarum librarum auri mulctetur. Que omnia firma ac rata esse volumus — presente Gualterio magistro[12] et fratre Aczo preceptore[13] et omnibus fratribus et Dominico abbate[14], 10 Priuioria monacho et Diminoscia monacho cunctisque fratribus — coram hiis idoneis testibus: Petro Sagarelle[15] et Tolmatio ac Burello[16] presbyte- ro[1] Spalatinis. De Iadretinis vero fuerunt testes hii: Petrona Cucille[17], Peitiz Vitache[18], Peitiz Michaelis[19], Georgius Soppe [k][20], Bitte de Iuda[21], Bitte Prestantii[22] cum fratre Grisochono[23], Petrus Scluradi[24] Templa- 15 riorum advocatus et quamplures alii. De Sclauis vero fuerunt testes hii: de Dominis[11] iuppanus; Wlcominis[11] iupanus, Betisius[11] iupanus, Gru- bescia Gaudii[25] iupanus et Rillizus[11] iupanus cum pluribus aliis. Fuerunt

---

[h] *Migne:* ultra. [i] *Migne:* presbyteris. *Ebenso im Original der inserierten Urkunde* (*Smičiklas a. a. O.*). [k] *Migne:* Sopp. 20

[12] Vgl. oben Anm. 1.

[13] Azzo, Präzeptor der Ordensprovinz der Templer in Slawonien, ist anderweitig nicht nachzuweisen.

[14] Dominik, Abt der Benediktinerabtei zum hl. Cosmas und Damian über Tkon (Diöz. Zara, Dalmatien), zwischen 1183 und 1214 nachweisbar. Vgl. SMIČIKLAS, *Codex diplomati-* 25 *cus Croatiae*, II 423 und III 503 (Index).

[15] Petrus de Sagarella ist 1180 und 1189 als ,iudex Spalatinus' bezeugt (SMIČIKLAS, *Codex diplomaticus Croatiae*, II 166, 236, 240).

[16] Bei SMIČIKLAS, *Codex diplomaticus Croatiae*, II 269 sind beide — Tolmatius und Burellus — als Priester bezeugt. 30

[17] Petrus Cucille, Edler aus Zara, noch 1190 bezeugt. Vgl. SMIČIKLAS, *Codex diplo- maticus Croatiae*, II 244.

[18] Petrić Vitače, Konsul von Zara 1174—1208. Vgl. SMIČIKLAS, *Codex diplomaticus Croatiae*, II 463 und III 523 (Index).

[19] Petrić Michael, Edler aus Zara, auch 1188, 1190 und 1197 sowie 1199 nachweisbar. 35 Vgl. SMIČIKLAS, *Codex diplomaticus Croatiae*, II 463 (Index).

[20] Georgius Šopević (Soppe), 1183, 1184 und 1190 als ,iudex Jadrensis' belegt. Vgl. SMIČIKLAS, *Codex diplomaticus Croatiae*, II 432 (Index).

[21] Vitus de Juda, 1190 und 1199 als ,iudex Jadrensis' nachweisbar. Vgl. SMIČIKLAS, *Codex diplomaticus Croatiae*, II 407 (Index). 40

[22] Vitus Prestantii ist als Bürger von Zara zu 1172, 1187 und 1190 bezeugt. Vgl. SMIČIKLAS, *Codex diplomaticus Croatiae*, II 407 (Index).

[23] Chrysogonus Prestantii ist auch 1183 und 1190 nachzuweisen. Vgl. SMIČIKLAS, *Codex diplomaticus Croatiae*, II 434 (Index).

[24] Petrus Sloradi läßt sich 1181, 1188 und 1190 als Konsul und Judex von Zara fest- 45 stellen. Vgl. SMIČIKLAS, *Codex diplomaticus Croatiae*, II 466 (Index).

[25] Grubeša Gaudii, vielleicht identisch mit Grubeša Gauzuli, der 1172, 1174 und 1182 als Judex von Knin (Tenin) anzutreffen ist. Vgl. SMIČIKLAS, *Codex diplomaticus Croatiae*, II 435 (Index).

etiam testes ibidem hii venerabiles viri: Gregorius, Antiuarensis archiepisco-pus²⁶⁾, et Vincentius, sancti Grisogoni martiris abbas²⁷⁾, cum suis mona-chis et multis de plebe. Et ego Blasius, sancte Anastasie diaconus et Iaderetine civitatis notarius²⁸⁾, qui interfui, hanc constitutionis et con-
5　cordie cartulam iussu iamdicti archiepiscopi, Spalatensis et Nonensis episcopi ac comitum prescriptorum ceterorumque testium rogatu, ut audivi, complevi, roboravi et signo consueto signavi.

Decernimus ergo, ut nulli omnino hominum liceat hanc paginam nostre confirmationis infringere et cetera.
10　Datum Laterani, VIII¹⁾ Kal. Februarii ᵐ⁾.

270 (282).

Innocenz III. trägt dem Bischof (Hugo), dem Dekan (Roger) und dem Subdekan, alle von Lincoln, auf, dem Magister Elias von Chieveley die Kirche von Chieveley, auf die er unter der Drohung von Gewalt verzichtet
15　*habe, ohne Rücksicht auf den damals von ihm erzwungenen Eid wieder zu-rückzustellen, falls der Verzicht wirklich infolge großer Furcht zustande ge-kommen sei.*

Lateran, (1200) Februar 5.

Reg. Vat. 4, fol. 217ᵛ ⟨Nr. CCLXVI, 273, 282⟩.
20　*Sirleto, fol. 440ʳ = Cholinus, II 577 = Venet., II 577 = Baluze, I 530 Nr. 282 = Migne, PL 214, 850 Nr. 282; Cheney, Selected Letters, 15 Nr. 5. — Comp. III. 1, 23, 1; Alan. K. 1, 23, 1; Bern. 1, 28, 1; Coll. Fuld. 1, 25, 2; Gilb. Anh. 3; Rain. 18, 1; X. I, 40, 4. — Potth. Reg. 946; Bliss, Calendar, 9; Cheney, Calendar, 32 Nr. 184.*

Episcopo¹⁾, decano²⁾ et subdecano³⁾ Lincolniensibus.

25　Adᵃ⁾ audientiam nostram dilecto filio magistro Helia de Cheuele⁴⁾ significante pervenit, quod cum ecclesiam de Cheuele auctoritate sedis

---

¹) *Migne:* VII.　　ᵐ) VIII Kal. Februarii *am Rande nachgetragen. Daneben ist ein Vogel-kopf gezeichnet (vgl. Kempf, Register, 24 mit Anm. 6, 41; Zu den Originalregistern, 116 mit Anm. 82).*
30　**270.** ᵃ) *Am Rande von einer Hand des 13. Jh.:* hoc c(apitulum) est Extra de hiis, que vi metusve causa fi(unt) *(X. I, 40, 4).*

²⁶) Gregor, EB. von Antivari (Bar, Montenegro, Jugoslawien) ca. 1178/79 bis vor 1199. Vgl. Sᴍɪčɪᴋʟᴀs, *Codex diplomaticus Croatiae,* II 434 (Index).

²⁷) Vinzenz, Abt der Benediktinerabtei S. Chrysogonus in Zara (Diöz. Zara, Dalmatien,
35　Jugoslawien) 1190 bis 1201. Vgl. Sᴍɪčɪᴋʟᴀs, *Codex diplomaticus Croatiae,* II 488 und III 535 (Index).

²⁸) Blasius, Diakon von S. Anastasia (= Kathedrale von Zara) und Notar in Zara 1187—1199. Wahrscheinlich identisch mit Blasius, Kleriker und Notar von Ragusa (Dubrovnik, Dalmatien, Jugoslawien), 1206 bis 1215 bezeugt. Vgl. Sᴍɪčɪᴋʟᴀs, *Codex diplomaticus*
40　*Croatiae,* II 407 und III 494 (Index).

270. ¹) S. Br. II 68 (71) Anm. 1.

²) Roger von Rolleston (Rolveston), Domdekan von Lincoln und Archidiakon von Leicester, 1195—1223. Vgl. Cʜᴇɴᴇʏ, *Selected Letters,* 15, 104 und *Calendar,* 298 (Indices).

³) Entweder Richard von Kent, der zu 1196 als Subdekan des Domkapitels von Lin-
45　coln bezeugt ist, oder Wilhelm von Bramfeld, der zu 1203 u. ö. genannt wird. Vgl. Cʜᴇɴᴇʏ, *Selected Letters,* 15 und *Calendar,* 298 (Indices).

⁴) Chieveley (Diöz. Lincoln, Gfscht. Berks) stand unter dem Patronate des Abtes von

apostolice canonice fuisset adeptus et aliquandiu pacifice possedisset, gravissimo tandem regis metu quod eam resignaret iurare coactus, eam in eorum, ad quos pertinebat, manibus resignavit.

Quia vero, que vi metusve causa fiunt, carere debent robore firmitatis, discretioni vestre per apostolica scripta mandamus, quatinus, si eundem 5 magistrum eo metu ad resignationem faciendam vobis constiterit fuisse coactum, qui potuerit et debuerit cadere in constantem[5] — non obstante iuramento predicto, quo non ad non[b] repetendum sed ad resignandum solummodo tenebatur — prefatam ecclesiam ei per censuram ecclesiasticam sublato appellationis obstaculo restitui faciatis. 10

Nullis litteris veritati et iustitie et cetera. Quodsi omnes et cetera, duo vestrum et cetera.

Datum Laterani, Non. Februarii.

271 (283).

Innocenz III. kassiert die vom Domkapitel von Sutri vorgenommene 15
Bischofswahl, weil das Gewohnheitsrecht der Kleriker der übrigen Kollegiat-
kirchen der Stadt, an ihr teilzunehmen, nicht berücksichtigt worden war.
Zugleich spricht er ihnen dieses Gewohnheitsrecht ab, da sie es widerrechtlich
innehatten.

Lateran, (1200) Februar 7. 20

Reg. Vat. 4, fol. 217ᵛ—218ʳ ⟨Nr. 274, 283⟩.
Sirleto, fol. 440ᵛ = Cholinus, II 577 = Venet., II 577 = Baluze, I 530 Nr. 283 = Migne, PL 214, 851 Nr. 283. — Comp. III. 2, 5, 1; Alan. K. 1, 6, 7; Bern. 2, 5, 1; Coll. Fuld. 1, 6, 9; Gilb. Anh. 1; Rain. 27, 2; X. II, 12, 3. — Potth. Reg. 947.

vgl. Ps 47, 5;
101, 23;
1 Kor 11, 20

Archipresbytero et canonicis Sutrinis[1]. 25

| Cum[a] ecclesia Sutrina pastore vacaret[2], vos convenientes in unum et, sicut moris est, Spiritus sancti gratia invocata pastorem unanimiter elegistis, petentes ipsum a sede apostolica confirmari. Verum dilecti filii clerici conventualium ecclesiarum civitatis eiusdem[3] apud nos de vobis consequenter suam deposuere querelam, quod cum in episcoporum elec- 30 tionibus faciendis ipsi ac predecessores eorum consueverint interesse, vos

---

[b] *Fehlt bei Rain. 18, 1 und in X. I, 40, 4, ebenso wie bei Migne.*
271. [a] *Am Rande von einer Hand des 13. Jh.:* hoc c(apitulum) est Extra de causa possessionis *(X. II, 12, 3). Darunter mit Bleistift:* vedi c. CLX.

Abingdon. Magister Elias erscheint zwischen 1196 und 1210. Vgl. CHENEY, *Selected Letters,* 35
15 und *Calendar* 32 Nr. 184.

[5] Vgl. *Digesten* 4, 2, 6 (= MOMMSEN, 50). Dazu: S. KUTTNER, *Kanonistische Schuld-
lehre* (= Studi e Testi 64). Città del Vaticano 1935, 308—333.
271. [1] Archipresbyter und Kanoniker des Domkapitels von Sutri (Prov. Viterbo).
[2] Radulf, B. von Sutri (exemt, Prov. Viterbo), seit 1194 bezeugt, wurde wahrschein- 40
lich im Mai 1199 von Innocenz III. abgesetzt, da er Philipp von Schwaben vom Banne gelöst hatte, ohne allerdings die Vorschriften des Papstes dabei einzuhalten. In ein Kloster
gesperrt, scheint er bald darauf gestorben zu sein. Vgl. TILLMANN, *Innocenz III.*, 93 f. bzw.
KEMPF, RNI, 81 Nr. 29.
[3] Klerus der Kollegiatkirchen von Sutri. 45

eis invitis, renitentibus et exclusis ad faciendam electionem procedere presumpsistis: quam ob hoc non confirmandam sed infirmandam potius asserebant.

Partibus ergo pro questione huiusmodi apud sedem apostolicam consti-
5 tutis dilectos filios nostros B(ernardum) tituli sancti Petri ad Vincula[4] et I(ohannem) tituli sancte Prisce[5] presbyteros et Nic(olaum) sancte Marie in Cosmidin diaconum[6] cardinales dedimus auditores. In quorum presentia testes utrimque producti fuerunt, et eorum depositionibus publicatis pars canonicorum per testes a se productos intentionem suam, quod ad eos
10 tantum spectaret electio, sufficienter dicebat esse probatam; parte clericorum nichilominus asserente, quod per dicta testium, quos produxerant, et ipsi suam assertionem, quod electioni pontificum interesse deberent, plenius probavissent: per que constare dicebant eos electionibus trium episcoporum, qui ecclesie Sutrine ultimo et inmediate prefuerant[7], cum
15 canonicis cathedralis ecclesie affuisse vocemque habuisse cum aliis eligendi. Nos ergo auditis allegationibus et rationibus partium et depositionibus ipsis diligenter inspectis, quoniam liquido deprehendimus testes vestros in perhibendis testimoniis varios extitisse atque adversus fidem attestationis sue coram dictis cardinalibus vaccillasse, sicut ipsi nobis postea retulerunt, et
20 quod negationem[b] quodammodo astruere satagebant, probare volentes ius electionis ita quidem ad se spectare, quod ad adversarios minime pertineret; per testes vero partis * adverse fuit sufficienter ostensum, quod   * fol. 218ᵛ in trium episcoporum electionibus, de quibus premissum est, clerici presentes affuerint et vocem habuerint eligendi: premissam electionem
25 factam eis contradicentibus et exclusis de fratrum nostrorum consilio decrevimus irritandam; clericos sepedictos in eam quasi possessionem quam ante controversiam motam habuerant reducentes.

Verum quoniam in questione predicta quicquid iuris utraque pars in electione habebat, deductum in iudicium videbatur, cum iure civili sit cau-
30 tum id venire in iudicium, non de quo actum est, ut veniret, sed id non venire, de quo nominatim auctum[c] est, ne veniret[8], et secundum

---

b) *Zwischen -e- und -g- ein Buchstabe, vielleicht -t-, ausradiert.*   c) *Migne:* actum. *Über die Vertauschung von* agere *und* augere *vgl. Mittellateinisches Wörterbuch bis zum ausgehenden 13. Jahrhundert, 1 (1969) 397 Z. 31, 50; 400 Z. 4.*

35   4) Bernhard, Angehöriger der Kanoniker-Kongregation von S. Frediano in Lucca, wurde im März 1188 von Klemens III. zum Kardinaldiakon von S. Maria Nuova erhoben, vertauschte diesen Titel zu Jahresbeginn 1193 mit dem eines Kardinalpresbyters von S. Pietro in Vincoli. 1195/96 weilte er als päpstlicher Legat in Südfrankreich und Piemont, 1197 in gleicher Eigenschaft in der Toskana. Er starb 1204. Über ihn vgl. KARTUSCH, 95—
40 99 Nr. 13; PFAFF, *Kardinäle unter Coelestin III.,* 89 Nr. 23 und MARIO DA BERGAMO, *Bernardo di S. Pietro in Vincoli,* in: DBI 9 (Roma 1967) 289 f.

     5) S. Br. II 4 Anm. 12.

     6) Nikolaus, Neffe Klemens' III., Kardinaldiakon der Römischen Kirche 1190, Kardinaldiakon von S. Maria in Cosmedin 1191—vor Mai 1201. Vgl. KARTUSCH, 284—286 Nr.
45 69.

     7) Zu 1170 ist Adalbert, zu 1179 Johannes als B. von Sutri bezeugt. Vgl. CAPPELLETTI, *Chiese d'Italia,* VI 229.   8) *Digesten* 5, 1, 61 (= MOMMSEN, 76).

statuta canonica electiones episcoporum ad cathedralium ecclesiarum
clericos regulariter pertinere noscuntur, nisi forte alibi secus obtineat de
consuetudine speciali[9], nec ex eo, quod clerici antedicti se inter eligentes
Sutrinos episcopos probaverunt tertio extitisse, ius eligendi propter
brevitatem temporis usque ad prescriptionem legitimam non producti 5
sibi acquirere[d] potuerunt, et actore non probante, qui convenitur, etsi
nichil prestiterit, obtinebit[10]: ab eorum impetitione super electionibus
faciendis vos duximus absolvendos, sepedictis ecclesiarum clericis super
hoc silentium perpetuum imponentes.

Nulli ergo et cetera liceat hanc paginam nostre diffinitionis infringere 10
et cetera.

Datum Laterani, VII Idus[e] Februarii.

272 (288).

Innocenz III. befiehlt dem Bischof (Bernhard) und dem Domdekan (Hein-
rich), beide von Paderborn, sowie dem Abte (Thetmar) von Helmarshausen, 15
über einige Grafen, Edle und Ministerialen des Bistums Hildesheim, die sich
der Wahl des Propstes H(artbert) zum Bischofe widersetzten und ihn an der
Ausübung seines Amtes hinderten, die Exkommunikation und über deren
Ländereien das Interdikt zu verhängen. Ferner mögen sie alle Kleriker und
Laien der Diözese Hildesheim unter Anwendung geistlicher Strafen zum 20
Gehorsam gegenüber dem neuen Bischofe zwingen und sämtliche Entfrem-
dungen vom Bistumsgut, die durch den früheren Bischof K(onrad) erfolgten,
widerrufen.

Lateran, 1200 Februar 2.

Reg. Vat. 4, fol. 218ʳ ⟨Nr. 275, 288⟩.   25
   Sirleto, fol. 443ᵛ = Cholinus, II 581 = Venet., II 581 = Baluze, I 531 Nr. 288 = Migne,
PL 214, 852 Nr. 288; Finke, Westfälisches UB, V 79 f. Nr. 176; Janicke, UB Hildesheim,
I 527 Nr. 176. — Potth. Reg. 944; Borch, Geschichte, 101; B. F. W. Reg. 5703. — Vgl.
Münster, Konrad von Querfurt, 39; Bertram, Geschichte des Bisthums Hildesheim, I 212;
Bendel, Reihenfolge der Bischöfe und Weihbischöfe von Würzburg, 5 Nr. 33; Wendehorst, 30
Bistum Würzburg, I 188.

Episcopo[1] et decano[2] Pathelburnensibus et
abbati de Helmuardeshusan[3].

| Cum C(onradus) quondam Ildesemensis episcopus[4] pro eo, quod sine 35
licentia nostra ad ecclesiam Herbipolensem transivit, fuerit suspensus a

---

[d] *Migne fügt hinzu:* non.   [e] *Fehlt bei Migne.*

[9] Das ausschließliche Recht der Bischofswahl durch die Mitglieder des Domkapitels
wurde erst 1215 auf dem Vierten Laterankonzil endgültig festgelegt (*Conc. Lateran. IV.* c. 40
24 [COD 222 f.] = X. I, 6, 42 [Friedberg, *CorpIC,* II 88 f.]). Bis dahin hatten die Regularkanoniker das Recht, an der Wahlhandlung teilzuhaben (vgl. *Conc. Lateran. II.* c. 28 [COD
179] = *Decretum Gratiani* D. LXIII, c. 35 [Friedberg, *CorpIC,* I 247]). Vgl. Feine,
Kirchliche Rechtsgeschichte, 380 f.   [10] Vgl. Br. II 37 Anm. 28.
   272. [1] Bernhard (II.) von Ibbenbüren, B. von Paderborn (Suffr. von Mainz) vor April 45
1188—23. April 1204. Er war zuvor Kanonikus von Münster. Vgl. J. Simon, *Stand und Her-*
kunft der Bischöfe der Mainzer Kirchenprovinz im Mittelalter. Weimar 1908, 84.
   [2] Heinrich, zu 1202 und 1204 als Domdekan von Paderborn urkundlich bezeugt. Vgl.

nobis[5], et postmodum, quoniam a sua noluit presumptione desistere, vinculo sit[a] excommunicationis astrictus[6] et de mandato nostro in Ildesemensi ecclesia electio canonice celebrata[7], nobiles quidam, scilicet Adholfus comes[8], Hermannus et Henricus, comites de Hartesborc[a'][9],
5 Tedericus[b] de Insula[10] et ipsius ecclesie ministeriales, videlicet Lupoldus de Escherte[11], Hugo advocatus[12] et eorum complices, Ildesemensis diocesis, electioni facte et auctoritate sedis apostolice confirmate de dilecto filio H(artberto) Ildesemensi preposito maiore[13] contradicere non verentur. Et ipsi quondam episcopo, sicut non convenit, adherentes, ipsum elec-
10 tum et Ildesemensem ecclesiam aggravant multipliciter et infestant, sicut ipsius electi et capituli Ildesemensis transmissa nobis conquestio patefecit. Prenominati etiam nobiles et ministeriales ipsius ecclesie bona Ildesemensis ecclesie, prebendas canonicorum et speciales redditus ipsorum et episcopales proventus presentis anni occasione et auctoritate prefati
15 C(onradi), quondam episcopi, recipiunt et detinent violenter[c]. Preterea predicti nobiles et ipsius ecclesie ministeriales eidem quondam episcopo Ildesemensi faventes, ipsum electum non permittunt civitatem et castra et alia bona ad Ildesemensem ecclesiam pertinentia pacifice possidere: immo impendentes prefato quondam episcopo contra ecclesiam et elec-
20 tum et clerum Ildesemenses auxilium et favorem, ipsum a possessione castrorum et civitatis et aliorum bonorum prohibent et ei modis omnibus contradicunt.

Nolentes igitur talia sub dissimulatione transire, que noscuntur contra mandata sedis apostolice attemptari, discretioni vestre per apostolica

25 **272.** [a] *Auf Rasur nachgetragen.* [a'] Harteshorc. [b] *Migne:* Fredericus. [c] *Bis hieher am Rande ein senkrechter und ein wenig verschnörkelter Merkstrich.*

H. Hoogeweg, *Die Urkunden des Bisthums Paderborn vom J. 1201—1300* (= Westfälisches UB 4, Münster 1877/94) 1376 (Register). Erst 1207 erscheint in dieser Würde ein Nachfolger namens Dietrich.
30 [3] Thetmar (III. von Stockhausen), Abt der Benediktinerabtei Helmarshausen (Diöz. Paderborn, Reg. Bez. Kassel, Kr. Hofgeismar) ca. 1192—1206, dann Fürstabt von Corvey (bis 1212). Vgl. F. Pfaff, *Die Abtei Helmarshausen.* Zeitschrift des Vereins für Hessische Geschichte und Landeskunde 44 (1910) 217 ff. [4] S. Br. II 52 (54) Anm. 2.
[5] Br. I 335. [6] Br. II 195 (204).
35 [7] Die päpstlichen Mandate: II 52, 53 (54, 55). Die Wahl erfolgte im Mai 1199; vgl. Br. II 195 (204) Anm. 10.
[8] Adolf, Graf von Schaumburg, von ca. 1182—1220 nachweisbar. Vgl. Janicke, *UB Hildesheim,* I 801 (Index).
[9] Hermann und Heinrich, Grafen von Harzburg, zwischen 1200 und 1206 bzw. 1209
40 nachweisbar. Vgl. Janicke, *UB Hildesheim,* I 756 (Index).
[10] Ein Dietrich (Graf) von Werder (= Insula, Burgschloß der Bischöfe von Hildesheim an der Nette) ist zwischen 1149 und 1198 bezeugt. Vgl. Janicke, *UB Hildesheim,* I 812 (Index).
[11] Luppold der Ältere von Escherde, Ministeriale der Bischöfe von Hildesheim, läßt
45 sich zwischen 1175 und 1219 urkundlich fassen. Vgl. Janicke, *UB Hildesheim,* I 744 (Index).
[12] Hugo ,de Veteri foro' (auch de Insula), Vogt des Hochstiftes Hildesheim, für die Zeit zwischen 1142 und 1209 bezeugt. Vgl. Janicke, *UB Hildesheim,* I 769 (Index).
[13] S. Br. II 195 (204) Anm. 10.

scripta mandamus et districte in obedientie virtute precipimus, quatinus, si verum est quod proponitur ^{d)}, presumptores predictos, nisi ad commonitionem vestram ablata Ildesemensi ecclesie et electo restituerint universa et ab ipsius ecclesie, electi et cleri indebita molestatione destiterint, tam- |diu nuntietis vinculo excommunicationis sublato appellationis obstaculo 5 innodatos et terram eorum suppositam interdicto. Et ad quemcumque locum devenerint, eis presentibus divina prohibeatis officia celebrari, donec tam electo quam clero super premissis idoneam satisfactionem impendant.

Volumus ^{e)} etiam nichilominus et mandamus, ut, nisi clerici et laici in 10 Ildesemensi diocesi constituti prefato electo debitam reverentiam impendere curaverint ^{f)} et honorem, eos ad id omni gratia et timore postpositis districtione ecclesiastica appellatione remota cogatis.

Volentes insuper ^{g)} eiusdem ecclesie indempnitatibus et electi paterna sollicitudine precavere, presentium vobis auctoritate precipimus, quatinus 15 quicquid de bonis ipsius ecclesie prefatus quondam episcopus, postquam Herbipolensi episcopatui se non timuit inmiscere, alienavit quomodolibet vel distraxit, auctoritate nostra appellatione remota denuntiantes irritum et inane, et que per eum ante, etiam cum episcopus esset, ecclesie memorate irrationabiliter infeudata inveneritis vel distracta, non 20 obstante appellationis obiectu legitime revocetis. Taliter mandatum nostrum omni gratia et timore postpositis exequamini, quod sollicitudo vestra in Domino appareat commendanda, et non possitis de negligentia seu inobedientia reprehendi.

Nullis litteris veritati et iustitie et cetera. Quodsi omnes et cetera, tu, 25 frater episcope, cum eorum altero et cetera.

Datum Laterani, IIII ^{h)} Non. Februarii, pontificatus nostri anno secundo.

273 (289).

Innocenz III. teilt den Äbten (Emil) von Sichem und (Gottfried) von Geor- 30
genthal sowie dem Propst (Konrad) des Marienstiftes in Erfurt mit, er habe
die Dompropstei von Magdeburg, deren Besetzungsrecht an ihn devolviert
sei, dem Propst Al(bert) von St. Maria ad Gradus in Mainz verliehen und
die Vergabe von vier weiteren Pfründen, die ihm aus dem gleichen Grunde
zustehe, dem Erzbischof (Ludolf) von Magdeburg und seinem Domkapitel er- 35
laubt. Zugleich befiehlt er ihnen, diese Verfügungen unter der Anwendung
geistlicher Strafen in ihrer Wirksamkeit zu schützen. Falls sich der Erzbi-
schof (Ludolf) von Magdeburg weigere, den Dompropst Al(bert) in seine
Pfründe einzuführen, sollen es die Adressaten im päpstlichen Auftrage tun.
Ferner trägt er den beiden Äbten und dem Domscholaster Magister P(repo- 40
situus) von Mainz auf, die genannten vier und zwei andere vakante Dom-

---

^{d)} -n- *korr. aus* -s-.   ^{e)} V- *steht neben dem Schriftspiegel.*   ^{f)} -i- *korr. aus* -u-.
^{g)} *Auf Rasur.*   ^{h)} *Migne:* V.

kapitelspfründen zu vergeben, wenn es der Erzbischof (Ludolf) und das Magdeburger Domkapitel länger als vierzig Tage unterlassen würden.

Lateran, 1200 Februar 16.

Reg. Vat. 4, fol. 218ʳ—218ᵛ ⟨Nr. 276, 289⟩.

5   *Sirleto, fol. 444ʳ = Cholinus, II 582 = Venet., II 582 = Baluze, I 532 Nr. 289 = Migne, PL 214, 854 Nr. 289. — Potth. Reg. 948; Mülverstedt, Regesta archiepiscopatus Magdeburgensis, III 571 Nr. 288; Dobenecker, Regesta Thuringiae, II 216 Nr. 1163; Overmann, UB der Erfurter Stifte und Klöster, I 71 Nr. 131.*

In Sichen'[1] et de Valle beati Georgii[2] abbatibus et preposito
10   **sancte Marie in Herfordia[3].**

| **Grave**[a] gerimus et indignum, quod in multis ecclesiis tam prelati quam subditi contra constitu*tiones canonicas[b] temere venientes easdem enervare presumunt et, de quo dolemus non modicum, que pro ecclesiarum utilitate a sanctis patribus provida fuerunt deliberatione statuta,   * fol. 218ᵛ
15 in detrimentum earum evacuare contendunt.

Sane cum in Lateranensi concilio fuerit constitutum, ut quotiens ecclesiastica beneficia vacare contingit, si capitulum, ubi donatio spectat ad ipsum, infra tempus in eodem concilio diffinitum eadem conferre distulerit, per episcopum concedantur, et id episcopo negligente ad superiorem
20 eorundem donatio devolvatur[4]: mirati sumus non modicum et commoti, quod venerabilis frater noster .. archiepiscopus[5] et dilecti filii capitulum[6] Madeburgenses non habentes ad premissa respectum nec attendentes etiam, quanta ex defectu personarum possint ecclesiis provenire, maxime cum propter hoc divinum eis officium subtrahatur, prepozituram[c][7]
25 et sex prebendas ecclesie Magdeburgensis, cum per annum et ultra vacaverint, infra tempus sibi permissum non curaverunt personis idoneis assignare; propter quod ab H(ermanno)[d][8] scolastico eiusdem ecclesie, ne quid ab eis fieret de prepositura iamdicta, ad nostram fuit audientiam

---

273. [a] *Die Initiale geht in eine Randzeichnung über: Drache mit reich ornamentiertem Schweif.*
30 [b] *Auf Rasur.*   [c] *-ra- auf Rasur.*   [d] *Migne:* N.

273. [1] Emil, Abt der Zisterzienserabtei Sittichenbach (Sichem) (Diöz. Halberstadt, Bez. Halle/Saale, Kr. Eisleben), zu 1197 bezeugt. Vgl. M. KRÜHNE, *Urkundenbuch der Klöster der Grafschaft Mansfeld.* Halle/S. 1888, 396 Nr. 14 f. bzw. WINTER, *Cistercienser,* I 38 f.

[2] Gottfried, Abt der Zisterzienserabtei Georgenthal (Diöz. Mainz, Kr. Gotha, Bez.
35 Erfurt), zwischen Ende März 1197 und 12. Juni 1213 bezeugt. Vgl. M. WIELAND, *Die Abtei St. Georgental.* Cistercienser-Chronik 15 (1903) 98, 106.

[3] Konrad, Propst des Kollegiatstiftes U. L. Frau in Erfurt (Marienstift) (Diöz. Mainz). Vgl. OVERMANN. *Urkundenbuch der Erfurter Stifter,* I 71.

[4] *Conc. Lat. III.* c. 8 (COD 191) = X. III, 8, 2 (FRIEDBERG, *CorpIC,* II 488).
40   [5] S. Br. II 20 Anm. 1.

[6] Domkapitel von Magdeburg.

[7] Rogger, Dompropst von Magdeburg seit 1170, war am Kreuzzug Heinrichs VI. Ende 1197 im Heiligen Land verstorben. Vgl. WENTZ-SCHWINEKÖPER, *Erzbistum Magdeburg,* 312.

45   [8] Hermann von Landsberg, als Domscholaster von Magdeburg 1196 und 1200 bezeugt. Sein Nachfolger Gernand erscheint erstmalig 1207. Vgl. WENTZ-SCHWINEKÖPER, *Erzbistum Magdeburg,* 383 f.

34*

appellatum. Licet autem ante adventum nuntiorum dicti archiepiscopi et
ante adventum A(lberti) prepositi[9] et H(ermanni)[d] scolastici, canonicorum Magdeburgensis ecclesie, ad nostram audientiam pervenisset, quod
donatio prepositure et prebendarum ipsarum ad nos esset secundum statuta dicti concilii devoluta, quia tamen super hiis per eosdem nuntios in 5
nostra fuit presentia aliquandiu litigatum[10], nobis plenius constitit de
premissis.

Ut autem non possemus de negligentia reprehendi, qui predictos archiepiscopum et capitulum dignos proinde redargutione censemus, volentes
etiam, prout ad nos pertinet, precavere, ne ubi iura conduntur, ibidem 10
iniuriam patiantur: preposituram ipsam dilecto filio A(lberto) sancte
Marie ad Gradus in Maguntia preposito, eiusdem ecclesie Magdeburgensis
canonico[9], viro provido et honesto — quem ex aliquanta conversatione,
quam apud sedem apostolicam habuisse dinoscitur, credimus eodem beneficio non indignum, per cuius etiam industriam et potentiam utiliter pote- 15
rit ipsius officium adimpleri — duximus conferendam, ipsum in consistorio
nostro de eadem per anulum investire curantes[e].

Volentes autem predictis archiepiscopo et capitulo pro devotione, quam
ad nos et sacrosanctam Romanam ecclesiam habere noscuntur, paterna
sollicitudine respondere, eisdem duximus indulgendum, ut ex illis sex pre- 20
bendis dictus archiepiscopus duas et capitulum duas alias vice nostra, non
sua, possint idoneis personis conferre; ita tamen quod, si infra quadraginta dies post receptionem litterarum nostrarum id efficere forte neglexerint, vos, filii abbates, et magister P(repositinus), scolasticus Maguntinus[11], quem vobis in hoc duximus adiungendum, auctoritate nostra tam 25
illas quatuor quam alias duas, sublato cuiuslibet contradictionis et appellationis obstaculo, personis idoneis conferatis; ita quod, si omnes hiis
exequendis nequiveritis interesse, dictus scolasticus cum altero vestrum
ea nichilominus exequatur. Ceterum, si aliqui contra predictam donationem nostram aut etiam factum vestrum, filii .. abbates et preposite de 30
Herfordia, aliqua temeritate venire presumpserint, vos eos a presumptione
sua per censuram ecclesiasticam appellatione postposita compescatis. Provideatis autem attentius, quatinus si, postquam ad nos est ipsius prepositure donatio devoluta, super eadem[f] aliquid fuerit attemptatum, in
irritum appellatione postposita reducatis. 35

Nos autem predicto archiepiscopo nostris damus litteris in mandatis,
ut dicti prepositi nuntios in corporalem eiusdem possessionem suo nomine

---

e) -ntes *auf Rasur. Auch am Rande eine kleine Rasur.*   f) ea- *auf Rasur.*

9) Albrecht (Graf) von Käfernburg, Propst des Kollegiatstiftes St. Maria ad Gradus zu
Mainz, um 1200. Zugleich Kanoniker in Magdeburg, mit vorliegender Urkunde zum Dom- 40
propst providiert, 1205 bis 1232 EB. von Magdeburg. Vgl. Wentz-Schwineköper, *Erzbistum Magdeburg*, 313.
10) Auch die *Magdeburger Schöppenchronik*, ed. Janicke (= Chroniken der deutschen
Städte VII/1) 130 erwähnt die Reise der beiden Magdeburger Kanoniker zum Papst.
11) S. Br. II 266 (278) Anm. 2. 45

inducere non omittat et eidem preposito, cum se predicte ecclesie personaliter exhibuerit, stallum in choro et locum in capitulo iuxta ipsius ecclesie
consuetudinem non differat assignare. Si vero idem archiepiscopus, quod
non credimus, mandatum nostrum distulerit vel neglexerit adimplere,
5 volumus et presentium vobis auctoritate districte precipimus, quatinus
vos id auctoritate nostra sublato appellationis obstaculo exequi minime
postponatis. Cum autem prefatus Al(bertus) pacificam ipsius Magdeburgensis prepositure g) possessionem fuerit assecutus, liberum sit eis, ad quos
donatio prepositure sancte Marie ad Gradus, quam prius idem habuerat,
10 pertinere dinoscitur, de ipsa prepositura, quod canonicum fuerit ordinare.

Quodsi omnes et cetera, duo vestrum et cetera.

Datum Laterani, XIIII Kal. Martii, pontificatus nostri anno secundo h).

274 a).

15 *Graf Hildebrand (Aldobrandeschi) schwört Innocenz III. und der Römischen Kirche Treue und verspricht, das ligische Homagium auf päpstliches
Verlangen zu einem geeigneten Zeitpunkt zu leisten.*

(1198—1200, wahrscheinlich 1198)[1].

Reg. Vat. 4, fol. 219ʳ ⟨Nr. 277, 289⟩.
20   *Sirleto, fol. 445ʳ = Cholinus, II 583 = Venet., II 583 = Baluze, I 330 Nr. 578 = Migne,
PL 214, 529 Nr. 578 (als Appendix zum 1. Jahrgang). — Vgl. Kempf, Zu den Originalregistern, 123 f.*

    * **Ego** b) comes Ildebrandinus[2] ab hac hora in antea fidelis ero beato   * fol. 219ʳ
Petro et domino meo pape Innocentio eiusque successoribus canonice
25 intrantibus et sancte Romane ecclesie c); non ero in facto neque in dicto
neque in consilio aut in consensu, ut vitam perdant aut membrum vel capiantur mala captione. Consilium, quod per se vel per suum nuntium aut
per suas litteras michi manifestaverint, ad eorum dampnum me sciente
nulli pandam. Si eorum certum dampnum sciero, si possum, remanere
30 faciam; sin autem, aut per me aut per meum nuntium vel per talem per-

---

g) *Korr. aus* propositure. *Darüber zwei kurze, schräge Striche, wahrscheinlich als Hinweis
auf die vorzunehmende Korrektur. Am Rande eine kleine Rasur.*   h) *Darnach vier Zeilen
freigelassen.*
274. a) *Diese und die beiden folgenden Urkunden stehen auf einem besonderen Blatt, das der*
35 *letzten beschriebenen Lage des Reg. Vat. 4 angeklebt ist.*   b) *Am Rande ein Kreuz ausradiert.
Daneben von einer Hand des 13. Jh.:* pro iure Romane ecclesie. *Darunter von einer Hand des
18. Jh.:* haec iuramenta a Balutio dicuntur pertinere ad annum I, ideoque in appendice ea
posuisse. *Diese Notiz bezieht sich auf diesen und den folgenden Br. II 275, weshalb jene Hand,
die sie schrieb, längs des Randes beider eine Wellenlinie zeichnete. Sie weist auf den Druckort*
40 *bei Baluze hin (s. o.).*   c) *Durch Zeichen umgestellt aus* successoribus et sancte Romane
ecclesie canonice intrantibus.

274. 1) Zur Datierung: Die politische Entwicklung der Jahre 1198 bis 1200 legt es nahe, daß
Graf Hildebrand den hier nachgetragenen Eid bereits 1198 geleistet hat, da er im nächsten
Jahr auf der Seite der Gegner des Papstes stand (KEMPF, *Zu den Originalregistern*, 125 f.
45 mit Anm. 111; vgl. auch Br. II 198 [207]).   2) S. Br. II 198 (207) Anm. 2.

sonam, quam pro certo credam eis dicturam significabo. Papatum Romanum et regalia beati Petri et nominatim Montemaltum[3] et quicquid aliud teneo de ipsis regalibus, adiutor ero ad retinendum, que non habet ad recuperandum, et recuperata ad retinendum et defendendum contra omnes homines. 5

Cum autem a domino papa fuero requisitus per litteras eius aut per nuntium suum certum, ad presentiam eius accedam, ubi securus possum accedere, et in manibus eius ligium hominium[d] ei faciam[4]. Hec omnia[e] bona fide sine fraude et malo ingenio observabo. Sic me Deus adiuvet et sancta hec evangelia. 10

275.

Petrus von Vico, Präfekt von Rom, leistet Innocenz III. den Treueid und verspricht die ordnungsgemäße Erfüllung seiner Aufgaben.

(Wahrscheinlich 1198 Februar 23)[1].

Reg. Vat. 4, fol. 219[r] ⟨Nr. 278, 289⟩. 15
Sirleto, fol. 445 [r-v] = Cholinus, II 584 = Venet., II 584 = Baluze, I 329 Nr. 577 = Migne, PL 214, 529 Nr. 577 (als Appendix zum 1. Jahrgang). — Vgl. Gesta Innocentii, c. 8 (= Migne, PL 214, XXII); Kempf, Zu den Originalregistern, 123 f. und A. Luchaire, Innocent III et le peuple romain. Revue historique 81 (1903) 231 f.

In[a] nomine Christi. Ego Petrus, Vrbis prefectus[2], iuro quod terram, 20 quam michi dominus papa procurandam commisit, fideliter procurabo ad honorem et profectum ecclesie. Non vendam nec locabo nec infeudabo nec impignorabo nec aliquomodo alienabo quicquam ex ea. Iustitias et rationes ecclesie Romane studiose requiram et recipiam, et iura ipsius recuperare studebo et recuperata et habita conservabo et defendam, quamdiu 25 michi procurationem dimiserit. Stratam, custodiam et iustitiam exercebo. Ad custodiam munitionum diligens studium et operam efficacem impendam, ut ad honorem et mandatum ecclesie Romane bene custodiantur. Castellanos et servientes nec mutabo nec alios introducam nec mutari faciam nec alios introduci preter mandatum domini pape. Fideles et 30 vasallos[b] de patrimonio ecclesie sine speciali mandato Romani pontificis ad fidelitatem et dominium meum non recipiam et ex ea non faciam michi affidatos teneri, nisi procuratione durante. In terra mee procurationi

---

[d]) -um *auf Rasur.*   [e]) *Auf Rasur nachgetragen.*
275. [a]) *Am Rande ein Kreuz ausradiert. Daneben von einer Hand des 13. Jh.:* pro iure Romane 35 ecclesie.   [b]) vasollos.

[3]) Montalto (di Castro, Prov. Viterbo).
[4]) Das geschah erst am 31. Juli 1207, als sich die politische Situation in Mittelitalien abermals zugunsten des Papstes verändert hatte (FABRE - DUCHESNE, *Liber Censuum*, 1 8* n. III; vgl. WINKELMANN, *Philipp von Schwaben und Otto IV.*, I 456 mit Anm. 2 und KEMPF, 40 *Zu den Originalregistern*, 123 ff., bes. 126 Anm. 111).
275. [1]) Zur Datierung: Höchstwahrscheinlich handelt es sich um jenen Eid, den Petrus von Vico am 23. Februar 1198 geleistet hat (s. Br. I 23 mit Anm. 6).
[2]) S. Br. II 194 (203) Anm. 4.

commissa munitiones hedificari non faciam sine speciali mandato domini pape. Quandocumque fuero requisitus per dominum papam aut nuntium vel litteras eius, reddam rationem de procuratione fideliter. Et quandocumque iussus a domino papa vel ab ecclesia Romana, integre et libere
5 resignabo. Hec omnia iuro me fideliter servaturum sine fraude pro posse meo; salvo in omnibus mandato domini pape. Sic me Deus adiuvet et hec sancta Dei evangelia. ||c)

276 (302).a)

Innocenz III. nimmt die Juden in seinen Schutz, verbietet, unter Androhung
10 *geistlicher Strafen, Zwangstaufen, den Raub ihrer Güter, Verletzungen ihrer*
Rechtsgewohnheiten, Störungen ihres Kultes, die Einhebung ungerechtfer-
tigter Abgaben und Plünderungen ihrer Friedhöfe.

Lateran, 1199 September 15.

Reg. Vat. 4, fol. 219ʳ—219ᵛ ⟨Nr. 279, 302⟩.
15 *Sirleto, fol. 445ᵛ = Cholinus, II 584 = Venet., II 584 = Baluze, I 540 Nr. 302 = Migne,*
PL 214, 864 Nr. 302; Grayzel, The Church and the Jews, 92 Nr. 5 (mit englischer Über-
setzung, ausführlicher Interpretation und Bibliographie, ebd., 76—78, 94); Denzinger-
Schönmetzer, Enchiridion Symbolorum, 772 f. (teilw.). — Potth. Reg. 834; Bréquigny, Table
chronologique, IV 267; M. Stern, Urkundliche Beiträge über die Stellung der Päpste zu den
20 *Juden. Kiel 1895, II 3 Nr. 174; J. Aronius, Regesten zur Geschichte der Juden im fränkischen*
und deutschen Reiche bis zum Jahre 1273. Berlin 1902, Nr. 346; Balladore Pallieri-Vis-
mara, Acta Pontificia, 211 Nr. 239 (teilw.). — Vgl. auch X. V, 6, 9 (= Friedberg, CorpIC,
II 774). Die Konstitution wurde von den meisten Päpsten des 13. Jahrhunderts erneuert und
fand in der päpstlichen Kanzleiordnung Eingang (Tangl, Kanzleiordnungen, 252 Nr. XII).
25 *Vgl. ferner Browe, Judenmission im Mittelalter und die Päpste, bes. 144. 235 f.; S. W. Ba-*
ron, A Social and Religious History of the Jews. Philadelphia ²1957, II 5 ff.; V. Pfaff, Die
soziale Stellung des Judentums in der Auseinandersetzung zwischen Kaiser und Kirche vom
3. bis zum 4. Laterankonzil (1179—1215). Vjschr. f. Sozial- und Wirtschaftsgeschichte 52
(1965) 183.

30 **Licet**b) perfidia Iudeorum1) sit multipliciter improbanda, quia tamen per eos fides nostra veraciter comprobatur, non sunt a fidelibus graviter opprimendi, dicente propheta: «Ne occideris eos, ne quando obliviscantur legis tue» acsi diceretur apertius: Ne deleveris omnino Iudeos, ne forte christiani legis tue valeant oblivisci, quam ipsi non intelligentes in libris
35 suis intelligentibus representant. Sicut ergo Iudeis non debet esse licentia in

vgl. Ps 58, 12

---

c) *Hand B hört auf.*
276. a) *Der Brief wurde von Hand F nachgetragen, nachdem die Initialen der vorhergehenden Briefe bereits ausgemalt worden waren (vgl. die folgende Anm.). Der Zeitpunkt des Nachtrags ist kaum anzugeben; jedenfalls erscheint die Hand F im Thronstreitregister erstmals um die*
40 *Mitte des Jahres 1200 (Ed. Kempf 66 f. Nr. 23 Anm. 1; vgl. auch Kempf, Zu den Original-registern, 125 Anm. 109 und Hageneder, Merkmale, 306, 307 Anm. 77).* b) *Die Initiale fehlt und wurde später mit Tinte nachgetragen. Am Rande ein Kreuz ausradiert. Ferner auf fol. 219ʳ längs des Briefes am Rande ein senkrechter, z. T. gewellter Strich.*

276. 1) Über diesen Topos vgl. E. PETERSON, *Perfidia Iudaica.* Ephemerides Liturgicae
45 50 (1936) 296—311.

vgl. Mt 19, 8;
Mk 10, 5

sinagogis suis ultra quam permissum est lege presumere, ita in hiis, que sunt
illis concessa, nullum debent preiudicium sustinere[2]. Nos ergo, licet in sua
magis velint duritia perdurare quam vaticinia prophetarum et legis archana cognoscere atque ad christiane fidei notitiam pervenire, quia tamen
nostre postulant defensionis auxilium, ex christiane pietatis mansuetu-   5
dine predecessorum nostrorum felicis memorie Calixti[3], Eugenii[4], Alexandri[5], Clementis[6] et Celestini[7], Romanorum pontificum, vestigiis
inherentes, ipsorum petitionem admittimus eisque protectionis nostre
clippeum indulgemus.

Statuimus enim, ut nullus Christianus invitos vel nolentes eos ad bab-   10
tismum per violentiam venire compellat[8]; sed si eorum quilibet sponte
ad christianos fidei causa confugerit, postquam voluntas eius fuerit
patefacta, sine qualibet efficiatur calumpnia christianus: veram quippe
christianitatis fidem habere non creditur, qui ad christianorum babtisma
non spontaneus sed invitus cognoscitur pervenire. Nullus etiam christia- 15
nus sine potestatis terre iudicio personas eorum nequiter ledere vel res
eorum violenter auferre presumat aut bonas, quas hactenus in ea in qua
habitant regione habuerint, consuetudines immutare. Preterea in festivi-
tatum suarum celebratione quisquam fustibus vel lapidibus eos ullatenus
non perturbet nec aliquis ab eis indebita servitia exigere vel extorquere 20
contendat, nisi ea, que ipsi preteritis facere temporibus consuerunt[c]. Ad
hec malorum hominum pravitati et avaritie obviantes, decernimus, ut
nemo cimiterium Iudeorum mutilare audeat vel minuere sive obtentu
pecunie corpora effodere iam humata. Si quis autem decreti huius tenore
cognito temere, quod absit, contraire temptaverit, nisi presumptionem   25
suam condigna satisfactione correxerit, excommunicationis ultione plec-
tatur. * Eos autem dumtaxat huius protectionis presidio volumus communiri, qui nichil machinari presumpserint in subversionem fidei christiane.

* fol. 219ᵛ

Datum Laterani per manum Rainaldi, Acherontini archiepiscopi, cancellarii vicem agentis[9], XVII Kal. Octobris, indictione II, incarnationis 30
Domini(ce) anno M° C° XC VIIII, pontificatus vero domni Inn(ocentii)
pape III anno secundo.

---

c) consuetur *korr. aus* consuevetur.

[2] Dieser Satz geht auf Papst Gregor I. zurück (Reg. Greg. I, VIII 25, MG Epp. II
27 Z. 7—9), der sich dafür auf Cassiodor beruft (*Variae* II 27, MG AA XII 61 f.).   35

[3] Der Judenschutzbrief Papst Calixts II. (1119—1124) ist nicht erhalten.

[4] Der Judenschutzbrief Papst Eugens III. ist nicht erhalten.

[5] Papst Alexander III. stellte den Judenschutzbrief (JL 13973) wahrscheinlich im
Winter 1165 nach seiner Rückkehr aus Frankreich aus. Vgl. W. HOLTZMANN, *Zur päpstlichen Gesetzgebung über die Juden im 12. Jahrhundert*. In: Festschrift Guido Kisch. Rechts- 40
historische Forschungen. Stuttgart 1955, 220 ff.

[6] Das Privileg Papst Klemens' III. vom 10. Mai 1188 bei WIEDERHOLD, *Nachrichten
GG Wiss.* 1913, 188 Nr. 143 (vgl. JL 16577 und X. V, 6, 9 = FRIEDBERG, *CorpIC*, II 774).

[7] Das Judenschutzprivileg Papst Coelestins III. ist nicht erhalten.

[8] Über die von der Kirche verurteilten Zwangsbekehrungen vgl. BROWE, *Juden-*   45
mission im Mittelalter und die Päpste, 215 ff. bzw. G. KISCH, *The Jews in medieval Germany.
A Study of their Legal and Social Status*. Chicago 1949, 200 ff.   [9] S. Br. II 3 Anm. 6.